Frank Trentmann
法蘭克・川特曼　著｜林資香　譯

爆買帝國

從需要到渴望
消費主義席捲全球600年文明史

EMPIRE
OF
THINGS

*How We Became a World of Consumers,
from the Fifteenth Century to the
Twenty-First*

Earth View

國家圖書館出版品預行編目資料

爆買帝國：從需要到渴望,消費主義席捲全球
600年文明史 / 法蘭克.川特曼(Frank Trent-
mann)著；林資香譯. -- 初版. -- 新北市：野人文
化出版：遠足文化發行, 2019.08
　　面；　　公分. -- (地球觀；52)
譯自：Empire of things : how we became a
world of consumers, from the fifteenth century
to the twenty-first
ISBN 978-986-384-370-2(精裝)

1.消費 2.經濟史

551.85　　　　　　　　　　　　108012353

爆買帝國

線上讀者回函專用 QR CODE，你的
寶貴意見，將是我們進步的最大動力。

野人文化
官方網頁

野人文化
讀者回函

地球觀　52

爆買帝國

從需要到渴望，消費主義席捲全球 600 年文明史

Empire of things: How we became a world of consumers,
from the fifteenth century to the twenty-first

作　　者　法蘭克‧川特曼 Frank Trentmann
譯　　者　林資香

野人文化股份有限公司　　　　　**讀書共和國出版集團**

社　　長　張瑩瑩　　　　　　社　　　　長　郭重興
總 編 輯　蔡麗真　　　　　　發行人兼出版總監　曾大福
責任編輯　徐子涵　　　　　　業 務 平 臺 總 經 理　李雪麗
校　　對　林昌榮、朗慧　　　業務平臺副總經理　李復民
行銷企劃　林麗紅　　　　　　實 體 通 路 協 理　林詩富
封面設計　井十二設計研究室　網路暨海外通路協理　張鑫峰
內頁排版　洪素貞　　　　　　特 販 通 路 協 理　陳綺瑩
　　　　　　　　　　　　　　印　　　　　　務　黃禮賢、李孟儒、王雪華

出　　版　野人文化股份有限公司
發　　行　遠足文化事業股份有限公司
　　　　　地址：231新北市新店區民權路108-2號9樓
　　　　　電話：（02）2218-1417　傳真：（02）8667-1065
　　　　　電子信箱：service@bookrep.com.tw
　　　　　網址：www.bookrep.com.tw
　　　　　郵撥帳號：19504465遠足文化事業股份有限公司
　　　　　客服專線：0800-221-029
法律顧問　華洋法律事務所　蘇文生律師
印　　製　成陽印刷股份有限公司
初版首刷　2019年8月

有著作權　侵害必究
歡迎團體訂購，另有優惠，請洽業務部（02）22181417分機1124、1135

1. 來自15世紀中葉的托斯卡
   尼嫁妝箱，飾以穿著勃艮
   地流行服裝樣式的人物。

2. 馬約利卡陶餐盤（一件錫釉陶
   器）是178件餐具組之中的一
   件，而該餐具組是於1559年為佛
   羅倫斯的銀行家族雅格布·迪·
   阿拉瑪諾（Jacopo di Alamano）與
   伊莎貝拉·薩爾維亞蒂（Isabella
   Salviati）的婚禮而製作。

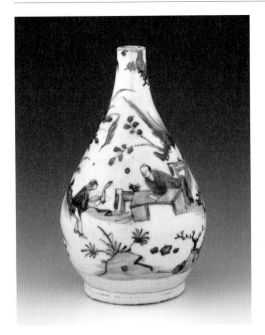

3. 來自景德鎮的瓷瓶（約1590～1620年），
描繪一位學者。

4. 來自萊茵蘭的儉樸粗陶瓶（約1600年），
帶有不完美的鈷藍裝飾色彩。

5. 威治伍德公司製作的碧玉浮雕（jasperware）茶壺（約1790年）。

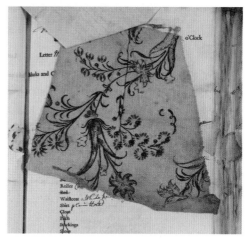

6. 左上：英式短上衣與襯裙（1770年代），由印度描繪與染色的棉布所製成。

7. 右上：來自窮苦母親的一塊有著花卉圖案之棉布紀念品，與她的女兒一起遺留在倫敦的芳德鄰醫院，1747年。

8. 左：時尚的洋娃娃（66公分高），可能來自1760年代的法國，穿戴印花棉布長禮服、亞麻布襯裙、粉紅緞帶的衣領。

9. 上／中：飲用巧克力成為歐洲的
   一項社會習俗：在西班牙的喝巧
   克力風俗，1710年。

10. 左：銀製瑪黛杯及金屬飲管，來
    自19世紀的南美洲。

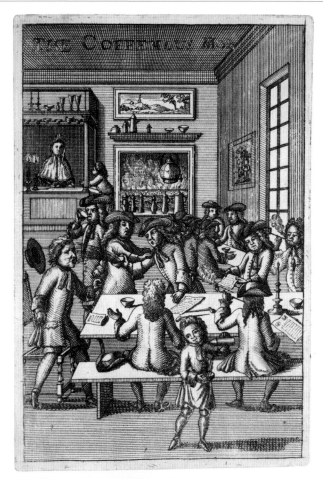

11. 上：並不總是一個清醒而理智的
地方：一幅描繪咖啡屋暴民的諷
刺版畫，1710年。

12. 左：泡茶的老婦；威廉‧雷德莫
爾‧比格（W. R. Bigg），《小屋
內景》1793年。

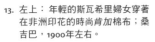

13. 左上：年輕的斯瓦希里婦女穿著在非洲印花的時尚肯加棉布；桑吉巴，1900年左右。

14. 右上：在阿桑蒂（Asante）（迦納）庫馬西傳教團中歐洲與非洲服飾混合的現象，1903年。

15. 左下：英國提倡道德消費的玻璃碗，源自1820年代反對奴隸種植糖的抗爭。

16. 右下：過著英國人的生活：錫蘭（斯里蘭卡）椰子農園的主人威廉‧奧古斯丁‧佩里斯（William Augustine Peiris）先生與家人。

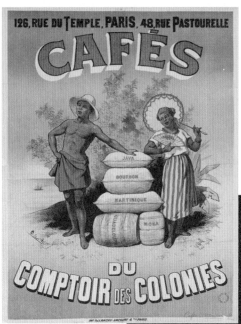

17. 左：廣告來自法國殖民地與荷屬東印度群島咖啡的海報，由愛德華‧安古爾設計，約1890年。

18. 下：穿著傳統塞克斯麥基（Saaksmaki）服裝的「寶拉女孩」（1926年），自1920年開始為寶林公司促銷「芬蘭咖啡」。

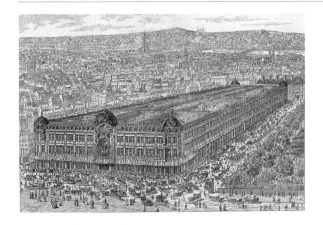

19. 左上：巴黎樂蓬馬歇百貨公司的鳥
    瞰圖,1887年。

20. 右上：1920年代樂蓬馬歇百貨公司
    的大廳。

21. 下：1899年英國新市的合作商店。

22. 上：柏林亞歷山大廣場的中央市場廳，是出現於19世紀晚期城市中許多有頂棚的市場大廳之一。

23. 中：在北京天橋市場宣傳具備神奇療效成藥的壯漢，約1933～1946年。

24. 下：保羅叔叔的當鋪；喬治亞州奧古斯塔，約1899年。

HUSBANDS FETCHING WATER IN THE MORNING.

25. 上：1882年：在東京銀座
通的第一盞電弧光燈，
出現於一幅歌川重清在
1883年製作的版畫中。

26. 左：1898年：在持續供
水量暴跌的「水荒」期
間，倫敦東區的丈夫們
用水桶取水的景象。

Brilliant Luna Park at night—Coney Island, New York's great pleasure resort.
Copyright 1904 by Underwood & Underwood.

27. 夜晚的月神公園，左邊
有「陸險滑水道」遊樂
設施；紐約市柯尼島，
1904年。

28. 下：英國黑潭的「飛行
機器」，約1910年。

BLACKPOOL FLYING MACHINE & HELTER SKELTER.

29. 上：1912年：廉價勞工的基本舒適設備。
一個家庭在紐約市湯普森街上一間擁擠
的單套間廉價公寓中製作人造花。

30. 左下：1913年：布爾喬亞式塞滿裝飾品的
室內裝潢，深為建築師布魯諾・陶特與
現代主義者的同行們所厭惡；照片來自
奧匈帝國的拉達烏契（今日烏克蘭的拉
季夫齊（Radivtsi））。擁有者驕傲地註
記出那盞石油燈是以電力運作的。

31. 右下：1921年：陶特所提倡的現代生活之
簡潔線條，以海牙的貝爾森布魯日工作
室為例。

32. 上：漢高男士為洗衣粉廣告；德國，1914年。 　　33. 下：德律風根的超級收音機，1933年。

34. 左上：馬車的天然氣加熱浴廣
　　告；諾里奇，復活節星期一
　　（Easter Monday），1908年。

35. 右上：德國電力博覽會，1953年。

36. 左中：皮肯先生與太太的第一座
　　電爐灶；加州諾沃克，1938年。

37. 下：日本桌遊推廣使用天然氣的
　　好處，約1925～1943年。

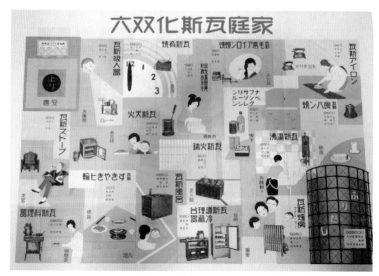

38. 上：經美國消費者聯盟認證的「白標」
    商品，該白標是來自一件泳衣商品；美
    國，1910年代。

39. 左：出自賈格寧德拉納特‧泰戈爾的一
    幅諷刺畫，描繪一個模仿西方人的印度
    「巴布」，1917年。

40. 下：到了1930年代，甘地主張自給自足
    的嚴峻版本，已被更多采多姿的斯維達
    西時尚所取代，如圖所示。

41. 納粹休閒組織「力量來自歡樂」的
假期方案，1938年。

42. 蘇聯的廣告：「在美國，每張餐廳
的桌上以及每個家庭主婦的櫥櫃中
，都有一瓶番茄醬」，1937年。

43. 1959年在莫斯科的國際展覽會中展示廚房電器用品的蘇聯攤位，尼克森與赫魯雪夫即是
在該展覽會中進行知名的「廚房辯論」。

44. 左上：在聖雷莫舉辦的第八屆義大利歌曲節，來自1958年的小冊。

45. 右上：多梅尼科‧莫杜格諾以獲勝歌曲「飛翔」（Nel blu dipinto di blu）爆紅，靈感是來自聖雷莫的兩幅夏卡爾（Chagall）畫作，1958年。

46. 中：鄉村懷舊：一枚頌揚芬蘭探戈的1997年郵票。

47. 下：商業現實：一年一度的芬蘭探戈節，2013年。

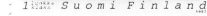

48. 左上：現代化的上海：上頭印有斯堪的納維亞啤酒廣告的月曆，1938年。

49. 右上：南德里市場；印度，2010年。

50. 中：柏青哥賭場；東京，2014年。

51. 下：中國消費者協會撲克牌，2006年；以古典文學作品《西遊記》中知名的孫悟空角色，提醒消費者注意商品的誤導性聲明，並打擊假貨贗品與劣質商品。

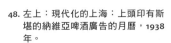

52. 上：信用卡之前：來自泰爾海莫斯
百貨公司帶有壓印浮凸文字的金屬
「簽帳牌」；維吉尼亞州里奇蒙，
約1938年。

53. 右中：班傑明富蘭克林儲貸銀行存
錢筒；美國，1931年。

54. 左中：根據這張1950年代早期的芬
蘭儲蓄海報所示，只要先儲蓄，家
電用品與巴黎之旅就會隨之而來。

55. 右下：在一張歡慶郵政儲蓄與財務
規劃80週年的海報中，一位日本的
家庭主婦驕傲地展示她的存摺，
1955年。

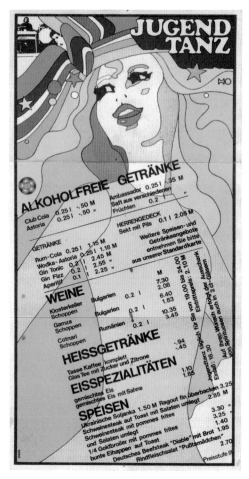

56. 左上：竄逃的暴力幫派分子頭照，
戴著招牌領巾與「驢穗兒狀」
（donkey-fringe）髮型，亦即後面
剪短、前面剪成有角度的瀏海；曼
徹斯特，1894年。

57. 右上：社會主義東德的一張海報，
宣傳一場提供蘭姆可樂、烤雞肉、
薯片，以及烏克蘭酸辣濃湯的青春
派對，1973年。

58. 下：穿著阻特裝的拉丁美洲人在前
往洛杉磯郡監獄途中，1943年。

59. 上：健康活躍的老年生活：在亞利桑那退休社區太陽城的早晨健身活動。

60. 左下：上海人民公園，2006年。

61. 右下：太陽城鳥瞰圖，約1970年代。

62. 上：南帕薩迪納市立游泳池這座110英尺的「市立跳水池」，由公共工程管理局（Public Works Administration）撥款建蓋於1939年。

63. 下：速食：19分錢漢堡商場，每天從上午十一點營業至凌晨一點，週五到週六則延長至凌晨二點三十分；洛杉磯卡爾弗市，1952年。

64. 左上：愛迪生電力公司棒球隊；加州，1904年。

65. 右上：愛迪生女子棒球隊；加州，1932年。

66. 中：製鞋商巴塔在1947年舉辦的足球賽，競賽隊伍是來自法國與英國的公司團隊，最後由法國的韋爾農隊伍勝出。

67. 下：德國洗衣粉廠商漢高公司的住宿、休閒與社會福利，1937年。

Werksbücherei

Sportplatz

Werkshäuser

Kinderfürsorge

68. 左上：舊貨商（撿拾破爛舊物的人）與他的驢子；法國洛澤爾，約1900年。

69. 右上：在「垃圾場」撿拾垃圾的男孩；波士頓，1909年。

70. 中左：曼哈頓的個人倉儲廣告，2012年。

71. 中右：舊電腦的電子垃圾報廢；中國廣東省貴嶼鎮，2005年。

72. 左下：羅伯特・勞森伯格的《字母組合》，1955～1959年。

目次

第一部分 PART ONE

第一章　三大消費文化 Three Cultures of Consumptions

第二章　消費的啟蒙 The Enlightenment of Consumption

第三章　物品的帝國 Imperium of Things

第四章　城市 Cities

第二部分 PART TWO

獻給奧斯卡與茱莉亞

我瘋狂地
迷戀物品，
我喜歡鉗子
跟剪刀，
我熱愛
杯子、
戒子耳環，
以及碗盆——
當然，更別說，
還有帽子…
噢，不可逆轉的
萬物之河：
沒有人能說
我愛的
只是
魚，
或是叢林與田野中的植物…
並非如此：
許多物品一起
告訴我完整的故事。
不僅是因為它們觸及我，
或是我的手觸及了它們：
它們是
如此之近
以至於它們已成為
我存在的一部分，
它們與我一起活得如此生氣勃勃，
以至於它們鮮活了我一半的生命，
也凋逝了我一半的死亡。

——巴勃魯·聶魯達（Pablo Neruda），《物品之頌》（Ode to Things）

本書插圖來源列表

1.　嫁妝箱，托斯卡尼，義大利，約 1430 ～ 1460 年。（© 維多利亞與艾伯特博物館（Victoria & Albert Museum），倫敦）

2.　馬約利卡陶餐盤（Maiolica dish），烏爾比諾（Urbino），義大利，約 1559 年。（© 維多利亞與艾伯特博物館，倫敦）

3.　瓷瓶，景德鎮（Jingdezhen），中國，約 1590 ～ 1620 年。（© 大英博物館受託人（The Trustees of British Museum））

4.　石瓶，弗雷興（Frechen），德國，約 1600 年。（© 維多利亞與艾伯特博物館，倫敦）

5.　白玉浮雕瓷壺，威治伍德公司（Josiah Wedgwood and Sons Ltd），英國，約 1790 年。（© 維多利亞與艾伯特博物館，倫敦）

6.　仕女上衣與搭配的襯裙。約 1770 年代。（© 維多利亞與艾伯特博物館，倫敦）

7.　花卉圖案的棉布，紡織紀念物，跟一位小女孩一起留在芳德鄰醫院，1747 年 12 月 18 日。（© 芳德鄰醫院（Foundling Hospital）至今仍是科勒姆（Coram）的兒童慈善機構）

8.　穿著時尚連衣裙的洋娃娃，約 1760 年，法國。有花卉圖案的印花棉布長禮服、亞麻布襯裙，以及絲綢錦緞的鞋。（© 阿姆斯特丹國家博物館（Rijksmuseum Amsterdam））

9.　《喝巧克力》（La xocolatada），巴塞隆納，1710 年。磁磚。（© 巴塞隆納設計博物館（Museu del Disseny de Barcelona），若阿金・德卡爾塞爾（Joaquim de Càrcer）遺產，1923 年）

10.　瑪黛杯（Maté Cup）（a）及金屬飲管（Bombilla）（b），19 世紀，美洲。銀器，a：6 11/16 × 6 5/16 英寸（17 × 16 公分）。布魯克林博物館（Brooklyn Museum），1941 年博物館遠征隊（Museum Expedition），富蘭克・巴布特基金會（Frank L. Babbott Fund），41.1274.14a-b。創用 CC —姓名標示（Creative Commons-BY）（© 布魯克林博物館）

11.　「咖啡屋暴民」（The Coffeehous Mob）。一位匿名藝術家的諷刺版畫，來自愛德華・沃德（Edward Ward）所著《英國人的諷刺詩》（Vulgus Britannicus: or the British Hudibras），倫敦，1710 年，在該書 116 頁之後。華府莎士比亞圖書館（Folger Shakespeare Library）排架號：PR3757.W8 V8。根據創用 CC 姓名標示—共享 4.0 國際許可（Creative Commons Attribution-ShareAlike 4.0 International License），經華府莎士比亞圖書館授權使用。（© 華府莎士比亞圖書館，華盛頓特區）

12.　《小屋內景：準備泡茶的女人》（A Cottage interior: a woman preparing tea），由威廉・雷德莫爾・比格（William Redmore Bigg）繪製的油畫，1793 年。（© 維多利亞與艾伯特博物館，倫敦）

13.　穿著印花肯加女服（kanga）的斯瓦希里（Swahili）年輕婦女，桑吉巴（Zanzibar），約 1900 年。（私人收藏）

14.　拉姆齊爾教士（Revd Ramseyer）與庫馬西禁酒協會（The Temperance Society Kumase）（阿桑蒂（Ashanti）／迦納），1903 年。（© 崇真會檔案館（Basel Mission Archives））

15.　反奴隸糖碗，可能來自布里斯托（Bristol），1820 年代。（© 大英博物館受託人）

16.　佩里斯先生與家人，錫蘭（Ceylon），1907 年。（阿諾・萊特（Arnold Wright）所著《20 世紀的錫蘭印象》（Twentieth Century Impressions of Ceylon），1907 年；照片：© 哈佛圖書館）

17. 殖民地咖啡（Cafés du comptoir des colonies）：爪哇—摩卡—馬提尼克（Java-Moka-Martinique）。愛德華・安古爾（Edward Ancourt）設計的彩色平版印刷海報，約 1890 年。（© 萊斯裝飾藝術博物館（Les Arts Décoratifs），巴黎；照片：洛朗・蘇利・若爾姆（Laurent Sully Jaulmes）

18. 寶拉女孩（Paula Girl），寶林公司（Pauling Company）設計的廣告海報，1926 年。（© 寶林公司，赫爾辛基）

19. 樂蓬馬歇百貨公司（Bon Marché department store），巴黎，版畫，1887 年。（維基百科：創用 CC0 1.0 通用（Creative Commons CC0 1.0 Universal）公眾領域貢獻宣告（Public Domain Dedication））

20. 樂蓬馬歇百貨公司，大廳，約 1920 年代初期。攝影師：哈蘭德（F. Harand）。（私人收藏）

21. 合作商店（Cooperative shop），新市（Newmarket），英國，1899 年。（© 主教門圖書館（Bishopsgate Library），主教門基金會（Bishopsgate Foundation and Institute））

22. 中央市場廳（Central Market Hall），柏林亞歷山大廣場（Berlin Alexanderplatz），托伊爾考夫（G. Theuerkauf）製作的版畫，約 1890 年代。（私人收藏）

23. 天橋市場（Tianqiao market），北京，1933～1946 年。攝影師：海達・莫里森（Hedda Morrison）。（© 哈佛學院圖書館（Harvard College Library）的哈佛燕京圖書館（Harvard-Yenching Library），海達・莫里森收藏，哈佛大學）

24. 保羅叔叔的當鋪（Uncle Paul's Pawn Shop），奧古斯塔（Augusta），喬治亞州，約 1899 年。（© 美國國會圖書館（US Library of Congress））

25. 銀座通（Ginza-dōri），東京：第一盞電弧光燈，1882 年 11 月。歌川重清（Utagawa Shigekiyo）於 1883 年製作的版畫。（© 電氣資料館（Denki no Shiryōkan）；電力歷史博物館（Electric Power Historical Museum），東京，日本）

26. 倫敦的水荒，1898 年，來自《見聞報》（The Sketch），1898 年 8 月 31 日。（私人收藏）

27. 夜晚的月神公園（Luna Park），科尼島（Coney Island），紐約市，1904 年。一張 3D 立體卡的一景。（私人收藏）

28. 黑潭（Blackpool）的「飛行機器」（flying machines），英國，約 1910 年。明信片。（私人收藏）

29. 湯普森街（Thompson Street）上擁擠的單套間廉價公寓，紐約市，1912 年。攝影師：路易斯・韋克斯・海因（Lewis Wickes Hine）。（© 美國國會圖書館）

30. 布爾喬亞的室內裝潢，1913 年，奧匈帝國（Austro-Hungarian empire）的拉達烏契（Radautz）。攝影明信片。（© 電力與生活博物館資料庫（Archive of the Museum Strom und Leben），雷克林豪森變電站（Umspannwerk Recklinghausen））

31. 海牙的貝爾森布魯日工作室（Atelier Berssenbrugge in The Hague），荷蘭，1921 年。（維基共享資源（Commons. wikimedia））

32. 漢高（Henkel）男士為洗衣粉做廣告，1914 年。（© 漢高檔案館（Henkel Archive），杜塞道夫（Düsseldorf））

33. 德律風根（Telefunken）超級收音機，1933 年。（© 柏林德意志科技博物館（Deutsches Technikmuseum Berlin）歷史資料庫（Historische Archiv））

34. 馬車的天然氣加熱浴廣告，諾里奇，英國，1908 年。（© 國家電網檔案館（National Grid Archive），沃靈頓（Warrington））

35. 在 1953 年展覽會入口處的一座巨型電烤箱。（© 大瀑布電力公司（Vattenfall）檔案，漢

堡：漢堡電力公司（HEW, Hamburger Elektrizitätswerke）收藏）

36. 皮肯（Picken）先生與太太的第一座電爐灶（electric cooker），加州，1938 年；攝影師：海芬・畢夏普（G. Haven Bishop）。（© 南加州愛迪生檔案館（Southern California Edison Archive），由加州聖瑪利諾（San Marino）的杭廷頓圖書館（The Huntington Library）提供）

37. 日本桌遊呈現出使用天然氣的好處，約 1923 ～ 1943 年。（© 東京江戶博物館（Edo-Tokyo Museum））

38. 經美國消費者聯盟（National Consumers League）認可並發予的「白標」（White Label）泳衣商品，美國，1910 年代。（© 哲人收藏（Sage Collection），印第安納大學，克里斯多福・馬歇爾（Christopher Marshall）贈予）

39. 「藉由我眉毛上的汗水」（By the Sweat of My Brow），來自《荒謬之境》（The Realm of the Absurd）專輯，1917 年。賈格寧德拉納特・泰戈爾（Gaganendranath Tagore）設計的平版印刷海報。（© 維多利亞與艾伯特博物館，倫敦）

40. 布商克里希納・維爾・斯維達西（Krishna Vihar Swadeshi Cloth Merchant）的貿易商標，1930 年代。（私人收藏）

41. 《力量來自歡樂》（Kraft Durch Freude），雜誌，德國納粹黨（Nazi Germany），1938 年。

42. 蘇聯的番茄醬廣告，《星火》（Ogoniek），1937 年 7 月 30 日。

43. 1959 年莫斯科，美國展覽場旁的蘇聯攤位廚房電器用品。攝影師：湯瑪斯・奧哈洛倫（Thomas J. O'Halloran）。（© 美國國會圖書館）

44. 聖雷莫（Sanremo），1958 年，第八屆歌曲節（Festival della Canzone）的歌曲小冊。（私人收藏）

45. 多梅尼科・莫杜格諾（Domenico Modugno）在聖雷莫，1958 年。（維基共享資源）

46. 芬蘭探戈（Finnish Tango）郵票，1997 年。

47. 塞伊奈約基芬蘭探戈節（Seinäjoki Finish Tango Festival），2013 年。攝影師：亞尼・皮拉哈（Jani Pihlaja）。（© 熱門焦點（Top Focus））

48. 上海，月曆中的斯堪的納維亞啤酒廣告，1938 年。（私人收藏）

49. 南德里小商店聚集的市場，2010 年。（© 法蘭克・川特曼）

50. 柏青哥賭博廳，東京，2014 年。（© 法蘭克・川特曼）

51. 中國消費者協會（China Consumers Association）撲克牌，2006 年。（私人收藏）

52. 簽帳卡（charge card），泰爾海莫斯（Thalhimers）百貨公司，里奇蒙，維吉尼亞州，約 1939 年。（私人收藏）

53. 班傑明富蘭克林儲貸銀行（Benjamin Franklin thrift bank），美國，1931 年。（私人收藏）

54. 儲蓄海報，芬蘭，約 1950 年。（© 北歐聯合銀行芬蘭公共有限公司（Nordea Bank Finland Plc）歷史檔案）

55. 儲蓄海報，日本，1955 年。（© 日本郵政博物館（Postal Museum Japan））

56. 逃跑者。曼徹斯特青年幫派兩名成員的臉部照片，1894 年。（© 大曼徹斯特警察博物館及檔案館（Greater Manchester Police Museum & Archives））

57. 東德一項青年舞蹈的海報，1973 年。（© 溫德博物館（The Wende Museum），加州）

58. 穿著阻特裝的人（Zoot Suiter）在前往洛杉磯郡監獄（Los Angeles County Jail）途中，1943 年。（私人收藏）

59. 亞利桑那太陽城（Sun City）退休社區的早晨健身活動，1980 年。攝影師：大衛・休恩

（David Hurn）。（© 馬格蘭攝影通訊社（Magnum Photos））

60. 年長的女士在人民公園（People's Park）的一台運動器材上，上海，2006 年。（© 法蘭克·川特曼）

61. 太陽城鳥瞰圖，約 1970 年代。（私人收藏）

62. 南帕薩迪納（South Pasadena）市立游泳池，未註明日期，1940 年代。攝影師：道格·懷特（Doug White）。（© 南加州愛迪生檔案館，由加州聖瑪利諾的杭廷頓圖書館提供）

63. 19 分錢漢堡商場（19 cent hamburger outlet），卡爾弗市（Culver City），洛杉磯，1952 年。攝影師：約瑟夫·法德勒（Joseph Fadler）。（© 南加州愛迪生檔案館，由加州聖瑪利諾的杭廷頓圖書館提供）

64. 愛迪生電力公司棒球隊（Electric Edison baseball team），加州，1904 年。攝影師不明。（© 南加州愛迪生檔案館，由加州聖瑪利諾的杭廷頓圖書館提供）

65. 愛迪生女子棒球隊（Edison Girls basketball team），加州，1932 年。攝影師：海芬·畢夏普。（© 南加州愛迪生檔案館，由加州聖瑪利諾的杭廷頓圖書館提供）

66. 巴塔（Bata）1947 年的足球賽，來自法國韋爾農（Vernon）的獲勝隊伍照片。（© 巴塔紀念 & 資源中心以及巴塔家族（The Bata Reminiscence & Resource Centre and The Bata family））

67. 漢高公司的住宿、休閒與社會福利，德國，1937 年。（© 漢高檔案館，杜塞爾道夫）

68. 舊貨商（撿拾破爛舊物的人）與他的驢子，洛澤爾，法國，約 1900 年。（私人收藏）

69. 在「垃圾場」撿拾垃圾的男孩，波士頓，1909 年。攝影師：路易斯·韋克斯·海因。（© 美國國會圖書館）

70. 個人倉儲（Self-storage）廣告，曼哈頓，2012 年。（© 法蘭克·川特曼）

71. 舊電腦的電子垃圾報廢（E-scrapping），貴嶼鎮（Guiyu），廣東省，中國，2005 年。（© 巴塞爾行動網（Basel Action Network））

羅伯特·勞森伯格（Robert Rauschenberg），《組合藝術創作》（Monogram），1955 到 1959 年。在油畫布上結合油、紙、織物、印刷紙張、印刷再生品、金屬、木頭、橡膠鞋跟、網球，以及畫上油彩的安哥拉山羊、木製平台上的橡膠輪胎，安裝在四個腳輪上。尺寸：42 × 63 1/4 × 64 1/2 英寸（106.7 × 160.7 × 163.8 公分）。當代美術館（Moderna Museet），斯德哥爾摩。以當代美術館之友（Moderna Museets Vänner）的捐獻購買於 1965 年。（© 羅伯特·勞森伯格基金會（Robert Rauschenberg Foundation）／經倫敦的 DACS 非營利機構與紐約的 VAGA 機構授權使用，2015 年）

72. 影像翻印已獲所有人、機構單位、授權持有人、可辨識的版權所有人之善意許可。版權所有，不得翻印。

圖表列表

第一部

引言

追尋消費的六百年歷史軌跡，
探索永續發展的生活方式

我們的生活被各種物品圍繞。一個典型的德國人，擁有 10,000 件物品；在洛杉磯，一個中產階級的車庫裡放的往往不再是車子，而是幾百箱雜物；2013 年的英國是 60 億件服裝的產地，每個成人大概就擁有 100 件，而其中的 1/4 從來不曾離開衣櫃。當然，人們一直都少不了這些東西，不只是為了生存而使用，更是為了儀式慣例、陳列展示以及樂趣等目的。那些存在於某個尚未現代化村落，或土著部落的所有物，與我們先進社會中跟山一樣多的物品相比，頓時都會黯然失色；這種累積物品的方式變化，牽涉到人類與物品關係的歷史轉變。尚未現代化的村落與現代社會相較之下，前者大部分的物品都是以贈禮或是嫁妝才得以交流並取得；後者的物品則主要是在市場上購買得來，而且更快速地成為我們生活中的過客。1

在最近的幾百年中，物品的取得、流動與使用 —— 簡而言之就是消費 —— 已成為定義我們生活的特徵。然而，儘管某些時期的確有些特定的角色會主導並定義社會及文化，然而認為每個時代都有其特性仍然是一個錯誤的想法。在歐洲，中世紀盛期（High Middle Ages）見證了一個由騎士與農奴組成的「騎士社會」（chivalrous society）興起。2 宗教改革（the Reformation）推銷了一個信仰並反對另一個。19 世紀時，商業社會讓位給了資本家及

受薪勞工的工業階級社會。直到今日，勞動還是很重要，但它定義我們角色的重要性遠不如工廠及工會的全盛時期。我們比以往任何時候都更像是消費者，而非戰士或工人。在富裕的世界 —— 甚至在愈來愈多的開發中國家也是如此 —— 身分認同、政治、經濟和環境，皆由我們如何消費以及消費什麼這些關鍵要素形塑而成。品味、外表和生活方式定義了我們是誰（或者我們想成為誰）以及別人如何看待我們。政治家把公共服務視為一座擺滿商品的超市，希望能為公民提供更多選擇。許多公民也反過來，利用他們的荷包進行消費抵制（boycotts）及消費支持（buycotts），以期推動社會和政治達到他們的理想目標。已開發國家經濟的存活與否，端賴它們是否有能力藉由廣告、品牌和信用貸款之助，來刺激並維持高消費水準。或許這與人類最有關的影響是，它帶給在這星球上生活的我們密集且強化的物質生活方式。我們的生活方式因石化燃料而火力全開，在 20 世紀，每個人的碳排放量比以前多了 3 倍。時至今日，交通運輸系統以及更大、更舒適、充滿更多電器用品的家庭，就占了全球碳排放量的近一半。肉品食用量的增加，嚴重擾亂了氮的循環。倘若製造或運送消費物品的過程中產生的排放量也要納入考量，那麼消費者更和排放量脫離不了關係。同時，這些消費物品在生命盡頭時，為了挑撿出其中的貴重原料而被拆解得支離破碎，亦將導致疾病與汙染的產生；許多來自歐洲壞掉的電視與電腦，最後卻出現在迦納與奈及利亞這些國家。3

消費多少數量以及消費什麼事物，是現今最迫切也最棘手的問題之一。本書便是對此爭論的一項歷史貢獻，述說的故事包括了我們如何一步步走到擁有如此多消費物品的生活，以及此舉如何改變了歷史的軌跡與進程。

「消費」一詞的轉變

就像歷史上其他的關鍵概念，消費（consumption）的意義也隨著時代不斷的變遷而有所改變。「消費」這個詞，最初是從拉丁文的「廢棄物」（consumere）衍生而來，先在 12 世紀的法語中出現，再從法語傳入英語以及其他的歐洲語言之中。當時，這個詞意指物質的消耗殆盡，所以適用於

食物、蠟燭、柴火，以及受到疾病襲擊的身體——因此英語中以「消耗」（consumption）來指稱肺結核這種「消耗性疾病」（wasting disease）。更令人混淆的，還有發音類似的「完成」（consummare）一詞，意謂著完成某事，就像基督的遺言：「成了（consummatum est）。」在實際使用時，「消耗」（waste）和「完成」（finish）的意思往往無分軒輕。4

17～20世紀之間，「消費」一詞經歷了驚人的變形。它逐漸不再意謂消耗或毀壞，反而成為積極、創新的代名詞。從17世紀末開始，經濟評論家開始主張，商品與服務的購買不僅能滿足個體需求，在這種過程中，還能藉著為生產者與投資者擴大市場，使國家變得富強。個人的虛榮，比方鼻煙壺或奢華衣飾，至少在物質方面可以產生公共利益。然而這樣的關聯動搖了以往人們深信不疑的道德觀。。一個最重大的里程碑是亞當·斯密（Adam Smith）在1776年出版的《國富論》（*The Wealth of Nations*），他在這本著作當中主張「消費是所有生產的唯一目的與用途」。5儘管有此聲明，斯密以及他的後繼者並未讓消費成為經濟的中心，更別提可能會有持續成長的想像。一直要到1860至1870年代，威廉·史丹利·傑文斯（W. S. Jevons）、卡爾·門格爾（Carl Menger）及里昂·瓦爾拉斯（Léon Walras）才開始提出「創造價值的是消費、而非勞動」的主張。

消費者的神化或許始於經濟思想，卻成於政治理念。1900年左右，「消費者」就像公民的雙胞胎般，來到了政治的舞台上，利用錢包的力量推動社會改革；初期只在美國與英國，但很快地，法國與歐洲其他地方也開始了。在這之後，大量生產的標準化商品在兩次世界大戰之間起飛，公司行號與廣告主把消費者捧成了市場上的「國王」。接下來數十年，公共醫療衛生、教育與體育活動這些服務的使用者也開始被稱為「消費者」，直到1960年代，觀察家發現了一種全新的社會型態，亦即「消費社會」（consumer society）。到了20世紀末，被消費的對象不再只是商品與服務，甚至連情感與經驗都可以被消費。儘管如此，昔日與「消耗」相關的聯想並未完全喪失。19世紀德國歷史經濟學的創始人威廉·羅塞爾（Wilhelm Roscher）曾經說過，一件外套要直到它的纖維破裂散開，才算消耗殆盡。最顯而易見的就是日文的「消費」（shohi）——這個在1880年代特別新創的漢字名詞——是以「花費」（hi）與「毀滅（消）」（sho）這兩個漢字

結合而成。在我們意識到地球的資源是有限的時代中，這個廣泛的物質消費概念要說的可比它本身要多了。

這個詞與時俱進的意義，反應了 15 世紀以來隨著資本主義的進展，市場得以擴展，購買與選擇更遍及整個社會。然而，如果只把我們關注的焦點集中在購物與消費能力的改變上，將會太過狹隘。消費不止與購買有關，即使現代社會中的購物行為持續攀升，人們仍然持續由其他管道取得物品與服務，包括禮物、公司贊助的健身房和假期，以及特別是最近這50 年，由國家提供的健康醫療、住宅、教育與福利等。在本書中，購物必然會得到相當篇幅的關注，但我們也必須正確評價商品被使用的方式，因為這也為它們賦予社交生活與身分認同的形式與意義。

因此，本書旨在盡可能充分而完整地追蹤整個消費的生命週期，亦即從需求、取得、使用、搜集，到最終的棄置。這意謂著我們也會關注需求背後真正的原因，也就是對商品的渴望，包括 18 世紀歐洲的印度棉布熱潮、19 世紀非洲的歐洲服飾風尚，或是新歐洲品味的出現使咖啡、茶、巧克力等異國商品蔚為風潮。人們對這些商品的偏好並非原本就存在，也並不穩定，而是被創造出來的；隨著殖民主義與資本主義在西方大眾市場為這些商品重新包裝，它們也不斷改變。文化亦然，被各個文化視為最有價值的商品種類都不盡相同，有些文化（像是中國明朝）珍視古物，其他文化（像是荷蘭共和國及早期的現代英國）則日益追求新奇的事物。在消費鏈中，下一個環節就是取得。在此，除了購買與購買力之外，我們也必須檢視信用貸款與儲蓄的助長；同時，亦不該忽略某些不涉及購物而取得商品的方式，像是家庭成員把物品轉送給家人、朋友及慈善機構，或是烹飪與園藝近來從工作轉變成耗費大量時間與金錢的嗜好，完成一次亮眼的轉型。在我們這個消費鏈中最後的環節，就是當商品達到它們社會生命的終點，也就是壞掉、過時，或者只是不再為它們的主人所需要時。這個環節與廢棄有關，同時也會談到貯藏與再利用。

與時間、金錢同樣重要的，是消費的場所。在此，百貨公司宛如現代化的象徵，主宰了消費的場景；雖然圍繞著這些百貨公司的商店與零售店鋪那充滿活力的組合也同樣令人著迷，從街頭小販、合作商店到鄰里商店應有盡有。更廣泛地來說，消費場所指的是消磨休閒時間的場所，範圍從

營利企業，譬如早期的電影院和舞廳，到公共游泳池以及公司贊助的時裝表演，都包括在內。同時，我們還必須關注公共生活與私人生活之間的關聯；尤其是關鍵的自來水、瓦斯及電力進入了家庭，建立了新的習慣與期待，也引入新家電。我們想知道的不僅是花多少錢買一台收音機、洗衣機或冷氣機，以及購買它們的是誰，我們還想知道這些家電如何改變了日常生活的性質與步調。舒適、清潔和便利——套句 18 世紀的用語來說——是消費的動態驅動力。

消費的兩方道德論戰

如今，消費是公共辯論激烈的中心議題，兩個敵對陣營互相把道德炮火指向對方。一邊是改革派的社會民主批評者，他們攻擊購物、廣告、品牌與寬鬆的信貸是不可抗拒的毀滅力量，把積極、善良的公民變成被動、無趣的消費者。從這個觀點來看，人們是驅使去渴望並購買他們並不想要的事物，而他們既負擔不起這些事物，也沒有時間享受它們。「人為的渴望」（artificial wants）已取代「真正的需求」（authentic needs）。人們已然被過多的選擇淹沒，變得愈來愈短視近利。人們就像在輪子上的倉鼠，困在花費／工作／耗盡的循環當中，使他們不快樂又寂寞，精神不穩定，而且債台高築。如此經年累月地盲目消費與尋求即時滿足，鈍化了人們同情他人困境的心靈與心智。個人自我中心的享樂主義（hedonism）扼殺了公益精神。若給「消費主義」（consumerism）貼上不友善的標籤，就是新的極權主義（totalitarianism），套用一位評論者的話：「古拉格（gulag）被古馳（Gucci）取代了。」6

另一邊則是消費的擁護者，排在最前面的是古典自由主義者，他們珍視自由選擇如同珍視民主與繁榮的基石。從這個觀點來看，公民應該擁有跟隨個人偏好、做出個人選擇的權利，而非由某個當權人士來告訴他們什麼是好、什麼是壞。在市場上選擇，就如同在選舉時投票一樣，干涉了前者就會損害到後者。就如米爾頓（Milton）與羅絲・傅利曼（Rose Friedman）1979 年在他們大受歡迎的美國書籍《自由選擇》（Free to Choose）以及後來的紀錄影集所形容，自由選擇不僅是推動「繁榮與人類自由」的最好方

式，也是唯一的方式。7 關於這個願景如何征服美國，莉莎白・柯恩（Liza-beth Cohen）已於《消費者共和國》（*A Consumers' Republic*）中簡練而流暢地敘說分明。8 類似的觀點今日已遍及全球各地，通常都聚集在新自由主義（neo-liberalism）的保護傘下。同時，這些觀點也從某些社會民主黨人（social democrat）那裡得到了支持，他們相信人們擁有享受舒適、樂趣和小小奢侈的權利。有些人希望，更多商品與服務的更好選擇，可以削弱階層與品味的階層制度，並且培養出一個更加多元的社會。2004 年，英國新工黨（New Labour）首相東尼・布萊爾（Tony Blair）公開宣稱：「我相信人們確實想要擁有選擇，不僅其他服務如此，公共服務亦然。」他堅持，為身為「公民與消費者」的父母及病患提供更好的選擇，必可讓學校與醫院變得更加完善。9

這種在政治與道德層面為選擇所做的抗辯，不是發生於文化真空之中，而是受益於 1970、1980 年代時廣泛的社會變化所創造出更寬容、更有利於商品與消遣的氛圍。或許正如法國作家米歇爾・德・塞爾托（Mi-chel de Certeau）所指出，人們並非都是被動的傻瓜，反而深具創造力，甚至相當叛逆，他們用獨特的生活方式捍衛自己的自主權。其他觀察者認為，青年次文化用流行、輕型機車及大眾音樂挑戰一致性。性別研究作家更補充，購物並不全都是輕率浮誇之舉，它可以是賦權的行為，給予負責大部分購物的女性新的身分認同與公眾存在感。後現代主義（Postmodernism）掃去介於「真正」渴望與「人為」渴望之間的簡單分歧，擾亂了介於「好」品味與「壞」品味之間的階層。倘若現實所包含的並非單一觀點，而是由不同論述與詮釋所構成，誰說某人對貓王（Elvis）的熱愛就比其他人對華格納（Wagner）的熱愛要來得更不真實或更沒價值？人類學家在富裕的社會進行實地考察，指出購物與消費是涵義深遠的社會經驗，而非盲目無腦的累積行為。人們藉由他們的所有物去了解並表達自己。10

本書並不打算裁決這場道德辯論，更別說判定消費到底是「好」或「壞」。消費是如此多樣、歷史又是如此豐富，以至於和使人自我滿足的大眾消費（mass consumption）或個人自由這兩種極端都無法契合。本書的主要目的截然不同：我希望能退一步思考，給讀者一個從歷史角度來看待這個題目的機會，並且說明消費如何在過去 600 年間演變出它的方式。最重

要的是，這意謂著本書感興趣的是過程；更確切地說，它關注的是兩個過程之間的相互影響：一個是體系制度與思想觀念如何與時推移而形塑消費；另一個是消費如何反過頭來改變權力、社會關係與價值體系。

為了有效觀察這些力量不斷交互變化的作用，我們不能把觀點只局限於個人的偏好或一般的抽象概念。近來的心理學家已證明，主流經濟學家試圖將偏好視為理性，這種做法相當誤導人。人們會做出什麼選擇，端視這項選擇如何被塑造：舉個非常簡單的例子，人們更可能購買正面標示含有 75% 瘦肉的肉品，而非負面標示含有 25% 脂肪的肉品。[11] 這是一項基本的洞悉，但沒有理由只能被運用於現在 —— 就像近年來所做的心理實驗。歷史是一座巨大的實驗室，在其中這類操作委實層出不窮。貿易、帝國、城市與意識形態全都塑造了背景脈絡，人們在其中各自生活，滿足某些渴望，壓抑其他渴望，形塑習慣，也傳播關於品味、舒適與構成美好生活的觀念。正如我們即將看到的，金錢與時間也很重要。經濟學家會問的是，家庭及其成員如何以及何時用閒暇換取收入，決定在市場上出售他們的勞動力，以使自己能夠購回商品作為交換。這是一個很重要的需求概念，但是太過狹隘；因為它並未告訴我們，是什麼使得家庭一開始就想要更多商品，也沒有告訴我們，他們之後如何使用、處置這些商品。因此，我們必須審視那些衝擊、影響家庭的力量，以及他們所做的選擇。物質渴望不是現代的發明，但是它們可以被養成、增強，或是被忽視、消滅。過去 600 年，是一段持續增強、放大的時期。本書提供了廣泛理解的需求歷史。

道德是一股最主要的形塑力量，時至今日仍是如此。在良好與不良的行為、恰當與不恰當的支出、公允與不公允的價格、過度與適度的生活方式上，普羅大眾與統治者始終都有他們自己的想法。誠然，這些想法也會隨著時間推移而改變，就像意識形態的興衰以及物質現實的變遷。上述簡要勾勒的當今道德辯論之立場態度，不過就是一場更漫長的歷史戰役之回響共鳴。一旦我們以這個角度去觀看，就會發現，它們的主要價值是作為歷史謎題的解答之一，而非對或錯的分析報告；正如思想史的章節，我們感興趣的是揭露傳統思想的力量與遺留，而非告訴我們消費確實是什麼。那麼，與其迫不及待加入今日道德辯論的戰場，我們應該了解的是，在歷

史中，這些立場態度無所不在且由來已久。舉個例子，若我們說消費是極權主義，不論這個觀點如何誘人，必然會受到挑戰，指出史達林（Stalin）勞改營所施加的權力與奢侈品牌所運作的力量之間，仍然有截然不同的差異性。更有趣的是，我們亦可去探索這樣的思維，如何在早期思想家所挖掘出的溝槽中留下遊走的軌跡。批判消費主義為新的法西斯主義（fascism）這種說法，可回溯至 1960 年代的義大利電影導演兼作家皮耶·保羅·帕索里尼（Pier Paolo Pasolini），以及流亡的馬克思主義者赫伯特·馬爾庫塞（Herbert Marcuse）。馬爾庫塞在《單向度的人》（*One-dimensional Man*）中，警告單向度這種扁平、蒼白的人類即將出現，然而他這本著作卻也成了暢銷的消費商品。

馬爾庫塞對社會控制和壓制的悲觀診斷或許已經過時，但今日許多公共辯論，仍然持續從戰後繁榮時期對消費主義蓬勃發展的批判中找到提示與啟發。至於約翰·肯尼斯·高伯瑞（John K. Galbraith）在 1958 年出版的《富裕的社會》（*The Affluent Society*），再沒有一本書像它一樣，給社會投下如此深長的陰影。高伯瑞身為專業的經濟學家，曾在二次大戰期間肩負穩定美國物價的重責大任，但他同時也是一位具有社會使命感的自由派知識分子。他描繪一個從戰爭中出現的危險新社會型態，隨著和平到來，大眾消費不得不隨之出現，以吸收戰爭期間被擴大的產能。高伯瑞寫道，為達此目的，生產不能只是滿足需求；還得在廣告與推銷員的推波助瀾下，創造出需求。惡性循環因而被啟動，驅使人們（藉由消費信貸的幫助）過著入不敷出的生活，更使商業得以根深柢固地盤踞於權力中心；或許更令人憂心的是，青睞個人的唯物主義（materialism）更甚於公民意識（civic-mindedness）——套句高伯瑞的名言——就是創造出一種「私人富裕、公眾貧窮」（private opulence and public squalor）的氛圍。12

更廣泛來說，如我們所見，公民因物質的誘惑而失去人性、被奴役並變得腐敗貪汙的觀念，可一路追溯到卡爾·馬克思（Karl Marx）、尚·雅克·盧梭（Jean-Jacques Rousseau），乃至於古希臘的柏拉圖。中世紀末期以及近代初期，在時尚服飾、豪華婚禮以及精美家具上的花費會遭受普遍的非難，甚至是禁止。引發急遽增加的競爭性花費——通常被稱為「努力追趕上闊氣的鄰居瓊斯一家人」——以及破壞價值觀與社會階層，也會受到

公然的譴責。而枯竭公共資金更會受到抨擊。或許最令人憂慮不安的是，貪婪與物慾據稱會分散基督徒對虔誠精神生活的注意力；教會創始人之一的聖奧古斯丁（St Augustine）在他始寫於 413 年的著作《上帝之城》（City of God）中，一路回溯這種缺乏克制之舉至原罪與亞當被逐出天堂：「亞當的每個兒子生來就帶著罪行與錯置的愛。」13 物慾與肉慾來自相同的源頭。

因此，存在與擁有相互對立，這個觀點由來已久。然而，也有另一條軌跡，認為唯有透過物品的運用，人們才得以成為人類。從 17 世紀起，有愈來愈多的聲浪主張給予消費新的正當性，從這個觀點來看，對於更多消費的渴望，推動了人類的創造力與文明。

消費的力量

讀者們就像作者一樣，也有他們自己的道德觀點。對一個人來說是「奢侈鋪張」或「輕率無聊」的事物，對另一個人來說可能是一項「不可或缺」的必要之物。然而為了了解歷史，僅透過一個人自己的道德篩選尺度去審視過去，並不是一項富啟發性的做法；相反地，我們必須認真對待歷史的參與者不斷改變的態度 —— 不論是積極正面的、心態矛盾的，或是吹毛求疵的 —— 尤其如果我們想了解，「需求」（need）與「需要」（want）是如何擴展到如此廣大的程度。僅僅指責廣告商與品牌的操縱力量，會導致我們太快關上那道通往人類與商品交會的精采故事之門。

然而，本書不僅旨在公允評價消費作為歷史力量的結果，更欲呈現消費反過來改變了國家、社會與日常生活的現象。要清楚看到這一點，我們必須打破一個傳統慣例，亦即把物質文化視為日常生活的獨立範疇。1912年，美國改革派前總統狄奧多‧羅斯福（Theodore Roosevelt）告訴美國的歷史學家，未來「偉大的歷史學家」不僅要會描寫偉大的事件，更要「盡可能全面地將這個時代男人與女人的日常生活呈現在我們面前」。14 就在 50年之後，法國歷史學家費爾南‧布勞岱爾（Fernand Braudel）以一整卷《日常生活的結構》（The Structures of Everyday Life）展開他在近代世界早期文明與資本主義的三部曲；如此獨特的處理方式提供了豐富而深刻的見解，尤其

是始終維繫市場經濟的飲食習慣力量以及日常生活慣例。但凡事皆有其代價，把日常生活、市場與政治視為獨立範疇，使我們幾乎不可能追蹤它們之間的相互作用，對於現代歷史（廣義上來說是從 18 世紀到 20 世紀）來說，當這些範疇比以往來得更糾纏不清時，這個方法也顯得特別累贅而麻煩。當布勞岱爾撰寫 16 世紀的歷史時，他創新的洞察力已出現，認為「物質文明」是「充滿陰影的模糊地帶」。15 相反地，在現代世界中，物質文明已進展成政治的中心，生活水準、住宅與飲食、休閒時間、購物與浪費，皆已進一步深植為公共關注與政策的核心議題。

　　消費的成長 —— 純就它龐大的數量、改變以及物質生產量而言 —— 意謂著我們面對的是一種新的物力論（dynamism），幾乎任何方面的公共生活都會被觸及。因此，本書密切關注這一股動力，並評估其對社會生活和政治的影響。為達此目的，本書提出了另一個解釋，一個有別於「富裕社會」的說法；後者不斷傳遞大眾想像的訊息，把消費視為二次大戰後數十年，所謂景氣繁榮的年代、經濟奇蹟（Wirtschaftswunder）或光輝 30 年（les trente glorieuses）間所產生的一種現象（或病態）。這個時期通常會與享樂主義的興起，行銷與廣告人的力量，信用卡、自助超市的到來，以及（最重要的）美國人的生活方式聯繫在一起。評論家追溯我們現今沉迷於愈來愈多消費的根本原因時，這些年代即為其重要的源頭。從這個觀點來看，消費代表了個人選擇、蔓延的個人主義及市場交易。按年代順序來說，它主要是一個述說 1945 年代之後的故事，並以美國為他人仿效追隨的典範。

消費社會不是始於二次大戰後

　　本書在四個基本方法上摒棄了這個方式。首先，我們擴大了時間範疇。1950 與 1960 年代見證了西方世界的可支配收入以前所未有的幅度成長，但這並非意謂著人們在這段時期之前一直過著貧瘠匱乏的生活。與其將戰後的繁榮視為新的開始，更適合被視為商品全球擴張的漫長故事中較晚的一個重要時期。然而這樣的擴張確切始於何時，一直是激烈爭辯中的話題。30 年前，歷史學家尼爾·麥肯德里克（Neil McKendrick）信心滿滿地確認「消費社會誕生」的年代是 18 世紀的英國 16，因而掀起了一場競

賽，專家學者們爭先恐後地想在更遙遠的時期找出消費者社會誕生的源頭；有些人在中世紀晚期英國對於啤酒與牛肉的新品味中，找到它最初的跡象。隨後偉大的歷史研究浪潮，則讓人憂喜參半。一方面，這些研究充分記錄了新服飾、舒適的家庭設備，以及對茶、咖啡、瓷器的異國品味，在工業革命之前已出現；顯然大眾消費的出現先於工廠式大量生產，這正與傳統智慧的想法相左。事實上，西方對印度棉布與中國瓷器的需求，是刺激歐洲工業革新的因素之一。15～17世紀並非從零開始的見證了物質生活於義大利文藝復興時期、中國明朝末葉，以及其後的荷蘭共和國與英國的繁榮發展。本書將從這些社會中不同的消費動力與特質開始探討。

另一方面，嘗試確定消費社會誕生的特定時刻，也帶來若干不幸的副作用，尤其是它分散了歷史學家對於「標示消費在時空中的演變」這項更巨大任務的注意力。「誕生」是一個不適合的比喻，因為消費不像一個嬰兒，無法按照一條自然的、幾乎是全世界通行的路徑去成長與發展。在現代歷史的進程中，消費由國家與帝國所形塑，回應文化與社會的變化，是生活方式、品味與習慣轉變的結果，並促成新的身分認同與關係。

消費不是資本主義特產

本書在觀點上的第二個轉變是在地域方面。在冷戰時期的富裕年代，美國似乎成了你的消費社會（*Ur*-consumer society），將它的生活方式出口到世界各地。這種流動主要是單向的：據一位近代歷史學家如此形容，是「美國透過20世紀歐洲獲取進步」的一部分。[17] 消費社會「誕生」的論點，使得18世紀英國成為盎格魯撒克遜人的選擇與市場典範之搖籃。在21世紀初的今日，這個以英國為中心的故事顯然亟需重新評估。隨著中國的快速成長以及印度、巴西等所謂新興國家的物質進步，我們已無法視消費為英美獨有的出口商品了。儘管有15億的人口瀕臨饑荒的死亡邊緣，世界上大多數人顯然仍舊過著物資豐裕的生活，但他們並不只是跟隨著美國的腳步。誠然，大英帝國與它20世紀的接班人美國，皆積極活躍地傳播它們的物質文明至全球各地；但其他的社會並非空殼，它們也有自己的消費文化。19世紀時，臣服於歐洲殖民者的非洲王國，把既有的品

味與習慣也帶給了帝國的征服者；20世紀時，日本與西德憑著蓋上「儲蓄」戳印的門票，加入了富裕社會的俱樂部。與其猜想到處都是蔓延的單一文化（monoculture），在消費商品的舒適度與所有權興起的共同趨勢中，我們應該要給予其中持續不斷的混合度與多樣性正確的評價。

並非所有的消費者都是自由主義的資本家。法西斯社會及共產主義社會一樣會消費，希特勒（Hitler）的德國與墨索里尼（Mussolini）的義大利既是軍國主義政權，也是唯物主義政權。它們承諾選民不僅可享有更大的生活空間，還要有更高的生活水準；它們留下滿目瘡痍的毀滅與種族滅絕的屠殺，但並未減低半分其物質野心的重要性。以社會主義國家的情況來說，消費物資的選擇比資本主義的國家少，也更短缺；即使在布里茲涅夫 i（Brezhnev）與何內克（Honecker）ii 對擁有更多樣、更時尚與更舒適的消費需求做出讓步之後，這些國家的消費仍然處於生產的從屬地位。儘管如此，把這些社會從消費史上除名——只因為它們不是資本主義社會，只因為它們的汽車與電視要等很久才買得到、而且容易故障——是大錯特錯；只有在自由選擇與市場交易是唯一判斷標準時，這麼做才有其道理。在1900年代之前，沒有任何社會能媲美社會主義歐洲的貨物數量或生產量，即使是工業資本主義搖籃的英國也望塵莫及。

消費不僅由市場力量所構成

對本書所採取的方法來說，以這樣的方式來擴大故事的時空背景有第三種涵義，這牽涉到這個故事的角色陣容。購物與選擇的傳統場景中擠滿了廣告主、品牌與商場，本書並不否認這些角色的貢獻，但是消費並不僅由市場力量所構成，它也由國家與帝國所形塑——經由戰爭、賦稅，並經常以激烈手段將世界上某個地方的人與商品移植到另一個地方。「美好生活」的理念，以及使這個理念成為現實所需要的商品與服務，不僅來自麥迪遜大道（Madison Avenue）上的行銷大師，也來自社會改革者與城市規劃

i　1906.12.19 － 1982.11.10，蘇聯領導人，曾任蘇聯共產黨中央委員會總書記。
ii　1912.8.25 － 1994.5.29，東德最後一任領導人。

者、道德家與教會；在某些關鍵時刻甚至來自消費者本身，他們團結在一起，利用購買力的聯合力量來改善自己的、有時甚至是別人的生活。

政治——不論是從上或從下廣泛定義的——是本書中持續運行的一個主題。它除了反映可支配收入與時間之外，也在一定程度上關注人們的生活方式如何成為政治衝突與干預的對象。有些是宏觀的變化（mac-ro-change），像是緊縮或放寬信貸、抵押貸款的可得性；有些則是微觀的干預（micro-intervention），發生於日常生活的基本結構之中，像是家庭的規模與設計，提供家電使用的電線與開關。部分原因亦是為了探究消費者本身追求的目標，如何隨著時間的推移而改變。需求更多物資的生活，對政治造成了什麼樣的影響？

同時，我對於那些直接由國家和公共政策支持的少量消費也深感興趣。我認為，從持續發展與歷史的角度來看，以「選擇」與「市場」這雙重力量展開的富裕敘事，有一個特別令人困擾的盲點。1950 與 1960 年代的消費熱潮並不全然是一種市場現象。這個時期也見證了社會服務以前所未有的幅度開始擴展；社會服務除了直接導引部分收入去補助窮人、老人與失業者之外，更以愈來愈高的比率來資助或補貼住房、教育及醫療衛生相關費用。這段景氣繁榮的數十年間，正是已開發社會比以往任何時候都來得更為平等的時期。而自 1970 年代以來，這個收入更為平等的歷史時代已反轉（除了土耳其是個罕見的例外），但即使經過近期的緊縮削減之後，在福利、住房與養老金上的公共社會支出仍然相當龐大。在組成經濟合作發展組織（OECD）的富裕國家中，政府社會支出在 2009 年攀升至國內生產毛額（Gross Domestic Produce, GDP）的 21.9% 高峰，在 2014 年因為「經濟大衰退」（Great Recession）的影響，輕微滑落至 21.6%。自 2009 年以來，英國、德國及其他幾個國家在國內生產毛額比率（social spend-ing-to-GDP ratio）中，社會支出降低了 2%；儘管如此，公共社會支出仍處於前所未有的水準，比以往任何世紀都來得高。事實上，日本、芬蘭、丹麥和西班牙在這一時期都增加了 4% 的社會支出。[18] 倘若沒有福利服務與社會平等的共同崛起，「大眾消費」的規模也不會如此龐大。倘若只因為

社會福利移轉支付（social transfer）iii 與社會服務不是在市場上買到的就排除它們對消費的貢獻，顯然會是一項錯誤。因此，我在書中囊括了一個章節，從超越市場的角度，來觀察國家與企業在提升物質標準與期望上所扮演的角色。消費水準的提高不能只歸咎於新自由派人士，並指責富人引發一連串的消費過剩、購物狂熱及債務，進而往下滲流到社會的其他階層。19 國家──包括社會民主國家──也扮演了一個重要的角色。希臘等國自經濟衰退以來的命運，即顯示了公共消費緊縮時，私人消費會發生什麼樣的變化。國家以及受益於社會服務與移轉支付的人們，或許不是高消費體系的最大受益者，但他們仍然牽連其中。任何認真嘗試去掌握我們生活物質強度的討論，都必須提到這一點。

消費不是個人偏好而已

最後，本書採取一個更寬廣的角度來審視被消費的對象以及消費的原因。對消費的研究運用了人類行為的有力觀點，並探討追求更多消費欲望背後的真正原因為何。主流經濟學家想像一個消費個體擁有理性的偏好，並尋求最大化的快樂、最小化的痛苦；這些偏好可能會隨著年紀而改變，但是這個模式假定了這個消費個體會提前得知這一點。人們是否總是如此理性尚有待爭議，20 但對我們的目的來說，這個方法最大的缺點或許在於：它幾乎無法讓我們知道與時俱進的變化為何。另一個觀點則較偏向心理學並採納社會動機，視人類渴望消費的根本原因為優越感的獲取。在此，消費是一種關係而非個人偏好（不論理性與否），是屬於社會定位體系的一部分，告訴人們自己的社會地位何在。特定種類的服飾以及其他商品會同步發出信號，讓人們知道某個人屬於某個群體，並與其他群體保持距離。這個觀點並不新穎而且由來已久，但或許它流傳至今最具影響力的一個版本，就是「炫耀性消費」（conspicuous consumption）的概念；這個名詞就在一個多世紀之前由范伯倫（Thorstein Veblen）提出，並在他對美國富人及其俗豔、奢華炫耀的批評中被發揚光大。21 由於人們都想被愛慕、被崇

---

iii 「移轉支付」指政府對家庭、人民團體或企業的無償支付，大部分用於社會福利上。

拜，這種少數人才得以享受的奢華會引起多數人的羨慕與仿效，從而引發一場沒有人想被留在後頭的消費競賽。

　　關於人類行為的這個觀點，至今仍是民眾在富裕、購物狂熱與負債的話題辯論上最主要的組成脈絡。但正如我所說，它也只是一個對人性與消費動力的部分觀點；炫耀與地位的尋求的確存在，但這並非意謂這是加速物質新陳代謝的唯一或主要力量。在此，倘若只固著在購物這件事上，會分散我們的注意力。我們有許多的消費發生於購物中心之外，而且遵循不同的邏輯。人們消費許多商品與服務只是因為他們日常生活習慣這麼做，表達彼此的義務與情感，並完成許多不同類型的任務。家庭聚餐就是一個典型的例子，它涉及食物的採買、準備（運用能源、爐灶或微波爐）、以特定的順序上菜、性別角色、飲食儀式，以及社交性。當然，有些商品可以發揮多重功能，譬如一間新廚房或許可以感動並滿足愛好烹飪的業餘廚師，也可以讓家人聚在一起；一部汽車可以是象徵地位的商品，可以是需要花費時間與專業知識的嗜好，也可以是通勤或載孩子去上音樂課的實用工具。許多商品與資源則用於提供舒適的家用品，像是暖氣與空調；同時，它們也往往是達成某個其他目的的工具——舉例來說，休閒活動、興趣愛好與娛樂的追求。滑雪、打網球和釣魚都需要用到許多成套的工具或配件；但購買滑雪板和釣魚竿，鮮少是為了把它們掛在牆上展示。雖然，從事某種運動可能比另一種運動顯得更有身分地位。一台收音機也可以是一種代表身分地位的品項，但它主要的用途是用來聆聽，而且經常在吃飯或洗碗的時候播放。消費的世界充滿了這些不起眼、不引人注目的商品品項與施行做法，並不遵循那些在經濟學和心理學中占主導地位的個人選擇與行為邏輯。我們在此要處理的，主要是社會習慣與日常慣例，而非個人動機或渴望的表現。22 天然氣與自來水、洗衣機與收音機的出現，以及休閒活動漸增的拉抬力量，都是提升消費水準的重要催化劑。

　　深入了解習慣與慣例，對兩個互有關聯的原因來說相當重要。一個是社會性的原因，對炫耀性表現的關注——常因致力於改善貧窮狀況的改革而產生——無可避免地引導學者作家們把焦點放在非常富有的人以及奢侈商品上，於是競爭與模仿被假設為用來解釋大多數人的需求之因。這有時看起來頗有種紆尊俯就的意謂，因為它把「大多數人會模仿那些比自己有

50

錢的人」當作是一種假設，所以沒有必要更深入了解他們自己的習慣與動機。要是他們停止追求更大的汽車、奢華的飾品，專注於他們「真正的需要」就好了！然而，我們很難斷言是否大多數人總是如此「抬頭看」別人。在許多情況下，他們看的是身旁的人，他們把同儕當成仿效的對象，而非那些比自己富有的人。23 隨著舒適性與便利性以更為密集的物質形式擴散開來，像是照明、暖氣、空調和家庭娛樂，大量的變化已然普及並發生於日常生活中。在如此不起眼的面向賦予更多的關注，可以讓我們更清楚地觀察到社會的脈絡與結構。

第二個原因，是為了要對消費及其結果進行更慎重的評估。「炫耀性」消費很容易被視為「浪費」，浪費那些原本可以被整個社會做更佳利用的資源；也是這一點，讓范伯倫成為一位如此激昂的批評者。比起一個普通浴缸、中央空調或一雙運動鞋的花費，我們可能更容易對一個 2,000 英鎊的手提包、一艘配有游泳池與手工水晶樓梯的 400 呎奢華遊艇感到義憤填膺；因為前者可能看起來適度而實用，後者則暗示了揮霍無度。但是若從環保的觀點看來，在私人的過度行為與公共的損耗浪費之間畫上一條道德方程式，又太過於簡便。就碳排放量來說，從家中的熱水淋浴與浴缸、暖氣與空調，到甚至更高標準的舒適設備，這些碳排放量可能遠遠超過那些豪華遊艇與奢華飾品的排放量 —— 雖說鑽石的開採也會產生許多採礦廢物並帶來汙染。以此觀點來說，問題不在於對炫耀性消費的批評太過，而在於這些批評甚至還不夠。因為，環境的挑戰與他們的判斷是不成比率的。換句話說，「浪費」並非僅源於道德所懷疑的消費型態。有許多的浪費來自於我們認為「正常」的做法，而正是這些習慣性消費型態的效益與「常態」，使它們難以被改變。但這並不意謂著我們不該嘗試去改變，只是強調干預點應在於社會的做法，也就是人們做了什麼損耗物品與資源的事，而非個人的道德或動機。iv

iv 在 2013 年的英國，家庭直接占了 77 萬噸或 17% 的所有碳排放量，超過整個的商業部分（16%），大部分來自暖氣與熱水的使用。說「直接」是因為政府的統計數據是將二氧化碳排放量從能源供應部分分隔出來（38%）。關於 2013 年英國溫室氣體排放的能源與氣候變化部（Department of Energy and Climate Change），參見：https://www.gov.uk/government/uploads/system/uploads/attachment_data/file/295968/20140327_2013_UK_Greenhouse_Gas_Emissions_Provisional_Figures.pdf.

跨越時空的消費探索，聚焦當代消費議題

　　本書述說的是商品全球化進展的故事，分成兩個部分互相補充。第一部分是歷史的敘述，帶讀者從 15 世紀商品文化的興起，一路來到 1980 年代冷戰結束，以及同時期至今仍方興未艾的亞洲消費者之復甦。內容雖按照廣泛的時間順序，但也兼具了主題性，密切關注各基本組成要件如何在不同地區建構成形；追溯帝國對物質渴望、舒適度與身分認同的影響；觀察現代城市如何建構休閒和基礎設施，反之亦然；審視家庭的轉型；研究現代思想體系（法西斯主義、共產主義、反殖民主義以及自由主義）如何掌握並利用對更高生活水準的承諾；最後，探討亞洲消費者如何加入西方的消費大家族。第二部分則往相反的方向移動，將現今所關注的重要議題置於歷史的背景脈絡之中。這些章節提出過度消費與信用貸款的問題，我們是否已成為一個「緊追不捨」的社會，沉迷於快速和膚淺的刺激；消費如何轉變世代的身分認同（包括老人、青少年與孩童）；消費如何改變宗教，我們的道德標準、公平感，以及與遠方之人的聯繫。接著一路來到最後的問題：我們如何擺脫這些事物？我們是否已然成為一個「拋棄型社會」（throwaway society）？

　　過去 30 年來，消費研究宛如雨後春筍般出現，成千上萬的專家書籍和文章有以地區與時期劃分者，有以特定產品與施行做法劃分者，到個別的百貨公司與消費者運動都有。24 但相對之下，比較性的研究少之又少，即使有，也多傾向集中在西歐國家。25 所有深具見地的細節反而留下令人困惑的知識碎片，正所謂「見樹不見林」。因此，本書試圖拼起這些分散的碎片並填入原本的漏洞之中，以期合成一幅完整的全局。與其只專注在源起點或當代富裕這些主題上，本書更期望能了解我們如何從 15 世紀演變到現在。

　　一本具備如此格局與廣度的書，必然無法面面俱到地涵蓋一切。我的目的始終是遵循跨越時間與空間的重要主題，而非寫出一本包羅萬象的百科全書。但這又牽涉到艱難的抉擇，也就是要決定去涵蓋什麼、排除什麼。大體說來，我從確定核心議題與問題出發，而不從某些原因或結果的

固定看法著手。不確定性是歷史學家的好幫手，的確，有許多章節的內容都可以自成一書了，但這麼做的話，就有違本書意欲在單單一冊的篇幅之中合成一幅完整大局的整體目的。另外，我在每一章之中所採用的各種實例與案例研究並非隨機選擇，而是經過精挑細選，以期能闡明更廣泛的發展，並傳達其中的相異與類似之處。在這些案例背後還隱藏了許多其他的例子，也可以被運用來達成類似的效果。

嚴格說來，本書並非一本全球史書籍，因為它既未涵蓋全世界，也並未提供個別國家的精心特寫。相反地，我嘗試從這些主題平常的棲身之所汲取它們，並跟隨它們穿越世界的其他地區。除了過去始終占有主導地位、也已被詳盡描述的美國與英國，我亦漫遊至歐亞，並在途中短暫停留於拉丁美洲。我也希望能對現代巴西有更多著墨，但就像我在別處也有所省略一樣，我希望對某個特定國家有興趣的讀者，至少能在我所提供有共同關注議題的專題內容中找到若干補償，像是新中產階級的生活方式，而在這個題目上，我把全副精力集中於中國與印度。我主要的焦點集中於所謂的「已開發世界」，但這並不表示我只關注富裕的北半球。我考量到帝國主義對非洲與印度殖民地的影響，以及在世界不那麼富裕的地區，移民與匯款對於改變中的生活方式會產生什麼樣的影響。在南半球的人們，並不只是北半球富裕消費者道德關切的生產者與對象；他們也是消費者，包括公平貿易產品（fair-trade product）。

像這樣跨越時空的探索，雖說帶出了從微觀到宏觀（以及溯及既往）的艱鉅挑戰，但也可說是撰寫本書的樂趣之一。歷史學家往往不是關注於微觀就是宏觀，而事實上，倘若循著兩者之間的洪流，你會發現其中尚有許多有待探索的驚奇之處。

既然本書是關於我們如何一步步走到擁有如此多消費物品的現代生活，它也設法給予這些事物的物質屬性若干關注。這可能是會讓一般讀者留下深刻印象的一個明顯特點，但這一點對於學者來說，特別是歷史學者，並不總是那麼顯而易見。在 1980 與 1990 年代消費研究蓬勃興起時，歷史學家從人類學家那裡獲得靈感，他們的主要問題是關於商品的文化意義及其身分認同和代表性。倘若少了源自這個傳統所產生的豐富研究，本書也無法完成。但是，正如近年來愈發清晰的研究顯示，事物並不只是溝

通領域中意義或符號的承載者，它們更擁有物質的形態與功能；它們或堅硬或柔軟、或靈活或僵固、或吵雜或安靜、或手動或全自動等；它們不只是給人看著就好，還需要被處理、照料。最重要的是，我們可以用這些物品來做事情。所以我們形容一個文化為「物質文化」，其來有自。這麼說吧，唯有透過對那樣的商品物質表現感激與珍惜，才有可能了解我們的生活如何及為什麼如此依賴它們。

整體而言，本書將讓讀者有機會以全新眼光來看待消費。正如我們即將看到，道德始終深深烙印在我們物質生活的脈絡之中，這是不可能改變的事實。但本書並不希冀能平息這場道德辯論，而是希望提供讀者一個更完整的工具包，讓讀者可以利用來解決它，並且處理一項迫在眉睫的任務，亦即尋求能更永續發展的生活方式。如果我們希望能夠保護「未來」，就必須更全面性地了解我們一路走到「現在」的過程。

第一章

三大消費文化

1808 年時，有一位 60 歲的編年史學家，對於流行時尚與舒適設備從他年輕以來逐步推移與演進的過程感到驚訝又好奇。餐巾不再專屬於「極為優雅的晚餐賓客」，而在各處餐桌都可以看得到。富人帶著精心製作懸掛在掛鉤上的懷錶，在城中四處招搖。抽菸草曾經只是少數人的習慣，現在卻每個人都抽了，還把菸草存放在珍貴的菸盒裡。有些新穎的事物是最近才開始風行，所以它們的流行時間尚有跡可循，像是住屋裝設屏風的風尚，就是始於 10 年之前。也有可以用英寸來計量的其他事物，譬如女性上衣的袖子，以前曾經寬達 1 英尺，現在 6 英寸才是時尚的寬度。由皺綢紗製成、確保披垂下來時會「極為輕盈」的「百褶裙」、「新式樣」，才是極致的時尚表現。然而，改變並不局限於社會的上層階級，即使是一般民眾都可以穿著「新穎又稀奇的服裝」。可拆卸的衣領即為其中一例，它讓過時的外套有了新的生命。另一個例子是最適合在夏季穿著的短袖亞麻上衣，而且據說，特別受身形豐腴人士的歡迎。「浮誇的僕人」會穿上雙螺紋黑絲綢長褲。對於新時尚潮流來說，或許再沒有比豢養動物當作時髦寵物更好的象徵了。1

我們的編年史學家並沒有從巴黎或倫敦開始撰寫，而是從揚州著手，揚州是位於中國長江下游的繁榮城市，距離內陸的上海約 200 多公里。中

國清朝詩人林蘇門 1808 年所撰的著作（編按：《邗江三百吟》），記錄了一個快速轉變的商品世界，其中有些事物在接下來兩世紀中，被視為是現代西方世界的標誌。當然，揚州大街上時髦的事物跟巴黎沙龍或是倫敦娛樂花園（pleasure garden）中的流行並不盡然相同。舉例來說，林蘇門描述了一種「蝴蝶履」，在腳跟及腳趾處飾以一隻緞製的大蝴蝶，襯裡用的是英國羊毛或寧波絲綢。當時流行的寵物，是來自廣東的鬥雞以及來自「西方」的老鼠。儘管如此，不同形狀的蝴蝶仍然取代了英式鞋扣的多種設計，使用菸草者所持的鼻煙壺材質亦以玉取代了銀，充滿異國風情的鸚鵡和金魚則取代了「西方」的老鼠；再加上，大批的歐洲評論家都在抱怨僕人模仿主人的穿著；兩地之間的差異正迅速消融中。

消費社會於何時何地誕生？

消費的歷史主要反映出西方世界的興起。正如我們過去所知，西方世界是現代的搖籃，也是消費社會的發源地。深具影響力的歷史學家費爾南·布勞岱爾與尼爾·麥肯德里克儘管有見解上的歧異，皆視時尚為西方資本主義的核心，也是其動力、欲望與創新背後的力量。他們深信，18世紀的法國與英國已擁有時尚與隨之而來的現代化；但中國並沒有。麥肯德里克在他的著作《消費社會的誕生》（*The Birth of a Consumer Society*）中，信心滿滿地追溯「消費社會誕生」的年代至 18 世紀（1750 ～ 1775 年）的英國。[2]

但是，消費社會真的「誕生」於 18 世紀的英國嗎？研究學者們蒐集了不容辯駁的證據，顯示在 18 世紀英國及其美國殖民地不斷攀升的商品數量。然而研究歐洲稍早時期的歷史學家們，並不全然樂見自己的研究對象被視為停滯靜態或是殘缺不全的次級品，只是充當英國漢諾威王朝（Hanoverian）主戲的「傳統」背景。於是，就此掀起了一場風風火火的競賽，專家學者們相繼宣稱，所謂「消費革命」（consumer revolution）是在他們所研究的時期展開的：研究英國斯圖亞特王朝（Stuart）的歷史學家在 17 世紀的英國發現蹤跡；研究文藝復興時期的學者則追溯它至 15 世紀的佛羅倫斯和威尼斯；研究中世紀的歷史學家在當時人們對於牛肉、麥酒與玩

牌的新品味中，偵測到它逐漸萌芽的胚胎期。中國的學者更補充說明，明朝（西元 1368～1644 年）時的社會已經存在某種對商品物事的追求與狂熱，值得被認定為「初期的現代」（early modern）。3

　　這種對誕生的比喻，讓我們警覺到歷史學家對起源的重視以及這種比喻所帶來的狹隘觀點。只關注於國家的起源容易使歷史學家從跨文化比較中分心，並且僅把過去視為現在的前身，或是通往今日拋棄型社會之路的一個階段。如此一來，有時會讓人難以理解早期的商品使用及意義有什麼獨特之處。接下來兩章，旨在提供一個更全面、更進化的觀點，讓我們得以看出在 1500 年與 1800 年之間的相似之處，以及商品全球擴散的最終歧異。單一的現代消費文化並不存在。文藝復興時期的義大利、明朝末葉的中國（西元 1520 年代至 1644 年）、17 與 18 世紀時的荷蘭與英國，全都見證了民眾的所有物顯著增加。各地皆出現了商店及有關品味的語彙。各地皆為動態，只是方式不盡相同。商品會流往哪個方向，在某種程度上是由國家與市場、收入與價格、城市化和社會結構等因素所形塑。然而歸根究柢，正如我希望能加以表明的，是這些社會賦予這些事物的價值使它們彼此有所區別，造就出某些社會的消費者比其他社會的消費者更為熱切、更加渴求。

商品的世界

　　1500 年至 1800 年之間 3 個世紀完成了一項最大的成就，就是讓相隔遙遠的各大洲聯手打造出一個商品的世界。跨區域的貿易早在更早的時期就已經盛行了。絲路從西元前 200 年即已連結了亞洲與地中海區域。印度洋在西元 800 年時亦已成為一個蓬勃發展的種族融合貿易區。歷史學家往往將這個早期階段與胡椒、香料、精緻絲綢，以及其他奢侈品連結在一起。但現在我們知道，即使在當時，糖、椰棗、布匹以及其他像是木材等大批貨物，也都已經占有相當比重了。到了 12 世紀，印度的印染棉布（dyed and block-printed cotton）已在開羅及東非進行交易。4 威尼斯、佛羅倫

斯與熱那亞（Genoa）扮演著歐洲與東方之間的門戶，以歐洲的金屬與毛皮換取東方絲綢與土耳其地毯。而 1500 年之後，新發展不僅是美洲的開放，還加上這些貿易區皆以真正全球化的方式連結在一起。區域性的市場中雖然仍持續大量地獲取並消費貨物，但現在又注入了全球性的商品。茶、瓷器，甚至糖，從中國流向歐洲、美國與日本。i 同時，美國的菸草、火雞、玉蜀黍（玉米）及番薯則流向中國；來自古吉拉特邦（Gujarat）與科羅曼德爾海岸（Coromandel coast）的棉紡織品除在日本及東亞建立市場，更在歐洲及其大西洋殖民地找到了新顧客。

誠然，貿易與消費是兩回事。貿易與商品的交換有關，而消費則與人們如何取得與使用它們有關。儘管如此，貿易仍是促進消費的一項主要因素，也是我們故事的重要背景。在 1500 年至 1800 年之間的 3 個世紀，全球貿易以前所未有的速度擴展開來，平均每年增長 1%。5 加總起來：到了 1800 年，全世界的海洋上承載的貨物是 3 個世紀前的 23 倍之多。而當我們想到，這是一個工業革命之前的時期，也是一個對於大規模、持續的經濟成長尚一無所知的世界，這些成長率就更讓人印象深刻了。據估計，在這 300 年中，歐洲與中國的 GDP 每年的成長率，都不超過 0.4%，而且這個數字所反映出來的，主要還是人口的成長。如果以人口數調整兩地的 GDP 成長率將會分別掉到 0.1% 與 0%。6 在這種低成長或零成長的環境中，貿易的崛起宛如一顆耀眼新星。它帶來種類更為多樣的商品，甚至前所未見的某些商品，像是來自印度的印花棉布、來自新世界的可可。藉由商業通路的擴展，貿易鼓勵專門化及勞動分工。與其以消耗自己勞動的成果為主——就像中世紀時期，大多數自耕農都自給自足——愈來愈多人則開始在市場上販賣及購買商品。然而，貿易的成長並未促成完全的轉型。即使在先進的歐洲社會，許多家庭主婦仍然繼續縫製、編織至少部分的家庭衣物，甚至代代相傳到 20 世紀。在別的地方，仍有些自耕農繼續

---

i 18 世紀上半葉，當荷蘭和葡萄牙之間的衝突中斷了來自巴西的供應品，中國的糖（粉末及糖漬）是運送到歐洲的貨物中逐漸成長的一部分；1637 年，有超過四百萬磅的中國糖被運往歐洲。巴西的供應恢復之後，中國糖在 1660 年代停止了運往阿姆斯特丹，但繼續被運往波斯與日本。參見 Sucheta Mazumdar, *Sugar and Society in China: Peasants, Technology, and the World Market* (Cambridge, MA, 1998), 83–7.

過著勉強餬口的生活。然而，商業的興起的確導致了消費的平衡、導向以及數量上的轉變，在市場上選擇與購買事物變得更為重要，而家庭生產與贈禮的重要性則相對降低了。就這個意義上來說，商業與消費可說是緊密相連、攜手並進。

東方流向西方的不平衡貿易

在 16 世紀與 17 世紀時，主要的貿易趨勢是由東方流向西方。不像西班牙與英國，明朝並未成為一個疆土遍及全球的帝國。明朝大部分時期禁止海上貿易；朝廷在 1371 年頒布了一項正式的《海禁令》，以期杜絕海盜與走私，這項禁令直到 1567 年才被廢除。1405 至 1433 之間，永樂帝下令宦官鄭和進行了 7 次野心勃勃的航行，遠達印度及波斯灣，則是一個例外；永樂帝之後的統治者，又將他積極擴展商貿的政策恢復成保守的做法。但事實上，貿易商人無時不在透過非正式及非法的通路尋方設法。儘管除了外交使團的成員之外，外國商人不得進入中土之國，但許多這類的外交使團除了向中國的朝廷進貢商品，也都兼具貿易代表團的實際運作功能。同時，走私活動的規模更為龐大；16 世紀中期，王直這名倭寇海商可號令數百艘船隻以及為數十萬船員勇夫為其效力。7 許多中國商人也藉著在中國東南沿海外的島嶼建立據點，就此規避了《海禁令》；運輸紡織品的一條主要路線，就是經由琉球（今日的沖繩島）。葡萄牙人是首批設立貿易站的歐洲商人，他們於 1557 年時即在澳門與南岸設立了貿易站點。數年之後，1573 年，西班牙帆船開始停泊於菲律賓的馬尼拉。1609年，時任東印度群島（East Indies）卡斯提亞王國（Crown of Castile）法庭（audiencia）院長的安東尼奧・德・莫加（Antonia de Morga），列出了中國商品的商業中心，中國的平底帆船都在那裡卸載貨物，以便銷往西班牙。其中有些是奢侈品：像是象牙，還有繡有黃金、珍珠、紅寶石的絲絨，以及胡椒和香料。然而也有下列商品：

不同種類與品質的白色棉布，適用於各種用途……許多床飾、掛飾、床毯、刺繡絲絨的繡帷……銅壺……小盒子與筆案文具盒；

繪有各式人物圖案的床、桌、椅、鍍金長椅；……其他無數的花俏飾品與小飾物，雖然無甚價值，卻備受西班牙人重視；還有一批各式各樣的精美陶器；……各種珠子……與罕見珍品。若要全部提及，將永無說完之時，也沒有充足的紙張可以盡述。8

　　國際市場擠滿愈來愈多的商品。但直到 18 世紀中期，交易仍處於不平衡的狀態。歐洲人支付給中國的不是商品，主要是在新世界開採並運送過去的白銀。銀是市場成長的重要潤滑劑，因為它使商業得以順利運行，並貨幣化社會，使買賣商品更形簡易。白銀也是中國極缺乏的礦產。中國境內的銀礦有限，然而視白銀為命脈的帝國官僚卻需索無度。中國商人都渴望白銀，是故外國的貿易商人會帶著白銀來交換中國的瓷器和紡織品。直到 1520 年代，大部分的白銀仍來自中歐及日本的銀礦。然而到了下一個世紀，新西班牙（New Spain）的銀塊銀條則使前者顯得相形見絀了。西班牙官員是如此貪腐，以至於除了他們願意記錄下來的數量之外，根本無從得知確實有多少白銀被運走。但顯而易見的是，當西班牙帆船從新世界的阿卡普爾科（Acapulco）駛往舊世界的塞維亞（Seville），船身都被沉重的白銀壓得嘎吱作響；接著再駛往阿姆斯特丹與倫敦，荷蘭與英國東印度公司（Dutch and English East India Companies）的船隻會在那裡上貨，駛往亞洲以換取香料、瓷器、絲綢與棉布。在 17 世紀初期，每年至少有 6 萬公斤的西班牙銀塊銀條運往中國。1602 年，一位阿卡普爾科的官員告訴西班牙皇室，已有 345,000 公斤的白銀被運往馬尼拉。9 即使在當時，中國也並未被嚴密封鎖。中國古典小說《紅樓夢》（1791 年）中，歐洲鐘錶、紡織品已然出現，西洋葡萄酒也是，甚至還有一隻西洋花點子哈巴狗。10

　　這不是一個簡單的成功故事。貿易戰爭及變化莫測的海洋，不時擾亂、中斷貨物的運輸。1498 年，瓦斯科・達伽馬（Vasco da Gama）的艦隊首次抵達印度西南方馬拉巴爾海岸（Malabar Coast）的卡利卡特（Calicut）。兩世紀之後，東印度群島最大的歐洲特許公司，即荷蘭聯合東印度公司（Vereenigde Oost-Indische Compagnie, VOC），仍然擁有 200 艘船。直至 1700 年，所有歐洲船隻合計起來，一年從亞洲帶回了 23 萬噸的貨物，相當於可裝滿今日兩艘大型貨櫃船的貨物量。18 世紀初，聯合東印度公司一年

派到亞洲的船隻不超過 30 到 40 艘。但船隻愈來愈大，載回來的船貨也愈來愈多；以 1680 年代平均來說，聯合東印度公司的船隊每年從亞洲載回了 9,800 噸的貨物；到了 1700 年代，這個數字已然成長至兩倍多了（22,000 噸）。11 愈來愈多的船隻與貨物穿越波羅的海（Baltic）與地中海，這些市場持續增長的重要性是不能被遺忘的；荷蘭人掌控了 17 世紀的鯡魚貿易；鯡魚大多在北海捕獲，然後跟鹽一起出口到波羅的海與德國各邦。直接比較歐洲貿易與亞洲貿易是一大難題，兩地的航程、貨物，以及貨物的品質與價值截然不同。從阿姆斯特丹到荷屬東印度群島（Dutch East Indies）的航程為 13,500 海里，但是到哥本哈根只需 641 海里。一噸胡椒或瓷器的利潤，當然遠遠超過一噸鯡魚的利潤。儘管聯合東印度公司的船貨在重量與體積上的占比相對較小，可說從未超過整個荷蘭商業量的 1/4，卻能使亞洲貿易占有如此舉足輕重的地位，重點就在於貨物的珍貴價值。截至 18 世紀中期，其年度總價值據估已達 2,000 萬荷蘭盾，遠超過荷蘭人從波羅的海帶回來的所有貨物。12

轉向大西洋世界

自 17 世紀後期，商業開始轉向大西洋世界，而這股動力對英國經濟的影響比對其他國家都來得更為強勁。在 1630 年代時，絕大部分英國銷往歐洲其他國家的貨物都是羊毛製品。到了 1700 年，這些外銷的貨物已被來自新世界的異國作物趕上了：包括糖、菸草，以及較為次要的咖啡。13 大西洋世界提供了由奴隸收成的更低廉新貨品。與中國及西班牙帝國相比，大西洋世界也提供了一群快速成長的顧客。1647 年夏天，理查・利根（Richard Ligon）搭著 350 噸的阿基里斯號（Achilles），從英國駛往巴貝多（Barbados）。在他三年的逗留結束時，他注意到糖經濟（sugar economy）吸引來的貨物。每年都有 100 艘船隻停靠在這座島上。除了「僕人和奴隸」，他們還帶走「各種布料，亞麻和羊毛都有；原材料；帽子、襪子、鞋子、手套、劍、刀、鎖、鑰匙等。各種可以在海上漫長航程中耐久不壞的糧食。橄欖、續隨子、鰻魚、醃肉與醃魚、醃漬鯖魚與鯡魚，各式各樣的葡萄酒以及令人快活的英國（d'Angleterre）啤酒。」14 而這不過是寒

酸的開始，當利根橫越大西洋時，只有 10 萬英國移民住在西印度群島（West Indies）與北美殖民地。但到了美國愛國分子在 1776 年宣布獨立時，移民人數已趨近 300 萬。在貿易上，真正的起飛時期是在 1700 年後的數十年間。那年，英國出口了價值 205,000 英鎊的貨物到西印度群島。70 年之後，出口貨物的價值已達 1,200,000 英鎊。在這段期間，出口至北美的貨物成長得甚至更加快速，從 256,000 英鎊成長到 2,500,000 英鎊，特別是金屬製品與羊毛製品。在 18 世紀的歷程中，美國殖民地、西印度群島與西非逐漸成為英國本土市場的重要延伸，到最後甚至占了 1/3 的英國製品出口量。在 1700 年時，這個比率還只有一成而已。15

這個全球交流的新紀元為日常生活帶來了深遠的影響。單一種植物就可以產生變革的作用。源自美洲、營養價值與產量皆高的番薯，來到了 17 世紀的中國，讓數百萬農民得以從生產稻米換成生產絲綢，而這項產物又可以用於交易其他商品。（番薯可以烘或烤來吃，也可以乾燥保存，或是磨成粉來製麵，甚至釀成酒。）16 美洲玉米也同樣讓農民得以騰出土地與雙手去摘採茶葉與產糖，生產這些符合市場所需的作物，而不必去種植自家賴以維生的稻米。但凡事有贏就有輸。當荷蘭開始對經濟作物進行價格管制時，印尼與馬來西亞的榮景一落千丈，因為農民從在市場上銷售糖、胡椒與丁香，並且購買布料與其他商品的模式，又回到了原本依靠農耕維生、勉強餬口的日子。在大西洋世界，歐洲人對糖的偏好引發了以奴隸制為基礎的資本主義組織型態，以及種植單一作物。這也是商品化最極端的形式。一個大陸的人們對於貨物的渴求，竟藉由奴役其他數百萬的人類，並把他們當成貨物銷往另一個大陸的方式來止渴。帝國對消費文化造成什麼差異，這兩者之間的相互作用是後面章節將持續關注的課題。在那之前，我們得先找出對物品的需求到底從何而來。

富麗堂皇與馬約利卡陶器 (Majolica)

　　先是跨區貿易，繼而是全球貿易的擴展，與日常生活的商業化相互交錯，互為表裡。後者的跡象可見於 15 世紀文藝復興時期的義大利、明朝末葉的中國、17 世紀的英國與荷蘭。在這個時期，歐洲及世界其他地區的絕大多數人還過著以農業維生，掙扎著只求溫飽的生活，那些發展得極早的社會是消費的熱點所在。在這樣的社會之中，人們獲取了比以往更多的事物。隨之而來的市場擴展與勞動分工，使愈來愈多人能買到非自製的物品。以經濟角度來說，這些發展可以被歸結為需求的成長，以及我們即將看到的，提高的工資與得以購買更多商品的能力之重要性，特別是在低地國家（Low Countries）與英國。但倘若我們想了解商品在這些社會中扮演的角色，我們必須關注的不僅是數量，還有性質；我們必須密切注意它們的意義、價值與功能作用。需求由文化與社會結構所形塑，而在這些社會之中，文化與社會結構皆有所差異。雖然這些社會皆受益於增長的貿易與支出，但文藝復興時期的義大利、中國明朝、早期的現代英國與低地國家，最終仍發展出各個不同的消費文化。我們現在要探討的便是這些差異與區別。

佛羅倫斯、威尼斯和熱那亞

　　在 11 世紀至 14 世紀之間，歐洲欣然擁抱了一場商業革命，置身其中的佛羅倫斯、威尼斯和熱那亞逐漸嶄露頭角，成為連結拜占庭與穆斯林世界的繁榮樞紐，市集與商品展覽會等散布於當時仍以農業為主的歐洲地區。最初，來自這些北義大利城市的貿易商人帶回來自黎凡特地區（Levant）的絲綢、香料與其他奢侈品，這是他們以歐洲的糧食、毛皮和金屬交換來的。然而，接下來的兩個世紀見證了兩地的財富逆轉。歐洲的經濟擴張之際，黎凡特地區卻逐漸沒落。托斯卡尼（Tuscany）受益於比薩（Pisa）以南的近海沼澤地吸引了來自亞平寧山脈（Apennines）的羊群，遂得以發展出欣欣向榮的羊毛產業。到了 13、14 世紀，盧卡（Lucca）、佛

羅倫斯、威尼斯已學會製作絲織品、紙及玻璃。除了銀行業與商業，正是這些手工業貿易使這些城市蓬勃壯大，把義大利北部轉變成歐洲城市化程度最高的地區。13 世紀末期，佛羅倫斯開始築起城牆：兩個世紀之後，城牆包圍住的區域已是以前的 15 倍大。來自普利亞大區（Puglia）與西西里島（Sicily）的穀物餵飽了佛羅倫斯的市民。至 1575 年，威尼斯的人口已接近 20 萬，是 1348 年黑死病肆虐前的 2 倍之多。這些城市的財富與它們的奢侈品貿易息息相關，而這些反過頭來，又與歐洲從鼠疫（bubonic plague）爆發後不均衡的復甦密切相關。起初，人口災難減輕了土地的壓力，也提高了倖存工人的薪資。但到了 1500 年，當人口恢復了，每英畝的土地得餵飽更多張嘴，人口成長就停滯下來。商品價格上漲，尤其是食物。這對一般工人來說雖是一大損傷，卻使斯堪地那維亞與中歐的貴族、義大利的貴族地主，甚至為這些貴族宮殿與餐桌製造奢侈品的佛羅倫斯與威尼斯手工工匠們，都一起蒙受其利。17

人們擁有的財物愈來愈多，也愈來愈精美。愈來愈精緻複雜的餐具，就是這股趨勢的徵候。家家戶戶累積了愈來愈多的湯匙、叉子及水杯。1475 年時，佛羅倫斯的銀行家菲利波‧斯特羅齊（Filippo Strozzi）從穆拉諾（Murano）訂購了 400 個細高玻璃杯。同年，絲綢商人賈波多‧迪‧詹諾佐‧潘多芬尼（Jacopo di Giannozzo Pandolfini）購買了一套 12 把的銀叉與銀匙。當威尼斯海軍上將尼可羅（Niccolò）之子多梅尼科‧卡佩洛（Domenico Cappello）於 1532 年去世時，身後留下了 38 把帶銀手柄的餐刀、12 把飾金或鍍金的湯匙與叉子，以及 42 把較為普通的叉子；當時，其他地方的歐洲人還沒握過叉子，更別說是擁有一把了。18 社會菁英人士的餐桌，逐漸以一整套，而非只有個別的盤碟裝飾。到 16 世紀末，熱那亞斯夸許菲佐侯爵（Marquis Squarciafico）的餐桌上，有 180 件白鑞器皿及 104 件不同大小的盤碟。鄰近的布里尼奧勒（Brignole）家族則宣稱有超過 115 件銀製餐具。有些新物品出現了，像是蛋杯，或是金、銀的齒狀物（spazadente）及耳狀物（stuzicatoio da orecchi）讓人可以更優雅地清潔牙齒與耳朵。白鑞器皿有時是從倫敦訂製的，並且會放在來自法蘭德斯（Flanders）的精美亞麻布上。然而，大部分的銀匙銀碗、玻璃與陶器，都是出於當地工匠之手，像是威尼斯的搪瓷鍍金玻璃高腳杯，或是托斯卡尼蒙泰盧波（Montelupo）以

及馬凱大區（Marche）烏爾巴尼亞（Casteldurante）的彩色上釉馬約利卡陶器（參見插圖2）；在 16 世紀時，當地紡織品也比進口紡織品更受青睞。這些物品的珍貴是來自它們日益精細複雜的設計與裝飾，而非它們使用的材料或新穎性。[19]

銀器與餐具象徵了家庭社交文化和禮節的興起。室內的房間逐漸以功能作出區分，讓吃飯、睡覺的地方與圖書室、畫廊皆有各自獨立的空間。商人和貴族在家中引進了一個特別的空間：會客廳（salotto），提供更為私密的娛樂功能。16 世紀末，住家及財產顯示了一個家庭的特性及其富裕的程度。該時期有一本給新娘參考的手冊，建議新娘要「引導」她的賓客「參觀房屋，特別向他們展示一些新穎或美麗的財物，但要讓人感覺這是出於妳的禮節與持家的熱情，而非傲慢自負：妳做這件事的方式，宛如在向他們展示妳的真心誠意」。[20]

禮節可向外看，也可向內看，因為它帶給私人舒適與自我形塑（self-fashioning）高度的新評價。在雅各‧布克哈特（Jacob Burckhardt）1860 年的經典作品《義大利文藝復興時期的文化》（*The Civilization of the Renaissance in Italy*）之中，這位文化史的瑞士先驅最先注意到，個人美觀與自我形塑在 16 世紀的義大利文學藝術（cinquecento）中愈來愈受到關注：「沒有其他的裝飾品比假髮更常被使用，假髮往往是由白色或黃色的絹絲製成。」[21] 除了頭髮裝飾品 —— 有些甚至以真髮（capelli morti）製成 —— 其他延伸物還有假牙與香水，布克哈特觀察到當時對清潔度、禮貌的舉止以及舒適性特有的廣泛興趣。在布克哈特的短篇故事中，他提到：「我們讀到……柔軟、有彈性的床，所費不貲的地毯及寢室家具，這些我們在其他國家從未聽聞。」亞麻布充足而美麗。到處都有「藝術使奢侈品顯得高貴華麗」，從飾以「無數優雅小玩意」的梳妝臺到有著錯綜複雜設計的地毯，皆是如此。外國訪客在用餐時拿到他們自己的乾淨餐巾時，都印象深刻。近年來，歷史學家更不斷填補布克哈特對於居家舒適設備的描述。在 16 世紀的歷程中，扶手椅與傳統凳子一起出現。土耳其地毯、書籍、印刷品、樂器大量湧入。孩子玩著陀螺與木馬，而大人則從事西洋雙陸棋或是風險較高（及非法）的新賭博遊戲比利比西（biribissi）等娛樂。珍貴的物品逐漸被視為不僅是單獨的品項，更必須是跨越時間、以知識和金錢逐漸

建立起來的整體之一部分。對於佛羅倫斯的人文主義者尼柯洛·尼科利（Niccolò Niccoli）以及曼圖亞的侯爵夫人（Marchesa of Mantua）伊莎貝拉·埃斯特（Isabella d'Este）這類藝術鑑賞家來說，前者有著豐富的書籍收藏，後者收集錢幣、花瓶與雕像，取得這些物品已成為他們畢生的志業。22

工匠的財產清單

以前的記載在追溯「文明的進程」時，往往認為其根源於宮廷的影響，23 但事實上，文明的普及遠超過宮廷影響所及的範圍。舉例來說，熱那亞工匠身後留下了 6 把銀製湯匙，有時是 12 把。大部分工匠都有一張床、一張桌子、床單與亞麻布。241533 年，一名錫耶納（Siena）最體面的旅店老闆離開人世時，他的臥室有張帶有一組窗簾與床罩的床，有只五斗櫃裝著幾床裝飾用的床罩。除了 17 件襯衫之外，他的衣櫃中還有一頂絲綢頭飾、緞面手套、天鵝絨兜帽，以及一對刺繡絲緞製成的袖套。25 50 年後，發生在威尼斯的死亡——以及記錄其家庭財產以方便繼承目的而編制的盤點清單——可以讓我們略窺一位威尼斯工匠的生活條件。木雕工匠安德烈·范提諾（Andrea Faentino）為威尼斯好些偉大的建築師工作。不同於他同時代的許多其他人，范提諾在一棟租來的屋子裡，用同一個空間工作與生活。當他離開人世時，他正在進行兩尊天使與使徒的雕塑。而就像他同時代的人們，他也把自己大部分財物放在儲物箱（cassa）或箱子之中，只是他的四隻儲物箱並非以普通的便宜木材製成，而是更貴重的胡桃木。裡面裝著衣物、毛毯、紡織品及鞋子。他還有 12 把有象牙把手的鍍金刀子，以及八把銀叉。廚房有 4 把栗木座椅，以及一張盤點清單上記為「舊」物的核桃木桌。他還有 2 個鍋子、2 個鹽瓶、40 件白鑞器皿、58 件白色的義大利琺瑯陶器盤碟——對白色的喜好遠勝於彩色，是近期的時尚使然。相形之下，他的床就顯得簡約得多，並沒有那些會出現在商人家中的舒適精緻物品。然而掛在牆上的作品，不只是一件簡單的聖母畫像，而是一個拿著琵琶的女人，以及另一個「土耳其」（il Turco）女人，讓人不難看出當時東方印象無遠弗屆的影響。范提諾也有好些令人印象深刻的宗教書、建築書、歷史書，其中一本建築書是萊昂·巴蒂斯塔·阿伯提

（Leon Battista Alberti）的著作，另一本歷史書則和阿爾巴尼亞民族英雄喬治·斯坎德柏格（George Skanderbeg）有關，他帶領教皇庇護二世（Pope Pius II）遠征及鄂圖曼穆斯林（Ottoman Muslim）帝國的擴張，直到 1468 年去世為止。范提諾也有一把琵琶。26

他的物質世界算是中等程度的舒適，但比之商人與貴族還遠遠不如。舉例來說，在 1620 年代的佛羅倫斯，皮耶羅·迪安哥諾羅·圭恰迪尼（Piero d'Agnolo Guicciardini）在當地的羊毛與絲綢產業中致富，光是他鎮上宅邸中的一間房間，就展示了 151 幅畫像。27100 年之前，貧窮貴族出身的交際花伊麗莎白·康杜爾梅（Elisabetta Condulmer）擁有六隻鍍金儲物箱，裝滿了亞麻布、大量銀匙、羽絨填充的褥墊；另外，除了名畫〈賢士的崇拜〉（the Adoration of the Magi）之外，還有裸體的安朵美達（Andromeda）以及裸男的多幅畫作。28 在 1570 年代的威尼斯，即使只是一名境況還過得去的書稿插畫師就擁有 25 幅畫作，其中一幅是尼祿（Nero）；以及一面鏡子、一幅世界地圖與來自開羅與波斯的地毯。29 范提諾所擁有的財物儘管有限或老舊，無疑仍反映了一種共同的物質文化，包括有餐具、書籍、樂器（當時大部分威尼斯人家中都有一把琵琶或一架大鍵琴），也會鑑賞畫像；畫像被當成個人擁有以作為展示之用的藝術物品，而非純為宗教或信仰目的之用。

把現代以前的社會視為極端不平等是個很吸引人的想法，少數富裕的貴族吃喝著多數衣衫襤褸的窮人血肉；這在大部分的歐洲，主要仍以農業為主的地區來說是沒錯。但在義大利北部的城市，情況則截然不同。西元 1500 年的佛羅倫斯，並不比 2000 年的美國要來得更不平等。佛羅倫斯這個城市並非由兩種文化所組成，菁英分子與一般平民之間並沒有一條尖銳的分界線劃分出涇渭分明的鴻溝。相反地，從邊緣的窮人到更舒適的工匠與店主這個光譜之間，大部分的佛羅倫斯人都可以找到自己的容身之地。購買書籍不只是貴族菁英的專利，麵包師傅、木匠、金屬製造商也都會買書。某些工匠甚至享有少量異國風味的物品，像是東方的地毯。進口的西班牙摩爾式（Hispano-Moresque）陶瓷，隨時都能在鞋匠、鐵匠和紡織工人間找到買主；一位羊毛紡織工人可以擁有整組餐具，包括 7 個罐子、13 個碗及 34 件盤碟。30 在北歐繁華的商業中心像是安特衛普（Antwerp），也有

類似的情景，見證了 17 世紀時畫像與義大利琺瑯陶器的快速蔓延與普及。31

文藝復興時期的主要消費動力

　　儘管如此，將文藝復興視為「我們自己……表現出色的消費主義之種子」也還太言過其實、一步登天了。32 誠然財物與理想的舒適用品開始出現在家戶之中，但它們仍然是公民文化的一部分，繼續被導向公共展示與流傳後代的目的，而非作為個人歡愉之用，或是出於新奇的誘惑。它們被賦予的生命是高尚莊嚴的精神，被賦予的目標則是永存不滅。比之城鎮宮殿與公共宴會的巨大支出，個人財物上的花費可說微不足道。這些，就是文藝復興時期的消費主要動力。舉例來說，始建於 1489 年的斯特羅齊宮（Palazzo Strozzi），就花了佛羅倫斯家庭一半費用，花費之多如同亨利七世（Henry VII）在英格蘭里奇蒙（Richmond）興建皇宮。33 貴族們試圖以裝飾得最富麗堂皇的教堂使對手相形失色，但目的是為展現本身的宏偉與美德（virtù），而非只是為了炫耀個人的財富。他們的參照標準是亞里斯多德（Aristotle），在一個由勇敢、擁有財產、志同道合的公民們所治理並保衛的共同社會之中，他贊成適當地展現個人財富，藉以彰顯公民的美德與其引以為傲的事物。義大利文藝復興時期的貴族菁英，是將權力的象徵性貨幣由人們身上轉移至事物的先驅。不像歐洲其他地方擁有大量土地的貴族，斯特羅齊家族（the Strozzis）與其貴族同伴們藉由壯麗輝煌的物件與建築，而非保有一大群家臣扈從，確立了他們的地位。經過適當地呈現，家中的畫作與花瓶可以反映一位公民的文化養成特性。然而，為一己著想的私人歡愉與便利舒適性（comodità）仍相當令人存疑。它們必須反映的，應該是對公眾利益的忠誠熱愛。令人欽慕誇讚的生命是那些積極活躍的公民，藉著豎立巨大的紀念性建築物、指揮軍隊、贊助公眾宴席及公共工程，為他們的城市增添光彩與力量。當大規模消費是因追求這類的公共目的而產生時，它便是安全而且可以被享受的。從這個意義上，或許可以說，一座裝飾得富麗堂皇的教堂，像是薩爾維亞蒂（Salviati）家族在佛羅倫斯聖馬可（San Marco）所蓋的那一座，它的意義跟一部現代的法拉利

（Ferrari）截然不同。奢侈品承擔著澤被後代子孫的職責，讓家族之名得以銘記於城市的紀錄之中，是一項可留予世世代代的遺贈。文藝復興時期的公民人文主義偏好堅實的有形事物，金錢必須花費在可以永久留存的事物上。

文藝復興時期在消費上的保守特性，可從商品的類型、功能、流通等方面略見一斑。雖然義大利城市也會進口東方的絲綢，並且在 1500 年之前，已經開始為歐洲市場生產它們自己的絲綢——這可說是西方複製並取代東方商品的成功故事第一章——但絲綢是個例外。整體來說，物質文化有顯著的連續性。誠然所有的物品都變多了，還有若干新品項出現，像是軟墊式座椅，但是 1600 年時的家庭所擁有的大部分物品種類，仍跟 200 年前的家庭沒什麼兩樣。它是一種愈趨精美，而非愈趨新奇的文化。高腳杯的設計變得愈發精緻，家具上的木雕變得愈發華美，而壁掛裝飾物變得愈發絢麗，但是商品的材料與類型幾乎無甚改變。

積累物品是財富的保險

商品除了具備實用性、有時是裝飾性的功能，也被當成資產。在現金匱乏的經濟環境中，特別是通貨膨脹時期，衣服、亞麻布和銀器是保值的重要方式。當鋪的角色宛如當地的銀行，對富人與窮人來說皆然。如果有人需要若干現金，會典押他們的衣服或家中物品，幾個月之後再把這些物品贖回。因為物品宛如財富的倉庫，它們必須能持久耐用。一件斗篷、一枚戒指或是一副可拆卸的天鵝絨袖套如果過於時尚，價值就不高，因為一年過後，這些物品可能就失去了作為典當品的價值。絕大多數人的穿著跟他們的祖父母並無二致。[34] 文藝復興時期的人們之所以累積物品，不是因為追求流行時尚而快速地汰舊換新，而是因為他們在建立自己的資產。1633 年，一位威尼斯的製櫃工匠留給他的寡婦 43 件襯衫、25 床床單、63 張桌布及餐巾，以及 105 件白鑞餐具。[35] 大部分像這樣庫存起來的紡織品及銀匙可能從沒用過，或是鮮少使用，只是儲存起來作為物質的保險。當然，亞麻織物會因經常使用而磨損，需要更換，但絲綢及其他優質物品則會被仔細維護並重複使用得愈久愈好。米蘭的莉維亞・多倫汀娜（Livia

Tollentina）在 1580 年守寡時，她把結婚時帶來的衣櫃重新利用，為她的四輪大馬車裝潢，並做成教會的壁掛裝飾物。36

禮品、典當品、個人貸款及抵押品，在一個相互依存的圈子裡上下緊密連結。卡斯特拉尼（Castellani）家族，一個佛羅倫斯上層社會的家族，就是一個最好的例子。1460 年，弗朗西斯科·迪馬特奧·卡斯特拉尼（Francesco di Matteo Castellani）將他妻子莉娜（Lena）的刺繡洋裝押給一名放款人，以便籌集現金來償還一筆貸款。但是莉娜就要去參加一場貴族的婚禮，所以他同時借了一副鑲嵌在黃金中的大型珍珠飾品，以及一副「巴黎風格、有著紅白花朵與綠葉」的鑽石飾品，又額外多加了一副鑲嵌在黃金中的紅寶石飾品。反過頭來，他把祖傳珍寶以及上頭有著家族徽章的布帷借給一名幫忙促成他姊姊婚姻的貴族朋友。他還把新買的蘇埃托尼烏斯（Suetonius）及查士丁尼（Justinian）手稿送給一位當地學校的校長；節日時，他會出借他的若干衣服和劍給當地的鐵匠。可以看出，財物始終處於一種不斷在移動、流通的狀態。37

雙重標準

因此，財物在以互惠互信為基礎的社會軌道上運行著，而非僅作為一種個人選擇行為的表現。然而，道德界線進一步地限制了財物的自由流通。文藝復興時期的想法是，一個公民必須能夠自給自足，才具備有道德而獨立的美德。萊昂·巴蒂斯塔·阿伯提以及其他作家筆下的理想化公民，只需消耗自己莊園所生產的作物，而不需求助於商店及陌生人。這些古人學到的教訓是，羅馬在物質生活最簡單的時候反而是帝國最強盛的時候。過多的財物會造成過分敏感的孱弱病夫，以至於無法捍衛他們自己的共和國。但在現實生活中，貴族當然都在市場購物，只不過正如文藝復興時期購物的歷史學家埃弗蘭·韋爾奇（Evelyn Welch）指出，這類的遊逛更偏向公民情誼而非休閒購物。借鑒西塞羅（Cicero）的說法，文藝復興時期的道德以一種頂層為貴族商人、底層為庶民零售店商的雙重標準來處理貿易，以證明社會秩序的正當性。以大規模的角度來說，商業是良性的，而且可以為共同社會增光。商人會把賺來的財富帶回他們擁有大量土地的莊

園。但對於小規模的商店來說，商業交易是「粗俗的」，威尼斯作家托馬索·加佐尼（Tomaso Garzoni）在 16 世紀末期特別強調這一點。貴族商人或許從貿易中獲取財富，但他們在國家、在他們的土地莊園上維繫了穩固的基礎，讓他們自己以及共同社會得以維持溫飽。而庶民零售店商只是做買賣而已。他們可以信任嗎？誠然那些商店是銷售鏈中的重要環節，連結起商人與顧客，並確確實實地創造出需求，但它們卻成為同時代者厭惡之物。零售店商只能在低劣地位的汙名下持續運作，1593 年的米蘭參議院甚至禁止他們晉升成貴族階級。*38*

奢侈導致腐敗與縱慾

對購物的疑慮只是一場更大爭辯的一部分，為的是對抗奢侈與隨購物而來的所有罪惡。這項爭論可以回溯至柏拉圖，他曾經推論物質世界僅是實體的一道陰影。他的思想在中世紀時仍未被全然忘卻，甚至在文藝復興時期經由佛羅倫斯柏拉圖學院（Platonic Academy）的宣揚而顯赫一時，該學院的馬爾西利奧·費奇諾（Marsilio Ficino）把柏拉圖的完整作品翻譯成為拉丁文。柏拉圖在《理想國》（*Republic*）中，述說了一座良善儉樸的城市，因為對奢華生活的慾望而腐化、墮落。當市民們保持著出於自然天性的基本需求時，這城市處於「健康的富裕」狀態。然而，一旦人們開始跟著肉體的慾望走，他們就會開啟貪得無厭、永不滿足的欲望，最後以戰爭與腐敗作結。首先，他們會想要「在臥榻上躺著，在桌子上用餐，享受美味及甜點」，但這並不會讓他們感到滿足，只是激起他們對「繪畫與刺繡……以及黃金與象牙」的胃口。*39* 由於對奢侈品的追求是永遠無法饜足的欲望，使得這座城市不得不更進一步地向外擴展，去更遠之處搜尋更多資源，導致征戰的發生。國外的侵略又因國內的腐敗而更形惡化，其時奢華享受已閹割了昔日強健的公民。失去自我控制，使得朝氣蓬勃的公民變成了軟弱無力的禽獸之人，無法保衛他們自己。肉體的腐敗導致了共和國的崩毀，是一個無可避免的結局。於是，一端是儉樸的生活方式與偉大的共和政體，另一端是私人的過度欲望與公眾的腐敗，兩端之間聯繫的環節，即為西塞羅的中心主題，這也使他成了文藝復興時期最受歡迎的一位拉丁

文作家。

基督教給了這些古典思想新的推動力和緊迫性。正如柏拉圖主張肉體的歡愉會干擾靈魂與真正知識的追尋，教會也警告大眾，對世俗財物的渴望會使基督徒從靈性生活中分心。在「登山寶訓」中，耶穌說道：「不要為自己積攢財寶在地上；地上有蟲子咬，能鏽壞，也有賊挖窟窿來偷。只要積攢財寶在天上；天上沒有蟲子咬，不能鏽壞，也沒有賊挖窟窿來偷。因為你的財寶在哪裡，你的心也在那裡。」40 藉由一路回溯自我控制的缺乏至原罪與亞當被逐出天堂，基督教教義也把奢侈性慾化了。對商品、金錢與肉慾的渴望，全都來自相同的源頭。

在文藝復興時期，奢侈易導致縱慾是一項常識，造成了對購物與過度無節制的道德擔憂。舉例來說，在 16 世紀末的威尼斯，一名綢緞布商會被指控生活過於「豪奢」，只因為他被懷疑有婚外情。41 唯有藉由教會之手，以富麗堂皇的建築與繪畫來讚頌上帝的榮耀，這種方式才稱得上是適當運用奢侈品，才是一種安全的奢華行為。一位威尼斯貴族在女兒婚禮前夕，可能會驕傲地炫耀她那滿是絲綢或黃金刺繡的華麗服飾嫁妝，但這種炫耀性消費可以被同樣強有力的儉樸表現所調和，例如，選擇穿著方濟各會士質料粗劣的棕色長袍下葬。通往天堂的道路始於簡單的生活方式。按一句流行的威尼斯諺語這麼說道：「無視這世界及其物事之人，會被賜予翅膀，飛向天堂之巔。」42

對奢侈的疑慮，導致多明尼加修道士暨狂熱的傳教士吉羅拉莫・薩佛納羅拉（Girolamo Savanarola）在 1497 年佛羅倫斯領主廣場（Piazza della Signoria）中央點燃了「虛榮的篝火」。在那煙火般燦爛金字塔底端，躺著珍貴的外國繡帷掛毯；往上層，則是肖像、棋盤遊戲、樂器以及薄伽丘（Boccaccio）的書。43 切記，雖有許多佛羅倫斯人擁有畫作、魯特琴及家具用品，也還是有許多人樂於把它們堆成 20 公尺高，並在它們付之一炬時，圍繞在熊熊火焰旁跳舞歡慶。

禁奢法令

富裕與無節制之舉不僅使薩佛納羅拉之類的狂熱分子感到煩憂，在

15 及 16 世紀，威尼斯參議院也通過了超過一打的法規律令，反對「奢侈的」生活方式。豪華婚禮和昂貴毛皮襯裡大衣使人們在財富與地位方面產生明顯可見的不平等。它們不但威脅到共和國平等與克制的理想，也引發一場可能使某些公民深陷債務的競爭性消費狂熱。對一個經常處於戰爭狀態的共和國來說，這是必須加以關切的嚴重問題，因為花在貂皮大衣或鍍金家具上的金錢，無法被募集成為一項特別的戰爭稅收。1299 年，最早由當時的大諮議會（Great Council）所頒布的法律，試圖約束婚禮的花費；這條法律適用於每個人，除了總督與其家人例外。另一條 1334 年的法律則控訴「男女都有的過度放縱、特別不必要的多餘開銷」，並且使其限制合理化，因為貪婪是「萬惡之源」，太容易在公民身上滋長。15 世紀時，參議院主要的關切焦點又轉向了衣著。斗篷的寬袖（socha）在 1400 年時是被禁止的，而被剝奪了這項特權之後，富裕的威尼斯人開始以珍貴的皮草製作衣服的襯裡。於是 1403 年，參議院對此風潮的回應是頒發了一條新法律：禁止使用貂皮與鼬皮。一連串禁令也隨之而來，從嫁妝可被容許的規模，到禮服長袍及外套大衣上可使用的金銀數量，都有明確的限制。1512 年，參議院明文規定作為結婚禮物的叉子與湯匙，不得各超過六把；並且禁止一整套奢華的家具用品，包括鍍金的箱櫃、鏡子及裝飾華麗的床單。兩年之後，一所特別的裁判法院成立了，授權三位貴族得以檢核、規範並懲處奢侈浪費的行為。他們記載，有些違法者會向他們丟麵包和橘子。參議院總結：「男人肆無忌憚的胃口，跟女人一樣易變；而且持續不斷地大幅增長，幾乎不關心花了多少費用。」儘管如此，沒有爭鬥就不會有屈服與讓步。1562 年，參議院發動了它最全面性的攻擊，禁止使用高達 1.5 公尺的繡帷掛毯以及鍍金的壁爐家飾，並詳細規定宴會上可以出現什麼項目，細到規定甜點只能以小片「普通糕點」及當地水果組成。44

　　義大利文藝復興時期的消費雖然很早就開始發展，但仍不穩定，受到一連串物質與道德約束的抑制。過度消費與富裕仍然背負罪惡與腐敗的汙名。華麗的財物不僅滿足了個人的渴望，還必須符合公民正當性的要求。餐具與家具變得愈來愈多、愈來愈精緻而複雜，但整體來說，它們屬於一種精美的文化，而非新奇以及它的雙胞胎 —— 棄置 —— 的文化。優質、儲

存財富以及重複使用的特質仍然占最大的優勢，對貴族與工匠來說皆是如此。椅凳與箱櫃的數量在工匠師傅的家中逐漸增加，從許多財產清單上所選擇的用字即可見一斑：它們被簡單記錄為老舊（vecchio）或非常老舊（vechissimo）。45 我們在此看到的，並非高生產量的消費文化；它也不是適應大眾市場的消費文化，而是專為奢侈品而發展的。因此，消費的基調反映並強化的，是熟練的藝術家與工匠在這些城市奢侈品的行業中所展現的非凡成就。同時，這一點也讓這些社會極為脆弱、易受攻擊，嚴重依賴奢侈品的小眾市場所帶來的財富，並且對超出它們控制範圍的國際貿易和政治轉變極為敏感。1497 年葡萄牙人發現了通往東方的海上新航線，繞過了威尼斯。1571 年神聖聯盟（Holy League）在勒班陀戰役（Battle of Lepanto）擊敗鄂圖曼帝國艦隊，遠離希臘西部之後，來自北歐競爭激烈的貿易商人來到黎凡特地區。大西洋貿易在接下來兩個世紀的崛起，將商業生命的中心拉往北方的阿姆斯特丹與倫敦，進一步邊緣化威尼斯和佛羅倫斯。瘟疫在 1575～1577 年以及 1630 年毀滅這兩個城市的人口，1618～1648 年間的 30 年戰爭（Thirty Years War）又將它們從德國──它們所剩不多的市場之一──的集市展會與城市中除名。奢華消費的地中海篇章，就此告一段落。

　　商業與風俗民情、慾望與束縛之間的衝突，在中世紀晚期與現代初期是歐洲的一種普遍現象。威尼斯與佛羅倫斯或許位於火線的最前端，在該時期擴展了它們的影響範圍，從紐倫堡（Nuremberg）之類的體面城市到黑森林（Black Forest）中的小城鎮都有。而當它們發揮影響力之際，同時也帶來了更多對社會秩序構成挑戰的商品與品味。除了為貿易集資並大量買賣商貨，商人本身就是新時尚的大使；舉例來說，在 16 世紀德國南部的奧格斯堡（Augsburg），一個權勢極大的債權人商業家族企業領導者漢斯·福格（Hans Fugger），眼光敏銳，熱愛以西班牙時尚製成的鞋子。他會從安特衛普的西班牙鞋匠處訂購自己的鞋子，並給予詳盡的製作指示，甚至包括這些鞋子上裝飾性的小孔洞。46 這類新時尚以及進口商品，正是區分和模仿的載具，足以動搖現存的階級制度與行為準則。萬一某個對風格有敏銳覺察的學徒要仿製福格的鞋子呢？如果當地鞋匠可能會因外國競爭者而失去生計呢？威脅並不須來自遠方。舉例來說，1453 年，紐倫堡通過了一

條禁奢法令（sumptuary law）禁止長鞋尖，一個歸咎於附近士瓦本（Swabia）地區的時尚。47

在1300年與1600年之間，一波禁奢令的洶湧浪潮橫掃了整個歐洲。在中歐部分地區，這類立法的力量一直留存到19世紀。起初，法規禁止婚葬中奢侈揮霍的餐飲與贈禮。在15世紀，焦點又轉移至衣著。48 在說德語的中歐地區，1244～1816年間，光為規範衣著服飾就通過了超過1,350項的法令條列。49 這些法律顯示出一個處於變遷的世界，並且讓我們有機會得以進一步探討，早期的現代社會如何對商品演進所帶來的挑戰做出反應。法律對於衣著服飾的固著，解釋起來很簡單。在社會秩序中，衣著服飾是一個人所屬階層最顯而易見的標記，代表其地位、等級、年齡與性別。不像在威尼斯，許多法規限制都有著主張平等的中心思想，對所有貴族與公民一視同仁（總督例外），大部分歐洲的禁奢法令都是不平等的工具，試圖保留分級精細的階級制度。因此，紐倫堡相當典型地為貴族、教會領袖及備受敬重的職業人士保留了絲綢、毛皮及珍珠；只有騎士與法律學者可以佩戴黃金衣飾。

對禁奢法令不同的社會反應

對於違法行為，社會以三種方式做出反應。一種極端的方式是全面而徹底的禁止。在史特拉斯堡（Strasbourg），一項頒布於1660年的法令會對任何膽敢模仿「新穎」外國服飾的人課以罰金，「不論看起來好不好看」。另一個方式是讓步。1532～1533年，在亨利八世（Henry VIII）的統治下，英國國會（English Parliament）通過了一項「改革服飾之過度」（for Reformacyon of Excesse in Apparayle）的法案，除了別的規定之外，還規定穿著紫色絲綢與金色薄綢的權利僅限於皇室（公爵與侯爵亦被允許穿著有上述衣料的緊身上衣）。同時，它還禁止任何年收入未達100英鎊的人「在有袖的禮服側邊或是其他極致服飾上使用任何絲綢與羊毛的混合織物或是塔夫綢（taffata），也不可使用任何外國皮毛。」50 1574年的倫敦，裁縫商會公司（Merchant Tailors' Company）的一名成員因為穿了「一件有塔夫綢襯裡的緊身褲，以及一件違反善良風俗的銀色鑲邊襯衫」，而被送進了監獄；數

年之後，市長下令，學徒只能穿師傅給他們的舊衣服。*51* 但整體而言，英國的太平紳士（Justice of the Peace）並不怎麼熱中於執行這些規定，伊莉莎白一世（Elizabeth I）頒布了好些衣著的告示，但在她在位的期間，這類法案常常在下議院（House of Commons）就無疾而終了。都鐸王朝（Tudor）的禁奢法規於 1604 年失效，而荷蘭壓根就沒立過任何這類法規。值得注意的是，上述二者不僅在商業方面，甚至在學習如何與改變並存、相信人們能自我監督與自我改變方面，都是最為先進的社會。不過在 17 世紀時，這樣的社會仍屬特例，而非常態。

大部分社會會採取第三種方式，一種中間之道，亦即藉由創立更多仔細而詳盡的衣著法規，准許某些衣著方式的存在。1693 年一項新法規中，紐倫堡貴族不會干預以時髦短上衣取代傳統長外套的行為，但說到帽子與配件，一套精心設計的等級層次則被強制實行：古老貴族家族的仕女可以佩戴帽簷飾以貂皮的絲製天鵝絨帽，遇到公開節慶時，雖然不能使用鑽石，但還可以用黃金與珍珠的釦子做裝飾。「備受敬重的商人」妻女也可以佩戴天鵝絨帽，但價格不得超過 24 個荷蘭盾，而且不得在帽上繫上金色扣子或金色飾帶。一般貿易商人家庭的已婚婦女及少女，以及第三級別的其他成員，可以佩戴飾以染色貂皮的天鵝絨帽，但價格不得超過 10 個荷蘭盾，而且不能有任何黃金之類的飾品。第四級別的零售店商則只能佩戴帽沿飾以樸實毛皮（非貂皮）的輕便天鵝絨帽，而且不能有金或銀的裝飾品。類似的規定也遍及日常生活的各個層面，舉例來說，四輪大馬車就是顯而易見展現地位之載具。唯有第一級別的成員可以乘坐於有美妙絲綢內裝的馬車。第二級別成員的馬車必須裝上布墊，但不得使用紅色或藍色的布料。第三級別成員必須付 50 塔勒才能享有租一輛馬車的特權，並且只能湊合著用普通灰色布料裝飾的馬車，馬匹不得裝上閃亮的鞍具，馬車夫也不得穿上僕從的制服。*52*

執法的情況在各地不盡相同。誠然有許多社會依賴公民的自我約束力，但其他社會則以刑罰來約束它們的公民。在 18 世紀的巴塞爾（Basel），成千上萬的女人因為隨意亂穿而被處以罰金。少數像鄂圖曼帝國的蘇丹穆斯塔法三世（Mustafa III），甚至在 1758 年微服出巡伊斯坦堡（Istanbul）的教堂門（Aya Kapisi）地區，查核非穆斯林教徒是否尊重他所設定的

服裝法規。當他偶然看到一名基督徒與一名猶太人穿著保留給穆斯林教徒穿的黃色皮靴，他馬上就下令把他們吊死。53 一般來說，執法的寬鬆取決於由行會、教會以及公眾法庭所組成的地方聯盟是否熱中於懲罰違法者並捍衛社會秩序。國家和中央政府本身能做得十分有限。這是英國與中歐、法國及斯堪地那維亞半島的一項主要差異，另一方面，在中歐、法國及斯堪地那維亞半島，地方當局會積極地對該地區的違法者課以罰金並加以訓誡。

對奢侈消費的恐懼之因

這類法律顯示一種固定視野的世界觀。一個社會的資源有限，必須要有秩序與自制才能生存下去。對於早期的現代社會來說，消費的字面意思是用完某樣事物，或將某樣事物消耗殆盡。燃燒木材或穿著一件外套直到它完全磨損，就是後者之意；直至 1900 年仍被沿用。54

在技術創新有限且無持續成長的社會中，金錢與資源的快速轉移受到關切是很自然的事。在紐倫堡，一名小市民之妻若想要一件來自倫巴底大區（Lombardy）的絲綢洋裝，當地工匠就可能會有失業的危險。珍貴的金錢一旦花費在奢侈品上，就會讓稅務官員鞭長莫及。花在外國奢侈品上的金錢，完全置當地經濟於不顧。這就是許多禁奢法令的背景緣由，這些法律試圖阻止財富經由奢侈的生活方式而被揮霍殆盡。更甚者，如果一個社會共同體中的某個團體開始消耗更多的資源，就會減少留給其他人的資源。因此，人們如何穿著、吃什麼食物、如何花錢，都被視為是攸關公眾的問題，而非個人選擇的作為。消費必須臣服於生產之下。穿著標示出一個人所屬的行會與職業。社會穩定得靠人們各守其分，並在他們各自所限的範圍內消費。新時尚，特別是外來的新時尚，對這種保守的秩序不啻是一種打擊。根據史特拉斯堡 1660 年所立法律的說法是，那些渴求新款式的人已失去了「值得稱道的堅定立場，這是我們的日耳曼老祖先在其他方面所享有的獨特聲譽，在穿著方面亦然」。55 對鋪張浪費的恐懼，不但針對炫耀擺闊的貴族，也針對不安分守己的平民。對於婚禮宴會、珠寶、昂貴帽子與黃金飾扣的限制，全都是把頂層的地位競爭當成目標。倘若婚禮

的費用可以失控遽增，小市民之子可能就得晚婚，甚至結不成婚，使社會最終走向滅亡之路。

這些都是對奢侈消費的恐懼。那麼，現實的情況又是如何？這些限制造成了多少差別？顯而易見的是，這些限制無法阻止時間大軍的前進，也無法讓社會完全被凍結於靜止的模式之中。工匠會以新款式與新材料進行改革與創新，在一成不變的規則手冊前保持領先。在歐洲的許多地區，經過 30 年戰爭的蹂躪之後，生活條件又重回水準之上。舉例來說，17 世紀初期，德國符騰堡（Württemberg）地區的邦多夫（Bondorf）與吉柏森（Gebersheim）兩村的男女每人擁有 3 件與 5 件衣服；而一個世紀之後，數量提升至男女每人擁有 16 件與 27 件衣服；到了 1800 年，數量又再度加倍。56 距此不遠的萊欣根（Laichingen）鎮，1796 年時商人喬治‧克里斯托夫‧涅斯特爾（Georg Christoph Nestel）的衣櫃中有 17 件高腰剪裁的時尚短背心，有彩色也有黑白的圖案，還有好些是以棉布或絲綢製成。80 年前，商人及本地市議會的成員授予他們自己可穿棉衣及穿金戴銀的特權，但下層社會仍然必須穿著亞麻與棉布混製的本地服裝。到了 18 世紀中期，已婚婦女的服裝中有半數在財產清單上被記為「老舊」或「半新半舊」。有關當局強迫工匠與窮人們上教堂或出席鎮上集會時必須穿著黑色衣服。因此，這個鎮上呈現的便是一片樸實無華的黑色衣海。質地輕盈的棉布與明亮鮮豔的色彩 —— 時尚革命的雙重標記，也是我們應該要回歸的潮流 —— 一直到 1790 年代才姍姍來遲，已經過了它們出現在荷蘭和英國之後的整整一個世紀。57

觸犯衣著法規的代價

有些人違反法規，使當局認為必須不斷更新這些法規，但這並非意謂著這些法規沒有任何的效果或影響。畢竟，違法者本身即以服裝秩序為目的，渴望上層社會階級的絲綢緞帶或黃金扣飾，間接認可這些法規為一項參考點。這類法律藉著將商品與時尚分出等級，強化了一種金字塔結構的社會品味。這也是以歷史學家丹尼爾‧羅許（Daniel Roche）的話來說，為什麼皇室宮廷在法國扮演著「區別縫紉特徵方面的原動力角色」。58 全國

的目光都集中在國王皇后身上。

　　蔑視法律可能得付出昂貴而痛苦的代價。在英國的伊莉莎白女王時代，太平紳士或許可以視而不見，但在中歐地區，有關當局可是毫無憐憫之心。1708 年在德國的黑森林，埃布豪森（Ebhausen）的牧師發表了一篇布道詞反對「過度裝扮的婦女」，並且要求教會法庭對穿戴過大頸巾超出其身分地位的婦女，處以 11 個金幣的罰款。這個金額可是一般女僕的月薪。五年之後，附近的維爾德貝格（Wildberg）小鎮上，光在一年之中，十個鎮民就有一名因為觸犯了衣著法規而被罰款，而罰款的平均金額約為一週工資。幾乎所有被處罰的人都是女性，她們即使沒有被徹底排斥，也必須遭受普遍的公開羞辱，並且冒著長期家庭失和的風險。在符騰堡等地的某些社區，禁奢立法極為強大有力，因為它是由職業公會與教會為了更廣泛控制社會所施加的方式，而那些團體也會同步檢核勞動與支出，使婦女得以服從命令，也使勞動力保持廉價。單身年輕女性及寡婦，不得自行在市場織布或販售其他產品謀生，而必須受僱為奴僕並住在受僱之處，賺取被人為壓低的固定工資。工匠師傅也必須確保他們的學徒會固守崗位，使他們的職業公會不需面對競爭；而這些職業公會也將移民、猶太人及女人排除在外。這是一種宛如雙頭螺絲般的雙重保護。一頭由丈夫來轉緊，限制他們的女眷所賺取的工資；另一頭又被扭緊，限制她們可以花費這些金錢的項目。本地法庭賦予丈夫可取得妻子收入的權力；如果丈夫想的話，也可以一併禁止妻子購物。因此，丈夫得以壟斷生產和消費，這也解釋了為什麼他們的衣櫃總是比妻子的衣櫃來得更滿。59

　　這是一個農村地區沒錯，但並非與世隔絕的所在，或是某些寒盡不知年、自給自足的封閉式農業社會。這些小城鎮與村落跟市場、編織及紡織出口息息相關。他們也會進行金錢的借貸。這些地方的女人顯然也有追求新奇事物的慾望，就像 1736 年時那名磨坊主人不幸的女僕，她在監獄待了一天，只因被人看到她在市集購買緞帶。這類社區的不同點，並非缺乏慾望，而是社會與體制的緊箍咒，抑制了慾望與花費。在這樣的環境下，消費很難蓬勃發展。

鳳凰髮簪與精美古董

16 世紀外國傳教士眼中的中國

在 19 世紀下半葉鴉片戰爭之後，中國停滯與封閉的形象開始在西方人的腦海中生根發芽。我們現在已經知道，這是一種扭曲的結果，將近代歐洲工業革命的成功視為西方獨特的現代化能力及中國發展遲緩而落後的證據。1582 年，當義大利耶穌會會士利瑪竇（Matteo Ricci）來到中國時，一種對中國更為積極正面的看法，也藉由他傳播了開來。南京的活力，「據說這裡有 20 萬名織工」，以及中國人如何在別處「織出一片完全由絲綢製成的布疋」，如何「模仿歐洲產品」，都讓利瑪竇印象深刻。中國男女穿著長而寬鬆的衣袖，讓他想起威尼斯人的穿著風格。他也注意到「書籍的流通量極大……而且售價低廉到不可思議」。利瑪竇對於「風俗相似性」比風俗差異性的印象要來得更加深刻：「他們運用桌、椅、床的方式，對於鄰近中國邊境的國家人民來說，是完全聞所未聞的……我們與中國人民之間有許多有利的接觸點。」[60]

利瑪竇對於強調相似之處很感興趣，但他的觀察就像仰慕 1620 年代到 1630 年代中國「交通和商品」的葡萄牙耶穌會會士謝務祿（Álvaro Semedo）一樣，確實記載了商業化如何席捲中國明朝的現象，釋放出一股商品、時尚與渴望的洪流，以及隨之而來對社會失序與道德淪喪的焦慮感。[61] 商業交流管道之一是經由走私以及進貢貿易。在 1548 年，一位官員計算過在 39 天內，中國東南的浙江福建沿海地區就有超過 1,000 艘船隻。[62] 這類沿海貿易與遍及這片遼闊土地，並與該土地更大規模的區域貿易緊密相關，長達 1,794 公里的大運河是世界上最古老的人造水道，亦是貿易的主要幹道。大運河於 1510 年重新開放，從東部沿海的杭州經揚州與長江，一路北上至北京。這項宏偉的基礎建設，原本是為了軍事目的而進行，讓軍隊得以用駁船將糧食運往明朝自 1421 年起的北京新首都。誠然官方船隻有使用大運河的優先順位，但整體來說，大運河亦無可避免地促進食品和貨物的流通。來自中國東南方廣西的糧食可以北運至長江沿岸

城市。中部內陸地區的農夫可以將米糧沿長江而下，送達江南，亦即上海周邊地區。來自北方的棉花原料，可以運往上海南部的松江府紡成棉布，並轉售到其他地區。瓷器之都景德鎮，一個距離廣州東北幾百英里的內陸城市，生產的杯盤碗碟可以由南方的惠州商人經手交易（參見插圖3）。反過來，南方的茶葉與糖則可運往北方。來自滿州的黃豆餅被運往海上，在四川印製的書籍最後送到南京與長江三角洲地區的讀者手上。

耶穌會會士謝務祿認為中國人「天生就有商人的傾向」，他同時也發現了他們所建設的「交通運輸」著實「不可思議」，不僅在省分之間，在

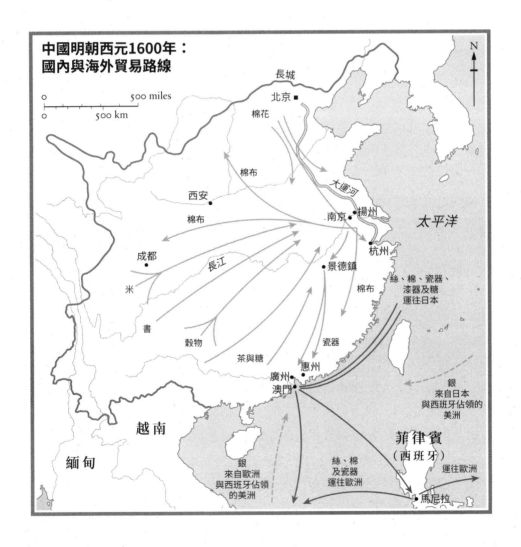

城市之內亦是如此：「在商店裡找得到的任何事物，幾乎都可以在街頭上以少量的方式出售。」63 在 16 世紀，這套商業網絡快速擴展，生產者也隨之得以接觸到遠方的消費者，亦使農夫與工匠得以專業化，藉由在市場上販售產品賺取生計，並購買愈來愈多的食物與衣服。舉例來說，在中國北方的山東，種植棉花變得愈來愈有利可圖，以至於許多農田都不再耕種自己的糧食。以貨換貨的貿易因商品的取得與消費方式而日趨完整。

明朝的江南風尚

消費的萌芽，再沒比長江三角洲更加興盛蓬勃的地方了。長江三角洲是中國的商業心臟區，也是將近 3,000 萬農民的家，他們製造並販賣棉布以交換米糧、原料及家庭用品。雖然中國明朝末葉的城市化程度遠不及義大利北部、荷蘭或英國，但集市城鎮的整體數量逐漸增加，到了 1700 年，在江南這類最先進的地區裡，六人中或許已有一人住在這些集市城鎮地區。遺憾的是，我們缺乏來自中國的詳細財產清單以描繪出一幅明朝末葉的物質世界全圖，就像現代歐洲早期般鮮明；我們無法詳細列舉出餐具、家具以及其他的財產所有物，而必須大量依賴那些留存至今的轉述與記載，譬如來自社會觀察家所撰寫的地方志，小說家及文人墨客在品味及家庭治理方面的著作。是故我們所見之物，無可避免地得先經過他們本身價值觀的篩選，他們往往對理想化的儉樸昔日抱有懷舊之情，並紆尊降貴地對低下階層團體的新慾望表示屈從。但若是仔細閱讀，這些記載至少可以讓我們重建他們居住的物質環境主要特徵。舉例來說，朱國禎在回憶錄（編按：《湧幢小品卷之二》）對 1600 年左右的江南家戶提供了一段簡短的描述，說明一家之主將棉花織成布，然後換成銀子，為家人購買米糧：「皆資民家切用。此農桑為國根本。民之命脈也。」64 這段敘述並未提及社交場合要花多少費用，為孩子們買些什麼物事，以及他們的衣著及生活方式；但專業化的分工刺激了更大量的消費，這是無庸置疑的趨勢。

城市炫耀著新時尚與更多的廣告。歷史學家顧起元（1656～1628 年）提到了他年輕時候的南京，女人所流行的時尚十年一換；但到了他耄耋之年時，每兩、三年就改變一次。髮型則達到了前所未有的高度，有所謂的

「牡丹頭」，是藉助假髮而托起的髮型。65 除了來自景德鎮的瓷器，城市市集販售杭州的刺繡、北京穆斯林工匠所製造的景泰藍葡萄酒杯。商業文化蓬勃發展，店鋪數量激增，消費者的文化修養提升，而零售店商與工匠則以愈來愈多的新奇廣告以及啼聲初試的商標與品牌來爭取消費者的注意力。印刷文化與書籍在 17 世紀時藉著更簡單的字體、木刻活字及更精細的分工進入了大眾市場，包括教科書、戲劇、情色小冊子和小說，有些只賣 0.1 兩，是中級官員、學者、商賈及其妻子負擔得起的金額。在江南，或許高達半數的人口都有讀寫能力。66 因此，這種更趨向文字書籍的文化大幅擴展了廣告的可能性。店鋪誇示地將商標放在門口懸掛的旗幟上。舉例來說，蘇州屠夫會宣稱他們是「正宗的魯勾踐」或更甚者，「如假包換的正宗魯勾踐」，希望能從魯勾踐赫赫有名的聲譽中獲益。在北京，某些招牌甚至高達 10 公尺，也有些招牌晚上會點燃燈籠來照亮。女人戴著上頭刻有「朱松鄰」人物的髮簪，那是品質精湛的竹刻工藝家朱松鄰之商標。在南京三山街鬧市上，竹製家具店鋪宣稱他們的手藝可往回追溯至濮仲謙。摺扇、上了漆的桌子、繪金的屏風與梳妝盒則來自日本。奢侈品的主力客戶是仕紳階級與文人雅士；而他們筆下的某些詩詞及列傳對工匠不無讚揚，也進一步提升了這些工匠的知名度。67 然而，在中國廣東等這類富裕、發達的地區，農民不僅是生產者，也逐漸成為購買糖、貝殼首飾、檳榔及遮雨斗篷的消費者。

根據中國地方志顯示，當道的流行款式可說無所不在。一本 1591 年的地方志中（編按：黃陂縣誌）寫道：「家無敝帚者：亦連車騎……飾冠裳，為富貴容。」村落中亦是如此，原本良善、質樸的勤儉風氣，也為一股令人困惑的、對流行時尚的迷戀所取代。明朝學者陳瑤指出了 1570 年代時的情況：「今者里中子弟，謂羅綺不足珍，及求遠方吳綢、宋錦、雲縑、駝褐…長裙闊領，寬腰細摺，倏忽變異。」這些全跟「時樣」有關；「時樣」字面之意即為「時尚的樣子」。68 一種新流派的通鑑出現了，提供了「完整而分類齊全的持家要點」（未標明日期，但流通於 1600 年，編按：《長物志》）；這種持家指南也提供了居家裝潢的資訊。這類書籍主要針對的讀者是仕紳階級及城鎮商賈。然而有一冊留存至今的副本是在一座小農村地主的墳墓中所發現，意謂著瓷器與其他商品或多或少也經由某些管

道流入農村中有志於此道的一些農民之手。倘若沒有任何物件可以讓人著手進行裝飾，那麼對裝飾物件所給予的任何建議就沒有半點用處。69

　　商賈日益富裕的生活顯而易見。完成於 1618 年的儒家社會風俗小說《金瓶梅》即描繪出一幅鮮明生動的畫面。書中主角是試圖爬上社會上流階層的商人西門慶，即將娶進第三房妻妾孟玉樓，她是一名布商的遺孀。媒婆介紹孟玉樓時，列出了她的財物：「南京拔步床也有兩張，四季衣服、粧花袍兒……也有四五隻廂子，珠子箍兒，胡珠環子，金寶石頭面，金鐲銀釧……好三梭布，也有三二百筒。」當西門終於見到她時，她身穿「翠藍麒麟補子粧花紗衫，大紅粧花寬欄，頭上珠翠堆盈，鳳釵半卸」。這時小丫鬟上的茶是「蜜餞金橙子泡茶，銀鑲雕漆茶鍾，銀杏葉茶匙」。70

　　一名商人的妻子頭戴鳳釵，聽起來可能沒什麼，但它表示出這些物事如何在明末時期對社會秩序形成挑戰。鳳凰與龍等同於中國人的珍珠與貂皮，原是保留予皇后及王妃佩戴；1593 年，吏部尚書張瀚曾感嘆，當時連四品、五品夫人皆可佩戴。自從明朝第一位皇帝洪武帝（1368～1398 年）以來，社會風俗變得愈發「奢侈」，「市民爭相仿效豪奢無度」；「今男子服錦綺，女子飾金珠，巾服違制之禁，視若弁髦矣」。71

　　豪奢無度永無止境。在這方面，中國明朝末葉、清朝初期與歐洲的記載之間，有某些極為驚人的相似之處，就像威尼斯的參議院擔心人民在儀式慶典上的過度支出；1590 年代時，北京一位知縣指出，人民花費在葬禮上的金額已達天文數字。ii 揚州大鹽商素以身分地位上的激烈競爭，以及試圖在馬匹、婚葬方面的花費勝過彼此而惡名昭彰。一位文人在 1795 年時回憶（編按：李斗《揚州畫舫錄》），「有某姓者……或以木作裸體婦人，動以機關，置諸齋閣，座客往往為之驚避。」另一位則是「有欲以萬金一時費去者，門下客以金盡買金箔，載至金山寺塔上，向風揚之，頃刻而散，沿江草樹之間，不可收復」。72 賈科莫・達・聖安德烈亞（Giacomo da Sant'Andrea）是一位來自帕多瓦（Padua）的敗家子，他在 1300 年時即已

---

ii　沈榜說，葬禮的費用可以高達幾千兩銀子（一位低階官員一年薪餉不過 35 兩銀子）；參見 Dauncey 'Sartorial Modesty', in: Berg & Starr, The Quest for entility in China, 134–54.

精通此道，把金器銀器全往河裡丟。73

　　鹽商以壟斷價格賣鹽的專屬權，是他們原始的財富來源；而他們取得這項專屬權利的代價，是為朝廷運送糧草給駐紮在邊境地區的軍隊。在1490 年代，以鹽換糧政策寬鬆，於是貿易商賈開始朝絲、茶與借貸方面發展。在 18 世紀的揚州，清朝的新皇帝甚至讓鹽商捐官，不用參加嚴格的科舉考試。這些鹽商房宅以富麗堂皇的大廳與充滿異國風情的花園宣示他們的新地位，花園中有亭台樓閣、小橋流水互相輝映。有些商賈大戶還增建了軒榭廊舫。更有阿拉伯紅檀香木、緬甸的玉石，以及四川大理石。1765 年，揚州文人李斗提到有九種類型的彩釉屋頂裝飾物；他寫道，有四座花園是以西方風格建造，許多商賈也以來自廣東與歐洲的時鐘與鏡子來裝潢他們的房舍。74

　　就像義大利的情況，當時在中國亦然；這股崛起的商品浪潮，席捲了商賈、農民及地主縉紳。宮廷在傳播新商品與風尚這方面所擔任的角色，遠不如想像中重要。主要的傳播來源是城鎮市集以及日益商業化的鄉間農村。商賈奢華的豪宅顯然對 19 世紀以來到訪中國的西方人所傳遞的觀點形成一大挑戰，這些觀點咸認為中國人是一個勤儉節約的民族。然而，這一切並非意謂著時尚、新穎事物及炫耀性消費已被廣為接納。事實上恰恰相反，它們因為傾覆了既存的社會階層與倫理道德而備受譴責。就像文藝復興時期的歐洲人一樣，明朝人將農（土地）的地位置於商（貿易）之上。宛如古諺曾云，國家就像是一棵樹，以農為根本，工商僅為枝枒。然而，興旺富裕的商賈正在挑戰這種以往被視為理所當然的秩序。1543 年，一位建寧（福建省）編年史家更因有些人竟然選擇從商而大感震驚。75

從《長物志》看品味

　　明朝的縉紳階層以及學官菁英們，皆對新奇事物抱持著懷疑的態度，都認為富裕的商人和平民百姓消費者是社會的亂源。一道障礙遂因此豎立起來，針對那些不知天高地厚、盛氣凌人的消費者，以及對他們來說多餘無用的事物：品味。文震亨是一位身家雄厚的名士，因直言進諫而被降旨入獄。1645 年，當滿清軍隊占領蘇州時，他絕食殉國。然而，文震亨年

輕時曾是一位新型的風格顧問，著有《長物志》（1615～1620 年）一書。該書以「長物」——原指多餘之物——為名，實意存諷刺，因為他真正的主題是構築文化生活「不可或缺」之物。「冬月以繭綢或紫花厚布為之，紙帳與紬絹等帳俱俗。」對藝術史家柯律格（Craig Clunas）來說，《長物志》傳達了中國如何發展出它自己的「原始消費者文化」（proto-consumer culture）。從某種意義上來看，這是正確的。風格也是可以從手冊中習得的，在文震亨的世界，地位不再只來自出身，而是精緻、優雅消費的結果，換句話說，亦即區別優雅（物）與庸俗（俗）的審美能力。品味可以創造出文化之都。重要的並不是財物的多寡，而是審美者能否藉由創造出物體與其周遭環境間的「和諧」（韻）關係，以展現其感受度與鑑賞力。一個花瓶的尺寸必須適合擺置它的房間，而且春冬用銅、夏秋用瓷，當然也不該同時插兩種以上的花，因為「過多便如酒肆」。76

　　雖然《長物志》頌揚從事物中獲得的樂趣，但從某些方面來說，它與改造現代世界的消費文化實呈對立。新奇事物吸引力有限，為市場生產的商品則令人存疑。；真正的價值存在於古物之中，而且唯有鑑賞家才知道去欣賞這樣的價值。文震亨的一位友人為《長物志》作序，寫道富貴子弟與「一二庸奴鈍漢」試圖擺出「風雅之士」的姿態，但無可避免地失敗了，「每經賞鑒，出口便俗，入手便粗，縱極其摩挲護持之情狀，其汙辱彌甚」。77 對古董的需求掀起了一股尋寶的熱潮，包括盜墓，同時也引發了一波贋品的出現。「世上能有多少貨真價實的古董？」一位詩人（編按：邵長蘅）提出了質疑，也提醒讀者留意 17 世紀晚期蘇州的贋品，偽造的伎倆之一是把醋用在黃銅上，以製造出古物上的綠鏽假象。78 歸根究柢，這種需求還是脫離不了挖掘殷商時期（西元前 1600～1046）的青銅器以及蒐集晉代（265～420）的書法古蹟；換言之，是已然存在的物品，而非各式新穎的財物。新近委託創作的藝術品與書法則是例外，但儘管如此，其繪畫或書法的筆法往往仍是沿襲古代大師的風格，而非造就一股新物件的潮流，古董與原創藝術品是值得畢生珍藏的物件；即使對來世亦是如此。許多商賈與皇室高層成員都選擇古玉與青銅器、古董字畫與書籍作為陪葬品。1495 年，商人王鎮以 24 幅書畫及兩軸書法作為陪葬，其中兩幅書畫的落款在元朝（1279～1368 年），但已知是為贋品；其他幾幅，則

是 14、15 世紀的宮廷畫師與學官之作。79

西門慶的「銀流」

如果商品的流通較為快速，也是在一個保守的文化環境之中流通。像文藝復興時期的義大利、明朝末葉的中國，都沒能形成一種觀念，讓公眾認知到消費可以對國家、社會與經濟產生正面的貢獻。儒家的作品當中充滿了奢侈將如何導致腐敗的警告，《金瓶梅》更提供了數卷的明證。在書中，西門慶墮落的生活方式就是一個道德故事，他對物質與性的貪慾彼此餵養、壯大，直到它們終於壓垮了他。精美的衣飾常使西門慶感到意亂情迷，有一幕是他看到潘金蓮（編按：作者誤植為丫鬟春梅）「穿沉香色水緯羅對襟衫兒，五色縐紗眉子，下著白碾光絹挑線裙兒，裙邊大紅段子白綾高低鞋兒」。除了銀絲鬏髻，她的頭上還有「金鑲分心翠梅鈿兒，雲鬢簪著許多花翠……」這些裝扮進一步增強了效果：

> 越顯得紅馥馥朱唇、白膩膩粉臉，（西門慶）不覺淫心輒起。

接下來，西門慶又要玩弄婦人的胸乳，「揣摸良久，用口舐之」。對物質的渴望以及對肉體的慾望相互驅使，朝向自我毀滅的道路前進。西門慶花了 50 兩銀子，在緞鋪內買了 4 件衣裳給他養在勾欄妓院裡的歌妓，「要梳籠」這女子，「舞裙歌板逐時新」。80 這本小說無情地利用「銀流」的雙重意義，讓它太過自由地流動，便會枯竭體力與財力。西門慶在 33 歲時即死於服用過量的壯陽藥物，而其中含意即為，過度消費對於國家健康也同樣地致命。

消費不等於消遣

社會上層的菁英人士並未穿上自我懲罰的苦行襯衣，雖然文人圈以及有才學的女性的確偏好儉樸的裝束打扮，同時，明末的高級妓女也以穿著樸實無華的長袍聞名。81 社會上層的仕紳名流、學官、文人墨客所推崇

的，是另一種標準的價值觀與行為。與其跟某些富商的炫耀性消費打上一場硬仗，他們選擇迂迴繞道，鼓吹某種審美的傾向以及純粹為藝術而行的公正、無偏頗之藝術鑑賞，超越物質財富以及隨其而來的囤積與浪費之上。以後來社會學家的語言來說，就是文化資本勝過經濟資本。iii 社會地位的高低表現於藝術鑑賞、古董收藏、吟詩賦詞、彈奏古琴（箏）、研讀經典古籍，或者與一群孤傲的文人雅士一起聚會消磨時間等這些方面。在小說《紅樓夢》（1791 年）中，招客宴飲、吟詩行酒令是休閒活動的主要形式。在 16 世紀，社會上層的菁英人士正式禁止村民從事這類的消遣娛樂，包括奇石與古董的收藏。消遣娛樂需要的是心智資源而非物質資源。消遣娛樂無法像其他商品貨物一樣購買即可獲取，而必須經過精神心靈上的沉思、審美等心智運作，像是欣賞大自然或書畫中的山景與園景。這類交際活動雖然免不了會有狂飲，但即使如此，仍會被視為是超脫凡塵的行徑。82 這就像亞里斯多德的經典理想，認為比起忙碌地追求眼前的物質滿足與營利的休閒活動，沉思默想才是一種消遣娛樂，且應保留給不需工作的社會菁英。

　　這種須經心智思考運作、學術性的消費文化，持續為明末與清朝時的社會風氣定調。商業或許解開了商品擴散的束縛並創造出新的消費者階級，但它尚未創造出本身的生活方式或價值體系。揚州鹽商矛盾的身分與自我反省在此顯露無遺。的確，有些暴發戶視其財富為無物，但許多其他的富商則以學官菁英為典範，並汲取他們理想的文化生活為建議，開始學習彈琴，將詩詞與書法作品送予學者文人過目以尋求他們的認同，讓他們的孩子準備好去參加科舉應試，希望他們能考取功名，讓未來的子子孫孫得以躋身於社會上層菁英之列。就像我們已經看到在 15 世紀末葉，一位像王鎮這樣的商賈即藉著出自學者文人之手的書畫，試圖提升自己的社會

---

iii　1960 年代時，布赫迪厄對巴黎資產階級的許多分析性見解，與中國的明末清初有極為顯著的不謀而合。例如，他對於「美學傾向」的看法，以及對於「受管控遊戲與為運動而運動的學術性世界」之持續興趣，針對資產階級中缺乏男性收入者的經濟資本之青少年與家庭主婦。「經濟力量」，他指出，相較之下，「是與經濟需要保持距離的一股首要力量，這也是為什麼它要藉由摧毀財富、炫耀性消費、揮霍無度，以及各種無謂奢侈（gratuitous luxury）的形式，來展現自己無所不在的強大威權。」Pierre Bourdieu, *Distinction: A Social Critique of the Judgment of Taste* (Cambridge, MA, 1984/1979), 54f.

地位。到了 18 世紀，某位洪姓商人家中就以招待知名學者文人、天文學家、詩人與書法家等名士聞名。馬曰琯與其弟馬曰璐憑本身的實力成為詩人，並利用他們的財富建立起罕見的藏書、主持藝文沙龍；他們也慷慨贊助疾病纏身與阮囊羞澀的歷史學家與詩人。[83] 文化才是通往社會上層菁英階級的門票，而非物質財富；對許多商賈家族來說，這是一項成功的策略，不是第二代就是第三代的子孫，必可通過科舉考試而取得官祿功名。這一切並非意指中國停滯不前或是封閉排外。正如我們所見，日本漆器、歐洲玻璃製品，以及西方寵物鼠，都找到了進入中國的門路。但倘若明朝以歐洲東印度公司的相同方式，擁有它自己的西方海洋公司，試想外國貨物的貿易量會有多大。而在中國的明清文化中，歐洲貨物僅是出於好奇而被購買的邊緣性商品，在尋找昔日意義的價值體系中並未占有固定地位。[84] 對古物的崇尚把對新奇事物的追尋拉往相反的方向，更展現出與貪得無厭的消費文化之區別。從這個意義來說，中國在商業上已有進展，但在文化上卻走了回頭路。

更多的東西

　　在歐洲西北部的荷蘭與英國地區，有一股更為活躍創新的消費文化逐漸取得 17、18 世紀的消費主導權。船隻、市場與個人財物的成長在文藝復興時期的歐洲與中國明朝日漸蓬勃，這股蓬勃發展在荷蘭與英國得到更進一步的擴張，但也不過是這股早期趨勢延續下來的一部分。這兩個為北海所分隔的國家在 1600 年之後各方面的改變，共同造就了新的消費文化。隨著物品的新穎性、多樣性與可得性提升，物品的數量也呈現指數型成長，並與全世界貨物更為普遍的開放性產生密切關聯，對個體、社會秩序與經濟發展也皆有貢獻。18 世紀商品與眾不同的特性，在於其結合了新穎、多樣與快速的變化。菸草、茶與瓷器這些新事物引發了新形態的消費、社交與自我表現。商品多樣性的大躍進也同樣重要。專門販售茶壺、釦飾、鈕扣和牙籤盒的製造商馬修·博爾頓（Matthew Boulton），他的型錄

書上有 1,500 種商品設計。

多才是多

　　或許再沒比「消費」一詞本身的涵義轉變，可作為更好的改變指標了。身體政治數百年來皆以人體為形塑榜樣，如今，商品的消費終於得以與它的認識論表親 —— 將消費視為病態浪費的看法 —— 區隔開來。個人的揮霍無度當然仍不免招致道德批評，但已不再被視為是一種危險的社會疾病。相反地，新的聲音開始冒出頭來，齊聲捍衛人類渴求更多物品的欲望，認為這是人類進步的一大動力，並且產生了顛覆千古智慧的根本性轉變 —— 一直被視為金科玉律的「少即是多」（less is more），終於讓步給「多才是多」（more is more）。消費曾被視為一項負擔、應被檢視且受到控制，現在卻被辯護為財富的來源。1776 年，亞當·斯密宣稱消費是「所有生產的唯一目的與用途。」*85*

　　這項轉變最初的跡象，在 1581 一年宣布脫離西班牙獨立的荷蘭共和國中顯而易見。荷蘭開創了新型態的社會和經濟，為更大規模的消費提供了有利的環境。荷蘭獨特的雙重特徵，就是完善、完整的市場以及流動而開放的社會。就像在義大利大部分地區以及歐洲其他國家一樣，土地不再由貴族掌控，而屬於小佃農們所有。感謝長期租約確保了這些小佃農們的土地所有權，於是他們從種植基本的小麥和黑麥轉為生產價值較高的作物，包括奶油、乳酪、肉類和蔬菜，充分利用愈來愈多的城市人口對食物的需求，也隨之帶動了食物價格的上漲。小佃農搖身一變，成了市場眼光精明的農人。至於穀物糧食，從德國東部與波羅的海國家進口更有利可圖。在城鎮中，金錢與勞動力流入愈來愈專業化、愈來愈成功的行業。哈倫（Haarlem）成了精美亞麻布製品的中心，台夫特（Delft）是製陶業中心；萊登（Leiden）在 1584 年時生產 27,000 種布料，而 8 年之後，這個數字上漲了 6 倍，同時純羊毛織品（lakens）占了愈來愈高的比率。*86* 若說中國明朝已然出現了專業化的跡象，那麼荷蘭更是將分工提升為一種新形態的藝術。荷蘭村落以激增的技藝與手藝為特徵，有鞋匠、貨車製造商、園藝家、農民及小商販。與法蘭德斯的羊毛貿易相較之下，荷蘭的新出口貿易

行業，對於在商業道路上擺放任何障礙毫無興趣，因此職業工會在此並無立足之地。即使當職業工會在某些地區擴展開來，像是荷蘭的北部，它們仍從屬於城市的政府，缺乏它們在歐洲大陸其他地區所擁有的、可以限制貿易與勞動力的獨立權力。87 相反地，在荷蘭，紡織品貿易宛如一塊磁鐵，吸引來自法蘭德斯與列日（Liège）的工人。聯合省（United Provinces）是無區域障礙與關稅的商業區，不要求貨物在說德語的土地上每隔幾英里就要被卸載並徵稅。比起世界上任何其他地方，這裡的勞動力、資本與土地可以找到它們最有生產力的出路。

靈活性與流動性的良性組合，使荷蘭得以吸引並擴張貿易，並且吸收人口成長的壓力以及 17 世紀戰爭對生活條件所造成的壓力——這在歐洲大陸其他地區比比皆是。在 1500 年與 1650 年間，荷蘭的人口增長了一倍，達到 190 萬。這一切雖然仍不足以引發一場工業革命。但它的確設法把成長的人口轉變成高工資以及對商品不斷增加的需求，這點對我們的利益來說至關緊要；另一方面，實際工資上漲也促使人們尋找節省勞動力的設備，像是風車以及用馬匹作為動力的奶油攪乳器。因此 16 世紀末，一名典型的酪農每賣一磅奶油，比起 16 世紀初時他可以多買到 1/3 的黑麥。他買得起更多的物品。88

17 世紀荷蘭家戶實況

家庭的內裝與日常的生活都因而改觀。農舍裡塞滿了物品。到 17 世紀末，農夫擁有時鐘、地毯、窗簾、畫作、書籍，以及放在八角桌上的若干瓷器等一個世紀前罕見的品項，已是司空見慣的情況了。富農科內利斯‧彼得斯‧德蘭格（Cornelis Pieterse de Lange）在 1692 年過世時，除了好些銀匙與銀刀之外，還有 69 個銀扣。他在爾芬（Alphen）的鄰居們鮮少有人能與他的財力匹敵，但舒適度與財物的提升，在所有地方皆顯而易見。到了 1700 年，鏡子與書籍已無所不在。然而，物品的增殖並未齊頭並進，有些物品像是桌布，數量並沒有顯著的改變；而床單的數量甚至還略有下降。但其他物品迅速倍增。舉例來說，在利瑟（Lisse）的村莊中，寡婦安娜‧納尼格‧貝弗維克（Anna Nannige Beverwijk）有 61 條餐巾。尤其是亞麻

布，相當於財富的儲蓄，許多農夫將他們新的收入挹注其中。1670 年代，在規模適中的酪農場上，男女的衣櫃中都各有 18 件亞麻襯衫，數量是一個世紀前的 3 倍。裝飾時髦的亞麻織品取代了較為便宜的羊毛織品。[89]

富裕的新規模與品味，再沒有別的地方比荷蘭城市中宏偉的市內住宅更顯而易見了。位於阿姆斯特丹紳士運河（Herengracht）的巴托洛蒂（Barto-lotti）宅邸，是一座華麗的市民宮殿。1665 年時，它的大廳有張橡木長桌，附有 12 張帶著紅色天鵝絨軟墊的座椅，一面鑲著黑檀木的鏡子，牆上還有〈耶穌誕生〉（the Nativity）、〈奧蘭治親王〉（the Princes of Orange）與家庭成員的畫作。就連女僕的房間裡，都有七幅畫作。這類的市民宅邸通常整合了幾個世界的消費物品，匯集阿姆斯特丹與烏特勒支（Utrecht）製造的精美銀器、來自東印度的櫥櫃、來自台夫特的瓷磚，以及來自東方的地毯。1608 年，荷蘭東印度公司下了一筆訂單，訂購了超過 10 萬件的

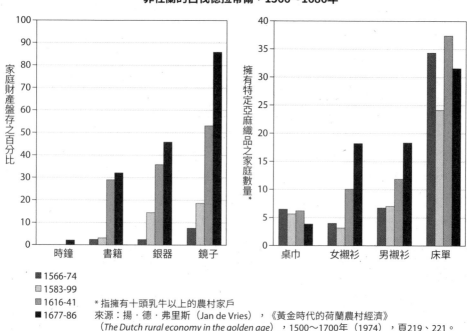

農村家戶擁有的財物
菲仕蘭的呂伐德拉蒂爾，1566～1686年

■ 1566-74
　1583-99
■ 1616-41
■ 1677-86

* 指擁有十頭乳牛以上的農村家戶
來源：揚・德・弗里斯（Jan de Vries），《黃金時代的荷蘭農村經濟》
（The Dutch rural economy in the golden age），1500～1700年（1974），頁219、221。

中國瓷器。90 其中有些會被再次出口，但是大部分都會出現在荷蘭國內家戶的餐桌與牆壁上。正如西蒙・沙瑪（Simon Schama）精彩的演繹所示，關於荷蘭，沒有可說是特別儉樸或簡約之事，即使是較為謙遜、適度而有節制的商人或零售店商亦是如此。91 1717 年，一個王子運河（Prinsengracht）的裁縫家戶擁有五幅畫作、台夫特的陶器、白鑞酒杯、7 組蕾絲窗簾、2 打椅子、幾本書、7 套亞麻床單、41 張餐巾，以及 1 個鳥籠。人們想擁有更多財物及裝飾更為精美物件的一般欲望，從許多城鎮籌組樂透彩券以為慈善機構募集資金的現象，可見一斑。在荷蘭西南方的費勒（Veere），1662 年的樂透彩券提供了高腳酒杯、立式鹽罐、銀罐、銀劍柄作為獎品，而這些還只是較為次要的獎項。贏得頭獎的人，可以把價值 4,000 弗洛林幣的一整套銀製餐具帶回家，包括了盤、碟、酒杯、燭台與叉子。

航行消費世界需要新的道德羅盤

宗教改革之後，喀爾文教徒繼續重複著「財富是奢侈之母」的古老警語。但重要的是，地方治安官已拒絕傾聽。相反地，城鎮籌劃豪華宴會、寓言式化裝舞會與煙火大會，藉以慶祝它們的偉大與財富。相較之下，值得注意的是中國明末的皇帝們一再禁止百姓「縱情聲色之娛」以及在新年的慶祝活動中施放煙火。92

在荷蘭共和國，接受這些消遣娛樂的同時，對新事物的品味也逐漸穩固成形。商業的成功與對全世界商品的開放齊頭並進，尤其是因為成長解除了某些古老的壓力，亦即反對「奢華浪費」生活方式與表現於其他方面的奢侈品。消費不再被自動視為使國家滅亡，或是將有限資源消耗殆盡的威脅。收入上升，意謂著荷蘭不但能產生更多的消費，還有餘力可以投資，證明了馬克斯・韋伯（Max Weber）在《新教倫理》（The Protestant Ethic，1904～1905）中那極為知名卻過於簡單的道德故事所言非實──他認為喀爾文教徒所倡言之儉約是現代資本主義之搖籃。對荷蘭來說，只要市民們並未忘記自己也是公民，奢侈品的誘惑是可以被監管與駕馭的。在消費無度與拮据苦行之間開闢出一條中庸之道，並非不可能。這種接受度延伸至日常生活中小型的消遣娛樂，不只是喝喝啤酒（只要是在有執照的小酒館暢飲

就沒關係），還發展出異國食品、吸食菸草等藥物、在食物與飲料中加糖等新習慣。早在 1620 年，吸食菸草已被當成是一項消遣娛樂，以哈倫或格羅寧根（Groningen）製造的陶製菸管適度地吞雲吐霧是可接受的一種消遣。某些激進的喀爾文教徒聞到了自我放縱與令人麻木的昏沉氣息，但在專門乾燥與切割菸草的阿姆斯特丹，對於禁止這項作物顯然沒有太大的興趣。事實上，開始培育國內品種的種植者中，甚至還包括了一位歸正教會（Reformed Church）的執事。93 在此，有跡可循的是大眾文化的興起，它傳播原本被獨占的新奇事物並將它們融入到日常生活之中。於是，新的道德羅盤開始被用來航行於消費世界中了。

描繪英格蘭

　　跨過北海來到英國，商品的數量與種類在這段時期亦呈幾何級數般大幅增長，達到 18 世紀前所未有的規模。然而，支出增加的最早影響，可以一路回溯至中世紀晚期。在英國，1500 年的實際工資比 1300 年時要高了 3 倍之多，這是由於黑死病（1348～1349 年）消滅了 1/3 的勞動人口，於是，更高的工資與更便宜的食物創造出對更多樣、更優質商品的需求。與其以他們祖先的麵包與乳酪湊合著過日子，14 世紀末的英國勞工更寧願享受肉類與麥酒。農民開始穿著以牛皮而非便宜羊皮製成的鞋子。在15、16 世紀，大部分標示著生活水準提升的優質商品都是國外的進口品，像是來自義大利的絲綢與天鵝絨，或是來自萊茵蘭（Rhineland）的石器（參見插圖 4）。有趣的一點是，從荷蘭引進的啤酒花，使啤酒的風味可以維持得比本地生產的啤酒更久；後者的味道一個星期就變質了；這也使啤酒館蔓延、拓展開來。94 16 世紀時，英國的國內市場成了本國製造商品的支柱，而本國仿製品也加入了進口商品之列，後者往往藉助於移民勞工的熟練技能。倫敦遂成了玻璃與絲綢的生產中心，新的布料是最大宗的貿易，由來自低地國家的工匠引進英國各種更輕的羊毛紡織成品。

　　這股轉向更輕盈紡織品——絲綢與羊毛的新混合物——的趨勢以及時尚的改變，動搖了穿著的社會階層並造成混淆的危險。伊莉莎白女王一世時代的英國人開始抱怨僕人炫耀地穿著以最好的布料製成的外套和以法蘭

德斯染料染成的緊身褲。威廉‧哈里森（William Harrison）在他所著的《描繪英格蘭》（Description of England）（1577～1587 年）一書中緬懷著過去的舊時光，那時一個在國外的英國人，可以由他所穿著的衣料被辨識出他是英國人；而回到英國時，則滿足於穿著簡單的羊毛織物。但是他也承認，那些日子已然一去不復返了：

> 這就是我們的易變性，今天還沒有什麼比得上西班牙的裝束，明天就變成是法國的玩具最精美、最迷人……不久，土耳其的風格又成為最受到廣泛喜愛的事物，再者……法國短馬褲成了如此悅目的穿著打扮；除了穿著緊身上衣的狗之外，你再也看不到像我的英國同胞如此多變的偽裝了。

當時已來到一個「女人變成男人，男人轉變成怪物」的臨界點。哈里森的英國同胞無比著迷於不斷改變的時尚，使哈里斯向上帝祈禱「我們的罪惡不至於凌駕於所多瑪（Sodom）與蛾摩拉（Gomorrah）之上」。[95]

古老奢侈品與現代新鮮事之間

在 17 世紀初的斯圖亞特王朝（Stuarts）統治下，社會菁英階級重拾他們義大利文藝復興時期同行遺留之物，收集藝術、書籍與古董，並交際往來於購物廳之間，像是詹姆斯一世（James I）在 1609 年建造的倫敦「新交易所」（New Exchange）[96]。世俗的變化比較沒那麼富麗堂皇，但相形之下更具影響力，因為它們可以觸及社會每個角落，形成大眾消費的基本要件。於是，便宜的新產品出現了。針織機使長筒絲襪得以大量生產，而且類型與款式愈來愈多樣。1688 年，古格里‧金（Gregory King）估計長筒絲襪的消費量，一年將高達 1,000 萬雙，或可說 1 人會購買 2 雙。[97] 還有陶製菸斗、別針、白色肥皂、黃銅與鋼製的頂針，都是由小型作坊製造出來的，顯示出大眾消費需要工廠式大量生產的預測，錯得多麼離譜。在家戶中，從使用木頭轉成使用煤炭，使平底鍋與水壺得以登堂入室，可以被直接放在爐子或格柵上，不必再被掛在柴火堆上了。陶器也是如此，變得更

為普及且用途更多。1727 年，當丹尼爾・迪福（Daniel Defoe）踏進德比郡（Derbyshire）一個窮礦工與其家人所居住的「空心大洞穴」時，他驚訝地發現「架上有陶器、若干白鑞器皿與黃銅器」。98

但並非每件事物都是新的。在英國的斯圖亞特王朝時期，上層仕紳階級仍然消耗許多牛肉、放鷹狩獵，與中世紀並無二致。對他們來說，前往倫敦的購物之旅與自家生產及透過廣泛贊助網絡 —— 由尋求工作與援助的自耕農、家庭教師、奶媽等所組成 —— 而來的贈禮，並無衝突。從這個意義上來說，消費是勞動力交換的一部分，等同於市場上的購買。然而，即使產品的本質並不新，往往會有各式各樣的變化不斷出現。舉例來說，17 世紀上半葉，諾福克（Norfolk）亨斯坦頓（Hunstanton）的艾莉絲・拉斯特蘭奇女士（Lady Alice Le Strange）購買了 62 種不同的布料，包括來自荷蘭的精美亞麻布、西班牙布料、亞麻錦緞、長毛絨布（一種昂貴的絲絨）、緞布、羽紗（一種柔軟的安哥拉羊毛）、無花紋的細羊毛平布，以及「最優質緋紅布」（best scarlet）—— 一種格外昂貴的羊毛。最初，拉斯特蘭奇在 1623 年買了一塊有著印花棉布鑲邊的印度棉布，製成了她的一件禮服。他們的床覆蓋著黑天鵝絨、金色與深紅色的錦緞與緋紅布，以及英國製造的帷幔，像是被稱為「快活男孩」（jollyboy）那種精紡羊毛編製成的紡織品布料，並飾以印度尼卡呢（nicanee）棉。這戶人家屬於這個王國中前 500 名的富有家族，哈蒙爵士（Sir Hamon）則是一位騎士，每年的開銷超過 2,000 英鎊。但不論享有多少特權，拉斯特蘭奇家族也不是活在一個獨立的世界裡。在古老奢侈品與現代新鮮事之間，並未存在任何明顯的對立，而這一點，有時被認為是區隔貴族與商賈、零售店主的特點 —— 至少在英國以外是如此。像拉斯特蘭奇之類的仕紳名流之家，用餐時使用的也是白鑞器皿，而且同樣為某些廣泛流通於商業社會中的新品味與產品所吸引，譬如更輕的新帷幔以及印度棉布。99

1700 年之後，新的商品開始擴展得更為迅速。財產的盤存清單讓我們得以略窺這股商品積聚的如虹氣勢。1675 年，倫敦還沒有任何家戶擁有喝茶及咖啡的瓷器或用具。但是到了 1725 年，已有 35% 的家戶擁有瓷器，而 60% 的家戶擁有相關用具或器皿。而在前一年時，10 個家戶中才只有一戶擁有一座時鐘、若干畫像以及陶器，但是到了 1725 年，10 個家

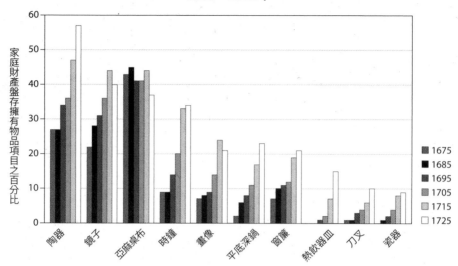

英國家戶所擁有的特定財物
1675～1725年

來源：羅納‧威德瑞爾（Lorna Weatherill），《英國的消費者行為與物質文化》
（Consumer behavior and material culture in Britain），1660～1760年，第二版，
1996年，表2.1。

戶中已有兩戶擁有上述物品了。*100* 在都鐸王朝時期，窗簾、棉布與鏡子
通常只會出現在地方上流階級人士的家中。一位南安普頓（Southampton）
的腰帶製造商兼執達吏湯瑪斯‧哈里森（Thomas Harrison）於 1554 年離世
時，擁有的財產包括了寢室窗戶上「色彩鮮艷的窗簾」，他的起居室則有
一張覆蓋著黃色紗亞（saye）帷幔的床，那是一種類似嗶嘰布料的精美織
品。*101* 到了 1720 年代，得助於新的空間規劃，這類家具已然司空見慣、
不足為奇了；床具已不被置放在起居室中，因為現代的起居室是為了保留
作為社交與娛樂之用。

倫敦連乞丐都會穿上襯衫和鞋襪？

但新的物質文化並未以相同的速度傳播至英國各地。從某些方面來
說，進步是如此不均，以至於創造出兩個國度。1700 年，倫敦、巴斯
（Bath）及利物浦（Liverpool）的人們在繪製的簾幔後啜飲著茶，但如此新

奇的景象在康瓦爾郡（Cornwall）幾不可見，直到 1750 年才出現。新商品仍然廣泛延伸至城市之外的範圍，包括倫敦附近的肯迪什（Kentish）村莊、工業化的約克郡（Yorkshire）以及殖民地的維吉尼亞州（Virginia）。從凳子過渡到椅子、從箱子轉變成抽屜和衣櫃，不僅是發生於地方、殖民地的故事，同時也是發生於大城市中的故事。然而，舒適性鮮少同步到來。對大部分人來說，舒適性牽涉到權衡取捨。在英國，一名勞工可以享受著茶，同時掛上窗簾，在羽毛褥墊上就寢，但仍然苦於營養失調與濕氣的不良影響。在 1790 年代的美國，旅人們注意到他們維吉尼亞州的女主人會穿著優雅得體地坐在美觀的家具上，卻用破玻璃杯為他們上飲料，同時呼嘯的風還會從破裂的窗戶縫中吹進來。102 18 世紀時，具備可見度與立即性的消費型態處於最優先的順位，像是衣著、家具與茶具，其順位絕對高於隱藏的管線、浴缸澡盆及實用性的物品。

財產盤存清單無可避免地會對整個社會的物品所有權造成扭曲失真的印象，因為它們大量集中於仕紳、商人及專業人士之手。首先，一個人當然必得先擁有這些商品，才能庫存它們。幸運的是，有些教區頗為熱中記錄窮人們的財物，這是協議的一部份，這份協議允許負債者進入某間濟貧院並保有個人的財物直到他們離世，交換條件是在他們身後把這些財物留給教區。毫不讓人意外的是在 18 世紀的艾塞克斯郡（Essex），擁有時鐘與鏡子的工匠與商人比貧民多，有 71％的工匠擁有時鐘、62％擁有鏡子，而商人擁有的比率只有 20％與 27％。然而值得注意的是，半數的貧民擁有與茶相關的物品、羽毛褥墊與燭台，與零售店商的持有比率相當一致。誠然有些貧民仍然一貧如洗，但大體說來，貧窮已不再是所有人進入商品世界的阻礙了。

1810 年，一名較幸運的勞工約翰·塔格爾（John Tadgell）跟他的妻子與兩個孩子住在一處有兩間外加臥房的寓所，這兩間臥房中各有一張四柱床及羽毛褥墊。在這處寓所中，他的茶杯、玻璃杯、陶器共有 67 件，加上一套 16 件的台夫特盤碟。另外還有桃花心木的茶葉盒與一張有多把座椅的橡木長桌；這是一種禮節與社交新文化的所有基本需求與配備。103 塔格爾所擁有的財物，可能會使普通勞動者所擁有的物件相形失色，但這

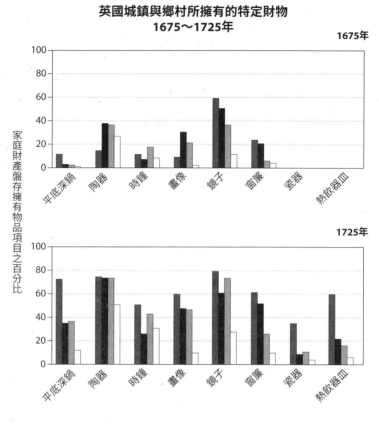

英國城鎮與鄉村所擁有的特定財物
1675～1725年

1675年

1725年

■ 倫敦
■ 主要城鎮*
▨ 其他城鎮
□ 農村

*主要城鎮包括利物浦、曼徹斯特（Manchester）、新堡（Newcastle）、溫徹斯特
（Winchester）、劍橋（Cambridge）
來源：羅納·威德瑞爾，《英國的消費者行為與物質文化》，1660～1760年，第
二版，1996年，表4.4。

些財物的確讓人得窺商品與舒適的設備如何開始進入中上階層以及一般英
國人民的家庭中。至於那些並未擁有這類物品的人，像是僕役或房客，仍
可直接接觸到它們。18世紀末時，茶壺、窗簾、羽毛褥墊、鏡子已經成
了倫敦寄宿公寓中的必備用品。*104* 來訪倫敦的歐洲人，往往會對倫敦貧
民的體面穿著留下深刻印象；德國作家卡爾·菲利普·莫利茨（Karl Philipp
Moritz）在1782年時即提到，「連乞丐都會穿上襯衫和鞋襪」。這與柏林

及巴黎或者都柏林及格拉斯哥（Glasgow）打著赤腳的窮人，形成了鮮明對比。*105*

美國逃亡黑奴的衣物清單

新衣著與自我形塑的文化對整個帝國經濟逐漸產生擴散的漣漪反應，甚至一路往下影響到奴隸。不像它的移民母國，美國殖民地仍然施行禁奢法令。1735 年，《南卡羅來納州黑奴法案》（South Carolina Negro Act）禁止黑奴穿著他們的主人丟棄的衣物，並且限制他們只能穿白色的威爾斯（Welsh）平紋布及其他便宜的布料。但這類立法被證明愈來愈難以執行，部分是因為主人會用衣物來收買黑奴的忠心，部分是因為黑奴堅持他們也是消費者，會把他們從養雞或種植棉花的微薄血汗錢花在購買絲帶與鏡子上。1777 年，馬里蘭州的查爾斯‧維克菲爾德（Charles Wakefield）提供 80 個銀幣給為他捉回家奴迪克與露西的人，廣告中載明他們逃亡時帶在身上的所有衣物。迪克不只帶著「一件黃褐色的俄羅斯工作褲」，還有「一件有著深紅天鵝絨披肩的綠色布料大衣，一件有著藍色袖口與披肩的紅色厚絨布（大衣），一件袖子上有著金色蕾絲、延伸至胸前與衣領的深藍色羽紗上衣……（以及）一雙淺口無帶輕便鞋與飾扣」。露西除了幾件襯裙之外，還有兩件棉長袍，「一件是紫白色，另一件是紅白色」，一件「上衣，黑色絲帽，各種手帕與褶襉飾邊……一雙高跟鞋，一雙孩童用手套，一雙絲質女用露指長手套，（以及）一條藍色薄綢（柔軟絲質）手帕，飾以薄紗並縫上白色絲帶」。*106* 跟 50 年前奴隸的穿著比較起來，這樣的服裝已然相距甚遠了。

棉布：第一項全球性的大眾消費商品

時尚的新穎事物中最出類拔萃的就是棉布了，而藉著接下來幾頁從棉布崛起到愈來愈普及、流行的趨勢，我們亦可更完整地領會一項新興消費者文化的特質：包括它的美學魅力與多樣性；它的廉價與實用性；更頻繁的變化與結合配件的結果；創造與行銷一個整合來自不同大陸消費者與生

產者之時尚體系（參見插圖6）

　　西班牙在新世界殖民冒險事業以及歐洲與中國的貿易中，已開啟16
世紀絲綢與羊毛的越洋商業新篇章。西班牙從美洲帶走銀，並將來自卡斯
提亞（Castile）的布運往美洲。1579年之後，每年從菲律賓群島航向阿卡
普爾科的馬尼拉大帆船載運了生絲以及經染色、刺繡的物件去到新世界；
同時，西班牙也在墨西哥當地種植桑樹養蠶。在祕魯，土著織工與來自舊
世界、具備技能的移民一起，將羊毛與絲綢變成有中國花卉主題的繡帷掛
毯以及帶有綠色鳳凰圖案的紅藍色斗篷披風。於是，新的混搭出現了，使
安地斯山脈的莉克拉（lliclla）（或稱披巾），以及安納庫（anacu）（或稱裹
裙）等傳統服裝與中國的絲綢及卡斯提亞的錦緞混合在一起。在1596年
的基多（Quito），一位有著厄瓜多爾血統的富裕印加女士瑪麗亞·德·阿
莫爾斯（Maria de Amores），她兩度嫁給西班牙丈夫，衣櫃中有一件中國的
莉克拉，另一件莉克拉則由綠色卡斯提亞錦緞製成，上有金色飾邊；一件
由綠色卡斯提亞綢緞製成、也鑲有金邊的安納庫；同時，她還有一件「大
型的中國瓷器」。*107*

印花棉布熱銷

　　然而，棉布才是第一項真正全球性的大眾消費商品。印度染色棉布曾
在11世紀時被運往東非，並且深入亞洲。到了17世紀下半葉，這項商品
已被銷售到歐洲與鄂圖曼帝國了，但是在英國，它首次普及到中等階層
（middling sort），然後是普羅大眾。1664年，英國東印度公司（English East
India Company, EIC）運送了25萬件的棉布到英國。20年之後，運送量已超
過100萬件。這些設計圖案才剛抵達倫敦就已經找到了買主，一路流通到
加拿大接近北極圈（Arctic Circle）附近的交易站點。印花棉布（Chintzes），
也就是在印度手工印染的棉布，為人們的衣櫃潑濺上一抹鮮豔的色彩。當
時在英國，有些亞麻布模仿義大利絲緞用木板印刷，但仍然比不上印度圖
案的繁複與精美設計。在棉布上色比在亞麻布上色的效果要好得多，而且
不像那些在歐洲印染的織品，經過洗滌也不會失去光澤。印花棉布以負擔
得起的價格，提供了時尚的穿著以及活潑的設計，反觀在織布機上組成圖
案的歐洲羊毛織品，價格昂貴了許多。根據英國東印度公司1683年的紀

錄，五彩繽紛的印花棉布為「荷蘭的淑女貴婦所有」，在英國卻是中等階層的穿著，是那些位居社會中間階層──介於擁有土地的貴族與勞動階級之間的貿易商人、律師、製造商、牧師、官員與農民的妻女。*108*

印度棉布威脅到當地的羊毛、亞麻布與絲綢產業，以至於幾乎整個歐洲都對印花棉布發出了禁令（法國在 1689 年、西班牙在 1713 年、英國在 1701 年與 1721 年、俄國在 1744 年皆發出禁令）；只有荷蘭置身事外。1719～1720年，在倫敦斯皮塔佛德（Spitalfields）暴動的絲織工人，甚至將婦女身上穿的印花棉布洋裝扯下來。然而，就連禁令也無法遏止這股「印花棉布熱潮」（calico craze），而且恰恰相反。製造商藉著混合棉與亞麻，巧妙避開了禁令。東印度公司的船隻一停在倫敦港口，紡織工人就上船將印花棉布變身為襯衣與手帕，然後在陸上非法地出售這些成品。官員與水手們將印花棉布藏在他們的私有物品中夾帶進來；英國外交官與外國大使也一樣，常被發現走私絲綢到英國。棉布跟烈酒、茶葉、菸草及其他課稅商品一樣，都是廣大走私網絡中的一員。1783 年，針對非法行為（Illicit Practices）的議會委員會（Parliamentary Committee）指出，印花棉布與亞麻布往往藏在其他物品中，混在那些已蓋上貨物稅或是改成假冒商標的商品中入境；在法國的情況亦如出一轍，亞洲紡織品在被盤點清查之前，就已在洛里昂（Lorient）卸貨並販售了。走私幫派特別喜歡棉布，因為禁令使這項物品在黑市中非常有利可圖。光是在倫敦港，1780 年間便查獲了 4,099 件的棉布與平紋布的走私案，可以想見未被查獲的違禁品數量是多麼龐大。1783年，下議院估計有幾百艘沿海船隻參與走私，船隻從 30 噸到 300 噸都有，載著船員，他們「（以）棍棒及沉重的鞭子（武裝），往往因烈酒而情緒高昂激動，聚集的人數如此眾多，以至於稅務官員只能保持緘默，旁觀他們的行動」。偵查員與通信員給船隻發出信號，然後將貨物裝上貨車，以偽造的許可證進入倫敦與省級城鎮。*109*

棉布的禁令可能顯得極端保守，但同時也可看出，禁奢法令的精神已被遠遠拋諸九霄雲外了。因為，有關當局關心的議題不再是一般家庭主婦穿戴貴族仕女的顏色或織物，也不再是誰去購買這些產品，而是產品是在哪裡製造的。這項棉布禁令正是教科書上的典型案例，說明一項新興產業如何經由庇護而滋養壯大。它的原意是要援助本國的亞麻布與絲綢產業，

但最後卻順應時勢地扶植起一個強大的英國棉布產業。英國生產商利用這項保護免於外來的競爭，或經模仿、或經創新，從而發展出新的布料；直到 18 世紀末，他們已超越來自古吉拉特邦以及科羅曼德爾海岸的印度競爭對手。110 這項禁令原本只針對在印度印製與上色的棉布（1701 年），後來在 1722 年又延伸為在英國印製的棉布也包括在內，但不包括混棉的布料。到了 1730 年代，大部分生產於曼徹斯特的亞麻布都混入了棉花，成了棉亞麻混紡粗布。不褪色的彩色銅版印刷，最初在 1752 年由法蘭西斯‧尼克森（Francis Nixon）於愛爾蘭發揚光大，還有 1783 年的輪轉印刷機，終於讓英國的棉花工匠取得競爭優勢，得以凌駕於手工印染的印度棉布之上。1774 年，英國撤銷了對於印花棉布的禁令。25 年之後，英國所消耗的國內生產棉布量高達 2,900 萬碼。

布料選購指南

我們只談到單一棉布，但是對現代人來說，棉布的多樣性與新穎度一樣深具吸引力。在市面上交易流通的棉布種類不僅多達 200 種，更提供了空前的多種變化與功能用途，使購物者在選擇上產生了一種全新的負擔。消費者要如何辨識出所有不同的布料，以及它們的用途、品質與價格？在此之際，消費指南的適時出現也象徵了正在進行中的消費轉型。《打開商人的倉庫》（The Merchant's Ware-House Laid Open）（倫敦，1696 年；就在實行進口禁令之前）提供了從字母 A 到 Z 排序的印度棉布與歐洲紡織品調查，適用於「各式各樣的人士」，這份調查始於荷蘭艾爾克摩（Alcomore-holland），一種荷蘭的亞麻織品，終於費爾蒙提（Vehemounty），一種法國的布料。但商品愈多樣，人們就愈容易被騙。要透過外觀來判定品質相當困難。有些布料在店裡看起來很漂亮，「但穿起來像紙一樣」，還有些布料「看起來著實美觀，但……」洗過一次後「就變成碎片了」。因此，這類指南會告訴讀者，如何避免被「最狡猾的零售店商」欺騙。譬如長布，也就是長度長達 40 碼的布，用來做襯衫以及寬鬆直筒連衣裙，售價為一碼 15 便士。這種布料有兩種：一種來自印度，在英國才染色；另一種則是在印度已染好色。那麼，最好選擇後者，避免前者，因為「它們不會像在英國染的布一樣，清洗的時候會褪色」。但是消費者要怎麼在店裡就看出其中的差異

呢？答案是：「你可以從顏色分辨出英國染料與印度染料的不同，因為印度染料染出來的顏色比英國染料均勻得多，而英國染料染出來的顏色中，會出現棕色與黑色的斑點汙漬。」「莫莫絲」（Mulmuls），一種細薄棉布或平紋織物，以作者的觀點來看是更糟糕的一種棉布：「非常薄……通常會磨損或撕碎，不僅穿起來極不舒服，洗過兩、三次後，顏色會變得很黃。」小販往往會以不菲的價格出售這種布料，「但這種布料的耐用性完全是一種詐欺」。在多采多姿的印花棉布當中，如何區辨那些極為精美、畫上飛禽走獸的布料是很重要的，它們「直到磨損殆盡，依舊不會褪色」，塞倫（serunge）這種印花棉布，稍微有點「粗糙，但是……有著非常美麗的花朵圖案」，鮮豔的色彩也可以保持得很好，極適合拿來做禮服、襯裙跟被子。*111*

衣著革命

到了 18 世紀末，衣著革命已然如火如荼。絲綢仍然是法國最有價值的紡織輸出品，英國運送愈來愈多的絲綢到北美洲、牙買加以及丹麥與挪威。維吉尼亞州的仕女們也喜歡大量洛可可式繁複華麗裝飾與花樣。在英國，隨著商人開始誇示他們的絲綢背心與馬褲，絲綢也逐漸失去了以往的尊榮獨享地位。反之，亞麻布在市場上仍維持著低廉的價格並被拿來做成內衣，持續了頗長一段時間。但是在外衣方面，棉布逐漸成為常態的穿著。比之更低廉也更單調的亞麻布，人們都願意為棉布多花一點錢；雖然，窮人一直要到下一個世紀才轉向棉布的穿著。在法國，到 1789 年法國大革命時，店主跟僕役們全都已穿著使用較多棉布的服飾，而非羊毛或亞麻布了；只有在貴族與專業人士的衣櫃中，棉布才會被絲綢打敗而屈居第二。當時在紐約與費城，棉布的使用也已超越絲綢。不像由新技術與較低價格帶動消費的鐘錶產品，棉布完全是教科書上的範例，說明時尚是需求的決定性驅動力。一旦工匠與僕役也穿上棉布，他們的客戶與主人們便開始尋求更優雅、更昂貴入時的棉布穿著。*112*

作為一項消費品，衣著有其獨特的敏感性，在我們的生活當中，再沒有比衣著更具備如此獨特的觸覺與視覺存在之事物了。我們會觸摸到它、看到它、感覺它。我們身體的感官會直接感受到我們所穿的衣服。「我

們」與「這件物品」之間的界線都變得模糊。一位近代的哲學家甚至慷慨地認為衣著是一種「半活」（half-life）的物品，因為它們會跟著我們的身體移動：「我們在我們的衣服裡過活，宛如它們是有生命的，就像是你的褲子在走路。」113

但衣著能否展現栩栩如生的活力，顯然還是要靠材質與剪裁。18 世紀時這項布料使用上的轉變，對人們自身的經驗產生了重大的影響。棉布這種材質展示了新的舒適文化。棉布比亞麻布與羊毛給皮膚的感覺更為柔軟而輕盈，強化了在 17 世紀已逐漸展開、更為寬鬆的穿衣時尚。而它染色的方式，使色彩與時尚更形大眾化。1700 年，歐洲各國的大都市中多是一片黑白色的衣海，間或摻雜些許棕灰色。一個世紀之後，這片衣海變成了彩虹般繽紛的色彩，紅、藍、黃、綠色在勞動工人、貴族及其僕役身上皆極為常見。在棉布尚未出現之前，時尚的衣著是少數人才能享有的特權，不僅是因為禁奢法令的限制，也是因為它們過於昂貴且不易保存，尤其絲綢更是如此。1540 年代的威尼斯，畫家羅倫佐・洛托（Lorenzo Lotto）給自己買了個新衣櫃，花了他一筆不小的金額，光是羊毛披風與束腰外衣就花了他三個月的工資。114 印花棉布比素色精紡毛料織品（羊毛）貴，但比絲綢或有圖案的羊毛織品便宜。在 1770 年代，一件現成的棉布長袍，全新的要價 8 先令，二手的要價 3 先令（一英鎊相當於 20 先令），而當時一名工匠的年收入約在 20 ～ 40 英鎊之間。成衣市場遂如雨後春筍般興起，有著花卉圖案的鮮豔時尚衣著給予工人及窮人新的認同感。竊盜案的受害者可以詳盡地敘述出他們最喜愛的衣服模樣。一名貧窮的英國女性即如此描述：「用連續小枝狀花紋裝飾的一件紫白色棉布長袍，只洗過一次，胸部的地方可以用紅色的帶子綁緊，平紋圓袖口，下襬綁有寬帶。」115

然而，衣著相對低廉的價格與不斷增加的多樣性，也產生了自相矛盾的結果。更輕薄的布料意謂著要多加上好幾層才能保暖，因為歐洲的氣候可不比印度。這也為時尚的組合與配件開啟了新商機，像是絲帶、帽子，以及圍裹在脖子上的領巾。於是有圖案的領巾開始流行於貧窮的工人與農民之間。添置與汰換的頻率開始加速。而當一件外套或長袍的價格開始下降，花在服裝上實際的支出比率卻開始上揚，人們的衣著變得更為多樣，同時改變得更為頻繁。1700 年，法國僕役會把他們收入的 10% 花在衣著

上。到了 1780 年，這項比率變成了 1/3。諷刺的是，城市中的貧民反倒是最頻繁汰換衣著的人，因為他們無法以肥皂、清洗、修補等方式來保存衣服，所以他們穿壞、穿破衣服的速度是最快的。[116]

品牌銷售

品牌和標籤的歷史，可以回溯至古老的埃及與美索不達米亞（Mesopotamia），當時法院與官僚機構利用它們來區辨品質與產地，藉以提升物品的價值。[117]18 世紀，貿易商與製造商將品牌、產品差異化與銷售促銷帶向空前的榮景。1754 年，羅勃‧特林頓（Robert Turlington）開始用瓶身上模鑄出產品名稱與皇家專利的梨形玻璃瓶，販售他那「生命的油膏」（Balsam of Life），一種治療腎結石、腹絞痛及「各種沉痾」的藥品。然而，行銷之王當屬陶器製造商約書亞‧威治伍德（Josiah Wedgwood）與他的合作夥伴湯瑪斯‧本特利（Thomas Bentley）。對於他們創新的銷售本領，尼爾‧麥肯德里克略述如下。他們運用了：

> 慣性銷售（inertia-selling）活動、產品差異化、市場區隔化、詳盡的市場調查、初期的自助式方案、不滿意就退錢的政策、免費運送、免費贈品促銷活動、拍賣活動、抽獎活動、目錄……高級信用（advanced credit）、三階式折扣優惠方案，包括首次訂購的主要折扣，以及幾乎各種型態的廣告、集換卡（trade card）、商店招牌、印有表頭的信紙、印有表頭的帳單、報紙與雜誌廣告、時尚插圖與時尚雜誌、招攬客人的吹捧性廣告、有系統的宣傳活動，甚至以虛假的抨擊製造反擊的宣傳機會。[118]

正如我們所見，將早期的社會貶低為死氣沉沉、了無生氣是不對的，時尚商品以及普遍性的消費皆然。14 世紀時，勃艮第（Burgundy）宮廷已扮演著歐洲時尚中心的角色，勃艮第公爵（Dukes of Burgundy）更以他們奢華的服飾著稱。菲利普二世（Philip the Bold，1342 ～ 1404）有一件猩紅色緊身上衣，以珍珠繡上 40 隻羔羊和天鵝的形狀，在牠們的脖子與鳥嘴上還各自戴著金色的鈴鐺。勃艮第的仕女們更引進了有尖頂的高帽。而當這些

勃艮第公爵潮流先鋒去到外國的宮廷時，便引領了歐洲貴族間的流行風潮。於是這時，裙襬變短了，男人也以量身訂製、長度剛好落在腰部以下的緊身上衣與夾克取代了長而鬆垮的束腰外衣。在 15 世紀這段歷程當中，時尚不斷演變，從漏斗形狀的寬袖轉變成「風笛」（bag-pipe）般的樣式，最後在袖口扎緊。119 中國明朝的時尚演變亦然，正如我們看到在 16 世紀初，即有對於裙子與褶襉的長、寬度不斷改變的抱怨出現。與東方有生意往來的歐洲商人都知道，許多亞洲人都是眼光敏銳、有鑑別力的顧客。1617 年，荷蘭東印度公司的總督（director-general）指出，當地人「特別講究品質」，尤其對於他們的織錦或纏裹式的裙子，並且願意為了優美的設計花上大把錢。農夫可能會使用粗糙的棉布，但較為富有的顧客會希望他們的棉布色彩鮮豔、圖案是在織布機上織出的、有鑲邊，而且往往要混入金線。訂貨簿反映了對當地品味的詳細關注。舉例來說，1623 年，位於荷蘭東印度群島首府巴達維亞（Batavia）的荷蘭聯合東印度公司主管們，就要求科羅曼德爾的生產商以「鮮紅色鑲邊與小花配上栩栩如生的鮮明色彩」來製造地氈。120

時尚產業

在 17 世紀末與 18 世紀的歐洲，新的發展是時尚逐漸被制度化而成為一項時尚產業，有自己的場所、時程與媒體。這可說是一項全球的、也是在地的成果，取決於如何將遙遠的製造商整合進歐洲消費者的時尚週期之中。巴黎是時尚的先行者，但也需要印度織工跟上它的腳步。荷蘭與英國東印度公司在連結起領導流行者、製造商與消費者這方面，扮演了相當重要的角色。1670 年代，英國東印度公司會將巴黎流行的服裝樣本，經由敘利亞送往印度，然後由當地織工加以仿製。在接下來的 10 年，這個路線被關閉了，改由印度先行送出他們的新設計與新樣本，在進入歐洲市場之前，先在巴黎的沙龍測試這些設計是否具吸引力。「值得注意的是，這已是一項持續的通則，」英國東印度公司的主管在 1681 年時如此說明，「在所有用花朵裝飾的絲綢上，你為了英國的仕女們，盡可能每年改變式樣與花朵；他們說法國人及其他的歐洲人，比起一塊有著幾年前相同樣式的好絲綢，他們會為一項在歐洲沒見過的新事物付出兩倍的價錢。」121

對那些無法立即接觸到沙龍或宮廷的人來說，亦可從新的時尚雜誌中獲得建議。1672 年，法國的《文雅信使》（Mercure）開始提供讀者關於時尚的提示。下一個世紀，仕女的年鑑數量倍增，內容包括新設計的版畫以及要去哪裡購買的建議。《最新流行》（Magazine à la Mode）或稱《時尚雜記》（Fashionable Miscellany）的 1777 年一月號，列出了紳士們在當月稍早女王誕辰時的會客穿著：「襯裡是毛皮的背心……外套的樣式與過去幾年相同，除了腰部較短，下襬當然較長……袖口小而緊，上側有三個扣子。」對女士來說，「最時尚的晨間穿著……莫過於一件室內便裝（deshabilié）了，它由一件短上衣與襯裙所組成；外套通常在底部約 1/4 碼深的地方縮攏，飾以薄紗（gawze）（一種半透明的寬鬆織物）或是相同的絲綢。但比起其他裝飾，毛皮在本月是最為流行的時尚」。便帽則是法國的風格，為了表現出格調，它需要有「橫跨整個頭部的完整垂飾片，但不會垂落在後方……這是本月所出現的一個變化」。追逐時尚的仕女們則被指點前往倫敦柯芬園（Covent Garden）的克洛赫先生（Mr Kluht）那裡購買衣服，並前往拉斯伯恩廣場（Rathbone Place）的泰勒太太（Mrs Taylor）那裡購買帽子。122 大約就在此時，出現了彩色的時尚插圖與時尚娃娃（參見插圖 8）。時尚娃娃剛開始是木製的，到了 1790 年代，演變成適合大眾消費的商品：硬紙板剪裁的組合人形圖像，八英寸高，要價三先令。這只差一小步就發展成孩童的玩具，也就是有著一組六件衣服與其他可更換的配件。在此，時尚已跨越了年齡的代溝。123

為什麼消費轉變是發生在英國與荷蘭？

由此，17 世紀與 18 世紀時的歐洲西北地區，已擁有一套成形的新消費體系，以數量、變化與創新為其特點。文藝復興時期的循環流動仍未消失，而是被導引流向這套不斷被注入新奇事物的動態體系。二手的衣物、當鋪、拍賣會以及送禮的習俗，把棉布袍服及茶壺帶給了普羅大眾。不像中國明朝末葉，在這裡，點燃活塞的是新奇事物而非古代器物。英國歷史學家對這項轉變的確切日期各執一詞，但更大的問題應該是「為什麼？」而不是「在何時？」為什麼這項轉變會發生在英國與荷蘭，而不是在中國

或義大利？

　　有三個相互較勁的主要答案：生活水準（英國人有較高的實際工資）、仿效競爭（他們模仿優於自己的人），以及「勤奮革命」（industrious revolution）（個人為了購買更多物品會更勤奮地工作）。讓我們依序來思考這三個答案。

1. 生活水準比較高

　　最近的估算結果顯示，英國人的工資在 1740 年與 1800 年間確實有下降，但也強調，相對於英國人自黑死病以來的 400 年間所享有的高工資穩定水準來說，這樣的下跌幅度其實相當微小。高工資先於帝國的擴張，在很大程度上可說是人口變少、能源便宜的一項結果，鼓勵了創新和生產力，從而帶動了像是 1710 年湯瑪斯‧紐科門（Thomas Newcomen）的蒸氣引擎之類的大發明，以及修補與調整之類的小發明，像是詹姆斯‧瓦特

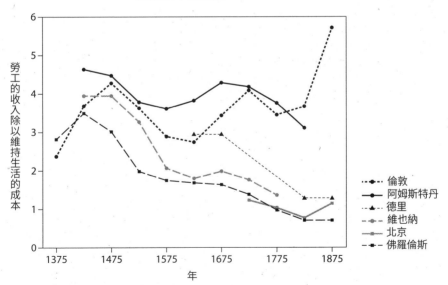

生活水準的差異

勞工的收入除以維持生活的成本
1=僅夠生存 4=賺取到生存所需的四倍收入
來源：羅伯特‧艾倫（Robert Allen），《近代英國工業革命揭秘：放眼全球的深度透視》（The British industrial evolution in global perspective），2009年，頁40。

（James Watt）在 1760 年代開發出分離冷凝器，讓紐科門的引擎效率變得更高。而在 17 世紀之前，一項分割歐洲、區隔東西方的差異性已悄然成形：德里與北京的工人，跟佛羅倫斯與維也納的工人有著相去不遠的生活水準，勉強可維持生計；然而倫敦與阿姆斯特丹的工人，生活水準則截然不同，他們得以享受更多樣化、更優質的日常飲食，包括肉類、酒類和小麥（而不是普通的燕麥）。在工業革命時期，英國工人相較於他們的上司是變得比較貧窮，但他們的境況仍然比亞洲或南歐的工人夥伴們要好得多。*124*

對於中國在現代初期的商業生命力分析，導引我們來到一項令人困惑的激烈爭議：荷蘭與英國的境況真的有比較好嗎？根據中國歷史學家彭慕蘭（Kenneth Pomeranz）所述，1800 年時，在中國最先進的長江下游地區，人們的生活水準並不輸英國與荷蘭；「最大的差異，」他認為，發生在 19 世紀，但起因並非歐洲對於現代化的創造力，以英國的例子來說，是幸運的地理位置及帝國勢力，提供了第一個工業化國家豐富的煤礦、奴隸及價格低廉的食物。*125*

可以用來反駁這些估算結果的一點是，在比較這些社會時，工資或許並非是很好的評量標準。歐洲擁有大批不斷增長的工薪階層，反觀中國，無產階級的勞工則是貧窮、邊緣化、未婚的少數族群；而相較之下，掌控了長江三角洲的佃農家庭，境況則比無產階級的勞工好得多。在印度也一樣，紡織工人除了工資之外，還可享受三餐、住宿及其他福利，使得直接比較的方式顯得不甚可靠。*126* 根據李伯重彙編的資料顯示，1820 年代，在靠近上海的松江區，生活相當體面而令人滿意。農民一天可攝取到 2,780 大卡的飲食，是中國一直要到 2000 年才再度達到的一個數字，略高於今日的健康專家所建議的數值。他們喝的茶是英國人的兩倍，吃的糖是英國人的一半，除此之外，他們還抽若干菸草與鴉片——是「精力充沛的朋友」。*127* 另一方面來看，當我們把英國人口可負擔的各式各樣商品也納入考量時，英國看起來更是遙遙領先，因為那些商品遠超出麵包、乳酪、亞麻布與蠟燭等日常所用的主要物品，也就是構成該時期生活水準統計數據的比較基礎。將生產棉花作為副業的中國佃農，也是設法讓他們的生活能夠脫離僅求溫飽的水準，然而這種勞動力可能很難進一步爬上更有

發展性的階梯。因為這做一點、那做一點的方式，限制了專業化與創新的發展範圍。在工業化國家的世界，這會是一大障礙。

　　對於生活水準的爭辯雖然集中於工人階層，但就我們的關切點來說，在他們之上的群體也同樣重要。擁有眾多「中等階層」是英國的一大特點，這個階層由大量的商人、專業人士、官員與實業家所組成。1750 年代，十個家庭當中就有四個家庭的年收入為 40 英鎊以上，是維持基本生活所需的兩倍。這個群體有很多額外的金錢可以花費在舒適用品與便利設備上。在工業革命的演進歷程中，英國逐漸形成一個較不平等的社會。但是與中國、印度以及南歐比較起來，英國的中產階級仍然相當龐大。iv 而隨著這個階級的自信逐漸增長，使這個動態成長世界中的商品得到充分發揮，得以在社會中占有它們的一席之地。這個龐大群體不再模仿舊的上層人士，而是以新的商品與品味建立起自身的新區別特徵，創造出屬於這個階層本身更私有的舒適文化。

2. 仿效競爭

　　在英國消費社會誕生的原始論點中，認為模仿乃需求之母：而它的助產士，以麥肯德里克的話來說，就是「想打扮成公爵夫人的磨坊女孩」。128 同時代的人時常譏嘲盛氣凌人的消費者，這並不足為奇，而衣著革命毫不留情地踐踏了這套展現衣著區別並標示服裝等級現有、承繼而來的體系。衣著似乎突然成了造就一個人的工具，而非反映一個人的出身。僕役穿著超越其身分地位的衣飾，是一項特別令人擔憂的原因。「這真的是一件難事，」丹尼爾・迪福在 1725 年曾經如此悲嘆，「要以她們的穿著分辨出誰是女主人、誰是女僕；不僅如此，女僕還常常是兩個人之中穿得更好的一個。」這掀起了一陣渴望消費（aspirational spending）的旋風：「女僕努力要超越女主人，零售店商的妻子努力要超越仕紳之妻，仕

iv　儘管日本在德川幕府時期較為平等，它仍然未對國際商業敞開大門。日本在這個時期的生活水準可能被低估了，因為許多農戶得到了他們產出的土地份額，並且享有妻子、孩子，以及非農業工作所帶來的額外收入；參見：Osamu Saito, 'Growth and Inequality in the Great and Little Divergence Debate: A Japanese Perspective', *Economic History Review* 68, 2015: 399–419; and Osamu Saito, 'Income Growth and Inequality over the Very Long Run: England, India and Japan Compared', (2010), at: http://src-h.slav.hokudai.ac.jp/rp/publications/no02/P1-C1_Saito.pdf.

紳之妻努力要趕上仕女，而仕女們則是努力要勝過對方。」*129*

　　然而當代的挪揄奚落與令人信服的歷史論證並不盡相同。首先，類似的批評與理由在當時與之前的許多社會中都可以看到，正如我們先前所見，包括中國的明朝時期。其次，模仿鮮少是採用新衣著樣式的主要動機。僕役往往無甚選擇，只能穿著他們的主人給他們的衣服。而英國的工匠與工人也不會只為了要冒充成公爵或公爵夫人而穿得整潔優雅，他們的穿著是為了融入同儕、展現他們的成年與自主性，或是期望獲得更好的工作。*130* 更一般地來說，新奇事物的傳播證明了單純滴漏過程（trickle-down process）的想法是錯的。舉例來說，在 1690 年代印花棉布風潮起飛之後，上層階級的婦女才開始在她們的袍服外穿著印花棉布。與其說是模仿貴族階層，中等階層往往本身即扮演了引領潮流的角色。

3. 勤奮革命

　　同樣地，「勤奮革命」也是遵循現代觀察者建議的歷史詮釋。在 18 世紀初期，丹尼爾・迪福對紡織地區的描述是「幾乎每一扇門中你都可以看到紡輪在跑」，每個人都很忙，包括丈夫、妻子跟孩子們，他們全家人所賺取的工資「相當過得去」。1770 年，啟蒙思想家詹姆斯・斯圖亞特（James Steuart）的結論是，若說以前人們必須工作，是因為他們不得不工作；「但現在人們不得不工作，是因為他們是自身欲望的奴隸」。經濟史學家揚・德・弗里斯認為，這正是早期的現代荷蘭與英國所發生的狀況。借鑑於經濟學家蓋瑞・貝克（Gary Becker）獲得諾貝爾獎的著作，德・弗里斯將一個家庭描繪成一個經濟單位，它會就如何最佳分配所有人的勞動時間做出理性的決定。除了只生產自己所需之物，家庭也開始販售成員們的勞動力，以便有能力購買更多的物事。對於茶、糖、許多其他新消費品的品味，使全家人一起投入工薪階層的行列，工作得更久、更努力。在工業革命開始之前，需求革命即已展開了。*131*

　　乍看之下，這個論點相當吸引人。需求反客為主，成了支配全局的一環，而非僅是反映供給，美妙地詮釋了消費如何在 18 世紀下半葉，英國工資下降的情況下擴大。然而整體說來，這個論點陷入了接二連三令人洩氣的問題。其一，它從故事的中間展開，倒果為因。人們雖然最後購買了

更多的消費物品，但這不必然是驅使他們更努力工作的最初動機。情況或許是反過來的。清教徒在 17 世紀初生活愈發艱難時，開始宣揚「勤奮」的美德。132 人們開始工作得更久、出賣更多的勞動力，是為了生存，而非為了放縱與享受。英國內戰（English Civil War，1642 ～ 1651）之後的百年，生活條件改善了，這時勞工傾向於把他們的錢花在更好的家具上，而非茶、糖或其他新奇的物品上。換句話說，他們的偏好幾乎不曾改變。勤奮亦然，幾可說是一項告訴人們應該如何過活的規定性理想，而非無辜的現實，其後將由自由主義與帝國主義輸出至世界其他地區。對大多數勞動者來說，這項從休閒轉為工資勞動的轉變或許是出於必要，而非選擇。是出於上漲的食物價格所迫，而非物質欲望所驅使。在 18 世紀下半葉，工時再度往上提升了 1/3，133 但仍只是在回應數十年來飛漲的通貨膨脹與愈發嚴峻的勞動力市場。

1790 年代，弗雷德里克・伊登（Frederic Eden）在他的《窮人的國度》（*The State of the Poor*）調查當中，給了坎伯蘭（Cumberland）地區一個典型的礦工與他的家人一項年度預算。這個礦工每年可賺取 26 英鎊，他的妻子跟七個孩子則可再賺取額外的 18 英鎊。134 而在他們共計 44 英鎊的收入當中，有三英鎊又十先令會花在購買茶與糖，他們「偶爾洗礦砂」是為了負擔茶與糖，還是為了負擔房租（三英鎊）以及他的妻子多次懷孕與分娩的費用（多年來總計達 20 英鎊）？按理來說，導致他的家庭購買茶、糖與蠟燭的原因，並非對新奇事物的欲望或是想讓別人對他們刮目相看的渴望，而是因為這些物品可以讓他們持續勞動到夜晚，並保持溫暖與清醒。

在「想得到更多」與「更努力工作」之間的聯繫並非必然，須視情況而定。在英國，對消費品的最初需求是來自中間階層，但這樣的需求並未讓他們變得更加勤奮努力：他們的妻子仍然留在家中，並未外出工作。17 世紀時，荷蘭弗里西亞的農民的確發展成專業分工，銷售更多他們的農產品以交換新奇事物，而非自行生產這些事物。相較之下，加泰隆尼亞（Catalonia）在接下來一個世紀實現了工業化，但是在這裡，副業兼差仍然居高不下，而新消費商品仍屬奇貨可居。在繁榮的肯特郡（Kent）中，家戶雖然購買餐具和窗簾，但有更多的烘焙和釀造品皆為自製。135 發展中的社會，並非沿著一條從新品味走向成長與專業化的單一高速公路前行。

渴望與「欲望」並非自然存在，自動強迫人們進入勞動與商品的市場，想當然耳地把他們設定成「勤奮」的模式。渴望本身與它擴展的範圍是由規範與制度所形塑，也會隨之產生變化。誠然購買力特別偏愛歐洲西北區域，但它只是一個變數，單靠購買力本身並不足以解釋 17、18 世紀在消費上所產生的躍進式變革。

英國善用優勢

使歐洲有別於亞洲的擴張主義國家制度，藉由支持創新與創造未來市場對競爭壓力做出了反應。英國在進口禁令的庇護下，同時創造出一個大西洋市場並仿製出優質的印度織品，就是這一論點的最顯著例證。印度的紡織工人一開始並無任何創新的動力，畢竟，他們的產品占盡優勢；但是之後，到了 18 世紀末，當他們感受到來自英國的激烈競爭時，已缺乏強有力的回應能力了。

然而，在歐洲之內的差異至少是決定性的。使英國與荷蘭在這方面優於歐洲其他國家的關鍵，在於思想與制度的有利氛圍，鼓勵男性與（尤其是）女性加入工薪階級與消費者的行列。正如我們所見，符騰堡等地對此的卻步不前，並不是因為那裡的婦女沒有物質欲望或是不想勤奮掙錢，而是因為如果她們這麼做的話，就會遭受處罰。舉例來說，1742 年時，一名織工的妻子因為獨立工作，被當地法庭下令停止工作並回到她丈夫身邊。零售店商確保他們的城鎮禁止流動的商販。丈夫在有關當局的全力支持下，痛毆他們離家外出尋找工作的妻子。職業工會禁止勞工流動。於是丈夫、父執輩、教會與職業工會一起行使著英國不曾知曉的社會紀律。136 跟 1455 年的倫敦比較起來，捻絲的英國婦女說她們有「成千上萬人」，包括「許多淑女」，「正當可敬地」過活並且維持她們家庭的生計。137

受惠於早期的中央政府，英國倖免於眾多妨礙商品流通於歐洲大陸的地方當局與區域權力。英國政府導引它的力量向外發展，這與西班牙帝國形成的對比深具啟發性。西班牙是第一個進口外國巧克力與菸草的國家，在這場消費的競賽當中，原本被看好可以充分發揮其領先地位的優勢。但

現實的發展是，西班牙很快就落後了，因為它的主要策略是從它的殖民地榨取資源，而非把這些殖民地發展成它可以輸出商品貨物的另一個市場。在伊比利半島（Iberian Peninsula）本土上，西班牙承受四分五裂的地方當局、貨幣與賦稅，以及遠距與不良的交通運輸之苦。卡斯提亞與納瓦拉（Navarra）有自己的進出口關稅，而且可以發行自己的貨幣。許多城鎮都有自己的財政權力。像塞維亞這類負債累累的城市，則利用消費稅維持政府單位的營運。138 這類阻礙無可避免地限制了西班牙在充分利用新產品與新品味上的選擇和機會。舉例來說，18 世紀中葉，四個中等收入的家庭中只有一戶擁有一個可用來供應巧克力的盤碟。然而還是有些改善的跡象出現，特別是在紡織品的數量與多樣性的提升方面。在西班牙西北方的帕倫西亞（Palencia）這座城市中，平均每戶家庭在 1750 年之後的 80 年間，成功地將衣物件數從 42 件擴展至 71 件。但新的消費品仍是以涓涓細流而非浪潮席捲的方式到來，在馬德里之外的省鎮像是桑坦德（Santander），餐巾和桌布這些優雅精美化的關鍵成長指標，一直要到 19 世紀初才變得愈來愈普及。令人關注的一點是，即使是在西班牙的許多都會地區，棉布也要到 1830 年代才取代亞麻布。139

英國政府與更形整體化的市場，為商品的擴散與普及提供了更為有利的氛圍與環境。而這點正是消費可以在英國快速成長的一項重要因素。不過，擁有有利的形勢跟充分發揮這樣的形勢仍是兩回事，它仍然無法解釋那股使人們愈來愈向商品世界靠攏的潛在動力。正如我們從棉布的例子中看到，英國政府伸出援手以保護英國產業免受印度棉布所帶來的巨大影響。但是，對這些商品的需求原本就存在 —— 並非是由英國政府創造出來的，它只是轉移了這項需求。要了解商品如何在現代社會中成為人們生活中愈來愈不可分割的一部分，我們亦須將賦予商品新涵義與重要性的文化因素納入考量。

第二章

消費的啟蒙運動

1550年代，義大利的吉羅拉莫‧本佐尼（Girolamo Benzoni）最初在尼加拉瓜（Nicaragua）觀察到可可的種植與調配，一開始的反應是覺得作嘔。土著加進水、一些胡椒，偶爾還有蜂蜜，跟可可一起打成起泡的混合物，完成了一種「更適合給豬喝而非給人喝的飲料」。[1]英國詩人喬治‧桑迪斯（George Sandys）遊歷土耳其 60 年後指出，土耳其男人不上酒館，而是去「咖發屋」（Coffa-house），他們在那裡聊天，啜飲由某種漿果製成的飲料，這種飲料「溫度是他們可以忍受的熱度：跟煤灰一樣黑，嚐起來也跟煤灰沒什麼差別」。[2]而不過一個世紀的時間，貴族與商業仕紳對此都上了癮。有四種使人上癮的異國食物征服了歐洲：中國的茶、及來自新世界的菸草、咖啡與可可。在西班牙和奧地利的哈布斯堡王朝（Habsburg）時期，貴族們舉行巧克力宴會（las Chocolatadas）。在歐洲各地，體面的市民們與知書達禮的紳士開始在咖啡館聚會。直至 18 世紀中葉，僕役與工匠也開始享受茶與咖啡了。1900 年，咖啡已攻陷歐洲。就連巧克力都成了大眾商品，不僅軍人與工人會喝，就連優雅的仕女也愛啜飲。使人上癮的異國食品曾經是珍貴的奢侈品，此時已變成日常生活用品，飛入了尋常百姓家。

苦中帶甜：咖啡的引進與普及

　　新品味的引進與普及，是現代消費文化的一項關鍵特色。藉由密切注意這些異國飲品的巨大命運轉變，我們可以更清楚了解這類新品味如何出現，以及造就它們的歷史參與者與過程。茶、咖啡與巧克力的發展歷程，是以離散與貶值為記。它們涉及了植物、民族與品味前所未有的全球性移植，歐洲帝國在它們的殖民地創造出新的熱帶生產區。在阿茲特克文明（Aztecs）中，可可主要生長在索科努斯科（Soconusco），墨西哥的太平洋沿岸地區。荷蘭人把可可帶到委內瑞拉（Venezuela），天主教傳教士則把它帶到菲律賓。桑迪斯遊歷土耳其時，咖啡只在葉門（Yemen）生長，從摩卡港（Mocca）運出。1718 年，荷蘭人開始在蘇利南（Surinam）自行種植咖啡；1723 年，法國人在馬提尼克（Martinique）種植咖啡；1728 年英國人則在牙買加（Jamaica）種植。1840 年代，英國在阿薩姆（Assam）與錫蘭建立起殖民地茶園。甘蔗原產於東南亞，最初由阿拉伯人引進地中海地區；歐洲人再從馬德拉群島（Madeira）與加那利群島（Canaries）把甘蔗帶到西印度群島。當代人已意識到這些遷移所代表的重大意義。法國作家貝爾納丹・德・聖皮埃爾（Bernadin de Saint-Pierre）在 1773 年時坦承，他不知道咖啡與糖是否決定了歐洲的命運；然而他可以確定的是，咖啡與糖這兩個夥伴給另外兩片深受影響的大陸帶來巨大悲劇：美洲人口減少了，是因為歐洲人想要有土地種植它們；而非洲的人口減少了，則是因為歐洲人需要勞工去美洲種植它們。3

單一植物如何承受整個世界史的重擔？

　　這些令人上癮的食品，每一種都有自己的文獻資料；西敏司（Sidney Mintz）1985 年的《甜與權力》（*Sweetness and Power*），這本對糖的前鋒之作，引爆了新流派的商品傳記風潮。這類作品的吸引力顯而易見。跟隨一種食品的生命史走上一遭，即可揭露出為海洋與國家歷史所分隔的生產與

消費兩個體系之間相互依存的關係。在英國，一杯舒舒服服、加了糖的熱茶，卻是由加勒比海（Caribbean）殘酷的奴隸農場所換來。4 第二項見解是，商品就像人一樣，也有它們的「社會生命」（social life）。5 它們的特性與價值會沿著食物鏈並跨越時間而改變。對阿茲特克的統治者來說，可可是貢品、金錢，也是一種宗教儀式。一箱茶葉可以被拿去販售，也可以被當作贈禮。

　　商品傳記的問題不在於說得太少，而往往是說得太多，讓單一種植物去承受整個世界史的重擔。同時，這些使人上癮的異國食品也隨之創作出許多恢宏的敘事。其一講述了它們的文明進程，包括茶會和咖啡桌的新禮儀如何從歐洲宮廷向下滲入到渴望模仿的中產階級，然後再擴及其他階級。6 其二便是指出咖啡館成為新公眾場域的發源地。7 有些人甚至將咖啡勝過巧克力的優勢，視為是冷靜自持、現代的北歐新教（Protestant Northern Europe）對抗自我放縱、綺靡的南方天主教（Catholic South）之勝利。8 另一個觀點認為，英國的茶與糖鍛造出殖民地奴隸制度與大都會工廠勞工之間的帝國鏈結。9 這些個別故事的問題在於，使某項飲品在某個地方顯得獨特而重要的因素，當它們與其他提神飲品一起放到其他場景時，卻成了視情況而定的偶發事件。舉例來說，歐洲新教（Protestant Europe）地區的工廠會供應工人啤酒、杜松子酒，以及讓人清醒的咖啡。而大量飲茶的國家，包括俄國與中國，有著跟英國截然不同的帝國政權與勞工制度。因此，我們不能單獨看待這些使人上癮的食品，而必須一起審視它們。最後一點是，這些異國飲品是贏家，因為它們格外可變通，能適應各式各樣的社會群體、文化意義與經濟體系，包括了殖民地、小國及殖民帝國。

　　從全球性的觀點來看，歐洲人採用這些上癮性食品，與其說是巧妙的發明，還不如說是姍姍來遲的追趕。10 其他文明中早有這種含咖啡因或可可鹼（亦可追溯至可可中的發現）的刺激性飲料。磨成粉末狀的綠茶在中國明朝時甚為普及，而位於內亞（Inner Asia）的滿族人則喝摻了牛奶的紅茶。中東地區自 15 世紀就開始喝咖啡，蘇菲信徒（Sufis）發明了一種烘豆技巧，並將這種新的熱飲普及至開羅（Cairo）與麥加（Mecca）。東非地區有阿拉伯茶（khat），再往西非則有可樂果（kola nut），用豪薩語（Haussa）的話來說，富人會在早晨嚼食它以「擺脫清醒之苦」。11

帝國對品味與禮俗的影響可說是無遠弗屆，在新世界與舊世界皆是如此。16 世紀末，西班牙帝國的耶穌會會士將可可園從墨西哥原產地移到委內瑞拉的卡拉卡斯（Caracas，位於與厄瓜多爾的瓜亞斯盆地）。巧克力的飲用習慣則橫掃了整個中美洲。許多在委內瑞拉採收的可可豆在當地就被消耗光了。殖民地的菁英分子也會在利馬（Lima）啜飲可可飲品。在瓜地馬拉（Guatemala）與尼加拉瓜，每個人都喝巧克力。在菲律賓也是如此，巧克力是一種精選的飲料，會加入粗糖飲用，有時還會混入霹靂果（pili nut）與烤過的米。直至 1898 年，才由喝咖啡的美國人接手。

被遺忘的瑪黛茶

第二種在拉丁美洲展開消費革命的飲料，就是經常被遺忘的瑪黛茶（maté），一種含有咖啡因的巴拉圭（Paraguayan）茶，由常綠的巴拉圭冬青樹（Ilex paraguariensis）製成。這種樹原為野生植物，但耶穌會傳教士把它變成了種植作物。它廣泛銷售於次大陸各地，從智利（Chile）、祕魯（Peru）到蒙特維多（Montevideo）皆可見其蹤跡。的確，瑪黛茶在布宜諾斯艾利斯（Buenos Aires）就像咖啡在倫敦與巴黎一樣，都是異國的新奇事物。但比之茶與咖啡，瑪黛茶是一種社交性質更為濃厚的飲品。飲用者必須傳遞葫蘆製成的容器，並以金屬飲管（bombilla）或吸管一起分享。與歐洲茶會相關的飲具文化，事實上是一種共同的國際現象。銀製吸管與鑲銀的葫蘆茶器，使瑪黛茶一路暢行至厄瓜多爾的高地。就像歐洲的茶會或咖啡集會（Kaffeekränzchen），喝瑪黛茶的禮儀不但標誌出女性是主要的消費者，同時也是家庭社交的守護者以及潛在的金錢揮霍者。一名 1780 年代的觀察者寫道：「不管富裕還是貧窮，每個家庭的桌上隨時都有瑪黛茶，看到婦女花在瑪黛茶具上的豪奢之舉，著實令人驚嘆。」12

歐洲人的咖啡品味是如何養成的？

奠定歐洲人轉向消費異國飲品的原因是什麼？沒錯，這些飲品含有生物鹼，有養成習慣的潛力，都是對它們有利之處，但這些理由並不充足。首先，味覺障礙必須先被克服。而我們也不該誇大這些飲品令人上癮的能

北美洲

大西洋

波士頓

菸草

蘭姆酒

棉

糖

咖啡

查爾斯頓
(Charleston)

製成品

銀

製成品

製成品

古巴

牙買加

菸草、可可

奴隸

糖

阿卡普爾科

Saint-
Domingue

聖多明哥
(Santo Domingo)

銀(運往馬尼拉)

奴隸

奴隸

可可

荷屬圭亞那
(Dutch Guiana)

法屬圭亞那
(French Guiana)

南美洲

巴伊亞
(Bahia)

金

奴隸

銀

里約熱內盧
(Rio de Janeiro)

瑪黛茶

西班牙殖民地
英國殖民地
葡萄牙殖民地
法國殖民地
荷蘭殖民地

帝國主義下的貨物與奴隸流動

120

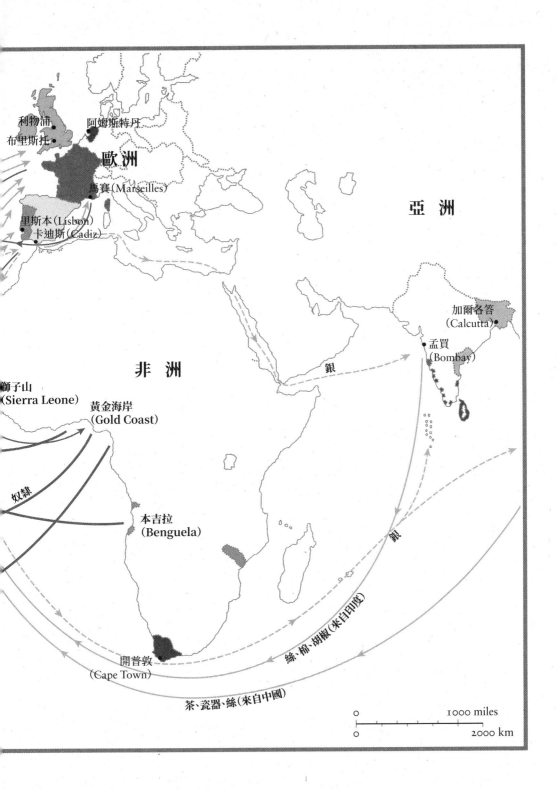

利物浦
布里斯托
阿姆斯特丹

歐 洲

馬賽(Marseilles)

里斯本(Lisbon)
卡迪斯(Cadiz)

亞 洲

非 洲

加爾各答
(Calcutta)

獅子山
(Sierra Leone)

黃金海岸
(Gold Coast)

銀

孟買
(Bombay)

奴隸

本吉拉
(Benguela)

銀

絲、棉、胡椒(來自印度)

開普敦
(Cape Town)

茶、瓷器、絲(來自中國)

0   1000 miles

0   2000 km

121

力。許多人喝的是以水沖泡的稀釋品。舉例來說，1780 年時，觀察家指出，薩克森（Saxony）的山區農民會攝取咖啡，但是「它的味道非常淡，以至於幾乎看不出咖啡豆的顏色」。13 在奧地利的福拉爾貝格（Vorarlberg），當時的紡織工人經常喝咖啡。14 但在許多情況下，習慣在上癮之前就養成了。1900 年，歐洲大陸大多數人仍然啜飲著以菊苣或橡實製成的「替代性」咖啡——不含任何咖啡因；要到數十年之後，奧地利農村才用真正的咖啡取代牛奶。歐洲人雖然有航海、征服殖民地、奴役非洲人的力量，但另一方面，倘若歐洲人並未先養成對糖與咖啡的品味，這個大西洋的種植體系也必然會崩毀。因此，根本的問題在於品味與習慣如何及為何改變，這也是最難回答的問題之一。

不同於個人味覺的改變，像是一個孩子突然喜歡苦或酸的食物，整個國家味蕾的轉型進展是相當緩慢的。一路走來，不僅品味的標準改變了，扮演品味創造者的團體也是如此。從 16 世紀到 18 世紀初的第一階段，挪用（appropriation）與散播是一項獨占的活動。1724 年，660 噸的咖啡已可滿足所有的英國人。如果均攤開來，每名居民每三個星期可以喝到一杯味道稀薄的咖啡——而這樣一年已經可說是非比尋常的好光景了。茶的消耗量也僅略高一點。i 可可自從 1590 年代以來已規律地進行交易，但即使過了一個世紀之後，委內瑞拉每年也不過運送 65 噸的可可到西班牙。此外，咖啡與巧克力都算奢侈品，因為僅有少數人可以負擔得起，也因為它們被劃分為稀有商品，需要特定的處理、知識與消費的技巧。

品味最初的大使

品味最初的大使是傳教士、商人與博學之士。他們對異國事物的興趣以及與遙遠文化的接觸，來自從阿拉伯半島（Arabia）與新西班牙得來的觀察，確保了這些新的興奮飲料會伴隨適當調配、消耗與藥性的指示來到歐洲。歐洲首批的巧克力成癮者是新世界的耶穌會會士與多明尼加人。他們依賴本地的女傭、市場與專門知識。印第安人與印歐混血兒讓他們知道如

---

i   1724 年保留的茶葉進口量為 540 公噸，但按單位估算，茶葉可以泡出四倍於咖啡的茶水；作者的估計亦將茶葉烘烤過程中所損失的重量納入考量。根據保留的進口數據之計算：Elizabeth Boody Schumpeter, English Overseas Trade Statistics 1697–1808 (Oxford, 1960), table XVIII.

何享受以本地方式攪打成糊狀的起泡飲料，加入蜂蜜調味，並以胭脂樹的種子使它變成濃厚的紅色；中美洲人偏好辛辣口味，會在磨碎的豆子中加入辣椒與玉蜀黍，一起做成湯。17 世紀初，修道院成了上癮性飲品全球環狀運送的樞紐，從維拉克魯斯（Veracruz）運送可可給他們在羅馬的教友。15

貴族階層接受異國巧克力飲品

在帝國的核心，人們對於帶著殖民地色彩的可可有著矛盾的心態。一方面，可可在阿茲特克文化中的崇高地位賦予它一種上層階級的吸引力，使它與更庶民化的刺激性飲料有所區隔，像是瑪黛茶就沒能成功跨越大西洋。但另一方面，像個殖民地住民般啜飲熱巧克力，彷彿象徵在帝國天梯上從文明人來到野蠻人的降格。回到西班牙本土上，殖民地開拓者養成的喝巧克力習慣引發了歐洲人被印第安習俗腐化的恐懼。但貴族階層的接受終究淨化了大眾對這項飲品的疑慮，並確保它可以透過哈布斯堡王朝以及連接馬德里、巴黎和維也納的貴族家族網絡，擴散至歐洲各地。調製的方法大致上維持不變，但現在拜肉桂與糖之賜，還有了可以偽裝成歐洲人的方式。同時，參考可追溯至希波克拉底（Hippocrates，約西元 460～370 年）以及古希臘醫生蓋倫（Galen，131～201 年）關於人體體液的概念，攝取這項飲品可說有充分而完全正當的理由；根據這項理論，飲食會影響組成身體的四項物質（血液、黃膽汁、黑膽汁、黏液）之間的健康平衡。辣椒不再被當成巧克力的調味料，科西莫三世・德・麥地奇（Cosimo III de'Medici）在巧克力中加入茉莉花；而北歐上層社會人士則在巧克力中混入雞蛋飲用。可可現在被裝在精美的瓷杯、而非葫蘆茶器中饗客，並且在早餐時間與巧克力宴會中啜飲。

醫師為咖啡辯護或提出警告

但咖啡與茶都不需克服這類受殖民地汙染的汙點，而且恰恰相反：異國風味是它們的資產。這些來自阿拉伯與中國的咖啡豆跟茶葉，對歐洲旅行者來說，彷彿戴上了深奧難解的文明光環。對博學多聞的名家（virtuo-si）來說，像是英國哲學家法蘭西斯・培根（Francis Bacon）以及義大利植物

學家普洛斯彼羅‧阿爾皮諾（Prospero Alpino），他們對自然界中所有的咖啡品種都十分感興趣。歐洲人從土耳其咖啡館中找出共同參與、非正式會談的模式，並且大量借用阿拉伯的醫藥知識。對於咖啡的飲用，最早且最具影響力的記述之一，便是來自法國醫生暨古文物研究家雅各布‧斯潘（Jacob Spon）。1671 年，他描述了土耳其人如何用「一磅半這種穀物的顆粒」，「去皮之後在火前烤……（然後）放在 20 品脫的水中煮」，再以「小瓷碟」端上。斯潘駁斥了那些批評咖啡的人，他們認為咖啡就像茶一樣，會使身心變得軟弱不堪。他在為咖啡辯護時，引用「一位傑出的阿拉伯醫生」以及持續影響歐洲醫學思想的蓋倫為證。根據蓋倫所述，人體由四種「體液」或液體所組成，必須保持平衡才能擁有健康；斯潘說明，藉由防止「血液沸騰與力量衰退」，熱咖啡可維持這樣的平衡。他同時指出阿拉伯人如何用咖啡來預防消化不良與黏膜發炎，並把咖啡當成是預防「女性經期堵塞」的普遍療法。16 斯潘回國之後，與他的醫生同僚為飽受經期疼痛之苦的婦女所開的藥方，就是咖啡。

　　然而，咖啡在歐洲各地最初的進展可說一點也不平順。進口量與價格的波動幅度相當大。咖啡是比石頭更有利可圖的壓艙物，但它從葉門到英國的原始路線相當危險。對紅海（Red Sea）的海盜來說，東印度公司的船隻彷彿是他們的囊中物。在 1691 年與 1693 年的時候，完全沒有咖啡可以到得了英國的岸邊。蓋倫也並未建議熱飲永遠有益於人體。在巴黎的學校中，有些醫生提出警告，認為熱飲會縮短壽命。在英國，有位威利斯醫師（Dr Willis）會把「體質寒冷且沉重」的病患送去咖啡館以清除他們的頭痛與嗜睡症狀；相反地，體質燥熱的病患被建議要避免這種黑色飲品，因為「它會使身體變得不安定而消瘦」，喝太多咖啡會讓這類的人冒上「麻痺癱瘓、無活動能力」的風險，「這麼做會使他們變得遲鈍鬆弛，無法勝任運動、房事，以及他們妻子的消遣娛樂活動」。17 的確，17 世紀的德國地理學家亞當‧奧利里斯（Adam Olearius）在 1633 ～ 1635 年間被腓特烈三世（Frederick III）送去波斯和俄國（Muscovy），觀察到波斯人把喝咖啡當成節育的方式。巧克力則剛好相反，被認為是可以激發性慾的春藥。那麼，英國可觀的人口成長減緩，是否是因為它從喝茶變成喝咖啡的國家，這就留待讀者去想像了。18

17 世紀末時，這些上癮性飲品仍可被彈性的使用與組合。塞繆爾‧佩皮斯（Samuel Pepys）經過一夜飲酒狂歡之後，會啜飲巧克力讓胃得到舒緩，治療宿醉。許多咖啡館都會供應全系列的熱飲。然而，唯有咖啡是一種「覺醒而文明的飲料」。[19] 在不斷擴展的商業社會中，咖啡令人清醒的特質使它得以與貴族的飲食無度，以及與吸食大麻的水手與妓女聯想在一起的平民狂熱有所區隔。咖啡也被推薦給記帳員，因為他們早晨喝的麥芽酒與葡萄酒「導致腦袋頭暈目眩，使許多人無法勝任他們的職務」。[20] 咖啡代表著理智、控制與節制。

早期咖啡館

早期的咖啡館特別吸引兩種顧客：商人與學者。西方第一間咖啡館「天使」（The Angel）於 1650 年在牛津（Oxford）開張。1663 年，威尼斯與阿姆斯特丹也起而效之，還有不來梅（Bremen）於 1673 年、波士頓於 1690 年、布拉格（Prague）於 1705 年陸續開設。到了其時，倫敦已有了幾百間咖啡館。移民與少數族群商人在咖啡館的擴展上扮演了決定性的角色。牛津的咖啡館是由猶太移民所開設，巴黎布西街（rue de Bussy）上的那間則是一名亞美尼亞人開設；用來服務馬爾他騎士團（Knights of Malta）。不像巧克力，咖啡可以盡情誇耀它的異國風味。在倫敦的唐‧塞爾提若（Don Saltero）—— 真名為詹姆斯‧薩爾特（James Salter）—— 訪客可以一邊啜飲他們的咖啡，一邊驚嘆於那些從天花板上往下盯著他們看的鱷魚、海龜及其他自然界的珍稀生物。無數的咖啡館都自稱為「土耳其人的頭頭」（The Turk's Head）。

後來的評論家，有時會在清醒冷靜、飲用咖啡的商業文化與奉行享樂主義的宮廷文化之間，畫上一道對比鮮明的界線。但是我們不應對此過度解讀。在歐洲各公國，像是德勒斯登（Dresden），宮廷扮演了宛如吸引異國商品的磁鐵角色，吸引帶著咖啡、用品配件與專門知識的義大利與黎凡特（Levantine）商人到來。咖啡館則彷彿集新聞室、商行櫃檯、大學的功能於一身，人們可以拿起一份早報閱讀新聞、敲定一樁商業交易、獲悉最新的科學發現。1960 年代，哲學家尤爾根‧哈貝馬斯（Jürgen Habermas）頌揚

咖啡館是一座由理性統治的資產階級公眾場域之原型。然而在當時，只有極少數的咖啡館能秉持如此崇高的理想，大部分的咖啡館除了咖啡之外也供應白蘭地，有些會供應土耳其冰凍果子露，還有些會提供土耳其澡堂（bagnios），讓客人享受配有按摩師與理髮師的土耳其浴，以及與情婦幽會的機會。理性的談話時而會被八卦閒扯、小道傳聞所打斷，更別提偶發的鬥毆爭吵與違法的性交活動（參見插圖11）。咖啡館能發揮的公眾特性仍有限。在德勒斯登，有關當局對咖啡徵收高昂的賦稅，以便將平民設立的咖啡館逐出市場。在普魯士（Prussia），腓特烈大帝（Frederick the Great）在1769年乾脆禁止咖啡，為的是讓錢不外流，並保護國產菊苣與這項來自殖民地的飲品競爭。這類對飲用咖啡的抨擊，不僅是專制政體國家對公民社會的回應，甚至也來自公民社會本身。在英國，早期咖啡館的常客亦擔憂過度的開放會腐化年輕人、逐漸損害秩序以及對知識分子與學者等權威人士的尊重。21 咖啡的飲用需要有正確的文化秉性（cultural disposition）。賦予它生命力的，是奢侈而非民主。在1764年一篇有關咖啡的論述當中，一位義大利作家做出結論，認為所有當局都同意「社交、人道、和藹可親的美德，藝術的完美、國家的顯赫、智慧的培養」始終伴隨著奢侈而成長。22 這些仍然是屬於少數人的美德，而非多數人。

咖啡與茶進入家庭，引發配件的第二波消費

最後，普及的突破性進展來自於私人場域，而非公眾場域。到了18世紀中葉，有愈來愈多的跡象顯示咖啡與茶已入侵家庭。新的日常慣例與家庭社交活動如雨後春筍般出現。在布爾喬亞家庭中，丈夫與妻子一起喝咖啡展開一天活動，午後返家時，也會與家人一起喝茶或咖啡。對名媛淑女來說，茶會不僅是一種女性的社交儀式，也是一個跟商人與佃戶之妻做生意的場合。23 這些飲品征服家庭是至關緊要的一點，尤其它從而觸發了壺、桌及其他配件的第二波消費。根據1745年的紀錄，德國沃爾芬比特爾（Wolfenbüttel）的一位宮廷官員擁有一只咖啡壺、牛奶罐、茶壺、糖罐及11支茶匙——全都是銀製品；一把配有酒精爐的黃銅茶壺；一把白鑞巧克力壺；11只藍白相間的瓷杯、一只相同款式的糖碗、六只彩色小

杯、三只大巧克力杯及六只棕色咖啡杯。*24*

　　1715 年，以阿拉伯航程聞名於世的旅行者讓・德・拉羅克（Jean de La Roque）對咖啡在歐洲進展的論述中指出，除了「達官貴人」之外，「無數的人」已「習慣了咖啡……並未在公共的咖啡館中表現出雍容的氣派」。*25* 在英國與荷蘭這些商業帝國的核心地區，擴散速度可說是最快的。這兩個國家的財產庫存量特別多，也讓我們得以窺探這項習慣傳播的速度多麼迅速。就拿阿姆斯特丹北部的小鎮韋斯普（Weesp）來說，這裡是亞麻布織工、杜松子酒製酒業者及小農的家。1700 年，這裡記錄的財產庫存清單上尚未出現任何茶或咖啡的器皿。但到了 1730 年代末，每個家戶幾乎都已經擁有若干杯子跟一把壺。18 世紀末時，法蘭德斯的阿爾斯特（Aalst），最貧窮的 1/5 人口中，已有 2/3 會喝茶，還有 1/3 會喝咖啡。主要的不同點在於，富人用的是瓷壺，而窮人只能用銅壺。在安特衛普，即使是住在單間房的人們，也會泡煮自己的茶或咖啡。而到該世紀末，茶壺對於住在倫敦公寓中的房客來說，已然是一項必需品了。*26*

歐洲自製出精美瓷器

　　販售咖啡與茶的業者，不僅有書商、布商，還有雜貨商和藥商，這些異國商品以愈來愈多樣化的種類迎合人們不同品味與預算。1683 年，一名柴郡（Cheshire）的五金商人販售四種等級的菸草；兩個世代之後，曼徹斯特的亞歷山大・喬利（Alexander Chorley）販售十種不同的糖。茶葉的零售販子宣傳「為了窮人的利益著想」，以「不少於兩盎司的小分量低價」供應。*27* 這類新品味的習慣養成力量有多麼強大，從德勒斯登酒商山謬・鮑爾（Samuel Bauer）的例子中可見一斑。他家有整套相當體面的茶與咖啡器具，包括白蠟器皿與六只紅白色咖啡杯，是來自當地的麥森（Meissen）工廠。而當這名市民的生活開始變得艱難之後，他帶著他的咖啡因習慣去了救濟院。他每天早晨與下午都會點咖啡來喝，他在咖啡上的花費，跟他在其他食物與啤酒上加起來的花費一樣多，直到他於 1787 年離世時始終如此。*28*

　　鮑爾體面的麥森餐具組就是一項確鑿的證據，證明了時尚、實惠又耐

用的餐具市場同時亦不斷擴大。然而在這項對於半奢侈品的需求上，比之它的始作俑者，麥森以及同時代的威治伍德反倒成了資源豐富、足智多謀的受益者。一個世紀之前，沒有任何預言家能夠預見歐洲製造的瓷器竟可占盡如此優勢。當時，沒有任何歐洲的杯碗能與來自中國的瓷器分庭抗禮（參見插圖4）。荷蘭自16世紀以來即生產以錫上釉的台夫特陶器（Delftware），但它很容易碎裂。陶器無法承裝熱飲。在製造、上釉與繪製的技術方面，歐洲遠遠落後中國：歐洲仍是一個只能生產黃銅製品與粗糙白蠟器皿的大陸，無法做出精美的瓷器。1704年，薩克森的埃倫弗里德·馮·切恩豪斯（Ehrenfried von Tschirnhaus）發現了製造硬瓷（hard-paste porcelain）的方法，但該製造過程始終維持祕而不宣，而且最初的價格十分昂貴，只有奧古斯特二世（Augustus the Strong）及其宮廷負擔得起。同時，中國景德鎮開了幾百個窯，足以供應4,000座當地的工廠燒製瓷器之用。它是一個如假包換的全球生產中心；在1740年代之前，不僅每年供應歐洲幾百噸的瓷器，甚至運送更大量的瓷器到日本，橫跨東南亞。新奇、時尚、適應與創新，不但是消費社會的燃料，亦是東西方交流的產物。

中國瓷器是一項混合的產品。內在，不過是個盛裝液體的碗；外在，則包裝了故事與夢想。在亞洲，陶器繪畫與雕版印刷（woodblock printing）、書法是一起演進的。29 明末瓷器有個流行的主題叫「赤壁」，是一幅在船上舉行酒宴的場景，靈感來自11世紀的故事。這類瓷碗不僅流通於亞洲地區，甚至遠渡重洋，來到17世紀的巴黎與伊斯坦堡。某些歐洲作家，像是詩人亞歷山大·波普（Alexander Pope）及散文家約瑟夫·艾迪生（Joseph Addison），擔憂婦女們會為了一只瓷杯而賣掉自己的靈魂：顯然瓷盤碗碟可以讓觀看者宛如置身於一座虛擬的歡樂宮之中。然而總的來說，是歐洲對於中國文明的強大敬意，為中國瓷器增添了充滿優雅、美德的氣質。而中國的製造商除了擁有專門技術與能力外，也能因地制宜。他們能因應歐洲對複雜華麗裝飾風格愈演愈烈的風潮，提供給歐洲人他們想要的中國風情；雖說就中國人的觀點來看，這些往往只是次優的物件。在廣東，歐洲商人開始帶來他們自己想要的樣式，但在18世紀初，他們能否如願，仍然完全操控於當地的裝飾店鋪之手。樣式與時尚變化快速，最新的熱潮過了一年之後，就成了下一款「老舊」的中國風。市場已產生區

隔，而歐洲經銷商開始把多餘的庫存品轉賣到美洲殖民地。

　　對中國半奢侈品的需求激發了一波模仿與創新的熱潮。剛開始，歐洲人不過是模仿者。但到了該世紀中葉，形勢開始轉變。在倫敦東邊的堡區（Bow），有座工廠開始生產骨瓷，使它成了英國的「新廣東」（New Canton）。1760年代，威治伍德找出方法可以為陶器上一層亮釉，不但美觀而吸引人，而且強度足以承受突然變化的溫度，這對熱飲來說是十分關鍵的一點。白瓷（Creamware）於焉誕生，一種便宜、光滑且頗為討喜的瓷器替代品，對日漸成長的中產階級市場來說再理想不過了。瓷器製造商在歐洲各地如雨後春筍般地出現，不僅受惠於王侯的補貼，更受益於畫家與設計家組成的歐洲網絡；他們從1754年出版的《中國設計新書》（New Book of Chinese Design）及類似的圖案樣式書中汲取靈感。轉印（transfer printing）技術使製造商可以從雕刻銅板上將圖案花飾移轉到紙上，然後再複製到陶瓷器上。創意甚至延伸至行銷技巧上。威治伍德開設了商品展示間，並且把印有產品圖案樣式的目錄分發至歐洲各地，從尼斯（Nice）到莫斯科（Moscow）都看得到。藍白色的青花釉底彩現在面臨了本國出產「埃及黑」的挑戰。時尚就是這麼一位變化無常的大師。1700年，瓷器市場尚為中國所壟斷。但到了1800年，餐具市場已然穩穩地掌握於歐洲之手了。1791年時，東印度公司乾脆停止了從中國大批進口瓷器。30

僕人窮人也開始使用咖啡、茶與糖

　　飲料器皿與茶具的普及，在某種程度上也算是一種滴漏過程。主人將這種新的熱飲介紹給他們的僕人，僕人回過頭來，要求主人除了支付工資之外，再給他們幾公克的茶或咖啡。慈善家喬納斯・漢威（Jonas Hanway）是棄兒、病人、窮人之友，也是第一個攜帶雨傘的英國人，他在1757年抱怨僕役與工人快要被富人的「愚蠢習慣所奴役」，寧願為一杯加了糖的茶放棄一條麵包。就漢威的關切來說，他認為這種「國民的狂熱」不啻於一樁「罪犯的暴行」。對於「國家的福祉」來說有害無利（購買中國的瓷器必須以銀來支付），對於品格與企業來說亦毫無助益（啜飲茶只會浪費寶貴的時間），甚至有害健康（茶對生活在北方寒冷氣候中的人們「不自然」、「不健康」

且近乎「毒藥」）。更糟的是，它會讓最貧窮者的「赤貧與不幸」雪上加霜，因為「窮人的欲望愈多，倘若無法被滿足，他們只會愈發不滿」。31數年之後，歷史學家羅格朗・德奧西（Legrand d'Aussy）在巴黎寫道，「所有的女店員、廚師或女服務生，早餐絕對都是加入牛奶的咖啡。」32他補充，在小巷與市場中，女攤販會以用過的咖啡渣及酸掉的牛奶製成咖啡歐蕾（café au lait），供應下層階級的人們。

然而，競相仿效也只是這整個故事的一部分而已。因為城市中的人們沒有閒錢也沒有時間，茶與咖啡就成了代替熱騰騰一餐的便宜替代品。糖的添加將他們的吸引力從異國魔力進一步轉移到滋養的樂趣上。剛開始時，大部分咖啡大概只會加進一丁點糖或甚至不加糖來飲用。到了1715年，拉羅克指出，有些人喝咖啡不再是為了健康的理由，而是為了「取悅他們的味蕾」，加入「極多的糖」，直到咖啡變成糖漿為止。33到了該世紀末時，茶與咖啡已被認為是糖的「營養載具」；即使在當時，咖啡的擁護者亦建議要適量飲用，因為「如果太甜的話，咖啡容易變酸；這也是為什麼許多人避免飲用咖啡的一個原因」。34

自由主義帝國的擴展

帝國是擴展的發動機。18世紀時，歐洲帝國開始大規模地對他們的熱帶殖民地展開剝削，並加強他們與中國的茶葉貿易。1720年代，東印度群島各公司每年僅購入770噸的茶葉運往歐洲；但到了1760年代，這數量已然攀升至原來的十倍，還加上數百萬件的瓷器；而到了1820年代，數量再次倍增。在小麥與其他國內食品價格持續上揚的時代，茶葉的價格卻愈來愈便宜。在阿姆斯特丹，咖啡的批發價格從18世紀初的每公斤十個基爾德，暴跌至18世紀末的每公斤一個基爾德。同一時期，英國的糖消耗量也增加了將近十倍，來到每人每年20英鎊的數量。這時，正是大西洋奴隸貿易的高峰期，而奴隸對咖啡與糖的農場來說至關緊要。1807年，在廢除奴隸貿易之前，西印度群島供應了英國1/4的進口商品總量。殖民地世界從不曾在帝國中心扮演過如此舉足輕重的角色。曾擔任沃波爾（Walpole）政府與皇家非洲公司（Royal Africa Company）公關人員的馬

拉奇‧波斯爾思韋特（Malachy Postlethwayt），敏銳地察覺出大英帝國的架構：他在 1750 年代時寫道，它是「一棟蓋在非洲地基上，而由美國商業與海軍力量組成的宏偉上層建築」。35

18 世紀末，由奴隸生產糖的人力成本開始引起公眾憤慨，我們即將在下一章中介紹。同時在經濟方面，帝國的成本與效益始終是激烈論戰的主題。嚴格來說，重商主義（mercantilism）對消費者而言絕非好事，尤其與後續取代它的自由主義帝國 —— 擁有自由貿易與價格低廉的食物 —— 相較之下。糖、茶，特別是咖啡，都被課以重稅，結果只會使走私更形猖獗，尤其是從法國經懷特島（Isle of Wight）的這條路線。同樣地，合理健全的經濟學也告訴我們，自由工人比奴隸勞力的生產成效更高。鞭打對高效率與獨創性毫無助益。然而，歷史遠比經濟要來得血腥而汙穢。消費的新秩序是建立在奴隸的背上。中國證明可以用小農產糖，但並沒有眾多的歐洲勞工迫切等待前往牙買加或海地（Haiti），也沒有眾多的農園主人願意支付足以吸引他們前往的高工資。如果英國對世界其他地區開放了它的殖民地，結果只會促使法國來接管這些殖民地，也不會形成一個自由的市場。顯而易見地，這個重商主義帝國犧牲了奴隸及本國百姓，圖利了商人與農園莊主。英國消費者似乎為英國海軍與大西洋殖民地付出了極大的代價；但事實是，倘若沒有海軍與奴隸，他們擁有的熱帶商品只會更少。36

英國人對茶的偏好為何超過咖啡？

消費並非經濟或文化的單一作用。不斷波動的價格與持續改變的品味可說彼此增強、互為因果。英國人對茶的偏好逐漸超過咖啡，就是一個完美的例證。1710 年代是咖啡館的黃金時代，當時咖啡仍然擁有相當優勢。一個世紀之後，情勢逆轉。每個英國人每年消耗近兩磅的茶，但只消耗 2/3 磅咖啡。由於一磅茶葉可以煮泡出來的茶水量，相當於三磅咖啡可以煮出來的咖啡量，因此，英國人每喝八杯茶，才喝一杯咖啡。價格也幫了不少忙。37 1724 年咖啡的賦稅提高了，但茶稅卻在 1745 年降低。有些歷史學家認為，茶受到偏愛是因為準備方便（只需加入熱水，不需烘焙）與內建式經濟（built-in economy）所致；窮人與摻假貨的人都知道茶葉可以重

複使用。來自其他國家的證據也促使我們警戒這一點。美國人在獨立之後改成喝咖啡，顯然不介意咖啡所帶來的額外麻煩與器皿之折騰，而且咖啡豆也可以重複使用。拉羅克建議，「使用過的咖啡，還可以再煮第二次，或甚至第三次。」這項建議顯然呼應了德國的相關建議書之內容。38 更具決定性的是，相較於重商主義哄抬好咖啡的價格，一般英國人更喜愛來自福建北部、價格負擔得起的武夷茶。英國人的品味反映了大英帝國的政治經濟學：西印度群島的糖遊說團體與從中國進口茶的東印度公司之間組成了甜蜜聯盟。帝國對這些作物的品質與價格都發揮了不可磨滅的深遠影響。西印度群島的農園經營者用優質土地種植最有利可圖的作物：糖。咖啡則被排在第二位。而品質說明一切，即使是牙買加咖啡的擁護者，也不得不承認這些咖啡「品嘗時有股氣味及惡臭，回韻令人作嘔」，使任何習慣了來自摩卡港或法國島嶼咖啡豆的人「感覺相當不快」。39 對英國咖啡來說，這是一種惡性的循環：高稅金意謂著低消費，於是投資、品質與風味也隨之降低。英國咖啡的失敗給我們上了一課極易被遺忘的歷史教訓：有些新品味的成功的確是託重商主義帝國之福；但有些則是被它搞砸的。

中國政府或許並未阻擋貿易，但也並未助長它。在長江三角洲創造出來的財富被抽調至較為貧窮的北方地區，為了政治穩定而施行交叉補貼。英國政府雖非慈善義賣市場，但它壓榨英國人民的錢包建立起貿易與殖民地，並藉此補貼上層菁英。同時，正如當代人的體會一樣，貿易會刺激需求。「並不是因為一名英國洗衣婦的早餐非得有茶和糖，這世界才如此運行，」殖民化的擁護者愛德華・吉本・韋克菲爾德（Edward Gibbon Wakefield）如是說，「而是因為這世界如此運行，一名英國洗衣婦的早餐才會需要茶跟糖。」40 大西洋帝國也造就了新的紡織工業，遠超乎原本可能的市場規模。41 貿易的提倡與樂於接納實驗的本國文化相輔相成，如同新的棉布與陶器製造廠之例。ii 這一切都有利於成長與發展，也使英國人的商品籃愈發擴大，不論是在英國本土或殖民地皆是如此。尤其在食物價格上

---

ii　Berg, 'Pursuit of Luxury'. 作者寫「有利於」是因為帝國的消費需求本身並非工業革命的充分原因，同時，海外與國內發展之間的許多回饋，使得在外生與內生因素之間劃出一條徑渭分明的界線並無濟於事。對於歐洲科學與技術的進步，參見 Joel Mokyr, The Gifts of Athena: Historical Origins of the Knowledge Economy (Princeton, NJ, 2002).

揚的時期，貿易的重要性更是顯而易見。它降低了消費品的價格，而擁有可支配收入（disposable income）的中產階層與富人們就是主要的受益者。

城市生活：有利消費發展的四個原因

所有社會都有首都和主要城市。中國有北京與揚州；法國有巴黎，在1700年時擁有500萬的居民。使荷蘭與英國有別於其他國家之處，在於其城市景觀的密度。城鎮與都市都以突飛猛進的速度成長。1500年，英國與威爾斯（Wales）住在超過一萬人城鎮中的居民只占總人口的1/30；然而到了1800年，比率已成長至1/5了。在荷蘭，這個比率則是從16％成長至29％。同一時期，1800年的中國，總人口中只有5％是住在最發達的長江下游城鎮中；在拉丁美洲與印度，這個比率大約是6％。42 在法國與德國，絕大多數仍為農村社會；而義大利的城市不是停滯不前，就是處於衰退當中。為什麼這一點至關緊要？畢竟就如修正主義歷史學家（revisionist historians）近年來所證明，在缺乏城鎮的情況下，商業仍然在長江流域擴展開來。然而，對消費來說，城市生活至為關鍵──這有四個主要的原因。

首先，城鎮與都市由於其規模與社會性質，為產品差異化和專業化服務提供了有利的空間。倘若沒有城鎮與都市，令人難以想像茶具、壁紙與成衣的式樣種類如此之多，都拜18世紀中葉時專門玻璃店、中國商店、一般舊布商的出現。城市可說是加速並助長了透過貿易而形成的專業化。其次，城鎮提供了一個舞台，讓渴望得到滿足，新品味得以擴散。城市商人比鄉間的同行可以更快取得瓷器、窗簾、平底深鍋等商品。43 換句話說，比起收入提升或價格下跌，城市生活顯然更能幫助需求的增長。農村地區並非全然不受影響，但從城市來農村叫賣的流動商販所能背負攜帶的新奇事物畢竟有限。18世紀，城市商店開始提供消費的完整氛圍：擺在厚玻璃板與鏡子後方的商品，以及供顧客使用的展示櫃與舒適座椅。購物成了城市休閒生活的一部分。在英國的文化與商業整合方面，都市以外的

地方商店扮演了極為重要的關鍵角色。舉例來說，1730 年代的查斯特（Chester），室內裝潢商艾布納·斯柯爾斯（Abner Scholes）把一幢理想家居的兩個展示間組合起來，配上桌椅、時尚織品及小幅鑲框照片。44 再者，城市生活打斷了自給自足的生活模式。沒錯，法國的資產階級仍然喝著他們葡萄園自製的葡萄酒，城市工作者仍然自行養雞直到 20 世紀，但整體來說，比之他們住在鄉間的親戚，「自家消費」（autoconsommation）對城市人要來得困難得多。烹煮三餐需要爐具、時間、技巧與煤炭，城市工作者缺乏大多數這些必需品。而在衣服方面，他們也購買愈來愈多的成衣。

最後，急速發展的城市創造出一處特別的溝通場域。成長與流動不斷帶來新面孔，聲譽與身分比以往更為易變。於是，穿著成了一種表明一個人是誰、或者想成為誰的方式，一種新的外觀文化逐漸主導了一切。「人要衣裝，」荷蘭出生的醫生暨哲學家伯納德·曼德維爾（Bernard Mandeville）在 1714 年《蜜蜂的寓言》（The Fable of the Bees）中指出，「人們在某個無人熟識的地方，他人對其敬意通常是根據其穿著與擁有的飾品而決定。我們會從他們的豪奢程度判斷他們的財富多寡，會從他們的購物內容猜測他們的才智能力。」曼德維爾的結論是，這種方式使得一個人「穿戴高於其地位等級的衣著。特別是置身於人口稠密的大城市裡，卑微無名之人可能每小時會遇到 50 名陌生人卻遇不到一個熟人，因而可以享有得到絕大多數人尊敬的愉悅感；非因他們真正的身分地位，而是他們看起來的樣子。」45 城鎮的匿名性質使人們愈發容易尋求認可，並以高於其身分地位的方式被對待。「這個黃金夢（Golden Dream），」曼德維爾如此稱呼它，啟動了一種模仿與偽裝的遊戲，使得需求不斷增長、歷久不歇。

憤世嫉俗到如此程度或許並無必要，但這裡要傳達的重點是，形塑身分地位的消費品其重要性始終不墜。衣著、配件與行為舉止構成了一套社會定位體系。一名新來乍到的商人倘若穿得像個鄉巴佬，幾乎別想在城鎮中做生意；如果是一名如此穿著的顧客，也幾乎別想得到信譽。而自我形塑，或許跟建立信任，以及使他人留下深刻印象一樣地重要；年輕的工作者會拿薪資去購買的頭幾件物品之一，就是一套體面的衣服：目的是為了宣告自己擁有一種新的、成熟的身分地位。同時，城市的喧囂往往使隱私受到格外重視，人們會把窗簾拉起、在自己家中與自己擁有的財物中尋求

舒適的慰藉。這個階段為「自我實現」（self-actualization）做好了準備，而後現代主義者還要再過 300 年才會創造出這個名詞。*46*

影響心智的物質

物的抽象概念

卡爾・馬克思相信西方資本主義使人類脫離了物的世界。從這項深具影響力的觀點來說，西方的崛起意謂著一種獨特的能力，開始把物體視為抽象的概念，是一種無生命、可以用金錢交換的事物，與盲目崇拜物體神奇力量的部落文化形成對比。西方世界所累積的商品愈多，人們就愈不在乎這些物體。許多人把西方的妄「自」尊大（'self-importance'）怪罪於啟蒙運動。但是對於新馬克思主義法蘭克福學派（neo-Marxist Frankfurt School）社會研究的創始人狄奧多・阿多諾（Theodor Adorno）及麥克斯・霍克海默（Max Horkheimer）來說，啟蒙運動留給了我們「工具理性」（instrumental rationality）。對某些人類學者而言，人與物之間涇渭分明的界線，使西方有別於非洲或中國那種偏向將物體視為整體之一環的物質文化。在中國明朝，人被視為萬「物」之一。然而在歐洲，這項觀點因勒內・笛卡兒（René Descartes）而支離破碎；1640 年代，笛卡兒主張心智是一種有別於肉體與物質世界的實體。150 年之後，伊曼努爾・康德（Immanuel Kant）據說完成了「人類之於……事物的勝利」。*47*

我們被告知，把人類視為獨立主體的固著看法，正是我們自身目前的亂源。現代性讓西方人產生了錯覺，以為自己可以控制物質，忘卻了我們對事物的依賴。物體遂被列於次要地位、從屬於人類，而且可以任意使用、用完即丟，於是不可避免地形成了一個拋棄型社會。近年來，布魯諾・拉圖（Bruno Latour）這位法國社會科學家暨物的不懈擁護者，始終強力倡議要還給物應得的尊重，恢復物在我們生活中的角色地位。拉圖堅持，最必要的一件事，就是脫離現代性的智識基礎。從霍布斯

（Hobbes）、盧梭到 20 世紀末的羅爾斯（Rawls）與哈伯瑪斯（Habermas），政治思想始終是「強烈避物（object-avoidance）傾向的受害者」，夢想著參與者皆身無長物，宛如「裸裎」相見，除理性外別無他物。48

全盤否認這項批判並不明智——啟蒙運動的確助長了批判理性（critical reason）的信念，顛覆了若干俗民觀念，例如賦予樹木與其他物體言語與行動的力量。真正的問題在於，去物質化（dematerialization）是否掌握住現代性（modernity）的整體推動力，以及它是否導致西方世界對事物產生一種明顯不負責任的態度。畢竟，中國人將人與物視為一體，也並未阻止他們在最近幾十年中的大量消費。西方現代性也並無單一的傳統。對於真實自我的爭論是並行的，而且有時會被對事物的新迷戀所淹沒，宛如知識與本體之婢女；就連笛卡兒都不相信心智與物質，或是主體與客體之間的嚴格二元論。與其陷入突然的物質失憶症，藝術家與科學家事實上思考著政治經濟、哲學、文學與法律範疇中的物質。對於 17、18 世紀的心智，最確切的形容是，被物品塞滿了。

物的擁護者

對物品的信奉有來自於自然哲學的根源。文藝復興時期的文化使人們更加留心物品。書籍與異國草藥的收藏反映了收藏者的專門知識與品味。這一點所提供的基礎，使 17 世紀的荷蘭、英國科學家與旅行者得以發展出獲取知識的新方法。他們不再從一般性原則出發，而是從對物品的詳細描述開始。理解無法僅透過思想的運作而達成，必須走進這世界，去嗅聞、碰觸、歸類這許多塞滿世界的事物。在 1598 年之後的數十年間，荷蘭船隊從東印度群島帶回貝殼、肉荳蔻、犰狳、麋鹿的骨頭等蒐集品。遠征至香料群島（Spice Islands）的旅程還多了何騰托人（Hottentot）的矛。在恩克赫伊森（Enkhuizen）與萊登等那些出現在旅行指南上的異國植物、工藝製品，吸引的不只是工匠和商人，還有學生與皇室。商業擴展及「品味的客觀性」（tasteful objectivity）相輔相成。49 兩者皆踏入外面的世界，尋找新事物。

這種以物質、經驗為依據去獲取知識的方法，使得貿易成了科學與社

交的好夥伴。商品終可與美德攜手並進。貿易不僅填飽了商人的荷包，更為一般民眾打開了視界。正如 1630 年代文藝復興時期的博學之士卡斯帕爾‧巴斯（Caspar Barlaeus）在「阿姆斯特丹的雅典娜」（Amsterdam's Athenaeum）講座中所主張，貿易就像科學一樣，也教導了民眾如何去欣賞物品、如何攜手合作。這是一項遠比冠冕堂皇、僅為少數人可享特權的公民人文主義（civic humanism）更為動態而開放的觀點。貿易以新方式認可了家中物品的正當性。荷蘭小市民在家中展示的中國碗碟與土耳其地毯，以研究明朝的歷史學家卜正民（Timothy Brook）的話來說，象徵著「與世界的積極關係」；而相較於明朝末年，當時的外來物品反而已無甚價值可言了。50

既定的立場始終認為，對於物事的渴望不但會給國家帶來極為昂貴的負擔，而且還會造成個人的腐化。英國商人托馬斯‧孟（Thomas Mun）完整地表達出這個論點，他在 1664 年寫道，荷蘭人會打敗英國人是因為他們勤奮而刻苦，反觀英國人正遭受著：

> 一種全體的痲瘋病，我們的菸斗（抽菸）、酒罐（喝酒）、盛宴、時尚，以及浪費在怠惰與歡愉上的時間（相較於上帝的律法與其他國家的有效利用），使我們的身體軟弱無力，使我們的知識不足，使我們的財富匱乏，使我們的勇氣衰退，使我們的事業未竟，使我們的敵人蔑視我們。我寫了這許多過量而無度的行為，因為它們是如此劇烈地浪費著我們的財富。51

然而，即使托馬斯‧孟如此大聲疾呼，這項正統觀點仍然遭受物品新擁護者的抨擊。科學家羅勃‧波以耳（Robert Boyle）在 1655 年寫道，欲望是一項神聖的贈禮。當「其他生物滿足於……容易獲得的必需品時」，上帝讓人類多擁有了「眾多的欲望」。「奢侈品與美食」並非壞事。「貪婪的胃口」激發了「好追根究柢的勤勉，對自然進行系統化的分類、仔細的分析、徹底的搜尋」。對商品的貪求渴望並不會把人們的注意力從精神世界轉移開來，而會使他們對「全知全能的造物主產生更為強烈的欽慕之情」。52 上帝希望人們能成為消費者，而非苦行者。

當改良、進步的文化呼聲開始高漲，對於奢侈品抱持著懷疑的傳統論

點也開始撤退棄守。對成立於 1660 年的英國皇家學會（Royal Society）來說，威尼斯玻璃與其他來自外國的奢侈品推動並促進了新技術與實用知識。專利的申請激增。1667 年，羅徹斯特主教（Bishop of Rochester）在《英國皇家學會的歷史》（History of the Royal Society）中表述，奢華與新奇是進步的載具。他開宗明義就寫道，社會分成有力人士與其他人。有力人士藉由奢侈品提升他們的樂趣與便利性；而其他人則藉由工作達到這樣的目的。這導致了豐饒與城市的生成。而到目前為止，一切都很順利。主教與之前的作家分道揚鑣的關鍵在於，他竟敢想像進步是可以一直持續下去的，而這要感謝「新事物的發現，運用了勞動人力」，並且移植了來自殖民地的這類新事物，譬如絲綢。「我們沒有絕望的理由。」顯微鏡、光學玻璃及其他新設備證明了「有無窮無盡的不同事物正展現於我們的眼前，遠超過以前可見的宇宙中所包含者」。貿易與新奇事物持續不斷地為英國注入新鮮的能量，而且愈多愈好。53

新奇事物同時也是新聞，最新商品透過印刷新聞蓬勃發展的市場被大力地推廣。藥劑師約翰・霍頓（John Houghton）是英國皇家學會的成員，他除了販售茶和咖啡，在 1672 ～ 1706 年間也經營一份每週出版的單張商業通訊。這份售價兩便士的《農業與貿易改良彙編》（Collection for Improvement of Agriculture and Trade），將巧克力、眼鏡的廣告夾雜在煤炭價格及公司股價的資訊中。

這些文字內容不僅與各式各樣的新奇品項有關，更傳達出從根本來看待人性的新觀點。對於奢侈品的批評來自於古人的信條。亞里斯多德認為人類的需求有限。依據蘇格拉底的說法，滿足人類的最好方式就是過著簡單的生活。然而，現代人提高了他們的視野。很早就開始倡導欲望會打開更廣闊視野的代表人物，就是尼可拉斯・巴彭（Nicholas Barbon），他是 1680 年代倫敦的保險與銀行業先驅。巴彭認為，人類生來就有兩種普遍的需要：「身體的需要以及心智的需要」。後者是「無窮無盡的」。欲望即為「靈魂的胃口」，就像「身體的飢餓」一樣自然。「人類天生就會嚮往」，同時「他的需要隨著他的願望而增加，他想要一切罕見、能夠滿足感官、裝飾身體、提升生活悠閒、樂趣與排場的事物」。英國的資源也是如此，簡言之，「取之不盡，用之不竭」。消費不受生理限制所限。巴彭

完全知道他在說什麼——他是個野心勃勃、追求利益的人，也是個穿著講究而時尚的人，更是個投機建築商，他在倫敦大火（Great Fire）之後從倫敦人想過上更舒適生活的希望之中獲利不少。時尚並不是一種浪費。相反地，時尚是一種「對新奇與稀有事物的渴望，進而促成了貿易」。國家的貿易愈多，人們就賺得愈多、消費得愈多，國王的金庫也就愈發充裕。54

個人的奢華惡習促成公眾的商業利益

伯納德·曼德維爾在《蜜蜂的寓言》（1705/1714 年）中，磨利這個論點的刀刃，對古老的道德秩序揮出致命一擊（coup de grâce）。他的名言是，「個人的惡習促成了公眾的利益」：

> 妒忌本身，以及虛榮
> 都是工業大臣；
> 它們的寵兒是，
> 飲食、家具和衣著上的愚蠢善變，
> 那些怪異可笑的惡習，造就了
> 轉動貿易，那個非常之輪。55

惡習將「樂趣、舒適、悠閒提升至如此高度，讓赤貧者也能過得比以前的富人更好」。這項論點在公民人文主義的道德一致性中開出一條近路，公民人文主義想像個人美德與公眾利益間存在著對稱性。它讓社會利益與個人品格分道揚鑣。如果結果是好的，意圖不良無關緊要。一個饕客可以成就一位好公民。強大的國家是建立在惡習，而非美德之上。

在 16 世紀的中國，文學家陸楫已對奢侈使社會貧瘠的見解提出質疑（編按：〈禁奢辨〉）。少數人奢華的生活助長了商業。然而，把陸楫比作名字更早出現的中國曼德維爾，並無濟於事。56 陸楫並不像那位荷蘭醫生（曼德維爾），他沒有幻想有一個可以促進不斷成長的「輪子」，他認為天地創造的財富數量是固定不變的，有人失必有人得。使曼德維爾的倡議如此深具革命性的原因是，在他所描繪的社會中，個人對物質的貪慾可以

滿足所有人的利益，並且使整個國家更加富裕、更為強大。

這種對消費的新鮮評價，反映出對工資更積極的觀點。以往，多數人的貧窮被視為理所當然。能夠流通分配的資源就這麼多。如果織工的薪資上漲，那麼布匹的價格也會跟著上漲，結果就會導致銷售量下降、工作機會減少，使人們更加貧窮。1660 年王政復辟時期（Restoration）之後的數十年間，邊增的貿易量以及對實用知識的信心打開了當代人的眼界，呈現出一項兩個世紀以來的事實：英國屬於高工資經濟結構。1695 年，約翰·克里（John Cary）認為，改進技能與節省人力的科技，使英國能夠保持競爭力並付得起高工資。大多數人可以躋身消費者之列，而非注定要為生存而奮鬥。更高的支出是可行的。事實上，它是值得嚮往的，這是 1728 年丹尼爾·迪福在《英國商業計畫》（A Plan of the English Commerce）一書的主張。整個國家依賴著眾多勞工、零售店商，以及「他們大量的勞力所得」：「以他們的工資，他們可以過得很充裕，而他們昂貴、慷慨、自由的生活方式提升了大量的本國消費（Home Consumption），國內外生產量亦隨之提升。」「我們是一個奢侈而昂貴的民族。」生活「充滿了過度與過量」，迪福寫道，「在某些事物上甚至到令人髮指的地步。」但削減工資以減少消費並不是一個好主意。付了較少的工資，他們就會花得較少，整個國家都得承受這樣的後果。57

對奢侈的爭論

並不是每個人都深信如此。1727 年，新英格蘭（New England）發生了一場輕微的地震，一名哈佛畢業生暨清教徒科頓·馬瑟（Cotton Mather）大聲疾呼，這是上帝不滿他的羊群沉迷於虛榮的徵兆。但奢侈之戰是全歐洲皆然的現象。使英國的爭論有別於其他國家者，是它那從善如流的商業色彩始終凌駕於批評之上。商業擴展及消費爭論，兩者可說是相輔相成。1688 年，推翻詹姆士二世（James II）這位潛藏的專制主義者，有助於降低民眾對宮廷豪奢無度的擔憂。與其在奢侈品與必需品之間畫上一條涇渭分明的界線，當時人們發現了「適度」或「無害奢華」的中間地帶。曾經被視為奢侈品的事物，現在卻轉變成必需品，就像糖的例子。為何要試圖阻

止來自下層階級的訂單？到了 1776 年，正如我們所見，亞當・斯密已提出消費是「所有生產的唯一目的與用途」，彷彿這是生活中最無可爭議的事實。

相反地，在歐洲大陸，貴族的危機與專制政權的興起，使得有關奢侈的爭論又被重新燃起。批評者控訴，奢侈曾經是輝煌與美德的象徵，如今卻腐蝕了西班牙的貴族階級，他們競相把錢花在浮誇的衣著、花園，試圖勝過對方。身強力壯、有生產力的地主變成了柔弱無力、受操控的傀儡。他們的力量最終落入一位絕對的最高統治者之手。法國亦然，德尼・狄德羅（Denis Diderot）譴責奢侈為腐敗之源，尤其以法國宮廷為中心。伏爾泰補充，還有教會！以往，精心設計的宴席與身穿制服的僕役可以將財富轉為更具生產力的就業機會，使奢侈成為正當而合理之舉。但如今，保爾・霍爾巴赫（Baron d'Holbach）的結論是，奢侈不再有助於窮人，反而創造出窮人。58

批評奢侈的人並不一定是傳統主義者及反對貿易者，就像擁護奢侈的人也並非都是現代化主義者（modernizers），更別提民主主義者（democrats）了。英國的尼可拉斯・巴彭是名托利黨員（Tory），法國的德・米拉波侯爵（Marquis de Mirabeau）一方面抨擊他的貴族同伴是墮落的「吸血鬼」，另一方面卻從自由貿易與農業發展中尋求救贖，而非回歸至斯巴達式的儉樸刻苦。59 貴族的揮霍無度就像今日銀行家的奢華之舉，格外引起社會關注，因為它似乎可以解釋更深層的危機——法國在 1756 ～ 1763 年七年戰爭（Seven Years War）的損失，為侯爵的著作《人類之友》（L'Amis des hommes）的銷售量創造了奇蹟。消費主要仍然是一個政治議題，而非經濟問題。它是甜美抑或酸澀，端視政府制度如何運作。孟德斯鳩（Montesquieu）認為，在以富人支持窮人生計的君主政體中，奢侈是不可或缺的；然而，在一個提倡平等的共和政體中，奢侈則是邪惡的。60

在啟蒙運動（Enlightenment）的過程中，對於奢侈的辯論形成了兩派在人性與社會秩序上觀點對立但同樣激進的論點。一派頌揚真實自我，認為自我先於物質世界而存在，並且分離於物質世界之外。對盧梭而言，對於物質事物的渴望驅使自由人成為奴隸。時尚衣著與過度舒適使人們與真實的自我疏離了；盧梭自己只穿一件簡單的亞美尼亞式外套，飽受上流社會

人士的揶揄奚落。他的偉大成就，是將純粹自我的觀念延伸至有關社會平等的政治爭論上。共和政體需要自由、積極的公民，而這需要平等。奢侈只會摧毀平等，並且讓人墮落至與物同一等級。專制暴政與奴隸制度實為一體兩面。

休謨：對事物的渴望使人們變得更好

　　大衛・休謨（David Hume）提出另一種觀點。休謨原本是盧梭的朋友，也是 1766 年接待他到倫敦的東道主 —— 直到他們公開鬧翻為止；流亡的盧梭是眾所周知的好戰者，他指控他的東道主暗中密謀、打算對他不利。休謨在他的《論文集》（Essays）中寫出了最極端的見解，認為奢侈是有害的，但是「對所有商品的」一般性「增加與消費，可用來點綴生活、提升樂趣者，對社會是一大助益」。艾倫・拉姆齊（Allan Ramsay）在 1766 年繪製的知名畫像中，精確地描繪出這兩個人之間的差異性；盧梭穿著樸實無華的亞美尼亞式外套，而休謨這位蘇格蘭哲學家則誇耀地穿著鮮豔的猩紅、金色錦緞及精美的花邊。休謨主張，奢侈使一個國家更強大、更幸福，「對額外的奢侈品沒有需求的地方，人們勢必陷入怠惰、失去所有的生活樂趣，對公眾毫無助益」。「懶散的成員」只會造就貧窮的公民與士兵。想要更多的欲望實為自由的堡壘，而非專制暴政的成因。因為它會擴大「中間層」（middling rank），而這個階層既不屈從於奴隸制度（像是貧窮的農民），也不想對他人施行暴政（像是貴族）。[61]

　　休謨的闡述正是「人的科學」（a science of man），他對奢侈的正面觀點，在某種程度上給予物品在形塑自我與公民社會上所扮演的角色更高的評價。曼德維爾敞開了指控惡習與不道德行為的大門，休謨卻將它關上，並將道德、情感與物質欲望的經濟保衛戰連在一起。對事物的渴望使人們變得更好、更富裕。人們透過滋養工商業，將使他們共同組織結社、參與會談、交流娛樂，而這些活動會使他們「感覺人性受到了提升」；「因此，」休謨的結論是，「產業、知識與人性，透過一條牢不可摧的鎖鍊連在一起；而由經驗與理性可以發現，這是在更輝煌，以及……更奢華的時代中特有的現象。」[62]

對於物品的好奇可助長文明社交性，這已成為荷蘭自然哲學家們的論點。1739 年，休謨的《人性論》（A Treatise of Human Nature）更將這個論點延伸至自我。休謨曾就讀於笛卡兒的學院拉弗萊舍（La Flèche），但他的《人性論》卻提出一套全面反轉笛卡兒哲學（Cartesianism）的學說。心智並非單獨存在、與身體及天性分離的實體。自我更是虛構的想像，是正在進行的作用，一項由印象與觀念合成的產物。我們不清楚休謨是否讀過史賓諾沙（Spinoza）的作品，史賓諾沙主張思想來自感官（sense）與感覺（sensibility），因此思想是源於物質。但休謨肯定跟史賓諾沙的門徒皮埃爾·貝爾（Pierre Bayle）以及曼德維爾很熟，他經常出入倫敦弗利特街（Fleet Street）上的彩虹咖啡屋（Rainbow Coffee House），這是一處史賓諾沙門徒經常造訪的所在。休謨證明了肉體的歡愉與痛苦如何形塑我們的本體與熱情。遇見新的事物，是智慧與感覺得到啟發與強化的一種方式。休謨寫道，當「靈魂」致力於理解一項新奇事物時，剛開始一定會碰上困難，而這種難題不但會激勵「精神」，也是「驚奇的源頭」。不過隨著時間推移，這項刺激會被消磨殆盡。63 然而數年之後，休謨的朋友凱姆斯勛爵（Lord Kames）在他對新奇事物的想法中補充，這樣剛剛好。否則，我們的負荷將會超載，並且會「毫無行動與反思的餘地」。64 是故，為了激發驚奇的感受，我們必須要有源源不絕的新事物。它們的心理效應深深激發了蘇格蘭啟蒙運動，並讓人們從新觀點來看待時尚與過時。新事物不再是不自然或疏離的，而能幫助我們塑造出自己的模樣。倘若新事物不再湧入，自我將會失去某些使其保持活力的印象。

亞當·斯密：獲取歡愉的手段往往比歡愉本身更受重視

今日的消費太常與自私聯想在一起，值得強調的是，18 世紀對於個體的物質欲望有其社會效益的評價。財富、社會秩序及利益互惠互利、共生共榮。財物持有如何做到這一點？休謨指出，一件物品的效用可以取悅它的擁有者，亦即藉由不斷提醒它的擁有者，該特定用途的物品可以為他所提供的歡愉為何。然而在此處未被提到的一點，亞當·斯密 1757 年的《道德情操論》（The Theory of Moral Sentiment）加以補充，亦即獲取歡愉的

手段往往比歡愉本身更受重視。人們用「瑣碎的便利物品」塞滿他們的口袋，然後設計「新口袋」好裝更多東西。他們「背負著大量」幾乎毫無直接用途的「小玩意兒」四處遊蕩，「背負著如此疲憊的重擔，肯定並不值得」。然而，人們累積的物事愈來愈多，愛上了「數不清的優雅人造發明物與裝置」；斯密寫道，因為他們想像這些東西是讓自己「幸福的工具」。一個鑷子盒就其本身而言，看起來似乎是讓人不屑一顧的瑣碎小物，然而「在我們的想像之中」，它屬於一個使擁有財富的歡愉更「偉大、美好而高貴」的和諧體系。65 這項詭計激勵了人類，促使人類耕種土地、建設城市、改良科學與通訊。

私人利益受到公眾的認可而被馴服與文明化。同情的能力，也就是設身處地為他人著想的能力，造就了社會秩序：試想，一個窮人倘若想像自己有天會變成一棟豪宅的主人，就不太可能會想要消滅富人。以往，有人認為消費必須受到控管，否則肆意揮霍將會對社會造成傷害。但斯密認為，這些都是無稽之談。揮霍是被「及時行樂的熱情」所驅使。雖然「偶爾激烈」，但若相較於我們從搖籃到墳墓的一生對改善己身境況始終不懈的強烈欲望，它只是「短暫且非經常性」之舉。這種強烈欲望可促使我們省儉以累積財富。總的來看，節約儉樸者始終比揮霍浪費者的人數來得多，英國財富的增長即證明了這一點。消費可以放心地交付於個人之手。「最傲慢無禮、自以為是之舉，」斯密結論，「是國王大臣們佯裝在保護照看著人民的經濟，藉由禁奢法令或禁止外國奢侈品進口的方式，限制人民的花費用度。實則他們自己毫無例外地，一直都是社會上最揮霍無度的敗家子。」66

1776 年，亞當‧斯密在《國富論》中，回顧封建制度的沒落與歐洲商業的興起。他認為，那些偉大的貴族們對鑽石飾扣與「小飾品和小玩意兒」的胃口，使他們逐漸出賣了自己的威權，實實在在地將自己的權力消耗殆盡，貴族為了籌措財源以滿足他們對商品愈來愈大的欲望，先是減少了隨從、僕役的人數；接著，他們「昂貴的虛榮心」又給了剩餘的佃農機會，使其取得更長的租約與更大的自主性，並以承諾支付更高租金作為回報。商人與工匠亦十分樂於供應貴族商品。從而展開「一場之於公眾幸福最重要的革命」，一個人的「荒唐愚行」造就了其他人的「產業生計」。

於是，商業社會的財富和平地釋放出來。「人類的傲慢自大使他樂於作威作福、盛氣凌人，」斯密同時觀察到這一點。67 倘若這項欲望可以在鼻煙壺和帽子中找到宣洩的出口——姑且不論如此做法有多麼愚蠢——也比傷害他人好得太多了。物質財產會抑制個人的侵略性與社會衝突。人們忙於獲取這些財物，就沒時間自相殘殺。

布萊克史東：物權與繼承權

普通法之父威廉‧布萊克史東（William Blackstone）1765 ～ 1769 年間寫了四卷《英國法律評論》（Commentaries on the Laws of England），其中規模最大的一卷就題為「物權」（Rights of Things）。他對每件事物都加以區分，從會動的事物與不動的土地，一直到家畜與野生動物。繼承權確保財產可對社會帶來良性的效應。它「將熱情加諸於責任，使一個人可受到公眾的善待；當他確定他服務的報償不會隨著他的死亡而消逝，」而可以留傳給他「最親愛、最深情」的那些人；布萊克史東認為，權利最初的起源或許只不過是一個臨終之人要讓家人圍繞在他的床前而已。68

布萊克史東無疑呼應了一項趨勢，一個人所有的財物對個人身分與家庭回憶愈來愈形重要。盤碟與餐具開始印上姓名縮寫。有時身分還會逐字如實刻在家具上，就像 18 世紀美洲的櫥櫃和抽屜上都有女主人的姓名紋章刻記。這些傳家之物不但構築起家庭回憶，並可讓個人永遠活在後代子孫的心中。1756 年，一位英國女士記下了「古中國茶具、鍍金杯蓋與茶碟，有個屬於它的金色鑲嵌底座，一定要給瑪麗，再傳給她的女兒」，宛如一項家族傳統。「當她看到我給她的這些小玩意兒，她的心中會不斷回憶起她那深愛的母親永遠的柔情。」69 在此期間，眾多被大西洋與印度洋分隔兩地的商人與皇室家庭，以物件建立起類似的聯繫紐帶。以孩子為主的現代婚姻家庭興起，無疑也刺激了這類實質紀念品的做法，並解釋了為何女性得以扮演如此重要的保管人角色。個人化的物品，是可以同時達成家庭理想、並在其中保有私人空間的一種方式。

自我的物質文化

　　但是，自我的物質文化從來就不是一件簡單的事。人與物之間的界線日漸模糊，很難說何為終點、何為起點；一個人所有的財物雖有助於創造自我，但如果消費又耗竭了自我呢？在蘇格蘭，休謨和斯密對商業與無害奢華的頌讚遭到某些批評，舉例來說，法官暨哲學家蒙博杜勛爵（Lord Monboddo）就擔憂，現代的舒適設備會削弱高地戰士的力量，導致人口下降。70 商品愈趨頻繁的流通也使人們愈發憂心，對這些商品的崇拜會支配靈魂。丹尼爾‧迪福反映了這項矛盾的心態，他一方面描述消費品、勤奮工作及高生活水準之間的良性循環，但另一方面，又在 1722 年出版的《情婦法蘭德絲》（Moll Flanders）中說了一個年輕女子的故事，她對絲綢手帕與金色珠鍊的渴望終使她走上盜竊、賣淫和牢獄之路：她愈渴望得到某件物品，自己就愈會淪落為一件待售物品。

　　靈魂從人移到物中，成了 18 世紀文學不斷出現的主題。偉大的諷刺作家喬納森‧斯威夫特（Jonathan Swift）寫道，那些時髦之徒的靈魂，只能在他們的衣著中找到。一種「它敘述」（it narratives）的敘事文體開始風行，手錶、硬幣與哈巴狗以第一人稱敘述自己的生活。對古代哲學家畢達哥拉斯（Pythagoras）來說，相信靈魂轉生會使我們對其他生物產生更為強烈的同情心。但相形之下，這些 18 世紀由物品來進行敘述的故事，往往毫不留情地描繪出人類的惡習與愚行。這些物品的擁有者既自私自利又粗心大意，是他們自身消費激情的奴隸──與哲學理想的同情心及社交性幾可說是截然相反。1760 年出版的《黑色大衣歷險記》（Adventures of a Black Coat），這件衣服敘述了一個卑微商人之女蘇珊‧莎朗（Susan Sirloin）的墮落，她渴求更多物質的慾望驅使她走上賣淫一途。若說故事中有誰擁有道德情操，無疑就是那件大衣了；它的結論是，理性的力量在人類身上是一種浪費：在他們渴望得到立即滿足的狂熱之下，往往忽視那條通往真正幸福的道路。而這些「它敘述」故事背後的真正作者，皆努力讓自己適應競爭日益激烈的文學市場，這或許是他們作品中帶有某種憤世嫉俗調性的部分原因。其他的評論家則擔憂婦女變得愈來愈像上緊發條的時鐘，異常迷戀時尚與茶會。1883 年卡洛‧科洛迪（Carlo Collodi）把說話能力與狡詐特

性放進皮諾丘（Pinocchio）身上，但在整整一個世紀以前，當時人們已對於人類主體與鮮活木偶之間的灰色地帶十分著迷。這兩者在木偶戲院中合而為一，留待觀眾自己去搞清楚哪個是真人大小的木偶、哪個才是恰如其名的木腿演員塞繆爾·福特（Samuel Foote）。71

進步的文化

　　從最早的交流時刻開始，人類社區就必須面對他們所帶來的新事物、新品味、新渴望之挑戰。消費在 17 世紀末及 18 世紀時波瀾壯闊的崛起，反映了殖民力量的影響可及範圍、技術更新、城市工薪人口的成長；但倘若社會並未選擇生活在一個快速變遷的商品世界，這些因素就都無關緊要了。商品不會不請自來，過去的社會是冷漠的。17 世紀的荷蘭、甚或 18 世紀的英國，已更善於適應新環境。關於無害奢華與易變自我的想法提供了支持的論點；但歸根究柢，消費是一種生活經驗，一種從價值觀與實際施行之間產生的決定性協議，在此成了「更多商品」出現的正當理由。為了消弭消費持續產生的所有恐懼與擔憂，欣然接受消費為個人與社會進步不可或缺的一部分。消費被塑造成一種安全的行為。

慮病症是奢華飲食生活帶來的心理疾病？

　　再沒有其他習慣比暴飲暴食更能清楚揭示出奢侈的危險。暴食是七宗罪之一，儉樸刻苦的生活是它的救贖之道。然而 18 世紀的醫生改變了診斷與療法。當代人歸為抑鬱與憂鬱症的「慮病症」（Hypochondria），曾被當作奢華生活帶來的疾病，是大吃大喝、飲酒過量、久坐不動的生活方式所導致的結果。病人有便祕、憂鬱、無精打采的症狀。這就是喬治·切納（George Cheyne）醫生稱之為「英國病」（English malady）的神經失調症之一。有別於認為黑膽汁是憂鬱症成因的身體體液老派理論，上述診斷立基於身體器官經由神經相互連結的新穎想法。胃會向大腦發出信號，用茶、

147

白蘭地、巧克力與菸草灌滿它，會使心智凝結呆滯、無法運作。上層人士特別擔憂這種慮病症，因為他們卓越的同情與感受力源自他們那纖細而脆弱的神經。因此，奢華生活顯然對他們的領導能力造成威脅。躺在病床上，飽受消化不良、痙攣、抑鬱而抽搐的人，的確很難治理一個國家，更別提一個帝國了。羅馬帝國的崩毀瓦解，正是一個經常被引用的實例。

傳統的解決方法是禁食、通便與放血。但 18 世紀的英國人逐漸認為，他們可以無須訴諸如此激烈的手段來處理。慮病症以醫學方式處理飲食過度，同時也正常化了這項行為。而醫學與社會知識也愈來愈相信，大量消費並不必然會導致毀滅。以《蜜蜂的寓言》為今日世人所知的伯納德・曼德維爾，也是一位在萊登（Leyden）受訓的醫學博士，他在 1711 年發表了一篇以對話形式撰寫的《論慮病症》（Treatise of the Hypochondriack）。一位外國醫生菲勒皮利歐（Philopirio）對曾是「快活，甚至太過快活」，現在卻是「乖戾、善變、吹毛求疵且多疑」的病患米叟密多（Misomedo）說，你的病被誤診了。這種病因症狀在胃的外部神經層上而稱為「憂鬱症」（hypo）。治療方法是暫時避免吃過量的晚餐，讓胃有時間可以恢復氣力，同時利用騎馬鍛鍊身心、提振活力。然後，「你就可以跟以往一樣，享受晚餐帶來的樂趣」。為了支持他的論點，菲勒皮利歐引用了一名荷蘭孕婦為例，她「瘋狂愛上醃鯡魚並且每天狂吃，在她的食慾得到饜足之前，這樣的情況極可能已經持續數週之久；她一共吃了 1,400 條醃鯡魚，但並未因此而受到絲毫傷害」──「這是對一位荷蘭人的極佳觀察，」米叟密多恭順地回應。72 偶爾的暴飲暴食是安全的。曼德維爾選擇自律，而其他醫生則尋求藥物之助。於是手冊與藥物的市場活躍湧現並迅速增長。73 有些醫生甚至為病患開出更多茶、咖啡、白蘭地，而非要他們少飲。奢侈遂得以自我餵養。

正如我們所見，最初的「消費」一詞含有雙重意義：既指「消耗性疾病」，也指物質的消耗殆盡。莎士比亞也利用過這個雙關語，他在《亨利四世》（Henry IV）第二部讓法斯塔夫（Falstaff）抱怨道：「對於錢包的消耗，我毫無他法可治，借貸只能磨蹭拖延、苟延殘喘，但這項疾病無可救藥。」所有事物的利用皆有其循環週期以及廢棄的進程。消耗以及被消耗（以生理意義來說）是一體的兩面，再沒有比飲食的攝取與消化更顯而易見

的例子了。關於飲食過量的爭論，即使並未完全切斷攝取與消化兩者的關聯性，也必然使其變得更為寬鬆。當消化不良愈演愈烈時，消費卻不減反增，藉由開闢新市場以治療奢侈生活所帶來的後果，繼續大步向前邁進。

禮節文化的興起

禮節文化也推了消費一把。咖啡館與對異國飲品的品味，只是社交空間不斷擴展的部分範圍，從俱樂部與餐廳、到散步場所與休閒花園，這些社交空間皆對消遣娛樂與塑造上流體面的自我形象不遺餘力。時尚的衣著、茶具組、最新穎又合宜的壁紙與家具，對文雅有禮的上流生活方式來說至關緊要，透過這樣的生活方式，不斷擴大的中產階層得以自我定義，並在一個流動的後貴族（post-aristocratic）社會中確立自身地位。禮節把同情心與感受力的啟蒙理想付諸於有形的物質實踐，藉由自身對他人的迎合、贊同並贏得他人的尊敬，從而展現出優雅的情感；在這場社交遊戲中，消費品是不可或缺的，因為這些商品顯示出文雅有禮的人們對於風格與美學的感受力，使他們得以無視於粗野無教養的勞動大眾，亦有助於他們的社交與談話。

如何穿著、吃什麼食物及怎麼吃：所有這一切就像如何進行談話，都是可以習得的。關於禮節行為的自助手冊數量激增。1684 年，《新幫助》（The New Help）裡〈你的衣著〉（In your Cloaths）一文給的建議是：

> 讓你自己適應與你地位相彷者的時尚……就時間與地點來說，同時，倘若你想在任何事上超越他們，就在儉樸與莊嚴上超越他們吧……別用你手中的刀把肉放進你的嘴裡，就像鄉下小丑那樣……別用你的麵包或桌布……擦你的手，要用你餐巾的一角……別把手帕拿在手上、嘴上……或夾在手臂下，要放在某些隱密的地方……每個行動……都應該表示出對在場者的尊重。74

為了進行禮貌的談話，身體的姿勢以及物體的正確使用，從服裝到牙籤與餐巾，都跟說出的話語一樣重要。禮貌使消費更有社會生產力。這類

手冊雖是從文藝復興時期的禮節文學中獲得啟發，但如今，它們卻是寫給「各種階層與條件的人」看，並且只賣一先令，就放在店員伸手可及之處。[75]

日本在德川幕府時期（1600～1867年），商賈與平民的生活水準也有所提升，但財富多被花費在改善牆垣、木製地板、排水設備與乾淨用水上。室內擺設仍然稀疏罕見，重要財物仍放於箱籠之中，只有陳列一只花瓶。額外的財物放於倉庫之中，看不見的地方。[76] 這種簡約舒適的文化雖說有部分是受到禪宗的啟發，但對一個自然資源匱乏的國家來說意義頗為顯著，可說為日本帶來比歐洲更多的福祉。

相形之下，在英國與荷蘭，居家內部是社交與形塑自我的中心舞台，建築環境尚為次要。家具、壁紙、瓷器及其他所有物品，可顯示出一個人是否與優雅的品味同步。這些物事的汰換也必須與時俱進。1713年，英國共售出了197,000碼壁紙；70年之後，這個數字已超過2000,000碼。[77] 當時，每隔幾年就更換一次居家的壁紙已是司空見慣。消費的興起、禮節文化，以及把自我視為虛構的哲學觀念之間，存在著強大的對稱性。就像自我，有禮貌的人總是能從善如流地融入環境，藉由流行時尚與飾品配件之助，可以讓一個人易於親近並擅於交際。

品味究竟是什麼？

以藝術家約書亞・雷諾茲（Joshua Reynolds）的妹妹弗朗西絲（Frances）的話來說，品味，或稱為「精鍊的原則」（polishing principle），使消費成為體面而值得尊敬的行為。但品味究竟是什麼？「品味是眼前這個禮節世界所寵愛的偶像，」一位評論家在1756年指出，「優雅的女士與紳士們以品味穿衣……小提琴手、演奏者、歌手、舞者與技師們，全都是品味的兒女。然而在這超級驚人而大量的品味之中，幾乎沒有人能說出它真正指涉為何。」[78] 事實上，許多人都認為他們知道品味究竟是怎麼一回事。姑且不論這令哲學家感到多麼沮喪，對品味的看法眾說紛紜之各種定義異乎尋常的激增，使歷史學家深受其吸引。弗朗西絲・雷諾茲定義美德、榮譽與修飾是品味的三大支柱，但這對一名站在商品展示間、要在各式各樣的古

典與中國圖案中做出選擇的女士來說，毫無任何實際的用途。

歷史學家們過去一直認為這個問題很簡單：君主與貴族定調之後，中產階級跟隨——至今，某些社會學家仍然相信這個說法。然而，現實情況更為有趣。在上流社會（beau monde）專屬的圈子裡被認可為高雅的品味，在普通商人或律師家中並不這麼認為。沒幾個人能花上整整一年的時間重新裝修他們的房子，就像斯特拉福德（Strafford）伯爵夫人於 1712 年在聖詹姆斯廣場（St James's Square）所做的一樣；那些塗漆的日本櫥櫃得鑲上特製的邊框，才能搭配馬爾伯勒公爵（Duke of Marlborough）擁有的那些櫥櫃。對中產階層來說，過於炫耀看起來很廉價，是大錯特錯。品味必須符合一個人的身分地位。它意謂著謙遜適度的優雅，而非花哨不實的排場。櫥櫃製造者與瓷器商人擔任風格顧問的角色，倘若有「任何紳士是如此愛慕虛榮、自負而炫耀，以至於訂購某種風格超越其財富與等級的家具來裝飾他的家，」有本手冊如此忠告，「一名室內裝潢商應小心審慎地藉由若干溫和的提示，將他的選擇引導至更為適中的規劃。」79 一連串品味的名冊隨之出現，迎合各種不同的社會階層、錢包及社交範圍。

對評論家來說，關注衣著與禮儀是危險的趨勢，這是把裝飾置於自我與本質之前。據說，時尚會把強壯的英國人變成柔弱的紈絝子弟——或者更糟，變成法國人——從而削弱國家的力量。新近的恐懼先兆在此顯而易見，深怕「消費主義」會掏空個體與公眾的生命。然而，這種想法卻又過於單純。取悅他人的壓力的確會對個人造成負擔；但隨其而來的禮儀言行與物質飾品，也創造出免於暴力、衝突的社交互動空間。英國這個經歷快速經濟變遷的社會，在內戰、宗教衝突、光榮而血腥的革命中四分五裂，正張開雙手熱情歡迎這樣的社交空間。倘若沒有這樣的社交空間，18 世紀不可能有俱樂部、協會、談話性社團的傳布與蔓延。消費與公民社會顯然正在攜手並進。

女性成為文明的消費者

每個人都必須彬彬有禮，但女性尤其如此。她們被認為高度敏感，大體說來在社會與道德倫理上更文雅、更有教養。對社交的狂熱崇拜不僅把

女性塑造成文明的消費者，更加強了日益刻板化的兩性分工觀點：女性負責消費，男性負責製造。在中國，經由清朝官員與太監往下層階級傳播的鴉片，創造出無疑只有男性收藏家的鼻煙壺與鼻煙瓶文化，上面豐富地描繪著美妙的鳥兒與滿是桃花的洞穴。80 歐洲男性也會購物，購買大衣、四輪大馬車及雪茄，但都被人遺忘了。結果之一就是，消費罪惡藉由「較軟弱的性別」（weaker sex）的腐敗和墮落來加以描繪，從摩爾・法蘭德斯（Moll Flanders）到包法利夫人（Madame Bovary）皆是如此。18 世紀的觀察家抱怨，時尚與茶會將母親拖離她們的家務職責。崩解的家庭宛如整個鬆散經濟秩序的縮影。婦女寧可把錢浪費在茶上面，也不願在家紡織與編織。

　　然而整體來說，啟蒙運動讓婦女身為消費者的角色出現一線曙光。它不僅闡述可從適度奢華獲取經濟收益，更展現出萌發傾慕婦女及她們象徵人類進步與教養的社交才能。野蠻人才會把婦女當成苦力或奴隸。私人財產和商業貿易軟化了男性好戰的習氣，也使他們開始欣賞女性的優雅與大幅提升生活舒適的才能。1771 年，亞當・斯密的門徒約翰・米勒（John Millar）在《階級差別的起源》（Origin of the Distinction of Ranks）寫道，「女性開始變成朋友與伴侶，而非另一性別的奴隸或寵兒。」有別於古希臘，像英國、法國這類現代「有教養及優雅」的社會，認為婦女的社交技巧與家務技能一樣具有價值。「她們受到鼓勵，從原先被視為最適合她們性格特質的家務中退出……出現在男女混合的賓客群，以及娛樂消遣性質的公眾聚會之中。她們把紡錘與紡紗桿放到一旁，參與其他更符合時尚性質的事務與活動。」而她們「文雅有禮的成就」回過頭來，亦有助於使男性更優雅、更有教養。然而米勒也提出警告，對歡愉的熱愛可能被執行過頭，就像被一夫多妻制所支配的「性感妖嬈的東方國家」。在商業社會中，女性與歡愉是較為安全的，舒適與對話則是文明的學校。然而在米勒自己家中，「兩性的商業」表現得很失敗 ── 他的六個女兒當中，就有四個沒嫁出去。81

猛烈反彈？

商品以共同的經驗連結反抗者

美國與法國的革命展現了不斷擴展的消費文化所帶來的政治力量。一個人穿什麼、喝什麼，從未在一場叛亂之中占有如此重要的地位。在新英格蘭，把茶葉丟進波士頓港，或是脫去進口衣物、穿上本地紡織的外套以表示支持，塑造出一個愛國者的國度。在法國，霧月八日（即 1793 年 10 月 29 日），穿著自由加入了宗教與言論自由的行列。確實說來，這些行動都不是消費革命，人們以「公民」、「人民」、「愛國者的女兒」為號召，而非以「消費者」之名。權利與自由遠比茶葉的價格來得重要。這些行動所產生的影響是間接的。商品以共同的經驗連結起反抗者，並為對立的政治關係提供了象徵性的平台。[82]

根據 1760 年代倫敦托利黨員的觀點，美國的殖民者應專事生產，而非消費。奢侈品在本國或許無害，但在殖民地卻成了不斷外流的消耗與負擔，因此應該要被課稅。即使在 50 年前，英國國會議事廳（Westminster）仍可自行其事、為所欲為。然而殖民者一直無節制地瘋狂消費，用茶杯、餐具及對茶的胃口塞滿他們的家；這些全都是從母國進口的商品。他們可沒那個心情讓自己新的生活標準被課稅。這是個重大的誤判。陰謀的謠言四處散布著：說英國人蓄意誇大美國人的財富，這樣他們就可以加重對美國人的課稅，讓美國人一貧如洗。殖民者面臨了儉樸與產業之間的選擇：「繼續使用我們所購買的英國產品，或是……以當地生產的產品做為替代。」[83] 抵制茶葉、保證不買賣進口商品，成了愛國的美德表現。整體來說，這並不是宣布放棄了所有商品，而是只有來自英國的商品。美國獨立戰爭（American Revolution）同時擊敗了英國的保守帝國主義者及美國的儉樸生活提倡者。在這個年輕的共和國中，進口奢侈品不減反增，而且是猛然暴增。誠然開國元勳們都希望能強化深具男子氣概的美德以抵禦腐敗的奢侈，但就像美國第二位總統約翰·亞當斯（John Adams）最先注意到的這項事實：在一個民主政體中，物質的區別只會變得愈來愈重要，而非愈來愈

不重要。84

　　相同情況也發生在法國，意欲給私人服裝套上公眾政治的輓具，這項嘗試同樣只是曇花一現。激進共和黨員——好戰的中下階層人士與工匠——的長褲，暫時成了 1792 年時革命者的制服；但當貴族人士與其他可疑的敵人也因這些長褲的舒適感而穿上它們時，它們的象徵力量幾乎馬上就被大幅削弱。熱月九日（即 1794 年 7 月 27 日）之後，革命政治不再干涉私人品味。服裝、音樂和戲劇不再為官方的意識形態作嫁。精美的衣著重新登上舞台——雖然是古典的風格。85 對於法國大革命（French Revolution）這樣一件自行制定曆法、讓人聞之喪膽的大事來說，對消費文化的影響卻顯得極為微不足道。除了必戴的三色帽徽，它並未留下任何顯著獨特的穿著、家具或生活方式。法國就像美國，消費對革命的影響遠大於革命對消費的影響。

　　革命與戰爭抑制了下列信念：相信欲望與新奇事物的力量可以改善社會，使社會變得富裕。對奢侈的擔憂造就了新的信仰改變者，包括左派與右派。保守派認為，更多的商品與舒適之物不會使人們變得更勤奮，只會使他們變成血腥的革命分子；他們需要的是堅定的鐵腕，而非更大的花費自由。另一方面，反對革命的手段也對激進分子證明了一點：暴政果真是奢侈的雙胞胎。約翰・塞沃爾（John Thelwall）對此有第一手的經驗。「公民」（Citizen）塞沃爾是自然權利、普選權、與法國和平共處的擁護者，且根據有關當局的說法，他是英國最危險之人，在 1794 年 5 月被控叛國罪，被關進倫敦塔。想譜寫一首 14 行詩〈奴役的根源〉（The Source of Slavery），還有比這裡更好的地方嗎？「啊！為何，忘卻了她的古老聲名／英國成了無精打采的階下囚？」這是因為曾經生而自由的英國人：

> 輕視那曾經熱愛的
> 質樸自由之名，並將奢華的自豪
> 奉若神明。對她那易受擺布的靈魂，
> 我們向墮落者俯首稱臣！
> 她愛極那徒然無益的華麗排場，
> 驅逐岸上那儉樸的美德，

它們不會謹言慎行。因此，我們屈服於

暴政的卑劣控制，更不曾抱怨抗議；

只能在鍍金鐐銬下，擁抱卑躬屈膝的恐懼。86

　　塞沃爾在數月之後被宣告無罪釋放，遂將他激進的能量轉向演說術，然而關於物品的暴政想法，持續在早期的社會主義者、合作社社員及浪漫主義者──嘗試過著自給自足、簡單生活的模範社會──之中發燒。

馬克思的異化論

　　卡爾‧馬克思把對消費的批評提升至前所未有的新層級，將共和黨主張奢侈會孳生奴役的論點，變成了對工業資本主義的全面分析。這項論點得益於兩次巨大的躍進。馬克思在 1844 年時寫道，法國大革命並未帶來自由，反而將人類靈魂一分為二：一是致力於公眾事務的公民，一是耽溺於舒適私人住所的凡夫。87 而隨著另一次他經歷過的失敗革命（1848年），馬克思開始進一步把異化（alienation）溯及物與人類勞動的核心。1876 年出版的《資本論》（Das Kapital）把商品變成整個經濟體系中的「基本單位」。馬克思解釋，《魯賓遜漂流記》（Robinson Crusoe）中，魯賓遜用自己雙手製造出所有的家具與衣服，它們是屬於個人的產物。但相反地，在資本主義下，它們只是社會的產物，由一人製作給另一人購買的商品。交易剝奪了物的本質與重要性，價格使它們變成可以交換的東西：「20 碼亞麻布等於一件外套，或等於十磅茶或……等於 0.5 噸的鐵或是等於其他等等。」88 對資本家來說，某件特別的外套是否喚回往昔冬日的記憶，這些茶是否可跟家人一起啜飲享用，全都無關緊要，也全都沒有差別，只要可以換取利潤就好。購買與銷售使得物品與製造它們的人異化。結果形成了現代的拜物主義，人們因物品的標價而崇拜它們。交換價值（exchange value）隱藏了人類在創造商品世界時所付出的愛、汗水和淚水。在《資本論》中一段廣為人知的文字寫道，一張桌子，一旦被當成商品銷售，便增添了某些超凡的特性；相對於其他商品，這張桌子「用它的頭倒立」，「比它開始自動跳起舞來還更奇怪」。89

馬克思一旦把物轉化成抽象的商品之後，就對物的生命失去了興趣。他的「唯物主義」（materialism）只專注在生產上面。他把勞動剝削當成剩餘價值的來源，從而有效地將消費從故事中除去。至於人們購買商品之後怎麼使用它們，是無關緊要的。這樣的思考方式帶來兩種致命的影響。其一是以為擺脫利潤可為人類帶來自由的錯覺；其二則是本能的懷疑，認為對商品的渴望是反常的、是被操縱的結果，使社會主義領袖與知識分子對一項簡單的事實視而不見：人們不僅在他們的所有物中迷失，卻也在這些所有物中找到自己。

馬克思的窮困物質生活

在現實生活中，馬克思一家必得相當注意他們家中擁有的物事。他們在 1850 年代與 1860 年代時流亡到倫敦，就不停掙扎於入不敷出、周旋於店老闆與討債人間的窘困生活中。除了來自弗里德里希‧恩格斯（Friedrich Engels）每個月支助他們五英鎊的收入，就只有當鋪老闆的幫助，讓他們不至於流落街頭。倘若沒有當鋪老闆，可能就沒有《資本論》的問世，沒有俄國革命（Russian Revolution），也沒有史達林或毛澤東。「當金錢如此短缺的時候，我不認為能寫出更多關於『金錢』的事，」卡爾對弗里德里希如此坦承。90

位於肯迪什鎮（Kentish Town）的這棟小房子中，幾無永久性的財物，當馬克思的新聞記者工作短缺時，或是屠夫、房東、學校要求他們支付欠款時，家中的外衣、鞋子與銀器就會進到當鋪裡；百般無奈之下，他的妻子也曾經試圖出售他寫的書，但未能成功。馬克思躲在樓上寫信給恩格斯，把妻子留在樓下對付那些「飢餓的狼群」。「格拉夫頓台（Graftonterrace）9 號，1858 年 7 月 15 日，親愛的恩格斯！我請求你別被這封信的內容嚇到。」「日復一日與生活必需品奮鬥」已使他「完全喪失了戰鬥力」。他的妻子是個「令人作嘔」的「神經病」，考慮到她的貴族出身，無法在新衣服上花個小錢令她特別受傷；而他的孩子們則穿著「次無產階級」（subproletarian）的衣服。馬克思還附上了一張家庭花費的清單：五月時，他得付七英鎊的水費及煤氣費，還要付三英鎊的利息給當鋪老闆。他現在用 18 先令租了件外衣與長褲，而孩子們的鞋帽則得花上一英鎊十先

令。儘管如此，他還欠九英鎊的房租、六英鎊的學費，還得償還屠夫七英鎊、當鋪 30 英鎊。這樣的情況已經嚴重到無以復加的地步。這一次，艱難的抉擇已無法避免——這類悲慘而迫切的求救警訊，通常會讓恩格斯掏出更多的錢。即使馬克思不讓孩子們上學、解雇所有的僕人、並且「只吃馬鈴薯」，他還是得把所有的家具都賣掉，才能償清債務。然而在此攸關存亡之際，財物不僅是抽象的商品，更意謂著尊重和自尊。1852 年時，當馬克思所有外衣都進了當鋪時，他連門都出不了——「一切都爛透了，我擔心這個汙點最後將以醜聞的方式告終。」馬克思痛苦地意識到他的家庭得蒙受的恥辱，以及他的孩子們得承受的擔憂：萬一他們的朋友來拜訪他們時，他們的鞋子跟玩具剛好都在當鋪裡，怎麼辦呢？馬克思略顯誇張地說道，他自己對於搬去一間位於白教堂（Whitechapel）「真正的無產階級居住的公寓房間」倒是沒有任何問題，但對他的妻子燕妮（Jenny）來說則是生不如死，她是一個天生的「馮」威斯伐倫（'von' Westphale），喜歡把她的阿蓋爾（Argyll）銀器跟錦緞餐巾——當它們沒進當鋪時——擺放在客廳。

生活也並非全無歡樂可言。燕妮有一架分期付款買來的鋼琴，慷慨大方的恩格斯也會送來波爾多葡萄酒與紅葡萄酒。當「一籃子烈酒」送達的時候，一家大小都高興得不得了。馬克思一家的生活牽涉到幾種在維多利亞時代並存的不同消費模式，結合了貯存與流動、流通與新穎度、限制與過量。衣著是有價值的資產，必須加以保存；冬天來了，就得從當鋪取回大衣——這點跟文藝復興時期沒什麼兩樣。1864 年 7 月時，他的妻子從一場拍賣會帶回來若干家庭用品，包括要給弗里德里希的一把切肉餐刀和餐叉：「我告訴她，你家裡的刀叉不見了。」然而，新的事物也會激起人們的想像。當一位流亡中的共產主義親密盟友「豺狼」威廉‧沃爾夫（'Lupus' Wilhelm Wolff）死於 1864 年，留給馬克思 600 英鎊時，馬克思立刻夢想要在家中鋪滿最好的曼徹斯特絲綢。如果可能的話，這家人就到拉姆斯蓋特（Ramsgate）的海邊度假。即使得償清虧欠菜販的債務，也仍然為基本生活必需品擔憂，他們仍免不了偶爾大吃大喝一頓。有天晚上，馬克思帶威廉‧李卜克內西（Wilhelm Liebknecht）與愛德嘉‧鮑爾（Edgar Bauer）兩名社會主義者上酒吧，從牛津街（Oxford Street）緩慢地往漢普斯特德路

（Hampstead Road）行進，直到半夜兩點，他們已經醉到開始用鋪路石砸碎煤氣燈了。91

改革資本主義比打倒資本主義更具吸引力

諷刺的是，馬克思判斷悲慘境況會愈演愈烈的時代，大約是在他做出這項斷言的 50 年前。大約 1800 年時，這顆引擎的確開始運轉得不甚順暢。在第一個工業國家（英國）中，工資最好的情況就是停滯不前，每人國民生產毛額占有比率（GNP）下降。然而長期看來，工業發展可以藉由投資和技術來實現——也就是說，藉由提高工作的生產力，而非支付工人快被餓死的工資。儘管既辛苦又受苦，但從 1830 年代開始，英國勞工賺得多、花得也多；92 就在兩個世代之後，這項模式被複製於德國、義大利及其他「第二工業化國家」（second industrializer）。不斷提高的期望，使得改革資本主義比粉碎它顯得更具吸引力。

因此，法國大革命後的數十年最好被理解成一種反應，而非一種逆轉。1945 年之後對「富裕」的癡迷，使人不由得想為 19 世紀初描繪一幅黑暗的畫面。對「普通個人」來說，「正常的期望是苟活於飢餓邊緣」，經濟學家約翰・肯尼斯・高伯瑞向我們再三保證。「進步會增加那些已是富有之人的財富，而非普羅大眾的財富。對於這一點，我們無能為力。」93 就連托馬斯・馬爾薩斯牧師（Revd Thomas Malthus）這位「陰鬱經濟學」（dismal science）的代表人物，都沒那麼令人沮喪。1798 年，馬爾薩斯第一版《人口論》（Essay on Population）問世時，他的確並未抱持任何改善的希望：更高的工資與更多的孩子，將以生存危機與飢荒告終。然而在後續的版本當中，卻出現了一線希望的曙光。與其只是繁殖後代，口袋裡有錢的人可能決定延後結婚，並選擇購買更多的舒適用品、生育更少的兒女。要剝奪他們自己或是兒女們的尊嚴生活，這個想法著實令人痛苦難當。對於舒適用品與便利設施的品味，教會下層階級審慎明辨的習性。馬爾薩斯相信，正是這一點，讓繁榮的英國有別於貧窮的愛爾蘭：「奢侈在人民大眾中的普及，而非它在少數人中的無節制，對國家財富與國民幸福而言似乎都是最有利的。」總是會有富人和窮人之別，但在馬爾薩斯的心

中，現在至少有個機會，可以讓窮人的比率藉由加入中產階級而減少。而更多的消費，則是往正確的方向邁進了一步。[94]

國家經濟學

短期而言，拿破崙戰爭（Napoleonic Wars）雖然向王政復辟屈服，但長期來說，歐洲將為兩股新勢力震撼：民族主義（nationalism）與自由主義（liberalism）。誠然它們的主要目標是解放國家、創造自由，但也同時提升了對消費的支持。相較於馬克思讓消費一步登上抽象概念，大部分同時代的人還是十分實際地看待消費。威廉．羅塞爾是德國經濟學派（Nationalökonomie）之父，國家經濟學與歷史經濟學開始崛起。1854 年，羅塞爾如此說明，「花 20 元買件大衣的人，只有在這件大衣被穿壞、穿破時，才算耗盡了這筆資金。」除了他人之外，羅塞爾尤其借鑒於米拉波（Mirabeau），後者是希望將鋪張浮誇的貴族轉變成農業現代化者。消費是「失去效用」（lost in utility）的事物，一個租金入袋卻未做任何修繕的房東仍進行了消費，因為他耗盡了他的固定資本。從這個角度來看待消費，讓消費在國家發展上也占有了一席之地。民族性決定了消費，但消費同時也形塑了國家。對羅塞爾來說，英國與荷蘭的舒適與清潔正是消費漸增的良性特徵最佳例證，讓消費朝向「真實、健康、生活的品味享受」發展，遠離「不便的炫耀展示」。羅塞爾緊跟著若干作家的腳步，譬如普魯士步兵團的中將莫里茨．馮．普利特維茨（Moritz von Prittwitz）；普利特維茨對享樂做出讓步：「更多的享受代表更有滋味地活著，也代表著更像個人！」[95] 對國家來說，更重要的一點是消費具有生產力，而不是一種浪費。有趣的是，國家經濟學家深信文明可以減少浪費。「一個民族愈文明，愈不會因利用某些事物而完全摧毀自己的價值觀；也愈會把他們的老舊亞麻布等當成破布來利用。」[96]

羅塞爾的建議是，當生產者與消費者有所衝突時，國家應站在消費者這一邊。民族主義把社會平衡當成是終極目標，但鮮少有嚴肅的自由思想家像法國知名的經濟學家弗雷德里克．巴斯夏（Frédéric Bastiat）一樣，極端到要讓消費者掌控一切。然而，自由主義也改變了政治辯論的基調，強調

消費者要有更強有力的防禦。一個實例應足以說明這項趨勢，再沒比一本由「某個消費者」所撰寫的匿名小冊更能道盡一切了，小冊中猛烈抨擊1833年英國對絲綢生產商的保護措施。這個消費者並非地方性團體，寫道：「每個勞工都是一名消費者。」該作者認為此處需要以斜體字來標明，表示當時「消費者」一詞仍極不尋常。「任何生產製造的公共事業，除了切合消費者的欲望與需求之外，沒有其他標準可言。」任何人倘若認為公共生活應以其他考量作為指引，都是一種誤解。經驗無庸置疑地證明了「人們或國家皆因擁有有用的商品而富裕，（而且）貿易或以物易物的對象亦是我們渴望獲取的事物。」97

布爾喬亞階級家庭的消費轉變

荷蘭與英國的中產階級最先讓些許小小的奢侈品進入他們的生活，並與全世界的商品和平共處。但在歐洲大陸的其他地區，節儉、克制與克己的文化在布爾喬亞家庭中仍發揮了相當的作用；不過到了19世紀末，即使在這些地區亦可察覺出變革的風向。若要說到儉樸生活與自律的理想，再沒有比瑞士更顯而易見的所在了；在盧梭的故鄉日內瓦，理性生活方式的基本工具就是儲蓄、記帳與規劃未來。這可以讓人不受非理性經濟力量的影響，並具備更高的文化感受力。傳統上，自我放縱的想法讓瑞士的布爾喬亞階級感到恐懼且厭惡；但在19世紀下半葉，遵循這項理念的人愈來愈少了。當然還是有些人恪守傳統，像是富裕的蘇黎世國家檔案保管員格羅爾德・邁耶・馮・克諾勞（Gerold Meyer von Knonau），他的家庭以及他的外表都保持著穩重而樸實的模樣，是典型的布爾喬亞階級家庭；他的兒子從十歲開始有零用錢時就得仔細記帳，以培養他有紀律與節儉的習性。然而，也有些人像是約瑟芬・馮・維勒（Josefine von Weiler），一名來自伯恩（Bern）的富有寡婦，1855年再嫁時又為她帶來更多財富；她在尼斯與巴黎都租有度假用的房舍，旅途中在新衣著、馬車與馬匹上花錢如流水。19世紀末，布爾喬亞階級家中如清教徒般嚴謹的內部擺設，已屈服於豪華奢侈的室內裝潢。原本單調空蕩的牆壁與地板，如今已為壁紙與地毯覆蓋。吊燈數量倍增，晚餐也變得更豐盛而闊氣。1860年代時，年輕的阿美

利‧莫澤（Ameli Moser）為了她購買新衣櫥的花費，向她布爾喬亞階級的父母辯說，過度節制就跟過度奢侈一樣招搖而糟糕。**98**

對那些從小浸淫於清教徒美德的人來說，這些新的舒適用品導致心理上有時難以自我平衡的行為。在早餐桌上，布爾喬亞家庭會展現他們的自制力——塗抹奶油或是果醬，但絕不會同時供應兩種。然而到了傍晚，晚餐會極其豐盛，香檳滿溢，並供應各式各樣的魚類與家禽肉品。對柏恩的外科醫生埃米爾‧特奧多爾‧科赫爾（Emil Theodor Kocher）——他後來因為對甲狀腺的研究而獲得了諾貝爾醫學獎——來說，家庭的舒適與便利是一種危險的「偶像」（idol），他敦促他的妻子把他們的物質「壓艙物」扔到船外，讓他們可以達到更高層次的存在境界。但這是一種幻想，更大量的消費與更多的便利性已成了他們生活方式的一部分。誠然某些人，像是伯恩的高級官員伊曼紐爾‧馮‧費雪（Emmanuel von Fischer），仍然擔憂消費會使財富枯竭——許多「無用的日常花費」更糟——但其他人如今已紛紛起而捍衛更為富足的生活方式。1890 年，自由派神學家康拉德‧坎布里（Konrad Kambli）從基督徒改革（reformed-Christian）的角度重新審視奢侈。**99**他主張，奢侈不是罪，相反地，它是文明的力量。這就是為什麼不享受奢侈的社會，歸根究柢都是野蠻人。沒錯，他寫道，並非所有的奢侈都是好事，但只要奢侈是可以被評量、權衡的，並且適合一個人的身分地位，將有助於個人自身的修養以及社會整體的教化。坎布里並非一位深具原創性的思想家，然而，從心態改變這種更為普遍、全面的觀點來看，最重要的是，他終究還是得出了與大衛‧休謨不謀而合的結論；休謨在 150 年前，即對「無害的奢華」進行強烈的捍衛。

17、18 世紀推動了消費的鐘擺，使所有財物、舒適用品、品味與渴望不但日益增長，而且愈形精巧複雜；對過度奢侈和腐敗的擔憂，引發了猛烈的反彈。商品愈多，激發的恐懼也愈大。然而根本、徹底的新形勢是，有利於大量消費的價值觀與做法已出現，並形成一股使消費得以不斷向前邁進的動力。這一切才剛要開始起步。

第三章

物品的帝國

以地緣政治學分析消費

　　在消費的主流理論中，地緣政治學（geopolitics）或許是其中最大的遺珠。經濟學家傾向專注在尋求最大化歡愉、最小化痛苦的個體身上。在此之際，社會學家視消費為群體間模仿與區別的標誌。其他作者觀察的則是心態，例如浪漫的想像，帶著尋求未來歡愉的夢幻傾向；或是實際的做法，例如烹飪或居家改善。顯而易見，全球力量並不存在於這些方法之中。但從另一方面來看，古典帝國主義理論家對物品的欲望、占有與使用方面亦著墨甚少。約翰・霍布森（J. A. Hobson）、亨利奇・弗里俊（Heinrich Friedjung）及約瑟夫・熊彼特（Joseph Schumpeter）的著作皆撰寫於 19 世紀末歐洲爭奪非洲之後的那段時期，帝國主義是由金融資本主義、侵略性的民族主義，或是仍然緊抓住封建權力與榮耀的「返祖」（atavistic）貴族階層所驅使。消費者 —— 如果有的話 —— 被凸顯為侵略主義陰謀的受害者，這項陰謀以多數人的犧牲為代價，使少數人得以富裕。

　　這種對地緣政治學興趣缺缺的情況著實令人難以理解，因為正如我們已在可可、咖啡、茶與糖的例子中看到，帝國長期以來在傳遞新商品、新品味與新生活方式方面，皆扮演重要的角色。在這方面乏人問津的一個理

由，正如同社會民主主義者霍布森——以及他後來的追隨者馬克思主義者魯道夫・希法亭（Rudolf Hilferding）與佛拉迪米爾・列寧（Vladimir Lenin）——所持的理由，只是對於「新帝國主義」中的新東西比對一般帝國更感興趣。如果我們採取更長遠的觀點，比較 1492 年哥倫布（Columbus）首次啟航與 1900 年的世界，至其時止，世界上 1/5 的地區統治著剩下的 4/5 地區；引人注目的是，這種驚人的商品擴展如何伴隨歐洲勢力的大規模擴張攜手並進。在接下來兩章中，我們將跟隨這種新的物質文化一路披荊斬棘，走進城市與家庭。但是，我們必須先將它置於與其相關、更廣闊的地緣政治環境與背景之中，才能正確評價這股全球消費不均衡的動力。

英國從重商主義轉為自由貿易

帝國改變了消費的條件，而商品的流動也反過頭來形塑帝國力量的運作。這股作用如何交互影響，端視它發生在什麼樣的政治經濟舞台上。在現代，它經歷了一項重大變革。17、18 世紀以混合了貿易壁壘、壟斷和運輸限制的重商主義為背景，各國皆試圖犧牲對手，爭奪貿易與權力。以此觀點看來，一個國家有所得，另一個國家必有所失。帝國全都陷入了一場激烈的拉鋸戰中，每個國家都決心要保護自己的殖民地、船隻、貨物和銀器。英國在 1688 年光榮革命（Glorious Revolution）之後，有些輝格黨員（Whig）開始形成更為開明的觀點，視海外市場為成長與勢力的來源，1 但是在現實中，來自法國與西班牙對手無所不在的威脅，又使得貿易仍為衝突爭鬥之途，而非和平豐盛之車。因此，早期的現代帝國在為異國食品與藥物鋪設新的運輸路線之際，也透過貿易壁壘的設置來約束商貨的流通，不讓外國商品進入本國，禁止本國的商品以外國船隻運送，並資助本國的產業。然而，這樣的重商主義政策所費不貲，而且是由平民百姓負擔這些戰事、海軍費用，以及隨之而來的價格上揚。

1815 年滑鐵盧戰役（Waterloo）之後，一切都變了。一方面是由於法國的軍事潰敗，一方面是由於中國國內動亂，於是將霸權地位拱手讓給了英國。在印度洋上，各大強權間的激烈競爭使船貨運送始終不易。滑鐵盧戰役之後十年間，英國開始取得掌控權，橫越印度與中國的船隻數量倍增；

1813 年，東印度公司對印度的貿易壟斷終結，遂為其他英國與歐洲船隻開啟了大門。2 更多的遠洋航程與更重噸數的船隻，對消費者而言意謂著更便宜的棉布、胡椒、茶及其他商品。海軍力量與工業優勢為英國帶來信心，得以從重商主義轉為自由貿易。與其在英國各大殖民地豎立「勿進」的告示牌，英國選擇敞開大門。貿易現在被認為是全贏的局面，而非贏者全拿、輸者全無的零和遊戲。自由貿易帝國視打造一個整合的世界市場為己任。自由帝國主義和全球化幾乎已畫上了等號。1850 年代至 1870 年代，隨著比利時、法國與其他國家的加入而形成了更加開放的貿易網絡，第一個歐洲自由貿易區遂於焉誕生。

對消費者來說，這項朝向自由帝國發展的轉變帶來了深遠的影響。自由貿易的英國創造了世界上第一個消費友善（consumer-friendly）的帝國。對英國人來說，這更直接代表著更便宜的商品與更低廉的稅金。與其壓榨人民，英國轉而走上一條成長的道路，對不斷攀升的貨物量徵收低稅。大量消費現在成了公共政策。對於世界其他地區來說，自由帝國主義的影響至少也是同樣深遠而重大的。英國市場的「開放門戶」，使得從維也納到布宜諾斯艾利斯的消費者也間接蒙受其益。然而，這項政經遺產對於文明、人性與資產概念的影響，遠比低廉的價格更為深遠。

英國霸權擴張了物品的新疆界，動搖了物質替代文化。英國主宰奴隸交易一個世紀之後，於 1807 年廢除，並在其後領導國際戰役對抗買賣人口。自由帝國堅持人類不是物品——為建立在人類所有權（man-ownership）之上的非洲王國帶來了激勵人心的影響。

商品並不是中立的。在帝國時代，商品與歐洲優勢的科技、科學和砲艇密切相關。商品的飛漲之勢為各方帶來形形色色的財富。對土著社會來說，歐洲襯衫、沙發和遮陽傘打亂了現有的階層制度。對於帝國主人來說，商品也是權力的象徵，但標示的是統治者與被統治者之間的距離。殖民地人民之間的消費，必須被加以控制。到了 1880 年代，當非洲爭奪戰正在進行時，自由帝國的內部矛盾也明顯浮現。貿易與消費的全球化水準正快速上升之際，征服與併吞也加快了它們的腳步。此即這個階段的全球化自相矛盾的一點。1870 年代和 1880 年代的世界，在經濟上的確已比一、兩個世紀前要來得開放，但在政治與文化力量方面卻又變得更為死板

而封閉。這些年來強化的種族思維，與歐洲人努力擴展商品世界的矛盾心態，產生了互相的影響。一方面是自由開放的心態：歐洲人發現了本國消費者的存在，以積極的方式思考一個人對創造價值、財富與社會秩序的貢獻。另一方面則是封閉的思想：將非洲與其他殖民地人民降至隸屬的地位，成了為西方大眾市場賣命的苦力或「落後」的農民，而非有自己權利的消費者。如此的種族不對稱性，正與從貴族階級到布爾喬亞階級、乃至歐洲境內大眾消費的民主擴展形成了對立。兩者雖非直接互為因果，但仍是同個故事的一部分。歐洲人征服殖民地人口，以及他們美化消費者和本國「生活水準」，兩種舉措顯然並行不悖。因此，我們的故事雖然始於非洲與印度，最終仍須回歸歐洲，以便理解並釐清帝國時代的消費如何轉型。

掠奪非洲與奪回消費主導權

如今，從東西方之間「巨大分歧」的角度來寫 19 世紀的歷史，已是老生常談了。在工業成長與全球勢力方面，歐洲的確領先於中國。造成這項差距的原因，仍有待爭論。3 英國的帝國貿易與擴張、大西洋奴隸制度，以及容易取得的本國煤礦資源，皆為英國帶來了獨特的優勢。然而，最終的決定性因素，咸認為獲益於 300 年來累積的高工資。高工資鼓勵英國企業家創新、發展出節省勞力的機器，並開發複雜的歐洲科技網。這段時期機緣湊巧的是：此時正逢拿破崙戰爭（1803 ～ 1515 年）之後，歐洲享有和平穩定的有利條件；而中國正遭逢一連串天災人禍、昏庸無能的皇帝與使帝國元氣大傷的叛亂。4 對印度棉布與中國瓷器的強烈需求，在刺激成長與創新方面亦發揮了相當作用；大西洋殖民地也是如此，對紡織業等若干英國發展最快速的行業提供了額外的銷售通路。不過最終的分析顯示，真正推動英國持續成長的關鍵在於工程、鋼鐵和汽船等中間產品業（producer-goods industries），而非棉布襯衫或彩釉陶器等最終產品。5

買賣人類的奴隸制度

　　隨著東西方分歧日益加深，廢止奴隸制度這項發展導致了消費在性質與範圍上極為劇烈之轉變。自由勞工與自由貿易（1846 年之後）是英國得以成為自由帝國的兩大支柱。[i] 當英國於 1807 年廢止販奴時，也隨之啟動了一項深具世界歷史意涵的過程。英國於 1833 年通過廢奴法案解放奴隸之後，接著是美國南北戰爭（American Civil War）、1886 年的古巴廢奴、1888 年的巴西廢奴，以及 1900 年前後非洲本土奴隸制度的終結；1861 年時；俄國也廢除了農奴制度。但事實上，許多地區的奴隸制並未被真正的自由勞工取代，勞工仍受到契約的束縛及被強迫勞動。在法屬西非，奴隸制度於英國廢除販奴惡行後的 100 年間，實際上不減反增。德國從未在其殖民地上廢除奴隸制度，希特勒與史達林則設計出相去不遠的強迫勞動形式。但姑且不論多麼不完美且不公允，帝國把炮火轉向奴隸制度之舉已重新定義了事物的秩序：人類不再是可像其他商品般隨意買賣的所有物。

　　可想而知，美國與加勒比海地區的奴隸農場塑造了我們對買賣人類的理解：超過 1,100 萬的非洲人被迫踏上橫跨大西洋的航程。然而，許多非洲社會的奴隸制度亦十分盛行。1800 年時，在非洲許多王國裡擁有奴隸仍然是一種力量與威望的象徵。從經濟角度而言，奴隸制度對非洲大陸主要的限制是合理的做法：那裡缺少的是勞動力，而非土地。捕獲奴隸，並加以控制，曾是利用這項珍貴人力資源的方法。大部分的奴隸都曾是侍從（clients），而非被買賣的動產（chattels）；他們曾是戰士、僕役與農民，鮮少為農場勞工。消費，甚至是奢侈品的消費，在擁有奴隸的社會中並非全然不得而見——譬如王室的妻妾及其成員，皆會飾以令人眼花撩亂的精美織物與貴重珠寶。雖然普遍來說，本國的奴隸制度會抑制商品的絕對需求量以及商品賦予地位與權力的相對重要性。在非洲，被殖民之前的大量消

---

i　1830 到 1840 年代間，自由勞工與自由貿易兩者間關係緊張。然而即使在當時，對許多自由主義者來說，非洲的正義與英國的自由貿易是共生的：但如果這意謂著他們的糖得變得更為昂貴才能保護西印度群島，那麼貧窮的英國人對於被解放的奴隸幾乎毫無憐憫之情。糖稅必須被免除才行。參見：Richard Huzzey, 'Free Trade, Free Labour and Slave Sugar in Victorian Britain', Historical Journal 53, no. 2, 2010: 359–79.

費是由社會上層階級贈予侍從的貢品或禮品所組成。這一點與西歐形成鮮明對比，後者的農奴制度已於 16 世紀絕跡了——雖然其後在中歐與東歐地區，又再度死灰復燃。英國本土的奴隸制度在 1772 年就已被正式禁止，但實際上，某些奴隸的主人假藉學徒之名，漠視這項法令的存在。當時，大約有 15,000 名非洲裔住在不列顛群島（British Isles）上，有些是自由之身，有些則否；但與 50 萬舒適的英國中產階級家庭或 50 萬西印度殖民地奴隸相較之下，這個數字顯得相當微不足道。我們現在知道，除了商人與農場主人之外，許多住在英國的寡婦、神職人員及其他的小型投資人，也都從他們所擁有的殖民地奴隸那裡獲益。6 然而，他們並未在家中養著一大群圍繞身邊的侍從。僕役人數一直有所限度，而且逐漸減少。反而，他們將血腥貿易帶來的獲利，投注到桃花心木椅、瓷器、優雅的華服珠寶之上。ⅱ 他們的身分地位逐漸歸屬於物品的主人，而非人類的主人。到了 1914 年，自由主義的歐洲模式已取得了統治地位。身為傳播奴隸制度至世界各地的始作俑者，大英帝國終於將這項制度連根拔起。

廢除奴隸制度對於價值、欲望與身分產生了深遠的影響。一旦擁有奴隸不再是一個選項，財富與權力遂被導引到物品（或是為了未來消費的儲蓄）之上。英國人帶著一堆啟蒙運動中關於支配物品及美德的想法，邁向一場對抗奴隸制度的聖戰。人們深信，對於舒適用品與所有財物的渴望，將導引人們從買賣人類走向買賣商品。因此，廢奴主義者開始著手拯救「黑暗大陸」。

ⅱ 奴隸制與家庭服務對消費的不同影響應該得到比以往更多的關注，或者我們可以在此給予它更多的關注。「客體化」（Objectification, Versachlichung）應被理解為一個整體的方向與過程，而非一項已定的事實。速度與程度不盡相同。直到 20 世紀，俘虜（captif）在幾內亞仍然相當普遍；1949 年之前，販賣兒童在中國也極為常見。桑巴特正確地指出了早期現代歐洲的客體化過程，但在斷言其為女性的勝利（Sieg des Weibchen）時，則失之偏頗地誇大了：Sombart, Luxus und Kapitalismus, 112. 他們的丈夫只是把自己投入於其他事物上（葡萄酒、雪茄、晚間便服、馬匹、圖書館等）。僕役當然還是歐洲中產階級家庭的一部分，直到 1950 年代仍然如此，但他們的角色不同於主人的奴隸；20 世紀的僕役主要是洗衣機與其他省力技術的替代品，極少是展現地位的制服僕從。最後，他們輔助並維護了物品的文化，而非轉移或分散了它。有關奈及利亞東部伊布族如何將人與財富的控制轉化為社會地位和靈性價值，詳細研究請參見 Jane I. Guyer, Marginal Gains: Monetary Transactions in Atlantic Africa (Chicago, 2004).

非洲不是消費的黑暗大陸

　　要了解帝國對非洲消費造成什麼改變，殖民時期之前的基線是不可或缺的比較基準。19 世紀末，帝國主義正值全盛時期，傳教士與帝國批評家通常都將非洲殖民地描繪成歐洲杜松子酒和破爛槍枝的垃圾場。歐洲人愈工業化、愈現代化，就有愈來愈多這類批評家將非洲說成是「傳統的」、未受不平等與唯物主義影響的地方——直到被殘酷的販奴所摧殘。以魯德亞德‧吉卜林（Rudyard Kipling）的話來說，非洲人是「半魔鬼半孩童」。然而，以為撒哈拉以南的非洲人並未被商業所改變的想法，只是西方人的幻想與帝國的華麗辭藻。非洲並未被凍結於某種商業時代之前的冰河時期。在被帝國征服之前，貿易與對物品的熱情已在非洲延燒了好幾個世紀。東西非的沿海地區記載了不斷攀升的紡織品、珠子和鐵。從歐洲人的角度來看，這些數量可能相當不起眼。1800 年，西非僅占英國出口量的 4%。然而，從黃金海岸、塞內甘比亞（Senegambia）與桑吉巴的山谷來看，歐洲與印度商品的數量著實令人印象深刻。到了 16 世紀，葡萄牙人每年運送 50 萬個手鐲（manilas）到黃金海岸。1600 年，奈及利亞（Nigeria）中南部的人民已經開始穿上荷蘭的亞麻布了。在 18 世紀這段期間，西非的進口品價值已上漲十倍。盧昂（Rouen）和利物浦運來帽子、眼鏡、菸斗，尤其是紡織品。載運的貨物價值往往超過了船隻與船員的價值。

　　非洲人有自己的區域品味與時尚週期，成了愈來愈挑剔的消費者。阿克拉（Accra）要的是亞麻布，歐夫拉（Offra）則喜好印花棉布，尤其偏好紅色。在塞內甘比亞這個撒哈拉以南、最靠近歐洲的地區，印度條紋印花棉布（niconees）與絲棉混織品（tapseals）大受歡迎。歐洲貿易商得順應當地時尚，來調整他們的商品。18 世紀時，塞內甘比亞人要的不僅是任何一種刀子而已，他們指名要的是一種「法蘭芒」（Flemish）的樣式，這種樣式最先由荷蘭與葡萄牙商人引進。英國貿易商只有帶著類似的樣式到來時，才能在這市場站穩腳步。其中，最有利可圖、最廣泛流傳的物品就是珠子，以數十億顆的巨量運送過來，用在裝飾、宗教奉獻上，並可作為貨幣使用，也是一種財富的象徵。同時，珠子的樣式與成色千變萬化。玻璃珠是圓形或管狀的、透明或有斑點的。有些是仿自威尼斯和波希米亞（Bohemia）的珍珠與水晶。7 而販奴不過是這個不斷擴張的商品世界中的一部分，讓當地統治者與其追隨者得以從中致富。舉例來說，1750 年達荷美國王（King of Dahomey）從販奴得到 25 萬英鎊的獲利。

19 世紀非洲的消費真實樣貌

我們不可能在此對不同地區的大量文獻資料加以公平描述或處理，但還是可以做出三點總結。第一點，在 1880 年代的非洲爭奪戰開始之前，非洲的消費即處於長期上揚的曲線。1807 年廢除販奴則加速了這項過程，當時西非社區開始交易更大量的棕櫚油、樹膠及其他出口作物。但是，這樣的消費現象並非由廢除販奴所致。品味革命早已創造出獨特的區域消費風格。換句話說，非洲人並不需要帝國殖民主人來教導他們如何成為消費者。社區有它們自己的物質欲望詞彙。對蒙巴薩人（Mombasan）來說，欲望稱為「夢悠」（moyo），它與財產是構成自我與地位不可或缺的部分。在東非的歐洲旅行者注意到「當地人多麼喜歡把他們的華麗裝飾在房間全部展示，讓人們可以看到他們的盤碟、咖啡杯、小飾品、提籃及許多其他物品」。8 第二點，是關於事件發生的順序。在歐洲人對非洲施行正式統治之前，不僅貨物量已上升，進口商品的趨勢也有相當的轉變：商品不再只從印度輸往歐洲與非洲。19 世紀初，英國也開始從印度手中掠奪紡織品的控制權；紡織品是非洲市場最大的競爭物。1850 年，英國運送了 1,700 萬碼的布料到西非；而在 25 年前，這個數字才只有 100 萬碼。最後一點，消費商品本身的占有率也在上揚之中。舉例來說，18 世紀初時，鐵在塞內甘比亞主要是靠進口，再由當地鐵匠製成鋤頭與工具。然而一個世紀之後，鐵的進口量已式微，被紡織品超越了。「給奴隸的槍枝與杜松子酒」的畫面，很大程度上是虛構故事；因為酒精從來就不是主要的進口品項，而槍枝的大量進口也是販奴結束之後的事。

以西方商品鋪成傳教之路

19 世紀初，在非洲沿海城鎮之外，歐洲人與非洲人的接觸主要僅限

於傳教士。傳教團依照最有利的傳教策略來劃分，以達讓非洲人改宗的目標。對許多早期傳教士來說，採取當地人的生活方式，自願過著貧窮的生活，是服事基督的機會。西方舒適生活是通往救贖之道的阻礙。微薄的薪資與不便的交通讓他們可以與世隔絕，也加深了在當地生活的影響力。在開普殖民地（Cape Colony）貝特爾斯多普（Bethelsdorp）的傳教團，胡珀（I. G. Hooper）先生學會住草屋，在木板上睡覺，且「對以乾麵包為主食甘之如飴，宛如在祖國中享受到最好食物般」。9 這些傳教士脫掉襯衫與領結，放棄茶跟咖啡，常常還娶了科伊科伊人（Khoekhoe）為妻。本土化的擁護者從未完全絕跡，但廢除販奴將焦點轉向西化的非洲人身上。一直到非洲人欣然接受「合法貿易」是一種有利可圖的選項時，對抗奴隸制度與罪惡之戰才終於獲勝。非洲人得向歐洲人學習，而不是反過來。傳教團在各地的駐所成了西方生活方式之島，是有著窗戶、桌子、床和蠟燭的房舍。而改宗成基督徒的非洲人，在接受洗禮時，還可以得到一件白襯衫與毛毯。通往救贖的道路顯然是以商品鋪成的。

靈性的重生，會激發新的習慣、安慰與欲望。1842 年，非洲倫敦傳道會（London Missionary Society, LMS）的資深人士羅伯特・摩菲（Robert Moffat）寫道，「同一本福音書，既教他們知道自己的靈性是悲慘、盲目又赤裸的，也向他們揭示他們需要外在的改革，從而讓他們的心靈準備好接受那些舒適、清潔與便利的方式，亦即那些他們以往視為異族的奇風異俗。」身體的髒汙「非常噁心」。獸皮必須被換成襯衫與長袍。拯救靈魂與贏得顧客正攜手並進。摩菲寫道，新衣服「徹底掃去了前幾個世代的汙穢與習俗，同時……為英國商業打開了無數的管道，但對福音來說，可能永遠保持著關閉的狀態」。10 商業與改宗在宣教之道上相互推進。「上帝顯然選擇了英國作為一個偉大的傳教國家，」英國海外傳道會（Church Missionary Society）在它眾多的傳單小冊中解釋，否則上帝將英國置於世界貿易的中心，還有什麼其他原因呢？「只要看看我們周遭來自異教徒或外國的事物就知道了。我們的外套使用孟加拉的靛藍染料……我們的茶來自中國，我們的咖啡來自阿拉伯……甚至我們的鐵路車廂都用幾內亞的棕櫚油來為車輪上油。」倘若沒有異教徒對英國商品的需求，英國工廠早就關門大吉了。「因此，我們與眾多對上帝與基督一無所知的國家，因共同利

益而緊密結合。」在這種彼此相互依存的關係之下，如果還認為上帝並未賜予英國人拯救異教徒的重責大任，簡直是罪不可逭。[11]

消費也在非洲人的心智中不停運作著。倫敦傳道會的約翰‧菲利普（John Philip）為開普殖民地總督詳加說明：「處於野蠻狀態的部落通常沒有房舍、庭園及固定資產；藉著把他們安置於一處特定的地方，讓他們建造房舍……耕種玉米農地、累積財產，藉著提高他們的人為需求，就相當於提升他們對殖民地的依賴程度，讓雙方結合的緊密力量倍增。」[12] 一個擁有住家與財物的人，就不會去偷竊牛隻。廢奴主義者暨非洲探險擁護者，像是湯瑪斯‧福維爾‧布克斯頓（Thomas Fowell Buxton），觀察到有種自然傾向：一方面存在於販奴與非洲人的怠惰之間，另一方面存在於和平貿易與刻苦勤勉之間。販奴最終的補救之道在於非洲，而非歐洲。西方事物會啟動要更多必需品、工作、財產與和平的良性循環。

有關將非洲人提升至西方舒適與商業層級之樂觀主義論述，在 1830 年代達到巔峰。從英國殖民地為解放奴隸而設立的獅子山醫療部門，其負責人威廉‧佛格森（William Ferguson）先生的一封信中，即清楚地說明了這點；並由反對國際販奴的主要倡導者布克斯頓加以詳盡且充分宣揚。佛格森寫道，獲得解放的非洲人之「等級」可以直接由他們的屋舍與屋內裝潢看出。等級愈高者，住在由自己賺來及建造的兩層式舒適石屋裡，享受「桃花心木桌椅、沙發、四柱床架、穿衣鏡、用布料鋪地板，以及其他象徵家庭舒適與財富累積之物」。佛格森寫道，解放的非洲人「熱愛金錢」。但這不是一件壞事。不像那些「利慾薰心」的守財奴，他們會把收入挹注在「提升家庭的舒適用品，並改善他們外觀的體面程度」。很難想像一名英國觀察者能給予比這更高的讚譽了。「地表上再沒有比他們更安靜、無害、好脾氣的人口了。」[13] 換句話說，他們都是接近亞當‧斯密所想像的那種模範消費者。他們會將精力投入和平產業及財物，而非放在宰制自己的同胞。

1821 年，塞繆爾‧克勞瑟教士（Revd Samuel Crowther）在尚未邁向自由城（Freetown）之旅與重獲自由之前，曾經是優魯巴（Yoruba）一名奴隸男孩；他在 1854 年回到尼日（Niger）時，指出從他在 1841 年的遠征之後，「人們的習慣有了驚人的改變」。他到達位於內陸幾英里的安捷阿瑪

（Angiama）村後不久，就有黃銅色的人們坐著獨木舟來迎接他，他們在那裡購買棕櫚油。1841 年時，他「很難」在遇到的人當中，「找到有人穿著任何像樣的衣物」。但是現在，「岸上一群大約 40 人當中，我可以清楚看出有 15 個人穿著英國襯衫」。對即將成為英國海外傳道會第一位黑人主教的克勞瑟教士來說，等於是「合法貿易有益於人們的明顯標識」。14

道德消費主義

　　福音派教義賦予這場反對販奴聖戰背後的精神，將彌補個人罪行的重擔置於每個人身上，使他們的世界得以更接近上帝的設計。英國消費者如同非洲人一樣，也必須加以改革。畢竟他們正是那些享受奴隸種植的糖之既得利益者。殖民地所生產的食物鏈，使歐洲的消費者與非洲奴隸的命運密不可分。「使用西印度生產的消費者，或許可被視為是使整具殘酷機器得以運行並發揮作用的主力，」1792 年一本主張廢奴的小冊子這麼形容。15 消費者有道德責任不食用奴隸種植的糖，因為它是血腥、玷汙，甚至是吃人的。「每吃一磅糖……我們或可被視為消耗兩盎司的人類血肉。」16 抵制奴隸種植的糖，遂演變成一場橫跨大西洋的群眾運動。走在最前線的婦女更運用了她們對錢包的控制、對家庭美德的理念，以及最值得讚揚的同情心。道德消費主義（ethical consumerism）於焉誕生（參見插圖15）。

　　將該事件視為殖民主義黑暗歷史中的一道明亮光芒，並點出人權與更負責任的購物者之存在，的確是很吸引人的看法。但事實上，1833 年的廢奴主張引發的是一場道德大撤退。剛開始，反奴運動與國家請願活動持續並進。1854 年，倫敦會議呼籲成員們不再購買奴隸種植的棉花、米及菸草；但在那之後，得到的迴響卻是歐洲消費者的一片靜默。帝國的消費者並未集結起來抵制由其他國家的契約勞工或奴隸所生產堆積如山的廉價糖、咖啡及可可。1900 年，歐洲人保留他們的道德購買力以攻擊血汗工廠，並幫助賣火柴的本地小女孩。但當媒體在 1904 ～ 1909 年將焦點轉向吉百利公司（Cadbury）在幾內亞灣（Gulf of Guinea）葡萄牙群島的聖多美

（São Tomé）與普林西比島（Príncipe）利用奴工，英國消費者卻毫不理會地繼續啜飲他們的可可。17 運動倡導者與企業家同意，該著手處理濫用勞工問題的應該是公司，而非私人消費者。貴格會教徒所呼籲的消費者抵制活動，結果亦是徒勞無功。產品的抵制，如今被徹底翻轉成一項政治武器。在第一次世界大戰前夕，消費者抵制運動不再是殖民帝國中少數富人急於扶植殖民地生產者的工具，而是弱勢一方用來對抗他們的帝國統治者，像是東普魯士的波蘭人對抗德國零售店家，以及印度人反對英國分割孟加拉，中國僑民在亞洲各地以抵制活動抗議美國拘留並驅逐中國移民。

非洲消費者遭受帝國想像的壓榨

帝國主義為消費社會帶來某種分裂的特性。歐洲人一方面建立起殖民統治者的地位，一方面也抓住身為主要消費者的控制權，將其他人皆貶為苦力或佃農。歐洲人發現經濟學上的消費者以及西方「生活水準」概念的出現，都是這個故事的一部分，我們得回過頭來看。但在這裡，我們必須先跟著殖民地的故事再深入一些，了解非洲消費者如何遭受帝國想像的壓榨。

幾項趨於一致的發展匯聚起來，導致非洲人視為被歧視的消費者形象逐漸消退。傳教士失去了耐性：千禧年即將到來。在福音派教徒的夢想中，商業社會應該在一夜之間蓬勃發展，但尼日與其他內陸地區卻比探險家們所推估的更變幻莫測。尤其西非的自由勞工殖民地，最後卻變成了陷入困境的實驗。種種因素加上 1857 年的印度叛亂，使得非白人能否以主人的形象加以重塑之疑慮，開始蔓延開來。一種更牢不可破、從科學觀點出發的種族主義，開始沾染帝國人民的心態。

這種更激進的態度，部分也是對歐洲商人與傳教士在當地遭遇困難的一種反應。19 世紀下半葉，商業與消費仍然如實地攜手並進。在西非，許多當地商人遵循著福音派的腳本，從販奴轉作棕櫚油生意，蓋起裝滿家具、畫像及掛鐘的房屋。勞森（Lawson）先生是多哥（Togo）一名混血商人，他抽雪茄、操著外來的語言，並以自己的歐洲裝扮及家具自豪。18 消費的新領地愈來愈向非洲內陸推進。約翰・托賓（John Tobin）是英國最大

的棕櫚油進口商之一，他在 1865 年時告訴議會委員會，「白人」過去經常「以為對黑人來說，什麼物事都夠好了」，但是現在尼日河三角洲（Niger Delta）的人們「跟這個國家的任何人一樣，也會分辨物品的真偽」。19 在東非，篷車商隊將現金商品的網絡擴展到吉力馬札羅山（Kilimanjaro）的山腳下。農夫堅持只收現金。一名探險家指出，每個部落「都有自己特別種類的棉布，自己所選的色調與色彩、珠子的大小尺寸……而且更糟的是，這些樣式也會跟著流行而改變」。與英國的情況如出一轍。20

對歐洲人來說，當地中間商對貿易控制權及從內陸取得作物方面顯然構成了威脅。同時，商人增長與讓人渴望的新物品進入雙重發展，這也腐蝕了當地的權力結構。到了 1880 年代，歐洲政府經過幾十年來的戒慎恐懼，終於準備要奪回控制權。瓜分非洲事件的細節不在本書探討的範疇之內，優越的武器、技術與物流使歐洲人占盡了壓倒性優勢。然而到頭來，非洲社會的挫敗象徵的並非他們的落後，而是他們的活力。讓非洲易受歐洲帝國影響，同時又對歐洲帝國深具吸引力的是，在非洲這塊大陸上，他們貿易與消費了更多，而非減少。這是一場被商品所驅策的掠奪與征服。

舊政體危機

恩庇侍從關係（patronage and clientage）仍然重要，但是商品世界對非洲王國所產生的腐蝕影響幾乎無所不在。在 1880 年代之前，歐洲帝國可直接控制的地區僅限於幾個沿海據點，然而間接的影響已擴及內陸地區。在尼日的棕櫚油生產帶，曾為奴隸的賈甲（Ja Ja）使自己成為英國商人與昔日主宰販奴的上層人士之強大對手。賈甲控制了奧波博（Opobo）的棕櫚油貿易，並在 1871 年設下封鎖線，阻止歐洲的蠶食鯨吞。為了支付防禦與管理的費用，獅子山與其他殖民地必須在貿易與市場上徵收愈來愈多的賦稅。而為了逃避這些稅金，當地商人遂放棄了自由城，往上游地區遷移。他們帶著襯衫、靴子、鏡子和其他物品，以交換棕櫚油及可樂果。商品與商品生產推動著彼此前進，愈來愈深入內陸地區，也引發了一場「舊政體」（anciens régimes）的危機。獅子山的酋長開始抱怨克里奧爾人（Creole）進入蘇蘇（Susu）與林巴（Limba）地區，在作物可以採收之前就把它們

全買下了。克里奧爾商人設立了內陸倉庫，繞過昔日奴隸制度盛行時控制貿易的上層人士，直接跟農夫達成協議。商業領域擴展所帶來的物質文化影響，十分顯而易見。克里奧爾商人的房舍中塞滿西式家具。而有些酋長試圖限制克里奧爾人的入侵，但成效有限。在曼德族（Mende）地區，一位酋長的財產包括了一面鏡子、一張梳妝台及一張四柱床。西方商品的浪潮橫掃了西非。在自由城，有個服裝改革協會（Dress Reform Society）試圖抵制這股潮流，結果亦是徒勞無功。女人拒絕穿上它所建議的寬鬆長袍。反而，穆斯林男人開始在長袍下穿上褲子，他們的妻子則模仿基督教上流人士，穿著緊身連衣裙。[21]

消費商品的影響巨幅倍增，因為它們還充當信貸使用。貿易商會把紡織品及其他商品留在本地商人處約 6 ～ 12 個月，等到下一次棕櫚油收成時作為支付的費用。這套「信貸制度」在過去運作得不錯。但是新商人的出現，以及油在 1870 年代至 1880 年代大蕭條期間的價格下跌，使得這套制度開始不合時宜。有些貿易商留下「雙倍債款」給新商人，使得舊商人搶奪貨物逕行報復。西非面臨的問題不是競爭太少，而是競爭過多。貿易藉由武力擴展，愈來愈多的英國貿易商船會在航程中請砲艇尾隨。貿易站成了衝突一觸即發的所在。舉例來說，1879 年奈及利亞中部的奧尼查（Onitsha），當地人攻擊了貿易站，掠奪了英國的貨物。明輪炮艦 HMS 先鋒號（HMS Pioneer）遂被派往尼日進行報復。它沒收了價值五萬英鎊的英國商品。經過三天的轟炸之後，船員對內陸城鎮發動襲擊，並將其燒個精光。下游城鎮也被夷為平地。英國商人與傳教士皆對當地領事表達了他們的感謝之情。[22]

對許多統治者來說，從買賣人類轉變成買賣貨物，簡直是一場大災難。對以立基於奴隸制的國家而言，商業就像特洛伊木馬。在阿桑蒂王國（迦納），奴隸與稅金是權力的來源。一個人擁有的奴隸愈多，他的等級就愈高。阿桑蒂王國大規模實行重商主義。政府控制了貿易，並向商人課以極重的貢金；貢金稅幾乎是一個人收入的一半，而且利息高達 33％。貢金可以用黃金、布料及奴隸來支付。但橡膠與可可貿易的成長，改變了這樣的秩序。[23] 中間商（asikafo）這個新階級出現了，他們希望能自由貿易，免受政府的干預。這裡多少有點像是亞當‧斯密所言，從封建社會到

商業社會、從統治人類到統治物品的良性過渡之非洲版本 —— 且有一項重要的先決條件。它並非一場內部爭鬥：大英帝國在旁虎視眈眈。對於約翰・奧烏蘇・安薩（John Owusu Ansa）與艾伯特・奧烏蘇・安薩（Albert Owusu Ansa）這類「新菁英」來說，西方商品是他們身分表徵中不可或缺的部分。他們會尋求英國的保護來對抗阿桑蒂政府的干預。

商業與物品腐蝕了部落權威的基礎。1896 年，阿桑蒂成了受英國保護的領地。接下來幾年適逢愛德華時代經濟蓬勃時期（Edwardian boom），棕櫚油與可可的貿易急遽擴展。於是，阿桑蒂也從種植可樂果與小規模的金礦開採，轉變成種植更有利可圖的可可。到了 1910 年，迦納已成為世界上最大的可可出口國。總的來說，這可能有助於提升阿桑蒂人民的生活水準。但是，隨著現金商品的網絡愈來愈密，也引發了土地與權力之間的新衝突。奴隸與土地快速失去了原來作為地位和權力的價值保證。酋長們被「去位」（destooled）或被推翻的速度愈來愈快。有些精明的酋長評估了他們的投資組合，開始積聚財物作為被去位之後的某種個人退休金計畫。1910 年，阿桑蒂酋長議會（Ashanti Council of Chiefs）終於同意，酋長在統治期間累積的財產中，有 2/3 將於其撤職或退位之後歸還給該名酋長。因此，財產如今主要歸屬於個人，而非政府單位了。這是物品統治下的另一勝利。

歐洲汽船、槍枝、貨物，成了新物質秩序的表現形式。當地的領導者很快就學會了。在吉力馬扎羅山南部的山坡上，莫希（Moshi）自治市的統治者馬達利（Mandari）把權力描述成一種物品的地緣政治等級制度（a geopolitical hierarchy of things）。在頂端，緊鄰著上帝之下的就是英國人。他們控制最「好的東西」：有價值的製品、槍枝和醫藥；馬達利以英國的「郵船」（mail boat）為他的兒子梅利（Meli）命名。再下一個等級是印度商人：印度紡織品一直在東非保持優勢。雖然海岸地帶亦有他們的蹤跡，德國人還是來了：但德國人根本沒有商品。對馬達利與當地菁英來說，商品的原產地變得愈來愈重要。他們對那些試圖卸載次等商貨，或是來自桑吉巴附近商貨的商人深感不耐。只有來自歐洲的真貨才算數。**24**

非洲內部奴隸制度的終結加劇了這項過程，因為它創造出一個更擁擠的商品市場。奴隸制度限制了選擇。男性奴隸不得頭戴繡有花紋的無邊軟

帽（kofia），女性奴隸不得戴上面紗。身為奴隸不得成為穆斯林。衣物可以清楚標記出誰是自由之身、誰是奴隸。在東非，自由的阿拉伯人穿戴著五顏六色的印花肯加布料，而非洲奴隸卻不得不湊合著穿上來自美國、略帶灰黃的白色「美利卡尼」（merikani）罩布。其實在奴隸制度終結之前，奴隸婦女早就違反了這類的縫紉規定，並利用當地的靛藍染料給他們的美利卡尼布料增添一抹色彩。自由顯然發動了一場新的服裝爭奪戰。奴隸重獲自由之身後的第一件事，就是去買件襯衫或是一頂繡有花紋的無邊軟帽。桑吉巴群島上只見一片欣欣向榮的時尚場景（參見插圖 13）。1900年，有句斯瓦希里的諺語是這麼說的：「在奔巴島（Pemba）上要謹慎行事。如果你穿著腰布來，會戴著頭巾離開。如果你戴著頭巾來，會穿著腰布離開。」25

殖民地的統治又為這股不斷加劇的趨勢帶來意外轉折。殖民地的管理階層控制了工作、金錢與地位。在西方商品上的花費，不但表明了一個人與殖民地統治者的密切關係，同時也表明了他與社會底層當地族群的遙遠距離。第一次世界大戰之後，法屬喀麥隆的杜阿拉（Duala）上層菁英在歐洲衣著上花了不少錢。他們喝進口的葡萄酒，以西式甜點結束用餐，開著汽車和摩托車。常在公開場合出現的男人更是炫耀性消費的先鋒部隊。一個杜阿拉男人一年很容易就可以在歐洲服飾上花上 1,000 法郎，比他的妻子在服裝上的花費多了三倍。26

西方帝國迫使非洲進入勞動力市場

有時候，還是有人會說歐洲人捲入瓜分非洲是因為他們想要獲取新的消費者，以彌補本土經濟大蕭條所帶來的損失。然而，事實卻恰恰相反。歐洲人對於非洲消費者毫無興趣。殖民者對殖民地的目標物應該是採礦與農園的苦力，而非顧客。在對自己有利的情況下，帝國主義者樂於將市場法則擱置一旁。非洲人是被竊取土地者與馬克沁機槍（Maxim gun）強迫推入勞動力市場，而非被維持生活所需的工資所吸引。「懶惰非洲人」的觀點，只是作為支付低工資或甚至不支付工資的藉口。這可說是極為短視近利。高工資的經濟會造就更好的消費者。歐洲國家如果可以更開明地在它

們的殖民地對象身上加以投資，必然可獲取相當豐厚的回報。

非洲的中間商是帝國管理者與商人們的眼中釘。費爾南多波島（Fernando Pó）是幾內亞灣中一座島，現在叫做比奧科島（Bioko），其領事理查・巴特勒（Richard Butler）想用徵稅的方式讓當地零售店家無法生存。倫敦人類學學會（Anthropological Society）的副會長視非洲人為農民而非商人。第三帝國（Third Republic）在其法屬殖民地，試圖以法國農民作為殖民對象的榜樣。由喬治・戈爾迪（George Goldie）經營的英國聯合非洲公司（United African Company）試圖藉助砲艇與當地協議，完全壟斷尼日的貿易。1904年，北奈及利亞保護領地的高級特派員（High Commissioner）弗雷德里克・盧加德（Frederick Lugard）開始在奈及利亞徵收大篷車的過路費，壓榨當地的商人，並將當地耐用布料的織工變成蘭開夏（Lancashire）的棉花種植工。*27*

傳教士貶斥非洲消費者的三種陣營

非洲消費者也被他們的傳教士朋友們摒棄。早在 1840 年代，衛理公會教徒便抱怨貿易使非洲人變得狡猾詭詐並崇尚物質主義。到 19 世紀末，所有的傳教士團體咸認為商業與消費是一種罪惡，不是基督徒生活的訓練場。對商品與金錢的渴望，如今歸咎在少數改宗者身上。傳教士們即使談論著如何循循善誘新的物質需求與習慣，也鮮少以實際的行動來證明。摩拉維亞弟兄會（Moravian Mission）只在 1904 年支付薪資。孩童們得工作八小時，幸運的話才能得到幾毛錢的工資；畢竟，傳教士們指出，付給他們的是「文明」（*Kultur*）。在宣教站，商店都是保留給歐洲人的。傳教士對他們的羊群感到失望。1894 年，多哥有名虔誠的傳教士指出，雖然現在當地人變得更勤奮了，但也更沉迷於擁有物品。他們把多哥的相簿當成郵購目錄，反覆地比較服裝款式，並要求他幫他們訂購最好的衣領與領結，好讓他們在聖誕節時能穿。他們想要好衣服與美食的願望太過於渴切。他毫不留情地指出，在羅馬帝國更早的基督教時期，新教徒穿著簡單，不像非洲人那麼愛炫耀。*28* 在東非，當地主教對沿海城鎮誘惑靈魂並摧毀「純淨生活」的方式感到絕望：桑吉巴就是「英國倫敦的皮卡迪利大

道（Piccadilly）、所多瑪罪惡之地，以及一間公共酒吧」。29 宣教領袖對於人們的大批出走毫不感訝異。在傳教團中，一位優秀老師所賺的錢，僅是城裡一個店員的一小部分，幾乎無法餵飽家庭，連幾件襯衫都買不起（參見插圖 14）。

傳教士大致可分為三個陣營。全都眾口一辭地貶斥非洲消費者。禮賢會（Rheinisch Mission）的弗里德里希・法布里（Friedrich Fabri）以及北德傳教會（Norddeutsche Missionsgesellschaft）的維爾特（J. K. Vietor），皆為 1880 年代出現的新一代沙文主義者（chauvinist）之例。非洲人必須被規訓為德意志帝國具生產力的納稅對象。這些人雖然口口聲聲宣稱非洲人有作為消費者的潛力，但是從其觀點看來，非洲人的問題在於他們要不是過著勉強可餬口生活的貧民，就是把錢花在桃花心木鑲嵌衣櫃及其他奢侈品上、置祖國於不顧的中間商。非洲人必須購買簡單的德國商品，然而，他們的主要角色，還是為德國工業製造原料的農業無產階級。30

其他的傳教士對基督教服務帝國主義政策的想法，則是嗤之以鼻。一位評論家說，想像一下聖保羅（St Paul）告訴哥林斯人，他們必須在「亞桂拉（Aquila）購買他們的地毯」。31 還不如讓非洲人變成自給自足的農民。從這個觀點看來，非洲人必須被加以保護，遠離物質誘惑及帝國主義的農園等諸如此類。這種溫和專制（paternalistic）的態度，置非洲人於一個更低層級的發展階段，有效地要求他們完全脫離商品的世界。非洲人被視為尚未準備好面對市場、薪資及更高的欲望。奴隸制度的傷痕太深了。他們得先藉由學習「誠實辛勞的尊嚴」來淨化自己。聖本篤（St Benedict）的訓誡「*祈禱與工作*」（*ora et labora*）就是指引的格言。真正基督徒生活之道，是用鋤頭幹活、用犁頭耕種，而不是獲取與花費。一旦他們達到真正基督徒的狀態時，他們或許可以賺取若干工資，成為消費者，但這是在非常遙遠的未來才會發生的事。他們意欲將非洲人轉變成刻苦農民的熱忱，反映出傳教士們因為工業化為歐洲工人帶來的影響而幻滅。非洲人是他們的第二次機會，使他們得以修正現代化的錯誤，拯救基督教於撒旦的工廠、廉價娛樂及家庭破裂等不斷加劇的趨勢之中。32

最後一群走得更遠的團體，則是在「部落社會的精神」中避難。上帝的設計在非洲的部落與家庭秩序中隱然可見。布魯諾・古特曼（Bruno Gutmann）是在東非跟查格人（Chagga）一起生活的路德派教徒，對他來說，這種「原始」的部落狀態必須不惜一切代價地加以保護，防止物質文明入侵。親屬關係以及共同為生存奮戰，在人與人之間建立起親密的連結關係。「一旦有金錢的涉入……購買只有物質價值的物品，我們隨即就可以看到人與人之間至關重要的相互依存關係破壞殆盡，而這是他們唯一的精神與道德本質的源頭——換句話說，亦即他們作為人類存在的源頭。」33 帝國主義推了消費翹翹板一把：當商品數量上升時，歐洲帝國主義者與傳教士便愈發嚴厲斥責消費的不實與異化。

當非洲人戴上西方圓頂禮帽……

對時尚與商品的狂熱持續延燒，並常常成為大加撻伐的對象。據在奈及利亞出生的新聞記者奇卡·昂亞尼（Chika Onyeani）於 2000 年的描述，非洲人根深柢固了他們的殖民奴隸身分，退化為寄生的「消費者種族」（consumer race），而非像其他「生產者種族」（productive race）投資於人力資本與發展。34 與奴隸制度及帝國征服的糾纏不清使得消費商品蒙上了汙點，而某些西方歷史學家也仍然將消費商品描繪成一種摧毀土著文化的「感染性」疾病。35 但這類材料對於更長的交換史來說並不公允，在這類交換之中，土著族群及消費的開放要素扮演著積極的角色。物質的欲望並非由帝國突然輸入的商品，而可以回溯至殖民地之前的時期。在經濟人種（homo economicus）尚未涉足的「傳統」部落非洲，與充滿商品、不平等及個人主義的「現代」西方，兩者之間的對比只是帝國想像的方便形象。我們不能就把消費貼上不實或輕率的標籤。對於曾為奴隸之身的人及移民來說，物品不啻是偉大的解放者。一件襯衫、一頂帽子、一支手錶、一面鏡子，都是通往社會包容與自尊自重的門票。

然而，當時的歐洲人蔑視這種衣著上的表現方式。一名殖民地的官員抱怨斯瓦希里奢華浮誇的打扮，「頭戴非斯帽，身穿五顏六色的襯衫與領結，藍色嗶嘰西裝，還穿著鞋襪……戴著單片眼鏡，抽的香菸是放在尖端包金的長菸嘴中。這樣的一幅諷刺畫面並不怎麼令人感到賞心悅目，更糟的或許是戴著軟帽與腳穿厚靴的男士」。36

在這波早期的全球化浪潮之中，我們可以看出帝國自相矛盾的本質。對非洲消費者日益增長的憂心忡忡，是帝國主義的共同經驗，不僅自由主義的英國如此，民族主義的德國、共和黨人的法國亦是如此。19 世紀中葉之後的自由貿易加速了商品的全球流通，然而當這些商品流入殖民地對象的手中時，卻讓帝國的警鈴大作。自由貿易廢止了貿易壁壘，但帝國卻又在自己的屬地豎立起種族壁壘。在英國，自由貿易代表了所有人都可享有價格低廉的商品。每個人都是消費者，每個消費者都是公民。然而在殖民地，這些包含一切的民主資格卻大幅讓步了。英國代表著自由貿易，但它的帝國身分卻讓它無法擁抱非洲的消費者，因為消費挑戰了種族之間的非常距離，而這正是帝國建立於其上的基礎。當非洲人戴上圓頂禮帽或穿上緊身禮服，與他們的帝國主人距離之近，已讓這些帝國主人深感不自在。1930 年代，一名北羅得西亞（Northern Rhodesia）的研究者觀察到，「許多歐洲人……對穿著體面的非洲人反而比對衣衫襤褸的非洲人更沒禮貌，因為他們憎恨並恐懼這種暗示公民身分的要求。」37

相較之下，美國的反應深具啟發性。美國種族主義在國內最激昂。國人並未將這份相同的領土帝國重擔帶進商品世界。他們更不擔心其他種族會模仿他們。非洲人、印度人與中國人，全都是勝家（Singer）縫紉機及其他美國產品的潛在顧客。38 所以，反倒是美國而非大英帝國承擔起商品的原有使命，承諾將其他種族一併提升至物質文明的階梯之上。這也讓美國在 20 世紀中葉占盡關鍵優勢。

於是，帝國把消費社會的傳統故事修飾為從上層菁英到布爾喬亞階級、再到大眾消費的民主進展。當階級壁壘開始削弱時，種族隔閡卻愈演愈烈。在歐洲，上層階級逐漸放棄藉由 17、18 世紀的禁奢法令來管控地位的嘗試。帝國主義被理解為向殖民地世界再次輸出某種非正式禁奢政策的倒行逆施。的確，在第二次世界大戰時，東非的殖民地管理者曾藉由再次限制非洲人穿著美利卡尼布料，試圖將這種倒行逆施的政策正式化。

印度的珍貴物品與地方法則

作為收藏者，而非消費者的印度王公貴族

瓦吉德・阿里・沙阿（Wajid Ali Shah）是奧德王室（Oudh）——阿瓦德（Awadh）——最後一位國王，當 1857 爆發印度叛亂（Indian Mutiny）時，他被放逐到加爾各答。他在這城市南部的郊區，重建了失去的勒克瑙（Lucknow）高貴宮廷與生活方式。東方圓頂馬提加・寶吉（Matija Burji）動物園是收藏家的美夢。整個動物王國都是來自各地的收藏，從獅、豹及熊，以及來自非洲的長頸鹿和來自巴格達的雙峰駱駝。在瓦吉德・阿里・沙阿的鴿舍之中，收藏超過 20,000 隻鳥。據說他花了 24,000 盧比買下一對「絲翅鴿」，又花了 11,000 盧比買下一對白孔雀。一座位於山坡上的籠子中，呈現了一幅取悅人的景象：成千上萬條蛇追捕著無助的青蛙。如果瓦吉德不像某些擔任早期地方行政官的學者，那麼他肯定是名收藏規模宏大的收藏家，蒐羅了最珍稀的動物、烏爾都語（Urdu）的詩歌及至少 300 個妻子。

貴族的休閒活動也有類似的平民版本。馴養猛禽雖是貴族的專利，但鬥鵪鶉可是在窮人與富人間一樣大受歡迎。鬥鳥被視為一種藝術，參與競賽的鵪鶉被小心翼翼訓練得更具戰鬥力。首先，鵪鶉得先挨餓。然後，牠被餵食一種富含糖分的清瀉劑以淨化體內。到了晚上，訓練者會以「咕」的喊叫聲為這隻鵪鶉的訓練過程收尾。如此一來，「牠會耗盡過剩的脂肪」。最後，隨著競賽時間逼近，鳥喙會以小刀削尖。根據歷史學家阿卜杜勒・哈利姆・沙拉爾（Abdul Halim Sharar）於 1920 年的回憶，有些主人會給受傷的鳥兒吃藥，讓牠繼續戰鬥到「像是著了魔一樣」。39

這是東方消費文化在蒙兀兒帝國（Mughal empire）下蓬勃發展的最後殘跡。英國的統治帶來的是軍隊與稅吏，但也將新的規範、習慣和行為散播開來。它改變了消費的方式。鬥鵪鶉成了殘酷的卑賤行徑，而不再是良好的休閒活動。詩意地吟誦年輕地方行政官的性史，現在也成了可恥的淫穢行徑，成千上萬曾經歌頌他的女歌手如今只能沉默噤聲。在英國統治初

期，亦即 18 世紀下半葉，出類拔萃的地方行政官羅伯特・克萊武（Robert Clive）——印度的克萊武（Clive of India）——收集了金銀絲細工飾品盒、檳榔鉗及其他蒙兀兒精華文物。而像沃倫・黑斯廷斯（Warren Hastings）之列的總督，甚至學習了烏爾都語及波斯語（Persian）。許多歐洲人都蒐集印度的鳥籠與古董，坐在刺繡的帳篷下，跟印度的情婦睡在一起。40 然而，隨著大英帝國的勢力深入次大陸，這兩種文化之間的裂痕卻越來越大。蒙兀兒帝國崩解之後，它的物質文化對歐洲人失去了吸引力。「年復一年地見證到新穎的歐洲精緻產品引進，」1844 年《加爾各答評論》（Calcutta Review）一名撰稿者寫道，「我們住宅內部裝潢的東方味已經愈來愈少……我們的房間不再光禿禿的一無長物，而是塞滿了歐洲家具；牆上掛著畫作；地板上鋪著溫暖的地毯……」「賞心悅目且讓人精神為之一振，家的感覺更棒了。」為了在熱帶地區擁有裝上窗簾的房間並享受歐洲的舒適用品，即使有「必定會入侵的蚊子」，也是值得付出的一項代價。41 而 1857 年的印度叛亂，更加速了歐洲人的撤退，回到只有白人的鄉村俱樂部之安樂窩中。

歷史學家克里斯多福・貝利（Christopher Bayly）對於從蒙兀兒轉向英國統治的這項改變，提供了一個強而有力的詮釋。消費體制呼應了從古至今的全球化，以及從手工技藝到現代大量生產的轉變。「現代的複雜性要求牛仔褲與運動鞋有一致的標準」，貝利總結，「古代的日常簡約性卻要求偉人珍視物品的差異性……在某種意義上，古代的王公貴族們……是收藏者，而非消費者。」42 這對於現代不啻是一個相當嚴苛的定論，呼應了有關消費文化如何導致失望與失真的老觀念。實際上，在最近的兩百年間，收藏與消費不斷地相互強化，不僅在博物館中如此，在私人家庭中也是如此，收集郵票、古董、罕見的啤酒罐，或是來自遙遠國度的胡桃鉗。43「宇宙王權」（cosmic kingship）被大眾化了：每個人都能成為收藏家，扮演著以前為統治者保留的角色，保護外來物品與停產的玩具免於消失。同時，時尚的年輕人個性化他們的牛仔褲與運動鞋。標準化總是被多樣化或時尚界所稱的「客製化」暗中破壞。

大英帝國切斷以宮廷為主的印度奢侈體系

　　儘管如此，貝利仍確切指出早期消費體制的兩項關鍵特質。第一項是混雜性（hybridity）。直到大約 1800 年，統治者仍然藉由蒐集來自異國的香料與動物、來自遙遠國度的精美毛皮製品與書籍，展現他們神聖的權威；瓦吉德・阿里・沙阿的祖先阿薩夫・烏德・道拉（Asaf ud-Daula）在勒克瑙的宮殿中聚積了許多英國手錶、手槍、鏡子及家具。「融合」可不是一項最近才有的發明。第二項是以納貢為目的的消費支流。地方行政官及其他的統治者不僅是私人鑑賞家而已，他們更控制了其他商品與服務的流動。披肩、珠寶、黃銅及白銀：主要都從貢品與贈禮得來，而非個人的選擇。是統治者與侍從在公眾盛宴與儀式典禮上的交換，而非買方與賣方之間在市場上的交易。大英帝國為了達到本身的目的，切斷這些統治網絡，並使消費流通。這是一場雙管齊下的攻勢。一方面是生產端，來自蘭開夏的廉價工廠紡織品使印度市場為之氾濫。另一個同樣重要的方面是直搗奢侈體制的核心——中央政府控管了稅收與集市稅，大幅度削減了上層階級的貢品和養老金。

　　印度宮廷大規模地展現炫耀性消費。在正式接見（宮廷中或典禮聚會）時，朝臣會送他們的上司「珍稀之禮」（nadhr），並向皇帝呈上「貴重之禮」（pishkash）。而皇帝也會賜予「榮譽之袍」（khil'ats）、土地所有權（jagirs）及津貼當作回禮。44 軍隊是商品與忠誠度的另一條傳送帶。在中印度的那格浦爾（Nagpur），馬拉地（Maratha）宮廷是該區最大的消費者，買下 3/4 的精美細棉布、披肩及金線織花的絲綢錦緞（kinkhab），作為宮廷之人、家臣及士兵們之用。馬拉地宮廷養了 15 萬人。18 世紀時，東印度公司曾參與這龐大的贈禮與恩庇網絡，但隨著東印度公司在 1813 年失去印度的貿易壟斷優勢，這套朝貢制度遂走到了盡頭。

　　英國的正式統治，推翻了這套以宮廷為主的奢侈體系以及支持它的當地生產者。當王侯的軍隊解散、宮廷的臣子失去津貼時，整個地區的經濟便宛如洩了氣的氣球。工匠失去了上層階級顧客，等於也失去了精美布料、皮革及糖果。許多城鎮見證了人口的大批離去。45 英國的確切影響因城市而異。舉例來說，在蘇拉特（Surat）的古吉拉特邦，就在孟買北方，

重要的紡織工業萎縮，但製作知名金線（*jari*）的工匠尚可勉強維持下去。46 與此同時，名士顯要盡力保持舊有的生活方式，即使他們的津貼已被英國人大幅削減。大英帝國一邊暗中剷除舊有上層人士，更一邊扶持新興族群，像是帕西人（Parsi）。儘管操作著這一切的細微差別與資格條件，整體來說，大英帝國對印度的奢侈消費並無明顯助益。

印度陷入貧窮化循環

這完全是有目的的。印度的發展正在「倒退」，一名英國觀察家在 1837 年時認為，因為「王公貴族獨占了國家的所有財富」，而它的人民正在負擔的壓迫下「呻吟叫苦」。如果低廉的英國紡織品扼殺了當地製造商，也不會造成任何傷害。對他們來說，移往豐饒沃土從事更有效率的農活會是更好的選擇。「至於印度人民，普遍來說，他們顯然是得利者；除非英國商品比他們自己的商品便宜或更好，否則他們肯定不會選擇英國商品。」47 這就是自由貿易帝國的想法：認為貿易會帶來專業化、更高的效率及福祉。英國的統治是有利的，因為它會將資源從不事生產的王公貴族轉移到印度人民身上。但可悲的事實是，大英帝國在試圖完成第一項工作的同時，卻並未完成第二項工作。簡而言之，殖民統治下的印度社會從沙漏的形狀變成了金字塔的形狀。在頂端，富裕的上層人士減少了。但在底層，窮人並沒有變得更窮，而是變多了。中產階級與富裕勞工仍是少數。

為何印度在英國統治下陷入貧窮化循環，是歷史與經濟學上存在已久的爭論之一。部分原因關乎地理和時機，而非帝國的統治。19 世紀時，全球化正進行得如火如荼，印度人購買愈來愈便宜的英國紡織品，種植那些支配著全球價格上漲的原料，並加以出口，特別是鴉片、生棉、靛藍染料、糖及小麥，這是合理而說得通的。英國並不需要以帝國的控制權去銷售它的棉襯衫，而不管是否在大英帝國的統治下：印度的人力都還是可能會從世界工廠轉換到農場上。此外，來自蘭開夏的便宜紗線也使印度消費者與手搖紡織機的織工受惠良多。印度的主要問題在於它的工業都是勞力密集工業。沒有新科技之助，工匠即使工作得更努力，也不會更有效率。大工業仍然很稀少。英國的投資過小，以至於無法強力啟動印度的經濟。

而這一切，對印度的消費模式產生了矛盾的影響。一方面，印度人可以從一個充滿更便宜、更多樣產品的大眾市場中獲益。另一方面，他們的實際工資因此而受限，充其量只有在 19 世紀末葉及 20 世紀初期時稍微成長。*48*

英國統治下的消費風格

英國的統治在消費風格上留下不可磨滅的痕跡。有些歷史學家強調印度叛亂後的英屬印度有種「裝飾家」（ornamentalist）的特質，頭銜與命令的膨脹顯而易見：維多利亞女王（Victoria）在 1877 年被加冕為「印度女皇」（Empress of India），以及為慶祝喬治五世（George V）的加冕典禮而在 1911 年舉辦了「德里杜巴爾」（Delhi Durbar）儀式大典。穿金戴銀的印度王公貴族加入十萬民眾的行列，一起恭迎新國王的駕臨；新國王的穿著十分壯觀，包括一件帝國紫長袍、白緞馬褲、絲質長襪，以及有嘉德勳章（Order of the Garter）、紅寶石、翡翠與印度之星（Star of India）藍寶石所裝飾的項圈。*49* 這般壯觀場面，是攏絡、支持舊有王公貴族的策略之一，並可藉此展現英屬印度（British Raj）政權是蒙兀兒王朝的合法繼任者；不過，他們從未恢復舊有的進貢體制。贈禮與商品不再是權力之輪的潤滑油，*50* 取而代之的是中央集權政府的官僚體制。而贈禮也不再作為忠誠與地位的公開展示，轉而成為暗中積聚的賄賂之物。

這項根本的轉變值得加以重視，因為自從 1918 年經濟學家約瑟夫‧熊彼特的《帝國主義社會學》（Sociology of Imperialism）問世之後，把帝國主義視為一種「返祖現象」（atavism）開始蔚為流行，亦即視帝國主義為一座活生生的博物館，過時的封建上層人士可以重建傳統的階級制度以及「黯淡往昔的生活習慣」。*51* 事實上，恰恰相反，英屬印度孕育出一種新的物質文化，讓私人與公眾生活分離、休閒與工作分離、統治規則與本地網絡分離。對於在印度的英國人來說，休閒消遣就是馬球，而不是恩庇。適度節制與個人自制，取代了過度無節制與公共展示。消費必須是豐饒多產，而非洋洋大觀；花費（及儲蓄）必須有其目的。

英國帝國主義藉由地方法規與個人舒適的新典範而往前邁進，它們一

起形塑了兩處消費的重要場所：城市與家庭。1858 年，印度政府法案（Government of India Act）允許印度的城市形成自己的市政機構，並遵循曼徹斯特、伯明罕（Birmingham）等先進城市改善的道路。合併使得城市生活無所遁形，從住房的風格與當地商店的外觀，到什麼酒在何地、何時及被誰所銷售，一直到人們可以在哪裡倒垃圾，沒有一個方面未被觸及。對於本地的上層人士來說，市政機構是發揮影響與選舉的新工具。最初，市政機構成員由英國人提名，但從 1833 年開始，相等數目的代表可由擁有資產的選民們選出。英國的統治也引進了英國對於城市生活的理念。當地的「院落住宅」（manzil）有把熱氣與灰塵阻絕在外的小孔，是維多利亞時期改革者的眼中釘，他們一心一意要有新鮮空氣與窗戶，對於當地氣候控制的知識一無所知。在勒克瑙，新住宅除非蓋成平房的樣式，否則便無法取得設計許可。購物經驗也被簡化而變得更有效率。零售店家不得不去除外部裝飾，轉而採用整潔而簡單的外觀。對當地居民來說，這些干預造成了矛盾對立的效果。這個自由貿易的帝國致力於開放市場、根除過多的貴族。但在此同時，英國對食物、菸草及鹽徵收了新稅；而當地的上層人士則確保房屋稅不會為他們帶來影響。食物與飲料是為了公眾健康著想而受到管制。這意謂著本地釀酒業者的終結，許多人被推往鴉片與大麻中尋求慰藉。當地上層人士則轉往消費威士忌、琴酒與雪利酒。52

進兩步、退一步的西方商品之舞

英國文化的牽引力量永無止境。舉例來說，儘管功利主義訴諸於節儉，宗教捐贈依然存在。當地的上層社會人士施行了平衡的舉措，試圖讓他們對新統治者的影響力最大化，但又不會失去他們在自己社區的地位。英國的教育與中產階級的紀律與廉潔標準逐漸占了上風。蒙兀兒貴族名流的奢華生活方式以及印度宗教節慶的輝煌顯赫，曾經被大肆宣揚、慶祝，如今被納加婆羅門階級（Nagar Brahmins）與帕西人等譴責為純粹的浪費。當負責抄寫的文人階級，像是卡雅斯塔（Kayastha）開始為英國的管理階層工作時，他們便不再遵循以前穆斯林統治者的習俗，比如豪華的婚禮。53 但這些傾向並非都是新的或由外部所強加。英國的統治也在各地借鑒了殖

民前的做法，像是印度教（Hinduism）中最儉樸的一部分，從拉瑪南迪人（Ramanandi）——亦即拉瑪的尼泊爾追隨者以及穆斯林地方行政官的朝臣——擴展至其他提供服務的中堅分子與穆斯林。54

大英帝國即使不總是扮演著創新者的角色，也是培養減少浮誇、邁向「理性」消費典範的一片沃土。特別是從教育中獲得的社會資本，重新調整了支出的順序及婦女的角色。文學作品向印度婦女們提供了建議與忠告，讓她們知道自己真正的宗教場所是在家裡，而不是跟祭司一起出現在公眾慶典中。她們的精力必須被導引至家務的操持，為的是對丈夫的事業有所助益。

就像在印度，帝國在其他殖民地也無視當地習俗並引進完美家庭生活典範。舉例來說，在荷屬東印度蘇門答臘（Dutch Sumatra），卡羅族（Karo）婦女一向都在田野間工作，並對金錢有一定的控制權。但傳教士卻希望她們成為家庭主婦。諷刺的是，愈來愈流行的合身穿著是先為她們的丈夫所接受，而打破了常規。對西方服飾的欲望使得許多人把女兒送去有縫紉社的教會學校。55

對於西方世界的商品而言，這場帝國之舞可說是進兩步、退一步。印度人陷入了不同訊息的交火之中：有些要他們多消費，有些要他們少消費，有些要他們做不一樣的消費。英國的女權主義者被孟加拉婦女嚇壞了：她們的透明紗麗內穿戴的竟然是沉重的珠寶而不是內衣。印度人必須穿上鞋子與長襪，但另一方面，太接近西方風格的模仿也使得帝國統治者與印度民族主義者同感不安。英國試圖在次大陸實施統一的秩序並矯正印度的習俗，這從一開始就注定要失敗。1830 年，英國人被禁止在官方集會中穿著印度服飾。富裕的印度人開始穿歐洲的西服、鞋子與長襪，雖然還是包著頭巾，不戴西式的帽子。1854 年，總督（Governor-General）開始允許孟加拉人在官方及半官方場合穿著靴子與鞋子。而當一項新的決議通過時，印度人要求進一步的改變。孟加拉人得到穿著靴鞋的權利之後，在1870 年代提出免除要求他們在辦公室戴頭巾的規定。他們指出，頭巾並非一種區域性的習俗，他們寧可戴上不那麼沉重的便帽。副總督（Lieu-tenant-Governor）艾胥黎‧艾登（Ashley Eden）在盛怒之下拒絕了。穿著就代表要展現出東方人與西方人的差異。一頂便帽就是危險的混合，暗示了那

些無法認清自己地位的本地官員中「普遍存在的散漫與敗壞」。56

印度中產階層也被左右拉扯於何謂適當的消費方式之中。當許多專業的印度男性傾向西方生活方式之際，他們卻敦促自己的妻子要維持傳統。民族主義色彩的期刊對選擇變成西方外表的印度婦女表達不滿。57 同時，她們的丈夫則被印度作家百般挖苦，稱之為「巴布」（baboo），亦即「改裝的英國印度人（Anglo-Indian）」，彷彿「文明可以透過穿緊身褲、貼身襯衫及羊駝毛或呢絨黑大衣來實現」。這些巴布寧可用「一定要有」的皮鞋——來自英國在印度的製鞋商卡思伯森（Cuthbertson）與哈潑（Harper）——來取代端莊樸素與實用感（參見插圖 39）。他寧可擁有一架鋼琴來取代本地的樂器，寧可吃羊排、喝白蘭地、抽雪茄，這些全都違反了印度教規。58 民族主義者將消費市場變成一片危機四伏的道德雷區。

當種姓制度與性別角色逐漸鬆動，這些道德限制則愈來愈嚴厲。在20 世紀初，印度女性開始愈來愈頻繁地外出購物、用餐、看電影。窮人繼續把相當多的錢花在宗教慶典與婚禮上，59 但他們並未全然置身於這股商品的潮流之外。1881 年，一名印度評論家指出，「從最富裕的巴布到最尋常的水果小販」都穿著「半統襪或長筒襪」。60 加爾各答的貧窮勞工以往除了一件纏腰布外，幾乎是衣不蔽體，如今也開始穿上愈來愈多由日本製造的鞋子與長筒襪。在農村社會中，以種姓制度為主的限制也開始鬆綁。窮人開始誇耀地穿著人造絲的紗麗以及之前保留給婆羅門階級的服飾。61 即使沒有大英帝國的存在，消費文化都可能改變印度社會的結構。英國的統治只是為一群新的殖民地菁英創造出一座物質的溫床。民族主義者傳承了中產階級對於有紀律地消費的理想。消費，從蒙兀兒王朝納貢慶典那種更頻繁循環的模式，如今為了達到回收忠誠並保持地位之目的，轉變成更有活力而不浮誇的風格，致力於將未來收益與地位最大化。東方就跟西方一樣，炫耀性消費如今也背負上墮落浪費的汙名。

在印度的英國人

歐洲事物在帝國推動下所取得的進展——包括其目標與限制，再沒有比在家庭之中更為明顯可見了。印度叛亂之後的幾十年間，歐洲家庭的數

目大幅提升。到了 1914 年，已有接近 20 萬歐洲人住在印度。在殖民地建立家園，不啻是展現帝國力量與身分認同的一種表現。英國鄉村的扶手椅與畫作、換裝用晚餐的習慣，以及緊身胸衣和硬挺的衣領，這些實際的物品提醒了人們從何而來以及為何而來。來自書籍的建議與忠告，更反覆灌輸人們兩種文化之間不可逾越的鴻溝：

> 英國人的特徵之一，就是不論他駐紮於何處，都會使他周遭的環境盡可能類似自己的國家。一個典型的印度人則與他的行事方式以及他本身皆無甚改變，而且喜歡置身於自己國家的人們當中：結果，就如同印度的普遍性原則，歐洲人的居住區與印度人或本地城市，都是分隔開來的。62

1904 年，一名評論家曾這麼形容，印度的平房跟英國屋舍的差異，就如同「一座廟宇跟一間教堂的差異」。63 平房往往沒有壁紙和窗簾，房間的設計可以彼此互通，而不是為不同的家庭成員保留獨立而分離的空間。僕人跟孩子們在哪兒都看得到。房間往往是以溫度（熱、冷、濕），而非社交功能來區分。

在印度的英國人極力使自己家中的裝潢英國化。從抵達加爾各答的英國船隻上的貨物清單，可以讓人略窺英國品味以及隨這些貨物而來的生活方式。1784 年 7 月 15 日，《加爾各答公報》（*Calcutta Gazette*）公布了貝里頓（Berrington）的強生船長（Captain Johnson）的投資物，是「最新時尚的各式優美商品」，包括了鋼琴、「索爾茲伯里（Salisbury）餐具櫃」、精美的愛爾蘭亞麻布、紅葡萄酒、黑啤酒與麥芽酒、乳酪與醃鮭魚，以及一套上議院與下議院（House of Lords and Commons）的辯論集。同年，其他的銷售商品還包括了「華麗的成套禮服」、「絲棉緊身褲」，以及霍加斯（Hogarth）的完整作品。64 1869 年，鐵行輪船公司（P&O Steamship）的加爾各答代理約翰・帕特森（John Paterson）擁有一張「維多利亞式沙發，一張阿爾伯特式（Albert）沙發；一張維多利亞式安樂椅；一張阿爾伯特式安樂椅；一張桃花心木安樂椅……一組六把的熱那亞式椅子……一架桃花心木方形鋼琴；七冊音樂書籍與許多散裝的音樂書籍」以及一張「頂端中央有大理

石的桃花心木桌」；而他財產中的當地物品只有兩個「鑲嵌大理石的印度工藝盤子」以及印度僕役的模型。65

然而，統治一個熱帶地區的殖民地，使得平順的移民難以落實。對許多來自英國的家庭來說，當他們得在山間駐地以及管理中心間移動時，他們在印度的家是機動的，更像是一台露營車而非一棟鄉間小屋。而且租金高昂。這些家庭從英國帶來他們的鳧絨被、印花棉布與成套的餐具，但是許多地毯、家具和配件都是在印度的商店、拍賣會或二手市場上買來的。英國婦女無法「抗拒蒐集黃銅製品、地毯、刺繡品，以及各式各樣珍品寶物的誘惑」，從山間駐地回到冬天居住區時，他們的戰利品總是滿載而歸。66 有些太太們會睡在「印度吊床」（charpoy）上，一種用繩索製成的床架。體面的阿薩姆茶農喬治·威廉森（George Williamson）有扶手椅與餐具櫃，但沒有畫作，也沒有紡織品裝飾的家具。家庭會使用印度蓆子與「紗簾」（purdahs）作為門簾。即使在 1900 年，在英屬印度的英國男性數量還是超過英國女性數量，比率是 3：1。他們往往會一起分租寓所，湊合著使用最簡單的家具，以至於許多家庭看起來就跟古玩店沒什麼兩樣。「我們坐的椅子，」一個定居者在 1872 年提到，「是從一個聲譽卓絕的平民處買來的……桌子是從一個放棄了家當的鐵路檢查員處撿來的……坐臥兩用的長椅（沙發）是前任法官帶著退休金回國時跟他買的。」67 對於來自英國的家庭來說，不管西化是多麼地理想，仍然只是現實中的部分考量。

印度當地上層人士

而對當地上層人士來說，歐洲的商品與家具在 19 世紀中葉之後，開始更頻繁地跨進他們家中的門檻，不過往往僅止於接待室。加爾各答的商人古魯·沁·辛格（Gooroo Churn Singh）擁有好幾間兩層樓磚瓦房，全都配有阿爾伯特式沙發、來自布魯塞爾的地毯，以及有著雕花玻璃的枝形吊燈、12 盞燈、磨砂與雕刻的遮光板。68 然而過了接待室，印度商人仍為他們的大家庭保留了一個排除所有外來物品的區域。這種雙重生活方式是文化彈性調適的延續，可回溯至 18 世紀：貝拿勒斯（Benares）的剎帝利種姓階級（Khatris）保有富麗堂皇的宮殿，並公開佩戴蒙兀兒珠寶飾品及穿著

波斯禮服，但是他們在城鎮中的家卻是一間泥牆房子，而他們在家中也只穿著簡單的腰布。

西方商品的高漲之河，最遠甚至流到了種族與文化障礙最低的殖民社會，像是錫蘭（斯里蘭卡）；在那裡，不但荷蘭人留下了相當高的通婚比率，海外的印度商人也在此蓬勃聚居。當地上層人士會在印度上衣之下穿著褲子，並讓他們的孩子穿著水手制服。他們的家中滿是裝上軟墊的家具、畫作及枝形吊燈。佩里斯先生（Mr Peiris）的麗城莊園（Belvedere estate）是「西部省分中裝飾最精美、最好的鄉間宅邸之一」，內部的裝潢布置是「走最新的英國風格」。的確，因為連在牆壁與地板上排列的馬賽克畫作，所有的材料都是特別從英國進口的。佩里斯先生也被當時英國人騎自行車的熱情所吸引：他是莫拉圖瓦自行車騎士協會（Moratuwa Cyclists' union）的會長。不遠處，還住有肉桂與椰子農園主人德‧克魯斯先生（Mr N. E. de Croos），他的家庭來自印度，他在內貢博（Negombo）鎮上的委員會任職，是「天主教會社（Catholic Club）的支柱」，亦是板球俱樂部的主席。「他過去打網球與踢足球，最近則成了一位敏捷的騎師。」他在鎮上的房子「巴柏頓（Barbeton）」是「西部省分中最精美的住宅之一」，它的客廳包括有枝形吊燈、畫作、照片；地毯、鋪墊、扶手椅和鋼琴。而德‧克魯斯先生的官方照片，是身穿白天穿著的男禮服，頭戴大禮帽的裝扮。[69]

發現消費者

歐洲帝國主義高漲的時代（1870 年代～1890 年代），將消費帶往新的高度。過去，這項全球市場一體化快速推進的結果，是由汽船、帝國擴張和貿易自由化共同促成。小麥、糖、啤酒、食用油及許多其他物品的價格暴跌。冷卻技術與罐頭製造技術，將阿根廷牛排與加拿大鮭魚送上了波爾多（Bordeaux）與布里斯托的餐桌。服裝的成本也下降了。同時，託了工廠生產與新興科技之福，歐洲與美國勞工變得更富生產力，連帶促進出口並提

高工資。1899 年，一名英國工人的購買力是 50 年前的兩倍。美國人甚至享有更高的實際工資。70 不論是在舊世界還是新世界，歐洲人與他們的後代從來沒有享受過這麼好的日子。

消費節奏的加快，在文化與政治層面上有著同樣的重要性。新的消費力以及不斷湧入的商品，使得人們開始關注於消費重塑規範基準、人際關係以及身分認同的方式。人們如何花費他們的錢，開始變得跟他們賺多少錢一樣重要。錢包的力量相當於給了購物者一項獲取社會正義的個人武器。思想家與行動主義者發現了「消費者」並開始賦予其血肉，也開始認識到他們對於財富與福利的貢獻。歐洲與美國開始緩慢但穩定地發展出作為消費社會的自我意識。

消費抬頭的新趨勢，是工業社會心理轉變的一部分。1789 年法國大革命之後，早期的樂觀主義開始讓步給自然限制。審慎保守的政策與習慣可能改善了某些部分，但說到底，大部分的政治經濟學家都同意經濟成長終究會達到它的最高限度。一個人為了開採煤礦而挖得愈深，犁頭下的耕地就會愈發貧瘠，於是成本愈來愈高，產量卻愈來愈低。這就是報酬遞減法則（the law of diminishing returns）。自 19 世紀以來，美國與英國都了解到他們必須突破極限，其他的工業國家也緊跟在後。它們現在宛如處於一片未知的領域，不管是政治上、道德上及經濟上皆是如此。成長動搖了關於社會秩序、財富本質，及其來源、使用與分配的假設。窮困匱乏是注定的、還是人為的？它是糟糕的政策與制度所產生的結果嗎？倘若是人為的，財富的哪些部分應該要歸於窮人呢？此外，大肆鋪張與債務也持續拉響警鈴。當代人並未忽視土地與生產作為財富來源的角色，但其間的平衡正在轉移。到 19 世紀末，經濟學家、激進分子及社會運動又重拾了啟蒙運動留下來的故事。每個人都開始談論消費者。

家庭生活預算調查

「生活水準」這個概念的進程，就是隨著消費能力成長而來的希望與焦慮感之最佳指標。家庭生活預算最早是在 17 世紀的法國與英國開始被研究，而自 19 世紀以來，家庭生活預算已經發展成日益全球化的社會調

查企業一項重要的工具。到了 1930 年，成千上萬的調查已在全世界各地大幅展開，從波士頓到孟買、上海到羅馬與聖彼得堡（St Petersburg），以英鎊與便士精確顯示不同收入的家庭在食物、住宿、衣物、「雜貨」，或是各式各樣小東西上的花費。任何不是浪得虛名的社會改革者，都會在他們的口袋裡帶上一本生活費調查的研究報告。

其中一項驅動力，就是擔任薩克森統計局局長的恩斯特・恩格爾（Ernst Engel），他在 1860 年之後，又成了普魯士統計局局長。下兩個世代的社會政策專家都經歷過他的研究研討會——這個研討會也是全世界第一個。恩格爾為政府與學術研究注入了令人振奮的統計精準度。他的目標是使統計茁壯為一門背負社會使命的獨立科學。1840 年代，恩格爾在巴黎高等礦業學院（École des Mines）師承弗雷德里克・勒普萊（Frédéric Le Play）。勒普萊匯集了 36 冊關於歐洲勞工生活費的研究調查，他認為物質的改善對父權制度與宗教造成了嚴重的危害。相形之下，恩格爾骨子裡卻是個自由主義者，更始終是俾斯麥（Bismarck）的眼中釘。20 年來，鐵血宰相一直試圖開除他，因為他的簡報暴露了官方政策往往是基於幻想與推論、而非事實，但直到 1882 年，俾斯麥才終於如願以償。對於恩格爾這樣的人來說，統計不僅可以澄清「社會問題」，更握有部分答案。藉由記錄人們如何逐步變得富裕，生活費的研究便能化解社會衝突。而隨著家庭的收入增加，花在食物上的比重會下降。這被稱為「恩格爾法則」（Engel's law），也是第一條來自歸納分析的經濟法則。多出來的金錢會被用在更好的教育、醫療保健及娛樂方面。在境況好的時候，恩格爾相信勞動階級會擺脫惡習、苦難及革命的誘惑，走向舒適、有秩序、自我改善的中產階級。恩格爾並非天真的空想家。他在晚年（1896 年），甚至將自己的研究與來自美國與比利時的數據進行了比較。他指出，與收入本身的增長同樣重要的是，這樣的增長必須是平順且漸進的。若是增長得太快，就可能產生道德上的退行，正如同比利時工人發生的情況：1850 年代時，比利時勞工將上漲的工資都花在酗酒上面。儘管如此，恩格爾還是相信人們想要自我改善，而且如果有機會的話，他們就會這麼做。他期望有一天，人們會把 80% 的生活費運用在需求上，而剩下的 20% 則用於自由支出。在當時，這已經是相當慷慨大方的分配了。1857 年，在他的一項開創性研

究之中，薩克森的中產階級家庭仍必須將 85% 的生活費花在食物、衣著、住宿及燃料上，而貧窮工人這個比率甚至高達 95%。71

對於生活費的研究賦予消費新的能見度。他們證明了福利（Well-being）是消費的藝術產生的結果，而非僅是所得造成。政治上來說，這使得生活水準成了一把雙面刃。如果更高的工資只是讓人們走向消費菸酒一途，這對他們有什麼好處呢？評論家提出了這樣的問題。更強大的購買力可能會動搖整個經濟的根基。1910 年，一項關於 43 個家庭的生活費分析說服了麻薩諸塞州生活成本委員會（Massachusetts Commission on the Cost of Living），將「全國性的奢侈習慣」造成日益嚴重的「收入浪費」，歸咎於物價的上漲。另一方面，家庭生活預算也讓改革者與工會在爭取「生活工資」的戰役上，有了新的彈藥。1913 年，英國中部的《一週大約一磅》（Round about a Pound a Week）以及別處的類似調查，推翻了貧窮是由酗酒造成的既定觀念。在美國，有組織的勞工開始爭取「美國的」生活水準，他們堅持自己不能過得像愛爾蘭農民或俄國農奴一樣。72 到了 1919 年，調查不再只關注於人們在食物、住宿及娛樂方面的支出占比，而開始關注於建立基本的消費基準，甚至細至襯衫、鞋子、長襪的確切數量。根據費城的市政研究局（Bureau of Municipal Research），「一般生活水準」下，一名男性每年要有兩件新的正式襯衫、六件可拆洗的衣領、一套西裝（含 50% 羊毛）；而一名女性每年要有一條裙子、九雙棉長襪、一件緊身胸衣及 1.5 頂帽子。這樣的治裝費，對一名男性來說每年要花上 78 美元，對一名女性來說則是 66 美元；當時，服裝產業的勞工一年收入在 350 ～ 600 美元之間；而一個有經驗的女性印花工一週的收入是 16 美元。73

事實上，當時許多研究與恩格爾法則相互牴觸。舉例來說，1911 年的夏威夷，當葡萄牙和中國勞工的收入改善時，他們都增加了食物花費的比重。歐洲農民也是如此。自恩格爾的理論成立以來，一項始終困擾著這項理論的批評是，生活水準並非一項普遍、客觀的標準。對於造就高品質生活的條件與因素，看法因文化而異。一項在上海的調查發現，即使最貧窮的人都會將收入的 1/3 花費在節慶、休閒、藥品及其他「雜項物品」上；這樣的比率，甚至比歐洲城市中收入更高的勞工都高上許多。那麼這兩者中，誰的生活是比較好的呢？重要的是，這項普救主義者（universal-

一般服裝標準的要求費城，1919 年

帽子 0.5 頂

衣領 6 件

領帶 3 條
正式襯衫 2 件
手套 1 雙
大衣 2
西裝 1 套

夏天內衣 3 件
冬天內衣 1 件

額外長褲 1 條

襪子 12 雙

鞋子 2 雙
修鞋 2 雙

帽子 1.5 頂

外套 0.5 件
套裝 0.5 套

仿男式女襯衫 5 件

襯裙 2 件
緊身胸衣 1 件

手套 1 雙

夏天內衣 3 件
冬天內衣 3 件

裙子 1 件

長襪 9 雙

鞋子 2 雙
修鞋 1 雙

來源：威廉‧拜爾（William C. Beyer）、利百加‧戴維斯（Rebekah P. Davis）、邁拉‧瑟溫（Myra Thwing），
《費城勞工的生活水準》（Workingmen's standard of living in Philadelphia）；費城市政研究局報告
（1919 年），頁 67。

ist）的標準吸引了最多的追隨者，只有在過去的 20 年中，以主觀、特定
文化來探討福利的方式才又捲土重來。1900 年左右，使得生活水準的概
念如此吸引人的原因，正是因為它提供了改革者一項標準，得以評量一個
社會朝向與現代生活方式相關的物質福利進展程度。

　　1923 年，一項針對孟買磨坊工人的調查就是一份典型的研究報告。
在這些接受調查的家庭中，有 97％住在只有一間房的房子裡。半數人有
向放債人借款的債務。然而，他們還是把收入的 19％花在酒精、菸草、
檳榔及理髮上。婚禮、葬禮及習俗花費更使他們債台高築；一場婚禮要花
上 214 盧比，那是半年的薪水。這樣的行為完全是錯的，一名調查員得出

如此的結論。人們必須戒除舊有惡習以及不理性的消費習慣。他們陷入了怠惰與刺激物品的惡性循環之中，缺乏累積財物的必要欲望。要成為更好的勞工，首先他們必須養成現代的消費倫理：「明智的支出或可被視為整個勞工問題的關鍵點。」「一旦勞工們對於怠惰之外的事物開始產生不滿足的欲望，他們便踏上通往效率之路，而且每走一步，下一步就會變得更容易。」74

從古典經濟學到新古典經濟學

物質欲望促使人們更加勤奮的觀念，正如我們所見，在 18 世紀時已成了老生常談。但一直要到 19 世紀末，消費的經濟理論才開始出現。亞當‧斯密的名言「消費是所有生產的唯一目的與用途」差不多道盡了他對於這個主題的看法。而對他的繼任者大衛‧李嘉圖（David Ricardo）與約翰‧史都華‧彌爾（John Stuart Mill）來說，經濟是關於土地與生產。在 1840 年代，法國的極端自由主義者弗雷德里克‧巴斯夏聲援消費者爭取「自由交易」的聖戰；他在 1850 年的遺言是：「我們必須學著從消費者的角度去看每一件事。」儘管如此，這還算不上是一個理論，因為自由市場會顧及每一件事。而彌爾這位維多利亞時代的傑出公共道德家暨社會正義、代議制政府、經濟邏輯的擁護者，則確保在這種自由放任主義的信念剛萌芽時即予以扼殺——以永絕後患。他在 1844 年再次強調，消費並非經濟分析的一項獨立分支。75 於是這個問題就此結束，或者看起來似乎如此，直到 1870 年代。

「經濟理論必須始於正確的消費理論，」1871 年，威廉‧史丹利‧傑文斯在他的《政治經濟學理論》（Theory of Political Economy）一書中如是說。76 李嘉圖—彌爾學派從根本上就搞錯了。傑文斯畢生奉獻於清除「彌爾的著作給我們帶來的不良邏輯與糟糕哲學之夢魘」。77 身為一名年輕講師，傑文斯不得不講授彌爾的作品與理論，而他本身的早期著作並未受到重視——他第一本有關邏輯的著作，在好幾個月之內才分兩次賣出了四冊——可說無甚助益。但儘管如此，倫理學與經濟學仍並行於傑文斯筆下，與彌爾如出一轍。最大化歡愉的目標與一位論派（Unitarian）的行善承諾之

間，必須取得平衡。衡量需求、保護消費者、改善年輕母親的工作條件，都是同一件事。

對於李嘉圖與彌爾來說，商品的價值決定於它們的成本：一件外套的價值，就是它的布料以及製作它所投入的勞力成本。但傑文斯徹底推翻了這個論點，他認為商品的價值是由消費者所創造，而非生產者。一件外套的價值，取決於消費者有多麼渴望獲得它。而這項渴望是會改變的。第一條麵包是生活必需品，第二條麵包可能是人們想要擁有之物，但第三條麵包就是多餘了。商品有「最終的效用」（final utility）：每個附加的部分，效用都不如之前的那一個，因為最後一個是最不被渴望的。在歐洲大陸上，卡爾·門格爾與里昂·瓦爾拉斯也不約而同得出類似的結論。「邊際效應」（Marginal utility）愈來愈為人所知，從而引進了看待經濟生活的全新方式。它將個人消費者推向了經濟生活的中心。傑文斯結合了邊沁（Bentham）與微積分學；他曾於邊沁門徒所設立的倫敦大學學院（University College School）學習。歡愉與痛苦是「人類行為的泉源」。然而，它們的比率會在消費的過程中改變，就像第一條麵包與第三條麵包的例子，是可以被測量的。經濟於是成了一門數學科學。[78]

在 20 世紀，這種方法會被命名為「新古典革命」（neo-classical revolution）。有鑑於數學公式在經濟學中的終極勝利，人們很容易將 1870 年代至 1880 年代視為一個世紀後以新自由主義達到巔峰的消費者主權、選擇和市場理想之起源。這既容易誤導又傾向目的論。當時，風正往相反的方向吹：遠離將一切留予市場決定的論調，朝向消費者應得到公共援助與保護的信念。

傑文斯以及與他同時代的人，並未把選擇以及效用最大化的消費者視為靈丹妙藥。「如果一件洋裝的圖案可以取悅一個打算穿它的人，」傑文斯承認，「那麼問題就解決了、沒有任何政府稽查員可以使它令人不悅。」但有許多生計並非如此，而是充滿風險、無知與自然壟斷，像是天然氣和水。「消費者挑選顏色最綠的醃黃瓜，但可能並未意識到是銅給了它這誘人的色調。」[79] 這些語句出自他 1882 年寫的最後一本書：《國家與勞工關係》（The State in Relation to Labour）。那年的八月，傑文斯帶著妻小到英國海岸靠近海斯廷斯（Hastings）的地方度假。他在冰冷的海水中游

泳，不幸溺水身亡，得年 46 歲；這件意外可能是自殺。

英國的海洋帶走了他計畫撰寫的《經濟學原理》（Principles of Economics）。經濟學家萊昂內爾・羅賓斯（Lionel Robbins）後來指出，傑文斯「並未形成任何學派，也沒有創造出任何體系」。80 這項工作留給了阿爾弗雷德・馬歇爾（Alfred Marshall），他不僅在 1890 年代的劍橋將經濟學設立為一門合乎體制的學科，更藉由在現有的自私動機上增加責任感以及對他人的關懷感，淡化了這門學科「陰鬱科學」的嚴酷形象。馬歇爾運用了傑文斯的核心理念：消費者是「所有需求的最終調節者」。他接著賦予它進化的意外轉折。傑文斯的理論關注於需求，但過於靜態。當「需求是低等動物的生命統治者」，是「努力與活動不斷變化的形式」，它揭示了「人類歷史的基調」。81 馬歇爾的論點簡單而精采。他寫道，人類的需求與欲望「通常都是有限而且能夠被滿足的。未開化之人的需求與欲望並不比殘暴的野獸來得多。」進步提升了這些需求與欲望的多樣性，以及致力於滿足它們的努力。物質的滿足可以藉由自我提升的自然衝動加以引導，或是以維多利亞時代的用語來說，加以高貴化。休閒消遣「愈來愈少被當成僅是停滯不動的機會」，像是懶散或酗酒，而愈來愈頻繁地以運動與旅行的型態呈現。消費就像是在攀爬一座品味與技能愈來愈高的階梯，每個活動都會釋放出新的能量，讓你得以爬上接下來的那一階。這項樂觀的觀點與時代特徵的社會進化觀念一致。然而，消費者的這項「新古典」發現也伴隨著社會文化對於無節制大眾消費的批評。「這世界會變得更好，」馬歇爾寫道，「如果每個人買的東西更少、更簡單，不厭其煩地以它們真正的美來做出購買的選擇；……寧可購買高薪勞工製造的少量優質商品，也不願購買低薪勞工製造的大量劣質商品。」82

歷史經濟學

消費吸引了各方經濟學家愈來愈多的關注，但是關於消費究竟是什麼，仍然存在著激烈的意見分歧。有些人想將它限制於實體物品，其他人則認為它包括了服務、品味及經驗；而有些人甚至緊抱著讓・巴蒂斯特・賽伊（Jean-Baptiste Say）的「再生」或「技術」消費概念，將工廠裡所消耗

的煤炭與原材料都包括在內。至於歷史經濟學家,則轉而把消費當成是國家權力的一項指標。德國作家對於個人選擇特別抱持著懷疑的態度。在第一次世界大戰前夕,卡爾·奧登伯格(Karl Oldenberg)擔心富裕會帶來酗酒、抽菸等文明病。新的渴望會腐蝕舊俗。農民想要用柔軟的白麵包取代紮實的德國黑麥麵包。在城市,「肉品的狂熱」導致了動脈硬化、風濕病及神經性消化不良。然而他強調,消費在提升國家的文明水準方面扮演著非常重要的角色。純粹、自我中心的欲望滿足,僅存在於文明的最原始階段。之後,國家與家庭駕馭其能量作為集體的力量。然而,與自由派的馬歇爾不同的是,這場運動並非全然是「向上」及和平的。它是一場新興國家與衰退國家之間的爭鬥。資源是有限的。根據奧登伯格的推測,有兩種國家能生存下來:需求不斷提升的國家會產生高能量,儉樸的國家幾乎沒有任何需求。而中等需求的國家則會垮臺。[83]

通常第一個被描述為富裕的社會,亦即生活水準最高的地方,就是美國。1889 年,西門·帕頓(Simon Patten)宣布「消費的新秩序」。[84] 帕頓是華頓商學院(Wharton School of Business)的教授,深受德國歷史經濟學派啟發,而許多與他同時代的頂尖美國學者也是如此。帕頓本身曾於哈勒大學(University of Halle)學習。他認為經濟是歷史進化的產物,被捲入社會與政治生活之中,而非不受時間影響的普遍法則體系。帕頓念茲在茲的大變化是,史上頭一遭,現代社會的生產量除可確保基本的生存所需之外,竟然還綽綽有餘。當前的任務是,運用為所有人謀求最大化福利的方式去重組財富。人們有享受休閒消遣的權利。圖書館與公園可以培養對美與自然的愛。對菸草所徵收的關稅與稅賦,將可防堵「不良」需求的產生。然而,要打贏這場對抗「惡習」的戰爭,靠的不是遏制,而是更多的福利與更大的歡愉:「一直要到當今社會的樂趣比誘惑更強大時,它才是安全的。」[85]

物質欲望找到了一位新的福音傳播者。要了解這意謂著什麼,讓我們聽聽帕頓 1913 年在費城教堂的演講內容:「我告訴我的學生花光他們的錢,並且多借些錢繼續花……當一個每週掙 84 元或 10 元的速記員穿著幾乎花光她所有收入買來的服裝,這絕非道德鬆散的表現。」恰恰相反,他說,這是「她的道德發展日益成長的象徵」。她以衣著向雇主展現自己的

抱負。一個「穿著得當的勞動女性……是許多幸福家庭的骨幹，這些家庭在她所發揮的影響下會日益興旺。」但春園一位論派教會（Spring Garden Unitarian Church）的會眾肯定並不這麼想。他們躺在地板上吶喊著「絕非如此」。帕頓怎麼能夠這麼天真？一名成員問道，「你喊話的這個世代已深陷於罪行與無知之中…聽不進你的話。」[86] 然而不論他們喜歡與否，1913年那一天，這群聽眾已見證到一項歷史性的轉變：富裕開始創造出自己的道德。

公民消費者

消費者智慧的發現，是 1900 年前後席捲工業社會的社會激進主義浪潮之巔。從這當中所獲得的智慧，是將公民權視為一連串的步驟：從近代初期的公民自由，到 19 世紀的政治投票權，再到 20 世紀中由福利國家所確立的社會權利。[87] 但這個故事少了一個關鍵階段，亦即公民消費者（citizen-consumer）階段。1890 年代與 1900 年代不僅是百貨公司、為消遣而購物的黃金時代，也是社會運動開始動員消費者改革社會的時代。與其將這段時期視為自私的唯物主義快速發展期，我們更應該對個人支出與公民激進主義的相生相成、攜手並進有所認知。因為只要有一間新百貨公司，外頭就有一群道德購物者抨擊其對女性店員的剝削。這類組織從數百萬勞工參與的合作運動（co-operative movement），到有 6,000 名英國中產階級參與抵制牛津血汗裁縫工廠的基督教社會聯盟（Christian Social Union）都有。在 1902 年的法國，深具改革意識的布爾喬亞天主教徒形成了購買者社會聯盟（Ligue Sociale d'Acheteurs）。類似的購買者聯盟如雨後春筍般湧現。

從兩種意義上來說，道德消費主義是大都會的公共議題：一是它關係到的主要是歐美城市的中產階級婦女，二是她們的目標僅限於本地。早期的消費者抵制活動致力於消除奴隸困境的道德能量，如今被重新導向於拯救本國被剝削的受薪工人。這其中相當諷刺的一點是，在巴黎、倫敦、柏林等地點爆發的這些愛心消費者活動之時機，正是帝國主義與全球化愈演愈烈、正值巔峰的時期；而正是來自殖民地與海外農園的廉價棕櫚油、棉花、咖啡與橡膠，首先為大眾市場打下穩固的基礎。

如果引導經濟方向的是消費者而非生產者，那麼，自由主義者、社會主義者及女權主義者的問題是：消費者為何是被當成農奴而非國王來對待呢？消費者的地位需要提升，確立他們在社會中心應有的地位，並且將他們的購買力發揮在公民權利的行使上。在實踐上，這取決於國家傳統與政治文化。但我們仍可確定三個廣泛的目標。第一個是個人的目標：成為一名有良心的購物者。第二個是集體的目標：成立消費者組織。最後一個是政治和國家導向的目標：賦予消費者權利與保護。

「19 世紀是生產者的世紀，」法國合作運動的領導者查爾斯・紀德（Charles Gide）在 1898 年時告訴他的學生們。「讓我們期望 20 世紀成為消費者的世紀。願他們的國度降臨！」88 紀德對這種新社會秩序的願景，混合了共和政體的理想、基督教的價值觀，以及一小群法國連結主義者（associationis）對於社會主義的憧憬。所有的社會生活都圍繞著消費而演進。同桌用餐不就讓人們自動聚在一起了嗎？特別是考慮到現代的勞動分工，消費比生產更有利於團結。每個人都是消費者。然而目前，他寫道，當家的還是製造商和百貨公司，它們在消費者心中種下「虛假不實的需求」。消費者必須擺脫「商業封建主義」的枷鎖，加入合作社，並對購物負起責任。一旦消費者掌控了批發買賣，就能接管生產與土地。消費者便擁有實現社會和諧、改善勞工條件的力量。89

以婦女為主的購買者聯盟

合作社雖然是由男人運作管理，但終究是由「帶著提籃的婦女」負責購物，也由她們作為道德消費的先鋒。富裕的婦女們發現了那些辛苦勞動的姊妹們。1891 年，紐約成立了消費者聯盟來對抗血汗工廠的剝削。到了 1914 年，該聯盟已發展為擁有 15,000 名激進主義者的全國性聯盟，並以佛羅倫斯・凱利（Florence Kelley）為首。90 首批「白標」由經過認證的製造商貼附在內衣上（參見插圖 38）。現在，一名體面的女士可以知道她購買的衣服是否染著工廠婦女勞工的血汗。緊隨其後的，便是對血汗商品的抵制。這與凱利的阿姨莎拉・普格（Sarah Pugh）有關，她是貴格教派廢奴主義者，領導反奴隸生產品的早期社會運動。

購買者聯盟在巴黎、安特衛普、羅馬、柏林、伯恩如雨後春筍般湧現。國際展覽宣傳了家庭製造業與童工的嚴酷現實。一名德國女性如此說明：「消費者是規範雇主與雇員關係的打卡鐘。」如果打卡鐘為「自私、自利、輕率、貪婪及貪欲」所驅使，那麼「我們成千上萬的同胞就得活在悲慘與抑鬱的境遇之中」。91 對時尚的熱愛以及對家庭生活預算的掌控，賦予女性一項特別的責任：不占零售店商及手工業者的便宜。而購買者聯盟則為道德購物者提供了一張核對清單，上面的項目包括：盡早開始你的聖誕節購物，晚上八點之後不外出購物，並且用現金立即付錢給小商販。這些聯盟亦積極爭取商店星期天不營業；美國與瑞士的聯盟也在最低工資與集體談判權的議題上再三施壓。92

對當地的上層人士來說，這類活動不過是一項慈善的嗜好。創立於1907 年的德國聯盟，主席為普魯士內政部長暨後來的德國總理特奧巴登・馮・貝特曼・霍爾維格（Theobald von Bethmann-Hollweg）之妻。誰能不同意婦女行使她們的母性職責呢？「活著就得購物，購物就是力量，力量即為責任，」這是購買者聯盟在 1908 年舉辦第一次國際會議時喊出的警言。93 然而，道德消費也與權利有關。因為對於愈來愈多受過教育、深具改革意識與不凡抱負的女性來說，這是得以展現公益精神的一種方式。大西洋兩岸主張婦女有權參政的女性，都看到了選擇與投票之間存在的對稱性。如果一個生活費用拮据的家庭主婦能夠日復一日在市場上做出明智的購買抉擇，餵飽她的家人，她怎麼可能無法做到每隔幾年就在選票上打個叉呢？消費教會女人怎麼當「財政大臣」。1883 年，英國 14 位女性組成了一個獨立的婦女合作協會（Women's Co-operative Guild, WCG）。20 年之後，這個協會擁有 20,000 名成員，以較貧困的勞工地區為目標。合作社宛如迷你的民主政體。在這裡，成員學會了公民的技能：審議、投票表決及代議制。過去，激進分子讚揚「結社的藝術」創造出有道德、自力更生、掙錢養家的男性，從未對國家提出任何要求。然而，婦女合作協會卻將其轉化為爭取女性政治與社會權利的正當理由，包括了國家對產婦護理及最低工資的援助。94

若要說誰是最激烈推動消費者起義行動的女權主義者及社會主義者，莫過於泰瑞莎・比靈頓・葛雷格（Teresa Billington-Greig）了，她是英國婦女

爭取選舉權的成員之一。她曾經鞭打一名將她從自由黨（Liberal Party）會議中逐出的幹事，而被關進霍洛威監獄（Holloway Prison）。她說，抱怨資本主義的奸商無濟於事。「我們或多或少都是獲利者」。消費者對廉價商品的熱愛，意謂著使他們陷入低工資、社會不公：「我們是一個劣等的民族。」女性又因為她們被禁錮在自己的家中，特別容易有品味不佳、保守怠惰的傾向。資本主義使男性成為控制公眾生活的生產者。1912 年，當她這麼寫的時候，之前 30 年提升的生活水準已經又穩定下來了。她的結論是，有組織的勞工已失敗，尤其有負於女性。身為年輕的獨立工黨（Independent Labour Party）中少數幾個女性幹部之一，比靈頓·葛雷格完全知道自己在說什麼。女性解放和消費主導的資本主義改革，根本就是同一場戰鬥。以消費者的身分組織起來，女性才得以從降格及熱愛廉價中解放。合作社已經不夠了，消費者必須採取直接的政治行動，與工會建立夥伴關係，並建立消費者的評議會，以便帶領他們爭取更優質的商品及改善他們的工作條件。95

生產過剩與消費不足

消費者的發現，在社會公民權的想法上扮演催化劑的角色。西門·帕頓強調過，政治權利包括了對休閒權利的要求。而一項與之類似的經濟論點，確保這只是空談而已。如果現代國家已從匱乏變成豐足，這意謂著生產「過剩」。這些過剩的物資從何而來，又會流向何處？新一代英國激進分子中最多產的約翰·霍布森，給出了進一步的答案。早在 1889 年，他便與朋友 —— 商人暨登山家阿爾伯特·穆默里（A. F. Mummery）—— 一起對生產會創造需求（讓·巴蒂斯特·賽伊的知名法則）的傳統看法提出了挑戰。他們兩人主張，富人無法消費他們所有的收入。「消費不足」的結果就是過度投資、過度供應及經濟不景氣。六年之後，穆默里在喜馬拉雅山中失蹤身亡。雖然霍布森不為體制所接受，他仍孤身勇往直前。1899 年，他以《曼徹斯特衛報》（Manchester Guardian）特派記者的身分前往南非報導波耳戰爭（Boer War），寫成《帝國主義》（Imperialism）一書並於 1902 年回國出版，這本書徹底顛覆了政治論爭的條件 —— 這一點也不誇張，因

為列寧（Lenin）大量借用了書中的觀念，之後更為其加入了革命性的優勢。

霍布森的重要主張是，國外的侵略與國內的「消費不足」有關。他認為，貧窮的存在並非出於馬爾薩斯主張的自然人口壓力，而是由於財富的分配不均所致。生產力是穩定地提升。然而，利益卻流入一小群投資者手中。金融是「帝國引擎的總督」，不斷尋找新的投資途徑，必要的時候便訴諸武力，就像南非戰爭。然而自始至終，解決方法都在我們自己國內。「如果這個國家消費大眾的消費水準可以跟上每一次生產力的提升，就不會有任何過剩的商品或資本吵著要利用帝國主義去尋找市場。」96 一座廣大、未開發的市場就在本國之中，消費者就是渴望擁有更好的食物、家園與城市的英國人。

消費得更多，消費得更好

啟蒙思想家曾將商人視為和平的代理人。但對霍布森來說，這個角色是消費者。和馬歇爾一樣，霍布森相信人們不僅會消費得更多，還會消費得更好。賭博、賽馬場及「華而不實的音樂廳」，都是帝國主義與不平等的文化副產品。較低階級會模仿金融家與貴族的禮儀。霍布森仰慕托斯丹・范伯倫，這位美國經濟學家曾經抨擊美國富人奢華的生活方式是一種社會浪費，1925 年時霍布森曾於華盛頓特區與他會面。總的來說，霍布森希望社會福利與自由貿易可以發揮淨化的作用。一般英國人可以「開始要求更好的商品，更精緻、完美而和諧」。享受可以提升，且「不會……耗竭」大自然所「儲藏的資源」。對於品質的鑑賞與評價之提升，將會反過頭來引起人們對商品如何製造的興趣，並杜絕「反社會競爭」。「要求品質的消費愈多，每個人就會愈堅持於滿足其本身特有的品味，那麼兩個人的欲望互相牴觸並爭奪擁有同一件商品的可能性就會愈小。」這是一項進步的革新觀點，反駁了保守黨黨員與馬克思主義者的指控：他們認為自由貿易造成價廉物劣、唯物主義及漠不關心等每況愈下的趨勢。相反地，霍布森認為在一個更平等的社會中，消費者會展現出一種「對生活品質的高度重視」，並且更為深入地關注物品、製造物品的人們及其團體。霍布

森把以往被分開的兩種主體結合在一起，成為「公民消費者」。97

從便宜食品到更高的生活水準

　　政府仍然甚少關注消費者議題，部分的例外是食品安全與公共健康。儘管如此，世紀之交的氛圍中仍有種可察覺的變化。體面的生活水準的概念擴大了政治場域，數百萬人涉入一場對抗關稅及食物成本的戰役。各式的抗議活動從維也納到聖地牙哥皆如火如荼地展開，98 這是一個真正的全球化時刻，反映出食品系統的全球一體化。隨著輪船運載小麥與牛肉遠渡重洋，人們逐漸習慣於享用更多、更好的肉品，以及更便宜的咖啡。在1890 年代，這股趨勢變緩了。許多生產者與農人經歷到對他們生存造成威脅的全球化。除了英國之外，許多國家都提高了貿易壁壘及產品價格。貿易政策也因此賦予了生活水準議題前所未見的政治緊迫性。

　　在這些戰役之中，賦予消費者的發揮空間多寡，端視每個國家的傳統及其社經結構而定。在德國，社會民主黨（Social Democratic Party, SPD）發起了一場對抗飢餓關稅（Hungertarif）的運動。這是階級的語言，被關稅奪走辛苦賺來的培根的人，是勞工而非消費大眾。為將德語發揮到淋漓盡致，同時代者還提出了反對「唯消費者觀點是從」（Nurkonsumentenstandpunkt）的警告。99 從企業傳統觀點來說，占上風的是生產者和專業身分者，而消費者只代表部分的利益，他們充其量不過是辦事員，最糟的情況則是個靠租金過活的閒人。在法國，社會階層制度及大量的小型工廠都有利於分裂的身分認同。亨麗埃特・布容（Henriette Brunhes）的購買者社會聯盟視工匠與女店員為勞動者，而非消費同胞。100 在美國，受薪勞工與大量製造的同時推進，使得支出備受各方關切。幾乎每個美國人都用他們的薪資購買衣服。進步黨黨員轉而視消費者為對抗托拉斯（trust）與富豪階級戰役中的統一力量。正是消費者，「即將以一種單一、寬廣、理性、社會化，以及攻無不克的民主政體，取代我們目前金碧輝煌的富豪階級與粗陋無用的民主政體之二元性」，帕頓的學生以及《新共和》（New Republic）雜誌的創辦人之一沃爾特・魏爾（Walter Weyl）如此大肆地鼓吹。101

　　消費者的神化發生於英國。不同於高關稅的美國，英國自 1846 年以

來就是一個自由貿易國。維多利亞時代的政治奠定了一座支持的平台：作為納稅人的消費者，代表著鎮議會和國會。1903 年之後的自由貿易激烈防禦，將公民消費者提升至新的高度。最初僅關注於「便宜麵包」的活動，如今又在它的政治購物籃中加入愈來愈多的商品。在商業區街道上，展示著英國牛頭牌芥末醬（Colman's mustard）、來自英國的帽子與外套，以及來自貿易保護主義者德國的昂貴樣品等品牌商品的商店櫥窗，教導了消費者何謂生活水準。即使這是充滿偏見的比較（實則美國人與澳大利亞人在貿易壁壘的保護下過得更好），也並未使這個訊息的威力減弱半分。英國更高的生活水準經過廣告宣傳後，宛如證明了它的自由制度及對消費者高度重視的優越性。企業家們為了保衛「那位最重要的人」而集會，合作社社員、工會成員、女權主義者及財政部門亦如此。消費者成了全國關注的焦點與利益所在。102

附 加 價 值

帝國的成本

　　對於像是霍布森這類激進分子來說，對消費者福利的關注以及對帝國主義的批評有密切的關聯性。從其時起，關於帝國的成本與收益的辯論就像會計作業般展開：英國在殖民地投入了多少資本？對本國的投資與福利來說，擁有一個帝國的後果是什麼？來自計算鐵路與債券投資的學者簡短回答：英國在殖民地的投資比在本國多，但在中立海外市場的投資又比在殖民地多，特別是在美國與拉丁美洲。103 換句話說，帝國吸引了可能會流向英國學校、道路及發電站的投資。然而，帝國內部的投資範圍與回報，與帝國以外更具吸引力的機會比較起來，就相形見絀了。這是金融帝國主義的時代，而帝國是否能夠維持資本主義的運轉是當時最大的問題。然而，沒有理由僅將辯論的重點局限於資本的投資。帝國影響商品流通的範圍更廣。以文化的標識物而言，「看得見」的商品比英鎊與債券等「看

不見」的輸出額更形重要。就像貿易條件一樣，我們也需要考慮消費條件，亦即在群體、產品及地區之間改變的條件。我們已經觀察到帝國如何改變地位，它也重新定義了地域的價值。

　　諷刺的是，霍布森對帝國發動抨擊的時機，是自由貿易的全盛時期，當時，帝國對英國人福利的影響程度已大不如前。貿易自由化──有時是自由的、有時是被迫的──以及輪船，為維多利亞時代後期的消費者打開了世界的大門。維多利亞人享受阿根廷牛肉、葡萄牙雪利酒及巴西的糖。法國、德國及美國的第二次工業革命為製成品（finished good）創造了新的市場──仍然是位於帝國之外。大部分殖民地的貿易都在成長，但它們在大都會地區的市占比卻下降了：1805 年，英國有 25% 的進口品來自西印度群島；到了 1855 年，這個數字卻降至 5%。當全球經濟在兩次世界大戰間像自由落體般垂直下墜之際，英國人又重新發現了他們殖民地的價值：在帝國購物週吸引消費者「購買英國貨」、舉辦肯亞烘焙咖啡展，或是進行最大的帝國聖誕布丁競賽。104 整體來說，在自由貿易之下，是熱帶殖民地倚賴帝國中心，而非反過來。第一次世界大戰前夕，牙買加有44% 的進口品來自英國，而黃金海岸則高達 89%。

　　激進分子特別憂心帝國主義對社會平等所造成的影響。我們在此仍須以長期觀點看待這個問題。所有的帝國都會對地位與收入造成影響，只是有些帶來的影響更劇。重商主義的帝國對貴族階級、農園主人及壟斷貿易的商人們來說，是一長串容易撈錢發大財的肥缺美差；也的確為與帝國貿易緊密相連的區域經濟帶來了某些積極的溢出效應，像是羊毛貿易，或是在利物浦生產玻璃器皿與銅器的工人。但整體來說，這種交易是一面倒的。上層人士把利潤搜刮一空，而消費者仍得為英國海軍買單。18 世紀的帝國不僅使英國國內的社會不平等加劇，在殖民地的情況甚至更為嚴重。牙買加的農園主人累積了鉅額財富。到了 1800 年，平均起來，牙買加白人比美國的自由白人富裕了 50 倍以上。消費使白人雇主階級團結起來。殖民地的農園莊主因其豪華的娛樂與招待、舞會與茶會、法國白蘭地與醃蟹而聞名。105 富裕與貧窮並未隨著奴隸制與關稅的終結而消失，但在 1846 年之後，由於帝國解除了英國消費者肩上沉重的賦稅負擔，帝國成本的分攤比之以往已更形公允。

異國食品的帝國通路

1850 年之後日益開放的全球貿易體系，轉變了帝國的消費結構。英國人在茶中加糖的品味，已成為帝國與消費之間的關聯之縮影。茶杯不僅作為糖的容器，更將倫敦、蘇格蘭高地的消費者與牙買加、巴貝多的奴隸農園聯繫在一起。1840 年代之後，英國人將茶的種植從中國轉移到他們的印度帝國。茶是英國人生活中不可或缺的一環，從家庭風俗到 1880 年代時開始出現的茶店，一直到啞劇《阿拉丁》（Aladdin）中由男角反串的寡婦圖安姬（Widow Twankey）——《阿拉丁》是一齣有關不再盛行的「屯溪茶」（twankey）的戲劇。以一位歷史學家的話來形容，茶及其他這類異國商品，「將殖民地意義與殖民地貿易深深崁入了常民生活之中」。*106* 據西敏司所言，糖反映出「帝國與支配其政策的階級日益強大的力量與堅實度」。*107* 這在 18 世紀時的確如此，但 19 世紀情況卻反過來。當英國殖民地的成果對大都會地區的消費者而言變得不那麼重要時，大英帝國反而變得愈發強大。

在 17、18 世紀時，帝國為異國品味開啟了關鍵的通路，但代價不菲。稅務員鼓勵了走私犯，因此當茶葉關稅在 1745 年降低時，英國的茶葉合法銷售量突然暴增了三倍。*108* 在法國，走私也緩解了稅收和限制的統治方式對消費的影響。為了規避壟斷進口菸草稅收的「法國農場」（French Farm），非法商販經由荷蘭港口與亞爾薩斯（Alsace）購買維吉尼亞州的菸草，在這些地點將其與國內種植的菸草混合後，再銷往法國。*109* 儘管如此，唯有這類違禁品貿易才得以滿足這麼多的需求。其他帝國也有些促進消費的寬鬆時刻，但通常是暫時且短暫的；舉例來說，西班牙曾經在厄瓜多的瓜亞基爾（Guayaquil）降低關稅，並在 1770 年代引進殖民關稅區。然而從更長遠的角度來看，西班牙帝國在拿破崙戰爭之後的崩解，結果證明是開倒車，因為委內瑞拉與其他新近獨立的國家皆提高了各自的貿易壁壘與出口關稅，以便為本國挹注財源資金。顯而易見的結論是，長期看來，重商主義並不適合大眾消費的市場。這是自 1840 年代以來，自由貿易所造就的歷史成果。

熱帶商品在 19 世紀下半葉的驚人蔓延現象，是由兩股力量驅動：貿易自由化以及經濟作物產量的大幅提升。可可與糖的不同點在於，可可抗拒了工業化的耕種方式。它必須在陰涼處才會生長茂盛，而且需要周遭植物的保護，為它擋風及免受病害侵擾。可可幾乎沒有經濟規模可言。奴隸制度亦參與其中，葡萄牙人在聖多美與普林西比——他們在西非外的可可島嶼——利用奴隸來種植可可，而在此之際，德國人正試圖在喀麥隆（Cameroon）強迫勞工採用「科學的」種植方法，但成效不彰。一般來說，可可有利於小農，或至少是在收穫季節與奴隸一起工作，按日計酬的散工。可可是結束奴隸制度的直接受益者，使尋找小塊土地的小農數量增加。1835 ～ 1840 年卡巴那謝叛亂（Cabanagem Rebellion）之後，在亞馬遜與巴西的混血小農及美洲印第安人小農，與大農園主人的對抗上已有所進展。1851 年，哥倫比亞廢除奴隸制，緊隨其後的便是允許將土地授予獲得自由的奴隸。相形之下，咖啡得在奴隸農園中才能繁茂生長。原始森林、大型鐵路與奴隸勞工（直到 1888 年被解放之前）使得巴西成為世界首要的咖啡生產地。1914 年，全世界的咖啡消耗量是一個世紀前的 50 倍。現在只有一小部分由殖民地所提供。*110*

　　重商主義的帝國從未完全封鎖住外來的貿易。英國殖民地的糖與咖啡，有很大部分被重新出口，沿萊茵河和多瑙河而下，流向內陸的中歐地區。同時，英國的自由貿易帝國亦為全球（而非殖民地）的商品流動提供了潤滑劑。現在，商品重要的是便宜，而非產地了。1880 年代時，英國人的一匙糖中僅含幾顆來自殖民地的穀粒。其實大批的糖是來自巴西的甘蔗與東歐的甜菜。從全球的角度來看，茶、帝國與大眾消費之間的英國連結是一個例外，而非全球皆然的通例。畢竟，歐洲另一大茶葉消費者是俄國。到了 1914 年，幾乎所有歐洲人喝的咖啡都是來自巴西。德國殖民地的咖啡產量很少，即使是法屬西印度群島所產的咖啡，也只能注滿巴黎咖啡館 3% 的咖啡杯。*111* 同樣的，來自殖民地的巧克力也愈來愈少。這是極為戲劇性的財富逆轉。

殖民地的反向流動

　　然而，若只關注殖民地農產品對都會地區感受度的直接影響，很容易會產生見樹不見林的迷思。自由主義的消費帝國並不是一條單行道，它還涉及殖民地世界的反向流動，以及流向無殖民地社會的商品，這些商品所經由的途徑就像是側方出口和天橋。自由貿易帝國的力量，正是為了讓包括熱帶殖民地在內的所有生產者都能看見全球需求。但殖民地產品變得愈發分散、幾不可見，有時候，甚至完全脫離了帝國核心。到了 1880 年代，英屬牙買加的糖最大消費者是芝加哥與波士頓，而非倫敦與利物浦。荷蘭人有爪哇，但可可製造商像是萬豪敦（van Houten）並不愛爪哇可可豆的平淡滋味。大部分的爪哇可可豆皆銷往美國。德國人的「*殖民地產品商店*」（*Kolonialwarenladen*）有效地開創出一項業務，對抗他們更成功的帝國鄰居。在一個重商主義的世界，殖民地始終是通往消費的必要門票。而在自由世界經濟制度下，大眾消費不再關注於旗幟的顏色。以第一次世界大戰前夕全球首屈一指的咖啡愛好者聯盟為例。荷蘭人喝的咖啡 —— 現在主要是來自巴西 —— 還是比任何人都多；緊跟其後的是挪威人、瑞典人和瑞士人。消費不再以殖民地的宗主國為中心。古巴人所喝的咖啡（來自哥斯大黎加）比法國人和德國人更多；而每個智利人平均喝的咖啡數量則是西班牙人或義大利人的兩倍。iii 經常被人遺忘的「南半球」不僅是生產者，更是消費者。

　　國家政策和階級文化形塑出「誰在哪裡喝什麼」。美國獨立之後，英國不但將它阻擋於西印度殖民地之外，更禁止美國船隻載運殖民地商品。這對美國的再出口貿易不啻是一項打擊。湯瑪斯・傑佛遜（Thomas Jefferson）的回應是轉向法國及它的加勒比海殖民地。咖啡的貿易與消費成了一項愛國行為。1820 年代之後，美國進一步往南來到巴西。到了 1880 年，美國人一年消費近 5 億磅的咖啡。*112* 需求必須加以關注，但不能被拿來製造民族主義諷刺漫畫。國家並非單一的文化，美國革命者抵制英國的

---

iii　Neumann, Kaffee, 69, 151. 丹麥在維京群島（Virgin Islands）上有小殖民地，並從那裡取得蘭姆酒，但主要從巴西與瓜地馬拉進口咖啡。

茶，但在 19 世紀時，茶幾乎跟咖啡一樣受歡迎。日本人習慣喝茶，但從巴西返回日本的移民也帶回了品嘗咖啡的習慣；第一間巴西咖啡館於 1908 年在東京開幕。英國是一個飲茶的國家，但並非一直都是如此。到了 1900 年，英國人喝的巧克力跟西班牙人一樣多，證明了清醒、理性的北方新教徒與放蕩、墮落的南方天主教徒之間存在斷層界線的說法並不真實。

階級與地區的巨大差異

當一本商品傳記寫下某樣異國食物征服了它之前的所有食物，這本傳記便帶有一股大奏凱歌的輝格黨風味。由勝利者撰寫的歷史往往會忽略，許多以地域及階級為基礎的品味具有明顯的彈性。社會仿效可以被同樣強烈的感受 —— 認為每個階級都應該忠於自己的食物 —— 所抵銷，而這樣的規範在對抗民族同質化和全球融合時扮演了緩衝的角色。平均值隱藏了階級與地區之間的巨大差異。舉例來說，糖的消耗在法國增加了，但大部分進了中產階級的嘴裡；根據一項 1873 年的估算，一個巴黎勞工一天只能湊合著用十公克（也就是兩湯匙）的糖，這樣的量只夠嗜甜的英國人塞牙縫。而在法國的其他地區，大部分的工人、礦工及農夫都完全戒了糖。如果有用到糖的話，也只是被當成調味品（像是胡椒或鹽），或是當成藥物來治療病人。1906 年，由巴黎一家醫院進行的一項調查發現，大多數勞工並不喜愛甜食，因為糖會搞壞胃口、削弱活力。甜點與糕餅是有錢有閒的上層階級所吃的食物，而非勞工；後者偏好攝取對體力有益的紅肉、奶酪及葡萄酒。因此，將一種既存的嗜糖品味，視為一道熱帶食物通往歐洲的門戶，是種頗為令人懷疑的論點。咖啡也不怎麼容易贏得勞工的心。在法國革命時期，巴黎的激進共和黨員已經養成了品嘗咖啡的習慣；也在勞動階級的咖啡館中出現。不過在巴黎之外，咖啡的攝取量就少多了。1896 年，里昂（Lyons）的一間食堂一天供應 1,000 份餐點，卻只供應 37 杯咖啡。113

在英國這個第一個工業化的國家中，茶和糖被更廣泛地食用，但在此若要說誰是因、誰是果，很容易讓人產生誤解。工業化並不需要蔗糖或咖

1913 年全球咖啡消費量

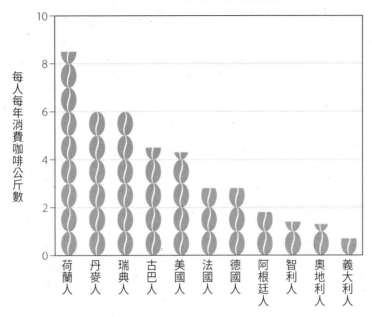

縱軸：每人每年消費咖啡公斤數

橫軸（由左至右）：荷蘭人、丹麥人、瑞典人、古巴人、美國人、法國人、德國人、阿根廷人、智利人、奧地利人、義大利人

啡因，啤酒與葡萄酒的效果一樣好。比利時、法國與德國全都工業化了，但它們工廠裡的勞工吃的糖還是很少。事實上，19 世紀末最嗜吃甜食的民族是在澳大利亞的昆士蘭農業地區，那裡每人一年消耗 60 公斤左右的糖。咖啡被普遍當成一種讓人清醒、勤奮的飲料，這更像是工業化的結果，而非刺激它產生的原因。

在歐洲大陸，真正的起飛發生在 1870 年代～ 1880 年代，當巴西愈來愈深入砍伐森林，且價格開始下跌的時候。德國杜塞道夫一名督察員注意到，「勞動階級現在通常每天會喝三次咖啡。」*114* 工業公司與社會改革者開辦了食堂與咖啡小屋。然而，咖啡因的攝取量很容易被誇大。1909 年，經過 20 年的活動之後，人民咖啡廳聯盟（Union of People's Coffee-Halls）供應漢堡勞工的咖啡有 75,000 杯，但不含咖啡因的替代飲品卻有 200 萬杯。許多家庭也在家中用較便宜的菊苣來稀釋咖啡豆。*115* 禁酒組織擁護咖啡作為對抗酒精的強化解毒劑。姑且不論它到底有沒有效，這又是另一個問題。像漢堡這類的港口城市從來沒有清醒過。事實上，人民咖啡廳聯盟也同時供應酒精飲料。在法國，男性勞工會在他們的咖啡裡加入白蘭

地；在荷蘭和德國則是加入蘭姆酒與杜松子酒。如果工業社會的崛起意謂著消耗更多的咖啡，那麼也消耗了更多的酒精。德國最大的鋼鐵軍火製造商克虜伯（Krupp）供應給工人們的啤酒，是咖啡的 70 倍之多。iv

糖、咖啡與巧克力成為大眾食品

到了 1914 年，糖、咖啡與巧克力已征服了以前難以觸及的地區。國家的飲食文化及飲食習慣逐漸變得更為融合。與耶穌會士、商人及學者所引領的早期奢侈階段相比，在後來的大眾階段背後的驅動力是商業、國家及營養科學。異國飲品不再是少數文雅人士的挑剔選擇，而被塑造為強大工業國家不可或缺的食物。工業公司合理化工作時間表以提高勞工的精力與專注力。公司引入更短的用餐時間與喝咖啡的休息時間，來取代一天當中長時間停頓的午休。有些公司會發放免費咖啡以取代喝水。國家與科學的推波助瀾更是一股額外的動力。德國的監獄與醫院在 1870 年代將咖啡列入主食菜單中。[116] 一個由軍隊、營養專家及全國甜菜糖利益團體所組成的新聯盟產生了，他們鼓吹糖的卡路里能量是國力強弱的一大關鍵。1876 年，法國軍隊引入糖與咖啡成為士兵的日常配給品。大約在此時，荷蘭從可可中提煉黃油的技術開啟了巧克力作為大眾消費商品的潛力。可可粉與巧克力棒於焉誕生。但不像茶或咖啡，巧克力有其營養價值。可可現在擺脫了與閒散女士及怠惰牧師有關的聯想，重新被包裝成「塑造肌肉」與「賦予熱量」的能量飲料，適合北極探險家、運動員、勞工及忙碌的家庭主婦飲用。在吉百利公司的廣告中，卡維爾教授（Professor Cavill）發誓吉百利的可可是「他在泳渡多佛海峽（Straits of Dover）時可以喝的最持久飲料」。[117] 可可被重塑為「健康的動力」，挾著醫生的推薦與《刺絡針》（Lancet）醫學雜誌的證言，可可開始進軍嬰兒食物。於是，孩童喜好的口味不再一樣了。

到了 1900 年，民族主義已經跟帝國主義一樣，都成了這股大眾消費文化的重要支柱。許多沒有殖民地的小國也透過它們的軍隊引進巧克力給

---

iv　在埃森，工作時間停止供應啤酒的情況只發生於 1910 年。

一般大眾。在瑞士，蘇查德公司（Suchard）開始在 1870 年代發送「軍用巧克力」到軍營，並且販售「子彈造型的巧克力盒」（*Schokoladenpatronen*）。首批品嘗的士兵把它吐了出來，但不久之後，它成了標準的配給口糧。有些新兵會吃純可可粉。*118* 曾經被阿茲提克人稱為「神食」的可可，如今已演變成大規模生產的全國性商品，成為「人民的食物」。

商品更進一步地擴展，到了 1900 年，商品鏈已延伸至前所未有的長度。17 世紀末，每年已經有將近 15 萬公噸的糧食橫跨波羅的海（Baltic Sea），大多進了荷蘭人民的肚子。*119* 19 世紀下半葉，在寬鬆的政策、更快速的輪船及冷卻技術的加持下，商品價格降低，食物鏈更被延伸至新的極限。1830 年代，倫敦人所消耗的小麥與麵粉來自 3,900 英里之外。但是到了 1870 年代，這個距離幾乎拉長一倍。如今，許多食品成了國際旅行者。倫敦人的奶油、乾酪及蛋，以往來自不過距離幾百英里的產地；然而到了 1870 年代，這些食品得長途跋涉超過 2,000 英里才來到倫敦。*120*

自由帝國與大眾消費，一起改變了原產地附加於商品之上的能見度與價值。某些商品因地理位置被取代而失去了優勢。19 世紀末的咖啡就像 20 世紀末的空中旅行。一旦每個人都到得了，異國就失去了它們的魅力。當距離變成一項可負擔的成本時，產品也就跟著貶值。對 1900 年的一般消費者來說，咖啡喝起來有勁且價格便宜是最重要的，而非它的產地——那是早期鑑賞家才會在意的事。有一些地方仍然保留對東方的興趣，像是柏林若干裝潢成摩爾式風格的吸菸沙龍；但整體而言，進入大眾市場的商品愈多，異國風味就愈來愈不受關注。混合咖啡豆與加工食品意謂著這些食品是在歐洲被附加上價值。咖啡或許不是本地生產的，但它的外觀、包裝與口味都是歐洲風格。1900 年初期，大部分英國人喝的咖啡豆都是由邁索爾（Mysore）（稠度）、肯亞（酸味）及摩卡（香氣）混合而成的。

被貶低的阿拉伯茶與中國茶

但整體說來，大眾消費時代對於藥物食品的消費特性卻是驚人地保守。*世紀末*的歐洲人喝的咖啡與茶比以往任何都來得多，但是他們對未嘗

215

試過的外來新事物幾乎失去了好奇心；而這股好奇心正是驅使先人在奢侈品與探險時代初期嘗試咖啡、菸草、可可的要因。歐洲人的味蕾變得遲鈍，而一旦咖啡因飲料占據了主導地位，新的對手，也就是別的刺激性飲品，已很難取而代之。維也納或巴黎的阿拉伯茶屋在 1900 年時已消失無蹤，咀嚼檳榔的公眾品味也沒有被養成。這是由於若干實際及美觀的理由──含有卡西酮的阿拉伯茶葉，在運送過程中會失去它的興奮效力；而嚼檳榔則會產生紅色的唾液，並且磨損牙齒的鈣質，還可能導致便祕。*121* 儘管如此，變黑的牙齒以及瀰漫的煙霧並未阻止幾個世紀之前的人們吸食菸草。文化與意識形態的偏見才是決定性因素。自從 1950 年代開始，新鮮的阿拉伯茶葉已經能輕易從東非空運至各國，但大部分西方國家仍對它下達禁令。茶與咖啡有助於推廣文雅有禮、歧視唾吐的文化──除了在棒球的球員休息區。咀嚼阿拉伯茶葉是一種非常緩慢而放鬆的休閒，與 18 世紀咖啡屋以目的為導向的氛圍恰恰相反。同時，新興的歐洲霸權也使阿拉伯茶等熱帶食品的處境雪上加霜。不像 17 世紀的阿拉伯咖啡或中國茶，1900 年的歐洲人將阿拉伯茶與東非殖民地的劣等種族人民聯想在一起；有些人甚至至今還保有這種印象。咀嚼阿拉伯茶葉看來像野蠻的習慣，而非值得仿效的文明習性。在西方世界，阿拉伯茶遂被蒙上了危險藥物的汙名。*122* 像可樂（kola）這種植物，它在異國萃取製成，而原產地會被加以偽裝，再被混入某種軟性飲品當中，包裝成完全的美國商品。因此，在異國藥物這方面，自由貿易的時代反而矛盾地不如重商主義時代那麼開放且蓬勃發展。

　　隨著價值而來的就是權力。自 1850 年左右，異國食品開始背負了新的種族主義和民族主義印記。帝國與國家開始為它們統治的屬地認證商品，凸顯某些特定的原產地，而抹除其他產區。維多利亞時代的人將來自不可信賴的「異教徒」之「慢性毒藥」的汙名，加諸於中國茶葉身上，讓中國茶比不上英國人安全掌控的殖民地農園所種植的新鮮阿薩姆茶葉。帝國原產地成了種族品質控制的標誌。專家雖然對綠茶中的人工上色是否會對人體造成嚴重傷害表示懷疑，但廣告與證言可是毫不留情，從在中國茶葉中發現腳趾甲的故事，到聲稱它是「茶的粉末與泥沙的混合，凝結成一團黏性物質，極可能是由稻米粉末製造而成……最後，被乾燥並上色……

如果是紅茶就用黑色的鉛，如果打算做成綠茶就用普魯士藍、石膏或薑黃上色」。123 1884 年，一場吸引超過 400 萬參觀人次的健康展覽會，展示了由「熟練英國人」管理的印度農園之優勢。124 兩年之後的「殖民與印度展覽會」（Colonial and Indian Exhibition）更以一座可提供 30 萬杯印度茶的茶庭作為號召。10 年之後，印度茶已超越了它的對手中國茶。原產地與食物鏈，只有在為帝國的目的服務時才顯得重要。v

　　這項運動，是由在地的演員們操縱著舞台的中心及其周邊。印度茶的企業聯合組織如阿薩姆茶葉公司（Assam Tea Company）以及類似公司組成，利用這些展覽會直接向消費者行銷它們的殖民地商品，繞過了都會盤商的銷售通路。在法國的情況亦如出一轍，馬恩（Marne）地區種植葡萄的農民以及製造商（négociant）成功地領導了這項運動，使他們的氣泡酒被公認為世界上唯一正宗的香檳。125 民族主義深信土壤有獨特的個性，這信念被轉變成為「風土地產」（terroir）的概念，提供國家的某種風味給消費者，使他們學會如何去欣賞本地生產的葡萄與乾酪之地域特性。香檳在 1980 年的「指定原產地」（appellation d'origine）之舉，標記了「民族在地化」（local-national）政治源起新時代的到來，為我們帶來了古典奇揚地（Chianti Classico）、呂貝克杏仁糖（Lübecker Marzipan）、梅爾頓莫布雷豬肉餡餅（Melton Mowbray Pork Pies）。在戰前的年代，「在地認證」（local authentication）是品牌急遽增加時的現象之一，也是對於不斷成長的大眾市場所做出的回應，為的是以它許多沒沒無聞的新產品來製造食品，並且免除消費者對於粗劣攙雜假貨的憂慮。1894 ～ 1914 年間，光是在德國就有 75,000 個食品、飲料及菸草的品牌被註冊。126

殖民地消費者渴望英國商品

　　當創造價值的力量轉移至西方先進的消費社會手中，也連帶產生了迴力鏢的效果。一旦葡萄酒、咖啡與優越的歐洲文化產生了聯繫，海外的上

---

v　　這指出，在標誌著盎格魯撒克遜白人對價值鏈的控制方面，殖民產地還是有相當的重要性；這個現象甚至延伸至白人移民過去的殖民地，就像「加拿大鮭魚」的行銷。

層人士也開始仿而效之。早期奢侈品的空間邏輯，如今已完全顛倒過來。對於波士頓、巴黎與倫敦的消費者來說，商品來自多遠的重洋異地已無關緊要；對於聖地牙哥與布宜諾斯艾利斯的上層人士來說更是如此，他們直接從倫敦或法國的樂蓬馬歇百貨公司訂購商品。智利和阿根廷曾被認為是英國出口的邊陲地區，但事實上，它們已快速擴張為英國棉製品的重要市場。到了 1880 年，南美洲地區（Southern Cone）居民取得的棉製品數量是 1815 年的 10 倍。但拉丁美洲的消費者可不是溫順的羊群。1814 年，一名巴伊亞商人寫給一個英國紡織商時這麼說，「你真的以為，只因為你把這些商品運送過來，葡萄牙人就非買它們不可嗎？事實是，你的商品無法以任何價格出售……我們無法強迫人們購買他們不想要的商品。」127 當地的居民想要最新款式與樣式的手帕，英國商人只得忙著收集各式最時尚流行的樣品。

早在 1820 年代，旅行者即指出這股對英國商品的熱潮如何長驅直入到哥倫比亞的內陸地區。「來自英國的麥酒被視為是一大奢侈品，」當地官員如是說。在考卡山谷省（Valle del Cauca）的波帕揚（Popayán），一名商人買了一架布洛伍德（Broadwood）鋼琴，將它從英國一路運送過來；到了布埃納文圖拉（Buenaventura）的最後一段路時，搬運工得將它扛在肩上翻山越嶺。當約翰·漢彌爾頓·波特（John Hamilton Potter）抵達隱蔽幽靜的山谷時，卻赫然發現分配給他的臥房與窗簾「是十足十的法國風格」，旁邊茶几上還有古龍水（eau de Cologne）、溫莎牌（Windsor）香皂與牙刷。128 大量的英國商品都經由牙買加走私進入哥倫比亞。在智利，從鄰近阿根廷進口的瑪黛茶數量下降，因為上層人士轉向消費來自遙遠印度的咖啡與茶。喝當地發酵的玉米啤酒（chichas）顯得粗野而無教養。顯赫的名人們都在法式房舍的法式窗戶下，喝著法式的葡萄酒。從 1850 年代開始，智利就開始栽種葡萄來釀製本國的梅多克紅酒（Medoc）了。129

在周邊地區，帝國使得商品的原產地比以往任何時期都來得重要。對於加拿大、澳大利亞及英國世界其他地區的移民者來說，一罐布里斯托的牛肚以及一瓶伍斯特（Worcester）的醬汁蘊含的是一種「家」的感覺。130 這樣的消費已不限於上層社會的白人移民階級。在英屬宏都拉斯（Honduras）——現在的貝里斯（Belize）——帝國經驗留下了味蕾的痕跡：喜愛燻

舌肉、白蘭地與檸檬汁更甚於當地食物。對奴隸及其後代來說，吃英國食物是主張尊重與平等的方式，與那些在桑吉巴炫耀西方服飾的解放奴隸沒什麼不同。這種對於遠距奢侈品的渴望，強化了以礦物與原料出口為主的發展模式，譬如以智利來說是硝酸鹽，以英屬宏都拉斯來說是桃花心木，用以交換加工食品與成品。英屬宏都拉斯甚至從它的宗主國進口木薯粉。在這場帝國權力與阻力的遊戲中，這給了商品某種相當難以預測的轉折點。一方面來說，對於進口蘇格蘭威士忌、好立克（Horlicks）麥芽牛奶及牛津香腸的品味，確立了帝國味蕾的優勢地位。但從另一方面來說，這種轉變也使殖民地的消費者更加頑強，對帝國中心的謀劃無甚反應。英屬宏都拉斯的貿易赤字就是對英國商品的渴望以及對英國國會議事廳耗資過鉅的直接結果。一旦帝國品味形成，人們就不太可能回應「購買在地商品」的訴求，正如殖民地官員在兩次世界大戰之間學習到的慘痛教訓。131

在1880年代～1990年代間的「新帝國主義」紀元，帝國的符號與標語在廣告中普及各地。對非洲探險家亨利・莫頓・史坦利（H. M. Stanley）的狂熱，正是廣告商的美夢；史坦利就是說出「利文斯通博士（Dr Livingstone），我相信！」這句名言的名人。史坦利出現在肥皂與保衛爾（Bovril）的廣告中，並與埃米・帕夏（Emin Pasha）一起在他位於艾伯特湖（Lake Albert）南岸卡沃利（Kavalli）的帳篷中啜飲著熱茶。「史坦利說道：『埃米呀，老夥計，這一杯英國茶葉公司（United Kingdom Tea Company）的茶讓我們忘卻了所有的煩惱。』埃米答道：『的確如此，老兄。』」埃米還需要說什麼別的呢？在一項深具開創性的研究當中，文學學者湯瑪斯・理查茲（Thomas Richards）認為這些帝國的廣告顯示出「商品的同質化力量」。132 保衛爾與梨牌（Pears）肥皂的廣告都運用了非洲的場景，並將來自全世界的土著民族置於同樣奴顏婢膝的地位：宛如對文明商品滿懷感激的領受者。19世紀，安妮・麥克林托克（Anne McClintock）即在一項深具影響力的種族與性別研究中主張，這是從科學種族主義轉向「商品種族主義」的轉變。展覽會、廣告、品牌商品意謂著「隨著本國空間變得種族化，殖民空間也變得本國化了」。133 梨牌肥皂廣告中所出現的白人男孩幫黑人男孩刷洗成暗示著純潔與進步的雪白，就是一個典型的例子。

廣告如何塑造標準英國貨、正宗巴西咖啡？

　　然而，檢視那段時期的廣告與報紙，值得注意的不是種族印象的出現，而是它們出現得遠不如我們預期的多。一個送上可可、露齒而笑的「黑仔」圖片其實是相當罕見的。相反地，商品的特性增添上愈來愈濃厚的民族主義色彩。1881 年，吉百利的廣告仍然展示出可可產品的完整食物鏈：從搜集豆莢的非洲勞工到位於伯明罕郊外伯恩維爾（Bournville）總部的烘焙過程、冷卻地窖及包裝機器。134 到了 1900 年代，非洲與非洲人已經全都消失了。吉百利現在的可可廣告訴求是「大自然送給人類的最佳贈禮」，但對它的原產地三緘其口，吉百利的可可是「標準的英國貨」、「美好老式英國的可可」、「英國製造的經典可可」。135 每當這些廣告中有人出現時，都是在檢測室中的英國白人科學家，在伯恩維爾的白人女性勞工。他們就是保證吉百利產品擁有「真實可靠」品質的人，這項品質使它的產品成為「完美食物」，不摻雜任何「外來物質」。「清新的空氣、有益的運動及明亮的環境，」一則廣告這麼解釋，造就了健康的勞工，從而確保「每一個員工都樂於協助維護純淨的嚴格標準，要求所有帶有吉百利伯恩維爾之名與標誌的產品都有這樣的標準」。136 一個英國購物者倘若因而以為吉百利的可可長在伯恩維爾，也是完全可以被諒解的。

　　然而吉百利並無任何特殊之處。牛奶巧克力的出現為歐洲對異國食品的改造又增添了一例。托布勒（Tobler）以高山岩石上的一頭熊，把巧克力變成「瑞士」的商品。妙卡（Milka）的廣告中出現的是在高山乳牛群中快樂的擠奶女工。不過，殖民地與東方的聯想意象從未完全從廣告中消失：卡爾・霍費爾（Karl Hofer）在 1900 年為美思咖啡（Kaffee-Messmer）繪製的海報中，即出現了一名正在喝土耳其咖啡的摩爾人；柏林和維也納的一些咖啡店也是如此。在法國，殖民地咖啡的廣告則出現一對在遮陽傘下纏著腰布的黑人夫妻，斜倚在來自法屬殖民地馬提尼克、瓜德羅普（Guadeloupe）及爪哇（荷屬東印度群島）的咖啡袋上（參見插圖 17）。可以說，這種行之有年的表現手法是受益於法國的特殊情況，第三共和操縱了這種對殖民地咖啡、可可及眾多香料的固定偏好。殖民地的商品在這裡更為普遍，部分也是因為賦稅的優惠：相較於來自外國的咖啡豆每 100 公斤需徵收 156 法郎

的稅金，來自法屬殖民地的咖啡每 100 公斤只須付 78 法郎。黑人劇團的演出以及販賣巧克力的非洲街頭小販，也有助於保持公眾眼中對於種族的聯想。137 在 1930 年代，哈瓦（Hava）廣告它的正宗「巴西咖啡」（café' du Bresil）時，即展現出它從農園直達勒阿弗爾（Le Havre）的航程。而廣告中的種族意象最為明顯的當屬巴納尼亞（Banania），一種由巧克力與香蕉粉製成的飲料。然而即使是在這些廣告中，真正的原產地與生產者最終仍被趕出畫面之外。原始配方來自尼加拉瓜，材料則來自法屬安的列斯群島（French Antilles）。第一次大戰期間，巴納尼亞的廣告以塞內加爾的士兵取代了安的列斯群島的婦女。在德國，人們更常在他們的咖啡包裝上看到的是萊茵河，而非棕櫚樹的意象。在德國所有咖啡廣告之中，黑人只出現了3%。有間公司推出了一個全為殖民地咖啡豆的品牌以取悅德國的皇帝，但這僅是個例外。

在這裡，商品販賣的是地區自豪和民族歸屬的熟悉感，而非陌生的異國風味。本地居民購買的是「萊茵咖啡」（Rheinland Kaffee）或「阿米尼烏斯咖啡」（Arminius Kaffee）──以西元九年在條頓堡森林（Teutoburg Forest）殲滅羅馬軍隊的德國督軍命名。1893 年在芝加哥舉辦的世界博覽會中，糖果製造商施托爾韋克（Stollwerck）以三萬磅巧克力模塑出一座高達 38 英尺的日耳曼神廟；法國人則推出了「聖女貞德」（Jeanne d'Arc）巧克力棒。vi 在美國，咖啡在廣告中被標示為「紐奧良」──這裡是咖啡進入美國的入境點，而非產品的原產地。「義大利」咖啡自 1950 年代起的全球擴展，則將這股由歐洲人所統率的商品、加工與行銷重新排序的熱潮，推往新的高點。138

到了 1900 年，歐洲人與他們橫跨重洋的表親們，比之以往更加牢固

---

vi　德國歷史博物館（Deutsches Historisches Museum），柏林，P 57/1452 (Hofer, Kaffee-Messmer); Rischbieter, 'Kaffee im Kaiserreich ', 227–31; Volker Ilgen & Dirk Schindelbeck, Am Anfang war die Litfasssäule (Darmstadt, 2006), plate 13 (Stollwerck). 在巴黎的萊斯裝飾藝術博物館中收藏的 400 幅咖啡與可可的海報中，也同樣只有少數有著異國的圖像；未註明日期的殖民地咖啡海報是出自愛德華・安古爾的設計（inv. no. 12115）。若干咖啡製造商仍保留了摩爾人的聯想，但即使在此，種族形象與地區起源仍可能會產生混淆，就如漢堡巴倫費爾德（Hamburg-Bahrenfeld）的 A. L. 莫爾（A. L. Mohr）所設計的「摩爾咖啡」（Mohren-Kaffee），是一種真正的異國咖啡豆與本地替代品的混合物，廣告聲稱可以煮出比一般品質的咖啡豆更為濃郁、強勁（kräftiger）的咖啡。

地掌控全球的消費文化。工業與收入將歐洲的需求提升至無與倫比的高度。然而，大眾市場的興起牽涉的不僅是單一西方世界而已。它更與帝國主義相輔相成；後者在歐洲和世界其他地區之間，在消費者和苦力之間，建立起新的物質階級。而在 19 世紀更為自由的氛圍之中，歐洲人才真正掌控了全球的消費。權力得以從商品擴展至知識、品牌與價值。是西方世界擁抱了「消費者」這個概念。殖民地的統治者們雖然內心深處愈來愈不樂意讓當地人民明目張膽地模仿他們的生活方式，卻也並未澆熄那些被統治者對商品的欲望。他們只是把自己付給非洲人低工資或不領薪的行為合法化──或者，利用經濟的語言來說，削弱了被統治者的購買力。消費者地位在西方世界的提升以及在非洲的下降，正是經濟財富的地緣政治中，不斷擴大的分歧兩端。帝國以全球商品展示、行銷及享用的方式，除掉了殖民地生產者在其中扮演的角色。這一點，或許正是帝國力量改變消費條件再清楚不過的例證了。

第四章

城市

城市會消費。它們從周圍的鄉村地帶取得食物來源，然後吐出新的商品與品味。100 年之前，偉大的資本主義歷史學家維爾納・桑巴特（Werner Sombart）描繪 16、17 世紀巴黎、馬德里、倫敦是出類拔萃的消費城市。他寫道，這些城市是如此舉足輕重，因為它們是當時宮廷與教會這兩大消費者的家。1 滿足了對奢侈品的需求與欲望，使這些城市成為現代資本主義的引擎。從他的觀點看來，隨著國王被推翻、紅衣主教逃跑，法國大革命之後的時期見證了消費城市的沒落。沒錯，總是有海濱度假村與退休社區的存在，但是，未來屬於曼徹斯特與馬賽之類的生產城市和港口城鎮。與桑巴特同時代的馬克斯・韋伯（Max Weber）是社會學的創始人之一，也以消費城市的「非生產性」顧客給予這類城市類似的定義，例如受股利吸引的投資客，或是在萊茵河威斯巴登（Wiesbaden）「養老金城」（pensionopolis）裡的退休者，這座城市也有「北方尼斯」之稱。2 然而，這種清楚區別消費城市與生產城市的做法有個弱點，那就是所有居民都會消費，包括勞工、商人、家庭主婦及女傭。而在 19 世紀的歐洲與美洲，城市居民的消費漸增。19 世紀見證了都市化和非都市化地區之間的差距愈來愈大。1800 年，大約有 12%的歐洲人住在城鎮。到了 1910 年，這個數字已經變成 41%。在拉丁美洲，城鎮居住比率上升得較為和緩，是

20%。另一方面，中國卻往相反的方向移動，從 1600 年的 12% 掉到 1900 年的 6%。非洲在很大程度上並未受到城市的影響；但即使是在非洲，也還是有開羅這樣的新興城市，從 1859 年 25 萬人口數增加到 1914 年的 70 萬。3 1850～1920 年這段期間發生了巨大的轉變。城市不僅變得愈來愈大，也消費得愈來愈多、愈來愈快。要了解這個故事，最好的切入點就是經由百貨公司的大門，但這種做法是從中段切入，因為除了購物與壯觀場面之外，城市還改變了整個消費的基礎結構，而且城市居民的日常生活、需求及權益都隨之轉變。構成「文明」生活方式的事物也永遠改變了。

流動與崩解

　　在城市的正中心出現了一個黃金點，這裡冒出第二個，那裡有第三個，然後是第四個——不可能知道它們傳播的速度有多快，更不用說要數清它們有幾個。你無法想像任何比這更美的事物，但現在，最美麗的部分出現了。這些點變成線，線又連成圖；火花加入更多的火花……組成無盡的光明大道。有些穿越山谷，看起來就像耀眼的鮮花串成最奢華的花環。其他則高聳入雲，宛如驚人建築物的輪廓。

　　巴黎已開啟了它的燈光。這座光之城（*La ville lumière*）讓多少旅人為之迷醉，明亮的燈光使它的魅惑無法抵擋。巴黎就像是「賽絲（Circe）的魔幻城堡，有著閃閃發光的大廳，充滿悠揚旋律的樂音與甜美可人的仕女……街道燦爛輝煌，拱廊裡滿是耀眼的珠寶，照耀著在商店櫥窗一側的雙眼，以及另一側的渴望與嚮往」。4

　　1800 年，巴黎與倫敦只能湊合著用幾千盞油燈來照明。大部分地區除了白天有陽光照射的時間之外，都是一片黑暗。到了 1867 年，當上述所描繪的印象出現時，巴黎已被大約 20,000 盞煤氣燈所點亮。到了 1907 年，這個數字增加到 54,000 盞；當時倫敦已多達 77,000 盞燈，大部分都

是白熾燈；每盞燈每晚要燃燒 140 公升的煤氣。5 當一戰在 1914 年爆發時，巴黎已比 1848 年法國大革命時期亮了 70 倍。英國外交大臣愛德華・格雷（Edward Grey）的知名悼詞即悲嘆整個歐洲的燈火正在熄滅，這句話在 1914 年 8 月時說來是如此令人感動，但如果提早三個世代就會變得毫無意義。

天然氣、用水及交通運輸構成城市網絡

天然氣、用水及交通運輸，改變了城市情感與體感的空間，以及隨之而來的都市生活節奏。街道、鄰里社區、居民們都經由輸送管道、天然氣管線及公車與電車，連結成關係密切的網絡。電力又使這個網絡系統更上一層樓，但在 1920 年代之前，電力主要是用來作為電車與火車的動力。19 世紀下半葉，任何不負現代城市之名的城市都嚮往擁有這樣的網絡；到了 1870 年代，擁有大約 18 萬居民的布宜諾斯艾利斯已經鋪設了 268 公里的天然氣管線。在東京，首批煤氣燈於 1874 年在銀座地區點燃。在歐洲最先進的街角，甚至較小的城鎮上都興建了這樣的網絡，譬如索美塞特（Somerset）的約維爾（Yeovil）、或蘇格蘭的漢彌爾頓（Hamilton），在 1913 年就供給近 3,000 戶家庭使用天然氣。英國公司特別積極傳播這方面的實用知識與資金，從本國的新興城鎮到海外的城市皆然，於是天然氣與用水便挾著帝國主義之姿，從阿根廷的羅薩里奧（Rosario）延伸至澳大利亞的雪梨。6

這些都是逐步取得進展的成果，而非一蹴可幾的完善運作系統。都市規劃者和工程師常把他們的創作比擬為心臟與動脈。然而，城市並非有機且自動循環的人體。數英里的管線就意謂著得破壞數英里的道路。水管會漏水、氣體會爆炸。由於高昂開辦成本形成了巨大的進入門檻，水與天然氣都是自然的壟斷企業。這些網絡不但引發了誰來經營及誰要支付的衝突，也衝擊到現有的日常生活模式。隨著天然氣與用水的範圍愈來愈廣，對於消費本質的爭戰也隨之而來。沐浴與沖水馬桶算是「基本需求」還是「奢侈品」呢？數千年來，人們都過著沒有天然氣與自來水的生活。採用它們並非像轉動開關那麼簡單。

天然氣與水的消費量在 19 世紀期間急遽增加。剛開始，大部分都是作為工業用途。1790 年代，天然氣最早用於磨坊中；直到 1870 年代，企業仍然是天然氣的主要消費者，接著才是城市本身。許多天然氣供應商會向小型私人顧客收取高價，以使他們的大型商業用戶滿意。1840 年代，利物浦是首批以「長期天然氣用戶」折扣優惠招徠家庭用戶與小型商店的城市之一。然而一直要到 1880 年代和 1890 年代之間，天然氣才藉著家庭收入的提升、低廉的價格及投幣式計費表（slot meter）之助，真正走進家戶之中。投幣式計費表非常適合預算吃緊、常常波動且頻繁搬家的勞工階級房客。到了 1913 年，里茲（Leeds）已供給 112,000 名消費者天然氣，是 30 年前的兩倍；他們之中有將近 50％ 使用投幣式計費表，15％ 有煤氣爐。比之舊型的對流式煤氣爐，新型的煤氣爐可使輻射熱倍增，更為溫暖舒適。到了 1908 年，蘇黎世大部分的天然氣不再用於照明，而是作為烹煮與暖氣之用。現在，75％的住宅都有天然氣。10 年內天然氣的消費量幾乎增長了 3 倍，達到每年 10 億立方英尺的用量。在一戰前夕，倫敦的用量達到了驚人的 500 億立方英尺。像聖保羅（São Paulo）這樣的拉丁美洲城市，用量也相距不遠。7

向城市輸送自來水

正是在此同一時期，城市開始發展出它們對水的現代渴望。1802 年，據估計巴黎人平均每天只能勉強用到 5 公升的水。到了 19 世紀末時，用水量已達 10 倍以上。任何人倘若以為大量用水是最近才有的問題，應該要看看那個時期的美國。美國城市快速發展成「超級消費者」（überconsumer）。城市愈大，就愈渴求用水。在 1860 年代，新英格蘭城鎮供應每人每天 35 ～ 45 加侖的用水量。而在波士頓、芝加哥及其他大城市中，這個數字則是 60 ～ 100 加侖。1884 年，亞特蘭大輸送了驚人的每人 225 加侖（即 855 公升）用水量，比馬德里或柏林高出 10 倍。8 發展中的城市需要更大的水庫、輸水道，甚至更遠的水源。水井與運水車都不敵以管道輸送的方式。以管道輸水的最初需求並非來自個人，而是來自企業——工廠老闆和商業用戶，他們主宰鎮議會、向其施壓，要為他們的產業提供

更多、更好的用水。同時，由於發現了飲水傳染的疾病，也指出每個人都需要有乾淨、充足的用水。公共噴泉與學校的免費用水，成了市民的自豪感。

在 19 世紀最後 25 年，水跟天然氣一樣，私人消費已占了主導地位。由健康改革者、慈善家及商業利益團體集結而成的一群人，呼籲人們要消費更多水。在歐洲與北美洲，清潔的重要性近乎虔誠敬神已不是什麼新鮮事，但在 18 世紀時，清潔指的是整潔的外觀與衣著。9 直到下一個世紀，清潔所強調的重點才轉向乾淨的身體。改革者主張，清洗自己的身體對於市民生活與公眾健康皆十分重要：只要境況較富裕的人經過某個「許久未清洗」的人時拿出嗅鹽，社會衝突便難以避免。然而，不僅是窮人才骯髒不潔。1854 年，霍亂被確認為一種經由飲水傳染的疾病，30 年之後，倫敦的約翰‧西門博士（Dr John Simon）在他的衛生手冊中強調，許多富裕階級的人也並未達到「對汙垢高度敏感的標準」。10

流行病學、疾病的細菌理論及衛生改革皆有其社會民主的意涵。傳染病是不分階級的，除非每個人都愛乾淨，否則沒有人能倖免於疾病的傳染。這一點不僅跟公共當局、水公司、建築商、房東有關，更涉及個人行為。定期的清洗意謂著尊重自己也尊重他人。小學會舉行清潔檢查以教導孩童養成這項新習慣。在法國，衛生、禮儀和愛之間的關聯性也被反覆灌輸給學童；1890 年代，一段聽寫測驗的句子這麼說道：母親不想親吻臉頰骯髒的女兒；另一種論述是，善良好學無法彌補骯髒不潔，朋友們會厭惡地轉身離你而去。這裡有個詞性變化練習：「我知道我的責任，我洗我的雙手。」11 汙垢會孕育出的不只是疾病，還有社會排斥。盥洗室就是小公民們的訓練場所，肥皂與自來水就是他們的市民課程。

到了 1900 年，水龍頭與天然氣管線跟博物館與百貨公司一樣，象徵了都市的現代化。抽取輸送到城市居民的水量急遽增加。抽水馬桶與浴室使壓力呈指數般上升：每沖洗一次，2～3 加侖的水就流光了。一名倫敦工程師發現，公共或私人浴室的平均用水量在 90～120 美制加侖之間。12「持續供應」的概念是在 1870 年代～1890 年代間首次引進倫敦。取代了在特定時段抽水、儲存於蓄水池或水槽中的間歇式服務，城市開始著手以高壓抽水提供市民全天候用水，只要一開水龍頭就可以使用。持續

供水體現了網絡消費的普遍野心：使水流成為每個人皆可 24 小時消費的現實商品。1913 年，倫敦每個晝夜都為它的 700 萬居民輸送超過 2 億加侖的水量。到了 1912 年，里茲也經由 510 英里的水管，每天為它的 48 萬居民輸送 2,600 萬加侖的水量。亞歷山大水公司（Alexandria Water Co.）從尼羅河中抽取 50 億加侖的水輸送給 40 萬人。

然而，如此巨大的工程勝利不該使我們忽略掉限制與失敗的存在。在大部分的城市裡，持續供水仍然算是例外而已。一戰前夕，當所有倫敦人都視持續供水為理所當然時，只有 20％的巴黎人能享受到同樣的服務。造訪巴黎的外國學生都會被建議，要把水煮沸至少 15 分鐘。在漢堡，未經過濾的水從易北河（Elbe）中泵入，造成 1892 年霍亂的傳播。在有著 100 萬人口的上海，水公司僅能供給 3 萬處場所的用水 —— 因此在成千上萬的違章屋舍之中，住戶只好自行挖掘出自用的淺水孔。在大運河南端的大城杭州，直到 1931 年才開始有供水系統；20 年後也只有 1％用戶有水管輸送的供水。即使是在兩次大戰間的歐洲，當自來水已成為界定城市人與鄉下人之間的區別時，許多城市仍然缺乏配套的汙水排放系統；在義大利，直至 1950 年代之前，仍有 2/3 的家戶沒有自來水可用。13

要理解都市消費模式的改變，我們不能像工程師或都市規劃者一樣，僅從市中心往外去看這整個消費網絡。我們必須同時從另一個方向來審視，從那些打開水龍頭、在水管下沖澡的婦女、男人和孩童的角度來看。整體的需求是由形形色色的日常慣例與做法組成。就像沒有所謂全體適用的消費者一樣，也沒有所謂典型的網絡城市。

用水的不平等

城市、地區 —— 甚至鄰近的街區 —— 取得用水的機會並不均等。這關乎地點位置、社會階級及住屋類型。舉例來說，1900 年時毗鄰柏林的路易森城（Louisenstadt），如果工人們夠幸運，能夠住在一間公寓大樓的後方，而前方已有許多名聲頗佳、連成一氣的公寓單位，那麼比起住在其他區域的工人同僚，他們享受到自來水的可能性多出兩倍。不過有自來水是一回事，有私人盥洗室、沖水馬桶與熱水又是另一回事。自 1860 年代以

來，沖水馬桶在某些城市迅速傳播開來，開始變得普及，像是利物浦、倫敦、波士頓及紐約。然而在其他城市，馬桶使已負荷過重的系統更加捉襟見肘，是故當局並不鼓勵這項裝置，曼徹斯特甚至禁止使用馬桶。直到1880年代，大部分美國都市人仍然將排泄物倒入糞坑之中。在芬蘭最大的工業城坦佩雷（Tampere）中，主要的乾灰馬桶（dry and ash toilet）一直用到20世紀。上海市議會在1905年通過了《外國建築規則第76條》（Foreign Building Rule 76）：「不得連結任何公共或私人的排水設備，藉此排放出排泄穢物。」但保留了授予特別許可的權利給「經核准的盥洗系統」，條件是市議會以其認為合適的代價，移除任何汙水糞坑裡的東西。1950年代，英國的貧民窟家庭中有電視、吸塵機，但既沒有室內廁所也沒有熱水。在歐洲各地，直到1960年代之前，獨立浴室仍是一項奢侈品。14

在亞洲，根據條約開放的通商口岸 —— 歐洲人與日本人可享貿易特權和治外主權的殖民租界地 —— 引進了以水管輸送的自來水。在毗鄰渤海灣的天津，一間英國公司於1899年開始為英租界提供自來水。4年之後，濟安自來水公司（Tientsin Native City Waterworks Company）也加入了供水的行列。然而，幾乎沒有本地居民負擔得起自來水，或是家中裝有自來水設備。於是，這間中英合資的企業遂以興建街頭給水栓的網絡來取代。人們會去「水鋪」（water shop）買一張票，允許他們用街頭的給水栓裝滿水桶；北京運行的也是一套類似的系統。與其處理成千上萬的個體戶，天津的自來水公司寧可從500家特許經營的「水鋪」獲利，宛如某種販賣流質食品的麥當勞連鎖店。然而，不論是英國的系統或天津的系統，都未能完全改變現有的習俗。英國上流社會家中有流入自來水的水管，卻沒有流出汙水的管線。這些運水業者有組織完善的行會，可以想見它們不願只收集汙水。同時，給水栓提供了運水業者新的商業機會，水桶可以只裝半滿，然後添加河水混合，再當成是公司的水賣給不知情的顧客。15換句話說，這個網絡並非封閉或自行規範，而是漏洞百出。進口、現代的體系以及既存的本地系統一起供水。大部分人兩者皆用，以取得他們的盥洗用水與飲用水。

在歐洲與北美洲，運水業者已然從城市街道上消失，但自來水並不總是流動得很順暢。許多工人階級的家庭得在院子裡共用一個水龍頭。水壓

可能並不穩定，或是根本就沒有。在 1880 年代的費城，一名體面的工程師將水裝在罐子裡帶到浴室中，讓來訪的英國同僚大感驚訝。[16] 持續供水也帶來了新的責難。不僅房客期望有全天候的自來水可用，房東也是如此。儲水槽不但照料起來很麻煩，而且占去寶貴的空間。房東的結論是，在像倫敦東區（East End）這些較為貧窮的街區，最好可以在地方當局全力支持下拆掉它們，因為地方當局原本就致力於消除藏汙納垢與疾病之源的蓄水池。但是當 1890 年代發生一連串霜凍及乾旱等天然災害，使持續供水系統瀕臨崩潰，迫使水公司在夏季時切換回間歇供水服務，東區人只得被留在一團惡臭的混亂之中，當水來時也接不到水可以用，更別說沖洗馬桶了（參見插圖 26）。[17]

天然氣解放家庭主婦

　　天然氣與電力網絡的擴展也同樣不穩定、時好時壞。天然氣就像水一樣，是使家庭文明化的保證。早期煤氣爐的廣告皆呈現雀躍不已的家庭主婦，滿懷喜悅地脫離骯髒煤炭的地獄，來到清潔燃料的天堂。有時，也惠澤男性擺脫用煤磚或木炭加熱洗澡水這項耗時費力的家務桎梏。正如自來水被用在抽水馬桶、洗澡及後來的淋浴上，天然氣也被用於烤麵包機、熨斗及其他協助家務的用品上。家庭逐漸變成了「消費交會點」（consumption junction）。[18] 一直到 1920 年代，天然氣與電力等省力設備才進入美國家庭，而歐洲與亞洲則是在第二世界大戰之後才使用。當歌手兼作曲家喬治・巴頌（George Brassens）在 1944 年搬到巴黎第 14 區時，那棟位於佛羅里蒙特（Florimont）死巷裡的房子既沒有天然氣、電力，也沒有自來水。[19] 上海遲至 1949 年，才只有 2% 的居民擁有天然氣。然而早在 50 年前，天然氣網絡便已將基礎架設好了。對社會改革者來說，天然氣為家庭帶來了幸福，也為街頭帶來了安全。投幣式計費表使窮人也可以享受更好的照明，促進家庭幸福。禁酒的擁護者堅稱投幣式煤氣爐是酒館老闆的最大敵人，因為一分錢就可以煮出健康的一餐，再也不必離家到酒館只為了吃點東西、取點溫暖，而且如果在過程中又喝醉了，丈夫可以好好地待在家中。經濟、家庭生活及公眾道德都兼顧到了，一舉數得 —— 甚至朝女性解

放又邁進了一步。女性演講者強調天然氣如何解放了家庭主婦,使她們擺脫了待在家裡生火、讓火保持不滅的瑣務。而在外頭,人們也希望藉由煤氣燈的照明,消除盜賊與妓女的藏身之地。[20]

忽暗忽明的城市照明

然而,光明與黑暗彼此互相激盪。照明並不完善,且效果矛盾。煤氣照明極有效地增強了娛樂空間的壯觀氛圍。我們的巴黎訪客並非無端對煤氣照亮的商店櫥窗與餐廳深感興趣,煤氣燈擴大了神奇幻想的劇目。在布宜諾斯艾利斯,雷孔基斯塔街(Reconquista Street)上的阿根廷劇院(Argentine Theatre)在 1856 年打開燈光。圖書館延長開放時間;雖然不純煤氣燃燒所產生的硫酸,往往會產生摧毀不止一本好書的不幸副作用。[21] 然而在家庭中,照明廣受讚譽的社會效益,被擔心煤氣燃燒時過度刺激器官並導致血栓的憂慮所抵銷了。對於室內裝潢師來說,它對牆壁掛飾與窗簾、地毯等室內陳設品的效果幾乎同樣地可怕;與其如此,他們寧願擁護電力來代替。1880 年代,在巴黎的布爾喬亞公寓裡,煤氣主要是用在走廊和接待室——在飯廳與私密空間中,蠟燭據說更適合照亮賓客的臉龐。[22]

作家谷崎潤一郎曾憂心街道照明會破壞日本美學中對陰影的欣賞。[23] 但是在街上,照明也是修修補補、拼湊不齊。大部分城市,甚至大型城市,與巴黎人理想中飾以光之榮冠的不夜城相較之下,仍然有著天壤之別。貝魯特在 1889 年引進了煤氣燈,但只在街角設置。在夜間,警察會在下個街角吹響警笛,向行人示意何時可在黑暗中安全穿越馬路。[24] 在江戶,歌舞伎町自 1870 年代即點燃了煤氣燈,但在庶民居住的下町,幾乎沒有任何街道有照明。即使是有著數以萬計盞燈的倫敦,仍被稱為「世界上照明最棒與最糟的城市」。[25] 1911 年,就連測光表都難以在較貧窮的地區測出最昏暗的燈光。幹線道路的軸向照明,往往是被詬病的對象。懸掛在街道中央的燈光,使下車的巴士乘客得跳進一片陰影,置行人於危險之中。在燃燒大量煤炭的城市中,濃濃的煙霧有時會使煤氣燈好幾天都被遮住,看不清楚。1910 年,一位倫敦工程師古德諾先生(Mr Goodenough)指出,「他(從他的公寓房間)走下去,站在街燈柱腳卻看不見燈光,雖然

那盞街燈不過就在高於道路平面 18 英尺的地方。」26 而且只要有燈光，就有陰影。在世界經濟中心的倫敦市，坎農街（Cannon Street）上的燈光留下了三角形的黑暗區塊，提供了危險的「藏身處給令人反感的人士」。城市點燃的燈光愈多，激發恐懼與吸引力的黑暗也就愈多。每多一瓦特，就會多一個都會陰影地帶的哥德式故事。27

誰來提供？怎麼收費？

　　天然氣與用水使城市面臨了前所未有的諸多挑戰。其中一項挑戰，就是要決定該由誰來提供。這種產業得先投入大量的投資。剛開始，都是由私營公司來承擔，以幾十年保證價格的壟斷經營作為交換的條件。這些安排就是關於公平價格、品質與供應等無盡衝突的來源。私營公司的股東們對於連結偏遠地區，或者從遙遠的山間河流輸水等規劃毫無興趣。自 1860 年代開始，愈來愈多城市開始自行擔負這項重責大任，直接向消費者供給天然氣與用水。到了 1880 年，英國與美國城鎮中的公共供水系統已經比私營的水廠多。瑞典在 1913 年之前，這些業務已穩固地由市鎮管轄；而在法國，大部分也已由地方行政區接管，雖然巴黎仍然由通用水公司（Compagnie Générale des Eaux）供水。西班牙是這股趨勢中的唯一特例，部分原因是由於有史以來，它的城鎮始終缺乏強而有力的市民管理機構。而在倫敦，行政管理單位支離破碎、散漫無章，也遲至 1902 年才由公部門來接管供水。28

　　這項運動被稱為「市政社會主義」（municipal socialism），雖然背後的驅動力與才剛起步的社會主義黨派無甚關聯，主要的壓力是來自都市發展與自然限制。在 19 世紀末，水不像食物或服裝變得愈來愈便宜，而是變得愈來愈昂貴。都市的蔓延擴展，意謂著必須鋪設更長的管線到郊區，並尋找更遙遠、更昂貴的水資源。私營公司能收取的最高價格，早在初期即已受到立法者的制訂與管控，因此它們沒有太大的動機進行投資，城市遂不得不接手。只要能為他們的工廠提供足夠用水，許多商人都樂於忍受公有制。至於天然氣，運作的邏輯則截然相反。天然氣不像自來水，創新的技術使得它利潤豐厚。尤其對那些缺乏雄厚收入基礎的新興城市來說，天

然氣不啻是一棵深具吸引力的搖錢樹。正如一位歷史學家所說，我們應該真正討論的是「市政資本主義」。29 正是天然氣所帶來的利潤，使城市得以成為公共消費的主要提供者：從公園、圖書館，到遊樂場與游泳池。

人們較未意識到的一點是，水與天然氣對消費者來說是同樣巨大而深切的挑戰。水與天然氣引發了令人困惑的問題：關於消費的本質。到底水是「上帝的禮物」還是一項商品？如果它是一項商品，那麼它的價格應該是多少？要如何讓人們付錢？多少加侖的水用量會使「必需品」變成「奢侈品」？大約從 1850 年起，許多城市都在這些問題上陷入了一場耗費 50 年的戰爭，而正是這些論戰使得許多市民第一次聯合起來組成了「消費者」聯盟。有些屋主與店主覺得自己像被私營的壟斷供應商搶劫了，於是成立了他們自己的團體。1879 年，在巴黎組成了「巴黎天然氣消費者聯盟」（Union des Consommateurs de Gaz Parisien）。1890 年代，在馬賽及幾個省級城市，小商販與餐館老闆們試圖以抵制天然氣公司的方式迫使其降價，但成效不大。而海峽另一邊，憤怒的英國居民組成了「倫敦南部天然氣消費者互助協會」（South London Gas Consumers' Mutual Association）。30 付費的家庭用戶，得到的對待是忽明忽暗的燈光以及誇大不實的天然氣計費表 —— 所以維多利亞時代才會有這句諺語：「你像個煤氣表一樣撒謊。」工程師絞盡腦汁阻止人們以各種花招誤導他們的計費表 —— 使中央的刻度盤往逆時針方向移動 —— 從用磁鐵來操縱，到甚至以更糟、更危險的做法來矇騙（在水電工的幫助之下挖大微小的天然氣開口）。此外，天然氣與電力都無法論斤販售，那麼人們到底買到了什麼？電壓、能量、還是燭光？當電壓下降時，燈光會變暗，但計費表仍然跑個不停。1893 年，巴黎壓縮氣體公司（Compagnie Parisienne de l'Air Comprimé）因為長期供應低電壓而被罰款，並失去了它的壟斷經營權。31

關於水的激烈論戰，使消費者忿忿不平的怨氣提升到前所未有的高點。水就像麵包或糖，可以論公斤販售（恰好 1 公升的水等於 1 公斤），而這也是運水車長久以來在做的事。然而隨著網絡的蔓延與擴展，水也經歷了某種演變過程。水公司開始以計費表向大型用戶計量收費，但這對數百萬的私人家庭用戶來說並不合理。計費表過於昂貴，一直到 1880 年代才開始普遍使用。在供應商的立場上，他們憑藉的是粗略的經驗法則。在某些

國家，收費是根據家戶人數來計算。在美國，一間房屋的正面外牆會被用來估計屋內居住的人數及其舒適的程度。在英國，房東依據他們在當地繳納的房地產稅來支付水費，然後在房客應付的租金總額上再加入一筆水費。一個住在大別墅裡的節儉單身漢，付的水費比住在他隔壁小房子裡的一大家子還要貴。

就像衛生改革解決了維多利亞時代早期的公共衛生危機，如今，新的衝突也開始在消費者權益的議題上爆發開來。最先引爆的一波論戰是關於水費的問題。有些人公開呼籲成立一個「水議會」（water parliament），其他人則轉而倡導法律與消費者權益。在 1880 年代早期，一個由「消費者保衛聯盟」（consumer defence leagues）組成的網絡在倫敦各地設立了法律諮詢中心，向居民說明私營水公司如何向他們濫收費用以及他們可以如何抵制付款。第二波開啟的論戰是關於洗澡的問題。1850 年代的立法要求了水公司為「家用」供水。但問題在於，家庭生活的水準不斷改變。中產階級也安裝了浴缸與抽水馬桶。然而對於水公司來說，這些並非「必需品」或「家用品」，而是像花園一樣的「額外項目」，必須另外付費——一個額外項目要收八先令；精確地說，八先令是對一棟年租金在 100 ～ 200 英鎊之間的倫敦房屋所收取的額外費用。可以想見，中產階級多麼怒氣衝天。雪菲爾（Sheffield）市長說：「如果一個男人用水把自己的皮膚洗乾淨、保持清潔，這還不叫做家庭用水，那他根本不知道什麼才能叫做家庭用水了。」他的市民同鄉們組成了一個「洗澡保衛協會」（Bath Defence Association），抵制額外的收費。有些人甚至在他們的浴缸裡頭畫上一條紅線，監測實際使用的洗澡水有多少，要求水公司據實收費。不過法官並不怎麼認同，還是強制以現有費率來收費。

消費者行動主義

在早期抵制茶葉與奴隸種植的糖時，消費與政治曾經攜手並進；如今，在這場反對本國公司剝削家庭血汗的運動中它們再次同心協力。而這場關於用水的消費者運動，最顯著的特點是它一開始並非由女性購物者引導，而是由有產階級的男性。身為社區中納稅業主的這層利害關係，把這

些體面的維多利亞人推往消費者行動主義（consumer activism）。對他們而言，他們不僅是在為自己的家庭爭取更便宜的用水，也是在為自己的公民權利奮鬥。他們是根據地方稅來付水費（而非以使用的用水加侖數），這或可解釋為何這波行動主義浪潮會在英國掀起軒然大波。因此，消費者得助於公民權與政府的特殊傳統——以有資產的男性納稅人為基礎——而走上了政治的舞台。我們不該將這些行動主義者浪漫化。城市產生了分歧。許多體面的都市居民採取一種短視近利的觀點，認為：32 為什麼一個城市要把納稅人辛苦掙來的錢花在更大的水廠或是其他改善設施上，嘉惠根本沒繳半毛稅金的群眾？然而，我們也不該忽視這些都市居民在將消費者引入政治方面所扮演的角色。

1890 年代的旱災，開啟了最後第三波關於水的論戰攻勢。如今，倫敦人已習慣了持續供應的用水，水龍頭乾涸這件事變得讓人惱怒不已。現在，開始對水公司發動抨擊的人，成了勞工、婦女、革新的自由主義者與社會主義者及有產階級。33

消費者權利運動者談論權利，但是他們的責任呢？使「消費者」成為這場論戰的焦點，理由之一即是水公司將水的匱乏不足與高昂價格歸咎於消費者；應受指責的是那些「浪費」的消費者，而非網絡管線、公司的工程師或股東。當時的人徹頭徹尾被一個簡單、引導性的假設所支配了，認為進步必然會涉及較高的消費水準；的確，進步是需要更多的消費。「當鐵鑄水管與高壓引擎被引進時，」倫敦消費者聯盟的帶頭者、律師阿奇博爾德·多布斯（Archibald Dobbs）即於 1890 年寫道，「水的用量更大了，家庭的需求自然而然且理所當然地持續上揚：舒適的標準不斷在提高。」34 十年之後，當紐約市快速耗盡克洛頓河（Croton River）的流量並仔細衡量該採取什麼做法時，一份詳盡的報告作出了結論：「水應該被大量且充裕地供應，與其限制它的用量，每一個誘因都應該被充分利用來鼓勵比現行使用更多、更無節制的用量。」35 要求市民更節約用水是無法想像的，這使得浪費成為唯一的目標。

浪費水資源

　　文獻資料中充滿每人平均消費的數字，但這些數字必須謹慎地審視。城市並不知道個人的消費量，只是把抽取了多少水量記錄下來；而在這兩個數字之間，還存在著破裂的管道和漏水的龍頭。英國在 1892 年的一項調查中出現了下列皇家委員會（Royal Commission）與傑出工程師兼東薩里水公司（East Surrey Water Company）董事長弗雷德里克‧布蘭威爾爵士（Sir Frederick Bramwell）之間的唇槍舌戰：「倫敦的人口已經……習慣於消耗大量的水，」委員會問道，「你認為要降低這樣的消費量會非常困難嗎？」布蘭威爾插話，「容我反對您採用『消費』這個用語。」「等一下，我用『消費』是因為我認為，它是我們會採用的最普遍用語。」但布蘭威爾不同意，他認為「提供」是更為適切的用語。36 被消費的是什麼，完全取決於一個人的觀點：只是特意用於洗滌、烹飪及飲用的水，抑或也應該包括滴滴答答的水龍頭所漏掉的許多加侖？甚或可能包括經由主水管而流失的水——一種看不見的、無形的消費？

　　同時代的人們也情有可原地產生了分歧。在某些地區，用水的浪費已超過個人使用的範疇。1882 年在倫敦北部的肖迪奇（Shoreditch），居民每天每人的供水量是 37 加侖，但耗水檢查員以及改進的配件使這個數字減半；同年六月，檢查員在附近尚稱時髦的芬斯伯里公園（Finsbury Park）發現人們白天用 18 加侖的水，晚上睡覺時卻用了 105 加侖的水，「他們讓軟管在花園裡流整晚的水」。37 若真要說的話，是持續供應與現代化的便利設施鼓勵了這種做法：要清洗的衣物就放在水龍頭下不斷沖水，以便節省肥皂；沖水馬桶一直開啟著，使便座與管道保持乾淨。1895 ～ 1898 年的嚴寒冬季，紐澤西州的紐華克（Newark）居民為了防止水管凍結，便讓水龍頭保持開啟，使城市的供水十分吃緊。根據經驗所作的猜測是，在計費器尚未普及之前的 1880 年左右，歐洲城市因漏水而流失了 25 ～ 50% 所抽取的水，主要可歸因於錯誤的配管工程及破舊的水龍頭，更不用說故意的浪費了；對計費表最全面性的一項調查，所做出的結論是「房客並沒有搶房東的錢」。38

　　愈多城市把它們的建築往上蓋，就愈不會浪費水資源，愈來愈多的浴

室和洗手間是美國數據高到驚人的另一個原因。美國的新城市分布得沒有歐洲的舊城市那麼密集，而獨棟式住宅愈多，則代表固定設備與管線也愈多。1890 年，柏林的每一條水管可以供應 70 戶家庭用水，然而底特律的每一條水管能供應的沒幾戶；換言之，如果有 30％的水因為漏水而流失，這意謂著每個柏林人一天會漏掉 5.4 加侖的水，而每個底特律人一天會漏掉 75 加侖的水。這些因素雖使我們不得不將實際消費數據往下修正，但對 1900 年前出現的三級架構並無任何影響：德國城市在最底端

乾渴的城市：水的消耗量 1870 ～ 1904 年

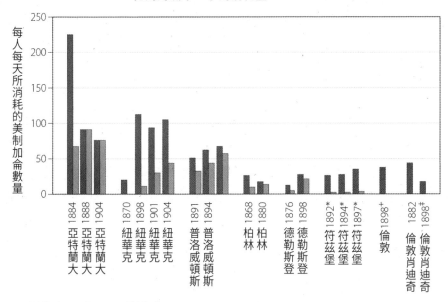

1 美制加侖 = 3.8 公升 = 0.83 英制加侖

■ 每天每人消耗加侖數

▨ 以加侖數表示的計費服務之百分比

* 僅限於家中的消耗量，不包括工廠與公共使用；符茲堡 1892/94 已調整。
† 新河公司（New River Company）地區（北倫敦）與倫敦代表性房屋的混合。
‡ 新河公司進行耗水檢查與配件安裝之後。

來源：弗埃爾特（J. H. Fuertes），《紐約水資源的耗費》（Waste of water in New York）（1906）；《皇家供水委員會》（Royal Commission on water supply）（1900），25 輯（Cd），38 卷，1 部，總結報告；格拉恩（E. Grahn）編，《德意志帝國的城市供水》（Die Städtische Wasserversorgung im Deutschen Reiche）（1902 年）；范寧（J. T. Fanning），《液壓與供水工程實論》（A practical treatise on hydraulic and water-supply engineering），15 版（1902 年）。

（每人每天消耗 5 ～ 30 加侖），英國城市在中間（每人每天消耗 17 ～ 40 加侖，領先的是格拉斯哥，多虧了蘇格蘭人的偏好——沖一次馬桶就要用上 3 加侖的水），美國城市在最頂端（每人每天消耗 30 ～ 100 加侖以上）。在 1903 年尚未使用計費表的曼哈頓，抽樣調查指出每人平均真正使用的水量是 30 加侖，然而有超過 50 加侖的水漏掉了或是根本就無法解釋跑到哪；另外的 50 加侖則被用在商業及公共用途上。但即使是這個數字，也掩蓋住了城市之中的階級差異。扣除漏掉的水量之後，工程師發現一名住在布魯克林的典型居民平均一天會用 39 加侖的水，而在上西區（Upper West Side）更富裕的公寓中，居民的用水量是前者的五倍。**39**

省水大作戰

城市之間的知識和技術交流相當活躍。利物浦的迪肯（Deacon）耗水計量表藉著選定地區，策略性地監測夜間的總管道，並比較日間流量，來找出被浪費的水資源。這項方法被試用於波士頓，並短暫地被試用於橫濱（Yokohama）與法蘭克福；在 1883 ～ 1884 年間，波士頓因此而減少了 1/3 的耗水量；紐華克對數千個浪費水資源的罪魁禍首強行裝置了計量表；柏林展開了全面性的計量表裝置，並因而受到美國當局的高度推崇。但是，我們並沒有確切的數字指出計量表對於個人耗水量的影響；柏林計量的是整棟公寓的屋主，而非個別的房客。我們雖然無從得知被計量的服務百分比為何，但這已經是一項深具啟發性的粗略比較了。在亞特蘭大，家戶計量表大幅地降低了水資源的浪費；相反地，在紐華克與普洛威頓斯則幾乎沒什麼影響。一旦嚴重的違規者被強制裝上計量表，額外的計量能省下的就十分有限了；在德國，我們可以看到像柏林這樣的成功故事，也有像德勒斯登這樣的失敗案例，而符茲堡和許多其他城市仍然抗拒著計量表。到 1920 年時，已有 2/3 的美國城市裝設了計量表。

與眾不同的是英國，只有像是阿賓頓（Abingdon）和莫爾文（Malvern）這樣的小鎮在家庭中裝置計量表。從今天的角度來看，這像另一個英國例外論的例子，無視環境的放任主義。然而我們必須記住，當時沒有一個國家把計量表當成是一種改變生活方式的工具，它只是設計來減少漏水，而

非使用。事實上，計量表的擁護者對於這樣的事實感到自豪：藉著鼓勵房東維修配件的做法，他們能使住戶更常洗澡。一項在 1906 年進行的調查所得出的結論是，「對於現況的指責……不在於成千上萬的用水戶，而在於相對少數的屋主，他們忽視了保持水管管路的正常運作。」40 英國的做法是把焦點放在這些少數人身上。在迪肯計量表（Deacon meter）的幫助下，耗水檢查員可以追查出粗心大意的房東，讓他們安裝經過公司測試並打上合格標記的配件；光在 1905 年，曼徹斯特就進行了四萬次的檢查，在某些地區，這些檢查使「消耗減半」。41 但沒有任何英國城市遭遇到像是底特律或亞特蘭大那種層級的水資源浪費。倫敦的渴水是可以控制的，柏林也是如此；但不像柏林，倫敦跟其他英國城市並不認為，為了消費者真正使用的東西而向他們收費是必要的，這也反映了英國的政治價值和現實。以普魯士人的方式要求所有房東來承擔，這對自由派的英國人來說並不是一項具吸引力的做法。正如工程師布蘭威爾對皇家委員會所言：「如果 100 個提供水的人之中有 10 人是浪費的，另外 90 人不是，那麼你不需要去困擾那 90 人……你只需要去找那 10 個活該的人麻煩。」42

私人浴廁

那麼，水龍頭與自來水又對人們的習慣造成了什麼樣的影響？一項受到傅柯（Michel Foucault）所啟發的主張宣稱，它們使人們在身心上都開始轉而向內。廁所是封閉的私人隔間，衛生與自來水灌輸了自由主義所需的自律精神，教導個人如何自我管理；「自由主義的治理性」（Liberal govern-mentality）隨著水管而產生。43 不過在現實情況中，空間與做法並不像人們想像的那麼隱蔽而私密；正如我們已經看到的情況，持續供應使家庭緊密連結成一個相互依存的網絡，也因而形成了穩固的公共聯繫。技術傳播的速度緩慢不均，必須適應特定階級的空間與習慣。在 1890 年代，一間附有淋浴設備的浴室是多麼新奇的事物，在倫敦的富裕家庭中，主人甚至會誇耀地展示給前來晚餐的賓客們看。在柏林，平均每 79 人才擁有 1 個浴缸。遲至 1954 年，10 個法國家庭中也只有 1 家擁有浴室。44

抽水馬桶的擴展倒是極為快速。到 1913 年時，就像萊比錫（Leipzig）

與里耳（Lille）一樣，抽水馬桶已成為倫敦日常生活中的標準配備了。然而對許多人來說，這些並不完全是私人的空間。1904 年，在巴黎南部第 14 區所執行的一項檢查發現，每五間公寓才有一間私人廁所，其他住戶必須共用樓上或公寓底層的洗手間；私人的水龍頭同樣罕見；45 個人衛生與鄰人之間的接觸和衝突，也仍然密不可分。在漢諾威（Hanover），每三個家庭就得與十幾個人共用廁所，而那往往是在一個公共庭院中——一名評論者在戰後回憶起那股來自附近人類排泄物與廚房垃圾的惡臭。46 在 1930 年代巴塞隆納（Barcelona）勞工階級的家庭中，廁所往往就在廚房裡。在英國，憂心忡忡的父母甚至要求十幾歲的男孩們把廁所的門打開，讓男孩們罪惡的雙手留在他們的視線所及之處。

個人衛生習慣仍然存在著相當大的差異，即使是在有著熱水與固定浴缸的家庭中，距離每日淋浴的沐浴習慣還是有一段漫漫長路。根據他們自己的統計，雪菲爾中間階級的洗澡者，每年全家人也只洗 62 次澡。學校裡的教師雖然反覆灌輸學童們清潔的觀念，但直到 1920 年代，法國仍有一半的學校沒有半間盥洗室，大部分教師都得在家裡等著自來水到來。對許多人來說，清潔是一種在學校的淋浴間、當地的河流，或是市立的泳池——為慶祝水作為社會民主共享之喜悅而建蓋——之中所進行的公共儀式。在赫爾辛基（Helsinki），男女可以在不同日子裡輪流於城市的游泳池中裸體戲水洗浴；在歐洲與亞洲，公共浴池是社交、閒聊及私人清潔的空間。考慮到在沒有自來水輸送的情況下費時耗力準備熱水澡的辛勞——對絕大多數的人來說是如此——洗澡這項日常慣例也有頗大的差異。有些人每週會在週六洗一次澡，有些人每天晚上會在水槽刷洗；有些孩子共用浴盆，有些則是一個接一個洗澡，由他們的媽媽先清空浴缸的髒水、再煮沸乾淨的水倒入。一名生於 1897 年的女士回憶，她在布拉福（Bradford）一個八口之家長大，父親是一名鐵路工程師；他們有一間「寬敞的浴室」，裡面有一個「鍍鋅的大浴缸」，但熱水得在廚房的煤氣爐上煮沸；她和三個姊妹在每週的週六下午洗一次澡，而她的兩個兄弟則會去泳池洗澡，「所以你看，他們經常洗澡，我們還算應付得相當好」。47

上街購物

從北京天橋說起

　　1911～1928年，中華民國的新首都北京，是一個充滿各式商店與娛樂的繁華城市，1911年辛亥革命推翻了滿清，也扼殺了以往為宮廷朝臣、皇親貴族、太監宦官們提供所需的市場生計，購物空間的大雜燴於焉誕生。城市外圍，寺廟周邊的市場倖存下來。位於東南方的王府井有許多外國人住在這裡，於是百貨公司也敞開了它們的大門；然而，最大型的市場卻出現在西南方，亦即被稱為「天堂之橋」的天橋（參見插圖23）。新的民國統治者決心積極整頓內城，因而擴展了交通運輸網絡，天橋幸運地成為電車路線的終點站，於是道路被拓寬，沼澤地也被填平。不過一個世代的時間，這個曾經是濕軟沼澤地的村落已發展成為熱鬧活躍的樞紐重鎮，人人都可以來此尋找划算的特價商品並找點樂子。來到天橋市場的遊客，可以遊逛令人眼花撩亂的300家商店：有25%店鋪販售絲綢與紡織品，還有25%的店鋪販售二手衣物；有七家店鋪專賣外國貨，有一家專賣西服；有116個小吃攤商競相爭奪飢餓顧客的青睞，還有37間餐廳。幾乎沒有什麼需求是天橋市場無法滿足的，除此之外，這裡還有好幾間照相館、雜貨店、藥房及一間妓院；而遊客在購物時，還可以一邊欣賞特技雜耍、歌手、魔術師的表演。1918年，天橋又多了一座最先進的複合休閒設施「城南遊藝園」，從上午11點開放到晚上11點，只要30分錢，學生跟中產階級就可以在這裡打保齡球、溜冰，或是享受戲院與舞廳的設施；其中一間餐廳所提供的「外國餐」，則需要額外付費。不論對窮人與富人來說，天橋都是一個極受歡迎的地方。1936年，老舍知名小說《駱駝祥子》中的男主角就發現自己不可能離開這座城市，這就是天橋不可言喻的魅力。*48*

　　民國時期的北京很難被套入「現代城市」的傳統模式中，但一方面，它的確呈現出某些可被視為象徵大眾消費的趨勢，另一方面，一片呈扇形分布的活躍小店與攤位包抄了大型百貨公司的周邊區域；在這些小店與攤

位中的商品沒有固定價格，而是經由討價還價或甚至欺騙的手段來買賣交易，商店被稱為「猛虎崗」，形容零售商是老虎，顧客則是獵物。無獨有偶，天橋的城南也帶有些科尼島的色彩，但在主要市場，街道與舞台是演員與雜耍劇團的地盤，而這些表演也不再是「傳統」的演出；唱落子，或稱蓮花落者，已擺脫他們出生的省籍，搖身一變成為商業藝人，有專業組織與藝名，還有報紙的排名。天橋遠非古老習俗的維護保存者，而是充滿蓬勃活力的新奇泉源，包括女性表演者以及假摔角表演都有；街頭娛樂活動與大型休閒公園宛如一體兩面，同時蓬勃發展。

消遣購物：以百貨公司的崛起為例

東西方在 1820 年代之後的 100 年，皆見證了一場購物的革命。雖然人們的購物行為自古以來始終存在，49 但是這個時期見證的是準備就緒的轉變。購物成了一項流行而普及的休閒消遣活動；除了是獲取商品的手段之外，購物本身就是目的；同時，人們談到了「購物者」（shoppers）。拜城市的發展與實際工資上漲所賜，商店如雨後春筍般激增，尤以 1860 年代之後的歐洲與美國最為明顯。這個故事常常以百貨公司的崛起為例來述說，而其中又以 1852 年在巴黎開幕的樂蓬馬歇（Bon Marché）百貨公司為最佳代表。以文化評論家華特‧班雅明（Walter Benjamin）的話來形容，巴黎是 19 世紀的首都，布爾喬亞達到現代化巔峰的象徵；對於維爾納‧桑巴特來說，百貨公司宛如現代資本主義之子。50 遲至 1960 年代，隨著百貨公司持續擴大市場占有率，這個觀點仍有其特定的直觀邏輯存在。但從那時起，情勢已逆轉：百貨業巨人陷入危機，生存空間受到折扣商店與死灰復燃的街頭市場擠壓。因此，北京是進入購物世界的絕佳切入點，因為它擴大了我們的觀點，它從一開始就吸納了許多不同類型、相互激盪成長的零售空間與做法。在歐洲與美國，就像北京一樣，現代事物以各種形狀、規模出現。簡言之，創新不該跟規模與集中程度混為一談。並不是說我們應該忽略百貨公司——遠非如此；相反地，我們必須將百貨公司與小商販、市場大廳及合作商店放在一起一視同仁，因為它們對城市人口不斷增長的需求都做出了同樣深具創意的回應。

對於百貨公司的歷史性觀點歧異頗大。一個世代之前，歷史學家將其視為從宮廷消費轉向大眾消費的頂峰。樂蓬馬歇等這類百貨公司促成了一場社會與心理革命，點燃了新的渴望並消除人際交往的障礙。「這些地方引發的麻木催眠狀態，」一名歷史學家寫道，「是一種社交形式，是現代大眾消費的典型代表，就像沙龍的社交性是革命前上流階級消費的典型代表一樣。」51 以此觀點來看，百貨公司使原先習慣一無所有的人們猛然躍升至一個充滿欲望的世界，而且太強烈了。正如我們所見，近代早期並非一個前消費主義的黑暗時代。

許多近代的作者都採取漸進主義者的觀點，強調百貨公司並未開創新紀元。它所帶來的所有新事物，幾乎都可以回溯至歷史。看與被看，在17 世紀的安特衛普、巴黎與倫敦就已經是購物廊的特色了。這些購物廊如何先激發對商品的欲望、繼而激發性慾，已經在皮耶・高乃依（Pierre Corneille）1632 年的喜劇《宮殿畫廊》（*La Galerie du palais*）中被大加嘲弄。大約在此時，伊斯坦堡的集市中總計有超過 10,000 間店鋪與貨攤。52 在 18 世紀，顧客已經會瀏覽並比較商品與價格，店家也會利用鏡子、天窗與櫥窗陳列品營造誘人的購物氛圍。到 1800 年時，許多雜貨商會在櫃檯與貨架上展示標有定價的茶與其他商品，並利用集換卡打廣告。早在 1830 年代，新堡的布商班布里奇（Bainbridge）就在紡織品上標示出定價，以消除顧客購物的焦慮感。同樣也有布商，轉換成高流通、低賒帳的商業模式，並開啟了「大百貨商場」，開始有「新奇商店」（*magasins de nouveautés*）與「巨大如怪獸般的商店」（monster shop），並設置了寬敞的展售間，其中有幾百名售貨員以批發價格提供顧客用現金購買優質的商品。1840 年代，更光滑、更透明的平板玻璃開始把商業大街變成一首幻想曲。從這個角度來看，與其說百貨公司是某種徹底而極端的驟然改變，不如說它是零售業長期演變所達到的高潮。53

儘管如此，19 世紀末的人們深切體會到百貨公司是新社會的標誌。它那些被遺忘的前因後果，並未使它帶來的強烈煽情感受減弱半分。百貨公司所做的事，就是把各式各樣的新鮮事物聚集在一座由巨大鐵框所支撐的龐大玻璃屋頂下。最大的商店將自己強行加諸於城市景觀中，宛如公民建築和皇室宮殿。紐約 1846 年開幕的史都華百貨商店（A. T. Stewart）就是

一座「大理石宮殿」（Marble Palace）。1906 年，樂蓬馬歇百貨公司占地廣達 53,000 平方公尺（參見插圖 19）。平板玻璃創造出從路面到屋頂幾乎延續不斷的商店櫥窗。某些建築物更是建築的立體布景，像是布魯塞爾的新藝術派「創新購物中心」（Innovation），便是由維克多・奧塔（Victor Horta）於 1901 年所設；或是巴黎 1907 年開幕的春天百貨（Printemps），是由勒內・比奈（René Binèt）所設計。同時，商店往往是技術的先驅。馬歇爾・菲爾德百貨公司（Marshall Field）在 1882 年引進了電燈。繆爾與米里利斯百貨（Muir and Mirrielees）則是莫斯科第一棟裝設電梯的建築（1908 年）。在布達佩斯（Budapest）的科文斯百貨公司（Corvin's）裡，由於電梯成了熱門的景點，以至於百貨公司決定向搭乘電梯的遊客收費。54

百貨公司的全球性、全面性

百貨公司以前所未有的方式成為某種擁有自我意識的全球性機構，串聯起當時全球化的其他力量：世界博覽會、輪船、郵政服務及移民。1851 年倫敦世界博覽會（Great Exhibition）、1867 年巴黎世界博覽會（Exposition Universelle）及其後展示全世界產品的博覽會，以某種方式模糊了文化與商品之間的界線。商店反過來被喻為博物館。在這裡，人們可以把世界看作是一系列精心展示在玻璃下的商品。威廉・惠特利（William Whiteley）將他的倫敦西區店視為世界博覽會的延伸，讓世界各地的商品在此伸手可及。55 在柏林，蒂茨（Tietz）放了一個 4.5 公尺的地球儀在它那位於萊比錫大街（Leipziger Straße）的商店屋頂，在晚間從裡面點亮這顆大球。百貨商店是個全球性的家族，以跨國流動的資本、知識及品味凝聚在一起。樂蓬馬歇啟發了布里克斯頓（Brixton）與利物浦商店的命名。1912 年，哈洛德百貨（Harrods）在布宜諾斯艾利斯時髦的佛羅里達大街（Calle Florida）上開了一間分店。除了從歐洲城市向外移動外，這些趨勢亦利用本國的企業從旁運作。布宜諾斯艾利斯的加斯和查韋斯百貨（Gath and Chaves）就是克里奧爾人羅倫佐・查韋斯（Lorenzo Chaves）與英國移民阿爾弗雷多・加斯（Alfredo Gath）合作的結晶。馬應彪 1917 年在上海設立了四層樓高的先施百貨（Sincere Company），也是因為雪梨的英地海登（Anthony Hordern）購物宮殿

中固定價格與顧客服務的做法給他留下了深刻的印象。56

百貨公司的全球性野心，從它所提供的商品範圍中展現無遺。倫敦的惠特利斯（Whiteleys）便將自己命名為「全世界商品的提供者」（Universal Provider）。百貨公司的商品雖然以服裝、家具及紡織品為主，但商品和服務範圍仍然令人印象深刻。1895 年的《哈洛德百貨目錄》（Harrod's Catalogue）幾乎無所不包，從麻紗燈籠褲（Cambric Knickers）——「裁剪平整的薄綿細布深褶邊（Deep-Muslin Frill），有手工縫製的鈕孔邊」；或是各種較便宜的機器製品——水壺、布穀鳥咕咕鐘，到洗手間的日本漆櫃、一名兩小時收費兩英鎊兩先令的「穿著吉普賽服裝」女算命師，一直到葬禮用品與服務皆有；包括各種材質的棺材和墓碑、靈車、服喪馬車及視個人預算而定的服務生與馬車夫數量。57 塞福居百貨公司（Selfridges）則推出了兒童專屬樓層與兒童日。從出生到踏進墳墓的一切用品，都可以在百貨公司裡買到。

成功的關鍵在於流量——也就是人流與物流。便宜的價格需要的是大量、快速的流通量，而這點從根本上改變了商店的內部氛圍以及商店與外部都市環境的關係。與早期現代商店相比，百貨公司是外向的。與其為上流社會的顧客營造出某種專屬、半私密的空間，百貨公司伸手去外頭的城市抓住群眾，把他們拉進來。在 1890 年代，大型商店櫥窗成了櫥窗藝術家這種新職業活出宏大幻想的舞台。在芝加哥的馬歇爾・菲爾德百貨公司，亞瑟・弗雷澤（Arthur Fraser）將整個店面變成了一座 17 世紀的莊園宅邸。地方商店嘗試以金屬絲製作戰艦，並以手帕製作聖保羅模型。塞爾福里奇百貨公司從晚上八點點亮店面直至午夜，以吸引會在夜間瀏覽櫥窗的人。商店也加蓋有屋頂的拱廊，以便將店內的展示延伸到街道上。很難分辨出商業空間在哪裡結束，公共空間又從哪裡開始算起。

一旦進入百貨公司，拉力仍然持續在作用。在哈洛德百貨，一座「移動的樓梯」於 1896 年開始轉動，每小時可運送多達 4,000 名顧客。58 輸送帶輸送商品，氣送管傳送訊息，快速流通支配了一切。已經存在超過一世紀之久的「銷售」，百貨公司將它轉變成某種季節性慣例。繆爾與米里利斯百貨在三月舉辦手套特賣，四月是香水，八月則是地毯。所有商店都會舉辦「白色週」（white weeks），大部分在一月份，還有「特價」週或是

「95 芬尼」（95-Pfennig）週。在特賣時節，樂蓬馬歇百貨的顧客可以成長到四倍，高達一天七萬人之多。商店一年會清六次庫存。購物狂熱使漫畫家、道德改革者及購物者都興奮了起來。正如 1906 年《倫敦商店的偏見指南》（*the Prejudiced Guide to London Shops*）對「特賣」的形容：

> 一個神奇的字眼，塞滿我們的衣櫃、清空我們的錢包、擾亂我們的日常事務，倫敦定期一年兩次使我們著迷又抗拒、欣喜又失望……特賣的道德令人感到如此混亂，這一刻是如此清楚正確，下一刻卻又是極其令人失望，我相信對於特賣，沒有一個女人的心中有著永遠不變的定見。59

全面購物（total shopping）於焉誕生。百貨公司舉辦音樂會、設立畫廊與圖書館，並且提供茶與吸菸室。開幕與宣傳週將商店樓層變成神奇的舞台布景。再沒有比埃米爾·左拉（Émile Zola）在 1883 年出版的《婦女樂園》（*Au Bonheur des dames*）更能生動捕捉那股熱烈的氛圍了，他在樂蓬馬歇百貨實地進行精確研究之後，在書中花了整整 20 頁來描述這場白色的展覽。「除了白色之外，別無他物；所有來自各個部門的白色商品，宛如一場白色的狂歡饗宴，一顆一開始就閃耀著炫目光芒的白色星星」。在男子服飾用品與針織品的購物廳中，「展示的雄偉白色建築是由珍珠鈕扣製成，再加上白色襪子的巨大構成，以及覆蓋著白色天鵝絨的整座大廳」。在中央購物廳裡，耀眼的燈光照亮了白色的絲綢與絲帶。「樓梯上鋪以白色的褶皺垂布……裝飾了整座樓梯扶手並環繞大廳，直上二樓」。「上升的潔白顏色宛如天鵝展翅高飛、會合在一起，然後消失；接著，那股潔白又以雨瀑般的鳧絨被從圓頂落下，像一層厚厚的雪花」。在主廳內的絲綢櫃檯上方：

> 有著崇拜白色的祭壇奇蹟——白色窗簾製成的帳篷從玻璃屋頂垂下，平紋細布、薄紗網布、花邊絲帶（大圖案的裝飾花邊）如光之漣漪般流淌著，襯以華麗刺繡的薄紗與一段段東方絲綢，搭配銀色金屬薄板，成為這座使人聯想到大禮拜堂及寢室的巨大裝飾品之背

景。它看起來就像一張白色大床，處女般純潔無瑕的雪白等待著……白色的公主……終有一天會……戴著她的白色新娘面紗……到來。「哦！真是太棒了！」女士們不斷重複說道，「太神奇了！」

在香水部，銷售人員展示了白色的瓷罐與小玻璃瓶，中央有一座銀色噴泉，還有一名牧羊女站在盛開的花朵之間。但是，顧客們最迷戀的還是蕾絲部門。那是「這場偉大白色展覽中的最高榮耀，」展示的是「最細緻精美、要價不菲的白色製品」。「激烈的誘惑、狂熱的欲望，使所有女士們都為之瘋狂」。60

婦女樂園

新興的百貨公司小說流派中，最成功的就是左拉的小說，將社會觀察與道德焦慮共冶一爐。在左拉所描寫的商店中，處女般純潔無邪的夢幻世界（白色床、牧羊女）與獸性的肉慾相互衝突。他描述女性是「蒼白而充滿欲望」，並且有一種「不可抗拒的欲望要把她們自己」投入絲綢與天鵝絨之中，「然後完全迷失」。百貨公司取代了撒旦的磨坊，成為社會罪惡的縮影。《婦女樂園》中虛構的角色穆雷（Mouret），即延續了維多利亞時代早期小說中無情工廠老闆的位子。「當他從她們（女人）身上榨取財富與歡愉時，他會把她們丟在垃圾堆上」。左拉描述商店宛如專門設計來引誘並征服女性的無情「機器」。在拍賣期間，商店的「潮流」會逐漸增強為「海洋」，將所有的人、所有的事物都席捲而去。61

《婦女樂園》是一部精采概述當代恐懼的著作。其中一項憂慮，就是這些「商業大教堂」取代了真正的教堂，人們對商品的崇拜使其對基督的崇敬漸行漸遠。此外，小型零售業者與保守派人士也憂心大型商店正摧毀家庭商店以及隨之而來的社會平衡和國家實力；左拉小說中的一名零售店主，絕望地走上撞公車自殺一途。批評者指控，百貨公司剝奪了數百萬零售商店的生計。社會於是一分為二：一小群生意人，以及一大群消費者。家庭、宗教及道德，都將因此摧毀。邁入1890年代之後，許多店員都住

在受僱商店中，而且不准結婚——左拉指出，愛情對生意沒有好處。另一方面，性被當成銷售手段之一；新聞輿論抨擊商店會吸引娼妓，或是僱用好看的男店員來勾引女性。1926 年，錫格弗里德・錫爾茨（Sigfrid Siwertz）的瑞典小說《大百貨公司》（*Det stora varuhuset*）一開始就是一幕在寢具部門的性愛場景；瑞典人總是領先我們一步。各地百貨公司皆飽受猛烈的抨擊。在西班牙，有人指責購物讓曾經偉大的帝國因而式微。在德國，則視猶太人擁有的連鎖商店為削弱新興帝國的力量。62

事實上，百貨公司僅占零售業的一小部分。它們為需要手藝的專門行業創造了新的工作，也把更多的購物者拉進市中心，而某些小零售店商也逐漸體認到這一點。儘管如此，這些恐懼與擔憂，仍然從幾項重要的趨勢中得到壯大：女性在城市生活中不斷提高的能見度；都市化對宗教虔誠的影響；以及更具侵略性的民族主義。有些人於是預言，性別與國家危機的出現是必然的結果。在 18 世紀的倫敦，「花花公子」（macaronis）——熱愛義大利歌曲與羽毛帽的紈絝子弟——被認為會削弱國力而備受譏嘲；63 而正是美國殖民地居民的這種女性化特質，使英國部隊在七年戰爭中大肆嘲笑原始版本的「洋基歌」（*Yankee Doodle*）——這首歌當時尚未被新共和國賦予愛國色彩的改造。

同時，商店也不必然是一個道德淪喪的空間。1816 年，珍・奧斯汀（Jane Austen）在《愛瑪》（*Emma*）一書中，就讓哈麗葉・斯密（Harriet Smith）在一名布商的店裡躲雨，她在那裡遇見了正派的馬丁先生（Mr Martin），沒有半點威脅或腐敗之氣。在現實生活中，中產階級與勞工階級的婦女上街並不需有人陪伴。64 然而到了 19 世紀末，氛圍改變了。隨著女性解放和專業聘僱的腳步加快，無年長婦女陪伴的中產階級女性成了使人憂懼閃避的避雷針。百貨公司似乎釋放出體面女士們內心中充滿激情的野獸。入店行竊被抓的往往是錢包滿滿的女士，就像左拉筆下的德博維夫人（Madame de Boves），一個深受「精神官能症」所支配的女士，肇因於「面對大型商店巨大、激烈的誘惑時，對奢侈品所產生無法饜足的欲望」65。對事物的渴望會引發性慾，根據犯罪學家的說法，許多有偷竊癖的人都是經期中的婦女。

齊美爾：人與物品的關係變得虛偽而膚淺

　　潛伏於這些性焦慮背後的，是對於失去自我控制與個體特性的恐懼。百貨公司既吸引人又使人反感，因為它似乎自有一個新的大眾社會。一名當代人將它比喻為一艘遠洋客輪，因為在客輪上，所有階級暫時齊聚一堂。66 德國社會學家格奧爾格‧齊美爾（Georg Simmel）在 1900 年的著作中特別凸顯兩種互補的過程。第一種過程所關切的，是金錢與都會如何影響個人與物品的關係。事物與人類之間的和諧關係已被撕裂得支離破碎。根據齊美爾的說法，在都會中，人與物品的關係變得虛偽而膚淺。流行時尚、新奇事物及促銷活動加速運轉、多樣化，以贏取注意力。「消費的擴大，」齊美爾寫道，「取決於客觀（objective）文化的發展，因為一項物品愈客觀、愈是非個人，它就愈適合更多的人。」於是，事物失去了它們的獨特色彩；原先個別獨立的藝術作品，現在成了可交換的大眾商品。第二種過程所關切的，則是個人與社會群體之間的關係。都會生活使人們疏離了自己的社區與階級。早期的說法是「城市空氣使人自由」，但是現在，自由成了所費不貲的假象。人們或許可以自由搬遷、自由購物。但齊美爾認為，他們其實是「灰色」的一群。當他們被賦予顧客的價值時，也同時被剝奪了個人的價值。商店售貨員不再分辨得出授勛軍官與低階士兵，不再分辨得出普通學生與齊美爾博士教授之間的區別；只要他們有錢可花，就可以受到一樣的對待。在現代城市中，物品與個人的「脫色」密切相關、齊頭並進。67

班雅明：消費者是一群漫遊者

　　現代購物者去人性化的寫照，在 1930 年代德國哲學家暨散文家華特‧班雅明（Walter Benjamin）的作品中達到憂傷的新深度。與其被放逐至納粹德國，班雅明於 1940 年 10 月 10 日在毗鄰西班牙的法國邊界選擇了自我了斷的命運，身後留下了眾所周知的「拱廊街計畫」（Arcades Project）檔案紀錄，整份文件是關於 19 世紀巴黎的零散片段與想法，從那時起便使評論家為之神魂顛倒。班雅明本人結合了馬克思與普魯斯特（Proust），

再加上些許的佛洛伊德（Freud）。現實並非它看起來的模樣，夢想在 19 世紀的歐洲殞落，這就是為何資本主義之前沒有自然消亡，以後也不會無疾而終。為了喚醒同時代的人，班雅明把自己的角色設定為歷史治療師，詮釋「夢想時刻」（Zeit-traum）在 19 世紀巴黎的進展。68

　　不同於馬克斯・韋伯，班雅明並不相信現代性會讓這世界的幻想破滅，而且恰恰相反：商店、新奇事物及廣告，都是新的神。1820 年代～1840 年代的購物商場正是集體的「夢想之家」，69 通往過去的廊道；班雅明將他們比喻為「絕跡怪獸化石遺骸所藏匿的洞穴：資本主義前帝國時代的消費者，歐洲最後的恐龍」。70 這些加蓋屋頂的長廊商場，以它們的商店與步行大道為這些人提供了新型的棲息地，他們就是漫遊者（flaneur）。漫遊者漫無目的地漫步於城市之中，就像一部行走的相機，從公眾生活的場景中創造出私人印象的相簿。群眾就是他們的家。奧斯曼（Haussmann）在 1860 年代重建巴黎時並未留給他們藏身之所，雄偉的林蔭大道鼓勵群眾隨著人流規律地移動。這使得百貨公司成為漫步者倖存而珍貴的出沒場所。但班雅明強調，即使是在這裡，統一與監控仍進一步地危害自由。在百貨公司，「史上頭一遭……消費者開始把自己視為一群人」。71 不論他們喜歡與否，漫遊者本身就是一項展示。

　　這些充滿悲觀色彩的作品為 20 世紀投下了一道長長的陰影，必須被放在它們的歷史脈絡中。與其說這些才華洋溢的作品讓我們更了解 19 世紀末購物的實情，還不如說它們讓我們更認識這名理論家。班雅明寫這些作品時，納粹正如芒刺在背。對他來說，從百貨公司到阿道夫・希特勒（Adolf Hitler）可以連成一條直線。極權國家拿「群眾」作為它們的典範：「種族共同體（Volksgemeinschaft）……旨在從個別個體中根除所有阻礙他們以批發方式融入消費群眾的事物。」72 然而 1900 年並無納粹存在，對許多當代人來說，購物並不會自動導致群眾順從與道德淪喪。左拉最後為《婦女樂園》寫下的結局是，店員丹尼絲（Denise）嫁給了店主人穆雷。這種整體社會和解的寫作手法，結合並兼納了社群與商業、道德與貪欲、善良的小資產階級與暴發戶。在現實生活中，許多人為購物辯護，認為購物為女性敞開了公共空間的大門；當仕女指南協會（Lady Guide Association）於 1888 年開始在倫敦規劃旅遊導覽時，便大力鼓吹購物不盡然是一種輕浮

之舉。安排在博物館與公共景點稍作歇息後的購物之旅，能使婦女成為更理性的消費者，也能教導她們公民責任與帝國榮耀。對於 1909 年在牛津街上開店的戈登‧塞福居（Gordon Selfridge）來說，購物結合了娛樂與解放；他支持女性擁有選舉權。73

　　大型商店的擁護者在自由主義的英國比在歐、美大陸的捍衛聲浪更為強烈，但即使是在小零售商數量更多、更有組織的歐、美大陸，也很容易誇大反對的意見。針對百貨公司制定的特別稅，在德國、匈牙利及美國幾個州只有暫時徵收過，而且是效率不彰的蠅頭小稅，不到 1％營業額。有些人則指望百貨公司能提升文化。1907 年，一名德國觀察家認為，進入這些消費聖殿是「一種喜悅、歡愉之舉，一種慶典」。至少，連「普通人民」都有機會可以分享到「所有的豐盛與美好，而不花一分錢」，並得到「一種更普遍的美感與內在幸福感」。74 現代主義藝術家則為新女性的享樂主義而歡慶。1914 年，一部由葉夫根尼‧鮑爾（Yevgeni Bauer）所執導的蘇聯電影《大城之子》（Child of the Big City），漂亮的孤女裁縫師瑪妮亞（Mania）被百貨公司迷住，變成蕩婦，從她的仰慕者身上榨取金錢，讓她可以過著探戈、酒吧、五光十色的生活。天真無邪的女孩被大城市影響而墮落，已是文學作品中的固定戲碼之一，但鮑爾在此徹底扭轉了道德的傳統。瑪妮亞是一位女英雄，而非受害者。到最後，反而是瑪妮亞的富有仰慕者維克多（Victor）走上自殺之途；因為他無法放下自己把瑪妮亞當成欲望對象的布爾喬亞式幻想，並且無法認清她實際上是怎樣的一個女人。75

百貨公司客群分析

　　「大眾社會」的統一性也被誇大了，部分是由於百貨公司被理想化成典型布爾喬亞階級與大都會的產物。事實上，百貨公司的規模、顧客群及購物習慣皆不相同。大部分與宮殿般的樂蓬馬歇百貨有著天壤之別。在德意志帝國，韋特海姆（Wertheim）、提爾茨（Tietz）及卡爾施泰特（Karstadt）這些百貨商場，都是從人口不到 30,000 人的施特拉爾松德（Stralsund）、基拉（Gera）、維斯馬（Wismar）城鎮起家的。這些地方性商店要有 25 間才能勉強比擬樂蓬馬歇。在英國，許多商場是由鄰近的建築拼湊而成。若

說樂蓬馬歇迎合的是布爾喬亞階級，那麼其他商店的專屬特性就沒那麼強烈。擁有更多可支配收入的勞工家庭是一群成長中的顧客，也是城市商店在 19 世紀末快速崛起的一個原因。舉例來說，柏林的韋特海姆剛開始時，只是一個位於勞工階級社區的廉價集市（Billigbazaar）；即使在 1897 年搬遷到名聲響亮的萊比錫大街之後，它的主力仍然是勞工階級的顧客群與通勤者。位於巴黎郊區的杜法葉（Dufayel）也吸引了類似的客群。許多商店設法洗刷它們早期給人們廉價、劣質商品的印象。據說體面的仕女們會要求店員用棕色紙袋包裹她們購買的物品，假裝那是她們幫僕人購買的物事。要解析這些購物者的社會類別是不可能的，但萊茵蘭一間百貨公司確實將它送貨服務的登記簿保留了下來，並按職業來為顧客分類。其中，工匠、退休者、藍領與白領階級總共占了 1/3。大部分人的購物有限，不會大包小包地離開商店。平均銷售價格低於 1 馬克 —— 當時一個工人平均月薪是 60 馬克。76

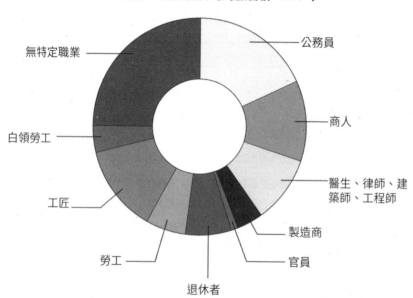

德國一間百貨公司的顧客群 1900 年

來源：朱利葉斯·赫希（Julius Hirsch），《西德的百貨公司》（Das Warenhaus in Westdeutschland）（1909 年），頁 26。

男性也會購物，哈洛德百貨就為了有鑑賞力的男士們提供100種不同的石南菸斗。百貨公司廣告適於各種季節的西裝成衣，並在目錄中附上自行測量尺寸的表格。利物浦的路易斯百貨（Lewis's）剛開始就是一間男裝店。1890年代，男性有了他們自己的新面貌：運動裝扮，搭配合身的夾克、墊肩、緊身衣以凸顯狹窄的腰身。第一本專為追求時尚的男性推出的雜誌於1898年問世，名稱就叫做《流行時尚》（Fashion）。這些年來，不但未見灰色一致性的崛起，反而帶出一股從一式一樣的三件式西裝中解放出來的風潮，運動服裝與休閒服飾開始日漸風行。同時，辦公室工作類型的成長，使得流行時尚成為職涯發展正當而合理的投資。一套最新的西裝，宛如向全世界宣告一個男人的雄心壯志。「量身訂做出你通往機會的道路」，皇家洋服（Royal Tailors）如此敦促著美國男性。77 其他若干男性時尚是由下而上、隨著裁縫師結合時髦男性服飾與音樂廳等風格元素而發展出來。78

然而，女性也不是被動的獵物。在塞福居百貨，有一半的私人投資者是女性。知識豐富的購物者可以仰賴愈來愈多的指南書籍，取得如何決定品質、拿到好價格、避免被占便宜等建議。一本早期的《女士購物手冊》（Lady's Shopping Manual）曾提出警告，「在這個行業中，有75%的男性店員對於他們負責展示的商品一無所知，他們的目標往往只是不擇手段地賣出商品。」79 百貨公司大部分的銷售都是現金交易，但是在較小型的專賣店中，也還是有靠信用賒帳的交易方式。從法律來說，妻子雖然缺乏經濟獨立性，但「必需品的法則」（law of necessities）賦予她權利，使她得以用丈夫的信用來抵押以取得「必要的」商品；至於什麼商品是「必要的」，則取決於社會地位與常規慣例。一頂時髦的帽子對洗衣婦來說或許是奢侈品，但對商人之妻來說則是必需品。有些婦女為了裝扮成高於自己的身分地位，積欠了一長串她們無意償還的帳款。對於零售商來說，這是個噩夢，因為法院裁定商人無法收回未經丈夫同意而發生的「不必要」債務。80 除了擺闊與魅力之外，許多的購物牽涉到商人與顧客之間上演的貓抓老鼠遊戲，兩邊都努力避免被對方欺騙。

百貨公司購物經驗大不相同

櫥窗購物

音樂廳的歌曲讚頌購物為度蜜月的人提供了免費的娛樂：

> 合唱：購物僅僅是一種壯觀的消遣，
>
> 不用花錢就可以享受一段真正美好的時光，
>
> 細細審視店員禮貌展示的每一件可愛物品。
>
> 「那看起來真是美妙！非常不錯！漂亮極了！」
>
> 「多少錢？謝謝你，我們改天再來。」81

但事實上，光是瀏覽就會遇上各種阻礙，更別提要當個漫遊者了。許多商店會僱用巡視員與看門人，阻擋所謂的「*探頭探腦者*」（*palpeuses*）與「虎斑貓」進入──也就是那些喜歡碰觸商品但不購買的人。戈登‧塞福居曾對他的倫敦競爭者進行查探，當他回答說他只是來看看而已，就被告知要「走開」。甚至連購買本身也困難重重。在德國商店中，每個部門不論多麼小，都有自己的收銀員。顧客得先排隊付帳，才能繼續前進到下一個部門。同時，零售商也抱怨德國的購物者相當無助，並且缺乏法國購物者的獨立自主性。82

玻璃櫥櫃與展示營造出顧客和商品之間新的親密關係。「或許比使用其他材料的效果都來得更好，」一名歷史學家寫道，「玻璃使欲望大眾化，正如它使親近商品的方式大眾化。」83 然而，這並不意謂著人際關係就此從商店樓層中消失。售貨員們被教導態度要有禮貌、不偏不倚，並且要壓抑任何可能冒犯到顧客的性格特質：裝扮不能招搖、不能傻笑，或是說出個人評論。然而，地方性商店深知建立忠誠客群的重要性。在紐約的水牛城（Buffalo），一個擁有 50 萬居民的大城市，商店經理吉布森先生（Mr Gibson）會穿著晨間禮服站在 AM&A 百貨公司（Adam, Meldrum and Anderson）門口，一一稱呼女性顧客姓名並向她們致意。在玩具部門，店員一定得知道下一代小顧客的姓名。商店致力於反擊喪失人性的怪獸形象，並投身社區生活、組織退伍軍人的遊行，或教家庭主婦如何烤乳豬。84

穆斯林婦女上百貨公司

　　忘記百貨商店的生意其實遍布世界各地，有豐富的宗教、習俗和語言非常容易；舉例來說，埃及。這裡的售貨員會帶著筆記本記錄顧客的偏好，並與顧客建立個人關係。蒙著面紗的穆斯林婦女，必須以有別於猶太人或基督徒等的不同方式來對待。在開羅，歐羅史迪貝克百貨公司（Oros-di-Back）僱用了穆斯林、希臘人、義大利人、法國人、俄國人、英國人、西班牙人及西班牙系的猶太人銷售員。女權主義兼埃及民族主義者胡達‧莎拉維（Huda Sha'arawi）回憶她在 1900 年左右的幾趟百貨公司之旅。當時，她很愛去亞歷山大港（Alexandria）的百貨公司，但她的宦官並不；所以每一次她計畫前往百貨公司的行程，都會使整個家庭陷入：

> 　　好幾天的激烈爭辯。他們看著我，彷彿我即將違反宗教法或犯下某些其他的罪行……他們堅持……我必須在賽德‧阿迦（Said Agha）（宦官）和我的女僕陪伴下才可以去……當我走進沙龍（Chalon）時，工作人員與顧客們顯然都被這個蒙面的幻影與她的隨從嚇了一大跳。走在前頭的賽德‧阿迦盯著周圍的臉孔，靜默地警告他們朝另一個方向看……宦官直接走向商店經理，唐突地要求這個地方變成後宮。我們被帶到女裝部門，在匆促搭蓋起來避免我被看見的一對屏風後頭。85

　　胡達‧莎拉維不是一名被展示的大眾消費者。但即使她被隔離在屏風背後，購物還是賦予了她一種權力感。「那裡不僅有眾多商品可以挑選，還可以透過明智的消費來節省金錢。」她說服母親加入她的百貨公司之行，最後，她終於被允許可以自行前往購物。

百貨公司以郵購目錄，送貨偏遠鄉鎮

　　百貨公司與郵購之於購物，正如電報之於通訊：它們都壓縮了時間與空間。當然，農村從來就不是一座商業沙漠。桑巴特承認商販所扮演的革命性角色，他們長久以來就被指控以農夫之妻聽都沒聽過的時尚物品來引

誘她們。86 到了 19 世紀中，北美與歐洲的大部分農人都已經是現金網絡的一部分了，他們會在市場進行買賣。但這樣的行為並非僅限於歐洲較發達的西部地區。俄國農奴早在 1820 年代——是 1861 年解放前的一個世代——打破了自給自足的模式，開始在每週一次的市場與附近的市集中買賣商品。販賣的物品包括了菸草、亞麻布、酒、芥末、蜂蜜及棺材。1836 年，農奴雅芙度提耶‧葉夫列莫夫（Avdot'ia Yefremov）在伏許切斯科瓦（Voshchazhnikovo）離世時，身後留下了一個衣櫃，裡頭有五件彩色連衣裙、粉紅、藍色及黑色三條法國頭巾、兩件有棉袖的睡衣、一件黑貂鑲邊的大衣，以及冬天的長襪。除了幾個戒指與幾副耳環之外，她還有一條珍珠項鍊。有些財物是她帶來的嫁妝，包括三張桌布、一張棉毯、一條餐巾、一張羽毛床、一幅綠色的窗簾、幾條手巾（一條有蕾絲與絲帶的鑲邊），以及兩把茶壺（一把銅壺和一把鐵壺）。另一名附近的農奴則擁有一把銀製咖啡壺以及一組 40 件的銀製茶具組。87

　　總的來說，有兩條輸送帶傳播新的品味與產品：農村集市及戰爭。19 世紀中，伊利諾州的集市有販賣高檔手錶、運動用品、假髮及香水的攤位。從南北戰爭返鄉的農人們，帶回了對成衣與其他新奇事物的品味與喜好。88 百貨公司的商品目錄則將這股潮流變成了洪流。到了 1900 年，舉例來說，多倫多的伊頓百貨（Eaton）發送出 130 萬份 200 頁的商品目錄，相當於每五名加拿大人就有一份。89 都市生活就此走進農村的木屋之中。

　　卡爾‧馬克思觀察社會的整個經濟史，歸結其為城鄉之間不斷改變的關係。90 他主要的關切在於勞動的分工，然而，消費商品與品味的流動也同樣重要。城鄉之間的文化界限愈來愈模糊，不斷被滲透。哈洛德百貨的郵購服務可以從阿根廷延伸到桑吉巴。莫斯科的繆爾與米里利斯百貨的送貨服務可以從波蘭運送到海參崴（Vladivostok），橫跨整個俄羅斯帝國——只要商品價值在 50 盧布以上就可以送貨。1894 年，樂蓬馬歇百貨發行了 150 萬冊的目錄，半數寄往各個省份，另有 15% 寄往國外。同時，它每年寄往各省城鎮與鄉村的包裹，價值高達 4,000 萬法郎。91 都會時尚與舒適用品，可以在距離大都會數千英里之外的地方享受到。1890 年代後期，當安東‧契訶夫（Anton Chekhov）在雅爾達（Yalta）療養結核病時，他還是從繆爾與米里利斯百貨買了帽子、可拆卸衣領、窗簾及爐子。92

256

百貨公司培養出跨國風格

　　滿腦子都是大熔爐思想的美國作家們，特別強調百貨公司在融合新的國家認同上所扮演的角色。然而，從全球角度來看，這種統一的力量已被社會與種族的差異抵銷。百貨公司培養出一種跨國風格，讓各國的上層階級人士有機會展示自己的現代作風，有別於「傳統」、「低下」的社會階層與族群。巴黎與倫敦顯然是時尚網絡的中心。在聖保羅，咖啡大亨之女會在馬平商店（Mappin）購買她們的法國洋裝，五點後在它的沙龍喝英式下午茶。開羅的金佩蒂特盧浮宮（*Au Petit Louvre*）是一座有路易 16（Louis XVI）風格圓柱，由突尼斯凱穆拉（Chemla）兄弟建造的大理石宮殿，銷售來自巴黎的最新帽款，以自產法國女帽與緊身胸衣為傲。街頭小販與討價還價的行徑，被人看不起，認為是土著或亞洲鄉巴佬才會做的事。93

百貨公司貨與小販製品混搭

　　事實上，現代購物與傳統購物之間，不可能畫出一條清楚的界限。樂蓬馬歇百貨的創辦人阿里斯蒂德・布西科（Aristide Boucicant），剛開始就是和人合夥的小販。奧斯曼剷平了舊巴黎——以林蔭大道取代護欄路障——為大型商店架設起舞台；但這種做法極不尋常。即使是在最忠實仿效巴黎之例的開羅，小型商店與街頭小販仍可繼續在伊斯梅利亞（Isma'iliyah）新市區找到立足之地。誠然林蔭大道為販賣西方服飾的大型商店所主宰，但連結林蔭大道的巷弄小徑，就是數以百計的裁縫、賣小玩意兒的商販，以及用敞開的麻袋賣著堅果和香料的食品商店大本營。在弗阿德街（Fu'ad Street），沒有執照的小販繼續販售他們的商品。大部分當地人悠然遊走於這些購物空間，絲毫不受那條劃分「傳統」與「現代」的學術鴻溝影響。他們會為了要出席特殊場合而去百貨公司購物，在廉價小鞋匠那裡購買合乎禮儀的西式皮鞋，然後在路上吃些來自大馬士革的甜食。簡言之，他們是平行購物者（parallel shoppers）。94

　　在百貨公司的全球擴展版圖中，誠然我們很想看到某個象徵主導優勢的跡象，但這不啻是種樂觀的幻象。19 世紀末，購物的世界往四面八方擴展開來。大型商店的銷售量節節上漲，從小販到合作商店的許多競爭對

手也不遑多讓。1914年，西歐的百貨公司所控制的零售業不到3％；美國的市占比也不過稍微高一點。95 百貨公司鮮少可以達到所有衣服與家具銷售量的10％。它們的競爭者可沒閒著。小型商店也不斷增加。舉例來說，到了1910年，漢堡已經有21,000家商店，相當於每44名居民就有1家店，密度是50年前的2倍。在歐洲各地，家庭經營的商店為上百萬人提供了工作機會，尤其是婦女。這些商店數量的遞增說明了它們對新競爭者的妄想以及對尋找客群的創新動力。小型商店在廣告、包裝、展示，以及將殖民地與加工產品放上貨架等方面，都扮演了衝鋒陷陣的帶頭角色。96

都市成長、機動的勞動力及不斷提高的生活水準，也為小商販創造了機會。流動商販遠非瀕危的中世紀遺跡，相反地，他們對城市的彈性需求適應得極好。由於許多小販不會或不願簽署姓名，英國人口普查數據並不可靠；但根據專家估計，在19世紀下半葉，他們在都市的數目可能倍增至七萬人左右，與人口增加的數量相符。在普魯士，儘管有各種稅收與限制，他們的數目卻是兩倍之多。97 在漢堡，大約有3,000個小販沿街叫賣水果、蔬菜、黃色書刊等各項物品。而小販帶去販售的商品當中，愈來愈多是大量製造的商品，取代了自家製作的籃子與陶器；這種情況在城鎮與鄉村皆然。19世紀初廢除同業行會以及更大貿易自由度的做法，也為折扣商店敞開了大門；漂遊營（*Wanderlager*），某種移動的銷售中心，以一次租用幾週時間為前提，把倒閉拍賣的剩餘商品、廉價衣服、現成食品及地毯等賣給小城鎮的消費者。在1910年的德國，有1,000個這種機動的商品銷售中心。98

加入合作社，良心購物

另一個替代百貨公司的激進選擇就是合作社商店（參見插圖21）。合作商店就像大型商店的做法一樣，試圖藉由消除中間商來降低價格，但它們更進一步將商店變成由購物者共同擁有的企業。利潤被當成「紅利」（divi）回饋給購物者。在英國，一些友善的協會開始在1760年代為了互惠互利而銷售食品；在日本，「民間借貸會」（Mujin）的合作金融形式於

13 世紀即已開始施行。1844 年之後，當一群法蘭絨織工與歐文（Owenite）社會主義者在蘭開夏的羅奇代爾（Rochdale）開了一間合作商店，合作社的經營才真正開始起飛；這些「羅奇代爾的先鋒」成了國際激進主義的明星，吸引了來自俄國與日本的仰慕者。這是羅奇代爾在世界舞台上發光發熱的一刻。1848 年，歐洲革命失敗導致人們對這種「狂野類型」（wilder sort）—— 以帶頭的合作社社員喬治·雅各布·霍爾霍奧克（George Jacob Holyoake）的話來形容 —— 的社會改革者抱持懷疑，於是，合作社似乎成了一種可以接受的社會改進型態。99 與其採取激烈推翻的方式，合作社試圖透過自願主義（voluntarism）、互助論（mutualism）以及自助的良性細胞，從內部來馴服無情的資本主義野獸。註冊加入，就等於承諾一個更美好的世界與更便宜的食物。

這個模式輸出的成功與否，取決於國內有哪些替代性的選擇以及當地社會主義政黨的規模與態度；尤以後者特別重要。舉例來說，在丹麥，社會民主黨人相信合作社會把小店家推向窮途末路，因為它們只會惡化而非改善人們的處境。相反地，19 世紀末在缺乏一個強而有力的工黨（Labour Party）情況下，英國的合作社發展成當時最大的社會運動。到了 1910 年，約莫 300 萬英國人隸屬於 1,400 家消費者合作社，相當於 25% 的家庭都加入了，而且大部分都是勞工階級的家庭。在曾為零售業沙漠的西北部工業區中型城鎮上，合作社的表現尤為強勁。第一次世界大戰前夕，合作社控制了英國所有零售業銷售量的 8%，是百貨公司的 3 倍，剛好超過連鎖商店。德國有 160 萬名合作社成員，法國有 100 萬名，義大利有 50 萬名 —— 集中在北部；日本的合作社則是在兩次世界大戰之間開始成長起飛。農民加入了斯堪地那維亞國家的合作社。

基本的糧食與食品是合作社商品的大宗；在比利時人民之家（Belgian La Maison du Peuple），有半數的銷售是麵包。但合作社也擴展了它們的經營範圍，發展自己的品牌與廣告。商家開始銷售珠寶與家具，裝飾它們的商店櫥窗。「基本需求」被擴展了。合作社試圖克服的文化貧窮不亞於物質貧窮。要創造出自我培養及社區導向的生活方式，需要的正是一場品味與休閒方面的革命。合作社提供了工人階級的良心購物版本。就像百貨公司一樣，地方合作社也舉辦音樂會、茶會及烹飪課程，開辦了圖書館與閱讀

室。合作社所舉辦的展覽會展示出一個小型的商品世界，只不過這些商品不是來自巴黎的最新時尚，而是由成立於 1893 年的國際合作社聯盟（International Co-operative Alliance）合作夥伴所製作的健康麵粉、靴子及餐具。*100*

街頭小販及市場大廳

若將購物的興起視為公共空間的衰退，就太簡單了。購物創造了新的公共空間、社交性、敏感性，它們同時涉入既有元素之中。城市成了空間秩序相互競爭的願景戰場。街頭小販比任何人都更容易站在火線上，而他們的命運告訴了我們，都市當局如何試圖去規範商品與人的流動，以及事實又證明這件事是多麼困難。一開始，衛生革命蔓延到了街頭。小販被認為是疾病的帶菌者與失序的載體，難以被檢查而且極易溜走。他們站在街角，推著手推車到處走，隨意停下來叫賣商品，是每一位自尊自重的市長與衛生督察的眼中釘。放眼世界各地，城市所採行的方式都是將小販集中到有頂篷的市場之中，置於中央的控制之下（參見插圖 22）。這種市場可為擁擠的城市人口提供額外的貨攤。發許可證給零售商，控制商品的品質與價格，讓市場變得更容易。而市場也承諾會規範人們及其行為。禁止街頭販售、衛生改革及設立市場等措施，通常會同時並行。博爾頓（Bolton）的市場大廳超過一英畝規模，就要清除將近 2,000 戶貧民窟，剔除流氓與不良分子。在市場裡頭，吐痰、罵髒話、大聲叫賣都會被禁止。從市場大廳可以看出一個城市的構成。布拉福的柯克蓋特市場（Kirkgate Market）是一座有著玻璃與鐵製屋頂的八角亭，還有以黃金與青銅繪製裝飾的鐵製品。德比（Derby）市場於 1866 年開幕時，不但有全鎮名人共同參與的盛大遊行，還有多達 600 人合唱〈彌賽亞〉（*Messiah*）。*101* 對於市場的擁護者來說，這些市場宛如名副其實的進步學校。它們教導下層社會民眾更良好的行為舉止，並給予他們更便宜、更健康的食物——這得歸功於大量採購、冷凍櫃、衛生的儲藏方式及衛生檢查的執行。

然而，購物空間與習慣轉型的結果，原來比改革者所設想得更複雜。在柏林，市場大廳裡擠滿食物與鮮花的大批發商，卻不受小零售商的青睞。到了 1911 年，觀察家開始注意到這些市場對一般百姓「愈來愈不重

要」。102 好幾個市場大廳關閉了。向街頭小販買東西要便宜得多，因為他們不需負擔承租市場攤位的額外費用。而且，小商店可以提供信用賒帳的服務，但市場只接受現金交易。大部分市場大廳都不像布拉福的市場那麼金碧輝煌。舉例來說，上海有 14 座市立的市場。愛爾近路市場是「一座老舊的木造建築」，由支架所支撐；伯頓路市場是一座水泥建築，但一樓只占了一半空間；梧州市場「很難保持乾淨」，因為有許多販賣熟食的商販。在市政廳後方的馬路市場，中國區的部分欣欣向榮，但外國區的部分就十分冷清。在濟濟哈爾路，只見市場一片空蕩，街頭小販卻往來熙攘。倘若城市牽涉到日常生活研究先鋒昂希・列斐伏爾（Henri Lefebvre）所稱「空間共識」（spatial consensus）的產生，103 那麼上海當局對於達成這個目標，可說幾乎不抱任何幻想。「在租界地中數量龐大的食品小販一直是使人焦慮的源頭，即使在衛生警察（Sanitary Police）的協助下，都不可能……控制這類的交易。」他們把食物放在房間裡，或是使用「製冷劑……某種被稱為天然冰的商品，但精確地來說，應該被描述為冷凍的汙水」。104

簡單來說，就是街頭小販可以提供便宜又有彈性的購物。一間固定的商店只要一拉下百葉窗，街頭小販就馬上占據角落。而且他們無所不在。在市場大廳購買食物，通常意謂著得走上好長一段路，或是得花額外的電車費用。集中化管理的明顯限制，往往會在以林蔭大道與百貨公司來描繪的現代城市寫照之中被加以忽略。手推車與街頭攤販仍是紐約下東區（Lower East Side）以及其他有流動、移民社區的城市中司空見慣的場景。每週一次的市集仍繼續在科隆（Cologne）、基多及聖保羅蓬勃發展。105 即使在英國，許多城市也被迫推翻它們早先的規定，因為市場顯然無法滿足有更多錢可花的成長人口。大約在 20 世紀之交，經過兩個世代的謾罵與罰款之後，街頭小販與露天市集又得以重見天日。106

但是，街頭小販也不是任由當局隨意擺布的棋子。莫雷利亞（Morelia）這座墨西哥的省級城市便為空間政治的扭曲歷史提供了一個絕佳的例子。現代化隨著電燈照明在 1888 年來到這座城市。利物浦百貨公司（Port of Liverpool）開張了。商人與市政官員聯手清理公共空間，打造一個具吸引力的購物環境，商店也引入玻璃展示櫃以陳列商品。然而，根據 1913 年

的委員會說法，這座閃閃發光的新場景卻被街頭小販粗魯地破壞了，更糟的一點是，他們把顧客都帶走了。與其走進那些體面的商店，顧客寧願在外頭流連忘返，街上有街販從鞋子到冰淇淋無所不賣，售貨亭也像雨後春筍般湧現。於是，叫賣小販被強制驅離，秩序被重置。然而意想不到的結果出現了，叫賣小販並未放棄或作鳥獸散，而是一個一個團結起來，形成了聯盟。在 1917 年墨西哥革命期間，他們又回到了街頭。107

現代都市的購物節奏

我們強調了新舊勢力對消費城市的貢獻。這是一個多樣化而非同質化的故事。現在，讓我們從購物空間移往購物的節奏。許多作家皆認為，在現代城市裡，運動變得受監管、規訓和匿名。麻木的顧客以一種精心安排的方式沿著林蔭大道穿梭快步向前走，川流不息於百貨公司中。列斐伏爾將現代化比喻為「花式馬術訓練」（dressage），人們就像馬匹一樣，接受一系列自動、重複的訓練動作。自由只是一種幻象：「人們可以右轉或左轉，但他們的步伐、步行的節奏……並不會因此而改變。」108 我們或可反對，認為這些慣例可以被解放並消權（disempowering），109 然而我們在此要問的是，現代都市生活實際上是否僅為一種無生氣、單調的循環。

事實上，現代城市以其多樣的節奏給許多當代人留下深刻的印象。新聞記者喬治・西姆斯（George Sims）曾在 1904 年以《倫敦生活》（*Living London*）的全景之旅掌握英國大都會的脈動。他觀察到購物街區的不同點「不僅在於一般外觀，更在於人們購物的方式、舉止及語言，彷彿他們屬於不同城市」。在惠特利斯百貨公司的發源地韋斯特格羅夫（Westbourne Grove），女士們聊著「價格、特價商品、目錄等諸如此類」的購物場景，與東區的景象相去甚遠；在東區，積極不懈的店家「在一捲捲圓柱形的亞麻油地氈與地毯間」兜售著家具與陶器，「彷彿置身於傾頹廟宇中的世俗僧人」，而「購買者停下腳步，開始與販售者討價還價」。在週六夜，白教堂路（Whitechapel Road）上的裁縫店與玩具店敞開大門，沿街叫賣蔬果的小販推著手推車，「密密麻麻地沿著路邊站著」。這裡有「烤馬鈴薯的小販來回穿梭，從手推車上的大黑容器中噴散出火花。小酒吧都客滿了，人

行道上滿是男女老少，有穿著體面的，也有衣衫襤褸破舊的，前往購物或悠閒漫步」。而當觀眾從電影院一湧而出時，流動的人潮又會再次改變。*110*

像市場大廳這類的新興空間，也保持著一系列的節奏。在平常的工作日，有的是尋找一塊好肉或是一台留聲機的人潮。請別隨地吐痰。然而在週六，許多市場會一直營業至午夜。對年輕人來說，它們就是散步與調情的地方。其他人會停下來觀賞木鞋舞者的表演，或者為購買商品權衡再三。討價還價的交易方式又回來了，茶屋提供了可以休息及享用茶點的地方，而對於那些趕時間的人來說，派餅店或冰淇淋小販總有速食快餐可以提供。變戲法耍把戲的人、雜技表演員及其他的街頭藝人也回到了街上。格拉斯哥的市場商店街有一枝來福槍的射程那麼遠。*111* 除了沒有二手商店之外，它跟天橋市場沒什麼兩樣。

娛樂空間

空間，正如列斐伏爾所指出，不只是街道與建築的實體聚集。它是社會性的，是溝通、實踐及交流的產物。*112* 它涉及一個人了解個人空間連結周遭世界的感覺。在現代城市中，空間感所經歷的轉變就跟水管、玻璃窗所帶來的實質改變一樣顯著，而娛樂正是這項轉變的關鍵。除了商品與人之外，城市也疏導了情感。可以肯定的是，城市雖是工作的空間，但自古以來便同時提供麵包與馬戲團。大約從 1880 年代到 1920 年代這段期間，城市見證了專為娛樂設計的商業空間遽增——包括音樂廳、電影院、遊樂園、足球場及自行車賽車場。對今日的讀者來說，當時人們的假期及花費的金錢看起來可能相當寒磣，但這個時期的勞工所享受的可支配收入和假期，已經比以往任何時期都來得多了。有些城鎮把享樂當成它們的主要業務。1893 年，英國的度假勝地黑潭有 400 萬訪客人次。許多工廠勞工在這裡享受了他們第一次的「當天來回」短途旅行；連西格蒙德·佛洛伊德（Sigmund Freud）也造訪過此地兩次，喜愛在愛爾蘭海（Irish Sea）划

船。

　　對於城市的矛盾心態，在歐洲文化中愈見深化。浪漫主義詩人威廉・華茲渥斯（William Wordsworth）曾在 1800 年提出警告，城市的許多刺激會誘發出「近乎殘酷的麻木不仁」。一個世紀之後，新的時空經驗更強化了這樣的診斷。時間的流動像條小溪般潮起潮落，而非像個時鐘一樣滴答作響。現代主義的作家們將分鐘延伸、將年份壓縮，甚至反轉了時間的流動。113 社會正在緊張壓力下加速及分化，成了人們普遍的感受。個人處於不斷擺盪的狀態，擺脫了穩固的規範與社會層級的束縛。114 速度與活力使城市成為一種新的心理狀態鍋爐，亦即格奧爾格・齊美爾在 1903 年所稱的「無動於衷的態度」（blasé attitude），其中保有關於大都會最具影響力的論述：「這種無動於衷的態度……來自於快速變遷以及對比神經刺激形成的緊密壓縮。」大城市中有兩股力量在運作。其一是「對於歡愉的無盡追尋」，「長時間地激動神經，使其達到最強的反應程度，以至於它們終於完全停止了反應」。其二則是以多不勝數的感知作用去轟炸心智，不論這些感知本身多麼微小無害，它們加總起來的數量之多，足以使神經筋疲力竭。結果就是無力「以適當的能量對新的感知產生反應，遂構成了這種無動於衷的態度；事實上，你可以從每個都市孩子的身上看出 —— 當你拿他們來跟成長於較為安靜、較少變化的社會環境中的孩子們相比時」。它的特徵就是麻木無感與深度不足。城市居民運用的是頭腦，而非心靈。城市住民需要計算機式沒有靈魂的智力，為的是因應大都會中極需準時、精確與協調的壓力。最後，都會人成了一群孤獨的偽人（pseudo-individual）。而對這種「無動於衷的人」（blasé person）來說，齊美爾的結論是，所有事物看起來都像一種「均勻而單調的灰色調」。115

電影是過度刺激都市人的娛樂？

　　電影快速移動的影像，正是大都會過度刺激、筋疲力竭及同質化的縮影。「電影是當今社會的一面鏡子，」電影與戲劇評論家齊格弗里德・克拉考爾（Siegfried Kracauer）在 1927 年的《法蘭克福日報》（*Frankfurter Zeitung*）上一篇關於電影觀眾的報導中寫道，「愚蠢、不真實的電影幻想是

社會的白日夢。」它們打造出一種「大眾品味」，也就是典型的大都會。電影裡的一切都是假的，從貧窮女孩與富有男士結婚的逃避現實浪漫戀情到建築本身；像柏林凱萊宮電影院（Gloria-Palast）的巴洛克偽裝，就象徵了「表面事物的精緻浮華」。在小城鎮上，電影院為下層階級服務，中產階級則對此保持距離。相反地，在柏林，大都會生活的潮流把每個人都捲入大眾社會，包括富人及受過教育的人。結果，就是一群「同質的都會大眾……從歌劇天后到打字員」。克拉考爾對於誰能作為這群都會大眾的縮影毫不懷疑：他的系列作品標題即為〈小女生店員看電影〉。116

　　像這樣的詮釋有相當的影響力，而且很容易理解原因為何。我們知道接下來發生的事：極權主義者利用電影與娛樂；標準化的好萊塢票價無所不在。然而，後見之明可能使我們對以前的情況視而不見。「大眾社會」的引用，本質上並無關歷史。他們提出了一種普遍、被動、跨越時間的消費者，彷彿看電影的行為始終如一。當克拉考爾強烈譴責「娛樂的崇拜」時，電影已經在歡慶它的 32 歲生日了。而電影的童年與中年截然不同。

從巡迴播放電影到電影院普及

　　1894 年，第一台電影放映機在紐約百老匯一間轉型的鞋店開張，透過一個窺視孔展示圖片。早期年代，電影只算是既有娛樂整體效果中的一部分，而非一項單獨活動。電影會在音樂廳、室內游泳池、市集及布道大廳中播放。巡迴播放的電影會經過小城鎮與農村地區，在傳播這項新媒體的品味上扮演了至關重要的角色。舉例來說，在荷蘭，巡演電影的觀眾就高達 100 萬人。烏特勒支的蒂沃利公園（Tivoli Park）有一頂特別為巡迴表演保留的帳篷。1904 年，一座典型的在地綜藝（Varieté）電影院一週可以對大約七萬名觀眾播放電影。有些巡迴電影院就像裝上輪子的宮殿，有高達 13 公尺的鏡子、鍍金的裝飾、風琴、數百個燈泡及絲綢覆蓋的前排座椅。這類電影院可以讓 700 名觀眾舒適就座。典型的型態就是圭多·塞伯（Guido Seeber）在 1904 年推出的巡演電影院（*Wanderkino*）。以音樂會作為開場，巡演電影院接著會播放一部戈登·貝內特盃（Gordon Bennett Cup）的短片給觀眾看──那是 1903 年舉辦的第一次國際賽車比賽──然後，帶著他們在倫敦的動物園裡散步，並欣賞一場在西班牙國王面前舉行的馬德

里鬥牛表演。最後,這場表演目會以《睡美人》(*Sleeping Beauty*)及參觀「加拿大有趣的木材貿易」作結。這場秀全部要花上 40 芬尼。*117*

　　直到 1906 年,電影院才開始在定點安頓下來。在美國與西歐,大部分城市不論大小,都開始有一座固定的電影院。倫敦第一座電影院是巴勒姆帝國(Balham Empire),提供 1,000 個座位。在美國肯塔基州的萊辛頓(Lexington)有兩座電影院,為它的 25,000 位居民服務。接下來幾年,電影院的成長十分驚人。到了 1914 年,英國已經有 3,800 間電影院。光是倫敦就有近 500 間電影院,可容納 40 萬名觀眾,是音樂廳的五倍以上。不過在十年之內,電影已經成為大眾娛樂的主要形態。1913 年,每天都有 25 萬倫敦人去電影院看電影,紐約市每週去看電影的觀眾也將近 100 萬人;其中幾乎有 1/3 是孩童。但娛樂是要花錢的,幾乎每個人都得為五分錢電影院準備五分錢的鎳幣。在英國,孩子們通常都有兩便士的零用錢,一便士買電影票,另一便士買看電影時吃的糖果。*118*

　　早期的電影遠非某種對無辜觀眾的神經造成突如其來的驚恐,而是結合一系列令人驚嘆的既有技術之成果。在電影巡迴播放的年代,它以市集的習俗文化為基礎;在音樂廳,短片的播放會穿插歌曲與幽默的插科打諢。沒有證據顯示第一代的電影觀眾認為電影令人感到緊張不安。神奇的燈籠與活動全景畫,讓各個階層的觀眾準備好迎接移動影像與現實幻覺的感官刺激,不論他們是在愛爾蘭農村或巴黎市中心皆然。全景畫可以追溯至 1790 年代,使觀眾沉浸於畫在寬闊畫布上的自然風景與戰鬥場面,而畫布往往可以延伸至超過 200 平方公尺之廣。下一代的全景畫加入了西洋鏡,使得場景可以自行在觀眾面前移動。到了 1889 年,巴黎已有 17 座這種設備。都蘭(La Tourraine)西洋鏡提供了一艘輪船的實物大小模型。坐在其中,從來沒看過大西洋的勞工與農民即可隨著畫上海浪、海灘及飯店的移動畫布,體驗一段沿著法國海岸線航行的海上旅程。前來觀賞的訪客超過了 100 萬人。另一趟模擬的旅程則帶著巴黎人在不到半小時的時間內,從威尼斯來到君士坦丁堡(Constantinople),甚至可以聞到海水的氣味、感受到海洋的律動。而即使電影院有了固定的地點,電影也不盡然被當成單獨一項娛樂來操作。1907 年 12 月 14 日開幕的巴黎競技場(Hippodrome)號稱「世界最大電影院」,即以呈現壯觀的奇景為目的。這座電影院是一

間圓形大廳，中間有個開放區域保留給馬匹表演，後來則是大象，還有一個完整的管弦樂團演奏。開幕當晚，觀眾被饗以 18 部短片、合唱表演及一場拳擊賽。*119*

觀眾不是受催眠的被動旁觀者

觀眾可不是恍神、被動的旁觀者。他們會為英雄歡呼，給惡棍喝倒采。對製作人來說，掌聲的熱烈程度反映了一位明星的價值。有時，觀眾成了主要的娛樂節目。表演經常會被打斷。一名倫敦人回憶他在大約 1910 年的童年時，去一間當地電影院看電影；電影院裡坐了 30 個人，孩子們坐在前排。每當短片的播放中斷時，「一名矮胖的女士坐在出口附近的軟墊凳子上……就會拉扯一盞掛在出口附近的煤氣燈小鍊條」。房間登時大放光明：「電影院的管理人員已經學會別把一群孩童留在黑暗之中，沒有東西可以分散他們的注意力。」而在另一座「更為宏偉的娛樂圓頂建築」，穿著棕色制服的服務員「不時巡視走道，在我們的頭上噴灑除臭劑」。*120* 電影院有解說員與作曲家，以個人風格建立這些電影的場景。許多電影院從早到晚播放連續性的節目，人們可以隨自己高興進入觀賞或離去。直到 1930 年代，才逐漸出現比較嚴謹的觀賞形態：觀眾在播放預告片時進入，在全片「完結」時離去。

直到 1909 年，電影膠捲長度的上限是 300 公尺，或說 16 分鐘。在接下來幾年，《暴君焚城錄》（*Quo Vadis*）與《悲慘世界》（*Les Miserables*）是最先提供連續 2 小時長度的電影。然而最初的反應讓人頗為懷疑，也讓我們得窺當時主要的觀賞習慣。1911 年 10 月，法國《電影紀事》（*Ciné-Journal*）的編輯有如下的觀察：

> 觀眾在節目播放中來來去去……他們往往是這種類型的人，來看一小時電影，體驗不同的情感，並迅速滿足自己的好奇心。他們喜歡短劇及令人愉快的喜劇。他們欣賞一週新聞，以及有關遙遠國度、異國部落及自然歷史的影片。我們怎麼可能以一部冗長的電影來開始我們的節目，而且還把它當成整個節目呢？*121*

整個節目中所播放的一連串影片類型，需要觀眾在風格與觀賞速度之

間不斷轉換，絕非集體催眠的引導。

對齊美爾來說，心智有兩個層次。深刻感受與情感關係存在於「心靈更無意識的層面，在不間斷習慣的穩定節奏中最容易增長」，與鄉村生活有密切的關聯性。而智力則占據「心靈中顯而易見、有意識的更高層面」。[122] 他深信都會生活同時枯竭心靈中較低的層面並耗盡較高的層面。然而，齊美爾沒能領會到的一點是，電影也能培養出新的能力。在工廠大門拍攝的當地影片，可以讓勞工有機會看見自己出現在螢幕上。當這些觀眾在螢幕上認出自己及朋友時，他們往往會高興地大叫。大自然與旅遊的電影則會創造出穿越時空的感受。「我熱愛電影放映機，」一名法國人在 1907 年時坦承，「它滿足我的好奇心……我可以遊覽世界，在任何令我感到愉快的地方停下來，像是東京或新加坡。我可以步上最瘋狂的行程。」從洛磯山脈（Rocky Mountains）到尚比西河（Zambezi）的瀑布。[123]

電影觀眾非同質

到了 1914 年，大部分美國與西歐城市的人們都經常去看電影，但這並未使他們自動成為一群同質的觀眾。品味與習慣反映了階級、教育、性別及種族。對於勞工階級的妻子來說，電影不啻是一種解放。與其週六單獨待在家裡，她們現在就跟她們的丈夫一樣，可以出門去找些樂子。女孩去看電影的次數通常沒有男孩那麼頻繁，因為後者對他們的時間與金錢享有更大的控制權。移民社區有自己的電影院，紐約下東區的猶太劇院混合了猶太的歌舞雜耍表演及聖經電影。對於義大利移民來說，義大利進口電影跟有關美國生活方式的電影一樣重要。或可說，正是 1911 年《但丁的地獄》（*Dante's Inferno*）這類電影最先將西西里人變成了義大利人。在芝加哥，非裔美國人會去南邊的黑人電影院看電影。對富裕的購物者來說，百貨公司旁的電影院有專門在下午放映的電影場次可以觀賞。到了 1910年，電影已然吸引來自各個階層、各種城市的觀眾。[124]

電影社會學

我們所知具備最細微差別的觀眾群，自非德國人莫屬；1913 年有一名學生艾蜜莉・阿騰羅（Emilie Altenloh）為她在「電影社會學」方面的博士

論文對曼海姆（Mannheim）的電影觀眾進行了詳盡的觀察，這是首篇該類型學術研究。曼海姆是一座擁有 20 萬居民及 12 間電影院的城市。電影院形成了不同的等級。勞工付 50 芬尼，當地上層人士則付十倍的價格坐在包廂，穿著晚禮服去觀賞電影。而夾在這兩群人之間的有官員、工程師、商人。學者最不常去看電影——這是值得我們牢記的一點，有鑑於早期有關電影與電影觀眾的贊助報導都是來自克拉考爾以及其他知識分子筆下。德國人對電影的品味則相當分歧，即使在下層階級之間亦是如此。阿騰羅發現，產業勞工最喜愛幽默與愛情故事的電影。小資產階級則喜愛歷史劇與戰爭。另一方面，工匠更喜愛自然和教育性質的電影，因為對他們來說，娛樂必須具備實用的價值。要從這些發現中完全擺脫社會偏見是不可能的。阿騰羅相信，無產階級在文化上屬於貧窮的狀態，他們對印第安人與盜匪滿懷熱情，對任何需要深刻欣賞的事物卻完全無感。儘管如此，她的採訪的確闡明文化實踐的範圍，這是同質化大眾消費的記述中所缺少的。「我幾乎什麼都看，」一名 15 歲的機械裝配工如此描述，「我週一會去看電影，週二待在家裡，週三去劇院，週五做體操，」然後「週日我會跟鄰家女孩一起去森林裡散步」。125 他並未告訴我們接下來所發生的事，但他的確列出了他所喜愛的電影類型。他特別偏好浪漫的愛情故事以及關於印第安人與飛行員，但他也崇拜華格納與席勒（Schiller）。這名熟練的勞工暗示了一個世紀前的品味可能比我們原先所設想的更為複雜。牛仔與邪惡的犯罪天才方托馬斯（Fantomas），也並未將羅恩格林（Lohengrin）擠出舞台。

休閒消遣帶來社會問題

對於電影會帶來過度刺激的警告，只是對於休閒消遣的普遍焦慮之一。試圖規範娛樂並將粗俗娛樂從公共空間中驅離的努力，可追溯至 17 世紀及更早以前。工業化給了它們新的迫切性。工業需要的是紀律，並且減少工作場所的飲酒和休閒消遣。而休閒消遣一旦脫離了工作，便成了一個極需進一步規範的社會問題。要是人們把閒暇時間浪費在不道德或使人昏沉麻木的娛樂上，而不是運用在充實改善自己的活動上，該怎麼辦呢？

維多利亞時代的人發起了一場「理性娛樂」的運動。126 城市、教會及公司成立了圖書館、勞工俱樂部、基督教青年會及各式運動隊伍。這樣的憂心表達出對消費者選擇更深層的一種矛盾心理：我們可以信任個人有能力為自己選擇娛樂嗎？工作天數的縮短以及消費能力的提升，同時引爆了商業誘惑的可怕增長。在 1850 年代，美國的產業勞工每週工作近 70 個小時。到了 1890 年，這個數字掉到 60 個小時；再到 1918 年，已變成 54 個小時。國家生命的整體平衡似乎正在轉移。從「勞工之地」轉變成「閒人之國」；這是紐約州北部柯蓋德大學（Colgate University）校長提出的警告。美國正走向古羅馬帝國的滅亡之路，自我娛樂至死。商業的休閒消遣非常危險，因為它放縱了以前因辛勤勞動而得到昇華的本能衝動。它是「廉價、令人委靡不振、惡化墮落的」，並且會導致「道德與智力的衰退」。127 在大西洋彼岸，對於電影院、賭場、舞廳的腐敗力量也存在類似的憂心與不安。軍國主義的氛圍更加深了這種擔心國力被削弱的恐懼。

青少年消費者在街頭找樂子

同時，兒童與青少年成為消費者的現象愈來愈顯而易見，也為這些憂慮帶來了一種新的世代面貌。弗里德里希·尼采（Friedrich Nietzsche）以及青年領袖們都起而呼籲年輕人要擺脫城市生活的「偽需求」（pseudo-want）。值得注意的是，在 1904 年的這個時期，美國心理學家斯坦利·霍爾（Stanley Hall）將青春期定義為獨立的生命階段，一個容易出現反常行為與惡習的「風暴與壓力」時期。128 令人頭痛的年輕人在歷史上並不是什麼新鮮事，但是直到現在，他們才被診斷為一種獨特的問題：少年罪犯。道德恐慌被年輕人日益增長的獨立意識點燃；在金錢與流動性方面皆是如此。孩子們撿拾錫罐、瓶子、紙張及丟棄的家具，再將這些戰利品賣給當地的收破爛者，這些獲利給了城市孩子們成為消費者的新自由。不斷上漲的工資，則讓青少年勞工得以從父母的掌控中解脫出來。德國一名社會福利官員就對一戰之後引入的一天八小時工時做出憂喜參半的評論。現在，年輕人手邊有了這麼多的金錢與時間，他們當然會一窩蜂地奔向任何一種娛樂，減輕他們的無聊。他們被「誘入一種生活方式，其改變將嚴

重損害他們仍在發育的身體」。*129*

在這場休閒消遣的戰爭之中，街頭與舞廳是一觸即發的引爆點。像珍‧亞當斯（Jane Addams）這樣的美國改革者，認為他們發動的是一場艱苦的戰鬥。電影院和角落的糖果店比學校機構更具吸引力。在紐約市，95%的兒童會在街上玩耍。1909年，一份在紐約下東區——位於東休士頓（East Houston）、格蘭德大街（Grand Street）與薩福克街（Suffolk Street）之間幾乎不到1/3平方英里的地區——進行的調查顯示，該地區總計有188間糖果店與糖果攤、73間汽水店、9間舞廳及8間電影院。而這裡只有9間猶太會堂與教堂、1間警察局，連1座運動場都沒有。若說酒館是「窮人的俱樂部……那麼糖果店與冰淇淋店就是青少年的俱樂部」。他們在這裡交際、嬉鬧。糖果店還有吃角子老虎機，也販賣彩券。青少年保護機構（Juvenile Protective Agencies）提出警告，糖果和賭博會誘惑孩子去偷竊以及典當他們的課本。街頭就像吸引少年犯罪的磁鐵，直到1920年代汽車接管了街道，報童才從市中心消失。部分的原因被歸咎於人滿為患，以紐約市兒童福利委員會祕書的話來說，家不再是「甜蜜的家」，而只是一個「睡覺的盒子及吃飯的窩巢」。*130* 青少年都在街頭尋找樂子。

然而，少年犯罪不再是窮人的專利。娛樂正是如此充滿了爭議，因為就連來自舒適家庭的青少年，最終也上了法庭。克里夫蘭（Cleveland）一項調查，查出犯罪往上層階級移動。「他們近來才獲得的成功與繁榮，使他們的孩子突然得以擁有舒適、金錢及空閒的時間。」這樣的年輕人拋開了「家庭控制的父權概念」。「他們取而代之的唯一標準，似乎就是在『群眾』中展現時髦的模樣。他們……代表允許變野的新生社會能量。」家庭常見的紛爭是晚間待在外頭，街頭幫派於焉成形，女孩也在無人監督的情況下外出。調查發現那些來自收入頗豐家庭的女孩們，一天花2～5小時在家幫忙雜務，但在每個上學日會花4.5小時或更多時間在街角及電影院，在週末甚至會花上七小時，「通常是去見男孩」。七年級女孩就會外出跟男孩一起溜冰，發生性行為。有些最後就進了機構。這份調查報告強調，該區是一個「好」社區，卻顯示出「在有益地運用閒暇時間方面是最失敗的地區之一」。*131*

舞蹈熱潮引發出新的危險。20世紀初期，跳舞發展成最受歡迎的閒

暇活動之一，僅次於閱讀。舞廳和舞蹈學院如雨後春筍般湧現，把 16～21 歲的女孩介紹給年齡稍大的男孩。一美元可以購買六堂團體舞蹈課。到了 1919 年，舉例來說，克里夫蘭這座擁有 80 萬居民的城市，也有 115 座舞廳。位於伊利湖（Lake Erie）畔月神公園與歐幾里德海灘公園（Euclid Beach Park）的兩座舞廳，一週可以賣出超過 12 萬張門票。一間管理良好的舞蹈學院則制定了不准「粗魯跳舞」（tough dancing）的規則，包括「擁抱、纏繞、『喋喋不休』」。132 在歐幾里德海灘公園，舞池以「嚴格的禮儀標準」進行管理，只能跳慢步波爾卡（schottische）、華爾滋及兩步舞。如果有哪一對舞伴認為他們可以在舞池多滑行一下，就會被請出去。問題在於，有許多舞廳不但可以任意豪飲，也可以自由地擺動身體。曼哈頓有半數舞廳賣酒。許多舞蹈學院也出借它們的舞廳舉辦「包場」的自由社交活動。「特別不受歡迎的」是那些邀請「混雜著強硬的女孩、墮落的男人，以及那些第一次接觸這種場合的天真青少年」。「接送熟人去約會」的趨勢正在蔓延。為了盡力「消除這種不良的做法」，克里夫蘭的娛樂專家們迫切要求更多的舞廳督察員以及「警覺而明智的伴護」來執行監督的工作，而且不僅在舞池，「甚至是舞廳建築附近的人行道及街道」。133

改革年輕人休閒消遣的嘗試採取了兩個主要的方向。一個方式是遠離城市。童子軍、漂鳥運動（Wandervögel）及有組織的青年運動，將青少年帶往山林，淨化他們的身體並補充能量。如果有跳舞的活動，也只是跳土風舞，或是纏著腰布圍著一棵樹跳舞。另一個方式是提升城市之中休閒消遣的品質。青年保護機構進行了一場對抗汙穢與垃圾的苦戰。在漢堡，教師與牧師們分發可敬文學作品的清白名單，並發起活動抵制那些以犯罪及水牛比爾（Buffalo Bill）故事腐蝕年輕人的書店。青年中心在週日下午放映經篩選核可的電影，朗讀童話故事，或是上演潘趣木偶戲（Punch and Judy）。134 但是，這些努力所觸及的始終只是一小群人。

較為顯著的成果，是由城市當局贊助而成立的新休閒空間。歐洲城市在 19 世紀中葉就已經開始向公眾開放植物園，其中當然不乏來自中產階級市民的阻力。美國城市則將這種首創精神提升至一種新層次。改革者認為，城市人需要的是玩樂、而不是清教主義（Puritanism）。這是因為恐懼

激進勞工而產生的部分防禦性措施，都市、工業化的生活是充滿壓力的：給予勞工若干娛樂，遠比讓他們因挫折感而產生革命要好得多。罷工已經讓早期評論家學會了去接受電影院，把它當成安全的勞工娛樂及宣洩出口。

大型遊樂園興起

人們也開始真正理解玩樂在人類發展的過程中所扮演的積極作用。1912 年，紐約娛樂委員會祕書強調，追求歡愉是一種「正常的衝動」。心理學「教導我們，喜悅就是力量；正確的娛樂不僅有益健康，而且有利發展」。135 問題不在於休閒消遣，而在於城市沒能將它疏導至健康的方向。舞廳與糖果店必須加以監督與規範，而不是把它們關閉就沒事了。更重要的是，城市本身必須提供更多的休閒消遣。公園開始被規劃，游泳池也開放了。到了 1890 年，麻薩諸塞州伍斯特的湖濱公園（Lake Park）一天吸引兩萬名遊客，大約占了 20％人口數。1892 年，科隆興建了第一座市立運動場，20 年之後，又在波爾（Poll）區增加了一座運動場、五座足球場、一座曲棍球場及十座網球場。在英國，曼徹斯特在 1908 年買下普萊特莊園（Platt Field），將這座前鄉村公園變身為市立綜合休閒中心，包括 46 座網球場、13 座足球場、九座板球場、一座可划船的湖及一座戲水池。美國城市建蓋的遊樂場則配備運動器材。「我們應該提供遊樂場？還是擴建監獄？」傳單上如此問道。1910 年，伍斯特首度提供它的夏日遊樂場節目，僱用 50 名工作人員在 20 個地點提供體育運動、歌唱、遊戲及縫紉課程。每天都有將近 7,000 名兒童參與。136 一戰之後，在公共娛樂上的投資持續成長。1925 ～ 1935 年之間，休閒消遣的預算已倍增。全美當時已經擁有將近 10,000 座運動場及 8,000 座壘球場。137 商業娛樂與公共娛樂並行成長。城市中的休閒消遣成了混合式的經濟。

然而其中，最大的猛獸要屬距離大城市內僅咫尺之遙的遊樂園。知名的蒂沃利花園（Tivoli Garden）於 1843 年在哥本哈根（Copenhagen）開幕，有旋轉木馬、景觀鐵路及東方建築。1900 年左右的年代見證了遊樂園的急遽擴展。布魯克林的科尼島涵蓋了夢想樂園（Dreamland）、越野障礙賽樂

園（Steeplechase）及月神樂園。光是月神樂園的占地就廣達 36 英畝，包括一座高達 200 英尺的電塔、反射池、水上滑梯、「月球之旅」，以及受到儒勒‧凡爾納（Jules Verne）靈感所啟發的潛艇之旅。這是一片擁有 1,200 座塔樓、圓頂及尖塔的仙境。20 萬盞燈在夜空中閃閃發光（參見插圖 27）。像月神樂園這類的休閒去處融合了懷舊與科技、放鬆與刺激、嘉年華與好奇心。在一趟旅程中，遊客就可以乘坐驚險刺激的雲霄飛車、觀賞一場怪奇秀（freak show）、走馬看花地參觀伊努特人（Inuit）的村落。

對於都市群眾來說，這種雞尾酒式的娛樂有什麼影響呢？有個論點認為，商業休閒消遣將擁有不同移民文化的族群融合成同質性更高的一群人。的確，康尼島早期吸引了各式各樣的眾多遊客，然而非正式的種族歧視始終存在，社會與文化的融合不應被過度誇大。到了 1920 年代，上層社會人士已經捨棄康尼島，富裕的勞工們也開始撤退到名聲更佳的澤西海岸。在世界其他地區，遊樂園各自發展出獨特的風情，反映出它們周遭環境特殊的社會與文化構成。英國首屈一指的度假勝地黑潭有一座宜人的沙灘，一個法定假日就可以湧入 25 萬遊客，這裡強調的就是它民主的氛圍。以 1904 年《黑潭時報》（*Blackpool Times*）的文字來形容，這個度假勝地讓所有人齊聚一堂，包括「商人與技工、時尚仕女與工廠姑娘……最有權勢的人與最低賤的人」。**138** 與康尼島相較之下，黑潭的度假群眾始終較為整齊畫一，清一色的新教徒，來自同一個工業腹地，分享著對於可敬、有序的樂趣之共識。儘管如此，這個度假勝地仍然存在階級的分界線，並設法確保露天集市不會在中產階級聚集的北岸地區舉辦。新加坡殖民地的新世界遊樂園於 1923 年開幕，原本實施種族隔離的公共空間，開始對所有階級與種族的公眾開放。從六點到午夜，這裡有拳擊賽、賭博、電影、劇院及餐館。夜總會還擁有馬來西亞最長的舞池。然而，這座遊樂園的成功與其說是依賴種族的融合，還不如說是為不同種族的觀眾提供多種文化類型。在馬來歌劇《王公貴族》（*bangsawan*）的隔壁，一個中國劇團也正在演出京戲。流行舞不但有馬來的*弄迎舞*（*ronggeng*），也包括了歐洲像是佛朗明哥之類的舞蹈。至於戲劇節目，則有莎士比亞、荷蘭戲劇及印度斯坦神話故事的交替演出。**139**

到了 1914 年，工業國家的城市成了天然氣、自來水及運輸交通設施的網絡，基本物質生活方式與鄉村已截然不同。在夏季時，小城鎮和農村地區的居民習慣用水桶從井中取水，惶恐不安地看著那些習慣洗澡的遊客從持續供應自來水的城市到來。在此同時，百貨公司、折扣商店、廣告及郵購目錄把城市的品味與時尚傳播到各個省份。消費文化並未止步於少數城市的城牆內。從這個意義上來說，城市開始失去了它某些獨特性。*140* 要看起來像個巴黎人，再也不需要住在巴黎才行。然而，跟這些一般變遷一樣重要的，則是城市內部與城市之間所產生的多樣性。都會的現代性並不是從同一個模子印出來的，創新與適應彼此重疊。城市容納了百貨公司、街頭小販、電影院、公共遊樂場、私人浴室中的熱水，以及巷弄與庭院中的給水管。城市是多樣化的實踐、節奏與消費空間的家，而不是單調的生活方式與無動於衷的心態。把這個時期視為從習俗與社區到商業與個人主義的穩固轉變並無濟於事，城市及其居民不會順從地被商品與欲望的海嘯捲走。在商店如雨後春筍般湧現的同時，城市也正透過消費來打造新的社區。

第五章

進入家庭的消費革命

陶特對家庭設計的變革

　　布魯諾・陶特（Bruno Taut）痛恨雜亂。身為德意志威瑪共和國時期（Weimar Germany）的頂尖現代主義建築師之一，陶特負責代表性的住屋發展規劃，像是柏林的馬蹄住宅區（Horseshoe Estate）（1925～1933年），一座350米長、3層樓高的半圓形公寓大樓建築，周圍則圍繞著數百間帶有花園的連棟排屋。現代主義者的使命是建立美好的新家園以創造美好的新人類。馬蹄住宅區的公寓有獨立的浴室和廚房，在當時是極大的一項變革。現代主義者重視的是平屋頂、未經裝飾的外貌，以及實用的鋼鐵與玻璃。然而，去除外在不必要的裝飾也只是部分的答案，因為改革必須從內而外地發揮作用。陶特在1924年獻給「所有女人」的《新家園》（The New Home），是一項對物品的宣戰：「各種畫像、鏡子、沙發罩單與裝飾桌巾、覆蓋在窗簾上面的窗簾、枕頭上的枕頭、地毯、門墊、時鐘、擺放出來展示的照片與紀念品、擠滿落地櫃的瑣碎小玩意兒……」文化菁英對大眾品味表示悲嘆並不是什麼新鮮事，但是對陶特來說，這個問題又深刻得多。人們對於失去珍貴的私人小物品已滋生出某種迷信般的恐懼，他們不再是自己城堡裡的國王，而成了物品的奴隸。*1*

這種「無生命之物的暴政」正逐步蠶食家庭的和睦，更甚者，緩慢腐蝕了家庭主婦。女人是「家庭的真正創造者」，如今卻成了揮揮除塵的奴隸；女性的解放，需要先把她們從物品中解放出來。陶特對儉樸所做的宣言深受各種來源啟發，除了威瑪共和時期的社會改革氛圍影響，他也汲取了美國提倡家務效率的宣揚者克莉斯汀・弗雷德里克（Christine Frederick）有關時間與動作的研究，顯示出家庭主婦可以在設計更為合理的廚房中節省更多力氣；然而，陶特真正的熱情在於日本及其室內裝潢的簡潔、清晰線條。1933 年希特勒上台之後，猶太裔的陶特便逃到了日本的高崎市（Takasaki）；他認為德國人的家必須更日本化一些，像是小擺設物、流蘇與緣飾、小孩做的勞作，以及多餘的椅子和「百貨公司的劣質品」，這些物品都該全部丟掉。陶特並不特別在意物品是新藝術派（art nouveau）還是比德邁式（Biedermeier），令他著惱的是對「整體效果」的迷信崇拜，這種崇拜把看似無窮無盡又不搭的物品組合在一起；嵌入式櫥櫃與功能性家具應該占有一席之地，讓家庭主婦重拾健康與理智（參見插圖 31）。人們必須被教育要走出那受到所有物品影響的虛假感情主義（sentimentalism），更真實地去欣賞文化的事物。他寫道：「心理的衛生」跟身體的整潔一樣重要；就像日本人，歐洲人也應該把他們的照片、物事等鎖進皮箱之中，只在想欣賞時才拿出來。然而陶特不像他的現代主義同伴們，他從來就不是一個道地的功能主義者；他容許不同的顏色組合，像是馬蹄住宅區的前門可被塗成黃色、紅色或綠色，但除此之外，牆壁必須裸露且不加裝飾。

陶特對於家庭設計的變革，不啻為德意志威瑪共和國時期帶來令人特別耳目一新的強心劑；當時，建立民主政體的計畫使建築與設計都高度政治化。2 然而，關於把家庭作為一個消費空間的反思，正如火如荼地在歐洲、美國，以及日本各地展開。若說 19 世紀末大眾對於消費會帶給社會什麼樣的恐懼（或希望），其關切的重點在於城市以及公共空間，那麼 20 世紀上半葉時，這項關切的重點逐漸轉變為以私人空間為中心。在歐洲上層社會人士以及中間階級的家中，分隔私人空間與公共空間的趨勢始於 17、18 世紀，更引發出分隔男女空間的新理想。一種舒適的新文化隨著對隱私程度更高的需求而來，裝有軟墊的座椅以及之後的沙發即體現了這樣的文化。1900 年左右，這些由來已久的趨勢又呈現出另一種新的重大

涵義；工業化大幅地加速了有償工作從家庭出走，使得被留下的家庭領域成了「那種」典型的消費空間——由家庭主婦管理的物質天堂，等著被私人物品、新的科技，以及娛樂活動所填滿。

我們正進入客廳套房、洗衣機、收音機，以及房屋所有權的時代，大量生產的商品將標準化的舒適度帶給普羅大眾。天然氣與電力的使用，使得家中充滿了機器；收音機與留聲機則為我們揭開了一個娛樂與聲音的新世界。家本身變成了一種珍貴的所有物。

商品的入侵，攸關的不僅是人們擁有多少東西，更改變了日常生活的心靈與靈魂、節奏與慣例；這些機器是否能將人們從單調沉悶的苦差事與依賴的事物中解放出來，並滋養更豐饒的品格，進而鞏固家庭與社會？還是它們只會餵養我們對更高水平的舒適度與消費之癮頭，扶持自私的唯物主義發展，並退隱出這個世界？正如同所有的革命，這場消費革命也不例外：沒有必然的方向，也沒有可預料的必然結果。家庭經濟學家與製造商、政治家、設計師與小說家相互爭奪家的控制權；然而到頭來，家還是由住在裡頭的人以及在地的規範與習俗形塑而成。

甜蜜的家

有些事對某些人來說，只是一種對於品味的輕蔑，但對其他人來說，可能會是極為嚴重的冒犯。19 世紀的最後 1/3 時期，見證了整個歐洲與美國在家居裝飾方面迅速成長的熱潮；隨著收入的提升，花在家居的費用也跟著水漲船高。在波士頓與倫敦亦如在巴黎與柏林，這段時期是家居裝潢設計師的黃金年代，因為胸懷大志的中產階級意欲藉由室內裝潢的品味設計來提高他們的社會地位與身分。剛成家安頓下來的年輕夫婦，被敦促著要將客廳視為「生活教育中的重要媒介」——以 1881 年首次出版的美國流行指南《美麗之屋》（*The House Beautiful*）的話來形容。3 室內裝潢表達出一個家庭的文化，據說也會對家中成員產生長遠的影響。壁紙的普及剛好搭上了這班家居裝飾狂熱的順風車，到了 1874 年，英國的壁紙製造商

已經生產出 3,200 萬張的壁紙，是一個世代前的六倍之多。4 在中產階級的家中，瓷製的哈巴狗與黃銅製的孔雀緊貼著日本的暖氣孔蓋被擺設出來。

境況頗佳的勞工家庭也在擴展並更新他們的家居裝飾，特別是在實際工資最高的美國。對於當代的觀察者來說，地毯是家居舒適度立見分曉的標誌物品，在 1874 年對麻薩諸塞州技術工人進行的一項開創性調查當中，地毯也是被運用的衡量基準之一。一位機械工的家庭一年所得略高於1,000 美元，其中有一半會花在食物上，可是家中的六個房間都鋪有地毯；在這項調查所走訪的半數家庭中，至少客廳都有鋪上地毯。5 許多家庭都有一台縫紉機以及一架風琴或鋼琴——這可是體面人士的最終證明。

在歐洲與亞洲，大部分產業勞工生活與這種層級的舒適度相距甚遠。在聖彼得堡，有些已婚的勞工擁有枕頭與被子，但大多數單身的季節性房客都住在過度擁擠的公寓中，睡在光禿禿的木板上，連放個人物品的地方都沒有。6 儘管如此，在美國之外的地區還是可以看出改變的跡象；在歐洲，礦工以分期付款的方式購買鋼琴。客廳成了神聖的空間，堆滿社會改革者痛恨的「多餘裝飾性奢侈品」；勞工購買他們無法負擔的東西，像是被鎖在客廳裡的黃銅火爐圍欄。7 在發展較晚的斯堪地那維亞半島，技術勞工也開始享受更多家居舒適用品；在克里斯蒂安尼亞（Christiana）（即現在的奧斯陸〔Oslo〕），一位紡織工人的家庭仍會與鄰居共用一座廚房，但已經擁有自己的客廳（12×15 英尺大），附有「兩個窗戶，頂端掛有短花邊窗簾……一頂拼製成單人床的床；一座木製沙發或是可以用來當成床架的靠背長椅；桌子、櫥櫃、時鐘、畫像、鮮花」。8

家居裝飾新興的大眾市場，其規模之龐大引發了某種三位一體的憂懼：它不但預示了生活與文化標準化的危險、帶來人為的欲望，更將女性囚禁在家這個金絲籠裡。這些擔憂往往被同時表達出來。很典型的一例就是陶特的抱怨，認為客廳開始看起來像一成不變而過分華麗的國際旅館房間，防止各個國家的家庭成員建立自己的起居風格。9 廉價的座椅與餐具櫃雖然威脅了藝術家的創意，卻是給消費者的恩賜；而試圖扭轉這種趨勢的行動，像是藝術與工藝運動，往往只會帶來反效果，因為藝術家設計的壁紙與地毯也是大量製造出來的產品。

19 世紀末見證了獨一無二與大量生產之間激烈的相互作用，而個性化與標準化也將彼此推向新高，最終在巴黎資產階級的家中達到高潮。一方面，客廳與走廊放滿了複製品與贗品，新的材料與大規模的複製方法使這個美夢得以成真。最初被運用在醫療目的上的橡膠，就是大部分問題的解決方法。自 1860 年代起，天然橡膠（*caoutchouc*）徹底改革了藝術市場；於是突然之間，大量製造成千上萬的硬橡膠小雕像，廉價生產裝飾花瓶、相框、有浮雕圖案的相冊，都成了可能之事。鋁、亞麻油地氈，以及賽璐珞更進一步擴展了大規模生產的範圍，橡膠的硫化帶來了人造花與小規模溫室，電鍍可以使鋅和黃銅看起來像青銅。在費迪南德‧巴柏迪安（Ferdinand Barbedienne）位於巴黎的傳奇鑄造廠中，數百名工人正忙著把大批肩負彈弓的假青銅大衛像以及各種尺寸帶著小提琴的莫札特，從鑄模中取出來。據說，資產階級得了**雕像狂熱癖**（*statuomanie*）。而平版印刷術對繪畫所發揮的作用，正如橡膠與青銅對雕像所發揮的作用；拉格拉斯之屋（La Maison Legras）在 1870 年的目錄中，便涵蓋了 2,000 種不同的複製品，從靜物到風景都有。已經沒有必要去參觀羅浮宮（Louvre）了，只要 20 法郎，你就可以把知名的雕像與畫作搬回家。*10*

　　對於陷入膚淺盲從態度的擔憂，激發了大眾對個性化品味的狂熱追求。到了 19 世紀末，資產階級的家已成了私人自我的避難所；某種程度上，這是種極為真實、極具實質感的隱退之所，就像中產階級將他們的公寓變成安全的天堂，遠離街頭革命的危險。然而自本世紀中葉起，在人與物的關係上，私有化的現象也愈來愈顯而易見。安全意謂的，不僅僅是前門上的一道鎖；櫥櫃、書桌、衣櫃、盒子，以及許多個人所有物，都被積極的鎖匠裝上了鎖，因為個人物品必須被保證安全無虞——不僅要提防僕人，也要提防家人與同事。為了創造出一個寂靜無聲如繭的家，地毯與窗簾也製作得愈來愈精巧複雜；透過物品來追求個人的舒適、控制，以及秩序，對安全的渴望也因而被增強了。這些年來，對於個人清潔愈發固執的程度，也延伸到個人的所有物；資產階級以除塵、消毒劑，以及特別的「中國粉末」，將他們的物質世界也一併提升至與個人衛生同一標準。真正的*舒適*（*confort*），一個在 1840 年代從英文中改寫的法文字，牽涉到的不僅是「身體的滿足」或是心靈的滿足，一份手冊更強調「甚至是內心情

感的滿足」。11 覆蓋在椅子上的藝術簾幔（*Drapes artistiques*）、床罩，以及邊桌上的一座哈莉奎茵小丑（harlequin）塑像，都展現出一個人的品味與特性。在這段時期崛起的《仕女雜誌》（Le Journal des demoiselles）以及類似的家居雜誌都刊登了許多關於「甜蜜的家」的文章，並且提供了如何在室內裝潢上增添正確個人風格的建議。在英國，有人認為自由主義強烈鼓勵人們在家居裝飾上發揮他們的個人風格；12 然而，類似的潮流也出現在某些並無如此自由氛圍的國家之中。在歐洲各地，家已儼然成為一座自我的殿堂。

中產階級新興的品味

到了 1914 年，中產階級家庭已經可以選擇數以千計設計各異的椅子、沙發、床，以及邊桌。倫敦的利柏提百貨公司（Liberty）開始實驗生活方式的行銷，提供摩爾風格（Moorish-style）的家具以及東方的壺罐給那些擔心買到「大眾」品味商品的顧客。13 新商品的生產卻引發了一股對古物的熱潮。早期的現代巴黎已經見證過有利可圖的「半奢侈」（demi-luxe）家具交易，由室內裝潢商從阮囊羞澀的貴族手中取得，再轉賣給抱負遠大的資產階級。14 但普遍來說，對古物的需求還是有限。一項對巴黎商人、銀行家，以及零售店商人的公寓調查顯示，在 1830~1850 年代，古董完全失去蹤影；然而到了 1890 年代，卻又滿坑滿谷地出現了。巴黎與倫敦都經歷過古董的繁盛期，古玩店、古董商，以及家具掮客的數量大幅成長，15 對於路易十六的桌櫃與洛可可式座椅之複製品產生了無盡的狂熱。對於熱愛小裝飾品的人來說，還有《好奇心》（*La Curiosité*）（1886 年）以及《小飾品》（*Le Bibelot*）（1907 年）之類的月刊。收集古董成了資產階級共同的消遣活動，對獲取真品的渴望範圍甚廣，從亞洲花瓶與土耳其地毯到來自布列塔尼（Brittany）的紡車，連結起巴黎的資產階級與理想中淳樸的舊日時光。大眾舒適品的廣泛普及不但未摧毀古物與「真品」，反而提升了這類物品的價值，進而對過去的所有事物產生近乎考古學上的興趣與關注——一般民眾與上層社會人士皆然。人們搜尋古老家具，修好它或是直接拆掉它、然後與其他物件重新組裝在一起；對室內裝潢商來說，這簡

直是他們的黃金年代。

若說這項趨勢的範圍廣及全世界，那麼它在美國更是特別勢不可擋。福特 T 型車（Model T automobile）之父亨利・福特（Henry Ford），不但是流線化傳送帶大規模生產上的最主要負責人，同時也是蒐集平凡百姓製作的平凡物件之先鋒。福特在 1906 年開始蒐集平凡的物事，到了 1929 年，他的收藏品已經多到變成一座垃圾博物館，像是平民百姓的史密森尼博物館（Smithsonian），至今仍在底特律郊外的迪爾伯恩（Dearborn）對公眾開放。西奧多・羅斯福總統的妻子伊蒂絲・羅斯福（Edith Roosevelt），也是另一個「垃圾抓斗」。以一位領頭收藏學者的話來說，這些時代見證了「垃圾變體」（transubstantiation of junk）。16 庭院舊貨拍賣於焉誕生。在 16、17 世紀，蒐集來自遠方的珍貴物品是國王們展現其全球影響力的方式；171900 年左右，宇宙王權正在民主化，每個人都能成為一位收藏家。

這是使陶特感到絕望的根源之一，不像後來許多「消費主義」批評家，對陶特來說，問題並不在於「拋棄型社會」，而在於人們丟得還不夠。一個人的閣樓成了另一個人的客廳。

1900 年左右，商品的擴散瓦解了既定的地位規範，累積與展示是重申社會階層制度的一種方式。在 1899 年，非正統的芝加哥經濟學家托斯丹・范伯倫將這個現象命名為「炫耀性消費」。他的《有閒階級論》（*Theory of the Leisure Class*）一書中，主要關注於超級富豪以及他們利用昂貴的娛樂和藝術來使自己與那些不如他們的人有所區別；對上層社會人士來說，在一個商品為眾人唾手可得的時代中，「替代性消費」（vicarious consumption）是一個確立他們生命中擁有高階地位的方式。18 在這場競爭激烈的比賽中，關鍵人物正是一家之女主人；透過她的娛樂休閒、寶石飾物，以及品味高雅的室內裝潢組合，她可以展示中產階級家庭的好名聲，並把工作的骯髒世界遠遠甩在後頭。

正如范伯倫指出，這種作為很大程度上是一場裝模作樣的把戲。家中的女主人不必非得閒散度日，家務工作只是偽裝成擁護休閒的理想；范伯倫認為，真正的舒適和休閒從來就不是目標，如果達到了，不過是「一種或多或少的偶然狀況」，這所有活動都遵循著他稱之為「徒勞無功的偉大經濟法則」在運作。與其將資源轉向在有生產力的用途上，「炫耀性消

費」則將這些資源浪費在累積、展示，以及模仿上。當范伯倫把他最尖刻、最冷嘲熱諷的觀察指向新的美國上層社會人士，他強調這種以地位為推動力的競爭行為仍持續於「較低階的金錢等級上進行，而非在休閒的替代性上加以要求」。對舒適與得體的崇拜，迫使所有的妻子「為了家庭與一家之主的名聲，不得不從事若干炫耀性消費」。*19*

在一個突飛猛進的年代，這些論點中沒有一項是讓人樂見的。范伯倫並非達爾文或斯賓塞（Spencer），社會的進化往往是逆行的，消費只是男人奴役女人的最新鐐銬；妻子已從「男人的苦工與奴隸……（作為）為他生產商品以供消費的生產者」，進化成「禮儀的消費者，消費他所生產的商品」──亦即「不自由的僕人」。*20* 對於夏綠蒂・柏金斯・吉爾曼（Charlotte Perkins Gilman）這類的女權主義改革者來說，范伯倫提供了權威性的例證，儘管他本身因性好漁色而聲名狼藉，老是試圖勾引他的學生以及同僚們的妻子，連他自己的妻子最後都跟他離了婚。吉爾曼寫道，因為「扮家家酒」是女性被允許去做的一件事，所以女性才會沉迷於裝飾和物品。家是一隻物質的怪獸，「端賴它被餵養的事物而增長」，並且阻止女性對真實世界做出貢獻。對於這種「無謂的奢侈」，「男性的支付能力」似乎是唯一的限制。*21*

對於與眾不同的渴望，自古以來就是諷刺作品與文學典籍的靈感之源，而范伯倫的獨創性使其成為整個社會體系的引擎。這個論點的簡單易懂，正是它的吸引力持續不墜之關鍵所在，但也是它根本的弱點。對范伯倫來說，人性幾乎是一個不變的常數；他視商品為社會聲譽與權力的工具。人們掛上一張畫像或是購買某些家具，與其說是為了自己個人的歡愉，不如說是為了使他人留下深刻印象，物品的使用，針對的是向外而非向內的用途，那些像范伯倫與陶特一樣擁護儉樸生活的人，忽略或輕視了物品所傳達的情感、意義，以及記憶。陶特嘲笑家庭主婦有「情感戀物癖」（emotional fetishism）：她們無法放下兒子所做的一件小小工藝品，「我們的寶貝比利做了這件物事，你記得嗎親愛的，當他才……」*22*

儘管有些消費（仍然）是炫耀性的，有愈來愈多與范伯倫同時代的人轉向支持財物與嗜好是為了自我實現的論點；某種程度上，這種消費彌補了一個愈來愈嚴格控管的工作領域。到了 1900 年，「嗜好」被宣傳成預

防無聊與神經衰弱的對策；然而，嗜好並非只是一種退隱，更是對物質層面的自我進行探索與肯定的方式。

家居的改善就是自我的改善。沒有人比《小人物日記》（*The Diary of a Nobody*）的作者喬治‧格羅斯密（George Grossmith）與維頓‧格羅斯密（Weedon Grossmith）更深知箇中三昧；這本書是以郊區家庭為主題寫成的最偉大英文諷刺作品，首次發行於 1888 年的《潘趣》（*Punch*）雜誌。普特先生（Mr Pooter）與他的妻子凱莉（Carrie）才剛搬進他們那位於北倫敦新郊區──大約就在今日阿森納（Arsenal）足球場所在的角落──擁有六個房間的半獨立式「住宅」，在這棟屋子裡，普特先生對居家改善著了迷；在普特先生的生命中，再沒有比擁有一棟位於體面社區的房子更令他渴望的事了，但是，後院卻有荒廢的火車鐵軌，雖然這幫他省下了兩英鎊的租金。普特先生打算讓這棟房子上軌道，他的座右銘是「家，甜蜜的家」，在家的四面牆壁之中，他找到了讓自己引以為傲的地方。地毯必須用釘子固定住，窗簾必須掛好；普特先生馬不停蹄地改善他的房子。就在他把花園裡的一些花盆漆成紅色之後，他又上樓把僕人的臉盆架、毛巾架，以及五斗櫃都上了漆。「在我看來，這是一項了不得的改善。」僕人的不贊同只是「一個說明了下層階級無知之例」，驅使他向前的動力並非他人的意見，而是一股成就感。於是，一項工程又餵養出下一項工程；普特先生塗上了更多的紅瓷漆，「在我看來，紅色就是最棒的顏色。」他又把煤斗及莎士比亞劇本的背面都上了漆，甚至連浴缸都被他漆成紅色，「結果很令人感到欣慰，但遺憾的是凱莉並不這麼認為，事實上，我們對這件事有些討論。」最後，普特先生因自己的愚蠢受到了懲罰；就在兩天之後，他驚恐地從浴缸中起身，因為流過他雙手的水，看起來就像是鮮血。23

物品就是我們

這類諷刺作品雖然頗具娛樂性，卻也傳達了一個嚴肅的觀點，使我們不得不重新思考一個在 1900 左右的年代中仍然深具影響力的詮釋。范伯

倫與陶特以不同方式將商品的發展視為一種疏離，在這一點上，他們採取的是一種傳統的立場，可回溯至馬克思與盧梭、並且繼續隨著許多社會主義者與消費擁護者邁入 20 世紀。這些思想家並沒有一種單一的意識形態，他們分享的是本能的懷疑，認為消費會使人們疏離真實的自我。從這個觀點來看，現代性摧毀了人、物，以及自然之間的根本一致性；人們切斷了他們自身以及他們手中之物、科學與理性以及自然與情感、男性公共空間以及女性私人領域之間的聯繫。結果就是幻滅、不平等，以及衝突。

在《新教倫理與資本主義精神》（*The Protestant Ethic and the Spirit of Capitalism*）（1904～1905 年）中，馬克斯・韋伯對這個故事提供了一個深具影響力的版本。現代人與世界是疏離的，他們只關心自己的救贖與成功，韋伯寫道，人們被吸進一個「物化的經濟宇宙」，被交易以及對商品的渴望而驅動；在這項過程中，他們失去了以往農民與戰士可享受到真實而完整的生活體驗。農民可以死於一個「飽滿的人世」，像希伯來人亞伯拉罕（Abraham），圓滿他們存在的完整週期。但反觀現代的文明，快速噴吐出這麼多的文化商品，以至於人們只能品嘗到一點點人生。為了對抗這種「貶值」的現象，人們把追求文化當成了一種「職業」（*Beruf*）；但隨著更多文化的產生，更多商品與更高等級的舒適也隨之而來，這是惡性的循環。韋伯的結論是，在最好的情況下，現代人只能希望自己死於「厭倦的人世」。24

許多撰寫關於 19 世紀末期與 20 世紀初期歷史的歷史學家，都將他們的故事嵌進了這幅宏偉的大局之中，宛如另一個講述自我與事物間鴻溝歧異日深的篇章。25 傑克遜・李爾斯（T. J. Jackson Lears）在他對現代美國豐裕形象改變之精采研究中，將這個時期呈現為「欲望非物質化」達到最高點的階段。廣告主培養出一個焦躁不安的自我，角落裡永遠有另一項新商品承諾會給予更令人滿足的自我滿足感；在購買者這種永無止境的自我追尋旅程尚未展開之前，新的物事往往被拋在腦後、鮮少被打開利用。從這個角度來說，消費者文化完成了與笛卡兒相關的啟蒙運動任務：創造一個與物質世界分離、並可掌握物質世界的自我。26

值得強調的一點是，幻滅是現代歷史基於對人性的假設、而非人們如何真正參與物質世界的描述詮釋。如果我們把焦點放在後者，那麼另一個

故事就浮現了；除了進行中的非物質化趨勢，1890 至 1920 年代亦見證了物質自我的復興。啟蒙運動的故事繼續著，儘管是以截然不同的基調在進行：激情、社交、優雅、共鳴的語言，被與物品更親近、更私密的關係所替代。普特先生、蒐藏、手工藝、家居裝飾，都是重新重視物品在自我發展上所扮演角色的要素。自我並非封閉於物質世界之外，自我是被事物觸及並形塑而成，而這些事物反過頭來，又被烙下個人特質與文化的印記；人工製品逐漸被視為通往自我的廊道。27 1891 年，位於斯德哥爾摩（Stockholm）動物園島（Djurgården）上的斯堪森博物館（Skansen）成了全世界第一座露天博物館，可供遊客漫步於幾個世紀以來的古老房舍、農莊，以及人工製成的文物當中；在新英格蘭，「活的歷史」博物館也開始重現逼真的殖民地房舍面貌；人類學的展覽展示了土著部落的生活場景。在政治上，同時代的人們也開始注意到旗幟、海報，以及徽章如何創造出超越清醒、理性公民模式的情感紐帶；28 同時，研究童年的學者亦強調玩具對認知發展的重要性。社會正處於一個物質轉折點的掌控之下，包括了文學、心理學，以及哲學各方面。

　　1890 年代的美國可以「詹姆斯」為名。這股詹姆斯風潮可分成兩個部分：亨利・詹姆斯（Henry James）與威廉・詹姆斯（William James），詹姆斯兄弟充分掌握了消費激情的脈動。弟弟亨利小哥哥威廉 16 個月，曾涉足劇作家領域，其後在 1897 年因《波英頓的珍藏品》（The Spoils of Poynton）一炮而紅，這部小說對於物品的力量有相當敏銳的探討，並深入該時期蒐集物品熱潮之精髓。波英頓不只是一棟房子，更是一座物品的殿堂，由寡婦加雷思夫人（Mrs Gereth）多年來精心建造而成；加雷思夫人的生命與身分，因而逐漸與她的收藏品變得密不可分。「是的，這是一個櫥櫃、椅子，以及桌子的故事，」詹姆斯寫道，但它們並非「華麗而被動」，它們擁有「一股內在的力量」，收藏者第一眼就可以感受得到；年復一年地擁有、注視、觸摸這些物品，重新喚起了那些年輕時的「激情」與「機能」。29「炫耀性消費」並非加雷思夫人的目的 —— 如果是這樣就好了，更甚者，波英頓是個私人奉獻的對象，摧毀了她身邊所有最親密的關係。問題是，她的兒子與莫娜（Mona）訂了婚，這位年輕女士欣賞波英頓的程度，足以使她把這棟房子的移交列為這樁婚事的條件之一；但是，莫娜對

物品的靈魂顯然一無所知。反之，加雷斯夫人把她的所有物當成她的孩子般悉心呵護，它們跟著她一起長大，宛如她自己也跟著它們一起成長；要把它們交給莫娜，就像是把她的心肝寶貝交到陌生人手中。於是，故事隨著加雷斯夫人蓄意破壞這樁婚事的計謀發展開來，她精心培植對美學感受更敏銳的弗萊達（Fleda）作為莫娜的敵手，於是波英頓珍藏的「戰利品」在小說人物間引發了一場充滿痛苦仇恨、深具毀滅性的戰爭，最終使得波英頓在一場大火中付之一炬。

亨利・詹姆斯赤裸裸地揭露了作為收藏家的消費者心理，他對於加雷斯夫人的描繪，為接下來幾年佛洛伊德在壓抑與情感轉移的若干心理理論基礎上，作了準備；作為戀物癖對象的物品，具有情慾的特質；主宰加雷斯夫人的情愛與欲望者，不是人，而是物。更甚者，詹姆斯把物品的積累描繪成身體照護的生理過程；這位寡婦「等待」著她珍愛的財物，「為它們幹活，悉心挑選它們，使它們配得上彼此與這棟房子，看顧它們，愛護它們，跟它們一起生活。」30 透過這些物品，她創造出自己的性格；藉由照料它們，設定它們彼此的關聯性，她賦予了這些物品生命與價值。

加雷斯夫人是個病態的案例，但亨利・詹姆斯無疑出色地傳達出一種以占有為導向的物質觀，超越了把消費本身視為與事物分離的傳統寫照。這裡的欲望不僅是購買另一樣新奇事物的短暫安排，隨著收藏品的數量愈多以及照料它們的時間愈久，收藏者所投注的情感也愈發深厚，很難在加雷斯夫人的身分認同與她的所有物之間劃出一道清楚的界線；這種看待事物的方式，與盧梭和馬克思並無二致。在加雷斯夫人、普特先生，或是任何普通人手中，事物可以被用來建立社會身分與關係，而非只是模糊他們與勞工之間的關聯。

《波英頓的珍藏品》並未取代《資本論》，但它的確捕捉住當時那股逐漸擴大的情感；就算人們不再自行製造他們的大多數用品，並不代表他們就會自動、漫不經心地一再更換新的物品。事實上，一股相反的趨勢逐漸抬頭；在自己的家中，人們逐漸將自我投注於他們的所有物上。這股經由消費而非生產來創造價值的趨勢，往往與工業社會轉變成消費社會（始於 1950 年代）有關，而且於 19 世紀末時已經如火如荼地展開了。

「物質自我」的出現

　　當亨利・詹姆斯在 1893 年開始構思他的故事時，他的哥哥威廉也剛完成兩冊的《心理學原理》（Principles of Psychology）。身為哈佛大學的教授，威廉・詹姆斯是美國當時的知識巨擘，也是實用主義（pragmatism）的創始人之一；他所奮戰的主題，都是真理、宗教、心靈與物質之間的關係等大哉問。威廉研究繪畫與醫藥，加上他不斷復發的憂鬱症，或許激發了他對於人與物之間流動的情感之興趣。他相信，偏袒思想或物質任何一方都是愚蠢而不必要的，因為這兩者密不可分；這個觀點在本世紀早期曾由德國的唯心論者（idealist）弗里德里希・謝林（Friedrich Schelling）強力提出，並且由詹姆斯同時代的查爾斯・桑德斯・皮爾士（C. S. Peirce）再次重申；自我與物質以兩者間共同的情感與經驗，滲透彼此的世界。「一個男人的『自我』，是他『能夠』稱之為他的所有事物之總和。」據詹姆斯的觀察，這並非意謂著「只有他的身體以及他的精神力量」或是他的家人、工作，以及名聲，還有「他的衣物以及他的房子……他的土地以及馬匹、遊艇以及銀行帳戶。」所有這些都會帶給一個人「相同的情感。如果它們由虧轉盈、欣欣向榮，他會感受到勝利的喜悅；如果它們虧損衰退、日漸消逝，他會感到頹喪而消沉。」31 一個人會同時擁有「物質自我」、社交自我，心靈自我，以及純粹自我。

　　家，正是培育「物質自我」的溫床。威廉・詹姆斯寫道：「它的場景是我們生活的一部分」，而且它喚醒了「最溫柔的情感」。話說回來，任何撰寫家庭和諧的作家都可以寫出這一點，但詹姆斯更進一步。他認為，人類有一種「盲目的衝動」去尋找、改善自己的家，並且有一種「同樣的本能衝動」去收集所有物，使其成為「經驗自我（empirical self）的一部分」；這說明了「我們在失去所有物時的沮喪心情」；因為，感覺就像是「一部分的我們被轉換成了不存在的虛無」。這正是加雷斯夫人的恐懼。

　　隨著物質自我的出現，習慣與行為的重要性也開始受到重視。這世界是一個行動的場域，而非純粹的情感。威廉・詹姆斯據說是一位非常有愛心的父親，也是一位寬宏大量的教師，他看不起盧梭，認為盧梭是「一個麻木無力的感傷主義者及夢想家」，把他畢生的時間浪費在「感性與情感

的洶湧大海中」，卻將他的孩子們送到一所收容棄兒的醫院。32 許多普通消費都與習慣密切相關，「再沒有比猶豫不決而非出於習慣更悲慘的人類了」，對他們來說，「每一支雪茄的點燃、每一杯飲品的飲用」都是深思熟慮與選擇的問題。因此，詹姆斯總結，至關重要的是盡可能使愈多「有用的行為」盡早成為自動、習慣的行為愈好。愈多點點滴滴的日常生活可以移交給「毫不費力的自動機制來照管」，如此一來，「我們更高層次的心智力量」就愈能釋放出來，以提供更高層次的任務所用。33 同時，人們必須保有他們的「努力之能」（faculty of effort）；舉例來說，為了避免未來遭遇艱困時期，人們必須採取「保險政策」──也就是提前自願戒絕某些事物。這是一種把普通消費視為積極行為的新觀點。

這兩位詹姆斯所做的正是在 20 世紀初的文化中，對世俗之人展開大規模教化。鮮少有哲學家膽敢提到海德格（Martin Heidegger），這位與威廉·詹姆斯同時期、20 世紀哲學界的黑暗王子；的確，羅素（Bertrand Russell）甚至認為最好連提都別提這個人。34 威廉·詹姆斯與海德格兩人的哲學與政治理念有著根本的歧異，詹姆斯是一位實用主義者，海德格則是一位在 1930 年代擁抱過納粹主義（Nazism）的存在主義者，這給他的理念蒙上了一層陰影；海德格相信古老的日耳曼語中蘊藏了智慧，他指出：「物」（Thing）這個字最初跟庭（Ting）有關，或稱為「假設案件討論會」（moot），亦即地方議會聚集在一起處理案件。35 就像他的兄弟，威廉·詹姆斯是個常常橫渡大西洋的人，旅行歐洲數十次；他的家在麻薩諸塞州的劍橋，是一棟有許多把扶手椅給訪客坐的舒適別墅。他的世界看起來跟海德格在黑森林山區中的退隱之所截然不同，後者的鄉間小屋俯瞰一座工作中的農場，放牧著一群在草地上吃草的黑白乳牛。36

儘管如此，在談到對物品逐漸增長的鑑賞與評價時，這兩人之間仍然存在著有趣的相似之處。跟詹姆斯一樣，海德格試圖讓世界重新回到自我；並且同樣與詹姆斯一致的，這一點使海德格強調普通事物對人類心靈的重要性。在出版於 1927 年的《存在與時間》（Being and Time）中，日常物品的處理可以讓人養成一股幾可說是靈性的力量；海德格最初是一名研讀神學的學生，他認為，真實的自我需要真實的生活，或稱存在（Dasein），真正的人並非生來即一切完備，而是透過「存在世上」（being-in-the-world）而創造出來，一個人的牢固基礎建立於一個滿是日常物品的世界，透過物的處理，這世界會對我們展現它真實的面貌。*存在*牽涉到我們對物品的關心與在乎，應藉由適當的使用來消除物品與我們之間的差距；實際去使用一把鐵鎚而非只是看著它，才會創造出我們跟這項物品之間更深刻、更真實的關係。海德格以語言學的過度誇飾將其命名為「*上手性*」（*Zuhandenheit*）相對於「*在手性*」（*Vorhandensein*），或說「立即可上手之物」（ready-to-handness）相對於「現成已存在之物」（simple prior existence）。37

威廉·詹姆斯與海德格帶來的啟發，就是 20 世紀初期時對物品表達出新的尊重之廣泛思想：物品就是我們。當然，海德格所傳達的是一種更為陽剛的哲學，是一把鐵鎚而非一根針；事實上，當他還是個小男孩時，就用鐵鎚幫他那修桶匠的父親釘桶子了。儘管如此，海德格提出物品涉及感受與關心的觀念，指出：將物品的情感史視為女性專屬的領域，或是將物品的象徵性與消費的功能特質分開，皆無濟於事。海德格與詹姆斯的不同之處在於對哪些物事會豐富自我、哪些則會貶低自我，他們有不同的看法；來自黑森林的思想家，珍視與物事以更簡單、更熱切而統一的方式相處的生活，而來自查爾斯河（Charles River）的思想家，認為那是多層次的存在：有些物事有助於日常工作的迅速完成，並可將多出的時間留給更具情感、創意的機能與能力所用。隨著社會對新科技 —— 從洗衣機到電腦 —— 是好是壞尚爭辯不休時，這兩種立場會一再、反覆地出現。

以海德格的話來說，新科技是危險的入侵者。鍋爐等炊具、冰箱，以及其他家用機械裝置，都會扼殺我們的嗅覺與觸覺，掠奪我們置身大自然中覓食、生火等古老的感受與知覺。38 這種對科技幻滅與覺醒的觀點背後，隱藏著更深沉而悲觀的厭世主義（pessimism）；不同於早期像是康德等啟蒙運動思想家，對海德格來說，輿論鼓勵的是順服、遵從，而非批判的理性。大多數的人都像一群被放牧的家畜，只會跟隨「群眾」喜歡的事物以及會做的事走；這種「群眾」的暴政造成普通、均等的文化，使人們無視於事物的獨特性。39 從哲學的角度來看，海德格對「存在」根本意義的追求，代表他與柏拉圖以來所有西方哲學的蓄意決裂；從政治的角度來看，他的哲學會導致某種危險思想的產生，亦即真正的「存在」或可能由

德國納粹黨的純種團體培育出來。我們須對事物賦予更大的尊重以促成更可永續生存的生活方式，這個觀點在當今社會中已成老生常談。但海德格提醒了我們，這種尊重不必然是良性或有利的，因為對事物的感同身受可能意謂著對人類的嚴重漠視。

擁有房產的民主

　　居家裝潢需要一個家，這雖然是個再明顯不過的觀點，卻值得論述。今日的南非，舉例來說，安身於簡陋棚屋的居民們對消費商品的態度，必然與那些搬到固定屋舍中的居民們截然不同：對後者來說，他們有動力去遵從社會的一致性，為的是展現自己已融入了現代的生活；對前者來說，有限的隱私以及高可見度並不鼓勵他們帶新的商品回家，他們深怕會因此帶來流言並遭到排斥，所以有些人寧可把物品寄放在親戚家中。40 無法在一棟房屋中定居下來，對人們購買的物品有顯而易見的影響；這也是為什麼 1930 年代北羅得西亞（現在的尚比亞（Zambia））布羅肯山（Broken Hill）的非洲礦工幾乎沒花任何錢買家具、卻把將近 60% 辛苦賺來的現金都花在衣服上的原因之一：衣服是方便搬遷的財物，還可以讓人們把自己的地位清楚無誤地穿在身上。41

　　但是，把那些人們置放在家中的物品想成是毫無相干的獨立物體，又是一項謬誤。事實上，這些物品的部分意義，來自於它們與周遭實體房舍的關係；在 20 世紀，隨著租屋房客變成房屋主人的趨勢，這項關係也經歷了根本性的轉變。房屋成了人們生活中最大的一項消費商品。但這股趨勢受到稅收制度和金融體系（超出了本章所探討範圍）的影響，並非穩定而均衡地發展。儘管如此，到了 1980 年，西歐的大多數房屋都不再被出租，而是自有；只有荷蘭、瑞典，以及德國的自有住宅百分比未超過一半。42 在此，我們關注的是把房屋當成一項消費品的態度之轉變。

　　房屋所有權的歷史，本質上是「行為改變」的一項長期實驗。起初，人們並沒有與生俱來的欲望想要擁有自己的住屋，就像 19 世紀時的其他

人一樣，普特先生滿足於租屋而居；到了 20 世紀，先是在美國與英國、後來更廣泛地在世界各地，所有權成了常態，沒能擁有一棟房子成了一項恥辱。所有權使一個家變成了一顆窩裡的蛋、一筆儲備金，使人們必須養成審慎理財與長期承諾的新習慣；同時，所有權也促使人們對自己的家與家中的財物發展出更為強烈而親密的愛戀，使它們感覺起來更像是「我們的」東西。

這個理想根源於兩次世界大戰之間的年代，首次把房屋所有權當成政治訴求的人，正是赫伯特・胡佛（Herbert Hoover）。建造更多房屋、提升舒適水平、標準化建築物與設備，是他在 1920 年代擔任商務部長（Commerce Secretary）時提出現代化美國的計畫之主要政綱。胡佛的名聲因 1929~1932 年的經濟大蕭條（Great Depression）而蒙上了汙點，但在他那注定失敗的總統任期（1929~1933 年）之前，他是備受推崇的生力軍：一位革新而先進的商人。胡佛有探測黃金的靈敏度，1897 年時，他在澳洲發現的金礦為他展開了採礦工程師的國際事業生涯。在性格上，胡佛徹底置身於范伯倫所嘲弄的「炫耀性消費」之外，他穿著樸素，個性含蓄而矜持，是個腳踏實地的實業家而非空有其表的繡花枕頭。胡佛出生於 1874 年愛荷華州一個貴格教派的家庭，九歲時就失去雙親成為孤兒，因此，他對生命抱持著相當嚴肅的觀點；他認為生命是一種對自己、對他人，以及對上帝的服務，在他之前的許多貴格會教徒（以及其他人）也抱持著相同的價值觀，但胡佛的非凡之處，在於他將這些價值觀導向一個為所有人而制定的計畫，包括了物質的享受與無傷大雅的奢侈品：一個美國夢。

胡佛在《美國個人主義》（American Individualism）這本 1923 年出版的小書當中便展現出他的世界觀，這本書在第一次世界大戰的陰影下寫成，而這場戰爭讓胡佛有更大的空間可以發揮他的社會良知：首先是安排比利時的救援行動，其後則是在凡爾賽向威爾遜總統（President Wilson）提出重建歐洲的建言。他也深信，美國擁有它自己的物質文明，歐洲的戰爭以及隨之而來的革命，都是落後的階級社會、專制獨裁，以及社會等級所造成的結果；相較於他們的貧窮、壓迫，以及狂熱盲信之惡性循環，美國發現了個人自由、社會流動性，以及民主政體的良性循環。在某種程度上，「進步的個人主義」（progressive individualism）是提高效率的一種方式；給勞

工自我改善的機會，他們就會更富成效。提升生產的標準化反過頭來還可以降低成本，這意謂著不須提升工資即可提供更多的商品給所有人。

然而，胡佛雖是貴格派教徒，也是精明的商人；他認為，美國「除非得到事物的精神啟發，否則便無法向更美好的日子大步邁進。」每一顆心中都存在著「神聖的火花」，開啟它的關鍵就在於生活水平的提升。效率的最終目標，就是更幸福的家庭。對胡佛來說，財產與舒適是「真正可讓土壤肥沃的肥料，更美好的生命花朵才能從土壤中綻放。」各國政府不再只關注於基本的食物和教育議題，而必須去推動更好的住宅、衣服，以及「非必需品」。為了自己好、也為了國家好，租屋的房客必須升級為房屋的主人；胡佛解釋：「財產權」不僅刺激了個人的進取心，「還可以讓他得到個人的舒適、安全的生活，以及對家庭的保護；更是因為，在工業與商業工具的管理領導能力上，個人累積的財產與所有權是一項選擇的基礎與依據。」43 與社區有利害關係的個人，會是更好的父母、更好的鄰居，以及更好的公民。

胡佛的美國夢有多麼與眾不同呢？有些歷史學家呼應了他對於生氣勃勃的個人主義美國與深受階級踩躪的悲慘歐洲之間充滿衝突的觀點，44 但這又過於嚴苛了；事實上，正如我們所見，歐洲也充滿了活力。同樣地，認為所有物與舒適是培育品格、頌讚上帝造物豐富性的方式，這樣的主張至少自 17 世紀起就已經出現。胡佛所渴望達到的民主素質，才是這個美國夢的與眾不同之處；他認為，每個人都應該擁有自己的住宅，享受不斷提升的生活水平。

有些作者把這些年當成消費主義與公民權之間的另一個階段戰鬥——由盧梭以來深具公民意識的思想家與之奮戰。45 但是對胡佛來說，這樣的衝突並不存在，他將他的哲學命名為「進步的個人主義」，我們也可以稱其為「公民消費主義」（civic consumerism），將消費者的欲望與積累嫁接到有資產、積極的公民之公民理想上。擁有一間住宅讓人們與所在的社區建立起憂戚與共的關係，同時，也為更多的所有物、浴室、電器用品等敞開了大門；而回過頭來，擁有一間更舒適的住宅也會讓人們有自信去加入公民會社、參與促進共同發展的事務。這裡的愛國消費者觀點，遠大於後來為國家利益著想而購物的訴求；房產會促進公民參與，胡佛不知道，這一

點在維多利亞時代的供水戰爭中已被驗證過了。

這些想法顯示出，愈來愈多人相信擁有住宅的人更穩定，也更關心他們的社區，這項訊息頗有幾分中產階級的味道，但同樣吸引致力於讓社會更加平等的改革者。舉例來說，非裔美國人威廉‧愛德華‧杜波依斯（W. E. Du Bois）在他的開創性研究《費城黑人》（*The Philadelphia Negro*）（1899年）中所得出的結論是：奴隸制摧毀了「適當合宜的家庭生活」，這是為什麼非裔美國人會花那麼多錢在賣弄浮華的衣著，以及花費那麼多時間在教堂或娛樂消遣上。「大多數的黑人民眾必須被鄭重地教導如何守護他們的家園，使他們的家園成為社交生活與道德監護的中心。」[46] 對杜波依斯來說，加入社會建設的參與者即象徵著希望。家庭經濟學家哈澤爾‧凱克（Hazel Kyrk）在 1929 年時寫道：「住宅所有權（home ownership）廣泛被接受為象徵一個家庭的節約以及工業與財務上的成功。」它「意謂著秩序、良好的公民表現、繁榮興盛，以及良好的住房供給。」[47]

但在實際施行時，建立一個擁有房產的民主政體並非易事。抵押貸款很少，頭期自備款又高；銀行雖然自 1870 年代即推出了房地產的貸款，但主要是針對大客戶。舉例來說，芝加哥自住郊區的發展在 1871 年大火、租金暴漲後開始起飛；波蘭與其他移民勞工不信任銀行，寧願向朋友、家人借貸，於是自 1880 年代起，房地產開發商開始提供他們直接付款的計畫，通常是 10% 的頭期款，其餘則按月付款，「就像是在付租金」；一棟有著兩房、客廳、廚房的住宅，鄰近芝加哥的木料碼頭，1,000 美元就可以擁有——雖然地下室與閣樓尚留待新的主人自行完工；同時在許多情況下，必須接受沒有室內廁所與汙水系統——這些直到1920 年代才會出現——的生活。1890 年時，一名工廠勞工通常可以賺590 美元。[48]

儘管如此，整體趨勢仍然十分驚人。在美國，光是 1925 年就幾乎建造了 100 萬棟新的住宅；到了 1930 年，幾乎每兩個家庭就有一個是自有住宅。[49] 在大部分的大城市中，租屋者的人數都很多，但即使是在這些大城市，自有住宅人口仍然迅速地蔓延開來。1920 年時，紐約與費城各有87% 與 61% 的人口是租屋而居；到了 1930 年，這個數字已分別降為 80%與 42% 了。

標準化住宅

　　政府與企業攜手合作，聯手推動公民消費主義。其中一間主要的企業即為阿拉丁公司（Aladdin Company），它銷售 22×30 英尺的兩層樓「標準」住宅。一個新的家會造就一個新的人。1921 年的一則廣告這麼說：「即使是最粗野的人，都不敢讓他粗製短靴的泥濘沾上精美拋光的桃花心木桌面，或者把痰吐在一張價值不菲的地毯上。但是在一間茅舍中……同一個人把腳擱在桶子上、把痰吐在鋸末上，會有半分遲疑嗎？」一棟好的住宅會「巧妙地散發幸福與優雅。」50 住宅所有權會如實不虛地培養家庭與社區精神：阿拉丁為它的購屋者延伸的「家庭」安排會議、舉辦攝影比賽，並宣布有哪些孩子是在阿拉丁所售出的住宅中出生的。

　　住宅所有權為家用電器創造出新的客群。搬家會刺激更新內部裝潢的新型購買行為，因為在一個新家之中，原本好好的物品會看起來像是突然出現在不合適的地方；更重要的是，這在 1920 年代意謂著浴室與廚房的「現代化」改造。在將近 2,000 個當地社區的支持下，「美國好家園」（Better Homes in America）運動推動了全國各地的理想家園。1930 年，這個運動贊助了超過 6,000 個住宅展覽會，有 300 萬人踏進鱈魚角（Cape Cod）風格的模型屋中，屋內有自來水、內建浴缸，以及配有電冰箱與爐灶的標準化廚房。這些住宅提供了國家認同、分享了胡佛所稱的「美國生活標準」，還有個人的清潔與便利性。科勒公司（Kohler Company）則在威斯康辛州的河濱市（Riverside）建立了一座盎格魯撒克遜人的示範村落，傳達一個簡單的訊息：現代化的浴室與廚房可以讓移民變成美國人。沃爾特・科勒本身就是澳洲裔移民，對這一點知之甚詳。同時，公民消費主義調和了創新與傳統；科勒的鱈魚角家庭住宅模型屋標榜浴室裡的新設備，但客廳卻混合了再度流行的殖民地家具以及前人流傳下來的遺物——展現家庭生命世代相傳的連續性，51 使家庭成為民族文化的樞紐，再賦予消費一種新的正當性，連接起過去、現在，以及未來。現在，消費不再是家庭或社會穩定性的威脅，而成了一座基石；就連未來的保守派分子亦無法忽視這個訊息。

　　但並非每個人都同意這一點。22×30 英尺的兩層樓住宅並不是什麼

豪宅。到了 2005 年，平均美國家庭住宅的面積已激增至這個尺寸的將近兩倍大了（2,300 平方英尺）；同時，標準化住宅的普及還引發了對於膚淺的一致性之擔憂，再沒有任何一本著作能比辛克萊・路易斯（Sinclair Lewis）那本偉大的美國小說《巴比特》（Babbitt）表達得更淋漓盡致了。《巴比特》出版於 1922 年，前四個月就售出了驚人的 14 萬冊，52 當時最重要的評論家亨利・路易斯・孟肯（H. L. Mencken）盛讚它呈現出「真正的美國」。

辛克萊・路易斯在明尼蘇達州長大，就在科勒公司所在地威斯康辛州的對面。他以虛構的中西城鎮里尼斯（Zenith）為背景，揭露了住宅所有權的黑暗面；故事敘述的是一位住在花卉高地（Floral Heights）郊區開發地的房地產經紀人，那裡只有三棟房子的屋齡長達幾十年。書中有些內容讀起來頗像是一份理想住宅的目錄：

在前窗的一個角落有一台大型的櫥櫃留聲機（花卉高地的每九個家庭中就有八個家庭有一台）。至於畫像，掛在每一幅灰色壁板正中央的是一幅紅黑相間的英國狩獵版畫仿製品，一幅帶有法文說明的婦人起居間版畫仿製品——巴比特對這位貧血乏力婦人的道德感，始終抱持著懷疑的態度；還有一幀「手工上色」的殖民地房間照片，有破布般的地毯、紡紗的少女，以及在一座白色壁爐前佯作端莊的貓咪。（花卉高地的每 20 個家庭中，就有 19 個家庭有一幅狩獵版畫、一幅〈梳洗女士〉（Madame Fait la Toilette）版畫、一幀新英格蘭屋舍的彩色照片，或是一幀洛磯山脈的照片，又或者全部四種都有。）

房間大致就像巴比特的一生，比他童年時期的房間要來得舒適。「房間裡雖然沒有任何有趣的事物，但也沒有任何令人不快的東西，像一塊人造冰一樣整潔而消極。」鋼琴不曾用過，桌上的書「毫無汙點，嚴謹而死板地平行擺放著」。在壁爐前，擲彈兵狗造型的撥火棒「就像商店裡被棄置而無用的樣品。」53

臥房有兩張樸素的床、一張桌子，兩張床之間有「標準的床頭電燈」，以及一本從未打開過、「帶有彩色插圖的標準床頭書」。「床墊很

堅固但不到硬的程度，這張大獲全勝的現代床墊要價不菲。」熱水暖氣爐的大小剛好符合房間的標準尺寸，「它是臥房中的一項傑作，彷彿活生生從《中等收入階級的現代歡樂住宅》（*Cheerful Modern Houses for Medium Incomes*）中走出來，只不過它跟巴比特一家人無關，也跟其他任何人都沒有關係。」這棟不過五年歷史的房子配備了所有「最新的便利設施」，是一座電力的殿堂，有插頭給電燈、真空吸塵器、鋼琴燈、電扇，以及餐廳的咖啡機與烤麵包機。「事實上，巴比特的房子只有一個問題：它不是一個家。」[54]

海德格或陶特都不太可能讀過《巴比特》，但它的確表達出他們的許多擔憂。一個真正的家不只是財物的累積，還牽涉到居住的藝術。巴比特並不關心他周遭的物品，因為他並未使用它們；因此，物品失去了它們的獨特性，就連書籍都被裁切成標準尺寸。巴比特年輕時曾經夢想成為一位律師，接著他展開了對社會期望永無饜足的追求；但是他實現的期望愈多、積累的財物愈多，他離幸福與自我也就愈遙遠。最後，巴比特領悟到他誰也不是，只不過是一具空殼。

這就是主要的故事，但辛克萊‧路易斯是一位如此出色的小說家——他是第一位贏得諾貝爾獎的美國人，精確捕捉住若干吸引人們並將其導向標準化的正面情感。塞內卡‧多恩（Seneca Doane）是巴比特的大學朋友，也是一位激進的律師，痛恨「對『標準化』永無休止的牢騷」；對他來說，標準化「好極了，*就其本身而言*。當我購買一支英格索爾（Ingersoll）手錶或是一台福特汽車，我以更少的錢得到更好的工具，而且我完全知道自己買了什麼，這讓我有更多的時間和精力成為更獨特的個人。」連威廉‧詹姆斯也不可能說得比他更好。標準化創造了分享文化與國家認同。當多恩在倫敦時，他在牙膏廣告上看到一幅美國郊區的圖片，這讓他開始想家了：「世界上沒有其他任何國家有如此舒適的住宅，我不在乎他們是標準化的房子，這是好極了的標準化！」[55]

在真正的美國，住房短缺與租金管制使許多巴比特這樣的房地產經紀人的工作變得更容易。租屋物業使房地產市場起飛、變成更有利可圖的銷售商品，這是住宅所有權蓬勃興盛的一個原因。在二次大戰之後立即進行的一項調查，詢問了 1,000 位美國人購屋的理由，24% 的人認為購屋是一

項投資，11% 則是為一種「獨立的渴望」所驅使；然而，每五個被「住宅所有權的理想」激勵的人當中，就有一個覺得自己是被迫購屋，因為他們只是找不到房子可租。許多人抱怨租金暴漲到失去了控制，到最後，自行購屋反而比租房子來得便宜。56 人們可說是被半推半拉地進入房產市場。

租金與房貸

住宅所有權高漲並非美國特有的現象，「小而溫馨的家」是日語版「我的藍色天堂」（*My Blue Heaven*）之中的一句歌詞，那是 1930 年代一首熱門的爵士樂歌曲。57 當時，實品大小的住宅已被展示在倫敦的牛津街，就像其他的消費品。事實上，英國人享有比美國人更自由寬鬆的房貸市場，以及低頭期款、30 年的房貸，人們可以借貸高達房屋價值 95% 的款項。1929 年大蕭條與最近發生於 2008 年的一次，最大的差別在於 1930 年代時，愚蠢的房貸讓英國人走出低谷，而非導致不景氣。「廉價資金」讓店員與勞工也能負擔得起新的住宅：只要 20 英鎊的頭期款，就可能買到一棟價值 400 英鎊的三房住宅，還配有浴室與廚房。到了 1938 年，1/5 的勞工階層家庭都擁有了自用住宅。58

雖然租金與房貸是家庭預算的主要項目，但它們對人們的消費模式有何影響，在這方面我們並無有條理或有系統的相關知識；反之亦然。舉例來說，在 19 世紀末期的英國城市中，租金已先於工資急遽上漲，這肯定讓勞工階級的消費大踩煞車。第一次世界大戰時引進的租金控制雖然有些幫助，但很快就又故態復萌；租戶協會與抗議租金的罷工數量激增，證明了民眾的怒氣不斷增長，而各國也採取了不同的手段改善住房問題。在比利時，罷工問題促使政府在 1889 年授權國家儲蓄銀行為窮人投資更好的住房；法國也緊接著在 1894 年通過了類似的法律；英國城市則選擇整頓髒亂的貧民窟，然而結果不盡相同，美國當時的觀察家所做的結論是：英國安置流離失所者的條款顯然完全不足；比利時和法國的小城鎮比大城市更能妥善運用房貸；巴黎的林蔭大道修建工程與維也納的美化，使得許多新房舍成為貧困已極的居民們遙不可及的夢想。59

大致來說，20世紀初期的住宅變得更寬敞、更乾淨、更舒適，但也變得更昂貴。第一代的公共住宅也收取高昂的租金，當英國勞工搬進新的郊區市政住宅群時，他們的租金往往上漲了1/3或者更高。1928年，利物浦市政住宅群有1/3的租戶拖欠了租金，而且還是發生於全球性大蕭條之前。1930年代，勞工花在租金與燃料上的費用，大約是工資的20%到25%，比起那些負擔房貸的勞工，他們所付的費用也不過稍微高一點。[60]1920年代的奧地利已經出現了某些倡議，主張讓民眾更負擔得起住房，但主要只是二次世界大戰後福利國家的擴展，包括公共住宅、更嚴格的租金管控，以及社會移轉等為貧窮的消費者提供支援的措施；而這些公共移轉（public transfer）對富裕社會有多麼重要，我們會在稍後的章節中探

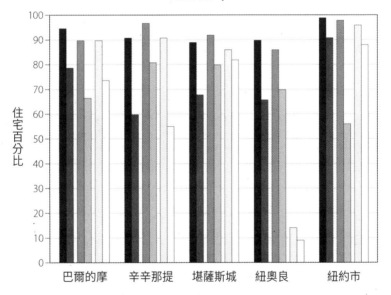

配有廚房的美國自住與租屋住宅之舒適標準
1950-52年

住宅百分比

巴爾的摩　辛辛那提　堪薩斯城　紐奧良　紐約市

■ 完整的私人浴室（自住）
■ 完整的私人浴室（租屋）
■ 機械冷藏設備（自住）
■ 機械冷藏設備（租屋）
□ 中央暖氣系統（自住）
□ 中央暖氣系統（租屋）

來源：《勞工評論月刊》（Monthly Labor Review），1954年。

討。自 1970 年代起，住房成本占家庭消費的比率又再度攀升，至少在西歐國家是如此。61

　　追求更美好的住宅同時也帶來許多相互矛盾的影響。租金上漲意謂著花費下降。一位利物浦的女性回憶 1927 年時，她跟丈夫與小寶寶搬到郊區新住宅群的情況：對她來說，這是一個逃離她的母親、阿姨，以及表親的機會，不用再跟他們一起擠在一間兩房的排屋中生活；「新的住宅截然不同，使生活容易多了，因為可以在室內清洗而且可以使用電力……（以及）熱水。」同時，她也記得「我們沒有任何衣櫃，只好把衣服掛在衣架上，再掛到掛畫的軌道上；我們必須如此……因為你一旦搬進去而必須負擔龐大租金時，就買不起別的東西了。」62

　　高昂的租金鼓勵其他勞工階級的家庭取得貸款，但住宅所有權帶來的影響也相當矛盾。對某些人來說，擁有自己家中的鑰匙是一種解脫，他們會為了提升家庭舒適度而投入更多金錢；美國在 1950 年的研究調查指出，自住住宅會比租屋配備更多的私人浴室、冰箱、空調，以及中央暖氣系統。63 對其他沒那麼幸運的家庭來說，他們的財務壓力會比預期要來得大；在兩次大戰期間的英國，搬到郊區的勞工階級家庭在某些情況下會關掉暖氣及照明來省錢，以便支付下一筆的房貸費用。所以，住宅所有權可以解放消費，也同樣可以緊縮消費。

　　在其他歐洲國家，住宅所有權也越來越受歡迎。到了 1960 年，每兩個芬蘭、比利時，以及義大利人中，就有一人擁有自住的住宅；在英國，自有住宅的人口比率已達 42%。如今，歐盟與英國的自住比率一樣高（69%）；事實上，美國的比率（58%）還落後於比利時、義大利，以及西班牙（皆約為 80%）；64 比利時與德國礦工世代以來對所有權都有強烈的偏好。因此到了本世紀中，即使租屋的需求仍居高不下，單一住戶的住宅已然成為住屋的主要類型了。在荷蘭，71% 的房屋都是單戶住宅，雖然只有 27% 是屋主自住。

　　整個歐洲的保守派、房屋建築商，以及基督教改革者所倡言的公民消費主義，皆為同調不同曲：一個擁有自住房宅的人與他的國家是利益共同體，也使得他成為正直而忠誠的公民、家庭生活的支柱、反對集體主義制度（collectivism）的自由象徵。事實上，就連史達林的前蘇聯（Soviet Union）

也無法完全免除於這項危險的誘惑，晚期的史達林主義（Stalinism）也在它新的菁英階層（工作表現超出預期的斯達漢諾夫們 i〔Stakhanovite〕）前追求著家庭舒適與住宅所有權的理想。1950 年，在一本典型的俄國中產階級品味小說中，狄米崔（Dimitri）回到家中，沉思著他在生活中的新地位：「屋主！這世界的感覺有了多大的改變！現在，擁有房子的人在路得諾格爾斯克（Rudnogorsk）是最好的莊稼工人、工程師，以及勞工。狄米崔迫不及待地要跟瑪麗娜（Marina）去看他們的新家，但天色已晚。他的美夢將他與她一起帶進了他們自己的新家，他們將在那裡一起展開新生活。」65

現代生活

　　住宅所有權只是現代生活偉大夢想的一部分，現代住宅承諾要將住戶從傳統、損耗，以及枯竭中解放出來；這個願景對開羅、東京、芝加哥、柏林的進步論者、中產階級，以及社會改革者都有巨大的吸引力，雖然它的焦點在於使家庭主婦成為科學的管理者，但它的目標是使普遍的家庭生活轉型。現代生活有三個核心理想：其一，頌讚舒適與清潔；其二，強調家庭中的個人隱私，家中每個人都應該有自己的房間；最後，就像在工廠一樣，人們堅信家庭空間應依功能而加以區隔，並且配備機器以使效率最大化。這些理想可以被實現到什麼程度取決於物質資源，像是購買力以及住房存量，但同樣也取決於文化傳統與習俗。誠然，家庭科技的普及不均是無可避免的，但我們一旦以略為寬鬆的角度來看待這整個年代表，適應與抗拒的有趣模式就會隱然浮現；結果是新與舊的混合，而非現代性的線性勝利。

　　我們所想像的現代生活，大多與洗衣機以及其他耐用消費品密不可分；但這裡要強調的一個重點是，在電力進入家庭生活之前，幾個核心思

---

i　蘇聯礦工，生於 1906 年，是蘇聯社會主義經濟制度中的樣板人物。1970 年獲頒「社會主義勞動英雄」榮譽頭銜。

想早已儼然成形了。將私人空間與公共空間、消費與生產分開的概念，早在 17、18 世紀的歐洲就已經出現於中產階級重新設計的住宅之中：原本開放的大廳，開始被客廳、書房，以及其他私人房間取代。私人領域並非只有富人可以獨享，事實上，社會改革者將窮人的許多問題歸咎於他們缺乏隱私。1770 年代時由建築師約翰・伍德（John Wood）設計的三房屋舍，就是最初將空間加以實質區隔的方案之一：若說它並不是完全獨立的臥室，至少也提供了一個隱蔽的私人睡眠空間。66 到了 1919 年，美國的政府雇員已接受了這項一人一房的標準；對一個有兩大三小的「典型家庭」來說，美國勞工統計局（US Bureau of Labor Statistics）現在推估，要有一間廚房兼飯廳、一間客廳，以及兩間「寬敞、通風與照明良好的臥室」，這是「擁有像樣、健康生活不可縮減的最低標準。」67 社會改革者堅持，家庭有權享受舒適與得體的生活。68 即使是在史達林統治下的前蘇聯，為了將落後的民眾轉變成蘇聯的現代男性與女性，培養私人空間感及自律性的倡議，仍然滲透了集體生活的嚴峻現實。而為了打造一個「良好的社會」（誕生於 1936 年的公眾〔obshchestvennost〕運動），蘇聯菁英階層人士的妻子們的首要之務，就是將工人營房中的共用鋪位更換成獨立式單人床。69

　　日漸擴展的舒適文化汲取自兩派相互競爭的理念，19 世紀中期的美國主屋模式對此做了最佳的說明。其中一派，是在住戶的身、心，以及物質環境的美學結合中尋求舒適，對於像是安德魯・傑克遜・唐寧（Andrew Jackson Downing）之屬的建築師來說，陽台既是躲避大自然力量的避難所，也是一家人會坐在一起的地方。另外一派重視的則是實用性，也就是女性教育改革運動者凱瑟琳・比徹（Catherine Beecher）採用的做法；對她來說，舒適家庭的標誌應該是一間為提高效率而設計的廚房，而非一座可以閒散倚臥的門廊。70

　　最先把工業革命帶進家中的是美國。1920 年代，新的居家用品技術快速起飛；到了 1920 年代結束時，這個國家的 2,700 萬個家庭中，已有 1,800 萬個家庭安裝了電線、1,500 萬個家庭有電熨斗、700 萬個家庭有真空吸塵器、500 萬個家庭有洗衣機。而在所得最高的家庭中，92% 擁有浴缸、63% 有收音機、83% 有汽車。許多技術勞工現在都購買他們大量生產的商品，舉例來說，每兩位福特員工中就有一人擁有電動洗衣機及汽

車。71 種族與收入持續造成劇烈分歧。到了 1930 年代中期，舉例來說，每兩個非洲裔美國人的家庭中就有一個擁有浴缸，但只有 19% 有收音機、17% 有汽車。72

　　相較之下，歐洲、日本，以及加拿大在採用節省勞力的設備與裝置方面起步得較晚。電熨斗與真空吸塵器在第二次世界大戰之前就已出現，但大部分家庭還是寧願把他們的可支配收入花在購買收音機或新的家具上，而非洗衣機。在西歐國家，直到 1950 年代末期，冰箱與洗衣機幾乎只能在中產階級的家庭中看到；1957 年，法國與英國擁有冰箱的人口甚至不到 5% —— 而美國的這個數字是 27%。73 是什麼原因造成這樣的落後？部分的答案是金錢。沒有任何歐洲勞工能夠比得上福特這樣的公司所支付的高薪資，那是由早期的大規模生產與卓越生產力所促成。在 1924 年，平均一台洗衣機就要花上 125 美元；到了 1934 年，價格降到了 50 美元以下，使得每個月平均賺 300 美元的美國人很容易負擔得起。相反地，在法國，一台標準的摩爾斯（Mors）真空吸塵器的費用可能就會吸乾一位技術勞工一整個月的薪資袋。74

現代化與文化障礙

　　除了要有相當的購買力並可取得電力與自來水，人們還必須相信自己把錢投資在這些機器上而非花在娛樂、傳統慶典，或是一件穿起來很棒的新衣服上，是合情合理的舉動。畢竟，正如當時的家庭經濟學家以及從其時至今的歷史學家所指出，這些節省勞力的設備與裝置真正節省的時間，遠不如生產者與廣告商所承諾的那麼多。自動洗衣機這類商品的吸引力並非那麼不證自明、顯而易見。在 1950 年代，下層階級的人們寧願把他們辛苦賺來的錢花在電視機上，也不願花在省力的設備上；到了 1957 年，英國每兩戶低收入家庭中就有一戶擁有一台電視機。75 我們所知的現代家庭，得走過一條充滿各式各樣障礙 —— 經濟與基礎設施的障礙，或其他文化上的障礙 —— 的彎曲小徑才終於到達。

　　首先，現代消費科技取決於現代的水電瓦斯等公用事業。社會往往有好幾個相互重疊的物質時代同時存在，即使是個別的家庭，也是如此。如

前所述，瓦斯、電力、自來水並非同時到來，而是分別出現 —— 甚至相隔了兩、三個世代之久。美國也不例外，美國城市很快就發展出對新燃料的胃口。到 1929 年美國大股災（Great Crash）時，3/4 的美國家庭都已經安裝了電線，而且兩個家庭中就有一個使用瓦斯來烹飪。76 然而，配管工程形式的現代性，要更晚才會到位。當林德夫婦（the Lynds）在 1925 年為他們知名的社會研究《中鎮》（*Middletown*）探討印第安那州蒙西市（Muncie）的生活，並發現有 1/3 的家庭沒有任何浴室，1/4 甚至沒有自來水或汙水系統，但是這些家庭卻「使用汽車、電動洗衣機、電熨斗，以及真空吸塵器」，這種情況卻「並不罕見」，77 幾乎可說是全國性模式。在社會現實與「一人一房」公式下歸納出的舒適整潔標準之間，存在著令人震驚的分歧。1920 年代，德州 20% 的白人家庭與 43% 的非洲裔美國人家庭中，一個房間都住了兩個人以上。在紐約，瓦斯與電力雖然幾乎已全面普及，仍有 29 萬個房間沒有窗戶。

這些水電瓦斯等公用事業就算終於到位，也不必然會使家庭生活自動現代化。在巴黎與伯明罕，1/3 的家庭在 1950 年代末期仍然沒有獨立的浴室。較早採用天然氣的社會，往往較晚才會轉換成使用電器耐用品；1939 年，英國只有 17% 的家庭擁有電爐，但有 79% 的家庭擁有煤氣爐；反觀德國的勞工，幾乎都有了當時市面上販售的電爐灶。78 有個說法是，電力提供者隨著網絡與架構的擴展而創造出他們自己的需求，79 但過程並非輕而易舉、一帆風順。電力工程藉由夜間儲存暖氣以及給予較大用量戶的特別折扣，努力刺激出更大的家庭消費需求，因為除了工業尖峰時段外，許多電力的產能都未能被充分利用。然而在美國之外，這種新的、潔淨的、魔術般的電力很難跨越門檻；直到 1950 年代，大部分的歐洲家庭只將電力用於照明，此外就別無其他用途了。

總的來說，價格與習慣都是很難克服的障礙；不熟悉的電器插座與開關就像神祕的新奇事物。在 1928 年的德國，一位指導者做了如此的解釋：「開關的唯一功能就是打開電源與關閉電源；這個觀察聽起來像是再明白不過了，其實不然！好些家庭主婦認為開關用來掛掃帚、購物網袋，甚至沉重的外套都很方便。」由於開關會變熱，他最後列出了十項禁令：「避免搖晃或亂扔電燈及家用電器」（第八項）以及「不要在電力『開

啟」的情況下更換燈泡；電燈可能會因而損壞，你也是！」（第九項）80 但在二次大戰後的歐洲城市重大重建工程中，反而往往是消費者說服開發商與公共事業提供更多的電力。1964 年的一項德國研究調查發現，所有德國公寓中，有 41% 只有一個插座在廚房中，4% 則是根本沒有插座，而且他們的電路往往不足。正如一位觀察家所提出的清楚質疑：「如果一個人必須關掉收音機才能插上電熨斗，這可以稱為『舒適』嗎？」81

放眼全球，城市皆以間歇斷續的類似模式經歷了現代化。舉例來說，在 1920 年代的上海，市議會在南京路上的一間展廳，透過展示以及特別的僱用安排，積極推廣電爐灶與暖氣爐；至於對千瓦電力的整體需求，上海與歐洲城市可說不相上下。對富人來說，使用電力的「烹飪設備」被認為愈來愈「可靠，雖然有時容易被本地的僕人不當使用。」82 但是，大部分家庭中的情況又是另一回事。位於市立開發地的大部分里、弄房屋，都被屋主與租戶透過令人難以置信的隔間、頂樓、圈圍，以及樓層的添加搞得天翻地覆，這全都是為了擠進更多的房客以收取更多的租金。到了1935 年，原先設計給一個家庭居住的房舍，竟然平均可容納 24 個房客，每個人只有 30 平方英尺的居住空間；在這些擁擠不堪的情況下，廚房也被租出去當作居住空間並不讓人感到驚訝。這裡的現代化意謂著廚房的解體，而非功能的分離。83

廚房的變革

即使功能主義者所主張的舒適可以被實現，往往還是會遇到阻力與適應的問題。電力公司與生產商很快就學到瓦斯、電力，以及它們供應的電器用品，所帶來的好處與成效並非顯而易見。它們必須加以行銷。第一座電力供應的廚房在 1893 年的芝加哥世界博覽會（Chicago World Fair）中展出；在兩次大戰期間的歐洲，有些城市利用「透明餐廳」讓用餐者了解一座電力供應的廚房如何運作。84 1926 年由格蕾特‧舒特—莉荷茲基（Grete Schütte-Lihotzky）所規劃的法蘭克福廚房（Frankfurt Kitchen）是現代設計的傑作，她是奧地利第一位受過專業訓練的女建築師。廚房的面積正好是1.9×3.44 米，而在這座迷你工廠中，從電爐灶到連結連續工作檯的高度

可調式櫥櫃，每項物件都很實用：儲存滑槽與澆灌噴嘴幫家庭主婦省下打開門板、轉開容器蓋子取糖與麵粉的麻煩；除了麵粉鏟是由橡木製成──因為鞣酸可以防蟲，其他的容器都是鋁製的；有一張摺疊的熨燙板平靠著牆，甚至有一盞懸掛、可移動的燈。85 正如日本的日常生活改革聯盟（Everyday Life Reform League）所宣傳的現代廚房，這類模型有個單一功能：僅用於烹飪，而非用餐或社交，所以沒有一英寸的空間是被浪費的。每個物件都有標準的位置與目的，就像一般人的想像，家庭主婦會以科學研究出的可預測節奏來移動。

問題是，家庭主婦不是機器人，她們處於各式各樣、截然不同的生活條件下，對於一個廚房應有的模樣，想法各自不同。搪瓷水槽比鋼槽好，熨燙板應該是可移動的；荷蘭的家庭主婦組織如此告訴海牙的城市規劃者。86 甚至建築商、生產者，以及理想家園的推動者也並未達成一致的設計理念。1920 年代，上海宣傳的現代廚房看起來與法蘭克福的現代廚房便截然不同，標榜的是一座單獨矗立於寬敞廚房中的電爐灶，有水槽與自來水，但既無連續工作檯也無櫥櫃。兩次大戰期間，在倫敦舉辦的理想家庭展覽會也宣傳著美國的廚房省力設備，但一樣沒有連續工作檯面的存在；L 型的廚房最早出現於 1949 年，但即使是在加州，相連的櫃檯式長桌普及的速度也相當緩慢。在巴黎，年度家居展（Salon des Arts Ménagers）的展會組織者發現純粹的功能主義（functionalism）並不那麼受資產階級的歡迎：現代廚房受路易十五（Louis XV）風格的客廳與餐廳包圍。87

法蘭克福廚房雖是現代功能主義設計的巔峰之作，但對人們的生活來說，卻是無關痛癢；它僅被安裝了 10,000 套。對於絕大多數的人（以及住宅協會）來說，這套烹飪專用的「保時捷」顯然遙不可及，安裝它得花上普通法蘭克福勞工一年的收入。遲至 1968 年，只有 1/3 的德國住宅擁有一座標準化的內建廚房。把廚房當成一個美麗與娛樂的所在，這個想法同樣遭遇到相當大的阻力；1963 年，在德國的「情報」（Informa）理想住宅展覽會中，柏林第一位家庭與設計的女性教授格蕾特・邁耶─埃勒斯（Grete Meyer-Ehlers）堅持，廚房理應將「工作空間」的功能擺在首位；她發現，很難想像家庭主婦要如何在拉絲鋼與塑膠的工作檯面前準備豬肝丸子與馬鈴薯煎餅。88

對於 1930 年代的勞工階層來說，在柏林，與其他四個家庭分享一間公寓的曼恩（Mann）家庭是更尋常、更常見的家庭場景。曼恩夫婦與兩個小女兒得穿越公共走廊才能走到他們的臥室，廁所是共用的，走廊的清潔工作也須均攤，這導致了無止境的摩擦與爭執。曼恩一家有自己的廚房，有水龍頭和瓦斯計費表，但沒有冰箱：「買來的任何食物都得馬上吃完，所以沒有東西會變質、腐敗。」其中一位女兒希拉（Hilla）回憶，廚房的功能遠不只是烹煮，曼恩一家人更住在這裡；它是唯一一間配有暖氣的房間，包括了一張床、一個由母親所繡的枕頭，以及一面裝飾著花鳥圖案的牆。「看起來很舒適。有窗簾的窗戶對面是一張父親搭建起來的桌子，下面放著一個洗碗盆。桌子旁邊放著一座白色的櫥櫃，頂端有玻璃門可以展示好瓷器給客人看，底端有木門，打開可以把鋁鍋、每天都會用到的陶器，以及在凱薩連鎖咖啡店（Kaiser's Kaffee）用集點印花購買的洋蔥圖案餐具，全都藏進去。至於照明，只有一盞石油燈。」從這些列出來的財物可以看出，普通民眾賴以維生之物混合了購買的商品以及自製物品。在他們的客廳，他們有一個配有鏡子的衣櫃可以放衣服，還有手工編織的椅子、放在家庭照片與父親所繪風景畫旁的一幅林布蘭（Rembrandt）複製畫作、圖書、唱片，以及一部自己組裝的留聲機——他們的鄰居斯伯丁（Spalding）太太會在音樂停止時敲打牆壁，大喊：「再放一次！」[89]

現代消費商品不只是登堂入室，也因應當地文化而做了改變，這種情況不僅發生在柏林而已。20 世紀初期，新商品的吸引力顯而易見，全球皆然。在開羅，資產階級的家被宣傳成一個新國家的縮影，把傳統文化與一夫多妻制拋諸腦後；為人們提供忠告的印刷品讚揚西式家具，並提出警告說東方地毯是疾病的傳播者。塞滿了物品、過度裝飾的門廳被淘汰了，舒適的座椅取而代之；現代性不必然是儉樸的，路易十四（Louis XIV）的家具與英國茶具就深受讚賞，但應不計一切代價去避免那些「通常放在婦女閨房門口」的屏風以及其他物品。在現實生活中，許多中產階級的家庭在這些西方理想上增添了若干鄂圖曼的風格，模仿巴黎款式的時裝，卻是由平滑而有光澤的「東方布料」製成，而非英國的波紋羊毛。女兒們彈奏著鋼琴，而鋼琴華麗地飾以鑲嵌的珠母貝，並以雕刻的桃花心木作為造型，有時還配有一個附加的踏板以奏出曼陀林的樂音。[90]

西方商品在非洲社會的擴散範圍與速度，遠超乎我們普遍的認知。在撒哈拉以南的非洲地區，例如杜阿拉，當地某族的上層階級是由商人與為法國人工作的文員所組成——兩次大戰期間法國人在喀麥隆殖民。他們在住宅、汽車，以及自行車上的花費相當可觀。91 約翰尼斯堡（Johannesburg）的羅伊亞德（Rooiyard）是一個占地 1,000 平方碼的貧民窟，現在早已被拆除了；但在 1930 年代初期，它是一個物質文化快速轉型的所在，92 人們住在那裡愈久，往往會積聚愈多的西方物品，包括床、餐具櫃、桌椅、鋼琴、留聲機、印花棉布窗簾、油氈地板，一直到鑲了框的電影明星照片——從貼了壁紙的牆上往下俯視著。大多數家庭不是有一部留聲機、一台自行車、一架縫紉機，就是有其中的幾項。婦女流行的休閒活動是刺繡，年輕女孩會擦口紅，男人會喝啤酒；人們坐、睡、飲食的方式與外表都改變了，「準備玉米粥家常菜」的鍋碗瓢盆取代了木臼和杵。住在羅伊亞德的人類學家愛倫‧赫爾曼（Ellen Hellmann）是第一位取得南非金山大學（University of Witwatersrand）博士學位的女性，當地的居民曾一再向她保證「歐洲烹調肉品的方式，對本地人在準備肉類製品方面是一項很大的改進。」新的商品與習慣所需要的資金，是每天辛苦掙來的錢；幾乎沒有人能存得了錢，大部分家庭只能靠著每星期為留聲機或家具的分期付款所攢聚的 20 多先令之外，必須以艱難張羅到的每一分錢拮据度日。一對南索托（Southern Soto）夫妻花在餐具櫃上的分期付款，跟租金的花費一樣多。誠然，我們很容易把這種情況視為西方消費主義征服傳統文化的又一則令人深感遺憾之註記，但赫爾曼不作如是想；她認為，這種情況是一種「新的複合式文化」，而非西方文化的全盤移植。半數的家庭有孩子在村落中，而且也始終保持著與部落生活的聯繫，並且會把衣服、家具寄回老家。若干消費文化被納入當地文化之中，並在過程中創造出一種新的價值觀與行為之組合；就這一點來說，約翰尼斯堡的窮人跟開羅的富人並無二致。

洗衣機改變衛生觀念

注重公共衛生的城市藉由衛生與清潔文化的傳播，為新的居家科技創

造出有利而適宜的環境。這個例證說明了私人消費的改變，可以如何藉由先前的公共改革而達成。在展示廳與示範操作中，生產者宣傳洗衣機與電爐是清潔的科技，可使婦女履行她們作為私人與公共衛生守護者角色；這些耐用品直接表達出一種意義：家庭與家中的事物是私人的，必須加以保護免受來自外部的汙染。從無法忍受送出個人的髒衣物或是與鄰居家人一起的洗衣日，可明顯看出這股反感有日漸增長的趨勢；正如 1934 年一位美國的家庭主婦所言，「我可以忍受自己的灰塵汙垢，但我無法忍受某個我從未見過的人帶來的灰塵汙垢。」93 過了十年，僅僅一個世代前尚十分顯眼而令人難忘的洗衣婦景象，在美國已然完全消失。在歐洲的下一個世代，勞動階級住宅街區內的集體洗衣設施面臨了同樣的命運：「最好在自己家中洗自己的髒衣服！」一個杜林的女人在 1956 年時如此說道。94 難以清洗的品項以及衣櫃中急遽增加的衣物雖給商業洗衣店帶來了一線生機，但私人的貼身衣物與內衣往往不包括在內；同時，洗衣店也常因為毀了傳家衣物、使最喜愛的上衣褪色等意外而被責怪。商業洗衣店回過頭來，大肆宣揚新的洗衣機對人身安全的危險性；不論是自動或是半自動機器，早期的洗衣機還是需要人們事必躬親地看顧著：管子需要更換，漩渦運轉也需要時時察看，洗衣業還警告婦女會有被剝頭皮或觸電致死的危險。95 1960 年代末，加拿大的絞扭式洗衣機還是比自動洗衣機賣得好，因為加拿大的婦女們寧可選擇耐用的機型，而且她們不信任有多個洗衣循環的複雜機器。96

在日本，消費者雜誌剛開始是建議讀者不要使用洗衣機，因為大多數人並沒有那麼多衣服可以裝滿一整個洗衣筒，這樣一來少少幾件衣服也只是跟水摩擦，洗不乾淨，而且城市中有許多洗衣婦只收取一點微薄的工資。在鄉下，電器用品的銷售員遇到各式各樣的阻礙，他們必須證明電力是安全的。此外，風俗習慣規定了男人與女人的衣物、上衣與下著都應分開洗滌；在洗衣機找到任何市場之前，這些製造公司的結論是：生活方式必須被改變。97

然而，決定性的因素或許是對家務工作本身的重新評價。購買省力設備的前提是，購買者得相信勞力值得被節省下來。洗衣日雖是累死人的慣例，但長久以來已經成了婦女生活的一個特色，為什麼要改變它呢？今日

的南非家庭中已經有彩色電視和雙門冰箱，但許多婦女還是堅持藉由手洗衣物來履行她們身為妻子的責任，洗衣機因誘惑女孩與媳婦們變得懶惰與不敬而受到譴責。98 新的科技需要使用者有意願將原先由雙手完成的工作轉移給機器來負責，要求人們以多點威廉·詹姆斯、少點海德格的方式去看待家庭，這意謂著珍視家庭主婦超乎體力勞動之外的價值；評論家認為，消費耐用品仍然使女性受到奴役，根據約翰·肯尼斯·高伯瑞（J. K. Galbraith）的說法是「密僕」（crypto servant）。99 嚴格來說並沒錯，但這層意思忽略了當女性從體力勞動轉變成家務管理的角色時，其從屬關係本質上的深刻改變。

因此，現代家庭的訴求與現代女性的崛起攜手並進。我們已經非常習慣把家庭視為女性處於附屬地位的所在，以至於很容易就忘卻以前的世代所尋求的賦權與解放，其實不僅是在家庭之外、更是在家庭之內的場域。這個時期女性雜誌的新浪潮所標榜的現代家庭，實不亞於其內容所宣傳的化妝品與電影明星：它們全都是現代夢想中更自由、更消費者取向的一部分。

照亮家庭主婦黯淡命運的活動，早在洗衣機出現之前已開始。1907年，寶瀅（Persil）洗衣粉誕生；接下來的幾十年，它的德國母公司漢高（Henkel）開創了一個推廣神奇「自動」洗衣粉的國際帝國（參見插圖32）：「與無止境的揉搓說再見吧，現在要洗的衣物可以放在含有鹼液的冷水浸泡過夜，第二天再加以煮沸、輕輕沖洗（先在溫水中，然後放到冷水中），瞧（voilà）！原先要洗刷到雪白的可怕工作完成了。」更好的洗衣粉與肥皂可以保護織物不受強力刷洗，幫家庭主婦省下寶貴的時間與金錢。寶瀅與它的主要競爭對手利華（Lever）所推出的陽光（Sunlight）都對消費者做出相同的承諾。遺憾的是，這種洗衣順序與現有的慣常程序完全背道而馳；銷售人員於是對他們遭遇到的不當使用情況與「偏見」抱怨個沒完沒了，新的顧客必須先被「啟蒙」。舉例來說，科隆的邁爾太太（Frau Meier）就埋怨寶瀅洗衣粉把她的衣服變成了灰色；其他顧客儘管用了新的洗衣粉，還是繼續用揉搓的方式洗衣服，然後再把她們手帕上的洞歸罪於寶瀅洗衣粉。100 慶祝洗衣成為一項樂趣，其中的涵義遠超乎廣告的潔白洗淨功能；它的實際目的是，對於寶瀅洗衣粉之類的新家用產品來說，要使

310

它們發揮功效，女人必須學著少動手，接受科技可以達到清潔作用，而非只靠使勁費力才可帶來的成果。

在兩次大戰之間的時期，寶瀅帝國成長了三倍；1938 年生產量超過了十萬噸，101 公司亦展開了一項教會規模的福音傳道活動。漢高開始著手說服所有的家庭主婦，她們有權享樂，只要她們可以遵循著寶瀅的洗滌方式，就可以擁有這項樂趣；它並把時髦的年輕女郎送上洗衣桶前方的舞台。在居家展覽會中，漢高自己的展示館就面對著一座冒著泡沫的巨大噴泉，在 1926 年的吉索來（Gesolei）健康、福利及體育展覽會吸引了超過 300 萬的參觀者。漢高還經營洗衣諮詢處，在商店、酒館，以及學校提供實用的示範，在小鎮上以及公寓大樓挨家挨戶地推廣。1928 年，跟隨著布丁與發酵粉巨人歐特家博士（Dr Oetker）的腳步，寶瀅創辦了它自己的學校，家庭主婦可以在那裡接受 12 個小時現代洗滌和烹飪藝術方面的免費指導，包括操作電器用品的機會；對年幼的孩子來說，也可以洗洋娃娃的衣服。漢高甚至讓烏髮電影公司（UFA，德國最重要的電影製片廠）拍攝一部關於浸泡藝術的電影；這些電影的觀眾，估計已達 1,900 萬名家庭主婦。這場活動的一項重要特點，就是洗衣和衛生之間的關聯：統計圖表說明了洗衣粉可以降低嬰兒的死亡率，為了對抗細菌，現代的家庭主婦需要現代的產品。「洗衣（Wäsche）、洗滌（Waschen）、福祉（Wohlergehen）」，廣告貨車透過它們的擴音器猛烈轟炸。這項活動所追求的目標舉世皆知：所有家庭主婦不論貧富年齡、在農村或城市，都需要現代化。某些銷售員注意到，在像希臘這樣的國家，家庭缺乏必要的衣服數量來進行寶瀅的完整潔白洗滌程序，因此專注在更精緻的羊毛和絲綢衣服的冷洗業務，是比較明智的做法。然而整體來說，從阿爾及利亞與西非到崎嶇不平的薩丁尼亞島（Sardinia），進步向所有文化開放；據說，當地婦女無法遏止她們對這項神奇粉末的欣喜：「我們的衣物現在比真圖山（Gennargentu）的雪還白！」102

這是一場沒有階級鬥爭的革命，把費勁的工作變成歡樂的喜悅。家庭主婦從洗衣日返家時不再筋疲力竭、煩躁易怒，反而可以輕鬆愉快地把自己的時間精力奉獻給丈夫與孩子們：這是廣告商想像先進國家中的現代家庭模樣。事實上，家務雜事永遠不會消失；但是，生產和消費之間的界限

已然模糊不清。美好的家務指南歡呼著：洗衣也有其迷人之處。女性有權在家休閒，這是為什麼許多女性的家庭經濟學者雖然對這些省時的承諾抱持著懷疑，仍然支持這場家庭的工業革命的原因；只要能更加舒適並且有更好的規劃，「經濟設備」必然有助於使家庭符合「家中每一位成員的需求與希望」，並朝著「一致的相互關係與互助精神」邁進；它會提供「作為幸福家庭必備的服務精神一個出口。」103

現代家庭主婦

不管在何處，傳統規範的解放，代表的是新的照顧責任：提供一個現代的家。住宅展覽會告訴家庭主婦，將過去的困難與不便歸咎於科技的障礙太容易了；她們也應該責怪「身為顧客與消費者」的自己並未充分利用新的機器與訓練學習的機會。104 家庭主婦被提升為健康、營養，以及文化的超級部長。

在日本，這樣的「升遷」反映於「主婦」（shufu）這個詞意的變遷；主婦原來指的是企業的女業主，到了 20 世紀初，它的意思變成了「家庭主婦」。日本就像世界各地一樣，衛生與營養的新科學賦予了家務公共與科學的權威性；家庭主婦成了一種職業，乾淨的家居環境與營養豐富的自製家常菜，可以使男人遠離汙垢、疾病，以及飲酒的問題，保持家庭與民族的健康。105

重新定義日本女性的角色，是家庭主婦、公民組織，以及國家政府的共同任務。四本最受歡迎的女性雜誌共有 100 多萬位讀者，包括職業婦女與家庭主婦等。一位家庭主婦在 1920 年寫給《婦人公論》（Fujin koron）雜誌說道，推翻「舊式生活方式」、消除「我們周遭巨大浪費」的時候到了，「在我們應該從美國家庭的生活方式中學習的許多事項中，我認為最重要的一點是，家庭主婦的責任應該是使她的家庭成為可以過著幸福美好生活的所在。」106 家庭被重新命名為一個管理科學，並且是以家人為中心的幸福空間。（參見插圖 37）

現代生活的推動力，來自國家政策、資產階級化（embourgeoisement），以及女性團體。在明治時期末（1868 至 1912 年），日本擁抱現代化時，家

庭科學已經成為女孩們在學校會上到的部分課程，而一戰又使它成了國家政策的一項要點。1919年，*日常生活改革聯盟*（*Seikatsu kaizen dōmeikai*）成立，這是一個由內務省（Home Ministry）發起的機構，並得到女子學校、建築師，以及中產階級改革者的支持。國家的生存需要節儉與健康，有著複雜儀典、贈禮守則，以及穿著規範的傳統生活，必須讓步給更簡單的生活方式。「家庭的改革始於廚房」，該聯盟的海報與傳單這麼告訴城市的居民。與其跪在一間黑暗、骯髒、油煙遍布，與家庭空間毫無區隔的廚房中，現代家庭主婦應該站在一個乾淨、封閉的廚房空間中，有電力、自來水，以及連續工作檯可使用；理性與以家庭為中心生活的現代精神，才得以從此處往外傳播開來。「團聚家人好過修補古董」的海報，內容是穿著傳統服裝、沉迷個人嗜好的男人，如何轉型為穿著西裝、寵愛孩子的父親與丈夫。日常生活改革聯盟針對的是居家的全面性改革，擁護西式的座椅，並試圖消除無用的裝飾；花園應該要具備實用性質而非裝飾性質，「健康與安全」是聯盟自稱的座右銘，但徹底的心理改革仍是必須，正如政府官員田子一民（Tago Ichimin）所言：「日常生活是國家思想的表現。」[107]

現代生活涉及新的分工方式。在19世紀的日本家庭中，清潔、烹飪、家務事是由丈夫、妻子，以及男僕一起分工。到了1920年代，這些全成了女性的工作。就像別的國家一樣，日本的中產階級家庭能依靠的僕役勞動力並不多；大部分的主婦仍有一、兩名女僕，但家庭本身已縮減成一個自給自足的核心單位。家庭主婦在她的四面牆中取得了前所未有的權威地位，即使她仍需依靠丈夫，也不再需要臣服於公婆之下，或是受傳統節慶及儀式開銷的約束。家庭主婦預算書在這段時期的推廣，預示了日本家庭主婦成為掌管家庭開支的獨立消費者時代之到來。

家電設備為婦女省力也省時間？

今日的婦女們可能會納悶，她們原先被承諾會享有的休閒時間都到哪裡去了；家庭經濟學家在1920年代已經問過了同樣的問題。1929年，家庭經濟學家艾美・休斯（Amy Hewes）要求曼荷蓮學院（Mount Holyoake College）中被選為全國性樣本的女學生們，報告她們家中所購買的家電用品為何；1919 年時，大部分的家庭不是完全沒有，就是只有一、兩項家電，特別是電熨斗；十年之後，大部分家庭有五項以上，最常見的是冰箱、洗衣機、鬆餅烤模、烤麵包機，以及過濾式咖啡壺。接著，家庭被要求記錄日常生活的改變；1/3 以上的家庭說他們做了更多的洗滌與熨燙的工作，還有縫紉與烘焙工作也增加了；只有 1/5 的家庭認為他們有因此省下時間去參與外界的活動，但確實省下的時間顯然「比起家電用品的銷售人員所做的承諾，很令人感到失望」。同時，休斯寫道：「一個女性的視野因任何外界活動而大幅拓寬，是經常可能發生的。」而為了使這點成真── 即使只有些微的可能性，使用家電用品對家庭主婦與家庭來說都是一件好事。*108*

　　我們在此看到的發展，正是消費的電扶梯在運作。更多的所有物與家用科技誘發出新的活動並提升了水準與期望，進而對更多科技敞開了大門。正如經濟學家阿爾弗雷德·馬歇爾所確認，消費就像在攀爬一座沒有盡頭的階梯，只是在這種情況下，活動不會帶來更高尚的活動，只會為這座階梯增加更多階新商品。家庭的清潔與驕傲並非固定狀態，而會永無止境地膨脹。*109* 企業對此知之甚詳，套句寶瀅的廣告詞來說，總是有「比潔白更潔白」的進步空間，許多由「產品預設汰換機制」（inbuilt obsolescence）所組成的商品，正是消費主義的引擎；同樣重要的，是新的耐用品所採用的規範與內建強化（inbuilt intensification）的做法。當時的研究調查發現，真空吸塵器與洗衣機確實可以為使用者每星期省下二至九小時的時間；但是，這項收穫幾乎被更頻繁的吸塵、洗衣，以及標準更高的清潔工作給用光了，床單與衣服也更常被換洗。洗衣機的使用還不到一個世代之久，就改變了我們對乾淨或骯髒的感覺：1966 年時，只有 5% 的德國男人會每天換內衣；到了 1986 年，這個數字變成了 45%。*110* 某些文化的婦女開始會熨燙內衣。縫紉機不只是讓相同的衣服縫製起來更輕鬆，更鼓勵人們擁有更多衣服以及程度更高的個人化 ── 加上各式各樣的圖案與更多的波紋、褶襉、飾邊。家庭主婦早已熱切表達她們對家庭現況的驕傲與關照，更多商品與用具設備愈發需要她們投注更多的注意力；於是，與其花力氣用軟石灰石把門階刷洗到雪白晶亮，勞工階級的家庭主婦開始互相比

較誰家的廚房最光潔、浴室最乾淨、客廳最整齊。這就是殘酷的矛盾：新的設備原本承諾會把家務變成休閒，但女性成長於其中的文化環境，認為閒散安逸不是女人該做的事；於是，家電用品為女人省下來的時間，又被花在另一輪的吸塵工作上。

在稍後的章節中，我們會更仔細檢視休閒時間本質上的改變；在此，我們特別關注的是新的家電用品對婦女從事家務工作的影響。歷史學家露絲・施瓦茨・考恩（Ruth Schwartz Cowan）深具影響力的研究即重拾了早期家庭經濟學家未能深究的主題，她認為居家的革命意謂著「母親得做更多的工作」。1920 年代的研究顯示，美國都市地區每個星期的家務工作會花上 48 個小時，鄉村地區則會花上 61 個小時；1965 年的一份調查結果是 54 個小時，其中的 28 個小時是花在家務工作上，另外 27 個小時則是花在照顧孩子。新的家庭雜務「勾銷」了使用家電節省下來的所有時間。111 這點無庸置疑，但是這樣的總計性觀點很容易失之偏頗；我們必須問的不只是時間的數量，還有時間的品質。家務工作並不盡相同，大部分的婦女表示她們喜愛烹飪更甚於育兒，但諷刺的是，尤其自二次世界大戰以來，美國婦女花更多的時間在陪伴孩子、更少的時間在廚房爐灶上。真正發生的是家庭時間被重新分配了，同時，花在外頭有償工作的時間也增加了。除此之外，各項差事也以不同的方式配合進行；邊聽收音機邊洗衣服、同時照看孩子們，跟只做一件事或是一件一件依序進行，即使所需花費的總時間數一樣，卻又不盡然相同。居家革命帶來了成組家務同時並行的頻繁現象，這或許跟它對時間的整體利用之影響同樣重要。

總計的數字也隱藏了階級與區域的懸殊差別。對於胡佛在 1932 年對家庭的會議研究指出，美國各地的家務工作差異性相當懸殊；城市的家庭主婦在洗熨工作上所花的時間，是她們在鄉下的姊妹們所花時間的一半，但在「照顧家人」上所花的時間，卻是後者的兩倍。農村婦女基本上只能靠自己完成家務，相較之下，都市的家庭主婦卻可獲得 27 個小時的額外幫助。同時，省力設備對勞動階級婦女與中產階級婦女所產生的影響並不盡相同；從事家務的時間似乎並未因省力設備而產生改變的原因之一，是因為原始的資料——正如前述漫荷蓮學院女學生的家庭——偏向於中產階級的家庭。中產階級的婦女從事家務所花的時間當然不會減少，因為他們

沒了僕人的幫忙；但是對於勞動階級的母親來說，情況卻恰恰相反：洗衣機確實幫她們省時又省力，正如一位 1950 年代的家庭主婦坦言：「你可以拿走我的床，就是別拿走我的自動洗衣機。」112 林德夫婦在他們 1925 年的《中鎮》研究中，已然注意到這項階級的歧異；省力的家電設備就算並未消除「雙重負擔」，自這些設備出現後的時間利用數據也指出，它們至少為就業婦女減輕了這項負擔。113

整體而言，家電用品的影響或許不如一般預期的那麼大。近來對 20 世紀美國時間利用數據所進行的廣泛檢視，發現幾乎沒有證據可以顯示家電用品的出現有促使女性加入勞動力市場的現象。1930 ～ 1960 年代女性家務工作的遞增與吸塵器、洗衣機並無甚相關，反倒與下列事實的關係較大：愈來愈多的單身女性住在自己的公寓中，而非與寄宿家庭或家人住在一起。114 在家裡自己做跟在市場買食物回來，兩者間已無簡單的因果關係存在。沒錯，現成的食物與微波爐使人們較少烹飪，然而在家庭生活的其他方面，這兩類舉措顯然有相輔相成之效：人們花更多的錢在兒童服務設施、遊戲，以及娛樂上，但同時也花更多時間陪伴他們的孩子。

在某些背景環境下，家電用品可以間接的方式帶來權力。1970~1980 年代時，當埃及與其他發展中國家的貧窮家庭購買耐用消費品時，部分原因也是為了要對街坊鄰居證明自己的地位，但此舉也提升了家庭主婦對家庭財務的掌控度。把省下來的錢投入購買電視或洗衣機的分期付款計畫，意謂著這些錢就不能被拿出去給有需要的鄰居或是為婚禮費用或醫療帳單尋求幫助的表親。耐用消費品鎖定了錢的用途，使它們的擁有者免於慣性互惠的掌控；而當任何改善社會地位的機會出現時，譬如搬到一間更好的公寓或是讓孩子受更好的教育，這些耐用消費品可以被轉售以換成容易運用的資金。115 白色家電（white goods）ii 宛如一個儲蓄帳戶，還加贈了賦予家庭主婦更大控制權的一項紅利。這種在傳統評論與媒體報導中從未被提及的消費主義，鼓勵更大的自主性以及關心、照顧自己最親密的家庭。現代產品可以被當成一張車票，讓人得以遠離大家庭與從小成長的社區。116

---

ii 指家事、生活用的家庭電器。

家電對男性的影響

男性花在家務工作上的時間仍然比女性少，但他們也有自己的居家革命，只是發生的地點不在廚房，而是在從事業餘嗜好的地下室、車庫，以及花園。改造先生（Mr Fixit）加入了清潔太太（Mrs Clean）的行列，男人與女人從相反的方向走進了現代的住宅。對女人來說，工業登堂入室之後，將她們在家中的角色提升為科學管理者；另一方面，對男人來說，家庭與花園是他們逃避工業勞動世界的庇難所。幾項發展不約而同地走到了一起。從工匠變成工廠勞工或辦公室職員，這項轉變引發了男性對男子氣概的焦慮。現在，現代男性不再是萬能的工匠人（homo faber）了，他們到底能做什麼？「自己動手做」（Do-It-Yourself, DIY）是重建男性榮光的一個方式。使空閒的雙手工作的不是魔鬼，而是嗜好與手藝。在當時，閒暇時間的增加包括了 1930 年代高失業率的「非自願」賦閒，這些嗜好為私人娛樂提供了一道道德防禦線，工具也成了消費商品。到本世紀中葉，梅西百貨（Macy's）已開始銷售馬達驅動的線鋸以及其他電動工具，百得家用電動工具（Black & Decker）也在 1946 年引進了小型的手持式鑽孔機。

正如家用電器針對現代家庭主婦的用語，手工藝用品針對男性消費者訴求的則是理性與樂趣，並為了銷售，塑造出節儉手作與自力更生的形象。事實上，一般人在店裡買張椅子節省下來的錢，可能比自己做一張還多；然而對大多數人來說，重要的是製作事物的滿足感而非最終的結果：「我正坐在一把自製的椅子上……（同時）來自這件作品的最大回報，就是用我的雙手親自製作它的樂趣。」*117*

園藝提供了一種日益流行的方式來消費自己的勞動成果。藉由公司與工會之助，產業勞工發現了租賃菜園與窗口花壇。第一次世界大戰合情合理地推動了租賃菜園的成長，而它們受歡迎的程度一直延燒到承平時期。在兩次世界大戰之間的期間，法國北區工人園藝與花園會社（Société d'horti-culture et des jardins ouvriers de la region du Nord）從一株幼苗長成了參天大樹，會員人數來到 70 萬名。每年只要 8 法郎 50 生丁，一位法國礦工就可以收到 50 包的種子、雙月刊雜誌、園藝相關課程，以及在比賽中大放異彩、在

抽獎活動中贏得更多種子的機會。根據這些協會的說法，「自動消費」
（auto-consumption）為勞工在這個競爭激烈的商業世界種下道德與物質的
根。家庭與 DIY 之於中產階級，就像菜園之於勞工：保持與農村的密切
關聯，以及留下「自己在土地上的標誌」的機會。園藝雜誌告訴它們的勞
工階級讀者們，對植物的關愛傳達了「細心的工作、秩序，以及家庭的紀
律」。118 在危機時期，它們也是生存的主要策略，在納粹與戰後的德國
尤其如此。在 1930 年代中期，*納粹德國*（*German Reich*）有大約 10% 的蔬
果是從租賃菜園中長出來的；到 1940 年代後期，菜園的數目已經達到了
100 萬。119

　　對大部分的白領階級來說，要在家中擁有一個工作室仍屬遙不可及的
夢想，休閒手藝主要是藍領與中產階級的消遣活動。儘管如此，這個普遍
的現象仍值得肯定；美國學校設立了嗜好社團，大公司也有自己的手工藝
工會。在曼哈頓（Manhattan），現代藝術博物館（Museum of Modern Art）甚至
安裝了一間木工的工作室給那些沒能在自家地下室中享受這項嗜好的父子
們；在歐洲，刷油漆與貼壁紙的工作由夫妻一同完成的比率愈來愈
高。120 家庭的性別雖然並不平等，但比以往更像是一個共同合作的計
畫。1945 年時，男性花在家庭雜務與維修上的時間大約是 1900 年時的兩
倍。iii

　　再者，將消費文化視為被動消極、低難度技術，也過於單純化了。很
大部分的消費提升，涉及購買用來製作與個性化居家裝潢物品；DIY、手
工藝品，以及園藝吸引了相當可觀的一塊消費支出，有自己的雜誌、商
店，以及展會，鼓勵新技巧跟消滅舊技巧的速度一樣快，男性被吸引進一
個更積極主動、以家庭為中心的文化。到了 1930 年，大部分男性都比他
們的祖父輩更會用鐵鎚了；或許海德格應該少擔點心。機器不僅在家庭
中、也在使用者的手上留下了印記。諷刺的是，*萬能的消費者*（*homo con-
sumens*）幫了萬能的工匠人一把。

　　那麼，在漫長的消費歷史中，我們該如何解讀居家革命呢？在某個層

---

iii　在1900年與1920年時，美國的「壯年」男性花在家庭生產上的時間只有3.9個小時；到了1950年，
　　提升至9個小時。這項總數包括了非就業男性。顯著的一點是，就業男性分攤家庭生產的時間亦
　　呈現上升趨勢，從3個小時提升至8.1個小時；Ramey, 'Time Spent', table 7, 29.

面上，我們可以把電熨斗與洗衣機視為完成一項回溯至 18 世紀的潮流：物品取代了僕人與家臣，家庭裁減了人類員工、升級了物質幫手。然而在另一個層面上，這也應該被視為一種反革命。18 世紀與 19 世紀見證了從製作到購買物品的轉變，到了 1900 年，住在都市的美國人已用購買取代自行縫紉衣物了；在偏遠山區之外的地區，像是阿帕拉契高地，烘焙麵包、把食物醃製起來做成罐頭、製作肥皂以及家庭用藥，面對更便宜、更方便、大量宣傳的商品時全都棄守了陣地。121 評論家開始擔憂，家庭是否即將變成一個空殼；當人們的生活全都是關於在市場獲取、購買商品時，家庭還剩下什麼功能呢？然而 20 世紀顯示出這類的憂慮只是杞人憂天，購物增加會自動導致家務工作量減少的假設是錯的；在商業消費文化最為盛行的 20 世紀美國，花在家務工作的時間仍然固定維持於每週大約 52 小時。122 主要原因有兩個：其一，家庭的面積變大以及「獨居」（solo living）比率變高，所以個人得照料更多的空間；其二，家用電器大量湧入，洗衣機、地板打蠟機、電熨斗、榨果汁機、鑽孔機、縫紉機，這些電器不是使舊有家務工作重回家庭懷抱，就是發明了全新的家務工作。消費變得更富生產力。

開始收聽

　　家庭消費者革命不僅是「手」的革命，也是「耳」的革命。特別是西方文化長期以來一直鼓勵以視覺作為最主要感官，因此，早期消費的擴散主要是經由視覺刺激的運作：透過時尚、商店櫥窗陳列，以及城市的耀眼燈火。留聲機與收音機則增添了聽覺感受度，真正打開了人們的耳朵。若說對清潔與居家科學的崇拜是向內的檢視，收音機就是向外的延伸，把新的夢幻世界直接帶進人們的客廳之中。

　　留聲機與收音機剛開始並不是設計來作為家庭娛樂的工具。留聲機最早由愛迪生在 1877 年公開發表，早期的留聲機有各式的用途，包括聽寫、法庭證詞、帶回已故的摯愛之人聲音。哥倫比亞留聲機公司（Columbia Phonograph Company）在 1890 年宣傳說，它的留聲機可以讓作曲者倒著播放音樂，帶給他們新的想法。法國百代電影公司（Pathé）引進投幣式音樂機（slot listening machine），人們花 15 生丁就可以聽一首歌。1903 ～ 1904 年間，留聲機公司（Gramophone Co.）與勝利留聲機公司（Victor recording company）已經在新加坡與墨西哥開設了錄音室；德布西（Debussy）也是在這段時期對留聲機的不朽承諾印象極為深刻，故於巴黎錄音室錄下了《佩利亞與梅麗桑》（Pelleas and Melisande）的片段。就在第一次世界大戰前，大量生產的唱片已經開始取代圓形蠟筒（wax cylinder）。但儘管如此，遲至 1918 年還是只能錄製三個八度的音階。

　　1920 年代時有了重大的突破。1927 年，美國的唱片銷售量達到 140,000,000 張，光是歌劇演唱家恩里科・卡魯索（Enrico Caruso）一個人，就為勝利留聲機公司帶來了 250 萬美元的收益；有些藝術家擔心私人的音樂盒會終結公共音樂，但事實上剛好相反。留聲機與收音機把查爾斯頓舞（The Charleston）、黑人搖擺舞（black bottom），以及其他可以在家練習的新奇舞蹈品味帶給人們，反而對現場音樂表演產生了推波助瀾的效果。在馬來，唱片業利用大型運動場活動宣傳推廣大受歡迎的蘇拉米小姐（Miss Soelami），「全爪哇無可爭議的古朗章音樂（Kroncong）冠軍。」[123]

　　儘管如此，收音機從童年小玩意兒蛻變成家庭娛樂的過程卻更為戲劇化。1901 年間，古列爾莫・馬可尼（Guglielmo Marconi）首度發送了橫跨大西洋的無線電信號；第一次世界大戰中，成千上萬的男孩們試驗著如何建立單一接收器並發送出一點一劃相間的信號。1920 年，15 歲的哈洛德・羅賓森（Harold Robinson）試圖從紐澤西的家中送出一路直達蘇格蘭的信號；1920 年代初期，無線電設備意謂著一副連結自組晶體管接收器的耳機，是「火腿族[iv]」與學校教師的一項嗜好，男孩們也會省下硬幣，在當地的十分錢商店購買零件來組裝。到了 1922 年，美國的無線電業餘愛好者大約有 60 萬人之多，[124] 估計有 20,000 個台站是由美國的孩子們在較低的波長上操作；哥特堡（Gothenburg）以及其他的歐洲城市都有數千名會員的無線電俱樂部，而大西洋兩岸的學校都是重要的傳播者。在普魯士，幾

---

iv　指業餘無線電愛好者。

乎有半數的人參與學校電台，為學童提供音樂、文學、地理、語言等相當均衡的課程內容；許多電台都是屬於老師所有。[125] 在美國，「空中大學」（colleges of the air）是由大學與農業院校所經營，美國教育委員約翰·提格（John Tigert）在 1924 年即強調，無線電台是無與倫比的教育者。除了激發對世界的興趣之外，它還教導了「節儉、手工藝，以及科學的課程，讓這個國家中最好的老師都會帶著羨慕沉思。」[126]

1932 年，盧森堡（Luxembourg）一本給無線電愛好者的雜誌中，有一頁即提供了裝設附揚聲器的三管接收器所需要的技巧與自信。為了在傍晚時分聽到史特拉斯堡與羅馬的電台，得要有一條至少 25 米長、10 米高、最低 120 伏特的額外天線；如果音量太低，收聽者被教導利用鉛筆與橡膠以添加或移除低頻擴音器個別電阻器上的石墨。看過勞萊（Laurel）與哈台（Hardy）主演的《瘋狂火腿族》（Hog Wild）電影（1930 年）的人就知道，光是裝根天線就災難重重；而以電池供電的無線電設備，又常常會把電池酸液漏到餐具櫃跟地板上。一直要到 1920 年代末期，完全用電的機型才出現，舉例來說，1927 年的雷迪歐拉 17（Radiola 17）。或者像 1931 年的德律風根超級 653（Telefunkensuper 653），外部的電纜、晶體管、揚聲器都被併入一具桃花心木製成的完美主體中（參見插圖 33）。現在，無線電設備被裝進了光鮮亮麗的容器中，整潔俐落地跟其他家具擺放在一起，成了簡單調轉即可為全家人提供輕鬆收聽體驗的收音機；原本男性專屬的小機件，就這樣從閣樓搬進了客廳。[127]

收音機這些年來的爆炸性擴展規模完全毋須誇大。舉例來說，1925年時丹麥和荷蘭的收聽者都不超過 25,000 人，到了 1936 年，這個數字已經分別達到了 66 萬人與 94 萬人，幾乎每戶都有一人收聽，與美國的情況如出一轍；在阿根廷，十個人中就有一人擁有一台收音機。[128] 度過個人收聽的早期階段之後，收音機開始發揮它的社交功能，家庭成了這項共享經驗的核心，家中的成員愈多，每天收聽的時間也大幅提升，[129] 但客廳並未因此而封閉起來，而是剛好相反：到了 1920 年代末期，奧索卡（Ozark）與其他製造商大打便攜式設備的廣告：「露營、釣魚、打獵、旅遊都帶上收音機，讓你的假期更加完美。」[130]

更重要的是，收音機擴展並強化了鄰居之間的關係；有時，這意謂著

集體收聽。擁有收音機的收聽者，會被要求把收音機帶到鄰居家或辦公室：「有雷迪歐拉的地方，就沒有孤單與寂寞。」亨利希‧韋伯（Heinrich Weber）自豪地回憶，1930 年代初期在德國的希爾德斯海姆（Hildesheim），當時他還是個小男孩，他的父親鼓勵他把他的設備放在窗口，讓整個鄰里都可以收聽得到。在南加州，早期擁有收音機的人可以娛樂整個城鎮。131

留聲機與收音機改變了全球的音景以及對噪音的感受度，只要輕彈一下開關，收音機就會終止沉默與寂寞，這意謂著不眠之夜，也意謂著分享歡樂。1934 年，新加坡的立法委員會（Legislative Council）對「輕微違紀行為條例」（Minor Offences Ordinance）通過了一項修正案：除非得到警方許可，否則午夜之後不得播放留聲機與無線音樂。132 但這樣的矛盾有利也有弊，像是當時變壓器的靈敏度，使得電波的傳輸很容易受到鄰居切換電器的干擾；當時的研究指出，舉報受到干擾的數千起事件中，有 1/3 是來自私人住家。還有些鄰居利用這項新電子武器開打一場噪音之戰，丹麥就是第一批通過保護收聽者免受干擾法律的國家之一（1931 年）；在德國，對故意用電熨斗或真空吸塵器干擾鄰居收聽習慣的麻煩製造者，當然也有罰款。133

收音機已遠超過任何早期革命者以服裝改革以及其他上述改變試圖達成的結果，改變了日常生活；人們調整日常作息時間表，以便收聽他們最喜愛的節目。有些教士、牧師呼籲抵制星期日晚間的廣播節目，但徒勞無功。134 成立於 1922 年的公共電台英國廣播公司（British Broadcasting Corporation, BBC）更引進「兒童時間」以培養未來的公民。收聽收音機很容易配合其他家務一起進行，為枯燥繁瑣的家務活注入一些樂趣：「洗碗不再像是一件單調乏味的苦差事，在輕快爵士樂的陪伴下很快就做完了。」一個女人在 1925 年時如此寫道。135 尤其對教育與收入水平較低的人們來說，收音機成了主要的休閒工具；但是，即使在擁有大學教育水準的美國婦女中，也有幾乎半數的人會在晚間收聽兩個小時以上的收音機。早期的美國聽眾調查顯示，女性經常在白天收聽收音機：「噢，我跟你說，它是我的良伴，就像一個在屋裡整天陪伴著我的人。」136 男性的收聽時間主要是在早餐與晚間時分，孩子們則是在晚上還沒睡著時思忖著他們稍早聽到的

內容；有些人說這樣會做惡夢，但大部分父母都認可他們的孩子養成收聽的習慣。收音機似乎可使教育與家庭生活都變得更有趣，對許多人來說，這也是主要的吸引力之一：它分散了衝突、填補了沉默，使家人得以齊聚一堂；「如果我們沒有收音機，我們就不會有一個家。」137

　　對收音機的主要批評來自大西洋彼岸，流亡的猶太知識分子及音樂理論家狄奧多‧阿多諾。阿多諾在紐約的哥倫比亞無線電研究計畫找到了遠離納粹的避風港，該計畫是由洛克菲勒基金會（Rockefeller Foundation）贊助並由另一位流亡的維也納人保羅‧拉扎斯菲爾德（Paul Lazarsfeld）負責執行。在此，阿多諾鞏固了他對於收音機的「社會專制主義」（social authoritarianism）意見。138 這對我們的故事來說是一個發人深省的插曲，不僅是因為他的想法日後成了馬克思主義對文化產業批評的重要基礎 —— 透過法蘭克福社會研究學院（Frankfurt School of Social Research）啟發了 1945 年之後新一代的評論家，更是因為它顯示了一個把重點放在生產的馬克思主義者結合傳承自歐洲上層社會而來的感受性，如何造就出像阿多諾這麼一位令人畏懼的思想家，徹底誤解消費文化的這項新媒介。

　　對阿多諾來說，一切都很嚴肅，尤其是文化。他是不會去找樂子的人。真正的傾聽意謂著與音樂全方位的重要結合，一項整體的藝術作品（*Gesamtkunstwerk*），其他都只是被動的娛樂，甚至是攸關存亡而非只是糟糕的品味。輕鬆的流行音樂是資本主義的部分策略，意欲將其商品化精神強加於生活的各個領域，扼殺創造力與自由；從這些大量生產、粗製濫造的音樂作品像〈是啊，我們沒有香蕉〉（*Yes, We Have No Bananas*）到法西斯主義不過咫尺之遙。

　　在阿多諾的例子中，他的傳記就相當於他的理論。出生於 1903 年，阿多諾的母親是有一半法國、一半義大利血統的歌唱家瑪麗亞‧克菲莉—阿多諾（Maria Calvelli-Adorno），曾於維也納的皇家歌劇院（Imperial Court Opera）表演；他的父親則是一位猶太酒商。在他們法蘭克福的家中，生活是圍繞著鋼琴打轉的；這位獨生子「泰迪」（Teddie）彈奏二重奏、學會小提琴、進了音樂學院，並且作了幾部弦樂四重奏曲以及鋼琴作品。羞怯而早熟的阿多諾甚至影響了文人藝術家的外貌 —— 他不戴手錶，而是將錶繫在一條鍊子上，放在他的襯衫口袋中。1920 年代初期，他初步嘗試音樂寫

作，結合了青年的自負與強烈信念，深信只有不與資產階級情感妥協的真正藝術，才能拯救人類免於滅絕；這一點，甚至連史特拉汶斯基（Stravinsky）都還做得不夠好，阿多諾嚴厲批評他的《士兵的故事》（*Soldier's Tale*）是「一部悲慘的波西米亞惡作劇」。139 唯有 12 音階的音樂才能帶來救贖。1925 年，阿多諾前往維也納向奧本‧伯格（Alban Berg）學習。簡言之，阿多諾在音樂領域的地位等同陶特在建築領域的地位，他的血管裡流著馬克思主義的血液，認為商業的絨毛與資產階級的裝飾都必須去除。

阿多諾認為收音機是資產階級制度讓人「麻醉」的揚聲器，導致「傾聽的逆行倒施以及大量的盲目崇拜，將音樂壓倒並埋葬在娛樂的冰磧之下。」如此充紳士氣派的勢利言行已足以激怒他的上司拉扎斯菲爾德，因為拉扎斯菲爾德問他有沒有想過，或許真正的盲目崇拜正是他以拉丁文堆積出來的華麗詞藻。光想到農夫的妻子可以一邊刷洗、一邊聆聽貝多芬，就令阿多諾厭惡不已；收音機摧毀了交響樂的共同體驗，私有化音樂的聆聽，把音樂轉變成僅是另一件的「家具」。當古典音樂被分解成可識別的主題曲、像是任何其他「毋須費力即可享受的現成零碎產品」般被提供時，它就會變得「平凡而瑣碎」。隨著嚴肅音樂與流行音樂之間的鴻溝愈來愈深，人們也距離真正的自覺與自由愈來愈遠。阿多諾眼中的商業文化，就像馬克思眼中的宗教一樣，都是群眾的鴉片。流行音樂或他所謂的「低俗」音樂，包括爵士樂，都是資產階級社會哄騙人們被奴役的方式。140

阿多諾所做的是以理論而非經驗為依據的研究。得助於後見之明，我們知道或許最有趣的一點是，他的分析如何設法發展出自成一格的一致性，導致下個世代的許多人囿於成見，對消費文化產生既定的譴責；因此，值得強調的是他如何與現實脫節。收音機的聽眾相當活躍，美國的研究者在 1930 年代發現尤其對男性而言，收音機滋養了對音樂的熱愛。一位義大利出生的鞋匠說：「我一直很喜歡音樂，但因為無法聽到好音樂，使我無法享受它；後來我開始聽收音機，現在，我對大部分的偉大作品都耳熟能詳了。如果沒有收音機，我永遠無法如此盡情地享受音樂。」141 有些人則沒那麼常彈奏鋼琴了，因為「我可以非常清楚地聽出自己的缺失。」但整體而言，收音機與留聲機促進了音樂製作、傳播爵士樂之類的

新音樂風格，並提升了樂團的數量。唱片有時也被用來挑戰權力與權威，像是 1905 年孟加拉分裂時期，印度民族主義者團結起來抵制英國商品。收音機並未淪為令人擔憂的一成不變，而是為多樣曲風以及收聽團體打開了市場，包括瀕臨滅絕的民俗文化；一位在挪威工作的瑞典機械師在晚間轉開收音機時深受感動，因為他轉到「斯德哥爾摩—慕塔拉—延雪平（Stockholm-Motala-Jönköping），聽到一首童年時代的歌，用我童年時的方言唱出來。」在 1935 年瑞典政府接管之前，許多電台會用當地的方言播放當地的節目。*142* 在日本，電台保存了傳統樂器與說故事型態的表演；在馬來，電台保存了古朗章音樂；在美國，電台傳播了藍調音樂，並普及鄉村民歌以及溫馨的壁爐與家園之歌。到了 1930 年代，黑人家庭還可以收聽黑人流行音樂節目主持人播放黑人音樂。*143* 光在一星期之中，就有超過三萬小時提供給美國民眾的音樂節目。*144* 收音機鼓勵的絕非溫和遵從的一致性，而是品味豐饒的聚寶盆。

人們如何消費以及消費什麼，並未遵循之前某些大規模生產的邏輯。阿多諾的缺點在於忽略了收音機對人們心靈的影響，收聽電台節目是一種新的情感體驗，尤其對男性來說，更是開啟了一個感受的世界；有些早期的收聽者甚至關掉燈光，以增強自己的感受。大部分的人會在自己舒適的家中收聽，但在其他方面來說，收音機絕非一項私人或隱僻的經驗；1920年代末期的時事評論者預測，收音機所訴求的對象將僅局限於「農夫、盲人，以及近乎全聾者等的孤立之人」，這個看法很快就被證明是錯的。*145* 收音機刺激了社會想像力，收聽者在沒有真正的管弦樂隊或一群演員的情況下，必須自行想像出場景與表演者，因此，系列節目的粉絲會在他們的心目中創造出一座戲院。一項早期的收音機心理學研究，將這項收聽經驗，比作擁有視力的人們必須學著像盲人一樣，藉由他們的耳朵去視覺化這個世界。這種「視覺化的想像練習，有助於恢復成人某些自童年以來即開始鈍化的意象敏銳度。」*146*

一位研究者，也就是拉扎斯菲爾德的妻子赫塔‧赫爾佐格（Herta Herzog）發現，白天時段的連續收聽者並未特別收聽某個節目，他們聽收音機只是因為生活「空虛」；然而，並沒有證據顯示活躍的收聽者會因此而停

止去俱樂部或者不上教堂。相反地，家庭現在成了虛擬社交世界的入口，收音機為成千上萬收聽同一個節目的人們，營造出一種社區共同體的感覺。對某些人來說，1930 年代與 1940 年代每天播出 15 分鐘的布朗克斯（Bronx）窮苦猶太家庭的肥皂劇《戈德堡一家》（*The Goldbergs*），這類連續廣播劇可以讓他們逃離自己真正的家庭；對其他人來說，則是一種慰藉的源泉，讓他們「知道其他人也有麻煩，感覺稍微好些」。這些劇中人物變成了他們的朋友，甚至比真正的朋友更好，因為「朋友是如此地不可預測……但收音機廣播劇中的人們是可靠的。」147 許多人覺得自己從這些節目中學習到如何生活：從了解社交禮儀、與孩子應對的方式，到丈夫下班回到家時脾氣暴躁的原因。*148*

在禮節的進展過程中，18 世紀賦予了「旁觀者」一個重要的角色：想像他們自己處於別人的位置，有助於同情心的養成；人們被鼓勵成為自己的旁觀者，並評估他們對他人的影響。收音機無關乎禮節，但或許我們可以將它視為一種 20 世紀版本的旁觀者、一種日誌紀錄與談話俱樂部的文化接班人。在他們的收聽想像中，人們形成了新的社會凝聚力並扮演著社會角色；收聽無線電台擴展了私人的情感視界，讓個人學會分享遠方之人的喜悅和痛苦。

古希臘對於家庭（*oikos*）的想法是一個結合了生產與消費、家人與僕人的家戶；而在古希臘從地表上消失了很久之後，這個理想仍持續對現代的想像力發揮作用。工商業的興起以及私人與公眾世界競相爭奪的需求，導致了認同危機的產生，家庭不能只是一個消費物事的場所。在烏托邦小說《回顧》（*Looking Backward*）（1887 年）中，愛德華・貝拉米（Edward Bellamy）提供了一個社會主義的答案：男主角睡著之後，卻在 2000 年的社會主義城市波士頓醒來，看到了家庭的轉型；家務工作消失了，烹飪和洗衣由公共的專家來完成。「我們所選擇的住家大小不會超過我們所需，並且以最不麻煩的方式來布置房子，以便讓它保持整齊有條理。」149 在 1950 年代，真正的研究人員突襲了多倫多城外的一處新郊區，描述出一幅截然不同的場景，家庭已完全被個人主義者的消費主義接管：它是一間有著擴充休閒空間與物品展示廳的宿舍，對個人所有物的崇拜，使得家庭分裂成「幾乎沒有理由或動力待在一起的一群人」。*150*

事實上，家庭的歷史比之上述兩種極端都來得更為世俗而矛盾。生產一直沒有離開過家庭，相反地，消費與家務彼此強化、相輔相成；實用性是購買與使用家庭設備的正當理由，包括收音機。在 20 世紀的過程中，半數人口（女性）花在家庭的時間變少了，然而人們花在家庭的物質與情感資源卻比以往任何時候都來得多；收藏品、照片、紀念品，以及其他物品成為聯繫家庭的重要紐帶，*151* 擔任起曾經由家庭分工所扮演的角色。

即使是渴切搜刮物品的郊區居民所呈現的這幅反烏托邦寫照，都被研究者在 1950 年代所發現的事實——新居中的舊家具——證明為虛假不實；這些舊家具包括繼承來的沙發、舊餐桌，以及純銀舊餐具，都賦予了家庭穩定的認同感。*152* 在廚房中，人們寧可著重社交性而非功能主義，因此現代設計面對了風俗與習慣的巨大障礙。在芬蘭，勞工階級與農村居民將功能性廚房改造成他們所習慣的家庭空間；當勞工階級的家庭在 1940 年代搬到英國的新家時，他們首先會做的一件事，就是在新的小廚房旁邊架起臨時的隔板，分隔出一個用餐的區域。只有在收租的人到來時，這些隔板才會被拆下來。「現代」家具幾乎不存在。*153* 對深具設計意識的中產階級觀察家來說，客廳套房與深絨地毯都是單調一致、毫無品味的可憎事物；相反地，對於住在那裡的人們來說，他們同樣強烈地感受到他們「有自己的品味」，這使得他們自己的家有別於鄰居。*154* 重要的是物品的安置方式以及許多述說著「這就是我們」的小物件，物品的仿效並不是重點，重點在於它們是身分認同與尊重的象徵。

那麼，在對於何謂舒適的各種想法激烈爭戰中，情感顯然比理性的效率更占上風。舒適是關於一種在家的感覺，是一種「好的」消費，也是以分期付款方式來購買、支付家具的正當理由；「我們並不奢侈，但我們喜歡舒適。」1980 年代的一個英國家庭如是解釋，「舒適的家具會讓你感覺舒適，其他人會購買便宜物事來省錢，為了……我們會認為是很愚蠢的事，他們沒有把心思放在家庭的舒適設備以及好的靠背長沙發上。這不是為了讓人們來家裡時看到我們有什麼好家具，而是為了確實讓家人感到舒適。所以，這些家具的確不是必需品，但也不是奢侈品。」*155*

第六章

意識形態的時代

20 世紀的消費社會

　　她才 19 歲，而且很幸運能活下來。海蒂・西蒙（Heidi Simon）出生於希特勒上台的那一年，她的家鄉法蘭克福（Frankfurt am Main）是被同盟國轟炸得最慘烈的城市之一，1944 年的空襲造成成千上萬人死亡，更使半數人口無家可歸。時間來到 1952 年，在一場慶祝美國馬歇爾計畫（Marshall plan）的業餘攝影比賽中，海蒂是獲獎者之一；百廢待興，復興仍是條漫漫長路，參賽作品反映出戰後歐洲的嚴酷現實：「給每個人的麵包」、「不再飢餓」、「新的家」。海蒂得到最大的獎項之一：一台偉士牌（Vespa）輕便摩托車及獎金；馬歇爾計畫部（Ministry for the Marshall Plan）的官員可能對海蒂的反應感到相當驚訝，因為海蒂寫道，她很高興能獲獎，但老實說，她不想聽起來很「無禮」，只是想知道她有沒有可能獲得一台藍美達（Lambretta）而不是偉士牌；去年一整年，她「熱切地」渴望一台蘭美達。但該部門拒絕了，並把偉士牌寄給了她。1

　　年輕的海蒂・西蒙的快照收藏在德國聯邦檔案館，提醒我們歷史的巨大力量如何與普通人的物質生活和夢想交織；馬歇爾計畫是歐洲重建以及東西方冷戰鴻溝日益加深的關鍵時刻，但是它的接受者絕非被動而消極。

即使是在瓦礫堆中，海蒂仍然直言不諱自己對於某個特定時尚消費品的欲望；這一點顯然挑戰了傳統的想法。認為消費社會是 1950 年代中到 1973 年富裕時代迅速發展的產物，並與我們出於本能的假設不一致，我們通常認為人們只有在滿足對食物、住所、安全，以及健康的基本需求之後才會轉而尋求僅以身分認同、溝通交流，或者純粹樂趣為目的的商品。這項「需求等級制度」的心理模式最初由美國人亞伯拉罕·馬斯洛（Abraham Maslow）於 1943 年提出，且隨著社會愈形富裕而愈受歡迎，並非巧合。根據這項理論，海蒂·西蒙應該要求把偉士牌摩托車換成某些更為實質的物品，或許是若干儲蓄債券，而不是希望能升級到 123cc 的藍美達，只是為了它流線、時髦的單件管狀邊框造型。

在冷戰的時代，消費社會成了美國的所有物，消費主義、民主政體、資本主義都是成組成套出現，可以因輸出自由而被欣然接受，也可以因助長無情、自私的唯物主義而遭受譴責，但對當代的人來說，消費社會毫無疑問就跟蘋果派一樣地美國化。也是在此時，消費社會的真正組成之通用模式首次成形，最值得注意的就是經濟學家約翰·肯尼斯·加爾布雷斯在他的暢銷書《富裕的社會》（1958 年）中所提出的觀點：美國被呈現為一個新的社會，人們被驅使去從事愈來愈多的消費以保持生產的引擎持續運作，代價則是公共福利、環境，以及人們自身的幸福；從其時起，這個模式便形塑了我們思考與談論消費的方式。打從一開始，它就引發了對於趨向一致性的擔憂：有可能抵制美國化嗎？它也持續形塑今日許多評論家的世界觀，他們認為「消費主義」的危險可回溯至 1945 年後對於成長的上癮。新自由主義當道的 1990 年代把消費史重建為一個選擇與市場的故事，但述說的內容多關於我們自己，而非關於過去。我們的富裕時代在 2008 年的結束以及美國的沒落，正是採取一個更廣闊視野與觀點的好時機。

從 1950 年代至 1970 年代初期的黃金歲月——有「*經濟奇蹟（das Wirtschaftswunder）*、*奇蹟（il miracolo）*、*光輝的 30 年*」等各種說法——史無前例地為西歐國家帶來了 5% 的年成長率。然而，富裕的榮景是繼同樣非比尋常的一連串變革與轉型之後才到來，可概括歸納為單一世代的全面戰爭（total war）（1914～1918 年）、全球經濟大蕭條（1929～1931 年）、極權

主義政權的崛起，以及另一次更加殘酷的世界大戰（1939～1945年）。探討這些時代之間的關聯，並非意謂著我們要在此提出一個簡單的連續性；1950年代時對於奶油蛋糕與可口可樂的需要與欲望，可被理解是一種即時、本能的反應，從定額配給和撙節度日中解放，但另一方面，更為長遠的趨勢也仍在運作中。1950年代與1960年代在政治、文化，以及常民生活中，仍背負著30年代的標記與痕跡：在1950年代時成家、購買第一台電視與車子的年輕父母，是成長於經濟大蕭條時期的孩子。納粹戰敗之後，法西斯主義仍然在人們心頭投射下一道長長的陰影，上層社會菁英人士也仍然擔心大眾消費會孕育出一種新的法西斯主義。兩次世界大戰之間的年代是消費力量不斷在公眾與私人生活領域成長的形成期。

艱難時期會培育更美好的生活夢想，不論是在政治、電影院，或是地方委員會會議室。1930年代是消費者激進主義的黃金年代，消費者在維多利亞時期找到了它的聲音；現在，音量也變大了。在捲入戰爭、通貨膨脹，以及全球大蕭條的國家中，每個人都開始拉攏消費者，包括國家政府、社會改革者，以及廣告商。所有的大眾意識形態都承諾他們的支持者更美好的生活，並發展出利用消費以達其特定目的策略，包括了改革的羅斯福新政（New Deal）、納粹主義、史達林主義、殖民地民族主義者，以及受歡迎的帝國主義者。不論這些承諾兌現的程度多麼有限，人們的胃口還是愈來愈大；即使是被標示為低成長、剝奪、殖民剝削的政權，也在促進消費方面扮演了它們的角色。

現代社會帶著領域分離的理想進入20世紀：文化必須與商業分離，私人生活與公眾生活分離，男性領域與女性領域分離，理性與情感分離，社會階層有著涇渭分明的飲食、衣服，以及娛樂。然而隨著物品與品味的流動加速，這些界線變得愈來愈難以維持；這使得富裕一開始就成了一座戰場，曾經習慣面對物質匱乏的社會，現在發現它們必須面對物質過多的擔憂。而且，一旦自由的理想與個人生活方式連結在一起，沒有任何領域能夠置身事外；消費被認可為自我發現的解放過程，適用於所有人。這種價值觀的根本衝突竟讓步給適應與和解，而非發生階級戰爭或反革命，可說是20世紀最了不起的產物之一。各國政府以代表不同意識形態的方言承諾人們更美好的生活，現在，他們要求他們的領導人兌現承諾了：不是

每個人都有權擁有電視、新衣服，並獲得滿足嗎？一種更強化的物質生活方式成為東西方的共同目標；政府可以駛著坦克前進，但沒有一個政府膽敢迫使消費後退。消費不再為上層社會菁英所控制，而在文化與政治上取得了控制權；到了1980年代，亞當‧斯密的「消費是所有生產的唯一目的與用途」，[2] 如今看起來幾乎已像是「消費是存在的唯一目的」了。

物質文明的衝突

對歐洲各地的消費者來說，第一世界大戰是一次變革的經驗。在戰爭之前，消費者激進主義始終被限制在自由社會或中產階級團體之中，像是大西洋兩岸的購物者聯盟。全面戰爭使消費成為全球各地的國家生存問題，所有的交戰國為了確保它們的食物供給，都面對了前所未有的問題：德國以及其盟國不得不設法解決封鎖，英國以下沉的潛艇來護航運送糧食的艦隊，所有國家都因必須招募、餵養軍隊及屠殺敵軍而導致內部混亂錯置。物資的短缺引發通貨膨脹與動盪不安，原本視自己為工人或店員的人們，現在發現他們也是消費者；而不論他們喜歡與否，政府都被迫採行同時代人稱為「戰爭社會主義」（war socialism）的做法：運作經濟、設定價格、徵用資源。於是，在愈來愈有系統的消費者權益組織，以及愈來愈需要消費者支持與犧牲的政府之間，一場拔河無可避免地展開了。

激烈的戰爭打造出新的消費者身分認同，這個現象再沒有比中歐地區更顯著可見了。1914年12月，第一次世界大戰爆發僅四個月時，德國成立了一個戰時消費者權益全國委員會（Kriegsausschuss für Konsumenteninteressen），代表了700萬戶的家庭，超過1/4的人口數；類似的組織也在同盟國的維也納、布達佩斯、布拉格，以及中立的瑞士與盧森堡如雨後春筍般湧現。德國的委員會中包括了合作社與家庭主婦的組織，但現在也包括了領固定工資的人、為國家鐵路工作的人，以及基督教工會會員。[3] 通貨膨脹使消費者的發展超越了傳統女性購物者的角色，現在，許多人認為，勞工也是消費者；這使得「生產者利益」，亦即富有商人與壟斷企業聯合

組成的小堡壘，成了消費者的敵人。並非所有團體都樂見這項遠離了對職業與專業地位認同的轉變；公僕寧可保持距離，醫生與法官也是如此。儘管如此，「消費者」已不再是分散、自私或純粹可被賺取利益之人，不再能被輕易打發。

德國委員會表達了視消費者為國力泉源的新信心。到了 1917 年，已有近乎 200 個地區的團體在對抗發戰爭財的奸商，並力圖更為自給自足，提供從烹飪示範、回收建議、到如何避免受騙的一切相關課題；他們也分發大發暴利的奸商與囤積物資者的黑名單、設立投訴中心，並展開抽樣調查的檢驗以比較競爭商店中商品的價格、品質，以及可得性。這些也是在接下來兩個世代中，即將擴散至各地的檢測機構所具備之標誌性特點，就像美國消費者聯盟（Consumers Union）。包括商品檢驗基金會（Stiftung Warentest）以及消費者協會（Que Choisir）；在它們的手中，對於價格、品質，以及安全愈發強烈的意識將會愈來愈關注於個人利益上。相形之下，在一戰時，個人與集體的利益宛如一體兩面。消費者代表中一位主要倡導者羅伯特‧施勒塞爾（Robert Schloesser）在 1917 年時聲言，戰爭促使新的集體心態成形；除了取得好交易之外，消費者也開始關心提升下層階級的狀況並強化國力，「如此一來，下一次有外敵威脅德國時，德國就永遠毋須同時兼顧打擊那些剝削德國人的德國人。」4

這幅樂觀的願景墨漬還沒乾，就遭到了一場毀滅性的考驗。1918 年，德意志帝國（Imperial Germany）沒能突破西線（Western Front），輸了在自家門口的這場戰事。這個政權的配給制度沒能統一國家，反而加劇了緊張局勢，製造出應得權利與不公平感之間愈來愈大的鴻溝，最終吞噬了舊的政權。5 於是，貧窮的消費者開始攻擊士兵的妻子，與有著許多孩子的母親，原因是他們享有「不公平」的特殊津貼。

短期來看，和平對新的消費團體成長反而不如戰爭來得有利，而且對贏家與輸家皆是如此。在蘇聯與中歐，革命議會的組織圍繞著工人與軍人，而非消費者；在英國，分裂而無能的消費者委員會（Consumers' Council）於 1920 年解散，政府認為沒有理由讓它存活下去，隨著戰時控制措施的結束，它的存在理由（raison d'être）已不復存在了。軍人們返回他們的行業，並以罷工作為他們保衛生計的主要武器。在德意志威瑪共和國時

期，消費者在 1921 年時仍派出若干代表，進入國家經濟委員會（Reichswirtschaftsrat），但他們很快就在企業生產者的陣仗中敗下陣來；譬如在煤炭委員會中，代表消費者利益陳述意見的，顯然是工業用戶與煤炭經銷商，而非家庭主婦或租戶。6

儘管如此，戰爭還是留給後人重要的影響。蘇聯的新蘇維埃政權把戰爭社會主義改為己用，便是一個極端的例子；布爾什維克黨（Bolsheviks）運用集中控制的教訓，帶來了令人痛苦的後果。1917 年的革命，為店家與消費者展開了一趟殘酷的雲霄飛車之旅，經過最初的配給制度與對私人商店的打壓（1917～1921 年），開放買賣開始受到鼓勵（1922～1928 年），這是再次向商店宣戰之前的時期（1929～1935 年）。配給制度的實施，一直到 1935 年才被廢除。到了 1930 年，留在私人貿易商手上的零售市場已經不到 6% 了，如今，購物意謂著國有店鋪、以物易物，或是黑市。到了 1932 年，大多數重點產業的工人都在國有食堂中用午晚餐，這一切都對人們的生活水準帶來災難性的後果；到了次年，人們的生活水準已然比十月革命（October Revolution）時還低。7

消費標誌出一個人在社會主義秩序中的順位。以商品來標示社會階級與身分地位的區別，並不是什麼新鮮事。但是在布爾什維克主義下，政府控制了商品以操縱這項區別。配給制度把工人與工程師放在最頂端，家庭主婦與職員放在中間，只能獲取工人與工程師所得的一半食物；農民放在最底端，什麼都沒有。是否能進入商店與食堂，也必須視其身分加以篩選；舉例來說，農夫不許進入商品價格比民營商店更便宜的國營商店。就連食堂的帳單，都反映出一個人在這個工人國家的等級：建築工人只需付 84 戈比吃午餐，工程師吃一頓相同的午餐卻需付上兩倍半的價格。8 正如眾所周知，前蘇聯（Soviet Russia）把它的全副精力都放在土地集體化與產業國有化上。而在日常生活上，政府的影響同樣顯著，決定了人們能買到（或不能買）的衣服、必須付的價格、是否能在國營商店取得物品抑或得從投機商人那裡才能買到；人們作為消費者的生活，得由他們與國家的關係來加以界定。

物資的匱乏只會助長國家的權力，列夫‧托洛斯基（Leon Trotsky）是少數幾個最早體認到這一點的人，當他在 1928 年被放逐時，人們在國營商

店與合作社外排隊已是例行公事，他們等待物資到來、確保取得自己的份額、然後再轉售出去；這是一個被稱為「排隊主義」（queueism, ocherednich-estvo）的過程，因此，擁有*良好關係*（*blat*）十分重要。在他 1936 年於墨西哥流亡時所著的《被背叛的革命》（*The Revolution Betrayed*）一書中，托洛斯基把匱乏描述為國家權力的滋生地，「當商店裡有足夠的商品時，購買者可以隨時在他們想來的時候來；當商店裡幾乎沒有商品時，購買者不得不排隊等待。而當排隊的隊伍太長時，便有必要指派一名警察來維持秩序。」這就是蘇聯官僚體系成長的方式。「它『深知』誰可以得到什麼，以及誰必須等待。」[9]

即使是在那些削減控制、逃脫社會主義的國家中，消費仍被列於政治議程上。消費合作社在戰時蓬勃發展，主婦俱樂部、愛國聯盟，以及救助委員會，訓練數百萬的平民走上節約之道，政府宣傳與公眾輿論都要求人們思考：自己所購買與使用的物品，會為大眾帶來什麼樣的影響與後果。為了拯救祖國（或母國），國王們承諾以吃魚來取代吃肉，社會運動指導年輕人如何利用廢棄的罐頭，這是對未來消費訴求的儲備所做的集體努力。

戰爭在國家與消費者之間留下了某種社會協議（social bargain）的觀念與意向。將消費視為一項公民任務帶來更強烈的權利感，消費者期待能受到保護，以免遭受物品匱乏稀缺的不便與暴利奸商的侵害。1920 年代中，穩定發展雖取代了通貨膨脹，但事實證明，政府不願嚴厲打擊企業壟斷聯盟與管制價格壟斷；無論是英國或德意志威瑪共和國時期，政府皆無法全然忽視認為國家須監督公平價格的要求，有些人認為這是古老的「道德經濟」（moral economy）回歸——18 世紀有關當局在面對食物暴動時，會暫時介入以恢復「合理的價格」。[10] 但不僅如此，公平的價格更成了社會公民權的一部分，威瑪共和國時期的租金管制即為一例。戰時的試驗鼓舞了社會民主主義者及進步的自由主義者，進一步尋求穩定物價與規範食品供應的永久方法。

另一方面，消費者政治也擴大了它的劇目。漢堡消費者商會（Hamburg Konsumentenkammer）是存活到納粹掌權時的地方委員會之一，讓人得以略窺其擴展版圖的野心。除了要對抗同業公會與企業壟斷聯盟的「價格恐

怖」（price terror）並支持市立的大型室內市場，這個委員會也要捍衛在法定營業時間外提供香菸、巧克力、香腸熱食的新自助式販賣機。到了1929年，在德國城市中已有20萬台這樣的販賣機，但漢堡警方仍然拒絕接受這些機器的許可證申請；這些令人愉快的機器法寶（*Trumpf*）提供了人們高興在任何時間想買的「便利性」。委員會堅持，多年以來皆被視為「客體」的消費者，需要成長為經濟生活的「主體」，而政府必須就它所提供的服務，像是交通運輸與電力方面，對公眾做出回應。難道漢堡這個自由城市的居民不能像其他大城市的居民一樣，擁有乘坐舒適的火車軟墊座椅旅行之相同權利嗎？*11*

全球大蕭條

有些德國工會會員親眼見識了美國的福特主義（Fordism）之後開始為新的欲望辯護，認為它們是成長的引擎而非生產資源的負擔，*12* 需求的滿足帶動新的需求是一件好事；但在兩次世界大戰之間的年代，這樣的需求擴張可以持續多久是個大問題，全球大蕭條（1929～1931年）使它撞上了巨大的障礙。這些議題在某種程度上跟經濟有關：國家可以負擔多少支出？財富在被消耗之前，不需要先被生產出來嗎？然而，這些議題又與更深入的道德衝突緊密相連；萬一更多商品孕育出來的並非更強大的公民，而是沒有靈魂或骨氣、不顧後果的個體？這樣的憂懼可以回溯至盧梭甚至更遠，但是兩次大戰之間的資本主義危機以及極權主義的崛起，又賦予了這些憂慮新的緊迫性；要了解這些緊張的局勢如何被化解，我們在檢視大蕭條之餘，必須同時檢視商業休閒與消費政治的雙重擴張。

兩次世界大戰之間的年代是戒慎恐懼的時代，但也是擴大視野與眼界的時代，在歐洲與美國皆是如此。參與第二次世界大戰的歐洲人，整體來說營養更好，身高比他們的父母親那一輩要高上一英寸，收入也超過他們的父母親；但諷刺的是，只有亞利安人這個優秀的種族沒有成長。當然，這些成果並非平均分布於階級、地區，以及世代之間；拿收入來說，根據最近的估計，歐洲人的收入平均成長了25%以上。*13* 與1950和1960年代的噴射式成長比較起來，這個數字看起來或許不算什麼，但同時代的人只

能對照過去來衡量他們的生活，而非對照未來。對許多人來說，這些成果極為真實，在更美好的住宅、更漂亮的衣服、電影院、個人收音機與相機方面，都可以明顯地感受到。在這項緩慢前進的運動中，大蕭條又往後退了一步。舉例來說，1929 年時，美國人購買了價值 90 億美元的車子；到了 1933 年，這個數字下降到 40 億美元。家具銷售量下降到華爾街股災（Wall Street Crash）前的 1/3 水平，收音機與樂器的銷售量則下降到 1/5 水平。14

　　舊工業受到的打擊特別慘重，整個社區都因此而失了業。1932 年，社會學家保羅‧拉扎斯菲爾德與他的社會心理學家妻子瑪麗‧賈霍達（Marie Jahoda）造訪維也納南邊的一個紡織村落馬林塔爾（Marienthal），想知道村中的家庭如何面對這樣的境況。馬林塔爾的村民在 1920 年代時看盡了他們的興衰沉浮；1925 年，他們加入了全國罷工，然後面臨了失業，其後的復甦證明只是曇花一現。到了 1932 年，478 個家庭中有 2/3 以上失去了工作，母親不再當天來回維也納、帶回玩具和時髦的衣服，而是擔心著如何才能負擔得起鞋子。研究者為村民們籌組了一間衣物銀行。大蕭條的確如其所名，吸光了這個城鎮的活力，將一個曾經生氣蓬勃之地變成一座「破舊的社區」。15 生活的節奏正在改變。閒暇時間原本是一項恩賜，現在卻成了一種詛咒；失業的男人不再匆匆忙忙，而是整天「遊蕩」以消磨時間。

　　然而，就消費習慣而言，家庭以截然不同的驚人方式回應這項收入的損失。有些家庭賣掉了他們的收音機與精美的餐具，取消訂閱報紙，回頭過著種植蔬菜或飼養兔子等自給自足的生活方式；相反地，其他家庭卻拚命抓著昔日美好時光的歡愉不放。有些人利用他們小塊的土地種玫瑰與鬱金香，而不是種馬鈴薯；正如一位村民所說：「一個人不能只靠麵包過活，也需要別的事物來撫慰心靈。」16 一名靠著緊急援助過日子的 15 歲女孩，用賒帳的方式給她自己買了一個捲髮器；另一名社會福利的收受者，則是給自己買了一幅威尼斯的彩色版畫；許多母親從別的地方剋扣開銷，就為了給她們的孩子買巧克力或甜甜圈。這些反應看起來像是「非理性的家用開支」，但事實上，它們是完全可以理解的：人們已經習慣了一個物品不斷增加的世界。對於嚴酷現實與高漲期望兩者間不斷拉扯的緊繃

關係，孩子們也做出了誠實的證詞；大部分的孩子雖然為了貧困的父母而縮減了他們的聖誕禮物願望清單，但仍然繼續夢想著新衣服、圖畫書、玩具，以及運動器材。「我沒有得到任何禮物，」一位 11 歲的女孩寫道：「只有眼鏡。我真的很想要一本地圖集和一個羅盤。」賈霍達與拉扎斯菲爾德發現許多寫給聖誕老人的信是用假設句法寫成：「如果我的父母沒有失業的話，我會想要……」17

　　儘管歐洲與美國各地的財富與貧富程度不一，但日益高漲的預期已然站穩了腳跟。在戰爭和蕭條等日趨下滑的循環中，人們不再回頭遵循早期匱乏時的標準與規範，發生在馬林塔爾的插曲正反映了莫里斯・哈布瓦赫（Maurice Halbwachs）對於法國、德國，以及美國勞工的同時期研究：人們會削減必需品以保留花費給最新的奢侈品，生活水準不僅是收入的功能或是生理的需要，而是由習慣與期望形塑而成。18 因此，在消費銳減的大蕭條時期，我們發現了一項消費習慣的顯著彈性；人們並未停止購買，而是設法以更便宜的方法維持他們的生活方式。在美國城市中，雖然昂貴的咖啡館倒閉了，人們還是繼續外出用餐，只是換成水準較低的餐館；他們還是會購買新衣，只是變成比較便宜的新衣；時尚流行週期並沒有任何改變，女人的時裝與帽子還是跟以前一樣千變萬化。同時，大蕭條也並未扭轉家庭購買電器幫手的趨勢；烤麵包機的銷售量下降了，但美國家庭在 1932 年購買的電冰箱數量是 1929 年的四倍之多。19 大蕭條也沒有讓人們賣掉他們的車子，只是讓人們保有舊車款的時間再久一點而已；在他們對印地安納州蒙西市的研究當中，林德夫婦甚至提到登記車輛的數目有些微的提升，因為車子成了一項「不可或缺的必要品」。20 對於加油站和休閒娛樂來說，不景氣是好消息，因為人們會啟程上路、出發去參觀國家公園。即使是「房屋收回」這種最可怕的命運，也轉變成了時機完美的新娛樂：棋盤遊戲大富翁。

　　大蕭條有黑暗也有光明面。對那些還有工作的人來說，生活顯然變得更加美好了。正如我們已經看到，富裕的勞工加入了房屋擁有者以及收音機收聽者的行列；現在，出現了愈來愈多的舒適與娛樂之島，特別是對那些像電機工程等新興產業的工人來說，他們享有固定的收入，受益於價格的下跌；年輕人也在享受這些美好事物之列。1930 年代，英國勞動階級

的年輕男性擁有相當可觀的購買力，他們的收入在一個世代中增加了一倍之多；大部分人會把一半的薪資交給他們的父母，而另一半的薪資就隨他們自己怎麼高興花用。年輕女性加入了書記員、打字員，以及售貨員的新隊伍，賺的薪水雖比她們的兄弟少，但仍享有前所未有的獨立性。21 這一群人就是電影院、舞廳、時尚服裝、口紅，以及美髮油的核心顧客。這些新商業夢想世界的勝利還沒結束，包括街頭娛樂以及「猴子遊行」（約會散步）等舊有的休閒型態，在 1930 年代仍然存在，22 並且驚人地崛起。到了 1930 年，超過一半的勞工階級青少年至少每星期會去看一次電影，少女看電影的頻率也只稍少一些。消費主義是個生命階段，將同一個階級，甚至家庭的成員區隔開來：年輕人會購買新的襯衫與西裝，而他們的父母則縫補著舊衣湊合；對大部分人來說，第一個孩子的呱呱墜地代表了自由花費時期的結束。

電影文化

因此整體來說，歐洲社會在消費的階梯上占有的位置遠低於美國的高生活水準，但其中有些群體攀爬得比較快，發展出類似富裕美國人的品味與娛樂刺激。再沒有比電影院更能形塑一切的空間了。從一項於 1929 至 1932 年間對 2,000 名美國學生與學童的研究中，可看出電影對於自我形塑的影響極為強大。一位 19 歲女孩研究瑪麗・畢克馥（Mary Pickford）來學習化妝的藝術；一名高中的低年級生愛上了克拉拉・鮑（Clara Bow）在《瘋狂派對》（*The Wild Party*）中的無袖套頭連衣裙，「我的母親對此完全沒轍，她必須去買一件就像那樣的衣服給我。」對於自我意識逐漸高漲的青少年來說，電影就像一本有關禮儀的書。「說話的方式、在餐桌上的舉止等，都透過我所看到的電影而逐漸被我吸收、納入我自己的行為舉止之中。」一名高中二年級男學生這麼說。年輕女性會模仿葛麗泰・嘉寶（Greta Garbo），但不總是那麼成功：「當我試著模仿她走路時，總有人問我是不是膝蓋不太好；有些人真的是太沒禮貌了！」許多女孩學著做出波拉・尼格麗（Pola Negri）的激烈表情，而藍道夫・范倫鐵諾（Rudolph Valentino）則教會一整個世代的年輕人如何被擁抱、親吻。一位 19 歲的女孩回

憶，她在 11 歲時如何開始在耳後擦香水，這是她從默片時代的迷人巨星諾瑪・塔爾梅奇（Norma Talmadge）那裡學來的。23

電影經常被譴責為讓人們陷入逃避現實的幻想，灌輸他們「奢華衣櫃、美麗家園、僕役成群、進口汽車、遊艇，以及無數英俊追求者」的白日夢，一位女孩如此回憶。因此，值得強調的一點是，電影也有解放的作用。從電影中，「我往往會得到自己應該擁有多少自由的想法，」一位黑人高中男生指出，因為在電影裡的「同伴跟女孩……可以穿最好的衣服、賺大錢、去幾乎他們想去的任何地方……享受生活中所有的奢侈品。」24 電影特別鼓勵女孩去挑戰家長所訂下的規矩，爭取更多的外出自由，或是讓同伴來家裡的自由。

對歐洲人來說，電影帶來的是美式風格以及觸手可及的高生活水平，但並非意謂著一種全盤的大改造。大部分勞工階級的女孩並不渴望讓自己看起來像是勾引人的蕩婦，相反地，電影夢訴說的是一種「整潔」外觀的理想。電影「讓我看到服裝的最佳典範就是簡單的款式，既整潔又呈現出完美的外表。」一位英國的銀行女職員寫道。一位私人祕書回憶 1920 年代初期她還是 17 歲時，她當時的男朋友曾經評論一位電影明星有著「優美的小腳」、「她的鞋子總是很漂亮」，於是從那時起，「我總是購買自己買得起的最好鞋子與長襪。」直到戰時施行配給的年代，鞋子仍然是她所「寵愛的奢侈品」。25 但不可避免的是，這些熱切的期望也會因眼前的物質現實而受挫；一位擔任速記打字員的年輕英國女性每週會去看四次電影，她發現自己看到螢幕上的紐約、加州等「令人驚嘆的所在」，會讓她「整天悶悶不樂地坐在通風不良的小辦公室中，除了自己之外，沒人可以說話（但我不會自言自語）；而回到家中，也只能跟一棟五年前就該被拆除的房子作伴。」26 這樣的感受也並非一無可取，電影教導人們渴望更美好的生活；在某些為階級、種族，以及性別所標記的社會中，這種更大的期望會產生公眾與私人的後果。電影不僅助長了對旅行與商品的渴望，更鼓勵提高機會的平等；人們不再輕易向自己的命運低頭，大部分的觀眾都知道螢幕上的美國並非真實世界、而是經過美化的理想，但這並無損於它作為一個更無階級之分的社會之吸引力，也無減於它在上層社會菁英中所引發的焦慮。

長久以來，社會改革者始終抱怨好日子讓人們恣意魯莽、不顧後果。家庭預算的研究中一直有個主題，試圖證明如果個人可以少喝酒、少賭博，就可能提升生活水準。1920 這個年代加強了大眾對享樂的恐懼，理由有三：其一，當時各個國家必須承擔戰爭留下的巨大成本，人民對國家的需求也愈來愈高；其二，普選權產生了——但萬一民眾失去理智呢？最後，則是美國的例子。對歐洲人來說，美國標榜著一個建立在大眾消費與個人歡愉之上的未來。在歐洲的「傳統主義者」與美國的「現代化主義者」之間，並無任何不可分割的界線；法國、德國，以及英國都有它們的現代化主義者。27 儘管如此，美國汽車和電影會引誘歐洲人走上道德淪喪與財務破產一途，仍是普遍瀰漫的疑慮。即使是擁護消費者的組織，像是漢堡委員會，對於愈來愈多人以賒帳方式購買衣服、家具，以及手錶也表示擔憂。不論從紐約或芝加哥回來的是哪些專家，都反覆鼓吹並堅持美國的情況並不適用於歐洲大陸，因為歐洲的購買力過低，分期付款只會進一步地削弱它。28

　　這一切都有助於說明為何在經濟衰退的這段時期中，有一項產品卻異軍突起、極為暢銷，警告歐洲人富裕會帶來什麼樣的禍害。喬治・杜亞梅（Georges Duhamel）的《未來生活之場景》（*Scènes de la vie future*）（1930 年）印行了 187 版。他寫道，美國夢是一場真正的噩夢，大量生產與大量消費把人們變成了物質的奴隸；美國人把他們的自由換成了冰箱與車子。29

　　歐洲上層社會菁英會視美國為威脅，與真正發生在好萊塢和底特律的事並無甚關係，而是因為他們對於大眾社會根深柢固的疑慮；其中有許多人並不相信女性適合投票，沒有財產或未受教育的男性也一樣不適合。現在，物質慾望誘惑這一群不適合的人，他們沒有自我約束的能力，也沒有智慧去駕馭這種慾望。大眾消費挑戰了這些知識菁英作為文化守護者的地位，而在歐洲的某些地區尤其明顯，例如西班牙，他們指派自己擔任國家復興的領導角色；令人難以理解的是，在他們心目中，許多最遙遠的事物卻成了最大的威脅。幾乎沒有人能符合西班牙哲學家奧特嘉・伊・加塞特（Ortega y Gasset）1930 年於其著作《群眾的反叛》（*The Revolt of the Masses*）中提出的「自我滿足時代」的驚人評論；這本書隨後在 1950 年代，又獲得了第二次成功。奧特嘉・伊・加塞特在 1931 年支持推翻君主政體，但他

反對最烈的是國王而非民主政體；當西班牙內戰爆發時，他逃到布宜諾斯艾利斯。他是現代主義者沒錯，但在文化方面，他則是不折不扣、根深柢固的菁英統治論者。「平民百姓都是普通人，」他寫道：「任何不像其他普通人的人…都有被消滅的風險。」電影讓勞工的心中充滿「驚人可能性」的願景，創造出「與生俱來、深入人心的印象，讓人以為生命很簡單、豐饒、沒有任何重大限制」。大量過剩（Superabundancia）是文明之敵。奧特嘉・伊・加塞特稱「群眾」是人類歷史上被寵壞的孩子，執迷於物事、速度，以及即時的滿足。匱乏稀缺對人類的發展來說，遠比大量過剩要好得多，因為品格是由挑戰與自律形塑而成；相形之下，大量使個體「變形殘缺」、墮落邪惡、虛妄不實。[30]

凱因斯與羅斯福新政

在整個歐洲，文化菁英們幾乎本能地為自己謀取曾經為教會——反對肉體誘惑的精神捍衛者——占領的地位。從崇尚自由主義的西北歐地區中試舉一例，偉大的荷蘭歷史學家約翰・赫伊津哈（Johan Huizinga）在1935年時曾抨擊這是個「永遠青春期」、也是個「自我崇拜」的時代。唯物主義從兩方面夾擊道德：馬克思主義對階級訴求，以及佛洛伊德主義（Freudianism）對性的執迷。對赫伊津哈來說，這些都是更深層次的不安、抑鬱症狀，而大蕭條顯示了這世界如何失去精神和物質價值的平衡。「一個高度精確的經濟體系，日復一日生產出大量沒有人想要的產品並啟動沒人需要的能量，這對任何人都毫無益處……被許多人蔑視為毫無價值、荒謬愚蠢、惡意有害的。」藝術家與作家也沒有更好。各地的標準都在下降，導致了「文化失序」；「嚴肅的活動」與「玩耍」相互汙染，廣告標語與公關活動支配了一切，禮節與尊重日漸凋零。收音機無法發揮以前書本的功能：教導人們思考。赫伊津哈對消費文化所說的唯一一句好話給了電影：幸福的結局至少保留了「莊重而深得人心的道德秩序」。[31]

最終，最終，經歷了青春期之後，從中年危機期中出現的消費力量更為強大。消費者逐漸被視為問題的對策，而非原因。某種程度上，這個過程可以概括為凱因斯（John Maynard Keynes）的勝利，他證明了公共支出的合

理性，並譴責舊時代對節儉的美化與頌揚。凱因斯於 1936 年出版了《通論》（General Theory），隨後是一連串更受歡迎的論述，要求同時代的人翻轉他們的道德觀。他在 1931 年時曾寫道，在經濟衰退時期儲蓄是一種罪惡：「每當你省下五先令，你就讓一個人失業了一天。」他力勸「愛國的家庭主婦」應代之以「參加美妙的特賣會」並放縱自己；32 政府也應該多花錢，而非削減開支。凱因斯本人也是個合格的享樂主義者，不像他的導師馬歇爾，他相信需求是可以被滿足的；他在出版於 1930 年的〈我們後代的經濟前景〉（The Economic Possibilities for our Grandchildren）一文中，即設想出一個絕對需求都被滿足的未來，屆時每個人都把精力投注於非物質的目的上。「我們應榮耀……這些可愛的人們，他們能在事物中獲得直接的享受，就如田野裡的百合，既不工作也不縫衣。」就短期而言，凱因斯認可消費者的支出消費；但就長期而言，他希望回歸到「某些宗教與傳統美德中最確定、肯定的原則——貪婪是罪惡的……對金錢的愛是可憎的。」i 鑑於從那時起不斷提升的消費水準，我們很難不得出這樣的結論：凱因斯對短期的看法較長期更為精準。

在一股更趨向消費的整體潮流之中，凱因斯不過是其中的意見之一。在 1930 年代，消費者成了愈來愈頻繁的參照依據。法國合作社開始提出「消費者的健全」，英國教師提出「消費者對於成人教育的觀點」，其他還有「消費者的藝術」。在南非，古典自由主義經濟學家威廉・赫特（William Hutt）創造了「消費者主權」（consumer sovereignty）的觀點；赫特主張，消費者並不一定知道什麼對他們最好，但在一個市場社會中，他們的需求可以確保權力被擴散，而不是由國家或生產者來控制，進而促進了社會的和諧。33 在日內瓦（Geneva），國際聯盟（League of Nations）的國際主義者則期待消費者能吸收過量的生產、恢復世界的和諧。在政策層面，羅斯福新政標示出這個過程中資本主義的神化，但我們不能把它當成單一事件來了解；所有的意識形態都發現了消費的存在：文化悲觀主義者與舊時上層社會菁英始終認為商品會滋生自我崇拜，相較之下，群眾意識形態對群

---

i　Keynes, Essays in Persuasion, 330–1. 凱因斯在此的論點是關於「絕對的需求」，他同意「相對的需求」會繼續存在，例如認為自己優於他人的滿足感。

眾社會反而無甚意見，僅主張對物品的渴望必須被轉化成集體力量的工具。到了 1930 年代中，悲觀的預言被「歡欣」——或說快樂（*Freude*）——的合唱淹沒了，物質的樂趣開始被公開慶祝。

　　1933 年的美國，權力從共和黨的赫伯特・胡佛移轉到民主黨的小羅斯福（Franklin Delano Roosevelt），改變了從生產過度到消費不足的危機診斷結果，於是新的處方帶來了新的政治，羅斯福新政使消費者成為民主國家建構中不可或缺的一部分。自由可不是「什麼馬馬虎虎的事」，小羅斯福在 1936 年的民主黨大會（Democrats Convention）中這麼告訴民主黨員。「如果普通公民可以被保證在投票所擁有平等的機會，那麼他也應該被保證在市場上擁有平等的機會。」34 但這個目標需要一個強大的國家才能達成，於是消費者先生與消費者太太前進了華盛頓特區。國家復興管理局（National Recovery Administration, NRA）在 1933 年夏天成立，組織中包括了消費者諮詢委員會（Consumer Advisory Board），以保護公眾免受不公平的定價、糟糕的品質，以及易誤導的標籤之害。同樣地，在農業調整管理局（Agricultural Adjustment Administration）以及羅斯福新政政府的其他部門，都設有消費者諮詢辦公室（Office of the Consumer Counsel）。聯邦住宅管理局（Federal Housing Administration）與田納西流域管理局（Tennessee Valley Authority）則負責提供更廉價的住房與電力。

　　但實際上，在涉及為肥料、內衣，以及其他 500 種受國家復興管理局管制的商品設定法規與價格時，分散的消費者利益很難配合集中的商業利益來行事。在消費者保護方面的進展零碎且不盡完善。羅斯福本人即奉行一套雙重策略：有時指望消費者的政治力，有時指望他們的購買力。351930 年代讓我們看到，對政府來說，改變機構遠比增加開支要困難得多，而這正是政策的要點所在。儘管如此，羅斯福新政還是將消費者的政治形象提升至前所未有的新高，國家與消費者之間齊心協力的結盟關係，最先在一次大戰時被注意到，現在又重新修補了；甚至，它將消費者變成了社會政策的工具。

　　消費者前進了華盛頓特區，而華盛頓特區也鼓勵他們把羅斯福新政帶回家。超過 100 萬名志願者連署支持家庭主婦在前門貼上藍鷹（Blue Eagle）標章，保證她們只會去有付最低工資的商店購物。收音機裡的節目

《消費者時間》（*Consumer Time*）也教導聽眾什麼是公民消費的藝術。羅斯福新政讓購物者有勇氣親上火線對抗高昂的物價、抵制暴利奸商，1935年春天，光在紐約市就有數千家肉品商店因聯合抵制而關閉。36 羅斯福新政與其說是建立一個福利國家，不如說是轉向消費者方，重新分配收入並強化工人與農民的購買力。然而正如戰後數年的情勢所呈現，這是一個對福利政策來說相當不穩定的基礎。

這股普遍視消費者為公民的如潮佳評，將羅斯福新政推上了最高點。美國消費者聯盟自 1890 年代即開始從事爭取最低工資、保護女性，以及規範童工的運動，在 1920 年代的進程中，又有一個醜聞揭發者的新世代加入，專門揭露偽劣商品與欺詐廣告。成立於 1927 年的消費者研究（Consumers' Research, CR）是一個私人的檢測機構，藉由提供更佳的資訊賦予消費者權力。大蕭條的緊縮壓力更進一步強化了自助的訴求：為什麼要為品牌名稱或額外包裝支付更多費用？消費者研究機構的雙月刊公告與產品清單，是抵擋廣告商與推銷員窮追猛打的防護盾；該機構的創辦人斯圖亞特・蔡斯（Stuart Chase）與弗雷德・施林克（Fred Schlink），承繼了對商品與欲望抱持疑慮的社群主義（communitarian）傳統，跟隨范伯倫的腳步，蔡斯也強調電動食品攪拌機和許多其他器具都是無謂的揮霍與浪費；37 同時，經濟衰退提升了消費的社會功能。對美國這樣一個以工作與自我否定作為基礎的價值體系來說，大規模失業是一項嚴重的衝擊。在 1920 年代中期，柯立芝總統（President Coolidge）仍然鼓吹國家實力與福祉端賴勤勉與節儉的儉樸美德；38 從這個觀點來看，消費是必須努力掙得的一件事，消費者還排在工人之後。相形之下，對於主張革新的蔡斯來說，這些價值觀都已然陳舊過時；生產力的提高意謂著休閒變多、工作變少，美國已從匱乏的社會轉變成富裕的社會，工作與消費之間的道德結合已瓦解；在「富裕的經濟結構」下，不再有「可測量的關係…存在於工作的貢獻與商品的消費之間」。經濟衰退顯示了社會必須確保「商品可不受阻礙地流向消費者，包含了最低生活水準的權利 —— 不論做什麼樣的工作，或即使沒有工作可做。」39 人們應該增加而非減少消費，額外津貼與更強的購買力應該擴大至所有人皆可享有。簡言之，消費者也是有生產力的公民，繁榮與穩定的責任正落在他們的肩上。

消費與公民權

商業與廣告亦認可消費與公民權的合流。為了對抗壟斷的指控，美國企業紛紛將自己定位為微型的民主政體。1921 年，美國電話電報公司（AT&T）的廣告便將這位電話運營商巨人塑造為「民有、民智、民享的……民主。」奇異公司（General Electric）將家庭便利設備的購買比作擁有投票權。爐邊收音機播放的羅斯福閒談宛如市場行銷的大師課程，深受廣告商關注並艷羨，而他所做的就是在反商業氛圍中恢復企業的形象。廣告商使民主消費者與獨裁政客對立，「在私人資本主義下，消費者、公民是老闆」，而「在國家資本主義下，政治家、政客是老闆」，這是智威湯遜廣告代理商（J. Walter Thompson）放在一幅廣告上的文字。[40]

消費者為王，這句日益流行的慣用語，帶著幾分偽善的味道；因為私底下，廣告商眼中的購物者是非理性、愚蠢，或是容易分心、女性的刻板印象，而到了 1930 年代，這個印象也延伸到了男性身上。[41] 然而，這句慣用語的確捕捉住美國文化中朝向選擇的重要政治轉向；兩次世界大戰之間的年代，「選擇」不只代表個人主義與市場，它同時也是培養公民意識的方法。除了賦予人們權力面對國家與商業，改革派的進步分子也試圖發展他們的民主特質，標準化商品威脅要以一致性與匿名性取代個人品味與身分。對人們而言經濟體系過於複雜，大蕭條又強化了他們被經濟體系折騰的感受，補救措施之一是簡化這個體系，回歸農場；然而眼前，這只是文學懷舊之情，而非實際政治之道。另一項措施，則是培養更多聰明理性的公民，而這就是哲學家約翰・杜威（John Dewey）以及家政學（home economics）運動所擁護的方法。

杜威是美國在兩次大戰間最突出的公共知識分子，他的志業廣泛，從教育改革、女性權利，到答辯托洛斯基（Trotsky）對史達林主義者公開審訊的指控。1931 年，杜威從哥倫比亞大學（Columbia University）退休後，成立了第三方（Third Party）為消費者發聲；其後，他反對羅斯福過於傾向通貨膨脹而且對窮人的福利做得不過多 —— 羅斯福新政的諸多矛盾之一，就是它對於消費稅的依賴。[42] 這些小規模戰鬥並無太大成果，事實上，杜威的遺澤產生的影響更為深遠。以威廉・詹姆斯的思想為基礎，杜威將實用

主義變成了民主自由的一項工具；這個理念的核心很簡單：思想與性格皆經由經驗的實踐而顯現，生命關乎形成的過程，而非達到特定的目標。這個觀點珍視的是實驗嘗試，以及其中的選擇；經由做出抉擇並對其進行反思，人們才得以學會去思考自己行為的後果並發展出民主的傾向。這雖是常民的哲學，卻有極為基本的含意，對於發展教育的影響極為深遠，並且重視從實做中學習。對消費者來說，它的重要性毫不亞於賦權，期望由下改變而非從上管控，信任人們有能力可以做出最明智的選擇。欲望不該被壓抑，而應該透過批判性反思來加以培養。43

如此一來，消費者的選擇關乎的不僅僅是計算成本與收益，而幾乎是一種心靈的願景、一種基督教觀念的世俗改造版。杜威本身是在美國佛蒙特州（Vermont）長大的公理會教友，行動是向外而非向內，連結起個體與他們的社區和整個宇宙。到了 1940 年代，他的想法已經透過學校、學院，以及當地社區的家政學課程影響了美國成千上萬的年輕人；家政學教導他們，消費不但關乎實際的家務管理，也關乎道德倫理。重要的著作也深受杜威的啟發。主要的家政學家哈澤爾・凱克便強調：消費者不僅僅是購買者，明智的消費會提出「動機、價值、目標的問題」，而非只是取得最好的交易。44 正是這樣的社會道德，使消費者的選擇在 1930 年代產生了廣泛的影響，因為它可以成為公民 —— 而非追尋效用極大化的個人 —— 的一項工具，從而標誌出價值觀上的根本轉變。古老的共和主義傳統，認為商品與欲望會誘惑人民遠離公民意識，現在，在消費市場上的選擇，反而會培育出更強大的公民。

美國有幸能在自由與豐足相倚下欣欣向榮的消費者意識，受到來自國外的極權主義挑戰，卻反而更加激昂高漲。消費者似乎將美國從德國的元首（Führer）與前蘇聯的人民委員手中拯救了出來。從西利西亞（Silesia）移民來的紐約哲學家霍勒斯・卡倫（Horace Kallen），基於「我們以本質來說是消費者，以必要性來說是生產者」的前提，發展出他整個世界觀；法西斯主義與共產主義，只是奴性心態的最新表現形式，而這樣的心態是在以生產者為首的分工下產生的。卡倫主張，消費者才是一個完整的人，得以

克服「虛假的分裂之人」而變成競爭者的角色。[ii] 真正的自由有賴於消費者合作；自由與消費之間的關聯，對美國的自我形象來說愈形重要。[45] 然而，這不是唯一的配對，因為極權主義政權也發現了消費的存在。

德國納粹

在德國，納粹有意識地展現他們與鼓吹緊縮政策的資產階級政治家劃清了界線。對希特勒來說，生活水準是對抗猶太人與共產主義者的一條戰線，簡單的生活是給原始人過的，亞利安人這個優秀的種族有權獲得更多，每個德國人都應該像美國人一樣，爬上生活水平的階梯；問題是，德國不是美國，它深受生產力下降、購買力低迷，以及資源稀少等問題所苦。而希特勒的答案是，藉由征服來突破這一切限制；但短期內，軍備的重整就把資源從紡織、皮革等消費者導向產業中吸走了，基本的困境是，納粹的領導人不同於一般將領，對於 1918 年在自家門口打垮的那場戰事，他們仍然心有餘悸，因此他們拍胸脯保證會捍衛私人的消費水平，不準備要求德國人民勒緊褲帶。遊客還是可以在黑森林中輕鬆愉快地來來去去，化妝品與玩具的生產也一如往常，直到他們 1943 年在史達林格勒保衛戰慘敗。[46]

於是，納粹的政策出現了重重的矛盾。一方面，納粹預言了一個北歐人有機會去擴展的富裕時代，資源的揮霍被認可為種族優越性的標誌。另一方面，這個政權奮力於支付稀缺資源的開銷，更在 1936 年推出一項四年計畫以鼓勵利用國家物資，但成效極為有限；前所未有的高速公路網絡被建蓋出來，但為追求自給自足而限制了外國燃料的使用，使它的效益大打折扣。納粹承諾讓民眾享有奢侈品，卻支持國民收音機（*Volksempfänger*）這類受益於企業壟斷聯盟和固定價格的象徵性商品。新婚夫妻可以享有特別貸款以裝修他們的第一個家，前提是新娘不再工作。與此同時，該政權的軍國主義（militarism）代價高昂且抑制了消費；納粹無法藉由讓敵人付

---

ii   Horace M. Kallen, *The Decline and Rise of the Consumer* (New York, 1936), ix. 卡倫希望消費者可以自我組織，而不是由羅斯福新政機構來操控。

347

錢的方式來維持德國人的物質享受，儘管他們殘酷又貪婪地將猶太人的財產亞利安化（Aryanization），並在被占據領土上的掠奪搜刮，但也僅是略微減輕戰爭的財政負擔。47

納粹主義被迫將欲望的世俗範圍延伸。「消費主義」往往被描繪成只關乎即時的滿足。這種想法無視了因為公民參與政權而餵養出來的美好，特別是那些自視有千年悠久歷史的政權。消費日漸受到渴望的喜悅所驅使，社會學家柯林‧坎貝爾（Colin Campbell）認為這可追溯回「浪漫的想像」。48 在這種以未來為導向的模式中，愉悅是來自對於物品的幻想，而最終獲得物品的那一刻，卻可能會令人感到失望；其後，對某件新事物的期待又會重新展開同樣的循環。納粹極力鼓勵人們將他們的物質欲望轉移到未來，這個政權愈無法實現商品的承諾，它對未來財富的承諾就愈多：在戰時，它保證銀行儲戶可享有 15% 以上的利息，因此儲戶的存款超過了 800 億德國馬克；為了購買一台福斯（Volkswagen）的金龜車，有 34 萬名殷實的德國人驚人的參與了由納粹工會——德意志勞工陣線（German Labour Front, Deutsche Arbeitsfront）——所運作的福斯汽車儲金計畫，卻沒有人收到半台車子，甚至連半分利息都沒有；49 廣告繼續為某些香菸與清潔劑的品牌高歌，儘管這些產品很快就買不到了。

納粹對富裕的承諾，由「力量來自歡樂」（Kraft durch Freude, KdF）這個大型休閒娛樂組織的座右銘負責兌現。儘管意識形態的調性截然不同，這仍與大蕭條後的美國形成某種特定的對稱；個人歡愉與國家力量會強化彼此，即使在這些參數範圍內進行的獨裁統治亦是如此。例如乳酪的替代品維菲塔（Velveta）應被當成美味來品嘗；年輕女性被告知用一些妮維雅（Nivea）的乳液，就可以曬出棕褐膚色。1937 年，洗衣和化妝品巨頭漢高（Henkel）在生產與消費方面發起了自己的「反浪費兩線戰爭」。人們的眼光必須更敏銳、雪亮，而不是減少消費。消費者研究協會（Gesellschaft für Konsumforschung）的市場研究人員認為他們的工作是將消費者提升到更高的文化水平；50 但不像美國的個別唯物論者，他們認為，德國人是在社區中擁有深厚根基的文化人（Kulturmensch），到了 1938 年，「力量來自歡樂」迎合了近乎 900 萬的德國旅客。套裝行程旨在安撫工人，並使他們變得強硬以面對即將到來的集體爭鬥，同時，這也是一個相對便宜的炫耀方法，

展現種族抹除階級的方式。像是威廉・古斯特洛夫號（*Wilhelm Gustloff*）之類的郵輪，引進了近年來廉價航空從其時至今已臻完美的產品：無階級客艙。休閒娛樂很少，在船上，旅客可以玩把兩腿套入袋內賽跑的麻袋比賽；某些幸運的工人可以在挪威或馬德拉等最受歡迎的目的地享受一個星期的假期。

從某個層面來說，旅遊強化了這個國家的種族意識。照片日誌表現了旅客多麼欣賞挪威峽灣之中「我們的北歐兄弟」的種族特徵。51 問題是，與「大眾社會」的理論相反，歡愉是極為私人的，一旦被搔到癢處，它會傾向逃脫統一的「大眾」品味。藉由認同享樂主義，納粹無可避免地創造出個人滿足與逃離的空間；「力量來自歡樂」的旅遊行程因酗酒與縱慾而聲名狼藉，船一旦離開港口，有些乘客就會馬上停止使用「希特勒萬歲」的問候語；女性會利用地中海遊輪與當地男子進行性愛冒險活動，嚇壞了安全人員。52

對家庭的崇拜更加深了這些矛盾。1937 年的勞動民族（*Schaffendes Volk*）展，100 萬名遊客參觀了模型屋與現代便利設施。這項展覽恰如其分地由赫爾曼・戈林（Hermann Göring）主持開幕，他在前一年被指派負責四年計畫，更是一位能夠體現美好生活品味的人——主辦單位得從維也納的德梅爾（Demel）蛋糕店把他最愛的巧克力薩赫蛋糕（Sachertorte）運送過來。模型屋則反映了納粹結合傳統與現代的消費主義，質樸橫梁、繡花窗簾與最新技術齊聚一堂。漢高還有它自己的展示館與模型屋（包括一座位於地下室的電影院）用來展示易於使用的新塗料，讓參觀者了解，這些不再是粉刷工人的專利；現在，每個人都可以裝飾自己家中的牆壁。新的產品不但完全符合這個獨裁政權追求百分百、純粹德國材料的目標，同時也深化了舒適與愉悅的私人文化。53

看來顯而易見的是，法西斯主義這類的大眾意識形態，比之以前的資產階級似乎更能接受、包容大眾消費，但我們不能誇大這種自然傾向，也不能想像可以就此與舊價值觀一刀兩斷。在 1930 年代的德國，美國電影很受歡迎，搖擺樂則逐漸發展成青年的反抗運動而受到鎮壓。然而，納粹的觀光業也並未排除舊有中上階級的旅遊文化；普通的遊客鄙視納粹的旅行團，而旅行團的遊客則經常對這些假期的食物與住宿多所抱怨。1936

年的勞動民族展雖然取了如此平民化的名稱，仍展出了為資產階級生活方式而建蓋的住宅，附帶僕人的房間以及獨立的廚房與餐廳。

蘇聯的狀況

要說到群眾意識形態、大眾消費，以及資產階級習性之間的矛盾關係，再沒有比史達林主義者的蘇聯更顯而易見了。1920 年代塑造新蘇聯人的努力，重點在於以無產階級的特質來取代布爾喬亞階級；根據史達林的說法，馬克思主義代表了「一切為群眾」，只有無政府主義（anarchism）才會依靠個人（*lichnost*）；54 到了 1930 年代中期，無產階級的皮革夾克已然為雙縐綢紗（crêpe de Chine）所取代。兩部僅相隔五年的電影，記錄了這一項轉變。由偉大的蘇聯導演格里戈里・科津采夫（Grigori Kozintsev）與列昂尼德・塔拉烏別爾格（Leonid Trauberg）在 1929~1931 年所執導的《一個女性》（*Odna*），是首批實驗音效的俄國電影之一，打字機的敲擊聲以及公開廣播的聲音都是影片拍攝完成後才加進去的；狄米崔・肖斯塔科維奇（Dmitri Shostakovich）為該片配樂，但在列寧格勒圍城戰（Siege of Leningrad）中遺失了，其後又於 2003 年按原樣修復。55 這部電影以一位新任合格教師埃琳娜・庫茲米納（Yelena Kuzmina）的故事開始，她正在她列寧格勒公寓中享受現代化的水電等設施，接著和她的未婚夫一起去購物，為他們未來的家挑選家具；然而這種布爾喬亞階級的期望，隨著她被指派的第一份工作來臨，很快就破滅了，這份工作是在哈薩克（Kazakhstan）阿爾泰山脈（Altai Mountains）中的一個村落。那裡的薩滿與腐敗的村長並未阻止她將教育帶給「落後的」亞洲兄弟姊妹的使命 —— 這樣的作為會使深信亞洲「遊牧民族」需要接受文明教化的列寧深感驕傲。在她即將舉報違法的羊隻交易之際，她被留在大雪中等死；最後，村民們拯救了她，她被空運到一個安全的地點。這是一部典型的蘇聯教育故事（*Bildungsroman*）：當個人學習為社會主義的利益犧牲個人的安逸與舒適，便能逐漸成長為同志夥伴。

到了 1930 年代中，像《一個女性》這類的電影已然從螢光幕前消失，取而代之的是五光十色、娛樂性，以及歌舞劇。《大馬戲團》

（*Tsirk*）這部 1936 年的歌舞電影是關於一位美國的馬戲藝人 —— 由豔光四射的柳博芙·奧爾洛娃（Lubov Orlova）飾 —— 與她的黑人寶寶，在熱情的蘇聯人民中找到了愛並被接納。《大馬戲團》結合了政令宣傳、雜耍、遊行、廉價笑話，以及感情主義，甚至有各個族群的蘇聯人民分別用自己的語言為女主角的寶寶唱搖籃曲。

從《一個女性》到《大馬戲團》的轉變，可說是二次革命的一部分。在 1920 年代，蘇聯的能量集中在改變政治和經濟制度，現在，這些能量轉到了個人身上。1930 年代中，史達林試圖讓新的物質文明生根；正如羅斯福新政的美國與納粹德國，推動消費的不是市場，而是國家。物質欲望會推動共產主義，史達林在 1935 年宣稱：「生命愈來愈美好，生活愈來愈喜悅。」這句標語被百貨公司、高爾基公園（Gorky Park）的露天遊樂場以及流行歌曲拿來大肆宣傳。經過多年的剝奪，同志們被告知可以享受網球、絲襪，以及安東尼·齊格勒（Antonin Ziegler）的捷克樂團演奏的爵士樂，紅軍官員學習如何跳探戈，斯達漢諾夫的工人英雄們收到留聲機、男人收到波士頓西裝、女人收到雙縐綢紗洋裝作為獎品。1936 年，一間蘇聯時裝屋（Soviet House of Fashions）在莫斯科開幕，蘇聯（USSR）準備在香水生產上超越法國；新奇事物備受鼓勵，巧克力與香腸製造商競相擴展版圖。1937 年，莫斯科的紅色十月（Red October），巧克力工廠製造出 500 多種不同的巧克力與糖果，從莫斯科到海參崴都有收音機、照相機、時尚鞋款，甚至蘇聯洗衣機的展覽。提倡樸素居家生活方式的運動被中止了，家庭主婦被極力要求參加刺繡課程，並為其住所添加個人化風格。在 1936 年的史達林憲法中，個人財產受到了官方保護。56

文化教養（*kulturnost*）的運動涵蓋了日常生活的所有層面：從個人衛生與外表、到奶油蛋糕與社交舞蹈。紅色消費主義挑戰需求與欲望之間的鴻溝，奢侈品不再是墮落、頹廢的事物，而是社會主義者的未來，可由所有人共享。這個方式可被理解為特定蘇聯版本的「生產力政治」，兩次世界大戰之間的所有政權都在與之角力。在工人面前晃盪著手錶與留聲機，會使他們更努力工作。「我們想過著有教養的生活，」身為礦工的黨領導人米隆·杜卡諾夫（Miron Djukanov）在 1935 年告訴他的斯達漢諾夫工作夥伴們：「我們想要自行車、鋼琴、留聲機、唱片、收音機，以及許多其他的

文化物品。」57 更可觀的生產力反過頭來，可使社會主義超越並粉碎資本主義。史達林主義旨在實現「勤奮革命」的極端版本，努力工作可使常民百姓躍進新的物質時代，就像列寧格勒紅旗工廠（Red Banner Factory）服裝工人費多羅娃（E. M. Fedorova）的例子，她因為超越了工作目標而獲得手錶、桌巾、電茶壺、電熨斗、留聲機，以及唱片的獎勵──當然少不了列寧與史達林的著作。58

史達林的消費主義帶有溫和專制式的風格：「人民的慈父」照看著所有的勞工，同時，個人也被要求積極進行自我改造；這是社會主義者諾博特‧伊里亞思（Norbert Elias）追溯至早期現代宮廷文化「文明進程」的社會主義變體。59 鏡子與肥皂教人們什麼是自律，擦亮的鞋子、乾淨的襯衫、刮淨的臉頰，傳達了可被他人與自己觀察到的內在純潔。對個人所有物的關注會培養工作的專注度，現在，緊挨著社會主義的是清潔，而非虔敬。

史達林主義變形

在回顧這段歷史時，值得注意的是有多少蘇聯的物質文化理想仍然在資產階級的軌道上兜圈。獎品是波士頓西裝、絲襪、留聲機、手錶、花瓶，以及巧克力。將個人教化成社會主義信徒，牽涉到商品與習慣的共同整體，而非區別差異；每個人都應在斯達漢諾夫的領導下，爬上文化進展的相同階梯，香檳會為所有忠誠的勞工而流淌。最近的研究顯示，1930年代，工人與菁英之間的差距的確有所縮減，雖然這主要是因為更好的伙食與衣物，而非奢侈品；1940年十月革命的週年慶典，所有的列寧格勒居民必須將就著用僅僅25,000瓶香檳來慶祝。60 然而，階級並未消失，相反地，提升物質發展的動力催生了一群新的共產主義菁英。在1935年的基洛夫（Kirov）工程中，有些工人要求結束管理者的「自肥」。611930年代中期見證了社會階層、獎品、等級、獎牌的普遍膨脹，許多人獲得大量的津貼或現金獎勵，史達林主義變形成資產階級方式與沙皇（Tsarist）等級制度的混合體。

這可以解讀為對革命原則的背叛，然而對許多消費者來說，這是一種

賦權。有文化的生活方式需要有文化的購物方式，蘇聯人民也有被禮貌服務的權利，唯有具備鑑賞力、獨具慧眼的顧客才能駕馭社會主義帶來的富裕生活並迫使零售店商加強服務。理論上來說，缺乏競爭會使消費者的重要性提升，而非下降。從美國與歐洲城市之旅返鄉的蘇聯改革者，都對顧客服務與便利性深深著迷；在柏林，人們用容易丟棄的紙杯與紙盤盛裝冰淇淋與香腸，太聰明了！在紐約的梅西百貨，有禮又迷人的銷售人員會建議顧客如何穿著對他們最有利，甚至指導他們如何打網球或高爾夫球；不但提供送貨到家的服務，百貨公司裡還有理髮廳與郵局，太棒了！西方的百貨公司才是未來，而不是傳統的蘇聯合作社。回到蘇聯之後，這些改革者推出蘇聯漢堡、玉米片，以及冰淇淋；這個時期見證了一場改變購物體驗的運動。營業時間延長、商店被迫要有更好的商品陳列，還要擺放植物、坐椅，服務走累了的顧客；銷售人員被教導要洗手並保持貨架乾淨整潔。意見投訴書被引進並推廣成社會主義批評中的公民運動——雖然有些店家會把它們藏起來。1936 年，一系列的顧客會議被發起，鼓勵家庭主婦把她們的需要以及哪些做法行得通、哪些不行告訴零售商與製造商，有些人會相當公開地提出稀缺商品與不得體待遇的問題來質疑銷售人員。62 消費者就像勞工，必須負責建設起社會主義。蘇聯的做法與美國羅斯福新政的相似之處顯而易見，在蘇聯就像在美國，一個擴展、壯大中的國家轉向消費者以推進並發展其社會計畫。

然而，這些倡議行動成果有限。在 1932 年與 1937 年間，蘇維埃社會主義共和國聯邦的收音機銷售量攀升了八倍，來到一年 195,000 台；留聲機的銷售量也有將近 700,000 台；40 個地區中開設了 328 間國營食品和家庭用品商店（Gastronom shop）。儘管如此，以超過 150,000,000 的人口數來看，這些數字仍然微不足道；許多時尚商品與電器產品僅具備濃厚的象徵意謂，鮮少能實際觸及列寧格勒涅瓦大街（Nevsky Prospect）或莫斯科中央百貨公司（Central Department Store）以外的範圍。這兩處購物地點位於昔日沙皇時代上層社會人士購物的繆爾與米里利斯百貨舊址，與典型的蘇聯商店跟梅西百貨有著天壤之別。舉例來說，在敖得薩（Odessa），問題不在於商店櫥窗展示品單調無聊，而是商店根本連一片櫥窗都沒有，沒有玻璃、沒有店鋪招牌，也沒有包裝材料；有些商店甚至連砝碼跟度量器具都

沒有。63 農村地區也未全然置身消費文化之外，不但有巡迴電影院，半數收音機都是在這些地區的商店裡賣出去的，但大部分商店沒有存放商品的空間，也沒有肥皂；文化教養說起來比做起來容易得多。

　　史達林主義是一種內部的帝國主義，上位者試圖像歐洲帝國主義者對殖民地異教徒那樣對待蘇聯工人與農民：把外來國家的控制，藉由乾淨的襯衫與自我身體的控制，強加在他們身上。在兩次世界大戰之間的年代，殖民地民族主義者回過頭來，把這項「文明」的過程加諸在他們的主人身上；在遙遠的埃及、中國，以及印度，外國商品在示威活動中被焚毀，聯合抵制的情況激增，並擴散至各地，替代了國家權力。商品是不需槍砲與軍隊就可以擊中的目標，特別是服裝，在所有事項中占據了支配的地位。服裝在私人與公眾之間、物質自我與全球生產體系之間穿針引線，不但可視為是我們身體的延伸，更標示出身分地位，同時反映出時尚與團體認同。在一個高文盲率、自由有限的社會，發起國家服裝運動是促進國家認同深具吸引力之方式。如果服裝可以造就一個男人，那麼新的服裝必可造就出新的公民。帝國或能控制進出口商品，但人們選擇穿戴什麼，事實證明是更難以捉摸的；雖然在印度，英國試圖禁止甘地帽之類的品項。商品雖可同時作為差異性與一致性的標誌物，但也帶給殖民地民族主義者棘手的問題：目標是扔出帝國主義者、留下商品嗎？還是說，商品本身已然被帝國權力過度汙染了？

甘地提倡的手工織布

　　甘地（Mohandas Gandhi）是一位服飾的基本教義派者（fundamentalist）。他年輕時，首度於 1888 年帶著一套白色法蘭絨西裝出發前往英國，這套西裝在他橫渡大洋時被謹慎地收好；九月下旬，當他終於踏上英國的土地時，他環顧四周，並懊惱地發現自己被一片深色西裝的衣海所包圍。接下來的幾十年間，他拋棄了西方的穿著，正如他摒棄了層層的帝國文明。1913 年在南非，他披上契約勞工的喪服，抗議印度工人被槍殺。數年之後他返回印度，將喀什米爾帽改造成一種新的民族風格；到了 1921 年，

354

他選定了裹裙（dhoti）——比纏腰布稍長的圍腰布——作為他餘生所穿著的衣物。64

1905 年孟加拉分治時，在對英國商品進行的早期抵制活動中，抗議者會特意穿戴起裹裙。1760 年代，美國的革命者會穿戴手工自紡的服裝。甘地將這樣的傳統與精神，和政治解放綁在一起，粗布衣服象徵與不公正社會的決裂，就像絕食一樣，拒絕消費給予個人淨化自己的機會。早在 1909 年，甘地在他對自治政府的請求中——《印度自治》（*Hind Swaraj*），一本他從倫敦返回南非的旅程中所寫的小書——即瞄準了對物質的激情；在過去，人們被武力奴役，「現在，人們被金錢誘惑以及金錢可以買到的奢侈品之誘惑所奴役。」65 現代文明已經取消了對自我放縱的檢核，對物質的胃口變得永無饜足，這一切都侵蝕了社區、品味，以及自我控制的根基。政治的地方自治以及自我控制沿著相同的道路前進，回歸「適當利用我們的手腳」，66 就像盧梭遇上了馬克思與基督。印度之所以貧困，是因為大英帝國耗盡了它的資源——甘地在此追隨了早期印度的耗盡理論者（drain theorist），而且，人類對事物的欲望滋生了不平等與自私自利。對甘地來說，貪圖進口布料就跟覬覦鄰居的老婆一樣有罪；帝國剝削的情況，因自我剝削與漠視他人而鞏固、增強，消費者是凶暴的生物。

甘地的解決方法是*印度手工織布*（*khadi*）。藉由親手紡織未漂白的粗*印度手工織布*，印度人可以解放他們自己，就像那些藉由禮物或精巧紡織品建立起帝國網絡的蒙兀兒皇帝，67 甘地旨在利用*印度手工織布*將民族主義菁英與窮人團結在一起，它就是「印度的靈魂」。68 抵制英國貨（Swadeshi），藉由這樣一個呼籲愛用本地商品的運動，甘地試圖以理想村莊的形象重建社會；抵制英國貨運動結合了歌曲以宣布中止外國衣物所帶來的苦難。一旦紡紗、織布、棉花加工的作業重新結合在一起，社區精神必然會復甦。人們不再渴望愈來愈多的東西，只想要其他人都有的東西，這就是未來簡單生活運動的起點。甘地的天才是將獨裁經濟變成「四海之內皆兄弟」的道德標準。穿著*印度手工織布*的人們，藉由拒絕任何會傷害其他人的事物，展現他們「與地球上每個人類的同胞情誼」。69 甘地借用了自由貿易者的座右銘，將其發揮得淋漓盡致：每個「革命之輪都會紡出和平、善意與愛。」70

然而這個輪子轉動得很慢。甘地自己一開始就分不清織布機與紡紗車，當他在 1917 年搬到孟買管轄區（Bombay Presidency）真理修行院（Satyagraha ashram）開始推行*印度手工織布*時，離他最近的紡車在另一個省內。但是到了 1920 年，印度國民大會黨（Indian National Congress）也贊同並支持了非暴力哲學與不合作運動（non-cooperation）。四年之後，它更採行了「紡織選舉權」（spinning franchise）：沒有*印度手工織布*，就沒有選舉權；因此，每個黨員都必須貢獻自己紡的 2,000 碼布，而且家裡都要有一架*印度紡紗車*（*charkha*）。*印度手工織布*成了反殖民的制服。

　　然而在民族主義菁英或整個社會中，只有極少數人準備加入甘地反對物品的基要主義起義。甘地本人極力主張一天至少紡 30 分鐘的布，但在國大黨中，許多中產階級的領導者雖然樂於採用*印度手工織布*作為象徵性的標記，卻對時尚本身沒有任何意見。沙拉金尼・奈都（Sarojini Naidu）是詩人也是 1925 年的國大黨主席，她喜歡她的漂亮衣服；尼赫魯（Nehru）甚至要求把高檔的精紡布帶到監獄給他；其他人則懷疑，手工紡織是否真是那張可帶領他們脫離貧窮的車票。就廣大民眾來說，*印度手工織布*則直接與種姓制度及階級文化產生了衝突。在馬德拉斯（Madras），粗糙的白布傳統上是生活在社會邊緣的寡婦才會穿；母親則抱怨她們的女兒穿這種醜陋的衣服，怎麼可能嫁得出去。到了 1920 年代中，*印度手工織布*被調和了，很大程度上要歸功於甘地的姪子馬甘拉爾（Maganlal）在行銷上的努力，推出了有鮮豔圖案、地域風格，以及花俏布料的手工織布（參見插圖 40），配合了展覽、海報，以及各式宣傳品；到了 1930 年，抵制英國貨聯盟（Swadeshi League）宣傳在印度自己的工廠中大量生產的衣服。[71] 在自給自足的社區中，不再需要用雙手來紡布了，購買一件有漂亮設計的襯衫或紗麗完全沒問題，只要衣服上帶有認證標籤即可。現在，可以用購買來抵制英國貨了。

國貨與公民責任

　　放眼全世界，大部分的民族主義者都支持消費主義的現代性，儘管帶有愛國以及與日俱增的民族色彩，仍然傾向友好消費者。這一點有著充分

的歷史緣由。民族主義與市場行銷並行發展，兩者皆利用了圖標符號來構建起共同的社區，從對華盛頓到對俾斯麥、加里波底（Garibaldi）的崇拜皆是如此。在這一點上，甘地汲取歐洲對工業社會的反應、師法拉斯金（Ruskin）與托爾斯泰（Tolstoy）而形成的反消費主義，是相當不典型的主張。此外，民族主義者都希望能控制消費產業，因為他們了解馬克思不了解的一點：商品不僅可使人疏離，也可以使人團結。第一次鴉片戰爭（First Opium War）後，1842 年的《南京條約》（Treaty of Nanjing）使中國失去了設置本國貿易壁壘的權力，消費者抵制遂成為一項深具吸引力的替代品：人民自行採取行動來抵禦外國商品的入侵。1905 年，亞洲各地的華人社區為抗議美國排斥中國工人而抵制美國商品；第一次世界大戰期間，德國在山東的權益被轉交予日本，對中國人民所蒙受的「國恥」感更是火上加油；1919 年 12 月，大約有 1,000 名學生在上海租界外遊行、搜索商店、並且「燒毀所有他們認為是來自日本的商貨」。72「抵制劣貨」（Boycott Bad Goods）社團燒毀了大批的日本棉布以及其他商品。1925 年，為抗議英軍在上海射殺民眾的暴行慘案，英國商品也受到了抵制。1921 年在埃及，瓦夫德黨（Wafdist）民族主義者的被逮捕也同樣引爆了一波抵制英貨的運動。1932 年，開羅大學（Cairo University）的法律系學生把精美的歐洲西服堆起並點燃了篝火：「這些絲綢服裝來自於你的敵人，把它脫下來、踐踏它吧；點燃火焰，在這堆火中燒掉這些舊衣。」73

　　國貨（National Product）於是浴火重生。像是舉辦在杭州西湖（West Lake）的這類國貨展覽，吸引了約當 1,800 萬人次的參觀者。女性被指派了一個新的公民角色，就像戰場上的軍人，她們也為國貨在市場上的生存而戰。74 在埃及，購物者被敦促要成為愛國者並建立起「埃及的經濟清真寺」。愛用國貨意謂著「從你私人預算中所支出的，將會回歸到國家（你的大家庭）預算之中」，一幅 1933 年的廣告如此形容。75

　　國貨把消費者與生產者團結在一起。但究竟是什麼可以讓一隻襪子或一件衣服稱之為「國產」的商品？在中國，國貨運動與現代時尚及衛生保健聯合起來呼籲「同胞們」愛用國貨，把當地製造的三星牌牙膏與三星牌花露水加入他們的盥洗用品行列。中國的時裝秀包括了西式的西服與婚紗，然而在像是埃及這類半殖民的社會中，國服是西式與當地現代感的混

合體；若要說有什麼可稱之為國服的，應該就是塔布什帽（tarboosh）了，紅色無邊氈帽是 1930 年代時學生們所組成的皮阿斯特計畫（Piaster Plan）核心，該計畫要求人們允諾給予一個皮阿斯特（埃及鎊的 1%）協助發展國家的紡織產業。然而，塔布什帽本身其實是一項現代的產物，1820 年代時因蘇丹馬哈茂德二世（Mahmud II）禁止戴頭巾而由軍事改革引進；一個世紀之後，中產階級的男性戴著它時，同時還會穿著牛津鞋以及兩件式西裝。對國家產業的推動力促成了歐洲款式的襪子、針織襪品、絲襪等產品的誕生。埃及針織襪品工廠標榜它們是法老的接班人，並展示年輕男性在吉薩金字塔（Giza pyramid）前擺出手持一面埃及國旗與一雙襪子的姿勢；人造絲被重新命名為埃及纖維，區域產地比民族風格與款式要來得更重要，對一件西裝來說，重要的是它的製造地，而非它的特定式樣。

剛開始，歐洲人或是猶太人擁有的商店，像是希克羅（Cicurel）百貨公司，都聲援並支持國貨。然而到了 1940 年代，連商店本身都必須是「本國的」才行，商品必須由埃及的穆斯林來販售，而不只是來自埃及材料、經由埃及人之手製成；埃及所有權的重要性，甚至超越了商品的產地。歐貝特歐蜜斯里（al-bayt al-misri）百貨公司將自己定位為埃及的百貨公司，即使它的存貨也包括了在英國製造的鞋子與襯衫。1952 年 1 月的開羅大火災（Cairo Fire）期間，爆發了對英國駐軍射殺埃及警察的抗議，加速了納瑟（Nasser）在該年 7 月的軍事接管行動；暴徒焚毀了猶太人的希克羅百貨公司、歐羅史迪貝克百貨公司，以及英國的商店、旅館、酒吧等。[76]

在今日「公平貿易」的時代，我們很容易把有組織的消費者視為國際主義（internationalism）的良性代理人，會對遙遠國度的貧窮生產者伸出援手。但從歷史上來看，這些消費者對民族主義至少也有同樣重要的貢獻。消費者抵制有民族層面也有道德層面的考量：國貨不僅強化了更獨一無二的國家地位，也抵制了帝國主義的入侵者，以及缺乏正確民族與宗教資格的同胞。消費者不總是反帝國的，帝國也玩過同樣的遊戲，它們敦促大都市的消費者購買殖民地的咖啡與水果，藉此強化帝國之間的競賽，尤其當帝國集團無法再享有並運用關稅這類更直接的武器時，就像 1920 年代的英國。這類運動又特別受歡迎。在帝國購物週期間，英國的家庭主婦在聖誕蛋糕比賽與品嘗肯亞咖啡的攤位上，被敦促要利用她們的購物籃來幫助

國內的親朋好友們；如果可以買到由澳洲的基督教兄弟們種植、烘乾、包裝好的「乾淨」葡萄乾，為什麼要買被「骯髒」的土耳其人踐踏過的無核小葡萄乾？77 消費的確是一種公民責任，但這可以意謂著帝國主義的四海一家、民族主義的同胞情誼，或是民主體制下的公民權利與義務。

交朋友

冷戰是在富裕議題上第二輪的意識形態爭戰，納粹主義的失敗在兩個層面上改變了遊戲規則。其一是地緣政治的層面，關於美國或蘇聯是否提供了優越的物質文明之問題，現在由兩大敵對陣營進行激烈論戰；隨著一個陣營試圖在生產與消費上超過另一個，物質的競賽開始加速了。其二是國內的層面，歐洲人不得不接受鐵幕（Iron Curtain）以及高度的成長；大戰之後，一塊蛋糕在 14 年間變成了兩塊蛋糕，這是前所未見的現象，如此超級快速的成長能否持續下去？歐洲人對此憂心忡忡，這真的是人們渴望的嗎？納粹的垮台使權力重新回到許多鄙視大眾消費的保守派分子與自由派人士手上，納粹主義不就是邪惡唯物主義的必然結果嗎？奇蹟年代實則是一段充滿衝突和焦慮的時期。

這是個充滿戲劇性的故事，而法國的情況可以讓我們略窺消費商品的傳播速度有多快。1954 年時，仍僅有大約 7 ～ 8% 的家庭擁有冰箱或洗衣機，1% 的家庭擁有電視；到了 1962 年，已有超過 1/3 的家庭擁有冰箱與洗衣機，1/4 的家庭擁有電視；然而到了 1975 年，上述數字已分別達到91%、72%，以及 86%。東歐雖然明顯落後，但也僅隔數年時間就追趕上了。78 在已發展的社會中，消費於 1952 ～ 1979 年間皆以每年大約 5% 的速度穩定成長，日本地區略快（8%），英國則略慢（3%）。791960 至 1970年代，蘇聯的數字也不相上下（大約 6%），80 雖然它是從較低水平開始成長。同時，也有更多閒暇時間可以用來花費增加的收入。1960 年代，西德不但工資倍增，每天的空閒時間也提升到一小時至三小時四十分鐘之久，還有週六的休假，並增加了 14 天到 20 天的帶薪假。81 柏林圍牆的另

一邊是社會主義東德（GDR），儘管人們必須工作較長的時間，在 1974 年至 1985 年間，他們每天也多了額外一個小時的閒暇時間。82 旅行、移動、交通的成長突飛猛進，首批飛往西班牙與科西嘉島（Corsica）的包機在 1950 年代早期起飛，同一時期也見證了汽車的民主化；在 1950 年，西歐擁有汽車的家庭尚不到 5%，30 年後，大部分家庭都已經有車了。83

真要說的話，上述統計資料可能還低估了這些年蓬勃發展的活力。渴望往往走在真正獲得之前。1957 年的義大利電影《全是奶油的蘇珊娜》（*Susanna tutta panna*），這部庸俗的喜劇片內容是有關對女人與對奶油蛋糕的渴望互相衝突時會出什麼亂子；電影一開始，就是當地糕點麵包師傅那身材豐滿勻稱的女兒瑪莉莎·阿拉西奧（Marisa Allasio）從一個滿是泡沫的浴缸中爬出來，當時還沒有幾個義大利人享受過泡沫或熱水；之後，她跟著一群小偷來到他們的小屋，屋裡有冰箱、電爐灶、電視，被巧妙地隱藏起來以防止鄰居窺探。84 而即使是在歐洲最貧窮的地區，像是卡拉布里亞（Calabria），年輕人還是熱中於觀看這類電影。85 當時在德國，只有 5% 的窮人擁有冰箱，但它可是排在所有人願望清單上的第一順位。86 在蘇聯，就像其他地方一樣，雜誌扶植了大眾對時尚和風格的渴望：哪件襯衫跟什麼衣服一起穿搭最好看？87 睫毛膏就是一切，而香水或高跟鞋則似乎永遠不夠。

在農村社區，日常生活的轉變尤為劇烈。在像是杜埃爾（Douelle）這樣一座位於河邊地塊上的典型法國鄉鎮，於第二次世界大戰結束時，163 個家戶中有 50 戶擁有收音機，但只有兩、三戶人家擁有冰箱、爐灶、中央暖氣，沒有一戶擁有洗衣機，而只有十戶人家有室內廁所。到了 1975 年，幾乎每個家戶都擁有這些設備了。iii 那麼，這就是這些逐漸轉變的語言之背景脈絡，亦即當代人用以討論這些所發展出來的語言；消費不再只是一種活動，而是定義了整個社會體系，成為一種生活方式：一個「消費社會」、一個「大眾消費社會」，或是一個休閒社會（*Freizeitgesellschaft*）。

在 1950 年代，左派與右派之間的劃分，也與兩者彼此之間的反應有

---

iii　Jean Fourastie, Les Trente Glorieuses, ou la revolution invisible de 1946 a 1975 (Paris, 1979), 17: 1975 時，212 個家戶之中，210 個有冰箱，197 個有瓦斯或電力的烹調設備，100 個有中央暖氣系統。它們一共擁有 280 台汽車，250 台收音機，200 台電視，180 台洗衣機，150 間室內廁所。

關。對於左派的改革分子來說，有兩本書標誌了他們發聲的頻譜與回應的層次，約翰‧肯尼斯‧高伯瑞於 1958 年出版的《富裕的社會》，以及安東尼‧克羅斯蘭（Tony Crosland）於 1956 年出版的《社會主義的未來》（ *The Future of Socialism* ）。高伯瑞的書，名列美國 1950 年代的暢銷書之一，與理斯曼（Riesman）的《孤獨的群眾》（ *Lonely Crowd* ）、帕卡德（Packard）的《隱藏的說服者》（ *Hidden Persuaders* ）齊名；該書形塑了大西洋兩岸直至今日關於消費主義的毀滅性影響之爭議論點。高伯瑞認為，我們對商品的執迷是汲汲於成長與生產的新歷史秩序——亦即「富裕的社會」——的核心。持續成長抬高了經濟的上限，但也同時傳播了新的社會疾病；生產不再滿足真正的需求，「需求」現在是由廣告與將美好生活與個人財務畫上等號的價值體系所創造與操縱，這個循環依賴「消費者債務創造的本質不穩定過程」，他警告並指出愈來愈多美國人利用分期付款來購買新車；更重要的是，它腐蝕了公共生活。以高伯瑞的名言來說，富裕孕育出「私人富裕、公眾貧窮」。這項因果的關係正是他論點的核心。人們在轉向私人物品與休閒的同時，便遠離了他們的社區；私人財富導致他們對公眾福利的忽視。帶著一種環境危險感的先見之明，高伯瑞描述，一般家庭開著他們「紫紅與鮮紅色，附空調、動力轉向、動力煞車汽車」穿過「路鋪得很糟糕」、「滿是令人厭惡的垃圾」的城市，直到抵達一個野餐地點，開始享受「可攜式冰箱中精緻包裝的食品，在一條汙染小溪邊……」「這是，」他問道，真正的「美國精神嗎？」[88]

在《社會主義的未來》一書中，英國的工黨黨員克羅斯蘭提供了一個較為樂觀的觀點。撰寫於英國正走出撙節用度、財政緊縮之際，克羅斯蘭主張成長與商品會鞏固社會民主，而非侵蝕它：「更高的個人消費必然在基於平等主義的基礎上，形成社會主義目標任何陳述內容的一部分。」隨著大部分人都有取得物品的管道，階級的區別也會跟著淡化。以美國的概況來看，他推測，極為富有的人終將了解，把這場物質的無休止競賽當成保持領先於群眾的方法，不再有任何意義；他們會轉向慈善與教育以取代賣弄排場，那是一種「低調的炫耀性消費」（conspicuous under-consumption）。即使富足未能降低民眾不幸福的平均水準，克羅斯蘭認為，它還是會為公眾與私人帶來利益；寧可讓不滿、不平之氣成為私人的問題，也

好過讓這些怨氣向外散播社會衝突的種子。不斷提升的物質標準也增加了「個人的選擇範圍以及文化可能性的領域」；真正的社會主義者必須更像「無政府主義者與自由論者」，而少幾分「自命不凡、假正經」的色彩。克羅斯蘭在此抨擊工黨反享樂主義的精神，韋伯夫婦（Sidney and Beatrice Webb）這兩位支持費邊（Fabian）的社會主義者可說是這項精神的最佳體現：他們把全副精力都貢獻於研究與議會藍皮書，從沒把時間花在音樂或戲劇上。一個更美好的社會並不是由「節制飲食享樂與一個好的歸檔系統」建立起來的，人們理應享樂。克羅斯蘭挺身為泰迪男孩（Teddy-Boys）辯護，他認為這些穿著時髦長夾克與錐形褲的青少年並不全是罪犯或野蠻人；相反地，他們展現了「真正工人階級對優雅男裝的興趣」以及「不造作的」青年（爵士樂）文化之「首度覺醒」。更富裕的社會需對個人選擇有更高的容忍度，包括擺脫審查制度、不公平的離婚與墮胎法，以及「對性的異常過時處罰」。89

高伯瑞的論述

兩位作者的不同個性凸顯出不同的判斷與結論。克羅斯蘭在倫敦長大，戰時在義大利與法國擔任傘兵的經驗，讓他養成對美食與美酒的熱愛，若真要說的話，他對後者的熱愛又更多了一些。他按照自己的想法過日子，享受爵士樂與夜總會。相反地，高伯瑞在南安大略省（Southern Ontario）的一個農場長大，在他對城市生活、酒吧，以及其他誘惑感到不安的背後，隱藏著對簡單生活的懷舊之情。在《富裕的社會》一書中，他痛惜學校無法與個人的浮華擺闊競爭，電影中「可疑的英雄」，「成了年輕人的偶像，而不是瓊斯小姐（Miss Jones）。」90 他自己上的是一間只有一個教室的農村學校。另一位偉大的消費主義評論家帕卡德，也是在賓州的一座農場長大。

或許諷刺的是，高伯瑞的書原被自覺地宣傳為對傳統智慧的挑戰，最後書本身卻成了一項傳統智慧。同時，克羅斯蘭在 1955 年選舉落敗之後，終於有了寫書的時間；許多左派分子堅持富裕是脆弱的，窮人比以往

任何時候更容易受到傷害，前往新耶路撒冷（New Jerusalem）iv 的道路不是由冰箱與電視鋪成的。黨派的激進分子與整個 1950 年代的新世代選民脫節，正是工黨這些年在野的原因之一。91 一直要到 1960 年代性與歡愉解放時，克羅斯蘭的時代才會到來。

相形之下，直至今日，高伯瑞的分析仍持續對「消費主義」的評論家造成影響。他那特有的清晰與自信是如此迷人，以至於讓人很容易就忘了《富裕的社會》並非一本嚴肅的實證研究，而是一項為提升公共開支辯護的倡議。以短期看來，他建議向消費者課稅來資助社會服務的訴求並不成功；身為約翰·甘迺迪（John F. Kennedy）行政團隊的一員，高伯瑞的影響可說是微不足道，然而他在公共辯論上的影響卻是無遠弗屆，在約翰·甘迺迪的繼任者林登·詹森（Lyndon B. Johnson）執政時，他的想法，幫助推動並提升了 1960 年代中期在健康與教育上的公共支出。92 作為一項歷史資料的來源，高伯瑞的作品讓我們更深入了解的是這股對富裕的不安，而非這種現象本身的狀況。高伯瑞清楚地在「簡單的享受模式」（他把運動、食物、房屋、車子、性愛都放在這裡）與更「深奧」的享受模式（像是音樂、藝術，以及「某種程度上的旅行」）之間劃出一條界線；前者「幾乎不需對該主題做任何事先的準備，即可獲得最高程度的享受」，因此成了「創造現代需求」的目標；相形之下，後者顯然是更個人、必須加以培養的享受。93 這是在大眾文化上，中產階級之於有教養品味的典型比喻。新世代的評論家當中，幾乎沒有人意識到個體的「物質自我」面——這是威廉·詹姆斯在半個世紀之前便已確認的事實，也沒有意識到當代人在食物、家庭，以及性愛上投注了愈來愈多的準備心力，使其複雜程度也相對提高了許多。

儘管高伯瑞表示出對於人們不再力行簡約的擔憂，但事實上，比之兩次大戰之間的時期，美國在 1950 年代的儲蓄有增無減。個人儲蓄率在 1957 年時達到 10%，94 對今日任何憂心負債問題的人來說，這都是一個令人眼紅的數字。以國內生產總值的百分比來說，公共支出隨著社會富裕往上攀升，而非像高伯瑞預測的模式般衰退下降。95 其中若干部分或可與

---

iv　原意為當耶穌再臨時，新天地的首都所在。後引申為樂園之意。

高伯瑞的論點互相調和，但僅止於此；政府的住房貸款與高速公路計畫，扶持了郊區消費者的生活方式以及種族的隔離。96 高伯瑞抨擊市政服務的「缺點」、「過度擁擠」的學校，以及「骯髒汙穢」的街道都是對的，但他將這些現象視為一種衰退，就大錯特錯了。50 年前，紐約市的垃圾得被傾倒到哈德遜河（Hudson River）中，如今，是富裕程度的提高以及人口的成長，才使得城鎮優先引進公園、更好的學校，以及廢棄物的管理。或可說，《富裕的社會》本身，即是私人的富足使人們開始需求更好的公立學校、醫院，以及休閒娛樂的最佳佐證。

諸如《富裕的社會》這類賣出數百萬冊的暢銷書，成功觸及社會大眾的敏感痛處，而且不僅是在美國，在歐洲更是如此；二戰顛覆了階級、性別，以及種族階層制度，使消費文化成為種種不安焦慮的避雷針。美國在 1948 年時，已經開始擔心社會大眾的幸福感是否衰退。除了超市與西屋（Westinghouse）冰箱的彩色廣告外，《生活》（Life）雜誌贊助了一場圓桌會議，流亡的心理學家埃里希・佛洛姆（Erich Fromm）在會議中即提出警告，認為人們會利用休閒娛樂來逃避現實，他承認自己的方式是閱讀偵探小說；其他參與者則憂心「道德的無政府狀態」，還有根據調查發現飲酒、犯罪、離婚，以及精神疾病的提升；而電影則以其虛假的浪漫想法，危害「健康民主社會之存續」。97

大部分的歐洲人對美國並無意見，一項 1953 年的法國調查結果發現，只有 4% 的人視美國為一項文化的威脅。98 然而對文化菁英分子來說，富裕是美國的入侵，是以黑暗的未來為對照，來衡量國家的輝煌過去；沒有幾個人會喜歡這幅景象。這首大合唱在 1950 年代時達到最高昂激烈的頂點，翰・博因・普里斯特里（J. B. Priestley）擔心英國正在變成「南加州，有⋯⋯電視、電影製片場、四輪生活方式（你不必走出你的車子就能吃、喝、看電影、做愛），無味的世界主義（cosmopolitanism）⋯⋯以及虛假的宗教。」99 對法國人來說，美國人不過是著迷於小玩意兒的大孩子（les grands enfants），眼中只有生活標準，沒有任何靈魂。共產主義詩人路易・阿拉貢（Louis Aragon）給美國貼上的標籤是「一個浴缸與富及第牌（Frigidaire）冰箱的文化」。100 放眼整個歐洲，皆是如出一轍的指責。消費社會孕育出膚淺的一致與順從，並摧毀了民族傳統與集體精神。在法

國，評論家擔心美國對忙碌的狂熱，會毀掉法國人無所事事（flânerie）與閒散度日的民族天賦；在德國，他們悲悼深刻思想與靈性感受，在空虛的自我放縱前只能撤退，例如《讀者文摘》（Reader's Digest）取代了伏爾泰、歌德、但丁的地位。

基督教受到的影響

對基督教保守人士來說，在戰後的幾年，物質主義就跟布爾什維克主義（Bolshevism）一樣深具威脅性，可能會孕育出一種新的法西斯主義。如果新的世代在消費文化的沼澤中愈陷愈深，歐洲如何重建為一個基督教文明？對德國基督教民主聯盟（German Christian Democratic Union）的幾位創辦人來說，納粹就是世俗主義（secularism）孕育出唯物主義與毀滅的證據；有鑒於納粹對物質渴望的公開迎合，這樣的擔憂並非只是近期事件的不理性解讀。廣播節目叮囑好基督徒應實踐克己的美德。[101] 不只天主教徒與共產黨人對此感到焦慮，在 1933 年脫離納粹逃往瑞士的自由主義者威廉·洛卜克（Wilhelm Röpke）相信自由市場，卻也對人們透過信貸購買商品的行為深感疑慮。克羅斯蘭抨擊的家長式專制主義（paternalism）影響深遠。社會福利主義（welfarism）是個美好的理想，但是人們準備好了嗎？許多改革派人士也無法確定。「為了滿足福利國家（Welfare State）之名，我們必須提供電視，再加上一隻狗和一座花園；倘若如此，有什麼事會發生在那些可能會被發明出來的新娛樂形式上呢？」英國的自由主義者吉爾伯特·莫瑞（Gilbert Murray）在 1955 年曾提出這樣的質疑。富裕是個不斷上升、加劇的危險螺旋，引誘公會會員要求更高的工資、破壞穩定性。[102]

基督教組織的衰退加劇了這樣的恐懼。有時人們會說，歐洲人在奇蹟年代用上帝來交換商品。當然，這項指責或許太過嚴厲；在英國兩次大戰之間，宗教的參與出席人數像自由落體般垂直下墜，這也是當代人如此忐忑不安的一個原因。傳統的組織機構已搖搖欲墜，現在只需要輕輕一推就可以讓它們潰散瓦解。慈善實業家及社會研究者謝博姆·羅魯（Seebohm Rowntree）在他對約克郡（York）所進行的社會調查當中發現，上教堂的人數從 1901 年的 35% 縮減至 1948 年的 13%，而宗教的沒落似乎與入店行

竊的增加有著密切關聯性；倫敦的一間商店，一年就有 5,000 件衣服被偷。羅魯為這種進步的心態作的結論是：「我看到，我想要，我拿走。」正派的民眾，被宣傳財富與奢侈為最終目的的美國電影誤導，電視則迎來新的黑暗時代，隨著電視觀眾把燈光調暗，「不僅閱讀之類的智識追求不復存在，就連手工的編織與織補等亦不可得。」103

冷戰使這些歐洲本土的擔憂增添世界史等級的重要性。早期的超級強權如大英帝國，有時亦會賦予商品文明的使命，但美國是第一個將野心與出口生活方式綁在一起的國家。美國所出口的生活方式，是一種以消費商品為中心的明確安排。歷史學家維多利亞・德・格拉西亞（Victoria de Grazia）給美國命名為「市場帝國」：104 推銷員取代了傳教士，冰箱取代了聖經；在大量的外交政治中，展銷會與美國房屋就是新的教堂。1952 年 9 月，柏林展銷會中有一間美國的展示館，包括一座電力供應的廚房、一台電視、車庫中的一台車，以及一間滿是 DIY 工具的嗜好商店，吸引了將近 50 萬德國人來參觀，並有機會瀏覽希爾斯百貨（Sears）的目錄。在隔年起就任美國總統的艾森豪（Dwight D. Eisenhower）領導下，這類展覽成了美國政策最重要的核心，一筆專項資金被保留給文化計畫之用，企業捐贈者也開始參與。到了 1960 年，有 97 個官方的展覽在 29 個國家舉辦，從萊比錫到札格瑞布（Zagreb）、從曼谷到大馬士革。大約 6,000 萬訪客有機會步入實物大小的美國樣品屋，理解為什麼擁有獨立的浴室是種「基本的尊嚴」，以及為什麼洗衣機可以帶來自由。

早期對消費文化的矛盾心理，已被冷戰撫平。左派與右派都被敦促著要選邊站。舉例來說，沙特（Jean-Paul Sartre）在 1946 年從美國返國，對美國人的生活有相當鞭辟入裡的看法。到了 1953 年，韓戰以及羅森堡夫婦（Julius and Ethel Rosenberg）因間諜活動被處決，使他深信美國就像是「狂犬病」；法國共產主義者在葡萄種植者的支持下，呼籲禁止可樂，雖然結果是徒勞無功。美國馬歇爾計畫的展示會雖然面對了來自法國勞工特別敵對的反應，但在其他地方，失敗和毀滅使勞工運動更容易被接受，105 美國人將德國從納粹主義中解放出來，使德國人難以將美國視為一個邪惡的帝國。在此，消費社會似乎承諾了安全、民主，以及自由聯盟。

最先與富裕講和的是保守黨黨員。基督教民主黨人無法同時參與大西

洋公約組織（Atlantic alliance）又對美國的消費文化大加撻伐。到了1950年代後期，對於沒有靈魂的唯物主義之疑慮，已被對消費民主的頌揚所取代；「你從來沒有這麼好過。」這是1959年哈羅德・麥米倫（Harold Macmillan）在英國競選時的口號。保守黨不再憂心上帝，他們發現了消費選擇，這顛覆了消費者政治。傳統上，合作社一直是消費者的擁護者，而且與英國工黨的關係密不可分；保守黨則一直是農民與商人的黨派，但現在，他們也向家庭主婦與工人伸出了手，承諾帶給所有人富裕的生活。除了斯堪地那維亞半島與日本的部分例外，在更具競爭力的個人主義——具體來說，就是對新產品進行比較與評價的普遍測試機構——包圍下，合作社於1960年代逐漸式微。

消費者的選擇提供了重建家庭與國家的一個途徑。或許廚房與電視能鞏固家庭生活，而非摧毀基督教價值觀與社區？這是義大利財政部長埃齊奧・范諾尼（Ezio Vanoni）與西德經濟部長路德維希・艾哈德（Ludwig Erhard）的希望。艾哈德這位社會市場經濟的締造者，是個圓圓胖胖、喜愛雪茄與簡單扁豆香腸湯的人。早在1950年，他便提議舉辦關於生活水準的展覽，而日新月異的展覽名稱也反映出有計畫性的野心與日俱增；1953年展覽最初的名稱是「我們都可以過得更好」，之後改變成「我們都想要過得更好」，最後的定案是「每個人都應該過得更好」。[106] 官方的海報上顯示出生產力的好處：一個鼓脹脹的薪資袋。參觀展覽的人數共計有140萬人，一個展館完全奉獻給消費者在社會中的核心地位；主辦單位首次驕傲地宣布，消費者不僅是展覽的參觀者，他們本身就是一項展出。所有的德國人都渴望擁有一個「在陽光下的地方」——這句話最初是出自德皇威廉二世（Kaiser Wilhelm II）之口。無論有意與否，這句話被再度引用，總結了德國的野心不斷變化的目標：從海外的殖民地，變成一個舒適的家。[107]

在這種家庭消費主義中，女性被分配到的是一個舉足輕重的角色。消費耐用品可為家庭主婦省下時間，與家人一起共度美好時光。天主教會希望所有的家庭都可以沉浸於他們的家庭生活之中，從而免於共產主義的影響；即使以賒帳方式購物的行為，也可以獲得宗教的認可。分期付款之類的租賃安排，不再被標記為一種無節制的魯莽行為，而是對社會有益的貢

獻。蘇格蘭教會（Church of Scotland）在 1957 年裁決：定期付款教導了人們提前計畫的重要性。*108*

　　擁有獨立主權的消費者與關愛家人的家庭主婦，兩者的角色本應合而為一、無分軒輊，這是美國與西歐國家中的共同形象。男性的功能是賺更多的錢以供他們的家庭消費，但這種利慾心與占有慾，可能會蔓延到他們的家庭生活之中。一位美國婦女詳述了這樣的變化：她跟丈夫從住在一間小出租公寓的年輕夫妻，逐漸成長為有五個孩子的家庭、住在一座有八個房間的湖濱豪宅；當時，她丈夫的收入幾乎倍增，達到 25,000 美元的年收入。他們有一艘船、一匹馬，孩子們還有昂貴的樂器；她的丈夫不斷給他們買新東西：「我覺得他太過於想擁有這個家中的所有人了。」*109* 郊區化達到了前所未有的新高。美國大學女孩的雄心壯志就是結婚生子，跟上一代的目標一樣，而非追求獨立的事業。

保守回歸與青少年的衝突

　　歷史學家傾向於把戰後年代視為一個新的開始。然而從更長遠的角度來看，把 1950 年代視為汲取並擴展早期趨勢的保守回歸，或許更為適切。對家庭與以家庭為中心的休閒娛樂之狂熱，使得富裕看來可口而宜人，但這並不是什麼新鮮事，在 1930 年代與 1950 年代之間有著傳記般的直接連結；在加州的奧克蘭（Oakland），研究人員進行了一項長達數十年的研究調查，跟著一群在 1920 年代初期出生的孩子經歷經濟大蕭條的年代、進入他們戰後的成年時期。*110* 在 1930 年代靠販賣報紙、兜售手工藝品掙錢的男孩們，比之沒有收入的男孩或沒有零用錢的女孩，他們在1950 年代時多有定期儲蓄的習慣；對男性而言，年輕時物質被剝奪的經歷與其後對工作的固著，兩者間有強烈的關聯性。賺錢能力是一個可以提供他們的孩子物質舒適度與穩定性的方法，而這正是他們所不曾擁有的。於是突然之間，經歷過大蕭條的這些孩子們成了大贏家，這也是戰後嬰兒潮背後的原因之一。*111*

　　當錢包的力量與女性對投票權的要求開始連結在一起時，西德總理艾哈德以「財政大臣」的讚譽來拉攏婦女，呼應第一次世界大戰之前在英國

與美國廣為流傳的口號。家庭購買消費耐用品可以享有稅額抵免的優惠，這是納粹過往的一項補貼金；在希特勒執政年間，艾哈德曾在一間行銷公司工作。如今，改變的是社會計畫：家庭主婦是被徵召來建立一個民主國家，而非一個種族國家。身為公民消費者，婦女不僅肩負責任，更享有權利，尤其是選擇的權利。

消費者也是普遍保守回歸的關鍵。在1950年代，連公共行政部門與學校都被稱為是消費者。112 在給勞工閱讀的休閒雜誌中，德國公司傳閱來自《讀者文摘》的文章，說明何以所有企業都得依賴快樂的顧客；113 決定工作與薪資的是消費者，而非公司的老闆，消費者的滿意度給老闆與員工提供了共同的目標：一種沒有社會衝突的成長。

然而，保守的回歸也充滿了矛盾。一方面，它宣揚著消費者的選擇；另一方面，它又希望個人可以恪守傳統的角色。因此，它會製造出與年輕族群的衝突區，也就毫不令人驚訝了；因為這個族群比之任何其他群體，更傾向於以商品與時尚來建立自己的身分認同。1950年代見證了一波青年的騷亂與暴動。1956年的新年前夕，數千名青年在斯德哥爾摩市中心的國王街（Kungsgatan）與警方互相追擊；維也納也發生騷亂（1957年），在米蘭（1957年）與漢堡（1958年）的搖滾樂表演中則發生搗毀音樂廳的事件。1958年，幾乎每隔一天就有德國青年與警方發生衝突的事件；在巴黎，代表搖滾樂反叛精神的黑色皮夾克（*blousons noirs*）激發了大眾恐懼，幫派分子在第15區互相鬥毆；在莫斯科，年輕人在他們稱為百老匯大街（Broadway 或 Brod）的高爾基街（Gorky Street）左側來回閒晃（*flâneur*），穿著過長的夾克、有著寬大喇叭褲口的緊身長褲，以及重達二公斤半的厚底鞋。在鐵幕兩邊，有關當局、記者，以及文化菁英都對此現象表達出同樣的道德恐慌：我們的青年陷入了危機。114

這些對抗與衝突有特定的在地要素。舉例來說，西德憂心的是如何以這些年輕的反抗者來建立一支新的軍隊；但從各個面向來看待這個問題，亦不乏助益。消費如何重新定義世代，是我們在稍後篇章中會再深入探討的一個主題；這裡我們應該注意到，對這些叛逆青年先入為主的看法，使我們對憂心忡忡的上層菁英與這些青少年的了解一樣多。事實上，1950年代時參與幫派與騷亂的青年實際人數，跟那些盡責參加童子軍（Boy

Scouts）、為嫁妝存錢、在某個地區游蕩閒逛的人比較起來，可說是微不足道。對道德衰敗的憂懼，早在輕便摩托車與牛仔褲到來之前就已經蔓延開來了；1952 年，一個荷蘭的委員會便已記錄年輕人失控的情況，並發現無節制與缺乏目的是危險的組合；舉例來說，杰拉德（Gerard）與皮特（Piet）是一對 14 歲的雙胞胎，凌晨四點跟他們的父母從一場家庭聚會中返家，「醉得像一隻臭鼬」。年輕人反映出一個「失態」的世界，115 他們瘋狂旋轉，隨著黑人爵士樂（boogie-woogie）的旋律搖擺起舞。在阿姆斯特丹郊區的巴克斯洛特（Buiksloot），17 歲的工人們把大部分收入都花在衣服、電影，以及香菸上。當他們不去紐威戴克大街（Nieuwendijk）跳舞時，就在街角「閒逛」。這一切可有止境？事實上，半數的辦公室女孩從沒去跳過舞；但是就委員會看來，父母與青年團體似乎都失去了他們的掌控能力，大部分的男孩與女孩都在晚上十點之後才回到家，青年團體的成員數量也在下降。116 在許多方面，1950 年代的年輕人只是試圖重返街頭，並且重新取回若干自由；那是他們的祖父母輩在本世紀初打擊青少年犯罪時所失去的。但是對現存體制來說，「狂野」年輕人的行為不禁讓人懷疑這些飽經戰火蹂躪的社會能否自我重建。

隨著商品的浪潮在 1950 與 1960 年代興起，文化權威人士與當局看起來更像大浪邊緣搖搖欲墜的一座沙堡。商品與形象賦予年輕人形塑自我認同、儀式，以及禮節的機會，接下來的十年見證了次文化的擴散與普及；搖滾樂與丹寧布，最初是社會邊緣無產階級與種族團體的專屬事物，其後才散播至中產階級的青少年。這些消費風格充滿爭議，因為它們傳達的是兩種敵對的文化：珍視自律與自我改善的資產階級模式，要先有約束、教育，以及工作才能享受歡愉，「你必汗流滿面纔得餬口」（《創世紀》第三章第十九節）。相形之下，與青少年文化相關的是情感的釋放與激烈的肉體活動，重視的是立即的滿足，攸關流汗、速度，以及性愛，意謂著搖滾樂、貓王的搖擺電臀，以及義大利的尖叫怪物（urlatori）── 年輕的阿德里亞諾・塞蘭塔諾（Adriano Celentano）像根彈簧一樣扭動；他們的文學女英雄是莎崗（Françoise Sagan），她在十八歲時寫出了《日安憂鬱》（*Bonjour Tristesse*），並拿她的天主教身家換來威士忌與一台名車奧斯頓・馬丁（Aston Martin），後者更被她在 1957 年撞爛 ── 那是一件廣為流傳的事故。評

論家哀嘆年輕人「肉慾」的行為以及著魔的狀態。教師們的雜誌則對搖滾樂提出警告，認為它是「所有醜陋事物的哲學」。[117]

　　政府最初的反應是支持文化權威人士與有關當局。嚴格的青少年保護法被引進，以防止未滿 18 歲的青少年進入舞廳或去電影院觀看充滿危險的電影；許多廣播電台也禁止播放貓王的歌曲，但事實證明大眾的需求實在過於強大；消費的空間也在擴大，而且比以往更容易達到。1960 年，荷蘭就有 100 萬人擁有輕便摩托車。正是在這些年間，偷竊汽車、摩托車，以及速克達被列入「少年犯罪」的清單之中。[118] 如果某些歌曲在公共電台被禁止播放，冰淇淋店總會有投幣式的自動點唱機，孩子們永遠比審查員聰明；一項在巴黎與亞眠（Amiens）的調查發現，半數的男孩與女孩總是可以透過某些方法觀賞到被審查的電影。[119]

　　年輕人也逐漸掌握不斷成長的購買力。早在 1920 年代，美國的廣告商已開始把目標放在有時尚意識的大學生身上。在西歐，這項大躍進在 1950 年代來到，當時青少年可自由支配的支出倍增。1964 年時在美國，2,200 萬青少年的花費大約是 120 億美元，而他們的父母在他們身上又花了大約 130 億美元；在西德，10 ～ 15 歲的青少年掌控了 180,000,000 馬克的開銷，這筆開銷意謂著許多唱片、西裝，以及連衣裙。一位 20 歲的水管工夥伴回憶起 1940 年代他在倫敦東區的童年：「我想我有一套新的西裝……但我總是穿著來自紅磚巷（Brick Lane）的二手衣物。」然而到了 1950 年代，「情況改變了……似乎變得更好。我們開始買新的東西。」[120] 當時，像他這樣的青少年，每週大約有九英鎊可以花用，而一張七吋的黑膠唱片要花上六先令八便士。

學校體系加深世代隔閡

　　學校體系的擴展更加深了世代之間的隔閡，同儕團體蓬勃發展。到了 1937 年，80% 的美國青少年都上了高中；到了 1962 年，法國也已經有半數 11 ～ 17 歲青少年在就學。[121]「青少年」（teenager）這個詞從 1940 年代開始傳播開來，並不讓人感到訝異；同儕團體用時尚與配件來標記誰可以「進來」、誰必須「出去」，較富裕的小團體會去打保齡球，較貧窮的

就去玩輪式溜冰。同儕文化競爭激烈而且貪得無厭。1949 年一項針對中西部高中生的調查記述了對典型的男孩來說，「金錢的價值在於用來滿足他對快樂的追求；他必須有錢才能去某些地方、做某些事。女孩則必須擁有連衣裙、帽子、絲襪、鞋子、大衣、手提包……香水、化妝品，以及『對的』髮型。」122 這些就是新的青少年雜誌所瞄準的客群，包括美國的《17》（Seventeen）（1944 年），以及歐洲緊隨在後的《喝采》（Bravo）（1956 年）、《嗨！夥伴》（Salut des copains）（1962 年）、《朋友你好！》（Ciao amici）（1963 年）、《潔琪》（Jackie）（1964 年）。

　　商品與款式風格的國際流通量也增加了，這很大程度上得歸功於二次大戰與戰後軍隊的移動；西歐國家見證了本國與美國類型的混合風格，譬如在青少年幫派中，「皮埃爾」（Pierre）123 與「海因茨」（Heinz）124 突然變成了「鮑伯」（Bob）。這種現象甚至跨越了鐵幕。1950 年代在布拉格的街道上，背帶（pásek）青少年會將美國的香菸標籤別在他們的捷克領帶上；125 泰山電影在 1951 年發行時，在蘇聯亦大受歡迎，年輕人努力模仿強尼・維斯穆勒（Johnny Weissmuller）的髮型。來自義大利與德國的電影也同樣受歡迎。在 1947 年二戰期間，由美豔匈牙利歌唱家兼舞蹈家瑪莉卡・羅克（Marika Rökk）主演的德國電影《夢中女郎》（Die Frau meiner Träume）上映時，喬治亞首都提比里斯（Tbilisi）停止了運作。在中歐與東歐社會主義國家（Eastern Bloc），同樣也出現了特定年齡、與工作及政治需求分離的新歡愉文化之徵兆。在一份俄國的地下出版品中，一位作家譴責上個世代：「你們唾棄輕歌劇，建議只能研究恩格斯的《反杜林論》（Anti-Dühring）與討論政治？你的理想多麼無趣啊……一個人怎麼能過著沒有爵士樂、有趣歌曲、舞蹈，以及笑聲的日子？」126

　　對於性濫交以及階級與性別制度鬆動隨之而來的擔憂，使社會大眾對年輕消費者的道德恐慌感遽增。謝博姆・羅魯在 1951 年寫道：性成了一種「純粹肉慾滿足」的「強迫性活動」。127 這類的恐懼來自早期對肉體的誘惑與對事物的渴望之間的聯想，特別是在弱勢性別，也就是女性當中；1917 年，在一場努力要消滅「青少年犯罪」的戰鬥中，一位調查員在俄亥俄州的克利夫蘭，遇到一個熱中於約會和跳舞的女孩，她宣稱自己已滿 18 歲。「她說她想要的就是享受美好時光，但她不在乎怎麼得到

它；如果跟一個男人去旅館上床是她必須付出的代價，那麼她很樂意這麼做。」128 這些女孩想要「找樂子」。1950 年代對「狂野青年」的悲鳴，不但將這些憂懼擴展到男性身上，更表達出對社會階級的擔憂。

嚴格說來，1950 年代的戰爭場景是發生於階級之間、而非世代之間，大部分年輕人對他們的父母並無意見，而是對其他階級的社會習俗有意見。1958 年時，法國有 3/4 的年輕人感到非常或相當快樂，而且並不認為他們的世代與他們父母的世代有什麼不同。129 搖滾樂迷、穿著黑色皮夾克者、崇拜美國文化的叛逆青年（Halbstarke），這些被標記為「青少年犯罪」的人，大部分都是工人階級；被逮捕者主要都來自沒受過什麼教育的社會底層之人。這些人的皮夾克與狂野尖叫，不僅使年長者倍感威脅，也使他們資產階級的兒女們感到不快，畢竟這些人的優越地位是以學院灌輸的言行舉止為基礎。以 1960 年一位德國青少年的話來形容，她喜歡的派對是客人「喝著可樂或果汁」，跳幾首倫巴舞、聽聽音樂，「但是拜託不要有尖叫聲。」130「監獄搖滾」淹沒了「溫吞的鍵盤樂器」。在早期搖滾音樂會中，大學與資優生會自願擔任保安人員以阻止機械工人與非技術工人在走道上跳舞。131

然而，把青少年文化的崛起判定為來自社會下層的反叛故事，卻又太簡單了，因為來自社會上層的刺激同樣存在。保守派分子藉著擁抱消費者主權，打開了潘朵拉的盒子；如果市場上的表決相當於民主的表現，那麼，數十萬購買貓王最新唱片的人又怎麼會是錯的呢？青少年雜誌與它們的讀者指出，銷售數字說明了一切。於是，有關當局從完全禁止轉為合作。西德為了破除納粹的過往，一直對禁令的範圍有所限制，因此西德的軍隊中可以允許「爵士樂」的存在。倘若隔離公民的生活並不可行，或許公民的音符可以被注入商業文化中？在英國，孩子們成群湧向當地戲院參加星期六早晨的俱樂部，在表演開始之前，他們必須先唱國歌並宣誓：「我承諾說實話，幫助他人，並服從我的父母。」132 電影俱樂部（Ciné-club）、青年康樂中心（Jugendfreizeitstätten），以及青年俱樂部在政府與鎮議會的幫助下，都敞開了大門。這些場所規劃為公民權的溫床，轉變成商業音樂、舞蹈，以及娛樂的額外管道，到了 1960 年代初期，連教堂都有了擊鼓表演的服務。

學者的看法

　　大部分學者對消費社會都抱持著批評的態度，這使他們遵循早期評論家的思路，而那些評論家碰巧也多為學者。我們千萬不能誇大他們的重要性。1960、1970 年代與早期的區別在於，前者對消費文化的接受度越來越高；若說「選擇」是這種轉變的一項動力，那麼另一項動力就是自我表達。「富裕社會」的評論家承繼了大眾消費會導致遵從一致性的信念，而搖滾樂據說會滋生彎曲的雙腿與空洞的腦袋，使年輕人易受極權主義的影響；這種論點始終站不住腳，畢竟，青少年次文化挑戰的，正是老一輩包括那些知識菁英循規蹈矩的生活方式。

　　商品使人們得以找到自己。如前所述，我們已知「物質自我」的想法如何在 19 世紀後期蓬勃發展；在 1950、1960 年代，這些想法從三個來源獲得新的支持：科技、廣告，以及新一代的文化領袖。電吉他（以及後來的合成器）使從沒上過一節音樂課的青少年有機會演奏並創新，這是自其時起音樂風格快速變化與多樣性的一個原因。商業從一開始就培育了反傳統文化（counter-culture），並從中獲益；從布茲（Booth's）琴酒的廣告詞「向一致的潮流抗議」到鈴木（Suzuki）摩托車的「釋放你的力量」，廣告商與市場行銷把年輕人的不順從態度提升成主流風格，每個人和每件事都變成了創意的自我表現之舉。在 1960 年代來到麥迪遜大道的廣告人，整個世代都已經讀過高伯瑞與帕卡德，並有意識地將他們自己重塑為不順從的代言人。

　　男士們被敦促脫下他們的灰色西裝，透過更時尚、更鮮豔的衣服來表達自己的個性；到了 1960 年代後期，美國的男裝成長速度幾乎跟女裝一樣快。*133* 選擇一台福斯汽車，表示你不屬於人云亦云的群眾，而是一位具批判性、負責任的駕駛，不會被變化多端的尾翼以及其他陳舊過時的小玩意兒所愚弄；「反對廣告」則將對「消費主義」的不佳觀感，轉變成另一個可以購買更多商品的理由。

　　自我表達也在藝術與商業之間搭起一座橋梁。演員就像知識分子，也對廣告深感懷疑。但是到了 1959 年，像維托里奧・加斯曼（Vittorio Gassman）與安娜・瑪麗亞・費雷羅（Anna Maria Ferrero）這類正經的藝術家，

卻出現在義大利電視節目《旋轉木馬》（Carosello）一個為「吻」（Baci）巧克力宣傳的短喜劇當中，短劇嘲笑的正是這種自詡不凡的文化高度。134 老一輩評論家如馬爾庫塞（出生於 1898 年）、阿多諾（1903 年），以及高伯瑞（1908 年）已被新世代的公眾知識分子趕上，後者對商品的世界採取了更平衡的立場。1964 年，安伯托・艾可（Umberto Eco）（出生於 1932 年）挺身為大眾文化辯護；我們每個人可能這一刻讀的是艾茲拉・龐德（Ezra Pound）的詩作，下一刻讀的卻是低俗小說，艾可寫道，有時候大眾文化會傳播現成的情感並促成盲從的態度，但有時候，它也會呈現出社會問題。大眾文化滿足了真正的娛樂需求，它也是民主的，擴大了我們接觸文化和國際事務的機會，並且降低階級制度與社會等級的影響。艾可指出，大眾媒體對阿爾及利亞的反殖民抗爭即產生了相當的助益。135

市場研究者恩尼斯特・迪希特（Ernest Dichter）是採用這項更為積極、正面方法的簡中權威。迪希特也是一名來自維也納的難民（他曾在佛洛伊德家的對街開業，從事精神分析的行醫），他在 1937 年搬到巴黎之後就擔任銷售員（跟隨著他父親的腳步），其後在 1938 年來到美國並安頓了下來。他為廣告商做的前幾項工作之一，就是訪問一般美國民眾有關肥皂的問題，這觸及了動機研究（Motivational Research, MR）的基本前提：產品擁有某種涉及深層心理需求的「個性」，物品不只是實用而已，它們更具備了「真正的表達能力」，甚至可說是「一個靈魂」。

與其說迪希特是一位深具原創性的思想家，不如說他是一名聰明的表演者，把少許的佛洛伊德主義攪進通俗心理學與行銷行話的雞尾酒中。他因為將帕卡德《隱藏的說服者》（1957 年）書中功能發揮得淋漓盡致而惡名昭彰，然而同樣有趣的是，他對於他的批評者所作出的反應。在 1960 年出版的《欲望的策略》（The Strategy of Desire）一書中，迪希特寫道：「生命的成長，可以理解為我們接觸到的各種不斷增加的物品，以及我們與這些物品不斷增長的親密關係。」對物品的渴望並非無聊的輕浮之舉，而是有關自我實現與滿足；這個想法不僅沿襲了啟蒙運動的精神，也近似後來有關自我實現的心理學理論。迪希特更進一步之處，在於他把擁有大量財物視為人類解放的進程；市場研究者就像治療師，教導人們要「忘記原罪的內疚感」，這種對購物權的心理防禦又因冷戰的推波助瀾而格外顯得意

義重大。「我們正置身於一場無聲的戰爭之中,」迪希特在 1960 年時寫道:「對外是與蘇聯,對內是與我們的舊思維觀念。」如果批評者自行其是,消費也縮減為「立即且必要的需求」,那麼不僅經濟會「在一夜間徹底崩潰」,也會削弱美國人的精神。「積極人生觀的真正捍衛者、繁榮與民主的真正推銷員,正是捍衛自己有購買新車、新家、新收音機權利的個體。」136

女權主義者指出,動機研究如何藉由頌揚家務工作來回收性別的不平等。137 然而迪希特並非社會秩序的單純捍衛者,他相信富裕的散播會減緩競爭激烈的地位追求遊戲;與其「努力追趕上闊氣的鄰居瓊斯一家」,個人會選擇把更多的精力放在發展、形成自己「內在的瓊斯一家」(inner Joneses),提早退休,自己烤麵包、設計自己獨特的服裝配備與居家的內部裝潢。藉著與物品發展出愉快的關係,我們可以使這些物品成為「我們的工具」,「使我們自己擺脫物品的專橫暴政」。迪希特的《消費者動機手冊》(*Handbook of Consumer Motivations*)(1964 年)帶領讀者從食物與庇護處晉升到「更高階」的事物,包括藝術、愛國主義,以及植物,這本書反映出他對個人進步的願景:從「唯物(*thing*)是圖的人類,變成注重思考(*think*)的人類。」138 這裡的觀點與歐洲基督教民主黨人的論點雷同,後者也是以擁抱商品與器具的方式來戰勝與共產主義有關的蠻橫唯物主義。迪希特所訴求的新享樂主義並非「現在多消費,以後再擔心」,而是樂觀地相信,期待休閒娛樂能鼓勵人們預先規劃並儲蓄。最終結果,就像美國的案例一樣。

廣告與行銷

在極權主義對群眾遂行操縱,加上冷戰時期關於心智控制的爭論方興未艾之際,廣告的無所不在以及心理技巧的運用,使得廣告與行銷成為公眾辯論極具爭議性的主題。這個由廣告商編織出來的夢幻世界,似乎把他們自己永遠嵌入了人類心靈之中;馬爾庫塞在他知名的《單向度的人》(1964 年)一書中下的結論是:「光是少了所有廣告與灌輸資訊與娛樂的媒體,就會使個人陷入創傷性真空之中;但是如此一來,他才有機會納

悶、思考、認識他自己……以及他的社會。」馬爾庫塞補充，這是「一個（不幸卻很棒的）例子」。139

　　市場行銷的崛起有兩種經典解釋。第一種，將戰後時代視為一個新的黎明、一道新的曙光，同質性的大眾市場讓步給了差異化與市場區隔。140 第二種，則述說了廣告與行銷技巧如何超越市場、接管生活所有領域的故事；從這個觀點看來，行銷開始對社會與政治進行殖民，重新將公民改換、澆鑄成顧客的角色。戰後富裕的廣告浪潮，為 1990 年代的新自由主義奠定了穩固根基。

　　但這兩種解釋都過於簡單。市場區隔與顧客差異化的努力，在兩次大戰間的美國就已經進行得如火如荼了，「大眾市場」從來就不是一個整體，郵購巨人席爾斯百貨，在第一次大戰之前就已經將它的顧客分門別類；戰後，百貨公司開始實驗由信貸部門推動的「顧客控制」技術，收集不活躍顧客的分類帳簿，然後直接把他們當成目標對象，吸引他們回到店裡。經理們知道，使用信貸的顧客往往會花更多的錢。商店會保留帶有標籤的索引卡片以標示顧客是否買了帽子或鞋子、花了多少錢、何時購買、在哪個分店購買，以及他們是已婚或單身。信貸經理不只檢查帳戶，更踏進了促銷的業務領域。1930 年代，穿孔卡片出現，商店開始以收入來區隔顧客。在英國，市場研究藉著人們所閱讀的報章雜誌類型來對他們加以區分：「A」級是《泰晤士報》（The Times），「D」級是《一般家務》（General Housekeeping）。個人化銷售進入了大眾市場。141

　　經歷了戰爭與撙節度日之後，廣告支出成長迅速；總結來說，1950 與 1960 年代是成長驚人的時期。但從較長遠的角度來看，將戰後的富裕時代視為突然起飛到最上層的成長，則會是一種誤導。美國廣告在兩次大戰之間的整個時期，占國內生產總值高於 2% 的比重，並在 1920 年代達到 3% 的高峰；儘管我們現在把光芒四射的魅力與 1950 與 1960 年代的廣告人連結在一起，那些年卻從未達到過這樣的高峰值。改變的並非廣告支出，而是廣告的類型以及廣告所促銷的商品。1900 左右，大部分的廣告都是刊登於報紙或者郵購目錄上，主要商品是專利藥品；到了 1970 年代，美國公司花在電視廣告上的錢，幾乎跟報紙廣告上一樣，只是主要的商品變成了汽車、鹽洗用品、食物、啤酒，以及酒精飲料。

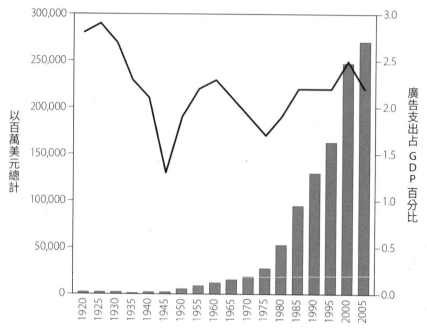

美國廣告支出 1920-2005 年

■ 以百萬美元計的總廣告支出 *1*
— 廣告支出占 GDP 的百分比 *2*

1 數據資料來自羅伯特‧科恩（Robert Coen），《結構化廣告支出數據組》（*Structured advertising expenditure dataset*），冊 1.15。
2 數據資料來自 1919 年以來美國年度廣告支出。

但商業與通俗心理技巧也並未冷酷無情地橫掃它們面前的一切。早些年時，廣告商普遍被懷疑有降低審美品味與破壞景觀的負面影響；1914年之前的德國，廣告商會因為行銷「猶太商品」或者廣告內容過於美國化、低俗化而受到抨擊，偉大的資本主義歷史學家桑巴特認為，廣告就像是把錢丟到水溝裡，對良好的德國品味是一種欺騙與災難；地方當局則反對蹂躪城鎮與農村的花俏海報與夜間廣告。為了建立信譽，廣告商必須與藝術和設計結盟。在科隆，他們與德意志工藝聯盟（Werkbund）合作，那是一個現代藝術家和建築師的協會；他們告訴他們的批評者，廣告不只是為了獲利，更承諾要成為群眾的文化教育者。*142* 在美國，行銷的第一門課程在 1900 年時出現在大學課程中，但事實上，行銷從來沒有試圖立足

於穩固的科學基礎上；大多數的從業人員只是實作者而非心理學家，他們只能透過反覆試驗來不斷摸索。美國的廣告公司發展出最新的技術，但是當它們來到歐洲時，還是不得不調整以適應當地的市場與習俗，因為許多知識都來自當地；智威湯遜廣告代理商的倫敦分公司，便接受了歐洲市場比美國麥迪遜大道更注重社會階級之分的事實。迪希特自己 1957 年時就在倫敦開設了辦公室，卻發現他的技巧在那裡毫無用武之地；令他深感失望的是，英國人的富裕程度雖然與日俱增，他們卻跟清教徒一樣不用商品去表現自己。大部分公司從未全然贊同「動機研究」，並且仍然對一切帶有潛意識操縱意圖的事物公開表示懷疑。143

行銷的成功必須依賴其與國家和社會的雙向交流，而非僅從市場往外流向社會的單向移動。各種相關形式的社會研究之整體進步，也使與其交會的市場調查可信度逐漸提升；前者包括了大量觀察（mass observation）、民意調查（opinion polling）、支出調查、受眾研究，以及政府為了更了解公民所做的直接嘗試，目的是宣傳與健康或國家相關的產品。美國商務部（US Department of Commerce）在 1929 年推出了它一系列的市場調查，英國則有牛奶與帝國商品的行銷委員會在進行市場調查，以便更深入了解並塑造購買行為。政府部門與廣告公司之間存在一扇旋轉門，這是一個結合了商業、政府、社會、科學、研究的複雜綜合體。144

這幅景象中值得注意的是，在類似的富裕社會中，廣告的存在可以如此多樣，強度與可見度的差異性極大。1980 年時，美國的廣告人均支出是日本或德國的兩倍以上，更是義大利的四倍；有趣的是，最接近美國水平的國家是瑞士與芬蘭。145 至於廣告會出現在什麼媒體上，也一直有著很大的歧異。1990 年代，美國、澳洲，以及英國有 1/3 的廣告支出於電視，但在斯堪地那維亞半島的國家，這個數字僅為 14%；在阿爾卑斯山北部地區，大多數廣告仍然出現在報紙上，但在南部地區則是在電視上，部分的原因可能與商業電台及公共服務提供者所持股份不同有關，但也可能反映了一個事實：北歐人從事較多的休閒閱讀，而且報紙媒體的環境仍然很活躍。146

為了開闢疆土，商品必須能跨越疆界。廣告商、市場調查者，以及青年次文化憑藉他們所強調的歡愉與經驗，跨越了內在的心理疆界，這一點

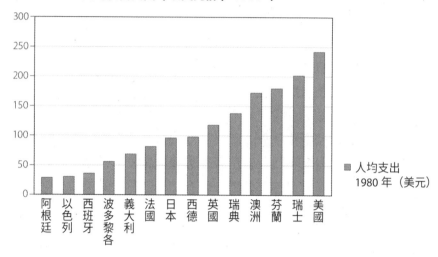

人均廣告支出（以美元計）1980 年

來源：《世界各地廣告支出第 16 次調查》（Sixteenth survey of advertising expenditures around the world），1982 年。

跟外在的疆土一樣重要。如今，消費已被承認、並確實地認可為可深入觸及個人身分認同及欲望的方式。最近有若干作家提出，我們現在生活在新的「體驗社會」（experience society）之中，事物重要的不再是它們可以用來做什麼，而是可以讓我們產生什麼樣的感覺，明顯的例子就是有各種設計款式與顏色的運動鞋及眼鏡；而以此觀點來看，富裕就此在歷史上告別了由基本需求所支配的體制，亦即戰後奇蹟年代之前注重實用性的社會，並且自其時起，轉變成注重感覺的社會。147

這樣的歷史觀點令人存疑，因為它顯然低估了有形物質一直以來的重要性；智慧型手機與滑板不但要讓人感覺良好，也要真的好用才行。同時，這個觀點也忽視了情感需求長久以來的歷史。儘管有這些盲點，迪希特（就像在他之前的人類學家馬凌諾斯基〔Bronislaw Malinowski〕以及社會學家霍布豪斯〔L. T. Hobhouse〕）對這一點的認知是正確的：所有的社會不論貧富，都與商品有情感的聯繫。早期的經濟學家也並非全都對情感所扮演的角色置之不理。赫爾曼·戈森（Hermann Gossen）在 1854 年時出於下列領悟，有系統地闡述了他的歡愉法則：許多人類活動不是為了填飽肚子，而是為了

避免無聊。148 除了可提供立即滿足的「防禦型」商品（譬如麵包）外，還有「創意型」商品（譬如音樂或旅遊），讓人們期待隨之而來的歡愉；後者就是可「體驗」的商品。戈森相信，每種歡愉都有最佳的頻率，可透過較常或較少重複的次數來維持；而 1950、1960 年代所做的，就是擴展這些頻率的範圍。一方面，改變加速了，譬如男性時尚這個領域；然而另一方面，新的例行經驗如雨後春筍般湧現。在 1950 年代後期幾乎整整四年的時間，週復一週，義大利人轉到同一個晚間的益智電視節目《加倍或放棄？》（Lascia o raddoppia?），美國人轉到 1956 ～ 1965 年間播映的《猜猜這價錢》（The Price is Right），德國人則是轉到持續播映至 1989 年的節目《我是什麼？》（Was Bin Ich?）。

對抗消費

　　從長遠的角度來看，在消費的故事中，1968 這個年份是一個高潮，而非陡然突發的事件，更不是一場革命。物質自我不斷成長，現在，歡愉成為一項權利，而衣服、汽車、流行音樂都是獲得歡愉的方法。有些團體抨擊消費是資本主義統治控制潛意識的武器，藉由植入人為需求，使大眾成為被動的旁觀者。對情境主義國際（Situationist International）這個組織來說，唯有自發的「情境」與具有諷刺意謂的行為，才能重獲自由與創造力。像是打扮成聖誕老人以及在玩具店外分送泰迪熊。1968 年 5 月，巴黎索邦（Sorbonne）有幅海報宣稱「消費者的社會必然會因暴力引起的死亡而消滅……想像力正在奪取權力。」149 然而對絕大多數的年輕人來說，消費社會並不是多麼迫切的一個議題。150 即使是英國的「輟學者」、荷蘭的青年無政府主義者（provos），以及德國的混混（Gammler），即使是這些以學徒身分交換自由的小團體，仍堅持他們有享受飲酒、藥物，以及最新唱片的權利。151 某些公社甚至鼓勵支持者入店行竊，作為對收銀機的抵制，而非對消費商品。

　　最猛烈的攻擊發生在法蘭克福。1968 年 4 月 2 日，帶有計時器的燃燒彈在兩間百貨公司爆炸，摧毀了若干玩具和運動器材。然而，我們也必須從實際而恰當的角度來看待這個事件，因為與 1952 年民主主義者放火

燒了 6 間百貨公司、700 家商店、舞廳，以及其他地產的開羅大火比較起來，它就顯得微不足道了；德國發生的爆炸事件，背景是美國帝國主義以及越南戰爭。一年前，1967 年 5 月 22 日，322 人死於布魯塞爾的創新購物中心大火；起火原因或許是電線走火，但事實是，這個事件在美國時裝秀期間爆發，加上外頭有抗議越戰的活動，引發了民眾對這場縱火是出於政治動機的懷疑。在柏林，成立於 1967 年 1 月的第一公社（Kommune I）是第一個政治性的公社，它分發的傳單上將這場災難描述為「美國廣告無所不為的歷史中又一新奇力作」，居然能想出這個燃燒顧客的新點子。第一公社納悶，何時才有人會慎重地在一間更衣室中點燃一根香菸、放火燒了柏林的西方百貨公司（KaDeWe）或伍爾沃斯百貨公司（Woolworth），讓柏林也得以分享河內被燃燒的感受？*152*

一年之後，真正的炸彈並沒能在消費文化上點燃更廣泛的衝突，可以說，還幫忙熄滅了它。隨後的審判，逐步升級為恐怖分子與國家之間自我毀滅的對峙；炸彈客安德列亞斯・巴德（Andreas Baader）與古德倫・安司林（Gudrun Ensslin）認為他們自己是在打一場對抗消費恐怖（*Konsumterror*）的戰爭：「消費主義恐嚇你，我們恐嚇商品。」他們對待商品的態度正如對待武力的使用，與甘地完全背道而馳。「我也喜歡汽車以及可以在百貨公司中買到的所有事物，」安司林說：「但是當一個人必須去購買它們以至於失去了自己的意識，這樣的代價太高了。」*153* 換言之，只要激進分子不需要付錢，消費就沒事。安司林身著閃亮紅色皮夾克出現在法庭上。巴德則模仿法國電影明星尚—保羅・貝爾蒙多（Jean-Paul Belmondo），喜歡夜總會與漂亮衣服；當他在漢斯・維爾納・亨策（Hans Werner Henze）的羅馬家中作客時，他大方地自己穿上那位作曲家的絲綢襯衫；當他終於因超速車輛的取締而被捕時，他駕駛的是一台 300 馬力的伊索里沃塔（Iso Rivol-ta），更早之前的車子還包括了一台白色的賓士 220SE 車型，以及一台附有尾翼的福特交易道（Ford Fairlane）。比起毛澤東主義的農民，他更像是迪希特所描繪的美國消費者。

安司林是一位牧師的女兒，也是青少年文化挑戰階級制度的一個典型例子。若要反威權政治，與其反對消費文化，倒不如與消費文化合作，個人歡愉成了革命的準則；一位德國公社擁護成員的名言就是，他的性高潮

對他來說，遠比越南重要多了。154 生產者對 68 世代（Soixante-huitaires, 68ers）的生活方式幾乎沒甚麼影響，儘管對「消費社會」有所批評，他們仍然接受了消費選擇與自我形塑，甚至加強了它們。有些激進分子擔心被「出賣」並力促儉樸，但大部分人視流行音樂與色彩鮮艷的衣服為自我實現的手段；對青年運動來說，這是主要路線上的改變。1900 年左右，組織有序的年輕人轉向山林以逃避商業休閒與刺激物；如今，他們卻利用這兩者作為解放的途徑。

消費文化與激進文化公開同居。在柏林，模特兒烏施‧歐博梅爾（Uschi Obermaier）搬進了第一公社，喝可樂、抽雷諾牌香菸（Reyno）；她承認自己對革命的經典文本毫無興趣。外國時尚是反體制政治的一部分，在刑事審判中，才剛從寄宿學校出來的 68 世代者穿著綠色夾克與淺藍色長褲現身；那樣的時尚與音樂可以被轉而用在激進的用途上，動搖馬克思主義將文化產業視為疏離與控制工具的定位基礎。激進分子的書架上或許放著阿多諾與馬爾庫塞的著作，但他們的生活方式並不符合「科技社會」創造出「單向度的人」的論點，透過娛樂、廣告和舒適的幻覺創造出「壓抑性需求」而得到撫慰。155 他們相信自我實現，意謂著個人能夠評估待售的商品並作出自己的選擇，激進雜誌刊登著汽車與飲料製造商的廣告，而在反文化的文學作品當中，唐老鴨則出現在毛澤東旁邊。156

關係如此密切的潛力，當然不會對商業毫無影響。1968 年的反叛事件才過一年，反文化的襯衫與連衣裙就已經掛在百貨公司販售了。或許在家庭生活與教育方面，68 世代者取得了反威權的成功。然而，就他們的物質欲望而言，他們繼續從他們的母父停止之處前進；蓄著鬍鬚可以省下好些刮鬍刀片，公社把橘色的板條箱當成架子來使用，若干女權主義者把她們的胸罩燒了，早期的嬉皮也把他們的手錶送人。然而整體來說，這個新世代是對資源飢渴的一代；在紐約，一些年輕家庭雖然集結在一起成為公社，仍然保有個人的清潔用品與私人的淋浴間，而且始終開著空調。157 1974 年在德國，一位研究人員驚訝地發現集體公寓中的電視機、音響、洗衣機，以及烘乾機，比傳統家戶中還多上許多；若干公寓甚至有三台汽車。158 共享使用並非自動意謂著簡單的生活，而可能事與願違地產生反效果，成為購買更多電器用品的正當理由 —— 為了避免誰能掌控電

視或音響使用權之類問題的衝突。

消費文化與富裕

　　到了 1973 年石油危機爆發時，消費文化已然穩立於不敗之地。批評的聲浪未曾止歇，義大利詩人兼電影導演帕索里尼即悲嘆，電視與汽車已經把習俗與階級，夷平成為相同的唯物主義單一文化，「消費的渴望」導致了「新的法西斯主義」，把義大利人民的品格降級到遠比墨索里尼時期更低劣的地步；但這種說法顯然低估了休閒娛樂被元首墨索里尼操縱的程度。159 在法國，布希亞（Jean Baudrillard）提出新的批評，認為消費社會已成為一個象徵標誌的絕對體系，人們活在某種神奇咒語之下，不再以實用性來選擇商品，而是以商品所傳達的形象與訊息作為選擇的標準；由於形象與訊息永無止境，這個體系遂產生持續對更多商品的渴望：「富裕……只是幸福的象徵標誌之累積。」160 在 1972 年，一群科學家、商人，以及專業人士所組成的羅馬俱樂部（Club of Rome）出版了它的第一份報告，警告在一個資源有限的世界中，成長是有限度的。蘇聯集團（Soviet Bloc）也有好些懷疑論者，亞歷山大·索忍尼辛（Alexander Solzhenitsyn）讀過羅馬俱樂部的報告後，在 1974 年敦促蘇聯的領導人們放棄貪婪與進步的自我毀滅道路，回歸小城鎮、花園，以及沉默寂靜。161

　　但無論立意多麼崇高，在東方或西方世界，這類觀點都不再是王道，政治重力的中心已經轉變。在過去數十年間，保守派分子拿他們的反現代主義來交換家庭導向的消費主義；即使是對美國這個沒有歷史的社會抱持著極度反感的戴高樂（Charles de Gaulle），也支持一名歷史學家所稱的「家庭的美國化」。162 社會民主黨人無論多麼勉強，最終還是接受了工人們希望擁有私人放鬆物品、工作，以及福利的事實；無論再怎麼左傾，歐洲的知識分子重新發現美國及其生活方式的社區是革命的先鋒。163 與其譴責消費文化作為一種壓迫的手段，像米歇爾·德·塞爾托（Michel de Certeau）這樣的作家們，在 1974 年把購物與飲食呈現為日常的反覆施行，幾乎沒有人能夠透過詭計、「花招」，以及「湊合著用」來重新控制自己的生活；在接下來的十年，人類學家瑪麗·道格拉斯（Mary Douglas）以及歷

史學家西蒙‧沙瑪開始珍視消費作為社會體制以及在意義、團結，以及認同的創造中不可或缺的一環，同時，性別研究的學者也拯救了女性消費者免於被遺忘。*164*

在美國的公民權激進分子中，也可感受到類似的倡議開始在醞釀。1950 年代，馬丁‧路德‧金恩（Martin Luther King）提出了警告，大型車款將會分散非洲裔美國人對上帝的注意力。但是到了 1960 年代，他宣揚的是另一個截然不同的主題：邪惡就是富足之中的貧困，貧窮的白人必須與非裔美國人攜手合作；因為金恩逐漸認知到他的追隨者也有物質的渴望，而擁有大型車款可達到公民與個人的目的：贏得尊重。每個人都渴望能脫穎而出，危險在於，當這種「指揮本能 *165*」未能被好好「駕馭」而被允許去接管一切時，就會促使人們陷入無節制的消費狂熱之中，不斷地想要「勝過鄰居瓊斯一家」、吹噓誇耀、欺騙說謊，變成虛榮的勢利小人。*166*

對那些處於社會邊緣地位的人來說，有能力取得商品意謂著一種社會包容與尊嚴感。1960 年代後期，成千上萬接受社會福利救濟的人走上美國街頭，爭取使用信用卡的權利。*167* 最接近主張與重振舊有道德主義的掌權者，要算是石油危機時的美國總統吉米‧卡特（Jimmy Carter）了。他在 1979 年時告訴電視觀眾：「我們已經學到，積累物質商品無法填補缺乏信心與目的的空虛生命。」*168* 然而即使是卡特也知道，解決方案不在於抑制消費。他的兩個主要結論是，美國人必須有信仰，同時，在未來對能源需求的增加，應由國內的資源來加以滿足，包括在 2000 年之前，太陽能發電的占比要達到 20%；美國人做到了前者而非後者，因為直到2014 年為止，太陽能生產的電力仍僅占 0.5%。*169*

對富裕的接受不能與盲目樂觀或市場安樂感混為一談。相反地，它牽涉到對物品更平衡的態度。再沒有比尚‧聖茹爾（Jean Saint-Geours）的書《消費社會萬歲》（*Vive la société de consummation*）（1971 年）對這種均衡的新發現描述得更好了。社會主義者的背景，使他得以在成為一流的財務監察長之前，先於 1954 ～ 1955 年為皮埃爾‧孟戴斯‧弗朗斯（Pierre Mendès France）擔任專案負責人。而在撰寫這本書時，他是里昂信貸銀行（Crédit Lyonnais）的總裁。身為羅馬俱樂部的創辦成員之一，他認識到汙染、貧

困，以及城市蔓延的危險。成長必須放慢速度並加以管理；但他仍指出，認為放棄消費可以取得任何進展是愚蠢的想法，商品的世界可以帶來集體與個體的自由。人們可以從物品的使用中發現真正的滿足，然而老式的「勞動神聖化」否定了它們；消費社會可使人們擺脫無知以及對教會及社會菁英的依賴，而非像馬克思主義者列斐伏爾與馬爾庫塞所言，導致社會的疏離。1950 年代時，人們在書籍上的支出已增加了三倍，壓抑已經讓位給更大的性自由。

聖茹爾提供的是一個與富裕和平相處、明確無疑的法國方式。消費社會不是社會疾病，它並未殺死文化，他寫道，消費社會只是民主化了文化，創造精神還活得好好的。聖茹爾是最先開始想像「後工業社會」的幾個人之一，消費的樂趣與自由將圍繞新的體驗而展開；他可以看到 15 年之前高伯瑞看不見的事物，也就是富裕的社會在健康和教育方面的花費愈來愈多：1960 年代初期，法國的公共開支占 GDP 的 36%（英國是 33%，西德是 35%）；到了 1970 年代後期，這三個國家都達到了 46%。這絕非巧合，據聖茹爾所言，消費者不只是個人的享樂主義者，富裕會讓個人開始關心集體的需求，譬如更好的醫療保健與更乾淨的公共環境；私人消費與社會進步密切並存，想要發明心律調節器卻又不要私人汽車的出現是不可能的。聖茹爾以他的個人生活說明了在我們的身分認同上，事物如何「脫離不了關係」：他跟他的車子關係緊密，甚至感到與它的製造者有種特定的「兄弟情誼」；沒錯，車子會造成汙染，但車子也解放了我們，讓我們得以到鄉間並體驗感官的世界——譬如，車子的曲線帶給他「純粹的愉悅」。隨著汽車的出現，人類的夢想產生了真正令人著迷的對象；車子的美好設計提醒了他「不應厚此薄彼」（fish and fowl），*170* 消費商品跟大自然一樣重要。

銷售一空

對牧師和哲學家們所有的焦慮和擔憂來說，西方社會已妥善承受了富

裕的挑戰，沒有任何政權被商品的重量壓垮。事實上，物質欲望在社會主義東歐國家扮演了更具破壞性的角色；在討論富裕之後，我們就這樣轉而介紹蘇聯集團的境況，的確該有些正當的理由來加以說明。畢竟蘇聯國家的物質短缺相當驚人，而消費選擇則是有限或根本不存在。然而，若將輝格黨輝煌的消費文化歷史，寫成等同於市場自由主義的崛起，這無疑是個錯誤。社會主義有它自己的消費社會，生活於其中的人們，發展出對商店中現有可得物品的不成比率渴望。如今，把唯物主義想成資本主義社會的疾病——有揮霍無度的消費者、無所不在的廣告，以及商品滿坑滿谷的百貨公司——是很容易的事，但社會主義的實驗則指出，逆向的關係也是有可能的：難以取得的商品使它們更具吸引力，而非更不具吸引力；更甚者，缺乏選擇並非意謂著人們沒有東西。從 20 世紀前任何社會的優勢點來看，這些社會都是得天獨厚的。1960 ～ 1970 年代是成長驚人的年代，蘇聯的消費耐用品以每年 8% 的速度成長；到了 1976 年，幾乎每個匈牙利、東德、捷克斯洛伐克，以及蘇聯的家庭都擁有了電視、收音機和冰箱，雖然保加利亞與羅馬尼亞仍然落後。休閒與旅遊也出現了增長。剝奪感就像富裕，是相對的經驗；在富裕的西方國家中，貧窮的消費者也會遭受社會的排斥。社會主義社會的問題在於它們以西方國家愈來愈高的水準，來衡量它們渴望達成的目標。

1960 年 5 月，在一場對最高蘇維埃（Supreme Soviet）v 所發表的演講中，赫魯雪夫（Khrushchev）允諾在「不久的將來」，蘇聯將會達到美國的消費水平：之後，「我們便可航入公海，再沒有任何與資本主義的比較會讓我們停滯不前。」171 兩年之後，匈牙利政府承諾它的人民三年之內會有 61 萬台電視、60 萬台洗衣機，以及 12 萬 8,000 台冰箱。「富及第社會主義」於焉誕生。

是什麼推動了社會主義的消費文化？其中一種觀點是將消費文化視為西方的輸入。沒錯，西方的爵士樂、牛仔褲、搖滾樂發揮了極龐大的拉力。1960 年代後期，嬉皮們會前往拉脫維亞科學院（Latvian Academy of Sciences）參考《時尚》（Vogue）雜誌的內容；社會主義的廣告一如以往，從

---

v　對後蘇聯國家最高權力和立法機關的稱呼。

西方廣告公司獲得領先的靈感。然而，中歐與東歐社會主義國家也有它自己的動力；就像美國化的例子，刺激的傳播不僅來自周邊，也來自中心區域。蘇聯從捷克斯洛伐克取得大量生產的家具，同為社會主義的友邦會聯合舉辦時尚節與音樂節。*172*

另一種觀點的解讀則偏向懷疑的態度，視消費主義為統治的策略。此觀點認為，社會主義的領導者利用商品來換取本國的和平。1953 年的東德與 1956 年的匈牙利暴動事件所換來的教訓，讓他們認知到工廠必須生產人們想要的事物。1968 年的布拉格暴動與 1970 年的波蘭衝突事件，也得到政府允諾給予更多商品並更加開放青少年文化。儘管其中有些事實相當有道理，我們還是無從得知消費如何在這些社會中改變日常生活；社會主義的消費是內部緊張局勢以及外來刺激雙重作用之下的產物。

美國商品把鐵幕變成了網幕（net curtain）。柏林圍牆（Berlin Wall）於 1961 年被建起之前，東德人民很容易就可以用補貼的貨幣兌換率在西部區域參觀展覽，或是在某間邊境電影院中觀賞美國電影。1956 年 6 月，波蘭工人利用波茲南（Poznan）國際貿易博覽會作為反蘇聯的抗議活動；在這場博覽會中，除了有無所不在的現代化廚房，還有擠得水洩不通的美國時裝秀。*173*

社會主義政權的問題不僅在於經濟困窘，也在於缺乏遠見。它們前仆後繼地進入這場由西方國家制定條件的物質競賽，而沒能發展出一種「更簡單」的生活方式作為替代方案，減少對物品的依賴度。這場模仿的競賽在暴風眼區域又進行得最為激烈：兩個德國。1953 年，東德政權開始積極投入它那特別注重消費商品的「新路線」，*174* 就像 1930 年代史達林主義統治下的蘇聯，試圖發展出更令人歡欣、更具吸引力的銷售文化。

物質競賽

但說到小玩意、小機件時，社會主義者就沒那麼容易被打敗了。1956 年的普里混合機（Purimix）是個巧妙的新發明，不但可以吸塵，搭配上正確的附件時，還可以切碎蔬菜並研磨咖啡。次年開設的東德時尚學院（East German Fashion Institute），仿效的對象是巴黎而非莫斯科。被稱為「紅

色迪奧」（Red Dior）的海因茨·鮑曼（Heinz Bormann），模仿的是最新的西方設計。[175] 1958 年，東德終止了食物配給制度，黨主席瓦爾特·烏布利希（Walter Ulbrich）宣布三年之內，東德的消費商品以及人均收入將「超過」它的資本主義鄰國。[176] 到此刻為止，社會主義已然出現郵購目錄，自助服務式的商店也被大力推動，分期付款允許社會主義的購物者，將高達年收入 20% 的比率花在信貸購物上；其中，又以家具及收音機最受歡迎。

然而所有的倡議與舉措，都遇上了相同的難題。社會主義政權之所以忽視消費商品的輕工業，而重視重工業，原因在於體制：大型、中央集權的工業是政治力量的來源。此外，蘇聯集團以貨易貨的政權以犧牲技術創新為代價，額外補貼食品與原物料。較為先進的國家，像是東德與捷克斯洛伐克得蒙受雙重處罰：它們不得不用被壓低價格的工業產品來換取被抬高價格的食品和原物料。[177] 相對優勢的法則被顛覆了。由於無法履行交付大型家用電器的承諾，東德在 1959 年將重點轉移到「日常生活所需的成千上百件小物品」，像是螺絲、縫紉針、備用零件等，並派出代表團前往瑞典與西柏林學習乾洗與 DIY 技術；[178] 如果社會主義的消費者想要擁有物品，他們也得學會如何修理這些物品。

1959 年 7 月 24 日，當美國副總統尼克森與赫魯雪夫在莫斯科的國際展覽會中進行知名的廚房辯論時，這場物質競賽早已進行得如火如荼了。設備齊全、有六個房間的長方形平房只需花上 14,000 美元即可擁有，任何美國勞工都負擔得起；這是尼克森對赫魯雪夫提出的挑戰。蘇聯在兩年前就已經將人造衛星（Sputnik）送上太空，因此蘇聯的領導人可沒那麼容易動搖；赫魯雪夫回擊，蘇聯所有的新住宅都有這樣的設備。多樣化的重要性被高估了：如果一種機器就可以運作得當，為什麼要有那麼多種不同的機型？蘇聯的媒體彷彿要印證高伯瑞的觀點，展示出美國的貧民窟與垃圾堆的影像。將近有 300 萬人造訪了同時在紐約體育館（New York Coliseum）舉辦的蘇聯展覽，遠多於造訪索科利尼基公園（Sokolniki Park）裡有著電視機與家電展品的臨時蘇聯展覽（參見插圖 43）。

模型廚房中準備了 16,000 磅的冷凍食物，讓參觀者對於幾分鐘之內即可調理出來的薯條與馬鈴薯泥大感驚訝；有些莫斯科人對於烤麵包機之

類的小玩意兒毫無興趣：為什麼要烘烤已經做好的麵包呢？消費商品是一塊令人無法抗拒的磁鐵。美國模型被參觀者團團圍住，他們想知道美國人的生活方式、服裝的價格，以及假睫毛是否得在晚上拿掉。*179*

由馬克思對未來的遠景所滋養出來的社會主義領導者，深信工作與休閒、私人與公共之間的分歧終將被克服；在共產主義之下，人們不再從休閒娛樂與私人放鬆用品中尋求慰藉，或是作為逃避工作的手段；當工作不再是強制性的，休閒將完整一個圓滿的社會主義者。正如我們所見，1930年代時，好衣服與消費品被用來獎勵具有生產力的勞工；在冷戰時期，休閒娛樂成了社會主義與「資本帝國主義」之間的主要戰場，搖滾樂、牛仔褲、浪漫電視劇都是「意識形態轉移」的武器，階級敵人利用這些武器，分散建設社會主義的注意力。*180* 它們都是「虛假需求」的溫床。

事實上，這些壓力既來自國外，也來自國內。早在東德取消不得觀看西方電視的禁令之前，社會主義政權已同聲一氣地致力於創造更私有化的生活方式；從某些方面來說，這種情況類似納粹的困境：儘管政府試圖吸收孩童去譴責、批鬥他們的父母，還是很難去控制每個人家中的客廳。自1950年代中期開始，赫魯雪夫的「解凍（the Thaw）」*vi* 更加速了私有化。自助服務商店與超市，在整個中歐與東歐社會主義國家如雨後春筍般湧現；赫魯雪夫雖支持社會主義的消費規範，但並不容忍多樣化以及對小奢侈品的私人品味，消費品產業仍繼續為重工業作嫁。自1964年起，在赫魯雪夫的繼任者列昂尼德‧布里茲涅夫（Leonid Brezhnev）的領導下，蘇聯改變了方向；工廠必須與商店建立直接的聯繫管道，以確保他們製造的大部分產品都是真正被需要的商品。密探會研究市場、舉行會議，討論如何改善配銷管道。在1966與1970年之間，消費品的產量增長了一半；石油危機的爆發，正好提升了各國對蘇聯原油的需求，也使得蘇聯得以用更低的價格進口更多的商品。莫斯科的街頭頓時變得對消費者更友善，不但煥然一新，也增加更多自助式服務商店；到了1972年，莫斯科的200間商店都有了自己的咖啡廳。黨報《真理報》（*Pravda*）刊登出「消費者永遠是

---

vi　赫魯雪夫自1950年代中期開始進行去史達林化，解除了自史達林時期政府對社會的監控和壓迫，此現象稱為「解凍」。

對的！」以及呼籲「給人民的商品」等文章，訴說了一個新的真理。[181]

社會主義的住房政策

從外在看來，綿延數英里未經裝飾的住宅區都是無趣的黃褐色，暗示著單調的統一性；然而在內部，卻有一股洶湧急流在對個人公寓推動個人化的改造。1960 年代，一本波蘭雜誌刊登了名為「我的嗜好就是我的公寓」系列報導，附上如何混合新舊家具、裝飾，以及個人物品使房間呈現個人風格的例子；[182] 官方設計師鼓吹實用、功能為主的現代性，但他們對小擺設再度流行以及「資產階級」家具的絕望，已經道盡一切。蘇聯在 1975 年製造的家具組，數量是十年前的十倍；在社會主義的社會中，家庭發揮了無比的影響力，激發了對新奇事物、時尚，以及現代化的追求。在 1960 與 1970 年代後期，蘇聯開始一股對水晶製品及餐具的狂熱，這些物品往往購自東德。在東德，鋪滿整個地板的地毯以及貼滿四壁的壁紙，以前所未有的速度湧進每個家庭；這個政權的市場研究人員發現，有 1/3 的人不再購買那些可以用一輩子的沙發及客廳家具，而是打算在十年中就汰換掉它們。[183]1979 年，當研究人員詢問青少年他們所渴望的事物是什麼，「裝潢一間漂亮的公寓」榮登第一名寶座，無論男孩或女孩都一樣，遙遙領先於「每年去度假」、「穿得很時尚」，或是存錢購買唱片播放機或車子。[184]

社會主義經濟的混合本質刺激了欲望，卻也導致了失望。基本商品像是住宅、教育、電力，以及學校和工廠的食物，皆由政府以極高的補貼價格來提供；消費商品反過頭來，卻掛上昂貴的價格標籤並有著冗長的等待名單。於是，規模龐大的地下經濟（shadow economy）遂應運而生。1980 年代初期，波蘭大約有 1/4 的私人收入進入了黑市。[185]

廉價的公共服務，有時可援引為私人消費方面諸多失敗的積極平衡力，但這項看法忽略了一點：一方的缺陷與不足，會加重另一方的問題。東德人之所以傾注他們的金錢與全副精力在居家裝潢上，一個原因就是，這是他們在住房問題上唯一能掌控的部分。居住單位總數量本身就是一場災難。1971 年時，東德的平均屋齡是 60 年，其中 2/3 沒有浴室或廁所，

29% 甚至連自來水都沒有。根據一項內部調查，120 萬間公寓或是 20% 的居住單位，是處於「完全無法接受」的狀況。*186* 而瑞典和西德正以兩倍以上的速度建蓋新的公寓單位。不僅居住單位的數量不足，這些公寓的面積過小也是一個問題，一般的公寓（53 平方米）平均有一到兩間房。在西方國家，一棟公寓平均面積是更為寬敞的 79 平方米，可有三到四間房。舉例來說，即使何內克（Erich Honecker，前東德領導人）在 1970 年代的推出了房屋建築計畫，然而在一個叫薩斯尼茨（Saßnitz）的海濱城鎮，10,000 名居民中，就有 944 對已婚夫婦排在名單上等待住進他們的第一間公寓，同時又有 128 對離婚夫婦仍然不得不住在一起。其他公共消費領域也出現類似的短缺問題，包括備受讚譽的兒童保育制度；在東德國產車衛星（Trabant）汽車的發源地茲威考（Zwickau），儘管這個帶有二行程循環引擎與堅硬塑料外殼的汽車品牌象徵了社會主義下的生活，該地卻有半數的孩子正等著進入托兒所。*187* 社會主義浪費的資源極為驚人：住房的費用如此低廉，以致一旦一個家庭得到一個大型的住房單位，即使在孩子們都搬出去之後，也沒有理由放棄它；在舉辦派對宴會時，主人都把啤酒放在浴缸，用（免費的）自來水來冷卻它們。社會主義是撙節私人花費、濫用公共資源的祕訣。

廉價的公共產品也鼓勵了私人需求與社會階層化的產生。對於社會主義的領導者來說，他們在自己的成長過程中背負著撙節用度的傷疤。因此，租金應該幾乎不用花錢、而一台電視要花費 1,500 馬克以上的月薪，這對他們來說是簡單的道德邏輯。因為前者是「基本需求」，後者則是「奢侈品」。當然，奢侈稅與針對奢侈的法規並不是什麼新鮮事，但是從歷史角度來看，這些都是為了支撐社會等級，而非打破它們。這是一個適得其反的組合，政權有效地資助了新階級的消費者，低廉的住房使收入較高的專業人士與知識分子擁有一筆未支出的龐大收入，結果造成了消費者的壓力鍋：高收入的這群人搶奪每件事物，包括汽車、冰箱，甚至淋浴的蓮蓬頭。1950 年代，集體化與教育改革（以及資產階級的潰退）促進了東德的社會平等；1960 年代，社會階層化卻在消費領域中再度盛大回歸。

我們可以相當清楚地追蹤到這個過程，因為東德是個獨裁政權，而且是個非常德國式的獨裁政權，不但設立了自己的市場研究所（Institute of

Market Research），還保存了完美無瑕的紀錄。在這個「工人與農民的國家」，擁有洗衣機、可以泡熱水澡、排在購車等待名單最上頭的人，卻是知識分子、管理者，以及書記職員。雙薪家庭擁有大部分的家電用品，而單親媽媽則被拋在後頭；領養老金過活的人，如果有個「乾的馬桶」就不錯了。隨著電視與其他新科技的傳播散布，其中有些分歧縮小了，但新的分歧逐漸浮現了出來。一週五個工作日的制度在 1967 年引進，在中歐與東歐社會主義國家中，更自由的通行方式引發了一股旅遊與露營的熱潮；你如何度過週末、是否有去度假，以及是否能在一張氣墊床上放鬆休息，這些條件成了新的地位標記。白領階級又比產業工人更有可能去度假，而露營設備又不成比率地多歸知識分子所擁有。富人才能享有嗜好，窮人則無。*188*

跨越性別與世代的分歧

其他的分歧則跨越了性別與世代。透過休閒活動來實現人類的滿足感或成就感，是社會主義核心目標之一。女性勞動的參與率在社會主義政權中雖然大幅提升，但是在物資匱乏的經濟體中，這只會帶給女性更多的壓力，因為她們是家中負責購物的人，而她們的丈夫才是工時縮短的真正受益者。根據東德調查的時間使用數據資料顯示，在 1965 ～ 1971 年間，男性的閒暇時間從一週 37 小時激增到 48 小時，而女性僅多了一個小時（從 26 小時變成 27 小時）。同一時期，西方國家兩性之間的這項時間鴻溝正在縮減之際，中歐與東歐社會主義國家中的差距卻更甚以往。1965 年時，女性要負責 80% 的購物、清潔，以及烹飪工作；1970 年時，這個數字是 79%。*189* 縫紉、編織，以及修補工作占用了她們大量的時間。有半數的女性衣裙是自製的，因為商店沒有她們想要的尺寸、顏色或圖案。即使在高收入族群中，每三位女性當中就有一人經常得坐在縫紉機前縫製衣服；消費涉及很大一部分的自我供給、贈送、回收，以及傳遞，尤其是孩童的衣服。甚至到了 1980 年，儘管推出了各種改善數量與品項的計畫，還是有半數的男孩與女孩穿著別人轉手的舊衣。*190* 政府在 1960 年代後期時試圖以延長商店營業時間來回應並解決這個問題，但事與願違，這項舉措只是

徒增女性購物者的挫折感，因為她們還得把星期六休假的時間花在來回鄰近區域，徒勞無功地尋找可購買的衣物。*191*

青少年文化一直令社會主義政權十分頭痛。烏布利希（Ulbricht）對休閒與工作之間良性互惠關係的公開慶賀，卻被一份有關 8,000 名學徒、學生，以及青少年的 *69 休閒世代（Freizeit 69）* 休閒活動的內部報告證明為不符事實。*192* 根據這份報告，1969 年，每兩個東德年輕人中就有一人擁有可攜式收音機，每三人中就有一人擁有輕便型摩托車，每五人中就有一人擁有皮夾克。因此，滿是摩托車騎士的場景如雨後春筍般湧現於各個街頭。對大多數青少年來說，賺錢購買商品、獲得自由與機動性，就是他們的人生目標；他們喜歡聽音樂、游泳，或是出去閒逛的程度，遠超過花時間參與社會主義青年團體「自由德國青年團」（Freie Deutsche Jugend, FDJ）；其中，又以工人階級的青少年特別厭惡自由德國青年團。剛開始，政府試圖禁止節拍音樂並嚴厲打擊飲酒；性、藥物，以及搖滾樂，都是對社會主義理想的公然侮辱。但是，這樣的舉措只是把它們趕入地下發展；許多青年俱樂部繼續營運，有些還舉辦牛飲比賽。柏林圍牆只能把人關在裡面，但要把無線電波、牛仔褲，以及非法私貨關在外頭，顯然困難得多。1971 年，自由德國青年團第九屆議會公開承認「資產主義消費文化」已經生根。在何內克掌權的 1971 年 5 月之後，政府的對策轉變成對長髮與丹寧布、包括官方贊助的搖滾樂團，採取更高的容忍度；*193* 雖然不清楚該政權還做了些什麼，但顯然它已承認失敗，一個統一的社會主義文化理想已然破滅。

從某種意義上來說，消費文化對中歐與東歐社會主義國家的影響，與西方國家是相同的，都侵蝕了「合法文化」的壟斷主張。關鍵的差異點在於，社會主義政權是建立於政治與文化、公眾與私人之間的假設對稱性上，但私人生活方式的擴散如狂風暴雨般橫掃過它，再大的容忍度也無法在情感與理智上贏回民眾的心。到了 1970 年代末期，即使是「社會參與度」最高的年輕勞工，每個月最多也不過花兩個小時在自由德國青年團的活動上，但是他們每天會看將近一小時的（主要是西方國家電台）電視；迪斯可與園藝遠比自由德國青年俱樂部更具吸引力。同時，一個人穿什麼衣服是由個人品味與社會小團體所決定，而非出於黨的指示或命令；五個青

少年中，就有一個會在衣服上佩戴美國星條旗或其他代表西方國家標誌的徽章。194 匈牙利引入青少年的表演節目，裡面的青少年穿著宛如英國搖滾樂團成員；在蘇聯，社會學家發現年輕人不再渴望成為共產黨領袖或知識分子，相反地，他們希望成為商店的負責人並且有途徑可以取得商品。195 到了 1970 年代末期時，社會主義文化已經成了少數人關心的事了。

這場文化鬥爭（*Kulturkampf*）橫掃了整個中歐與東歐社會主義國家。1960 年代早期，匈牙利進行了一場關於消費主義對社會影響的熱烈辯論；基本教義派提出的警告是，私人財產會造成政治的冷漠；但修正主義者爭辯，差得遠了，為了達到目的，社會主義必須提升生活水準，消費是社會主義的美德；有些人說，如果擁有私人財物就是反社會主義，那麼最具革命精神的人應該是那些住在非洲叢林中的原始人吧，因為他們除了一小塊腰布之外，幾乎身無長物。196 在波蘭，評論家觀察到人們指望私人財物可以為他們帶來安定性（穩定的小理想〔*ideał małej stabilizacji*〕）；當羅茲的居民在 1968 年被問到他們認為物質商品在生活中發揮什麼樣的作用，大部分人都回答：「方便與樂趣。」幾乎沒有人擔心任何負面的副作用。姑且不論社會主義領導者們所做的眾多承諾是多麼地不切實際 —— 像 1970 年代波蘭的愛德華・吉瑞克（Edward Gierek）答應過要帶給社會大眾更多商品；但事實是，這些承諾都強化了唯物主義的前景。年輕的波蘭工人們期待生活水準可以被快速改善；對大學學生們來說，幸福意謂著物質的舒適。197 許多異議人士仍然維持他們對消費主義的厭惡感，有時甚至引用可回溯至海德格批判科技支配一切的論點，但值得注意的是，瓦茨拉夫・哈維爾（Václav Havel）讚揚年輕人圍坐在唱機旁傾聽地下音樂是為了「活出真理」，並主張擁有反極權主義謊言與干涉的「社會獨立生活」。198

1970 與 1980 年代對西方國家與文化的愈形開放，並未導致社會分層化，而是擴大了它的效應。1960 年代時，東德的奢侈品商店優美（Exquisit）首度開業，販售時尚服裝與精美內衣，德利卡特（Delikat）琴酒、橄欖，以及西方香菸，皆以高檔價格提供；一股奢侈品狂熱開始加溫，西方禮物與強勢貨幣的自由流動又使它持續升溫，來自圍牆另一邊的家庭送來

的西德電視與包裹也發揮同樣的作用。從中美洲及中國的例子，我們知道移工寄回家鄉的匯款可以掀起一場怎麼樣的競爭與仿效旋風，從而打亂現有的社會階層制度。199 何內克的東德就是一個建立於匯款的消費主義全國性實驗。只收強勢貨幣的東德國際商店（Intershop）最初是為外國人開設的，但是到了 1970 年代中期，它們的大部分收入卻是來自東德公民的購物消費，1/3 的青少年會得到來自西方家庭的衣服作為贈禮；東德變成了兩個國家，一個是有取得德國馬克的管道，另一個則沒有。而新的現實已不再是官方的慣用語「每個人靠的是自己的能力」，而是「每個人靠的是他的阿姨住在哪裡」——以異議創作歌手沃爾夫・比爾曼（Wolf Biermann）的話來形容。200

東德政權的惡性循環

對於東德政權來說，這是一種惡性的循環。這樣的經濟體就是無法滿足更多的私人品味，並同時建造更多的公共住房。橘子無法在萊比錫種出來，於是不得不依賴進口，並付出關稅；然而，這意謂著已衰弱不堪的消費品產業，又進一步使投資瀕臨匱乏。赤字不斷升級，東德政權在入不敷出的經濟狀況下搖搖欲墜。來自西方國家的貸款雖然提供暫時的緩解，但是為了要服務它們，東德政權必須吸引強勢貨幣流入；要達到這個目的，其中一個方法是，只要一位東德公民可以找到能寄給他們德國馬克的阿姨，便允許他們購買一台福斯高爾夫（Golf）汽車以及其他昂貴商品。東德政權靠著西方國家維持它的生命，為了運作下去，它鼓勵人們想要更多。

這是一條通往自我毀滅的道路，日復一日在消費上的壓力，導致公民與領導者之間的隔閡與疏離感日益加深。東德政權維持一套大規模請願制度，讓個人有機會直接向黨的上級投訴；這套系統原本是設計來藉由個別處理不滿與牢騷，以監控意見並遏制異議，結果，它卻將日常生活政治化了。在 1980 年代，每年都有大約 50 萬份的請願書被公告出來，請願者宛如受挫的消費者般發洩他們的怒氣，但是在這麼做的同時，他們也開始質疑這個政權的公平性與合法性。悲慘的住房條件是主要的不滿，有些人認

為公共消費的瑕疵根源於同時並行的私人商品易貨制度，並責怪政府在阻止這件事上無所作為。一位艾爾福特（Erfurt）的公民向黨的領導人抱怨，人們怎麼能夠在報紙上自由刊登廣告「以暖氣系統交換瓦特堡（Wartburg）汽車」呢？在這種情況下，建設者無法完成他們的工作也就絲毫不足為奇了。「有些事很不對勁。」201 五台車子裡只有一台是合法銷售。許多人認為劣等產品、零件缺失、沒有顧客服務，是不尊重的表現。等了七年、十年才得到一台車，無疑會在擁有者與產品之間建立起一種深厚的情感連結；衛星汽車也不過是一台多了貝克萊特（Bakelite）膠木框架的輕便摩托車稍微加強版，卻能成為家庭的一員，往往還有自己的寵物小名。當這些車子驕傲的新「父親們」好不容易可以把它們帶回家時，結果不是顏色搞錯了，就是在車子開始故障時找不到備用零件，這種感覺就像人身攻擊，完全可以理解；特別殘酷的是，那些車子被偷的人，又得從等待名單的最後頭開始排起。

　　匱乏不足與分配不均侵蝕了社會的團結。有些人公然質疑政府當局如何決定什麼是「奢侈品」、什麼是「基本需求」。舉例來說，理查·亨寧（Richard Hennin）在 1975 年就已經寫下名字也付了錢，等著要買一台拉達（Lada）汽車；十年之後，他還在痴痴地等。他強調，車子並非一項奢侈品，他們需要這台車，是因為他的妻子從夜班返家時得開車，為何一位東德公民買一台車必須等這麼久，對他來說著實「深奧到無法理解」。202 看見西方國家的車款後更加深了這種無力感，讓人們認為這個政權只給予某些群體特權，其他人則無。嫉妒、腐敗、陰謀四處蔓延開來，匿名者指控他們的廠長保有三台車：一台給他的妻子、一台晴天開、一台雨天開。203 看到福斯與馬自達的車子在東柏林暢行無阻，觸怒了當地公民的自豪感與正義感：柏林人比歷史悠久的萊比錫居民更優越嗎？「我現在58 歲了，」一位來自包岑（Bautzen）的男人在 1986 年時如此抱怨，「已經為我們的國家工作了 40 年，幫助成就了它今日的成果與面貌，難道 40年還不足以讓我有權利得到一部新車嗎？」他提醒這些部長大臣們，德意志民主共和國的憲法承諾賦予人民平等的權利。204 消費引發了一長串有關公平的問題：為什麼新鄰居可以分配到一支電話，而「工人階級團隊」（Brigade of the Working Class）中一個負責粉刷裝潢的成員卻經過多年之後還

在等待？一位努力工作的父親要如何跟他的孩子們解釋，為什麼其他家庭可以擁有他們沒有的事物？這算什麼社會主義正義？

1970 與 1980 年代初期，東德政權加快了生產汽車與冰箱的腳步，但那是以犧牲品質為代價；於是關於無法使用的排氣管、加熱線圈、自行車管等抱怨與投訴，如潮水般大量湧入。所謂「消費耐用品」變得完全名不符實，組合家用電器（Kombinat Haushaltsgeräte）（家用電器的公營企業）被氣憤的請願者淹沒，他們新的洗衣機用不到一年就壞了。西方國家的商品也會壞，但因抱怨與投訴被分散至各個公司與機構，於是責任也被分散了；相反地，在東德，請願制度將這些挫折與沮喪之情導向政權核心，當地官員也回報，要在日復一日的挫折中維持社會主義的士氣是多麼困難。「相信我，同志，」一位德勒斯登的激進老黨員在 1981 年時寫給京特‧米塔格（Günter Mittag）這位負責經濟而且難搞的黨中央書記，「我可以向我們的工人解釋最複雜的國際事務問題，但他們對上千件小事的經驗著實使每個人的意識都筋疲力竭並徒留疑惑。」他給的例子是一位三個孩子的母親，她希望趁休假的一天可以幫正值青春期的兒子買些新衣服，「沒有甚麼特別的，也不過就是一條耐穿的褲子、一雙襪子、一雙鞋子。」同時，買些咖啡過濾袋以及一包冷凍菠菜，可以很快準備一頓晚餐。「結果是，一無所獲！這發生在一個有大量購物機會的大城市⋯⋯雖然聽起來可能很嚴峻，但事實就是，她這一天的休假被偷走了。」他問道：為什麼購物會這麼困難，「這算什麼需求導向型生產？」205 東德政權遇上了適法性的危機，它的結束無庸置疑，只是時間問題而已。

到了柏林圍牆在 1989 年倒塌之時，社會主義的消費文化已深為顯而易見的精神分裂症所苦了。一方面，排隊等候購物會強化撙節度日的舊文化，珍視物品的使用壽命、修復，以及保存；好不容易得來的第一台冰箱與電視會受到珍惜與照料，會被盡力修復而非隨意丟棄。就像孩子的誕生一樣，這些物品獲得的過程也會深深烙印在人們畢生的回憶之中。206 另一方面，對物品所投注的情感也削弱了工人身為生產者的認同；高品質的西方商品使他們痛苦地意識到，他們生產的社會主義產品價值是多麼低劣。舉例來說，漢斯─彼得‧約翰森（Hans-Peter Johansen）在一間製造打字機與印表機的工廠工作，對於一位物理學家與後備軍官來說，東德產品從

設計到功能性，各方面都落後西方國家的產品，這一點著實令人傷心到難以忍受；在他於 1986 年提出的請願書中，他花了一整頁洋洋灑灑地列出已經流通了十年之久的紅寶石（Granat）唱機各式缺點。與它的名稱（紅寶石）恰恰相反，這個品牌的唱機是一個黑色「單調的塑膠盒」，它的設計如此糟糕，以致按壓「深具代表性的沉重按鈕」時會因為缺乏緩衝，「完全無視物理學的基本定律」，使得插針跳過凹槽，「我敢說，沒有任何無線電愛好者會犯下如此基本的錯誤。」不論在哪裡，社會主義工作者都是過時或已停用技術的囚犯，他寫道，同志姍姍來遲、幾乎毫無工作的動力，這並不令人感到意外。[207]

這是現代歷史的一大諷刺。馬克思主義原本旨在克服疏離與異化、並使人們與工作再度合而為一，結果卻反而毀了工人對出自自己手中產品的自豪感；社會主義孕育出*萬能的消費者*（*homo consumens*）品種，而非*萬能的工匠人*（*homo faber*）。對於像衛星汽車這樣的商品來說，1989 年的革命譜寫出它們殘酷的命運；成千上萬擁有這些產品的人，把它們當成垃圾丟棄在街角。[208]

第七章

富裕之內

與社會主義的中歐與東歐國家比較起來，資本主義的西方國家雖然以其優勢為榮，但史上前所未見的富裕景象在 1950 與 1960 年代的蔓延並未受到舉世歡慶，遠遠沒有：物質財富引發了關於富裕對道德價值觀與社會結構帶來影響的深思與反省。半個世紀之後，我們得以借助後見之明，重新檢視這些新興社會的內部運作，從而產生出三種主導的觀點。其一，認為自 1950 年代以來的富裕改變了消費的優先順位，從物質消費轉變成象徵性消費，在支出上最典型的例子，就是從食物轉移到通訊。其二，把電視、汽車、假期普及大眾的現象，視為階級社會的消融與結束；根據這項論點，不平等依舊存在，但階級品味已被共同的夢想和願望所取代。最後，則是美國化的論點，認為消費文化已逐漸趨同並傳播美國的風格特色，且以多元的民族傳統為代價。在這些觀點之中，究竟有幾分為真呢？

富裕的預算

　　經費開支不是一切，但若是不知道人們如何花錢，我們對消費的理解就會不完整。戰後數十年間的一個明顯消費特徵，就是食物在歐洲家庭預算當中的占比急劇下降。在 1950 年代中期，挪威人就像法國人一樣，仍然把大約 45% 的收入花在飲食上；到了 1973 年，這個數字降到了 25%；而到了 2007 年，則已經變成 10% 出頭。1 區域與社會的差距與落後仍然存在，1959 年在西西里島，超過 400 萬人仍依靠援助的食物包裹與慈善廚房過活；至今，窮人仍然掙扎於如何維持一頓溫飽，食物銀行廣布英國、西班牙，以及其他受到經濟緊縮打擊的國家。但就整體趨勢而言，世界各地情況相同。到了 1990 年代初期，希臘家庭在食物上的支出只占了比 15% 多一點；這對歐洲人的生活是革命性的改變，甚至比 19 世紀末食物價格下跌的影響更為劇烈。1958 年，產業工人揮汗四個小時的工資才能換來一磅咖啡；但是到了 1993 年，四小時變成了 18 分鐘。人們開始減少馬鈴薯而增加肉品的食用，並以軟性飲料取代了牛奶。如今，斯堪地那維亞人啜飲的酒與飲料是 50 年前的十倍。2 社會現在擔心的不再是糧食保障的問題，而是飲食過量的現象。

　　從飲食開銷中被釋出的金錢流往何方了呢？得助於後現代視消費為象徵的經驗領域，有個觀點讓我們看出典範轉移（paradigm shift）i：文化與象徵經驗取代了物質需求。但正如法國與挪威的概況所顯示，這是誤導；在最近這半個世紀中，娛樂與文化上的開支的確倍增了，出版的書籍也比以往任何時候都來得多，但在住房上的開支也是如此。自 1950 年代以來的半個世紀，私人開支投注於住房、例行維護、天然氣、電力的占比，在挪威是倍增（從 15% 增加到 30%），在法國則是翻了三倍（從 7.5% 增加到 23%）。如果把住房、交通，以及食物加總起來，它們占家庭預算的比率在 2007 年與 1958 年是相同的 60%，3 顯示出富裕社會仍是以「一般」消

---

i　這個名詞於 1862 年出現在美國科學哲學家湯瑪斯・孔恩的著作中，用來描述在科技發展上，一定有某些定律被作為知識的基準，也就是「典範」，例如曾經的「日心說」。但隨著科技發展，這些典範已經無法解釋新的現象，於是科學家就必須找出替代的典範，是為典範轉移。

費為主，有別於炫耀性消費。4 在家庭上的花費提升，反映出舒適度、溫暖房間，以及熱水澡的標準提升，1970 與 1980 年代時，大部分的法國家庭都有了中央暖氣系統。因此，在消費開支的真正趨勢，以及大部分理論學家所著墨的消費者──不斷想再買另一個名牌包的購物者──之間，存在著難以理解的不協調。或許一個理由是因為，許多評論家持續從范伯倫的《有閒階級論》（1899 年）中汲取靈感，而該書正是寫於一個人們在衣著上的花費高於住房的時期。

∽ 階級與地位 ∽

第二種論點是關於這些轉變對階級的影響。以純粹的數字來看的話，有一股簡單的趨勢顯而易見：也就是法國人所稱的「平均化」（*moyennisation*）；家庭預算顯示出，社會的頂層以及底層的族群已失去明顯的消費特徵。1960 與 1970 年代時，工人開始將高得不成比率的開支花在休閒與文化上，但是高級行政人員（*cadres supérieurs*）在這部分的開支卻相對縮減了。5 就食物與飲料而言，社會上層人士與其他人之間的差距縮小了，因為專業人士與工人同樣可享受到食物的新烹調方式、新的商品，以及外出休閒娛樂。現在，文化的鴻溝在社會地位與等級間進一步擴大，把窮人排除在大多數人更為活躍的生活方式之外。6

看電視或者出去看場表演，對老闆或員工來說是否代表相同的意義，這是一個比較微妙的問題。簡單的答案當然是最理想的，但是除了具備獨特社會結構的國家之外，我們面臨的難題是，學者們皆透過階級的國家觀點來解讀這個問題。早期美國研究人員認為，消費文化創造出蓬勃發展的中產階級是無庸置疑的事實，畢竟，這就是美國人的夢想。恩尼斯特·迪希特與他的流亡同伴以及心理學家喬治·卡托納（George Katona）幾乎完全以中產階級家庭為研究對象，他們的女權主義評論家也是如此。相反地，英國的觀察者心心念念的，則是工人階級，並認定工人階級必須肩負建設社會民主主義的命運，這樣一來電視以及對物質的渴望是否會摧毀社會團

結？在法國，大部分的關注則是放在高雅文化（high culture）上，以及上層菁英人士如何將歌劇、繪畫，以及餐桌禮儀轉化為社會資本。

在美國早期的論述中，中產階級與郊區居民被模糊成同一件事物。早在 1930 年代，作家們就注意到郊區如何推動更具競爭力的物質生活方式，也就是「努力趕上闊氣的鄰居瓊斯家」。當人們被問到，如果他們有額外的 1,000 美元時會做什麼事時，威徹斯特（Westchester）的家長教師協會（Parent–Teacher Association）成員把旅遊放在第一位，然後是「對物質產品與服務的渴望」，譬如一台更好的車或是「漂亮衣服」；7 然後才是儲蓄以及讓孩子們上更好的學校。這還是在國家尚處於經濟蕭條時期的情況。郊區化提振了以家庭為基礎的休閒活動，這也是 20 世紀中葉保守派回歸的原因之一。一旦通勤者從城市的工作辦公室返回家時，他往往會選擇待在家裡；郊區的家庭會一起玩猜謎遊戲與棋盤遊戲，與外界的隔離以及對車子的依賴，意謂著他們會一起去看電影。威徹斯特的研究人員注意到，家庭如何成為「郊區的休閒娛樂活動中最穩定的核心」。8

對 20 世紀中葉富裕的美國郊區居民來說，公民生活與樂趣愈來愈相近。「我們愈來愈專注於給自己一段美好的時光，」一位威徹斯特的女人在 1923 年提到，「新的成員…對橋牌、喝茶…以及美容文化（Beauty Culture）課程比對幫助社區更感興趣。」郊區婦女俱樂部是在家戶間傳遞新產品、品味與食譜的輸送帶，就像「週日晚餐宴客」，9 距離 1950 年代發展成將會客室變成銷售場所的特百惠（Tupperware）派對 ii，已相距不遠了；到了 1954 年，「特百惠家庭」的成員已擴及 20,000 個以上的家庭了。特百惠容器是家庭導向消費體系的象徵，實用、節省金錢與剩菜，教導孩子們以「有序且愉快的方式」吃他們的午餐。同時，特百惠派對還提供家庭主婦走出孤立與為壓抑自我的機會，例如副總裁布朗尼・懷絲（Brownie Wise）便使用生活的譬喻敦促婦女成員們「要捨得用」：與其把珍貴的內衣收藏起來，女性應該要穿上它們來寵愛自己。10

家庭休閒娛樂更得益於冷氣空調。當作家亨利・米勒（Henry Miller）在 1945 年藉由《空調惡夢》（*The Air-conditioned Nightmare*）一書提出警告

---

ii 特百惠為一家塑膠保鮮盒品牌，透過鼓勵女性舉辦派對達到雙重行銷目的。

時，有空調的環境很大程度上仍僅限於電影院、百貨公司，以及辦公室。1950 年代時，窗型冷氣機才開始進入中產階級的家中；1957 年，聯邦住宅管理局開始將空調視為抵押貸款的成本，而非額外附加的費用。廣告商認為，在有空調的家中，家人跟孩子們一起待在家裡的時間會更多。11 歐洲的家庭中沒有空調，但是也有愈來愈重視家庭的類似內趨現象；戰爭加強了家庭作為一個安全處所的吸引力。1954 年一本極受房屋擁有者歡迎的指南《明日之家》如此強調：「是一座對抗邪惡世界的堡壘，使家庭難以被外力攻陷。」12

研究者的結論是：郊區孕育了新的美國人民，特徵是善於交際、抱負遠大、致力向上躋身。事實上，這樣的論點混淆了因果關係。對物質的渴望以及高度活躍的社交生活，是中產階級漸趨富裕所產生的結果，而非郊區生活所致；勞工階級的家庭並沒有這些特性。1950 年代中期的一項研究，焦點跟隨著福特工人來到他們位於聖荷西北部的郊區新家，13 發現他們的派對聚會與外出次數並無增加，許多人連雞尾酒是什麼都不知道，而且大多數人也並未加入任何俱樂部或協會。但消費文化並未自動扼殺團體生活，首先，大部分工人都不是新的加入者，同時，這種新獲得的居家舒適度也並未把他們拖往累死人的社交跑步機上。工人們只希望能夠留在自己的工作崗位上，而非往上攀爬以超越他們的鄰居。

到了 1950 年代後期，美國勞工的年薪約為 4,000 美元。在過去的 20 年間，他們的收入增長了驚人的十倍之多。然而，勞工家庭保留了他們自己的物質觀，富裕並未創造出無階級之分的單一文化。當時的一項研究，比較了芝加哥、路易維爾（Louisville），以及翠登（Trenton）的中產階級婦女與勞工階級家庭主婦對金錢與商品的態度。14 對中產階級來說，物質的渴望是由更光明的未來所撐持：「只要我不斷想得到事物，而且並未完全滿足於我現在所擁有的事物，我就會繼續感到快樂。」一位中產階級的女性如是說：「我一直想要更多的、不同的，或是新的事物。」相較之下，勞工家庭就像罹患了「憂鬱恐懼症」；儘管經歷了 20 年以來的薪資上漲，妻子們都深信她們的丈夫未來不可能賺得更多了。這絕非中產階級研究中所描繪的樂觀自信的消費者。花俏新奇的烹飪鍋、孩子們的玩具，以及衝動購物，都會引發她們的罪惡感；大部分的家庭都使用分期付款的計

畫來購物，但同時也視這些計畫為「幾近不道德的自我放縱」。富裕並未消除勞工階級對於如何量入為出以維持生計的關注，他們仍以商品的效用來衡量價值，而非商品的美觀，譬如可以變身成一張床的大沙發；休閒娛樂是浪費錢的無聊之舉，最好還是把錢花在「重要的」事情上。他們以懷疑的眼光看待市中心的百貨公司，那跟他們原來在當地熟悉環境下，在鄰里商店購買，或是透過朋友與家人聯繫的購物方式格格不入。

資產階級化

在繁榮富足的美國，這種階級文化的持久提醒了我們，在談到消費的國家風格時應該要特別謹慎。卡托納及他的同事將美國人向前看的心態與德國人保守的心態作了對比：「美國一般消費者快樂地花用明天的收入，而德國的消費者只願意花用昨天的積蓄。」15 問題是，以國家區分的「一般消費者」，這樣的人並不存在。將中產階級視為常態，會混淆階級與地區之間的差異；舉例來說，比之南義大利人，北義大利人在休閒與運動上的開銷始終占其收入相當大的比率。美國工人與他們的中產階級鄰居不同，他們並不比歐洲人樂觀多少；儲蓄者的數量也不該被過度誇大，歐洲人之中，特別是年輕的產業工人，也會使用分期付款計畫。在 1960 與 1970 年代，美國的私人儲蓄率僅略低於西歐。16

「資產階級化」的論點吸引了英國這個工人階級的祖國極大的關注。1952 年，經濟社會學家費迪南德・褚威格（Ferdynand Zweig）從一趟美國的研究之旅返回英國，關於誰是中產階級這個問題，他對美國工人的回應留下深刻印象。他們告訴他：「我們就是中產階級。」在接下來的十年中，褚威格發現英國工人正沿著同一條道路前進。17 他指出，富裕腐蝕了勞工階級的文化；一個原先屬於工作與鄰里的社群，被分解成為貪婪自私的個體。工人們心中的清單上寫的是接下來要買些什麼，而不再思考階級鬥爭的問題；在抱負與生活方式方面，他們也不再以父親與同伴為榜樣，而是社會條件比他們更好的人。阿倫・班尼特（Alan Bennett）在他的戲劇作品《享受》（Enjoy）（1980 年）中，極為傳神地描述出這種情況導致的價值觀衝突；故事始於里茲最後等待拆遷的背靠背式住宅之一，「我不想要愛

情，」應召女郎琳達對她的父母大聲喊道：「我想要消費商品！」18 這個「貪得無厭的新社會」，褚威格警告：若不再經由克制與自我犧牲的舊價值觀來加以檢驗，只會走向自我毀滅，任由通貨膨脹的狂暴旋風，把這個福利國家摧毀殆盡。

當時的市場研究者馬克・阿布拉姆斯（Mark Abrams）也附和褚威格的論點，但這個論點很快就受到了社會學的批評，並且發現其中所欠缺的不足之處。在 1960 年代中期，社會學家約翰・戈爾德多爾芬（John Goldthorpe）與他的同事，研究了位於工程與汽車製造之鎮魯頓（Luton）的 250 位富裕勞工。19 工人們帶回家的錢較多，並不意謂著他們就成了資產階級；社會學家寫道，藍領工人以工作與鄰里的社群來交換私人舒適的世界，幾乎沒有任何的體力勞動者會與中產階級分享他們的朋友或休閒娛樂；同時，工黨的工會會員數與支持度仍然高居不下。當藍領工人為新的個人主義褪去傳統的集體主義時，白領勞工卻從沿襲而來的個人主義轉向集體協議的務實支持；他們的共同點是對金錢和財產的取向，除此之外，這兩者之間始終保持距離。因此，富裕的影響是有限的；即使他們對物質與金錢的渴望趨向一致，社會等級制度仍然保持不變。

半個世紀之後再回頭檢視這些爭辯，會發現工黨對未來無所不在的關切，限制了消費討論。這很讓人留下深刻的印象；這些討論擔憂的是，私人消費主義正在摧毀緊密結合、沒有自私的歡愉、以團結與公平為基礎的傳統社區，因此褚威格將其比作一個「繭」。20 從歷史角度看來，這是一項令人好奇的關注，因為工黨在 19 世紀末、20 世紀初，與商業休閒活動的興盛一起擴張。現實世界中，勞工階級的社區始終因性別、種族、教派，以及區域認同而四分五裂，同樣地，勞工階級的保守主義在富裕之前就已存在，社交網絡與階級共識持續與新的私人舒適共存。金錢不是一切，魯頓的工人將社會不平等理解為權力與英鎊的繼承組合：「像我們這樣的普通人」對上「梅費爾上流住宅區的強尼（Mayfair Johnnies）」。21 舉凡涉及 1950 與 1960 年代的物質渴望，都必須在當時獨特的時代背景，也就是本世紀高成長與最低失業率的承平盛世下被檢視。當艱難時期回來時，勞工家庭將關注轉回如何勉強維生。一位研究者在陰鬱的 1980 年代中期重回魯頓，當時失業率站上了 14%，但他發現了大量社會網絡的存

在。富裕的勞工除了看電視，也與親戚、鄰居、同事會面；同時，富裕並未根除性別隔離，男性雖然參與了更多的家庭生活，但他們仍擁有飲酒與足球的外在世界。22

　　英國的爭論涉及新的認知，亦即「富裕工人」的地位認同與自我價值是來自他們擁有並使用的物品，而非他們製造的事物；但是，人們喜歡的事物到底如何與社會不平等產生關連呢？在 1960 年代的法國，布赫迪厄（Pierre Bourdieu）匯集了對階級與文化之間的關聯最具雄心壯志的論述，最終於 1979 年出版為《區隔》（La Distinction），被譽為「發行於世界各地、戰後社會學最重要的一本專著」。23 它的成功之處在於，「區隔」已然深入日常的詞彙之中，用以描述我們如何使用物品去傳送關於我們是誰的信號。但對布赫迪厄來說，區隔遠不止如此，它是社會領域的中心，也是被階級環繞著運行的太陽，其間的引力就是品味。品味的區別有雙重的涵義，它將一個群體與另一個群體區隔開來；同時，「它以極為必要的方式進行區隔，因為品味是一個人擁有的一切（包括人與物）之基礎，而對其他人來說，品味也是這個人的一切；藉由品味，一個人不但進行自我分類，也被他人分類。」提及「人與物」的這一點至關緊要，因為布赫迪厄堅持每個階級都有自己獨特的品味體系：「把事物與人們聚在一起的，正是品味。」人們的喜好與生活方式，喜歡什麼以及如何消費事物，對他們來說都有一致性，以某種適當的「習性」體現，並透過某種等級的教育體系參與社交生活。24

　　藉由訪談、調查、理論，以及精心製作的圖表，布赫迪厄為法國社會繪製了一張文化地圖。頂端是受過良好教育的上層菁英人士，捍衛了它對「合法文化」的壟斷並宣稱擁有「優越」的區別（「為藝術而藝術」）；「S」就是一個典型的例子，一位出身巴黎大資產階級的 45 歲律師，住在第 16 區一間 300 平方米公寓中，還有一棟勃艮第的鄉間小屋。他的人生指導原則是精緻的歡愉，鄙視那些購買「有價值而非能取悅他們」的事物之人。他喜愛馬蒂斯（Matisse），也喜愛波提且利（Botticelli）；烹調對他來說是一種「心態」，「要欣賞它，你必須要能『放鬆』：鱒魚蛋以某種蘇聯的方式來烹調，也相當美味。」他是波爾多葡萄酒的鑑賞家，珍藏了自 1923 年以來的十瓶酒；品味好酒是一種「聖餐禮儀」，「只能與有能力

以相同方式享受它的特定人士」一起主持這項禮儀。

　　讓布赫迪厄最感興趣的是上層社會的菁英人士，他們運用品味去證明並維持社會等級制度的正當性。下層階級有自己的生活方式，那些方式被導向「合法的文化」並肯定了它的優越性。因此，布爾喬亞階級播放拉威爾（Ravel）的《波麗露舞曲》（Bolero）以展現其「文化善意」iii，在家中，他們會刻意介紹「舒適的隱蔽處」與「角落處」，來展現他們的「入不敷出」。同時，體力勞動階級提出「必要的品味」，物品的功能性比什麼都來得重要，而非歡愉或美學的效果；食物重要的是它的卡路里，而不是它的烹調方式；衣服應該以實穿為考量；布赫迪厄發現，比之資產階級的優越者，勞工階級的妻子們較不關心時尚與美觀，如果把辛辛苦苦賺來的錢花在一張巴哈（Bach）唱片上，會被視為是「裝模作樣」的行為，就跟把200萬（舊）法郎花在一只好錶上是一樣地「荒謬可笑」。25「文化」是上層社會菁英人士的事。

「區隔」所形成的階級

　　「區隔」是向前邁進的一大步。馬克思主義對於「大眾文化」的論述，把消費者描述為文化產業的被動、易受騙者，這個論點使他難以說明大眾文化如何產生改變。相形之下，布赫迪厄視消費者為複製階級體系的積極參與者；他超越了當時對時尚的代表物與論述之關注，把專注力放在人們如何消費以及消費了什麼。他對上層菁英人士緊抓「合法文化」的批評中，包含了法國共和政體的議題：政治的民主需要先有文化的民主。26

　　這裡的大問題是，1960年代對法國的約略了解，是否能擴大適用於更寬廣的框架？階級是擁有統一品味與習性的獨立島嶼嗎？這一點即使對1960年代的法國來說，都令人存疑。布赫迪厄最感興趣的是，將上層菁英與勞工階級區隔開來的高雅文化，他忽視了某些跨越階級的實際行為，像是看電視；他也並未凸顯性別或是移民社區，這說來有些諷刺，因為布

---

iii　對文化資本的掌握不足，卻盡力表現對主流、正統文化的善意，並十分樂於學習。例如即使不感興趣，但為了使自己接近正統文化而嘗試聽古典樂的人。

赫迪厄最初成果斐然的一項開創性研究，就是在阿爾及利亞所展開的性別研究。人們究竟是否擁有一致的、階級專屬的特定品味，這一點令人懷疑；讓我們回想一下 1913 年那位曼海姆的機械工人，他既喜愛華格納也喜愛牛仔與印第安人電影。27 社會學家貝納・拉易兒（Bernard Lahire）煞費苦心地檢視法國自 1970 年代起在文化實踐方面的數據資料。他發現了「不協調」比任何一致的階級品味更廣泛存在，個體混合並搭配不同的類型與流派，創造出他們自己獨特的品味組合；在同一個家庭之中，有些人愛看電視遊戲節目，其他人則鄙視這些節目。「區隔」與其說是一種階級特性，不如說是一種個人的成就；在「高雅」與「低俗」、「高貴」與「庸俗」、「精緻」與「垃圾」之間存在著一場「戰爭」，但根據拉易兒的說法，這些戰爭是發生於每個人的內在，而非發生於階級之間。28

　　大眾媒體、電視，以及音樂設備與器材的普及，可說促進了更廣泛的多元化，而非統一了各個階級。部分是透過收音機、電視，以及最近的網際網路接觸到多種流派與類型的結果，部分則是由於愈來愈多的家庭享受。過去，「高雅」文化或「低俗」文化的參與是可見的，是公共行為。但有了電視之後，所有的階級都能觀賞到各式各樣的節目，而毋須擔心失去他們的地位；然而，這並非意謂階級已消失，相反地，它的運作模式從品味轉變成參與的程度。2003 ～ 2005 年間，在英國一項最嚴格的文化消費研究發現，對音樂流派、運動，以及電視的類似偏好，是跨越群體而存在，唯有視覺藝術是一個例外。29 而只有對一小群高級菁英人士來說，高雅文化仍然被當成資本之用。品味被民主化了，如今，主要的歧異僅存於會參與藝術與音樂或不參與的人。工人特別不可能去參加音樂會、戲院、或博物館，或是運動，反而更可能花時間待在家裡，或是參與朋友的社交聚會。

　　因此，富裕為階級文化的衝突畫上了句點——雖然是出乎克羅斯蘭這類多元主義改革者所預期的理由。勞工不再敬畏高雅文化，也不再擁有自己的文化；現在，每個人都是足球迷，工黨摒棄了生產者的獨特文化。同時，中上階層也從勢利的菁英主義切換成文化的入侵偷獵者。區隔的新策略不再豎起障礙以保護個人的階級免於變成庶民，而是變成盡可能混合多種風格的「雜食者」——同時傾聽勞工階級的樂團、世界音樂，以及弦樂

四重奏，同時觀看電視肥皂劇以及莎士比亞舞台劇。矛盾的是，放棄對自己文化的主張，反而有助於中產階級鞏固它的優越感。30

在並非以階級為主導的社群中，消費如何影響社會的身分認同？非洲城市是一個有趣的例子，因為在那裡，移工的部落認同面臨了娛樂、新品味及產品的挑戰。舉例來說，1950 年代在迦納的阿克拉，就有八間大戲院播映美國電影、音樂劇、緊張刺激的電影，以及野生狩獵電影；有 20個非洲伴舞樂團，以及為數眾多的社交俱樂部。另一方面，消費也會加強種族的分裂；舉例來說，印度迦納俱樂部（Indo-Ghana Club）只服務印度人。然而，消費也挑戰了帝國與本地的社會等級制度；在剛果河（Congo River）上的法屬赤道布拉薩（French Equatorial Brazzaville），當勝利的本地球隊拒絕脫靴並赤足打球時，足球便成了對殖民主人的一項挑戰。同時，歐洲的帽子、襯衫，以及連衣裙恣意橫行，無視部落的著裝規範，也為年輕人與窮人提供了得以從長老所控制的服裝政權中解放的一種方式。年輕夫妻則在此跳著倫巴舞與華爾滋。31

消費往往被視為社區最強大的溶劑，因此值得強調的一點是，消費有時也會發揮接合劑的固著作用。科薩人（Xhosa）在 1950 年代時從南非遷移到東倫敦，把農村中對於「紅派」（Red）與「學派」（School）的派別劃分也移植了過來。較為傳統的紅派（亦即紅色的人〔abantu ababomvu〕），用紅赭石塗抹他們的身體，以懷疑的眼光看待消費文化，不贊同信貸以及在休閒娛樂上的開銷。「郵政儲蓄賬戶中的小牛不會死。」這是他們的諺語之一。紅派住在集體宿舍之中，一起煮飯，並在下工之後參與部落集體（iseti）的飲酒聚會，分享對於家鄉的回憶。相反地，學派的科薩人信基督、能讀寫，並且張開雙臂擁抱消費文化；大部分人加入運動俱樂部，舞廳蓬勃發展，有些人跳搖擺舞並玩英式橄欖球，有些人則偏好跳交際舞、上酒吧與電影院。紅派的人說，這些娛樂使學派的科薩人成了小偷。只要情況許可，學派的科薩人會盡可能搬進私人住所，購買消費商品，並以西式的家具與裝飾品來布置他們的家；消費的生活方式使他們得以與紅派保持距離，同時強行將他們自己的等級加諸於一個幾乎無階級之分的農村社會中。最終，削弱部落文化的不是消費文化，而是城市規劃與強制拆遷，使紅派的科薩人被驅散至新的衛星城鎮。32

美國化？

　　美國化的論點，可以被認為是消費文化打破區隔這個想法的地域性延伸。把標準化的力量歸因於美國並不令人感到意外，因為富裕的時代適逢美國成為 1945 年之後全面勝利的新強權。超級市場、美國行銷，以及好萊塢夢想的結合，這些都很容易被素來多疑的歐洲人視為帝國主義單一文化的前導部隊。如今，作為超級強權的美國沒落，為我們提供了一個適當的回顧時機，檢視生活方式真正融合到什麼樣的程度；為達此目的，我們也必須同時考慮做法與產品，亦即人們做了什麼以及買了什麼。

　　超級市場正體現了歷史學家維多利亞・德・格拉西亞所形容的美國：「一個不可抗拒的帝國」，承諾了多樣選擇、便利性，以及低廉的價格。有霓虹燈閃爍的走道、冰櫃與包裝好的食品，以及令人愉快的空調環境，超級市場是標識出未來現代性的象徵；然而它的開始，卻源起於 1930 年代經濟大蕭條的黑暗時期。更寬廣的商店樓層與自助服務量的增加，不但可以降低商店的經常性成本開支，也可以用折扣來吸引對價格敏感的購物者。到了 1939 年在美國，花費在食物上的每一美元之中，就有 25 分是花在超級市場；20 年之後，這個數字變成了 64 分，此時，自助服務已發展成自我實現的形式了。色彩柔和的室內裝潢、舒緩人心的背景音樂、色彩鮮艷的產品包裝被引入，以吸引購物者嘗試新的商品，並視超市的購物之行宛如一趟自我發現之旅。33

　　在歐洲，美國人選擇義大利與比利時作為開始進攻歐洲市場的橋頭堡。得助於低息的政府貸款，納爾遜・洛克斐勒的企業（IBEC，國際基礎經濟公司）1959 年在米蘭開設了它的首批義大利超市；然而，這可不是什麼商業的「登陸日」（D-day），美國的零售技術並沒有那麼容易被移植到歐洲。一位主管指出，進口的超市購物手推車原本是設計給美國人方便將雜貨商品放上凱迪拉克（Cadillac）車上，但大部分義大利人連飛雅特（Fiat）500 都負擔不起；34 而如果沒有冰箱，購買冷凍食物就沒有意義了。超級

市場在歐洲各地遇到了各式各樣的阻礙：從限制性規劃的法則、小型建築與營業時間、到店主與合作社的政治影響力。進展緩慢且崎嶇不穩。到了1971年，英國已經有超過3,500間的超級市場，而整個義大利才只有600間，而且主要分布在北部。十年之後，義大利人僅有3%的食物是在超市購買的；在法國，則是14%；相較之下，英國、德國與荷蘭的擴展速度要快得多，到了1990年代初期，大型連鎖超市已控制了60%的食品雜貨市場。

集中擴展的浪潮直到1980與1990年代才真正到來，但與其說是來自美國的入侵，不如說是國內力量運作的結果。舉例來說，直到1966年，丹麥仍禁止連鎖商店在任何直轄市開設一間以上的分店，除非它們也有進行製造（像是合作社）；直到1994年，營業時間才延長到晚間八點。折扣超級商店起飛時，丹麥的合作社充分地利用了這一點。在法國，1973年的「羅耶法」（Royer Law）把店主放入當地的分區委員會以減緩超級市場的進展；因此，法國的連鎖超級市場遂往海外發展，在西班牙與拉丁美洲開設商店。家樂福（Carrefour）有半數營收是來自海外的業務運作。35

商業交換也並非只有從美國往外的單向流動，創新會來回傳播並流通。除了城市的巨型商場，瑞士的合作社巨人米格羅斯超市（Migros）率先推出了小型的自助商店與旅行小貨車，其後土耳其與巴西亦加以複製。米格羅斯超市也率先在自助服務項目中加入電子結帳的功能，引起美國零售商的興趣。在各國市場中，美國的模式都必須加以調整以符合當地的空間與習慣，結果就是在地與美國混合模式出現。舉例來說，瑞士超級市場優先考慮的是品質而非選擇，與其像美國商店一樣貯存4,000件品項，它們寧可只進有限的品牌商品；標準化因對當地品味與產品的考量而受到限制，而圖書角落更提供了尊重文化的氛圍。36 在阿爾卑斯山南部，義大利的超級市場很快學到了利用現存的習慣比引進外國的習慣要容易得多；每日抽獎、禮品促銷，以及無包裝的新鮮食品展示，針對的是習慣每天購物而非每週才購物一次的義大利人。不像美國商店，瑞士與義大利的超級市場都必須從頭開始建立自己的供應鏈，最後就是生產許多自己的產品，或是直接進口產品。37

人們昔日的憂慮——以合乎經濟原則（rationalization）的統一做法為工

作、社區、自由帶來的影響——激發了大眾對美國化的恐懼。小型商店（譬如工匠的作坊）代表充滿活力的社區，大型自助服務商店則是沒有靈魂的匿名者。1962 年，在義大利小說《美好的生活》（*La vita agra, Bitter Life*）中，超級市場看起來像是源自繁榮、喪失人性的邪惡；偽裝成普通購物者的員工混在心神恍惚的婦女之中，鼓勵她們把手推車裝滿；每個人購買相同的物品，沒有人說任何話，肉品櫃檯就像一座裝配工廠，婦女機械化地以玻璃紙密封肉片與冷凍肉塊。在結帳櫃檯，女收銀員們像機器人般坐著；「頭上戴著一模一樣的藍色便帽，印著商店名稱，放大的瞳孔緊盯著數字，沒眨過眼……她們的膚色消褪，她們的脖子愈來愈皺，就像許多小烏龜。」38

　　普通購物者的體驗卻截然不同。了解如何使用鐵絲網籃與購物手推車的若干指示與說明之後，大部分人都喜歡上了超級市場，甚至認為它讓人獲得自由與解放。小型商店溫暖、友善的光輝往往比真實情況更理想化；事實上本地商店中的偶遇，牽涉到階級、從屬關係，有時甚至是羞辱。剛從肉販處離開的勞動階級家庭主婦，帶回比她們想要或是負擔得起的更厚肉塊——為的只是不在鄰居面前丟臉。八卦流言到處流竄：為什麼隔壁的年輕單身女人突然比平常多買了兩倍的食品雜貨？除了便利性與更長的營業時間，超級市場有種民主的氛圍，對職業婦女、單身女性，以及少數民族特別有吸引力；男性也覺得超級市場更容易找到東西，而且新奇產品帶給他們一種勝任感，在 1960 年代，超級市場中 1/3 的顧客是男性。超級市場給自己披上民主支柱的外衣，用義大利艾希盧嘉超市（Esselunga）的廣告標語來說，「每個人的選擇都是一樣的。」一開始對此嗤之以鼻的，正是較為富裕的階層；畢竟，優越地位是藉由它被賦予的個人關注而展現。在英國，艾倫‧塞恩斯伯里（Alan Sainsbury）的首批自助服務商店之一開幕時，他被一位法官的妻子激烈地咒罵，原因是她發現她竟然得當自己的店員。自助式服務打亂了客戶與零售商之間古老的權力平衡。

　　然而，若說超級市場從親密的人際偶遇，革命性的轉變到麻木、堆積如山的商品，則會導向錯誤的結論。即使在自助式服務傳播得最快的區域，像是英國，大部分人還是保持併行的購物習慣，在超級市場購買某些品項，然後在小型商店購買其他品項。經過多年的沉寂，法國在 1980 年

代時仍有 60 萬間小型商店，這還沒算上糕點烘焙坊呢。在芬蘭，角落售貨亭的數量不減反增。除了食物之外，小型零售業在大部分歐洲國家仍維持相當可觀的交易量。此外，也並非所有連鎖商店都是沒有靈魂的；早期的超市意識到它們必須克服冷酷無情的匿名感，代之以引入個人接待員與臨櫃服務。許多英國購物者對於他們第一次使用自助服務的口述經歷指出，顧客往往會留駐於與店員熟識的商店，至少在小型的超市及社區中是如此。一位女士回憶：「你仍然認識那些人，所以還是會跟他們閒聊幾句，因為你認識他們，就像你在那些有櫃檯服務的商店一樣。」39 在大型的城市超市中，要做到這一點就困難得多。但即使如此，也不至於使這些商店自動成為孤獨者的聚集之地；直到今日，購物者有時候還是會把他們的聊天閒談與社區團體帶入商店之中。在今日的中國超市，店內的廣播聲往往會被一起購物的夫妻嘈雜的對話聲所淹沒；在台北、首爾，以及香港，青少年把麥當勞變成了青年聚會中心，甚至在那裡舉辦讀書會。40

在地音樂文化

值得注意的並不是美國將商品傳布擴散至世界各地這個事實，而是它的影響力分布得多麼不平均。好萊塢的主導地位，與世界各地在地音樂文化的復原韌性可說是不相上下——考慮到聽音樂是文化消費中最普及、最流行的形式，後者不可謂不重要；規模關乎一切，製作一張唱片的成本遠低於製作一部電影。以英語為母語的音樂支配了荷蘭與德國的音樂市場，但在法國、希臘、挪威與義大利，民族風格、藝術家，以及唱片銷售仍然極為重要。在歐洲各地，美國的爵士樂以及之後的搖滾樂激發了創新與多樣化的火花；1950 年代時，義大利歌手多米尼科・莫杜格諾（例如〈飛翔〉〔Volare〕）融合了來自南普利亞（Southern Puglia）與西西里島的影響以及低吟與搖擺（參見插圖 45）。1959 年在法國，比起以《黛安娜》（Diana）及其他當紅歌曲高踞美國排行榜的加拿大情歌手保羅・安卡（Paul Anka），對年輕人來說，喬治・巴頌（Georges Brassens）（例如〈壞名聲〉〔La mauvaise réputation〕）更受歡迎。

戰後的重建也涉及了文化的重建，區域音樂與民俗文化在電視與廣播

節目中占有專屬的一席之地。德國漢堡有《鯊魚酒吧》（Haifischbar）電視節目，義大利拿坡里（Naples）有拿波里歌曲遊行，此外還有民族音樂節慶的加入，像是創辦於 1951 年的聖雷莫音樂節（Festival di Sanremo），至今仍不斷激發歡樂與困惑。這些都是新民族文化的重要載體，尤其對地區劃分壁壘分明的社會來說更是如此，歐洲歌唱大賽（Eurovision Song Contest）即建立於這個模式之上，聖雷莫的例子，亦闡明了對美國化的過度專注，將會失去類似這樣的交流。這個音樂節的確有應邀前來參與的美國明星，舉例來說，1968 年的路易・阿姆斯壯（Louis Armstrong）；但同一年獲勝的參賽作品，卻是一首結合義大利與巴西的暢銷歌曲〈為你歌唱〉（*Canzone per te*），由塞爾吉奧・恩德里戈（Sergio Endrigo）與羅貝托・卡洛斯（Roberto Carlos）合作，徹底改變了標準的浪漫公式：「你帶給我的寂寞，我像種花一樣悉心栽培它。」41 巴西在 1964 年發生的軍事政變，導致了巴西藝術家的大批出走，吉貝托・吉爾（Gilberto Gil）搬到倫敦，奇科・布華奇（Chico Buarque）搬到羅馬；盧喬・達拉（Lucio Dalla）的〈1943 年 4 月 3 日〉（*4/3/1943*）之中的葡萄牙風格要歸功於後者，他後來將這首歌變成了紅極一時的巴西歌曲〈我的過去〉（*Minha História*），甚至在日本也大受歡迎。這些年更見證了「唱作人」（*cantautore*）的誕生，他們是新的創作型歌手（例如：坦科〔Tenco〕、喬治・加伯〔Giorgo Gaber〕、法布里奇奧・德・安德烈〔Fabrizio de André〕、吉諾・保利〔Gino Paoli〕）；他們也要歸功於法國香頌歌手（*chansonnier*）喬治・巴頌與查爾斯・阿茲納弗（Charles Aznavour），同時巴布・狄倫（Bob Dylan）與納・京・高爾（Nat King Cole）亦不遑多讓。

　　拉丁美洲的影響已擴展至北極圈。受到這些旅行音樂家的啟發，芬蘭人發展出他們自己的探戈類型，用低調演奏，並融合阿根廷的節奏以及對大自然和家園的民俗懷舊情感（參見插圖 46）。有了自己的明星、節慶，以及探戈國王與皇后的競賽，探戈跟蒸汽浴一樣，成了芬蘭文化的重心。1960 年代，流行音樂和探戈之間的競爭，被視為一場芬蘭人的靈魂與存活於日益城市化社會中的鄉村生活方式之交戰：在 1950 ～ 1980 年之間，居住在城市地區的芬蘭人數比率已近乎倍增，從 32% 增加到 60%。流行音樂的先鋒則是英國披頭四樂團（Beatles）以及滾石樂團（Rolling Stones），美國的影響力更微不足道了，一直要到 1966 年 4 月，才有一位美國歌手

——南西・辛納屈（Nancy Sinatra）以她〈這雙靴子是用來走人的〉（*These Boots are Made for Walkin*）——躋身暢銷歌曲排行榜前五名。芬蘭探戈的捍衛者，擔憂那些長髮音樂家與他們的狂熱仰慕者會造成道德墮落與性別混亂，探戈的歌詞強化了冷酷與寂寞的城市印象；但流行音樂家則反過頭來，嘲笑探戈是與現代化隔絕的落後農民才會喜愛的事物。「我會說，那樂隊真是勇敢，」一位音樂家在 1967 年時寫道：「膽敢前往于韋斯屈萊（Jyväskylä，位於芬蘭中部）北方，表演的內容卻未能涵蓋 90% 的探戈曲目……在博滕區（Ostrobothnia），這樣的樂隊會因為演奏的探戈曲目不夠多，而被人拿刀子威脅。」[42] 自其時至今，情況已和緩了些，探戈在城市南部的赫爾辛基與圖爾庫（Turku）也有了仰慕者。更普遍來說，混合風格的融合在最近的流派類型中仍然可見，舉例來說，曲風獨樹一格、風靡一時的〈他想要一個乾馬桶〉（*He Wants a Dry Toilet*），就是屬於後龐克的芬蘭雷鬼音樂（Suomi-reggae）。[43]

民俗與地區音樂風格的韌性及生命力，在某些情況下是由文化保護的措施培育而成，法國就是一個顯著的例子。1986 年，法國通過了一項法案，要求 40% 的廣播時間必須用於播放法國歌曲與地區語言節目，以英語或其他外國語言演唱的法國音樂家則無法從中受惠；同時，公共電視台必須把至少 2.5% 的營業額用在製做法國電影上，而在電視上播放的電影，也必須有 40% 是法國電影。至今為止，法國仍拒絕向美國壓力低頭，拒絕讓自由貿易的協議範圍延伸至它的國家寶藏——音樂與電影。[44]

可能有人會認為，即使已開發國家的人們會珍惜不同的音樂、食物等，富裕還是孕育出消費方式如出一轍的生活方式；這是個複雜而棘手的問題，因為，對於美國化與全球化的研究主要看的是商品，而非人們用這些商品做些什麼。儘管如此，從各個國家開始從 1960 年代保存的時間使用數據資料中，還是可以蒐集到若干看法與見解。一個研究團隊記錄了國家資料，將美國、法國、英國、荷蘭，以及挪威的飲食與閱讀模式進行比較。在 1970 ～ 2000 年間，世界各國外出用餐的情況顯著增加，但有頗大的差距。到這個時期結束時，英國人與美國人一天平均各花 25 分鐘與 30 分鐘外出用餐；相較之下，挪威人很少進餐廳（一天平均 14 分鐘）。法國人經常外出用餐而且一直如此，但他們每天也會花整整 1.5 小時在家用

餐;反之,美國人在家用餐的數據暴跌到 40 分鐘以下。由此可見,富裕
並未使日常習慣與生活節奏趨向一致。法國人、瑞士人、義大利人會從容
地坐下來一起用餐,而美國人往往是單獨吃個點心或便餐,而且還會一邊
做其他的事。45

　　當然,這些都是平均數字,我們接下來要問的是,這些實踐與做法如
何分布於人口之中:人們是否以愈來愈類似的模式,把休閒時間花在電
視、運動、閱讀等方面?在即將邁入富裕年代之際,世界各國的這些習慣
顯得相當不一致。舉例來說,在 1946 年,2/3 的英國人固定會去看電
影,但其他的 1/3 則完全不看。美國化若真那麼無所不在,隨著生活水平
的提升,它早該創造出愈來愈趨同的單一文化;然而,對於閱讀的研究卻
描繪出更為複雜的景況。在挪威與荷蘭,閱讀書籍與雜誌仍是大部分人共
有的休閒活動;另一方面在美國,閱讀卻成了少數人的消遣活動,但那些
真正會閱讀的人(參與者)則讀得愈來愈多 —— 1998 年時,一天會花上 87
分鐘在閱讀(與挪威人及英國人的 47 分鐘形成了對比)。46 網際網路與其他新
興媒體是否扼殺了閱讀這項消遣活動,仍然值得商榷。雜誌閱讀逐漸滑
落,但書籍閱讀比以往更受歡迎;在荷蘭與英國,網際網路的重度使用
者,往往是更加(而非較不)積極主動的閱讀者。47

　　以上對於閱讀習慣概況的簡要理解,促成了一項有趣的假設:人們的
休閒模式或許在歐洲大陸是趨向一致,在美國(以及一小部分的英國)則趨
向分歧;換句話說,富裕使美國人成為專門者,使歐洲人成為概括者。在
美國,你不是大量閱讀,就是完全不閱讀;你不是大量運動,就是完全不
運動。反之在荷蘭與挪威,大部分人是兩者多少都涉及一些,消費更傾向
共享共有的方式。若說美國化有其特殊動態,那麼,它可能是內部的多樣
化而非相似性,每個人都活在自己的風格孤島上。造成這種強烈對比的一
個可能原因,或許是歐洲大陸上的富裕始終為社會民主所制約,因此不平
等的對立沒那麼激烈,教育的同質性也較高,同時政府在文化的規定與舉
措上,長久以來始終發揮既定的作用。令人關注的是位於大西洋中部的英
國,處於兩個消費地區之間,兼具了美國與歐洲大陸的特質。然而其同質
性是否優於差異性,這又是另一個問題了。

第八章

亞洲的消費

亞洲國家

　　截至目前為止,消費的故事,敘述的都是關於更多的消費;然而在當代的亞洲,「更多」的消費變成了「最多」的消費。1955 年在日本迅速發展起來的榮景,正是一連串浪潮之中的第一波;而這一系列的浪潮,使台灣與南韓在 1970 年代崛起,使中國在 1979 年開始大步躍進,更使印度在近年來成為耀眼新星。在 1990 年與 2002 年之間,根據世界銀行(World Bank)資料顯示,12 億人口已經脫離貧困;而其中,幾乎有 10 億人口來自亞洲。雖然自 2012 年起,成長數字已趨緩,但即使如此,在世界歷史上,從來沒有那麼多人能在這麼短的時間內加入購物者的行列。即使是在戰後經濟奇蹟的時期,西歐國家也花了 10 ～ 15 年的時間才讓半數的家庭擁有電視,花了 20 ～ 25 年的時間才讓冰箱登堂入室。南韓在 1970 年代卻只花 10 年就做到了這件事,而中國在 1980 年代也只花了幾年的時間;在西方世界幾十年來陸續普及的商品,像是洗衣機、立體音響設備,以及錄放影機,幾乎是同時進入了中國的家庭,而且不論貧富之家皆是如此。1

　　消費的巔峰來得絲毫不費吹灰之力,在中國更是如此。2009 年,中

國成了全世界最大的汙染者與最大的汽車購買者，自有住宅擁有者的比率也最高。[i]中國崛起的全球性後果引發了廣泛的評論。然而，在對生產以及對消費的關注之間，對血汗勞工與生態潰堤的廣泛關注之間，還有以豪華商場與上海保時捷俱樂部（Shanghai Porsche club）成員為例的「消費主義」狹窄焦點之間，始終存在著令人難以理解的不一致性。

歷史不是一顆能預言未來的水晶球，但它能將當前的變化置於更長遠的觀點之中，幫助我們理解亞洲社會如何、並為何發展成如此的消費方式。將日本、中國、印度與我們在本書中所追溯的消費發展歷史併置在一起，我們可以立刻看出主要的差異：在這些國家之中，好幾個連續的階段被壓縮成為一個階段。中產階級的崛起、家庭舒適的文化、都市化、可支配支出的增加、房屋所有權的發展，這些都是歐洲與美國花了四個世紀的時間才完成的漫長過程。在 1950 ～ 1980 年代的日本，以及自其時起的中國與印度社會蓬勃發展的過程中，這些轉變，或多或少都以平行並進的方式在發生。

第二項同樣關鍵的差異，是歷史演變中的消費地點。當茶、瓷器、棉布開始在荷蘭與英國大受歡迎時，這些國家早已是都市化的社會了，之後才有工業革命的發生。除此之外，西方許多國家中，正如我們多次見證，消費者權力是借鑑訴諸政治公民權的傳統慣例；然而亞洲提醒了我們，歷史並不樂於以一連串一成不變的步調運行。在中國與日本，這樣的順序被逆轉了過來，兩者皆是在仍以農村社會為主的階段，便開始了工業化的過程；它們在都市化之前，就已經進入了現代化。近年來的消費激增，部分也是由於大規模遷徙的結果——數以億計的人們，在幾乎從零開始的城市中建立起他們的家園；這種發展帶來深遠的影響，尤其是對家庭所扮演的角色而言。在此，公民權的階段同樣被逆轉了過來；在西方國家中，先有政治權，其後才會擴展至社會權，但遠東國家跳過了第一步。公民權意謂著責任，而非權利，為了換取國家的保護與若干社會支持，公民有責任支持政府；這造就了與自由西方國家從根本上就截然不同的政治棲息地，因

---

i　如果我們評量平價商品的購買力，也就是金錢真正在該國可以買到的物品，再乘以人數，那麼以2009 年的消費能力來說，中國的 10 萬億元僅次於美國而已。

為在西方國家中，公民消費者是把個人權利的需求與社會福利的需求連在一起。印度雖然也採取了民主的途徑，但新獨立的政府也要求公民成為生產者，並使個人欲望臣服於這個獨立國家的集體利益之下。

一如既往，本書既不打算提供百科全書式的國家檔案，亦不想描繪出一幅東西對比的黑白畫面。相反地，在選擇性與主題式比較的幫助下，本書試圖勾勒出主要發展方向，並找出差異與相似之處；有時，由於關鍵變化並未同步發生，我們必須以經歷時間的方式來檢視它們的變化。也就是說，將 1950 ～ 1980 年代的日本，與 1990 ～ 2000 年代的中國拿來做比較。

三個主要的問題浮現了出來。首先，近期的物質大躍進與過去決裂到什麼程度？其次，像中國這樣快速成長的社會，是否正如中國專家所警告的，正朝向美國的「拋棄型消費生活方式」發展？2 最後，則是政治性的問題。在英國、法國、美國，消費的崛起與公民社會、公民權，以及社會民主的興起密不可分；在自由主義與共和政體棲息地以外、在強權與個人權利衰微的政體之中，消費行為會變成什麼樣的政治動物？

漸入高點

對任何故事來說，出發點都形塑了它的道德寓意。GDP 的年成長率是如此非凡，在日本（1955 ～ 1973 年）與中國（1979 ～ 2011 年）都超過 10%，在印度也接近這個數字（在 2003 至 2008 年之間是 8.7%）；因此，大部分評論家把日本奇蹟、鄧小平對中國的開放、1991 年的印度自由改革，當成各自的出發點，毫不讓人感到驚訝。顯然，電視、汽車、空調設備以及其他眾多商品的大規模購買，造就了顯著的成長、購買力的提升，以及更多的選擇。ii

---

ii　另一個爭議是，奇蹟般的驚人成長，是否只是一種由傳統測量方法所產生的視覺幻象。環境汙染與劣化的成本，每年會耗盡大約 10% 的 GDP，根據 Elizabeth C. Economy, 'The Great Leap Backward', in: *Foreign Affairs*, 86/5, 2007, 38–59.

問題在於，一旦我們採取更長遠的觀點，最近的戲劇性事件是否也會看起來像某個急遽、激烈的決裂。事實上，中國的毛澤東主義（Maoism）與尼赫魯對印度的願景，是從商業發展的長遠道路上一種暫時但影響深遠的偏離。毛澤東把商人與購物者變回農民，舉例來說，當中華人民共和國（People's Republic of China）誕生於 1949 年時，北京還是個繁榮的城市，有整整 10,000 間的餐廳與快餐小吃攤；到了 1979 年，只剩下 656 間。物資短缺影響的不僅是商品，還有維持商品所需的服務，店鋪、磨刀匠，以及自行車修理工，都從城市景觀中消失了。3 同時，在 1947 年 8 月 14 日的午夜時分，印度與命運交會，並轉身背對了這個世界；對尼赫魯來說，獨立需要的是自給自足、建立工廠與發電站，而非購物，消費帶有帝國體制的汙點。因此，一旦來到全球交流的十字路口，印度洋幾乎陷入了停滯的狀態；在 1947 ～ 1990 年之間，印度在世界貿易中的市場占有率從 2.4%，下降到 0.4%。iii 從其時起的自由化，必須被視為是重返舊歷史軌跡的回歸。

因此，獲取與消費這兩個概念並非新近、外來的文化輸入，並非從「現代」西方輸往儉樸、「傳統」的東方。富裕的願景有深厚的本土根源。《政事論》（Arthashastra）是古印度的「國富論」（約於西元前 300 ～西元 150 年），將一位明智的國王定義為「藉由使人民富裕並做對人民有好處的事，使自己受到人民愛戴」；4 它指出，法（Dharma）（精神的福祉）與慾望（kama）（歡愉）取決於物質的福祉，只要富裕與歡愉並未失控，享受它們並沒有錯。在中文裡，「魚」與「餘」同音，聽起來就像是「富貴有餘」的「餘」字，也是好運的象徵。如前所述，我們已經提到時尚與家居的舒適，如何在明末的中國與殖民地時期的印度留下印記。大約 1900 年時，現代生活的品牌商品和新技術隨著承諾到來，階段性的變化開始產生。有些事物直接來自西方，像是德國啤酒、雪菲爾餐具，以及瑞典的火柴；其他的事物則是在地的產物，舉例來說，中國生產的珍珠粉牙膏或是日本的凱撒啤酒（Kaiser Beer）；後者試圖從人們喜愛德國發酵啤酒而非平淡的英國麥芽啤酒之流行偏好中獲利。

---

iii　根據世界貿易組織，這個數字自其時起已上升至 2.9%。

現代消費文化在日本贏得了最高的接受度。商店、餐廳、梳子及扇子等配件，早在 18 世紀的江戶便已相當普及。海軍准將佩里（Commodore Perry）於 1854 年打開鎖國時期的日本之後，創新步伐愈發加快，也啟動了運輸與通訊方面的革命，新風格開始流通得愈來愈快、愈來愈廣；日本政府力求現代化驅動力，伴隨改革生活方式的推動力。日本挑選了西方最好的事物：美國棒球與德國啤酒。對德國的工業與軍事力量模式的迷戀，或許在 1890 與 1900 年代時的日本人味蕾上留下了痕跡；從柏林返回日本的軍官、學生，以及商人，都帶回了對啤酒的渴望。為了達成現代化的目的，日本人必須像個德國人一樣喝酒與思考：這是強而有力的組合。在京都，大學教授用裝有龍頭的木桶比賽喝啤酒；當「柏林啤酒協會」（Berlin Beer Association）的成員在東京集會時，據說他們每個人都灌下了三公升的啤酒，即使以德國的標準來看，也是相當令人佩服。5

　　然而，西方的商品與品味鮮少是不加挑選大批輸入，而是會調整以適應當地的時尚與習慣，現代性須視實際狀況而定。舉例來說，和服在 18 世紀時經歷了首次的現代化訂製服務 —— 和服加上了寬腰帶（obi）；到了 1900 年，絲綢與棉的混合織品加入了新的布料，輕披肩與大衣開始被穿在和服外頭。在兩次大戰間，有些女性開始在她們的和服上加上狐毛領，其他人則把她們閒置的和服改成西式服裝；男職員也開始穿西式套裝，但以別針與其他配件為其添加日式風格。一回到家中，許多人又會換回日式服裝。西方產品諸如肥皂、阿斯匹靈等都成了家居用品，咖哩飯與其他進口的混搭食物也是如此。到了 1920 年代，百貨公司、西式餐廳、啤酒館和棒球場都已經普及而完善了。

　　但我們不該誇大這樣的轉變，因為不論是從階級還是地區來看，它都是零散而不均的。「現代生活方式」顯然說得比做得多。1925 年時，建築學教授今和次郎（Kon Wajiro）調查了銀座娛樂區的數百名女性，發現只有少數人會穿西式服裝，「時髦女郎」在很大程度上只是一種憑空想像。在北方農村中，大部分人幾乎沒有任何財產，更不用說外國事物了；他們甚至連睡覺的褥墊都沒有。儘管如此，在 1904 ～ 1939 年間，個人消費開支還是以每年 2 ～ 3% 的比率在成長，雖然這個數字遠不及 1950 ～ 1960 年代的 8%，但在當時仍算是頗為可觀的成長率；這些百分點，可被轉化

成餐桌上更多的肉以及更多樣化、更優質的全方位飲食。曾經被視為都市
奢侈品的白米，現在一天三餐中都吃得到了。有更多可自由支配的消費花
在酒、甜食、家具，以及舞廳與電影院的娛樂活動上；懷錶不再是從瑞士
進口的收藏品，而成了由日本精工（Seikosha）與大阪鐘錶公司（Osaka Watch
Company）大量生產的流行配件。到 1930 年代結束時，1/3 的日本家庭中
已擁有收音機，家庭預算中的食品所占比率已低於 50% 的基準。這些改
變所觸及的範圍，已超越專業菁英的階層。1927 年時，統計學家發現職
員和工人都將收入的 7% 花在酒、菸、甜食上，另外的 11% 花在娛樂與
聚會上；這時的工人已跟京都的教授一樣，負擔得起啤酒而非清酒了。6

在亞洲各地，改變在東京、香港、上海的南京路等大城市更是顯而易
見。霓虹燈與舞女使上海成為東方巴黎，「摩登女郎」是風格與自信的象
徵，在小說、電影，以及海報日曆中被大力頌讚（參見插圖 48）。7《傾城
之戀》（Love in a Fallen City）（1943 年）的作者張愛玲（Eileen Chang）就把她的
第一筆佣金收入拿去買了口紅等物。

到了兩次大戰之間的年代，城市消費文化逐漸點滴滲透到省級城鎮以
及周圍的農村地帶。在印度的旁遮普邦（Punjab），來自德國索林根（Solin-
gen）的鍍鋼餐具比當地的刀具更有信譽，一塊梨牌（Pears）的肥皂也比自
家煮沸的本地肥皂強得多。8 在中國四川，流動商販沿街兜售日本的鏡子
與奧地利的搪瓷器；農人也開始穿戴起西式套裝、皮鞋，以及帽子。9 奧
加‧蘭（Olga Lang）iv 觀察毛澤東革命前夕的中國，發現農村正經歷重大改
變；富有的農人擁有「鐘與錶，用西式肥皂盥洗，並且用土耳其毛巾擦
乾。」品牌商品的照片與日曆則高高掛在牆上。在地主家中，「你可以找
到外國的鏡子、刮鬍刀、理髮推剪，有時甚至可以看到電池收音機。」10
每個人都穿起了橡膠套鞋。但西方商品往往會被轉為在地用途，例如標準
石油（Standard Oil）無所不在的罐子，被轉換成桶子、爐子，以及蓋屋頂使
用的材料。化妝品、藥品，以及衛生用品是西方商品的先遣部隊，白雪牌
面霜與孔雀牌牙粉，承諾為農村消費者帶來跟城市消費者一樣的健康與美

---

iv　曾在北平協和醫院社會服務部工作的俄國女子，於 1935 ～ 1937 年受哥倫比亞大學的委託對中國
　　進行研究，研究內容出版後名為《中國家庭與社會》（Chinese Family and Society）。

麗。在中國，1911 年的革命廢除了禁止化妝的奢侈法，連帶推動了這場化妝用品的革命。然而這只是普遍的現象，反映出現代消費理想的牽引力，結合了個人衛生、自我塑造，以及理性效率的承諾。農人也享有使用肥皂與擦胭脂的權利。到了 1930 年代，西方商品在中國抓住*四億顧客*的美夢，於焉誕生。11

傳統與現代

有關如何從傳統消費社會過渡到現代消費社會的困惑，有部分原因是源自一項單純的誤解。傳統消費者被設想為節儉度日，只會花錢滿足他們固定的基本需求，而且會省下每一分錢以備不時之需；相反地，繼他們之後的現代消費者被想像成欲望永無止境，會強迫性地花光他們的額外收入與未來收益（經由信貸方式），去購買愈來愈多的物品。以一位知名社會學家的話來形容，就是：「唯有典型的現代消費者」會利用「收入的盈餘去滿足新的欲望…傳統的消費者較傾向於儲蓄的方式，或是將這些額外的財富轉換成休閒消遣。」也就是說，把較多時間花在休閒消遣上而非工作上。12 如此簡潔的對比，可以追溯至啟蒙運動時期的信念，當時人們認為物質欲望會喚醒人們以擺脫懶惰的自給自足生活方式；這也使學者們把注意力放在人們如何從節儉樸素、花費適度的世界中，被誘騙進入一個不斷獲取與消費（以及債務）的倉鼠輪。然而我們已經看到，並非有了盈餘收入才會有更多的欲望；在 18 世紀後期，一般的英國民眾，雖因工資下降而生活拮据，購買的商品卻有增無減；他們並未減少消費，而是延長了工作的工時。20 世紀的亞洲經驗，為我們提供了更進一步的洞察，讓我們知道這個模式如何誤導人們理解消費增加的原因。

在經濟奇蹟發生的年代之前，亞洲消費者是多麼「傳統」呢？一項在 1934 年進行的調查，對上海勞工在日常生活中爭奪消費占比的各式力量，提供了相當有趣的簡要印象；13 上海勞工的薪資與物質條件，與美國較富裕的勞工有著天壤之別：上海的勞工把 53% 的工資花在食物上，而美國勞工則是 38%；許多勞工過著瀕臨挨餓的日子，然而，他們還是把 1/4 的收入花在「雜項」物品上，這個數字跟他們的美國勞工夥伴一樣，

但遠高於倫敦、巴黎，以及柏林的勞工朋友。「雜項」是一個包羅萬象的類別，涵蓋了所有食物、住房，以及衣服以外的物品；在上海的勞工之中，一般家庭每年平均會花費 112 元在這個項目上，其中最大的品項就是酒跟香菸（19 元）以及禮物與贈品（10 元）；宗教捐獻與供品又占掉另外的 5 元，衛生與美容用品花掉 8 元，其中包括了美髮與牙粉；還有 2.4 元流往戲院與博弈娛樂。正是這些費用的分配，給社會改革者留下了極不合理的印象，並發起反對「迷信活動」的鬥爭。上海的勞工寧可餓肚子，也不願削減紅白喜事的花費。然而另一方面，他們也不再是「傳統」的消費者；與其減少工作或是未雨綢繆地儲蓄，他們寧願把額外的收入花在菸、酒、娛樂上。總結來說，舊事物的需求以及新事物的誘惑，把這些勞工拉往愈來愈深的債務深淵，他們全都入不敷出、寅吃卯糧，平均每個家庭要付 8 元的利息給當鋪老闆跟高利貸者。簡言之，他們過著遵循習俗與現代消費混合的生活。

　　不過，習俗慣例與新的消費習慣也可以齊頭並進、相互增強，這種趨勢，在生活普遍得到改善的農村地區似乎更為明顯可見，像是 1920 年代時印度的糧倉旁遮普邦。一位曾就讀於英國伊頓公學（Eton）的英國聖公會牧師之子馬爾科姆·達林（Malcolm Darling），他在擔任合作社登記員的工作期間，會見過 10,000 名的旁遮普邦農民，並記錄了鄉村生活如何「受到新的精神激盪」，各地的生活都得到了改善。生活的舒適度提升了，對於事物的渴望也是如此；在旁遮普邦西部的運河殖民地，黃金飾品取代了銀飾。「在過去……即使在富裕人家之中，許多女人能有丈夫丟棄的舊鞋可穿就很滿足了；現在，除非她們能在閨房（zenana，穆斯林家庭中的內室）裡穿上一雙花俏的拖鞋蹦蹦跳跳，否則她們無法感到心滿意足。」不過一個世代之前，人們連一件襯衫都沒有；現在，幾乎每個人都穿著「某種機器製造的布料，全都以擁有襯衫、寬幅披肩（chaddar）以及大衣而自豪。在過去，人們一天能吃到兩餐就滿足了；現在，他們一天有三餐可吃。他們的父親那一輩所居住的茅草屋……現在換成了抹上灰泥的乾淨屋舍。」14 達林指出，過去一場婚禮只需花費 50 盧比，現在的婚禮在慶典上花 3,000 盧比、在珠寶上再花 2,000 盧比，也成了司空見慣的排場。

　　相形之下，會使我們留下深刻印象的，反倒是「傳統」消費者與「現

代」消費者之間的關聯性，而非這兩者之間有何明顯的差異性。個人財物與舒適設備，隨著社區慶典與儀式的花費上升而激增，推動這個過程的民族正是拉傑普特人（Rajput），這些成員雖以他們的古老戰士部落為傲，但也同時面臨地位下降與沒落的困境；因此，炫耀性消費是重申他們名譽（izzat）（社會地位）的一個方式。他們對來自美國與遠東的新型廉價信貸，做了最有效的利用；在旁遮普邦中部的利率是 6～12%，以當地的標準來說算低；儘管負債在上海是一種貧窮的象徵，在旁遮普卻成了遠大抱負的標記。旁遮普的農民並不會因為有了盈餘的收益就開始增加消費，反倒是寬鬆的信貸和地位的競爭成了欲望激增的推力。為了追求更美好的家園與更豪華的婚禮，許多農民最後只得把他們的土地貸押給債權人。比之任何「傳統」的消費者，1920 年代的旁遮普邦農民更像是 2000 年代負債過多的美國人。

儲蓄並消費

　　日本開創了一個新的模式：儲蓄並消費。回顧 20 世紀，學會節省並儲蓄，對全球消費的提升來說，或許跟學會想要更多一樣重要。儲蓄對 1955 年之後的日本奇蹟，以及 1970 年代之後的韓國與新加坡來說，都是至關重要。儲蓄促成了工業發展所需的投資。

　　在二次世界大戰之前的數十年，日本已奠定了儲蓄的基礎。日本在 1875 年已建立郵政儲蓄，這是一套由英國複製過來的體制。在兩次大戰間，無論在日本還是在它的韓國殖民地，儲蓄的推廣活動已發展成野心勃勃的計畫，旨在改革人們的生活方式；家庭主婦被告知，別在奢侈的慶典活動上浪費錢，而應該要保有一本帳簿以便提前規劃、優先考慮提升居家舒適度與便利性的花費，並為將來預先儲蓄。同時，零售商與製造商也推出分期付款計畫以減輕購物的負擔；在 1930 年代，分期付款計畫帶來的銷售額，幾乎占了所有銷售額的 10%。以一位歷史學家的話來形容，日本逐漸發展成一個「分期付款的國家」，15 但也同時變成了一位超級儲戶。只要消費是「理性的」、是個人紀律和財務遠見的結果，消費就是一件好事。

儲蓄並非與生俱來的本能，而是歷史與政策的產物，這點可由 1920 年代儲蓄利率持續偏低的現象得到驗證。*16* 在 20 年間（1955～1975 年），家庭的儲蓄率從 11% 飆升至 23%。日本家庭的儲蓄增加，部分是因為他們的收入成長得比他們的開支更快，部分是因為戰爭摧毀了房屋與資產，使得他們必須從頭開始積累分期付款的頭期款；但是，他們也同時受制於來自政府、企業、媒體以及公民團體合作施加的道德壓力。1952 年開始運作的中央儲蓄促進委員會（Central Council for Savings Promotion）便是由日本銀行（Bank of Japan）所資助。當人們被敦促著去分辨什麼是「過度消費」時，他們才剛從戰爭的瓦礫堆中冒出頭來；兒童銀行成立了，婦女在她們的街區推廣由國家補助的模範儲蓄小組。戰爭之前，「生活改善」運動的重點是放在根除舊俗陋習；戰爭之後，重點轉而導向推廣日本的產品。

　　在西歐，18 世紀正常化了「奢侈」；對於舒適設備與便利用品「無害」、「適度」特性的強調，拔掉了對消費過度的道德批評之螫刺。在戰後的日本，對於「奢侈」的譴責帶著復仇的意謂重返，然而在此之際，推廣最新舒適設備與科技的全國性運動也同時展開。在 1960 年代日本仍然深受貿易逆差之苦時，外國商品正是反奢侈運動的主題與對象。對於後期的現代化主義者來說，民族主義提供了影響遠大於早期愛國消費者——諸如 1760～1770 年代的美國革命者——的道德腳本，購買國貨的行為會受到國家政府的全力支持。自 1958 年起，日本消費者協會（Japan Consumers Association）展開了「美德消費」（virtuous consumption）的推廣（*shōhi wa bitoku*），推動國民購買日本電視。值得注意的一點是，這個協會正是日本生產力中心（Japan Productivity Centre）與經濟產業省（MITI, Ministry of International Trade and Industry）的產物，*它存在的理由就是為了鼓勵需求的提升*。其後，南韓推出了類似的運動，承繼日本機構的宗旨，也成功地使 1970～1980 年代的南韓儲蓄率倍增；在此，這場為促進「有益於消費者健康的生活方式」的聖戰，更獲得來自韓國長老派教會的大力支持；當時，該教會正深受過度放縱的唯物主義以及道德腐敗之害。

　　當然，儲蓄、國貨運動，以及敦促消費者成為愛國的購物者，皆非獨特的亞洲現象。德國與奧地利的消費者在第一次世界大戰時，便動員起來拯救重要資源；從埃及到中國的民族主義者在兩次大戰之間的年代，亦燒

毀他們帝國主人的衣服以示抗議。然而這些運動在日本與韓國的規模之龐大，仍是前所未見的現象；日本與韓國是在承平時期，便將儲蓄與消費變成國家主導的永續發展策略先驅。在歐洲值得注意的是，諸如芬蘭的晚期現代化主義者，於 1960 年代開始遵循類似的途徑，利用儲蓄的「目標」引入工資，並將可自由支配的開支導向電視與洗衣機的購買。17

儲蓄與消費是民族主義的成長活塞，將寶貴的資金從私人家庭導引到日本企業。到了 1960 年，每兩個日本家庭就有一個擁有電視與洗衣機，而且大部分都是以分期付款的方式購買。國內消費者需求對日本經濟成長的影響，遠比同時在出口導向發展模式中所實現的成果，要來得更為顯著而重要；出口僅占日本 GDP 的 11%，是西歐在戰後經濟奇蹟年代的一半。

要產生這種消費商品的高度需求並不容易。在 1955 年，一台電視要花上 14 萬日幣，幾乎等於是大城市中一間儉樸住房的價格。戰爭與貧窮已讓這個國家傷痕累累，大部分日本人仍得忍受營養不良與糟糕的住房條件；然而五年之後，幾乎每兩個日本家庭中就有一個擁有自己的電視。而如此驚人的普及速度，正是推力與拉力相輔相成的結果。隨著收入提升、賦稅下降，家庭有更多錢可以花費；同樣重要的是「光明的生活」想法 — 大廠商與電力公司密切合作，以展現電器用品如何成為「幸福的關鍵」，正如 1960 年時一系列展覽的名稱；他們解釋，購買消費耐用品是理性的消費，同時可以幫家庭省下金錢與時間。一位家庭主婦在木製洗衣盆中洗衣服所消耗的熱量，會比她的鄰居用洗衣機洗衣服多上 1/3；廣告解釋，由於她必須在食物上花更多的錢，因此，任何省下來的錢都是白費的。再者，為家庭主婦帶來更多的休閒時間也是一項文明的標誌。這些年來，廣告預算暴漲了 15 倍；松下電器（Matsushita Electric）的廣告支出占了高達銷售額的 9%，同時也像其他企業一樣，設立了自己的分期貸款子公司。1960 年時，一個家庭將 10% 的家庭預算用於償還這類貸款的情況，可說相當稀鬆平常。

倘若沒有婦女團體與相撲選手這兩股影響力量的支持，這些企業行銷不可能如此成功。白色家電的實地宣傳與展示，往往是在婦女組織的支持下進行，有時還搭配免費發送燈泡與小物件；在戰爭期間以及戰爭結束之

後，她們始終領導著這場對抗通貨膨脹與黑市的戰爭。現在，她們更使消費正常化，成為浪費之敵；購買電鍋的正當理由是實用而非輕浮，然而對電視來說，達成交易的關鍵則是對運動的熱愛。摔角吸引無數人潮湧向公共撥放電視螢幕以及巡迴電視戲院，在1957年的電影《早安》（*Ohayo*）中，便演出兩個來自中低階級家庭的男孩發起一場無聲的罷工，藉以強迫他們的父母購買一台電視，使他們能夠觀看相撲摔角節目。在真正的家庭中，某些人的娛樂是由其他人的省儉所資助；就跟國家一樣，家庭的購買也受到關懷、孝順、犧牲等傳統文化之助。花田光惠（Hanada Mitsue）選擇每個月存下微薄的薪水，為她那身體不適的父親購買一台打折的電視，而不是把錢花在自己身上：「我覺得他可以在家看到他最喜愛的相撲節目，對他來說是一件極大的樂事。」18

在新科技之中，電視是最具革命性的一項，因為它可以把新生活方式的想法、觀念傳遞給被距離與習俗分隔開來的社群這點十分顯而易見，倘若沒有這個黑色盒子，消費文化不可能如此快速滲透農村生活，更別提政府便扮演了重要角色，讓農村社區一開始便樂於接受消費文化。簡言之，我們必須承認國家政府（以及市場）就像當代商品世界的建築師，儘管方式不同、有時還會產生意想不到的後果，但基本上對印度是如此，對毛澤東統治之下以及之後的中國也是如此。

印度的農村

在印度的農村，有三波活動的浪潮帶來了商品：家庭計畫、綠色革命*v*，以及電氣化。位於印度南方的喀拉拉邦（Kerala）是今日眾所皆知的高識字率與社會平等模範區。然而，基本需求必須藉由創造新欲望來加以確保；小家庭單位是構成整體發展不可或缺的組成，改革者訴諸於父母親的物質願望來創造它，將馬爾薩斯牧師（Reverend Malthus）在一個半世紀前即勇於思考的原理付諸實踐。1960與1970年代時，計畫生育方案（Family Planning Programme）的推廣人員會在當地的帳篷中舉辦活動，把消費商品掛

---

v　農業技術的推廣。

在農村的窮人面前展示並告訴他們，如果他們成為負起教養責任的父母親，商店裡便有好東西等著他們；推廣人員會分送免費的手錶、收音機，以及不鏽鋼鍋具。在一篇得獎的文章當中，一位女性以家庭財產來描述「我夢想中的家庭」：收音機、電扇、電熨斗、壓力鍋，以及梳妝台。在自我克制與絕育措施的幫助下，曾經是少數人才能擁有的奢侈品可以成為多數人伸手可及的家用品。19 但諷刺的是，把冰箱與車子帶給幸運少數人的往往是大家庭，由「海灣工人」返家時帶回來；20 小家庭很好，但有個表親在科威特（Kuwait）工作的大家庭顯然更好。

自 19 世紀後期以來，消費商品便不斷被販售至印度農村之中。到了1950 年代，富裕的農民足以將大約 40% 的收入花在衣服、家具、節慶、娛樂，以及其他除食物與住房以外的項目上。這些情況都集中在北部，但即使是在北部，大部分農民也只能吃到穀物和一些別的食物。在更貧窮的奧里薩（Orissa）與西孟加拉，商品的流動甚至減少到只剩涓涓細流；大部分印度人都處於飢餓邊緣，他們的生活並未受到消費文化的影響。在1959 年，雖然在大城市中僅有 2% 的食物是自己種的，但印度農村中仍有半數的人是靠他們自己耕種的穀物過活，21 1965 年與 1966 年發生的旱災，更造成了重大的損失。

自 1960 年代後期展開的「綠色革命」，使印度擺脫了對糧食援助的依賴，並為新的品味、習慣和生活方式打開了閘門。政府以價格支持、關稅、提供來自墨西哥高產量種子等援助，壯大了農民消費者的行列；在1970 與 1980 年代的過程當中，貧窮人口的占比從 60% 以上，降到 40%以下。22 在以農為主的社會中，這種由國家主導的發展在消費上取得的突破性進展，可說與 1991 年之後的自由主義改革同樣重要。自給自足的農民變成了抱負遠大的消費者。他們開始購買食用油、茶葉、糖，喝更多的牛奶並吃更多的肉，穿上了成衣，用一小包賣一盧比的洗髮精洗頭髮。早在 1989 年自由主義改革的前夕，農村的村民已購買了 70% 以上在印度銷售的收音機、自行車、鞋子、手錶；每兩個錄音機、吊扇、餅乾、肥皂之中，就有一個是賣給農村的家庭。23

印度農村正在改變，然而，財產總數整體說來仍是相當有限。大部分家庭只有兩或三項基本產品，像是收音機、電風扇、手錶，品項並不多，

但上升的趨勢是確然無疑的，同時，1991 年之後更加開放的市場也加速了這項趨勢。城市需求的增強，在農村轉為更多的銷售量、投資，以及消費力。到了 2001 年，舉例來說，位於中印度中央邦（Madhya Pradesh）的達蒂亞（Datia），35% 的家庭擁有電視，20% 有收音機，10% 有汽車，另外還有 10% 有摩托車。隨著消費商品縮小城鄉差距的同時，卻也加劇了農村社會貧富之間明顯可見的鴻溝。在達蒂亞農村中有半數的家庭既沒有收音機也沒有電視，更別提機動車輛。24 如今，印度村落中有兩個國家同時並存。

農村的消費革命有兩個盟友：銀行與電力。的確，正是這兩者的不均衡擴展，在很大程度上說明了商品的不均衡進展。我們稍早曾指出，一個世紀前在旁遮普邦，寬鬆的信貸刺激了炫耀性消費的產生，而近年來銀行網絡在南亞的擴展，則使這些效果倍增；1980 到 1990 年代，光是在印度，就有將近 30 萬個郵局、合作社，以及農村商業銀行的分支機構敞開它們的大門。那些有土地與資產的人能以更便宜的方式來申請信貸，但對許多沒有土地與資產的人來說，「抵押品的暴政」意謂他們只能繼續過著僅能餬口的生活，日復一日為錢折腰，任由高利貸者擺布，既無儲蓄亦無貸款可以購買昂貴的商品。25

電力也同樣強大有力。不到十年時間（1998 年至 2006 年），印度有電力的家庭數目直線上升了一半，來到 120,000,000 個家庭。在 2005 年，家庭超越工業成為電力的最大消費者，大部分的用電量來自都市的空調與冰箱；西孟加拉一個家庭的用電量，只是德里一個家庭的 1/4，而南部的許多村落仍在等待電力的到來。只要村中有 10% 的家庭接上電力，印度各邦就把該村落視為已電氣化，這說明了一切。26 儘管有這些限制，電氣化對農村生活的影響仍是無遠弗屆，同時孟加拉共和國（Bangladesh）的發展也為其帶來啟發與影響。27 在 1978 年～ 2001 年之間，得助於當地合作社和國際發展援助的共同努力，擁有電力的農村家庭數量增加了 1,000 倍以上。最初的理由是為了幫助農民啟動灌溉泵浦，其後對家庭生活產生的間接影響卻極為深遠；一旦接上了電力，農村家庭就開始接受了都市的生活習慣，比他們的鄰居有更多儲蓄，增加孩子的教育投資，購買的消費商品也更多。擁有電燈與電扇，意謂著家庭會花更多時間共處一室，並能夠在

日落之後繼續學習、工作、放鬆；電視與錄放音機在提供娛樂的同時，也激起了對外面世界的好奇心，因為它們傳播了關於現代生活和個人衛生的觀念——從肥皂與公廁的使用率提升即可略窺一二。農村中有電力的商店也開始安裝冰箱並提供更多種類的商品，從而提升顧客對品項與選擇的期望。基本上，這些都不是什麼新鮮事。在美國、日本以及歐洲，製造廠商與能源公司長期以來都在宣傳電力的文明力量，正如日本人的說法，電力對「生活的改善」來說是不可或缺的一環；然而，這些都是以領導自己的種族走向現代化而自豪的社會。在貧窮國家中，現代歷史似乎已經被遺忘；於是國際機構在這場家庭現代化的比賽中拿起指揮棒，使發展援助與電視一起到來。

中國的農村

　　若非要比較的話，中國農村的進步，在毛澤東之後的時期發展得更加可觀。在 1979 年（當時農民再度被允許在市場上轉售農產品）與 1984 年之間，農村的貧困人口減少了一半，而消費倍增。28 農村需求與個人創業推動了中國消費者革命的第一個階段。直到 1990 年代，國家掌控了經濟成長，並把都市化列為優先順位，同時削減了福利，等於打破了「鐵飯碗」以及安全有保障的生活。在毛澤東的領導下，對物質的熱望主要集中在「四大件」上，亦即：自行車、收音機、手錶、縫紉機；而 1979 年後，在鄧小平的領導下，取而代之的是「八大件」：彩色電視、冰箱、音響、照相機、摩托車、電扇、洗衣機與家具。儘管自 1990 年代後發展重心轉移到都市的成長，同時不平等的現象也加劇了，但大部分農村家庭仍至少擁有了五、六大件。到了 2007 年，94% 的農村家庭已經有了彩色電視，半數有了摩托車與洗衣機，1/5 有了冰箱。29

　　可支配收入的提升使人民開始買得起這些物品，但是，這些欲望又從何而來呢？在這些購買行為的背後，潛藏著歷史悠久的個人唯物主義與不斷加強的物質熱望。中國的學者費孝通在 1936 年時觀察長江流域的農村生活，並對「文化對消費的控制」現象普遍性留下了深刻印象：

「滿足於簡單的生活是早期教育的一部分，道德約束力阻止了鋪張浪費的行為。一個孩子如果對食物或衣服表現出偏好，就會被斥責並挨打…如果一位母親讓她的孩子養成偏食的習性，她會被批評為溺愛、縱容她的孩子。即使是富裕的父母親也不會給他們的孩子穿昂貴的好衣服，因為如果這麼做的話，會容易招邪惹禍。」30

　　除了婚禮以及其他慶典，節儉簡約的觀念支配了一切。「丟棄任何未被妥善利用的物品會觸怒上天，灶神是天上眾神的代表……衣服必須代代相傳地利用，直到破損不堪為止。」消費是一個大家庭的事，而非個人的事；那是一個與今日被玩具、金錢、西方速食寵壞的「小皇帝」截然不同的世界，然而，改變已然近在眼前。奧加·蘭察覺到 1940 年代首波騷動的蛛絲馬跡。別溺愛孩子、15 歲之前對孩子要嚴厲處罰的訓誡仍然是強硬的管教觀念與方式。然而，仍然有跡象顯示孩子們變得不那麼聽話，並有發展出權利感與責任感的趨勢。她指出：「許多工作的男孩與女孩，開始把他們的所得視為是自己的收入，而非家庭的財產。」這項轉變在學生群體中尤其明顯。沒錯，他們都想促進和平與幸福，並且「對社會與國家做出偉大的貢獻」，但現在，許多人更把這些利他的目標與「對我自己的穿著、食物、住房舒適度」的渴望結合在一起。31 而關鍵的字眼，即為「我自己的」。

　　諷刺的是，毛澤東正是消費主義的使僕。當然，以具體數據來說，毛的政策完全相反。在 1960 與 1970 年代，成長的收益是傾注於投資上，而非消費上。毛裝與儉樸生活是必須的。同時，毛澤東更抨擊家庭是過時的封建制度；婦女與年輕人被動員起來反對他們的父執輩，並被賦予全新的自我感，目的是把他們對丈夫與父親的忠誠轉移到集體制度上。但是當集體主義在 1970 年代開始瓦解，卻留下了深具個人激進自主意識的世代，毛澤東也因此促成了一場文化革命——雖然這不是他原本預期要達成的結果。若說日本政府導引出來的成果是儲蓄，那麼中國政府導引出來的成果，就是個人化了。

　　農民出身的閻雲翔後來成了一位人類學家，如今任教於加州大學洛杉磯分校（University of California in Los Angeles）。他在 1970 年代時住在中國東北

黑龍江省的下岬村，之後仍多次回鄉。在毛澤東的領導下，社交與娛樂都是集體的活動，在集體的時代（1956年～1980年），村落與鄉鎮都有自己的表演劇團、舞蹈遊行、籃球比賽，以及電台廣播節目等編制，表演者則由集體單位共同支付其費用。同時，革命培養了私人親密的文化，婚姻不再是聽從父母安排的媒妁之言，而成為兩個人自由戀愛的結果。浪漫與求愛之風在1950至1960年代逐漸興起，到了1970年代，婚前性行為已經被正常化了。誠然，透過家庭安排的婚姻仍然存在，但現在，男女往往會先自行挑選好另一半，才會將對方介紹給彼此的家庭認識。又因為在人的一生當中，有一大部分的消費是透過聘禮、禮物、慶典儀式的方式集中於婚禮，故可說，這場浪漫革命對消費文化的影響相當巨大而深遠；年輕女性突然有了發言權與選擇性，家長專制讓步給了個人主義。到了1970年代初，即將結婚的新人不再由父母安排贈禮或是為父母挑選禮物，他們開始寫出自己想要的禮物清單。對新郎與新娘來說，前往省會哈爾濱的購物行程成了一項儀式，他們會在那裡採買婚禮的衣服與個人用品，坐下來拍幾幅專業的訂婚照，並在飯店享受幾個晚上的獨處時光。

儘管與公共政策背道而馳，聘禮在最近這兩個世代又開始盛行了起來。傳統上來說，聘禮履行了新郎家庭對新娘家族的義務；如今，它更滿足了私人的欲望：電視、家具，或者最新的洗衣機與汽車，是夫妻一起展開新生活想要的事物。年輕人向父母施壓要求更多的零用錢，如果得到的錢不夠多，就靠著偷雞摸狗的行為來獲取他們認為應該屬於他們的東西。個人主義意識也反映在家庭之中。到了1970年代，新建的房屋都會在頂樓提供若干私人空間，臥室也與客廳分開；十年之後，孩子們都有了自己的房間，家庭成員開始在不同房間的不同電視上觀看他們偏好的節目。以村民的話來形容，生活就是「想幹啥就幹啥」。[32]

當我們在尋找「東方」與「西方」之間的對比時，會自然傾向於找出各自不同的特性。但是我們會發現，東西方間不僅存在著相異之處，更有耐人尋味的相似之處，譬如對消費技術接受度的不均衡，就是東西方的一個共同模式。1960年代在日本，家庭會購買電視，但同時將就過著沒有抽水馬桶可用的日子；這跟1950年代英國城市中許多貧窮家庭的生活模

式相距不遠，也跟我們稍早談到，美國人在 18 世紀末偏好軟式家具與水晶玻璃，更甚於衛生設備與絕緣材料沒什麼兩樣。33 今日的印度家庭在它們的城市缺乏自來水與汙水處理系統之際，仍可享受許多居家的舒適設備，vi 而一個世紀前的許多法國城市也是如此。對 1950 與 1960 年代的歐洲農民來說，擠在鄉村酒吧的人群中看電視，相當於踏出了通往購買私人電視之路的第一步──即使義大利人喜歡看的是提供大獎給綁腰布大個子的遊戲節目。再來，許多化妝品項都曾在市場上以小包裝的方式銷售，這也並不是印度特有的特色；34 在 20 世紀初的歐洲，巧克力等小奢侈品也曾經在第一批自動販賣機中以類似的小包裝出售。這些是許多新興大眾市場共同的特色，在這些市場中，窮人們享有不斷提升但仍有限度的可自由支配花費。

然而，倘若認為相似之處證明了這些市場的趨同性與一致性，也會同樣使人產生誤導的結論，因為零售市場仍然極為分歧。歐洲連鎖商店在亞洲取得不同程度的成功，而且必須適應亞洲市場對顧客服務的高度期望。352006 年時，法國連鎖超市家樂福在中國海口開張，提供了 6,000 平方公尺的賣場面積，以及 30 位收銀員的服務；十年之後，它在「中土之國」擁有 228 家的大型超市，但這是在一個有 13 億顧客的國家之中；想想看，就算有十幾家這樣的商店分布於整個法國，你也很難說它在市場中占有主導地位。購物習慣也持續分化，例如一個中國人一星期會花九小時在各處購物，同時在路上跟鄰居與家人閒聊，而一個美國人可以在一個休息站就一次購足所有的食品雜貨。外國品牌占有中國啤酒市場微不足道的 10% 市占率，當地的零售業者加強了本國品牌的競爭力。在印度，傳統家庭式的小攤商數量自改革時期以來持續增加；在德里，儘管成千上萬的人在週末時蜂擁至古爾岡（Gurgaon）城的「戈羅布」（Globus）、「生活時尚」（Lifestyle），以及其他五光十色的購物中心，還是有上百萬人從小商店購買生活所需品，像是「花式靴屋」（Fancy Boot House）、「自我選擇─時尚氣息」（Self Choice– the Flavour of Fashion）、「卡迪克父子珠寶」（Kadrix

---

vi　舉例來說，拉傑果德（Rajkot）與印多爾（Indore）在 2006 年時，每天只有 45 分鐘的自來水可用；National Institute of Urban Affairs, Report on Water Services (2006).

& Sons Jewellers）、榮獲金牌獎的性學專家，還有無數位於桑根‧西哈（San-gam Vihar）的食物攤商、賣平底鍋的小販、電器與家用品店，以及其他遠離 M.B 大馬路（M. B. Road）等主要幹道的當地市集（參見插圖 49）。在 2012 年，印度政府降低了投資壁壘以吸引外國的連鎖商店進駐，但至今為止，這個市場中仍然未見任何外國連鎖商店的設立。

消費在亞洲各國演變成不同而獨特的類型。就大眾消費的早期階段而言，日本（1955 ～ 1973 年）與 1979 年後的中國之間，主要的差別在於：日本是在平等的前提下尋求成長，而中國卻變成了這個星球上最不平等的社會之一。在新加坡，政府藉著使每個人都成為有房階級的舉措達成平等的目的；政府透過僅能用在買房的強制儲蓄基金制度，將提升的收入導入成為個人資產。在這裡，消費再度由國家政府形塑而成。

日本在 1989 ～ 1990 年所發生的經濟危機，引發了儲蓄者與揮霍者之間新的分歧。在 1990 年代這個「失落的十年」當中，平等讓步給了「格差社會」（kakusa shakai），亦即不平等的社會。為了刺激需求，日本與韓國從推廣儲蓄轉向炫耀信貸，於是信用卡消費激增，在此之際，儲蓄卻相對銳減。到了 2000 年，日本有 1/4 的購物是用信用卡支付的，而韓國甚至對透過信用卡購買的商品提供退稅優惠；在韓國，家庭負債占國內生產總值的比重與美國不相上下。成千上萬的日本人因無力償還債務而自殺。到了 2003 年，日本的家庭儲蓄率降到 6%，韓國則降到 3%，遠低於法國、德國、義大利體面的 11%；[36] 對於亞洲人儲蓄、西方人消費的誇張描述，就此告一段落。同時，快速成長的印度與中國則繼續致力於儲蓄。

1989 年的亞洲金融危機留下了一個難以理解、自相矛盾的悖論：被迫提高消費友善程度者，正是受到最嚴重打擊的國家。除了寬鬆的信貸之外，日本藉由削減食品成本、打破小零售商的支配，追求「價格破壞」（kakaku hakkai）；折扣商店敞開了大門，營業時間變得更加方便。就在日本消費者勒緊褲帶之際，他們也享受到前所未有的選擇與低價商品。[37] 相形之下，消費在蓬勃發展的中國卻變得不那麼重要，因為這塊餅雖然變大，人們可用的那一片卻變小了。沒錯，消費在 1990 年代倍增，但儲蓄則成長了三倍，來到官方宣稱的 23%；可以說拉動中國經濟的引擎是投資，不是消費。與印度比起來，印度的家庭儲蓄率雖然跟中國一樣高，但

投資則相形低下。當然，13 億人會買很多東西，但在 2005 年時，中國人的平均消費甚至低於阿爾巴尼亞人或蘇丹人；38 跟其他新興國家比起來，中國的個人貸款仍是銀行貸款中極小的一部分。舉例來說，巴西人的消費債務甚至是中國人民的四倍之多。我們可以繼續以事實和數據舉證，但重點已經畫出來了：若要從今日揮霍無度的普遍印象中移除一位消費者，或許再沒有比中國人更適當的了。

　　這個理由很簡單，同時也帶我們回到了中國政府的核心地位。當共產黨在 1997 年後開始削減國家勞動力並砍掉福利服務時，它把負擔轉嫁給了私人家庭；健康、教育，以及曾經免費的住房，現在不但得花錢，還讓人憂心不已；成長中的「私人消費」，有一大塊都被這三個項目吸收掉了。私人創業者把 1/4 的收入花在孩子們的教育上，是稀鬆平常的事；39 更甚者，年輕夫婦面臨了所謂的「4-2-1 現象」：他們有四位父母親得照顧，但僅有一個孩子可以在未來幫助他們減輕經濟負擔。這種現象鼓勵了儲蓄，相對而言，現在的購物需求不會比規劃未來更重要。

　　2004 年，當時的中國總理溫家寶宣布：內需是中國發展的基礎。當然說的比做的容易，在工資、公共健康，以及教育被大力推動之前，很難看出內需要如何產生。至今為止，健康保險（自 2007 年以來）才剛起步。正如我們在本書第二部分中即將看到的，自 1950 年代以來西方世界的私人富裕現象得助於「公共消費」，國家增加了在住房、福利，以及休閒方面的支出。至於中國要如何在沒有後者的情況下完成前者，我們尚不清楚。今日，這個中土之國，與美國、歐洲以及日本所體現的消費社會仍相去甚遠；在過去十年的過程當中，消費對 GDP 的貢獻（家庭在商品與服務上的花費）從 42% 掉到 35% 以下 —— 雖然官方的統計數據甚至低估了家庭的額外開支。40 美國的數字是上述的兩倍，而亞洲其餘國家大約是 50%，以其他已發展國家的標準來說相當正常。如果消費主義被定義為即時滿足的文化，並以私人消費來推動經濟發展並支配日常生活，那麼，中國人顯然並非消費主義者。

傳統的現代

這些總體發展，雖讓人對消費不斷改變的範疇留下深刻印象，但並未告訴我們亞洲人如何經歷這些改變。說到底，消費關乎習慣常規與身分認同，關乎作為與歸屬。有日圓、人民幣、盧比可以消費是一回事，但這些開支對生活方式與歸屬感有多大的影響，又是另一回事；作為日本、中國或印度消費者有什麼樣的感受？是否舊有習俗、階級、心態會被更千篇一律、由品味與財產決定地位與身分的全球消費文化取而代之？

放眼整個當代亞洲，最受關注的一個群體就是中產階級。對國家政府與外國投資者而言，中產階級就是成功的試金石：這個群體愈大，它所屬的社會就愈現代。但事實證明，中產階級很難被明確認定，且在評量方式上也有極大的差異，這取決於「中產階級」是否被定義為根據財產而統計出來的平均值、介於捱餓窮人與超級富豪之間的任何人，還是結合教育、收入，以及生活方式的綜合影響。1990 年代在印度，中產階級的人數估計在一億人到五億人之間；由中國社會科學院（Chinese Academy of Social Sciences）在 2000 年進行的一項調查中，幾乎有半數的受訪者自認是中產階級，即使其中只有 3% 擁有符合官方定義的財物與收入。*41*

這類的混淆與困惑並非亞洲特有，也不是什麼新鮮事；巴西的中產階級同樣難以捉摸。進入 19 世紀之後，歐洲人使用了一連串像等級、階層、程度、順序的比較類型；只有在選舉投票的抗爭過程中，「中等階層」才會找到自己的發言權，並展示自己身為憲法平衡和社會穩定之體現。自 1980 年代以來，亞洲的新發展是，對於新中產階級的論述主要來自政府與企業，而非政治運動。在中國，這個用詞仍因為與毛派對資產階級的抨擊連在一起而染上汙點，所以官員們傾向於以較狹隘的「中等收入群體」或是「新中產階層」來指稱該群體；這些經濟類別，都缺乏 19 世紀歐洲所具備的共同認同感以及可區辨的生活方式。在 1900 年的巴黎，資產階級的成員會享有相同的消費文化，對財物與休閒活動擁有類似的品味，像是收集、繪畫、觀賞戲劇表演。相較之下，研究者在 2000 年的上海發現收入、教育、職業幾乎如出一轍的專業人士，生活方式卻截然不

同。42

在一個權力歸於共產黨所有的國家中，地位是透過與黨的緊密關係而建立；保障土地與資產的是黨，而非炫耀性消費。因此，無論從社會學與經濟的角度來看，中國都不是傳統意義上的消費社會。每個人或多或少都擁有相同的物品，富人與窮人都擁有電視的事實，卻掩蓋了嚴重的不平等現象。43 幾個世紀以來，過度消費始終被歸咎於社會競相仿效以及「努力追趕上闊氣的鄰居瓊斯一家」這種不落人後的心態。然而，當代的中國卻以截然不同的機制在運作；諷刺的是，在這個高度不平等的社會中，炫耀起不了任何作用，過度、無節制的生活方式只會遭受來自黨的懲罰。或可說，專制主義在中國更致力於抑制炫耀性消費，而非訴諸民主西方國家所追求的儉樸生活。

更進一步地深入檢視，中產階級是一群難以歸類、無法定型的人。在2003年的中國，年收入300萬人民幣（相當於12萬美元）的百萬富翁，他的世界與年收入前20%的城市家庭有著天壤之別；後者的可支配年收入是2,000人民幣。對中國絕大部分的人民來說，就像在普遍的印度與亞洲地區，身為中產階級並非意謂著可以去購物中心大肆採買，而是生活在日復一日掙扎著支付學校與醫院帳單的邊緣。大部分中產階級，都是生活拮据而焦慮的消費者。

消費上的約束與限制，在南亞國家中同樣顯而易見。研究人員在1999年至2006年間追蹤了一群在加爾各答（Kolkata）與西里古里（Siliguri）（孟加拉北部的一個小鎮）的辦事員與專業人士，大多數人都享受著不斷上漲的工資，並且擁有電視與冰箱；他們接受有線電視頻道與購物作為進步，甚至是解放的象徵：「為什麼我必須整天待在家裡煮飯打掃，就因為我是個女人？我也可以出去購物。他們在電視上播放的就是購物……這就是新現代女性的象徵。」然而同一時期，高漲的物價迫使他們節儉度日；於是他們大量減少上電影院與餐廳的次數，用丁香牌（Babool）取代高露潔來刷牙，去圖書館而非書店，以在地甜食取代有品牌的點心。44

許多人繼續依賴禮物、貸款、若干運氣以維持中產階級舒適的表象，對偉大的資本主義理論家卡爾・馬克思來說，這是一種再熟悉不過的方式。讓我們來看看1990年代早期，一位在斯里蘭卡為廣告公司工作的上

班族所居住的寓所內部：客廳有一張沙發、兩把椅子、一張餐桌，牆上有一幅繪有緬甸村落景緻的版畫；還有一具電話、一台收音機、一架已有13年歷史的「國際牌」（National）黑白電視機，以及一部年代更為久遠、已經損壞的錄放音機。但這些都不是他自己買的。他的電視是一位歐洲人送的，當時他還是一名司機；錄放音機是他從另一位雇主那裡承接來的，家具是來自親友的贈禮，而洗衣機則是從一位前往中國讀書的鄰居處暫借的。他自己購買的唯一一件物品，是一套廉價的窗簾。他大部分的薪資都用在食物、妻子的醫藥品，以及子女的學費上。45 市場分析人士困惑於一個像印度這麼貧窮的國家中，二手貨市場的規模竟如此微小 —— 在印度農村中售出的收音機，只有 8% 是二手商品。46 這個事實，或許反映出印度相互扶持、利用他人舊物之經濟體系，以及認為新的才是最好的觀念。

中國住房型態的改變

在現代歷史的進程中，家庭始終是消費文化的能量細胞。家庭是生成舒適與便利的所在，也是家人儲存記憶，與個人透過事物以形塑身分認同的地方。在西方是逐一、點滴的轉變，在中國卻是一項革命；在不到十年之間，中國創造出一個有產者的國家。相形之下，美國與大英帝國擁護自有住宅民主的胡佛與柴契爾夫人（Margaret Thatcher）都成了業餘人士。在1997～1998年的18個月當中，中國售罄了價值2兆5,000億人民幣的國家住宅——這是前所未有的財富轉移。大部分工作單位會用人為的低價，將公寓賣給它們的成員，房屋銷售加總起來，成了一項跟1933年的美國羅斯福新政一樣強大有力的消費刺激。47 但倘若要求房屋的擁有者支付市場價格，那麼消費支出便會陷入困境。

私有化將生活重心從工作單位轉向了家庭。直到1990年代，單位仍是一個24小時的迷你社會，吃飯、玩耍、勞動、社交，生命是由它安排而成並圍繞著它打轉，想出趟遠門或訂間飯店也必須得到它的批准；單位會分發手錶、衣服，以及其他的配給品，同時也會分配住房。在這個體系之中，家庭不過就是一個避難所，而且還是相當悲慘的一個。大躍進（Great Leap Forward）（1958～1961年）的工業化推動見證了住房標準的大幅

440

倒退，鋼鐵與水泥的短缺使現代建設不得不喊停，1960 年代必須依靠當地的建材、建商、城鎮來建造由壓土牆製成的簡陋房舍，當時住房的整體情況就是嚴重短缺、過度擁擠，以及缺乏隱私。在 1985 年，首次的住房普查發現，每人平均的住房面積不到四平方公尺，許多家庭在走廊煮飯並共用廁所與水龍頭。兩年之後，共產黨正式埋葬了集體生活的理想；政府制定了住房設計的政策，「每個單位，必須是不與其他住家共用入口的單一家庭，必須有臥室、廚房、浴室以及儲藏室。」48 到了 2002 年，上海十間房子之中，有九間就像這樣，私人家庭單位大獲全勝。在那之前，空間是以「睡覺方式」來測量的；現在，國家接受了一個家是生活的地方，而非只是用來睡覺。一個家必須有娛樂、社交以及學習的獨立空間，而且必須夠大，才能把電視、爐灶、淋浴設備與洗衣機搬進來。所以不到十年之間，都市住家的面積都增加了一倍。

這股建築的熱潮，讓數百萬人終於有機會可以逃進私人的世界，有柵欄、有警衛的封閉式社區如雨後春筍般成長。一位 33 歲的工程師搬進上海的萬科城市花園，他這麼解釋：「在我長大的地方，我的鄰居都知道我在學校考試的成績好不好、我家是否購買了新家具，甚至我們晚餐吃了什麼。現在，在我自己的公寓中，我不必再面對那些好管閒事、對你的私生活追問個不停的鄰居。」49 數以百萬計的新公寓以空殼的方式出售，沒有裝潢設計好的廚房與浴室，也沒有布好的管線或油漆好的四壁，只等待驕傲的主人把它們變成自己的家。在 2000 年，上海的居民會花上好幾年的收入在裝修自己的公寓。宜家家居（IKEA）在 1998 年開幕，到了 2006 年，中國的家居織品布料已達到 200 億元的銷售量。50 許多家庭雜誌與室內裝潢公司開始迎合「高貴優雅生活享受」的夢想：不論是雅致現代的義大利設計師沙發，還是充滿「英格蘭懷舊風情」的厚重橡木桌與俱樂部扶手椅。51 雜誌《美好家園》（Better Homes and Gardens）也在 2006 年推出了中文版。

最近 20 年以來，社會學家黛博拉・戴維斯（Deborah Davis）密切關注中國城市的居民以及他們的住所；對許多人來說，家居裝潢成了他們的第二份工作。他們會在午休時間跑去展示間與 DIY 商店，在下班後購買家具與材料，並在週末時查看受僱的雜務工進度如何；許多人可以在一個單

間裡睡上好幾個月，只為了等待他們的公寓完工，之後也不確定自己到底是否過於奢侈；其他人則對無法負擔時尚雜誌上承諾可達到的成果而表示沮喪。儘管如此，整體而言，戴維斯的訪談呈現出人們對於能夠選擇自己的住家並實現它的真正滿足感；她的受訪對象大部分都是出生於 1948 ～ 1956 年間，文化大革命（Cultural Revolution）剝奪了他們的青春期與青年期，他們必須在農村工作，睡在路邊或是跟另一個家庭擠在一起；他們在沒有私人空間的情況下長大。跟這些可怕的回憶比較起來，作為一個工具有限的消費者，挫折感是微不足道的。對他們來說，重要的是他們得以掌控設計自己的隱私；睡在地板上、醒來面對糟糕的油漆工作，這都是值得的犧牲。正如一位新娘這麼說：「我有了自己想要的房子，裝修的工作讓我們非常開心。」52 文革時期整個世代所遭受的苦難，是中國消費文化進展以來，雖然不平等不斷升級，卻並未動搖政權的原因之一；隱私與穩定彌補了相對的剝奪與損失。問題在於，當一個新世代習慣了私人的舒適，1960 年代的黑暗回憶逐漸褪入歷史之後，會發生什麼事。

美國化對日本的衝擊

自從貿易存在以來，認為外國事物會腐蝕在地認同，是一直存在的憂懼。物品以及對物品印象的跨文化流動，在現代已呈幾何級數般急遽成長，因此這項擔憂又更加顯而易見，反而是在地文化的因應方式較不清晰。這股大量匯聚的潮流是否掃除了種姓制度與國家民族等集體認同感，留下一個「扁平的世界」？53

「你上哪去找還沒有被美國化的日本？」記者室伏高信（Murobuse Takanobu）早在 1929 年就提出了這樣的質疑。「我甚至敢宣稱美國已經變成了整個世界，今天，日本什麼都不是，只是美國而已。」54 新的世界秩序似乎正在成形，但並不是來自軍事力量，而是商品與夢想的物質文明。這種對美國文化的迷戀，與其說是源自好萊塢的進口商品，不如說是當地社會為達現代化的一項工具。這種迷戀與對日常生活物質基礎的興趣息息相關：衣服與電影造就了人民。這樣的想法有部分受到馬克思與海德格的啟發，但日本採取了截然不同的取向。與其悲嘆現代事物如何扼殺了真實

的誠信，許多日本作家寧可頌揚美國電影、酒吧，以及現代家庭是封建習俗的解放手段。早期的民族誌學者今和次郎認為，消費是一種主體性的起源，55 與其被告知應該如何打扮、如何表現，人們可以藉由消費來形塑自己。

二次世界大戰後美國占領了日本，在日本的美國事物也隨之倍增。1949 年，《朝日新聞》（Asahi）推出了連環漫畫「金髮女郎」（Blondie）讓日本的家庭主婦得以一窺美國的生活方式；口香糖、爵士樂，以及隨後的鄉村搖滾樂，都找到了新的狂熱仰慕者。六本木（Roppongi）是 1950 年代美國軍隊在東京的基地，吸引了無數追求時髦的日本年輕人——六本木族（Roppongi-zoku）。都市住宅採用了標準化的西式格局或 LDK（living-din-ing-kitchen）格局，亦即客廳、餐廳、廚房採用區而不隔的開放式空間型態；然而在內部，這些外國的空間還是被本國化了，大部分家庭仍會設計一個有榻榻米或壁龕（tokonoma）的日式房間以擺置古董、鮮花，或是字畫捲軸。這類作為個人放鬆及宗教慶典之用的日式房間會將空間加大一倍；在一間西式公寓之中，這個所在正是得以展示個人日本品味之處。

科技，也被重新定義為屬於日本的科技，日本公司銷售的電視與其他電器，皆被定位為傳統與現代的融合。1960 年代末期，松下電器（Matsu-shita）的廣告引用了一位日本畫家的話：「西方非人性的機制來到日本，演變成適合人類皮膚溫度的事物：國際牌彩色電視機。」廣告允諾，唯有日本的彩色電視才能重現真正的「日本色彩」。立體聲座與電視機整合了日本設計的特點，現在，人們可以在觀賞棒球的同時，亦感受到與帝國的過去有所連結。松下電器甚至以柚木漆面來裝飾它的一款冰箱，並將其取名為木曾（Kiso）——以日本阿爾卑斯山（Japanese Alps）中一座山谷的名字來命名，而這座山谷曾是 14 世紀初日本後醍醐天皇（Go-Daigo）的大本營。56

美國化在各個亞洲國家中得到的關注並不均衡，與其說是因為進口品的數量，不如說是因為對文化感染的恐懼。57 新加坡與其鄰國也購買了大量的日本商品，卻從不擔心被日本化（Nipponization），因為日本的產品被視為實用的器具而非外來的病毒。1992 年，日本富士電視台（Fuji）推出了一個週日晚間播出的才藝選秀節目《亞洲最棒！》（Asia Bagus!），該節

目由新加坡、馬來西亞、印度尼西亞共同製作，台灣也在兩年後加入；每個賽季，都有 50 萬名抱負遠大的表演者前來報名，希望能成為下一位亞洲偶像。節目由一位日本人與兩位新加坡人共同主持，輪流說著日語、馬來語以及中文。58 這種類型的亞洲化，如今或許比美國化更為重要。日本的流行音樂始終是主要的出口商品之一，雖然在 1998 年之前，它一直被韓國正式禁止進口。到了 1990 年代，未來已經是日本而非美國了。許多泛亞洲的電影都涵蓋了東京鐵塔（Tokyo Tower）的鏡頭，帶入現代化的氛圍，自其時至今的韓流（Korean wave）、來自香港的粵語流行音樂，以及來自台灣的國語流行音樂在中華人民共和國的成功，都反映了這套泛亞洲的迴路日益增長的重要性；韓國流行音樂（K-pop）由政府花了十億元的投資基金加以扶植，這是政府扮演重大角色的另一個實例。59 同樣，在印度次大陸上，馬斯喀特（Muscat）與杜拜（Dubai）對現代生活的觀念至少與巴黎或紐約一樣深具影響力，來自南亞的經濟移民正是在這些海灣國家適應了空調以及其他的新家電，並養成外出用餐等休閒習慣。

印度的種姓制度

在印度，帝國的遺產造就了消費與民族主義間更為複雜、敏感的關係，帝國讓消費背負上壞名聲。時尚、外國商品，以及對於差異的渴望，被譴責是讓印度人屈服的帝國陰謀，民族認同被定義為反對大英帝國；由於帝國誇示它的現代商品，成為一個自由的印度人必然意謂著苦行主義。深具歷史諷刺意謂的是，這種反殖民主義的做法，在帝國主義正式死亡之後，仍透過只有某些人才有享受舒適的特權，其餘的人則注定只能做工的想法，強化兩個階層世界，繼續為帝國完成其未竟之業。

自 1991 年以來，自由主義的開始，為這樣的二分法畫下了句點。突然之間，現代化意謂著成為一位消費者。「我們覺得甘地很棒，」一位在喀拉拉邦、屬於印度教奈爾（Nair）種姓第二階級的年輕女子坦承：「但我不認為我們實踐了他的想法。在我們的家庭中，我們喜歡來自各地的物品。」60 沒有多少人贊同甘地的信念，認為富人必須過著更簡單的生活，以便讓窮人能夠活下去。一位技術人員直言不諱地道出了新的正統看法：

「我認為唯物主義是好的……我們國家的思考方式很可悲。你知道的，『我不需要一台冰箱，我有一台黑白電視了。』但我覺得，拜託！那都是廢話……我們走過某段歷史進程，並且從我們的貧窮中捏造出美德，我想也是時候停止這麼做了。」61 當印度的民族主義者（印度人民黨，BJP）在1990 年代晚期重新發現非暴力哲學，它不但使民族主義者蒙受其利，更使全球亦蒙受其利。

俭樸或許可以說被摒棄了，但很難把同樣的說法套用在印度的特有方式（India-ness）。在印度，現代化意謂著購買全球產品，而非採納全球化的認同，在印度，個人主義仍然受到對家庭與社區的承諾所抑制。舉例來說，位於古吉拉特邦「黃金走廊」（golden corridor）巴羅達（Baroda）的中產階級，即表現出微妙的平衡作為；他們在買車、買家電、裝潢房子的同時，也設法保存傳統價值。當他們在 2004 年談到他們的新生活方式時，他們以負面的方式述說它，並將它與理想化的農村社區進行了比較，認為花費在自己身上、時尚與炫耀性的展示，都是對傳統、家庭，以及地位的道德威脅。因此，矛盾的是：消費實際上是提升了，但對那些消費最多的人來說，消費對他們的團體認同仍然不具重要性。至少在巴羅達，中產階級遵循的仍是本地的道德價值與社區觀念，而非全球的消費文化。62 移居世界各地的技術工作者與商人回到祖國生活，以便讓他們的孩子能在印度長大，培養出對家庭與傳統習俗的尊重。

消費文化絕非扼殺印度身分認同，而是提供了清楚闡明它的新機會。女性技術工作者梳著傳統的髮型並穿著沙麗克米茲（*salwar kameez*）vii 去辦公室上班；1991 年，外國企業進入印度市場後，為印度公司創造了藉由大力宣傳本身獨特價值來脫穎而出的機會。再沒有比印度食物更好的文化標記了；「印度地帶」（Indian Terrain）成衣品牌零售商利用「我讓披薩變唐多里（Tandoori）了」這句標題廣告它的休閒旅遊襯衫，一位時尚的印度男子塗抹著髮膠，述說了他的消費理念：

有聽過蔬菜漢堡或馬薩拉（Masala）茶嗎？或是唐多里口味的披

---

vii 有寬鬆褲子與長襯衫搭配的印度服裝。

薩？這些產品的靈感之所以被激發，全都是因為我拒絕跟世界上其他地方的人吃一模一樣的食物。因此，食物連鎖店讀到了它們牆上（或是收銀機上）的訊息，並根據我的口味量身打造出一款全新的菜單。63

　　階級與種姓是基於一個人在生產體系中的位置而定。消費的增長是否侵蝕了它們？對印度菁英階層來說，尼赫魯官僚政治的「牌照制度」（licence raj）viii 結束後，開啟了新的地位來源；為外國公司工作，開始比公務員的職位更具分量，於是自由化引發了無可避免的憂慮：擔心印度菁英階層是否會被「西方毒化」（westoxicated），64 是否會在全球唯物主義的祭壇上犧牲自己的民族精神、放棄對窮人的關懷。但在現實生活中，技術經理與專業人士都是相當保守的消費者，他們心目中的優先事項，仍與他們的父母並無二致：買房、幫助家人、投資在孩子們的教育上。65 對社會地位而言，高價汽車或液晶電視並無法取代來自頂尖技術學院或外國大學的企管碩士學位；經濟奇蹟在某些方面來說，反而加劇了階級之間以及階級之內的差距。在印度農村中，大地主與放款收利的人增加了他們的消費比率，而卑微的農民卻遭了殃，再也沒有補助津貼可領，只能任由高利貸者擺布；在城市中，獲利的也是零售業與服務業的店主與管理者，無特別技能的工人花費相對地減少了。66

　　在各行業與公司企業中的高階職位，仍然是由種姓制度的上層階級者擔任，但以往嚴格的階級分野已然出現漸趨和緩的跡象。一名人類學家在 2001 ～ 2006 年間的班加羅爾（Bangalore）與年輕人「混在一起」，發現他們朋友之間會分享衣服、香菸、摩托車，無視於對方的種姓或收入。67 在德里城外的北方邦（Uttar Pradesh），賤民（Dalit）也愈來愈常用有品牌的牙膏來刷牙，而非僅是咀嚼本地印度楝樹上的嫩枝。長久以來，消費商品一直是種姓制度中階級較低者用以自我肯定的工具，這至少可以回溯至 20 世紀初，當賤民幸運地獲得一丁點土地時，就會穿上人造絲紗麗來昭告大

---

viii 1991 年以前在印度投資、工業及進口皆需要牌照，這造成國營事業的壟斷。這個制度自 1991 年正式廢除，從此開啟印度經濟自由化。

眾；至於上層階級的婆羅門（Brahmin），他們坐下來吃晚餐時，則開始穿著襯衫而非裹裙，同時吃肉、喝酒。68 然而，這些情況並非意謂種姓制度不復存在。在 1990 年代的喀拉拉邦，下層的普拉亞（Pulaya）開始穿著引人注目的服裝，包括紅色緞面襯衫與運動鞋，頭髮做成跟電影明星一樣的造型。這些改變皆並未動搖種姓制度，前述勞工群體之上的耶哈瓦（Izhava），則輕視這類俗艷且愚蠢的招搖之舉；對他們來說，要得到人們的尊重，意謂著要把錢花在房子、家具以及金銀珠寶上。69 消費仍然是為了確保他們獲取自己所屬團體與階級的認可，而非仿效高於自己階級者的作為。

種姓制度中的低層階級皆為窮人，但這並不意謂著他們都過著一樣的生活，某些人還是消費得比其他人多。1993 年時，印度勞工局（Labour Bureau）對印多爾（Indore）賤民（scheduled caste）工人的生活條件進行了調查，發現比之清潔工與清道夫，製鞋匠的家庭會吃更多的肉並喝更多的牛奶；這或許是因為他們的工作與皮革有關，降低了抗拒動物產品的宗教慣例。然而相較之下，清潔工與清道夫擁有較多的財物：許多人擁有電視、電扇、自行車、手錶，有些則擁有縫紉機、電唱機、冰箱，有一人甚至擁有相機。相形之下，製鞋匠的家庭則顯得相當貧瘠。70

如今，位於收入階層底端的上層種姓成員，他們擁有電視、冰箱、汽車的可能性，幾乎是下層種姓階級的十倍，即使他們同樣貧窮。因此，種姓很重要，但重要的不是階級本身，而是它跟城鎮與鄉村間物質鴻溝之關聯：上層種姓更可能住在城市，因此相對來說，他們有更佳的境況去踏出第一步；71 下層種姓中過得不錯並搬到城市中的成員，對於電視與其他家電的擁有權相當於上層種姓階級者。值得注意的是，種姓階級之間的鴻溝在最貧窮的地區，反而最深、最難以逾越。

消費與家庭

為數眾多的西方評論都將消費主義與個人主義畫上等號，認為在家庭上的支出值得特別強調。誠然，印度在最近一波景氣好轉之前，核心家庭已經成為常態，但盧比繼續被大量挹注於大家庭之中。一個世紀以來，社

會改革者對豪華婚禮和葬禮的譴責置若罔聞；可以說，隨著消費文化的崛起，在家庭與習俗上的開支不減反增。1994 年的電影《情到濃時》（*Hum Aapke Hain Koun!*）以一齣結合家庭、愛情、舒適家居的戲劇，完全征服了印度；在這部有關生活方式的愛情故事當中，新的廚房與豪華的裝潢，就跟電影中穿著時尚的明星們一樣重要。由薩爾曼·汗（Salman Khan）飾演令人心跳加速的情人普瑞姆（Prem），他甚至有一條名叫泰菲（Tuffy）的狗——這是中產階級生活方式的終極象徵。為這部電影奠定成功票房的主因是，這個愛情故事由一個和諧的大家庭所構成，包括了姪兒外甥、遠房親戚，以及幸福的包辦婚姻；對觀眾來說，這部電影證明了，擁有更多物品並同時忠於大家庭的理想是可行的。72 在現實生活中，愛情與婚禮持續體現家庭的忠誠與互惠，而嫁妝、婚禮慶典以及禮品的價格也持續飆漲，一整套印度婚禮禮服的費用，跟一輛汽車不相上下。如今，大部分的印度新娘與新郎都是為了愛而結婚，然而他們寧願繼續等待、不結婚，也不願失去父母的認可；在軟體工程師中，仍有 2/3 的婚姻是經過正式安排的——儘管這對未婚夫妻已經先自由戀愛了。

在亞洲各地，家庭持續塑造各種消費模式。由移工寄回家鄉的學費、各項匯款、給表親的洗衣機，都指出了優先事項為何：家庭義務先於個人享受；一旦消費耐用品跨過家庭的門檻，會被改變的是家庭生活的方向，而非緊密的家庭聯繫。1951 年，社會學家隆納·多爾（Ronald Dore）住在東京的一個行政區中，精準捕捉住一個轉型中的社會樣貌。他詢問家庭主婦：「有沒有哪樣居家用品，會讓妳常常這麼想：如果負擔得起的話，我會想要擁有它？」他的受訪者反應相當分歧：幾乎有半數回答想要更多的衣服或是更好的家具，另一群為數不少的人則想要洗衣機、吸塵器、音響，或是烤麵包機；這些回答反映了舊有消費地位體系的部分崩解。在過去，最珍貴的物品是確立地位的方式之一，農民會在特別的節日慶典穿上他們最好的衣服、擺出最好的瓷器，為的是使同儕夥伴們留下深刻印象；但等到聚會活動結束時，他們又換回襤褸衣衫與破爛杯具。受多爾訪談的第一組東京家庭主婦仍然反映出這種心態，她們渴望擁有更多用途相同的事物，但她們著眼的是品質更佳的好衣服；為了得到他人的欽慕眼光，犧牲家庭舒適是常見的事，父母會特意節省食物的費用以便讓兒子有零用

448

錢，不致輸給他的同儕。而在第二組家庭主婦中，可以明顯看出新方向的出現；她們的渴望多放在新奇的物品上，首要考量是這些物品可以藉由娛樂、更高的舒適度、省時省力等承諾帶給家庭滿足感。在不斷發展的城市中，社區的聯繫較為鬆散，多爾解釋，這使得「地位與從而衍生的聲譽，依附至較不重要的物質財物上。」73 炫耀性消費並未消失，只是藉由可驕傲展示予賓客朋友的電扇、電視，以及其他新家電設備的購買，被駕馭在家庭福祉之下。

　　日本自 1950 年代開始，大量的消費被兩個截然不同的理想加以合法化了：國力以及社會平等。只要購物者能不忘本國的地方農民、小零售商以及製造商，消費並無不妥；為日本的稻米多付點錢，是民族團結的代價。在此之際，富裕也帶來了新的憂慮；1970 年代的日本人開始反思並懷疑自己的「生活方式」。首相的辦公室在年度調查中詢問人民：「你認為你的生活方式得到改善了嗎？」1974 年時，回答變成了否定，而且自其時至今仍然維持著否定的答覆。74

　　如今，1980 年代在人們的記憶中是收入提升、時尚青少年族群欣欣向榮，以及銀座的古馳（Gucci on the Ginza）的黃金十年；後者是 1989 年時日本新一代消費者中練習英語的熱門所在。1980 年代中進行的態度調查發現，大部分人把自己的滿意度列為首要考量；消費文化似乎培育出一個個人主義者的國家。但事實上，這只是曇花一現；早在 1989 至 1990 年的泡沫經濟破滅之前，「擺脫事物」並享受「事物以外的事物」（mono igai no mono）的趨勢已展開。

　　消費者對於真實體驗與幸福關係的「後物質追尋」（post-material search），此時也投入了零售業的懷抱：消費者厭倦了各種科技新玩意兒，重新擁抱懷舊之情，西武百貨公司（Seibu department stores）新開張了「重生展示館」（Reborn Pavilions）以及草藥店。嚴重的經濟衰退以及隨後 1990 年代「失落的十年」，使購物者勒緊褲帶、大企業削減了滑雪旅行與報銷帳戶，種種舉措皆強化了這股趨勢；家庭的重要性再度受到重視，上班族不再跟同事一起混酒吧消磨晚間時光，而是回家陪伴他們的妻子，雖然他們還是很少坐下來跟家人一起用餐。1992 年，首相宮澤承諾要使日本成為更無壓力、更輕鬆悠閒的「生活大國」（lifestyle superpower）；75 當時，銀座

的古馳看起來已像是過去世界的遺址。零售業分析師開始擔憂日本人會變得愈來愈相似，而不是愈來愈個人化。76 自 1989 年起，日本回歸到 1980 年代經濟繁榮時期之前的心態：社會與國家的順位優先於一切。77

亞洲哲學式消費

南韓就像日本，炫耀性消費在 1980 與 1990 年代末再度被視為一種社會疾病。1993 年時，93% 的南韓人認為「過度消費」是「嚴重的社會問題」，雖然幾乎沒有人會想把矛頭指向自己；78 花在學校、休閒、祝賀與慰問的習俗贈禮費用會招致最強烈的責難，其中大部分更是針對女性而來。韓國媒體刊登令人震驚的「暴富」故事，把受過良好教育的年輕女性描繪成購物的奴隸：謠傳就讀漢城菁英私校梨花女子大學（Ewha）的大學生，會花 50 萬韓元，相當於當時的 700 美元，去買一條內褲。長老教會與政府單位是兩群反奢侈品運動的先鋒，而整個 1980 年代，漢城的基督教青年會（YMCA）一直將富裕妖魔化；他們警告，「健康」的生活方式正屈服於充滿迪斯可舞廳、酒精與性愛的歡愉經濟之下，私人的揮霍無度也正取代共同犧牲奉獻的地位。

一個世紀前，歐洲和美國的改革者們已敲響過類似的警鐘，擔憂商業化的休閒娛樂將會腐蝕民眾共同的生活與身心。但兩者之間有一項極大的不同點，在於韓國擁有國家政府的全力支持。一夕之間，外國精品店都從百貨公司中撤出；還有傳言說，購買外國汽車的人會被調查是否涉嫌走私與外幣詐欺。對政府來說，「超額」就是外國產品的代號：來自美國的葡萄柚被抵制；外國商品必須繫上價格標籤，以便在店內以高昂價格販售時，同時標示出它們的低進口價值。韓國的消費者因而了解到，他們為一台美國製的錄影機或一個義大利製的手提包付出了多麼高昂的代價——這些產品的原產地價值僅為零售價格的一小部分。79 這些事實讓我們看到了民族主義情感的力量，韓國政府似乎毫不擔心這套價格標籤體系會使消費者的怒火轉向政府本身，畢竟，先對外國商品課以重稅的正是政府當局。

儘管有這些運動，我們還是很難不做出這樣的結論：比之歐洲社會，亞洲社會較不把消費看成是道德挑戰。大部分譴責「消費主義」的布道訓

誠與暢銷書籍都是來自美國與歐洲，而非日本、印度或是中國。亞洲對於奢侈的爭論，缺乏了西方的激動情感與尖銳偏執；對許多基督徒來說，財富與財產背負了罪惡的汙名，但對佛教徒或印度教徒來說並非如此。民族主義和社會團結提供了共同的道德腳本：只要消費者擔負起責任，富裕就不會是問題。

因此，關懷家庭與社區，成了亞洲人擁抱消費的基本前提，同時，這種態度甚至超越人類社會而延伸到物品的聚落。稍早之前，我們批評了現代西方一直抱持著以主體為中心、視客體為外來物的文明觀點。事實上，西方的思想家與作家的確已認知到自我的物質屬性；維多利亞時代的文學作品教導孩子們，如果他們好好照顧自己的玩具，玩具也會愛他們。亞洲社會又特別強烈認同物品擁有靈魂的觀點。以佛教來說，物品就跟經驗一樣，始終處於不斷的變動當中，可以促使我們邁向解脫之道；而從神道教（Shinto）的觀點來看，物品則擁有神奇的力量。馬克思指出，西方世界以資本主義為主導，因為資本主義巧妙地使物體失去了靈魂，方便它可以把物體當成抽象商品以交易牟利；這個論點與過去幾十年的亞洲奇蹟並列在一起，顯得有些尷尬。相信動物與物品都有靈魂的萬物有靈論（Animism），顯然並未阻止消費資本主義在東方的軌道上急馳，物品有靈魂，並非意謂著它們就不能被購買、贈送、渴望並交換。

日本就是一個很好的例子。兩次大戰之間的建築師布魯諾・陶特將東方世界理想化為樸實無華的，但他必然會對今日塞滿裝飾品、禮物、紀念品的日本住屋景象大感震驚。在過去，倉庫滿足了季節變化的需求，商品可以被輪流取出、置換。如今，小公寓中擠滿了永久性櫥櫃或儲藏室以容納適合任何季節的多套衣物。在一個像日本這樣習於交換贈禮的社會，可支配收入的急遽增長，加上旅行以及新舊節慶的商業化，譬如情人節，使每個人的家中都快被物品淹沒了；然而，丟棄這些物品又可能會招致厄運。因此至今為止，贈禮與紀念品都無法被輕易轉送，除非新的接受者承諾會好好照顧它們。舉例來說，一位家庭主婦很討厭她丈夫從中國帶回來的東方三智者小雕像，但又擔心如果把雕像丟掉，她可能會被詛咒；同樣，家電用品如果還能運轉也還好好的，就不應該被扔掉。為了處理這些氾濫成災的物品，日本家庭想出三種策略：其一，用許多壁櫥與壁龕來妥

善收藏並展示眾多小雕塑品、鮮花以及禮品；其二，盡量選擇可以被使用完畢的禮物，特別是甜食或是醃漬食品；最後，人們可以把自己用不到的物品留給募款義賣會，附上一張告別卡，要求新的擁有者要好好照顧它們，幾乎就像是把自己的孩子留在孤兒院一樣。80

換句話說，消費可以是一種崇高之舉，兼具擁有眾多商品與良善心靈的可能。自 1980 年代以來，東南亞的宗教教派與鬼神崇拜亦隨著商品世界的普及而遞增；81 在中國，共產黨重新發現了孔子並在其誕辰舉行祭孔大典；這類大型宗教復興意謂著，新儒家（neo-Confucianism）並不只是在毛澤東時代之後作為尋求民族意識的國家產物。廟宇被翻修一新，宗教旅遊也蓬勃發展了起來。82 儒家主張和諧共處與尊重他人的理想，雖然有利於獨裁主義的統治者，但也是日常生活中合乎道德的良善行為規範（亦即禮）；因此，儒家的主張不但吸引那些對貪婪與貪慾感到擔憂的人，同時也熱中於利用贈禮、獲取與消費來創造人際關係（社會網絡），過上與他人更為和諧共處的日子。

在一個禮物與商品文化合而為一的社會，消費與禮儀、互惠息息相關，一個人得在慷慨大方與自身利益、互惠與貪腐之間走出一條中庸之道。宗教提供了他們一把道德平衡的標竿。1994 ～ 2004 年之間的蓋洛普民意調查指出，儒家思想的復興，或許是勤奮致富的心態不再盛行的一個原因。仁，或說追求完全人道境界的修身養性，正是儒家的中心思想；與世俗智慧相反，中國人並不沉迷於工作，他們的價值觀已轉向自我表達、個人品味、娛樂與交流，影音光碟與手機以驚人的速度被接受，便是一個跡象；從 1997 年的 7%，到 2004 年之前又分別來到 52%、48%，比幾十年前的洗衣機和冰箱更快。到了 2013 年，平均每個中國家庭都有兩支手機。83 若說這項從功能到情感的商品轉變，在所有先進經濟體中都可以被觀察到，那麼我們必須說，它在中國又特別顯著。

半為神，半為公民

　　標籤上說的可不全然為真。1998 年時，中國北方山西省的村民在春節時犒賞了他們自己幾瓶的「長壽雙喜酒」（Long Life and Double Happiness）；對其中的 27 個人來說，這是他們的最後一次慶祝，因為酒中摻雜了有毒的甲醇。這樣的悲劇對維多利亞時代的人來說相當熟悉，而且在發展中的社會也一次又一次地不斷重複上演；不斷增長的需求與新產品創造出歡愉，同時也創造出風險。這就是關於消費者權利與保護辯論的歷史背景，從 19 世紀末歐洲反對摻假的早期法律，到約翰・甘迺迪（J. F. Kennedy）1962 年的《消費者權利咨文》（*Consumer Bill of Rights*）── 制定了消費者享有安全、自由選擇、被聽見、被告知、得到尊重的權利；在美國與西歐的大部分地區，這些政策與民主政治同步發展，消費者需要被認可為公民。在亞洲，消費者的發現與經濟的成長一樣充滿戲劇性。日本、印度以及中國也紛紛推出了自己的消費者法案。到了 1997 年，根據調查，消費者保護法對中國人民來說，已經變得比就業與刑法更形重要了。84 如今在世界各地，消費者都被認為是重要的存在；問題是，它到底是什麼樣的產物？它的父母又是誰？它是個政治公民、自力更生的市場行動者，還是像中國人所形容的，是個「神」？

　　在印度，消費者保護有其古老根源。《政事論》極為關心公眾面對的諸多風險，從欺詐賭徒到穿著顧客衣服的洗衣婦；商人「全都是騙子」，書中這麼說，他們會試圖欺騙他們的顧客。一個過度擴展、不自量力的國家，又是另一種危險。2000 年的悠久歷史幾乎不曾改變一連串抱怨的原因，包括牟取暴利、價格壟斷、摻假、冒用度量衡、不實陳述、欺詐手段；雖然今日的消費倡導者中，鮮少有人會呼籲採用《政事論》中懲罰罪犯的做法。對於不實陳述商品品質的商人，《政事論》建議，應該要償付商品實際價值的八倍；非法工作的金匠將面臨 200 帕納（pana）的罰款，或是失去手指的代價。當時，最低階的政府官員一年的薪資不過是 60 帕納。85

　　獨立後的印度在發展自己的消費體制上進展緩慢，但是當它開始進行

之後，便大張旗鼓、聲勢浩大。在 1950 年代，政府通過了一連串的法律以控制藥物與「神奇偏方」、食品摻假與交易，以及商品標記；然而，這些規定純粹是預防性的，並未提供消費者任何賠償或補救。1986 年，《消費者保護法》（*Consumer Protection Act*）這項非凡措施的到來，使印度猛然躍升至全球消費政治的領先地位；除了保護與資訊，如今，印度人民更獲得了申訴與尋求補救、賠償的權利。自其時以來，35 個邦與 600 多個地區消費者論壇（District Consumer Fora）已經處理了 300 多萬起的申訴。86

當然，權利並不會自動轉化為消費者權力。《消費者保護法》通過的 20 年之後，大部分印度人仍未意識到他們的權利。提出投訴需要花費時間和金錢，而且往往還得聘請律師，大部分人都不願這麼大費周章，印度還是一片被商業壟斷陰影覆蓋之地；誠然消費者有權在壟斷委員會（Monopolies Commission）面前參與訴訟，但是每個壟斷企業被打倒之後，就會有另一個新的壟斷企業冒出頭來。在齋浦爾（Jaipur），有線電視公司可以決定它們的條款，學校可以強迫學生在指定的商店購買書籍與制服，理髮店與檳榔販子可以壟斷物價，就像過去一樣。87 在許多方面來說，印度仍然是一個生產者與交易者至上的社會，而非消費者的社會。消費者事務部（Department of Consumer Affairs）試圖充分利用微薄的預算以提升消費者意識，藉由短片（《醒來，消費者，醒來吧！》（*Jago Grahak Jago!*））以及用北印度語和地區語言製作的廣播節目在民眾家中、郵局、火車站播放。這樣的做法與 1930 年代美國羅斯福新政時，由國家贊助的媒體和宣傳活動頗為類似；但關鍵的區別在於，美國在這段時期挹注了更強大的國家干預力量，相較之下在印度，這股趨勢則是經濟自由化的浪潮之一，並且回過頭來、席捲了國家政府。

若說市場改革為印度的消費者政治打開了空間，也並非意謂著它始終只是一個市場的問題；事實上，它的背後也有政治的推動力。1994 年，最高法院（Supreme Court）在一場關於房屋建築的糾紛當中，支持對上勒克瑙發展局（Lucknow Developing Authority）的古普塔先生（Mr Gupta）；這是深具里程碑意義的裁決，認為消費者利益攸關的「不僅是普通人所進行的日常買賣活動，更是那些不具備商業性質」但還是會帶來某些利益的活動，舉例來說，建築與土地開發。諸如公共住宅之類的法定服務是「對市民的

服務」，必須跟在櫃檯購買的商品一樣被加以保護。88 自其時至今，當電力與電信通訊故障失靈時，消費者就會對上政府單位。有趣的是，大部分的申訴針對的是粗劣的服務，而非有缺陷的產品。89 消費者保護法在個人對消費市場的委屈不滿與作為公民的公共利益之間，建立起一座橋梁。在2005 年，《資訊權利法》（Right of Information Act）又為消費者奉上一項額外的武器，行動主義者與法庭利用消費者法律催逼出更大的問責權；舉例來說，在醫療損害賠償的案例中，最高法院會強調消費者法庭不僅是為了量化損害賠償而存在，更是為了「促使服務提供者的態度產生質的改變」。90 更大的問責權與得當的管理權，跟產品的安全性一樣重要。

這類言論，與 1991 年英國約翰·梅傑（John Major）的托利黨政府所提出的《公民憲章》（Citizen Charters）議程不謀而合，該憲章的目的是使醫院、學校以及其他公共服務要為使用者擔負更大的責任。事實上，某些印度的管理者是在英國桑寧戴爾（Sunningdale）的文官學院學習到這些觀念；然而，這些觀念要運用在像印度這樣，大部分消費者一直都很貧窮並被排除在政治之外，同時貪腐仍是普遍存在的國家當中，必須再激進一些。消費權、公民權以及人權，必須齊頭並進。新自由主義已被甘地的色彩調和：一方面，選擇與競爭支配了一切，從這個意義上來說，甘地的自給自足與苦行主義的理念已名存實亡；另一方面，當消費的擁護者轉而致力於社會包容的問題時，他們仍持續向這位聖雄取經。2007 年的官方海報敦促消費者「加入革命」，並宣稱「再度挺身而出、捍衛我們權利的時機已然到來」，便是搭配上一幅 1930 年甘地領導窮人反對英國鹽稅（British Salt Tax）的影像。

印度政府支持了 7,000 多個學校中的消費者社團，讓學童在*街頭戲劇*（nukkad natak）中演出消費者所面臨的難題，進而反思購物的道德標準。「購買一項產品時，」一個社團的學生專欄中寫道，你應該自問：「你真的需要這項產品嗎？……它會跟你希望的一樣持久耐用嗎？」這個產品會有什麼「健康的附帶結果」以及對環境的影響？「消費者必須克制自己的消費，才能負責任的消費。」同時，我們也不可能再維持一種放諸四海皆適用的準則。「每個團體都有它自己特別的消費者側寫，」必須定義出它自己的責任感。91 在一個有豐富道德歷史的貧窮國家之中，個人的揮霍無

度仍然是中產階級學生的痛處；消費者的選擇是好的，但應該要將為窮人挺身而出包括在內。或者，就像一位消費者保護的擁護者如此形容：「或許我們應該開始在『神』（God）與『商品』（goods）之間實現『善行』（good）。」類似佛陀的中道（Middle Path）或亞里斯多德的黃金中道。92 有時，民族主義的歷史會被扭曲以符合這項中道的目的；於是，甘地的角色被政府機構扭曲、搖身一變成為消費者之友的化身，他具備了先知的智慧，將「顧客」視為「我們前提中最重要的一環」、我們運作的「目的」，以及一切都依賴它而存在的要素。93 亞當‧斯密曾在《國富論》中說過類似的言論。但甘地是否樂於擔任斯密的印度喉舌角色，著實令人存疑。

協會的成立

早在 1915 年，對運輸服務感到惱火的乘客便成立了協會來表達他們的不滿；半個世紀之後，一個更加普及的印度消費者指導協會（Consumer Guidance Society of India）成立了。在 1980 與 1990 年代，消費者團體的數量，從 80 個躍升至 1,500 個之多。這個蓬勃發展的公民社會，正是印度擁抱消費的最顯著特徵之一，印度是在亞洲最接近前幾世紀中，美國與西歐商品與協會並行成長的國家。最活躍的團體之一，就是消費者團結與信任協會（Consumer Unity and Trust Society, CUTS），它成立於 1983 年拉賈斯坦邦（Rajasthan）的一個車庫，並成長為一個致力於貿易、婦女權利，以及農村貧窮問題的全球性非營利組織；西方國家中，沒有幾個消費者團體可以比得上這個協會的專業知識，以及它 300 位員工規模。印度不再只是進口商品，而開始可以出口政策架構與組織；舉例來說，消費者團結與信任協會為迦納、南非以及越南制定了消費者保護的藍圖。在 1990 年代，當眾多反對全球化的社會運動正如火如荼時，消費者團結與信任協會將自由貿易與所有人的基本需求連結起來，並在農村地區展開擴大服務範圍的推廣方案；這正是回應一個世紀前，英國為爭取便宜食物與自由貿易而進行的聖戰。然而，私人與公眾服務間的平衡幾乎已完全逆轉，國有化來了又走。在 19 世紀的倫敦，消費者團體是由有房產的住戶組成來反對私營瓦

斯與自來水的壟斷。在 1980 ～ 1990 年代的印度，消費政治的新領域是糟糕的公共服務；作為社會福祉的一項工具，「選擇」顯得如此深具吸引力的一個原因是，大多數窮人都對公立學校與發電站深感失望。消費者團結與信任協會領頭征戰的會長普拉德普‧梅塔（Pradeep Mehta）提出了教育券的建議，讓窮人也能夠選擇他們的學校，而非只能乾坐在一個完全沒有老師的教室裡。

在 1990 年代，世界各地的評論家抨擊新自由主義縮減了公共生活；有的說法是，私有化使熱心公益的公民淪為自我中心的顧客。這種論點是富裕國家的特權，這些國家的人民在晚上上床睡覺時，不必擔心第二天早上醒來沒有水電。在印度這樣的發展中社會，大部分家庭無法享受 24 小時的水電基本服務；沒錯，農民可享有免費的電力或補貼的電價，但這也是電力網絡過度擴張、經常故障的一個原因。若說私有化提升了恐懼，同時也創造了機會。在此，要公允地論述所有地區和服務的複雜情況是不可能的，我們只能揀選出兩項有趣的發展，一項影響了農村的窮人，另一項則影響了都市的中產階級。

對許多農村的窮人來說，被稱為「客戶」是認可的象徵，不再被視為被動的依賴者，或是從來無法在第一時間獲取基本服務。窮人與粗劣的服務是惡性循環，因為他們沒能力付錢，他們就得積欠水電公司；被斷水斷電之後，他們便開始偷水偷電。反過頭來，水電公司也缺乏收益以提供像樣的服務。於是家中的電燈熄滅了，田裡的水泵也悄無聲息。2002 年拉賈斯坦邦的一項專案計畫，藉著將村民變成付費的用戶，開始著手打破這種惡性循環；在賈拉瓦德區（Jhalawad）的皮波羅德（Piplod），電力變壓器每個月會燒掉 16 次，村中耆老於是聚在一起，同意解決電力偷竊的問題並安裝防竊改電纜；而電力公司則同意投資更好的電力變壓器作為交換，保證村民用電的時間更長並保持穩定的電壓。住戶電力改善委員會（vidyut sudhar samiti）成立了，他們監督電力的改善狀況，很快地，這個地區所有村落都成立了類似的組織。在印度的環境背景之中，若用「客製化」這個可憎之詞來解釋，就是它不僅是為了讓農民付費，更是為了讓他們在當地的組織架構下占有一席之地。新自由主義具備了社會民主的特徵，的確，印度消費者團體在賈拉瓦德所帶領的改革活動亦得助於弗里德里希‧艾伯

特基金會（Friedrich-Ebert-Stiftung），一個德國的社會民主基金會。94

　　1980 年代在印度的城市裡，中產階級開始在他們的鄰里街區設置大門。在美國，這類有柵欄有警衛的社區已經成為利己主義（privatism）的代名詞；相反地，在印度，不穩定的基礎服務吸引中產階級進入公共生活並與市政當局合作，以便在一個像德里這樣的城市中，繼續提供自來水與其他服務。這類的居民福利協會（Resident Welfare Association, RWA）逐漸發展成他們自己的公民參與及社交管控混合而成的組織。95 一方面，居民福利協會承諾提供庇護以遠離街道危險與不受歡迎的外來者，保證私人與社交休閒的安全性，讓居民可以組織自己的民族與宗教節慶、舞蹈比賽以及消費者市集；另一方面，這種對舒適與安全生活方式的額外重視，吸引居民走出他們私人的舒適窩，更直接地與市政當局合作。許多居民福利協會承諾提供安全穩定的自來水以及 24 小時的電力支援，在一個經常斷水斷電的城市中，這項吸引力不可謂不大。當住在其他地區的朋友們遇上停電時，加入居民福利協會的家庭卻可以看電視、使用洗衣機與電腦。對迫切想改善服務的市政府來說，這些鄰里組織正好可以利用讓事情順利進行的共同利益，把消費者聚集起來。自 2001 年以來，德里政府以及居民福利協會建立起一種公私共同合作的夥伴關係；在研討會與會議中，居民與代表、治安人員、自來水公司的官員齊聚一堂，找出解決當地問題的方法。在這些人民參與的合作計畫（Bhagidari Scheme）中，超過 100 個協會與德里當局就各項事務進行合作，從控制廢棄物到獲取雨水，居民甚至幫忙收集水費與電費。若要針對這種做法提出任何批評，就是居民並無更大的權力可以懲罰罪犯，或是將服務提供者更換為私營公司。96

消費者運動

　　在日本，第二次世界大戰之後的那些年正是消費者運動的萌芽時期。日本主婦聯合會（Nihon Shufureng kai, All-Ja）於 1948 年成立，較為人所知的名稱是「主婦連」（Shufuren）；次年，區域性的「關西主婦連」（Kansai Shufuren）成立；而成立於 1952 年的「全國地域婦人團體連絡協議會」（Chifuren），則是一個更多元化的親商團體。美軍的占領以及對自由民主

的支持，促成了這類協會的蓬勃發展。主婦連成立的第一年，光在東京就吸引了 50 萬名會員。日本就像德國，戰爭與物質的稀缺，形塑了第一代消費運動人士的世界觀；他們的主要關注不在於多樣，而在於生存。主婦連選擇飯勺作為其象徵，爭取的目標是更公平的配給、終結黑市，以及最重要的食品安全。1951 年，主婦連早期的測試設備揭露了醃蘿蔔含有致癌染料的事實；這個案例被大肆宣傳，促使政府明令禁止使用該物質，並使得摻假劣質品成了消費者的頭號公敵。

在印度，消費者政治是軟弱的國家政府與相對強大的公民社會之產物；在日本，消費者政治則是由強大的國家政府與經濟民族主義形塑而成。若說主婦聯合會的力量正在增強，那麼政府與生產者的力量更強，政治體系偏袒的顯然是生產者的團體。消費者團體內部的分歧對此並無助益，一直到 1970 年，它們才組成統一戰線，抵制定價過高的彩色電視，經濟產業省當時也屈服了。歸根究柢，日本團體的相對弱點有其意識形態之根源；為了產生有效的戰鬥力，消費者就像其他團體，必須將自己定義在反對某一方的立場上。在英國與美國，消費者的敵人是生產者，有時則是國家政府單位；在這些商業社會中，同業公會、企業心態以及對當地生產者的依賴早已弱化。相反地，日本就像之前的德意志帝國一樣，不同身分立場之間的區別差異並不大，*生活者*（*seikatsusha*）的身分就是最理想的典範，一個試圖協調消費者、農民以及生產者利益的角色。

公民權利的薄弱傳統，進一步限制了消費者的影響力；消費者有的是義務，而非權利。1968 年時，日本政府通過了《消費者保護基本法》（*Consumer Protection Basic Law*），於是有史以來第一遭，消費者被認可為獨特而且往往是弱勢的團體，但必須被實行溫和專制式統治的國家加以幫助，而不是被賦予權力；於是國家被授權制定安全標準、確保公平競爭、並提供人民相關資訊。消費者在市場中，必須扮演「自力更生與理性」的角色。在接下來十年之中，日本政府甚至跨足至消費者教育——這原先是主婦聯合會的領域，並設立起資金充足的當地消費者中心、測試設備，以及生活方式顧問的網絡。權利只不過是一個亡羊補牢的事後想法，僅在修訂的《2004 年消費者基本法》（*Consumer Basic Law of 2004*）中被正式承認。[97] 自其時至今的政策都把焦點放在「消費公民」上，以日本內閣辦公室（Japanese Cabinet Office）的話來形容，其日常行為是「公平市場、社會價值，以及層次更高的精神財富」之關鍵。98 在西方世界，人們很容易將這樣的話語視為新自由主義市場與治理術（governmentality）ix 的新產物，要求人們治理自己。99 但日本的例子指出，它也與國家的家長專制主義一致。

共產中國提供了消費主義與威權主義共生的極端版本。與其在購物中心裡提供更多選擇並產生投票箱中的選擇需求——那是盎格魯撒克遜的民主軌跡，中國進一步證明了國家籠絡消費者的能力。中國的消費者政治採取了互不侵犯條約的穩定形式，政權保證帶給它的臣民更高度的舒適性與消費者保護，而為作為交換，消費者把怒氣導向欺詐店主與房地產投機者身上，並同意不去侵犯到黨所控制的政治領域。對動亂的恐懼，鞏固了雙方的這項聯盟。

中國的消費者運動是國家的產物。就其本身而言，它看起來並不像在抱持自由主義讀者眼中所見那麼奇怪；即使是在西方，也有像是德意志帝國的例子，在二次大戰期間為了控制國家的資源，主動為消費者運動注入活力。除了缺乏議會機構之外，中國的不同之處在於，國家推動的消費者維權行動並非緊急的戰爭舉措，而是承平時期政治的標準政策；一位負責任、直言不諱的消費者，成了致力於快速成長的威權國家之合作夥伴。在西方國家中，社會運動經歷了許多世代的壓力和征戰，直到消費者權利找到制定法律的途徑；而在中國，黨的領導者只須按下快速前進鍵、並從上層下達指令去制定這些法律即可。1993 年 10 月 31 日，第八屆全國人民代表大會通過了《中華人民共和國消費者權益保護法》；在其中，國家承擔起「保護消費者的合法權益不受侵害」之責（第五條），保護消費者的合法權益是全社會的共同責任（第六條）；同時，消費者有權享有人身與財產安全、正確資訊、品質保障、計量正確等公平交易條件，並享有自主選擇商品或者服務的權利（第七至十條）。除此之外，消費者有權獲得賠償並組成團體以維護自身的「合法權益」。100

雖然「消費者」這個詞在文革期間幾乎已從中文詞彙中消失，但它在1990 年代時又盛大回歸了，黨報《人民日報》開始援引這個用語，甚至

---

ix 由傅柯提出，指治理的戰術或策略。

用得比「勞工」還頻繁。消費者開始有了自己的電視時段（《焦點》）與廣播節目（《消費者之友》）。我們很容易將此視為是姍姍來遲的現象，中國消費者正努力追趕上西方消費者所吹捧的勝利；然而，差異仍然存在。共產主義的中國至今仍避免將消費者的定義窄化為產品的最終消費者，而後者正是當代自由主義西方的明顯特徵。消費者權利的對象不僅是都市購物者，也是農村的農民；為了提高產量，政府機構分發了成千上萬的法律手冊給農民，告知他們身為消費者，他們有權獲得像樣的種子與工具。因此，農民也會為不合格的肥料展開集體訴訟。從這個意義上來說，中國始終保有一部分舊傳統，認為消費亦代表了資源耗盡——從原料到成品——的更廣泛意義。

　　行動主義以兩種形式來呈現：集體訴訟，以及受政府贊助、支持的運動。訴訟的新文化如雨後春筍般湧現。1994 年在北京，300 位消費者控告六間百貨公司與批發商，因為他們發現自己購買的毛澤東週年紀念錶並非如廣告上所宣稱，鑲有真正的黃金與鑽石；於是，北京的一處地方法院遂刊登出它的報紙廣告，敦促所有感覺自己上當受騙的民眾向法院登記他們的姓名。最終，法院命令這些商店按照購買價格退款，並且支付法律訴訟費用及每支錶 300 人民幣的賠償金。《消費者權益保護法》中第 49 條明定，賠償金額是購買價格的雙倍。發現假貨成了一門有利可圖的生意。原本只是北京小商人的王海，藉著揭露一連串仿冒的索尼（Sony）耳機與名牌包，一躍而成了媒體名人；到了 1998 年，他已經擁有十幾個為他工作的假貨獵人。然而，中國在對拉爾夫·納德（Ralph Nader）x 的答覆中並未表明對腐敗機構的看法，也並未使王海成為一個標新立異的政治人物；相反地，他成了國家的寵兒，黨的領導人甚至邀請他一起會見美國總統柯林頓，盛讚他是新的共產主義英雄，實現了貢獻社會與賺錢獲利兩者可以兼得的理想。*101*

---

x　　美國律師，主要關切的領域為消費者保護、人權、環境和民主政府。

中國以政權動員消費者

　　中國政權的監督機構是成立於 1984 年的中國消費者協會（China Consumer Association, CCA），負責監督消費者教育與消費者保護，並扮演在地舉報者與人民律師的角色。該協會在地方電視台舉辦食安競賽、教導學童唱誦消費者的歌曲、安排「綠色購物日」，並舉辦「十大惱人」投訴的年度競賽 —— 家用電器（包括售後服務）以及衣服名列 2012 年的榜首。同時，它也為被欺騙的消費者提供建議。中國消費者協會成立的前 20 年中處理了 800 萬起以上的投訴，範圍之廣著實令人難以置信，從 400 位自豪的北京屋主到 40 個家庭都有；前者在交屋時發現房子不但面積縮小，建商承諾會蓋的花園也從簽約設計圖上消失了，而後者則深感被某間私立學校欺騙，該校宣傳只要接受指導並支付 20,000 人民幣，就保證他們的孩子可以進入頂尖大學就讀。到了 1997 年，中國消費者協會已經有了超過十萬名的「義工」，其中有許多是地方的公務員，還有公司企業與百貨公司的員工，被吸收來在生產點上解決問題。*102*

　　中國政權如此熱切動員消費者有兩個主要的原因，第一個原因是生產力的考量。在一個產品標準低落的國家中，直言不諱的消費者正好可擔負起品質保證監督員的工作；沒人想買到會四分五裂的鞋子或是引擎會熄火、拋錨的車子。對於一個急欲提升其價值鏈地位的國家而言，以假貨點燃的篝火來歡慶消費者日是很合理的做法，國家不會因為仿冒的影音光碟與勞力士而致富。除了鼓勵購物者保持警覺之外，中國消費者協會也與公司企業以及其他國家的分支機構合作，譬如國家質檢總局（Administration of Quality Inspection），來提升標準並預防投訴。其中，有瑕疵的國外進口商品更為消費民族主義者帶來了額外的樂趣：2002 ～ 2004 年，媒體與公眾的關注焦點放在韓國製造賓士商用車款 MB 100 的安全漏洞，以及某家日本航空公司的差勁服務。中國在 2001 年加入世界貿易組織（World Trade Organization, WTO），使消費者保護的意義更形重大；因為國家對外國商品所設的貿易壁壘必得移除，是故其他能幫助國產商品占上風的方法愈發重要，而開發出愛用國貨的堅定購物者，正是這項策略的一部分。今日的共產黨領導人鼓吹的消費民族主義精神，可回溯至 20 世紀初國貨運動中對外國

商品的大規模抵制。_xi_ 方式或許不同,今日的政權已有自己的品牌政策,包括一個可操控上百間公司企業的國家委員會,但目標仍是一致的:讓人民購買國貨。

第二個原因是穩定性的考量。由國家主導的運動不但可消除潛在的衝突,更將國家定位在為無助的購物者在對抗小偷與騙子時的戰友;2014 年的新消費者法引入了集體訴訟,但必須由官方的中國消費者協會提出,這便更清楚地闡明了前述重點。藉由提供某些組織架構並保留有限的抗議空間,消費者保護與屋主協會也可以防止情勢過於緊張而失控,特別是在對抗投機商人與土地開發商的地面戰爭之中。在自由主義的西方,消費者政治把焦點放在權力的不對稱上;然而在共產主義的中國,焦點被模糊了。挫折與怒氣被回溯、歸咎於不完美的市場,而非不完美的政治體系;消費者政治為官方指揮棒的無情重擊加入了若干柔性力道。

在西方國家中,民主並非一蹴而就;在指責中國未取得更快速的進步之前,審慎的做法是先回顧西方所爆發的專制反動與鎮壓。從歷史角度看來,使中國有別於其他非民主社會的,正是這個威權政體把消費當成政治權力工具的大膽方式。18 世紀的英國菁英統治階級把消費者當成僅供稅收與法規壓榨的低等生物,20 世紀的社會主義政權則視消費者為必須根除的自私敵人,或者頂多是需要國家來引導的可感化產物。然而,共產中國選擇與消費者共治,而非對抗他們;這是史無前例的做法,人民被允許享有個人的歡愉與舒適,但必須以扮演「科學」與「文明」的消費者角色作為交換。這意謂著,他們必須摒棄賭博、色情,以及其他不健康的生活習慣,代之以學習如何平衡身心靈、尊重環境、「積極參與社會監督」,不論是抗議劣質肥料,或是燒毀盜錄影片等。唯有如此,中國才得以享有「市場秩序」以及「社會和諧」。_103_

這種對消費者的持續呼籲,以及自 2005 年以來對「和諧社會」的不斷訴求,不僅僅是表面之詞,而是攸關行為的改變,彷彿一個世紀之前在日本興起的改革日常生活運動之 21 世紀初版本。正如當時的日本,現在

---

xi　2002 年,該政權成立了國有資產監督管理委員會（State-owned Assets Supervision and Administration Commission, SASAC）。2008 年,國家品牌的推廣被納入了政府的國策之中。參見 Gerth, As China Goes, ch. 5.

的中國也有同樣的目標：讓人民擺脫老舊習俗，使其目光更加敏銳、更有效率、更能自力更生。然而，除了塑造出經濟學家所鍾愛的理性市場行動者，中國的野心遠不止於此，更關乎培養出與新的物質世界 —— 由新城鎮與鄰里、舒適與挫折、危險與誘惑所組成 —— 和平共處所亟需的社會與道德品質。在早期的現代歐洲，禮儀書會教導中等階層的人如何表現出有禮的舉止；在中國，這項文明教化的進程則是由國家與企業共同主導，黨、開發商以及住宅擁有者，接管了毛澤東塑造社會主義新人的計畫。官方的指南中說明了「如何當一個令人愉快的上海人」並提供各式的建議，從得當的穿著與待客之道到公廁的行為舉止，無所不包；還有志願者示範如何排隊。在新的城市與郊區，房屋開發商一手打造出社會和諧的縮影；舉例來說，在大貓熊的故鄉四川成都，開發商都有他們自己的「生活方式辦公室」。除了讓居民與旅行社以及最新展會保持接觸之外，還會為居民安排集體的休閒活動；而在這座城市的另一處新近由垃圾場改建而成的綠地上，一位開發商舉辦了一年之久的社交活動，從一開始就營造出正確的氛圍以爭取購屋者的支持。消費者被期待能盡一己之力，以高素質或高品質的生活方式建立一個社區。104 倘若新的城市空間和工作單位留下的文化真空能被享受隱私所需的安全、社交，以及禮儀填滿，他們的貢獻的確至關緊要；以民主的意義來說，中國的消費者或許不算是公民，但他們也不僅是商業意義上的消費者；他們被正式提升成「神」，反而更接近事實。畢竟，他們被期待能創造出自己的消費者天堂。

今日的中國、印度、日本以及南韓，都是從消費傾向到行使權利皆有顯著差異的消費社會。從這個意義上來說，隨著購買力在整個亞洲大陸擴散開來，以「亞洲消費者」指稱，或者像行銷大師熱切期待歷史自動重演，都是一種誤導。儘管如此，從這一輪發展看來，仍有類似的模式使這些國家的經驗有別於西方世界，特別是英國與美國；在遠東地區，國家和民族主義是擴張的動力，商業只是個初級的合夥人，國家才是新一代消費者的校長，教導他們如何儲蓄和消費；就國力與社會團結而言，獲取與消費是被承認為合法的。相較之下，沒有任何一個西方國家的消費、國家成形與發展，可以組成如此緊密的紐帶。

財物所發揮的作用也截然不同。西方自由主義的商業社會捍衛享有特

權的歡愉與舒適物品之領地，人們致力於成為物品的主人，而非其他人的主人；這助長了更關心自己甚於外界的物質文化，愈來愈多關注挹注於私人財物上，而非社交網絡上。即使這個過程從未純粹與完整，也不應該讓我們對這種物質利己主義的普遍興起視而不見。東亞國家與印度的不凡之處在於，這些社會如何在不拋棄人民的情況下欣然接受物品的到來，遵循習俗的節慶活動，並未隨著財物的出現就摒棄了它們原有的意義。在西方，哪個地方辦婚喪喜慶會花上你數年的薪水？在這些新興的富裕社會中，奢侈品是屬於大眾市場的商品，因為名牌包與設計師品牌是關於某種歸屬感，而非自己與他人的區別。可以肯定的是，利己主義在日本、中國以及印度已經崛起，但始終受到社交網絡、大家庭、給朋友與上司的贈禮等支出之調和與節制。現在的大問題在於，隨著財富的增加，不平等的現象也跟著高漲，消費是否會繼續發揮社會黏著劑的作用，或者，反而開始分解這些國家的社會結構？這恐怕只有未來的歷史學家才能回答了。

第二部

序言

到了 20 世紀末，無論是在物質規模或是全球影響範圍上，消費皆已達到史上前所未有的新高。在前述章節中，我們已密切關注並跟隨那些促成跨越時間偉大轉變的動力走了一遭，從文藝復興時期到 21 世紀的中國。當我們隨著時間的推移向前邁進，我們可以看出國家與帝國、戰爭與意識形態、市場與金錢所扮演的角色發揮了決定性的作用；我們也可觀察出財物、舒適用品、娛樂如何在現代城市、家庭、以及政治上留下不可磨滅的印記。那麼，為何不就此打住？如此一來，我們就會有一部完美得體的歷史作品了。然而故事尚未結束，消費已成為經濟、社會、政治、公共與私人生活的核心。誠然，如今我們的生活並非全都與消費有關，但在我們生活的眾多方面，消費無疑是一項根本要素，這也反映在以消費為主導的許多激烈辯論之中

消費曾被詬病為對財富與福祉的根本威脅。在 2008 ～ 2009 年的經濟大衰退時期，有人說，人們已然過度沉迷於消費者信貸（consumer credit）。更長的工時、壓力、時間貧窮（time poverty）、不平等與自私心態的與日俱增、公民感與政治參與的日漸衰退，皆被歸咎於購物、唯物主義、以及對奢侈品的狂熱；有些人還要補上一句，說商品殺死了上帝。而消費對這個星球所造成的結果，非要說的話，甚至更為戲劇化；富裕社會

據說不再製造並關心任何物事，而是扔掉它們。對許多觀察者來說，這個世界已根據新自由主義所規定的個人選擇與市場被重新加以排序，但是，那些非關個人選擇而是發生在市場之外、關乎集體選擇的消費呢？譬如福利性服務？另一方面，還有那些強調解放效應的消費，認為可以打破階級與性別的老舊障礙，並使年輕人得以擺脫既定的舊日階級。有些人甚至抱持最樂觀的看法，期待消費者能藉由購買公平、永續的產品，領導我們走出道德、經濟、以及環境的危機。

這些指控與希望之中，究竟有幾分為真？以下的章節正試圖找出若干答案。在本書的第一部分，我們在歷史的道路上循序漸進，但第二部分則採取了截然不同的方式；在以下每一章中，我們會從當代對於消費的爭論開始，然後再回過頭來，從更長遠的歷史觀點來看待當前的發展與憂慮，以便更清楚地理解我們目前的處境，以及對未來可能產生的影響。我們必須檢視的主題包括了信貸與儲蓄、生活與休閒的速度與品質、對於世代所產生的影響、市場之外的消費、商品與人的流動及其對道德與認同的影響，最後，還有廢棄物以及商品生命週期結束時會發生的情況。

第九章

先購買，後付款

揮霍無度的病毒

「富裕病」的診斷，確認了消費者信貸是擴散揮霍無度的病毒的決定性傳播者，少數主體引發了強烈的反應。關於 1990 年代與 2000 年代所發生的事，一項廣為流傳的看法是這樣的：人們逐漸沉迷於他們負擔不起的信貸，為的是購買他們不需要的東西。[1]寬鬆的信貸餵養出一群崇拜新奇事物與奢侈品的狂熱者，並帶來災難性的後果。「先購買，後付款」使得人們變得短視近利、自我中心，輕而易舉成為那些兜售假象 —— 擁有東西愈多代表自尊愈強 —— 的廣告商囊中物。固有的自制，早在追求即時滿足的狂風中拋到了九霄雲外。以心理意義與經濟意義來說，抑鬱或蕭條都是意料中之事；個人失去了他們的平衡，整體經濟也是如此。當全球經濟在 2008 至 2009 年受到大衰退的影響時，人們很自然將矛頭指向愚蠢的房貸與信用卡債，特別是在盎格魯撒克遜人的世界中。以一位評論家的話來形容：「我們這個時代盛行的邪惡，就是鋪張浪費。」[2]

事實上，這句引言來自一位 1832 年的美國作家與家庭經濟學家莉迪亞・柴爾德（Lydia Child），直指問題的核心提出警告。事實上，對信貸與自制力喪失的警告跟商業生命本身一樣由來已久；柏拉圖在《理想國》一

書中即夢想過完全廢除信貸，早期的基督使徒保羅也曾警告：貪婪是「萬惡之源」；中世紀時所發明的煉獄，亦是為了計算放債人的來世；而但丁在 14 世紀所著的《神曲》（*Divine Comedy*）中，將高利貸者與瀆神者、雞姦者一起打入第七層地獄，讓他們被自己沉重的錢袋拖入燃燒的沙地之中，而他們精美的衣服象徵著他們對俗世物質商品的貪欲，亦無法保護他們免於火雨的懲罰。3

這類道德上的義憤填膺之情，在歐洲語言上留下了不可磨滅的印記；德語的 *Schuld* 一詞，方便地同時代表著債務與內疚。自 16 世紀起，基督教的抨擊更得助於自由與獨立公民的共和理想；債務會使一個人成為另一個人的奴隸，「向人借債是自尋煩惱」，這是富蘭克林（Benjamin Franklin）在 1732 年所著的《窮理查的年鑑》（*Poor Richard's Almanac*）中所做出的結論，這本全球暢銷書，成為從殖民地美國到日本帝國儉樸生活擁護者之聖經。富蘭克林在書中寫道，虛榮以及對事物的貪欲已經夠糟了，但更糟的是負債，而且是為了「這些多餘的奢侈品！……想想你負債時做了什麼；你賦予了別人控制你的自由的力量。」為了躲避放款人，借款人得開始東躲西藏，「落入卑劣而徹頭徹尾的謊言之中……謊言就騎在債務的背上。」4 維多利亞時代的人以三個 C 的名義起誓：文明（civilization）、商業（commerce）以及基督教（Christianity），並懼怕三個 D：債務（debt）、不潔（dirt）以及魔鬼（devil）。「在最好的情況下，一個欠債的男人只能算是半個男人，他的未來不屬於自己。」一位英國的社會改革者在 1896 年如此寫道。對於工人階級者來說，負債的情況更是糟到無以復加；他得面對收款者週復一週的到訪，使家人的衣物不斷來回借還於當鋪之間，他「把自己賣給了奴隸制度，除了潰退之外無處可逃。」這樣的人無可避免地會陷入「絕望」與「冷漠」之中，把他的家人一起拖下水。以分期的方式購買商品更要特別小心，分期付款計畫會引誘窮人衝動地買下他們無力享受、最後仍得歸還的家具及縫紉機，因為他們無法按期付款；這些「暫時的擁有者就像是被寵壞的孩子，已經擁有太多的玩具，卻總是還想要更多。」5

對這種「先享受，後付款」生活方式的告誡不勝枚舉，但這些例子，應該已經足以讓我們對認為自制力在近幾十年來突然潰堤的這項假設產生

懷疑了。如果人類在早期即缺乏自我克制的能力，那麼其後的世代就不可能在 1930、1960 以及 1990 年代時又失去它。第二個問題是關於債務與過度行為之間的關聯性。從古羅馬人到今日對「富裕病」的批評者來說，債務始終與揮霍無度、多餘奢侈品，以及虛假的需求脫離不了關係。世人所憂懼的是，信貸將使我們的動物本能凌駕於理性與遠見的批判能力之上，而後者正是我們的道德品格以及福祉所賴以生存者；是故，在擔憂信貸浮濫無度的道德恐慌上，這也是身為「較軟弱性別」的婦女會在這個問題上被如此凸顯的一個原因 —— 不論過去與現在皆是如此。這項道德傳統不但激發了當今評論家的靈感，同時它本身就極為引人關注；6 然而，倘若我們想要了解消費者信貸不斷變遷的現實狀況，它並無甚助益，只是讓我們了解到觀察者認為人們應有的作為，而非人們實際借貸的原因與數量。人們總是傾向認為，揮霍無度的都是別人而非自己；但正如我們之前所見，消費的過度或多餘是相對的，在「需要」與「想要」之間並無任何固定的分界線，對一個人來說像是種「虛假的需求」，對另一個人來說可能是再真實不過的需求；對社會來說，也是如此。對於「過度消費」的憂懼於 1990 年代早期在南韓蔓延開來時，昂貴的補習費被視為是主要的罪魁禍首，遠遠超過時尚名牌或電子商品。7

家庭日常的借貸狀況

早在信用卡出現之前，信貸與負債就已經是生活中司空見慣的一部分了。在現金短缺、金融機構才剛起步的商業社會中，借貸是日常家務管理中至關緊要的一部分。在 1700 年的英國，每兩個一家之主就有一個在離開人世時留下未償清的債務，每四個一家之主就有一個的債務超過他們的信貸與動產。8 即使在最好的地區，寅吃卯糧都是稀鬆平常之事；劍橋郡（Cambridgeshire）約翰・奎肯索普牧師（Revd John Crakanthorp）的詳盡帳簿從 18 世紀初留存至今，記錄顯示他經常超支，但他仍然繼續住在村子裡最大的房子裡，他的地位意謂著他可以擁有社區中的良好信用；信用建立在面對面與個人信任的基礎上，因此個人品格的展示與表現至關緊要。進入 19 世紀之後，在英國，可敬的債務人可以從他們自己的慈善機構中受

益，即使被關押也可以在特別指定的監獄中喝酒跳舞，並從嚴苛的債權人處得到暫緩清償的喘息機會；債務被視為時運不濟的暫時現象，可能發生在最好的好人身上，而非魯莽輕率的象徵，需要用嚴厲的懲罰來殺雞儆猴。一直到債務逐漸跟窮人緊密相連時，它才開始被抹上道德恥辱的色彩。

1900 年時在歐洲各地的商店，現金購物是一種例外，而非常態；不論富人還是窮人，都是用信用賒帳的方式購物。舉例來說，在德國耶拿（Jena）的裁縫店中，只有 1/4 的顧客是以現金付款、或者在三個月之內結清他們的帳單；學生在延長他們的信用賒帳方面更是惡名昭彰，「有時候甚至延長到數年之久」，雖然他們的父母與學校團隊保證債務最後一定會被還清。9 對貧窮的工人來說，借貸更是不可避免的生存對策。就像他們的上司一樣，工人也利用信貸來彌補收入和支出之間的暫時性缺口；但是跟那些在上位者的不同之處是，他們並無資產或「品格」可以讓他們獲得特別良好的信用。對他們來說，那樣的缺口可能會攸關生死，因為他們的工資既低又給付不定，收入往往無法預測。突如其來的失業、生病、出生或死亡，其中任何一件事都可以把他們逼入絕境；對於工人階級的家庭主婦來說，維持生計是每週、有時甚至是每天都讓人心驚膽戰的一件事。貧窮再加上需要快速借貸來維持一週生計，換句話說，就等於高得離譜的利息。

1934 年，在上海的一項針對 305 位勞工家庭的調查，讓人感受到生活對他們來說是多麼地戰戰兢兢、如履薄冰。一般家庭每年的工資為 417 元，但還需要再借 148 元才能勉強過活；這筆錢大部分來自會的資金（一種互助貸款的集會），以及來自惡名昭彰的*印子錢*，一種通常由流氓匪徒或是印度警察作為小額放債人，預付借貸款項的方式。四個家庭中，則有三個會固定典當家中的物品。當鋪有三種等級，最大的第一個等級是「公典」，每月收取 2% 的利息，但只接受品質較佳的物件；然而，窮人只能跟最小的第三個等級「押鋪」打交道，押鋪接受他們典當的物件，但每月要收取 9% 的利息，相當於每年高達 181% 的利息。對大多數人來說，這是一種惡性循環，他們賺的錢幾乎連贖回一半的典當品都不夠，「很容易想像一般工人家庭過的日子是多麼地悲慘，他們不得不靠著自己無法償還

的借款，以及沒有能力贖回的典當品收入過活。」*10* 每天的報紙上滿是債務人被迫自殺或是賣掉孩子的悲慘故事。

美國與歐洲城市中的工薪家庭並沒有為了還債而賣掉他們的孩子，只是似曾相識的故事亦以當地的變化版本繼續上演。極少人可以免於定期拜訪當鋪，典當行就是人民的銀行，在夏天時幫他們把冬天的外套變成食物與租金（參見插圖24）。在維多利亞時代晚期的倫敦，典當行一年有3,000萬筆的交易，借貸業可說無所不在。英國非正式的借貸業首都利物浦，光是在1925年就有1,380位有註冊登記的放債人，其中有許多是「在小巷及自己家中經營業務」的婦女；平均來說，他們每週會對一先令的借款收取一便士的利息，看起來可能不多，但加總起來，一年的利息可以高達433%。一位利物浦改革者就曾在一個議會委員會面前揮舞一張期票（promissory note），以展示它如何「由一連串我認為很典型且極具代表性的空格所組成。」*11* 那些空格可以讓人任意填進數字。上海的「銀票」放款人，即使不是印度警察也不是流氓匪徒，也十分清楚這是怎麼一回事，因為他們也喜歡留下一個空白的借貸金額，如此一來，利率就會看起來相當合理了。

債務的民主

古老的信貸體制從未完全消失，只是緩慢而穩定地在20世紀的進程中，被新的政權逐漸超越。我們在認知到債務與信貸由來已久的同時，也必須意識到它們在1900年之後，逐漸演變成某種質與量上都有所改變的新事物。消費者信貸經歷了一場革命，就跟那場使大規模生產的便宜產品唾手可得的工業革命一樣戲劇化；愈來愈多「先購買，後付款」的工具，使許多人得以實現擁有財物的夢想，這種情況的確不在少數。新的信貸在一連串前仆後繼的浪潮中到來，始於分期付款計畫與房貸，接著延伸出商店專用賒賬卡（store card）與個人借貸，以及最近新加入的信用卡以及資產增貸（資產增值抵押貸款，equity withdrawal）。

信貸為消費資本主義注入了一股活力充沛的能量。到了兩次大戰間的年代，分期付款的數量已為美國與西歐挹注了 2-6% 的消費支出。到了 2006 年，「無擔保消費者信貸」（unsecured consumer credit）在美國已占可支配收入的 25%，在英國占了 24%，在德國與奧地利占了 16%，在義大利占了 9%；12 這其中包括借貸、信用卡、分期付款，以及郵購——為了簡單明瞭起見，我們都簡稱為消費者信貸。然而，人們不但購買商品，也購買住宅；我們一旦把房貸也算上，這場信貸的革命看來就更為驚人了。到了 2007 年，家庭總債務占可支配總收入的比率，在英國已達 180%，在美國是 140%，在日本是 30%，而在法國與德國則是 96%。13

跟信貸釋出額外購買力數量同樣重要的，是信貸代表的新社會目的與道德立場。在舊有體制下，信貸必須面對面操作，對大多數人來說，它就像一道旋轉門：你不停進出當鋪，但鮮少能有重新開始的機會；然而新的體制更像是一座電扶梯：信貸給人們一個積聚商品與資產、往社會上層移動的機會。與其說債務標記出品格的缺失——不夠謹慎行事、深思熟慮，為了眼前而犧牲未來，如今，它卻被捍衛為美德的標誌，對未來的財富與幸福的明智投資。信貸逐漸從昔日面對面地、監控人們用借貸給他們的錢做什麼的督查中解放出來，信用評比的機制取代了以往的品格檢驗，匿名金融機構則取代了在地的放債人，也就是那些對客戶家中大小事知道得一清二楚的人，甚至將他們的客戶群從這一代延伸到下一代。

可以肯定的是，這並不是一個平順流暢的故事。各國都發展出自己獨特的信貸文化，有些偏向更為自由的方式，有些則偏向更專制的家長式；今日，英美國家偏好信用卡，德國是分期付款信貸，法國則是個人借貸。同理，在同一個國家中，有些家庭就是比其他家庭來得節儉。信貸這座電扶梯的規模與速度也不盡相同：有些國家仍然不讓每個人都踏上它，而其他國家則乾脆連扶手都拿掉了。典當商與發薪日貸款人（pay-day lender）從來不曾全然絕跡，只是到了 20 世紀末，他們被逼到了社會的邊緣；信貸的民主化既不完整也並非毫無痛苦，但我們也不該因它的局限而輕忽其所帶來的革命性影響力。

19 世紀初，紐約的考柏史維特父子公司（Cowperthwaite and Sons）首開以分期付款方式販售家具的風氣之先。巴黎的杜法葉在 1860 年代時跟

進。到了 1900 年，杜法葉已發展成全國性的體系，顧客可以購買分期付款憑證（voucher），再參與該體系的商店中購買商品；幾乎每兩個巴黎人中就有一個使用這項服務。其他國家也發展出各自的信貸網絡，英國有它的「支票貸款」（check trading），德國則是「柯尼斯堡」（Königsberg）體系：客戶從一間獨立的信貸公司購買他們的憑證。無論個別的細節與特點如何，大體上，各國的想法皆如出一轍：商店需要顧客，但不希望還得承擔查證他們是否有資格接受信用貸款的麻煩事，更別提還得去收債；於是，分期付款的銀行負責處理好這些繁瑣事務，並以收取利息作為回報。到了 1930 年，德國有半數售出的家具與電器都是以分期付款的方式購買。14

分期付款的熱潮在美國最為驚人而顯著。1881 年時，美國消費者信貸的發展尚處於殿後的階段，大部分州都有制定反對高利貸的法律；在歐洲，這些在 1850 年代之前都被廢除了。但隨著分期付款信貸愈演愈烈，美國也逐漸來到領先的地位。一項 1936 年的研究發現，美國人在該年欠下的分期付款債款高達 408,000,000 美元；每消費一美元，信貸就加上十美分，國家收入從而增加了 2%。這些信貸大部分都花在汽車（60%），其次是電器用品（25%）、收音機（10%）以及家具（5%）。15 如果一個普通的美國人選擇以現金來購買汽車，那麼他就得先儲蓄五年之久；但由於有了分期付款計畫，他可以先用現金支付 20%，然後從此過著幸福快樂的新生活，把剩餘的債務分攤在未來的幾年中償清。

然而，並非所有駕駛或製造商都立刻欣然擁抱這類的方案。在 1920 年代，1/3 的車主仍是以現金方式購車，但這些都是富裕的少數人。亨利‧福特希望顧客可以在把自己的車開上路之前，引導他們的儲蓄流入一項每週的購買計畫中；三年之後，在 1926 年，他不得不放棄這項計畫。未來顯然是屬於通用汽車（General Motors）等競爭對手，透過它們自己的金融服務公司提供信貸給顧客。16 歐洲的生產者也展開了自己的信貸方案，飛利浦（Philips）在 1933 年設立了它的信託信貸公司；1953 年，家用電器消費者信貸公司（Cetelem, Compagnie pour le Financement des Équipements Élec-tro-ménagers）聯合法國的電器用品製造商與銀行一起提供服務。很快地，在法國，每兩台電視中就有一部是以信貸的方式售出。17 分期付款的信貸

將大量生產轉換成大量消費，經濟學家則強調信貸如何讓我們生命週期中的消費得以「平順」展開，並讓人們可以支用未來的收入。同樣重要的一點是，分期付款的購物方式鼓勵了平順的生產，讓製造商得以解決工廠閒置的頭痛問題。

美國的經濟背景

信貸得以在美國快速地起飛，某種程度上也反映了一個簡單的經濟真相。在 1870 年代與 1920 年代之間，美國人的收入每年上漲約 1%，因此美國人不僅享受到高工資，也開始預期未來的工資會繼續成長，從而發展出對「先購買，後付款」有利的心態傾向，使得成長、收入上升、信貸以及消費彼此簇擁著向前邁進。一直到 1950 與 1960 年代經歷了經濟的蓬勃發展，這些有利的條件才在西歐出現。然而，自由的信貸也從自由的政治中受益，給美國的信貸引擎之輪上油的，正是民主文化與政府支持；政治文化、制度規章以及收入，使美國有別於歐洲而更形蒸蒸日上。

要信任人們對金錢的使用，你得先信任他們本身。美國比歐洲的階級社會更快實現這項轉變。20 世紀初，債務的恥辱烙印已被口徑一致的新呼聲撇到一邊；現在，眾人異口同聲地支持信貸是通往自我完善與公民意識之路，信貸成了全體美國人所崇尚的一項施行。「我們信任人民 —— 全國各地。」這是明鏡居家裝潢公司（Spiegel House Furnishing Company）在 1905 年的廣告標語。18 社會改革者也推了信貸一把，訓練普通美國人嫻熟這門新藝術；1894 年，在紐約成立的節儉互濟貸款會社（Provident Loan Society）便是其中的佼佼者。這間非營利典當行的首要目標，是使勞工免於遭受放高利貸者之害，但它致力於合法借貸運動的結果，卻為新的大眾信貸體制奠定了基礎；它不僅以 12% 的低利率提供貸款，更改造了信貸的面貌。正如其名稱所強調，借出一筆貸款是「節儉」的做法，而非魯莽輕率之舉；它認為這甚至不是信貸，而更像是租金。定期還款可以教導窮人儲蓄、紀律以及計畫的基本技能，與其把他們多的幾分錢花在喝酒或是裝飾上，家庭可以把這些不必要的開銷放在一旁，而制定一個更大型、「更明智」的購物計畫來償還貸款。以矯正、輔導、改善為目的的類似會社，在

英國如雨後春筍般出現；節儉互濟衣物與生活用品公司（Provident Clothing and Supply Company）提供顧客價值一英鎊商品的「支票」，可以用每週一先令的 20 週分期付款方式來償還，最後只需多付一先令當作利息。到了 1930 年代，這間公司已擁有 100 萬名顧客，在 14,000 間商店中兌換他們的支票。19 對兩次大戰間的美國來說，不同點在於這些慈善會社為更大型的個人財務公司鋪好了路。官方貸款機構激增。商店發行了金屬的「簽帳牌」（charge plate），是簽帳卡的雛型（參見插圖 52）；到了 1940 年代，許多商店更發行了循環信貸（revolving credit）（12% 的利息），使購物者可繼續購物，而不需先還清之前剩餘的欠款。

但不論在哪裡，注重節儉與進取的傳統觀念，仍然是中產階級在面對「窩囊無能」的窮人與「奢侈無度」的菁英時，用來合法化自身立場的方式；中產階級具備生產力，其他階層的人則無。現在，美國中產階級擁護信貸，信貸宛如為個人舒適與國家利益服務的婢女。開著車子到處為自家添購以信貸購買的商品，這是生產力的表現而非浪費的行為，也是每個人都應該仿效的一種生活方式。「消費」擺脫了它另一層的負面形象，它的捍衛者指出，以分期付款計畫購買洗衣機並未摧毀財富，而是一種投資；這項投資可以在被耗盡之前提供多年的實際效用，並同時「省下」僕人與洗衣服務的花費。以經濟學家的語言來說，消費耐用品是一種資本財（capital good）。

1927 年，哥倫比亞經濟學家塞利格曼（E. R. Seligman）在他為分期付款銷售的辯護中解釋，為何這種購物方式不僅可以提升個人生活水準，還可以使他成為更好、更富生產力的公民；信貸會刺激並增強他對擁有更美好生活的欲望，「他的品味愈趨多樣、優越、精緻……他的智識、效率以及真正合作的能力就愈高。」20 整個國家都因而受益。這些論點汲取自大衛‧休謨以及兩個世紀之前的啟蒙運動作家，他們爭辯「適度的奢侈」是讓人們更勤奮、更合群的一個方法。21 而要讓這樣的想法成真，需要的正是美國的高工資經濟以及民主的文化。一位美國人在 1926 年如此告訴民調機構：「為奢侈品負債是錯的，但是分期付款的購物可以幫助收入微薄的家庭提升生活水準。」22 信貸的民主化也圓滿了奢侈的民主化。

對於塞利格曼這樣的擁護者來說，信貸的自由與選擇的自由，是一體

兩面；在「自由的時代」，信貸也應理所當然地從家長式專制的控制中解放出來。23 然而實際上，美國政府對此可是關切得緊；羅斯福新政在推動個人信貸市場上，扮演了極為關鍵的角色。全球的經濟大蕭條（1929～1931年）幾乎扼殺了房貸與整個住房產業；對此，羅斯福的回應可分為兩個部分，其一是透過屋主貸款公司（Home Owners' Loan Corporation）提供直接的幫助給那些面臨拖欠、違約的人；這間公司直到 1936 年被關閉之前，已為 1/10 的抵押人提供了援助。從長遠來看，更具決定性的，是成立於 1934 年的聯邦住宅管理局（FHA），它本身並不提供借貸服務，而是擔任貸方的保險公司，為房貸承保，擔任濟急者的角色。房貸的危機因私人銀行業的規模過小而更形加劇，銀行大多對私人客戶不屑一顧。突然之間，聯邦住宅管理局使個人貸款與房貸的風險降低了；第一年結束之前，已有 8,000 家銀行加入了這項方案。十年之後，幾乎有半數的房貸基金都是由聯邦政府承保。24

這是銀行與國家之間的一大攜手合作，也對私人信貸的擴展深具歷史意義。對一個人來說，一個家，遠比一台收音機或一台冰箱昂貴得多，因此，房貸構成個人信貸極大的一部分，遠大於「無擔保」的消費者信貸。其二，在現代的信貸社會中，房貸債務與其他消費者信貸之間存在著密切的關聯性：前者愈大，後者也往往愈大，25 具決定性的是房貸而非房屋所有權。如今，希臘與義大利的房屋所有權比率，比美國還高，但那裡的人們多會繼承房屋，使用的信貸較少。26 相形之下，房貸可使家庭習慣負擔高額債務，同時房屋可作為抵押品，使家庭得以為其他目的而借貸更多的款項。因此，房貸提高了整體消費者信貸的水位。最後，銀行踏入私人信貸的領域，開闢了從未被開發的一池資金。在羅斯福新政之前，大部分貸款皆來自貸款公司（finance company）；到了 1940 年，商業銀行已經超越了它們。27

歐洲人對信貸的憂慮

然而，我們不該落入自由揮霍的美國人與節儉成性的歐洲人這幅誇張的對比想像中。我們討論的是程度與傾向，而非絕對；並非所有美國人都

認同消費者信貸的到來。遲至 1930 年，聲譽卓絕的美國聯邦準備銀行（Federal Reserve Bank）的銀行家們便譴責分期付款信貸餵養了美國人「放縱的激情」，並造成了經濟大蕭條；28 二次世界大戰之後，高伯瑞以及其他人持續擔憂美國將被債務吞沒。而即使信貸變得更為民主，取得信貸的途徑也從來不是公平或平等的。在 1920 年代，黑人以分期付款購買家具的可能性是白人的兩倍，白人則更可能以「賒帳」的方式購買。在附近沒有幾間黑人商家、同時也沒什麼抵押品的情況下，黑人家庭多被排除於簽帳卡以及店內抵用金（in-store credit）之外；29 聯邦貿易委員會（Federal Trade Commission）在 1969 年也公布了類似的種族分歧調查結果。歐洲人的反應也相當複雜。在英國，光是 1936 年所簽署的新分期付款（hire-purchase）協議就有 700 萬份；30 納粹抨擊消費者信貸是反德國的做法，但也無法阻止它的擴展。戰後消費者信貸暴增，占了西德 15% 的零售業銷售量，積極拓展業務的旅行社甚至提供顧客以信貸方式購買他們的首次旅遊假期。在 1970 年代，德國消費者信貸的成長已超過了四倍。i

當時，一般的歐洲民眾對於借貸並沒有與生俱來的反感，反而是他們的統治者對信貸實行限量配給與管控。在義大利，墨索里尼在 1936 年頒布的銀行法嚴格限制了銀行分行與信貸提供者的數量；31 如果找不到貸款人，要取得貸款當然極為困難。同樣地，在戰後的法國，國家信貸委員會（Conseil National du Crédit）也規定了信貸機構的固定數量。1966 年時，一位想以分期付款方式購買電視的法國顧客，必須先以現金付清一筆約為售價 25% 的訂金；如果是德國人，只需先付 10%，英國人只需付 5%，而且最重要的是，他們在付清最後一筆款項之前，還有半年之久的寬限期。因此，電視與其他消費耐用品的銷售量在法國遠遠落後的情況，就毫不令人感到驚訝了。ii 基督教昔日對高利貸的憂懼，在法國顯然比在美國或英國更加揮之不去，一路延續至 1989 年的尼澤法（Neiertz law），規定了信貸利

---

i 從 1970 年初的 270 億馬克到 1979 年底的 1150 億馬克。參見 the Bundesbank Zeitreihe PQ 3150 'Sonstige Kredite an…Privatpersonen'. 這一系列的數據資料雖然不盡完美，比之貨幣金融機構統計局（MFI-Zinsstatistik）的資料——為若干作家所使用，包括了個人交易商與非營利組織的信貸——已使我們更接近消費者信貸的數量。

ii See Gaillard, 'Télévisions et crédit', 108f; 1960 年以信貸購買的消費商品，在美國與加拿大有 70%，在英國有 60%，在西德有 55%，但在法國只有 35%。

率的上限為 20% 同時，西德國家提供了讓儲戶雨露均霑的優惠：儲戶賺取第一筆 600 馬克的利息可免繳所得稅；1993 年，當自動扣繳（automatic withholding）被引進時，這筆寬減額甚至提高到 6,000 馬克。32 日本也提供了類似的免稅優惠。相較之下，美國控制信貸的努力就像曇花一現；1942 年時通過了一條法規，將循環信貸限制於 18 個月之內，而且規定了頭期款的上限。十年之後在商店的遊說下，這條法規也消失了。

那麼，歐洲人在信貸更為友善的環境下，會借貸多少金額呢？根據證據顯示，成果相當可觀。1958 ～ 1960 年，當英國短暫放鬆對分期付款的管控時，信貸顯著遽增。33 在歐洲大部分地區，寬鬆的信貸，一直要等到 1980 與 1990 年代的金融服務自由化與利率降低時才會出現。義大利直到 1995 年，每兩個申請信貸的人中，就有一人被拒絕；到了 2002 年，十個人之中已有九人可以如願取得信貸。34 更多的銀行分行與信貸提供者，意謂著更容易取得、更加寬鬆的信貸。

歐洲人的戒慎恐懼與控制心態，源自三個因素的交互作用：對通貨膨脹的憂慮、社會福利，以及階級的勢利感。1950 年代時，法國與西德政府的首要之務，便是防止通貨膨脹扼殺經濟奇蹟，過多的信貸會使資金從投資中轉移出去，同時，人們也擔心信貸會加劇社會衝突；消費者必須被保護以免受自身傷害，特別是最弱勢的階層。西德社會市場模式旨在成長中追求和諧，並從而使儲蓄的優先順位排在借貸之前。寬鬆的信貸會誘使家庭白白浪費掉他們辛苦掙來的生活費。相較之下，在稅務人員的幫助下，*家庭儲蓄與財富創造*（把金錢投入建設社會與組建財富），會鼓勵他們為家庭儉省財富並促進社會平等。

分期付款信貸在 1950 年代初的興起，引發了一場道德的恐慌。報章新聞報導了好些負債累累的工人案例，他們在每個月的第 11 天放下手邊工作並打電話請病假，免得工資被他們的債權人扣光，因為從法律上來說，病假的工資是不能被「扣押」（attached）的。這類故事大多極盡煽情之能事。然而一項調查發現，所有分期付款信貸的使用者中，只有 1% 最後無法還款，以致工資被扣押；35 更確切地說，這類危言聳聽反映出的，正是家長式專制主義、階級偏見，以及若干民族主義自豪感。說到底，難道不是儲蓄壯大了普魯士嗎？強大的德國人在經歷慘敗之後，最不需要的

就是承擔淪為債務人與弱者組成的國家的風險。不像美國的中產階級，對許多德國公民來說，信貸仍給他們留下了一股揮之不去的苦澀餘韻，他們受教育的程度愈高，就愈難以忍受普通民眾也可以借貸的事實。受過教育的資產階級，悲觀地看待下層階級從額外開支中獲得真正的、文明的歡愉之能力。首次出版於1912年、作為對奢侈的最初始記述之一，維爾納·桑巴特這位受過教育的資產階級者與出類拔萃的愛國者，便強調沒有文化、未受教育的暴發戶天生便豪奢無度，一直都愛炫耀；他寫道：奢侈反映了「這些頭腦簡單、粗野無教養的人類，無法從生命中獲得物質以外的所有歡愉。」36 這種階級偏見，在1950與1960年代的奇蹟歲月中，投下了幽暗、漫長的陰影。在公開場合，中產階級是節儉的擁護者，但有趣的是，私底下，他們在借貸者聯盟中可是名列前茅；來自信貸機構的可用數據資料顯示，公僕組成了一群大到不成比率的顧客。37 我們很難不得出這樣的結論，那就是，資產階級意欲保護「普通」消費者免受自身傷害的專制作風，至少有部分動力是來自把信貸保留給自己、阻止庶民接近的階級利益使然。

信貸受到管控配給的情況，推動了非正規的舊信貸網絡之運作。流動信貸商的彈性與郵購的力量，反映出私人銀行在戰後歐洲相對緩慢的進展速度；的確，法國的里昂信貸銀行、英國的米特蘭銀行（Midland Bank）以及德國銀行，全都在1958～1959年間引進個人貸款，但都只有一小群的顧客。十年之後，五個法國人之中只有一個擁有支票帳戶，同時，大部分英國勞工的工資仍是以現金支付。銀行只處理一小部分的消費者信貸，1966年在英國約為1/3，想借錢買車的人更可能去找信貸公司，而家具與衣物的信貸則來自商店與郵購。當時，信貸尚屬於一個有區隔、而非透明且競爭激烈的市場，38 這亦是歐洲人較少借貸的一個原因。定量配給對較大筆的借貸金額，影響又特別顯著。人們鮮少貨比三家地到處搜尋最好的信貸交易，當他們被某個放款人拒絕時，大部分的家庭就會放棄尋找信貸機會，暫時擱置一筆金額較大的購物計畫。金額較小的購物又是另一回事，郊區百貨公司之於美國，相當於郵購之於英國：是消費者信貸的入門課堂。對勞工階級的家庭來說，郵購提供了在舒適的家中通往商品世界的簡易途徑；時髦名士才會去銀行，普羅大眾用的是郵購。戰後的住宅區、

階級、社區以及個人關係承保信貸的方式，比之一個世紀之前的街頭放款人並無太大不同。在 1970 年郵購的巔峰時期，郵購公司甚至僱用了 300 萬名的代理商，大多是地位稍高的當地婦女，可傳達值得敬重及仿效的生活方式。一位擔任郵購目錄代理商的當地女士回憶：「每個週五晚上，我的鄰居與朋友都會來坐在我的廚房喝著茶、反覆翻看著目錄，並用現金來支付。」39

儲蓄與支出

我們很容易將信貸與儲蓄視為對立的兩件事，但是對現代社會大部分家庭來說，這兩者是相輔相成的對策，改變的只是它們相對的功能以及兩者之間的平衡。儲蓄就像是機構制度的信貸，也是現代發明的產物；而且跟個人貸款一樣，在得到國家政府的支持之前，儲蓄一開始也是由社會改革者所推動。在大西洋兩岸，首批於 19 世紀初開業的儲蓄銀行是由慈善家們所設立，旨在教導工人與小商販節儉、節制以及獨立的美德；他們希望儲蓄可以打破揮霍與貧窮的惡性循環，並且讓窮人走上勤奮刻苦與自我完善的正軌。在 19 世紀末，郵政儲蓄將全國網絡嫁接在這些地方舉措之上；而兩次世界大戰更將國家政府置於主導地位，戰爭債券與儲蓄票券（savings stamp）成了攸關國家生存的議題。正如新形式的信貸，儲蓄也透過交換與仿效的跨國網絡推進；1870 年代，日本的改革者先從比利時與英國的郵政儲蓄經驗中取經，一個世紀之後，他們已經可以把儲蓄的推廣做法與運動輸出到南韓、新加坡、馬來西亞了。在世界各地，學童們跟老師一起在每週的節約遊行時把零錢儲存起來；但是，沒有一個國家可媲美日本的儲蓄聖戰。二次大戰之後，日本有 800 萬的學童參加了兒童的銀行（kodomo no gink ）；在 1970 年代，郵政儲蓄會堂（postal savings hall）提供日本儲戶可享用游泳池、飯店房間以及婚禮大廳的特權，當時，日本家庭的儲蓄率已站上了 23% 的高點。40

毫無疑問，這些儲蓄推廣運動是現代各國精心策劃的最廣泛行為改變

運動之一，對戰爭與和平的貢獻同樣顯而易見；儲蓄使戰爭機器保持運轉，對戰勝者與戰敗者皆然。大部分美國人在進入第二次世界大戰時沒有半分儲蓄，但在脫離它時卻已持有美國的儲蓄債券。在 1950 至 1970 年代時，儲蓄不僅在日本與韓國扮演著重要的關鍵角色，在其他像是芬蘭的快速工業化國家亦然，將資金從家庭導向工業；問題在於，正如一位最近的歷史學家指出，這些活動到底形塑新的「習慣」與「持久的節儉文化」到什麼樣的程度，以及它們又能如何解釋今日為何「美國在花錢而全世界在儲蓄」。41

　　像這樣的說法，不但對儲蓄習慣的天性言過其實，也誇大了短視近利、揮霍無度的盎格魯撒克遜人與其他所謂深具前瞻性、節約用度者之間的鴻溝。習慣是經常重複的慣例並且擁有自己的潛意識力量，幾乎沒有證據可顯示儲蓄運動能讓節儉成為一種習慣，而且恰恰相反：歷史紀錄顯示了儲蓄的易變。家庭為了因應不斷改變的壓力與刺激，往往會顯著地改變行為；這正是為什麼我們需要愛國的呼籲，或強制讓人們在第一時間儲蓄。新加坡對此誠實以對，稱它的計畫為「強迫儲蓄」（forced-saving），該計畫規定，一位工人總工資的 50% 必須存入設立於 1955 年的中央公積金（Central Provident Fund）帳戶中；1986 年時，這項比率降到了 36%，並一直維持到今天 —— 雇員貢獻 20%，雇主貢獻 16%。42 在法西斯主義的義大利，自願儲蓄計畫是如此不得人心，以致必須在 1931 年被擱置。儘管日本與韓國數十年來積極推展儲蓄活動，卻還是對 20 世紀末儲蓄的迅速崩解 —— 利率從 1990 年的 12% 與 24% 暴跌至 2007 年的低於 1% —— 一點辦法也沒有。那些日本學童，年復一年、週復一週固定地在儲蓄運動中存入他們的日圓，然而在中年遇到不景氣與更容易取得的消費者信貸時，竟然就這麼轉向信貸與消費的懷抱，43 令人懷疑儲蓄活動是否真的成功根植了明智的家務管理與遠見之文化。根據經濟合作發展組織的資料顯示，日本與韓國的金融素養與基本能力之遠景，看起來並不比英國更光明；當南韓在 2004 年採行了美國的破產法，總人口數中竟有令人震驚的 8% 拖欠借款，是美國的 20 倍之多。44

　　然而，歐洲大量的儲蓄帳戶並未告訴我們存款的數目以及頻率為何；在 1930 年代的英國，郵局儲蓄銀行中有 1,400 萬個帳戶，但其中有許多

是自開戶後就處於靜止無活動的狀態，定期儲蓄既不符合勞工的錢包，也不符合他們的心態。戰時的儲蓄活動幾無任何持續的影響力，英國的社會研究組織「大眾觀察」（Mass Observation）指出，二次大戰之後，普通英國人繼續採取週期性、短期的儲蓄態度，與「一年的周期及其季節性：春季掃除、夏季治裝、秋季度假、聖誕節聚會」緊密相關。儲蓄是搜刮出剩餘的幾先令，以達成特定的短期目標，而非為了逐步建立財富。正如調查者所提及：「當他們被要求儲存大筆的金額時，這項傳統變得難以為繼；儲蓄是關於先令，花費則是關於英鎊。」[45]

「抵制誘惑，會回報以希望。」這正是維多利亞時期自助自立的擁護者塞繆爾・斯邁爾斯（Samuel Smiles）對於節儉的「實用智慧」之結論。[46] 到了 1950 年代，加上政府傾全力的支持，愈來愈多儲蓄推廣活動以汽車、電視、假期等物來吸引市民；如今，自我控制是關於抵制小誘惑以負擔大物件。在幾乎無法從戰爭的瓦礫堆中振作起來的西歐，儲蓄銀行與製造業者在特別的推廣活動上攜手合作，只要家庭能存到 1/3 的錢，就能有以信貸購買沙發的機會。[47] 儲蓄的擁護者以信貸的新文化——將消費重塑為投資的形象——為立論基礎，認為購買消費耐用品不是支出，而是投資；這類經過修飾的說法對於快速成長的國家來說特別重要，譬如芬蘭，農民在不過一個世代的時間中就變成了產業工人。儲蓄嫁接了新的城市消費文化到提倡節儉的農村風氣之上。總理烏爾霍・吉科寧（Urho Kekkonen）在 1952 年的一本書中問道，芬蘭這個國家是否有耐心等待繁榮到來；高通膨率與低利率意謂著舊式儲蓄已失去意義，相反地，芬蘭人被敦促著投資自己的家庭與電器用品，新的國家英雄是「目標儲蓄者」，扣除自己每月工資的一部分去購買收音機、家具或是一趟前往巴黎的旅行。[48] 在經歷快速現代化的社會中，儲蓄推廣活動是商品世界的特洛伊木馬（參見插圖54）。

在 20 世紀的前 2/3 與後 1/3 交接時所發生的這項決定性改變，，與其說與芬蘭人民的習慣有關，還不如說與國家行動的根本轉變有關。簡言之，儲蓄就像戰爭或現代化，也需要國家先推出一項計畫。1970 至 1980 年代時，國家失去了這種目的感以及強迫人民儲蓄的意志；新的頌歌是把人民視為成人，讓他們按照自己的意願去花錢與借貸。1971 年，英國的

一個議會委員會即坦率提出這項新的正統觀點：「我們的完整看法是，國家對於消費者的自由應該干預得愈少愈好，他們有自由去盡可能地利用自己對於消費者信貸的了解，並且判斷什麼組合可以為自己帶來最大的利益。」國家可以運用「勸說來影響消費者的支出模式所隱含的價值尺度」，但它「仍需維持自由社會的基本原則，亦即人們必須自行判斷什麼是有助於他們的物質福祉。」為了保護「陷入困境的少數人」而限制他們的自由，是被誤導的做法。[iii] 概括說來，這正是信貸自由化的基本邏輯與依據，出現在柴契爾夫人大幅開放金融市場「大爆炸」（big bang）之舉的15 年前。

儲蓄的衰退

儲蓄的衰退始於 1970 年代，其後更從 1990 年代加快了腳步，但這並非是美國人或是盎格魯撒克遜人的特有症狀。舉例來說，自 1970 年代起，芬蘭人或丹麥人的儲蓄始終少於盎格魯撒克遜人；2000 年代的德國與比利時，家庭儲蓄率則一直頑固地停留於 9 ～ 13%；同時，日本、義大利、荷蘭的儲蓄衰退情況，至少跟美國、加拿大、英國一樣地顯著。

那麼，到底是丹麥人與義大利人儲蓄得太少，還是德國人儲蓄得太多？我們唯有將信貸、收入、資產與儲蓄放在一起檢視，才能找出答案。對一個沒有任何擔保品的家庭來說，不存些錢以備用是相當不智之舉；但對另一個有低率貸款與養老基金的家庭來說，情況就相去甚遠了。不斷上漲的信用卡帳單，對於收入與財產價值不斷增長的家庭來說，不過是九牛一毛而已。舉例來說，英國的家庭總儲蓄率，從 1992 年的 11% 暴跌至 2007 年的 2%，而當 2009 年的經濟大衰退發生時，無抵押消費者信貸的「平均值」已上升至 10,000 英鎊；也就是說，負債低於 10,000 英鎊的家庭跟負債高於 10,000 英鎊的家庭一樣多。平均房貸則是 100,000 英鎊。這

iii　(Crowther) Committee on Consumer Credit, Report, Cmnd 4596, IX.1 (1971), 151, 153; 1971 年委員會主席克勞瑟勳爵（Lord Crowther）曾與凱因斯一起學習，並在 1938 年慕尼黑協定前一天接管了《經濟學人》；但或許同樣重要的是，他也是一位對於美國經濟的敏銳觀察者，娶了一個美國人，對房地產市場與飯店集團頗有（並非全然愉快的）經驗。

是相當龐大的數字，但比之超過 200,000 英鎊的平均住房與養老金，卻又相形見絀了。iv

　　總的來說，經濟學家多以兩個模式來解釋影響儲蓄的原因：生命週期 v 與持續收入的假設，兩者皆出現於 1950 年代，法蘭科‧莫迪利亞尼（Franco Modigliani）闡釋了前者，米爾頓‧傅利曼（Milton Friedman）則是後者。49 而對凱因斯來說，儲蓄的主要動機幾可說是非理性的驕傲：為了留下遺贈予後人；但新近出現的數據資料顯示，這與現實情況並不相符。莫迪利亞尼指出，人們是為了自己的未來儲蓄，而不只是為了他們的後代子孫；他們會隨著時間推移而調整自己的消費，為的是獲取最佳的生活（以經濟學家的話來說，就是最大化穩定的效用函數）：在年輕、無太多資產時儲蓄，在中年收入高峰期建立財富，然後在老年「提用儲蓄」並出售資產。傅利曼也強調人們會以長遠的角度來思考，他們消費的多寡並非取決於眼前的可支配收入，而是未來的期待性收益。

　　兩種模式皆理所當然地認為人們會累積財富，並且在儲蓄、借貸以及開支上做出合理的長期決策。但生命週期的模式幾乎無法套用在那些早期的世代上，他們來回奔波、汲汲營營，注定過著僅能餬口的生活；自 1970 年代起，這些假設面臨了諸多挑戰。遺贈後人的動機被認可有其重要性，不能被完全一筆勾銷；50 預防性的儲蓄動機也是如此。德國年長者的儲蓄額始終遠高於生命週期假說所預測，而反觀美國工人，他們為退休準備所做的儲蓄卻出乎意外地少。51 同時，持續收入的假設以長遠看來，大致上是正確的；但是對於短期的消費波動來說，能做的解釋卻十分有限，而各國之間的差異更造成了兩難的困境。生命週期假設說明了經濟成長與儲蓄之間的關聯性：由於消費被假設是取決於終身、而非眼前的收入，那麼在經濟高成長時期，年輕人會比他們的父母親更富有，儲蓄的占

---

iv　與大多數經濟合作發展組織國家不同的是，英國的官方數據資料是總儲蓄率。淨比率稍低，因為它扣除了自住住宅的固定資本消耗；也就是說，它將自有住宅損耗的價值下跌納入了考量。有關信貸，參見 (UK) Department for Business, Innovation & Skills, 'Credit, Debt and Financial Difficulty in Britain, 2009/10' (June 2011)

v　生命週期假說認為，經濟體中的個人，會根據長期的角度，來調整他消費與儲蓄的行為，而且，他們會企圖將他們一生中的消費行為，盡可能拉平至損益兩平。這個假說認為，每個人都會想辦法讓消費在他的一生中保持穩定。

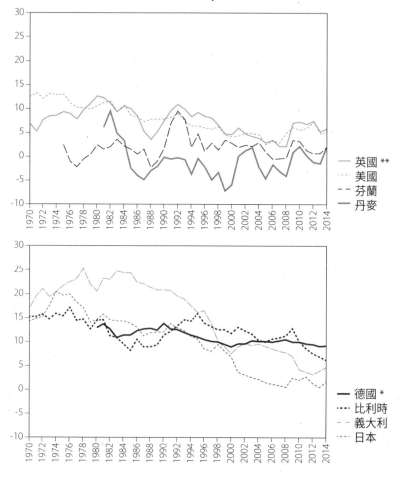

家庭儲蓄率
1970-2014 年

—— 英國 **
······ 美國
‑‑‑ 芬蘭
—— 丹麥

—— 德國 *
······ 比利時
‑‑‑ 義大利
······ 日本

注解：*1980 ～ 1990 年的德國數據是西德的數據；** 英國數據是家庭的總儲蓄率。

來源：經濟合作發展組織數據資料組（OECD Dataset），《經濟展望》（Economic Outlook），96
期，2014 年 11 月，經濟合作發展組織年度預測（OECD Annual Projections）；1980 至 1990
年的西德：聯邦統計局（Statistisches Bundesamt）：主題系列（Fachserie）18，全國經濟核
算（Volkswirtschaftliche Gesamtrechnungen），系列（Reihe）1.2，帳目與標準表格
（Konten und Standardtabellen）1996 年，初步報告（Vorbericht）。

比應該也會隨著時間的推移而增加；自 1970 年代起儲蓄衰退的情勢，大
致上亦符合了這個模式的預測，但是 1960 至 1985 年間年成長 2% 的美國
（30 歲的成年人預期可擁有兩倍於他們祖父母輩的終身收入），為何結果卻跟日
本（年成長超過兩倍，同樣年輕的成年人預期可擁有四倍於他們祖父母輩的終身收

入）的年齡消費曲線（age consumption profile）如出一轍，始終是個謎。52

持續收入理論（Permanent-income theory）的問題不在於人們沒把未來的收入納入考量，而在於他們並不總是把未來所有的生命階段都納入考量；53 他們通常只會往前看到下一個階段，並據此作出決策。對他們來說，未來只是一個中間階段，是片段的；未來看起來是光明美好亦或黯淡無光，端視它之前的那些年境況如何而定。一項在 2003 至 2007 年間追蹤一群德國儲蓄者的大型調查結果發現，那些出生於 1966 至 1975 年間的人，比早十年出生的人儲蓄得更多；54 這個世代在 1990 年代中期進入勞動市場，正好是在養老金制度進行改革的時候，對於未來保障的不確定性，加上低薪、兼職工作普及的因素強化，促使他們勒緊了褲帶過日子，即使客觀情況已獲得改善，他們始終保持如此。這種同輩效應（cohort effect）是德國儲蓄之謎的一塊重要拼圖。

然而，世界整體的儲蓄在 1980 與 1990 年代暴跌，隨著更便宜的信貸工具推出，人們開始選擇儲蓄以外的工具作為他們未來的保障。如果可以踏上信貸的電扶梯往上並借用未來的收益，為何要停下來儲蓄？養老金計畫、股票與債券，尤其還有上漲的房價，全都使儲蓄顯得更無關緊要；vi 股票活動與房地產價值曾經只是一小群菁英人士的興趣，如今卻成了中產階級的早餐讀物。金融產品大幅倍增。1980 年代初，澳大利亞提供了 36 種房貸；到了 2004 年，一個有抱負的積極房主可以挑選的產品已高達 3,000 種。55 對許多人來說，房貸取代了儲蓄帳戶。

也是在這個時期，個人銀行（personal banking）與信用卡開始對貧富一視同仁，消費者信貸的電扶梯轉換了檔速而且變得愈來愈擁擠；以適當的法國用語來說，為了前進，人民銀行業務（*bancarisation*）的先行是必要的。1966 年，十個法國成年人中不到兩個人擁有支票帳戶；十年之後，十個人之中已有九個擁有支票帳戶。在先前的數個世代，貸款人會對借款人的品格與借貸的目的進行道德檢查；到了 1980 年代，這類家長式專制主義已然式微。「國民西敏寺銀行（NatWest）能提供你個人貸款進入市場，之

---

vi 各地富人的儲蓄都比窮人多，但英國在 1970–2007 年的研究也發現，那些市政公寓套房的租戶，他們的儲蓄遠超過有房貸的家庭；Thomas Crossley & Cormac O'Dea, The Wealth and Saving of UK Families on the Eve of the Crisis (Institute for Fiscal Studies, 2010).

後你就可以自己作主了。」正如一家英國銀行所宣傳，這是選擇的新精神。56 收入的增加與管制的鬆綁，促使尋找客戶的需求也隨之提升；在英國，1970 年代中至 1990 年代中，使用信貸服務的人數增加至三倍。

但這些事實並非自動意謂著美國人與英國人忘卻了儲蓄，而只是取決於我們如何衡量它。據估計，倘若把股息、利息，以及租金收入都納入計算，美國在 1990 年代的儲蓄率將從 5% 上升至 10%；但這並不代表人們減少儲蓄，是因為他們愈來愈沉迷於消費。在英國，儲蓄率在 2000～2008 年間下降，但消費占國內生產總值的比重也降低了，因為人們的可支配收入占國內生產總值的比重也正在縮減。57

信用卡的出現

在這場演進的大爆發中，最流行的代表性指標就是信用卡了，而且各種顏色都有，金、銀、白金或紅色（支持對抗愛滋病的戰鬥）。挾著無須在月底全額償還金額即可借款的循環信貸能力，信用卡在英美世界的進展尤為迅速；在美國，花旗銀行（Citibank）在 1961 年推出了它的信用卡，美國運通（American Express）緊隨其後，但這些都是為了一小群上層菁英人士所推出的信用卡，根據階級與種族的信貸配給仍是常態。一直到 1990 年代，銀行利用基於風險考量的訂價系統（risk-based pricing system）主動對消費者提供了信用卡優惠，不僅對低收入家庭，甚至對「孩童、狗、貓還有麋鹿」都有提供──艾倫・葛林斯潘（Alan Greenspan）在 2000 年被提名為美國聯邦準備銀行主席的聽證會上，如此告訴美國參議院銀行委員會（US Senate Committee on Banking）。在 1970 年，只有 17% 的美國人有信用卡；30 年之後，這個數字變成了 70%。在 1990 年代的英國，信用卡的數量則從 1,200 萬邊增至 3,000 萬。58

循環信貸的重要性在於，以「塑膠製的信用卡」購物改變了購物的行為。早在 1950 年代，美國的百貨公司經理們就注意到商店卡如何鼓勵顧客更頻繁地購物──雖然商店卡並未讓使用的顧客在每筆交易金額上超過那些使用 30 天收費帳戶（charge account）的顧客。59 信用卡運作的規模更大。1990 年代在英國，未償付的消費者信貸占消費支出的比率，從 8%

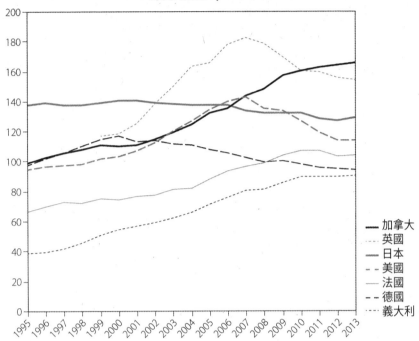

家庭負債占可支配收入總額的比率
1995-2013 年

來源：經濟合作發展組織《2014 年各會員國國民所得帳概覽》（National accounts at a glance, 2014），http://data.oecd.org/hha/household-debt.htm.

躍升至 15%。按理說，擁有信用卡與買更多東西之間應該有所關聯；然而，信用卡的使用情況仍然不均。在 2004 年，幾乎每十個英國人、瑞典人以及荷蘭人之中，就有九人擁有一張信用卡，但兩個義大利人中只有一人擁有信用卡。值得注意的一點是，大量的信用卡不僅與高度的購物傾向有關，亦與整體接觸銀行業務與資產的更多管道有關。經常被指控為信貸使用無度的英國人，也比一般歐洲人擁有更多的壽險保單、私人養老金計畫、債券以及計息存款帳戶。60

相較於其他地區更儉樸的文化，信用卡有時會被舉證作為是盎格魯撒克遜人揮霍無度的表徵；然而，這是對證據的扭曲解讀。消費者信貸的民主化以及個人債務的提升，是 1990 年代與 2000 年代的一種全球化現象。幾乎所有的已開發社會中，個人債務都躍升至歷史新高；有些社會是從比

其他社會更低的基礎開始，但日本是個例外，日本的家庭一開始就承擔了沉重的債務負擔，且一直保持如此。與整體消費者信貸相較，用「塑膠製的信用卡」借貸可說是微不足道的一件小事；即使是在 2008 年正處於信貸熱潮高點的美國，信用卡消費金額也不過占購屋房貸的 8%。誠然法國人、德國人、日本人使用信用卡不像美國人、英國人、或者荷蘭人與瑞典人那麼頻繁，而且往往傾向於在每個月全額還清卡債，但這也並不代表他們不借貸；他們只是使用其他的信貸管道，譬如個人貸款（法國）、分期付款計畫（德國）或預借現金（cash advance），以及向消費者信貸金融公司（*shinpan kaisha*）借款（日本）。61

各國之間有趣的對比並非個人債務的成長，而是個人債務的組成。作為可支配收入的一部分占比，荷蘭與丹麥的信貸總額在 1995 年與 2007 年之間倍增，達到了讓美國家庭反而顯得相當自制的地步；丹麥人深陷的債務大約是美國人的兩倍。然而，幾乎所有這些債務都來自房貸。在英國與德國，商品與服務的信貸組成了較高的占比（15～20%）；在波蘭和奧地利，它占了個人信貸總額的 40%。房貸是消費者信貸中的大宗，只是程度高低不同而已。倘若認為租賃在荷蘭與德國很普遍，是故他們的抵押債務也必然比較少，這是一種常見的誤解；馬斯垂克（Maastricht）與慕尼黑（Munich）的土地與房產成本遠高於密蘇里州，這意謂著購買房屋的荷蘭人與德國人必須承擔不成比率的巨額債務負擔。1990 年代與 2000 年代初，英美國家與世界其他國家之間的最大區別在於，對後者來說，無擔保信貸（信用卡、分期付款、貸款）作為私人債務的占比縮小了；而直到 2008～2011 年的信貸緊縮，美國人與英國人才做到這一點。62

背負債務

債務並非單獨存在，而與財富、收入存在必然的關聯。一份 1,000 美元的信用卡帳單可能會嚇壞窮光蛋，卻不被王子當成一回事。遺憾的是，家庭坐擁的資產價值並非簡單明瞭之事；正如許多人在 2008 至 2009 年泡沫經濟破裂時，發現了房屋價值被嚴重高估這件難以接受的事實。信貸的電扶梯失速了，在世界經濟衰退的背後潛藏著兩大信貸的失衡；其一起因

於私人債務與收入之間的歷史性重組，在美國最為顯而易見。大約從1870年代至1970年代的一個世紀以來，美國人借貸得愈來愈多，但他們是透過收入與資產的增長而實現；1930年代分期付款計畫與現金貸款的大爆發，被資產的淨增長和實際上的儲蓄所抵消。[63] 在蓬勃發展的1950與1960年代，拖欠借款並不是問題，但自1970年代起，工資停滯改變了一切，美國也在此時變成了「債務國」。[64]

其二則是國家之間的全球性失衡。譬如美國與英國喜歡用信用卡購物，德國與中國這類國家喜歡賣汽車跟衣服給這兩個國家，但不怎麼喜歡買東西做為交換，反而將自己的收益鎖在儲蓄之中。到底消費太多或太少哪個比較愚蠢，是一個有趣的問題；美國在1980年代的外交主題，就是要讓日本人多花錢、少儲蓄。在2009年使全球失衡引發危機的原因，正是由於在此之際，債務已成為一個全球市場了；銀行將世界一端的超額儲蓄導入另一端的次級房貸（sub-prime mortgage），此舉宛如火上加油。

儘管世界經濟嚴重衰退，重要的是，我們必須以財富累積的長遠角度與背景脈絡來看待債務的故事。1980～2000年代初（在獲利豐厚的次級房地產出現之前）見證了資本淨值的實際收益。到了2001年，英國與日本家庭擁有的淨財富是負債的六倍，德國是五倍，英國是四倍。[65] 2009至2011年的危機或許抹去了幾年的膨脹收益，但並未抵消數十年來持續上漲所累積的財富。個人債務持續在私人財富下相形見絀，而且愈是如此，國家愈形富裕。引人關注的是，2004～2005年的歐洲社會調查（European Social Survey）發現，與葡萄牙、希臘、東歐等貧窮鄰居比較起來，英國、德國以及斯堪地那維亞半島的家庭所承受的財務壓力與衝擊較小。[66]

隨著次級房貸與房屋資產增貸的引進，個人信貸革命在1990年代與2000年代的英美世界進展得如火如荼。家，成了一部自動提款機。從歷史上來看，這是對20世紀發展所作的一個極端結論，將私人消費者與商業債權人相提並論；不僅私人信貸在整體信貸中取得更大的占比，消費者也開始被視為小規模的商人，有權利與能力從他們所有的資產中獲利以資助其他的計畫；經濟理論延伸至婚姻、離婚以及育兒，並視家庭為生產與消費的單位，是這項範圍更為廣大的轉變之一，其中又以芝加哥諾貝爾獎得主蓋瑞・貝克在1960年代提出的理論最廣為人知。[67] 固定財富與移動

財富之間由來已久的區別已被拋到九霄雲外，為什麼實體房屋跟其他物品，例如汽車或珠寶，要有不同的對待方式？為什麼要阻止消費者去利用他們建立並累積起來的房屋財富，並且把這些財富花在別的事物上？數個世紀以來，擁護共和政體的作家把家庭理想化，成為在這個永無安寧的商業社會中的公民精神與社區支柱。如今在英美世界中，這根支柱已被砍斷，家庭已被信貸與債務國際市場的大浪捲走了。1970 年代起，雷根（Ronald Reagan）在 1986 年通過的「稅務改革法案」（Tax Reform Bill）又給房屋資產再融資（home-equity refinancing）打了一劑強心針，這項法案一方面給予「次級房貸」稅收優惠，一方面把它從其他類型的貸款中分出來。現在，房屋成了最易取得信貸的物品。然而相較之下，在歐洲大陸的大部分地區，房屋仍然留在它們原來的法律與物質領域中，並未被推動著輕鬆轉換領域。法國、德國以及義大利仍保留著它們之間的防火牆，房貸仍必須先付 20 ～ 40% 的可觀頭期款；這也是為什麼這些國家的人民會有相對較多儲蓄的一個原因。彈性的房貸與寬鬆的增資，對他們來說仍然是外國的事物。

「兌現」你的家，是信貸革命的最後一擊。按照字面意思來說，房屋資產增貸就是：從你的房屋取出若干價值，以支付其他的物事。2003年，美國家庭以這個方法提取出 1,390 億美元，相當於他們可支配收入的6%。在澳大利亞，這類增貸估計為經濟注入了 2 ～ 3% 的額外消費。[68] 在凱因斯理論的原始模式中，這類額外的挹注應是來自國家；但借助於房地產價格上漲的借貸，以「私有化的凱因斯主義」（privatized Keynesianism）取代了這個模式。[69] 或許跟任何直接消費一樣重要的，是房價以及消費能力與意願之間所存在的間接關聯性。經濟學家比較了金融財富與房屋財富對消費傾向的影響，並發現了顯著的國家差異：股價上漲對美國、日本以及歐元區的消費所產生的影響幾乎是一樣的；每增加一美元的財富，人們就會多花六美分。但在房屋的「財富效應」上，卻是截然不同的一回事；比如說，當一間房子的價值在美國飆升至十萬美元，它的屋主會多花 5,000美元。對於類似的房地產熱潮，日本與歐洲的屋主的回應是多花上略嫌寒酸的 1,500 美元。在所有的國家中，房價上漲都會引發消費的提升，只是有些國家的效應更甚於其他國家；除了在英美國家，在芬蘭、瑞典以及荷

蘭的影響也十分顯著。再者，這些影響不僅與房屋所有權的比率有關，更與家庭可以從他們的房產取得流動資金、並將上漲房價加以兌現之容易度密切相關；而這一切，全都得歸功於資產增貸、彈性的房貸，以及寬鬆的再融資。[70]

孤注一擲

　　到底所有的錢都到哪裡去了？ 2009 年經濟大衰退發生時，許多評論家對這個答案毫無疑問：私人債務的數量飆漲正是不顧後果的「消費主義」之指標，沉迷於寅吃卯糧的購物與生活方式。英國首相布朗（Gordon Brown）在某個時期時甚至呼籲民眾還清他們的信用卡帳單；但如此一來，可能會使消費停滯不前，而且只會加深這項危機。他們的想法是，一旦人們減少在瑣碎事物上的花費，社會便得以在個人與經濟層面上恢復健康的平衡。

　　如果事情真有這麼簡單就好了，現實情況遠比道德信念更為複雜。資產增貸與信用卡消費，主要都不是用在瑣碎的「欲望」上。據加州的汽車代理商估計，在經濟衰退前夕，每三部車中就有一部是以房屋資產貸款的方式購買，這的確是一個事實；[71] 但在美國的大部分地區，一部車無疑是一種「需求」，而且不管怎麼說，汽車的購買只組成了這類貸款整體用途的一小部分。1/3 的房屋資產是被用在居家的裝潢修繕上，是一項實實在在的投資，而有 1/2 是用來償還債務或購買其他資產，只有 16% 是用在消費支出上。澳大利亞和英國的情況類似，但紐西蘭的消費支出較高。調查顯示，資產增貸有極大一部分是被家庭用來度過生活中的艱難時期，而非花用在欠考慮的過度消費上；尤其有年幼子女的家庭，更是資產增貸的重度使用者，目的是為了彌補收入的暫時不足，對離婚者以及被裁員的人來說也是如此。[72]

　　信貸與購物中心、「不必要」物事之間的聯想，源自於一項簡單的誤解。國家數據資料紀錄的是無擔保消費者信貸的數量，而非家庭決定如何

使用這些貸款；同樣的，「私人消費」指的是所有的家庭支出，不但包括醫藥與教育，也包括衣服與假期。假設任何利用信貸的人都會瘋狂、無節制地衝動購物，不是購買液晶電視就是多買一雙設計師的名牌鞋，這是一種謬誤的推論；在英國與美國，個人信貸數量如此龐大的一個原因，是這些貸款被拿來用在教育與基本生活費上（以及美國的醫療保健），而且這些服務的成本一直在上漲。在英國，2007年平均學生貸款的規模是汽車金融貸款的兩倍；同年在美國，1/3的分期付款債務是用於教育，73因此，美國大學生畢業時會背負平均20,000美元的沉重債務，也就毫不令人驚訝了。相較之下，他們的丹麥同儕不但無須負擔任何學費，還可以收到國家提撥的每月津貼。對於1990年代與2000年代的許多美國人來說，面對停滯不前的工資與不斷加劇的不平等，信用卡等於為國家福利的缺失扮演了私人替代品，在失業期間支付醫療費用以及食物與住房費用。因此，英美世界中無擔保消費者信貸的龐大數量還涉及了若干錯覺：用以支付食物與服務的貸款，是由國家某種替代性福利免費提供的。

這種情況引發了一個有趣的問題：美國經濟究竟有多麼不平衡？在1960年代與1990年代之間，家庭消費率（household consumption rate）（家庭消費與國內生產總值的比率）從69%攀升至77%，但其中包括了在這個時期大幅倍增的醫療保健支出。倘若把醫療支出拿掉，經濟學家發現，數十年來的消費概況幾乎沒有任何變化。換句話說，美國人並未成為揮霍無度的購物狂，至少不是所有人皆如此；他們只是得在藥丸、牙齒、醫生上花更多錢。因此，消費傾向的增加會集中在年長者身上也就不足為奇了，支出的增加在60～80歲的老年人身上最為顯著。在1990年，他們的消費比1960年的上一輩多出了一半。74我們從這個角度來看儲蓄的下降與消費者信貸的提升，顯然與老生常談的富裕病之道德故事，有截然不同的觀點。為了更平衡的經濟著想，老年人是否應該減少消費？

總體趨勢凸顯了以信貸為基礎的消費擴展以及不同社會之間的差異，然而正如先前的觀察所建議，認知社會內部所存在的差異也同樣重要。將國家視為只是個更大的家庭，是個重商主義錯誤，德國保持著高儲蓄率也並不意謂著每個德國人都是儲蓄的英雄，國家平均值隱藏了各種微型文化（micro-culture），想對此有更正確的評價與理解，我們必須放下若干對魯

莽消費者的尖刻譴責。一份針對 2006 至 2009 年間英國人財務狀況的詳盡調查顯示，只有 4% 的人超過承諾期限兩個月以上未繳信貸款項，絕大多數人的還款都沒有問題；在 2/3 的人當中，無擔保債務的還款與收入之比率低於 10%。儲蓄率雖低，仍意謂著有 41% 的人擁有價值超過 5,000 英鎊的儲蓄。75 數年之前，20 個家庭只有一個會用信用卡來轉帳，將餘額從一張卡片轉到另一張卡片上；只有 7% 會因為「一時衝動」而決定以分期付款來購買某件事物，絕大多數人是「從一開始」就計畫好了。76 即使是在美國，40% 的信用卡持有人都是定期繳納全額的卡費。美國聯邦準備理事會（Federal Reserve Board）的「2007 年消費者財務狀況調查」（Survey of Consumer Finances for 2007）對美國家庭預算的多樣性提供了引人入勝的扼要理解。在受訪者當中，有 6% 的人表示他們的花費通常超過他們的收入；16% 的人收支平衡；42% 的人會定期儲蓄；剩下 36% 的人主要是為了退休而儲蓄。77

比較各國的調查資料可能不甚可靠，但我們很難抵禦那股衝動：將揮霍無度的美國數據與超級節儉的德國數據放在一起比較。同年，49% 的德國家庭有儲蓄，但比之 2003 年的 59% 已經降低了；有趣的是，幾乎每兩個年輕家庭中就有一個會定期儲蓄，然而其中大部分的家庭只能存起一小部分的收入。造成差異的並非德國人整體來說儲蓄得較多，而是一小群富人（8%）儲蓄了他們驚人的 30% 收入。78

對於數以百萬計的信用卡以及用分期付款購買的電視來說，人們對待信貸的態度被證明相當地冥頑不靈。在 1979 年，31% 的英國人認為信貸「從來就不是個好東西」；2002 年，經過 20 年的信貸熱潮之後，這個數字沒有絲毫改變。在這兩年中，都只有 1/7 一的人樂於把信貸視為「一種明智的購物方式」，79 其他人則視其為一種便利性。在兩次大戰間的英國，以「分期付款」計畫購買的家具固定由「儉樸的貨車」送達，以保持一個家庭的地位。這種 1960 年代仍然存在的伎倆今日或許已不復見，但也並不意謂著當代人會公開誇耀信貸。對許多人來說，道德的陰影仍然持續籠罩著這個議題。

信貸與破產法

　　到目前為止，我們已經看到更多的消費者信貸如何實現了更多的消費。那麼，反過來又如何呢？對事物的更大欲望是否會讓人們陷入更深的債務之中？過度消費主義是造成過度債務的罪魁禍首，這項指控並不新穎。大約在 1900 年，社會改革者控訴勞工養成了對香檳的品味並為此編列了更高的生活費；一個世紀之後，在信貸蓬勃發展的這個時期，破產人數增加的狀況，在所有已開發國家中引發了類似的深刻反思。1992 年在美國，申請破產的人還不到 100 萬人；六年之後，這個數字已攀升至 140 萬人。在鄰國加拿大，個人破產在 1990 年代每年上升 9%。日本在 2005 年有 217,000 人申請破產。80 過度負債是全球性的問題，很難進行國際間的比較，因為破產法和過度負債的定義不但因國而異，而且因時而異。破產大幅飆升的一個原因是，幾乎各地的法律改革都使債務人更容易宣布破產；英國在 1986 年通過它的「破產法」（Insolvency Act），許多歐洲國家也在 1990 年代跟進它們的債務調整與破產法規，日本則是在 2005 年。81 專家估計，從 1999 年至 2004 年，芬蘭家庭大約有 2% 過度負債，荷蘭有 4%，英國與德國有 7%；2004 年在美國，宣布破產的家庭數量達到 1.7%，但過度負債率可能接近了 12%。82

　　他們是怎麼走到如此如履薄冰的地步？從德國到美國，一次又一次的研究得出了相同的結論。通往破產的道路是由失業、低收入、疾病以及離婚所鋪成，單親家庭，尤其是低收入的母親，特別容易遭受傷害與影響；糟糕的持家方式或揮霍無度的生活方式，只是少數例子。美國的中產階級家庭會陷入破產，與其說他們在購物中心花太多錢，還不如說他們在收入下降的情況下，仍試圖保持教育與住房費用的支付。83

　　信貸的民主化既不完全也不平等。在 1980 與 1990 年代，信貸民主化的確為窮人與少數族裔提供了更易獲取信貸與房貸的途徑，但它絕非一項十足十的恩賜；誠然，有些人登上了這道電扶梯，但對於那些已經難以償還債務的人來說，不啻是被推入萬劫不復的深淵。今日的赤貧之人跟過去一樣，需承受低收入與高信貸利率的雙重打壓；金融與社會體制的排斥是共存共生的，銀行分行的位置便是一幅幾近完美的不平等地圖。在 1975

至 1995 年間，銀行在全美各地開設了 30% 的新分行，但在貧窮地區，有 21% 的分行把他們的百葉窗拉上；於是，這些地區的真空，遂由發薪日貸款人與支票付現者（cheque-casher）來填補。英國今日有 7% 的人口完全活在既有的金融世界之外，沒有銀行帳戶、儲蓄、養老金、保險或信用卡。終其一生，沒有銀行帳戶的美國家庭估計支付了 15,000 美元給發薪日貸款人──這還只是服務費而已。英國放債人目前收取的利率從 100% 到 500% 以上都有，84 亦即那句俗語所說「窮人付得更多」。是故，英國研究者發現「處於金融服務邊緣的人們，對使用消費者信貸普遍抵制，卻又不得不承認，沒有消費者信貸就無法支付『大筆』的支出。」這項事實一點也不讓人感到驚訝。85 信貸是最終手段，通常是提領出來幫孩子們買鞋或是聖誕節禮物，鮮少被拿來作為瘋狂購物的資金。

這些數字在彼此相關的幾個方面讓人深感興趣，並指出貧窮仍然是信貸失敗的單一且最大的原因，而非缺乏抵抗物質欲望的能力；其次，這些數字自 1980 年代以來始終呈現上升的趨勢也提醒了我們：在以信貸為基礎的成熟消費社會中，過度負債是少數人的命運，破產更是如此。2004 年在英格蘭與威爾斯，1,000 人中會有一人申請破產，絕大多數都能應付不斷增加的信貸量而並無拖欠的情況。然而，一個清醒自持、自我克制的過去，屬於神話而非歷史事實；在 1900 年，從普魯士到英格蘭的法院塞滿了不支付未償信貸的訴訟，而且誇張的程度對於今日的讀者（以及法官）來說都極為難以想像。最後，破產法在全球各地的激增，宛如承認了過度負債是所有富裕社會的通病，包括社會市場與福利國家皆然。然而，這些解決之道持續反映出關於消費在社會中的整體地位之對立觀點。

信貸方式最自由的社會，也同樣以最寬大、開明的態度對待破產者。在美國法典第七章破產法（Chapter 7）的保護下，美國人都可以輕鬆申請債務清算，反映了美國社會以信貸基礎為中心的消費，要求的是迅速的修復而非永久的恥辱。被驅逐的債務人並不是迷失的顧客，最好給他一個「全新的開始」並讓他重新歸隊；在這裡，破產立法的首要之務是讓市場運作順利，而非保護或教育脆弱的公民。債務可以輕易一筆勾銷，而且太過容易了；根據某些估計推算，多達 15% 申請破產的美國人，其實有能力負擔還款的計畫。2010 年時，有多達 150 萬的美國人申請 4,500 億美元

的債務減免；美國人透過債務減免獲得的錢比失業救濟金還多。[86] 這又是另一個實例，證明消費者取得了以往僅保留給商人的特權；像英國這類以市場為導向的社會愈來愈接近美國的運作模式，亦即認同破產攸關市場調節的觀點。

社會主義市場的社會保留了若干信貸監管機制，也發現要完全放棄家長式專制的做法有其難處；舉例來說，德國就明訂了消費者信貸利率的上限為23%。自1999年起，一項新法律賦予了消費者擺脫債務的機會，但他們必須先接受債務的諮詢輔導並表現出長達六年的良好行為。如果社會民主黨人可以為所欲為，他們也應該在清償之前交出三年的非免稅收入；前共產黨人發現，即使這樣都太過於寬厚，因此竭力主張改成五年——結果卻鎩羽而歸。[87] 因此，破產的德國人不再被判處為終身負債且必須帶著陰影過日子，但跟同樣處境的美國人相較之下，他們也並非完全自由，而是必須透過良好的行為表現才能贏得全新的開始。引人注目的是，美國的破產公民在大多數州可享有豁免權，並獲准持有價值數千美元的私人財產（德州甚至允許他們持有自己的房子）；德國法律則規定了更為嚴格的標準，只保護他們的「適度」需求：一台彩色電視只要被換成一台黑白電視，就可以被重新擁有。斯堪地那維亞的福利制度甚至將過度負債視為需要社會保護的社會問題，而芬蘭在2003年也引進了「社會貸款」，以幫助那些最脆弱的群體逃離高負債和高利率的惡性循環；那些負債者會受到福利單位人員、而非貨品收回人的拜訪。[88]

不平等

社會底層的過度負債是不平等加劇的一個跡象，自1980年代以來，不平等一直是大多數已開發社會的痛處，從英美國家到德國、瑞典皆然；而社會頂層百萬富翁與億萬富翁的驚人崛起，則是另一個不平等的跡象。在美國，百萬富翁的人數在1995年至2005年間倍增；到了21世紀初，英美國家中10%最富有的人，控制了整體收入的30～40%，這種財富的

集中是自 1930 年代以來首度發生的現象。89 不平等現象在社會最頂層又最為明顯，超級富豪成了鉅富；在 1995 年至 2007 年間，美國四大富豪的財富增長了不只一倍，總計超過了一兆美元。

在這個新的不平等時代，其背後的確切原因始終充滿爭議：科技變革、單人家庭的增加、微薄的收入、不穩定的兼職工作、事倍功半的稅收重分配，都是被納入考量的首要原因。大量文獻資料顯示，不平等對生活福祉、心理健康、公民生活以及包容程度皆有不利的影響，90 而在此我們感興趣的是，不平等是否也是過度消費的原因，某些評論家的確這麼認為。對他們來說，信貸的狂熱無度以及對事物的不健康渴望（「唯物主義」）所具備的症狀，與不平等這項日益嚴重的潛伏疾病如出一轍；他們認為，大量的財富與獎金引發了「奢侈熱」。91 這些新的首富活在一個物質過剩的「自足世界」中，被稱為「富豪國」（Richistan）——以《華爾街日報》（*Wall Street Journal*）特約記者羅伯‧法蘭克（Robert Frank）的話來形容；「如今有那麼多的富豪國，有那麼多的錢可花，他們創造出全新的消費水平。想當一位真正的炫耀性消費者從未如此困難，因為有數以百萬計的百萬富翁競相爭奪著相同的地位象徵，甚至還有更多追求奢侈品的富裕消費者，試圖仿效這些上層的菁英人士。」92 一個人曾經以擁有 100 英尺長的遊艇而自豪，突然之間可能因為一艘停在旁邊的 450 英尺長遊艇而相形見絀。在一場努力追趕上最新首富的比賽中，汽車、房屋以及珠寶都必須有超大的尺寸才夠看；有人認為，這種揮霍無度之舉引發了雪崩般的大量消費，從超級富豪到一般富豪、再到中產階級及以下的階層，每個人都狂熱地試圖追趕上優於自己的那一個社會階層。近年來的心理學家更關注於不平等造成的心理疾病，加上佛洛姆對「擁有」與「存在」的區別；他們認為，人們過度以他們擁有的事物、而非他們是誰來認同自己。93

這類判斷的結論雖然投我們的不公正感所好，卻有嚴重的缺點。首先，這些描述中少有新意，對近幾十年來的不平等與奢侈現象來說，並無任何獨特之處；畢竟佛洛姆已經在 1950 ～ 1960 年代哀嘆過占有慾的激增現象，重點在於，當時已是一個日益平等的時代。對於盧梭來說，他早在兩個世紀前即寫到奢侈熱是各個時代商業社會的常態；在他的偉大著作《論人類不平等的起源》（*On the Origin of Inequality*）（1754 年）中，他的說明

鏗鏘有力：「野蠻人活在自己的世界裡，而社會人往往活在自己以外的世界中。」94 對後者而言，外表與他人的意見就是一切。奢侈、不平等，以及盧梭補充的奴隸制度，簇擁著彼此向前邁進。如今，對於奢侈的批評論述皆長期籠罩於這些想法的陰影下，以致除非擺脫這種舊道德觀的影響，否則我們很難以正確的眼光去看待今日的奢侈問題。更具體地說，完全活在另一個生活層次的超級富豪如何將生活方式的信息提供給他人，尚不得而知；大部分人能說出的超級富豪屈指可數，而且對於他們的生活方式所知甚少。相較之下，關注西班牙／葡萄牙熱門歌曲影片《搖擺電臀》（*Danza Kuduro*）的觀眾，自 2010 年 8 月起卻有高達 570,000,000 人，唐·歐馬（Don Omar）在裡面開著一部寶馬（BMW）Z4 敞篷跑車去接盧塞索（Lucenzo），並且駕駛著一艘維京運動遊艇（Viking Sport Cruiser）V52 艇型（一艘「只有」56 英尺長的摩托遊艇）享受巡航之旅。95 在媒體社會中，明星名人文化對物質渴望的影響力，要比銀行家與總裁大得多。

20 世紀中葉，美國的文化引力已開始從富人轉向電影明星與畫報美女。1956 年，社會學家賴特·米爾斯（C. Wright Mills）即尖銳地指出：《生活》雜誌的封面主打的並非初次涉足社交界的上流社會年輕女子，「少說有 178 位是電影女明星、專業模特兒之流……」96 值得注意的是，這是戰後日漸平等的數十年（1950 至 1970 年代），也是正值消費熱潮蓬勃發展的年代，在美國與西歐皆然。汽車的尾翼在 1950 年代逐漸加長，美國的住宅也變得愈來愈大，其後還有巨無霸豪宅（McMansion）在 1990 年代開始如雨後春筍般湧現於郊區。事實上，超級富豪在 1950 ～ 1960 年代縮減了原來的豪奢規模，放棄了紐波特（Newport）的豪宅及其他，開始追尋更「正常」的生活方式。有趣的是，儘管有著令人屏息的獎金以及持續加劇的不平等存在，美國的住宅在 2000 年代已不再變得更大了。

許多觀察家仍不斷從范伯倫的理論中汲取靈感，我們在前述章節中曾提過這位偉大的批評家，他在一個世紀前的美國曾對「炫耀性消費」有諸多批評；然而，范伯倫對上層菁英階級休閒方式的揮霍無度深感義憤填膺，這股道德感蒙蔽了他，使他沒能看出一個簡單的事實：消費文化可以往下、也可以往上傳播。一旦汽車、住宅、電視、冰箱成為普遍的參考標準，菁英品味就失去了它的獨立自主性；正如社會學家大衛·理斯曼

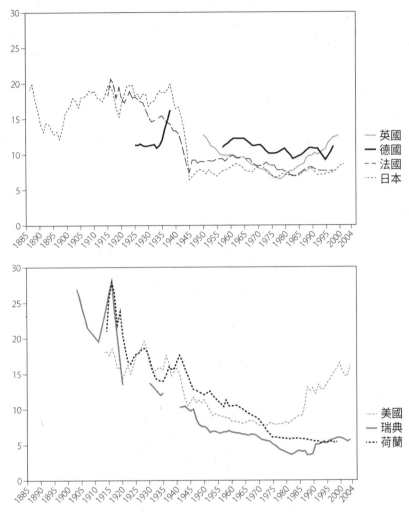

1%最富有的人占整體收入的百分比

來源：安德魯・雷（Andrew Leigh），「從最高收入占比看不平等的其他評量基準之高度準確性」
(How closely do top income shares track other measures of inequality?)，《經濟學雜誌》
(Economic Journal) 117 期，（2007 年）：頁 589-603。

（David Riesman）在 1955 年將其稱為「標準配套」（standard package），開始
被當成上層階級的「一種奢侈指南」。於是，上層菁英階級不再支配他人
的品味，而是被拉回中產階級的主流之中；他們開始遵循商務禮儀開林肯
（Lincoln）車（而非離經叛道的紅色捷豹〔Jaguar〕），因應大學生活的要求穿
上了藍色牛仔褲（而非標榜高度個性化、放蕩不羈的穿著）。**97**

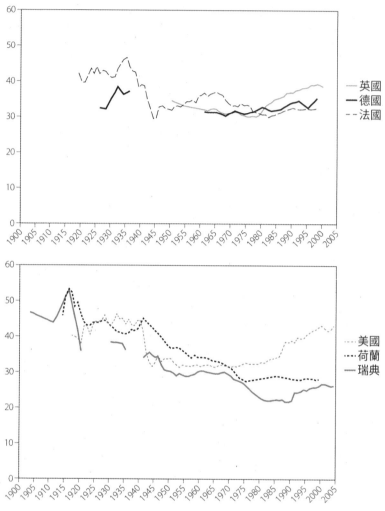

10%最富有的人占整體收入的百分比

來源：安德魯・雷，「從最高收入占比看不平等的其他評量基準之高度準確性」，
《經濟學雜誌》117 期，（2007 年）：頁 589-603。

「平等」更能說明競爭性消費

　　正如我們在前述章節中所見，倘若認為階級完全不再是品味的標誌，這就大錯特錯了；有錢人可能會聽流行音樂，但也仍然會去聽歌劇。儘管如此，在最近的這半個世紀中，人們可從中挑選自己認同、可接受風格的

數量，已顯著激增，而且各方面的區別看起來愈來愈明顯──不管是往水準，還是往上、下等所有方面。品味的多元化更進一步地削弱了富人作為流行風格偶像的影響力。98

近幾十年來，不平等不僅是由集中於社會頂層的財富所造成，集中於社會底層的貧窮亦是一個原因。對地位感到焦慮的民眾不僅會向上看也會向下看，設法領先於那些較貧窮的普通家庭，並試圖追趕上較富有的鄰人；這種向下看的觀點也同樣重要，而且很容易被試圖將不平等與物質過剩綁在一起的論點所忽視。當那些普通家庭愈發深陷於貧窮困境時，它們那些中產階級鄰居的地位焦慮感就會跟著降低：如果那些掉下社會階梯的家庭都換成次級車湊合著開或甚至連車都沒有了，我們何必還要費事升級自己的車呢？事實上，這就是近幾十年在德國與中國所發生的現象：高度不平等促成了儲蓄增加，而非異常的消費。

可以說，比之不平等，平等更能說明競爭性消費（emulative consumption）的現象，因為平等的提升會給人們帶來更大的購物壓力，以便保持領先於他們身後的那些追趕者；這正是托克維爾（Alexis de Tocqueville）從他1831～1832年民主美國之行所帶回的結論，當他把美國的現象與他那階級分層更為精細的祖國（法國）作比較時，他說：「當不平等的情況成為社會普遍的通則時，最顯著的不平等也不會讓人感到觸目驚心；但是當所有事物都處於近乎相同的水平上時，連最輕微的不平等都足以讓人感到極為刺眼。因此，在愈加平等的情況下，對平等的渴望永遠只會愈演愈烈、愈來愈無法饜足。」99 近年來，許多社會開始支持主張平等的生活方式，這絕非巧合；譬如社會主義的東德，消費品的區別性即為最重要的特點。奢侈品得以在南韓蓬勃成長，或許正是因為南韓是已開發國家中最平等的社會之一。

關於不平等奢侈的論點，往往把今日的美國當成基準，但事實上，消費文化會以各式各樣的形態出現。在今日的資本主義社會中，極端的個人負債不只存在於高度不平等、低度福利服務的國家中，也存在於享有高度平等的福利國家中，其中最為顯著的就是丹麥。不同點在於，丹麥人即使負債還是很快樂，他們在國際幸福調查中的得分是最高的；丹麥人可以安然入睡，因為他們知道，即使他們在第二天早上起床時發現自己把錢花光

了，國家也會來拯救他們。英美觀察家往往報導斯堪地那維亞半島不存在炫耀性消費，但這或許跟他們無法解讀當地的習俗規範有關，而不是炫耀性消費真的不存在：消費會花在避暑別墅、室內設計，以及高檔雪板蠟上，而非手錶及運動休旅車（SUV）上。「奢侈熱」並非源自於英美國家不平等現象的特殊疾病，拿法國來說，它就是至今仍是設法擺脫收入不平等不斷擴大的少數國家之一。高淨值的法國百萬富豪一年會花 3,000 美元在奢侈品上，比同級美國富豪的花費還高上 8,000 美元。100 不平等的論點所預測的則恰恰相反。

當我們談到奢侈品時，事實上，我們涉及了好幾個市場。高檔的市場包括了經典的保時捷（Porsche）、蒂芬妮（Tiffany），並跟隨股市的上下起伏。101 奢侈手提包以及手錶組成了第二個更加擴散、自有其邏輯的市場，對於奢侈配飾的需求，主要目的不再是仿效富豪，而是對全球「現代」中產階級的歸屬感，一種垂直性的包容而非階級制度的區別；這是奢侈品牌在亞洲市場大受歡迎的一個原因，包括有著驚人儲蓄率的中國亦是如此。對數以百萬計的城市祕書來說，帶著相同的手提包與太陽眼鏡去上班，可以傳達出自己是現代世界的一分子。在歐盟，估計 2006 年就有3/4 的奢侈品牌是仿冒的；光是在義大利，同年就查獲了 890 萬件的假貨。102 自 1950 年代以來，深受階級束縛的品味有逐漸鬆綁的趨勢，而就像更普遍的消費與品味，奢侈品亦受益於此；以前，奢侈品攸關聲望，它們發出的信號會傳遞該擁有者的地位。但行銷分析師稱為「新奢侈品」之物，是關於經驗而非所有權，103 承諾了自我表達與歸屬感。奢侈品幾乎像是一種民主權利，每個人都有權享有自己個人版本的奢侈品。這就是路易・威登（LVMH）等奢侈品集團近年來成長驚人的背景，它在 2010 年的收入為 200 億歐元，其中有 1/3 來自亞洲。對一個高檔品牌來說，銷售給大眾不再意謂著自毀。更高度的平等能否達成如此驚人的改變，著實令人懷疑。

回顧上個世紀的消費者信貸，令人驚訝的是，大部分人如何成功地掌控他們不斷增加的信貸額度。1900 年的評論家眾口一詞地預測債務意謂著道德墮落、社會腐敗以及破產。最近有些作家持續爭論，富裕軟化了與

生俱來的自制力，使個人無法應付川流不息的新奇事物。vii 但對信貸來說，完全不是這麼一回事；總的來說，人們已證明這些評論家的道德批評是錯的。相對於因購買人未如期付款而被收回的商品，有更多的汽車、電視、住宅的債務被忠實地償清。信貸將消費者導向所有權的光明前景，支付每月房貸或某項商品的分期付款，可使消費者的心智保持專注。比之一個世紀之前，今日任高利貸者及高息的發薪日貸款人擺布的人數已大幅縮減；然而，對於被擋在信貸電扶梯之外或是被推離它的少數人來說，排除於一般信貸之外使得維持生計更是難上加難，因為現今的生活中有這麼多的功能端賴良好的信用評等。此即當代消費文化趨向兩極化特性所展現的跡象之一。

---

vii　Offer, Challenge of Affluence. 自我控制的下降針對的是特定的情況，不應過分加以誇大。肥胖的紀錄最為完善，其他類型的過度消費則有各自的軌跡可循。舉例來說，美國人在 1860 年代喝的酒比 1980 年代更多，至少在大學兄弟會之外是如此。在西歐，藥物濫用的情況在過去十年中已不如以前嚴重了。

第十章

別那麼快

時間感的改變

1990 年成立於奧地利克拉根福（Klagenfurt）的「時間減速協會」（Society for the Deceleration of Time），除了它深具啟發的名稱之外，更因為在行為改變上極具想像力的嘗試而值得被認可。在市中心，積極的行動人士設置了「測速區」以減緩行人交通，匆匆忙忙的行人若被抓到會被拉到一旁，當場發一張象徵性的罰單：他們得操縱一隻玩具烏龜緩慢前進 50 碼，才能獲准離去。在想出打亂匆忙生活步調的創意方法上，減速舉措的進展倒是一點也不緩慢，包括為集體午休安裝了數百張的躺椅。1 諷刺的是，奧地利的城鎮給大多數讀者的感覺應該是需要加速，而非減速 —— 一位研究者在比較世界各地的步行速度時，發現奧地利人的行走速度甚至比希臘人與墨西哥人還慢 2。

烏龜長久以來一直象徵著明智、有節制的生活方式。在 1930 年代，漫遊者開始在巴黎的畫廊遊蕩並現場演出，展現出漫無目的的閒逛樂趣。3 烏龜在 1990 年代的回歸，部分原因是出於對生命速度的全球性、普遍的焦慮不安，這種焦慮不安感在 20 世紀末達到了最高點 —— 這個世紀以省時設備與充裕休閒的承諾展開，卻以對「時間飢荒」（time famine）的

506

焦慮不安畫下句點。1900 年時，速度意謂著現代性與生機、活力，4 菲利波·托馬索·馬里內蒂（Filippo Tommaso Marinetti）以及其他的未來主義藝術家榮耀它，認為農民才會懶散緩慢。如今，速度卻被視為是不文明，各種形式的「快速」生活都受到了抨擊：食物、時尚、設計、旅遊、觀光、音樂以及性愛。2005 時，藝術家歐哈德·費休夫（Ohad Fishof）發起了一項橫跨倫敦橋的「慢行」（slow walk）活動以慶祝「播放千年的音樂」（Long-player）——一個將播放千年之久的音樂循環作品；這趟慢行花了他 9 小時 43 分又 25 秒。

這項訴求緩慢的運動，從在美國與加拿大慶祝「收回你的時間日」（Take Back Your Time Day）的成千上萬「放慢生活節奏者」，延伸到日本「樹懶俱樂部」（Sloth Club）的數百人，最大的團體是成立於 1989 年的慢食運動（Slow Food），也是對麥當勞在羅馬「西班牙階梯」（Spanish Steps）旁豎起它金色拱門招牌的抗議。自其時起，它最初對食物樂趣的強調已擴展至可永續發展與負責任消費的「生態美食」（eco-gastronomic）政治，目前更在 153 個國家擁有十萬名成員。慢食運動的搭檔慢城組織（Cittaslow）於 1999 年跟進，在本文撰寫之時，已有從澳大利亞的古爾瓦（Goolwa）到西班牙的蒙希亞（Mungia）等 150 個城鎮簽署加入了這個組織；它採用蝸牛作為象徵標誌。5 這些團體的哲學（以及我們可能會補充到的歷史觀點）相當簡單而直接：以慢食宣言的話來說，20 世紀「先是發明了機器，又仿照機器形塑生活方式。速度成了我們的枷鎖……智人（Homo sapiens）必須重新獲取智慧，並從驅使其走向滅絕道路的『速度』中解放出來。」6

毋庸置疑，現代時期見證了生活的空前加速，但令人懷疑的是，這項趨勢是否始於 20 世紀。尼采在 1874 年時即表達對「生活愈來愈倉促忙亂」的憂心以及隨之而來的「所有反思與單純的衰敗」。7 他的看法與許多評論家如出一轍。早在兩個世代之前，托克維爾在美國旅遊期間，就對總是匆匆忙忙的「美國人」留下深刻的印象：「他是如此急於抓住自己可及範圍中的一切，以致讓人不由得猜想，他是否總是害怕自己活得不夠長久而無法享受這些事物。」8

三項主要的力量推動了這股加速趨勢。第一項是科技的創新，包括蒸

汽機、網際網路、火車、飛機、汽車；保守估計，20 世紀以來通訊的速度提高了 107 倍。9 第二項是文化方面，我們感覺這個世界變快了；我們很容易會認為，加速感必然是科技變化的產物，但或許恰恰相反。隨著 18 世紀進步的發現，現代社會的時間感從一個在過去、現在、未來中轉圈的輪子，轉變成一把射向懸而未決、不可預測未來的箭。最後第三項是社會本身的加速，尤其是這過去的半個世紀，隨著工作與伙伴愈來愈頻繁更換以及隨著這項變化而產生的自我身分認同感，也不斷產生改變。10

　　這些因素之間確實發生的相互作用，已超出本書所討論的範圍。使我們感興趣的是，消費行為在我們對時間的利用以及時間感上，造成了什麼差異。說得更直接一點，沒有時間是否正是我們為了物質富足所付出的代價？對於這個問題，有兩個略微不同的肯定答覆。第一個，優質時間似乎是狂熱消費行為下的受害者，富裕社會從每個工時中壓榨出更高的回報，但在這麼做的同時，也使休閒時間的每個小時相對來說更加昂貴。是故，為了提升時間的價值，人們試圖藉著更快速、更表面地消費更多事物，使空閒時間得到更充分的利用。要花時間與技巧的活動，被一座不斷被物品堆疊起來的大山所取代，提供新奇的事物與立即的滿足；讓我們把這個論點稱為「糖果店裡的孩子」症候群。第二個主張又更進一步指出，在一個商品可以買到地位而廣告無所不在的消費社會中，人們已習慣於想要更多，以致他們以更長的工時來交換自己的休閒時間，目的是為日益高漲的物欲籌措資金；這是一種自我奴役，休閒時間的數量與品質都因而每況愈下。人們必須運作得更快、更久，才能餵養他們的消費自我；這是「倉鼠輪」症候群。這些答案中，哪一個更接近現實狀況呢？11

休閒革命：工作進行中

　　出生於 1840 年代的英國男性，在典型工作 40 年的一生當中，會累積 124,000 小時的工作時數。而他的曾曾曾孫於 1981 年退休時，一樣花 40 年工作，但全部工作時數總計只有 69,000 小時，而且他還可以期待再活

20 年；他的祖先醒著的時間有一半在工作，相較之下，他只需花上 20%
的時間在工作。*12* 這種工作時數的下降讓人印象如此深刻，以致引發了一
個明顯不過的問題：怎麼有人能懷疑 20 世紀帶來了休閒的革命？儘管如
此，這場革命的本質及存在，始終是引發激烈辯論的一個主題。不讓人驚
訝的是，對於工作與休閒演變的種種議題，美國作為第一個富裕社會，也
是爭辯的最為激烈的一個。

　　樂觀主義者可以引用計量史學（quantitative history）的先驅安格斯·麥
迪森（Angus Maddison）所蒐集的工作時數之數據資料：在 1900 年，一名美
國工人每年工作 2,700 小時；到了 1980 年代，降低到 1,600 小時。1991
年時，社會學家茱麗葉·施爾（Juliet Schor）提出了符合悲觀主義者所設想
的說詞；她發現自 1960 年代以來，美國人的工作時數愈來愈長、感受的
壓力愈來愈大，遠非享受愈來愈多的休閒時光。施爾的論點是倉鼠輪情境
的變化版，她認為長時間工作的文化源自於美國資本家的力量，對他們來
說，利用並控制全職員工比處理彈性工時或兼職員工更為容易。那些可能
想擁有更多休閒時間的工人，可以被更高的工資收買；於是隨著時間過
去，這種交換之舉將工人困在消費主義者的「工作—花費循環」之中。

　　大部分研究時間運用的學者們仔細檢視這類悲觀案例之後，都發現了
它的缺失；約翰·羅賓遜（John Robinson）與傑佛瑞·戈比（Geoffrey Godbey）
已證明工時在 1965 至 1985 年間持續下降：男性下降了七小時，女性則是
六小時。到了 1985 年時，美國成年人每週平均共有 40 個小時的空閒時
間；他們同樣排除了悲觀主義者在「休閒差距」上的說法，並標識出一個
最初的「中性化社會」（androgynous society），亦即男女運用時間的方式愈
來愈雷同，而非由妻子承擔雙重或三重負擔（同時得應付做飯、照顧孩子以及
工作）以支持丈夫享受休閒時光。*13*

　　那麼，歷史的讀者陪審團該相信誰呢？這些相互對立的解讀在相當程
度上反映了不同的方法及探究的方向。施爾所述情況是基於她的主觀判
斷，捕捉到美國人愈來愈強烈感覺自己工作過度的事實。無可爭議的是，
整體來說在美國與已發展社會中，自 1970 年代起，覺得生活步調變得愈
來愈匆促的人數的確持續地上升。*14* 然而眾所周知，我們的主觀意識對時
間是一種糟糕的判斷；「愈歡樂的時光總是過得愈快。」小普林尼（Pliny

the Younger）在 2,000 年前即觀察到了這一點。15 因此不讓人驚訝的是，人們感覺壓力愈大，就會感覺工作時間愈長；人們對於自己每天如何使用時間的估計，加總起來超過了 24 小時。一種較為傳統的研究方法，是要求人們在時間使用日誌中把每天的活動記錄下來；此即羅賓遜與戈比所採用的方法，這些日誌被當成一項有用的實際檢驗，顯示出人們實際的工作時數比他們的感覺要來得少。

　　除了實際時數之外，我們也應該問的是，我們追蹤的是誰的休閒時間。麥迪森之類的數據資料讓我們知道，如果你是一名典型受薪成年男性，那很好；但如果你剛好是一位 14 歲以下或 65 歲以上的無業女性，這些數據資料所揭露的真相就十分有限了。更甚者，工作與休閒並非個人的經驗而已；大部分人（仍然）住在共同分擔有償工作、無償工作（unpaid work）以及休閒的家庭中，成員之間分擔的並不平均。如果約翰‧斯密先生在週五提早一小時下班回到家中，而斯密太太多花了一個小時幫他做飯，那麼對休閒時間的總和來說，幾乎不會造成任何改變；一個人的休閒可能意謂著另一個人的工作，但也並非一定要如此。斯密先生可以決定花半個小時幫他的妻子煮飯，那麼，他們兩人都可以得到半個小時的休閒時間以及無法估量的和諧婚姻生活。成員之間分配的時間與整體的休閒時間一樣重要，因此，在對休閒革命做出一項判決之前，我們有充分的理由需將我們的觀點從工人的休閒，擴展至整個社會的休閒。

　　多虧了薇樂莉‧拉梅與內維爾‧法蘭西斯這兩位經濟學家，我們才能一窺時間使用的全面性分析，並得以追蹤整個 20 世紀間美國在工作與休閒之間的平衡如何轉移。16 除了有償工作，他們的數據資料亦記錄了無償工作（即烹飪、清潔等「家庭生產」活動）以及學校教育；同時，其中還包括了青少年、老年人以及軍人與教師等為國家工作的人。這些數字顯示出幾項引人入勝的長期趨勢。自 1930 年代起，男性工作者從事的有償工作時數的確變少了，但女性工作者的時數反而變多。加總起來，25 ～ 54 歲的男女平均工作時數在 2005 年時跟 1910 年時完全一樣多：每週 31 個小時；但在休閒方面，可就截然不同了；2005 年時，美國人整體來說（14 歲以上者）每週可享受的閒暇時間，比之他們一個世紀前的祖先要多了四個小時，但某些世代又比其他世代的時間更多。年輕人（14 ～ 17 歲以及 18 ～

510

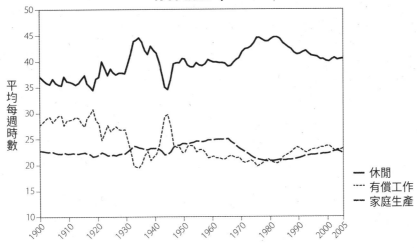

美國所有十四歲以上的人平均每週的工作與休閒時數
1900-2005 年

平均每週時數

—— 休閒
······· 有償工作
--- 家庭生產

來源：薇樂莉‧拉梅（V. A. Ramey）與內維爾‧法蘭西斯（N. Francis），「一個世紀的工作與休閒」（A century of work and leisure），《美國經濟期刊：宏觀經濟學》(American Economic Journal: Macroeconomics)1，2 期，（2009 年）：頁 189-224。

24 歲）有額外五個小時的空閒時間，老年人（65 歲以上）則跟 14 歲的年輕人一樣多。每個人都是贏家，除了 25 ～ 54 歲的中年人，他們在 2005 年時的空閒時間幾乎跟 1900 年時一樣多；但是再仔細檢視，一項有趣的倒退趨勢卻顯而易見地浮現：這個年齡層的中年人也有他們的休閒革命，只是這項逆轉發生於 1980 年代，他們的休閒時間在 1980 年達到了頂點，與 1910 年比較起來多了五個小時，與他們的年輕同伴相當一致；他們的不同之處在於，這些額外多出來的時數，在 1980 年～ 2005 年之間又全都消失了。

高生產力換來休閒時間？

凱因斯在 1930 年時即預見了未來：得助於更高的生產力，到了 2030 年，人們每週將可享受額外 20 個小時的休閒時間。但顯然，我們距離這個烏托邦的理想還有很長一段路要走；同時，認為根本沒有休閒革命、或者暗示 1930 年代的工人放棄閒暇時間以交換商品與更高工資，顯然是錯

美國各年齡層的男性平均每週休閒時數
1900-2005 年

Ages 65+
Ages 14–17
Ages 18–24
Ages 55–64
Ages 25–54

來源：薇樂莉．拉梅與內維爾．法蘭西斯，「一個世紀的工作與休閒」，《美國經濟期刊：宏觀經濟學》1，2 期，（2009 年）：頁 189-224。

美國各年齡層的女性平均每週休閒時數
1900-2005 年

Ages 65+
Ages 14–17
Ages 55–64
Ages 18–24
Ages 25–54

來源：薇樂莉．拉梅與內維爾．法蘭西斯，「一個世紀的工作與休閒」，《美國經濟期刊：宏觀經濟學》1，2 期，（2009 年）：頁 189-224。

誤的想法。17 進入 1970 年代之後，各個年齡層的美國人都享受到更多的休閒時間，有償工作的時數也變少了。假設更多的消費必然意謂著更少的休閒，不啻是一項錯誤的推理；20 世紀的大部分情況，都顯示出恰恰相反的結果。

那麼，自 1970 年代以來的逆轉，是否證明了悲觀主義者的觀點是正確的？不完全是。比之 1970 年，美國女性（25～54 歲）在 2000 年時多做了 11 個小時的有償工作，我們可能因而預期，她們的休閒時間會受到相當不利的影響；但值得注意的是，她們的閒暇時間竟然只減少了一半。換句話說，休閒被證明擁有極大的彈性，女性並不是以 1：1 的比率，把她們的閒暇時間拿來換取更高的收入。但既然一天只有 24 個小時，那麼，當女性開始去上班時，那些丟失的時數從何而來？事實上，這些時數大部分來自脫掉她們的橡膠手套、放下她們的拖把與抹布。自 1960 年起，女性每週的無償「家庭生產」已減少了 11 個小時以上；她們的丈夫或伴侶補強了這方面的部分工作。自 1970 年起，典型的美國中年男性也湊合分擔了每週額外五小時的家務工作；這在一定程度上解釋了為什麼對勞動年齡的男性來說，休閒革命完全停止了。順帶一提，這些年正是關於生活步調變得匆促的抱怨開始增加的時期；許多男性的工時縮短並將額外多出來的時間投入家務工作，而非轉向休閒。女性走向職場，完成了吸塵器、洗衣機以及其他家庭科技已應允了數十年，但始終未能實現的承諾：節省婦女的時間。18 但應該指出的一點是，雖然投注於烹飪與清潔家務的時間下降，投注於育兒的時間卻提升了。

但倘若認為市場購買的商品與服務可以直接替代家庭勞動力，這個觀點又過於簡單。19 雙薪家庭的確會「買進」食物而非從頭開始烹煮，但他們仍然不願放棄其他的家務工作，包括照顧孩子。引人關注的一項事實是，一個美國家庭在家庭生產上所花費的時間，在 2000 年時跟 1900 年時，是一樣的 22 個小時——雖然子女變少了，但也由於更多的小家庭創造出更多的工作。家庭會購買更多的商品與服務，同時仍堅持做家務工作，而非以一個選擇來替換另一個選擇。如果從事家務工作也會被支付以薪酬，那麼在今日的美國，光是家務工作就相當占了 GDP 的 22%，是一個相當可觀的比率；如果再把洗碗機與其他消費耐用品所提供的服務加入

計算，這項占比會增加到 30%。20 自 1970 年代以來無償工作的下降，伴隨著轉往休閒服裝與外出用餐的趨勢，絕非巧合；如果人們願意把更多的無償工作交出來給市場或是接受較低標準的舒適與清潔，休閒將會受益良多。總結來說，家庭生產被證明跟工作與薪資一樣，扮演了休閒革命的煞車角色。

但若視此時為「中性社會」的到來，卻又太早了些；因為至今，女性仍承擔了 2/3 的家務工作，而男性照看的對象往往是家裡養的狗，而非孩子們。儘管如此，美國男女之間在時間使用上的巨大鴻溝已逐漸縮小，與歐洲各地和加拿大部分趨同。21

這項民主化的趨勢，因新的階級劃分而顯得錯綜複雜。在 1950 年代，觀察家開始注意到，美國常民的工作時數變少，而且表現出比他們老闆更渴望擁有閒暇的時間；相較之下，高級主管們以長時間待在辦公室以及桌上的多支電話，展現出自己的重要性；忙碌的程度會發送出地位的信號。自其時起的時間日誌，記錄了工作與休閒這兩種文化之間日益擴大的鴻溝。教育是休閒的良好預測指標，美國人受教育的程度愈高，擁有休閒的傾向就愈低。在 1965 年與 1985 年之間，一名高中畢業生可以擁有將近七小時的額外閒暇時間，而一名大學畢業生卻只在原地踏步。長時間工作的狀況，不成比率地集中於受過高等教育的男女，依據收入，教育的差距反映在時間的不平等上：高收入者比低收入者的閒暇時間少了四個小時；窮人是新的有閒階級，而富人則是新的勞動階級。22

消費社會的理論往往視休閒與工作為零和關係（zero-sum relationship）：一項因素變得愈重要，另外的因素就變得愈不重要；然而（適度）休閒的獲益，與工作獲得的財富，兩者如今是同等重要。在 1900 年，富裕意謂著擁有一座鄉間別墅或是一份遺產；今日，富裕很大程度上取決於一個人的薪水與資格能力，從而衍生出對獎金、紅利的狂熱以及大學學位數量的激增。在整個 20 世紀，成功越來越依賴人力資本，23 而更長的工時則是累積它的方式。閒散安逸成了事業發展的犧牲品。

閒暇時間與工作時間

以《金銀島》（*Treasure Island*）一書聞名於世的羅伯特‧路易斯‧史蒂文森（Robert Louis Stevenson），於 1876 年寫道：「*極端的忙碌，不論在學校、大學、教堂或市場，都是缺乏生命活力的症狀；閒散的能力，則暗示包容一切（廣泛）的愛好以及強烈的個人認同感。*」24 閒散可建立個性的想法，或許對今日大部分讀者來說顯得有悖常理；的確，史蒂文森設法結合閒散時刻用來寫他的十三部小說、六本旅遊書籍、散文與詩歌選集的寫作，還有作曲——他演奏六孔豎笛，那是長笛的一種——以及北美與薩摩亞（Samoa）的旅行，他在那裡清理土地、蓋起一間房子；這一切，都濃縮於他 44 年的一生當中。凱因斯對工作也抱持令人沮喪的觀點，在他眼中，富人如果工作的話是出於貪婪的動機，而窮人則是出於生存的需求；至於工作可能是歡愉與自豪的來源，這個想法則相當令他困惑。i 在後工業社會中，管理階層與專業人士花在辦公室的工作時間要比兩個世代前的同行更久；但在某種程度上，他們這麼做是因為他們今天的工作更令人滿意——正如法國人所說，「*工作的幸福*」（*le bonheur du travail*）。25

勤勞的美國人與懶散的歐洲人之間的對比，如今幾乎已成為一種陳腔濫調。2006 年，金融巨擘瑞銀集團（UBS）聲稱，更長的工時正是美國經濟快速成長的原因 26，並且認為從其時起，經濟衰退必已告終。乍看之下，數字說明一切：根據經濟合作發展組織 2005 年的資料顯示，與英國人的 1,600 個小時，法國人的 1,550 個小時，荷蘭人、德國人以及斯堪地那維亞半島人的 1,400 個小時相比，美國人平均工作 1,800 個小時。27 法國在 2000 年引進的一週 35 工時更是錦上添花。在德國，帶薪假期的數量從 1970 年代的 23 天增加到 2010 年的 31 天；相較之下在美國，一名雇員服務 20 年之後能有 19 天就已經很幸運了。這種分歧背後隱藏的原因是什麼？一個論點訴諸於美國根深柢固的清教徒職業道德，但相當令人懷疑；

---

i 這也適用於托斯丹‧范伯倫（Thorstein Veblen），他的閒散富人理論忽視了洛克菲勒家族以及更多省儉的菁英階層之辛勤工作。關於更平衡的觀點，參見 Frederic Cople Jaher, 'The Gilded Elite, American Multimillionaires, 1865 to the Present', in: Wealth and the Wealthy in the Modern World, ed. W. D. Rubinstein (London, 1980), 189–276.

1950 年代時，像大衛‧理斯曼這類社會變化的敏銳觀察者，擔憂美國人正經歷一場「反清教徒革命」，休閒曾經只是「附加的福利」，如今卻「威脅將工作本身推往瀕臨意識與重要性的邊緣。」28 在 1980 年代初，美國人比歐洲人更加閒散；許多近期的逆轉皆與舊世界更強大的工會、公共服務以及社會民主政治有關。

這類國家之間的對比，混淆的事實比揭露的還多。有人這麼爭辯：美國人喜歡收入與消費而不喜歡休閒，歐洲人則寧可選擇過得窮一點但有假可休。這完全取決於個人的觀點。對澳洲的原住民來說，他們簡單的生活方式只需要每天工作三到四小時；這兩個對立的指稱，看起來就像是同一個現代時間制度下幾乎無甚差異的版本。29 一旦我們深入國家的刻板印象，相似之處只會變得更加顯而易見。1941 年，65 歲的美國人中，只有 3% 聲稱，對休閒的偏好是他們離開勞動市場的主要原因；到了 1980 年代，每兩個人中就有一人是如此。30 換句話說，美國的老年人與歐洲人並沒有那麼不同。反過來說，許多歐洲人也分享了美國所概述的趨勢。儘管正式的工作時間較短，忙碌與加班的情況在歐洲也持續上升，不斷鑿滅工作週間與休閒週末之間那條清楚的區別，在德國，晚間工作的人數在 1995 年從 23% 增加到 30%；在 2007 年，40% 的人固定在週六工作，20% 的人固定在週日工作。31 在荷蘭，最近一個世代的有償工作增加了，而閒暇時間減少了將近每週四小時。32 休閒與無償工作方面的性別差距縮小了，雖然在義大利與西班牙仍然頗為顯著。33 美國工作時數較高的一個原因是，在法國與德國，做有償工作的人數較少；但不能直接判斷這兩個國家的人多沉溺於休閒之海中，相反地，他們烹飪的次數更為頻繁。一旦把無償工作加進來，它們與美國在工作時數上的差距便縮減到 10%；34 西班牙人與美國的有償工作時數則幾乎一致。

首先，歐洲人的時間也依據階級，經歷了類似的兩極化現象。在今日的德國，超過半數處於「優越地位」者每週工作超過 40 個小時；1/5 的人甚至投入了 48 小時以上；而處於較低地位者中，35 小時以內則是常態。同樣地，在 1961 年的英國，低人力資本的男性比之他們受過良好教育的同胞，擁有較少的休閒時數；40 年之後，他們的休閒時數增加了，而一位普通的英國經理人則會放棄他每年應得的四天休假。35

這一切意謂著，教育、性別以及家庭組成，對於形塑休閒的重要性更甚於一個人是否住在美國、瑞典或是法國。在閒暇時間方面，一位在斯德哥爾摩或巴黎的首席執行長更接近於他的紐約同行，而非在地的郵差。總體來說，有小孩對休閒來說是件壞事，單親又有小孩則更是雪上加霜。在很大程度上，正是這些社會角色決定了誰有時間、誰沒有時間，相較之下，國家政策制度與文化的重要性低得多了。

一群社會科學家試圖找出人們可以擁有多少閒暇時間 —— 如果他們只工作到足以保持在貧窮線之上，只維持最基本的家庭必需品。36 就像「可支配收入」（discretionary income），人們也擁有「可支配時間」（discretionary time），這是他們可以利用的隱藏儲備。有些人擁有得比其他人更多：一個沒有孩子的成年人，可以獲得大約 11 個小時的可支配時間；但在結婚之後，夫妻就得開始分擔家務。當第一胎的孩子出生時，一對雙薪夫妻會失去 7 小時（瑞典）到 13 小時（美國）的可支配時間。隨後若是離婚了，一位芬蘭的母親將會雪上加霜地失去 23 小時的可支配時間，一位美國的母親則是 33 小時。正如我們所預期，時間貧窮就像其他類型的貧窮，在斯堪地那維亞的福利體制下，情況不若在自由美國那麼惡劣；雖然數據亦指出，法國潛在的閒暇時間更少。

當然，在現實生活中，時間並未擁有跟金錢一樣的「可支配」特性，也並不是以美元與英鎊這類明確的單位來計量，而是與習慣、活動順序以及各種協調行為密切相關，是故，大量計算時間會伴隨而來許多問題。儘管如此，可支配時間的概念使我們得以區分哪些人是自行選擇放棄休閒、哪些人則是不得不這麼做；雙薪者抱怨著忙碌的折磨，但如果他們想的話，他們可以讓凱因斯的夢想成為明日的現實。儘管他們並未完全掌握自己的命運，還是很難把他們視為時間貧窮的受害者；世俗社會中真正的底層階級是單親父母。有趣的是，歐洲人在把可支配時間轉變成休閒時間這方面，就跟美國人一樣糟糕 —— 不論他們是住在福利主義的瑞典還是社團主義的法國。一個瑞典人一週可以有額外 85 個小時的閒暇時間，卻仍然可以保持在貧窮線之上；但在現實生活中，他可能只湊合著使用 30 個小時的空閒時間。同樣地，一般的美國人、德國人以及法國人也都犧牲了一週 46 個小時的潛在閒暇時間。因此，熱愛閒暇的歐洲人與豪取成性的美

國人之間，即使有著差距，也絕不該被過度誇大。

收入與幸福感

　　然而，富裕社會中的大部分人，並不想過著僅在最低限度以上的生活，往下調降消費水準仍然是少數趨勢。37 倘若涉及破舊的公寓、老舊的衣服與家具，並且放棄汽車、最新的電器設備以及異國假期，那麼擁有許多額外的空閒時間並不會被視為值得的。問題在於：這是正確的選擇嗎？或者，這種時間的分配會使人們比原來更不快樂嗎？這項問題直搗我們問題的核心──所謂的福祉為何以及我們如何評量它。在最近一個世代，大量的文獻資料挑戰了傳統作為經濟準則的 GDP，並概述了許多福祉的替代措施；但我們無法公允地評斷如此廣泛的學術研究，38 只能從中獲取時間使用的隱含意義。最初的研究重點在於富裕社會中，收入與幸福的薄弱關聯性，在 1974 年一篇深具開創性的學術文章中，理查·伊斯特林（Richard Easterlin）指出，儘管富裕的美國人比他們貧窮的鄰人要來得幸福，但整體來說，1970 年的美國人並未比 1946 年的美國人來得更為幸福，雖然前者的實際收入比後者提升了 60%。一旦基本的人類需求滿足了──以 1974 年的幣值來說，大約每年 15,000 美元──額外的收入也無法買到更多的幸福。39

　　自其時以來的其他學者則樂觀得多，並指出較富裕的國家往往比較貧窮的國家來得幸福。今日的丹麥人比之 40 年前，無疑更為富裕*而且*更為幸福；同時，是否真有一個基本的門檻，超出了這個門檻，金錢便無法買到更多的幸福？這樣的說法也讓人著實存疑。舉例來說，2007 年的一項蓋洛普民意調查即發現，據稱美國人隨著他們的收入提升，幸福感也隨著提升。40 但在已開發國家整體來說，即使我們的收入飆漲，我們的幸福感也並未隨之激增；這樣的現象並不讓人感到驚訝。事實是，一台新車或一間新的廚房會提升我們的客觀幸福感，但同時也會提升我們的期望；我們的主觀幸福感，也就是大多數調查所測量的對象仍保持不變。這就是所謂的「滿意水車」（satisfaction treadmill）效應，收入增加確實會提高幸福感水準，但收入增加到一定程度之後，幸福感水準就不會再顯著提高了。儘管

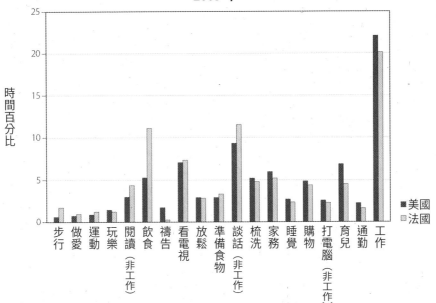

時間與歡愉
A. 美國人與法國人花在各項活動上的時間百分比
2005 年

時間百分比

步行 做愛 運動 玩樂 閱讀（非工作） 飲食 禱告 看電視 放鬆 準備食物 談話（非工作） 梳洗 家務 睡覺 購物 打電腦（非工作） 育兒 通勤 工作

■ 美國　▢ 法國

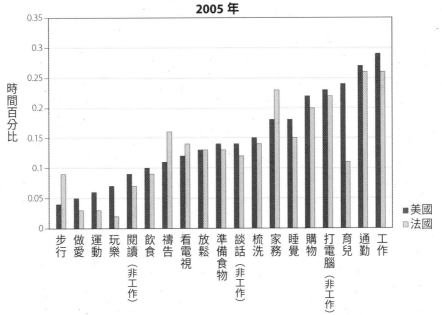

B. 美國人與法國人依活動區分的痛苦 U 指數
2005 年

時間百分比

步行 做愛 運動 玩樂 閱讀（非工作） 飲食 禱告 看電視 放鬆 準備食物 談話（非工作） 梳洗 家務 睡覺 購物 打電腦（非工作） 育兒 通勤 工作

■ 美國　▢ 法國

*U 指數測量痛苦程度，指數愈低，在不愉快狀態下從事的活動所花時間愈少。來源：克魯格等人，2009 年，「法國與美國的時間使用與主觀幸福感」（Time use and subjective well-being in France and the U.S.），《社會指標研究》（Social Indicators Research）（2009 年），表 3。

如此，有時易被忽略卻值得強調的一點是，數據資料並未顯示富裕會讓我們更不快樂。

詢問人們整體感覺有多麼幸福，當然可行；但是，日常生活是由或多或少令人感覺愉快的活動所組成。我們可以從訪談中得知許多事實，包括人們認為某一天的某些特定活動讓他們感覺多麼滿意或是多麼惱人，然後核對他們在每項活動上投入多少時間。這說白了，就是由諾貝爾獎得主心理學家丹尼爾·康納曼（Daniel Kahneman）所發展出來的一日經驗重建法（day-reconstruction method），也是他跟他的普林斯頓大學同事艾倫·克魯格（Alan Krueger）以及四位其他專家，在法國與美國領導一項關於時間使用與幸福之創新研究調查基礎。這個團隊在 2005 年時訪談了美國中部（俄亥俄州哥倫比亞市）的 800 位女性以及法國中部雷恩（Rennes）的類似樣本；41 成果為「U 指數」（U-index），亦即一種痛苦指數，測量在不愉快狀態下所花費的時間之百分比。他們發現，美國與法國有許多相似之處：美國女性就像法國女性，認為性愛、運動、口腹之慾比起上班與照顧小孩要愉快得多；值得注意的一點是，看電視跟禱告與談話一樣令人愉快，也比睡覺和購物愉快多了。但是，顯著的差異仍然存在：法國女性傾向做更多令人愉快的事，像是滿足口腹之慾以及性愛，她們也做較少令人不快的家務工作與有償工作。研究人員也發現，比之美國的母親，法國的母親對育兒較不感煩躁，這或許是因為她們照顧孩子的時間較少——感謝更為優質的育兒福利與住在鄰近的祖父母。

然而整體說來，差異並不大。哥倫比亞的女性至多比雷恩的婦女多花 5% 的時間在不愉快的活動上，[ii] 但這也可能是低估了，因為研究的數據資料並未將節日假期包括在內——畢竟，不在家的人無法接受訪談，而且法國的假期有三個星期之久。由於這些節日假期只占了全年時間的一小部分，研究者遂忽略了它們的重要性；然而，這樣的想法肯定過於單純，因為假期是組成人們認同感的重要一環，他們會在假期之前預作計畫，而且

---

ii 這是位於 U 指數分布區域的上方 1/5，差異在第四個 1/5 處縮小，在第三個 1/5 處幾乎消失殆盡；參見 Krueger et al, 'Time Use', fig. 1, 12.

會在假期之後津津樂道；在假期中，家庭會遵循不同的生活節奏，會有更多的時間花在玩樂、飲食、社交以及想當然耳的性愛上，這一切在人們回歸正常生活時，都會留下痕跡；大量的照片以及展示出來的紀念品，都述說著值得回味的故事，在在顯示出假期對幸福感的持久影響，這無法由一個僅要求人們重建日常生活的方法來加以捕捉。

比較不同社會如何利用、體驗時間的研究，尚處於起步的階段，還有許多問題有待解決。像是，萬一有些社會的人就是比其他社會的人更暴躁乖戾呢？或是有些社會是從不同的活動中獲得樂趣？長時間午餐可能會使法國人感到很快樂，但這是否意謂其他文化也會（或甚至，應該）跟他們一樣呢？對我們來說，中肯的是這項法國與美國的比較，暗示了閒暇與幸福之間的矛盾關係；它帶我們回到那項批評：富裕社會基本上是「不快樂的」。42 根據這個論點，富裕偏好的是可以提供立即但短暫歡愉的廉價娛樂技術以及其他「舒適商品」，而以真正起促進作用的「關係商品」（relational goods）為代價——人們寧可單獨看電視，也不願跟朋友聚會；以人們的歡愉感來為日常活動進行評等將過於簡單。對一個人來說，某些消費產品會比其他消費產品提供更大的歡愉。在法國就跟在美國一樣，看電視遙遙領先於使用電腦；更重要的是，法國人享受更多全方位的生活樂趣（joie de vivre）：他們看更多電視並且享有更多性愛。消費商品是否真的扼殺了需要更多時間進行的休閒活動與關係商品，應被視為懸而未決的問題，而非木已成舟的定論。現在，我們必須轉向休閒的用途尋找答案。

認真工作，盡情玩樂

休閒是古希臘人的發明。在狩獵與採集社會中，工作與玩樂原本合而為一，是希臘人將其分開。亞里斯多德將休閒與智慧、幸福同時並列為生命的目的之一，休閒成就了一個完整的人，允許被動沉思與公民行動的存在，並涉及對世界的無私觀點。歐洲語言中的「學校」（schule 與 scuola），並非偶然地呼應希臘語的「休閒」（schole），雖然今日教育的實際情況可

能與這一理想相去甚遠。不像現代人，休閒對古人來說是純粹而不可分割的；將休閒用小時與分鐘來衡量、或者某人可以享有更多或更少的想法，可能會使亞里斯多德目瞪口呆。休閒與工作是互斥的存在狀態，想擁有前者，就得完全擺脫後者；因此，少數人的休閒是由多數人的奴役來支持，這正是「休閒」在維多利亞時代名聲不佳的原因，從而使得「有閒階級」（leisured class）成為被頻繁濫用的名詞。維多利亞時代的歷史學家與道德家湯瑪斯·卡萊爾（Thomas Carlyle）尖銳地指出，一個年收入 20 萬英鎊的人靠著 6,666 個人的勞動力過活，除了獵山鶉之外，什麼都不用做。[43]

工業化使生產力大幅提升，也使工人有了休假時間。但是在享受休閒之前，休閒必須被重新正名為一件好事。進入 20 世紀初，休閒看起來似乎只是個「威脅」；工人們會知道要用閒暇時間做什麼事嗎？還是只會喝個爛醉，同時把錢花在血淋淋的鬥犬賭博上？根據中產階級的改革者，答案就在「理性的消遣」，諸如閱讀、清醒的娛樂活動以及身體的鍛鍊運動。到了 20 世紀初，這場休閒的戰爭取得了勝利，所有社會不論崇尚的是民主、法西斯主義或是社會主義，皆擁抱休閒作為創造更強健公民的一種方法 —— 雖然它們運用這股力量的目的不盡相同。

因此，除了休閒時間的數量之外，對休閒的爭辯也關注在品質上，休閒的擁護者鮮少提倡不做任何事。一位美國的觀察家在 1942 年寫道：「人類史上頭一遭，幾乎所有階級皆可享有休閒的娛樂與藝術。與其把休閒視為危險之事，我們應該利用它作為完善我們人格的手段……玩樂與創意活動應該占據我們更多的注意力。」[44]

定義休閒絕非易事。休閒不僅意謂著選擇，更意謂著以其本身為目的而從事某事的能力。1976 年時，英國官方的統計數據包括了工作環境中的活動，譬如工作運動與俱樂部。同時，帶薪假期在 1988 年移回「休閒」的類別之前，是出現在「工作」的類別當中。[45] 此後的國際慣例，遂開始一方面將閒暇時間從有償工作與家務工作中區分出來，一方面也從個人照護中區分出來。歐洲時間使用情況統一調查（harmonized European time-use survey, HETUS）把從事社交、娛樂、閱讀、休息以及嗜好的時間視為閒暇時間，另一方面，把園藝、手工藝以及購物跟育兒、打掃一起編入家務工作之中，而飲食則被列為個人照護。當然，這類缺乏變通的區別會模糊

現實狀況。我們都得吃東西才能生存，但有些時候我們是為了樂趣而吃，想要享用一頓豐盛的餐點；如果將部分的飲食視為閒暇時間，美國人與歐洲人之間的休閒差距將會擴大。46 園藝、編織以及 DIY 活動同樣具有休閒的特質，因此在接下來的章節，我們必須保持彈性，因為所有因素都可能扭曲富裕對休閒的影響。

最後，提醒一項簡單而基本的區別。對經濟學家來說，私人消費指的是個人所花費的金錢；對社會學家來說，能夠衡量休閒的是投注於某特定目的的閒暇時間有多少。這兩者並不會互相轉化。瓊斯先生可能會買一台時髦的新車，但如果他開車的大部分時間都在通勤，那麼在時間日誌中，它會顯示為通勤上班。反過來說，休閒涉及的消費可以更多、也可能更少；一名活躍的滑雪者，可能會比她那喜歡待在家裡閱讀的鄰居消耗更多的金錢與資源。但，是否更多消費的反向就是更多的休閒，就如同無所事事的歐洲人與消費主義者的美國人這類刻板印象一樣，是一個需要以實際經驗來驗證的問題。

1927 年，莉迪亞・路博（Lydia Lueb）訪問了 2,000 名西伐利亞（Westphalia）的紡織女工，關於她們如何度過自己的閒暇時間。這些年輕女性平均每週工作 54 個小時，包括週六上午；除此之外，她們每天大約做兩小時的家務。莉迪亞問她們在自己的時間中，「最喜歡」從事的活動是什麼？最大的一項答案是休息（41%），1/4 列出了縫紉、編織以及家庭工作，其後是有些差距的閱讀（8%）、騎單車／運動（3%）以及娛樂（2%）。有一週假期的女性中，半數的人把假期時間花在家裡做針線活或是在庭院裡度過；五個人之中只有一人會出門去一趟短程的旅行；極小一小部分的人會去健行或徒步旅行。在工作日的週間，有些女性會去游泳，但對她們來說，「在週末時運動幾乎是聞所未聞的一件事」。有些住在宿舍及工廠的人，會在晚間及週日舉辦舞蹈與社交遊戲以及烹飪與縫紉的課程。在冬季的幾個月中，工會會幫它的成員們安排戲劇與歌曲表演活動。對大多數人來說，週日的活動是一成不變的：早上上教堂，然後做家務、吃午餐，下午則安排散步及拜訪親朋好友；有些人會練習樂器或排練戲劇演出，有些人會跟她們的合唱團一起去遠足。然而她們最感激的，就是有機會休息並且可以睡到很晚再起床。47

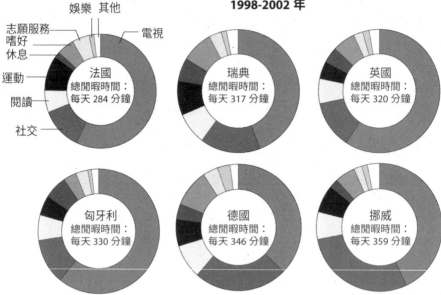

歐洲 20 至 74 歲男性閒暇時間的活動
1998-2002 年

娛樂　其他

志願服務
嗜好
休息

運動

閱讀

社交

電視

法國
總閒暇時間：
每天 284 分鐘

瑞典
總閒暇時間：
每天 317 分鐘

英國
總閒暇時間：
每天 320 分鐘

匈牙利
總閒暇時間：
每天 330 分鐘

德國
總閒暇時間：
每天 346 分鐘

挪威
總閒暇時間：
每天 359 分鐘

來源：歐盟統計局（Eurostat），2004 年。

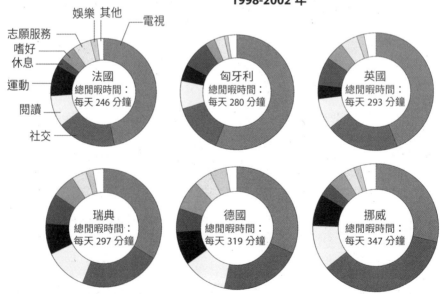

歐洲 20 至 74 歲女性閒暇時間的活動
1998-2002 年

娛樂　其他

志願服務
嗜好
休息

運動

閱讀

社交

電視

法國
總閒暇時間：
每天 246 分鐘

匈牙利
總閒暇時間：
每天 280 分鐘

英國
總閒暇時間：
每天 293 分鐘

瑞典
總閒暇時間：
每天 297 分鐘

德國
總閒暇時間：
每天 319 分鐘

挪威
總閒暇時間：
每天 347 分鐘

來源：歐盟統計局，2004 年。

快轉到 2000 年的歐洲，我們進入了另一個不同的時區。德國女性如今每天可以享受超過五個小時的閒暇時間，挪威女性則幾乎有六個小時。男性平均比女性多出半個小時。一天大約有兩個小時花在看電視上——在德國是所有閒暇時間的 1/3，在匈牙利則是超過所有閒暇時間的一半；在休閒時間的使用上，這是一項最大的轉變。電視之於當代歐洲人，正如休息之於那些西伐利亞的女工。然而，其他的活動也使這幅休閒的局面更形複雜：有半數的歐洲人會花一個小時左右在社交；閱讀仍然很受歡迎，尤其是在北歐；有 1/4 的歐洲人每天會花半個小時從事運動或散步；文化參與（一天 5～14 分鐘）則排在最後，它看起來如此微不足道，是因為時間使用日誌測量的是每天的平均值，而且人們不會每天去劇院或博物館；園藝會為一天的時間加上 10～30 分鐘，而購物則再添加上半個小時。*48*

閒暇時間的使用

當然，這兩項調查都經不起嚴格的比較；歷史性的調查對象僅限於女工，而非人口橫斷面的研究，全國性的時間使用調查也只從 1960 年代之後才開始存在。儘管如此，將這兩者並列的結果，仍指出了閒暇時間在品質、節奏、步調以及密度上的重大改變。首先，1920 年代時將家務工作與針線活納入「閒暇時間」是相當自然的事；的確，有 1/4 的年輕女性把這些列為她們最喜愛的活動。到了 2000 年，這類工作已被降級成「無償工作」了。其次，休閒活動的數量已呈幾何級數般成長；西伐利亞女工不是游泳、就是完全不從事任何運動，但她們的曾孫女們，卻可以選擇足球、排球、網球、柔道、室內滑雪等各式運動。再者，要進行更高層次的活動又與高度的機動性有關；除了偶爾的散步，1920 年代的休閒都有固定的場所，不是在家就是在宿舍。今日的歐洲人仍會在家中度過 2/3 二的閒暇時間，但自 1960 年代起，他們變得愈來愈躁動求變；1961 年，一個英國成人每天會花 87 分鐘在購物以及戶外的休閒活動上；40 年之後，這個數字變成了 136 分鐘。在 1973 年的法國，超過 1/3 的人晚上足不出戶；一個世代之後，這個數字掉到了 1/5。49 外出用餐對西伐利亞的婦女來說是聞所未聞的事，她們不是在家就是在工作的場所用餐；但她們長達

90 分鐘的午休時間，對今日大多數的工人來說同樣地不可思議 —— 至少在法國以外的地區是如此。

　　最後一項是關於活動本身的密集程度。比起以前的世代，2000 年的歐洲人不僅長時間觀看電視，也會用其他眾多活動擠滿他們一天的時間表。閱讀在過去這 30 年中略有下降，50 但湧向博物館及戶外活動的數量則有增加；儘管不再像半個世紀前一樣占據重要的主導地位，社交仍然是組成日常生活重要的一部分。過去的休閒活動雖然較少，但會以可預測、有順序的方式來安排：上教堂，接著是做家務、午餐，然後是下午的散步。今日，休假的時間雖然變多了，但休閒活動卻變得較無結構，而且提供的選項範圍更大，每個選項都有自己的時間與空間需求，去健身房的時間必須調整以便配合載孩子們去上音樂課以及上超市購物的時間。今日的歐洲人會為了閒暇而非通勤上班的目的，在他們的車上花更多的時間；51 總之，身體實質機動性的提升以及預先安排的集體節奏之下降，意謂著家庭必須自行協調更高的同步性與同時性。閒暇時間就像所有時間一樣，牽涉到散亂現實的人為排序；曾經依賴教堂鐘聲與工廠時鐘才能完成的事，如今漸漸留給家庭時間表來代勞了。資訊技術使得時間的交錯安排成為可行之事，舉例來說，預錄電影或暫停現場表演；但是在為另一項活動騰出工作之間的短暫空檔時，這些空檔也很快就會被消耗殆盡，這與有償工作的情況如出一轍 —— 自 1960 年代起有償工作中的休息時間都消失了 52，今日的休閒變得更為彈性，卻也更為混亂。這亦是忙碌匆促感增加的一個原因。

　　那麼，我們可以更進一步將這種匆促感與消費本身忙亂的特性連結起來嗎？在《受折磨的有閒階級》（*Harried Leisure Class*）（1970 年）一書中，保守派經濟學家與瑞典貿易部長斯蒂芬・林德（Staffan Linder）認為可以。他提出的一個說法，就是我們稍早描述的「糖果店裡的孩子」症候群；我們比以往任何時期都來得更為富裕，林德寫道，但與其享受一個和諧的世外桃源，「我們的生活……卻變得愈來愈忙亂。」這種富裕悖論的根源，來自於「時間日益稀缺」的論點，他指出，消費不但需要金錢，也需要時間；隨著生產力提高了工作的相對代價，同時也使得閒暇時間更加昂貴。相較於把這段時間拿來賺取更多金錢的可能性，坐在長椅上觀賞鳥兒這件

事，看起來似乎不太吸引人。除此之外，商品變得愈來愈廉價。林德認為，對於這些改變的自然反應，便是從耗時、緩慢的文化活動切換成可以提供立即滿足的廉價商品；他預測，消費會變得愈來愈趨向於「大量消耗商品」（commodity intensive）。53

40 年的時間足以讓我們進行評估。的確，比之以往，我們的櫥櫃與車庫從來沒有塞滿過這麼多的商品與小玩意。但這個論點不僅是關於採購商品的速度，更是關於消費商品扼殺了大量消耗時間的休閒活動。沒錯，在所有富裕社會中，閱讀自 1980 年代開始都下降了，雖然在不同國家與年齡階層之間存在著顯著的差異。斯堪地那維亞人對於閱讀的熱切程度是南歐人的兩倍；在法國人當中，55 ~ 64 歲的年齡層，比之他們十年前更可能從事閱讀；而英國整體來說，圖書的閱讀率在上一個世代仍然持續上升。54

然而，其他大量證據顯示，富裕社會中的閒暇時間並未完全屈服於唯物主義的渦輪之下；畢竟，其中最大的一部分是花在電視前。儘管廣告比半個世紀前更快速而頻繁，而且出現了購物頻道與不停切換電視頻道（channel surfing）的現象，電視仍非特別「大量消耗商品」。電視機型號每幾年就更換一次，電視配晚餐也出現了，而電視節目激發人們對外在世界的欲望；但除此之外，每天在這個黑盒子前的兩個小時，相當於浪費了兩個小時從事其他「大量消耗商品」休閒活動的機會。更甚者，大量的電視觀看涉及大量消耗時間的社交活動。赫爾（Herr W.）這位 56 歲的退休挖掘機操作員，在 1980 年代時告訴德國研究者，有足球賽時，他一天可以看六小時的電視，他是多特蒙德足球俱樂部（Borussia Dortmund）的球迷；但可別以為這對他的社交生活會產生不利的影響，事實是，他常常跟鄰居一起看電視，而且有時他們還會一邊玩遊戲。55

歐洲各地看電視的習慣並不一致。比之匈牙利人與東德人（50% 以上），較為富裕的斯堪地那維亞人與德國人花在看電視上的時間較少（大約 33%）；有趣的是，後者花在社交上的時間比前者多，這與受折磨的有閒階級模式所預測的恰恰相反。社交在某些國家的確衰退了，譬如荷蘭；整體而言，儘管有物質的誘惑以及有更多女性加入了勞動市場，但拜訪與閒聊深具彈性與適應性。比之兩個世代之前，今日的美國人較少與鄰居社

交，反而會花較多時間與朋友和家人在一起。在英國，社交活動自 1970 年代以來始終保持穩定不變，在德國甚至還有所提升。如今，家庭會花更多時間跟孩子們相處；儘管速食與外食盛行，在某些富裕社會中，家人們在家中一起用餐的情況卻更甚以往。2000 年時，德國人在用餐上所花的時間比 1990 年時還多，而且大部分都是在自己家中。56

《週末之書》的出現

如今，社交生活或許被加速了，但若假設它在一個世紀之前是座平靜的綠洲，可就大錯特錯了。於 1924 年首度問世的《週末之書》（The Week-end Book）為英國的中產階級提供適合「社交放鬆時間」的話題，該書出乎意料地大受歡迎，使得其後又有許多新版本陸續問世。在它 1931 年的版本中，詩作占了 218 頁，遊戲與歌曲占了另外的 116 頁，包括「伊頓男孩」（Eton Boys）「以感情與考克尼（Cockney）腔鼻音」進行的完美演唱。然而，家庭想在客廳放鬆，必須搭配廚房的速度才能達成。「由於時間通常是主要的考量，」作者解釋：「菜單的擬定必須以速度為主。」想做一個好的女主人，建議要「提供讓人印象深刻的特別菜餚。」但作者也保證，使用「罐頭食品」並「加以偽裝」絕對沒有問題。一份「快速」的菜單包括煨燉十分鐘的薄片小牛肉搭配堅果與橄欖沙拉以及「油炸馬鈴薯條」。如果時間真的很緊迫，還是有「可飛快處理」的冷羊肉選項，然後是「紅葡萄酒燉梅乾——煮沸十分鐘即可」。但飲料是急不得的，有七種雞尾酒的食譜：「如果可能的話，『所有的雞尾酒』在調和與取用之前，都應該放在冰上至少半小時。」57 快食與慢飲總結了兩次大戰之間的週末時光。1955 年的新版本在「快速餐點」列表中增加了炒蛋與熱三明治，並引進了「快速甜點」，譬如罐裝鳳梨加上蜂蜜「用小火炒」。同時，感謝上帝為英國人找到濃縮咖啡；文中說明，咖啡不可以是「泥漿水」。58 認真的主人被敦促要購買一台昂貴的佳吉亞（Gaggia）機器，或至少要同時「在濃縮咖啡吧練習你的味覺」。到了 2006 年，咖啡口味改善了，但《週末之書》放棄了它的詩作（表示共同朗讀的活動下降）以及樂譜（家庭音樂會衰落以及立體音響與 CD 播放器普及的跡象）篇幅；另一方面，雞尾酒的種

類從 7 種激增至 40 種，反映出異國旅行的興起與更廣泛的文化影響。食品與菜式也比以往更加多樣化，從扇貝（Scallops en Coquilles）到經典的牛肚洋蔥（Tripe and Onions）都有。有趣的是，此時速度已不再受到特別的關注了。[59]

《週末之書》最初是出現在一個與「大眾消費」到來相關的時期，自其時起，數量驚人的大量消耗時間活動，在廉價與現成商品的衝擊下倖存了下來：包括嗜好與手工藝、運動、園藝、遛狗、音樂製作以及文化生活的參與；誠然，這些活動中也有好些日漸衰微。舉例來說，在 1980 年代，美國人從事針線活的人數從 1/3 下降到 1/4。[60] 儘管如此，如今還是有值得誇耀的 500 萬人不受經濟模式的影響，定期在公共場合展示他們的手工藝品。而且相對於每一個休閒活動沒落的故事，我們很容易可以舉出另一個新興、修復或是重建的故事。業餘的文化活動尤其發展得欣欣向榮。在今日的法國，婦女演奏樂器或參加合唱團的可能性是 1973 年時的三倍，每三個人之中就有一人會從事繪畫、舞蹈、寫小說或是某些純為消遣目的的業餘藝術，這項比率是上一個世代的兩倍。[61] 在紐西蘭，71% 的人會固定從事純為消遣目的的閱讀，50% 的人會從事瑣碎的園藝工作，12% 的人會唱歌或說故事；而整體來看，還有 28% 的人會玩電腦遊戲。在美國，1960 年代起體育運動吸引了大量的觀眾，同時另一股令人印象深刻的趨勢也興起了，那就是拜訪劇院、歌劇院以及非營利文化場所的頻率增加。在今日的富裕社會中，從事運動與拜訪博物館的人數比林德提出其論述的時代已經變更多，而非更少。[62]

「糖果店裡的孩子」的模式，無法捕捉住富裕世界中消費的真實全貌，原因很多；其中的一項謬誤，是把休閒與工作想像成一種簡單的交換與取捨，彷彿工作會讓人沒有時間投注於家務工作、社交生活或者教育方面。時間或許很少沒錯，但現代人把烹飪與打掃的時間省了下來，以便有更多時間可以從事園藝與製作剪貼簿；運動、逛博物館以及其他大量消耗時間的活動，都受益於國家政府的支持，這也是比利時與德國文化參與度較高的一個原因；相較之下，東德的文化參與度就較低。共產主義垮台之後，1990 年代因為政府大幅削減了補助金額，波蘭的劇院與音樂廳流失了近乎半數的觀眾。[63] 然而，根本的謬誤或許是將消費視為短暫的偶發事

件，認為極端被動的消費者會從一項標準化的商品中得到快速的滿足，然後再移往下一項商品；人類學家已經證明了人們如何從大量製造的商品中獲得持續的歡愉，但卻是藉著把這些商品變成是自己的所有物，謹慎地選擇它們，使它們跟自己其他的所有財物整合在一起，並在這個過程當中創造出它們的特性。64 對許多人來說，財物是終生的規畫，分散注意力的快速「大量消耗商品」並未提供任何捷徑；如果經濟學家讀了更多的亨利‧詹姆斯，他們就會領會到這一點。65 消費者作為新奇事物創造者，他們所扮演的積極角色延伸至創新與技能方面，進而刺激了新的休閒活動並同時延續了舊的休閒活動。園藝、居家裝修以及類似的嗜好都具備了內建的本質，藉著從事這些活動的過程所創造出來的新技能與期望，讓人不由自主地展開一項又一項的新任務。66 矛盾的是，手持式電鑽與應急的配管工程之類的省時產品，卻是更多大量消耗時間式休閒活動的催化劑。

科技產品的影響

創新也有助於說明，為何廉價商品並未徹底根除文化性質的消費。複製音樂的能力大幅擴展了音樂的吸引力與利用機會，我們在 20 世紀初已在收音機的傳播上見證過這一點，67 而錄音機與 MP3 播放器使這個故事現在又重新上演。收音機時代與現今之間的重要差別在於，現在的科技已愈發模組化，使消費者有機會成為生產者並創作他們自己的影片或流行歌曲或是對他們的數位照片進行修圖，68 而手機與社群網站更將這項過程傳播至社交範疇。手機正是一個好例子，說明了使用者如何將最初為商業設計的裝置，轉變成與朋友和家人保持聯繫的工具；藉著提供人們在日程的協調、「工作之間不那麼忙的時間」的利用方式以及承諾事務的安排等前所未有的彈性，手機的使用可大幅緩解時間的壓力，而非加快休閒的步調。2007 年時，一項比較電話紀錄、日誌、調查問卷的澳洲研究調查顯示，跟一般看法相左的是，頻繁使用手機的人，並未感覺自己更匆忙，也沒有任何工作時間占用到休閒時間的明顯現象發生。關於工作的手機電話干擾到休閒或家庭活動的比率，僅占了其中的 1%；大部分人都是用手機打電話（74%）以及發訊息（88%）給朋友與家人。69

自其時至今，智慧型手機使工作與休閒之間的溝通管道與類型大幅提升。到了 2011 年，大約每三個美國人與歐洲人之中，就有一人擁有一支智慧型手機。想精確計量人們用智慧型手機做些什麼並非易事，但儘管如此，最佳的可用數據資料仍然提供了關於核心功能的若干資訊。在 2010 年的美國，智慧型手機最常被用於發送文字訊息（68%）、照相（52%）、看新聞（40%）、連接社交網絡（25%）以及玩遊戲（23%）；只有 31% 的人用智慧型手機來傳送電子郵件。2009 年，一項在歐洲進行的大型調查發現，各國使用智慧型手機的情況差異頗大；在義大利，只有 8% 的人用手機傳送電子郵件，但在法國與英國，這個數字分別是 20% 與 26%。在法國，41% 的人用手機播放音樂；在西班牙與英國，這個數字僅幾近20%。[70] 這些數據指出，智慧型手機主要是用於休閒與個人溝通。沒錯，工作與休閒之間的界線隨著智能技術而變得愈來愈通透，但無可爭議的反倒是休閒與私人生活逐漸侵入工作的領域之中。家中有子女或肩負其他照護責任的員工會在工作場所使用手機，讓自己隨時可以被找到。資訊與通訊技術創造出逐漸增長的期望，讓人們以為每個人都應該隨時可以被他們的朋友聯繫上，包括工作時間──多重信箱帳號與簡訊是控制這種入侵的方法。[71] 多虧了以瀏覽器為主的線上軟體，人們可以隨時在辦公室電腦上玩遊戲。[72] 有多少員工會在工作時克制自己不查看臉書呢？

然而除了消耗時間之外，消費也借助了更先進的產品與技術，創造出時間的新用途。處理數位照片需要用到電腦、軟體以及數位相機或電話，而多虧了行動電話，製作一部個人電影從未如此簡單。在法國，拍攝電影或影片的人數在 1997 年與 2008 年之間倍增。[73] 到了 2012 年，iPhone 手機的使用比數位相機更為廣泛；隨著社交網站與微型網誌平台的普及，使用者得以發布並共享多媒體，照片的拍攝與分享從而遽增。在 2012 年，根據一項估計，臉書上的照片數量是美國國會圖書館的十萬倍，YouTube上每天都有十億支用手機大批拍攝的影片被觀看。2011 年，光是在德國就有 1,450 萬支智慧型手機的銷售量；同年，被購買的還有 750 萬台袖珍型相機以及一百萬台數位單眼相機。那一年，世界各地的數位相機銷售量達到了 140,000,000 台。[74] 而隨著新的數位技術到來，新型的用途與產品也隨之出現；照片不再只是被列印出來，而是可以被處理並運用，然後變

成個性化的帆布、日曆、領帶甚至是寢具。簡言之，休閒活動並未被大量氾濫的廉價商品所淹沒，反而帶來了同步增長的創新商品與新的大量消耗時間活動。20 世紀末，休閒的精采故事展現出的是一種共生，而非滅絕。

教育與階級影響休閒文化

我們之前看到了年輕人與老年人如何奪取了最大一塊閒暇時間的占比，同時，休閒類型的分布也不均衡，依教育與階級來區分時尤其如此：愈是受過良好教育者，就愈活躍而積極；這其中隱含了一個最終的線索，說明了為何大量消耗時間的文化活動並未絕跡。學習彈鋼琴需要花時間，一架自動鋼琴可以解決這個問題，因為它可以自行彈奏；然而，有文化教養的家庭以及企圖往上層社會移動的家庭，往往擁有的是一架鋼琴而非自動鋼琴。在德國，10 ～ 18 歲的孩子每天花在彈奏樂器或創意藝術上的時間相當驚人。75 如果可以透過費用低廉又可輕鬆下載的最新旋律來滿足孩子們，為什麼還要使無辜的耳朵受盡折磨呢？簡短的回答是：「這就是社會學，傻瓜。」除了來自樂音的內在歡愉感受，保留學習樂器的時間也教導了紀律、如何獲得演奏樂器的能力、如何克服挑戰以及最重要的，培養出「上等」人的品味；欣賞巴哈與伯格（Berg）是一種文化資本，傾聽「平均律曲集」（Well-tempered Clavier）、聽歌劇、參觀大都會的美術館，都是需要時間、教育以及投資的休閒活動，也因此才得以成為上層社會的地位象徵。經濟資本並不會直接轉化為文化資本，教育才是決定性的因素；具備文化素養對媒體與藝術領域的專業人士來說相當重要，但是對領相同薪水的管理階層與工程師來說，充其量只是個有所區別的小小標記。在 2008 年的法國，自由業者出席古典音樂會的可能性是商人的兩倍；儘管音樂製作整體來說已然日益普及，一個人是否演奏樂器仍然反映出這種地位的差別；法國教授演奏樂器的可能性，是技術工人或企業家的兩倍。76

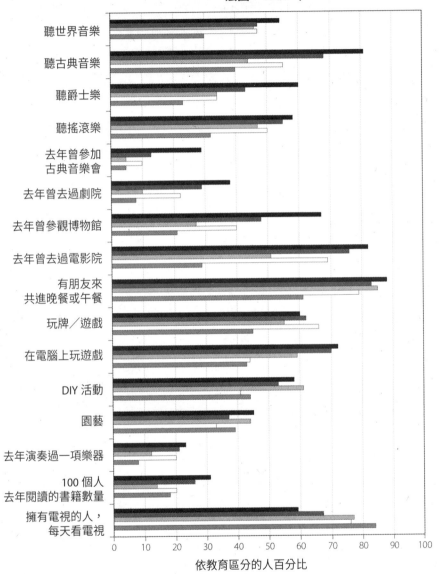

根據不同教育背景區分的休閒文化
法國，1997 年

聽世界音樂

聽古典音樂

聽爵士樂

聽搖滾樂

去年曾參加
古典音樂會

去年曾去過劇院

去年曾參觀博物館

去年曾去過電影院

有朋友來
共進晚餐或午餐

玩牌／遊戲

在電腦上玩遊戲

DIY 活動

園藝

去年演奏過一項樂器

100 個人
去年閱讀的書籍數量

擁有電視的人，
每天看電視

0   10   20   30   40   50   60   70   80   90   100

依教育區分的人百分比

■ 大學
■ 中學畢業會考／A 級
■ 專業培訓（CAP）
□ 三年制高中（BEPC）
■ 沒有任何文憑或是只有小學畢業

來源：奧利維爾 · 董內特（Olivier Donnat），《法國的文化習俗：1997 年調查》（*Les pratiques culturelles des Français: Enquête 1997*），巴黎，1998 年。

私人品味會為公眾帶來影響。一項討論激烈的議題是，是否受到最良好教育的人也從國家政府對藝術的支持上獲益最多？一般的納稅者是否為比他們優越的人以及不如他們的人提供了文化資本的資金？但在這些問題上，並無任何證據確鑿的答案。一項 1973 年的調查顯示，上層階級的德國人在週末去戲院、音樂會以及聽演講的可能性，是下層階級市民同胞的七倍；77 相較之下，一項 30 年後在紐西蘭進行的研究調查發現，整個社會的文化活動參與程度大致相似。對於偏好的文化類型來說，重要的是階級，而非人們是否主動或被動地享受這些活動；窮人並非全都是成天躺在電視前的懶惰蟲，他們只是偏好唱歌與民俗音樂，更甚於芭蕾與歌劇。78

然而，紐西蘭人是異常活躍的一個群體，教育帶來的顯著影響產生在活動的範圍與頻率上；這一點，紐西蘭與國際的模式如出一轍。大學畢業者會去搖滾音樂會、上餐廳，也會去博物館、劇院、健身房以及看電影，79 而且他們比工人更頻繁地做這些事，也更活躍地參與俱樂部與社團協會；他們將休閒付諸於具體的行動。與「壓力」、「筋疲力竭」的傳統偏見相反，若干證據指出，相較於那些生活方式更簡單的人，這些接受良好教育、地位又高的群體更享受他們快節奏的複雜休閒類型；80 根據法國數據資料顯示，這些超級活躍的人也是擁有最多視聽設備、便攜式裝置、音樂光碟、錄音帶、黑膠唱片的人，在在凸顯了大量消耗時間與大量消耗商品休閒模式之間的共生關係。顯而易見的一點是，在 45 轉的流行單曲黑膠唱片上，教育的差距是最小的。81

在 1950 年代的美國，「認真工作，盡情玩樂」已然是美國人的座右銘。自其時起，職業與企業生命對於忙碌的崇拜，進一步為休閒注入了能量，不但在美國如此，在部分的歐洲地區亦然；證據顯示，這種現象顯著地擴大了階級之間的休閒差距。儘管背負著各式各樣的壞名聲，但早期的電視的確是一股基本的民主化力量；到了 1970 年，在已開發的資本主義及社會主義社會中，大部分家庭都有一台電視，並且花上差不多的時間在電視前觀看內容差不多的節目。在 1974 年的法國，有大學學位或文憑的觀眾平均一天會看 54 分鐘的電視，只比中途輟學者少 20 分鐘；25 年之後，後者平均一天看兩個小時以上的電視，而大學畢業生看電視的時間只有他們的一半。82 這項擴大的差距充分說明了休閒的兩極化趨勢。對於受

過教育的人來說，在電視機前花較少的時間，意謂著他們會在劇院、博物館、健身房以及電腦遊戲上花較多的時間。iii 當然，並非所有的醫生或作家都很活躍，我們不應去想像在積極主動的專業人士與消極被動的勞動階層之間，存在著絕對的分歧；因為即使在法國，也有半數的專業菁英人士從未涉足歌劇院、交響樂演奏廳或是流行音樂會——雖然他們大部分都去看過戲。我們討論的是積極活躍的因素，但在某些階層中，這些因素發揮的作用又比在其他階層中來得更強大。只有極少數的技術工人得以涉足這些場所；而若以持續萎縮的古典音樂會為例的話，觀眾也可能只是農民。iv

生活步調的反思

在 20 世紀末的富裕社會中，工作與休閒的兩極化，涉及了兩道相互交錯的鴻溝。第一道鴻溝是在工作與休閒之間，所占時間的長度與分配，受過高等教育的專業人士是新的勞動階級，因為他們待在辦公室裡的工作時間較多、在辦公室外的休閒時間較少；普通的勞工則成了新的休閒階級。與這道鴻溝交錯的，是第二道同樣重要、關於休閒時間品質的鴻溝；受過良好教育的專業人士可能擁有較少的閒暇時間，但比之那些沒有能力或條件的人，他們會將這些時間做最充分的利用，同時進行更多經常變換的活動，v 可說他們的休閒模式模仿了他們的工作生活。當大多數人都可以在陽光下度過休閒時光與假期時，對上層菁英階級來說，閒散無事的炫耀性消費便失去了它的若干魅力。少數的特權人士現在將他們的遊戲提升

---

iii　這是一項大膽的通則化，但並非毫無實證支持。在法國，那些每週花不到 14 個小時看電視的人去劇院、電影院、博物館的次數，兩倍於那些每週花 30 個小時以上看電視的人。這些人之中，有些或許是老年人，但並不是全都如此；老年人看電視的時間最多，文化的參與度也下降。Donnat, Pratiques Culturelles des Français: Enquete 1997, 73–5. 有關英國經理人中較高的活動水平，參見 A. Warde & T. Bennett, 'A Culture in Common: The Cultural Consumption of the UK Managerial Elite', in: The Sociological Review 56, 2008: 240–59.

iv　只有 5–25% 的技術勞工經常出入這些場所；Donnat, Pratiques Culturelles des Français: Enquete 1997, 251. 同樣地，在體育運動中，參與程度和強度存在明顯分歧：2/3 的德國兒童根本不參加體育活動，而 1/3 的兒童每天會參加兩個多小時的體育活動；Statistisches Bundesamt, Alltag in Deutschland , 171.

v　一項針對布里斯托的 20 個家庭所進行的研究調查發現，接受過高等教育的人也會從事更多的非正規活動；Dale Southerton, 'Analysing the Temporal Organization of Daily Life: Social Constraints, Practices and their Allocation', in: Sociology 40, no. 3, 2006: 435–54.

至另一個層次，在要求標準更高的活動假期、文化旅遊以及個人健身下尋求庇護與區別。攀登吉力馬札羅山（Mount Kilimanjaro）取代了在里維埃拉（Riviera）的慵懶度假。由於他們的超級行動主義正是以大量消耗時間的活動所組成，其中涉及了外出、額外的流動性與協調性，或可公允地說，這些人就是感受最匆忙的群體。要把這些活動全放進 24 小時中，可不是簡單的事。

歸根究柢，「時間貧困」指的是休閒的質量，而非數量。積極的活動可被實現，但必須在正確的時間出現在正確的地方，而且活動的頻率愈高，同步所有活動的挑戰就愈大。休閒若是不斷受到干擾，就不那麼有趣了；女性每天都得忍受這個問題，她們必須將育兒、家務與休閒活動結合在一起，而根據估計，男性可以多享受三個小時以上的純粹、未受干擾的休閒活動。83 「女性的日常生活中顯然就是一場亂流。」德國統計局在 2004 年如此直率地形容。84

壓力感也反映了不斷改變對閒暇時間的期望。一位訪談了法國母親的社會學家發現，受過大學教育的女性與她們勞動階級的姊妹們，體驗休閒的方式截然不同；對於後者來說，理想中「完全自由的一天」指的是跟她們的孩子一起度過，休閒是全家人的休閒，是暫時從工作與謀生的壓力下得到的緩解時光，照顧孩子並沒有那麼糟糕。但相較之下，對大學畢業的女性來說，育兒是苦差事而非休閒活動，看起來更像是一項重擔；個人休閒對她們來說並非從有償工作中解放出來，而更像是另一項工作。引人關注的一點是，大學畢業的母親將家庭娛樂視為她們部分的「家務工作」。85

這兩個群體在許多方面代表著 20 世紀時相互易位的理想休閒方案，一個是在 20 世紀初占有主導地位，一個是在 20 世紀末。1900 年時，休閒主要是關於下班之後的修復，也就是休息、恢復、補充能量的時間，關鍵字為「身心的休養」；文化活動是附加物，目的在於使工人遠離飲酒、賭博以及其他誘惑。到了 2000 年，休閒經歷了積極的改造，閒暇時間不再只是免於工作的自由，而是完成某些事情的自由以及獲取並展現一個人從事眾多活動的能力；工作與休閒的不同點在於，後者是無償的。極限運動、創意寫作課程、業餘烹飪以及戲劇團體的激增，只是強化的休閒活動

之冰山一角。對許多人來說，休閒是件嚴肅的事；專業化的忙碌、積極的休閒以及「優質時間」在 20 世紀末的同時興起絕非偶然，這段時間正是富裕的西方社會開始從工業社會過渡到知識型社會之時。經過幾個世紀以來試圖擺脫工作世界的努力，今日的休閒卻趨近於模仿工作的節奏；在後工業社會中，要斷言休閒與工作將再度融合為一體仍然過早，但社群媒體的使用的確指往這個方向。果真如此的話，休閒便不太可能具備那些深為古人所珍惜的沉思默想、了無私欲的特質。

慢食運動、慢城組織以及類似的運動，都希望能阻止生活的加速；但鑑於上述情況，它們成功的機會十分渺茫。休閒的強化是這股社會、科技以及文化變革浪潮的高峰，常去慢食餐廳或許對當地的農民提供了援手，但這是一項過於枝微末節的干預，以致無法對減緩整體生活節奏產生作用；參加每半年舉辦一次的「美食沙龍」（Salon of Taste）活動的 15 萬名遊客，也不是以走路或騎驢的方式前往杜林（Turin）。如果消費商品的速度加快是生活步調變快的主要原因，那麼我們或許還有一線希望；然而，生活步調的加速，主要是來自要做更多的事以及要協調更多活動的壓力。培養對當地食物的品味，可以被解讀為另一種建立文化資本並展現美學專長的嘗試，但目前尚不清楚它是否會對其他活動的數量、頻率，或是活動之間日益複雜的排序產生任何影響，而可能只是添加在這些活動上的另一項活動而已。一項緩慢生活方式的宣言如此聲明：「我們相信，同時做多件事情是道德的缺失。」86 行動電話、電子郵件以及其他通訊設備，提供使用者為多項任務安排順序的更大彈性，大部分人都不可能在社交或工作時關掉自己的臉書網站或者停止關注推特（Twitter），即使是像慢食這樣的運動，也不能不運用這些社群媒體的力量。而出於自願的簡單化，也面臨了同樣的挑戰；因為不論我們多麼想反其道而行，但如果周圍的世界繼續以不同的節奏運行，我們很難簡化自己的生活方式。自願簡化生活者會發現他們自己處於類似輪班工人的處境，時間表與其他人都不同步。87

集體改變較可能影響日常生活的步調。1973 年石油危機時出現的「週日無車」（Car-free Sunday）活動，於 2010 年時被選擇性地重現於漢堡、伯恩以及巴黎的塞納河（Seine）畔。法國於 2000 年引進每週工作 35 小時的制度，使週六時間可以空出來給家人與運動之用，然而，此舉也使

得選擇在週末休假的人數增加。88 在這樣的一個時代，時間表已趨向個人化，電子郵件與無線技術亦提供可同時完成多項事務的「無盡的時間」（timeless time），這類集體干預的做法所能發揮的作用仍然有限。89 更快速的實質與虛擬通訊方式，創造出所謂的「長週末」（long weekend），法國火車網絡顯示出更多人會在週四離家度過週末，直到週二才返回；沒有任何法律可以阻止這種生活節奏的改變，恐怕只有高速列車（TGV）、廉價航空、行動網絡的崩解，才能扭轉這種朝向「雙居所」與度假屋發展的趨勢。

我們應該感到絕望嗎？生活的加速有其代價，譬如「筋疲力竭」，但這並非意謂著社會正在脫軌——正如若干評論家的憂慮。人類是異常靈活有彈性且極具適應力的動物，程度遠甚於他們有時接受到的讚揚。1890年代時，威廉‧詹姆斯提到人們如何養成習慣與日常慣例，以便將心靈釋放出來做其他更有意識、更具特定導向的活動；詹姆斯寫道：「所有教育的偉大之處，在於使我們的*神經系統*成為我們的盟友而非敵人……（同時）盡可能使更多有用的行為變成反射性習慣，愈早愈好。」90 20 世紀在這類習慣的養成上，度過了相當漫長的一課；早期的聽眾給予收音機全副的注意力，1920 年代末的瑞典廣告稱讚香蕉是在聽收音機時合適又安靜的點心。91 漸漸地，人們學會了一邊聽收音機，一邊吃早餐、談論並閱讀報紙；類似的協調與多工之壯舉，也發生在開車、看電視、打電腦、講手機的時候以及未來想必會不斷發明出來的未知技術上，一種消費行為會成為另一種消費的平台。因此，什麼是快、什麼是慢，並無特定的門檻，而是一個始終在不斷進化的議題，我們沒有理由相信這項進化已然結束。

不同文化對休閒的觀念

我們也注意到，休閒一直是西方的概念，最先開始努力解決其數量與品質問題的，正是歐洲與美國的工業社會，非西方社會的這方面數據十分稀少且薄弱。儘管如此，至少值得扼要思考的一點，就是 20 世紀西方社會的休閒記事可以呈現這股整體趨勢到什麼程度；在富裕的核心地區之外，答案或許是「不多」。在非洲，殖民地的統治者經常抱怨本地人是

538

「懶惰」的土著；這類指控瀰漫著種族主義的味道，但也指出當時截然不同的生活步調。舉例來說，許多非洲人在兩次大戰之間的年代來到布拉薩（剛果）時仍習慣於一週僅工作四天，另有幾個小時專門用在有組織的休閒活動上。他們並不容易養成紀律去適應連續性的帝國工作週；因此，曠工是稀鬆平常的事。在足球與舞廳到來之前，男人是用玩牌或閒逛來打發時間；相反地，女人如果被看到空閒無事，就會被視為不盡責的妻子或是妓女。遲至 1980 年代，社會工作者努力說服剛果農村的婦女們，娛樂並非不名譽之事。92 共產主義的中國亦及時經歷了它自己的革命，毛澤東命令工人要在工作日午睡，三小時的午睡時間很正常；這與激烈休閒（intense leisure）恰恰相反，是一項使西方提倡生活減速者看起來十分軟弱無力的干預。93 今日，中國人看的電視跟歐洲的重度觀看者一樣多，兩小時六分鐘，但他們的生活在許多方面仍然保持著自己獨特的節奏；中國人花在烹煮、打掃以及購物的時間較少，40% 的人會在下午一點到兩點間睡個午覺 —— 雖然沒幾個人會在打盹時夢見毛澤東。而相較之下在歐洲，會午睡的人數少多了。94 毛澤東領導下的中國幾乎稱不上是一個商業休閒的典範，但跨過日本海來看看，啟發性就高得多了。

對於閒暇時間的創意使用，一直深受日本人珍視為通往自我發現的道路；這項藝術吸收了平安時代（Heian period）（西元 794 ～ 1185 年）晚期佛教自我修養的觀念，演奏笛與琴的能力被用於衡量一個人的價值，也是上層社會菁英文化與身分的重要特徵；《源氏物語》（Tale of Genji）這本 11 世紀的小說，是關於一位天皇之子的一生與愛情，正如書中所述：「源氏清閒從容，把時間都花在各種音樂的創作上。」他甚至安排了夜舞，讓王公貴族選擇自己喜愛的樂器，加入專業樂師一起演奏。他們「奏出催馬樂《安名尊》之時，不解情趣的僕役也都攢聚在門前幾無隙地的車馬之間，帶著笑容聽賞，覺得此種生涯真正富有意趣啊！」95

19 世紀末，日本對西方的開放引進了一場有聲有色的休閒革命。江戶時代的休閒是集體的活動，發生在有木偶戲院、遊戲以及歌曲的廟會與浮世繪，而西化傳播的商業性娛樂則取代了這些，並且打破了上層菁英對休閒的掌控；曾經是保留予武士的武道（武術），如今成了平民百姓皆可參與的運動。1900 年左右的時期見證了許多新傳統的發明，像是有自己

的級別與比賽的柔道，女性也獲准加入。酒吧與電影院則提供了現代化的美夢。

從 21 世紀初期的有力觀察點往前回顧，西方的思想與做法，對日本休閒的影響不容否認；同時，這個故事並非是以西方取代日本那麼簡單，而是透過逐步滲透與普及，藉著從傳統習俗與理想中汲取力量的新做法向前推進，新的產品與習慣從而被納入現有的休閒文化。日本人習慣把在家的閒暇時間稱之為「*消磨時間*」（*hima tsubushi*），一項主要的活動即為「*在床上滾來滾去*」（gorone）；隨著電視的到來，調查顯示出主要的活動變成了「*躺著看電視*」（*terene*）。96 在 1960 年代，柏青哥這種彈珠遊戲發展成一種全國性的消遣娛樂，在 1980 年代的全盛期時，據說它甚至貢獻了高達 5% 的日本國內生產總值；即使在近來日漸衰微的情況下，2013 年時，七個日本人中仍有一人會固定地把他們的日圓硬幣投入機器的插槽之中，貢獻了共計 19 兆日幣（1,750 億美元）。97 柏青哥尤其受到低收入的年輕人歡迎，可以讓他們逃離日常生活中單調沉悶的工作（參見插圖 50）。跟江戶時代一樣，柏青哥創造了公眾娛樂的空間。

日本就跟西方國家一樣，近幾十年來見證了從消極休閒到積極休閒、從恢復與娛樂的目的到自我完善的目的之轉變。對於積極娛樂的強調可借鑒自昔日注重創意遊戲與自我修養的傳統，徒步旅行、釣魚以及其他積極的戶外活動（外出遊玩〔*asobi*〕）在 1970 年代是極受歡迎的休閒活動，休閒公園也開始將教育和娛樂目的結合起來。日本人可以到訪在有田町（Arita）重建的茨溫格宮（Dresdner Zwinger）（德勒斯登華麗宏偉的洛可可宮殿）建築物，同時學習瓷器的相關知識；或者到訪豪斯登堡（Huis Ten Bosch）—— 1992 年開幕於長崎縣的一座複製自荷蘭小鎮的主題公園，是東京迪士尼的兩倍大 —— 欣賞風車，並透過高科技影音設備的微型劇場體驗荷蘭洪水的強大威力。98 透過與其他國家的比較，可以看出日本的假期以及閒暇時間仍然是長時間工作文化的犧牲品，儘管政府自 1990 年代以來即努力於降低工時。但即使睡眠時間更少，日本人仍然並未感覺像美國人般匆忙；經常會被提到的一個原因是，他們較善於劃分用餐、嗜好以及談話的時間區塊，99 日本飲茶的時間提供了一個可以放鬆身心、分隔開來的時間區段，類似法國的長午餐。「瘋狂」的美國人已失去了這種時間感。*100*

休息日？

　　1949 年：倫敦南部一個勞動階級家庭的週日記事。家庭成員包括 24 歲的家庭主婦史黛拉、她兩歲大的兒子史蒂芬、她的妹妹瓊安（工作是店員）以及一條狗。史黛拉的丈夫在軍中服役。

8:45 am	史黛拉起床……泡了一壺茶，把托盤連同《週日畫報》（Sunday Pictorial）拿到臥室中……
9:30 am	史黛拉穿著睡衣再次走進廚房……開始準備油炸餡餅跟炸麵包，把史蒂芬帶過來（並餵他吃東西）。
10:00 am	泡了另一壺茶……閱讀報紙。
10:30 am	瓊安起床……她們在餐桌上吃早餐。
11:00 am	史蒂芬梳洗完畢……史黛拉穿好衣服……無線電收音機播放著背景音樂。
12:30 pm	史黛拉準備布丁當正餐……
1:00 pm	史黛拉開始煮飯，史蒂芬在一旁玩耍，瓊安在廚房的鏡子前拔眉毛。兩個女人談論著當下從「家庭最愛」（Family Favourites）廣播節目中聽到的藝術家。
2:00 pm	大家一起吃午餐……菜單：週日烤肉、煮馬鈴薯、球芽甘藍、羊脂布丁配金色糖漿以及一壺茶。無線電收音機播放著背景音樂。
3:00 pm	史黛拉洗著……午餐的餐具，然後瓊安也加入，跟史蒂芬一起玩。她們聊著天。瓊安泡了一壺茶。

3:30 ～ 6:00 pm	兩個女人……閱讀著。史黛拉看的是《紅星週刊》（*Red Star Weekly*）、《女性專屬》（*Women's Own*）以及《週日畫報》，瓊安看的是《美國漫畫》（*American Comics*）。史蒂芬玩紙牌，狗在睡覺。無線電收音機播放著背景音樂（輕音樂）。不時穿插著談話與編織聲。
6:00 pm	史黛拉沏了茶……在廚房……
8:00 ～ 10:00 pm	重複下午的作息。
10:30 pm	坐下來吃晚餐 —— 兩個女人討論著內衣。史黛拉寫信給她的丈夫，瓊安也寫了一封信。
11:30 pm	圖書館借來的書（小說）攤開著，但兩個人都在講話……狗被放到花園裡一會兒。
12:30 pm	就寢。*101*

多虧了「大眾觀察」，我們得以了解一個普通週日的作息順序。這個始於 1937 年的社會研究組織，派出了許多志願觀察員記錄英國的常民生活；在我們探索休閒時間不斷變遷的本質時，這是展開這段最後旅程的好方法。到目前為止，我們已經與時間的幾個面向交鋒：計時的時鐘時間、速度以及密度；然而，時間也有其節奏，工作一週後休息一天的七天週期，雖然既非自然法則也非舉世通用的定律，仍是十分強有力的一種週期。這種七天式的節奏是人為的發明，一種源自猶太教和占星術的數學設計，而且並非為所有文明所採用。在 1929 年，蘇聯在最後一項替代模式的嚴肅實驗當中，試圖將活動合理化為「連續」的工作週（亦即不間斷的工作〔nepreryvka〕），並廢除了共同的休息日；這項實驗造成了極為劇烈的分裂與瓦解，以致不得不在兩年後喊停。*102*

對大多數讀者來說，這個史黛拉週日的縮減版看起來是如此地陌生，可能就像是來自一部遙遠部落的紀錄片；然而，它不過就發生在 60 多年前，在這世界最先進的角落之一。儘管才從戰爭與物資緊縮中復原，英國始終扮演著消費文化的先鋒，但這一點很難從史黛拉的週日作息紀錄中看出。顯而易見，這個家庭喝的茶多到令人印象深刻，同時，週日也是「塞

滿」一頓豐盛大餐的日子，而且有許多時間可用來閱讀報章雜誌；的確，許多英國人會在週日閱讀三份或者更多的報紙。然而最令人驚訝的是，在史黛拉於午夜時分上床就寢之前，這個家庭竟然整天都足不出戶，甚至沒有出門去遛狗，消費只發生在家中的四面牆之內。公共空間、商店以及娛樂場所，就好像不存在一樣。

當然，原因是大多數的商店或場所在週日並不營業或開放。跨越邊界，清教徒為大宗的蘇格蘭甚至連公園裡的鞦韆都擱置不用。但可以肯定的是，並非每個英國人都穩當地待在家中；七個人之中有一個會上教堂，略多人比較喜歡去上午 11 點開門的酒吧，還有些父親會帶孩子們去公園與噴水池。娛樂也並非全然絕跡。跨越泰晤士河（River Thames）來到勞動階級的區域漢默斯密（Hammersmith），有游泳池、幾座網球場、兩間電影院與戲院，一間音樂演唱廳以及一間里昂茶館。儘管如此，正如「大眾觀察」的觀察員所強調，對十萬人來說，這並「不算多」；特別是對青少年來說，週日是找樂子的一場艱苦奮戰。這裡一座遊樂場、那裡一座溜冰場或許有開放，但這些都是少之又少的綠洲，有許多娛樂都是自製的。在漢默斯密，「白城賽車手」（White City Racers）中 14～18 歲的成員將一座垃圾場變成了他們的自行車賽道，用他們的特技與假皮革制服逗樂了當地的旁觀者。然而在英國的其他地區，週日很大程度上是一成不變、停滯不動的，只有少數人（5%）會開車兜風。在北部的工業區，「大眾觀察」的觀察員發現市中心空無一人。在農村地區，居民鮮少離開自己的村落綠地，與現代英國人所爭取的「慢活」步調差不多；在酒館中，只見顧客緩慢啜飲他們的一品脫啤酒以消磨無所事事的時光。一位金屬工人的妻子如此告訴研究者：「週日是沉悶陰鬱的一天，到處都死氣沉沉。」一位 15 歲的女學童則略微寬容些：「沒有什麼特別的事情發生，但我不會說它很單調乏味。」103

一週之中有一天與各種極為刺激、多采多姿的消費活動隔離開來。這應該得到比現在更多的關注，因為，即使是在基督教社會中，把週日變成禁區也絕非自然之事。在殖民時期的北美洲，移民者在安息日交易會被罰款；然而，當西班牙人在 16 世紀時把一週七天這套模式帶到拉丁美洲，他們確立了週日市場的開設，週日是教堂與商業、祈禱與玩耍的日子。遲

至 1857 年，安巴托市政委員會（municipal Council of Ambato）（厄瓜多爾）憂心若是週日商業被禁止，大批民眾將不再去做彌撒。「去相信週日不再從事惡習與完全無所事事……會有利於宗教活動與公共道德，這是荒謬的。」104 相反地，允許人們在去教堂的路上賣東西，使得拯救靈魂這項任務變得容易得多。委員會是對的。當 1860 年代的週日僅奉獻於對上帝的服務，彌撒的出席率便開始一落千丈了。

19 世紀中期的厄瓜多爾，正好遇上了商業基督教社會這場步調加速的大型運動。特定的某些力量來自於當地：厄瓜多爾的禁令是由一位虔誠的天主教顯要人士所推動，而英國的安息日法規（sabbatarianism）是由英國聖公會福音派教徒所引領，這些教徒試圖禁止週日所有的娛樂與勞動，認為這些都是有罪的；其他促成的因素則較為一般：交通運輸方面的進步，使得商品與購物者在一週的其他天（非週日）都可以抵達市場。在英國，1830 年的啤酒銷售法案（Beer Act）規定酒館在週日的開放時間僅限於午後 1 ～ 3 點以及 5 ～ 10 點；20 年之後，週日的市集也被禁止了。然而，上帝從來就沒能完全控制週日。當遵守安息日者在縮減酒館開放時間的一年之後，於 1855 年加入禁酒改革者，試圖禁止週日的商業交易活動，倫敦人於是在海德公園（Hyde Park）發起了一場暴動，使馬克思相信英國的革命終於展開了。但事實上，英國的革命鬥爭以贏回額外兩個半小時的週日飲酒時間而告終。105

商店始終維持著彈性的開放時間，直到 1911 年的商店法（Shops Act）規定所有員工享有半天假期，並要求商店必須在週日提早打烊。在加拿大，早在四年前即根據聯邦主日法（federal Lord's Day Act）明訂每週休息一天。在英國這個商業國家中，週日的商業交易在 1930 年代之前基本上是停止的；想在其他地方尋求娛樂的英國人，可以去騎自行車、划船或是參觀 1896 年時還會在週日對公眾開放的大英博物館（British Museum）。1932 年的一項法律允許音樂會、動物園以及若干電影院可以在週日舉辦或開放，但大部分其他型態的娛樂活動都要再努力數十年，才得以擺脫安息日的緊箍咒：業餘足球賽直到 1960 年才獲准於週日舉辦，職業賽事要等到 1974 年；賽馬與博弈還得再等到另一個世代。在歐洲大陸亦然，商店一直要等到 20 世紀，才不需在週日拉下它們的百葉窗。俾斯麥統治下的柏

林則是購物者的天堂，許多商店在週日早上六點就開始營業，到晚上 11 點才打烊，它們可無意流失為了上教堂或其他娛樂消遣進城來的寶貴顧客。在 1892 年的德意志帝國，商店的營業時間僅限於五個小時，一直要到 1919 年，大部分的店主與店員們才贏得一整天的休息時間；而即使如此，商店還是被允許在「特殊週日」以及聖誕節前夕開放營業。[106]

各國不同的週日營業情況

1850 年後的一個世紀，週日部分停止營業的情況指出了若干諷刺之處。在當時，社會的購買力開始提升，也更容易購買到大眾消費品，但人們失去了購物與消費的寶貴時間；這提醒了我們，先進的社會並不只是隨著收銀機的節奏起舞。實際工資在 1870 年代上漲，消費文化在喧囂的 1920 年代蓬勃發展，但這些都發生在以工業為主的社會中，而且直到 1960 年代仍是如此。週日不得營業，反映出教會以及更甚於教會的工會無遠弗屆的影響力，當上教堂人數大幅滑落時，立法的管控也隨之緊縮；分散各地的消費者意見可不是組織嚴謹的勞工之對手。在一個工會力量強大的時代，關注的焦點是放在更短的工作時數，而非更長的購物時間。

另一項諷刺有關更開放社會以及更嚴格管制社會之間的角色轉換。我們經常聽到的說法是，比之那些政府、生產者與商人依賴著特權與限制的社會，商業社會自然更加開放、更有彈性、更友善消費者。因此，今日我們或可在週日去一間美國商場或英國超市購物，但會在德國的商店前吃閉門羹。然而，當代的形勢卻遠非我們所想像的理所當然。1880 年代時，一位柏林的家庭主婦在週日可以去的商店，至少跟倫敦的家庭主婦一樣多；她會發現一個世紀之後在英美城市中受限的商店營業時間，絕對跟自由沾不上邊。

週日不得營業，並非消費社會中某種自然的預設狀況，而是每個國家特有的力量和情勢所演變的歷史結果。目前各國顯然是處於百家爭鳴、各有千秋的態勢。一個極端是奧地利與德國，只有火車站與機場的商店才能在週日開放營業；另一個極端是芬蘭，小型商店可以在週末 24 小時開放，而大型商店可以從中午開放到下午六點，十二月時還可以延長到九

點。在這兩個極端之間，則是各種令人印象深刻的妥協與折衷方式。西班牙在 1890 年代原本允許商店可以在週日營業，後來又在 1990 年代恢復了若干限制；如今，西班牙大部分的商店會在每個月的第一個週日開放營業。挪威限制商店只能在十二月的週日開放營業；法國與比利時則規定商店一年最多只能有五個週日開放營業；地中海地區的國家則傾向於豁免旅遊地區，並做出了相當大的讓步；在英格蘭與威爾斯，1994 年通過的週日交易法（Sunday Trading Act）允許小型商店在週日開放營業，但面積超過 280 平方公尺（相當於 3,000 平方英尺）的大型商場，只能在上午十點至下午六點之間連續六個小時開放營業；越過邊境來到蘇格蘭，這些規定彷彿聞所未聞，商店可以隨自己高興，愛在週日營業、就在週日營業。107

放鬆管制的爭取很早就在美國展開了。1961 年時，34 個州禁止週日交易；到了 1985 年，這數字降成 22 個。折扣商店聲稱，支持基督教安息日的「藍色法」（blue laws）vi 違反了美國憲法第一修正案（First Amendment）──禁止任何法律的制定涉及宗教。一連串的法庭案件將週日不得營業的法律置於「以理性為基礎的測試」之下：例如允許販售相機底片卻不允許販售相機的道理何在？加州、佛羅里達以及西部及中西部的許多州都是先鋒，除了酒的販售之外，完全解除了它們的「藍色法」；其他州則保有白紙黑字紀錄的特定限制。紐澤西在 1978 年廢除了週日不得營業的禁令，但仍然禁止賓果遊戲、理髮店以及美容院。108 加拿大也在 1985 年開始放鬆管制。然而，將開放週日營業解讀為英美世界的一場新自由主義聖戰，是錯誤的；在歐洲，社會民主主義的瑞典在 1971 年首先發難，接著是比利時與西班牙。柴契爾夫人這位新自由主義的權威領袖，試圖在 1986 年解放英國商店時，卻遭遇重大挫敗。

在英格蘭和威爾斯，情況相當混亂。自二次大戰後禁止週日商業交易的規定充滿了各種古怪的漏洞。街頭小店被准許可以銷售杜松子酒以及外帶食物，但不能銷售奶粉、魚或薯片；在當地的報攤，顧客可以買到黃色書刊，卻買不到聖經；1986 年的方案原意是在一掃過去、重新開始，結果卻分裂了公眾意見，有趣的是也分裂了零售商。109 由一群零售商、生

產商以及消費者的支持者所組成的「購物時間改革委員會」（Shopping Hours Reform Council）作為挑戰著站在一處角落；在對面角落則站著「讓週日保持獨特運動」（Keep Sunday Special Campaign），一個由工會會員與主教組成的聯盟，並受到 C&A 服裝連鎖店、冰島超市（Iceland）以及合作社商店的大力支持。雙方皆聲稱它們的立場有助於家庭與財富的成長。而對後者來說，週日開放營業不啻是扼殺家庭午餐、禮拜以及娛樂等「優質時間」的威脅；但對擁護週日開放營業的解放者來說，週日工作可以讓女性獨立。一位保守黨的議員引用了他一位選民的話，這位選民是布里斯托的「僅限週日工作者」（Sunday only worker）：

> 我在週日工作，因為我希望我的孩子們可以得到最好的⋯⋯有更多額外的物品、假期、衣服、郊遊活動⋯⋯當我在週日早晨離開家時心中滿懷欣喜，因為我知道我的丈夫會照顧他們，他們可以一起享受好些「優質時間」，而我也可以得到自己所需要的喘息，暫時把孩子們與家庭擺在一旁⋯⋯我很期待擁有自己的獨立時間。110

解放者宣稱，放鬆對週日的管制不但可以釋放家庭，還可以創造財富與就業機會；反對者則引用瑪莎百貨（Marks and Spencer）為例，這間經典而道地的英國商店反對週日的商業交易，因為這只是把六天的生意分攤到七天之中而已。解放者輸了。帶有一絲歷史諷刺意謂的是，鐵娘子柴契爾夫人粉碎了強大的工會，並解除了倫敦城的管制，卻無法砸開週日的商店大門。勝利直到 1994 年才姍姍來遲。

我們有沒有可能在週日商業交易這片參差不齊的景觀當中，辨識出任何模式？光是富裕這個因素，顯然是不夠的，說到底，德國比英國富裕，而法國也比芬蘭富裕。宗教是一個促成因素，但指的並不是直接的宗教活動出席率；美國的週日購物與宗教復興同步取得進展，然而歐洲各地上教堂的人數卻一蹶不振，在柴契爾夫人領導下的英國，只有 10% 的人固定上教堂。相反地，強大的基督教民主黨派，使得宗教在政治局勢中始終占有舉足輕重的地位，並且扮演這些社會的堡壘與屏障。在德國，週日開放營業始終是個政治上的詛咒，直到 1999 年，柏林的百貨公司公然呼籲購

物者加入公民的違抗示威運動，並購買華而不實、標示著「觀光客品項」的商品。這種來自零售商的壓力，面對的是一個遠比其他國家更嚴峻的政治環境。德國基督教民主聯盟（CDU）的前領導人沃夫岡・蕭伯樂（Wolfgang Schäuble），譴責週日購物是「對猶太教與基督教共同文明的威脅」。111 最後，兩造終於妥協為在週六延長商店開放營業時間，使得改革在此畫下了句點。

在不斷變化的經濟結構以及女性在勞動力中所扮演的角色中，我們可以找出其中的決定性因素。在英國，週日開放營業的議題，緊跟在社會從工業轉向服務業的型態之後，因為這項轉變使英國零售行業與工會中店員的比重比德國或法國還高；店員工會（商店、經銷商與同業工人聯盟〔USDAW〕）從原本的反對立場，轉而支持部分鬆綁以捍衛他們的工作。零售業始終是兼職工作的前導部隊，女性在它的勞動力中占了極高的比率；又因為女性負責了大部分的購物，進入零售業勞動力的女性愈多，要求彈性購物的聲浪就愈強大——很難在同一時間又要工作又要購物。顯而易見的是，那些走在支持週日開放營業最前線的社會（瑞典、芬蘭以及英國），也是歐洲女性勞動參與率最高的國家。112

週日開放營業對消費的影響

整體來說，週日開放營業對生活的節奏與消費造成了什麼改變？兩邊的陣營都喜歡誇大他們的情況。週日從來就不是一首純粹、非商業的田園詩，即使是在戰後嚴格管制的年代也並非如此。在英格蘭與威爾斯，對週日的管制僅適用於百貨公司與大型商場，而非小型的街頭商店；法律禁止人們購買高價商品，而非禁止人們在週日購物。除此之外，公然的藐視立法與有限的購物機會一樣普遍；1980 年代初期，卡地夫（Cardiff）的民眾有 3% 的每週購物行程是發生在週日，近乎半數的食物與雜貨是非法採購來的，從水果罐頭到冷凍食品等各式違禁品無所不包。113 週日就是一個絕佳的例子，說明了休閒的改變如何波及購物；在英國，1980 年代的園藝與居家裝修熱潮給商店的營業時間施加了額外的壓力：園藝中心與 DIY 商店決定在週日開放營業。在 1994 年，週日交易法通過的前夕，據估已

經有 40% 的英國商店在週日開門做生意了，進帳抵銷罰款還綽綽有餘。

更長的商店開放時間，使得購物活動再度成為週末的重頭戲，正如兩個世紀以及更久之前的週日市場年代。在英國，週六與週日成了商業交易最繁忙的日子，10% 的購物者會在週日進行主要的採購。而且，更長的商店開放時間意謂著較低的單位成本，路上的交通也比較不擁擠；根據一項 2001 年的估計，這些可以轉換成省下 14 億英鎊的成本或是為每個家庭省下 64 英鎊的開支。但除了英國之外，這個故事在其他地方的成果就沒那麼斐然了：在瑞典，更長的商店開放時間僅降低了 0.3% 的價格；澳大利亞生產力委員會（Australian Productivity Commission）質疑彈性的商店開放時間到底有沒有為消費者帶來任何真正的效益；將「休閒購物」從週六延伸到週日的嘗試也並非不費吹灰之力，譬如對大多數瑞典人來說，週日「就只是」購買雜貨日用品的日子。[114]

商店開放時間的延長，對於工作模式的影響反倒較為顯著。我們注意到女性勞工參與度的提升如何給予社會壓力，使得購物的彈性度也隨之提升，但是反過頭來，週日購物也增強了這股兼職工作的趨勢，尤其是對單親母親。在荷蘭，商店自 1996 年起被允許可以在週間以及週日下午營業直到晚上十點；自其時起，時間使用的數據資料便顯示，荷蘭人在週日以及傍晚時間不但從事更多購物，也從事更多工作，特別是女性與單身男性。更顯著的一點是，有伴侶的荷蘭男性從事更多的購物，卻從事較少的工作。[115] 這些模式跟這個章節一開始時所描述的倫敦週日，有著天壤之別；對當時大多數勞動階級的家庭主婦來說，週日代表的是輪番不停的烹飪、收拾、洗滌。據一位 40 歲的計程車司機之妻在 1949 年的觀察：「它是一週裡最難熬的一天。」。[116] 對她們的丈夫來說，週日是可以午睡得很久的一天，週日商店的開放營業並未終結幾個世紀以來的性別不平等現象，但它的確打開了家庭的大門、分散了它的成員，也從而減輕了女性肩膀上若干共同的負擔。

整整一個世紀以來，大約從 1860 ～ 1960 年代，已開發國家中的有關當局與社會在時間方面達成了巧妙的協議。有愈來愈多人的生活被託付給物質商品與物質欲望，城市成了消費商品的廣告看板，政府開始競爭如何以最佳方式提升生活水準；但作為交換，週日遂被隔開當成消費的禁區。

自 1960 年代以來，這項協議已破局，好幾個富裕的社會已經廢除了它，而在其他的社會中，它的未來也是岌岌可危。今日，政府當局試圖透過立法來保障週日這一天的品質，這個方式或許看來相當可笑，但就在幾個世代之前，這的確是一個普遍共享的理由與依據。努力了一個世紀的成果，在不過 20 多年的時間中便消融殆盡了。

網路購物

　　網際網路自 1990 年代以來的普及，為購物帶來了全新的虛擬範疇，使得實體商店的營業時間失去了與消費者的密切相關性。歐洲大陸上，在行人步行區設有小型商店的歷史城鎮，也開始審視它們過去對週日開放營業的反對意見：如果實體商店關閉，而你可以在一台平板電腦上進入一間虛擬商店，那幹嘛費事去拜訪那些鵝卵石鋪成的商場拱廊呢？不過，網路購物的進步不應被過度誇大，舊零售業死亡的預言至今尚未成真；在歐洲與美國，網際網路與行動裝置如今已無所不在，但大多數人仍然在實體商店從事大部分的購物，而非在網際網路上。在歐洲，最大宗的網路購物者是英國人，他們在 2014 年花了 1,071 英磅、或說幾乎是所有網路零售業銷售量的 15%；在義大利與波蘭，這個數字甚至不到 3%。網路購物在衣服與旅遊商品上取得了最大的進展，21% 的歐洲網路用戶在 2008 年時曾在網路上購物，而在 2012 年時，這個數字成長到 32%。有 1/4 是購買書籍。但是對許多其他的商品與服務來說，網路銷售的占比仍然微不足道；2012 年時，不到 1/10 的歐洲人會在網上購買食物，雖然在英國，已經有 1/5 的人會這麼做了。家具以及其他貴重品項鮮少透過點擊購買。2013 ～ 2014 年，在行動應用的全球領導者（85%）瑞士，智慧型手機增加了 100 萬個行動購物網站。相形之下，跨過阿爾卑斯山（Alps）來到義大利，2/3 以上的人從來沒在網路上買過東西。117

　　傳統商店得以保持韌性與彈性的主要原因之一，在於大部分人不只想購買商品，他們還想觸摸並試用它們。諷刺的是，另一個原因是大部分人覺得網路購物太慢了，他們想要馬上拿到商品。容易退貨、信任感，以及較低的價格都是其次而且較不重要的因素。正如我們所知，電子商務與智

慧型手機帶來了一場零售業的革命，但就像一項進行中的瑞士研究調查顯示，結果是出乎意料的混合體，而非實體商店被虛擬商店消滅。的確有些網路商店獨占了線上線下的市場，特別是販售旅遊假期及音樂產品的那些；但這場運動的其他方向都朝向新舊共生的型態發展：實體零售商發展它們自己的網路商店，而網路商店則開設展示間與真正的銷售點。*118*

休息日的廢除，是這場休閒革命的高潮。這場革命就像許多革命一樣，無法兌現它的承諾。在 20 世紀的休閒時間中獲取的物質，證明了遠比改革者與遠見者想像的更有限且不均。主要的原因在於，早期的休閒烏托邦反映的是賺取工資的男性勞工之看法，而這是一種狹隘的工作觀：閒散週日與家庭烤肉的田園詩般畫面，給予煤礦工人與銀行職員得之無愧的休息娛樂日；但這些畫面往往忽略了大量女性為了使這一切成為可能而必須負擔的工作。閒暇時間仍因世代、階級、性別而四分五裂，年輕人與老年人得到的時間最多，相形之下，中年人的時間則因女性的有償工作成長以及男性對家務工作漸增的承擔而受到限制。自 1960 年代起，真正的革命發生在別的地方；閒暇時間的品質已被轉化與兩極化了。以小時與分鐘來說，性別之間的休閒差距或許已經縮小，但女性較不可能享受她們完整、持續的閒暇時間，女性的休閒時間還是東拼西湊的補綴品。最後，休閒的民主化引發了意想不到的後果——新的時間不平等；一旦無所事事的閒暇方式對一般人打開了大門，休閒性消費便失去了它對少數特權人士的獨特性。自其時起，受過教育的階級轉而將他們的精力投入了新的、塞滿活動的休閒制度；這種超級行動主義產生了消費的矛盾後果，雖然與抨擊富裕的批評者所預測的結果頗有落差。成功意謂著買得更多也做得更多，有休閒時間者與沒有休閒時間者之間舊有的鴻溝，已被新的標準所取代；亦即，基於人們在他們的休閒時間做了多少的事。將彈性與行動結合起來的特權所必須付出的代價，正是「時間貧窮」。

第十一章

從搖籃到墳墓

消費形塑了身分與認同。我們如何穿著與飲食、在哪裡購物、開的是運動休旅車還是電動車、去看的是歌劇還是足球賽，這些做法都宣告了我們是誰以及我們希望別人認為我們是誰。消費標誌了我們在社會等級中的位置，也從而幫助我們了解等級如何產生以及如何被複製；階級與性別認同尤其不時浮現，我們也將在下列章節中不時看到這些議題出現：從中產階級物質舒適的理想以及過去對於女性購物狂的焦慮，到現在休閒和品味在社會地位上所扮演的角色。如今，還有另一組身分認同值得我們持續關注：就是年紀；或可說，正是在年紀這一點上，過去的百年見證了歷史前所未有的改變。這個故事隨著青少年的崛起而展開，而「青少年」這個詞，首度在 1940 年代被流傳開來；然而，如果我們無法忽視青少年，也不該讓他們排擠掉其他人，畢竟年輕人不是唯一的世代。對 20 世紀中加快步伐的一場大型進化來說，青少年只是其中的種類之一，是根據他們的外表、所有物以及生活方式，所定義出的一個分級更精細的特定年齡群體。首先成形的是孩童消費者（child consumer），而到了世紀末時，又加入上了年紀的「黃金長者」（golden ager），他們以消費的渴望與能力改造了老年人的形象與現實狀況。或可說，比之任何世代，對這一個世代來說，消費更像一場充滿創新的大變革。

552

孩童消費者

　　在今日的富裕世界中，幾乎沒有一個議題可以像兒童的境遇一樣被廣告、品牌、企業所組成的商業巨擘所圍困，這使整個社會警鈴大作；以下簡短列出的若干危險，是摘取自憂心忡忡的作家，與鼓吹者所撰述的大量書籍與報告。今日的三歲幼兒在記住自己的姓之前，就已經可以認出麥當勞的金色拱型商標了；到了十歲，英國的孩童可以舉出 350 個商品的品牌，卻只能說出 20 種鳥類名稱。美泰兒公司（Mattel）設計出一款能進行互動的洋娃娃，叫作「星光女神」（Diva Starz），把購物治療法介紹給 6～11 歲的孩童，告訴他們：「我現在心情很差，讓我們去購物吧。」在英國的諾丁漢（Nottingham），八歲的小女孩會受到預先核准的信用卡優惠轟炸。在美國，學童亦受到校內廣告與各大品牌的免費贈品控制。女童軍們不只學習如何升營火，更可以因為去一趟購物中心或小少女服裝店而贏得一個「時尚冒險」徽章。在大西洋兩岸，7～11 歲的孩童為市場研究人員工作，告訴他們哪些玩具很酷。1994 年，嬌蘭（Jean-Paul Guerlain）推出一款柑橘與薄荷香味的兒童香水，其他時尚品牌也以嬰兒噴霧與淡香水跟進。還沒上小學的小女孩，就穿著飾有花花公子兔女郎（Playboy bunny）的襯衣。正如維多利亞時代的人擔心性與購物會因而攜手並進，因而對女性購物者產生焦慮，孩童宛如獵物般被「偷偷追蹤」並「為了利益目的而被穿戴打扮」。除了肥胖、暴食症以及自殺，行動主義者也將社會行銷瘟疫確診了；對某些作家來說，今日的童年是「有毒的」，其他人則宣告了它的「死亡」。1

　　這些聲嘶力竭的焦慮呼籲，對應的正是攸關其訴求的大量金錢；孩童可以控制如此強大的消費力，可說史無前例。2008 年，英國 19 歲以下的年輕人消費了 120 億英鎊，其中幾乎有十億英鎊是花在小吃、糖果、不含酒精的飲料上；一旦他們的父母花在他們身上的錢增加，據估這個數字就會增加到每年 990 億英鎊。在美國，受孩童影響的市場價值，據估高達 6,700 億美元，而且有超過 150 億美元是花在對兒童的廣告與行銷費用上。2 簡言之，小天使們可是出手闊綽的消費者；這種理想與現實之間的

衝突，正是道德恐慌與不安的背後原因。

可以肯定的是，這個現象的許多方面都值得我們關切並採取行動，這也是活動倡議者、政治家、監管機關的共同問題。歷史能做的是另一回事，然而絕非毫無用處；歷史可以防止對於黃金年代的懷舊之情產生，幻想過去孩童們是純潔無辜、未受市場影響的，也可以解釋我們如何一路走到今日。就像花在直接行銷上的美元與英鎊，當代人對於童年的想法，也是隨時間推移而改變的產物，那麼，我們首先必須了解的是：童年如何變得與選擇和消費如此密不可分。這段歷史說來話長，教育者、父母親、醫生、政治家以及公司企業都在其中扮演了決定性的角色，同時，孩童在這個過程中也並非全然被動。

遲至 1970 年代，歷史學家才將童年視為資產階級現代化的「發明」；他們認為，野蠻行為與情感疏離是在 17、18 世紀才拱手退讓給一種更充滿愛心、以孩童為導向、寬鬆縱容的文化。但近年來的歷史學家，對這種多愁善感的資產階級革命論點潑了冷水。3 有大量證據顯示，愛與悲傷、玩耍與玩具，早在幾個世紀之前即已在東西方社會中出現；儘管如此，童年在消費市場中贏得自己的特殊地位，正是使 1900 年被標示為一個轉捩點的新發展趨勢。孩童一直在消費，但現在，他們以其特定年齡的需求、時尚以及消費力，開始被視為擁有自身權利的消費者。

在美國，特定年齡層的衣服普及現象，顯示出改變的速度。在第一次世界大戰之前，衣服是以品項與尺寸來供應，而非年齡層；孩童的長襪是展示於緊鄰著他們父母親的長襪旁。到了第二次世界大戰，孩童的衣服已經被移到另一個獨立的樓層了，而且往往還有一間獨立的店鋪在販售。薩克斯第五大道（Saks Fifth Avenue）以及其他百貨公司，都為不同年齡層的年輕人與孩童設立了以顏色來編碼的不同樓層。到了 1929 年，已經有超過 1,000 家為嬰兒與孩童開設的商店；20 年之後，這類商店的數目已經暴漲到 6,000 家，他們的存貨來自愈來愈多專門生產孩童服裝的工廠。商店開始安排寶寶競賽與寶寶週，並對殷殷期盼的父母行銷預先搭配組合販售的新生兒衣物，亦即「初生嬰兒全套用品」。在 1930 與 1940 年代，年齡的分級變得愈來愈精細，為 6 ～ 14 歲小女孩所設計的時尚，與她們 3 ～ 6 歲的妹妹截然不同。「正在學步的幼兒」成為獨立的角色並在銷售區中擁

有獨立空間，與嬰兒區隔開來。女售貨員被指示，要去特別強調、凸顯這些小顧客們即將成形的個性並迎合他們個別的風格；於是，「過時的鼓脹燈籠褲」遂被男女有別的時尚裝扮所取代：給女孩的是「精緻講究的粉彩」，給男孩的是「量身訂做」的衣著。再沒有任何人比秀蘭・鄧波兒（Shirley Temple）更能體現並帶動這種新的風格了，這位好萊塢童星以她穿著圍裙的模樣風靡了全世界，她的圍裙除了嬰兒緞帶的蝴蝶結之外，沒有腰帶也沒有鑲邊。鄧波兒在螢幕上與螢幕外的名氣，使她成為這種新裝扮的大使，廠商更把她的名字當成適合幼兒穿著的連衣裙商標。4

　　商店、電影院以及廣告商都在推動這些針對特定年齡的時尚趨勢，但倘若沒有幾股大潮流的意外匯聚，它們幾乎不可能如此輕易將手伸進父母的錢包裡。這一方面牽涉到工作與消費之間的關係轉變，另一方面則是對養兒育女的新態度。第一項改變意謂著人們愈來愈少在家中自製衣物，而愈來愈常購買現成的服裝。除非她們是訓練有素的裁縫，手邊的時間又十分充裕，鮮少有母親會興致勃勃地為她們的小孩製作特定年齡的衣服；在服裝設計上的影響，遂從母親的針線移向了市場。然而，這只是一個有利的先決條件。店員們附和專家與權威人士所鼓吹有關孩童個性的說詞，才是使父母成為被俘虜的消費者之原因。在 20 世紀初期，育兒的文學開始強調孩童們的權利，並建議父母要多關注孩子們的看法以及他們不斷改變的衝動與渴望。

兒童在市場中角色的逆轉

　　1929 年，胡佛總統在白宮召開了一場關於兒童健康的會議，其後並通過了兒童憲章（Children's Charter），捍衛對兒童個性的「理解與保護」並將其視為「他最珍貴的權利」。5 女性雜誌則更進一步，宣布「你的孩子有美麗的權利」；6 這樣的個性逐步進化、發展，並要求成人跟上它成長的腳步。廣告商將這些對兒童發展階段的發現，應用在特定年齡的產品類別上：4 ～ 6 歲的孩童據說正在發展他們的想像力，使他們成為假想角色玩具的理想顧客；7 ～ 9 歲的孩童充滿了熱情與目的性，使他成為蒐集者。佛洛伊德心理學鼓勵父母更勇於接受孩子們的物質欲望，白宮會議中

的教育專家則警告，孩子們往往是「家中的外星人」，7椅子、桌子以及盤碟對他來說往往太大，而且並未充分考慮到他的玩具與需求；若硬將孩子擠進成人的世界，往往會導致他們道德與身體上的發展遲緩，過度的省儉會抑制未被滿足的需求以及其後可能會發生的危險後果。個人擁有的財物對個人發展與心理健康至關緊要。

正是兒童的角色在市場中的逆轉，連結了這些工作與心理上的雙重逆轉；兒童不再被視為貢獻家庭收入的勞工，而被擁抱成為消費者。以社會學家維維亞娜・澤利澤（Viviana Zelizer）的話來說，孩子們在經濟上愈顯得無用，在情感上就愈顯得「無價」。8

隨著孩子們放下工具、拿起課本，零用錢遂取代了收入。早在 19 世紀，資產階級家庭已經開始用零用錢教導他們的孩子節儉與財務紀律。到1930 年代的美國，半數從事特定專業的家庭以及 1/4 的半技術性勞工階級家庭，都會給他們的孩子零用錢。此外，除了教導孩子們如何儲蓄，現在的重點更擴展到如何消費；正如 1932 年時一本兒童學習小組的教科書如此說明：「我們的重點始終放在儲蓄上，但隨著購物時處理金錢的機會與必要性漸增，訓練孩子們如何花錢這件事，就愈來愈有必要了。」「現代美國生活……榮耀了消費的理念。」如今，訓練年輕人如何做到這一點也愈發必要了。9

零用錢宣告了新的休戰協議：孩子們被賦予實現自身欲望的機會，父母們則監控著他們的錢包。孩子們擁有作為消費者的權利，這一點對奮戰於對抗歧視的團體來說特別重要，因為這表示孩子們可以擁有若干程度的獨立與選擇。《芝加哥衛報》（*Chicago Defender*）以玩具獎項與糖果贊助年輕讀者的派對。兒童消費者在家庭中的地位獲得愈來愈高的接受度，反映出視消費為整個社會的正面力量的認同度，已在兩次大戰之間的美國逐漸成熟。到了白宮兒童健康與保護會議（White House Conference on Child Health and Protection）在 1936 年召開時，零用錢已被接受為未來公民消費者的自然權利了；專家們說，身為獨立自主的人類，孩子們自然應該在家庭預算中享有民主的發言權。當時的一項調查顯示，孩童們本身也快速地吸收了這項新的智慧；在被問到他們如何想像自己變成未來的父母時，許多孩童說，他們打算每週召開一次家庭會議來審查家中的花費與支出。10

即使是在富裕的國家中，工作也從未完全從孩子們的生活中消失；然而，對於玩耍與樂趣的強調逐步塑造出童年的理念以及孩子們該如何運用他們的時間與金錢之概念。玩具的發展即演繹出這項轉變的平衡。在早期的近代歐洲，孩童已擁有木製的成組玩具；而在 18 世紀末首批玩具商店開幕時，訂製的紙娃娃開始出現在英國與德國。大部分的玩具都有其教育目的，如同約翰·洛克（John Locke）所呼籲的寓教於樂或是讓年輕人準備好直接進入職場的工藝與商業技能。從 19 世紀末開始，這種古老的慣例開始被另一種充滿幻想和欲望的新商業所超越。聖誕節曾經是社區鄰里與僕傭共同慶祝的節日，如今縮小成為家庭的聚會；中產階級對親密家庭生活的理想，為孩子們的憧憬與驚奇感受開闢出特別的所在。於是，願望清單變得愈來愈長。11 華特·迪士尼製作的《白雪公主》（Snow White）（1937年）大受歡迎，反映出為玩耍而玩耍的新理念已然被廣泛地接受。在美國，玩具與遊戲的價值從 1899 年的 800 萬元，飆升至 30 年後的103,000,000 元；二次大戰之後的 20 年，美國在玩具上的消費再度倍增。

這些發展並非美國所獨有，日本也早已出現了這樣的現象。早在1924 年，《阿正的冒險》（The Adventures of Sei-chan）漫畫書即已衍生出漫畫卡與玩具帽；自其時起，具備超人力量的幻想角色和英雄的市場變得愈來愈大。而在這個過程中，父母也扮演了合作者的重要角色；到了 20 世紀中，父母不僅與新的遊戲文化達成和解，也開始參與其中並釋放出他們自己「內在的童心」。12

童年的商業化可說相當地自相矛盾，年齡的差異在被凸顯的同時，也被沖淡了。一開始是支持年輕人享有獨特需求與權利的運動，最後竟演變成商業現象，使童年成為充滿想像力並開放給所有人的去處，因此，實際的生理年齡在此已無關緊要了。

廣告觸及率的提升

兒童接觸到廣告的機會，因電視而大幅躍升。到了 1980 年代，12 歲以下的美國兒童每天平均觀看四個小時以上的電視；在一年當中，他們會接觸到 20,000 則廣告。到了 2004 年，美國兒科學會（American Academy of

Pediatrics）將這個數字提升至 40 萬則。13 不可否認，孩童比以往任何時候更飽受商業影像轟炸，同時，廣告也開始運用愈來愈複雜的技巧，譬如遊戲式廣告（advergame），使得解讀這些數據遂變得愈發困難。有些專家認為，廣告直接導致了肥胖與暴力比率的上升，但也有些專家認為，廣告只有間接、有限的效果，影響的不過是品牌之間的選擇而已；14 還有其他人認為，廣告對於在媒體飽和的商業世界長大的孩子們來說，是不可或缺的教育工具，也是商業語法。只有瑞典禁止廣告商在兒童專屬節目播放時間之內與之後立即播放廣告，也禁止廣告商在廣告中使用兒童節目中的人物或角色來代言。

這一點在很大程度上，取決於我們認定孩子們是多麼脆弱或多麼精明。廣告的研究明確指出，對所有「孩童」一概而論並沒有幫助，因為分辨商業廣告與電視節目的能力，會隨著年齡而有極大的差異；有些孩童雖然只有三歲大，就已經能分辨出其間的差異。儘管如此，1985 年時進行的一項研究發現，小於五歲的孩童中，只有 10% 能分辨兩者間的差別；在五～六歲的孩童中，這個數字提升到 62%；而即使是在八歲或九歲的孩童中，也仍有 15% 無法察覺出廣告中推銷商品的意圖。孩子們的年齡愈大，就愈容易對廣告失去興趣，也愈容易對其抱持懷疑的態度。15 因此，從暴露在廣告中、接收到這則廣告、一直到購買行為的發生，還是有好一段距離。當魁北克（Quebec）在 1980 年引入法律，禁止針對孩童的商業廣告時，研究人員發現在蒙特婁（Montreal），講英語並可接觸鄰近美國電視頻道的孩子，會比他們講法語的鄰居購買更多的穀類食品；16 但正如批評者指出，這或許只是跟兩個群體不同的早餐文化有關。廣告的確會對孩子們購買的東西產生若干影響，但它只不過是眾多因素之一，年齡、教育、同儕文化、收入、家庭生活的重要性，皆不亞於廣告。電視廣告做到的，只是加強孩童對產品的既有需求。

對於失去童年的焦慮，往往來自這樣一個理念：認為內在純真有被外在力量（貪婪企業）汙染的風險。這樣的論述其實毫無助益，說到底，孩子會受到影響，部分的原因也是由於這個市場最先認同孩子們是獨立的個體。孩子們脆弱而易受傷害，但他們並不被動；在現實生活中，孩子們從來沒有完全脫離工作與交換的世界。今日，孩子們的成長始終發生於經濟

體制之中，而非之外。*17* 家務工作、有償工作、禮物及交換，也始終是孩子們生活的常態；藉由遊戲卡牌與食物的交易，鞏固了彼此的友誼。在1980 年代末，美國孩童的收入有 21% 是來自家務工作，10% 來自家庭以外的有償工作，45% 來自零用錢，剩下的 24% 則來自禮物。在 1997 年，美國 9 ～ 12 歲的孩童，每週會花六個小時以上做家務工作。*18* 在英國，一項針對 13 ～ 14 歲孩子的大型調查發現，有 1/4 的孩子每週會做四小時的有償工作，十個孩子中有八個會幫忙做各項家務。*19*

在美國，貧窮的孩童在購買食物與衣物方面的責任特別重大，而反過頭來，他們也享有比率極高的零用錢。環繞在企業品牌的聲浪與競爭性消費的壓力之下，絕大多數的這些孩子，都展現出平衡物質欲望與現實財務狀況方面的卓越紀律；較貧窮的孩子，跟他們較富裕的同伴儲蓄得一樣多，他們只是沒把錢存在銀行裡而已。一項德國的研究發現，孩子們竟一面倒地展現出「理性的消費行為」；在 1,000 個 10 ～ 17 歲的代表性樣本之中，絕大多數孩子都過著量入為出的生活，只有 6% 的孩子欠同伴錢，主要花用在速食、外出以及衣物上。有趣的是，這類「揮霍無度」的行為，在富有的孩子跟在貧窮的孩子身上一樣常見；*20* 這些大多是小筆的債務，平均約 72 歐元 —— 少於這些孩子每個月的收入，而在這些負債的孩子當中，有超過 3/4 的人，相信他們可以在一個月內把這些債務還清。成人們對於孩子們可能會被閃亮的商品世界誘惑而產生道德憂慮，但結果卻讓人出乎意料：說到債務與信用，絕大多數的孩子比他們的父母親更負責任與自制。

1990 年代初期，人類學家伊莉莎白・秦（Elizabeth Chin）觀察到康乃狄克州紐哈芬（New Haven）的黑人孩童處理金錢與商品的方式。她給參與研究的每個參與者 20 美元，讓他們隨自己高興花用；那麼，他們用這筆錢做了什麼呢？一位十歲大的小女孩用這筆意外之財為自己買了一雙便宜的牛仔涼鞋；為她的母親買了一雙金黃色的懶人鞋，作為她的生日禮物；為她的祖母買了幾個粉紅色的髮捲；還買了一袋泡泡糖跟她的妹妹一起分享。這些購物之舉幾乎沒有一絲自私的唯物主義意謂，也絕對稱不上炫耀性的消費。孩童在許多方面改寫了以往歸咎於窮人與女性的普遍共識：認為他們揮霍無度且缺乏克制欲望的能力，並被視為對道德與社會秩序的威

脅。然而就跟過去一樣，這種論點凸顯的反倒是中產階級的憂慮不安，而非孩童或窮人的無能。在現實生活中，再沒有比必須維持生計更能教導我們何謂財務紀律的課題了，秦所訪談的大部分孩童都知道他們的聖誕節禮物值多少錢，甚至分毫不差，也知道他們想要的某些禮物超出了家庭所能負擔的範圍。一個芭比娃娃的禮物，並不代表他們對主流消費文化的徹底投降；女孩們都知道芭比代表「笨妞」或某種刻板的印象；某些女孩在玩芭比娃娃的時候，還會一邊嘲笑中產階級的白人標準，其他女孩則把芭比娃娃改造成她們自己的玩偶，例如將波浪狀金髮編織成黑色的髮辮。[21]

孩童與成人世界之間的關係

從 21 世紀初的制高點來回顧，我們可以將兒童消費者的興起，視為兒童世界與成人世界之間的部分歷史性討價還價。兒童獲得了商業權力和選擇，但作為交換，他們也喪失某種程度的自主權，讓成人對他們控制與監管。與其跟 21 世紀初一樣在城市街道與舞廳漫遊、跟成人混在一起，他們如今被限制在「安全」的教育、家庭、圍欄遊樂場等空間中。在上一個世代，數位媒體與網路遊戲逐漸削弱了這種安排；父母對失去童年的擔憂日益高漲，亦反映出這種管控已然逐漸鬆動。

《遊戲王》這套日本混合媒體動漫，是關於一個高中生擁有埃及法老王的超自然力量，它的神奇世界揭露了某些童年消費的新興形態；[22] 其中之一，就是新舊媒體之間的共生關係。《遊戲王》最初是 1996 年開始連載於《週刊少年 Jump》雜誌中的一部連環漫畫，爆紅之後又被改編成一系列的電視動畫與遊戲機的遊戲；它在數位媒體上的成功，著實受益於它大受歡迎的卡片交換遊戲。根據一項調查，在 2000 年，每一個在京都小學的學生都有遊戲王卡；在這個幻想世界中，兒童玩家在怪物和魔法的幫助下獲取了超自然的力量，而兒童與成人之間力量的平衡也被翻轉了。

第二項意涵，則是有關數位時代的消費所帶來的創造力與知識技能。《遊戲王》在許多方面都驗證了消費主義像是部水車的刻板印象：孩子們玩愈多的卡片，就愈渴望購買新卡以強化他們的收藏，於是待售卡片的選項與數量也就愈多。然而，儘管涉及了龐大的商業利益，《遊戲王》也讓

我們看到，這類遊戲如何超越對「大眾消費」的固有批評。23 當孩子們創造出自己的角色時，他們就成了老練的商人與外交官，透過激烈辯論的複雜規則來進行談判，網站與數位遊戲的認真玩家提供了進入這個幻想世界的額外據點。最後，這是一個為虛擬以及真實的孩童所開創的世界；一個世紀之前，就有成人幻想成為牛仔或印第安人，而數位媒體與社群網絡，讓成人得以逃進一個有著全新規模且備受尊敬的童年世界。在日本，有1/3 的奇幻角色商品是由成人購買的；這種成人對青少年時期的入侵有其危險性，尤其是將童年性慾化。然而，它還是具備了解放的效果，讓成人可以從有紀律、有目的、主導工業社會的「理性休閒」之理想中解脫，重獲若干玩耍的樂趣——也是我們早期的世代所熟悉的樂事。

「孩童消費者」的通稱，吸引了眾多現代人的關注，但是切記，孩童就像其他年齡層的群體一樣，具備高度多樣化。的確，特定趨勢已使全球各地的差異性漸趨最小化；零用錢、生日派對、速食小吃與玩具搭售，都不再只是洛杉磯的專屬，在北京與台灣都有。就算我們略去全世界貧窮到無法上學的數億兒童，只專注在富裕、中等收入的國家，孩童們的生活仍持續被各種文化對童年與金錢的特定態度形塑。舉例來說，1990 年在台灣，大部分孩童在五歲就開始獨立消費了，與美國人無甚差別；不過，這包括了購買他們自己的學校用品。儲蓄與教育的道德要求平衡了消費支出，引人注目的一點是，台灣的孩童儲蓄了更多的零用錢，24 而且，他們做家務事並無報酬，但他們就是會去做。

然而，就連孩童之於他們本身以及他們家庭的消費力，都被輕易地誇大了。前述 2005 年時，德國對 10 ～ 17 歲的孩童所進行的一項調查中發現，僅在 11% 的家庭中，孩子可以完全自由地決定要買什麼。1/3 的父母會在購買決定上提供孩子建議，而當涉及較大筆的購物時，有將近半數的父母會為他們的孩子做決定；在手機上的消費則是主要衝突的來源。同樣地，也只有在 14% 的情況下，孩童可以影響較大筆的家庭購物決定。孩童或許自 1960 年代起就獲取了各種自由，但在財務上，他們仍然被「管得死死的」，至少在富裕的德國是如此。25

說到孩童與成人世界之間關係的轉變，再沒有比毛澤東之後的中國更戲劇性了。在過去，成年人可能會想起他們在當孩子時最喜歡的食物，但

直到 1979 年，字典裡仍然沒有任何關於「兒童食品」的字詞——除了「腸粉」，孩子們吃的是成人的食物。自其時至今，中國的城市開始到處都是美國與本地的速食店，貨架上堆滿了嬰兒食品與兒童藥膳，廣告招牌的目標對象則是喜愛玩耍的孩子們。彭（Peng）是來自穆斯林回族的 11 歲少數民族男孩，在 1997 年記錄了他在尋常的一天中吃了些什麼：

8 a.m.	一瓶汽水，未標示價格；一包脆片（鍋巴），1 元人民幣（約 15 美分）。
12.30 p.m.	父親準備的一份熟牛肉三明治，從家裡櫥櫃拿的三塊巧克力，從街邊商店購買的一根雪糕。
5 p.m.	從街邊商店購買的另一根雪糕。一根香蕉，未標示價格。
7 p.m.	從街上的一間餐館購買的炒茄子跟炒蛋，11 元人民幣。
8.30 p.m.	另一包脆片，1.3 元人民幣。26

　　中國的孩童消費者被幾股力量推擠著前進：可支配收入的增加；一胎化政策；休閒從國家控制的工作場所轉移到家庭；以及對文化大革命造成的的匱乏產生的強烈反動。到了 1990 年代後期，約有 6,500 萬個家庭只有一個孩子，而隨著家庭規模的縮減，父母的期望也更加強烈地集中在這個獨生子或獨生女的身上；因為在這種所謂的「421」家庭模式中，所有成人的目光焦點全集中在一個孩子身上，關切的程度遠甚於有多個孩子的家庭——這種家庭中的孩子，得與四、五個兄弟姊妹爭奪大人的關注力。或可說，這種缺乏兄弟姊妹的情況，使真正加劇消費壓力的場所，轉變為在學校而非在家中。在家中，許多孩子們並不會表現出被寵壞的模樣，也不會大吃大喝；然而在他們自己的同儕團體中，玩具、新的零食與商品發揮了全能的身分認同、歸屬以及地位的交流與傳播作用。1995 年，研究人員拜訪了位於北京海淀區的兩間小學，調查結果使他們對商品與品牌知識之於攀比——亦即「攀爬與比較」——的重要性感到震驚，沒有時下流行零食的孩子們會被排斥或毆打。對父母來說，零食與花錢，在某種程度上來說是一種彌補的方式，彌補他們自己在文化大革命中所失去的童年，

同時，也是控制並激勵、獎勵孩子們在競爭激烈的環境中表現良好的工具。經過幾十年的順從與服從，父母最希望的就是他們的孩子能成為「特別」的那一個並脫穎而出，這種心態也使他們難以抗拒最新的潮流時尚與新奇零食。*27*

青少年

1914 年，大學特別廣告公司（Collegiate Special Advertising Agency）開始以香菸與汽車形象的廣告來瞄準美國年輕人這群目標對象。在歐洲，圖書出版業早已開始運用特定年齡的行銷手法。現在，年輕的美國人直接收到寄給他們的廣告信函，宣傳「大學代表隊」看起來應該是什麼模樣；到了 1920 年代，又出現免費菸草與撞球課程的特別促銷活動。諾克斯男帽公司（Knox Hat Company）主導其他服裝公司，共同設立了一個大學風格的諮詢委員會，招募來自東岸常春藤盟校（Ivy League colleges）以及密西根、華盛頓等知名州立大學的學生；這些學生成員們每年在紐約開兩次會，在新時尚上達成共識。「這些人了解風格，」宣傳內容再三向顧客保證，「鄧拉普（Dunlap）春季帽完全符合年輕人與想保持年輕的男人心目中的理想。」*28*

雖然人們尚未談及「青少年」，但早在 1920 年代之前，美國公司企業以及市場調查人員早已看到了這個年輕族群的市場，1929 年的預算研究也顯示出，家中超過 15 歲的女兒是衣著服飾的最大消費者，不論富有或貧窮的家庭皆然，而 18 ～ 30 歲的美國人則支配了服飾商品、唱片、襪類甚至家具的市場。消費市場對大學生的關注並非巧合，他們的衣櫃被塞爆了。1920 年代，一位典型的哈佛男大學生每年會購買 7 件襯衫、8 條領帶、6 件內衣、12 條手帕、12 雙襪子以及 3 雙鞋子；在賓州大學（UPenn），年輕女性每年平均會為她的衣櫃添加 7 件洋裝、5 件毛衣、3 條裙子、3 頂帽子、4 雙鞋子、3 個皮包、25 件襪類以及 12 件內衣。*29* 在當時來說，這些添購品的數量著實不少，尤其考慮到當時，2 件襯衫與 3 條領

帶被認為是成年男性「尚可」的衣著標準，而他的妻子也不過有一條裙子與 9 條純棉的長筒女襪。30

　　但美國學生不過是略為領先世界各地的年輕消費者幾步而已。到了 1950 年代，英國人、德國人以及法國人都發現了他們自己的青少年市場。31 如今，身為青少年比以往更加意謂著開心玩樂與花錢，而且到了 1940 年代，原本只是在大都會與大學院校的這些場景，已延伸至小城鎮與鄉村地區。一項對丹麥出生年代的研究調查顯示出，成年經驗在這個時期的改變是多麼無遠弗屆；在 1900 年之前出生的年輕女裁縫師、店員以及農工，在他們的自傳中從未提及休閒；但是對那些出生於 1930 年代的人來說，電影、遠足以及週六夜晚跳舞狂歡到天亮，是他們青少年時期不可或缺的一部分。這並不是說這個年齡群的人就不工作了，只是意謂著，他們透過休閒來定義自己的身分認同，這種現象愈來愈普及。如今，只有極少數的人會把他們的薪水交給父母，與之前的幾個世代形成鮮明的對比。32

　　青少年的興起得助於幾股推波助瀾的力量。其一，年輕男女有更多的錢可以花用，他們的薪資在一戰期間與其後陡然飆升；其二，由於學校教育的時間變得更長也更普及，他們過著愈來愈獨立的生活，成群結黨的同儕團體對他們的影響隨之大增；最後，他們回應了年長者大力宣揚與鼓吹的青春崇拜。這其中有若干商業性質，因為公司企業與廣告商開始爭奪年輕人這塊市場大餅；然而，新的世代認同亦深受政治薰陶，浪漫主義與民族主義對青年理想的影響有目共睹，而經歷二次大戰的悲慘境遇後，試圖培育新公民的政治努力也同樣重要。戰後歐洲的每間商業乳品店與舞廳，都有一個國家贊助的青年俱樂部；法國政府針對學生舉辦了國內的科學競賽，來自第戎（Dijon）的丹妮絲・希柯（Denise Chicault）就在 1949 年被冠以「家庭仙女」的美名。33 到了 1960 年代，經常出入青年中心（*maisons des jeunes*）的年輕人超過了 30 萬名，青年中心提供從乒乓球、創意藝術到各式講座的活動，應有盡有；對青年中心的創立者來說，這些中心不啻是孕育公民精神的溫床，也是對托克維爾式（Tocquevillian）理念的最佳詮釋。1950 年代亦為青年旅舍蓬勃發展的黃金年代，雖然它的源頭可回溯至 20 世紀初期。

但這些皆不符合大眾印象中的叛逆青少年。而由詹姆斯・狄恩（James Dean）所塑造的知名叛逆形象，卻在 1958 年歐洲城市發生搖滾樂騷亂之後的年代引發了道德恐慌。然而，官方致力於博取年輕人歡心之舉，其重要性並不亞於支持青少年的特殊地位，亦使青少年的形象遠超乎性愛與購物。這或許有助於解釋，為何幾乎沒有年輕人願意加入之前數個世代倍感恐懼的戰爭。正如我們在第六章所見，大部分的青少年尊敬他們的父母、重視工作，並且會為了購買輕便摩托車或組成家庭而儲蓄；值得提醒的一點是，在 1960 年代的西歐國家中，有 1/2 的已婚男性甚至尚未過他們 25 歲的生日。34 如評論家理查・歐格特（Richard Hoggart）這位英國文化研究的創始人之一，對這個「棉花糖世界」35 大加撻伐，卻並未看出享樂主義與公民參與往往是相輔相成的。說到底，這些年來，為爭取和平、公民權、環保而遊行抗議的，正是這些年輕人。

青少年之間的差異

　　對青少年的狂熱崇拜，往往讓人聯想到單一、同質世代的印象。但在現實生活中，這個年齡階層就跟社會其他的階層一樣，為階級所劃分。誠然年輕人都渴望新奇、多樣性、行動力，但許多貧窮的青少年負擔不起這些；1975 年，對英國東南部一處住宅區所進行的一項研究記錄了以下的對話，一群 13～15 歲的女孩正在談論她們的休閒活動：「如果外頭下雨，我們就在房間裡聽收音機……或是站在房屋之間的通道間。如果沒下雨，我們會去公園或是散步。」36 當地的青年俱樂部只對 15 歲以上的年輕人開放。某些女孩甚至連看當地便宜電影的五分錢都沒有，巴士車資則排除了去城裡旅行的可能性。

　　青少年會使那麼多人心中警鈴大作，是因為人們擔心這整個世代會離他們之前的世代愈來愈遠。但這是真的嗎？比之他們幾十年前的原始開拓者，1970 年代的青少年是一個更徹底、更強硬的世代類型嗎？美國的社會學家奧古斯特・霍林斯海德（August B. Hollingshead）率先在 1941～1942年觀察到一個中西部小鎮艾姆城（Elmtown）的年輕人，又在 30 年後回到這個鎮上，發現整體的世代休閒模式幾乎沒有改變。成人視為「好的」與

孩子們所渴望的，兩者之間的差距並未縮小，但也沒有擴大。他在 1973 年寫道：「目前這一代青少年的活動與行為，跟他們的父母親還是青少年時比較起來，只有極小的差別。」37 有些人會抽大麻，但總的說來，青少年較少踰矩，或說至少社區更有組織地防止他們脫離正軌。在 1940 年代，服裝始終是年輕人與年長者之間一場打不完的戰役；現在，新高中實行了嚴格的著裝規定，男孩與女孩任何時候都必須穿著襪子或長統襪，並禁止穿著上頭寫有淫穢字眼的衣服；男孩禁止蓄髭或鬍鬚，女孩必須穿著「適當」的內衣，而且連衣裙長度必須在臀部下方至少三英寸處。霍林斯海德並沒有說是誰在用捲尺測量。休閒的模式不但因年齡而異，也因社會地位而不同，但大多數的孩子都遵循著他們父母的習慣。

當然，艾姆城並未在時間中凍結。到了 1973 年，電影已在流行娛樂中失去了最重要的地位，只有一間電影院繼續營運。另一方面，教會、工會以及當地婦女和農民的組織，繼續安排並推出人量的休閒活動。商業化有其限制。在許多方面來說，戰後的幾十年，是當地自行組織節目與慶典活動的黃金年代；艾姆城在 1949 年舉辦了它的首屆「玉米節」，到了 1972 年，這項節慶已成為秋季日程表上的一件大事了。這些都是家庭活動，青少年也參與其中並貢獻一己之力；1,000 個家庭中各有一個或多個成員會投入數週的時間來幫忙擺設、裝飾與展出，對一個總人數不過 14,211 人的小鎮來說，已經相當不錯了。高中學生會幫忙裝飾商店櫥窗，緊隨在 135 座自製花車之後的，則是一位慶典女王與 27 組樂隊；此外，還有足球賽以及提供數百位青少年的一座溜冰場。在當地機場舉辦的抓豬大賽是這場節慶活動的高潮，參賽者必須與滑溜的半成年豬搏鬥。晚會則以搖滾樂與熱舞畫下句點。

證明自己並非僅是主流商業名人文化的被動獵物者，不是只有艾姆城的青少年。從 1890 年代曼徹斯特的暴走族（Skuttler）、1950 年代巴黎的黑色皮夾克、到 1960 年代的摩德文化（Mods）與搖滾客（Rockers），叛逆的青年次文化始終存在（參見插圖 56）；然而，若因此將青少年分成兩個相反的陣營：一邊是循規蹈矩者，另一邊是離經叛道者，就大錯特錯了。青年在以各種方式發展自己的時尚方面，扮演了十分積極的角色；次文化並非只有叛逆行為、男子氣概以及腎上腺素。在日本，1990 年代的「失

落的十年」見證了青少女以一整個系列的新風格與身分認同展翅高飛。長度往下降的寬鬆白色及膝襪，是當時高中女生最先開始風行的趨勢之一；到了 1996 年，商店已經可以提供 35 種這類的寬鬆襪子。1990 年代中期，演變成高中小辣妹（Kogal）的外觀再搭配格子裙，然後是深棕褐色皮膚的 109 辣妹（Ganguro，日文原意為「顏黑」），她們有著漂白染淡頭髮，穿著短褲以及厚底靴等時尚；青少年消費者成了引領風潮的人，不但回應了時尚趨勢，更創造出新的市場。有些造型分裂成各自獨特的派系，像是曼巴（manba）i，又細分成蘿曼巴（Lomanba）與對比鮮明的可可巴（Coccon-ba）；前者加入了蘿莉塔（Lolita）風格，後者則支持 Cocolulu 這個日本服裝品牌。宮廷式的蘿莉塔系混合了維多利亞風格與哥德式元素，雖然很難讓強硬的曼徹斯特暴走族心悅誠服，但她們從消費文化元素中創造出自己風格的成果，同樣充滿戲謔感與原創性。重點是，明星與名人對日本時尚的演變幾乎無甚影響力。1999 年，一項由《流行少女》（Popteen）所進行的調查中，沒有一位名人擠進前五名楷模的榜單；相反地，青少女們敬佩的是那些在形塑新趨勢上扮演重要角色的業餘高中模特兒與女店員。38

離開搖椅的退休生活

1936 年，布雷登頓基瓦尼斯俱樂部（Bradenton Kiwanis Club）在佛羅里達馬納提郡（Manatee County）的一個鎮上，成立了一座拖車公園。經過 15 年，公園裡已經有超過 1,000 個車位，大多數住戶每年會在此逗留 6～7 個月，加蓋庭院，有時甚至是永久性建築——就跟露營的營地一樣。但不像露營地的一點是，每個住在布雷登頓拖車公園的人都是老年人；這裡的平均年齡是 69 歲，但有些常客都已經 90 歲了。這座公園是最早的退休社區之一，雖然少數早期的住戶還保有若干兼職或季節性的工作。這是一項在活躍老化（active ageing）新生活方式上的自覺性實驗，許多人剛開始是為

---

i 從 109 辣妹演化而來的辣妹形式，妝容特徵為黝黑皮膚再加上白色眼妝與白色唇膏。

了溫暖的氣候而來，後來卻是因為社交與樂趣而留了下來。每週的活動安排完全沒有讓人寂寞或無聊的餘地：週一有賓果遊戲，週二有方塊舞課程以及明星俱樂部，週三為虔誠的人提供聖經班、為其他人提供電影，週四屬於嗜好俱樂部，週五則有合唱團和交誼舞；週六有更多的賓果遊戲，還有團體表演的機會。每週都以週日的教會服務與家庭時間結束。公園內設備齊全，有 19 座沙狐球場以及 8 座擲蹄鐵套柱遊戲場，並構築小型看台以備每週的兩場比賽使用。橋牌室每天從早上八點開放到晚上十點。39

　　布雷登頓拖車公園可說是一個早期的跡象，象徵了 20 世紀所有年齡階層所體驗過的最戲劇性轉變。消費重新定義了老年，20 世紀初仍多被視為貧苦無依的老年人，卻在 20 世紀末被讚譽為積極、富裕、熱愛娛樂的消費者。

　　老年人一直存在我們的社會中，一個常見的錯誤是，以為老年人是 20 世紀的發明。舉例來說，在 1427 年的阿雷佐（Arezzo）這個義大利城鎮中，每六個公民中就有一個是 60 或 60 歲以上。其他地方的老年人人數較少，但老年人在早期的現代社會中其實很常見；老年人的比率、長壽以及社會地位，才是 20 世紀的根本改變。在 1880 年代，超過 60 歲以上的人組成了歐洲與美國人口的 5 ～ 10%；一個世紀之後，這項占比增加了一倍，而且愈來愈多的老年人享受更長的壽命。在 1953 年的德意志聯邦共和國（Federal Republic of Germany），年滿 80 歲以上的老年人有 82 萬 5,000人；50 年之後，達到了幾近 600 萬人。40 更長壽、更健康，正是「活躍老化」的先決條件；如今，雖然疾病、失能以及孤寂仍然存在，但有了助聽器、假牙以及一副好眼鏡，享受老年生活，遠比莎士比亞在《皆大歡喜》（As You Like It）（1600 年）中所說的「沒有牙齒、沒有視覺、沒有味覺、沒有一切」的情況容易多了。這種生理上的轉變，可說是與老年的物質資源及文化理想上的大變革齊頭並進。

　　就跟兒童的變革一樣，老年人這項變革背後的力量，也在美國積聚起它最初的動力。退休金計畫不僅使得退休更為容易，亦更可能在退休後仍保有個人的獨立性。直到 1880 年，64 歲以上的美國男性仍有 3/4 在工作；到了 1930 年，這個數字掉到了 55%；到了 1990 年，又掉到大約20%。雖然以今天的標準看來並不算多，但 1900 年時涵蓋 21% 的 65 ～

69 歲男性的聯邦軍（Union Army）退休金，很早就指出退休金與停止工作的決定之間有著密切的關聯性；聯邦軍退伍軍人退休的可能性，是他們美國同胞的兩倍。但這些是聯邦的款項，而第一筆私人養老基金是由美國運通於 1875 年創設；到了 1930 年，大約 1/10 的美國工人已被涵蓋於退休計畫中。換句話說，如果老年人繼續工作並非出於自己的選擇，而是出於必要性；退休計畫為他們敞開了通往休閒與獨立的大門。41

但要推動老年人跨過這道門檻，仍需要額外的文化與政治因素之助。退休金減輕了家庭與工作的影響力。19 世紀時，身為一家之主意謂著那人是有工作的人。對於年老體弱者來說，不再工作意謂著必須搬去跟他們的孩子住；但到了 20 世紀中，他們可以領取養老金並仍然靠自己獨立生活。到了 1970 年，只有不到 30% 的退休美國人跟他們三代同堂的大家庭一起生活；當然，某些人的老年生活不免以寂寞告終 ——「獨居」可被視為富裕的一項病症。然而對許多人來說，這意謂著更大的獨立性。而在這項逐漸演進的過程中，在相當程度上，「工作」失去了作為生命本質的權威性。

擁抱休閒甚於工作的趨勢並非自然生成，企業、醫生、政府以及公民團體都發揮了各自的影響力。在 1940 年代，只有 3% 領取社會安全福利的美國老年人，優先考慮「休閒」為退休的主因，「休閒」仍然是富裕老年人的特權。直到 1950 ～ 1970 年代，這項特權才普及至其他所有人；到了 1982 年，已有 48% 的退休人士列舉「休閒」為不再工作的主因。42 企業與保險公司也引進方案讓勞工為退休預作準備，並且設立各種嗜好俱樂部。英國保誠集團（Prudential）在 1949 年推出它的退休前計畫；在康乃狄克州的布里奇波特（Bridgeport），奇異公司開始在員工退休前五年為他們提供諮詢，並在諮詢後進行額外的查核與協助。43 在退休金業務的掌控下，退休不再帶有「不適應環境」的苦澀滋味，而在「即將到來的最美好生活」廣告標語下重生。44 突然之間，老年成了某種值得期待之事。成立於 1955 年的美國退休人員協會（American Association of Retired Persons, AARP）開始推廣充滿活力、獨立的年長者形象，十年之後，該形象成了林登·詹森「偉大社會」的一部分，美國老人法（Older American Act）更促使幫助老年人成為政府的責任，而且不僅是在有需要或健康不佳的情況下幫助他們，

更要協助他們「追求有意義的活動」。45

　　老年人的整體轉變，這個議題已超出本書的範圍，但為了探討活躍老化的崛起，有兩股促成的力量值得我們特別關注。第一股力量牽涉到文化和醫療態度上的轉變，可以藉由兩本撰寫時間相隔 30 年的權威著作來加以比較說明：史坦利・霍爾（G. Stanley Hall）寫於 1922 年的《衰老》（Senescence）以及哈維赫斯（R. J. Havighurst）與露絲・阿爾布雷希特（Ruth Albrecht）寫於 1953 年的《樂齡人士》（Older People）。

　　在將職業生涯奉獻給童年的研究之後，美國心理學家霍爾退休，並為他的生涯增加了一本《衰老》的著作。這是一本從頭到尾都令人沮喪的書，一開始是他個人的表白：關於新聞界公布了他自己的退休消息如何讓他有「提早死亡」的感受；最後一章則致力於陳述如何得體地死亡。而中間的章節，老年生活被描繪成一連串有損形象的缺點：老年人有股難聞的氣味，有上廁所的問題，挑剔、迂腐、總是喜怒無常，而且對天氣變化特別敏感；19 世紀末，老年人與疾病之間的關聯，隨著「衰老」與老年性肺炎等年齡相關病症的發現而愈發緊密。在這些書頁中，變老毫無樂趣可言；它可能是如此，但它不該是如此。霍爾承認，性並未因「停賽季節」而停止，但老年人也不該沉溺於其中，否則將導致「荒唐蠢事」，使老年人僅存的些許「活力」乾枯殆盡。霍爾的建議是：「嚴格忽視並壓抑（性）這個領域中所有的表現形式」；「心靈與身體的完全貞潔，對老年人是最理想的。」；「光是活著」與「沉思自然」就夠令人心滿意足了。這一切並非意謂著老年人應該完全退出社會，只是認為他們真正的使命，應該是成為一股保守而安靜的力量，得以傳播智慧、約束青年。老年人與年輕人是對立的兩極，前者的任務就是去平衡後者，或如霍爾所言，生命的清晨與夜晚截然不同。令人深感積極、心情愉快的，只有童年。46

　　到了 1930 年代，更令人雀躍的聲音終於出現。一位紐約的退休教授埃爾默・費里斯（Elmer Ferris）以他所著的《誰說老了！》（Who Says Old!）挑戰 1933 年的同時代者。老年是一個機會，並不亞於青年。費里斯的建議是保持健康，方法包括：每天步行五英里以增強食慾，享受美味佳餚、每天抽一支雪茄，觀賞棒球並變得更「外向」一些。最重要的是，他建議在最新的時尚上做些投資，因為「穿著時髦意謂著一個人可以跟得上潮

流」。一個人可以「為各種場合而打扮，讓自己每天都覺得身心舒暢」。47 然而，儘管有這類建議書籍的出現，大多學者的意見仍然認為，老年即相當於逐步退出這些行為。

老年的積極生活態度

社會老年學在 1950 年代起飛，心理學家開始以「成功老齡化」的積極概念，取代這種脫離社會的模式。哈維赫斯與阿爾布雷希特在《樂齡人士》一書中，提供了驚人的、嶄新而樂觀的寫照；他們承認，他們的這本書「對某些讀者來說，關於大多數老年人的幸福感與經濟保障之報導，似乎過於樂觀。」但這是真的。「老年人這個年齡層，雖說值得同情，也同樣讓人艷羨不已。」48 他們在大草原城（Prairie City）研究的老年對象，本質上既不被動消極，也不無聊悲慘；認為主動與被動生活方式之間存在著生物學上的分裂，是錯誤的假設。的確，他們的老年人抽樣對象中，有 1/3 是被動消極的，而且休閒活動的整體水準也隨著年齡下降；但更重要的是，他們的樣本也顯示出極大的差異。人們的玩樂感與樂趣感是個性特質，大多會從中年持續保有到退休；在某種程度上，它也是社會地位的作用，社會地位較低的人往往較不活躍、較少旅行、較少閱讀，也很少去看電影。老年人包括了「適應良好」的退休專業人士，會在冬天跟他的妻子一起去佛羅里達旅行，享受各式各樣的嗜好與娛樂；也包括了以工作來定義整體身分認同的農夫，在退休後發現自己毫無價值，被社會所孤立、隔絕。換句話說，至少對那些健康情況尚佳、還能享受黃金歲月的老年人來說，他們跟晚輩一樣樂於享受休閒活動。

作家們認為，社會持續關注老年休閒的一個原因，是因為整個社會愈來愈樂於被視為休閒社會。玩樂不再背負著從工作中解脫的負面定義，而是被提升到與工作並列的積極層面，的確，有時甚至還凌駕於工作之上。「有木工或製陶嗜好，或者打高爾夫與玩橋牌的人，『純粹是為了享受它們的樂趣』，或在假期旅行，」哈維赫斯與阿爾布雷希特寫道，「從他的玩樂中得到的價值，等同於他純為工作而工作所得到的享受。」49 休閒會帶來娛樂、好奇心、自尊心以及社會聲望。哈維赫斯與阿爾布雷希特創造

出「工作等同遊戲的原則」。許多被作者們訪談的老年人都充滿活力、熱愛玩樂。對某些人來說,休閒不僅是對失去工作的補償。一個退休的人或許會感到納悶,如果一個人沒有機會享受財富,那麼謀生的重點到底是什麼?

哈維赫斯與阿爾布雷希特並不天真,他們都深知對許多老年人來說,休閒可不是什麼天堂。「光是坐著,往往被誤認為就是消遣、休養。」許多年長者「因此承受著心智消極、鈍化的危險」。50 儘管如此,他們對於成功老齡化故事的關注以及對於主動休閒與幸福狀態之間的聯繫,不啻是一種啟示:退休不再意謂著社交的死亡,娛樂賦予了它目的與意義;如今的任務,是讓人們準備好盡可能以最佳方式去利用它。雖然仍有人擁護脫離社會的理論,但社會老年學的未來已屬於活躍老化了。51

第二股鼓勵與肯定活躍老年人的力量是政治,帶著對民主未來的關注從 20 世紀中的危機中湧現。芝加哥的第一個黃金年長者俱樂部(Golden Age Club)由奧斯卡·舒爾茨(Oskar Schulze)成立於 1940 年,這位移居美國的德國人,見證了 1923 年的惡性通貨膨脹徹底摧毀老年人的退休金之後,極端主義對他們所產生的吸引力。貧窮、孤獨、不滿的老年人,是民主敵人的囊中物。舒爾茨認為,豐富的文化活動有助於保持「他們對社區與國家事務的興趣,如此一來,他們就不會覺得自己與社會脫節了。」52 俱樂部提供了跳棋與紙牌、野餐與划船之旅以及生日與金婚紀念日的特別慶祝活動。到了 1946 年,俱樂部已經有了一整個網絡,光是在克里夫蘭就有 16 間俱樂部;類似的俱樂部在全國各地如雨後春筍般出現。在民主社會中,娛樂對老年人來說至關緊要,並以互惠的信任與社區精神將幾代人緊密地結合在一起。「老年人在一生當中已做出了他們的貢獻,」霍德森(Hodson)中心的創辦者哈利·萊文(Harry Levine)於 1952 年說明:「在他們周遭的生活中……我們欠他們一個延長他們用處的機會」在紐約市,12 間日間照護中心對當地的年長者敞開大門,有游泳池、舞蹈活動、服裝製作,甚至還可以舉辦婚禮派對。在這幅民主的美景當中,選擇與「行動的動力」取代了施捨與依賴。對萊文而言,這些中心提供選擇是「基本而重要」之舉,正是選擇滋養了「經驗與成長」。老年人被激發出創造力並在社區中扮演他們的角色,而非陷入麻木的隔離狀態。53 黃金年長者俱

樂部運動也是杜威融合實用主義、民主以及選擇的影響之另一種表現形式。[54]

在華盛頓亦是如此，二次世界大戰與五年之後的韓戰，使得年長者比以往更加炙手可熱。在杜魯門（Truman）總統的要求下，首次「全國老齡議題會議」（national conference on the aging）在 1950 年 5 月與 1951 年 8 月之間舉行；聯邦安全局局長（Administrator of the Federal Security Agency）奧斯卡·尤因（Oscar Ewing）說明，美國「不再是一個年輕人的國家」，幾乎有 1,200 萬的美國人年齡在 65 歲或以上——包括剛滿 66 歲的杜魯門，而這些 65 歲的人平均可活到 78 歲。與其把這個年齡層的人視為負擔，尤因說，他們應該被認可為「偉大的國家資產」，他們的福祉不但攸關每個人，更攸關「當地社區與國家整體」的力量。老年人應避免耗力之事的想法已成無稽之談，他們打壘球、露營，尤因指出，他們還有充沛的活力，而且每個人身上都有「智慧的火花」，娛樂顯然有能力培養新的才能並重燃「行動的意志」；而正是這股「行動的衝動」讓個人得以走入新的活動與關係。以此觀點來看，主動式休閒使民主與個人兩者皆可成長；當年輕人都出去打韓戰時，美國無法再浪費留在國內的老年人潛力。[55]

但這些都是言語而非行動。華麗詞藻與現實世界之間的關聯為何？活躍老化的說法與這種生活方式，哪一個先出現？另一方面，老年人氣味難聞、枯燥無趣、老態龍鍾的刻板印象，的確遮蓋住其中許多健康、活力充沛的成員之光芒；「年老」往往被用來描述他人而非自己，從這個意義上來說，哈維赫斯與志趣相同的研究者使許多已過著積極生活的退休人士——為樂趣而旅行、從事運動與社交活動——成為社會目光的焦點。另一方面，活躍老化的新論述顯然擴展了休閒的機會，並增強了在老年保持積極活躍的欲望與衝動。

1929 年，美國勞工統計局發現，在老年人的家中，無所事事的情況是一個嚴重的問題，許多「被收容者」甚至拒絕履行最輕鬆的責任。有些家庭從職業治療中學習，第一次世界大戰後，職業治療已被證明可以改善受傷士兵的健康狀況；儘管如此，男性尤其是不情願的參與者，他們認為自己的目的是休息而非工作。

老年團體的形成

在 20 世紀的歷程中，休息和閒散的空間逐漸縮減。休閒被賦予了充沛的能量與活力，黃金年長者與陽光俱樂部、「老前輩（old-timers）」與「熱愛長壽（Live Long and Like It）」團體，如雨後春筍般地在 1940 與 1950 年代出現，並以舉辦聚會與旅遊相互較勁。黃金年長者業餘嗜好展（Golden Age Hobby Show）正是在這段期間誕生，第一場展覽是在 1945 年的克里夫蘭舉行，吸引了 200 名參展廠商與 4,000 名參觀者；除了編織與玩具製作的示範，還有年長者為年長者表演的現場娛樂。在芝加哥與紐約，有年長者演出綜藝節目和喜劇表演。56 護理人員也開始注意到這股趨勢。1955 年，《美國護理雜誌》（*American Journal of Nursing*）讚揚 ABC 團體（ABC Groups，Always Be Cheerful〔永遠快樂〕）組織了聚會、旅行以及居民的旋律樂隊；出於居民個人意願的娛樂、漂亮衣服以及護理知識，被視為治療的核心環節，跟舒適度、安全感一樣重要。年紀或許使他們身體的能力不復以往，但無損於他們享受自己喜愛的消遣活動之能力與權利。57

當然，並非所有的活動都只是好玩而已，也有針對老年對象的演講，是關於集中營與其他嚴肅的主題。儘管如此，娛樂活動的整體數量與全然的多樣性，仍然呈幾何級數般急遽成長。針對伊利諾州庫克郡（Cook County）34 個老人之家進行的一項調查發現，它們大多會提供音樂劇、節日慶典、安排好的購物行程以及看電影等娛樂活動，1/3 有自己的禮堂可以播放電影，半數設有休閒室與縫紉室；除了一個例外，其他的老人之家全都是私人經營的。其中又以猶太年長者之家（Home for Aged Jews）的行事曆特別豐富緊湊，有生日與節日的慶祝活動、賓果活動聚會、皮納克爾紙牌（pinochle）（一種吃墩的撲克牌遊戲）錦標賽。每個房間都有收音機。「只要他們想，他們隨時都可以在自己的房間舉辦派對。」58 但並不是所有的團體都可以這麼幸運。庫克郡有四間老人之家，裡面除了一間小禮拜堂之外，什麼都沒有，而且老人們幾乎從沒離開過自己的房間。非裔美國人只有三間小型的老人之家可以去。儘管如此，幾乎沒有團體可以完全置身於娛樂的整體推動趨勢之外。二次大戰之後，城市為年長的非裔美國人設立了夏令營；1953 年，巴爾的摩在位於城外約 25 英里處開設了一個夏令

營，與黃金年長者俱樂部合作的一位福利官員，招募了第一批的 46 位露營者，平均年齡是 73 歲；其中還有一位已經 105 歲。除了唱頌讚美詩，還有釣魚、健行、西洋棋賽、派對以及男性的射擊比賽；一名工作人員指出：「事實證明，老年人遠比我們所預想的更為強壯。」唯一產生的疾病，是由於「進食過量」。59

在進一步探討老年人的休閒進展之前，讓我們先暫停一下，提出兩項一般的觀察。首先，以時間順序看來，公眾對老年人的娛樂產生興趣之際，與青少年崛起的時間點可說不謀而合；這一點並不容易察覺，原因很簡單：青少年在文化研究上被賦予極顯著的重要性，然而老年人只會成為刊登在老年醫學期刊上的文章。將這兩個族群並列在一起，讓我們看出：青少年消費者並非單一的先驅，而是歸屬於更大的歷史趨勢，以娛樂重新定義世代的趨勢。其次，這種轉向主動休閒的現象，進一步闡明了我們前面討論過的「對忙碌的崇拜」背後的一股力量；將忙碌完全歸咎於廣告商、公司企業以及唯物主義的購物者，是太過簡單而輕易的託辭。主動休閒亦有來自醫生、公民領袖、福利官員以及退休金顧問的支持，在提高退休人士的地位與福祉上發揮了不小的作用。無論忙碌倉促的沉重壓力究竟為何，將「緩慢」生活視為所有人的萬靈丹，是過於天真的想法；老年人提醒了我們，無所事事也有代價。

二次大戰後，對想找些樂趣與活動的年長歐洲人來說，幾乎沒幾個地方可去。默西賽德郡（Merseyside）的社會研究調查，為英國西北部的老年人描繪出一幅條件嚴峻的景象：幾乎沒有幾個營業場所是為老年人開放的。在布特爾（Bootle），草地滾木球戲是免費的，但是場地位於利物浦南方四英里處，老年人必須付 2.5 便士的車資，幾乎是全票。假期基本上聞所未聞，只有 50 名申請者曾在戰前被招待過到霍伊萊克（Hoylake）旅舍旅行。固定運作的俱樂部只有兩個，一個是聚會所（Rendezvous），雖然該處的氣氛被描述為「歡樂而友善」，但也只有幾張安樂椅而且沒有任何食堂；另一個老齡退休金協會（Old Age Pensions Association）則提供了演講、花燈展覽、每週娛樂以及茶水——雖然只會「偶爾」出現。60 只有 2% 的老年人住在退休之家，倫敦大多數的老年人都住在過度擁擠而狹小的公寓或不帶家具的房間，消遣娛樂幾乎都是獨自或在家中進行的活動。1954 年

在漢默斯密，對 100 位 70 歲以上老年人所進行的研究調查發現，其中將近半數的老年人沒有任何戶外的活動，只有 1/8 的人會固定去酒館、電影院或是教堂，而只有極少數人參加了俱樂部。總的說來，夫妻往往會從事更多的閱讀並飼養更多的寵物，但對許多人來說，生活是必須勒緊褲帶、單調而冷酷的現實；若是沒有錢可以支付收音機、電影票或是穿著體面地出門上酒館與人們交際，就很難融入這個世界。

到了 1950 年代，更豐富、更消費者導向、更快樂的老年生活種子已播下，然而世界各地的土壤差異頗大，混合了不同程度的財富、福利制度以及對老年人的態度；因此，老年消費者的進展是零零星星而且快慢不均的。1960 年，一項對歐洲與北美的比較所得出的結論是：在「所有國家，老年人對休閒時間的積極、創意利用是被尊敬的，」但在現實中，「如果老年人能『輕鬆地取得事物』，他們的快樂是可以預期的。」61 各國的情況差異頗大。在美國、英國以及斯堪地那維亞半島，對於主動休閒的追求最是顯著；在瑞典，福利委員會甚至有休閒室，年齡介於 68 ～ 73 歲的男女中，有驚人的 40% 的人在嗜好上所花的時間比他們中年時還多。相較之下，在法國與荷蘭，老年人的生活就消極、被動得多；海牙的老年人天主教聯盟教區協會（Catholic Union of Diocesan Associations of Old People）經營了 20 多個俱樂部，並試圖讓老年人參與文化活動。「但大部分的成員並沒有太大興趣，他們常說：『我們來這裡是為了讓自己高興，不是來學習什麼或者變得活躍。』」他們可能會為了嘉年華會而打扮，但古典音樂與文化電影則「不怎麼受歡迎」。62 成員們偏好的是閒聊跟玩牌，有些人則喜愛編織。德國的一項調查得出的結論是：「老年人並不被預期……可以發現或發展出新的休閒活動，或者會竭盡全力地於這類事情上保持活躍。」但也僅限於此，他們幾乎沒有什麼文化與娛樂，連閱讀與聽收音機都是少數人所從事的活動。63

到了 1980 年代後期，老年生活已完全改觀。不可否認，還是有些老年人並未從事任何休閒活動而且鬱鬱寡歡，但他們現在已經成了少數。研究人員發現，大部分 60、70 以及 80 歲的英國人都相當活躍而快樂，只有 1/5 超過 85 歲的老年人需要照護。跳舞與園藝活動特別受歡迎，許多人會去俱樂部並享受社交生活，其中甚至不乏寡婦與鰥夫。大多數人對於自

己的模樣與現狀感到滿意，認為保持「聰明時髦」與「高尚得體」才是重要的。大部分人也都覺得自己健康狀況良好，失能與疾病並非他們看待自己的重點；在他們的自我形象中，他們認為自己活躍積極、活力充沛，甚至很年輕，就像社會中的其他成員一樣。若說他們有什麼不喜歡的事，就是被小心翼翼地對待。64 1990 年代，一項針對 500 名柏林老年人的研究調查也記錄到同樣顯著的高活動水平；超過半數的 70 ～ 80 歲老年人享受旅行、遊覽、外出用餐，即使是在超過 85 歲的老年人中，這個比率也還有 1/3。不讓人驚訝的是，那些獨居的老年人反倒最為活躍，但引人注目的一點是，即使是那些住在老人之家的老年人，如今也有 1/4 會外出遊覽或上餐廳。65 老齡化涉及的是一種在活動種類與參與程度上的逐漸轉變，而非全面性地突然脫離。就像邁入 70 多歲的法國女性，有些人會停止騎單車、做體操，而玩更多的拼字遊戲與縱橫字謎。有趣的是，大部分 75 歲的老年人聽音樂、上博物館與電影院的次數，跟他們 60 歲時一樣頻繁。66

退休後的經濟狀況之影響

退休生活的豐富程度，與老年人財務狀況的顯著改善，有密切的關連。1900 年時，老年人就像其他人一樣貧窮；而到了 20 世紀中葉，一方面就業者的工資提升，另一方面退休者的福利受限，使得老年人成了貧困的代名詞。在 1970 年的英國，有 1/2 在貧窮線以下的家庭，是由領養老金過日子的老年人所組成；但 30 年之後，這個比率已縮減至 1/4。到了 1980 年代，美國的老年人不再比其他人更為貧窮了；如今，荷蘭人、義大利人、法國人以及德國人正在超越美國人提早邁入退休 —— 雖然斯堪地那維亞人仍舊保持勤奮。在 2005 年，55 ～ 64 歲的義大利人與比利時人中，從事有償工作的不到 1/3；德國的比率是 41%，丹麥與瑞典則是 62%。67 在 2003 年的德國，領取養老金者的家庭，平均相當於 25 萬歐元的價值；在同時期的日本，老年人（60 歲以上）家庭擁有的金融財富，相當於他們較年輕的鄰居們所擁有的四倍。68 在已開發國家中，1960 ～ 1990 年代是老年人的黃金年代，雖然喪偶者與單身者仍持續發現自己更

容易陷入貧窮困境；養老金代表的更像是一份薪水，而非慈善施捨，並且將財富從年輕人身上重新分配到老年人身上。歐洲的福利制度已然認可，住在照護之家的老年人，也應當有權利擁有若干可自由支配的開銷。

在富裕的境況下，基本需求的定義被擴大了。德國曾在 1964 年計算過要滿足最簡單需求的「基本零用錢」（*Grundtaschengeld*）：每個享有福利待遇的人，應該要能負擔每個月半條肥皂、80 公克的麵條以及三瓶啤酒。20 年之後，大部分領取養老金者除了「基本」的 90 馬克之外，還多了 66 馬克；1982 年時，當政府打算砍掉這筆額外的零用金時，引發了公眾強烈的抗議。當時負責的部長安特耶‧胡伯（Antje Huber）不斷被老人之家投訴砲轟，灰豹黨（Grey Panthers）在首都波昂（Bonn）示威遊行；「養老金被砍：老奶奶自殺」，一份小報的頭條新聞如此大肆宣傳。使這些抗議者團結起來的理由很簡單：對老年人來說，想在富裕社會中保持體面與參與度，半條肥皂與三瓶啤酒是不夠的；老年人有權利追求他們小小的樂趣，並享受些許的娛樂與消遣，像是每個月去一次理髮店、偶爾去看電影、給自己買一件漂亮的襯衫、給孫子們買些唱片與禮物。一個憤怒的勞工慈善團體為部長逐項列出，在照護之家的老年人若要達到他們的「基本需求」並參與社交生活，有哪些確實花費，這份清單包括了每月一次的足部護理、一天十根香菸、鮮花與雜誌、上餐館與劇院；這位代表說，零用金應該倍增而非削減。最後，這個運氣不佳的聯合政府做出了讓步並同意妥協：額外的零用金被削減，但基本的零用金從 90 馬克增加到 120 馬克，並重新命名為「個人用途的現金」。那些住在家裡並用養老金支付日常費用的老年人，除了上述養老金外，還可以獲得額外的 5% 收入。於是，全國各地的理髮師與糕點師傅終於鬆了一口氣。69

老年人的生活條件愈來愈接近社會其他的年齡層。到了 1990 年代中，芬蘭和英國老年夫婦的消費支出已分別達到了年輕同伴的 81% 與 85%，但這些數字並不包括住房的費用；在德國、日本以及紐西蘭，老年夫婦的消費支出甚至超過了年輕夫婦。活躍老化轉換成了日圓與歐元。舉例來說，日本的一對老年夫婦在娛樂與文化方面的花費，是一對年輕夫婦的 132%；在德國，這個數字是 115%。70 這些數字顯示出一項歷史性的轉變：工作收入不再是進入消費世界最重要的門票。

財產、旅行以及美容，這些全都標誌出老年消費者的神化。在 1950 年代的倫敦，大多數年逾七旬的老年人們湊合著幾件舊衣、幾把椅子、幾張照片以及少量的個人物品過活；其中，老年鰥夫與寡婦又過著特別貧瘠的物質生活。1954 年在漢默斯密的一項調查研究列出了一名單身男性的生活預算，他「一週只煮一次飯，食物僅夠餬口，晚餐只吃一顆馬鈴薯……仍然穿著他自 1914 年穿到現在的衣物……這些衣物跟他的家具都處於極糟的狀況。」71 許多老年人的鞋子只有臥室拖鞋。自 1947 年以來，英國的地方當局被要求在將每個人送入老人之家時，都必須登記所有財物。這些庫存著實呈現了一幅冷酷無情的生活樣貌。1962 年，彼得．湯森（Peter Townsend）在他對老人之家的開創性調查當中，登記了一頁又一頁的「一只破壁鐘；兩張木椅，其中一張有一根鬆動的椅腳；一捲發黃的壁紙」；一個紙板箱裝滿了「破損的飾品、髮夾、生鏽的螺絲以及一把壞掉的剪刀」。72

一開始，電視、電話以及消費耐用品進入老年人家中的速度相當緩慢；到了 1990 年，英國老年人已趕上潮流。十年之後，65 ～ 74 歲的老年人比 25 ～ 34 歲的年輕人更有權利要求獲得最珍貴的財產 —— 一個家。73 狹小的房間與市政住房的公寓讓步給了住宅所有權。類似的趨勢在其他地方亦十分顯著。2004 年，瑞典一項對十萬戶以上家庭所做的研究調查發現，30 ～ 59 歲的人平均可以「接觸」到下列 5.5 個物品項目：第二個家、汽車、船、露營拖車、錄放影機、洗碗機、每日報紙與假期；那些 70 歲的老年人仍然享受其中的五個品項，小幅領先於 20 多歲的年輕人。而即使是在邁入 80 歲之際，這些瑞典的老年人至少設法享受了其中的四項。74

在這些所有權提升的比率背後，有兩項重要的發展趨勢。一項是新的志同道合者出現了，這些人出生於 1945 年之後的嬰兒潮，他們在富裕時代剛好進入青春期，並帶著他們的物質生活方式進入了老年期。這種所謂的「同輩效應」顯而易見，舉例來說，他們擁有卡式錄放影機的百分比高到不成比率，這個嬰兒潮世代在這項產品上扮演了引領潮流的角色。然而，在電視、電話以及更為一般的家用品上，所有世代都展現出所有權水平的提升，那些出生於 1920、1930 年代的人，跟出生於 1940、1950 年代

的人一樣，象徵著「世代效應」（generational effect）。

我們從這些趨勢中主要學到的一課是，老年人已成為消費社會的平等參與者；除了汽車所有權的部分例外，跨越門檻進入老年不再觸發財物剝奪的問題，75 同時，更大的獨立性與個人選擇也隨著平等而來。這並不是說，老年人在過去完全被置於商品的世界之外，而是說一旦他們不再工作、無法養活自己時，他們就變成了依賴的消費者，為了食物、爐火以及一張床，只得任由他們的孩子或是社區擺布。在 18 世紀的英國，一個福利制度最優渥的國家，有許多援助是以實物償付，雖然有些地方行政區還是提供現金給年老的窮人。舉例來說，1770 年代在多塞特郡（Dorset）的帕德爾敦（Puddletown），70 幾歲的寡婦茱蒂絲・比爾斯（Judith Biles）每年都會收到燃油、內袍，加上「混合瀉藥」以及醫藥「滴劑」。76

最近這波所有物激增的浪潮，並未平均地觸及所有的老年人。老人之家與老年醫院跟私人住宅並不盡相同，少數住在前者的人仍舊以少量個人財物湊合度日，這在西班牙與義大利有 3%，在法國、荷蘭以及愛爾蘭有 12%。

在戰後時期，整個西方世界的老年病學家開始支持老年人應擁有財物的主張；人們愈來愈認知到，物品是人格與心理健康的支柱。1950 年代的研究亦強調集中營的囚犯被剝奪個人財物之後，所遭受的心理創傷。接下來的十年當中，研究調查也診斷出長期照護所產生類似「人格解體」（depersonalization）的效果。在加拿大，為老年人發聲的倡議者開始大聲疾呼老年人的財產與個體性之權利，奪走他們的財產，相當於奪走他們部分的身分認同。1961 年時，精神病醫師比較了英國的三間精神病院之後，注意到在高度的混亂不安以及低度的個人財物與娛樂之間，存在著密切的關聯性。在其中一間精神病院中，幾乎所有精神分裂症的女性病患都有她們自己的衣服與化妝品、梳子、鏡子、珠寶；而在更「混亂不安」的一間中，只有少數人擁有自己的物品。77 十年之後，衛生部門頒布了老年醫院在最低服裝要求上的指導方針。1988 年，約克郡的衛生當局要求所有的老人居住單位，必須讓個人有機會體驗一定程度的獨立性、選擇性以及個體性，這是他們原本可能在自己家中享受到的。儘管有這類指導與指令，進展還是相當緩慢。1980 年代晚期時，兩位英國的精神病學家深感「震

驚」於這些悲慘的機構廣為曝光之後，過了一個世代之久，他們所拜訪的許多阿茲海默症（Alzheimer）症患仍然「被拒絕給予個人財產，嚴重的程度彷如集中營的某些方面被複製了過來，連基本人權（像是穿著自己的內衣）都未能滿足。」78

旅遊的興起

　　過去的半個世紀是前所未有的高度機動性時代，對老年人與年輕人皆是如此。旅行也自然而然地成為活躍老化的一部分，長灘（Long Beach）的休閒娛樂部門，在 1957 年為 50 歲以上的人開辦了「黃金之旅」（Golden Tours），包括前往迪士尼樂園、黃石公園、拉斯維加斯以及聖塔莫尼卡（Santa Monica）的短途遊覽，大部分行程只需要 2.25 美元，旅行不再是一種奢侈品。六年來，黃金之旅已行經 24 萬英里的路程 —— 正如一位義工雀躍地指出：比去月球還遠。他們的座右銘正是「先看地球！」（See Earth First!）79 1980 年，一項針對美國三間企業的研究調查指出，當員工退休時，經常性的旅行隨之遽增。80 在英國，SAGA 旅遊公司於 1959 年開始為超過 50 歲的人提供旅遊假期；到了 2003 年，它的營業額已達 383,000,000 英鎊。

　　假期的滋味發展出一種渴望，讓人更想待在某個座落在陽光下的永久性居所。1930 年代在美國，隨季節而遷徙的老年人開始遷往陽光明媚的南方；到了 1970 代，65 歲以上的美國人有 1/4 選擇住在三個州：佛羅里達、加州以及紐約。在聖彼德堡（「陽光之城」），1/3 的居民超過 65 歲，在邁阿密則是 1/2 —— 雖然聖彼德堡擁有世界上最大的沙狐球俱樂部。81 對其他人來說，移動與遷徙開始被用來定義退休生活。自 1930 年代以來，拖車就成了美國景觀的一部分，但是當時，它們主要是為了提供廉價的活動房屋給窮人與移工。在 1960 年代，四處流浪的老年人開著這些拖車上路，並成立了拖車俱樂部；到了 1991 年，在美國註冊的旅行房車（RV）已經超過了 800 萬台。「退休之後，我和妻子徹底改變了我們的生活方式。」一位 60 歲就提早退休的前會計師在 1972 年回憶，在最初的幾年，他們遊遍了全國各地；後來他們加入了沃利‧拜厄姆旅行拖車國際俱

樂部（Wally Byam Caravan Club International）並交上許多新朋友。於是夏天時，他們開著他們那台 31 英尺長的拖車去拜訪家人，並且沿途遊覽觀光；到了 11 月，他們就開去佛羅里達的墨爾本，在那裡，「我們……整個冬天都在跳方塊舞、開派對。」[82]

英國的老年人雖然沒有他們自己的佛羅里達，也退而求其次地做了第二棒的事：搬到英國南岸、西班牙或是澳洲。1981 年時，領養老金的老年人占了英國「老人海岸」（Costa Geriatrica）地區十個城鎮中 1/3 的人口；在十年當中，西班牙的英國與德國居民人數倍增，其中許多都是老年人。英國皇家軍團慈善組織（Royal British Legion）在太陽海岸（Costa del Sol）的成員超過了 1,000 名。1890 年代時，德國人在殖民地爭奪戰中，始終努力爭取他們自己的「陽光之地」，這一次也不例外。路易斯・里烏（Luis Riú）與包機公司達成協議，並讓他在馬約卡島（Mallorca）的旅館可以於冬季開放，於是首波的冬季旅客便在 1962 年的 11 月到來了；到了 2005 年，燕子俱樂部（Club Schwalbe）的假期旅遊已在馬約卡島招待了 4,000 位老年人。馬拉加（Malaga）的總領事估計，高達 50 萬名 60 歲以上的德國人，一年會在西班牙度過相當長的一段時間，甚至大部分時間都待在西班牙；而據信另有十萬人則選擇了南非。[83]

更平價的旅遊、更理想的健康，以西歐的情況來說，還有養老金以及公共醫療衛生服務，這些因素都助長了這股朝陽光之地遷徙的熱潮。然而，若將這個現象完全視為從 1960 年代的包機與假期熱潮延伸出的新商業現象，會是一種誤導；早期的移民和戰爭經歷，已激發了人們對於退休後在異國遊歷的欲望。以英國為例，帝國留下了獨一無二的精神財富；舉例來說，雷蒙・弗拉沃（Raymond Flower）是第一個在義大利奇揚地（Chianti）買下農場的英國人，他在埃及長大，並於二次大戰時於義大利服役。在阿爾加維（Algarve），一位房地產開發商回憶在 60 年代，許多早期的英國居民是在東非獨立後直接來到這裡：「當時有點像是統治印度的時光重現……僕役眾多、酒飲便宜，而且氣候棒極了。」[84]

一系列針對特定年齡的舉措與倡議，激發並迎合了不斷擴大的「銀髮市場」（silver market）。早在 1955 年，美國退休人員協會就為老年遊客推出了大環線（Grand Circle）旅遊，但一直要到 1980 與 1990 年代才真正起

飛。在這段過程當中，老年開始得愈來愈早。1984 年在東京，豐富俱樂部（Yutaka Club）為超過 65 歲的人引進了旅遊俱樂部以及遊輪行程；德國的旅遊集團內克曼（Neckermann）為 59 歲以上的老年人提供特別的城市觀光行程；1986 年，美國退休人員協會在紐約甘迺迪機場（JFK Airport）設立了自己的候機室。奧地利與瑞士率先開創了「50+ 飯店」（50plus Hotels）的網絡，結合折扣與「熱情好客」——據說是該年齡層的顯著特徵。蘇格蘭則為鐵路旅客提供了 55 俱樂部（Club 55）卡。只有在富裕的挪威，一個人必須要到 67 歲才能享有搭乘海達路德遊輪（Hurtigruten）的優惠折扣。

這些商業活動並非存在於真空之中。較為年輕的老年消費者比以往任何時期來說，更是公共當局的寵兒。就像當代消費的眾多元素，從某種程度上來說，他們也是公共政策的產物。1999 年，德國最大的邦，北萊茵—西發利亞（Nordrhein-Westfalia）為促進銀髮經濟（Seniorenwirtschaft），蓋了一座特別的度假勝地以刺激針對老年人的市場與服務。條頓堡森林——德國戰士曾經在此伏擊過羅馬人——如今以「健康療養」的套裝行程來吸引年逾 50 的遊客，北歐手杖取代了刀劍與戰斧。某些城鎮甚至蓋起為老年人設計的「智慧住宅」，並提供老年人自己的網路咖啡館。歐洲地區建立了銀髮經濟網絡（SEN@ER）。在老齡化社會中，老年人成了未來的市場。

如果我們後退一步，全面性地思考這些各式各樣的活躍老化型態，它們揭露了富裕社會老齡化核心之中緊繃的態勢。一方面，活躍老化強調，人們的年齡僅視他們所做的事以及他們的感受而定，因此老年人與年輕一輩之間的界線被模糊了，老年人同樣有享樂的權利，跟任何人一樣可以享受城市假期並培養新的嗜好。1990 年一項英國的研究調查顯示，再沒有比中產階級年輕成員經營的老年俱樂部，更能讓 60 ～ 80 歲的老年人同聲共氣地表達出厭惡之情。這些俱樂部大多將老年人視為消極而被動。他們認為，人們喜愛聚在一起是因為共同的興趣，而不是因為生物學上的出生年齡。[85] 另一方面，大批老年人移居至拖車公園以及退休社區的現象，卻又引發了某種新形態的年齡隔離，雖然美國特別顯著，但歐洲的「老年人」海濱社區亦不遑多讓。

「醒來並住在太陽城，」1960 年一則收音機廣告如此敦促聽眾：「追求積極的新生活方式……別讓退休使你失望沮喪！太陽城會讓你快

樂，它是一個天堂之城。」86 在亞利桑那州的這個退休社區，提供每位居民一份「休閒興趣簡介」（Leisure Interest Profile, Lip）——並一度計畫為老年人蓋一座樂高樂園（Legoland）（參見插圖 59）。加州一座有柵欄警衛的退休社區「休閒世界」（Leisure World）興建於 1960 年代後期，到了 1971 年，有 14,000 居民住在占地 918 英畝的 8,300 個單位中，有自己的網球場、戲劇作品、郊遊行程及業餘愛好商品拍賣會。這類排外的度假式退休社區，也引來不少的批評聲浪。1970 年代初，一位社會學家親身在加州的一座這類社區中待了一年，留下慘淡且陰鬱的描繪：這處新拓居地有一座市政廳活動中心，但既無市長亦無政治活動；有 92 間俱樂部提供 150 種日常活動，但 5,600 位全為白人的居民當中，只有 1/10 固定聽從這座城鎮的格言勸告——享受「積極的生活方式」。在這裡，就連購物都毫無樂趣，因為幾乎無甚選擇，而且沒有任何公共交通；事實上，許多人乾脆出城購物、打高爾夫球，因為更好也更便宜。街道很乾淨，牧場風格的房屋井然有序，但看起來全都一樣，而且毫無生氣；那些希望看到天堂的人，結果是大受打擊。其他的研究調查則較為樂觀。由全國老齡委員會（National Council on Aging）針對美國 5,000 間老年俱樂部與中心所進行的調查，為那些參與積極與創意活動的老年人得出了較高的數字——十個老年人中有三到四個活躍的人。曾為太陽城背後的華德斯—古爾德公司（Walters-Gould Corporation）提供建議的一位休閒專家發現，大部分的居民都認為他們的需求得到了滿足。87

老年人市場發展

老化的身體既因保持年輕與活躍的理想而得到了解放，同時卻也戴上桎梏。老年不再被視為運動與冒險的阻礙，老年人也可以在阿爾卑斯山滑雪並享受滑雪後的社交活動。88 再也沒什麼挑戰對他們來說太過困難。2012 年時，73 歲來自日本的渡邊玉枝成為攀登珠穆朗瑪峰（Mount Everest）最年長的女性；另一位 78 歲的尼泊爾人，則保持了最年長男性的紀錄。監禁生物年齡的牢籠逐步打開。1950 年代引入了「第三年齡」（third age）89 作為實現創造力的新生命階段，亦即在往下走入健康欠佳、依賴、

死亡的「第四年齡」（fourth age）之前的階段；除了最初的第三年齡大學，現在還有線上遊戲俱樂部與其他服務。90 近年來，就連這兩個階段之間的區別都逐漸變得寬鬆；批評家們指出，第四年齡不必然都是壞事，就像第三年齡也不全然都是好事。80 幾歲的運動員也是存在的。一項針對澳洲男女運動員的研究調查注意到，對那些邁入 80 歲的運動員來說，運動持續以樂趣、社交、競爭為目的。很少有人會否認他們的年齡，並且認為運動是為了讓他們的身體保持再一直活動的狀態，這樣他們才不會「生鏽」。91

　　同時，活躍老化的文化將保持年輕健康的責任，轉移到老年人身上。老年不再是無可逆轉的命運，而是個人生活方式的選擇，甚至是一種義務。新發現的自由使老年同時變得更有趣也更痛苦，這是費德里柯·費里尼（Federico Fellini）在他 1986 年所執導的電影《舞國》（*Ginger and Fred*）中所作出的絕妙嘲弄，就在一位老年的電視健身教練宣布「老年已不復存在」，並且指導觀眾如何用古怪可笑的臉部伸展運動、做鬼臉與皺眉，來消除他們的皺紋。92 自吉爾伽美什（Gilgamesh）ii 的巴比倫傳說以來，永生不死一直是人類的夢想。到了 20 世紀末，對永保青春的追求達到了新高。消費文化並非唯一的刺激 —— 還有年齡的醫療化 —— 但它肯定有助於堅定人們深信老化是可以而且應該被完全制止的信念。根據一項估計，2002 年美國的抗老市場價值高達 430 億美元；而在一年之前，根據美國退休人員協會報導，美國嬰兒潮世代中，有 1/2 的人對於變老感到沮喪，1/3 的女性承認自己使用抗老保養品，1/10 則考慮動整形手術。在巴西，動整形手術被認為是很自然的，光在 2000 年就有 36 萬項這類的手術；1990 年代時，不只巴西女性試圖阻止她們的下巴無可避免地下垂，就連巴西男性轉而求助手術刀的人數也呈幾何級數般飆漲。93

　　活躍老化的風潮於全球崛起之際，呈現的形式也各有不同，這通常取決於悠久的傳統與對老年的理解。在日本，個人被視為有若干能力去遏止*老年糊塗*（*boke*），亦即自我崩解的趨勢，或者至少減緩它；閒閒無事就等於在鼓勵*老年糊塗*的發生，並且讓社區跟著自己一起走下坡。老人被期

---

ii　蘇美史詩中的半神英雄。

望要向他們自己與社會展現自身的價值，被督促著要發展出「每天早上醒來的理由」（ikigai），或說個人的嗜好。健康與主動休閒不僅被視為個人的選擇，在某種程度上，更是老年人與社區之間的一項社會契約；這項契約在 1963 年得到了老年福利法（Law for the Welfare of the Aged）的正式認可，接著是老人俱樂部（Old People Clubs）、老年大學的誕生以及政府對 65 歲以上老人的運動與娛樂所展現的支持。在日本農村地區，老年人的俱樂部非常重要；舉例來說，在城內（Jonai）的小村莊，有 1/5 的居民是當地老人俱樂部的成員。當然，積極的生活態度並非意謂著會自動變成積極的消費者，有些休閒活動並無甚花費，像是下圍棋以及在合唱團中唱歌；然而其他的休閒活動則費用不一。日本老年人中，最受歡迎的消遣活動之一就是槌球——一種快節奏的門球遊戲。一根像樣的槌球桿要價四萬日圓或 500 美元，是十分稀鬆平常的事。94

自 1960 年代起，日本老年人即深受兩種相互競爭的壓力所支配。一方面，年輕人成群從鄉村遷往城市，單身老人家庭的出現擴大了代溝，留給老人孤立隔離與無價值的感受。在鄉村地區，自殺率顯著攀升，疏於照顧與虐待的情況十分普遍；在 2000 年的長照險引入之前，社區提供的照護微乎其微。另一方面，在試圖抓住這塊「銀髮市場」大餅的努力中，老年人作為消費者的價值，受到了前所未有的關注；2002 年，以領取養老金的老人為戶主的家庭中，只有 4% 是低收入戶。商店中出現了會說話的電器、為老年人設計的軟體與互聯網、特製的床墊與保險方案。化妝品公司資生堂（Shiseido）自 1975 年以來就在老人院中開設美容課程，不僅受到女性的歡迎，連男性也趨之若鶩。1990 年代時，大型貿易公司伊藤忠商事（Itôchû）開始派攝影師前往老年人的家中拜訪，以進行市場研究調查。其他公司也引進了有大按鍵的手機以及時尚又輕便的手杖。老人服務提供者協會（Elderly Service Providers Association）推出了「銀髮事業認證」（silver mark），以認證符合老人福利與舒適標準的產品。到了 1999 年，已經有 1,000 家公司的產品蓋上了這樣的標章；同時，適合老年人住宿的飯店則有銀星的認證。老齡化的歐洲甚至轉而向日本取經。95

這些商業的表現絲毫不讓人感到訝異。考慮到老年人控制了如此強大的消費力，值得注意的，反而是他們長久以來是多麼地備受局限。相較於

對青少年的迷戀，廣告商與公司幾乎忽視了他們祖父母的新財富，老年人等於不存在於廣告牌與電視螢幕上。1970 年代在美國與日本，老年演員只出現在 2% 的黃金時段電視與廣告中。96 1960 年代時，有些營銷人員敦促公司意識到這個由「老傢伙」所組成、有著 400 億美元價值的獨特市場，但他們的請求被置若罔聞。97 一直到 1980 年，才有第一份對於這個「成熟市場」的正確研究報告出現在《哈佛商業評論》（Harvard Business Review）上；而且一直要到接下來的十年，在美國人口普查數據的幫助下，行銷專家才開始將老年消費者細分為較小的群組，將 1930 年以前出生的美國軍人一代（GI generation）之生活方式與消費能力，與戰時出生的嬰兒及戰後嬰兒潮一代區別開來。早期想抓住這個市場的嘗試，往往適得其反；家樂氏（Kellogg's）在 1989 年推出「40+」（forty-plus）穀物脆片，六個月後不得不召回這項產品，原因是它引發了諸多關於年齡歧視的抱怨，並且受到愛荷華州的檢察總長指控為不實廣告，暗示人們超過 40 歲就有特殊的飲食需求。針對 60 歲以上老年人所做的行銷推廣，仍然是商業世界中備受漠視的灰姑娘。根據成熟消費者研究中心（Center for Mature Consumer Studies）的資料顯示，許多公司還是無法理解它們為何要顧及年長的消費者；而即使它們真的觸及了這些消費者，也往往將其視為同質的一群人 —— 即使在現實當中，這群消費者遠比他們之後的世代要來得更為多樣化。98 除了威而鋼（Viagra）與座椅電梯之外，年長的消費者在消費市場中，基本上仍保持著被視而不見的狀態。

簡言之：老年人、主動休閒以及第三年齡愈來愈正面的形象，使老年人逐漸成為富裕的消費社會中不可或缺的一部分。但是，這項轉變是由老年學、公民文化、更完善的養老金與福利制度共同驅動，而非由公司企業所帶動；因此，它尚未征服麥迪遜大道。老年人仍然是年輕人的俘虜，至少在商業世界中仍是如此。

亞洲其他國家的狀況

截至目前為止，我們處理的都是富裕國家中的富裕老年人；但是從全球的角度來看，他們當然還是少數。全世界的老年人，只有 1/3 住在歐洲

與北美；1999 年時，超過半數的老年人住在亞洲，那裡的老齡化社會至少同樣引人關注。日本在 1960 年代時已過渡到富裕社會，這點我們已經討論過了；至於亞洲的其他國家，20 世紀後期的發展與都市化，導致生育率的急遽下降：舉例來說，1950 年代的新加坡，一個女人生上七個孩子是稀鬆平常之事；20 年之後，兩個孩子的家庭卻成了常態。而韓國更使歐洲的老齡化進展看起來像是以慢動作發生，1990 年，每個超過 65 歲的老年人與 15 歲以下的孩童，比率是 1：5；到了 2020 年，這個比率成了 4：5 幾乎快要相等了。

亞洲社會的老年也成了愈發密集而強烈的消費體驗，這種現象可以呼應西方老年人獨立、休閒的趨勢到什麼程度呢？歷代之間不同的生活安排，不僅對花費時間金錢的資源與機會造成衝擊，也使這個答案變得相當複雜。畢竟獨居跟住在子女的屋簷下，是截然不同的兩個世界。1980 年代晚期在泰國，只有 1/10 的老年人不與他們的子女同住；但在美國，這個比率是 3/4。[99] 然而，這種歧異並非無法改變的文化 DNA；1980 年代在台灣，與子女同住的老年人比率從 2/3 下降到 1/2。東西方之間一項主要差異在於，歐洲在百貨公司開始大行其道之際，數代同堂的大家庭早已不復存在，但在亞洲，消費文化在 20 世紀末起飛之際，數代同堂的大家庭仍然完好無損而並未受其影響。[iii]

這兩者短兵相接的結果，以不同的方式呈現出來。在較為富裕的新加坡，政府將資源與權力傾注於三代同堂的家庭，以所得稅寬減額與孝道的宣揚作為手段；幾乎有 85% 的老年人仍與子女同住，家庭仍然提供第一線的支持。同時，政府也將老年人視為「寶貴的資源」，並以槌球場以及太極拳武術練習的空間來支持「積極的生活方式」。[100]

相較之下，在印度，一項 1995 ～ 1996 年的全國性調查資料顯示，超過 2/3 的老年人仍然依靠他人度日，將近 1/2 的老年人仍在工作。大部分老年人跟配偶同住，1/3 跟子女同住，大都是出於必要，而非出於選擇；雖然許多老年人想選擇獨居，但只有 5% 是真正落實了獨居的選擇。僅有

---

iii 一如往常，當然會有例外的存在，例如匈牙利與義大利北部，那裡的寡婦被認為理應要搬去兒子的家裡住；Kertzer & Laslett, Aging in the Past.

1% 接受機構的照護，而儘管有些老人之家有電視與收音機，但他們對於活動都興趣缺缺。*101* 大部分老年人都很貧窮，並在他們的暮年成為依賴的消費者，斤斤計較於他們的住所、食物、醫藥以及衣服。比之他們的德國與日本同伴，他們在娛樂與休閒上的花費，可說是微乎其微。

家庭的經濟生活仍然相當複雜。我們往往以為，在南亞多半是老年人搬去跟他們已婚的兒子一起同住，但情況常常相反。同樣地，金錢也朝兩個方向流動；許多老年人會資助他們未婚的子女，但也有人必須任由他們已婚的兒子擺布。顯而易見的是，婚姻家庭不斷增加的需求，使善盡孝道之舉不再那麼輕鬆；「他們不需要，我也無法給」是今日人子齊聲合唱的副歌。歡愉是保留給年輕人的特權，這是印度的古老觀念，自 1980 年代以來，消費文化的進展與不斷提升的期望，又強化了它；年輕人是與生俱來的消費者，這個觀念更是甚囂塵上。與富裕的西方比較起來，主要的差別在於，西方的老年人看到他們的需求逐步擴展，然而印度貧窮的老年人則看到他們的需求逐步縮減；老年彷彿標記出消費與享受商品的權利就此結束。在印度南部的坦米爾納杜邦（Tamil Nadu），有句俗諺說：老年人的生命結束了；那麼，何必浪費金錢與商品在這些行將就木的人身上呢？老年人被期望是沒有食慾、也不需要舒適與便利性的一群人，因此，他們得到的食物與醫藥極少——少到離譜。與其穿上一件色彩繽紛的紗麗，一塊灰暗、即將丟棄的破布就夠了；既然老年不是由生物年齡、而是由活動與感官慾望的衰退來定義，那麼，若說老年人擁有充滿樂趣、積極活躍的黃金歲月，這種說法就成了一種自相矛盾的修辭法了。*102*

然而，對印度中產階級來說，老年有不同的面貌；這裡的中產階級跟他們同齡的西方人一樣，消費的商品持續在增加。1990 年代在中產階級區浦那（Pune）的德肯・金卡納（Deccan Gymkhana），60 歲以上的女性有超過 1/3 擁有攪拌器、研磨機以及烤箱，1/9 以擁有洗衣機而自豪。除了匯款金額之外，成功的移民還從美國帶回了老齡化的新觀念，第一批退休社區如雨後春筍般出現；然而整體來說，即使是對富裕的印度人而言，老年還是跟西方追求獨立生活與主動休閒的趨勢相去甚遠。2000 年時，仍有半數以上的印度老年人與他們的子女一起生活；在德里西北部的中上層社區拉納普拉塔普巴格（Rana Pratap Bagh），1/5 的老年人仍持續擔任會計師

或店主，貢獻收入給他們的家庭。退休人士的生活並非完全不受商業休閒活動影響，許多人也會去看電影或看電視，但他們亦不由商業休閒活動所定義；他們大部分的閒暇時間都用在拜訪寺廟與親友，只有 1/8 的人擁有一項積極的嗜好。103

團結互助

　　若以社會學家齊格蒙・鮑曼（Zygmunt Bauman）的意象來形容，今日的世界有時被稱為「液態」的世界；人們不再形成「真實」穩固的連結，而是從一個「虛擬」的瞬間參與轉換到另一個，宛如焦躁不安、永無止息的鰻魚。104 以此觀點來看，消費文化以其夢想世界、物質誘惑以及追求個人欲望的特許專利，成為堅實人際關係的主要 —— 即使不是唯一的 —— 溶劑。

　　我們依序檢視了每個世代。最後，簡要地檢視它們之間的關係，是不可或缺的步驟。財物漸增的數量以及對於生活方式與特定年齡身分認同的重要性，是否導致世代之間的分崩離析？對於家庭這個作為不同世代間彼此照顧的主要機構來說，商品、品味、物質舒適度，有什麼差異與區別？

　　我們很容易將矛頭指向個人主義的實質表現形式。到了 1950 年代，大部分美國人不再跟他們的孩子住在一起。即使是在日本，到了 1980 與 1990 年代，三代同堂家庭的數量也已減少了一半，而老年人獨居的數量則增加了一倍。然而，共同居住率的衰退，並未自動讓我們得知家庭的情感生活面向；值得提醒的一點是，早在消費商品與休閒打造出青少年與積極活躍的老年人之前，西方多代同堂家庭就已式微，沒有證據可以顯示分開居住的型態會削弱世代之間的聯繫。1992 年在法國，9/10 於戰時出生的孩子（出生於 1939～1942 年）會為他們年邁的父母提供居家的幫助；105 總的來說，交通運輸與電信服務縮小了空間並沖淡了實際的距離影響。大部分德國老年人都住在距離他們子女不到一個小時路程的地方，在阿爾卑斯山南部，有許多父母與子女會住在同一個社區，有時甚至是在同一棟公

寓大樓中；當家庭成員住在附近而非住在一起時，他們反而會相處得更為融洽。

　　消費以三種主要的方式在世代間發揮黏著劑的功能。首先，父母本身會蒐集許多物品、禮物以及財物，並且在邁入老年時仍然保有它們，以回憶子女的點點滴滴。其次，作為個人品味與身分認同的標識，商品與休閒的擴散與範圍，會促使子女與父母對彼此之間的生活方式更加寬容與尊重，教導他們在生活中容忍彼此的差異。誠然今日的家庭仍不乏緊繃關係與暴力相對的現象，但倘若以為是消費商品的登堂入室才導致這些現象產生，是過於天真的想法。休閒與娛樂創造出年輕人與老年人共同分享的空間與經驗，權威或許已被化解，但在這樣的過程當中，衝突亦然。1960年代中期，一項在倫敦東區進行的研究調查發現，大多數青少年認為他們的父母相當善解並寬容；在德國亦然。當時的研究人員注意到「今日的家庭不再是典型困難並持續發生世代衝突之所在」。106 比之 20 世紀初，20世紀後期的父子關係無疑變得更為溫暖、更能相互諒解；同時，從工作轉變到休閒的社會價值觀，更進一步緩和了其他世代與老年人的關係。如今，退休不再烙印著無用的汙名，積極活躍的休閒活動使老年人重新融入社會，每個人都是一名消費者。

　　最後，資源的轉移挹注了消費，在家庭與國家中皆然。今日，消費與照顧工作相互共生，而非使家庭四分五裂。在富裕社會，中年婦女是照顧者也是消費者，當年邁的祖父母沒能去學校接他們的孫子孫女時，他們中年的女兒會照顧他們。老年人則會貢獻禮物、時間、金錢以及愛給他們的子女與孫子女。現有的數據指出，富裕會加強而非削弱這樣的循環；在美國的 1960 年代——所謂消費社會的黃金十年——老年人贈予他們的子女與孫子女的禮物與提供的協助，極為顯著地增加。1071996 年在德國，1/3 的老年人會轉贈平均 3,700 歐元給他們的子女或孫子女，相當於公共養老金總額的 10%。108 倘若沒有這些父母親的轉移贈予或是許多父母親提供的免費育兒服務，年輕的家庭能負擔得起多少住宅、旅遊假期以及家用電器？孫子女們的衣櫃與臥室將會是半空的。從國家層面來說，政府會監督大型的世代轉移贈予，使大部分老年人得以參予消費社會；倘若沒有養老金，老年人會重新陷入貧困與依賴。在撰寫本文之際，政府可能試圖提升

符合領取養老金的年齡並改變捐助金額。儘管如此，即使是自二次大戰以來最糟的經濟衰退期間，也沒有人想到完全廢除這項世代之間的契約。階級戰爭並未被世代戰爭所取代，就這點而言，消費的確值得若干讚揚。

第十二章

市場之外的市場

人們走進一間商店，比較店裡所提供商品的價格與吸引力，再看看自己的錢包，然後做出購買決定，並在櫃檯付帳。簡言之，這就是消費如何運作的普遍看法。對於批評者與支持者皆然，消費已成為市場中個人選擇的同義詞；他們或許不同意選擇的優點，但絕不會質疑它的核心地位。1 當然，我們如此一心一意專注於「選擇」有充分的理由；人們從未擁有如此多的選擇，至少在富裕的世界中是如此：美國人可以選擇 300 種品牌的穀類早餐，歐洲人可以選擇 100 種除臭劑，澳洲人可以選擇 1,000 種抵押貸款。有時候，社會似乎變成了一座巨大的購物中心，學生被鼓勵要到處搜尋好課程，病患也被鼓勵要四處尋找好醫生，諸如此類。

然而，這種對於選擇的執著有它的代價。其中之一就是，它會使我們在檢視過去時，傾向於只去注意某些跡象──某些能被辨識出導致了現在發展的預兆。20 世紀末，超級市場、廣告以及信用卡宛如里程碑，出現在通往選擇、個人主義、市場這個新自由主義三位一體的道路上；從這個角度來看，消費掀起的歷史巨浪，正是私人選擇不折不扣的勝利成果。我們已見證了這樣的觀點，忽視了帝國、意識形態以及社會習慣與常規習俗所發揮的影響力與扮演的角色。其次，將消費視為選擇的雙胞胎，會讓它看起來宛如公民生活與集體利益的天敵。當代的歷史就像是翹翹板：當消

費往上升時，社會民主就往下降；私人選擇愈多，共同目標就愈少。

　　然而，即使是現在，許許多多的商品與服務仍透過集體的管道提供給人們，在這些管道中，選擇與市場不是不存在、就是極為有限，從公共住宅到公司用車皆是如此。2000 年在英格蘭與威爾斯，光是國民保健體系（National Health Service）中的公共醫院就供應了兩億多頓的餐點，比肯德基與達美樂披薩加起來還多，僅次於麥當勞供應的餐點。2 20 世紀的消費進展，在市場之外跟市場之內一樣深遠；如果我們想了解後者，也必須正確地評價前者，尤其是這兩種團體機構的貢獻功不可沒：公司企業與國家政府。

◇──◆ 公司企業 ◆──◇

　　1792 年，塞繆爾・斯萊特（Samuel Slater）開設了一間免費的週日學校，為他在羅德島（Rhode Island）波塔基特（Pawtucket）的棉紡廠招聘男孩；一個世紀之後，許多公司已將對員工的福利擴展到經營自己的小型福利國。如同美國，在歐洲，工業化與快速成長使雇主面臨了同樣的雙重挑戰：如何吸引熟練的工人，同時不讓工會介入。公司的住房、醫療診所、運動與教育，都是為了維持忠誠、有紀律的勞動力所需付出的代價；如果罷工意謂著要被趕出公司的公寓，那麼行動就很難進行下去。許多養老基金都是在罷工之後被引入，並且限制服務十年或以上的員工才能享有這些權利與津貼。德國鋼鐵製造商克虜伯在 1827 年開設公司時只有七名員工，到了第一次世界大戰前夕，它光是在埃森（Essen）就有 42,000 名工人；同時，它為工人們買或租了 7,000 間公寓，他們的租金，平均比市價低了 20%。第一筆社會保險基金於 1860 年代設立，克虜伯支付一半，員工們支付另一半；一間牙科診所於 1903 年設立，另一間療養院於四年之後設立。家庭主婦們可以在公司所設的零售商店以折扣價格購買香腸與起司，公司圖書館中的 50,000 冊書籍亦發揮了提升教育的作用。3 電子電機業巨頭西門子公司（Siemens）在第一次大戰前，開始把女性員工與貧困孩

童送往波羅的海的國家；1920 年一整年當中，公司的五間度假屋為 2,000 名員工與 1,000 名孩童提供了膳宿；當時，公司的養老金甚至是國家提供的兩倍之多。4

對阿爾弗雷德‧克虜伯（Alfred Krupp）與維爾納‧馮‧西門子（Werner von Siemens）、英國的利華（Levers）與吉百利（Cadburys）以及全球各地無數採行家長式作風的企業家來說，5 公司的負責人就像員工與眷屬們的大家長。公司創立日的化妝舞會比賽、贈予忠誠員工的聖誕節獎金以及（以利華的情況來說）分享利潤的共同合作方案，都是使這個大家庭凝聚在一起的方法。誠然許多公司企業的老闆是受到真誠人道主義衝動的驅使，但人道主義也是一門頗為划算的生意；停工次數的減少、留用率的提升以及生產力的提高，很容易就抵過了養老金與其他服務的成本代價。6

公司城鎮（company town）就是這種集體消費的最完整版本，而且是 100% 的全球化，從法國北部樂克勒塞（Le Creuset）的鋼鐵廠到巴西沃爾塔（Volta）巴西國家鋼鐵公司（Companhia Siderúrgica Nacional）的鋼鐵城都有，7 然而從來就不只有一種單一模式。許多城鎮都蓋在某個不知名的地方，但說到底，它們提供的社會條款與供給的品質與範圍，皆取決於公司業務的類型以及所需要的技能；如果利潤較低，且公司依靠的主要是非技術性的勞動力，剝削就會勝過善意，像是巴拿馬運河，便是建蓋在血汗、淚水之上；8 採礦城鎮亦因條件惡劣與缺乏像樣的服務而惡名昭彰。像樣的公司服務可以造就天壤之別的勞動力——忠心不二或難以控制，公司的商店就是一根可以避開用高價買低劣商品的避雷針，但它也可以因為欺騙勞工辛苦賺來的錢而惡名昭彰；在美國羅斯福新政時期所進行的一項調查，發現公司商店裡的食品價格比市價高上 2 ～ 10%。9 遲至 1968 年，美國罐頭公司（American Can Company）的工人可以從他們的工資中扣抵他們在喬治亞州貝拉米（Bellamy）雜貨店中購物的帳單。在別的地方，公司的擁有者寧願選擇和平而非急功近利，並且拒絕經營自己的商店。1938 年，法蘭克‧吉爾克里斯特（Frank Gilchrist）為他在奧勒岡州的磨坊鎮規劃了雜貨店、酒品店以及乾洗店，但他並未擁有或管理任何一間商店。其他公司企業的老闆們則鼓勵員工利用郵購以及到處巡迴的行商。到目前為止，公司食品的品質是其中最有爭議的一項，糟糕的食堂就是引發騷亂的源頭。一次大戰

期間在太平洋西北部，陸軍軍官發現伐木工人可以享有士兵的兩倍配給量，並且在早餐時享用六種不同的糕餅。在梅森城（Mason City），一位記者注意到「一個男人除非可以每天吃下三倍於自己體重的食物，否則他不能被稱為男人」這句話，相對於實際情況只是略為誇張了些；因為在那裡，日常的飲食往往就是一份丁骨牛排搭配三分之一磅的培根。10

在亟需熟練技工的鐵路城鎮與造船廠，集體的必需品供給又是另一番截然不同的光景。1881 年，當普爾曼公司（Pullman Palace Car Company）在伊利諾州建起它自己的城鎮，除了提供公司住房之外，還以旅館、戲院、商店的商場以及教堂作為號召；伊利諾州的普爾曼正是閉環經濟（closed-loop economy）的典範，創造出農場與刀叉之間的良性循環：在公司的商店裡，工人們購買的蔬菜，是在公司農場中以當地汙水網絡所收集的人類排泄物來施肥。娛樂設施則是仁慈有愛心的公司城鎮之驕傲。諾頓工程公司（Norton）的所在地印第安山（Indian Hill），就位於麻薩諸塞州伍斯特市外，勞工可以在公司棒球場上打球、划船或是玩多向飛靶射擊；公司還為業餘的園藝愛好者、攝影師以及集郵者設立俱樂部。在夏天的傍晚，諾頓公共浴場還在當地的湖上提供了一處休閒場所。11

公司城鎮之於商業消費的影響

公司城鎮對往往被視為消費社會特徵的休閒商業化以及與公眾生活的分離，提供了重要的抵銷趨勢。生產與消費可以合而為一，而這幅願景，再沒有比位於今日捷克共和國（Czech Republic）的茲林（Zlín），有就是巴塔製鞋王國的摩拉維亞（Moravia）基地更能清楚展現的地方了。托馬斯・巴塔（Tomáš Baťa）在 1894 年開設了他的第一間小型工廠，到了 1931 年，他的工廠生產了 3,500 萬雙鞋，並且直接或間接地僱用了鎮上三萬名居民中的一大半人。這間公司也生產塑料、輪胎，並從 1927 年開始擁有它自己的電影部門。托馬斯・巴塔成了這個鎮的雇主、房東以及市長。身為亨利・福特的仰慕者，他將這座公司城鎮變成現代生活的一項盛大實驗，以標準化的大規模生產搭配標準化的生活方式：公司住房的聚落是由功能主義著眼的兩層樓、兩戶家庭之立方體所組成的一塊棋盤，每個立方體為

8.5×9 米大小。公司爭取到現代主義先驅柯比意（Le Corbusier）對員工公寓的設計之認同；這位建築師評論巴塔的這座城鎮，感覺像是「一個嶄新的世界，似乎到處都充滿了幸福與快樂」。12 而員工們在休閒時間所從事的活動，也或多或少由公司來組織安排；當地的管弦樂團就是公司的管弦樂團，健康醫療與體育運動也是以公司為主，鎮上聳立著十層樓高的「社區之家」，裡頭有旅館與保齡球館。巴塔的大型電影院有 2,500 個座位，是當時歐洲最大的一座電影院，為居民提供免費的表演節目；而在一座以製鞋起家的鎮上，在足部保養療程中播放電影，倒也算合情合理。到了納粹在 1939 年 3 月 15 日挺進摩拉維亞時，巴塔帝國已擴展至全球各地的衛星城鎮了，從鄰近史特拉斯堡的巴塔鎮（Bataville）、艾塞克斯郡的東提爾布利（East Tilbury），一路來到巴西的巴塔圖巴（Batatuba）——由托馬斯的同父異母兄弟簡（Jan）所成立。在歐洲，數支巴塔足球隊伍也為爭奪公司盃而互相競賽（參見插圖 66）13。

　　以工業紀律的角度來說，公司城鎮在很大程度上是可以被理解的，它們的福利服務是讓員工封口的工具，美國的工會支持者在一個世紀之前即譴責過這些公司企業的「苦利」（hellfare）服務。歷史對此的定論有好有壞，對有些公司來說，較佳的服務會帶來忠誠與和平，但對其他公司來說，這些服務並無法遏止罷工。14 然而，我們的關注焦點，主要並不在於生產力與工作紀律；因為對消費市場來說，公司的地位同樣重要，它們是新生活方式的學校，灌輸員工新的習慣與品味，並教導他們如何花用自己的時間與金錢。

　　公司企業的貢獻會以幾種形態呈現出來。第一種關於空間的形式或許很明顯，但儘管如此，仍值得我們再三強調，許多公司城鎮就蓋在寸草不生的偏僻所在，也是方圓幾哩內唯一可以提供員工娛樂的所在。在太平洋西北部與其他許多偏遠地區，都是採礦、伐木以及鐵路開始讓商店、酒吧、劇院出現在地圖上。更廣泛地說，公司在傳播運動競賽的新文化方面，發揮了至關重要的作用（參見插圖 64 與 65）。英國足球隊「曼徹斯特聯隊」（Manchester United）以鐵路團隊起家，美國足球隊「綠灣包裝工」（Green Bay Packers）一開始也是在罐頭肉品業；15「德勒斯登迪納摩」（Dynamo Dresden）、「莫斯科火車頭」（Lokomotive Moscow）以及類似命名的俱

樂部，繼續將他們的產業起源穿戴在他們的袖子上。早在兩次世界大戰之間，隨著商業發現了運動對企業形象與公司士氣的價值，管理與運動便形成了共生的關係。法國的寶獅汽車（Peugeot）推廣運動為「青年的道德與體育教育者」，並強調它在教導員工為實現共同目標一起努力的心理益處。1920 年代，科隆的市長，亦即西德未來的戰後總理康拉德·艾德諾（Konrad Adenauer），也同樣視「運動為德國人民病床上的實用醫生」；當時，在一個像漢堡這樣的城市中，166 間公司的運動俱樂部，與 14 個由市政當局管理的運動俱樂部舉行競賽，其中沒有任何一間俱樂部比警察俱樂部更大。16

其次，在釋放購買力、加強福祉方面，社會服務的規模值得肯定。19 世紀中期，西門子公司發給員工相當於一個月薪資的年度聖誕節獎金。並非所有的公司住房都很划算，但整體來說，它們都使家庭有機會省下租金；在一個政府福利幾乎不存在的時期，這些由公司提供的服務，重要性更是倍增。1916 年在美國，1,000 間公司為它們的 60 萬名員工及其家庭眷屬提供住宅福利；相較之下，1989 年政府提供了 130 萬個單位的公共住宅。17 當然，並非所有的服務都是免費提供的。1939 年一項芝加哥的調查研究發現，只有 1/8 的公司支付員工所有的休閒娛樂費用；18 其他的方案不是公司自給自營，就是跟員工對半分攤費用。不管多麼地有限，這種非工資的福利對實際消費水平貢獻良多，這是依賴薪水調查的統計數據中缺失的部分。動態、長期的影響同樣重要。醫療健康與娛樂休閒服務不只是眼前的儲蓄，更提升了未來的生活品質，以及隨之而來更大的消費潛力。經濟學家強調這樣的影響對發展中國家的作用，19 但它們在西方社會的工業化熱潮中扮演了同樣重要的角色；誠然公司是出於本身的利益動機才引入這類服務，即使如此，也不該掩蓋它們對福祉的貢獻。

許多公司城鎮公然致力於今日所謂的生活方式之改變。他們的使命是將農民與移民社會，化為「有益健康」的消費模式，跟史達林主義者在1930 年代的蘇聯所做的嘗試並無太大不同，這很大程度上與紀律與克制有關。把錢花在華而不實的珠寶上炫耀，可能會引發鄰居之間的嫉妒並要求提高工資。聯邦鋼鐵公司（Commonwealth Steel）會派出家訪人員以監控負債的員工，並且教導他們如何量入為出。閒散無事是被蔑視的，因此提供

了各式各樣俱樂部與公民組織的公司，對於過度活躍的休閒模式傳播也負有相當的責任。1940年在印第安納州，一位美國的研究人員拜訪一間大公司時，發現有600支擲蹄鐵套柱遊戲的隊伍在午休時間進行競賽；[20] 主管們認為，忙於丟擲馬蹄鐵或是較勁誰的花園最美，會讓員工們既無時間亦無精力成為革命者。

同時，公司也帶領著農村工人與外國工人駛向一個充滿舒適、便利以及物質欲望的嶄新世界。在摩拉維亞，巴塔的督導人員會順道拜訪家庭主婦，以確保他們的現代住宅符合現代的清潔標準。在美國的公司城鎮中，「鄰里住家」會提供如何使用瓦斯及電力煮飯的烹飪課程；也是在這裡，許多家庭擁有了他們的第一台勝利牌（Victrola）留聲機。[21] 再沒有人比亨利·福特對物質文明的力量更深具信心了，1920與1930年代末，他致力在巴西打造一座橡膠農園（福特之城〔Fordlandia〕），將電力帶入叢林深處；[22] 他深信收音機、唱片以及公司影片，將可使在農園工作、來自各種族的工人美國化。但最後，這項計畫並未成功提供任何生產汽車輪胎的橡膠，只給當地帶來了對大眾商品的品味與喜好。

福利的擴展

到了1950年代，美國公司不再只對它們的男性員工提供運動活動，也開始對整個員工的家庭提供休閒活動。一項當代的研究調查發現，時裝表演是女性娛樂節目中最受歡迎的一部分；在當地百貨公司的協助下，許多公司每一季就會安排一場這樣的表演，而百貨公司也樂於提供最新的款式，並且常常會派出「真人模特兒來展示這些時裝」。[23] 公司商店開始販售服裝與電子產品，而在俱樂部的房間裡，自動販賣機也出售汽水飲料與糖果棒以協助支付娛樂節目的費用。此外，工作場所經常提供私人消費世界的基本設備。1966年4月25日，當茱麗安娜（Giuliana）在米蘭嫁給安東尼奧（Antonio M.）時，大喜之日那天，製藥實驗室的同事們送給他們一台洗衣機；而他的辦公室夥伴們則貢獻了一台冰箱。[24] 在奇蹟年代時，贈送這類禮物在許多歐洲國家中是種常見的習俗慣例。

公司服務牽涉到免費供給與自由選擇之間充滿爭議的取捨。當福特之

城的工人們在 1930 年聖誕節前三天，被通知餐桌服務被廢除時，他們砸毀了自助食堂；這股怒氣針對的不只是被服務而已，他們的需求還包括選擇自己休閒活動的自由以及終止禁酒令。歐洲與美國的許多公司城鎮都像一座黃金牢籠。普里斯特里（J. B. Priestley）在他的《英國之旅》（*English Journey*）（1934 年）一書中描述，當他過訪伯明罕城外吉百利公司的伯恩維爾，他寫道：「世界各地先進的人們所要求的人道對待，這裡的勞工已然擁有。」他們享受舒適的住房與養老金計畫、體育館與俱樂部房間，工廠還有自己的音樂廳，而且「在傍晚幾乎與白天時一樣忙碌，各種遊戲、音樂、戲劇、講座、課程、嗜好、會議，讓這個地方火力全開。」然而，這個地方有點使人膽怯。這個公司是一個完整的社會，他擔憂，勞工們正以獨立性為代價來交換他們的利益。「我非常樂於，」他在離開這座聚落時寫道，「看到勞工結合起來爭取這些福利待遇……〔同時〕看到他們利用他們的休閒活動並要求增加這些活動，但不是以受到優待的員工身分，而是以公民、自由的男女之身。」[25]

到了 1950 與 1960 年代，這座黃金牢籠已失去若干光彩。公司得以控制休閒娛樂的主因是地點，而使他們失去控制權的主因則是汽車；機動性縮減了實質的空間距離，從而降低了它們對娛樂活動的壟斷，澳洲的經驗證明了這項事實。二次世界大戰結束時，娛樂與旅行主要仍然是屬於共同完成的活動，進行一趟短程旅行，意謂著跟同事們一起搭公司的車子出門前往目的地；到了 1959 年，這類以工作為主的共同活動已大幅減少。一位政府官員指出：「與團體一起搭乘特別的火車、渡輪或巴士前往野餐地點，這種旅遊所帶來的興奮感與歡樂氣氛，面對家庭愈來愈傾向於駕駛自己的車子、在自己安排的時間去旅行的趨勢，已失去吸引力。」[26] 私人得以接觸到飛機與汽車的管道愈來愈多，使同樣的情節不斷在整個富裕世界重複上演。

企業主導的消費是否就此畫上句點？我們習慣將 1930 年代視為福利資本主義的巔峰時期，大部分作者皆深受美國經驗的影響，認為羅斯福新政一方面藉由提供替代性的國家服務，一方面禁止公司利用娛樂委員會以迴避工會的介入，使得以公司企業為主的福利失去了核心吸引力。[27] 如果公司必須放棄對這些設施的控制權，為何還要費事去蓋一座健身房呢？的

確，這類設施在不景氣的 1930 年代都關閉了；1/3 的夏令營與 1/4 的運動項目被解散，半數女性社交指導員被解雇，*28* 公司住房也被廉價出售；但這並不代表勞工們已一無所有。只關注福利資本主義中家長式專制作風的一面，會分散我們對於公司如何在二次大戰後繼續為集體消費做出貢獻的注意力。戰爭並未見證到公司服務的終結，而是它們的改變；即使對美國的經驗來說，這一點也很重要，更遑論它對世界其他地區的重要性了。

在美國，戰爭生產的需求，為工廠為主的娛樂帶來了新的刺激；休閒活動是整合婦女與其他新勞工投入戰爭所需勞力的一個方式，就像它曾經在早期移民身上發揮的作用一樣。愛國精神以及來自聯邦安全局（Federal Security Agency）的支持，減輕了產業提供的娛樂會粉碎工會的擔憂，「打球並打贏這場戰爭」（Play ball and win the war）成了格言，公司企業教美國人如何一起投球。提高生產力與根除曠職率比以往任何時候都來得更為關鍵，有些公司甚至幫員工進行聖誕節採購，並幫他們送洗衣物；戰後，1947 年誕生的「塔夫特—哈特利法案」（Taft-Hartley Act）使公司不再擔心強勢的工會介入，但它們仍然需要員工們來上班、保持警覺並盡力做到最好，因此娛樂又被重新發現並作為管理的有效工具。到了 1953 年，30,000 間公司企業為 3,400 萬名員工花費了大約 8 億美元在安排休閒娛樂活動上，比用於全美所有學校的費用還多。*29* 波音公司激增的俱樂部數量，可以讓我們略窺這樣的現象：1946 年，一個高爾夫協會在太平洋岸的普吉特海灣（Puget Sound）成立，並從其時起舉辦公司的錦標賽至今；1963 年，一個高山社團成立，提供登山與雪鞋健行的課程；三年之後在公司遊憩部門的支持下，滑雪俱樂部（Ski Club）在水晶山（Crystal Moun-tain）買下了一座擁有 72 個床位的屋舍會所，配有遊戲室、壁爐、電視間以及「設備齊全的商業用廚房，附有已調配好的鬆餅材料、糖漿、咖啡、茶、可可、糖、奶精以及若干調味品」。*30* 在低海拔地區，則有探戈與狐步舞、籃球、獨木舟、西洋棋、射擊以及必然會有的飛行駕駛等活動 —— 上述這些娛樂活動，還只是在普吉特海灣這一區而已。

到了 1970 年代，半個世紀之前才占盡主導優勢、儼然公司大家長的老闆們已成過眼雲煙，在歐洲與美國皆然；個人禮物的文化愈來愈盛行，管理階層也藉此來鞏固員工的忠誠度與紀律。公司為獎勵員工數十載的服

務而贈送金錶的日子已然不復存在。諷刺的是，溫和專制主義的沒落以及工會力量在美國的衰退，與公司支出的增加並行發展；托兒所、娛樂活動、養老金以及（特別是在美國）醫療保險都擴展開來，並且開始被視為基本的權利，而非特別的優惠。1954 年，美國公司 20% 的薪金總額是屬於非薪資的獎勵支出，25 年之後，這個比率已提升至 37%。31

自 1970 年代以來，「健康計畫」（wellness）的熱潮興起，以及提倡更健康生活方式的嘗試，應該被理解為一個歷史主題的變化，而非一項新的偏移。就像福特早期一樣，津貼與服務仍然有兩項主要功能：吸引熟練的員工，以及減少因停工與曠工而損失的時間；對應生活方式的改變，這些津貼與服務的形式也改變了。今日，矽谷的高科技公司除棒球外，還會提供消除皺紋的保妥適（Botox）肉毒桿菌給員工。健身計畫除了建立團隊精神，也開始打造個人的生活方式；早在 1944 年，安迅資訊公司（National Cash Register Company）便為它的員工引進了白天與傍晚的運動。到了 1970 年代，抽菸與冠狀動脈心臟病導致的醫療費用飆升，使大型或小型公司都相當頭痛。內布拉斯加州（Nebraska）一家金屬加工公司林肯電鍍（Lincoln Plating），在 1970 年代開始提供員工免費的血壓檢測服務；十年之後，又增加了「午餐與學習」的教育課程；到了 2000 年，一項軟硬兼施的「個人健康計畫」已到位。在工作場所吸菸是被禁止的，每季一次的檢查與個人健康計畫的管理是強制性的，員工甚至獲得免費的計步器來監控他們的日常活動；公司贊助「健康週三」的活動以及年度 14,000 英尺的登山挑戰。成功降低膽固醇與血壓的員工，會得到「消費者導向」健康計畫的獎勵，健身房會員費用會退還給員工及其眷屬；自從這項計畫啟動以來，已經為公司省下了一半的健康醫療費用。飛機製造商洛克希德（Lockheed）也藉由個人健康計畫的幫助，降低了據估 60% 的曠職率。32

這類成功故事是否深具代表性呢？如今，「健康計畫」已成為部分的全球管理文化，但是，一項 2009 年的調查，發現了在實際做法上顯著的區域性差異；在林肯電鍍公司，勞工們的「健康計畫」可能意謂著在每個「健康週三」揮汗如雨，然而在美國的其他地區，「健康計畫」的首要之務是關於免疫接種與流感疫苗的注射。在歐洲，更全面的公共衛生體系使其優先順序正好與美國相反；至於亞洲的公司，則將大部分精力投注於生

物測定的健康篩檢以及工作現場的健康課程。33

從集體到私人

我們很容易想像過去的半個世紀中，商業消費文化的大幅成長必然宣告了公司休閒娛樂活動的死亡。這種想法又太過簡單，畢竟，今日的商業休閒遠比兩、三個世代之前還多，這是不可否認的事實。公司的運動團隊逐漸凋零之際，私人健身房則如雨後春筍般出現，酒吧與餐廳已取代勞工們的社交俱樂部；然而，即使是這樣的趨勢，也不能被過分誇大。在法國，有 250 萬名員工加入了 8,000 間的公司俱樂部；公司之間有體育競賽，同時在 2000 年，青年與體育部發起一個全國慶祝日（6 月 17 日）以支持公司的體育運動。34 現在許多芬蘭人會在他們的工作場所運動，就像在商業健身房一樣；尤其在斯堪地那維亞國家，公司仍持續投資它們的娛樂設備。1970 年代，在哥德堡的克里斯汀內戴爾（Kristinedal），瑞典的軸承製造廠斯凱孚（SKF）興建了一座足球場大小的專用休閒廳：地下室設有游泳池、健身房以及中央廚房，一樓設有餐廳以及主要的運動場館，頂樓則可以讓員工使用休閒室以及自己的電視間；只要些許費用，他們還可以打乒乓球或是在三溫暖蒸氣室中放鬆——從上午六點到晚上十點之間的任何時間皆可使用。如今，這座綜合休閒設施仍屬斯凱孚的員工基金所有，但已對外開放，一般民眾亦可享用。35

商業速食雖已進入了美國與英國的公司與學校之中，但在許多富裕國家中，公司食堂在人們的生活中的重要性即使並未提升，也跟一個世紀之前沒什麼不同。1970 與 1980 年代的斯堪地那維亞國家中，在家以外的地方所準備的食物占比，隨著婦女加入勞動力市場而倍增；此舉不但使商業性質的食品業獲益，也使公司集體的食品部門受惠不少，工會協議與公眾支持，亦是推動這一趨勢的原因——直到補貼在 1990 年代被削減為止。1997 年時，大多數的芬蘭員工都在公司食堂用餐或是自備午餐盒，只有4% 會去餐廳；在歐洲大陸，根據一項 2003 年的估計，1/3 不在家用餐者，都是在公司食堂用餐，相當於每年 60 億歐元的市值。而在半數的情況中，公司會提供食堂餐點的津貼。在巴黎，2/3 的員工會在公司的自助

餐廳享用午餐；做為比較概念，1920 年代一個早期的工業食堂，像巴塞爾的山德士公司（Sandoz）食堂，使用的員工幾乎不到 1/5。在丹麥，有些公司還引進食堂的外賣服務，讓員工的全家人都可以享用食堂的餐點。36

除此之外，公司也提供商業消遣與娛樂補助。許多公司或許不再經營自己的健身房或電影俱樂部，但它們繼續在公司外部支持這類活動。舉例來說，瑞士的製藥巨頭羅氏（Roche）提供了免費的文化通行證，員工與眷屬憑該證可以購買電影院與劇院、馬戲團與鳥眼爵士俱樂部（bird's-eye jazz club）的降價門票，以及巴塞爾交響樂團（Basel Symphony）的半價門票；成立於 1950 年的員工協會，早已不是在聖誕節舞會中分派食物籃的簡單「鮭魚與香腸俱樂部」。在巴塞爾附近，幾乎沒有什麼東西是員工無法以折扣價購買得到的，從按摩、乾洗服務以及家庭供熱用油，到折扣高達 40% 的家用電器。當員工報名參加健身俱樂部時，他們可以收到 100 瑞士法郎；除此之外，公司還提供特別的抵押貸款優惠。37 同樣地，波音公司也推出優惠方案，從汽車與電腦，到鮮花與健身中心，應有盡有。許多私人健身房若是沒有這類公司方案的支持，將會關門大吉；與其將這兩者視為互斥，一者興盛、另一者就得滅絕，不如將其視為「私人」消費文化與「集體」服務彼此互補，後者更撐持起前者。

這兩股繩索廣泛交織於法國，並且由解放運動（Liberation）所啟動。當時太多企業老闆們因為與納粹合作、回歸戰前的家長式專制主義而敗壞了名聲。工會希望有表達意見的權利，政府則希望與產業和平共處，達成重建國家的目標，妥協折衷的結果就是福利委員會制度的產生，根據 1945 年 2 月 22 日的法令而設立。實際上，這些福利委員會（comités d'entreprise, CE）並未真正參與其中，大部分僅提供諮詢而已；它們雖缺乏管理能力，仍以可觀的文化與旅遊預算來加以彌補；任何超過 50 名員工的公司，都需要有一個福利委員會，並且支持它。如今，公司會將平均 1% 的薪金總額用於他們的社會與文化活動；在法國銀行（Banque de France），這個比率甚至高達 7%。法國有 1,100 萬名員工隸屬於福利委員會，這是一筆極為可觀的共同出資消費，2009 年時高達 110 億歐元，精確地說，直接來自雇主的部分有 26 億歐元，另外來自薪資的部分有 78 億歐元，其中大部分都用於資助假期、運動以及托兒所。1982 年為小型公司的員工所

推出的度假券（Chèques Vacances）網絡，又分發出額外價值 13 億歐元的旅館與餐廳優惠券；此外，它還支持一項為單親父母與殘障人士所開設的社會旅遊計畫。38

多虧了福利委員會，勞工們可以在公司的球場上打網球，還可以從多媒體圖書館借閱最新的書籍、影音光碟、電玩遊戲；較小型的公司可以利用每個月到訪一次、有 3,000 本書的「流動圖書館」（bibliobus）。最重要的是，它們可以用低廉的旅費旅行；大部分的福利委員會都有自己的旅遊優惠行程（*offres touristiques*），將一日遊到遊輪行程全部囊括在內，也有其他委員會經營自己的滑雪小屋與青年旅社。1994 年，所有的福利委員會共擁有 25 萬的住宿床位──從薩瓦省（Savoie）的度假村到蔚藍海岸（Côte d'Azur）的夏令營。至於法國的「額外津貼」，享有補貼的露營車遠比公司車來得更重要，一般的法國勞工實際上可享有半價的度假費用優惠；佳能企業（Canon）在庫爾布瓦（Courbevoie）的法國分公司中，每年有 1/3 的員工會在公司的度假村中度假。飛機起落架製造商梅西埃（Messier）補助每個員工的家庭每年可搭乘一次飛機，以及前往科西嘉島與摩洛哥（Morocco）的渡輪；其他公司提供員工迪士尼樂園與阿斯特克遊樂園（Parc Astérix）套裝行程的半價優惠。誠然，上述優惠都經由集體的出資，但這些旅遊已然極少以團體出遊的方式進行；家庭不再以工作團隊的型態出遊，而是開著它們自己的車子駛往落日餘暉。但我們同樣無須過於感傷，大部分勞工在巴黎解放後的數年早已不再一起旅行。1960 年代，只有 1/4 的法國公司有福利委員會，這些委員會在假期上的花費可說微不足道；39 接下來的數十年間，隨著商業包機與套裝旅遊行程的蓬勃發展，它們的旅遊費用才出現了大規模的成長。

大眾化的假期，在兩次大戰之間的年代成了意識形態衝突中不可或缺的一環。法西斯主義者有他們的休閒組織，社會民主主義者與工會人士也有他們自己的組織。英國的工人旅遊協會（Workers Travel Association）成立於 1921 年，剛開始只是安排前往第一次世界大戰的戰場之旅，後來才有度假營的出現；瑞典的雷索（RESO，人民運動旅遊組織〔Folkrörelsernas Reseorganisation〕）則成立於 1937 年，丹麥的工會仿傚了布特林（Butlin）的度假勝地。但在二次大戰中，這些組織幾乎無一倖存。1963 年，國際社會旅遊

局（Bureau International du Tourisme Social, BITS）在布魯塞爾成立，但「社會旅遊 i」已被證明與私人汽車與套裝行程不合；比利時的工會健康與假期組織（Vacances et Santé）於 1938 年成立至今，它的度假屋每年提供 150 萬個晚間住宿，40 但也不過略多於兩艘遊輪的總數。法國的福利委員會則將社會旅遊駛往新方向，成為商業假期的夥伴，而非敵人；它為數百萬的法國勞工所做的事，跟法西斯主義的休閒組織（納粹的「力量來自歡樂」組織）為中產階級為主的人民所做的事一樣：為大眾旅遊鋪好路。41 這或許是福利委員會在歷史上最主要的貢獻。

額外津貼

　　額外津貼在戰後的日本特別重要，因為日本公司是以福利而非薪資來爭取技術熟練的勞工。在 1950 年代，「非薪資福利」可以高達薪資的 8% ～ 25% 不等；2002 年，根據一項研究調查，有 1/3 的員工住在公司的公寓或是領取住房津貼，另有 1/3 的員工收到祝賀金或慰問金，而 1/6 的員工會去公司補助的食堂用餐。在 1990 年代這「失落的十年」當中，公司被迫要削減成本，同時要滿足員工對更彈性的福利之需求，而這一切的答案，就是「自助式福利計畫」（cafeteria plan），讓員工得以從福利菜單上自行選購；西友百貨（Seiyu）在 1996 年時引進這項計畫，包括了從保姆協助與抵押貸款到享用西餐的補貼等各式選擇。十年之後，大約 10% 的日本公司已轉向採用這類「自助式福利計畫」，公司住房被削減、休閒活動也被外包了。到了 2008 年，額外津貼已縮減至據估約為現金薪資的 5%，是自 1950 年代以來的最低水平。儘管如此，在撰寫本文時，令人印象深刻的是有多少公司福利被保留下來，而不是有多少已消失；譬如豐田汽車（Toyota），不僅保留了它的棒球隊以及愛樂樂團，還有它自己的醫院。在日本公司中，有半數額外津貼仍然留在住房補貼上，而對於文化活動與運動的支持，則自 1990 年代起逐漸增加。42

　　隨著公司城鎮的欣欣向榮，一直發展到 20 世紀下半葉無足輕重的地

---

i　又稱「社會補助旅遊」，是由國家、地方政府、公司行號等補助弱勢或低收入家庭旅遊的福利。

606

位，消費仍受益於公司各種方式的贊助，其持久性不僅在西方工業化已久的國家中十分顯著，在諸如南韓這類後起之秀的國家中，亦顯而易見。邁入 1980 年代之後，韓國的企業就像是新兵訓練營，食堂伙食與休閒設施都是保留給享有特權的經理階層；另一方面，擁擠的宿舍與骯髒的浴室經常被抱怨，並且在 1970 與 1980 年代成為引爆罷工的導火線。1987 年的軍事統治崩解之後，出現了決定性的變化；隨著經濟成長變緩，政府被迫在薪資談判中介入干預，提供更多更好的福利，是抑制薪資上漲、遏止罷工、並使勞工在短時間內融入公司文化的一個方法。韓國企業進行了徹底的改造，擺脫了它們對家庭價值觀的專制主義：現代汽車（Hyundai）為運動團隊蓋了運動場，為單身勞工蓋了公寓；樂金電器（LG）的員工可以一起打高爾夫或學習外語以建立團隊精神，而在它的總部，從上到下的全體員工，每個月都會在地下室的公司酒吧聚會一次，免費暢飲啤酒。43

以全球來說，隨著 1989 年共產主義垮台後，東歐的私有化浪潮以及中國，至今仍成功藉由自由化經濟的努力來避免相同的命運，從而出現對公司服務的最大譴責與抨擊。「私有化」意謂著所有權的改變，更重要的是，私有化推動公司專注於自己的「核心業務」並迫使它們放棄在社群中的利益；國有企業實際上就是它們自己的政體，監督著從住房與健康，到運動與音樂的每一件事。1990 年代早期，蘇聯國有企業的社會性支出 ii，共占了 GDP 的 4%；一個典型的蘇聯國有企業，會將利潤的 20% 左右花在勞工的住房、伙食以及育兒上。在波蘭，這個比率是 10%。在中國，員工福利可以高達薪資組成的 40%。44

就像在西方國家一樣，從其時起的私有化降低了這些數據比率；然而，許多服務還是設法存活了下來，其中俄國的經驗，更是適者生存的範例之一。家長式專制主義繼續存在，而且伴隨的正是對自由工會的懷疑與猜忌；在西伯利亞（Siberia）克拉斯諾亞爾斯克（Krasnoyarsk）一座設備工廠的經理，曾在 1996 年解釋為何他的工廠對此現象知之甚詳：「我們提供員工各式各樣的服務，以折扣價格賣給他們食品與消費品，資助醫院、住

---

ii   指政府為滿足社會非物質公共需求而安排用於科學、教育、文化、衛生、環境保護、社會保障等社會服務的支出。

房以及學校，還有房產在克里米亞（Crimea）可以讓他們去度假。我們什麼都做——我們為他們養豬、種蘑菇。」[45] 而新的工會只會批評。所以他說，廢除它才是正確的做法。在整個俄國各地，1990 年代下半葉見證了公寓、幼兒園以及運動場大量從企業轉移到市政當局。儘管如此，2000 年時仍有 1/6 的公司經營著它們自己的夏令營與文化設施；自助餐廳的數量幾乎未變。同時，大部分公司雖然不再擁有自己的運動場，它們現在以補貼勞工娛樂的方式取代。有趣的是，幾乎半數的外資企業會提供員工住房，比俄國國有企業還多。[46]

公司的規模很重要。但娛樂與福利服務從來不只保留給克虜伯、豐田汽車、巴塔製鞋公司之類的工業巨頭，在兩次大戰之間，輕工業、銀行、服務業，也開始贊助公司團隊。[47] 儘管如此，公司提供的服務範圍與公司的規模大小有相當大的落差；一個擁有十幾名員工的家族企業不會試圖要蓋一座泳池，這也是法國政府引進度假券的原因——至少可使小公司勞工享受若干間接的福利。擁有幾百名員工以上的大型公司企業，在瑞典、德國以及英國是常態，但在希臘與義大利則是例外。作為一個消費空間，工作的世界因而產生了嚴重分歧：一邊是安排生活與休閒的大企業，另一邊是頂多只能開個聖誕節派對的小公司與家族商店。然而，我們對公司活動的探討會使我們無可避免地偏向前者；因此在我們結束之前，退一步思考、重拾我們的判斷能力會相當有幫助。別忘了，現代資本主義社會中的大部分勞工，從來沒有把他們的腳趾浸在一座公司的游泳池裡過。大多數的日本勞工都是在中小型公司中謀生，而非日立集團（Hitachi）的「白領上班族」；他們的休閒是什麼？1980 ～ 1990 年，人類學家詹姆斯·羅伯森（James Roberson）觀察東京一間金屬公司的 55 名員工生活；該公司的確隸屬於一間「度假村信託」（resort trust），擁有一間棒球俱樂部，並在一年四節分發禮物與酒給員工，但它的貢獻也僅止於此。日本普遍的看法是，下班之後的生活仍然圍繞著工作團體打轉，但他發現相反的是，大部分員工都與他們的同伴團體，也就是非家族親屬網絡的朋友們一起度過閒暇時光，而不是與他們的同事一起。偶爾，同事們也會一起出去喝酒，但他們大多數的休閒時間都是獨自一人或者跟朋友玩柏青哥、跳舞或釣魚。[48]

國家政府

　　若說 20 世紀的公司企業對消費的貢獻良多，那麼國家政府的貢獻更是不可磨滅。當然，君王與政府總是會在他們臣民的生活中留下印記；在 18 世紀的法國，官員們穿著的精緻羊毛在奢侈品貿易中占了相當大的比率。1871 年，曇花一現的巴黎公社（Paris Commune）提供學校教師免費的家具；在早期的現代英國，貧困人士可以轉而求助濟貧法（Poor Law）。儘管如此，1930 年代以前，各國政府花在健康、住房、教育以及福利上的錢微乎其微；經濟歷史學家彼得・林德特（Peter Lindert）匯總了最全面性的統計數據，發現在 19 世紀時，沒有一個國家在社會方案上花到 GDP 的 3%。到了 1930 年，一小群斯堪地那維亞國家，以及德國、英國、紐西蘭，以 2 ～ 5% 的 GDP，領先所有已開發國家；49 到了 2007 年，這個數字在已開發國家中已攀升到 20%，在法國則是 29%。50

　　　這些數據涵蓋了「社會性支出」，尤其是養老金、醫療、收入補助，但這些只是整體「公共消費」的一部分，公共消費的範圍可從飛彈彈頭延伸到博物館。國家是個貪婪的消費者，在今日的歐盟，公共採購與服務占了 16% 的國民生產總值（GNP，gross national product），公家機關每年會購買將近 300 萬台的桌上型電腦。作為消費者，國家對環境與經濟都帶來了巨大的衝擊。一項國民健保體系的研究調查發現，2004 年時，英國醫院的碳排放量比整個愛沙尼亞（Estonia）還多；其中有些是來自建築物與交通運輸，但有 3/5 是來自藥品、食物以及設備的採購。51

　　國家也間接助長了消費，其中一項工作是提供所有人共享的「公共財」，但這些產品的市場不會自發地被創造出來。52 不論是否有納稅，每個人都能受益於和平與安全；長期來說，和平的政體會造就一個更繁榮的國家，而其他類型的政府行動，則可實現特定種類的私人消費。如果沒有道路，開車就沒有了樂趣；國家統計數據將這類基礎建設的支出視為投資。2009 年在歐盟國家中，政府在交通、能源以及通訊上的支出，占 GDP 的

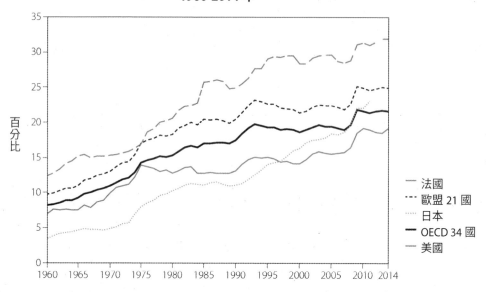

特定 OECD 國家之公共社會性支出占 GDP 百分比
1960-2014 年

來源：《經濟合作發展組織社會性支出數據資料庫》（OECD Social Expenditure database）
（2012、2014），www.oecd.org/els/social/expenditure。

4%；53 另一方面，「公共消費」被定義為政府承擔所有商品與服務的購買，範圍從學校與醫療保健，涵蓋到養老金與潛艇；然而這項定義不但會產生一份極為冗長的購物清單，而且問題重重。舉例來說，教育可被說成是一項投資，而不屬於「公共消費」；但是，真要刪除它，又會造成新的曲解，因為「私人消費」也將家庭花在學校教育上的開支計算在內。對我們的目的來說，國防開支是我們較不感興趣的部分，一來它帶來的益處更為分散，二來它與其他類型的公共消費截然不同，譬如政府直接以養老金或收入補助的形式或是間接以補貼上劇院或使用游泳池的方式放進消費者口袋的美金或歐元。接下來，我們主要關注的公共消費類型，是那些可對人們享受商品和服務的能力產生實際影響者，也就是社會福利移轉性支付以及文化與娛樂的公共支出。

對消費社會的傳統描述，往往以私人消費的市場活動作為衡量的標準，譬如可支配收入與 GDP，而公共支出往往被忽視了；例如，斯密先生與斯密太太的消費水平，看來就像是薪資與價格的作用而已，但這是過

於天真而單純的觀點。富裕社會中，有許多家庭是完全或部分依賴非市場來源作為其實際的消費：公立學校、醫療保健、養老金、兒童福利、社會住宅、失業救濟金，這份清單還可以繼續列下去。因此，僅依賴 GDP 作為生活水準的指標——雖然許多評論家都這麼做——同樣充滿了問題。正如其名，GDP 衡量的是為市場生產的產品，但並未對我們闡明所有被消費的事物；諾貝爾得獎團隊約瑟夫·史迪格里茲（Joseph E. Stiglitz）、阿馬蒂亞·森（Amartya Sen）、讓－保羅·菲圖西（Jean-Paul Fitoussi），指出公共服務與支出究竟有多麼重要，他們開發出衡量經濟績效的新方法。他們指出，在法國與芬蘭，一旦社會福利移轉性支付被納入考量，家庭的最終消費支出便會暴漲到 20%。2007 年時，法國政府將 2,900 億歐元導向家庭，主要是以公共醫療保健服務以及教育的形式；相形之下，在美國，這類的移轉性支付只添加了 10%。54 在法國與芬蘭，真正的消費更接近美國的情況，而非標準國民經濟核算（standard national accounts）希望我們相信的情況。一個原先被隱藏起來的消費世界，豁然出現在我們眼前。

自 1950 年代以來，人們往往傾向於批評富裕社會以犧牲公共物品為代價，而促進私人消費；高伯瑞在他 1958 年的暢銷書《富裕的社會》中，極為出色地演繹了這個強而有力的想法。55 這是極糟的歷史沿革。事實上過去半個世紀的記錄，講述了一個截然不同的故事；一個國家愈富裕，它投入醫療保健、養老金以及教育的公共資金就愈多。的確，某些國家在社會福利上的開支還是比其他國家多；法國的社會性支出，占 GDP 的 30%，而美國僅 20%，韓國僅 10%。儘管如此，這個比率往上攀升幾可說是整體的趨勢。1960 年時，OECD 的平均社會福利支出，占了 GDP 的 10%；到了 2007 年，這項占比幾乎倍增到 19%，就連今日韓國在福利上支出的 GDP 占比，都是一個世代之前的三倍。荷蘭與愛爾蘭自 1985 年以來的相對下降，已成為這項通則的例外。若干國家略微降低了它們相對於 GDP 的社會福利支出（英國與德國降低了 2%），但整體而言，對富裕國家來說，也就是 OECD 的國家，它們在 2014 年的這項占比，相當於 2009 年經濟大衰退之前的占比，正好超過 21%（社會福利支出的 GDP 占比）；的確，日本、芬蘭、西班牙都增加了 4%。緊縮開支的舉措對窮人與弱勢族群的傷害特別大，但是否大部分政府都能扭轉公共支出的歷史浪

潮，尤其是那些老齡化人口眾多的國家，仍有待長期觀察。56

　　富裕的時代（1949～1973 年）因私人消費的欣欣向榮而在歷史上占了一席之地，但這並非實際全貌。在美國，聯邦消費支出（不包括國防）從 1950 與 1960 年代的每年均增 2.7%，攀升至 1970 年代的每年均增 4%；1950 與 1960 年代，國家與地方消費支出，分別以每年 4% 與 6% 的速度增長。1958 年，高伯瑞出版《富裕的社會》這一年，美國政府的支出成長超過了 5%，是私人消費支出成長速度的兩倍。沒錯，在大多數年代，私人消費支出的成長速度超過了公共消費支出；但重點在於，這些黃金歲月中的公共消費並未緊縮，反而擴大了，不論總金額或是 GDP 占比皆是如此。到了 1978 年，於社會保障和醫療保健的公共支出已超過軍備費用。57

公共支出與社會福利移轉性支付

　　政府支出對財富與福利造成的影響，這個問題使凱因斯以來的經濟學家產生意見分歧；若一名歷史學家想三言兩語解決這場爭論，也太過放肆了。公共支出並不必然是一件好事，在某些情況下，它可能會取代私人支出；在戰後的奇蹟年代，也就是經濟高度成長的數十年間，挾著高就業率的優勢，公共資金或許並未「擠占」掉太多私人支出的空間，但很難衡量其直接影響。舉例來說，在加拿大，聯邦福利移轉性支付對於戰後消費的立即刺激，扮演了極重要的角色，但在通貨膨脹侵蝕家庭的補貼金時，卻失去了它的影響力；自 1949 年以來，消費信貸的上升與儲蓄的下降變得更重要。58 但是，公共支出的眾多動力對消費的影響是間接的，譬如加拿大對房屋所有權的支持，以及美國對軍人權利法案（GI Bill）與南部邊境的抵押貸款補助金之影響；1950 年代，加大拿蓋了超過 100 萬間新屋，大部分是獨立式住宅。倘若在建造房屋與修築道路上沒有這類政府提供的補助，有多少冰箱與汽車可以被售出？

　　對歷史模式的若干一般性觀察可能有幫助。公共支出的遽增似乎並未對富裕造成傷害，否則，法國、瑞典以及德國就會淪落到救濟院了。1964 年的美國，比 1954 年的境況更佳，但當時美國在福利上的開支卻是倍

增。對所有資本主義的替代模式，以及自詡自由主義者與福利國家捍衛者之間所有的激烈爭論來說，這個由富裕國家組成的俱樂部，幾乎都走在社會性支出增加的相同道路上，有些國家比其他走得更遠一點，但所有國家都朝著同一個方向前進。當國家變得更富裕時，私人消費占 GDP 的比重就會變少。59 現代歷史並未揭示第二條道路，也就是福利支出減少可使財富增加的道路 —— 至少目前還沒有。若真要說的話，福利主義道路的發展速度已隨時間而加快了腳步。2000 年，斯里蘭卡與巴拿馬在社會福利移轉性支付上的花費，是 1930 年時最先進歐洲國家的兩倍以上。60 然而，福利主義的斯堪地那維亞人與自由主義的盎格魯撒克遜人之間的差距，也不該被過度誇大；瑞典與丹麥的福利看起來洋洋灑灑，但實際上，這些國家用一隻手給出了許多東西，又用另一隻手透過微調賦稅（fine-tuned tax）拿了回來。相反地，美國與英國的公共開支在新自由主義的 1980 年代仍然居高不下；柴契爾夫人只在其中的一年（1985 年）設法刪減它，雷根甚至連試都沒試過。61

這種局勢的持續發展性如何呢？在 1950 與 1960 年代，高成長與投資為醫院與養老金挹注了資金。然而，自 1970 年代以來成長趨緩，伴隨著公共消費提升而來的是公共投資的下降；在美國以及歐盟核心國（EU12，歐盟十二會員國），公共投資從 1975 年 GDP 的 4%，下降到 2005 年的 3% 左右。對一些評論家來說，這種從公共投資轉向消費的改變，引發了一股危機，而不斷加劇的下降趨勢，導致生產力與私人投資降低，最終導致更低的工資、經濟衰退以及破產倒閉。62 然而從歷史角度來看，把公共消費當成只是免費分發現金福利的工具 —— 宛如涓涓細流般流淌得無影無蹤 —— 而對其大加撻伐，亦有其風險；公共消費也意謂著更好的醫療保健與教育，皆有利於國家發展。有趣的是，公共投資下降幅度最大的歐元區國家，也正好是從 2009 年的危機中浴火重生的最強大國家：德國。iii

最後是一項有關社會性支出的觀察。統計學家談到「社會福利移轉性支付」，這在技術上是正確的，因為國家利用收入補助、國家養老金以及住房福利，將資金從社會的一個部分轉移到另一個部分。這些轉移並不總

---

iii　有趣的是，處境艱難的西班牙公共投資也有所增加。

是從最富有的人身上轉移到最貧窮的人身上，不像英國、北歐以及澳洲；在地中海國家，大部分的現金福利都流向那些相當富裕的家庭，它們擁有良好的就業與養老金紀錄。63 在這種轉移過程中會發生什麼樣的情況，始終是長期以來引發爭論的題目。一位美國專家哈羅德・維倫斯基（Harold Wilensky）曾在 1960 年代主張，這類福利方案對平等造成的影響「微乎其微」，窮人還是很窮；他認為，真正的贏家是窮人的富裕親戚，他們原本應該拿這些錢去照顧窮人，現在反而把這些錢花在自己身上 64，後者是相當可疑的做法。過去的私人慈善機構，從未達到跟 1930 年代以來的公共福利一樣的規模，大部分需要幫助的人都是窮困匱乏的人；在 20 世紀的歷程中，公共福利或許仍然使人們變得更加樂善好施——而非更吝嗇。65

　　最重要的是，社會福利支出並不止於金錢的轉移，它還改變了私人消費的類型。富人與窮人的購物籃，也就是所謂的「消費組合」（consumption bundle）截然不同，對百萬富翁來說，幾千英鎊的稅收損失不過是九牛一毛，可能意謂著他得少買一支奢侈的手錶，但絲毫無損於他的日常飲食、舒適度或便利性；但是對靠救濟度日的貧民來說，多了幾千英鎊等於改變了他的世界，這意謂著有固定三餐可吃而不必挨餓，有暖氣可用而不必受寒，還有電視可以看。社會福利轉移並未消除不平等，然而，若要將弱勢族群與窮人提升至他們原本被排除在外的大眾消費社會中，它的確扮演了一個重要的角色。到了 1960 年代後期，電視螢幕也開始閃爍於接受補助的住宅區，而不只是在已開發國家中的郊區別墅區。66 倘若沒有社會福利支出提升之助，社會底層者將會被排除於消費耐用品的熱潮之外；對於私人消費商品的快速發展，公共消費至少可說是有利有弊。

　　如果我們還記得西方國家在同一時期縮減了它們的國防支出，那麼公共消費的擴展就更為驚人了。冷戰時期見證了支出從軍事轉向社會目的的巨大改變。美國的國防支出，在 1953 年韓戰結束時占了 GDP 的 14%，1968 年越戰正如火如荼時，占了 9%，但在 2011 年「反恐戰爭」（War on Terror）中賓拉登死亡時，掉到 5%。67 英國在韓戰高峰期，將半數的公共消費挹注至國防支出，但到了 1980 年，這個比率已降到 1/4。最大的贏家是醫療保健與教育，英國這些年來，教育的占比倍增。68 自那時起，高齡化的人口意謂著醫療保健與養老金支出再次提升。在這股廣泛趨同的國

614

際趨勢中，許多國家仍然保有各自的特性；根據國家的優先順位以及福利體系，有些團體受益於公共消費的部分比其他團體更多。在富裕國家中，美國在醫療保健上的支出高到不成比率，但只留給收入補助些許麵包屑；在丹麥與瑞典，老年人、殘疾人士以及有幼兒的家庭，可以得到五倍於美國或西班牙的補助。公共養老金在義大利、法國以及奧地利是一項主要的社會福利移轉性支付項目（占 GDP 的 12 ～ 14%），但在澳洲、愛爾蘭以及冰島的占比則微乎其微（小於 4%）。而那些亟需公共住宅的人，更有可能在加拿大而非美國得到這項服務。69

國家對食物、娛樂、文化產生的影響

現在，讓我們脫離社會福利移轉性支付這個主題，轉而關注於其他幾個國家在人民的消費方式上留下印記的領域：食物、娛樂以及文化。軍隊教的是戰鬥，學校教的是數學，但它們都形塑了品味與休閒。2005 年，美國軍隊多達 140 萬人，他們的娛樂中心提供了從騎馬、划船到洗車與旅遊等無所不包的服務；超過半數的軍眷會去使用他們的健身中心，美國最大的育兒方案就是由軍方運作的。70 在某些情況下，軍隊徹底改變了國家的食物與身分認同。譬如兩次世界大戰間的日本，營養學家深信會影響中樞神經系統的腳氣病，是由於缺乏蛋白質而引起的一種疾病，雖然這是錯的，維生素 B1 缺乏才是罪魁禍首，但仍從而產生深遠的影響與後果：軍中的食堂開始提供漢堡與甜甜圈這類食物，也利用咖哩與中式熱炒去調味並美化便宜的肉品；咖哩料理出現在 1920 年代東京的中村屋餐廳，由流亡的印度革命家拉希‧比哈里‧鮑斯（Rash Behari Bose）引進。戰後，軍中的廚師與營養師，把他們的多元文化食譜帶入餐廳與公司的自助餐廳，結果產生了日本咖哩、芥末甜甜圈以及其他食材融合的奇蹟。日本的食物再也不一樣了。71

然而在甜甜圈的家鄉，學童們受到截然不同的影響。在 1930 年代，大西洋兩岸的社會改革者利用學校的供餐，作為建立更強健公民的方式。72 在美國，學校供餐也是解決大量剩餘食物的一個方法；在戰爭爆發之時，羅斯福新政已為數千所學校提供午餐了。到了 1942 年，剩餘物資

行銷管理部（Surplus Marketing Administration）傾銷了 500 萬磅的食物給學童。
1946 年，公立學校午餐計畫（National School Lunch Program）通過立法，學校
餐點有了廣大的支持聯盟，不僅將東倒西歪的孩童變成堅強健壯的公民，
也給了營養師將理念付諸實現的機會；同時，他們承諾要打造出共同的美
國生活方式──在「孩子們吃的是民主」（Kids Eat Democracy）的口號下，
工會支持著這項方案。最重要的是，他們取悅了那些急於擺脫過剩農產品
的農夫們。事實上，1946 年的這項法案來自農業部（Department of Agricul-
ture），對農業的補貼被包裝成對全國年輕人的服務；但在執行上，這兩
項目標的結合是有問題的。畢竟水果與蔬菜都有各自特定的生產季節，有
些學校接連數週都被蘋果淹沒，但是孩子們能吃的數量有限，因此許多蘋
果最後還是被丟棄了；此外，農業遊說團體也把學童視為新食物的俘虜，
長期或許可行，但短期往往會產生與預期完全相反的結果。在馬里蘭州
（Maryland），孩子們拒絕吃過剩的葡萄柚，反而把這些水果拿來當球丟著
玩。[73]

　　到了 1970 年，學校供餐計畫已經花了 20 億美元。父母親支付一半，
還有一半由聯邦政府與各州政府支付。但在尼克森的領導下，優先順位發
生了變化；學校供餐變成了餵飽窮人的福利計畫，而非以所有人為對象的
健康食物。到了 1972 年，800 萬名孩童有免費午餐可吃。但是，一旦學
校供餐被標記為濟貧方案，付費的孩子們就開始退出了午餐計畫，當地政
府也失去了捐贈的意願。學校解雇了它們的營養師，請來私人的膳食承辦
商。到了 1981 年，雷根政府大幅削減聯邦補助，並將番茄醬重新定義成
一種蔬菜。重大的傷害已造成；薯條、汽水、糖果，成了新的美國學校餐
點，蘋果與橄欖被（加入各種維他命以滿足飲食方針的）奶昔與起司漢堡擠出
了托盤。將肥胖問題歸咎於學校餐點或許太過簡單，義大利的孩童雖然吃
的是地中海式的午餐，也一樣變胖了；但是，否認學校餐點使整個世代傾
向於習慣高脂、高糖的速食生活方式，也同樣愚蠢。這裡就是一個例子，
極小部分的公共消費（0.1%）之轉移，卻留給後代子孫不成比率、長久而
深遠的影響，包括私人消費以及隨之而來的所有私人與公眾成本。

　　我們曾在前面提過消費者如何變得比以往更加積極，特別是在 20 世
紀的下半葉。休閒同時得益於國家對娛樂的支持以及商業的發展。在美

國，分布遼闊的國家公園系統助長了人們對駕車的樂趣以及戶外休閒活動的狂熱；1955 年，國家公園涵蓋了 500 萬英畝的區域，並且吸引了超過 200 萬到訪人次。在 1948 年與 1955 年間，公共泳池的數量幾乎倍增；美國孩童在 15,000 座棒球場與壘球場上投著球。娛樂不會總是免費，政府蓋了泳池，但隨後又對使用它的家庭收費，並對運動用品課稅。儘管存在著這種不一致性，公共支出在娛樂方面的增加仍然令人印象深刻，即使它還是稍微落後於 1940 ～ 1960 年代時收入的驚人增長。[74]

健身浪潮在 1960 與 1970 年代席捲了歐洲與日本。對體能鍛鍊的狂熱崇拜曾經是 19 世紀民族主義的重心。在兩次大戰期間，成千上萬的法西斯主義者、社會主義者、保守主義者都一字排開地做起體操。在法國，游泳池與運動場是短命的左翼人民陣線（Popular Front）（1936 ～ 1938 年）留下來的遺產之一；但實際上，運動設施在 1960 年代之前稀少而罕見。舉例來說，在芬蘭，1930 年時只有 1,600 座設施；到了 1970 年，已然達到十倍之多，大部分都歸地方當局所擁有。[75] 在所有已開發國家中，政府發現「人人享有運動權利」（sport for all）：不論是年輕人、老年人以及挺著肚腩的中年人。德國開闢出健身道路，瑞典建造了公共休閒大廳——靠近斯德哥爾摩的哈隆柏根（Hallonbergen）住宅區中有三溫暖浴室、健身中心以及射擊場。[76]1978 年，法國建立了一個專門致力於「人人享有運動權利」的獨立部門，得到了驚人的迴響。1967 年時，1/7 的法國公民會練習一項運動；20 年之後，這個比率變成了 1/2。[77] 到了 1995 年，日本政府花了將近 1% 的預算在運動上，半數設施屬於公共設施，還不包括學校在內。在韓國，公共運動場在 1990 年代如雨後春筍般湧現，數量遠超過商業場地。倘若沒有這類對娛樂的公共支持，將令人難以想像自 1960 年代以來，時尚運動鞋與休閒穿著蓬勃發展的景況。[78]

1991 年，日本首相宮澤喜一（Miyazawa Kiichi）承諾要使日本成為一個「生活大國」。這個國家對休閒的濃厚興趣由來已久，早在 1912 年，日本政府就把自己變成外國遊客的旅行社，目的是為了引入珍貴的外幣；兩次大戰間，鐵路部門是國內旅遊業的主要推動者。1970 年代時對休閒的態度又更加積極，因為官員們認為，如果日本要趕上西方國家，日本人民必須學會更積極的西方休閒活動；以反躬自省為目的的茶道活動，已不足

以應付這股西化潮流了。但與西方不同的是，日本將休閒娛樂的權利，轉變成一項政府的職能，不再是個人的私事；1972 年，經濟產業省設立了休閒發展產業辦公室（Leisure Development Industrial Office），而隨著 1986 年度假法規的出現，休閒的治理達到了高潮，這些法規，為海洋度假村與高爾夫球場釋出補貼與低息貸款等優惠。**79**

各國對於文化的支持

再沒有比社會主義國家的政府更致力於引導人民的休閒活動，但也再沒有比它們失敗得更徹底的例子。烏托邦與現實之間的鴻溝，在前蘇聯最為顯而易見；布里茲涅夫在 1972 年時提醒人民，「閒暇時間」並非意謂著免於擔負社會責任的時間，因此社會主義成功地為早期資產階級的「理性娛樂」理想提供了生命中的第二份租約，「文化之家」（Houses of culture）就是試圖形塑適當蘇聯品味與活動的例子。到了 1930 年代，全蘇聯已有超過十萬間的「文化之家」；40 年之後，許多文化之家都空無一人。1980 年代初期時，一項針對蘇聯八座城鎮的調查發現，經由集體安排籌辦的嗜好活動不到 5%；在斯摩倫斯克（Smolensk），15 名成年人中只有一位會固定在文化之家活動。有些文化之家設法以結合社會主義教育與迪斯可音樂的方式存活下去，像列寧格勒的文化之家，甚至還提供霹靂舞課程，但這些文化之家能吸收到的年輕人少之又少。1982 年在沃羅涅日（Voronezh），他們就只是在幻燈機前跳舞，占了傍晚教育的部分時間。改革前幾年，有組織的社會主義文化隊伍順利地向前邁進；1967 年在匈牙利的一項抽樣調查發現，幾乎沒有任何文化之家會費心慶祝官方的婦女節，在大部分的文化之家，人們只是看電視、喝啤酒，其他的文化之家則乾脆關門大吉。1970 年代，波蘭人甚至抵制他們的文化之家。**80**

文化之家不但沒有發展成社會主義生活方式的學校，反而淪落為集郵者聚集地與無處可去的幼兒收容所。在意識形態充斥的冷戰時期，我們很樂於將這樣的現象視為商業休閒戰勝了集體休閒，但這股趨勢並非全湧向迪斯可或資本主義「文化產業」的其他產品；在 1977 年，東德艾森納赫（Eisenach）的年輕人把許多閒暇時間花在園藝與家務工作上，而非坐在電

視機前。真正的情況是退回到私人的空間之中。由青年研究機構進行的一份官方調查發現，即使是最忠誠的學生與年輕的勞工，也不過每個月勉強奉獻兩個小時給社會主義青年運動（自由德國青年團）；絕大多數的人只想放鬆、聽音樂或是跟朋友出去玩。81 諷刺的是，社會主義推動集體文化想達到的成果與它的目標完全相反：它反而促使人們珍視休閒為某種私人的事務。

　　今日，國家在文化消費與私人品味上扮演了關鍵的角色，對昔日鐵幕兩邊的國家皆然。戲院、歌劇院、博物館以及圖書館，鮮少可以在沒有國家政府的支持下繼續存活。在德國，公共劇院的每一位觀眾都可以獲得87歐元的補助金；82 如果他們必須勉強自行負擔全額費用，他們會花多少時間欣賞席勒的作品或布萊希特（Brecht）的表演？無可否認，美國對藝術的直接資助較少，但這並不意謂著國家政府的角色可以被徹底忽略；大量私人與企業贊助取決於免稅的優惠，這也是政府提供支持的一種間接方式。在葡萄牙，私人的卡洛斯提‧古爾班基安基金會（Calouste Gulbenkian Foundation）在文化消費上貢獻了驚人的 40%，則是個極端的例子。在歐洲各地，國家幾乎都是文化生活的主要贊助者；國家持續資助公民對藝術、音樂、文學以及戲劇的品味，這點值得再三強調，因為它與我們在這個文化相對主義（所有品味據稱皆為平等）以及新自由主義（市場與私人選擇理應支配一切）的時代所期望的，剛好背道而馳。那些喜歡聽莎士比亞或威爾第（Verdi）的人有他們自己的福利國，藝術家也是如此，最明顯的就是瑞典，文化總預算的 16% 直接歸他們所有。在 1980 與 1990 年代，全世界的國家都試圖敲開公司企業的大門，說服它們增加對文化的投資；然而在新自由主義盛行的這幾十年間，最終發生的並非國家的撤資，而是將資金從政府移交給自治程度不一的藝術委員會與基金會。

　　這些都是一般性觀察，要釐清個別國家的特定角色則較為困難。在歐洲這片被認為是由共同文化塑造而成的大陸上，卻沒有兩個國家對支持「文化」所代表的意涵達成一致的意見；在這類定義的問題背後，潛藏著關於國家品味與政策優先順位的根本差異。舉例來說，丹麥對文化的支持中，包括了運動與圖書館在內；匈牙利包括了宗教活動；德國關注於表演藝術；義大利則關注於古蹟遺產。在有些國家，電視的觀眾得支付許可費

（licence fee）；在其他國家，這筆費用則是由國家支付。在荷蘭，公共文化支出在 21 世紀初成長了 1/3，但部分原因是許可費被廢除了。許多國家中對文化的支持是分散於不同的政府部門以及地方政府與中央機關之間，歐洲議會（European Parliament）就發現，義大利在 2006 年時，數據資料「仍然並未被定期蒐集」。83

　　這一切皆使得各國之間的比較益發難以進行，顯而易見的是可觀且持續增長的多樣性。在愛爾蘭，對文化消費的公共支持占 GDP 的 0.2%，但在愛沙尼亞則是 1.9%；在比利時、奧地利、斯堪地那維亞國家中，這個數字不到 1%；在德國與葡萄牙，更只有 0.4。就因為文化很便宜或者大量存在，並不代表人們會自然而然地消費更多的文化；儘管如此，值得關注的一點是，在政府支出最為慷慨大方的地方，參與戲劇、音樂與舞蹈表演的人數也就愈多：斯堪地那維亞國家與愛沙尼亞皆如此。在德國，參與率也高於平均值；政府在文化上的開支雖然極少，但那些資金主要花在表演藝術上。84

　　社會學家始終強調階級與教育對品味的影響，而國家對某些品味與做法的偏好更甚於其他，也同樣重要。如今，在美聲唱法的起源地義大利，人們鮮少拜訪劇院或音樂廳或許並非巧合，因為表演藝術在那裡必須靠著「古蹟遺產」瓜分後留下來的些許麵包屑過活。或可說，社會只是選擇了私人消費與公共消費的不同組合。儘管以歐洲的水準來看，英國與德國政府相當吝於在文化上消費，但這兩個國家的家庭文化支出卻高於平均水準。然而，共生關係是更普遍而常見的，如果政府在文化上花更多錢，那麼，個人也會在文化上花更多錢。丹麥人、芬蘭人、奧地利人的家庭預算在文化上的占比，幾乎是義大利人、西班牙人以及葡萄牙人的兩倍。85 這正是一個最佳例證，說明了公共消費對私人消費的影響：若國家重視文化活動，它們的公民也會加以重視，至少在民主社會是如此。

過多的選擇

自 20 世紀中期以來，私人消費的成長伴隨公共消費的急遽成長；市場上從未有過這麼多選擇，跟著更多由國家資助的學校、醫院以及社會福利一起到來。到了該世紀末，一個大問題出現了：公共服務該如何回應大量的私人選擇？為什麼公立醫院中的某位病患該受到與其他病患不同的待遇，即使另一名病患也為其他服務付了費？他們不都是消費者嗎？

福利改革占據了許多富裕國家的心思，但這股熱情在 2000 年左右的英國最為激昂，布萊爾首相使公共服務的「消費化」成為他新工黨政府的口頭禪。「開放、競爭的市場」，一份政府的白皮書強調，是「為消費者提供良好交易的最佳保障」。[86] 不僅是在收銀機，布萊爾說：「我相信，人們的確希望有選擇，無論是在公共服務或是其他服務上皆然。」[87] 以此觀點來看，新工黨只是回應社會的轉型。英國自成為福利國家以來的變化，已大到讓人難以辨識；富裕創造出一個期望被視為個體的消費者社會，中產階級已運作了這個體系，不是搶先卡位就是乾脆退出。中產階級賦予窮人在提供者之間選擇的權力，而這也將賦予中產階級相同的權力；同時，此舉讓他們得以對公立醫院與學校施壓，使這些機構提升水準。有些左派人士大感震驚，他們說，公共服務的選擇會以犧牲他人為代價而使贏家獲利，以公平與團結為代價而強化自私的個人主義；從這個觀點看來，消費者愈多，公民就愈少。[88]

這些相反的立場，在當時深具政治意義。對布萊爾的政府而言，使公共服務「消費化」，以官方語言來說是一個解決形象問題的方法。新工黨打開了公共支出的水龍頭。在醫院中排隊等待治療的隊伍變短了，護士與醫生變多了，統計數據也顯示心臟病的死亡人數降低了；然而，一次又一次的民意調查結果顯示，英國人對政府的紀錄深感悲觀，甚至抱持懷疑的態度。公共服務的名聲頗糟，每年招致百萬筆以上的投訴，而且幾乎沒人相信政府會解決它們。[89] 政府從客戶服務的基本手冊中拾取牙慧：提供選擇將會改善顧客的經驗，最終帶給新工黨應得的讚譽；採取「以消費者為中心」的立場，也解決了合法性不足的問題。政黨的黨員人數持續下滑，

621

選舉的投票率也是如此；如果 40% 的選民都待在家中，政府的威信何在？一個答案是，政黨也必須藉由視公民為消費者，對富裕作為回應；這往往是一種相當狹隘的英國觀點，忽略了德國、西班牙以及其他富裕國家還是有高選舉投票率的事實。同樣地，左派人士對選擇感到如此驚慌，也有充分的理由。布萊爾的改革雖是建基於 1991 年由保守黨引進的公民憲章上，但他所主張的「第三條道路」，似乎成了新自由主義一路往下的滑坡道。。

　　從歷史的角度來看，這兩種消費者的側寫同樣毫無助益，它們涉及兩項基本誤解：一是關於順序，消費者並非戰後富裕社會的產物，而是在當時已發展成熟的結果。另一是關於消費者的 DNA，選擇只是其中的一鏈，社會正義與民主權利也同樣重要。這些因素的集結，使得消費者在1900 年左右快速躍升至公共生活的中心；1906 年在英國，消費者捍衛人們有購買廉價商品的自由，同時也關切窮人的麵包與民主的問責制。在20 世紀初的美國，改革派人士反對壟斷與欺詐，不僅是因為它們傷害了個人（「消費者受損」（consumer detriment）），更因為它們腐蝕了公共生活。同時，在巴黎、維也納以及柏林，購物者聯盟認為他們的選擇應該被用於改善勞工與銷售人員的福利。公民與消費者互相對立，甚至互斥的想法，就跟選擇只跟個人滿足有關的想法一樣，必使這些早先的世代深感困惑。90

　　同樣地，將政府擁抱消費者之舉，視為無法逃避富裕社會要求的回應，亦不甚明智。國家對消費者的熱烈回應由來已久。這項神化消費者的巔峰之作，在 1962 年 3 月的一個寒冷週四，於華盛頓特區到來；當時甘迺迪總統就保護消費者利益向國會發表談話時，制定了四項基本權利：安全、知情、選擇以及表達意見的權利。這四點已成為全球提倡消費者保護的基石，更在每年的 3 月 15 日（世界消費者權益日〔World Consumer Rights Day〕）為人們謹記，如今則因為太常被引用，而幾乎無法引起任何關注，因此，讓我們再次聆聽他的整個演講以重溫其完整的精神。「消費者，」甘迺迪一開始便說道，「包括我們所有人。」消費者是經濟體系中最大的群體，但他們也是「意見經常沒能被聽見」的一群人。美國人比以往任何時候都來得富裕，同時，他們接觸到大量蜂擁而來的複雜新產品，

還受到「愈來愈沒有人情味的行銷」控制——他指出，有90%的處方藥在20年前根本聞所未聞，廣告商更利用了「高度發展的說服藝術」。為了評估產品的價值、安全以及品質，「家庭主婦被要求成為業餘的電工、機械技工、化學家、毒物學家、營養專家以及數學家。」即使如此，重要的資訊仍然保持祕而不宣。甘迺迪對消費權益的呼籲，不僅是為了解決市場的缺陷與問題，他更強調，政府必須「履行它對消費者的責任」，「幾乎所有」計畫方案都「對消費者有直接或固有的重要性。」從醫療保健與公共交通、到公園與電力皆如此。

甘迺迪在社會臻至富裕頂點之際發表了這席談話，但其中心思想受惠於一項進步的傳統；這項傳統可回溯至蕭條的1930年代與不平等的1890年代，對抗壟斷、有害的藥物、危險的食品並呼籲「借貸的真相」與「包裝的真相」；這些抗爭是由早期行動主義者與醜聞揭發者發起。然而，除了加強現有法規之外，甘迺迪更賦予政府新的責任，包括提供「中等收入家庭」的低成本住房優惠、更安全的交通運輸，以及低廉而充足的天然氣供應。選擇不僅是為了讓個人在市場上自由地購物，消費者權益應可提升所有人的生活水準；以甘迺迪的結語來說，消費者權益是民主哲學的一部分，認知到「我們有保護共同利益的共同義務。」91

對戰爭與飢餓還記憶猶新的歐洲人，不免驚訝於甘迺迪提及美國超市展出的不同食品品項有6,000種。儘管如此，在消費者政策方面，各地的風向幾乎都吹往社會自由主義或類似方向，窮人與富人都被承諾會擁有選擇，而且保證不會被剝削。逐漸浮現的共識，則是競爭市場與消費者保護的混合體；而各國的不同之處，即在於如何在這兩者之間取得平衡，以及由誰來負責消費者保護的工作。英國傾向於依賴市場，並信任資訊可以做好這項工作。當消費者協會密切關注著甘迺迪的三項原則（安全、知情、選擇），政府只需旁觀即可；《哪些？》（*Which?*）是一本屬於忠實監督者的內部雜誌，他們在1957年開始進行比較測試（comparative testing），十年之後，訂閱者已經超過了50萬人；由政府贊助的全國消費者委員會（National Consumer Council）則直到1975年才成立。相形之下，在有著中央集權傳統的國家中，產品測試更可能由政府來進行。丹麥政府的家庭經濟委員會（Home Economic Council）負責測試產品並處理消費者的投訴；瑞典在1957

年成立了全國消費者委員會（Statens Konsumentråd）以及全國消費者事務協會（Statens Institut för Konsumentfrågor），還有一個企業聯合的董事會。在斯堪地那維亞國家，政府不僅是出於善意而承認消費者的地位，更因為此舉能使政府與消費者合作，一同進行合理的規劃；政府希望可以引導並保護消費者，他們必須被教導如何充分利用可取得的有限資源，從而提高國家的生產力。

全球的進展

法國試圖做到兩全其美，兼得積極主動的國家與充滿活力的協會文化之優點。除了兩個一般性機構（測試機構「精打細算消費者協會」（UFC-Que Choisir）以及「消費、住房與生活環境協會」（Consommation, Logement et Cadre de Vie, CLCV），到了 1980 年代，已有七個婦女與家庭消費團體，以及經由主張共同擁有權的工團主義 iv 思想與許多租戶和專家團體所啟發、進而成立的六個協會；這是一個擁擠的市場，有許多代表消費者發言的聲音。1970 與 1980 年代，國家正式地加入了這場戰鬥。共和黨經濟部長季斯卡（Giscard d'Estaing）在 1972 年時說道，消費者被視為「沉默的臨時演員」，而非他們原應擔綱的主角。四年之後，當上法國總統的他，設立了貿易與消費者保護大臣（Secretary of State of Trade for Consumers' protection）這個職位，並任命哈佛商學院的畢業生克里斯蒂安・斯克里夫納（Christiane Scrivener）擔任，這位女士不可避免地被新聞界命名為「消費夫人」（Madame Consommation）。社會主義者亦在密特朗（François Mitterand）的領導下，不甘示弱地在 1981 年設立了消費部門；次年，一項法律賦予了消費者在國有企業中的代表席位。92

事實證明，全球層面的進展更是難上加難。理論上，消費者是典型的世界公民，是來自四面八方的商品接收者；自 1960 年代以來的全球化復興，或許曾經期望把他們推往全球政治的舞台中心，並在最初採取了幾項

---

iv 工團主義是以勞工運動為主導的社會主義，旨在團結工人階級組織工會，並使企業由資本家主導變成由工人主導。

頗為鼓舞人心的措施。1960 在海牙，17 個國家協會聚在一起組成了國際消費者聯盟組織（International Organization of Consumer Unions, IOCU），亦即國際消費者協會（Consumers International）的前身。在 1970 與 1980 年代，消費者運動在印度、新加坡、馬來西亞起飛；國際消費者聯盟組織於是有了一批來自全球的擁護者，並轉向聯合國求取協助，以保護全球各地的消費者。然而隨著運動的推展，南北半球之間也開始產生了意識形態的分歧；某種程度上，這種現象反映了南北半球在物質條件上的鴻溝，消費者保護在富裕的美國意謂著一回事，但在發展中的馬來西亞卻又是另一回事：獲得食物與住所、乾淨的用水、教育以及其他基本商品，比其他事項都來得更重要。選擇是給有錢人的選項，國際消費者聯盟組織的亞洲區總裁安瓦爾・法扎爾（Anwar Fazal）甚至乾脆把選擇從消費者權利的列表中刪除。93

南半球發展中國家在國際消費者聯盟組織規格愈來愈高的計畫中，的確留下了不可磨滅的痕跡；該組織 1978 年的憲章中，便將濟貧與環境列為消費者保護的核心順位，消費的權利被隨之而來的社會與生態責任加以平衡。但這類訴求在富裕的北半球國家中，仍有呼籲改革的十字軍存在；1960 年代後期因揭發汽車爆炸與企業侵權而聲名大噪的拉爾夫・納德，即倡籲從炫耀性消費轉變為良心消費（conscientious consumption）。聯合國消費者保護準則（UN Guidelines on Consumer Protection）（1985 年）證明消費者已步上國際政治的迴廊，甘迺迪的原則已發展成一項國際消費者權利法案，包含了對於公平正義與永續發展的重視。從芬蘭到巴西，該準則成了新消費者法律的參照依據。94

然而，這項準則的誕生一點也不簡單，也預示了即將到來的麻煩。美國在國內帶頭打起這場消費者保護的戰役，在國際行進的腳步卻拖泥帶水，美國公司企業更抗議它們在海外市場上面臨干預；聯合國大會（UN General Assembly）投票表決通過一份不安全、禁用產品的國際清單時，美國投了不同意票，美國代表團拚死對抗這份 1985 年的準則，即使在大勢已去之際，仍試圖力挽狂瀾，確保清單中的條款規定低於美國國內的標準。

回頭看華盛頓，消費者保護與「納德襲擊隊」（Nader's Raiders）v引發了企業對法規的強烈反彈。甘迺迪法案象徵的戰後解決方案平衡了過上更好生活的選擇；但雷根的政府廢除了它，只剩下選擇。放鬆管制是為了讓企業能上軌道，聯邦貿易委員會被國會告知要暫停對兒童電視廣告與類似主題的調查。消費產品安全委員會（Consumer Product Safety Commission）逃過被廢除的命運，如今卻只能在自願性標準上多加關注。

在國際上，所有的目光都轉向了開放貿易。就在消費者運動步上國際政治的迴廊之際，隨著烏拉圭回合（Uruguay Round）的貿易談判在 1986 年展開，開放貿易的行動也開始祕密地運作；這場談判歷時十年結束，同時在 1995 年成立了世界貿易組織（WTO）；在低收入與中等收入國家中，關稅從 1980 年代初期的 39%，下降至 2000 年的 13%。95 消費者或許是商品自由流動的受惠者，但他們肯定並未被邀請上談判桌；更糟的是，自由貿易使那些支持者，那些視自由貿易為消費者最佳夥伴的人，與南半球發展中國家的許多行動主義分子爭吵不休。因為南半球行動主義者認為自由貿易恣意壓制社會正義與地方發展。

選擇的動力是由上至下，由新自由主義的「華盛頓共識」（Washington Consensus）創造者所倡議；同樣有趣的，是第二股由下至上的動力，並非由律師、經濟學家、商人帶頭，也無關乎在其他國家市場上進行的貿易戰，而是來自普通人——要求意見被聽見的公共服務使用者。今日的福利國家經常被嘲笑為「保姆國家」，柴契爾夫人與雷根從其中解放備受蹂躪的公民；然而，這並非完全是專橫固執之舉，公共服務為選擇貢獻了自己的實驗室。最初，官員與提供者可以自由裁量、斟酌是否提供若干選擇；最後，接受者會開始維護他們自己的權利。

公共住宅與病患權利

主要的舞台就是公共住宅。在英國，當清除貧民窟在 1930 年代鄭重

---

v　由拉爾夫‧納德組成與領導的消費者諮詢協會，成員主要為大學生和年輕律師，組織宗旨為促進並增進產品的安全性，以及為消費者推動立法規範廣告、商標及企業信用。

展開時，選擇有了第一股來自上層的支持力量。誰可以決定什麼顏色的窗簾可以裝飾一個新街區的公寓？市政府還是住戶？里茲的住屋主管是一位訓練有素的建築師萊維特（R. A. H. Levitt），他深受維也納的卡爾·馬克思大院建築所啟發，以高達八層樓的採石山（Quarry Hill）公寓把高樓生活方式帶到英國，無視那些大聲疾呼統一性的人。「住戶的品味不一定是好的，」他同意他們可能需要建議，但「剝奪住戶些微的個性表達，不啻於後退了一步。」公共住宅的控制是必須的，「但應該是有限的……畢竟，我們在這個國家中仍以民主而自豪。」96 戰後，儘管財政緊縮且燃料短缺，曼徹斯特當局仍然在住戶搬進一座新的市政住宅時，讓他們選擇自己想要瓦斯爐還是電爐；但選擇有其局限性，因為如此一來，未來的住戶也只能承受最初的住戶所做的選擇了。97

到了 1950 年代後期，這類的示好已經不足夠。住戶開始抱怨地方當局對他們採取高壓手段、反應遲鈍且疏忽大意。在上一個世代，人們心懷感激於政府能將他們從私人貧民窟地主手中解救出來；但是當貧民窟的情況不再是常態，住戶的要求也變得更高了。這種心態的轉變是由於兩股力量的匯聚，一股是物質，另一股是文化。緊縮的預算與不周的計畫，迫使曼徹斯特這樣的城市，只能快速而草率地建蓋起它們的公寓；勞工們原本被承諾會擁有一座新耶路撒冷，但是當住戶打開新家大門時，往往會發現取而代之的是潮溼與黴菌。在曼徹斯特的貝斯維克莊園（Beswick estate），窗戶還會因為扣栓不牢固而砰然墜地。

同樣顯著的，是隨著收入的增加而不斷提高的期望，一個家，它的舒適、財物以及所促成的社交生活，就是這些期望的展現。在 1950 年代，在家庭用品上的支出已倍增。到了 1960 年代初，許多住戶開始有權移動隔間牆，改變成他們想要的方式。房屋部（Ministry of Housing）的一份官方報告，承認了人們對於更大的責任追究與選擇之需求，住戶期望受到公平的對待並且擁有投訴的權利。98 這種情況留下了棘手且懸而未決的補救與賠償問題，畢竟市政住宅的住戶不像私人住宅的住戶，即使不滿意，也無法選擇搬家。對於保守黨來說，這項區別是不言自明的公理；1963 年的保守黨住房政策即強調：「在一個自由的國家中，住戶對於負擔其住宅的成本必須有所準備，知道自己能夠做到什麼程度；否則，他們幾乎沒有選

擇的自由。」99 這顯然無法安撫市政住宅的住戶，他們在等待修繕的同時，還被要求支付不斷上漲的租金。隨著十年間的不斷進展，有些住戶把市政機關告上了法庭，其他住戶則加入抗議遊行與住戶協會。窮人或許不得不依賴國家，儘管如此，一個協會認為，他們仍應該擁有「無可爭議的權利」去做出攸關他們日常生活、家庭以及社區的決定。100 1979 年，柴契爾夫人在她的雙重計畫——為選擇購屋者提出的「購買權」，以及為選擇不購屋者所提出的「住戶憲章」（Tenants' Charter），她的確利用了早先那股憤怒的浪潮；然而，這股浪潮並不是她創造出來的。101

　　第二個主要的舞台，就是爭取病患權利的運動。在這場運動當中，使用者主張擁有更大的權利與專家及有關當局當面表達意見。雖然醫療保健是由公共、私人以及慈善機構混合提供的照護服務，選擇與表達意見的議題對置身公共部門的人並無二致。到了 1970 年代初期，「醫療健康的消費者」（health consumer）也成了政治的語彙。正如住戶的情況，病患蛻變為消費者並非始於新古典經濟學，而是對權威的批判以及唯意志論的復興。病患團體表達了對自助的新信心，其起源可回溯至 1930 年代美國的匿名戒酒會（Alcoholics Anonymous）以及大眾對順勢療法醫學（homeopathic medicine）日趨濃厚的興趣，但真正的爆炸性成長，發生在二次大戰後的數十年間；在英國，這些年間見證了心智（MIND）、全國痙攣麻痺患者協會（National Spastics Society）、肌肉萎縮症團體（Muscular Dystrophy Group）、病患協會（Patients' Association）以及其他許多互助團體的誕生。102

　　病患團體與住戶協會之間的主要區別在於，不像永遠沒有足夠資金來解決所有問題的住房，醫療照護出現了比以往任何時候都多的醫生與藥丸；對於批評家稱之為「醫療—產業複合體」的醫療體系，以及醫療業藉著處方箋壟斷昂貴藥品的行為，消費者以唯意志論做出了反應。醫生被質疑過度專科化、冷漠疏離、過於依賴開藥；他們必須停止扮演上帝的角色、傾聽病患的心聲。除了對於安全用藥的原有呼籲，美國與英國的積極活動人士，要求提供精神病患更高程度的隱私權與法律的保護，在未經病患同意的情況下不得進行醫院檢測——儘管在納粹暴行之後這類法律特別讓人感到屈辱，但這些不經病患同意便進行的實驗與檢測仍然繼續存在。這些活動人士堅持，治療方向應該逐漸改由病人主導；在消費者運動廣泛

628

針對不負責任的企業和政府大力抨擊之際，這類主張更顯得極為重要。，更凸顯出其重要性。納德的消費者權益組織「公眾公民」（Public Citizen）第一個分支單位，就是健康研究小組（Health Research Group）；美國公民自由聯盟（American Civil Liberties Union）開始捍衛「醫療消費者」的權利，病患所表達的心聲與公民消費者的訴求，顯然步調一致。

眾所皆知，精靈一旦跑出了瓶子就很難控制，醫療消費者也是。剛開始，病患權力的爭取者看似取得了勝利，英格蘭與威爾斯在 1973 年設立了社區醫療委員會（Community Health Councils），旨在作為消費者的忠實監督者，從投訴、更彈性的探視時間，到更好的醫院食物，在每一件事上幫助病患。但在現實生活中，大多數委員會都不敢大聲表達意見；隨著 1970 年代的進展，醫療消費者被國家與企業劫持了。

在英國，政府運作著國民保健體系，對於人民健康的照護工作，是同時出於醫療與財政的考量：更健康的公民與積極的志願者，對不健康的公共財政是一帖良藥。「每個人都知道錢會變少。」當時的勞工衛生部長兼訓練有素的神經科醫生大衛・歐文（David Owen）博士在 1976 年指出，人們必須知道「健康不只是某件由國民保健體系所提供的事物，每個人對自己的福祉都有責任。」志願者必須參與照顧病人、老人，他補充，以及「已經出院的精神病患。」103 一年前，歐文提供了病患協會一筆政府補助金，自助原則與唯意志論首次合作無間，然後由國家進行管理。1979 年保守黨的重新掌權加速了這項過程。然而柴契爾夫人與主要政體愈頌揚選擇，病患 —— 而非由病患自行決定 —— 需要做的選擇愈多。諷刺的是，這些改革最後是把新的力量賦予醫生與管理者；對於改革的倡導者來說，選擇最初是一個心胸寬大的理想，包括了共同關切平等的獲取以及個人化治療的要求。某些人甚至提議，身為納稅人的消費者，應被納入監督醫療提供者的陣營當中，畢竟他們正是為國民保健體系付費的人。當托利黨員於 1991 年推出他們的病患憲章（Patient's Charter）時，醫療消費者已縮小為「準市場」（quasi-market）vi 中的個人顧客了。104

---

vi　準市場的概念最早來自英國。這個機制將社會福利外包，並將市場競爭機能導入公共部門，使公民即使是接受社會福利服務（例如醫療），也能有消費選擇。

類似的選擇緊縮現象也發生在美國，而且在缺乏全面性公共醫療服務的情況下，發展得更為迅速，消費者與病患團體——兩者即使在最好的情況下也從來不是最團結一致的聯盟——開始被醫療與藥物的遊說團體所圍攻。到了 1990 年代，美國有半數的健康保險是由政府稅收所資助；105 掙扎於檢核醫療保險制度（Medicare）不斷上升的成本，政府於是迫使醫生提高競爭力，並且鼓勵私人健保組織（Health Maintenance Organization, HMO）的成立以降低成本。病患的授權成了商業活動。消費者想要更多的資訊與選擇，現在，他們只要付得起，就能被選擇所淹沒；然而對於那些沒有醫療保險的人來說，選擇無關緊要。即使是在斯堪地那維亞國家，選擇也奮力挺進了福利服務的領域；在 2003 年，丹麥讓老年人在私人照護與公共照護之間做出選擇。財務部從哲學的角度，將選擇的自由圓滿闡釋為人性的民主觀點：公民——而非體制——深知什麼對他們最好。106

行政監察官制度

住戶與病患努力爭取的，雖是溫暖的家與更好的待遇，但他們也傳達出西方民主國家戰後政治氛圍的普遍轉變。公共服務面臨了壓力，必須將使用者放在第一順位，而非將他們視為應獲得慈善援助的對象；重新定位使用者，使國家與公民、統治者與被統治者之間最根本的關係，受到了試煉。如果不是為了人民，政府為何存在？誰能在國家手中保護公民免於不法的惡行？答案來自瑞典：行政監察官（Ombudsman）。

行政監察官一職首創於 1809 年，目的在監督國家官員並確保法律能按照國王的意思執行；因為一個強大的國家必須受到法治的審查與檢核。到了 20 世紀，行政監察官的角色從皇室利益的守護者，轉變成保護人民的護民官，其主要職責在於保護人民的公民權利免受統治一切的國家所侵害；行政監察官由議會任命，有質疑法官的權力。在 1950 年代，成千上萬的瑞典人對法庭訴訟、行政失當以及嚴厲高壓的警方舉措，提出了不滿的申訴。在國際上，行政監察官這個詞是每個人都能琅琅上口的一句瑞典語；丹麥在 1955 年推出了它的第一位行政監察官，紐西蘭在七年之後也如法炮製。從這裡開始，行政監察官一職也在 1967 年引進到英國，並在

1980年代獨裁政權垮台之後進入了西班牙與葡萄牙，在共產主義垮台之後進入了波蘭與匈牙利。在撰寫本文時，英國已經有24位的行政監察官，從對警方的投訴、幫助被不當銷售保單的消費者，到裁決足球投訴，都是他們的職責範圍。107

為何行政監察官在設立之際，其前景在全球各地看似一片大好？原因之一是當時特定社會與民主因素的匯聚。行政監察官以對市場與民主的承諾，幫助社會與快速成長的國家達成了和解。這是標準的說詞。但第二個或許同樣重要的原因，則與公民的習慣改變有關，如果每個人對不法弊端都採取逆來順受的態度，那麼行政監察官就毫無用武之地了。

證據顯示，愈富裕的社會會鼓勵愈多的抱怨與投訴，部分是因為期望提升，部分是因為鼓勵我們申訴的管道以及申訴的簡易性皆大幅增長；有若干因素與企業的顧客服務業務擴展有關，雖然顧客服務的標準仍有極大的歧異。不過在這方面，國家政府仍然值得讚揚。在忙碌的市場中，一個不滿意的購物者很容易轉而惠顧別處的生意；但倘若城鎮中僅有一間自來水公司，他們就無法這麼做。國家支持的消費者投訴委員會以及「替代爭議解決方式」vii 的提倡，給予消費者的「心聲」一個新的發洩途徑。共同補償機制的存在，讓消費者可以好好利用它，在歐洲，西班牙與葡萄牙都是很好的例子；然而在某些國家，集體訴訟是需要有每個個別受害者的授權與委任（像是在法國）、或者庭外和解難以達成（像是荷蘭），那麼消費者便難以利用這類共同補償機制。葡萄牙消費者保護協會（Portuguese Association for Consumer Protection）就是一個特別成功的集體訴訟模式，當這個協會代表國內的消費者對葡萄牙電信公司（Portugal Telecom）提出訴訟時，該公司以 120,000,000 歐元的賠償金和解。西班牙也有類似的情況，完善的共同補償機制使消費者易於利用，例如銀行用戶協會（Association of Bank Users, ADICAE）便代表 20,000 名索賠人，向 101 家銀行提出非法抵押貸款條款的訴訟。108

科技也促進了這些「心聲」的表達。那些對電費帳單感到沮喪的消費者，現在只要一個點擊，就可以發洩他們的低潮。而他們是否會這麼做，

---

vii 讓爭議雙方以非訴訟的方式達成和解的程序或方法。

部分也取決於他們是否相信自己的投訴會獲得公平的處理；這一點在不同的社會中有著頗大的差異，投訴的機構與文化會彼此強化。在那些擁有行政監察官、投訴程序、信任法治等最堅強傳統的國家中，也同時擁有最多勇於申訴的人民，這或許並非巧合。2008 年時，1/3 的瑞典人，以及 1/4 的丹麥人、英國人以及德國人提出過正式投訴；然而在義大利，這個比率甚至不到 1/10。109 有些人將這些抱怨與不滿轉為創意的用途。2005 年在赫爾辛基，一群芬蘭人率先成立了一個投訴合唱團（Valituskuoro），抱怨著「我們總是在曲棍球與歐洲歌唱大賽（Eurovision）上輸給瑞典……」自其時至今，類似的合唱團也在聖彼得堡、墨爾本、新加坡以及其他 20 多個城市中成立了；在漢堡，歌唱者的投訴，主要是針對過於複雜的德國納稅申報表，布達佩斯合唱團則聲稱，匈牙利人是最會抱怨的世界冠軍。110 就連英國這個最為堅忍自制的國家，也在伯明罕成立了第一個投訴合唱團。111

　　行政監察官正是想法與制度在國家之間蓬勃交流的實例。這類跨國交流，長久以來就是消費者運動的一部分，可回溯至 1900 年的購買者聯盟以及一個世紀前反奴隸制度的聯合抵制。歐盟更提供了超越國家的新層面。歐洲的官僚體制花了一段長的相當驚人的時間，才開始對消費者投以關愛的眼神；1960 年代，布魯塞爾幾乎還沒有人會說到「消費者」這個詞，一直到 1970 年代中，歐洲法院（European Court of Justice）才開始協調國家在安全與品質上的措施，又直到 1987 年，「單一歐洲法案」（Single European Act）才將「高層級」的消費者保護含括在內。112 但這項遲來的覺醒情有可原。自 1789 年的法國大革命以來，法律的精神始終攸關著維護全體適用的公民權利，而不是保護特定存在；賦予消費者特殊權利，將會侵害平等的人民之間所締結的自主權。於是，律師與經濟學家也都退守至這項方便又合宜的「虛構」，假設消費者在市場上自然而然地「擁有獨立的最高主權」。1970 年代打破了這項沉默。隨著政治一體化的引擎突然熄火，歐洲官員與法官皆切換到經濟一體化的軌道，而消費者成了列車的火車頭，選擇與競爭則成了列車的燃料；新的歐洲公民於焉誕生：「市場公民」。經過幾個世紀，德國啤酒製造商在 1987 年被告知，他們的啤酒並不比比利時的啤酒健康，並刪除了他們限制性的純度法規。消費者有權選

擇他們自己想要的啤酒，任何擋在這條路上的國家障礙都必須加以清除。官方的理由是，選擇賦予消費者權力；而這個理由也同樣賦予了歐盟委員會（European Commission）權力。

消費者與公民

從套裝旅遊行程到門擋銷售的各種指示，大量的歐洲政策加強了歐盟成員國對個人選擇與競爭市場的日益重視，這是對消費者權益的最佳防禦。我們很想就此打住，只看到新自由主義的力量在運作就夠了；然而，這樣的觀點又過於簡單。歐洲故事仍在持續發展中，也為過去激發消費者運動的基本需求與社會義務的關注，注入了新的生命與活力。歐洲的消費者不只是那些跨越邊界、用廉價酒裝滿汽車的購物者，伊芳・華茲（Yvonne Watts）正是其中的一位代表；這位 75 歲英國公民患有嚴重的髖關節炎。2003 年 3 月，原先已排在貝德福（Bedford）當地醫院候補名單上許久的華茲太太，因為持續不斷的疼痛，放棄了離開名單進入治療排程的嘗試。她支付了相當於 3,900 英鎊的費用，前往法國換了一個新的法國髖關節；當她向英國的國民健保單位申請給付被拒絕時，她轉向歐洲法院提出控訴，並贏了這場官司。基於對患者臨床需求的醫學評估，等待時間必須是「可接受的」，英國因而被迫改變管理醫院候補名單的方式。113

「弱勢消費者」也重新得到了關注。歐盟的一個諮詢機構「歐洲經濟與社會委員會」（European Economic and Social Committee）在 1999 年觀察到，「並非每個人都有必要的自信心與果斷力來做出他或她自己的選擇，並且是明智的決定。」114 該委員會指出，許多社會底層人士被排除於住房與其他基本商品之外；為了讓選擇對低收入族群與單身母親產生意義，這些人必須先被賦予權力。氣候變化或許比其他問題更能迫使歐盟採取全面性的觀點，將消費者視為公民；消費者也是給環境帶來危害的生產者，我們將在後續有關廢棄物的章節中再回過頭來探討這個議題（參見第十五章）。對歐盟來說，當前的個人選擇必須由未來的社會責任加以節制；但這個崇高的理想也包含了真正的難題，因為，歐洲的整合，長久以來始終是以商品與人的自然流動為前提，然而低碳環境需要的是減少交通駕駛、飛機航

班以及載貨卡車。除非物理定律不再適用，否則很難看出歐洲的計畫與方案如何能夠兩者兼顧。

消費者的神化也充滿了矛盾。主張擁有自身消費者權利的住戶、病患、學生以及其他人愈多，消費者的身分認同就變得愈發支離破碎而失焦。這使得消費者的擁護者陷入嚴重的兩難困境。舉例來說，英國的全國消費者委員會在 2007 年得出了結論，認為在一個多元的社會中，訴求統一的公民已失去意義，取而代之的是服務必須回應消費者的多樣性；次年，全國消費者委員會就被廢除了。115 不論我們個人對這項分析判斷的看法如何，歷史的教訓似乎不言自明。今日在這個消費者時代，組織消費者的難度遠甚於一個世紀之前；選擇的確要負擔部分責任，但我們也不應誇大其辭。值得注意的一點是，同一個全國消費者委員會也為照護之家的老年人、自來水用戶以及許多別無選擇的人挺身而出。

這場爭取選擇的聖戰，沒有比英國打得更兇的地方了，而且也吸引了眾多關注的目光。然而，英國的經驗，對於政治野心與社會現實之間、政客們所言所思，以及普羅大眾所聽所做之間存在的顯著鴻溝，同樣深具啟發性。只要涉及公共服務，研究人員發現，對於選擇與顧客的籲求便會使大多數使用者與提供者覺得刺耳而苦惱。正如一名警官直截了當地表示：「我們不是特易購（Tesco）、瑪莎百貨、英國電信公司（British Telecom, BT），也不是消耗品或家用電器……我們是警察……我們是服務公眾的公共服務。」打電話報警或是去醫院，跟購物基本上是兩回事。一位醫療服務的使用者這麼說：「如果我在一間商店裡，我只是在那裡買些東西，我跟他們沒有任何關係……我不想成為一名顧客，我想成為一名病患。」人們希望當地的休閒中心可以回應他們的需求，但不是以犧牲他人的利益為代價。數十年來的政策倡議與歌頌選擇，完全無法動搖人們認為公共服務應給予公平承諾的根深柢固想法。

儘管許多政治家皆深信富裕導致了政治冷漠，但並無任何顯而易見的證據可以證明這一點。媒體研究顯示，英國人有強烈的公眾聯繫感以及對政治的興趣，他們只是不信任政治人物。聯合抵制與其他類型的消費者政治，是否必然會使公民參與的原有形式元氣大傷，是值得存疑的一點；相反地，歷史經驗暗示了前者往往加強了後者，正如 19 世紀初爭取投票權

的激烈運動，以及 20 世紀初再次發生的情況。今日，那些最有可能抵制產品的人，也正是那些在地方政治中最為積極活躍的同一群人呢。*116*

第十三章

本土貨與舶來品

正如我們所見，消費改變了時間；而同樣重要的是，它也改變了空間。在人類的歷史中，產品的來源地與人們旅行的距離比以往任何時候都遠，這對人們與商品的關係以及商品的生產者有什麼影響呢？顯而易見，這是需要一整本書的篇幅才能回答的大哉問。接下來的這一章，試圖更為審慎地藉由三個空間軸的演進來提供若干提示性的答案，這三個方向分別為：透過購買商品表達對他人的關注；在地食品及其身分角色的重新發現；以及最後，人們的遷移對新品味與產品的傳播所帶來的影響。

道德大拍賣

我們生活在一個「公平貿易」（fair trade）的時代。今日，「公平貿易」的產品大約有 27,000 種，[i] 這些商品承諾消費者，即使是遙遠的發展

---

i 　自 1990 年代以來，官方名稱與標籤一直是使用 fairtrade，但為了文獻敘述方便並適應早期的拼法起見，除非特別提到組織，否則我皆使用兩個字分開的拼法，亦即 fair trade。

中國家生產者，他們的血汗也能得到公平的待遇。2007年時，有2,000萬朵公平貿易的玫瑰盛開；兩年之後，公平貿易產品的全球銷售量達到了34億歐元，惠及100多萬的農人與勞工。公平貿易城鎮也如雨後春筍般湧現，英國蘭開夏的加斯唐（Garstang）在2000年時成為第一個公平貿易城鎮，此後又有分布於24個國家的1,000多個城鎮加入行列。2006年時，「公平貿易雙週嘉年華」（Fairtrade Fortnight）在英國各地舉辦了大約8,000場的活動，從與香蕉生產商的會議到時裝秀與「寵愛淑女之夜」，無所不包；在洛錫安（Lothian）有「瘋芒果」（Mango Mania）活動，在多塞特郡則有幼兒與年長者的聚會。

首度於1988年引進荷蘭的公平貿易商標原本是一項邊緣運動，孰料公平貿易竟藉此踏入資本主義的堡壘。就連折扣連鎖商店阿斯達（Asda），也在2006年開始促銷公民貿易柳橙；而在美國知名的當肯甜甜圈連鎖店中，你可以把甜甜圈浸在公平貿易的咖啡中；全球性品牌，像是星巴克與吉百利牛奶巧克力（Cadbury's Dairy Milk），更做出了百分百的公平貿易承諾。如今，生活與休閒中沒有多少面向能不受公平貿易的影響。2007年，荷蘭國家銀行（Dutch National Bank）開始用公平貿易的棉花製作十歐元紙鈔；對那些亟欲實現公平貿易理念的人，甚至可以用孟加拉共和國製造的公平貿易竹製棺材下葬；電影明星花時間擔任大使，大肆宣傳他們去拜訪布吉納法索的棉農。道德貿易（ethical trade）甚至走進了足球場：2011年3月4日，德國足球巨頭多特蒙德足球俱樂部（BVB Dortmund）利用它的主場比賽推廣「公平競賽符合公平貿易」（Fair Play Meets Fair Trade）活動，在它的側廳，球迷還有機會去認識「高品質的公平貿易產品」；中場休息時，明星們加入了平局決勝賽，而體育場螢幕上出現的則是公平貿易原則。多特蒙德的教練尤爾根‧克洛普（Jürgen Klopp）在他的客廳與一串公平貿易的香蕉合影。多特蒙德在蓋爾森基興（Gelsenkirchen）的同城對手沙爾克04也不落人後地推出了自己的「公平競賽／公平飲品」（play fair/drink fair）沙爾克咖啡。1

這種大張旗鼓以示公平的做法，到底意謂著什麼？公平貿易的擁護者與批評者，皆強調個人選擇與市場的重要性。對擁護者來說，公平貿易的起飛，是因為數百萬的購物者逐漸意識到他們的錢包可以發揮道德力量。

有些評論家則宣告了「新道德經濟」的到來。2 相形之下，批評者則把公平貿易視為道德的遮羞布：讓置身北半球富裕國家中的消費者對自己感覺良好，實則全球貿易與不平等現象仍然暢行無阻。但是，公平貿易不僅與個人選擇及個人是否自私自利有關，政治、宗教以及社會運動跟購物者都一樣是形塑它的重要力量。

　　無論是就產品或國家而言，公平貿易都是極為多樣化的現象。真正成功做到公平貿易的商品委實屈指可數，尤其像是咖啡、巧克力、香蕉、鮮花以及糖；當它擴展至其他商品以及價值較高的產品時，其表現頗令人失望。舉例來說，公平貿易棉花的銷售在 2000 年代後期逐漸衰退，即使公平貿易咖啡在西方國家的商業大街上似乎頗有斬獲，但是將這樣的成績放在全球的版圖上來看，就沒那麼可觀了；在 2009 年，這項銷售量只占了全世界咖啡貿易的 1%。在某種程度上來說，公平貿易的成長看起來如此驚人，是因為它從極低的水平開始往上爬升，但在現實情況中，許多公平貿易的產品仍然不得其門而入，極少能被購物者挑選進購物籃中。瑞士的消費者引領著世界的潮流，但就連他們每人每年也不過花 21 歐元在購買公平貿易的產品；2008 年時，英國人平均一整年花 11 歐元，德國人則只花了 1.7 歐元，相當於十幾根香蕉。將這些數據跟食物的一般售價放在一起，即可看出其深具啟發性的意義。1975 ～ 2007 年的這段期間，是廉價食物的黃金時代，整體的食物成本降低了 1/3；西方的家庭在結帳櫃檯省下了大把鈔票，道德的優惠還有零錢可找。自 2007 年以來，食物價格逐步上漲；剛開始，公平交易商品無視這股趨勢，持續勇往直前，然而到了 2014 年，它也不得不停下腳步。20 年以來頭一遭，公平貿易產品的銷售額掉了 4%。這股成長趨勢是否已然發展到一個停滯期，或者是否還能在未來重拾動力、承受來自廉價折扣商店的壓力，尚有待觀察。

　　今日的公平貿易有兩種主要表現形式：一種是商業的形式，超市的銷售上升但基層的行動主義變弱，大英帝國就是一個明顯的例子；一種是社會運動的形式，銷售量雖小，卻是來自當地的「世界商店」，包括德國的全球商店（Weltläden）與義大利的貿易作坊（botteghe del commercio），它們忠誠的志願者，致力於提升貿易正義的意識並銷售來自發展中國家的手工藝品與食品，這些商店在荷蘭、德國以及義大利較為普及。這兩方面的形

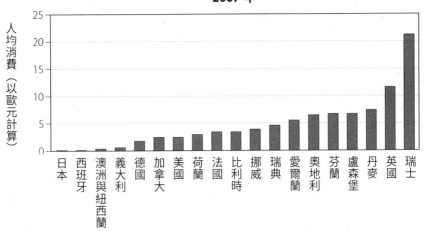

每人平均年度公平貿易商品消費（以歐元計算）
2007 年

人均消費（以歐元計算）

| 刻度 | 25, 20, 15, 10, 5, 0 |

國家（由左至右）：日本、西班牙、澳洲與紐西蘭、義大利、德國、加拿大、美國、荷蘭、法國、比利時、挪威、瑞典、愛爾蘭、奧地利、芬蘭、盧森堡、丹麥、英國、瑞士

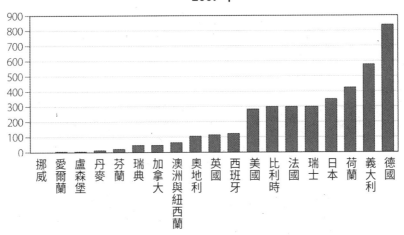

世界商店／公平貿易商店數量
2007 年

| 刻度 | 900, 800, 700, 600, 500, 400, 300, 200, 100, 0 |

國家（由左至右）：挪威、愛爾蘭、盧森堡、丹麥、芬蘭、瑞典、加拿大、澳洲與紐西蘭、奧地利、英國、西班牙、美國、比利時、法國、瑞士、日本、荷蘭、義大利、德國

來源：克里爾（Krier），《公平貿易》（Fair Trade），2007.

式，反映了這場公平貿易運動意識形態的鴻溝，關於達成公平貿易的最佳方式為何：該與市場合作，還是該爭取替代方案？當跨國企業雀巢（Nestlé）的產品「雀巢夥伴綜合咖啡豆」（Nescafé Partner's Blend）在 2005 年採用了公平貿易商標，在道德消費者中引發了深思與反省。對某些人來

說，公平貿易產品在超市中不斷蔓延，不啻是一種背叛行為；27歲的義大利人馬泰奧（Matteo）認為，雀巢正是公平貿易所代表的「極端對立物」：「大型超市正是我們應該加以反抗的事物之一。」因為它們的公平貿易產品是「全然的消費主義」，並且使我們從全球不平等與貧窮根源的基本問題上分心。相形之下，安德烈（Andrea）（35歲）則較為務實，認為超市就像是一把「雙刃劍」，3的確，超市並未提供購物者貿易正義的全貌——那是購物者可以在小型的作坊中獲得的；然而從另一方面看來，超市有助於推廣公平貿易產品。對他來說，從一間作坊中購買的商品的確品質較優，但他承認，大型超市的便利性更高，也是他在時間不充裕的情況下還能購買公平貿易商品的地方。愛蓮娜（Elena）這位50多歲的職業婦女對此所見略同。

對於品牌與超市的矛盾心態，明確地闡明了對於何謂「公平」的根本歧見：它到底是意謂著提供農人公平的交易，還是應該被延伸至農場到餐桌這整個食物鏈，包括加工、運輸以及分銷等過程？2006年時，法國政府的標準機構艾法諾（AFNOR）試圖給予公平貿易一個定義，最後卻失敗了；大型企業不可能與小型的民耕公平貿易進口品（Minga Fair Trade Imports）意見一致，對後者來說，公平必須包括生產者與消費者之間小規模的地方性交流。而事實上，這是「馬格斯・哈弗拉爾」基金會（Max Havelaar）與「公平貿易」努力的方向，這兩間荷蘭與英國的主要商標組織自1990年代以來，即逐漸將這個議題定義為生產者的公平工資，加上經過認證的健康和安全標準。在公平貿易的商業進展上，商標是關鍵的一步，它使公平貿易商品為超市的貨架做好了準備，企業品牌得以為特定的產品線達成選擇性的協議，而無須全面放棄資本主義，人們也不必改變他們整個的生活方式。公平可以化整為零地被出售。

公平貿易組織商標

商標改變了這場公平貿易運動當中的平衡。這並不是因為世界商店消失了，或者教堂不再銷售公平貿易的產品，事實上遠非如此，在巴伐利亞城鎮上的大多數教堂都有固定的公平貿易攤位。相反地，自1990年代後

期以來，商標組織的推進速度已超過其他組織；到了 2007 年，只剩下不到 10% 的銷售量是來自「替代性貿易組織」；即使是在德國與荷蘭，當時仍有 1,000 多間的世界商店經營著相當可觀的業務，如今也已被超過 30,000 家有銷售「公平貿易」產品的超市包圍了。

口味的多樣性甚至延伸到最受歡迎的商品——咖啡，從而產生各地不均的公平貿易購買現象。沒有人比斯堪地那維亞人喝的咖啡更多了，芬蘭人甚至有法定的咖啡時間，然而到目前為止，他們的品味在很大程度上避開了公平貿易的咖啡品種，這些品種的啜飲者主要是巴西人、美國人以及英國人。在芬蘭，每人每年消耗的 12 公斤咖啡豆中，只有 0.4% 是來自公平貿易的咖啡豆。芬蘭人難道比英美人士更缺乏道德感嗎？這一點頗令人懷疑。形塑國民品味的因素，主要是零售環境與飲用習慣，自發性的選擇行為則較無關係。舉例來說，芬蘭人長久以來早已習慣輕度烘焙、來自巴西哥倫比亞與桑托斯（Santos）的綜合咖啡豆口味，這種混合，據說特別適合芬蘭的軟性飲用水質；20 世紀時，這款咖啡豆由寶林公司的「寶拉女孩」推銷為「芬蘭」咖啡，她們穿著芬蘭的塞克斯麥基（Sääksmäki）民族服裝巡迴全國各地，提供人們如何調製出一杯好咖啡的建議（參見插圖 18）。這正是我們先前觀察到的一項歷史遺贈：西方國家對遙遠的「異國」商品進行品牌重塑，並成為自身國家認同的一部分。4 公平貿易所偏愛的精選阿拉比卡（Arabica）豆香氣更濃郁，但對許多芬蘭人來說，嚐起來就是「非芬蘭式」的風味。然而，在英國與美國，咖啡連鎖店與超市推動了公平貿易咖啡的普及，並為消費者做了選擇；這些國家對濃縮咖啡與精品咖啡（speciality coffee）的新品味，不管是在咖啡館中飲用或是外帶在路上飲用，都為小型烘焙商與公平貿易咖啡豆提供了銷售管道。相形之下，在芬蘭，大部分咖啡都是在家煮好並在家飲用，可觀的折扣有利於大量的「芬蘭式」咖啡混合豆，它們定期都有促銷活動；整體來說，大型折扣商店主宰了零售市場，正如挪威的情況，公平交易商品以及提供這些商品初始立足點的小型商店，其活動空間也十分有限。5

這一切並非意謂著我們可以忽視選擇。選擇作為推廣貿易正義的工具，自 1990 年代商標起飛以來，即主導了公平貿易運動；道德消費者的神化其來有自，政治與文化原因同樣重要。國際咖啡協議 6（1962 ～ 1989

年）與行銷委員會的國際架構崩毀後，留下了一片真空，7 購物者被要求去填滿它；他們憑藉著自己的錢包，即可幫助那些被全球政治所辜負的小農。

然而，公平貿易也利用了這股對公司和國家信任度普遍下降的趨勢。企業健康、勞工與環境標準，經仔細檢視後發現不合格且匱乏不足。例如喬納・裴瑞帝（Jonah Peretti）在 2000 年與耐吉（Nike）激烈交鋒，要求該公司以「血汗工廠」的字樣來客製化他的運動鞋。以上只是表露出這種新氛圍的知名案例之一。在示威運動中，公平貿易的行動主義者將老闆們過激、過時的巨大、癡肥形象再度復活，用來將新自由主義粗鄙、自私的力量擬人化。不像早期揭發醜聞之舉，消費者現在對於尋求國家協助感到沒那麼有信心了，於是，他們將消費者保護掌握在自己手中，獎勵「優良」的公司並抵制其他公司。道德規範成了購物固定的一項考量，根據 2011 年的一份研究調查，2/3 的德國人經常將道德標準應用在他們的購買決策上。8 值得注意的是，並非所有的富裕社會皆有同樣的趨勢，在像英國這類的自由國家中，消費者力量的意識較強；相較之下，在挪威，不到 1/10 的消費者認為他們的意見很重要，大部分人仍依賴政府去處理問題。9 家長式專制主義並未培育出道德感更強烈的消費者。

選擇承諾了賦權。一本提倡道德生活方式的月刊《新消費者》（New Consumer），它的編輯在 2005 年「使貧窮成為歷史」（Make Poverty History）的運動時寫道：「那些感到被政治體系剝奪力量的人，知道他們可以藉由購買公平貿易商品而造成改變……我們的購物使我們陷入了這一團爛攤子，我們的購物也可以使我們脫離這樣的困境。」10 購物就是新的民主政治，而且最重要的是，它很有趣！對良心的呼籲賦予購物樂趣愈來愈強大的動力，公平貿易本身就是「生活方式」的運動，它與消費達成了和解。廣告開始反映那些主流的消費文化，撩撥人們對於異國奢侈品與廉價交易的渴望。舉例來說，「輝煌地球」（Brilliant Earth）提供它的顧客藉由創作自己的非衝突鑽石 ii 戒指，享受「良知奢侈品」的機會。為切合德國人對於特價商品的熱愛，GEPA 公平貿易組織（德國供應世界商店的最大公平貿易

---

ii 較廣為人知的稱呼是「血鑽石」。

商，成立於 1975 年）以「公平的折扣」提供「世界的寶藏」。11

　　因此，公平貿易消費者對新自由主義時代而言再適合不過了。然而，這並不意謂著選擇是成功的直接原因，而是較為間接的連結。在推廣公平貿易城鎮的活動中，道德消費者的形象，是爭取公共服務提供者、零售商以及食品生產商的方式。在關注個人選擇的前提下，諷刺的一點是，賦予公平貿易決定性的推動力，正是公司企業與公共機構。2008 年，發明方糖的大煉糖廠泰萊公司（Tate & Lyle）將它所有的零售食用糖轉換成公平貿易的糖。威廉莫里斯超市（Morrisons）開始只庫存公平貿易的糖，一年之後，吉百利牛奶巧克力也轉成使用公平貿易糖，於是英國最受歡迎的巧克力愛好者，現在自然而然地吃起了公平貿易的可可。大多數時候，購物者會使用為他們選擇的道德產品；當然，公司也會利用這些承諾向消費者和股東傳遞它們的道德信譽以作為回報，但是在購買之際，個人選擇與此幾乎毫無相干。同樣地，在公平貿易城鎮上，地方當局也改變了它們的集體採購，而有些居民甚至並未意識到這樣的轉變。12 在荷蘭，大部分的政府部門、市政當局以及學校都供應公平貿易的飲料。在瑞典，公平貿易協會接受政府補貼；在法國，它們享有在公共媒體上的廣告優惠價格。2003年，慕尼黑市在市政大樓、奧林匹克公園與動物園中提供公平貿易的茶與咖啡，以支持「一個世界」（One World）的倡議。現在，商店與餐廳開始關注並提供更多的公平貿易飲料。穿越阿爾卑斯山來到瑞士，政府的支持對於高度的公平貿易意識亦至關緊要。13

道德感影響消費

　　有些人認為，公平貿易象徵著我們愈來愈關懷遠方的他人，也是對全球化的道德反應。在這類關懷是否可能存在的議題上，哲學家們長久以來始終意見分歧：對 18 世紀中期的休謨來說，同情僅限於對我們周遭的人，愛全人類是不可能的；相較之下，一個世紀之後的尼采譴責慈善機構自私而腐敗，並且呼籲人們應對遠方的他人與未知的未來抱持著更崇高的愛（遙遠之愛〔Fernstenliebe〕），當這種愛發展到最高形式時，它的對象可以延伸至事物，甚至是鬼魂。14

顯然，我們所謂的「關懷」意謂著什麼極為重要；購買一根經過認證的香蕉，只因為我們認為此舉或許能幫助到地球另一端的一位小農，但這跟日復一日照顧孩子或是老年人並不一樣。「關照」比「關心」的要求更高，*15* 前者需要實質的接觸並了解對象的特殊需求與能力。相形之下，公平貿易創造出更遙遠、轉瞬即逝的關係，並讓人對所關注的對象產生扭曲感；對北半球富裕消費者的勸誡，不免使人聯想到南半球生產者軟弱無力、依賴他人的印象。「你選擇 —— 因為他沒有選擇」，這是 2007 年時公平貿易廣告所採用的文案，搭配一幅挨餓的非洲孩童影像；*16* 小農的技術與能力在這幅廣告中全然消失不見，他們也是消費者的事實亦不復見。在某種程度上，這類廣告的確縮短了距離，卻也產生了令人遺憾的副作用：在北半球強大的消費者與南半球無能的生產者之間，創造出新的距離感。

在現實中，公平貿易依賴南半球消費者的程度，與依賴北半球消費者的程度無分軒輊。在巴西，公平貿易被嫁接到 2002 年的農村團結運動中，政府以預付款系統來協助農民；巴西農民被鼓勵為巴西的消費者生產作物，而非為美國人或歐洲人。非洲人也是如此，他們是消費者也是生產者，半數在非洲生產的公平貿易產品，仍是留在這片大陸上供本國人消費。*17*

今日，公平貿易體現了全球化的矛盾現象。隨著食物鏈愈拉愈長，消費者對於為他們生產食物的人也愈發一無所知。然而在此之際，世界的距離縮小了，人們比以往任何時候更加意識到，在地球另一頭的人類同胞們置身於什麼樣的困境之中；這兩股力量的拉扯，可以追溯至 18 世紀甚至更早之前。新的不同之處在於，在我們這個數位媒體的時代中，我們幾乎不可能把貧窮、飢餓與暴力的影像拒於門外 —— 不論它們距離我們有多遙遠。*18* 公平貿易是將這種同情轉變成實際行動相對簡單的方法，它的要求肯定不比要一個人犧牲 1/5 的收入來解救飢荒或擔任志願服務，來得更為嚴苛。然而在現實中，它其實一點也不簡單。整體來說，道德消費始終受情感與行動之間的矛盾鴻溝所困擾；許多研究調查顯示，歐洲與北美洲的消費者都強調他們的道德信譽，市場與民意國際研究公司（MORI）在 2000 年進行的一項民調結果顯示，有 1/2 的歐洲人表示，他們已準備好

要為道德產品支付額外的費用。法國消費者則表示，他們願意多付 25% 的價格購買非童工製造的衣服。然而在現實的購物世界中，以公平貿易為首的道德產品，卻只占了整個市場中微不足道的一小部分而已。如何解釋這種矛盾的現象呢？

人們喜歡把自己想像成好人，但發現他們很難將善意轉化為實際行動，並不讓人感到驚訝；然而，這道鴻溝所關乎者不僅是偽善，在某種程度上，公平貿易與之搏鬥的是規模的問題：小型地方行動（購買）以及世界貿易體系與不平等所引發的巨大全球性問題，這兩者之間有著巨大的鴻溝。人們不必冷酷無情地懷疑多花些錢是否真的可以解決全球的貧窮；有些人只是覺得不知所措、不堪負荷。「這項責任不該往下交到消費者手上，」一名英國婦女告訴最近一位研究人員：「應該由我們之上的政府跟其他國家進行公平貿易，而不是要求我們買某種巧克力來取代另一種巧克力。」19 其他人則傾向於捐獻給慈善機構。舉例來說，德國人平均捐贈予人道主義援助的捐款，是花在公平貿易產品上的 30 倍以上。20 無論購物對人們的身分認同有多麼重要，認為今日大多數的道德之舉都是在收銀台完成的想法，與實際狀況差得可遠了；更甚者，在道德市場中，許多志業與商標都激烈爭奪著眾人的關注力。對有些人來說，關懷孩童、動物或是地球，更優先於關懷遠方的他人。

最重要的是，購物牽涉到頑固的習慣性。一項在比利時根特（Ghent）所進行的研究調查，將消費者置於接近現實世界的購物環境中，觀察他們願意為貼上公平貿易商標的商品多付多少錢。在歸結到這個問題時，這些樣本對象中只有 10% 的人願意花錢在公平貿易商品上，支付高達 27% 的加價；這個群組往往是受過良好教育的三、四十歲的理想主義者。其他研究調查也發現在這類人士當中，婦女、教師、基督徒以及高收入團體占了絕大多數。對於大多數人來說，口味、價格以及（特別是）品牌，都比道德商標來得更具決定性。21 在真實生活中，人們並不習慣每天做出新的選擇，這一點在這一切當中尤其深具諷刺意謂。公平貿易的運動將選擇視為通往道德消費的最佳途徑，但道德計算就像價格計算，只是人們消費時發生的所有事當中的一部分。為了創造出道德的生活方式，根深柢固的習慣也需要被加以改變。

公平貿易以社會運動的形態存在，它的政治承諾與購買的實際產品保證了它所得到的關注。就像愈來愈普遍的拒買抵制與購買支持，公平貿易已成為新的「生活政治」代表典範，成了個人即政治的典型「後現代作風」。22 此處的日常生活就像是公民的新舞台，個體深思熟慮並採取立場，創造出在地與全球之間的新連結，這對於政治生活的影響反應不一；一方面，政治消費被視為可提供發言權給那些以往不曾擁有它的人，消費者將可成為公民，並且在這個過程當中開啟了超越民族國家以上、或在民族國家以下的政治層面。另一方面，這種演變趨勢被認為可能會消耗現存體制的能量，就像拒買抵制取代了現有的選舉，消費者網絡取代了現有的政黨與議會。

無庸置疑，比之一個世代之前，如今有更多的人活躍於政治消費者的身分。舉例來說，1990 年時，22% 的丹麥人至少參與過一次拒買抵制活動。儘管如此，上述兩種判斷皆未被現實情況所證實。在英國，公平貿易所吸收的人，主要是已具有政治意識並參與其中的人，但它並未產生「排擠」的效應。一項對布魯塞爾與蒙特婁 1,000 名年輕人所進行的研究調查發現，政治消費者加入政治團體與政黨的可能性，是普通購物者的兩倍。雖然他們對政治體制有諸多批評，但同時也對本國同胞有著高度的信任。簡言之，新舊政治互相強化了彼此。23

通往公平貿易的曲折道路

公平貿易吸引了諸多關注，不僅是因為它不斷上升的營業額，更是因為它往往被視為全球道德規範的新時代。以此觀點來看，20 世紀末不啻催生了一種新的道德經濟。這是過去與當前所持有深刻缺陷的觀點。公平貿易的出現其來有自，為了了解它的訴求、前景以及矛盾之處，我們必須重建它更為悠久的歷史。商標倡議源起於人類同情心的長期轉變，敦促消費者對於他們的行為對遠方他人所造成的後果擔負起責任。今日的公平貿易使用的是個人選擇的獨特語言，它也融入了過去兩個世紀以來逐漸成

形、關懷他人的道德地理學。

　　當政治消費者在現代挺身而出時，他們並非直接大步向全球性的憐憫慈悲之情邁進；他們認為自己應對生產者所擔負的責任感，受到帝國、民族以及自由主義的制約與束縛。18 世紀時，國際貨物的流通使人們愈發意識到彼此之間的相互依存性，再沒有比糖這項商品更能象徵消費者與生產者之間的道德鏈結了。1791 年，英國議會提出廢除英國奴隸貿易的法案，遂引發了一波抵制的浪潮，拒買奴隸種植的糖；這些抵制運動展現出運作中的新道德地理學，但也顯示出它的限制。抵制者希望能終結的是英國的奴隸貿易，而非一般的奴隸制度；從政治的觀點來看，這項策略十分合理，畢竟他們試圖改變的是英國的政策、試圖拯救的是英國人的靈魂。同時，將奴隸貿易視為國家之罪的問題，意謂著個人的道德止步於帝國的邊界。一旦英國廢除了奴隸貿易（1807 年）並解放了它的奴隸（1833 年），行動主義的興趣也隨之減弱了 —— 即使奴隸制度仍持續存在於其他地方。同一群人一邊抵制英屬西印度群島的糖，但也一邊繼續穿著奴隸種植的棉花所製造的衣服、抽著來自南美洲的菸草。廢奴主義者極少認為他們身為消費者的責任必須擴展至遙遠國度的整體生產者。24

　　個人責任與國家責任之間的緊繃關係，以兩種相反的方式得到解決。自由主義者看好自由貿易是解決之道，藉由允許商品自由進入的方式，所有的生產者將被賦予平等的機會，以無關國家的最好價格出售他們的商貨。某種程度上，在維多利亞時代和愛德華時代的英國，自由貿易可說是最原始的公平貿易運動，連結起消費與互惠的倫理，自由貿易商訴諸於「己所不欲，勿施於人」的黃金準則；誠然，自由貿易使道德情感的範圍更普及於全球，但在真正的實踐上，卻也使它與個人愈來愈無關。消費者解除了直接的責任，遠方的生產者如何被對待，與他們再無相干；如果其他國家愚蠢到設立貿易壁壘並容忍糟糕的工作條件，那是它們的問題。英國能做到的最好程度，就是打開自己的大門並以身作則；有些激進分子深信，自由貿易會教導消費者「對生活品質漸增的關注」，並且讓他們逐漸支持在像樣條件下製造出來的商品，25 但要怎麼做到這一點並不清楚。對許多人來說，能買到便宜的商品就足夠了。

　　自由主義的氛圍在第一次世界大戰前攀升到最高點。其後，與之匹敵

的保守策略逐漸崛起並處於優勢，同時，受歡迎的帝國主義者也發現了消費者的力量。帝國購物週敦促英國的家庭主婦關心她們位於殖民地的人類同胞，並且帶著帝國的責任感去購物，多付一點錢是帝國團結的代價。當然，這些運動的理念與今日的公平貿易本質上並不相同；前者是出於種族的動機，主要是為了尋求提供給加拿大與澳洲的白人農夫之協助，而非整體的遠方生產者或是被剝削的殖民地苦力。從這個意義上來說，這是較為狹窄的視野；但從另一個意義上來說，這種視野反而不像今日的道德地理學那麼偏頗，因為它認知到遠方的生產者也是消費者。購買來自加拿大的蘋果很重要，因為此舉可以使加拿大人反過頭來購買更多曼徹斯特與伯明罕所製造的商品。就其方法來說，兩次大戰間的「購買帝國商品」運動顯示出與今日的公平貿易驚人的相似性；遊行隊伍和食品攤位為食物鏈妝點上人性化的面孔，烘焙與服裝比賽推廣殖民地產品的同時，肯亞咖啡也有它自己的風味示範與宣傳。*26*

到最後，打造出全球化道德地理學的是戰爭，而非和平與商業。早在1930 年代，國際聯盟的結論是，如果不改善一個大陸上的生產者條件，就不可能改善另一個大陸上的消費者養分。*27* 合作社終於在 1937 年成立了它們自己的國際貿易代理機構（International Trading Agency），參與第二次世界大戰的各國都得到了與復仇相互依存的教訓，也產生出一個想法：應該要有一個全球性機構來協調全球的需求與供應。冷戰的干預，限制了這些遠大的想法，聯合國糧食及農業組織（United Nations' Food and Agriculture Organization, FAO）致力於提升生活水準，而非藉由世界糧食計畫來消除世界飢餓。然而，朝向全球化發展的道德關懷，最終仍戰勝了體制上的失敗。「50 年之前，有誰會想到『世界』的糧食問題嗎？」英國的合作社社員在 1950 年代問他們的成員：「當飢荒襲擊印度（1876 年），或是馬鈴薯晚疫病襲擊愛爾蘭（1845 年）時，其他人聽到的是*印度的*或是*愛爾蘭的*糧食問題。」他們並未將其視為是這個「世界」應該做某些努力去解決的全球性糧食問題。*28*

這類糧食分配不均的結構性理解，更因為對原始生產者與工業國家之間的不公平貿易條款，而得到了強化。漢斯・辛格（Hans Singer）與勞爾・普雷維什（Raúl Prebisch）這兩位聯合國的經濟學家，在 1949 年寫道，北半

球的已開發國家如何以南半球的未開發國家為食；29 協助原始生產者的提案，從國家層級的關稅到國際商品的協定都有，後者試圖在緩衝庫存與配額的幫助下，消除兩次大戰間大繁榮與不景氣的災難性循環；這些提案甚至擴及小麥（1949～1970 年）與咖啡（1958～1989 年）。然而，這種全球貿易的結構觀點不但令經濟學家感到不安，也令消費者感到困惑：萬一他們早餐桌上的便宜食物是建立在南半球貧窮農民的血汗之上呢？要解決全球性貧窮問題，個人的慈善行為已經不夠了，消費者行動主義的新曲目，正在基督教傳教團、青年團體以及第三世界運動中逐漸醞釀成形，呼應對富裕進行更廣泛而深刻的反思。

宗教力量

慈善禮品商店是一個開端。1947 年，就在它誕生的五年之後，貴格會領導的樂施會（Famine Relief Committee Oxford, Oxfam）在布洛德街（Broad Street）17 號開設了第一間禮品店，先是幫助希臘難民，接著是德國難民。在維多利亞時代後期，已經有了募捐衣物活動以及為飢荒受害者販售卡片與禮品的做法，但這些都只是偶發事件。不同於以往的一點是，樂施會將購買慈善品變成自立謀生的商業模式，收入被重新投入到其他的商店。1966 年時，有 50 間這樣的商店，但經過七年的積極行銷支持，商店數量超過了 500 間。起初，這些商店的角色跟今日的公平貿易剛好相反：在前十年中，樂施會是把英國商品送到有需要的外國人與難民手上，而不是把外國商品送到英國的消費者手上。在美國，門諾會（Mennonites）在 1946 年開始販售來自波多黎各的刺繡織品。在英國，第一個改變的跡象出現在 1959 年，當時路德世界服務會（Lutheran World Service）的路德維希·斯坦普夫（Ludwig Stumpf）牧師帶著一個裝滿針墊與刺繡盒的行李箱來到牛津，那些物品是由香港的中國難民製造的，在哈德斯菲爾德（Huddersfield）的商店中販售。兩年之後，聖誕特賣會開始以非洲與中國的手工藝品為號召；非洲的珠子與裝飾品是來自貝專納（Bechuanaland）的崔斯特瑞姆·貝茨（Tristram Betts），一位擁有先進學識的退休殖民地官員。到了 1970 年代，來自印度與孟加拉國的手工藝品已經無所不在了。

道德消費主義汲取自基督教與殖民地的關聯性。在英國的樂施會商店，來自古吉拉特邦的刺繡壁掛，是由傳教士贊助工作坊裡的寡婦與失能者所製作。在荷蘭，公平貿易商標的創始者，就是一位來自瓦哈卡市（Oaxaca）的傳教士以及一位來自互助國際發展組織（Solidaridad）的經濟學家，宛如世界一家的聯盟。設立於1975年的樂施會，有半數的貿易銷售量是由第三世界的產品負責。樂施會展現了在這個時期，透過購買以提供幫助的手段與目的如何轉變；剛開始，銷售外國的手工藝品只是為了幫樂施會及其救濟工作募款，任何人都還沒有想到要提供那些藝術工匠公平的待遇。公平貿易是事後才加進來的想法。到了1960年代末，有些成員指控樂施會偽善，便宜買進、高價賣出；一直到1970年代，新的模式（樂施會公平貿易計畫「橋梁」〔the Bridge〕）才終於成功，將購買當成行銷方式，幫助那些置身於當時被稱為「第三世界」的藝術工匠。

　　在從慈善事業過渡到貿易正義的背後，最重要的兩個團體就是基督教青年團體以及學生團體，它們的角色在荷蘭與德國又特別顯著，這兩個國家中的世界商店在1970年代開始起飛。1969年4月，第一間世界商店在烏特勒支外的布羅伊克倫（Breukelen）敞開了大門；早在兩年之前，「支持低度開發地區」（SOS, Steun voor Onderontwikkelde Streken）天主教援助慈善機構的一群青年已開始從太子港（Port-au-Prince）的貧民窟進口木雕商品，並從菲律賓進口竹製菸灰缸以及其他手工藝品。當時的世界商店回應了「是貿易而非援助」的呼籲；在荷蘭，有些行動主義者走上街頭，販售裝在塑膠袋中的加勒比海蔗糖。iii 在1970年代早期，世界商店在德國開張，原本是作為第三世界的商店，其後，為了作為更具包容性的世界商店而放棄了分級標示。教堂的大廳與傳教士的展示會是極為重要的管道，教會亦為第三世界服務，之後，會眾有機會購買傳教士從巴布亞紐幾內亞帶回的編織籃，從坦尚尼亞合作社農夫那裡帶回的咖啡；在義大利，世界商店會收到義大利傳教士從巴西帶回來的工藝品。對於公平貿易的道德事業來說，教會扮演了關鍵的角色：從道德角度來看，這些商品在他們手中顯得乾淨無

---

iii 1968年在新德里召開的聯合國貿易與發展會議（United Nations Conference on Trade and Development, UNCTAD）中，新聞記者迪克‧舒本立爾（Dick Scherpenzeel）呼籲要有專門的商店以合理的價格來出售糖。

瑕，並未被全球商品貿易的鮮血與苦難所玷汙。

哥廷根（Göttingen）與弗萊堡（Freiburg）之類的大學城，往往最先在一個區域開設公平貿易的商店，但這項運動更廣泛地深入了小城鎮與中學。在斯圖加特（Stuttgart）城外沉睡的紹恩多夫（Schorndorf），基督教青年會的年輕基督徒在 1972 年的城鎮節慶期間展開特別促銷以支持奈及利亞；同年，聖誕節前的第二次基督降臨節，當地中學學生展出聖經文句與手工藝品以說明富裕世界與貧窮國家之間的聯繫。紹恩多夫正式接受一個發展中國家的城鎮作為它的合作城鎮，「難道不正是時候嗎？」一張海報如此問道。1969 年，天主教與新教青年在希爾德斯海姆販售花生；三年之後，第一座世界倉庫在牛棚裡開張，不久之後又有一座前身為魚市場的拉丁美洲市場開張，首批加入了進口公平貿易手工藝品的「橋」（El Puente）基金會。到了 1980 年代初，德國各地已有 300 多間這類的世界商店、2,000 多個行動支持團體。30

貿易正義受到幾股力量的推波助瀾。其一，是宗教轉向全球團結的力量。1950 年代，天主教與新教青年為全世界飢餓的人民組織發起禁食與行動團體；在這場對抗飢餓的戰爭中，此舉距離銷售第三世界商品以提升意識僅咫尺之遙，正如新教青年在 1970 年時的飢餓遊行。貿易正義得到教會領導者的大力支持，巴西城市勒西菲（Recife）的主教便說，公平貿易可以消除對援助的需求；教宗聖保祿六世（Pope Paul VI）在他 1967 年的教皇通諭信「人民的發展」（Populorum Progressio）中即對自由主義的基本原則提出了質疑。如果買賣雙方都處於相對平等的地位，「在市場上自由設定的價格」可使雙方都獲益；但如果是在一個不平等的世界，就會有「不平等的結果」。他寫道：「貿易的自由，只有在受制於社會正義需求的情況下，才會是公平的。」31 身為樞機主教，他已經親自在巴西與非洲見證到貧窮的面貌。公平貿易是公平薪資權的全球性延伸，最重要的是，這類批評將南半球國家的物質貧窮與北半球國家的道德貧窮連結起來，一個人對財物的熱愛正在取代他對同胞的熱愛。在英國，基督徒援助會（Christian Aid）所舉辦的收穫節，同樣對當時的「消費社會」表示不滿。

其次，替代性貿易（alternative trade）與爭取國內替代性社會（alternative

society）有關，並以多種形式呈現；對有些人來說，這是召喚簡單生活。在德國，關鍵消費（Kritischer Konsum）團體在 1969 年與 1970 年的聖誕節前夕組織起特別的運動，抨擊那些季節性去教堂做禮拜的人，捐贈幾個馬克在「給世界的麵包」上，卻又同時享受大塊大塊的巧克力，「他可以買到這麼便宜的巧克力，是因為喀麥隆或迦納的農夫接受的是使他們必得挨餓的工資。」32 聖誕節揭露了南半球國家的貧窮以及北半球國家「有組織的浪費性消費狂歡」正是一體兩面。因此，貿易正義並非某種外在的事物，而是需要西方人擺脫那些由廣告商與生產商所編織、操縱的夢想世界。

這些發展都從第三項因素獲得極大的動力，也就是學生行動主義與反殖民政治的成長。就像 1960 與 1970 年代的和平與社會運動，公平貿易亦受益於高等教育在這些年來史無前例的擴展。殖民地的抗爭，給第三世界帶來更高的公共能見度：始於 1954 年阿爾及利亞的團結運動，並在 1980 年代對尼加拉瓜桑定民族（Sandinista）解放運動的支持中達到最高點。世界商店正是這種背景氛圍下的延伸產物，抵制它們的補給品產地。荷蘭陣線（Dutch network）在 1972 年領導對安哥拉咖啡的抵制運動以及次年的越南與蘇利南（Suriname）團結運動。世界商店如雨後春筍般出現的結果是，到了 1974 年，它們已經達到近乎 200 間的數量。33 德國的「尼卡（Nica）咖啡」運動以及「以黃麻替代塑膠」運動在 1980 年代早期有類似的效果。在整個西方世界，種族隔離政策不斷與抵制南非水果的運動對抗，荷蘭的公平貿易商甚至以「馬格斯‧哈弗拉爾」作為他們的商標之名。這個名稱來自一部小說中的英雄，內容是描述 1860 年在爪哇對抗殖民地暴行的一場抗爭；對一場具備全球野心的運動來說，這是一項難以理解的在地選擇。然而，這些行動並不完全是來自底層的抗議，第三世界的利益也受到了西歐政府與教會的積極支持。最初是為了對抗紅色恐怖（Red Peril）iv並讓年輕人循規蹈矩。到了 1970 年代，「發展」在德國已經有了它自己的國務院。34

---

iv　由共產主義發起的迫害稱為「紅色恐怖」。

英美的政治運動

簡單生活運動在美國也有它的追隨者，但在這裡，對第三世界問題的關切引發了訴求政治結構改變的運動。在 1970 年代初期的石油與糧食危機之後，「給世界麵包」（Bread for the World）的普世網絡組織將救濟飢荒及海外的貿易正義，與國內對工人及窮人的援助聯繫了起來。「更有節制、審慎適度的生活方式，可以成為對抗飢餓的奮戰中一項有力的見證。」該組織的幹事亞瑟‧西門（Arthur Simon）在 1975 年如此寫道，但唯有伴隨更好的政府生產與分配政策才能做到。生活方式會「以虛假的成就感來哄騙我們」，不吃肉或者扔掉我們的電視，或許可以讓個人得到「道德上的滿足」，但就其本身而言，此舉並不會把更多食物放在全世界貧窮人民的餐桌上；更糟的是，「可能只會讓人們失業。」我們需要的，是彼此相輔相成的國際與國內干預措施。西方國家必須降低它的關稅壁壘，除此之外，還必須給予最貧窮國家優惠待遇與最低價格協定；在國內，美國政府必須保證人民擁有工作及基本的「經濟底線」（economic floor）。「我們所需的主要訴求，並非減少個人消費，而是更高的美國人均成長比率。」西門如是說。35 在西歐福利國家，激進的學生要夢想簡單的生活方式很容易，因為他們的腳下踩著穩固的「底線」；而在福利較少的美國，重新分配的問題則不容被忽視。

今日的英國僥倖在公平貿易的市場中處於領先的地位，但在早期階段，它甚至落後荷蘭與德國。原因為何？就像荷蘭，英國畢竟是一個有帝國歷史的商業社會；真要說有什麼區別的話，英國還可借鑑於殖民主義批評者更強烈的意見。就像西歐其他國家一樣，英國也有富裕的社會、激進的學生以及反主流的文化；沒錯，英國有公平貿易公司「Traidcraft」以及基督徒援助會，但一直要到 1990 年代，公平貿易才開始發揮作用。原因在於，道德消費者的回歸時機剛好遇上社會運動危機；合作社在過去始終是社會運動的忠實擁護者，但在 1960 與 1970 年代，合作社不斷流失會員、關閉商店，生存空間也不斷受到超市擠壓。1973 年，一個電視節目披露了一杯茶為何如此便宜，原因是茶園的惡劣工作條件，甚至連合作社的茶園皆是如此；於是，若干成員對此感到十分氣憤。然而，合作社仍然

持續降價。一直要到 1990 年代，合作社才重新發現道德的確有助於銷售，於是在這個年代末，所有的合作社商店都引進了公平貿易的貨品。36

若將今日的公平貿易放在更為長遠的歷史脈絡中來看，我們學到了什麼？其實，公平貿易只是長久以來在經濟道德化此起彼落的努力當中最近的一波潮流；但如同馬克思主義歷史學家湯普森（E. P. Thompson）知名的論點，37 認為道德經濟已被工業資本主義扼殺，或是將現在視為道德經濟突然復甦的跡象、對新自由主義與個人選擇的反應，都是嚴重的誤導。現代世界始終存在著道德經濟。藉著購買（或抵制）商品的方式去表達對遠方之人的關懷，也從來不是完全自私的表現，這種行為始終被認為與關懷自己的社區有關——不管是拯救自己的靈魂、創造就業機會、建立強大的帝國，或是促進國內的公平正義。值得提醒的一點是，「公平貿易」原來並非購物者的口號，而是出自於製造商與農民；後者在 1880 年代的英國投入運動，對抗來自受益於關稅與補貼的外國生產者之「不公平」競爭。在美國，1930 年代的公平貿易法則，是關於藉由允許生產商訂定最低零售價格的方式，來幫助小型企業對抗大型的連鎖商店。

我們的時代與 1900 年左右全球化的初期，存在著頗有趣的相似之處。在這兩個時期，消費者行動主義都伴隨更大的商品流量而蓬勃發展，在歐洲與美國皆是如此。然而，一項主要的差別在於，早期的抵制購買以及白名單，是為了幫助在地的女性店員與血汗勞工爭取公平的工資與像樣的工作條件；相較之下，今日公平貿易的焦點則是斷然的國際化。說購物者該為收入微薄的在地季節性農場僱工做他們為坦尚尼亞咖啡農所做的事，為他們摘取在地的草莓，是沒有道理的；在福利國家與勞工法規之後所運作的公平貿易，只存在於他們前人的夢想之中。

對於南半球國家的農民而言，緊張情勢仍持續存在於自由貿易的理想與現實之間。自由主義的經濟學家警告，正是北半球富裕國家的消費者所支付的額外費用（無論用意多麼良善），支撐起那些處於不可耕作的農作物範疇、已蒙受生產過剩之苦的南半球貧窮國家農夫。然而，「公平貿易」也並非小農的專利，摘取咖啡是勞力密集的工作，在哥斯大黎加，公平貿易的收成，仍然得靠著來自尼加拉瓜沒有土地的勞工以及季節性移工；於是乎，經營良好的農園能否成為合格的公平貿易生產商之爭論，使美國的

運動生出分歧的意見。更甚者，精心設計的認證流程亦創造出中間商，並且成為小農的障礙。

　　其他不平等仍然持續存在。理論上，公平貿易代表著性別的平等；但在現實中，一項瓜地馬拉的研究調查發現，利益不成比率地多由男性受惠，他們掌控了經濟作物的農事與家庭的收入。在馬雅小農協會（Asociación Maya de Pequeños Agricultores）這類合作社董事會中的女性，仍然是稀有的例外。38 北半球富裕國家的消費者，或許把他們所支付的額外費用視為公平的洗禮盆，但對於南半球貧窮國家的農夫來說，決定他們命運的往往是咖啡烘焙者。在迦納，決定可可價格的是政府，但有證據顯示，經營於公平貿易範疇之外的農民也同樣可以受益。39 但這一切皆無損於公平貿易為眾多社區帶來的好處：從更穩固的保障到教育、健康、合作社機構以及進入高價值市場的機會；倘若沒有這些為公平貿易商品所支付的額外費用，坦尚尼亞與烏干達的咖啡農，就會在 2001 年價格崩盤時被清除得一乾二淨了。40

　　公平貿易在道德地理學上留下了令人難以理解的痕跡，關於消費者如何看待自己與提供他們衣食之人的關係以及涉及道德生活方式的後果。或許人們從未對全球商品鍊以及他們的選擇如何影響遠方之人的生活，有過如此深入的了解；這要歸功於公平貿易團體在學校、商店以及教會的努力，對於糖與其他異國食品發展演變史所展現的興趣。同時，我們也很容易忘記自己的選擇會產生局域性以及全球性的後果；倫敦、紐約以及世界上的其他城市，全都致力於提供勞工們足夠維持生活必須的工資，但若說這也是那些城市居民的個人責任，是沒有道理的。與 1960 與 1970 年代剛開始的世界商店比較起來，今日的公平貿易可說變得更大也更薄弱了；進軍商業大街上的超市與咖啡連鎖店，的確帶動了銷售量並比以往幫助了更多農民，然而在此之際，它也失去了早期的雄心壯志，也就是建立一個消費與取得商品的替代世界。商標組織持續對抗不公平的貿易壁壘，但是不再致力於建立併行的貿易體系，更別提建立本國的新社會了。

在地的滋味

「我們這些城市的人已和泥土以及那些餵養我們的人脫了節。」2003年，慕尼黑的聖靈教堂（Heilig Geist）以這句話開啟感恩節的服務活動。「香蕉來自載運香蕉的貨輪，番茄來自貨櫃卡車…豬排來自屠宰場——但這些食物到底來自什麼地方？」是時候改變「生活方式」，「以維持人類、動物以及植物的自然基礎，並在生產與消費地區性循環的幫助下改善它們。」上帝把男人放在伊甸園中以耕種它，地區性的食物將完成這項神聖的使命。「重要的是，身為人類的消費者與農民還能彼此了解、相互感激……而荷蘭的溫室沒有臉孔也沒有名字。」為達此目的，教堂邀請來「我們的土地」（UNSER Land）成員站在祭壇上，旁邊就是收穫的作物；他們「並非聖人」，也並未把他們的麵包免費贈送出去，而是販售出去。儘管如此，他們仍然象徵著上帝的恩典；本地人向本地麵包師傅購買麵包，而麵包師傅從本地的磨坊取得麵粉。「我們的土地」團結一致地行動，把本地的生產商、零售商、消費者結合起來；別忘記還有動物王國，連狗糧也是由未受基因改造的本地牛肉與雞肉所製成。*41*

源起於 1994 年菲爾斯滕費爾德布魯克（Fürstenfeldbruck）的巴伐利亞「我們的土地」網絡，只是大量區域與地方性的食品倡議之一；這類的倡議自 20 世紀後期以來，便在整個西方國家中如雨後春筍般湧現。「慢食運動」從義大利北部的發源地往外傳播到全世界 100 多個國家，從新墨西哥到新英格蘭；美國各地則滿是社區支持農業（community-supported agriculture, CSA）的團體。農夫市集在 1997 年之前的英國尚無人聞問，至今卻已有超過 500 個農夫市集週復一週地擺攤設點。巴黎與紐約的城市花園、布里斯托的食品盒送貨服務以及哥本哈根供應本地摘採蘑菇的得獎餐廳，在在顯示出對貨真價實的在地食物之需求與追尋趨勢，彷彿勢不可擋。對那些著實想知道他們所吃的香腸從哪裡來的人來說，他們只要花上合理的100 歐元，就可以在普利亞大區（Puglia）的蒙蒂道尼（Monti Dauni）認養自己的黑豬。*42*

我們對這些關切食物的美食家知之甚詳。舉例來說，在一座英國農夫

市集的典型購物者便是 40 多歲的女性，已經退休或者尚有全職工作，而且過著相當舒適且富裕的生活；43 對她們來說，在地意謂著新鮮、健康、優質的食物。雖然嚴格說來，在地食材與有機（或「生機」）食材是不同的領域，但在實際上，這兩者往往結合在一起或者讓人感到混淆，但要將前者的歷程與後者隔離開來是不可能的。在 1990 年代，愈來愈多人轉向不含化學物質的有機食物以尋求健康的飲食 —— 儘管科學質疑這兩者之間的關聯。在美國，有機食物的市場從 1980 年的 7,800 萬美元躍升至 2000 年的 60 億美元。對有些人來說，這是更廣泛生活方式改變的一部分，也就是採行素食主義或替代醫學。然而對大多數人來說，往往是孩子的到來讓他們重新以不同角度來看待食物；讓人毫不驚訝的是，母親通常是出類拔萃的有機食品消費者。44 但就這些事實而言，這個現象並未提供太多的解釋，因為就算在有機食品出現之前，母親也始終努力養育健康的孩子。那麼，為何在地食物現在突然間熱門了起來？

對於行動主義者與支持者來說，這就像一場大衛與歌利亞的戰爭，在地食物正是一場對大型、快速、匿名、無味的工業食品系統之反叛；引用慢食創辦人卡爾洛‧佩特里尼（Carlo Petrini）的話來說：慢食尋求的是重新發現地區品味與傳統，而這些品味與傳統已幾乎被「消化道的單一文化」消除殆盡。45 這類觀點傾向於把在地食品與現代食品當成是文化與歷史的對立物，前者是傳統的、真實不造假、充滿樂趣，後者則是工業的、人工而廉價、基本上是乏味的。在 19 與 20 世紀的歷程中，後者徹底擊潰了前者。

沒錯，今日的農場、超市、速食連鎖店的規模比以往任何時候都來得更大；然而，以此觀點來看待這個問題，終究太過簡單。這種觀點利用了現代化的根本迷思，認為社區（傳統）被商業資本主義（現代）逐步侵蝕 —— 不啻是我們前述曾提及「道德經濟」隨現代資本主義死亡之主張的道德翻版。值得在此強調的是，19 世紀後期的思想家斐迪南‧滕尼斯（Ferdinand Tönnies）認為，上述概念皆彼此緊密相關；他並不將「社區」與「商業社會」視為連續的階段，而是在任何時期內皆會相互作用的社會體系，有時是前者占主導優勢，有時是後者。46 同樣地，在地的食物文化也為現代化所形塑，而非存在於現代化之外。

然而，什麼樣的事物才算是「在地」，著實是個複雜的問題。在今日的貝里斯，珍貴的在地菜餚有帝國貿易的根源，因為帝國貿易珍視進口魚類與罐裝水果更甚於本地的漁獲；新的在地主義正是舊的全球主義。儘管加工食品崛起，但在世界各地，大多數的食物還是以在家烹調為主，大多由女性負責，而且受制於本地習慣、技術以及飲食文化。正如人類學家所示，千里達島（Trinidad）上的可樂是一種百分百的本地飲料，因為它在島上裝瓶；因此，可口可樂被本地人視為千里達的品牌而非外國品牌，跟蘭姆酒一起歸化成為本地飲料。可樂的競爭對手包括了由本地特定會社推出的眾多「紅的」與「黑的」甜性飲料，像是由穆斯林的賈里爾（Jaleel）公司所生產的軟性飲料，這間公司靠著它與南方的族群關係而蓬勃成長。47在全世界各地，許多食物都帶有當地或地區的標籤，但代表的意義卻因地而異，甚至有天壤之別。「我們的北方」（Unser Norden）是德國合作連鎖超市（COOP）的品牌，明確規定食品必須在德國北部加工處理，但食品的成分可以來自世界各地；除了漢堡雜燴與蘋果汁，它的產品還包括香蕉片與鹹開心果。「我們的家園」（Unsere Heimat）是艾德卡連鎖超市（EDEKA）的自創品牌，相較之下，它把產地放在第一位，並要求所有的食品成分都必須來自德國西南部。48哪些本地產品符合經過認證的商標標示、哪些產品不符合，這些事從未如此複雜過。上得了義大利人餐桌的雞肉或牛肉片必須申報產地，但豬肉與羊肉卻不必。即使番茄的產地明明是中國，只要是在義大利這個美麗的國家加工製造出來的番茄泥，都可以聲稱自己是「義大利製造」。49農產生意樂見這些領土認證，只要標準別過於嚴苛就好。這就是地區性產品激增，但性質卻如此矛盾的原因之一。

農夫市集

　　農夫市集（FM）也同樣充滿了讓人困惑的模稜兩可之說。舉例來說，在英國的省級城鎮，當地農民可能來自 25 英里之外；在倫敦，半徑範圍可以廣達 100 英里。但這只是為農民的職權所設定的範圍，他們所銷售的農產品則不在此限：並無任何規定一頭乳牛在有資格成為一頭「本地」牛之前，得在當地的農場待上多久。攤商也可以賣豬肉，即使他們的農場並

658

沒有養豬。產業與餐廳已經延伸了它們的地理想像力，提供來自丹麥與紐西蘭的「德文郡（Devon）火腿」與「威爾斯羔羊肉」。英國的檢查員在2011 年發現，有 1/5 的餐廳提供假冒的「本地」食物。在一個完整的全球糧食體系中，當我們談到「本地」所代表的意義時，可以挑出的骨頭實在太多了；在德文郡海岸捕獲的一條魚，若是之後被送往中國去骨切片，最後再回到一間德文郡的商店中販售，那麼，它還可以被稱為是「本地」的食物嗎？監管機構不這麼認為。工作條例的規定的確存在，但顯然法律是沉默的；當貿易商被要求定義何謂「本地」，答案可以從「五英里之內」到「全國之內」。50

本地市場可能形形色色，但都演出同樣的腳本：提供消費者與農民及土地的連結感；本地性與攤位上面對面的直接接觸，可以創造出信任感，同時承諾優質食品與社區意識。來自本地農民的本地雞肉多了情感的價值，這是超市貨架上無名鳥禽所欠缺的；因此，在這些市場中發生的許多事，都與個人化食品有關。顧客不只是來買一些蛋，還想從農民那裡知道他們的雞生了多少蛋；如果買的是豬肉，他們想知道豬是什麼時候被飼養與宰殺以及如何烘烤牠才能最突顯美味。於是，攤商學會如何扮演他們的角色：販售傳統的形象、負起本地的管理職責以及鄉村的農場經營；換句話說，本地性並不是地理事實，而是一個舞台：產地必須被表演出來；本地市場是法國斷頭皇后瑪麗・安東妮（Marie Antoinette）在凡爾賽花園打造出的模範體驗農場民主接班人，人們則感覺自己正在使傳統繼續存活下去。對父母來說，這也是一個讓孩子知道，在工業化農業開始之前，「真正」的食物是什麼模樣的方式。對前人遺留下來的傳統需求，需要經過適當的展示與包裝：是粗花呢與牧羊犬；是用紙而非塑膠袋包裹起來的起司；是蔬菜上顯示天然新鮮度的些許土壤。

當然，在現實中，前人遺留下來的傳統也是一種產業，就跟其他任何產業沒什麼兩樣，同時，本地市場存在於這個現代世界中，而非在它之外。本地農夫也會使用屠宰場，蔬菜也不會因為是本地生產的就自動變成有機作物——然而許多顧客皆如此以為。米雪兒・德拉普拉岱爾（Michèle de la Pradelle）在對亞維儂（Avignon）附近卡龐特拉（Carpentras）的地區性市場之經典研究中，重建了這座幻想與自欺欺人的劇場：這裡的馬鈴薯是特意

保持泥濘並以散裝方式來展示，暗示消費者它們是直接來自農場的作物。但在現實當中，極少有小農能在這個地區存活。銷售員就是零售商，從批發商那裡進貨；有些人甚至來自巴黎。橄欖是從突尼西亞（Tunisia）進口的，跟超市中的橄欖一樣。對於真實性的需求扭轉了傳統的價格信號，若是某件物品太便宜，就會讓人起疑，顧客也會不屑一顧；於是每週五，這個市場擠滿了熙熙攘攘的人潮，只因為它給予顧客一種社區感與共享的過去，成為一部分永恆的普羅旺斯（la Provence éternelle）。51

這些市場反映了關於全球化的辯證法：它在撫平區別的同時，也觸發了對新區別的尋求，結果是兩極化的道德地理學，本地食品的方向與公平貿易南轅北轍；正當全球商業將關懷道德延伸到遠方的陌生人，本地市場則關注在最近、最親愛的人身上。本地農夫保證優質、安全的食物而且關懷大自然，消費者也被要求，以本地農夫習慣的做法來獎勵他們。「你會這麼想：當你購買他們的產品時，就是在使你的鄰里受益。」正如一位倫敦婦女這麼告訴研究人員。52

對在地食物的愛好正是一個指標，顯示出信任與關懷如何隨著距離遞減。這是一個重點，但我們還必須加上一個同樣重要的附加條件：這裡所說的距離，並非以公里為測量基準的地理單位，而是政治性的單位。對許多本地美食家來說，對食物鏈的信任僅止於國境邊界。「當你走進超市挑選一些番茄，它們可能來自世界各地。」一名英國婦女解釋：「我想農夫市集的好處在於，它賣的東西都是英國的農產品。」至於荷蘭農場比威爾斯或蘇格蘭農場更接近倫敦的事實，對他們來說一點也不重要。

在地食物道出了人們對於全球化農業交易與速食的普遍不安，並給予消費者機會，反映出日益高漲的危機意識——那是針對食品醜聞以及食物鏈愈來愈複雜、無形的焦慮感。然而，只用這些術語來看待這個問題並無助益，我們也必須了解它與政府及國家供應體系之間的關係。各個富裕國家對食物系統的信任度差異頗大。有趣的是，英國人對歐洲食品的信任度最高，儘管有 1992～1993 年狂牛症的災難性爆發以及 2001 年的口蹄疫事件；他們強烈的消費者權力感，正與他們對國家和超市的信心不謀而合。德國人與義大利人則對這兩者沒那麼有信心。挪威人生活在企業的家長式專制主義陰影下，他們相信政府會確保他們的食品安全；在挪威，政

府傳統的做法是支持農業生產者，使國家食品成為健康的代名詞。在這種情況下，有機食品遂不得其門而入；正如一位生產者合作社的經理所言：「再沒有比傳統的挪威肉品生產更接近自然生態的方式了。」53

　　同樣地，許多芬蘭人也視國家產地為「自然」品質的標誌。一位芬蘭人在 2004 年這麼告訴研究人員：「在有機食品中，最重要的就是它的產地。如果這項食品是國內的產品，我會覺得它更值得信賴。」另一位經常購買有機食品的芬蘭人補充了這一點：「如果必須在義大利有機番茄與芬蘭一般番茄之間做出選擇，那麼我會選擇芬蘭的番茄。」在一般情況下，人們一致認為芬蘭的有機食品比國外的有機食品更純淨、更安全也更美味。一位年輕婦女說：「我認為食品已經完全失去『有機性質』。」當它們從中歐被運送過來的途中，即使是從芬蘭北部被運送過來，都要好長的一段距離，才能被送上赫爾辛基人的餐盤，更別提那些跨越波羅的海的農場了。這裡的天然食品，必須先理解是全國性的商品，而不是我們想像中運送速度緩慢、銷售規模有限的產品。正如一名芬蘭消費者的形容：「購買國內的有機產品，你可以想像那是由芬蘭某處一位真正的農夫或生產者生產出來的，但如果是來自比利時的產品，就不是那麼回事了。」54 民族主義的遺贈對自然觀念的影響，可說是再清楚不過了：自然的食物是來自自己的民族同胞，外國的食物則是來自未知、人工的過程。

　　從布里斯托、柏克萊或是巴塞隆納的觀點來看，在地食物網絡看來像是一種取代全球新自由主義的激進「另類主張」；但若是從奧斯陸或東京──在這些城市，國家食品長久以來即為消費者與生產者團結一致的表現──的角度來看待，這種在地食物網絡看起來反而更像是一種常規而正統的延續。在日本，成立於 1980 年代的生活俱樂部（Seikatsu Club）如今每週向三萬多戶家庭提供來自數千名農民所生產的本地農產品。規模較小但要求較高的則是*提攜*（*tekei*）農業體系，讓消費者與有機農民建立起夥伴關係，承諾購買他們收穫的所有農作，甚至協助他們除草。神道教的傳統以及消除來自外界汙染的清潔慣例，或許強化了對於在地食物更甚外國食物的偏好。更直接的是，這類倡議是從二次大戰之後的日本消費者運動與政治中衍生出來，將食品安全列為最重要的優先順位，並呼籲城市中的家庭主婦，勿忘她們對那些在鄉村田野中工作的親友同胞之依賴。戰爭與飢餓

的經驗，意謂著可靠的日本稻米比廉價的進口品種更受青睞，受到制約的消費者已習慣於將他們的利益視為與生產者的利益綁在一起。絕非偶然的是，受到日本的基改（genetically modified, GM）批評者猛烈砲火抨擊的食物，正是那些日本必須依賴進口的食物：黃豆與玉米。55

1990 年代，歐洲開始出現了購買團體。1994 年在義大利帕爾馬（Parma）附近的菲登扎（Fidenza），50 個家庭組成了一個「聯合採購組」（gruppo d'acquisto solidale, GAS）一起購買有機產品，互惠互利；之後，這個最初的購買俱樂部發展成為了解食品里程與團結互助的教育。至今，義大利已經有大約 900 個這類的聯合購買組織，56 有超過 2,000 個社區標榜它們生產的是無基因改造成分的食物。在地食物不但得助於消費者的關切，亦得助於國家政府的支持；到了 2009 年，許多義大利省區都有它們自己提供學校與醫院有機食品的律法；在這裡的有機食品，必須是本地的食品，地方當局也幫忙組織農夫市集。卡拉布里亞區在它 2011 年的律法中詳述了地方團結的願景：「讓最終消費者與農民更緊密地聯繫在一起，是一個有效的方式，可為生產者提升附加價值，並可使消費者以更低廉價格購買到經過認證、絕對新鮮的本地農產品。」57 在法國，巴黎人與遊客皆可在洛澤爾省（Lozère）旅遊局所贊助的洛澤爾之家（Maison de la Lozère），品嘗到來自該省的肝醬、酒類以及其他美味佳餚。

「風土地產」不再為法國專有，在鄰近國家亦然，在地食物喚起土地的情感、文化特質，並蘊含了獨特的礦物質成分。在德國，在地食物與家鄉（Heimat）有著不可分割的緊密連結。所有的地區政府都有它們自己的食品方案與標示，雖然它們的標準與理念差異頗大；黑森邦（Hesse）要求 100% 的主要成分必須來自其境內，圖林根（Thuringia）則採取較為寬鬆的觀點，認為只要 50.1% 即可。放眼德國各地，大約有 500 項這類的食物倡議與舉措。國家電視台以及聯邦的營養、農業、消費者保護部門，一起籌備了最佳地區性菜餚的烹飪比賽，2012 年的獲勝者是巴伐利亞烤豬肉搭配由椒鹽脆餅做成的餃子，再淋上啤酒肉汁。58

今日這種對在地性的追尋，實則重複了我們在第三章中所觀察到的 19 世紀後期的模式，59 都是發生在全球化激烈發展的時期，使農民與貿易

商轉而訴求本地傳統與地區風俗，以期擊退外國的競爭者。1900年左右的年代，見證了地方認證制度以及香檳之類的區域產品品牌之誕生；今日世界上最大聖誕市集之一的德勒斯登聖誕市集（Striezelmarkt），在1890年代開始大幅成長，也是因應來自日本與紐倫堡激烈的玩具銷售競爭。這類經過良好行銷的區域習俗，亦為廣泛推動「被創造的傳統」（invented tradition）的助力之一。60

那麼，比之以往，目前的這個時期有什麼不一樣呢？的確有幾項重要的改變，或許主要的一項涉及了國家角色的不斷擴展。在1900年，食品安全政策尚處於起步階段，沒有任何機構負責監管或檢查食品的原產地；總的來說，生產者幾乎是自行其事。如今，「原產地命名保護制度」（Protected Designation of Origin）、「地理標示保護制度」（Protected Geographical Indication）以及「傳統特產認證」（Traditional Specialities Guaranteed），都成了國家與歐洲治理的對象——在2011年，歐盟在這些計畫方案下註冊了第一千個食品名稱：「皮亞圈提努·艾尼」（Piacentinu Ennes），一種由生羊奶、番紅花、鹽製作而成的義大利起司（幾乎有1/4的受保護食品是來自義大利61）。

當消費者說他們發現信任本地市場或本國農夫較為容易，或者奉行慢食運動者對食品醜聞的第一個反應，是要求本地的肉販特別切一塊肉、並在他們眼前絞碎時，代表他們理所當然地認為，各就其位的國家機制會保護他們免受毒害。在政府承擔起食品安全的重責大任之前，消費者不論是因為吃了來自隔壁棚屋，或是來自國外不新鮮肉品而喪命的可能性一樣大；的確，一位愛德華時代的倫敦消費者可能吃法國食物還安全得多——這得感謝英吉利海峽對岸對食品更為先進的管制。

倘若沒有國家，難以想像人的消化系統竟然會有地方主義存在。法西斯主義、社會主義、資本主義國家皆是如此。墨索里尼執政下的義大利推動了地區菜餚與德勒斯登的果子甜麵包（聖誕麵包），本地工藝品也得到東德國家的支持。目前對當地食品的擔憂與困惑，是由於國家與超國家組織之間的拉鋸戰以及對匿名農業交易的憂慮所導致的結果。原產地是一個百家爭鳴的衝突區，在自由主義與國家主義的食物概念之間拉扯，在歐盟致力促進商品競爭與自由流動的使命以及各國致力保護該國農民的目的之

間對抗。今日的消費者必須成功地跨越在地產品主張的混雜叢林、穿過標籤標示的濃密灌木，這是他們曾祖父母那個世代所無法想像的景象。在1999年，舉例來說，「薩克森週」（week of Saxony）會提供該地區3,000多種家鄉的（heimische）產品，德勒斯登不再只以它的果子甜麵包為榮，還有德勒斯登布里乾酪（Dresdner Brie）、德勒斯登高達乳酪（Dresdner Gouda）甚至德勒斯登洗髮精（Dresdner Shampoo）。

在地食物是現代生活的一部分。我們已經提過生產者在推廣地區性與全國性品牌方面的斐然成果。英國最大的連鎖超市特易購，針對各種區域種類的乳酪推出了「乳酪挑戰」（Cheese Challenge），並要求顧客「享受蘇格蘭的滋味」。很難被當成農夫市集的美國連鎖超市巨頭沃爾瑪（Walmart），卻也宣稱「在離家更近的地方所種植並摘採的農產品，味道最棒。」62 同樣地，本地食品的支持者仍置身於消費文化之內，而非之外。渴望尋求區別差異，是表現在外的形式。食品價格在1960年代到2000年代中期的大幅下跌，意謂著在富裕的西方國家中，原本以階級而區分的飲食方式正在逐漸消失，窮人也開始用許多與富人相同的商品裝滿他們的購物籃；在這段期間，肉類與軟性飲料的驚人成長便充分說明了這一點。一趟前往農場的特別旅程，而非沿著馬路就到的超市購物行程，某種程度上正是重新贏得差異性的方式；為晚餐的賓客烹調並提供本地食品，需要時間、知識、品味，懂得欣賞種植作物的季節模式以及舉例來說，熟知牛或雞的種類名稱及養殖環境，這能讓一位主人比那些只會把便利食品丟進微波爐的庶民更顯與眾不同、優越出眾。這也說明了農夫市集正呼應著主流消費的關鍵詞：新鮮、選擇、多樣性。一般消費者會將本地市場中「新鮮脆嫩」的蔬菜拿來跟超市貨架上預先包裝好的蔬菜比較。然而，如今對新鮮度的關注也並不自然，這是現代歷史的產物，在過去的一個半世紀由冷藏技術（在家庭以及購物過程中）、運輸與包裝、食品科學、還有超級市場的進步所驅動。63

今日的消費者準備採行舊日方式並順應季節飲食到什麼程度，有十分清楚的界限。對許多人來說，在地食物並非完全替代超市中的選項，而是進一步擴展目前已有食物範圍的附加品項。一位英國女性解釋：「我相當熱中於支持本地的小農，因為我認為，這種方式可以獲得多樣性、更具競

爭性以及不同品質的產品……這是確保我們擁有選擇的一個方式。」64 這與我們過去完全採行在地食物時要面對平淡而重複的飲食方式相去甚遠。值得一提的是，今日卡龐特拉地區市場所提供的產品，冬季甚至比夏季來得更為多樣化。65 評論家喜歡強調在地食物網絡的潛力，但認知到人們保持承諾的極限也同樣重要；在美國，社區支持的農業倡議發現，一旦首次收穫的熱情過後，這些倡議與舉措就很難繼續存活下去。對許多成員來說，一個社區支持的農業組織跟一個食品購買俱樂部沒什麼兩樣。在新墨西哥，這類組織每年都會流失一半的成員。66

異鄉移民

　　費爾南多・桑切斯（Fernando Sánchez）在 1920 年代離開他的家鄉墨西哥來到洛杉磯。跨過邊境，他發現了新的物質文明；在那裡，所有的家庭都可以享受熱水澡與電燈的便利，而且人們還可以聽收音機、開私家車去當地的豪華電影院看電影。於是，桑切斯這位來自墨西哥東北部薩爾蒂約（Saltillo）的排字工人，也開始享受起這份新的舒適性與便利性；他擁有一台電唱機，也偶爾會去電影院。但新科技並非意謂著全新的生活方式。他現在用可以讓「味道更好」的瓦斯爐煮飯，而非冒著煙的柴爐，但他所吃的食物跟在墨西哥時一樣。「我遵循我的墨西哥習俗，我不會為世界上的任何事而改變它們。」桑切斯說。他不讓他的姊妹們剪短頭髮，也不讓她們「像這裡的女孩一樣，跟各種男孩混在一起。」週日時，桑切斯會跟朋友聚在公園裡，一起用吉他演奏墨西哥歌曲。「我有好多墨西哥歌曲的唱片，也有很多美國歌曲的唱片 —— 主要是因為我的孩子們喜歡聽美國歌曲。」67

　　桑切斯是 1920 年代跨越邊界來到「另一邊」的成千上萬墨西哥人之一。許多人留了下來，其他人則回到了墨西哥。在一份官方的清單上，2,000 名返回墨西哥的移民登記了他們帶回家鄉的事物；平均而言，一個被遣返回國者會帶兩個裝滿美國製造衣服的行李箱，3/4 的人會購買床跟

床墊，1/5 擁有留聲機，有的人甚至擁有鋼琴；1/4 的人還會把一部福特汽車開回家。**68**

移民是商品、品味以及渴望的主要遷徙管道。當人們移居他處時，東西也會跟著搬移過去；然而，物質不僅只往一個方向流動，移民們從移民過去的國家汲取新的生活方式之際，也同時加入了自己祖國家鄉的風俗習慣。桑切斯對美國生活方式的妥協，顯示出同化往往是零零星星、一點一滴地逐步進行。更甚者，這項流動的一大影響，與移民本身以及移民過去的國家皆無直接相關，而是與那些留在移民家鄉的家庭有關；它們不僅接收了一部分的移民收入，也以禮物及經驗的形式，接收了移民的經驗與感受。除了勞動力的遷移之外，移民更在全球較富裕與較貧窮的地區之間來回搬移事物、生活方式、抱負與渴望。我們尚未全盤了解這個循環體系如何在全球錯綜複雜地運作，以下章節旨在闡明發生在勞工移民之後的物質流動以及交會激流；更明確來說，我們的重點是放在「自由」的移民，而非奴隸、契約勞工，或是國內移民，雖然他們在這些交流之中亦發揮了相當的作用。

2012 年時，根據世界銀行資料顯示，全球匯款總額超過了 5,000 億美元；而針對這類個人對個人的跨境支付款項，貧窮國家的人們收到了其中的 2/3，一個相當驚人的數量。這有多重要呢？取決於移民者的母國。在賴索托（Lesotho）、尼泊爾、摩爾多瓦（Moldova），匯款金額占了整個國家經濟的 1/4，從美國到海地的私人轉移支付也大致相同。在美國的墨西哥移民，每年都會寄回約 120 億美元給他們在邊境之南的家人。由於南斯拉夫的解體以及歐盟境 的移民，歐洲的富裕地區也見證了這類流動的激增；在塞爾維亞，從鄰國奧地利匯入的金額就占了 2010 年國內生產總值的 10%。**69**

匯款的確就像移民，這不是什麼新鮮事。一個世紀之前，當時有1/10 的挪威人與義大利人大舉移居到其他國家，離開舊世界前往新世代的人潮，即使並未多於近年來的移民潮數量，至少也不遑多讓。散布各地的證據顯示出，當時的移民群如何在舊世界留下他們的痕跡。在大英帝國，從殖民地賺來的錢有時會被留在國內，贈予教會以及慈善機構；舉例來說，在亞伯丁郡（Aberdeenshire）的貝爾海爾維（Belhelvie）教區，是來自牙

買加與印度的錢在支付當地學校與救濟窮人的費用。70 1904 年引進的帝國郵政訂購服務（Imperial Postal Order Service），使資金轉移比以往更為簡單；在 1873～1913 年間，大約有價值 170,000,000 英鎊的私人資金轉移到英國，僅略低於當時國內生產總值的 1%，大宗資金是來自英國人在美國的慷慨表親們；而以大英帝國全球的殖民範疇來說，則以南非的英國人貢獻最多，當時的南非之於康瓦爾郡，就像今日的美國之於海地。倘若沒有在川斯瓦（Transvaal）金礦區工作的康瓦爾（Cornish）礦工每週寄回的「家用」（home pay），家鄉的妻子、母親們可就要勒緊褲帶餓肚子了。71

　　儘管已有這類的先例，過去半個世紀以來，匯款金額的激增仍是前所未有的現象。過去，歐洲的經濟奇蹟吸納了來自希臘、土耳其、摩洛哥、阿爾及利亞的移工，他們在 1975 年之前已經寄回家鄉 50 億美元，大約是這些國家出口收入的 1/4。對許多發展中國家來說，匯款所挹注的金額相當於它們的旅遊觀光業。中東的石油榮景吸引了來自印度、埃及、葉門的工人，他們共寄回家鄉 15 億美元；到了 2000 年，沙烏地阿拉伯幾乎已趕上了美國，成為最大量資金轉移的來源。近十年來，匯入非洲的款項已成長了四倍（2010 年已達 400 億美元），如今更超過了官方援助，接近外國直接投資的水平。72

　　那麼，那些幸運的接受者如何去運用他們收到的錢呢？匯款並不等於消費，畢竟，這些錢可能會被用來做筆生意或是買台拖拉機。有充分證據顯示匯款有助於此類投資以及長期的投資——但這又是另一個話題了；73 我們感興趣的是，移民與資金轉移對於人們的生活方式所造成的更直接且不同的影響，也就是他們的食物、衣著、舒適度以及生活方式各方面。乍看之下，答案似乎再明白不過。在 1982 年，社會學家道格拉斯・馬塞（Douglas Massey）與他的同僚針對墨西哥的非移民家庭，與有家人在美國賺錢的鄰居家庭，兩者的財物與消費模式進行了比較。在哈利斯科州（Jalisco）南方的一個農村小鎮阿爾塔米拉（Altamira），移民改變了一切，在非移民家庭中，只有少數擁有冰箱與洗衣機，然而當一個家庭的移民歷史愈久，這個比率也會穩定攀升；十年之後，3/4 有成員移民的家庭已經擁有冰箱與洗衣機。相形之下，在哈利斯科州的另一個工業城鎮聖地牙哥（Santiago），當你走進一個有成員在美國工作的家庭，或是沒有成員在美

國工作的家庭時會發現兩者並無甚差異，兩種家庭中都有這類的電器設備。74

移民的影響亦取決於發展的水準，或更精確來說，取決於其祖國與移民過去的國家之間物質文明的差距；譬如美國的生活方式，就對農村的影響比邊界以南的工業社區來得更為深遠。同時，匯款來自什麼地方，跟接收國的生活條件一樣重要，因為移民們會帶回的不僅是金錢，還有關於美好生活的觀念與想法。在 2009 年，世界銀行對非洲移民專案（Africa Migration Project）進行了家庭調查，並比較哪些家庭擁有手機、收音機、電視，並且可以使用電腦。在肯亞、奈及利亞、塞內加爾以及布吉納法索，有收到非洲境內匯款的家庭與沒有收到的家庭的確有些區別，但其間差異並不大；以迦納的例子來說，前者的得分甚至較低——雖然這也有可能是由於迦納的樣本數較少。整體而言，收到非洲境外匯款的家庭會擁有最好的家電等設備。

境外匯款對消費的影響

追蹤匯款的影響，是一項極為複雜而艱鉅的任務，資金轉移會以各式各樣的方式回到家鄉社區，像是支票、匯票、現金、禮物，很難去確認它們的確實價值。馬塞在他的開創性研究當中略過了這個問題，僅專注在移民如何花用他們從最後一趟出國工作中攢存下來的積蓄；這些錢會先花用在食物、衣服以及消費商品上，第二大筆（20～40%之間）則會花在磚頭和砂漿上，像是購買或建蓋一間房子、修繕房舍等。只有些微剩下的錢，會被用在土地或生意的投資上。75

當匯款在 1970 與 1980 年代開始飆升，最常聽到的抱怨就是，接受者會將這些錢愚蠢地揮霍在華而不實的衣著以及奢華鋪張的慶典上，沉溺於短暫的歡愉而非致力於長期的發展。76 這個觀點反映出富裕的北半球國家對於「浪費揮霍」的炫耀性消費感到焦慮，但就像在北半球國家中一樣，它是一種誤導。舉個例子，從移民的觀點來看，建蓋一間房屋是對未來的一項投資，而不是一種消費，可以使家庭團結在一起，綁住固定的資金，避免這些錢被花在廉價小玩意與俗麗裝飾品上。在奈及利亞，許多房屋仍

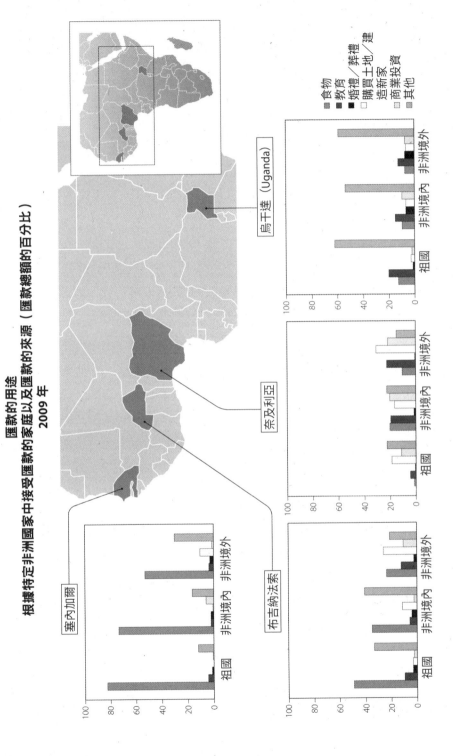

匯款的用途

根據特定非洲國家中接受匯款的家庭以及匯款的來源（匯款總額的百分比）
2009 年

注意：「其他」包括了醫療、租金（房屋／土地）、汽車／卡車、重建房屋、修繕農場，以及投資。
來源：世界銀行，2011，《非洲移民的槓桿作用》（Leveraging migration for Africa），表 2.3，頁 64。

舊空置，等待屋主返回他們的家；今日移民社區的生活仍然秉持著義大利早期移民的座右銘：「無論穿越大海的是誰，他都會買一棟房子。」其次，世界各地的匯款文化差異頗大。雖說墨西哥的匯款金額在消費上的超高支出並非全球特有的現象，但也並不具備代表性；1990 年代在埃及、巴基斯坦、瓜地馬拉的農村，大部分寄回家的錢，都被想辦法投入生意、土地、教育以及醫療健康，在婚喪喜慶上的花費只是其中的一小部分而已。77

最後一點是，我們並不清楚匯款到底有多麼特別。有些經濟學家認為，匯款不過就像其他來源的收入而已，78 我們的觀點或許有所扭曲，那是因為我們並非拿相似之物來互相比較。這麼說吧，每個月都會收到來自倫敦匯款的一個奈及利亞家庭，表現出來的各方面自然與較為貧窮的鄰居不一樣；但倘若跟一個銀行薪資存款與其不相上下的鄰居相比，他們的消費有任何不同嗎？答案可說並無定論。誠然有外匯收入的移民家庭在總量上的花費的確較多，但在食物與衣著方面的花費卻相對減少。說到底，這些家庭都較為富裕，而且可以負擔得起在土地與生意上的額外投資；從這個意義上來說，他們跟以前力爭上游的世代沒什麼兩樣。但另一方面，匯款的確有其與眾不同之處；最顯著的一點就是，匯款以反週期循環的方式流動，也就是說，當蕭條與災難發生、其他投資與工資下降之際，匯款會上升。因此，對於發展中國家的家庭來說，匯款的重要性無以倫比，它們是艱難時期的緩衝墊；更甚者，移民家庭往往傾向於將匯款視為暫時的收益而非固定的加薪，因為不確定這口外國的井何時會乾涸。有趣的是，匯款並不會鼓勵人們把這筆意外之財拿來狂歡、立即花光；恰恰相反，它會促使人們謹慎用度、採取前瞻性的行動與投資。對許多在非洲以及其他地方的家庭來說，移民是一條謹慎規劃的道路：循序漸進，先是家中有一、兩個成員去較遠的地方找一份薪酬較高的工作，然後一步步地，這個家庭就可以不斷往上攀升。非洲移民專案指出，愈多的移民遠離家鄉，就有愈多匯款會投注在醫療、教育以及新的住宅上。79

與消極的刻板印象相反，移民逐漸偏向於投資而非消費；但這並不是說，我們應該忽視匯款對在地生活方式所帶來的巨大影響。中國南方的一個農業社區陳村（Chen village），就是一個明顯的例子；一群人類學家自

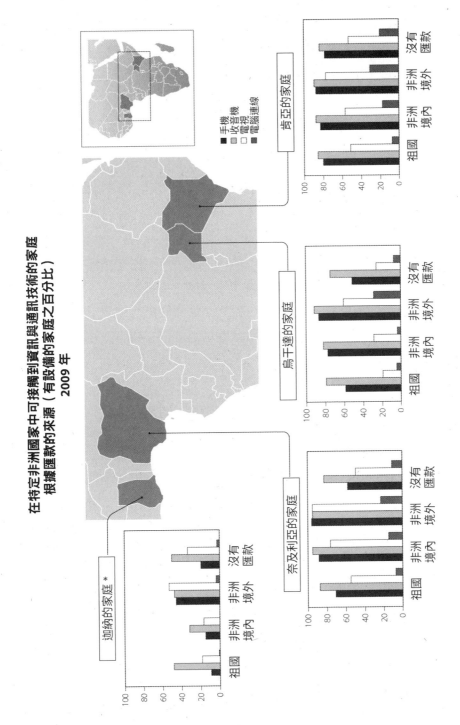

在特定非洲國家中可接觸到資訊與通訊技術的家庭
根據匯款的來源（有設備的家庭之百分比）
2009 年

手機
收音機
電視
電腦連線

肯亞的家庭

烏干達的家庭

奈及利亞的家庭

迦納的家庭 *

祖國　非洲境內　非洲境外　沒有匯款

來源：世界銀行，2011，《非洲移民積桿作用》，表 2.5，頁 71。
* 迦納的數據來自 2005 年。

1960 年代開始密切關注這個村落。在 1979 年，幾百位村中的男性移居到香港，比起留在家鄉耕犁祖先的土地，他們在香港的工地可以賺上 10 倍到 20 倍的薪資；他們匯回來的錢以及新年帶回老家的禮物，徹底改變了他們家庭的生活。他們離開三年之後，已經有 1/2 的家庭擁有一部設定好可以播放香港節目的日立彩色電視；因此，與其去參加政治集會，農夫們現在寧願待在家裡觀賞綜藝節目。他們現在穿的是時髦的香港服裝。這類資金的轉移，引發一場不斷加劇的贈禮競賽；那些在香港工地工作的建築工人，自己可能過著宛如流亡的生活、住在擁擠不堪的房間，而辛苦賺來的積蓄卻拿來資助家鄉的親戚們蓋起配有磁磚浴室的港式別墅。當然，有些人的老父老母選擇留在他們住慣的老房子裡，這又是另一回事。一棟現代化的房子展示的是這個家庭的價值以及家中有個克盡孝道的兒子，不斷提升的期望粉碎了沿襲已久的價值觀，並創造出依賴的文化。閒散無事不再是一種汙名，而變成了成功的標記；如今，田裡的苦活成了一種令人看不起的「落後」活動，只有那些沒有盡責的兒子在香港賺大錢的少數家庭才會去幹這種活。在村落裡，年輕男子開始遊手好閒，不是接受表親們的慷慨資助，就是利用走私與竊盜來維持生計，而不是找一份薪資相對微薄的本地工作。*80*

陳村或許是個極端的例子，但它的確指出某些普遍常見的模式。經濟移民或許加劇了社會的不平等，因為，設法離開的人往往是那些較為富裕、受過良好教育的人；而隨著他們匯回的款項，他們的家庭優勢仍然遠遠超前。移民家庭的投資相對來說，或許高於他們的消費，但是，在那些沒那麼幸運的鄰居眼中，只看到他們的財產不容置疑的絕對累積；因此，匯款使不平等更為明顯可見，也從而加劇了相對的剝奪感。到目前為止，我們始終假設著匯款是家庭的私人事務；但歷史上多次證明，當移民把他們的財富贈予他們的教會或城鎮時，匯款就不再只是私人的事務了。在陳村，移民們一開始會帶禮物送給當地的黨書記，特別是消費商品形式的禮物，更具有私有化的影響力；電扇、電視、現代浴室以及隨之而來的家庭習慣，在加強家庭連結之際，卻疏離了與社區的聯繫，地位逐漸取決於一個家庭的物質舒適度；一項在墨西哥的顯著轉變，就是奢華的私人婚禮取代了公共的亡靈節（Saint's Day）。*81*

移民本身的生活方式與食物

到目前為止，我們檢視的都是金錢與物品流回移民者祖國社會的現象。但是，移民本身在移民過去的國家中，其生活方式、品味與財物，對他們的影響與身分認同又發揮了什麼樣的作用？或許再沒有其他社會團體像這些四處奔波的異鄉移民一樣，對物品如此重視；個人財物彷彿為這些漂泊的人提供了一個錨，提醒他們別忘了他們的家、家人以及自己的根。

移民不盡然都像我們常假設的情況，從一個物資匱乏的地方到另一個物資過剩的地方。有些移民的情況是三角形的，就像 1960 年代去亞丁（Aden）工作的印度專業人士，他們已習慣舒適與便利的現代生活，直到英國在 1967 年撤出葉門，他們第一次搬回到印度沒有自來水的住家，然後才又再前往英國。殖民地的自治使大批印度人與巴基斯坦人離開東非前往英國，一位人類學家研究那些位於倫敦北部、在 1972 年時被驅離肯亞與烏干達的南亞家庭，指出他們家中都保有深具象徵意義的亞洲物品與食物；失去了以往可用以表達身分認同的公共空間，他們的私人住家就逐漸成為替代性的殿堂。許多從未在南亞生活過的家庭，家中卻圍繞著白紗瓦（Peshawari）絲綢畫以及大量生產的雕刻品。一名女性說，他們在東非的時候，家中的牆上並沒有任何展示品，但現在，她的丈夫收集動物的畫像。這些家庭承認，許多銅版雕刻在東非可能會被視為是庸俗之作，但在英國卻有真正的價值，提醒他們自己的桑加特（Sangat）身分；一張飾以皮毛的大象腳凳，就像把非洲的一部分帶到了哈利斯登（Harlesden）。82

一般物品是如此，食物又更是顯而易見，因為不論是在生理上或感官上，食物都是獨特而親密的消費形態。對哈利斯登的南非家庭來說，烹調家鄉食物以及維持這樣的飲食習慣，可使他們保有原有的身分認同。他們會準備*印度菠菜*（*saag*），一種旁遮普菠菜製作的菜餚，盛放在紅陶鍋而非金屬鍋中，淨化水則盛裝在紅陶甕中。放眼世界各地，有無數例子是關於家鄉食物被移民當成是祖國與母愛的一種提醒，從波蘭香腸到希臘母親寄給海外兒子的家鄉料理包，皆是如此。然而，在一個移民社區中，「家鄉食物」鮮少跟家鄉的日常飲食一模一樣，它們往往被賦予豐沛的情感，是

一份特別供應的菜單，其中包括了像是波蘭的*牛肚濃湯*，喚起波蘭移民對節慶宴席與家庭聚會的回憶。但家鄉食物不只是一條正宗的香腸而已，英國的南亞街頭小店開始在 2000 年代供應波蘭食物，波蘭移民還是繼續湧向他們的波蘭商店，那裡的擺示與燈光會喚起他們對祖國的記憶，還有一個穿著民族服裝（Krakowianka）的娃娃會迎接他們。這類族裔商店提供了共同的地方感，其重要性不亞於家鄉的飲食。[83]

對於這些移民過去的社會來說，移民食物文化的到來，同樣深具變革性。印度、義大利、希臘的外賣與餐廳自 1960 年代以來的激增，有時被視為一個里程碑、一場烹飪革命，至少可說是開拓了盎格魯薩克遜人、德國人以及斯堪地那維亞人對前所未知的外國美食之味蕾。這個市場的規模無可爭議，今日的一個德國人大啖土耳其烤肉的可能性跟大啖烤香腸一樣大。1997 年在英國，10% 的外食採購都發生在各式族裔餐廳與外賣店——這個數據還不包括在酒吧中幾品脫啤酒下肚之後消耗的許多咖哩菜餚。

值得商榷的是時間年表以及因果關係。1960 年代以前，食物文化也並未封閉或凍結於國家美食之中。舉例來說，兩次大戰之間的英國已經有猶太炸魚、義大利冰淇淋以及中國餐廳，像 1926 年於倫敦獨一無二的西區開張的維爾斯瓦密斯（Veeraswamy's）印度餐廳或許相當罕見，接待的主要是從英屬印度退休的殖民地官員，然而菜餚深受印度次大陸的啟發，譬如印度燴飯（扁豆菜餚米豆粥的米飯與煙燻黑線鱈變化版），已被特別收錄於 1895 年更貼近常民的食譜書《微薄收入的精緻菜餚對策》（*Dainty Dishes for Slender Incomes*）之中了。[84] 有專門菜單與烹飪書的「國民」美食，本身就是 20 世紀中期的一項發明，也是在烹飪上對於外國與殖民地人民的影響進入英國的一項反應。菲力普·哈本（Philip Harben）在他的《英國傳統菜餚》（*Traditional Dishes of Britain*）（1953 年）一書中，不甚誠實地將魚與薯條當成典型的英國食物，而忽略它混合了猶太與法國菜的由來。一項對於德國餐館與食譜的研究也指出了類似的推論。外國味十足的菜餚出現在菜單上是稀鬆平常之事，直到納粹推出他們的烹飪亞利安化計畫，鮮嫩的*肋眼牛排*（*entrecôte*）成了耐嚼的牛臀肉排（*Doppelrumpfstück*）。[85] 19 世紀的經典烹飪書《畢頓太太的家務管理》（*Mrs Beeton's Household Management*）（1861 年）

便是按食物類型與準備工作來編排，而非按各國或各族裔的美食。「以荷蘭方式醃牛肉」的指示說明跟在英國烤牛肉後面，德式饅頭（Dampf-nudeln）（德國的甜蒸麵包）則跟在福克斯通（Folkestone）布丁派（有葡萄乾與檸檬皮的酥皮蛋塔）之後。畢頓太太也將印度酸辣醬以及一種加入大量荳蔻的「家禽香料飯」（Fowl Pillau）囊括在書中。[86]

部分的問題癥結在於，如何確定究竟什麼是「外國」食物、什麼是「本國」食物，因為 1800 年與 1900 年時，許多人吃喝的不是在自家後院生長的農作，而是遠渡重洋而來的食材，都是些不過幾個世紀之前才出現的異國新奇物事：對歐洲人來說是馬鈴薯、茶與咖啡，對拉丁美洲人來說是豬肉，對中國人來說是玉蜀黍。這項自 1960 年代以來所發生的改變，應該放在早期的移民浪潮與全球化背景中一起來綜觀全局。

在 1860 至 1920 年間，大約有 3,000 萬人移民到美國，[87] 大部分來自歐洲，而中國人與其他亞洲人自 1880 年即被禁止入境。這是史無前例的大批移民，在 1880 年代與 1920 年代間，就有 400 萬的義大利人來到美國；1900 年之後的十年間，超過 10% 的義大利人踏上了這趟移民之旅，加入行列的還有愛爾蘭人、斯堪地那維亞人以及逃離東歐大屠殺的猶太人。在美國，我們從而有了一場來自世界各地不同飲食文化交集匯聚的真正實驗。

義大利人被選為「烹飪的保守派」。[88] 從某種意義上來說並沒有錯。義大利移民並未轉換成早期英美與德國移民的食物與菜單，而只偏愛義大利通心粉、番茄醬汁以及義式香腸；簡言之，他們並未徹底改變他們的飲食習慣。大部分的義大利移民都是來自南方的貧窮農村，已經習慣了豆類、馬鈴薯以及浸泡在滾水中、只加入少許鹽或橄欖油調味的乾麵包之類日常飲食。義大利麵是城市才有的飲食，而且主要是富人才吃得起的奢侈品。在卡拉布里亞區，有些農民一輩子沒看過肉。義大利美式食物，使一片想像中的樂土——美妙的奶與蜜之地——美夢成真；小麥取代了裸麥與栗粉，最重要的是，肉類成了一項必需品，每天都吃得到。在紐約市，任何自重的義大利家庭至少都有一串掛在天花板上的義大利辣味香腸。1904年的一項預算調查顯示了一個每月要花九美元租金的義大利家庭，如何花上幾乎相同的費用在牛肉、小牛肉以及雞肉上——儘管負擔家計的一家之

主，一名切割石頭的工人，經常處於失業的狀態。在西西里島與普利亞大區，家庭喝的飲料是由烘烤的穀物製成，然而在新世界，他們可以喝到真正的咖啡；同時，糖果與蛋糕變成了他們的早餐，而社工人員經常抱怨這對健康與家庭預算所帶來的有害影響。一位紐哈芬的研究人員在 1938 年時記述：「一個三歲大男孩的午餐提供了一個極端的例子。他坐在一張高腳椅上，手中拿著一杯又濃又黑又甜的義大利咖啡，還帶有一絲威士忌的滋味；並且，在吃甜甜圈之前，還把它們浸漬在糖粉之中。另外一名六歲大女孩的母親，則向學校護士堅稱：『我的女兒，她喜歡糖果。』」89

或許更具決定性的是，義大利美式餐點被珍視為共同分享的家庭事務；在義大利移民的家鄉，人們會在節日慶典以及特殊場合一起聚餐，但鮮少在每天的日常生活中一起用餐。得走上好幾哩路去工作的農民，並沒有機會坐下來跟家人一起吃飯，只能單獨進食。如今，雖然那些被珍視的食材來自於舊世界，義大利移民們吃的東西與方式卻是極為新穎。

義大利人在美國的生活正是一個典範，展現出來自祖國、代表上層社會階級地位的食物，如何成為這個新世界中民族認同的基石。社工人員對於貧窮的移民家庭，堅持要用昂貴的進口橄欖油烹調並食用罐裝義大利番茄之舉，深感絕望；然而，無論每週的家庭預算如何被消耗殆盡，這類的義大利餐點，仍然帶給這些置身異鄉的移民家庭一種自豪感與權威感：義大利人就是知道如何烹調、如何好好吃一頓飯。他們對品味的掌控與堅持，隨著時間的推移，也為他們贏得了社會接受度以及地位。至於番茄醬肉丸並非傳統菜色，而是新近的發明，這一點已然完全無關緊要了。

移民美食的身分認同

對於祖國來說，移民的食物文化也有漣漪效應；紐約市對番茄與義大利麵的需求，提振了義大利的罐頭與食品工業。隨著輪船航程的價格下跌，半數移民得以返回家鄉，並帶回他們後來養成的飲食文化，這一切全有助於將義大利麵與醬汁提升成一道國民美食 —— 儘管墨索里尼試圖讓每個義大利人吃本地生產的稻米。倘若沒有這些來自南義（*mezzo-giorno*）、披薩以及義大利麵之鄉的大規模移民，就不會有這些國民主食的出現，也不

會有今日的全球成功故事可以述說。

　　愛爾蘭的經驗跟義大利可說有著天壤之別。離鄉背井的愛爾蘭族裔將就地過著沒有愛爾蘭食物的日子。在聖派翠克節（St Patrick's Day）時，也沒有任何現成的愛爾蘭食品或餐點；愛爾蘭人的身分認同是由舞蹈與飲料來定義的，而說到食物時，愛爾蘭裔的美國人寧可選擇融合英美與歐洲風味的菜餚。在 1912 年，古愛爾蘭修道會（Ancient Order of Hibernians）在密爾瓦基（Milwaukee）舉辦他們的年度愛爾蘭野餐，菜單上有烤牛肉（自 18 世紀以來即為英國敵人的食物）、番茄切片（一種從墨西哥移植過來的地中海水果）、熱咖啡以及派；即使是最接近愛爾蘭主食的馬鈴薯，都被改造成來自奧地利的維也納馬鈴薯沙拉。就像他們的義大利鄰居，許多愛爾蘭移民都是來自農村的窮人；義大利農民也經歷過飢荒，但愛爾蘭人與他們的差異在於，愛爾蘭人是帶著整個國家發生馬鈴薯飢荒（1845～1850 年）的經歷來到美國，這個創傷深植於他們的腦海中，揮之不去。他們的愛爾蘭身分認同是由食物的匱乏來定義的，而非食物所帶來的歡愉感受。90

　　猶太移民則在烹飪的傳統主義與選擇性的創新之間，達成了自我的妥協，一方面捍衛地區性菜餚以及符合猶太教教規的成分，一方面發展出對外國食物的品味。魚餅凍以及羅宋湯為東歐猶太人保留了它們象徵向心力的地位，並逐漸發展成保留給安息日以及其他特別節日的菜餚；日常餐點則包括了肉餅與肉湯。從德國猶太人那裡，他們發現了法蘭克福香腸以及煙燻牛肉；而相反地，德國猶太人則從他們那裡找到了魚餅凍。這類烹飪美學的交換並非自給自足的猶太事務，而是接觸各種遠離家鄉美食的可能性。到了 1920 年代，意第緒語烹飪書籍特別介紹了有帕瑪森起司的法式湯與菜餚；符合猶太教教規的食物逐漸失去嚴謹性，並接受了特定的美國產品，包括箭牌（Wrigley's）口香糖。在紐約，對許多猶太家庭來說，中國菜成了代表安息日結束的一項儀式，中國餐館開始把猶太炒麵放在菜單上，這是一項留存於曼哈頓上西區的傳統。91

　　移民或許看起來像是多元文化主義（multiculturalism）的絕佳先驅，持續注入新品味，然而，若干族裔飲食文化的到來，始終伴隨著其他文化的衰退與消失。在倫敦，維多利亞時代與愛德華時代以來的猶太與德國社區的烹調印記幾乎不復存在，許多猶太商行與德國啤酒館也一去不復返，而

由中國與印度餐館取代了他們的位置，後者甚至在 1980 年代成長了十倍。這類的轉換與過渡鮮少是平順輕鬆的，但我們不該輕易以為我們在各種族裔的餐廳中，都可以看到多元文化寬容的光輝典範。有時，各式種族食物是種族偏見的避雷針；在 1960 與 1970 年代，正當印度餐廳首次出現在省級城鎮，英國的房東們抱怨南亞人「惡臭」的咖哩味道；有些英國住戶甚至要求地方議會因為這股「味道」給他們的租金退稅，或是讓他們遷離那些亞洲鄰居。在德國，公民們抱怨「吵鬧的」義大利人，離開餐廳的時候不是唱著歌就是大喊大叫，一點也不尊重德國人的隱私以及夜晚的睡眠品質。92 在寒冷潮濕的北方街頭享受露天用餐的熱潮開始流行之前，各族裔餐廳可能會對公共空間中的本土文化構成威脅。

異國的影響力必須被加以管理，使其安全無虞，就像著名的「印度馬薩拉香料烤雞」（chicken tikka masala），是一道早在被英國政客與顧客吞食為典型的國民美食之前就被發明出來的菜餚。其他的影響則必須被加以掩飾、偽裝。在英國的印度餐廳鮮少公開宣揚他們的伊斯蘭根源，即使絕大多數的餐廳都是由來自旁遮普邦與喀什米爾邦（Kashmir）的回教徒所經營。出於可以理解的原因，大部分富事業心的餐館老闆都打安全牌，選擇一般性的標準化菜單，讓人感覺印度風味似乎無處可見卻又無所不在，地區與宗教的真實性遂被犧牲了。英國當局在行銷一幅符合其在地利益的「印度」彩繪上，扮演了他們的角色。去工業化的舊工業城鎮，開始重塑自己成為地區性的咖哩首都；在 1980 年代，英國的布拉福開始為遊客推廣「咖哩小徑」，伯明罕也開始推動炒鍋式的巴爾蒂鍋菜烹飪作為其城市商標。93 但我們不能誇大這些發明出來的合成物所帶來的影響。在一間不同族裔的餐廳裡用餐，可能會帶給當地人不一樣的感受，不管菜餚或裝潢是多麼不道地；但這也不過就是遠距離的多元文化主義。跟陌生人一起生活與偶爾向他們點餐，兩者之間的差異是天壤之別；即使英國每年供應的數百萬份咖哩菜餚，也並未消除種族歧視和衝突。

這種連貫性與改變，也反映在移民家庭之中。一方面，人們在涉及食物時表現得異常固執，畢竟味覺是我們生活中極為私密的面向之一，也是一種可以一路回溯至幼兒甚至子宮時期的強大感官；另一方面，人們也可以表現得極有彈性、容易適應，即使某些食物背負汙名許久，也能突然就

愛上，像是生魚與壽司。這些緊張關係對移民來說尤其尖銳，因為他們得帶著自己迥異於他人的食物文化，在移民過去的社會中找出自己的道路與方向。他們如何解決這個問題？

我們別忘了，飲食不僅是有關盤碟上的食物而已，更有關用餐的形式以及飲食的習慣與空間。藉由調整若干元素並保存其他元素的做法，移民設法維持他們的身分認同；十年前對芝加哥地區的孟加拉裔美國家庭所進行的民族誌學調查，為一個家庭提供了以下的膳食計畫：週日，早餐是蛋捲與吐司，晚餐是羊肉咖哩；工作週間的三天是魚與米飯；週四的晚餐是烤雞腿配上美式沙拉與法式沙拉醬；週五時，全家人去牛排海鮮連鎖店的「紅龍蝦餐廳」（Red Lobster）聚餐。這些家庭繼續吃許多魚與米飯，感覺更像他們在孟加拉的表親們，而不像他們在美國的鄰居。改變得最劇烈的一餐，象徵意義與價值最低的早餐；同時，家庭用餐的空間與形式也產生了改變。在加爾各答，週末的餐點是在家中進行的私人事務；但在芝加哥，家庭會外出在公共空間用餐。94 這類選擇性的重新安排可以持續好幾代，而不致使家族的民族身分認同感喪失。1990 年代時，義大利裔美國人吃的通心麵比他們的曾祖父母少；在週間，他們換著吃燉菜與美式拼盤；然而到了週日，在豐盛的家庭大餐中，義式菜餚就會大量出現，慶祝家人一起聚餐。

對流亡海外的民族食物文化存續來說，地位與味蕾一樣重要，決定了移民社區是否有固守承繼習俗的力量及興趣。芝加哥的孟加拉家庭以其重要地位著稱，因此，他們並未感受到不安全感，或認為有需要停止吃魚並複製美國的一切。然而，1930 年代在夏威夷，一項針對生產糖的日本農園工人研究，卻提供了另一個截然不同的例子。在日本，收入增加的工薪家庭會轉成消費更高品質的精製白米；但在夏威夷類似的日本家庭中，情況卻剛好相反，只有老年人才會堅持米飯的飲食習慣，其他的人都逐漸轉向食用美國的餅乾、白麵包、奶油、果醬以及咖啡。在美國夏威夷，與日本不同之處在於精製白米代表了貧窮，農園工人在設法往社會上層攀爬時，都迫不及待地想拋棄它。對新世代來說，傳統食物正快速地失去它的滋味。一名從美國高中畢業的女性這麼說：「我不喜歡日本食物，魚聞起來很糟糕，米飯的烹煮時間又太長。」95

旅遊的影響

　　移民並非外國品味的唯一媒介者，在傳播咖啡、可可以及其他異國新奇事物的熱潮上，旅行者也扮演了重要的角色。自 1950 年代以來，大眾旅遊將外國烹飪的曝光度與影響力提升至前所未有的水平；雖然在此之前，兩次世界大戰已沿路鋪設了踏腳石，但旅遊業對於外國美食的普及化著實功不可沒。1950 與 1960 年代時，德國人在假期時大批前往義大利的現象，彷彿是一種新享樂主義的縮影：美食與美酒、海灘與陽光，取代了古代遺跡以及歌德（Goethe）的《義大利遊記》（*Italienische Reise*）。返回本國之後，鄰近的義大利餐廳牆上有捕漁網、桌上有裝著奇揚地紅葡萄酒的麥稈裝飾酒瓶，給每個人帶來幾個小時的度假感受以及精心包裝的地中海浪漫風情，並以性感又有魅力著稱的義大利服務生「馬里奧」（Mario）們提供的殷勤服務畫下完美句點；餐廳主人與服務生一律是男性，並且讓客人一律以名字來稱呼他們，即使從廚房端出來的「道地」義大利菜，往往是由他們的德國妻子或是土耳其廚師所仿製的。在慕尼黑的大運河（Canale Grande）餐廳，顧客可以觀賞到一座威尼斯的嘆息橋（Venice's Bridge of Sighs）實際大小的複製橋梁，城市當局制止了他們打算在寧芬堡（Nymphenburg）運河上停泊一條真的貢多拉小船之計畫。[96]

　　在地中海美食的全球進展過程中，有些歷史學家察覺出新的「風格世代」（style generation）誕生。[97] 更值得商榷的是旅遊對品味的一般性影響，至少在食物方面是如此。除了部分「義大利」與「希臘」食物的例外，在各族裔餐廳所點的菜並未遵循著熱門的旅遊路線走；即使以義大利為例，早在德國大批民眾來到里米尼（Rimini）之前，許多餐廳的起源原本是在兩次大戰之間的年代所興起的冰淇淋店。中國餐館與印度餐廳在西歐多不勝數，但直到最近，真正到中國與印度旅行的歐洲人為數甚少。而在此之際，數以百萬計的英國人從西班牙旅遊回來，也並未帶回對鱈魚（醃鱈魚）的偏好，反而是包機假期將豌豆泥帶到了托雷莫利諾斯（Torremolinos）；旅行對品味產生有限與高度選擇性的影響，值得比過去受到更多的關注。英國是義大利人與阿拉伯人的熱門旅遊勝地，但是我們也並未發現

阿諾河（Arno）或尼羅河（Nile）流域有供應約克夏布丁這類的英式餐點。

　　這種不均衡的挪用現象，有雙重的原因。整體來說，旅遊可能會讓人們更容易接受陌生、奇特的食物，但仍然需要移民去開發並經營這些用餐場所來服務他們。那些族裔餐廳能夠成功發展的地方，是因為它們都能取得並利用之前的勞動移民群，不論是德國的土耳其人與希臘人，或是英國的印度人與香港華人，皆是如此。其次，這片烹調美食景觀上充滿民族特色的造景，始終取決於該國政府的監管以及消費者的選擇；歐洲大陸與英國或美國的做法大相徑庭，想開餐廳的非歐洲移民往往會面臨難以逾越的障礙。在 1978 年的改革之前，德國法律歧視土耳其移工、偏好義大利人以及其他來自歐洲經濟體的移民；後者不需任何特別許可就能留下來開辦餐廳，這給了義大利披薩店搶先起步的強大優勢。在瑞士，土耳其人以及來自南斯拉夫的移民可以在瑞士餐廳的廚房工作，但不被允許自行開設餐廳。民族美食的力量和種類，不僅是關於後工業休閒社會中消費者品味的多樣化，更是關於移民過去的社會透過移民所產生的自我理解以及國家政府強化這項理解力量的詮釋。將移民視為暫時移工的國家，會限制民族餐館的發展再自然不過了；畢竟，移民被預期會在數年之後返回自己的祖國，因此，這些移民跟他們的食物一樣，皆不被視為是對移民過去的文化有價值、永久的加分項目。

　　自 1960 年代以來，各族裔餐廳或許述說了一個促進富裕世界多樣性的故事，然而，抵銷的趨勢也同樣重要，我們必須從全球、社會以及個體的角度來看待多樣性。從大草原與海洋的角度來看，20 世紀見證了生物多樣性的急劇下降，扭轉了人類加入動植物基因庫以來的萬年歷史。在21 世紀初，歐洲與中東地區有超過 3/4 的作物品種已然消失；在美國，根據調查，這個數字甚至高達 97%。如今，全世界有 1/4 的魚類正面臨滅絕。[98] 每個人都想吃一片鮪魚。全世界不斷增長的肉食需求、糧食系統和零售業的全球一體化以及農業企業化的單一文化，在在加速了趨同的現象。換句話說，當大多數人享受著更豐富多樣的飲食方式時，他們用餐的各種香料與醬汁所調味的小麥、米飯以及雞肉，也愈來愈相像了。

　　當我們說到將飲食作為社會實踐的方式時，類似的矛盾仍然存在。一方面，先是在 19 世紀後期，生活標準提升以及食物價格下降，接著第二

次大幅度的下降是在 20 世紀後期，縮小了之前貧富之間的巨大飲食鴻溝，上層菁英人士的盛宴與其他人單調飲食的鮮明對比，已不復存在。99 所有社會階層都吃肉類以及加工的零食等食品，儘管有些王公貴族可能偏好他們自己認證的農場所生產的各種有機食品。超市削弱（雖然不是根除）了地區性食物文化，電視、休閒以及相對的富裕，共同把烹飪與烘焙推廣為必須嚴肅以對的愛好以及有別於他人的標誌，由主人扮演主廚的角色，在廚房的舞台上表演。在這過程當中，菁英高級美食失去了以往的主導地位。

　　同時也有證據顯示，今日的食物文化或許跟半個世紀之前一樣多樣化，也就是在電視與外出用餐普及之前；兩次大戰之間的年代或許標誌了更大的變化：失去廚師的中產階級，頓時必須自行下廚。富裕社會中的飲食或許只是明確表達出某種新差異，我們在英國社會中所進行的最微妙研究，則發現了持續的差異性。在 1980 年代後期以及更早的一個世代，地區的差異性減少了，但人們購買與烹煮的食物仍然根據階級、性別以及年齡而有所差異；與體力勞動者相比，專業人士更容易接受國家對健康飲食的建議。沒錯，每個人都外出用餐得更頻繁了，但對於受過良好教育的上層菁英階級而言，在一間餐廳用餐並佐以一瓶好法國葡萄酒，是表現品味與知識、肯定他們在同儕團體地位的方式；從文化角度來看，他們與只會吃咖哩的工薪階級有天壤之別。個人化與私人選擇的統治已取得很大的成就，但正如社會學家艾倫・瓦德（Alan Warde）指出，如果這是真的，那麼我們應該可以期望在飲食中找到遠大於目前證據所支持的人際差異。100 個人品味仍受社會結構所支配。人們用餐時進入的那個想像世界以及他們一起用餐的同伴，仍然持續被階級、社區團體以及國家政府形塑。

第十四章

信仰與消費

當消費遇上宗教

富裕挑戰了階級與品味的舊階級制度，並形塑出新的階級制度。到目前為止，我們檢視的都是世俗的維度與面向，但我們也應該質疑心靈的議題：商品真的扼殺了上帝嗎？

認為大量消費必定是宗教生活之敵的想法，以各種偽裝的形態出現。當西歐於 1960 年代開始邁入富裕社會，有些評論家便說，人們不再上教堂，反而寧可去購物。在 1980 與 1990 年代，教宗若望・保祿二世（Pope John Paul II）抨擊「消費主義」使人們成為「『財物』以及立即滿足的奴隸」，鼓吹「擁有」（having）甚於「存在」（being），並且損害了人們的「身心健康」。有些作者甚至說物質主義就是新的宗教：人們想要的是商品，而不是神。1

潛藏在這些判決與定論背後的，是以本能來看待宗教與物質世界對立的方式。心靈的生活與物質的生活像徹底勢不兩立，後者的增長意謂前者的消退。這個觀念在基督教思想的脈絡中顯而易見，而且可以回溯至柏拉圖，啟蒙運動的哲學家並為其注入新的動力，而 20 世紀初期的思想家，像是思考現代資本主義帶來變革性影響的馬克斯・韋伯，對此更是不遺餘

力。從這個觀點來看，理性、金錢以及現代性的進步，自然而然會導致世俗化的傾向——不論是藉由揭露宗教信仰的不合理性，亦或破壞教會制度與機構的力量。從傳統到現代的轉變，不但粉碎了人們對自己以及周遭世界的堅定意識，更釋放出多不勝數、截然不同的生活方案與規劃，使得統一信仰體系的空間蕩然無存。宗教的滅亡，只是時間問題而已。

　　然而，這些觀點可被歷史驗證到什麼程度呢？商品與財產究竟對宗教生活造成了什麼影響？要回答這些問題，我們得先檢視在基督教西方世界的富裕社會中所發生的事，並且也應該放大我們的質疑與探究範圍，將開發中社會以及其他宗教社會早期的商品進展亦納入考量。

　　西歐的情況最顯而易見，沒有其他地方比這個曾為基督教國家中心的世俗化發展更突飛猛進了。1910 年時，從斯堪地那維亞到地中海地區，有 98% 的人隸屬於某個基督教教會或是教堂；一個世紀之後，不到 2/3 的人認為自己是基督徒，並且其中只有一小部分的人會定期去教堂做禮拜。2 儘管如此，信仰的喪失並非是在富裕的 1960 年代突然發生的現象，正如我們所見，在英國，上教堂的習慣在兩次大戰間已逐漸崩解；在 1940 年代後期，被緊縮開支與定額配給氛圍圍繞的當代人，早已憂心忡忡地將矛頭指向只顧眼前滿足的自私文化。英國就是一個最好的證明，每個在第一次世界大戰之後出生的世代，對宗教的信仰都比其前一個世代更為薄弱。3

　　然而，在這個富裕小角落以外的世界，自 1970 年代以來的趨勢卻朝著全然相反的方向行進。比之共產主義統治的時期，今日的東歐與中歐地區不僅擁有更豐富的物質生活，亦擁有數量更多的基督徒，東正教（Orthodox Church）的復甦尤為顯著。在阿拉伯世界，石油帶來的新財富促使伊斯蘭教復興，而非世俗主義。同樣地，快速成長及都市化的現象，與佛教的興盛——佛教人口從 1970 年的 13% 成長到 2010 年的 19%——以及受過良好教育與積極進取的中產階級基督教人口大量改信新教（Protestantism）現象，皆不謀而合。然而，其中沒有任何運動像五旬節派（Pentecostalism）一樣發展得如此快速，該運動透過聖靈（Holy Spirit）的洗禮以及靈性恩賜的力量（包括說靈言的能力），強調信徒對上帝的個人體驗；1970 年時，全世界基督徒中只有 5% 是五旬節派的教徒；到了 2010 年，這個數

字已成長為 1/4，或者說全球共有五億的五旬節派教徒。宗教信仰的復興運動不僅在牙買加與北韓等貧窮國家發展得如火如荼，在巴西以及其他發展中國家亦是如此。簡言之，針對世俗化仿如勢不可擋的前進步伐，近 30 年來已出現了大量反例，而且全都發生在地球上前所未有的大量人口數擺脫貧窮境況的這個時期；值得一提的是，即使在富裕的西歐國家中，經過半個世紀的自助超市、團體旅行、電視遊戲節目的洗禮，基督徒仍以 2：1 的數量超過不可知論者與無神論者。4

美國為我們提供了宗教如何使商業文化為其所用的線索。我們混淆困惑的想法中，有很大一部分是源自一個簡單卻根深柢固的謬誤：我們假設「傳統」社區必然置身於宗教的黃金時期，其後會隨著人們變得愈來愈「現代」，而每況愈下。但事實上，美國的情況剛好相反。美國人的宗教信仰在華盛頓時期比在雷根時期更為薄弱（而非更為虔誠）；1776 年當美國宣布獨立時，新英格蘭的教會會眾只占人口數的 20%。宗教生活一直到 19 世紀下半葉才開始加速成長，到了 1890 年，已有 45% 的人口隸屬於教會、教堂或是猶太會堂；30 年之後，這個數字攀升至 59%；而在 21 世紀初，甚至盤旋在 62% 左右。宗教並未卻步不前，而是與現代商業及消費商品的發展齊頭並進。1954 年，在這樣的一個富裕社會中，「我們信仰上帝」（In God We Trust）被印在美元硬幣與紙鈔上。5

擁抱奢侈

篤信宗教的信念，也並未隨著 19 世紀後期數百萬貧窮的愛爾蘭與義大利移民到來而自動出現。正如紐約大主教科里根（Archbishop Corrigan）在 1888 年對樞機主教曼寧（Cardinal Manning）指出，「這個城市中有八萬名義大利人，其中只有 2%⋯⋯有望彌撒的習慣。」6 相反地，這樣的信念是愈來愈都市化、愈發富裕、市場競爭愈來愈激烈的結果；牧師與傳教士藉著巧妙駕馭媒體、娛樂表演以及美好事物的魅力，得以充分利用不斷擴展的商業消費文化。

美國福音傳單小冊協會（American Tract Society）成立於 1825 年，在 10 年中，它已發行了 500 萬件上面印有摘錄聖經字句的品項，使這些印製品

深具「娛樂性」與「實用性」。美國南北戰爭（1861～1865年）前夕，福音教派的復興開創了新的宗教廣告，使數百萬大量生產的基督、天堂以及天使的圖像與肖像開始在市面上流通；新的教會除了提供福音之外，也靠著提供信眾樂趣來吸引他們。楊百翰（Brigham Young）這位「美國的摩西」（American Moses），在1847年領導一群摩門教徒來到鹽湖谷（Salt Lake Valley）；三年之後，這個與世隔絕的所在將以擁有娛樂勝地，以及其後隨之而來的社交廳與音樂會而自豪。每逢週五，摩門教徒就會通宵達旦地跳舞，而他們的戲院則可容納到7,000人之多。7

在1870年代，福音派復興主義者德懷特・穆迪（Dwight Moody）與艾拉・桑奇（Ira Sankey）成了大西洋兩岸的宗教明星，各大城市都有數百萬人蜂擁而至，只為了看他們的表演；他們的讚美詩集成了暢銷書，他們的名氣也帶動了未授權的瓷器雕像以及其他紀念品蓬勃交易，販售給他們飢渴而狂熱的仰慕者。在1875年，這兩人以每週1,500美元的價格，租下紐約市巴納姆競技場（Barnum's Hippodrome），亦即今日的麥迪遜花園廣場（Madison Square Garden），使宗教成為地球上最偉大的表演，8 而他們的禮拜儀式正是精心設計的舞台表演節目。大門在7：15敞開時，5,000人蜂擁而入並得在十分鐘之內找到座位；隨著穆迪與桑奇讚美詩集中簡單易記的讚美詩歌，會眾也加入了合唱。接著，桑奇這位「衛理公會（Methodism）的甜美歌手」會先進行一段手風琴（一種簧樂器）的獨奏表演，但重頭戲是在穆迪出現、進行他的聖經講演時到來；一位聽眾回憶：「他的聲音粗糙刺耳，維持同一個音調，而且就對著他面前的人說話，鮮少轉向兩側。但是他使這個男人顯得多麼真實！那個欺誑行騙、詭計多端的雅各，就這麼活生生地站在我們眼前！他又是多麼尖銳地將那位人類之父的聖經人物之教訓，用在他眼前的男女身上！」9 接著，就是更多的歌唱與哭泣。在費城的大禮拜堂外，穆迪小雕像一個要賣美金兩元。

商業工具促進了基督教精神與消費之間的和解，但同樣重要的，是牽涉到信仰與教義上的轉變。如同世界上其他的宗教，基督教對於物質財物始終保持根深柢固的懷疑與曲解，有諸多警告都是關於財物會使人離開忠實的正道、偏離上帝真道的力量；就像金牛犢（Golden Calf）的典故，敘述摩西（Moses）上西奈山（Mount Sinai）領受十誡（Ten Commandments）之後，

亞倫（Aaron）將收集到的金耳環鑄造成一隻牛犢塑像的故事。19 世紀中後期見證了一個更溫柔、更美麗的上帝，沉浸在這世界及其中的人事物當中，而非在一旁冷眼旁觀、滿心譴責。這項教義上的轉變，並非如同某個版本的說法所稱、由財物或享樂主義（hedonism）（上帝無所不在論〔imma-nentism〕）所致，而是由科學與進化所導致的信仰危機，並吸引了許多厭惡消費文化的維多利亞浪漫主義者與社會主義者。10 然而，上帝無所不在的想法，的確有助於追尋珍貴事物，並使其成為一條良善，甚至虔信的道路；如果上帝之美得以在世上展開，那麼，讓自己被散發神聖之美的事物圍繞，又怎會不是身為基督徒的一項責任呢？

鐵路的到來使物品的流通更是如虎添翼。1860 ～ 1880 年代的紀錄顯示出，摩門教徒愈來愈關注於流行物品與時尚，並視為成為品味人士的方法：「一條美麗的中國絲綢手帕」或是「一個美麗的摩洛哥精裝盒，內襯玫瑰色澤緞面，盒蓋上則鑲嵌了一片玻璃鏡……集結起來……呈現出最優雅的外觀。」「奠定了我們社會的基礎。」《沙漠新聞》（Desert News）在 1860 年宣布：現在「裝飾、布置以及更完美發展之作，成了明智而審慎的關切之務。」11 無節制的過度之舉仍然令人不悅，但緊縮用度的苦行也一樣糟糕。一個好的基督徒必須培養出最適合自己的風格與時尚。

誠如我們所見，早期的基督徒也有盡情享受精緻生活者，尤其是在 17 與 18 世紀的荷蘭與英國。19 世紀後期的新發展是，許多教會摒棄了認為物質會腐敗人心的舊有疑慮，並公開鼓吹上帝承諾每個人都可以享有豐富無虞的物質生活。亨利・沃德・比徹（Henry Ward Beecher）這位公理會（Congregationalism）社會改革者與廢奴主義者告訴美國聽眾，奢侈是虔信者的標記；比徹本身喜愛珠寶與購物，這樣的主張為他在 1876 年 18 個州所舉辦的 60 場演講中，獲得每場 1,000 美元的演講費。12 對比徹來說，「製造財富的本能，是上帝在這世上行使的教育力量。」「財富帶來文化。」13 人們有自我享受的權利，尤其是藉由打造美麗家園的方式；但在此之際，他們也應該將財富貢獻給他們的教會與社區。

這些主張與想法，都是美國特有的現象。正如我們在前述篇章中所見，關於時尚物品散發出神聖之美的火花一說，在歐洲也有擁護者。14 使美國教會與眾不同的一點是，它們將對於成功富足的道德捍衛轉變成一種

商業模式，從而利用其成員的成功來資助其本身的擴張。1960 年代以來的「成功神學」（prosperity gospel）傳教士、電視福音布道（televangelism）以及超級教會（mega-church）等現象，必須被併入更長遠的歷史背景脈絡中來加以審視，雖然它們已逐漸喪失早期「社會福音」（social gospel）牧師所肩負的進步使命。上帝賦予信徒一項物質與靈性的新協議：把你自己交給祂，祂就會以增加你的財富作為交換。肯尼斯・哈根（Kenneth Hagin）是這項觀點強而有力的倡導者，身為 1960 年代的信仰運動之父，他在奧克拉荷馬州土爾沙（Tulsa）的瑞瑪聖經中心（Rhema Bible Center），訓練出數千名的福音傳道者，並孕育出 1,440 個集會團體；同時，他也賣出估計有 5,300 萬本的書。哈根宣稱，在《舊約》（Old Testament）中，上帝對亞伯拉罕的財富繁榮之祝福也同樣適用於此時此地：上帝希望祂的子民可以「穿最好的衣服，希望他們可以開最好的車，同時，也希望他們可以擁有最好的一切。」15 電視福音傳道人吉姆・巴克（Jim Bakker）曾是神召會（Assemblies of God）的牧師，他將炫耀性消費的地位提升至前所未有的新高：電視布道宛如購物清單，他更誇耀自己奢侈的生活方式是上帝恩典的一項標記。在 1984 年，他在同一天買了一輛 1939 年的勞斯萊斯（Rolls-Royce）以及一輛 1953 年的銀色黎明勞斯萊斯（Silver Dawn Rolls-Royce）；16 他的狗兒們則享受著有空調的狗屋。巴克會用他那輛 1939 年的勞斯萊斯載送他慷慨的捐款者到他的主題樂園 —— 位於南加州米爾堡（Fort Mill）的美國歷史遺產樂園（Heritage USA），這座樂園結合了聖經學校、豪華商場，以及擁有 501 間客房的歷史遺產大飯店（Heritage Grand Hotel）；在它的巔峰時期時，它甚至名列美國到訪人數最多的遊樂園第三名，每年帶來 126,000,000 美元的收益，直到 1980 年代後期，性醜聞和稅收醜聞終於使巴克的美夢幻滅。但對福音派的忠實信徒來說，美國歷史遺產樂園證明了基督教的愛與奢侈可以合而為一。正如一位女性訪客所說：「基督徒不必接受次級品，我可以堂而皇之地崇拜奢侈品。」17

歐洲宗教的狀況

　　是什麼導致了美國宗教蓬勃活力與西歐宗教僵死硬化之間，形成如此

懸殊的對比？從 18 世紀的亞當・斯密到 19 世紀的托克維爾以及 21 世紀初期的《經濟學人》（*Economist*），許多作者都在美國獨特的開放市場中找到了答案，因為在這個市場中，教會與教派在沒有國家補貼或其他特權支撐的情況下，都必須互相競爭才得以存活下去，*18* 這使得它們更具創業精神也更具娛樂性。舉例來說，帕特・羅伯遜（Pat Robertson）的《700 俱樂部》（*The 700 Club*）從 1966 年開始就是一個極受歡迎的電視節目，由超過 4,000 名志工擔任工作人員，每年撥打出 400 萬通的禱告電話，並為基督教廣播網（Christian Broadcasting Network）帶進每年 233,000,000 美元的大筆營收。*19*

　　歐洲的宗教生活也從未完全脫離商業的範疇。中世紀時，十字軍戰士會在征途中交易文物；而自從 1858 年聖母瑪利亞在盧爾德（Lourdes）顯靈以來，該地每年皆賣出數以百萬計的蠟燭與紀念章。一位虔誠的天主教徒米歇爾・費列羅（Michele Ferrero）（也被稱為能多益先生〔Mr Nutella〕），將他的成功歸功於盧爾德的聖母瑪利亞（Madonna of Lourdes），並在 1982 年以該地的岩穴來設計他的巧克力，將其命名為「費列羅・羅切爾」（Ferrero Rocher）i；同時，他還將聖母瑪利亞的雕像豎立在他全球糖果帝國的所有工廠之外。*20* 儘管如此，這仍比不上美國的基督教搖滾專輯、以聖經為主題的電玩遊戲、孩童的「祈禱服」，以及經文餅乾那麼多采多姿的形式。*21* 對於超級教會來說，美國市場是一片沃土，尤其對那些沒有建立家園的信仰復興運動者與跨教派團體來說，更是如此。休士頓第二浸信會（Second Baptist of Houston）就是一個擁有 17,000 名成員、65 支壘球隊伍、工藝室及健身房的超級教會；連某些天主教教會，像是亞利桑那州梅薩（Mesa）的聖公會聖提摩太堂（St Timothy's），都發展成有音樂、娛樂以及電台節目的超級教會。*22*

　　據說在西歐，歷史悠久的現存教會因為可從稅收、收入以及其他特權中受益，是故幾乎排除了創新與娛樂的需求。這個說法誠然有些道理，但只能算是部分的論據；畢竟在 18 世紀時，英格蘭教會（Church of England）比現在要來得更為強大，但也未能阻止深得民心的衛理公會復興。值得一

---

i　也就是金莎巧克力。

提的是，穆迪與桑奇在成功完成英國的布道之旅後，於 1875 年又成功征服了美國。現今的教會已失去許多昔日的特權，但超級教會與信仰復興運動者的團體仍無法填補這一空缺。

可以說，與宗教市場同樣重要的是社會國家的本質。在美國，宗教團體提供的不僅是心靈的指引，還有社區、自助、社會服務以及休閒等功能。伊利諾州的超級教會柳溪教會（Willow Creek），就經營食物廚房與就業辦公室，為父母、離婚者以及菸酒藥物成癮症的恢復者，提供育兒與支持團體，甚至還有志願技工為單親母親提供免費修車的服務。23 換句話說，美國教會仍持續進行的許多工作，在歐洲都是二戰以來由福利國家所接管的工作——儘管緊縮措施也開始考驗這樣的分工方式。

截至目前為止，我們的討論始終關注在宗教團體上，但宗教並非僅限機構團體，即使不隸屬於任何教會或廟宇，一般人還是有可能有信仰。1902 年，威廉‧詹姆斯將宗教定義為攸關神聖力量「個人獨處時的感受、行為以及經驗」，這股力量可以是單一的上帝，或許也可以在沒有上帝的情況下產生（就像佛陀就地開悟的例子），或者像先驗主義者（trandescendentalist）認為不論男女內在都有神聖的火花以及連結大自然神祕真理的力量。那麼，消費文化對宗教體驗造成了什麼改變？

即使是在今日的西歐，不可知論者仍屬少數（約 20%），這讓我們了解到，宗教情感在面對世俗情況的變遷時所擁有的靈活彈性著實驚人。在丹麥、芬蘭、愛爾蘭以及義大利，仍有超過 80% 的人定義自己為基督徒，即使他們可能從沒踏進過教堂一步；243/4 的美國人相信上帝或某種更高力量的存在。然而，信仰可能意謂許多事。舉例來說，根據 1991 年與 2006 年的美國社會概況調查資料（US General Social Surveys）顯示，有 70% 的美國人將上帝視為一位「療癒者」，有 2/3 的人則將上帝視為一位「朋友」，但相信有魔鬼存在的人數也一樣多；同時，有 1/2 的美國人說他們「絕對」相信奇蹟。

嬰兒潮這個世代被診斷為「靈性的追尋者」（spiritual seeker），他們自1970 年代開始就調起自己的信仰雞尾酒，將東方宗教的元素與基督教的傳統融為一體，並添上一抹新時代的靈性精神。一位住在波士頓附近的物理治療師，在 1996 年被研究人員問到她在實驗了藥物以及山達基教（Scientology）之後，是否還嘗試過其他的宗教？她回應：「哦，是的……我盡我所能讀了所有的佛教書籍……我喜歡這個事實，它鼓勵我去檢視我的內在並找出對我來說正確與真實的事物。我也喜歡《星際大戰》（*Star Trek*），但那是一個宗教嗎？我不知道。」25

　　儘管如此，這種 DIY 式的宗教是否具備代表性，仍然值得商榷。在 2001 年與 2005 年間，一項針對美國青少年進行的大規模研究調查發現，絕大部分青少年的宗教生活方式都極為傳統，忠實跟隨父母所信仰的主流教派腳步；只有 4% 的人嘗試將禪宗、佛教或印度教融入他們的基督教信仰之中，也只有 0.3% 的人加入異教或巫術；幾乎沒有人會把教堂當成商品，一間換過一間。同時，儘管在教堂度過了許多個週日，他們絕大多數人對於福音書的教義不是完全不了解，就是一知半解。有些天主教的青少年相信輪迴，而他們許多新教徒的同儕則認為自己會上天堂，只要他們做了「對的事、而且沒做什麼真的很壞的事」，這展現了他們對於新教「因信稱義」的教義基礎一無所知。以研究人員的話來說，美國青少年將上帝視為一位應需求而來的「宇宙治療師」。26 正如我們指出的，人們與世界都帶有神聖火花的想法，在 19 世紀時已逐漸普及；因此，將這個想法視為二次世界大戰後唯物主義者的個人主義論，會是種誤解。廣告與消費文化的確使基督教信仰比以往更為自我中心，而且更利己；對大多數美國人來說，上帝不再是一位最高審判者，而更像是一名療癒者及好夥伴。ii

其他教派之狀況

　　然而從全球性的角度來看，基督教的主要動力不再來自北方，而是來自南方，由非洲及拉丁美洲五旬節派的復興運動所推動。1970 年，奈及利亞只有 1/7 的基督教徒是五旬節派的教徒；到了 2010 年，這個比率已經高達 1/2 了。在巴西，這個比率在這些年來已從基督教人口數的 7%，躍升至 25%。有些領導者，像奈及利亞的領導上帝救贖基督徒教會（Re-

---

ii　美國社會概況調查資料（1972-2006）顯示，在被問到哪一種上帝的形象「最有可能」出現在他們的腦海中時，70% 選擇「療癒者」，63% 選擇「朋友」，只有 48% 選擇「審判者」。 參見 databases 'Images of God', under Religion, at http://www3.norc.org/GSS+Website/.

deemed Christian Church of God, RCCG）的埃諾赫‧艾德博耶（Enoch Adeboye），深受他們信奉神恩運動的美國教友所啟發，譬如肯尼斯‧哈根以及他的信心話語運動（word-faith movement）；然而大體上來說，這些都是受到當地資助的本土成功故事，而非美國進口的案例。使五旬節派在 1980 與 1990 年代如此深具吸引力的原因在於，它對於全球化以及隨之而來的挑戰與機會提供了物質與心靈的回應；在一個充斥通貨膨脹、失業、不確定性的時代，五旬節派的教會給出自助自立、教育與工作的訊息，承諾信眾免於依賴社會上層舊有的菁英階級，並賦予他們機會去打造自己的生活。

自 1970 年代以來，五旬節派的教徒援引了「心靈貧脊」（spirit of poverty）的教義。從這個觀點來看，非洲人很貧窮，是因為他們仍處於巫術、祖先崇拜以及懶散怠惰的咒語之下。更美好的生活需要重生與紀律，而五旬節派兩者兼備。對於那些處於「心靈貧脊」咒語下的人來說，外國商品是魔鬼的誘惑，會將他們拖入債務、酗酒以及毀滅之路。相較之下，那些曾受聖靈洗禮的人，則學會積累財富並享受美好生活；話語的力量淨化了消費商品，並阻止了魔鬼的接近。

迦納與辛巴威的人類學家，記錄了心靈與物質重生之間的相互作用。與其把他們辛苦賺來的錢花在昂貴的習俗慣例以及給大家庭的禮物上，信眾被教導如何投資在他們自己、他們的核心家庭以及教堂上。五旬節派的教會提供了識字班的課程及管理金錢的建議，發掘出一種早已存在、尋求以個人意志力來克服貧窮的文化；因此，當國家在新自由主義盛行的 1980 年代棄守社會福利支持時，五旬節派填補了這個空缺；自立自助與安全保障的信條不但吸引了農村的貧民，也同時吸引了城市超級教會中力爭上游的階層。在巴西，五旬節派剛開始吸引的是窮人中的窮人，雖然自 1990 年代以來，該教派逐漸往社會階級上層攀爬，在日益成長的經濟環境中兌現新的財富機會。27

在 17 世紀，喀爾文教徒有時會將他們的財富成功詮釋為一種跡象，代表他們屬於「上帝的選民」（the elect），即使他們布道的內容仍對無節制的過度行為及誘惑大加撻伐。約 1900 年左右，非洲的基督教會亦表現出類似的矛盾心態；正如我們所見，這些教會一方面在福音書的加持下推廣物質的舒適，另一方面卻悲嘆著新會眾們對時尚與小奢侈品的飢渴欲

望。28 1980 年代時，五旬節派教徒更進一步地開始公開宣揚對物質財富的支持；1981 年，當艾德博耶在奈及利亞接管上帝救贖基督徒教會時，教會十分貧窮，而且完全不接受捐獻。艾德博耶摒棄了早期五旬節派教徒的苦行主義，為信眾與當地教會引進了新的奉獻文化 —— 會眾們開始得付什一稅給中央，也就是上帝；同時，他也向信眾們保證會得到投資金額的多倍回報。在 2005 年，艾德博耶宣稱他被上帝要求，要為承諾捐獻相當於 50,000 英鎊金額的成員們成立「救贖者俱樂部」（Redeemers' Club）；而 5,000 英鎊的金額則可以搭乘 HMS 仙境號（HMS Wonderland）參加從邁阿密到巴哈馬（Bahamas）的遊輪行程，並且有機會聽到艾德博耶的布道。他說，基督是為了我們的繁榮富足而死，祂的苦難帶給了我們無限的榮耀。「上帝是富人的上帝，」祂希望人們可以成功興旺，擁有「車子、房子、衣服、土地，任何金錢可以買得到的東西。」29

上帝救贖基督徒教會的成功，說明了這波五旬節派浪潮中運作因素的組合：在充滿經濟不確定性與疲弱的國家、新媒體與技術的時代，信奉神恩運動的傳教士傳遞著希望與繁榮的訊息。上帝救贖基督徒教會有九個獨立錄音帶部門，用卡式錄音帶以優魯巴語（Yoruba）、伊布語（Igbo）、豪薩語（Hausa）、英語以及法語布道，單一場布道，每個月就在奈及利亞賣出 50 萬份卡式錄音帶；教會也利用網際網路、影片視頻以及數位科技，用「讚美可」（praise-co）音樂取代迪斯可。教會與雀巢食品（Nestlé Foods）、七喜（7UP）以及其他全球性品牌合作，提供零售店特別的促銷方式。同時，教會也有自己的大學與在地的商學院。30

在這場基督信仰復興中，宗教與財富的共生關係與其他世界宗教中打造的關係比較起來如何呢？在美國，商業化也在猶太人的生活中留下了印記。對 1900 年左右的猶太移民來說，財產是通往新國家的重要門票，並顯示一個人不再是「生手」（oysgrinen zich）iii。猶太光明節（Chanukah）就像聖誕節，最初與禮物並沒有什麼關係，但到了 1890 年代，兩者都成了新購物季的一部分；新的家具與寢具都是在逾越節期間購買的。31

在神道教與佛教等的亞洲宗教中，靈性的生活更是充滿了物質事物；

---

iii 尚未美國化的新移民。

這些宗教並無單一的創造之神，神性在岩石、樹木甚至個人物品中呈現出其物質的外形。在日本，宗教儀式與物品及禮物的購買密不可分，陶瓷兔子與鳥類雕像以及杯子、飯勺等實用物品，都可以帶來好運。這些代表好運的迷人物品被置放在電視機或壁龕上，有助於它們的主人與神明連結、抵禦邪魔，並在病後恢復正常生活。在韓國的薩滿教儀式中，進口的威士忌、玩具、食品可作為「路費」（travel money），讓生者與他們祖先的鬼魂和平共處。32

伊斯蘭教面對消費

宗教與消費文化的相遇，在伊斯蘭教中引起了最激烈的爭論，在伊斯蘭世界與西方世界中皆是如此。1979 年的伊朗革命（Iranian Revolution），剛開始似乎預示了伊斯蘭共和國與西方唯物主義之間新的文化衝突來臨；在西方，評論家開始診斷一場「伊斯蘭聖戰（Jihad）對上大麥克世界（McWorld）」的戰役，也就是傳統宗教團體對全球消費資本主義的反擊。33 在伊朗，曾經領導革命的何梅尼（Ayatollah Khomeini），在 1989 年的最後遺囑中對此做出判決。對於西方的廣告、廣播、電視以及電影，他說：它們始終「成功地以智識麻醉國家，特別是年輕人。」在過去半個世紀，他們一直被當作「反對伊斯蘭教的宣傳工具」，不僅行銷「奢侈品」、化妝品、飲料、衣服，更推廣「一種享有聲望的生活形態，以致一個人日常生活的每個方面看起來都像西方人，並成了身分地位的象徵。」這種以消費者為導向的生活方式，摧毀了人們的心靈與心智、導致嫉妒不滿與社會衝突，更使男男女女，特別是年輕人，疏離了他們的國家、文化以及宗教。時尚以及對昂貴產品的品味轉化為政治的依賴，因為「化妝品、娛樂、酒精飲料、玩具與洋娃娃」以及其他「標新立異的時髦鋪張之物」，都是由石油與其他資源的出口來支付，使伊朗成為西方的殖民地。34

我們往往會認為「奢侈戰爭」只是一場 19 世紀前就已結束的歐洲辯論，以贊成消費、成長以及發展為其結論；然而，這樣的觀點過於狹隘。伊朗革命開闢了一條新的戰線。就像兩個世紀前的盧梭，何梅尼指出了奢

侈、地位的追尋，以及嫉妒、社會衝突、腐敗與依賴，這兩者之間的因果關係。然而不像盧梭這位放蕩無度、性好女色的揮霍者，何梅尼以身作則，並且將奢侈品逐出新社會；電影、書籍以及媒體都要受到審查。在革命之後，伊朗幾乎有半數的電影院被關閉或燒毀；酒精被禁止，婦女的頭髮與身體消失在頭巾與樸素外套之下。1979 年的革命，整體形象就是「戰士兄弟」搭配上「面紗姊妹」與她的武器——頭巾與黑色披肩。35

然而，在迎面痛擊之後，和解隨之而來。政府接受了不可能阻止人民在自己家中觀看禁播影片的事實，禁止私人使用衛星天線的法律，也被證明不可能接受警察單位的監督。1980 年代後期見證了伊朗電影的復甦，該政權將其視為伊斯蘭文化的展示品；婦女回歸參與運動並重新出現，成為看台上的觀眾。1998 年世界盃（World Cup）證明足球狂熱又回到了共和國，在被淘汰出局之前，伊朗隊以 2：1 擊敗了美國隊；在第 84 分鐘，綽號「火箭」（the Rocket）的美迪·馬達維基亞（Mehdi Mahdavikia）踢進了致勝球，他獲頒年度亞洲足球先生（Asian Footballer of the Year）並為德國漢堡隊（Hamburg SV）效力。整體而言，更多的休閒活動發生於家庭與友誼團體，而非商業空間中，是自 1979 年以來所產生的變化。儘管如此，許多消費仍在繼續進行，即使這樣的舉動只是對道德政策的一種逃避。伊朗婦女或許不被允許穿著短裙或色彩鮮艷的衣服，但是可以購買名牌太陽眼鏡、口紅以及化妝品；正如 2013 年一位小學老師解釋道：「這裡的女性沒有足夠的技能，對我以及像我一樣的人來說，化妝是一種樂趣。」伊朗是中東第二大的化妝品市場，僅次於沙烏地阿拉伯，來自中國與土耳其的仿冒品在此地的交易熱絡至極。36

基本教義派對西方消費生活方式的抨擊，隨著伊斯蘭國（Islamic State, IS）自 2011 年以來在伊拉克與敘利亞的擴展，贏得了公眾新的關注。「眾所周知，今日的物質社會是建立在無神論者的意識形態上。」伊斯蘭國的分支，全女子軍團的坎沙旅（Al-Khanssaa Brigade）在 2015 年 2 月的女性宣言中如此陳述。時尚與化妝品是伊比利斯 iv（Iblis）的作品，這位惡魔等著要拿走女人的衣服。「希望把她帶離有防護遮蓋與正派得宜的天堂，並

---

iv　伊斯蘭信仰中的惡魔。

鼓勵她花大錢去改變上帝的造物，要求外科醫生改變自己的鼻子、耳朵、下巴、指甲。」唯有建立哈里發（caliphate）伊斯蘭政府的地位，才能恢復對女性身體的禮敬與尊重；多虧了覆蓋品與蓋頭（hijab），才得以遮蔽她們的顏面免受腐敗旁觀者的窺視。**37**

然而，基本教義派絕不能等於伊斯蘭教的復興，也不等於普遍的伊斯蘭教。在中東、阿拉伯以及亞洲部分地區的大多數伊斯蘭社區，都與消費文化建立起可行的關係；在 1980 年代早期，波斯灣地區（Gulf region）吸引了利柏提百貨公司、瑪莎百貨（Marks & Spencer's）以及其他主要的西方商店。接下來的十年，當地也見證了購物中心興起的熱潮。兩間全球最大的購物中心都在杜拜，興建於 2008 年的杜拜購物中心（Dubai Mall）有 1,200 間商店，以及布魯明黛百貨公司（Bloomingdale's）、電影院、溜冰場、水族館。但這種現象更進一步發展，阿曼（Oman）有它的馬斯喀特市中心（Muscat City Centre）購物商場，以及一間家樂福；即使伊斯蘭政治的力量愈來愈強大，土耳其的安卡拉（Ankara）也有 20 幾個商場。大型超級市場侵入了傳統露天市集的市場，從沙烏地阿拉伯到土耳其，1990 與 2000 年代的齋月已經充滿購物假期的氛圍，就像它之前的聖誕節與光明節。每日禱告與齋戒禁食儀式之後的節目，愈來愈常跟著日落盛宴、購物中心之旅以及某些夜間娛樂進行，而非在家慶祝或幫助窮人與有需要的人。**38**

伊斯蘭教的復興，在很大程度上，從它與消費商品的策略聯盟中汲取了力量。在穆斯林身分認同與生活方式的傳播上，新的伊斯蘭商品甚至時尚以及新媒體與科技都扮演了至關重要的角色。舉例來說，先是 1994 年在沙烏地阿拉伯，美國的芭比娃娃被視為非禮不雅的商品而禁止販賣，幾年之後才看到芙拉娃娃（Fulla）取代了芭比的位置。芙拉娃娃來自敘利亞，戴著頭巾，但也擦口紅、穿高跟鞋，並且出了祈禱系列。至於對百事可樂與可口可樂的抨擊，並未使這種軟性甜飲從市場上消失，只是出現了替代品，也就是伊朗的滲滲可樂（Zam Zam Cola）以及其他類似的區域性品牌。穆斯林兒童玩的電玩遊戲，當螢幕上敵人的飛機被擊落時，「上帝之名」會隨之亮起；對那些喜愛老式遊戲的人來說，也有古蘭經挑戰棋盤遊戲（Quran Challenge Board Game），是「學習古蘭經的有趣方式」。還有祈禱鐘、祈禱娃娃甚至互動式祈禱機器，配有感應器、數位相機、振動馬達可

以追蹤並改進正確的身體動作。39 伊斯蘭教的復興並不是那麼反消費導向，而是以它自己的產品系列去創造出獨一無二的消費方式。販售經伊斯蘭律法認證合法產品的清真市場，出現了快速的擴張，不僅是肉品，更包括從音樂、電影到化妝品與飯店的一切商品；在中東與馬來西亞，清真化妝品占了 2014 年銷售額的 20 ～ 25%。40

伊斯蘭國家在過去的十年間，也曾出現抵制雀巢與其他品牌等外國公司的消費者聖戰，原因是它們資助美帝國主義並幫助以色列。但即使是在這裡，目標也是針對特定公司的反伊斯蘭行為，而非商品與器具用品之類。在 2008 年的土耳其，穆斯林購物者反對使用土耳其最大白色家電製造商貝可公司（Beco）的產品，以抗議它的母公司宣布不僱用留有八字鬍或鬍鬚的員工——這種蓄鬚的習慣在伊斯蘭教徒中十分常見。其他公司所製造的冰箱、電視以及電器，則沒有這個問題。

推廣宗教

推廣伊斯蘭教最重要的單一消費品，就是錄音帶。卡式錄音帶的布道有時跟狂熱的盲目信仰有關，它們最初是為穆斯林兄弟會（Muslim Brother-hood）在 1970 年代所用，然而在那之後，卡式錄音帶卻成了公共生活更普遍的固定配備，回應古蘭經對於聆聽的特別感受度：「真主封閉那些拒絕聆聽者的心。」（古蘭經第七章第一百節）。反過頭來，卡式錄音帶的布道方式創造出新的宗教空間與社區；布道不再只從清真寺傳出，更來自咖啡館、計程車以及家中的喇叭。這些錄音帶吸引了新的世代進入祈禱的世界，最受歡迎的布道者（khutaba）像是穆罕默德·哈桑（Muhammad Hassan）遂成了媒體的明星，雖然截至目前為止，這類型的布道已逃離標準文化產業的命運，並繼續在伊斯蘭研究委員會（Council on Islamic Research）的監督下，以小公司生產的錄音帶流通。作為媒體的類型之一，這些錄音帶說明了宗教利用娛樂技術的能力，而非投降或屈服於它們。不過，這並不是一條單向道；隨著新技術的到來，新的演講類型也出現了，布道者開始聽起來更像電視明星以及電影明星。41

在過去的幾十年中，面紗也經歷了一場時髦的大改造，這項蛻變尤以

土耳其最為顯著，在 1923 年凱末爾（Mustafa Kemal Atatürk）宣布成立共和國，並廢除鄂圖曼的哈里發地位之後，去除面紗被認為是建立一個現代、世俗國家不可或缺的一部分；面紗的確並未被正式宣布禁止，但繼續穿戴它們已帶來嚴重的恥辱。然而，從 1970 年代後期開始，面紗突然又開始流行了起來——在城市之中，以及在年輕的專業人士、受過教育的婦女之中，而非只是在農村裡。對許多人來說，戴上面紗，是在一個政治與經濟動盪不安的時代重獲安全感與尊重的方式。土耳其經歷了一場重大的債務危機，隨後是 1980 年的軍事接管與過度的通貨膨脹，以及最後在國際貨幣基金組織（IMF，International Monetary Fund）的援助下，開放了它的市場。伊斯蘭教的信仰、服飾以及全為女性的俱樂部，提供了穩定與社區團體。就像五旬節派之於非洲與拉丁美洲，伊斯蘭教的復興至少在某種程度上回應了反對自由化的心態與隨之而來的不確定性。

在 1980 年代初期，「*適度時尚*」（tesettür）的「覆蓋風格」迅速蔓延開來；全套服裝的特點是，有一件覆蓋住頭部與肩部的大頭巾以及一件覆蓋住身體（除了手部）、沒有形狀的黑色長大衣。大頭巾也有別於那些在鄉村地區穿戴的小頭巾。如今，土耳其政府禁止女性在學校與公共建築中穿戴面紗；然而面紗不但沒有從市場上撤退，反而重新贏得新的商業支持。「*適度時尚*」自其時至今的發展，驗證了時尚與伊斯蘭生活方式融合的能力，曾經端莊樸素的頭巾及搭配頭巾的大衣，如今添加上繽紛的色彩以及時尚的剪裁。1992 年，一間大型的穆斯林服裝公司「真主至大」（Tekbir）贊助了在土耳其舉辦的第一場「*適度時尚*」時裝秀；「真主至大」的使命是藉著把「覆蓋物變得美麗」，吸引女性穿戴面紗，因此，頭巾變小了，大衣經過剪裁或是乾脆以更緊、更貼身的夾克與長褲來取代。然而虔誠與時尚之間所出現的緊繃關係是無可避免的，法國與義大利設計師品牌的奢華頭巾並非在各地都受到歡迎；對某些伊斯坦堡較貧窮街區的家庭主婦與古蘭經指導者來說，它們展現出的是自我放縱，並不適合「真正」的穆斯林婦女應該表現出的有節制、無私利他之品格。愈來愈多貴婦以及職業婦女，開始在土耳其以及其他地方穿戴面紗，中產階級婦女的衣櫃裡也有幾十件這類時尚的全套服裝，讓她們可以在海濱度假勝地放鬆身心，白天打網球、晚上在全女性的迪斯可舞廳跳舞。*42*

今日，在穆斯林占最多人口的印尼，大學學生會去上古蘭經研讀課程，同時談論她們的時髦頭巾，面紗則以精心挑選的配件來裝飾。伊斯蘭女性雜誌《諾兒》（NOOR）在「貴族學院闇影」（Shadow of Preppy）特輯中的時尚模特兒，一邊敦促「崇拜真主」，一邊廣告「女孩特色」的花卉太陽眼鏡；它也提供室內設計的最新資訊。一名一週買超過七條頭巾的 35 歲印尼女性，在 2008 年時對一位人類學家解釋為何她會對青少年如此惱火，原因是：他們都穿戴過大的頭巾（jilbab），使伊斯蘭教看起來「僵硬而不時髦，但事實上，我們的真主喜愛美的事物。」43

　　因此，虔誠與風格並非天敵，它們也可以是朋友。這裡對靈性之美的論點，與我們之前所見基督徒於物質財產的捍衛觀點，並無太大區別：如果上帝之美自行體現於這個物質世界中，祂的追隨者試圖以美好事物包圍自己的方式來表達虔誠，是再自然不過的事了。

　　認為現代性必然導致世俗化的觀念仍然普遍盛行於西方，然而相較之下，宗教證明了本身具備了驚人的活力與創新，而消費文化始終是這種創新的泉源之一；雖然在近年來的復興運動中，這股趨勢才被清楚地辨識出來，但在早期的幾個世紀中，這種跡象早已浮現。主流的宗教組織機構雖然元氣大傷，尤其是基督教世界，但今日的宗教經驗仍然好端端地充滿了活力。產品、娛樂、品味、時尚都在溝通與主張宗教的信仰與認同方面，扮演了至關重要的角色。自 1970 年代以來的宗教復興，也同樣展現了消費文化適應新現實、與廣大信仰團體合作的非凡能力。就如同消費與世俗意識形態，消費與世界宗教也被證明是極端靈活而有彈性的合作夥伴。心靈世界「高於」物質的「基礎」世界，以及真正的虔信者應該渴求前者並抵禦後者的誘惑，這兩種信念由來已久；然而在現實世界中，宗教生活並非以純粹的精神或心靈形式存在，而是充斥各式各樣的物質事物。富裕及其普遍的發展，對於宗教來說不僅是一項挑戰，更是一個機會。

第十五章

拋棄型社會？

富裕社會的浪費

在今日世界的海洋中，每平方公里的海面上大約有 18,000 件的塑膠製品漂浮著。1 在 2011 年的國際淨灘日（International Coastal Clean-up day），有 60 名志工沿著 20,000 英里的海岸線清除垃圾，到那天結束時，他們已經收集到重達 1,000 萬磅左右的垃圾。這一大批捕獲物中包括了 25 萬件衣物、100 萬件食品包裝材料，以及數百件電視、手機、腳踏車。那一年，光是美國就製造出 210,000,000 噸的城市廢棄物，將垃圾車用這些垃圾填滿，車子排列的隊伍可以環繞赤道九圈。而光是英國家庭每年丟棄的食物，就能填滿將近 5,000 座的奧運泳池。2

我們似乎正在被廢棄物所淹沒，「拋棄型社會」的論點宛如「富裕社會」自然生成的雙胞胎。當萬斯・帕卡德在 1960 年的《廢物製造商》（*The Waste Makers*）一書發動他的攻擊時，美國人幾乎沒有時間在他們的新電視前坐下來、享受一杯冰箱裡拿出來的冷飲 —— 這本書後來成了一本暢銷書；帕卡德警告，美國正逐漸發展出一種「機能亢進的經濟」（hyper-thyroid economy），以前所未有的大量人為刺激，創造出前所未有的大量廢棄物，由塑膠製品、拋棄式瓶罐、便利餐點定義的「用完即丟」生活方式

接管了一切。汽車不再因其運作的引擎受到珍視，而是時尚的外觀；當款式改變時，就會被丟棄換成另一台新車。如果是出於功能上的改進，帕卡德對於這種改變車款的行為並無意見，他針對的是由時尚以及為改變而改變的追求所決定的計畫性廢棄汰換。

帕卡德觸及了一個敏感的議題：事物似乎不再像過去一樣可以持久使用，它們現在是以應當損壞的前提下製造出來的。今日對於廢棄垃圾的關切，主要是跟環境汙染有關；但是在以往，它則是跟國力衰退以及道德衰敗有關。帕卡德擔憂，美國正從一個「擁有」的國家，變成一個「沒有」的國家，浪費珍貴的石油與銅等珍貴資源、冒著依賴外國人的風險，並傳達出新馬爾薩斯主義（neo-Malthusian）的意涵：隨著人口的增長，對新奇事物不顧後果的熱愛，正在推動美國超越自然的極限；從「節約儉樸、注重品質、持久耐用」，轉向「揮霍浪費、輕率魯莽、不負責任」的生活方式，這種轉變正在腐蝕「美國人的品格」。年輕人變得「軟弱」而頹廢，缺乏他們父執輩所擁有的紀律；對消費商品的狂熱崇拜往往「剝奪」了家庭主婦的技巧能力與身分認同。她們現在寧願出去找一份工作以購買更多的商品，而非花時間縫補襯衫與襪子，使她們的家庭陷入一團「亂糟糟的困境」。3

正如這些評論所指出，浪費就像消費一樣，是一個深刻的道德議題。隨著 20 世紀依舊無法避免地朝向比以往更大量損耗與浪費的方向發展，關於浪費的敘述，主流討論始終傾向跟著消費文化走；垃圾山就像實質的提醒，要我們記住自己不斷想擁有更多事物的癮頭，以及我們如何輕忽事物與製造它們的資源。美國歷史學家蘇珊・斯特拉瑟（Susan Strasser）在她 1999 年時的文章中指出：對她的公民同胞們來說，「拋棄事物被視為是一種自由」；他們失去了 19 世紀前輩們擁有的「物品管理精神」（stewardship of objects），那是一種再利用的文化，譬如將破掉的陶製器皿放入牛奶與可回收材料中煮沸以進行修補，反而以可丟棄的文化取代了它。對斯特拉瑟來說，失去對事物的關切反映出美國的轉變，從生產者國家變成了消費者國家。她寫道：修理與回收「對製造東西的人來說是較容易的事」。4

「拋棄型社會」的崛起，定義了我們對於浪費的觀念與想法。但是，

上述的說法到底真實程度有多少呢？為了回答這個問題，我們的焦點主要仍需放在富裕的社會，而非在較貧窮社會中的浪費與垃圾清除；因為，我們感興趣的是：當社會變得更富裕時，是否也會變得更輕忽、更浪費。這個問題有三個面向需要我們特別關注，同時也形塑出在其後篇章中主要的探討路線。首先是一個典型的歷史問題，是關於隨著時間推移所產生的改變本質與方向。拋棄型社會的論點所假設的，不僅是消費與浪費之間的齊頭並進，更視歷史為一連串的連續性階段；在 20 世紀的進程中，一種社會秩序（「傳統」、重複利用）被另一種社會秩序（「現代」、浪費拋棄）取代。第二個議題，則是關於比較。身為最初的倡導者，美國自然被突顯為拋棄型社會的歷史先鋒。其他社會也會規劃出它們自己的消費文化之路，然而，是否所有富裕社會都必然會走上擁有一大堆廢棄物的相同道路，是值得深思的一個問題。

最後的問題是，我們如何跨越時間與空間去追蹤廢棄物。這或許是最令人感興趣的一個問題；在某種程度上，這是關於我們將什麼物品計算在內的問題。21 世紀初的已開發社會，比一個世紀前要來得更富裕，如今，進入家庭的物品更多，所以我們預期家庭丟棄的物品應該會比他們貧窮的祖先們更多，而低收入社會所製造的廢棄物，應該會比高收入的社會少才對；更有趣的一個問題是，它們是否也會相對地更浪費。為了了解這一點，我們不能只單獨去看丟棄這件事，而必須把它視為擺脫物品的方法之一，包括贈送他人以及送給慈善商店，或是貯存在車庫之中。這也跟我們從哪裡尋找廢棄物有關。拋棄型社會的觀點將私人消費者當成分析的單位，但物質與物品在跨越家庭門檻之前，背後還有一段漫長的旅程；這些階段可能或多或少都會牽涉到浪費，而且可能與消費者先生與消費者太太的相對節儉或浪費關係不大，甚至無關。要了解現代社會有多麼浪費，我們也應該探究進入建築、城市以及基礎設施的物質與能源，因為要先有它們的存在，我們才可能達到如此高的消費水準。因此，在檢視過家庭廢棄物之後，我們必須進而檢視更普遍的棄置以及物質流動現象。

廢棄物的產生

就讓我們從打開垃圾桶蓋子開始吧。由於人口密集以及閒置土地短缺，紐約市自 20 世紀初以來就密切關注垃圾成分的改變，市民們必須將垃圾分為三類以便個別垃圾的收集與處理：「煤灰（ash）」、「垃圾（garbage）」（以廢棄的食物為主），以及其他的「廢物（rubbish）」。感謝工程師丹尼爾・沃爾什（Daniel Walsh）挖掘出城市紀錄樣本，使我們得窺從 1905 ～ 1989 年之間的改變；5 受到最劇烈改變所影響的是煤灰，隨著石油與天然氣取代了煤炭的取暖與烹飪功能，煤灰的數量也隨之下降。在本世紀初，主要的廢棄物還是煤灰；然而從本世紀中以來，新的「富裕垃圾」出現了：沒有了煤灰，紙張的數量卻開始增加，同時自 1960 年代以來，塑膠製品的數量也大幅上揚。紐約客現在丟棄的玻璃與金屬較少，這是塑膠瓶、鋁罐以及「輕量化」（lightweighting）—— 生產更薄的玻璃瓶和金屬罐的技術 —— 種種因素匯聚而成的結果；而一旦我們將煤灰從這個等式中移出，結果就會變得更為驚人。食物垃圾在 1905 年所組成的占比，跟 1989 年一樣多；1039 年時，垃圾箱中包含的紙類比 50 年之後還多。令人震驚的是，紐約客在 1939 年所丟棄的無灰垃圾，比以往任何時候都多，高達每人 500 公斤；而自 1980 年代以來，每年大約 440 公斤。同樣值得注意的是，生活廢棄物在 20 世紀暴跌至最低點的時期正是富裕的時代（1950 ～ 1960 年代）：大約每人 360 公斤。

紐約市的例子，提醒了我們廢棄物的漫長足跡，特別是紙類。同時，它也說明了要將這些歷史數據轉化為我們的浪費程度之結論，有多麼困難。大部分的舊樣本只測量了重量，但重量只提供部分的解答；1960 年代時，最後被丟進紐約垃圾桶的廢棄物減少，一個原因是它被轉移到住宅區的焚化爐，並在那裡被焚毀；沃爾什估計大約有 25% 的廢棄物被付之一炬。這仍然使 1960 年代的廢棄物比 1930 年代的總重量更輕。但如果我們質疑的是廢棄物的體積與質地，那麼我們將會得到一幅截然不同的畫面：煤灰的減少與包裝材料的增加，使廢棄物的數據挑戰從重量轉移到體積，也使得跨越時間的比較顯得更不牢靠。塑膠製品以及其他新材料的壽

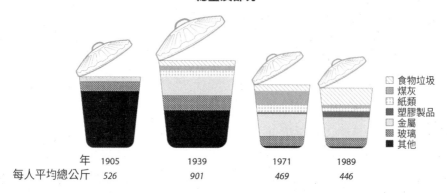

20 世紀的紐約市
每人每年平均丟棄的生活廢棄物之公斤數
總量及部分

圖例
□ 食物垃圾
▨ 煤灰
▥ 紙類
■ 塑膠製品
▨ 金屬
▨ 玻璃
■ 其他

年	1905	1939	1971	1989
每人平均總公斤	526	901	469	446

* 其他包括：紡織品、有害危險品、橡膠、皮革、木材、庭院垃圾、雜項物品。
來源：改編自丹尼爾‧沃爾什的「20 世紀城市生活垃圾組成以及產生率」（Urban residential refuse composition and generation rates for the 20th century）：《環境科學與技術》（*Environmental Science & Technology*）36，第 22 期（2002）：4936-42。

命更長，也帶來前所未知的環境汙染型態。同時，我們也不知道確實被扔掉的是些什麼東西。食品廢棄物的數量在 1939 年之後的半個世紀間呈下降趨勢，但這或許是由於冷凍食品、即食餐、去皮水果與蔬菜的出現，使許多果皮以及削切下來的屑料減少了；如今，有更多可食用的食物被扔進了垃圾箱。自 1980 年代以來，雖然瓶罐與包裝材料變輕了，家庭廢棄物的重量仍始終不墜；這個事實暗示著，人們丟棄的物品更多，而非更少。除此之外，這些數字只記述了人們家中丟棄的物品，並未提及因外食以及速食興起所產生的額外廢棄物。

整體來說，我們留下了一個自相矛盾的結論。在 20 世紀末，紐約客的富裕程度是 20 世紀初的八倍，但他們的垃圾重量並未改變；同時，他們扔掉了更多瓶罐、容器以及食物餐點。從材料質量的角度來看，他們沒那麼浪費；但從人類行為的角度來看，他們是更加浪費。

截至目前為止，我們一直自由地使用「廢棄物」（waste）這個詞，彷彿它的意義不言自明；但事實上，它一直到 19 世紀後期才有現代的意義，指的是對不需要物品的處置。在古英語中，「廢棄物」這個字來自拉丁文的「空著」（vastus），最初指的是荒地或空地，也可以意謂著浪費，如同聖經寓言故事中，離家且「把財產浪費在放蕩不羈生活上」的年輕人

（路加福音第十五章）。1800 年左右，歐洲人開始用等同於「廢棄物」的「廢料」（abfall, déchet）一詞，去描述生產過程中物質的損失，像是工匠地板上的木屑或是打穀時脫粒的穀殼；這類實體與抽象聯想之間存在著加乘效果，但是跟垃圾無關。在他們的德文字典（1852 年）中「廢料」的詞條下，格林兄弟（Brothers Grimm）遵循的範例說明是樹葉從樹上「掉落」，以及天使從上帝的所在「墜落」。6 人類長久以來都會丟棄不再需要的骨頭、食物以及物品，克諾索斯（Knossos）的首批垃圾掩埋場可追溯至西元前 3000 年，而我們也從考古學家處得知，西元 900 年時在貝里斯的馬雅人也會丟棄完好無缺的物品。7 但一直到 19 世紀後期，這些殘餘的物料被放進專用垃圾箱中，並與人類的糞尿排泄物分開，同時城市也從拾荒者手中接管了垃圾收集的工作，這些東西才被清楚地認定為「廢棄物」。有別於人類排泄廢棄物的一般固體廢棄物（Municipal solid waste, MSW）i 於焉誕生。

但一般固體廢棄物是複雜而棘手的類別，它記錄的是在城市所撿拾，而非家庭捨棄的事物。至今，它囊括了來自學校、公園、某些商店與公司、農場等不同程度的垃圾。舉例來說，在哥本哈根，家庭廢棄物僅占一般固體廢棄物的 30%；這個數字在美國是 60%，在英國是 89%。如何定義廢棄物很重要，日本遵循的就是一個截然不同的命名系統，它將紙類、玻璃以及其他垃圾視為寶貴的資源，官方廢棄物數據中並不包括上述物料，因此那些數據看起來極微不足道。在理想世界裡，我們當然希望能夠記下消費者丟棄的每件東西，從家中的紙張到工作場所的保麗龍杯，以及餐廳盤碟上的剩菜；遺憾的是，在現實世界中，數據資料是由收集垃圾的人，而非產生垃圾的人整理出來。我雖然盡可能提供家庭廢棄物的單獨數據，但在下列的章節中，還請將這一點謹記在心。

在現代，或許沒幾個概念可以像廢棄物一樣，吸引如此多樣的詮釋；對許多作家與藝術家來說，廢棄物就像壓縮並概括了人類的現況。佛洛伊德把心靈想像成一個持續運作的系統，當它興奮或激動時，也隨之產生無

---

i 　垃圾、糞尿、動物屍體或其他非事業機構所產生足以汙染環境衛生之固體或液體廢棄物，通常又稱都市垃圾或家戶垃圾，性質單純且較不具毒害性。引自：http://terms.naer.edu.tw/detail/1315826/

用的廢物──他從熱力學中借來這個想法，認為所有運作都會因失去熱能而涉及能量的耗損與浪費。8 近年來許多作者則將廢棄定義為「讓事物保持在缺乏狀態」的方式。9 也有許多人援引人類學家瑪麗・道格拉斯的說法，她對塵垢汙物的知名定義是「不在適當位置的物質」（matter out of place），是先將某些事物歸類為乾淨類別後產生的副產品。10 在這些定義方法與廢棄物管理期刊的書頁之間──包括工程師分析物質材料密度、焚化爐以及回收利用機制等內容──存在著一道巨大的鴻溝；前者的讀者鮮少費心考慮到後者，反之亦然。這點很可惜是因為，倘若想了解廢棄物的演進發展，我們必須同時兼顧兩者觀點。浪費是相對性的觀點，是文化與意義轉變的問題；但同時，當我們把它視為廢棄物時，它也是實際的物質，由商品與使用習慣，以及收集與處理的基礎設施與技術共同形塑。事實上，1900 年左右的工程師們早已指出，垃圾並非「毫無價值的廢棄物，而只是位於錯誤位置的物質」，這是漢斯・泰辛（Hans Thiesing）說的話，他是柏林供水與廢水排放皇家檢測站的技術成員，該機構是歐洲最古老的環境衛生機構。11 泰辛強調，包括了食物垃圾的家庭垃圾，一旦分離就可以製造成絕佳的肥料。與一些作家的想像不同，廢棄並非人類一直想去壓抑或試圖隱藏的作為，當然也不是價值的相反詞。

垃圾箱的出現

自 19 世紀中以來，廢棄物經歷了一連串顯著的變形，改變了它的價值與出處，以及負責處置和回收的人和操作方法。我們可以不甚嚴謹地區分成三種過渡階段的轉變：從塵土場（dustyard）（收集「塵土」或煤灰的地方）與拾荒者，到 19 世紀後期為達清潔與公共衛生目標所實行的市政控制；20 世紀初期與中葉時興起的「燒毀或掩埋」（burn or bury）工程解決方案，將垃圾視為成本；以及自 1970 年代以來，開始將垃圾的再生視為寶貴的物料，同時讓公民消費者一起來做回收。但沒有一個過渡階段是平順而完美的，以下就讓我們仔細檢視它們在不同環境背景下的表現。

在 19 世紀西方各大城市中，塵土場以及買賣破爛的行販都是重複利用與回收利用系統中的要角；在一個原料稀缺且技術替代方案有限的時

代，破布、骨頭以及其他次級材料，都是投入工業的重要資源，因為破布可以變成紙張與壁紙，骨頭可以變成膠與氨。直到 1884 年，巴黎大約有四萬名拾荒者，法國全境的回收作業據估已經僱用了 50 萬人，絕大多數是婦女與孩童。到了該世紀中葉，許多歐洲城市都採行了一套雙重制度：有許可證的垃圾收集者在早上收集垃圾，非正式的收集者則在晚間工作。在 19 世紀初的倫敦，塵土場將回收利用提升到一個新的水平，回收了「泥土」（煤灰）、「煤屑」（小塊煤炭）以及煤渣。塵土是很好的肥料，但隨著倫敦的城市規模日益擴展，把塵土製成磚塊成了更有價值的利用方式。到了 1840 年代，隨著廉價的「牛津黏土」（Oxford clay）以及新的製磚方法出現，塵土場的日子幾乎已不復存在。12

回收利用在消費者、工業以及農業之間建立起良性的連結，但若是把它想像成封閉的迴路，或是自給自足的區域性代謝方式，物質能量持續在相同的血管中循環不已，是錯誤的。物質的確被重新利用了，但不必然是由丟棄這些物質的同一個社群所利用，本地經濟受到的挹注可能是來自遙遠的所在。大量倫敦人產生的塵土，在 1812 年莫斯科大火之後，變成了用來重建這個城市的磚塊；被巴黎人丟棄的襯衫與夾克，在歐洲、北非以及拉丁美洲各地被人穿著；1867 年時，法國出口了 800 多噸的舊衣。13 這種舊衣服飾業顯然是全球性的生意，英國、美國、德國都吸收了成千上萬噸的破舊布料。14 當蘭開夏的棉業發展得如火如荼時，英國破舊布料中的棉料特別豐富（50%）便毫不讓人感到訝異；然而，棉花顯然並非從英國土壤中生長出來、由英國汙水灌溉施肥的植物。倫敦人所消耗的丹麥奶油與美國牛肉愈來愈多，同時也包含了大量物化能源（embedded energy）ii 與水分，而且從未找到返回原始生態系統的道路。簡而言之，本地的回收利用，是由國際的開採提取與材料的永久轉移來餵養。

鑒於今日對垃圾掩埋場與汙染的關切與擔憂，我們很容易傾向頌揚維多利亞時代節儉與回收利用的心態。然而，所有的回收利用能告訴我們的，可能多在基礎設施而非想法或習慣。拾荒者以及二手商販之所以存在，是因為人們會購買新的、愈來愈便宜的大量製造成衣，擺脫舊衣，而

---

ii 指產品在製造、加工、運輸等過程中所消耗的所有能源。

非把它們回收利用再做成餐巾或窗簾，如同皮普斯（Pepys）iii 家庭在 1660 年代時所做的。1830 年代的美國家庭，可以毫無異議地扔掉可擺設八個座位、幾乎毫無損傷的一整套瓷製餐具。15 只有回收系統到位，物品才得以回收；而在沒有回收系統的情況下，消費者只得選擇他們自己的處置方式。在 1893 年的波士頓，衛生委員會觀察到有居民直接燒掉他們的垃圾，「其他居民則把垃圾用紙張包起來，帶著它們去工作，趁沒人注意時在半途中扔掉，或是把它們扔在空地、扔進河裡。」16 而不論是用火燒毀或是丟進河裡順水漂流，都包括了可被回收利用或製成堆肥的紙類與食物垃圾。密西西比河（Mississippi）與哈德遜河（Hudson）也被當成是垃圾場。英國城市的家庭則因肆意丟棄燃燒不完全的煤炭而惡名昭彰。

垃圾箱宣告了一個新紀元的到來。1883 年 11 月 24 日，塞納河的地方行政官歐仁‧波貝爾（Eugène Poubelle）下令所有巴黎人都要將垃圾放在垃圾箱中，然後將垃圾箱放在屋外以便統一收集，夏天時在早晨六點半到八點半間放置，冬天時則在八點到九點間；同時，玻璃、陶器或牡蠣殼的碎片都不能丟在垃圾箱裡。波貝爾贏得了用他的名字為法國垃圾箱（la poubelle）命名的榮譽，但他的做法也不無爭議，民眾激烈反對：市政當局有什麼權利接管垃圾收集的工作？垃圾難道不是住戶的財產嗎？如此一來，那些拾荒者怎麼辦呢？他們要如何維持生計？於是一年之後，雙方達成了妥協；居民可以在晚上九點時把垃圾放到屋外，並且不用取出牡蠣殼。拾荒者被允許在第二天早晨之前翻撿這些垃圾，只要他們可以在一大塊毯子上進行這項工作以免造成髒亂。17

在整個西方世界，垃圾箱象徵了衛生城市與乾淨、民主生活方式的理想，雖然在初期問題層出不窮。譬如，垃圾箱的材質與尺寸不一，有時還沒有蓋子。在漢堡，垃圾箱最初是家庭所有，這一點讓人頭痛不已，因為它們常常跟垃圾一起被扔掉；一直到 1926 年，漢堡才引進屬於市政當局的垃圾箱。儘管如此，才經過一個世代的時間，垃圾箱就徹底改革了垃圾，不但提供居民更大的便利、丟棄更多的垃圾，更使拾荒者與現有的回

---

iii　塞繆爾‧皮普斯（Samuel Pepys）在 1660 ～ 1669 年間寫下的日記於 19 世紀發表，這本日記生動詳實，被認為提供了英國復辟時期社會現實生活和重大歷史事件的第一手資料和研究素材。

收管道邊緣化。同時，隨著垃圾箱變大，垃圾量也跟著變多了。*18*

城市垃圾管理

市政當局接管垃圾處理的用意良善。街頭的垃圾與糞尿會對健康造成重大危害，並經由腹瀉與感染導致成千上萬的兒童包括拾荒者死亡。乾淨的街道可改善公眾健康並提升公民精神。這個方法不需要有對細菌的科學新知才能理解。大刀闊斧掃蕩紐約街道垃圾的公共衛生部長喬治‧瓦林（George Waring），直到 1898 年離世時都深信疾病是由臭氣、瘴氣所引起的。新的方法三管齊下，結合了衛生改革、公民行動以及現代科技，從垃圾中提取出有價值的材料。瓦林在南北戰爭時曾參加穿著鮮紅制服的加里波第護衛隊（Garibaldi Guards），對於這位先進的「上校」來說，垃圾製造者也是公民，他們必須善盡自己的本分去創造一個乾淨、文明的社區；孩童、婦女團體以及民間協會亦被動員起來協助官方的「白翼」（White Wings）iv。對瓦林來說，公民意識應擴展至家中的垃圾處理；居民必須將剩菜（食物垃圾）、廢棄物（破布、紙張、金屬、玻璃）與煤灰分開。50 名官員挨家挨戶指導公民如何執行，個人的分類工作更配合市政當局的分類作業以及巴倫島（Barren Island）上首開先例的「垃圾減量」廠（'reduction' plant），以達到力求完美的目標。這座處理廠的輸送帶曾在焚燒垃圾時也著了火。於是，破碎布料被賣到造紙廠，油脂和氨水被賣到肥皂製造廠與化學工廠，煤灰則被用來填補擴展賴克斯島（Rikers Island）的面積。*19*

瓦林的垃圾戰爭很快就遇上了一個無法攻克的敵人：成本費用。垃圾減量廠由於缺乏資金而被關閉，居民對它所產生的氣味有諸多抱怨，但亦無濟於事。第一次世界大戰還沒結束，紐約市又開始把它的垃圾往海裡倒了。

紐約市的例子，正詮釋了當時城市垃圾的辯證論點：城市產生愈來愈多垃圾的同時，也開創了新的解決方案，譬如垃圾減量廠以及焚化爐。到

---

iv 瓦林擔任街道清潔部 (Department of Street Cleaning) 局長期間，要求街道清潔工都要戴著純白色的頭盔，因此這群街道清潔工被人們稱為「白翼」。

了 1914 年，布達佩斯、阿姆斯特丹、倫敦都有了自己的垃圾分類廠。清潔的新標準使社會對垃圾的容忍度變低，但同時也製造出更多垃圾，譬如以包裝材料與包裝方式保持產品的清潔，同時，像舒潔（Kleenex）衛生紙這類一次性使用的新產品，也在 1924 年時問世。最重要的是，收集每個家庭的垃圾箱所費不貲，為城市預算與稅收又添上一個主要項目；而上漲的薪資使這份帳單更加可觀。瓦林回收工廠的收入，幾乎不足以支付那些在廠裡負責篩選垃圾的婦女薪水，垃圾開始失去它的若干價值，部分原因是由於都市居民購買更多廢料較少的即食食物，還有部分原因是由於產業界找到了前述珍貴垃圾副產品的新替代品，是故，垃圾的組成也隨之改變了。在田野間，弗里茨·哈伯（Fritz Haber）的合成過程將大氣中的氮轉換成氨；弗里茨的原料是取自空氣之中，而非馬桶之內。至於在造紙方面，木漿（以亞硫酸鹽處理）的出現降低了對破舊布料的依賴；1890 年，瑞典成立了第一座化學製漿工廠。垃圾從家庭流回農場與工業的早期回收利用制度，在兩端都被瓦解了。

瓦林的理念依賴的是公民的合作，但居民被證實並不像拾荒者那麼盡忠職守地分類材料與物資；垃圾的實質分析顯示出有多少有價值的資源最後還是被扔進了垃圾箱。1914 年的華盛頓特區，家庭垃圾中有 10% 是錫製品、另外 10% 是瓶罐；在紐約 13 街的滑降站（slip station）中，幾乎有半數廢棄物是由可銷售的物品所組成，有 1/3 是紙類。20 這一切都使回收利用對城市愈來愈具挑戰性、也愈來愈不具吸引力；食物垃圾的沉重令人退避三舍，指示居民在自己的煤火中焚燒掉它們要簡單多了 —— 正如許多美國與歐洲城市在 20 世紀初所為。如此一來，市政當局垃圾收集者的負擔就減輕了許多；家庭成了小型焚化爐，顯而易見的是冬天時，垃圾箱中食物垃圾的數量會減少到夏天時的一小部分。21 1903 年，當時仍是柏林以西保有自主權的夏洛騰堡（Charlottenburg），正是紐約市分類典範的首批仿效者之一，每個家庭都有一座由三個部分組成的特殊垃圾櫃：廚房垃圾放入右上半部、煤灰與塵土放入下方的抽屜，其他大件垃圾則放入左方。於是，食物垃圾可以在拿去餵豬之前先被弄乾淨、煮沸以及過濾；這是一項昂貴的操作，因為廚房垃圾鮮少沒有摻雜物，危險的東西必須手動挑出。豬瘟是這副棺材上的最後一根釘子。1917 年時，養豬的餿水產業在不到

十年的時間內，便壽終正寢了。22

　　除此之外，城市垃圾管理還有許多意想不到的後果，原先以捍衛健康與重建公民精神而展開的一場聖戰，最後卻落到了工程師的手中，他們專注於藉由掩埋或焚燒方式，來找出最佳、最低廉技術以擺脫垃圾。1874年，英國第一座「垃圾焚化爐」在里茲啟用。在第一次大戰前夕，整個英國已經有了 500 座垃圾焚化爐。首批衛生填埋場出現於 1920 年代，美國的第一座掩埋場則是於 1934 年在佛雷斯諾（Fresno）啟用。23 到了 1960 年代，「廢棄物堆填法」（controlled tipping）已經處理英國與美國大約 90% 的家庭垃圾；在法國與德國，這個數字是 70%，另外還有 20% 是在焚化爐中付之一炬。垃圾組成的改變，在帶有更高的熱量價值以及處理量不斷增長的絕對難度下，引發了視垃圾為主要能量的新評價，也連帶促使歐洲城市中的垃圾發電廠在 1960 年代如雨後春筍般增長。但這些技術解決方案中，沒有一種可以保證完美消除垃圾。隨意傾倒的廢棄物隨處可見，對清潔的愛好也助長了包裝材料、塑膠製品以及其他消費垃圾日益強大的浪潮。在 1972 年，德國商會推測，13 輛棄置無用的車子當中，就有一輛會被隨意扔在樹林裡或是被遺棄在安靜的道路上。在薩爾布魯根（Saarbrück-en），則是四輛中便有一輛如此。24

　　這裡要強調的是，採用這些處置垃圾的新策略，是多麼偶然而且不均；這是至關緊要的一點。不同的城市面臨的挑戰截然不同。在某種程度上，這也反映出生活水準以及商業化的程度；1900 年時，紐約客丟棄的垃圾是倫敦人、巴黎人以及柏林人的三到四倍。但即使是在條件相當類似的城市中，還是存在驚人的差異性；在維也納的一個行政區，玻璃占了家庭垃圾的 22%；在鄰近布拉格的地區，這個數字只有 3%。25 堆肥並未突然絕跡，至少不是在每個地方都消失無蹤；1930 年代，荷蘭設置了一間工廠，在 1950 年代初期之前，它將 163,000 噸來自海牙與格羅寧根的家用垃圾轉化成一年的農業堆肥；火車頭把垃圾載往懷斯特（Wyster），在那裡，垃圾被傾倒在六英尺深的堆肥室，定期灑水，然後被靜置分解六個月，再以抓斗將它挖出，留下錫製品與瓶罐。26 即使在 1950 年代初期的紐約市，一天超過 600 噸的餿水仍會被收集起來餵豬；雖然沒有在焚化爐中燒毀的廚房垃圾那麼多，也還有相當驚人的 16%；一直到全國性的豬

瘟病毒爆發，以及發現未經烹煮的肉類，是傳染給人類的寄生蟲來源之後，這種回收利用方法才不再流行。27 在 1955 年的漢堡，戰後的榮景正如火如荼展開之際，185 間買賣舊貨的舊貨店也隨之如雨後春筍般出現。在 1960 與 1970 年代，「舊鐵」商人與買賣破爛的行販在歐洲城市中仍然可見。在大部分歐洲農村地區，城市垃圾革命尚未到來；當時，公共垃圾的收集甚至尚未普及到 1/3 的巴伐利亞人。28

垃圾進入公民社會

從傳統進展到現代的廢棄物制度，這項概念對於西方國家以外的世界更是毫無助益。殖民主義（colonialism）的確出口了自治都市的方法。舉例來說，在 1920 年代的特拉維夫（Tel Aviv），英國當局推出了腳踏垃圾桶，對把垃圾丟進庭院中的當地人課以罰鍰，並且推行教育活動；在這裡，就如同在倫敦與利物浦，以公權力來征服垃圾的想法，也受到公共衛生和清潔理想的啟發，同時更受到殖民意識形態的重塑。這是一項自上而下的努力，而非積極公民的共同計畫 —— 如同它曾經之於瓦林等改革派分子的意義；主導一切的是命令與懲罰，畢竟，當地人尚未準備好清理他們自己的村莊，更別說管理它們了。殖民當局幾乎毫無意願也無財力將人類排泄物與固體垃圾徹底分離開來。因此在 1930 年代，特拉維夫雖然被強制安裝歐洲的馬桶，卻沒有汙水排放系統可以把排泄物帶走。市辦的服務往往只提供給殖民統治者的行政區，以強化他們的身分認同：他們是主人，清潔而文明，統治著骯髒、野蠻的臣民。29

在東方國家中可稱為現代化典範的上海，回收利用、垃圾桶、垃圾掩埋場、焚化爐等各種方式都被用來互補不足。在 1905 年，市議會（Municipal Council）作出裁決，從今而後所有垃圾都必須被放在指定的容器中以便垃圾收集；鍍鋅鐵垃圾箱可以從上海監獄管理局的罪犯勞動部（Convict Labour Department）取得，這些容器用中式的手推車直接帶往小溪上的垃圾滑運道；從那裡，垃圾可以被運往附近的農場或倉庫。然而這一切全是說的比做的容易。到了年底，市議會報告運作情況「改變當地居民的舊習……非常困難，他們習慣無區別地將所有垃圾一律扔出門外。」超過 1,000 名

712

違法者被起訴。但是每對一個人課以罰鍰，就有好幾個新來的移民依舊以他們自己的方法處理垃圾，船上的苦力也繼續將垃圾傾倒入蘇州河。上海在 1907 年曾經爆發霍亂疫情，瘟疫防治見證了標準化混凝土家庭垃圾容器的引進，還附有一個「有效且令人滿意」的鎖，由「足智多謀的稽查員」所設計，以防止拾荒者亂翻垃圾、並把垃圾亂扔在小巷過道內。但這些混凝土容器更適合外國的大型建築物，而非中式的宅院，因為沒有看守者可以監督它們被適當使用。到了 1924 年，每天早上仍有大約 2,000 名拾荒者在街上。對委員會來說，公共衛生與回收利用持續攜手並進：「讓所有的垃圾都回歸土壤，是值得努力爭取的理想。」1920 年代時，大約 40% 的家庭垃圾被賣給農夫；同時，居民被敦促要焚燒掉「所有可燃的垃圾，譬如菜葉殘渣、紙類、稻草等」。垃圾掩埋場與焚化爐是互補的技術。在垃圾掩埋場放上兩年之後，垃圾被認為已經純淨無雜質到足以填補、滋養低窪地。但垃圾制度隨季節改變，農夫只在春夏對垃圾有興趣，到了九月，他們收購的垃圾就十分有限了；因此，「垃圾焚化爐」在秋天就會被派上用場。直至 1980 年代，數百萬噸的人類排泄物仍會被運載到農村當作肥料。30

　　市政革命是城市歷史上的知名篇章，但這只是故事的一部分，第二次同樣重要的革命正在進行中。在 20 世紀初，垃圾簡直就成了社會、道德以及經濟改革的關鍵字，更出現了推動社會、工業以及國家效率的運動。31 這些運動，全被一項類似的判斷所驅動：不需要的垃圾導致了失業、不平等以及國力的衰退。在 1920 年 11 月，胡佛被任命為新成立的美國工程學會聯盟（Federation of American Engineering Societies）主席，他的首要舉措之一，就是對產業界的垃圾丟出一項野心勃勃的質詢；據委員會的報告，垃圾問題並非個人的失敗，而是體制的失敗，是景氣循環、投機買賣、高勞工流動率，以及無效率的結果，而這當中有一半的原因是企業主與經理階層的錯，只有 20% 的錯可歸咎於勞工。然而，消費者也應該被譴責；委員會的結論是：「在特定行業中，消費大眾必須在一定程度上對季節性波動負責，因為隨之而來的熱切渴望，接受或採納了風格款式上的變化。」服飾產業愈來愈快的時尚變化，尤其激發了不滿的情緒：一位顧客竟可以選擇 1,100 種布料。從「實用與經濟的立場來考量」，風格款式

應該受到約束。32 對胡佛及其他心態類似的生產力擁護者來說，標準化才是未來，諸如亨利·福特的汽車製造商以及房屋建築商，正朝著這個方向前進。

　　批評拋棄式社會的評論家，往往傾向於將工業視為罪魁禍首，但我們也必須認知到一點，工業除了製造出更多的產品與更多的垃圾，也藉由回收利用物資的新方式，提供了部分解答。隨著工業接管了從垃圾中篩選可用之物的角色，買賣破爛的行販與回收利用的消費者開始節節敗退（但或許不會永遠、完全地消失）；從物料的角度來看，只是收集者不一樣了。然而，數據無法讓我們斷言工業的回收利用比個人的回收工作，是否更不浪費；但可得的數據的確指出，在這個常與輕忽浪費聯想在一起的時代，大量二手材料找到了重新進入生產循環週期的方法。在 1951 年的美國，電燈泡是由 60% 的碎玻璃組成，整體來說，可回收利用的碎玻璃高達 50%；拋棄式尿布用的是棉花的廢料；有 4,000 家公司會從廢棄的肉類中採集脂肪、油脂、血液以製造化妝品、手套以及吉他的弦線。十年之後，則有 2,000 間公司從事修復化油器與離合器的業務，克萊斯勒甚至為它的維修零件提供保固。百貨公司也重新利用它們自己大綑的紙類。電信業巨頭美國貝爾公司（Bell System）搜集舊電話與電纜並自己進行冶煉和精煉作業，以取得電線所需要的銅；它回收了 20% 在美國消耗的 200 萬噸銅。33 廢料經銷商填補了買賣破爛的行販所空出的缺口，為工業採購非鐵的金屬廢料，45% 的美國鋼鐵是由二手材料製成。到了 1970 年，造紙業的原料回收比率雖然已比二次大戰結束時的 35% 低，也還有 20% 的原料是從回收廢棄物中取得；或許還不足以拯救地球，但也足以拯救一座有兩億棵樹的森林；而當時在英國，這個數字是 42%。1960 年代時，就連塑膠製品——比其他材料更能象徵拋棄型文化的合成材料——都不是全進了垃圾掩埋場，而有大約 10% 可以被回收並製成玩具與鞋跟。據一位當代專家所言，美國企業從回收利用中的獲利是 80 億美元。34

　　戰後榮景所帶來的兩難是，大量的消費者垃圾以及原物料價格同時下降，超越了這些為回收所做的努力；簡單來說，就是購買新物料的價格從未如此低廉，而舊物料的丟棄也從未如此方便。隨著包裝材料與自助服務的普及，隨之而來的垃圾增加量著實驚人。在 1950 年的西德，大部分的

豌豆、扁豆、米皆以散裝的方式出售；十年之後，它們都在出售前就先被包裝好了。在 1960 年代，每人每年製造出來的家庭垃圾從 200 公斤飆升至 300 公斤，而且更令人擔憂的是，這些垃圾的體積倍增。在柏林與巴黎，如今半數的垃圾都是包裝材料，大部分是紙類與硬紙板；但在 1971 年，塑膠製品仍占了 3% 的垃圾量。35 在加拿大，啤酒仍以可回收的瓶子供應，但其他地方已然被新的便利文化所取代；1966 年時，跨越邊界來到美國，800 個容器中只有八個是可以回收的，人們不再歸還瓶罐，飲料界放棄了押金制度。在紐約市，一支瓶罐通常在變成固體垃圾之前，只會經歷兩趟往返商店的旅程：進貨與售出。1970 年代在西德，拋棄式瓶罐數量倍增到 30 億之多。36

廢棄物藝術

對於這類用完即丟的拋棄式產品，出現了兩極化的意見。在 1960 年代，有些人開始對這種拋棄型社會進行審判。阿曼（Arman）的雕塑作品吉姆‧迪恩的垃圾（*Poubelle de Jim Dine*）（1961 年）展示出一座塑膠玻璃圓桶，裝滿了他的流行藝術家朋友們所丟棄的空香菸盒、化妝品瓶罐以及其他包裝材料。概念藝術家們則藉由將概念置於物品之上，著手創作非物質化的藝術作品。「這世界充滿了多少有趣的物品，」這是美國的道格拉斯‧休伯勒（Douglas Huebler）在 1969 年所說的名言：「我不想再加上更多。」那些把解體的電視螢幕與汽車殘骸堆疊起來或是在博物館觀眾面前銷毀、粉碎私人物品的藝術家們，從那之後就一直成了藝術界的一部分。

然而，對每個反文化的評論家來說，始終不乏對垃圾採取更樂觀態度或是公開頌揚快速產品汰換率的人存在。用完即可丟棄的一次性以及短暫性，在現代藝術、美學以及建築中是深具影響力的組成要素之一。對於成長於一個關切氣候變遷時代的讀者而言，這或許頗令人感到訝異。安東尼奧‧聖伊利亞（Antonia Sant'Elia）與菲利波‧托馬索‧馬里內蒂（F. T. Marinetti）在他們 1914 年的「未來主義建築宣言」（Manifesto of Futurist Architecture）中，承諾「物品不會比我們更持久。」37 對他們來說，短暫無常以及物質改變，正是一個充滿活力的動態社會標誌；每個世代都應該有自己的新城

市、建築以及內部設計，保護即意謂著停滯。對建築電訊（Archigram）這一群英國前衛的建築師來說，物質與風格的廢棄淘汰，正象徵了一種充滿生氣、高度發展的精緻文化；1967 年時，當伯納德‧侯德威（Bernard Holdaway）推出紙製家具與服裝時，時尚簡直就成了名符其實的拋棄式產品；這種紙製衣服一件才賣一英鎊，要價是它的對手棉製衣服的一點零頭。38「流行」成了一種標的物。

　　在視覺藝術方面，20 世紀見證了廢棄物藝術（waste art）的興起。1913 年時，法國的達達主義者（Dadaist）杜象（Marcel Duchamp）在他的工作室中安裝了一個自行車輪，這是他將一系列大量生產的物品變成所謂「現成」藝術品的第一步。第一次世界大戰後在德國並從 1941 年流亡至英國的柯特‧希維特斯（Kurt Schwitters），也將其注意力轉向廢棄的物品，在裝置藝術及拼貼藝術的作品中結合了繩線、報紙碎屑以及嬰兒車的車輪。1950 年代時，美國的羅伯特‧勞森伯格（Robert Rauschenberg）重拾杜象以及希維特斯所留下的未竟之業，在他的「結合畫作」中半開玩笑地將金屬廢料、可口可樂瓶以及其他的垃圾殘骸巧妙搭配在一起；勞森伯格曾看過杜象的部分作品，並在 1959 年時見到杜象本人。勞森伯格自己的家中就將回收利用發揮得淋漓盡致，他的母親甚至將他小舅舅的西裝改成一條裙子；其後，勞森伯格的作品《獵狐唷！》（*Yoicks*）即以一條條的織物布料為材料。在大學裡，勞森伯格開著一台垃圾車；身為曼哈頓的年輕窮藝術家，他在街上收集雨傘與物品。「那些認為肥皂碟、鏡子或可樂瓶很醜的人，我真的很為他們感到遺憾。」在《字母組合》（*Monogram*）（1955 年）中，他在一隻填充的安哥拉山羊玩偶腹部，綁上一個汽車輪胎；勞森伯格在曼哈頓第八大道（Eighth Avenue）上一間勉強苦撐的辦公室用品專賣店，以 35 美元買到這隻山羊（參見插圖 72）。

　　勞森伯格發現垃圾廢棄物之美，並引領一股對垃圾重新進行文化評估的風潮，然而，這並未使他成為富裕社會的批評者。事實上，他是一位樂觀的揮霍者；他家裡的每個房間幾乎都有電視，而且從早到晚都開著，他跟這個為他藝術創作提供源源不絕輔助材料與物資的富裕社會，相處得頗為自在。1963 年，當佛羅倫斯一座藝廊展出他的作品《盒箱的沉思》（*Scatole contemplative*）──那是一只以他從歐洲之旅中收集來的垃圾填滿的

木製「思想箱」（thought box），一名惱怒的義大利批評家即建議，它們應該要被扔進阿諾河。勞森伯格感謝了他，照他的話去做，並說，這樣倒省了打包的問題。39

在藝術世界之外，人們對於身邊不斷增加的垃圾也抱持同樣矛盾的心理。兩次大戰的廢品利用運動，在勢不可擋的可拋棄性與輕忽粗率的文化中，有時僅被描繪為曇花一現，彷彿只有軍事狂熱或粗暴殘忍的生存掙扎，才能短暫地誘使人們節約資源。這個觀點或許過於憤世嫉俗。引人注目的是在二戰前後的幾十年間，有多少公民團體與個人煞費苦心地收集玻璃與紙類，雖然他們的鄰居可能同時正把更多這類回收物品丟進垃圾箱中。在英國，1930 年代中期的評論家注意到廢棄物利用的提升 —— 光是紙類的回收利用，在 1937 年就達到了 150 萬噸。1960 年代，大部分地方議會仍會收集紙類，《泰晤士報》更在它的「家庭論壇」（Home Forum）中建議人們利用廚房垃圾來堆肥，彷彿這是一件世界上最正常不過的事。許多青年團體與慈善組織固定會收集紙類，1971 年時，英國幾乎有 1/3 的紙類消耗量會被回收。1973 年的石油危機，更展現出人們有多麼容易響應廢物利用的呼籲，次年，童子軍、學童以及志願組織從街上撿拾了創紀錄的 20 萬噸紙類；但問題在於，如何找到有意願的收購者，廢紙的價格在造紙廠已從每噸 30 英鎊跌落到 21 英鎊，這使大多數地方當局都退出了回收作業的營運。當布里斯托出於費用考量停止了紙類收集，偉爾伯牧師（Revd F. B. Welbourn）自行接手了這項工作，費力地將新聞用紙、光面紙類與造紙廠不收的膠裝雜誌分開；到了 1977 年，如此勤奮可靠的努力已經不夠了，多餘無用的紙類被一綑綑堆積在庫房與教堂大廳中。40

回收率下降的難題

在這個富裕的時代，使回收利用率下降的是糟糕的價格，而非糟糕的人民，物料價格的暴跌擠壓了工業回收的利潤空間。同時，收集與再利用的命運也反映出技術的發展，罐頭的歷史就是一個絕佳的例證，沒有幾項物品可以跟一次性使用的勝利如此合拍。在 1810 年時由一位英國商人取得專利的罐頭，藉由密封與保存食品而徹底改革了飲食的文化；但說來也

怪，專門的開罐器卻在半個世紀之後才出現。火腿、豆類、煉乳，現在可以長途運送並讓人在需要時立即打開食用。倘若沒有罐頭的存在，克里米亞戰爭（Crimean War）與美國南北戰爭的進展可能就截然不同了，而正是這類軍事行動普及了罐頭與罐裝鹹牛肉之類的加工食品；錫是一項關鍵要素，因為它可以防止罐頭生鏽並使內容物不致變質腐壞。問題在於，一旦這些鹹牛肉被吃光之後，如何從數百萬個罐頭中重新把錫提煉出來利用；1905 年時，高施密特（Goldschmidt）這座德國工廠開發出一套可以解決這件事的流程：舊罐頭被洗淨、瀝乾之後，再被扔進密封的鐵製容器中，空氣從容器中被抽出、氯則被注入，氯會與錫產生反應，留下鐵屑。這些去錫的鐵屑會直接送往高施密特的鄰居西門子，利用來製造新的鋼材。二次利用的錫終於找出回到錫工業的方法了，收集使用過的罐頭，也成了一筆有利可圖的大生意；到了 1920 年代，大約有半數德國與美國使用的罐頭都被回收。然而在兩次大戰之間的年代，當罐頭業找到方法利用更薄的錫塗層生產出更輕的罐頭（輕量化），這一切又改觀了。美國在 1929 年放棄了去錫化的作業方式，高施密特則苦撐下去，並短暫地因 1960 與 1970 年代的罐頭熱潮而得到回報，但相較之下，成功的可能性並不大。錫罐的蓋子做得愈來愈薄，汽水罐現在有了鋁蓋。而全球的錫價下跌，正是棺材上的最後一根釘子。[41]

　　1970 與 1980 年代啟動了一場回收利用的復興熱潮。針對紙屑雜物的運動過時了，「保持英國整潔」團體（Keep Britain Tidy Group）在 1958 年開始積極投入，雖然它更關切的是廢棄的車子，以及這些車子如何使宜人的綠地景致顯得傷痕累累，而非環境汙染；該團體的主席格里夫（T. R. Grieve）是石油巨頭殼牌公司（Shell-Mex and BP）的總經理。[42] 到了 1970 年代初期，新的環境保護主義（environmentalism）得到愈來愈多的追隨者，他們都讀了瑞秋・卡森（Rachel Carson）的《寂靜的春天》（Silent Spring）（1962 年）一書中所提出的警告，對於化學品之於鳥類、野生動物以及人類的致命影響，並且被羅馬俱樂部的《成長的極限》（Limits to Growth）（1972 年）一書中失控的成長與消費耗盡地球有限資源的情節所震撼。[43] 廢棄物現在面對一群新品種的生態公民。1971 年，「地球之友」（Friends of the Earth）在他們首度推出的活動之一中，把數千個不可回收的瓶罐傾倒在舒味思公

司（Schweppes）的倫敦總部外。回收成了對地球應盡的道德責任。

環境的風險意識與對未來資源的關切達成了一致的立場。值得注意的一點是，若干最早的回收倡議是工業與社會運動之間的共同任務。1975年在約克郡，樂施會與雷德芬玻璃（Redfearn Glass）製造商在再生玻璃的議題上達成了協議，兩年之後，由玻璃製造商聯合會（Glass Manufacturers' Federation）成立的第一座瓶罐銀行（bottle bank）在牛津開始營運。某些倡議是為了遏制環保的反彈。舉例來說，1975年在柏林，正是一間私人的 RGR 資源回收公司（Recyclinggesellschaft für Rohstoffgewinnung）與公民行動團體一起倡議，紙類與玻璃應該分開收集。44

但是僅靠這類單打獨鬥，這些努力能取得多少成就著實令人存疑。結果，石油危機成了物料價格長期衰微中的短暫高峰。以往，廢棄物利用始終在這種浪潮中起起伏伏，自 1970 年代以來的不同點在於，政府開始介入干預；在二手物料價格下降的低潮時，法律與法規讓回收利用的作業維持下去。自 1980 年代以來，來自亞洲的需求提升，更進一步撐持起回收利用的機制。經過數十年被燒毀或鏟進地底，廢棄物重新以有價值、可回收之物的形態出現。一系列的措施被採行，從使傾倒垃圾更加昂貴、到要求公司在產品壽命結束時收回產品。規定由製造商進行物料回收的法規分別引進了德國（1972 年）、法國（1975 年）以及瑞典（1975 年），緊接其後的則是汙染者付費原則。日本在 1970 年通過了它的廢棄物法，歐洲共同體（European Community）在五年之後也通過了針對廢棄物的指示，列出三「R」等級：減少（reduce）、再使用（re-use）、回收（recycle）。新的理想（在 1990 年代以法律形式化）是將經濟視為循環代謝體，而非通往垃圾場的單行道。45

遠遠落後的國家正是英國。在 1974 年，工黨政府曾籲請一場「垃圾戰爭」並認同這個世界「負擔不起奢侈的拋棄型社會。」46 提供消費者獎勵以回收廢棄物，以及向使用非再生材料的工業收費等激勵措施，都被納入考量；但最終，成本與保守黨勢力仍戰勝了保護資源的呼籲。隨著私有化與競爭成了新的福音，當二手物料的市場創新低時，柴契爾夫人所領導的政府並不打算拯救造紙業與地方議會。到了 1985 年，倫敦只剩下一個自治市鎮提供路邊的回收收集設備；毫不讓人意外的是，這類要居民們主

動「帶來回收的系統」（bring system），回收率頗為令人失望。然而，即使是被稱為「歐洲髒人」（dirty man of Europe）的英國，最終也在布魯塞爾的若干幫助下乾淨了起來。1999 年的歐洲垃圾掩埋令（European Landfill Directive）迫使英國法律不得不加以遵循，設定在 2014 年之前，以掩埋方式處理的城市垃圾量不得超過總量的 50%，違者將處以嚴格罰款。

回收與拋棄型生活方式並存

自 1970 年代以來的局面，讓人感到既振奮又沮喪。1970 年在美國，只有 7% 的物料被回收——不包括堆肥在內；20 年後，這個數字提升至14%；到了 2010 年，已跨過 25% 的門檻。如今，美國人會回收 1/3 的玻璃容器以及 PET 塑膠（聚對苯二甲酸乙二酯，Polyethylene terephthalate,）材質的瓶罐，歐盟也是如此，紙類回收穩定上揚，如今已超過了 70%。但在此之際，先進的消費者社會仍持續產生大量廢棄物。在 2010 年，法國人平均丟棄的垃圾數量是 1970 年時的四倍之多；在美國，廢棄物數量在2008 ～ 2009 年間略為減少，但這只是暫時性的，因為廢棄物數量在景氣蕭條期間往往會跟著下滑；在 2010 ～ 2012 年間，數量又重新回到穩定的水平。

歐洲的表現較佳，並設法在 2000 年與 2013 年間降低了 8% 的廢棄物產量，尤其是德國、英國以及西班牙；同時，歐洲也加快了努力回收的腳步。儘管如此，在這片舊大陸上的人們仍然在 2013 年時產生平均每人481 公斤的垃圾，這是人類歷史紀錄上的驚人數量，而且只能把它降低到1990 年代已然嫌高的水平；同時在 2013 年，其中只有 131 公斤被回收。但如果我們願意弄髒自己的手去翻撿這些垃圾桶，我們會發現把這些數據解讀為城市垃圾的實際減少現象，著實可議。舉例來說，在德國城市所舉辦的大型測試顯示出，人們丟進指定為包裝材料所用的黃色垃圾箱之垃圾，高達 50% 是「不正確的」，而且還包括了其他的垃圾。家庭垃圾桶可能輕了些，但只是因為若干不可回收的垃圾最後被錯誤地丟進了回收箱中。而且，並非每件被放進回收箱中的物件，最後都可以確實被回收。舉例來說，就塑膠製品而言，德國的分撿工廠（sorting plant）只能撈出 15%

的物料重新用於生產；47 其餘大部分不是被焚燒（用以加熱），就是被出口到中國，而這兩種把廢棄物轉化成有價值之物的過程，都稱不上是真正的回收利用。廢棄物能否更進一步地減少，唯有時間可以證明。這無疑是一項艱鉅的挑戰。舉例來說，在 1997 ～ 2004 年間，歐盟 15 個成員國（EU-15）的包裝材料廢棄物增加數量是 1,000 萬噸，但這只是因為另有1,200 萬噸被放到那些尚未爆滿的回收箱中。

把這些數字放在一起檢視，顯然引發了若干令人深省的觀察。但若將今日對回收的熱情視為是對一世紀或更久之前的生活方式之回歸，會產生相當的誤導性。回收利用，與密集、大量的拋棄型生活方式是並存的，後者所產生的廢棄物在 1970 ～ 1980 年代發展到穩定的高水準，並遠遠超過早期所見的景況；回收箱鼓勵的是用完即丟的瓶罐，而非以前舊式的可歸還瓶罐。今日美國人所丟棄的包裝垃圾跟他們的祖父母輩一樣多，而且還

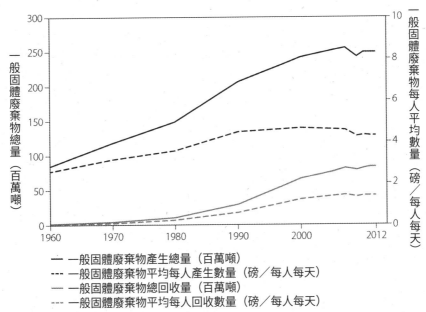

美國一般固體廢棄物的產生及回收總量以及每人平均數量
1960-2012 年

來源：美國環境保護局（U.S. Environmental Protection Agency），《美國的一般固體廢棄物：2011 年的事實與數據》（*Municipal Solid Waste in the United States: 2011 Facts and Figures*）（2013）。

是在回收瓶罐與報紙之後。雖然有瓶罐銀行與垃圾掩埋令的出現，在綠色革命的早期階段，垃圾桶還是繼續變得更大、更滿；一直到 2000 年至今，家庭廢棄物數量才漸趨平穩。然而，儘管廢棄物的增長放慢了腳步，卻幾乎沒有減量的跡象，至少家庭廢棄物是如此。這裡值得注意的一點是，城市廢棄物只占了廢棄物總量的一小部分，在已開發國家中大約是 10 ～ 15%，商業與工業廢棄物的減少更為顯著。48 可以這麼說，美國人努力做到的，不過就是讓他們個人的垃圾量回到 1970 年代的水準。而即使努力地做了所有的回收與堆肥，今日的垃圾箱還是比 1960 年時的富裕高峰時期，在用完即丟的心態開始受到抨擊之際，更滿上 10%。

其次，各國之間角色的轉變十分顯著。1965 年時，美國人的平均垃圾丟棄量是西歐人的四倍；如今，卻是丹麥人、荷蘭人、瑞士人以及德國

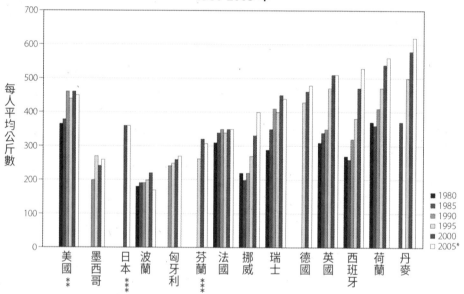

特定國家中的家庭廢棄物之產生
1980-2005 年

*　或最近可取得資料的一年。
**　1980 年與 1985 年的美國數據改編自「美國官方數據來源」（US OFFICIAL DATA SOURCE），以此為基礎，美國的家庭廢棄物平均占了一般固體廢棄物的 60%。
***　我上修了這些數據，因為日本的官方數據僅計入回收後的廢棄物，而且不包括私人商業回收公司所收集的家庭廢棄物部分，但這部分的數量相當可觀。參見：《日本的垃圾管理》（Garbage Management in Japan），艾倫．赫希克維茨（Allen Hershkowitz）與尤金．薩勒尼（Eugene Salerni）合著，紐約，1987。
****　我略微上修了芬蘭的數據，因為根據芬蘭最近的估算，家庭廢棄物占了一般固體廢棄物的 64%；而芬蘭的估算值已然略高於 OECD 的基本數據。
　　來源：《2006-2008 OECD 環境數據概要》（OECD Environmental Data Compendium 2006-2008），表 2A，加入上述所提的重新計算。

人產生的垃圾最多。儘管常被挑出來作為消費過量的代表，今日的美國人只不過達到普通的消費水準而已；美國被推下衛冕寶座的原因，部分是由於其他社會也逐漸趕上了它，這些社會也變得愈來愈富裕、購買愈來愈多的包裝與加工食品，而 87% 的包裝垃圾來自食品與飲料。從這個意義上來說，現在每個人都變得更加美國化了。但較不常被給予正確評價的一點是，美國人也變得更加歐洲化了，歸還瓶罐、堆肥的數量變多，並把落葉與割下來的草都留在草坪上；美國大約有 20 個州在 1990 年代早期頒發了禁止傾倒庭院有機垃圾的禁令，這類舉措在克服 1980 年代的垃圾掩埋危機上發揮了至關緊要的影響力，代表事件正是 1987 年垃圾駁船莫泊羅號（Mobro）臭名昭著的垃圾長征之旅：它從長島的艾斯利普（Islip）出發後，北卡羅來納與貝里斯的港口都拒絕它把垃圾運上岸，最後只得回到起點，在紐約焚毀它所載運的垃圾。

這些截然不同的國家趨勢顯示，廢棄物無法被視為國家消費主義的簡寫。消費文化各有歧異。人們可能在金錢消費上很節儉（像是德國人與瑞士人），但丟棄的東西比依靠信用卡維生的美國人還多；德國人消耗大量的塑膠製品（一年 550 萬噸），但同時也大量回收它們（42%）。同樣地，一方面想像在製造產品與在產品壽命結束時妥善處理它們，另一方面，在服務休閒導向的社會與揮霍浪費之間，都有某種自然而然的密切關聯性，這也是錯誤的想法。英國人與美國人都是在他們停止製造汽車與衣服之時，才開始從事更多的回收利用工作。

資本與社會主義國家的回收進程

以往背負拋棄型社會汙名的國家採取回收行動的速度，代表我們對於將浪費之舉視為國家固有傳統與文化的看法，應當謹慎解讀。納粹時期的廢棄物利用之驅力與自給自足之目的，並不會自動使後來的德國人更傾向於成為回收利用的世界冠軍：在 1960 與 1970 年代，他們甚至因丟棄塑膠瓶與包裝材料而惡名昭彰。是政府的努力以及新的草根運動政黨「綠黨」（the Greens），藉由法律、稅收、意識的變革，以及規模變小的家庭垃圾桶、路邊的廢棄物收集、瓶罐銀行，進而改變了習慣。近年來的農民社會

也並未自然地傾向於做更多的回收利用。緩慢的起步之後，英國這個卓越的商業社會，如今所做的回收利用已經比芬蘭與葡萄牙更多了。

　　各地的回收利用都在增加，只是進展速度不同，並且結合了其他廢棄物處理方式。到了 2010 年，德國、奧地利、比利時回收了 60% 的城市廢棄物，葡萄牙與希臘勉強做到了 20%，而土耳其幾乎什麼都沒做。在日本，密集的回收舉措與焚化爐共存；相較之下，荷蘭自 1980 年代以來轉往垃圾焚化的取向，意謂著幾乎沒有任何事可以激勵居民降低他們廢棄垃圾的數量。同時，垃圾桶的內容物也在不斷變化。在瑞典，68% 的城市廢棄物是紙類；在法國與西班牙，這個數字只有 20%；49 瑞士與丹麥丟棄大量的紡織品，德國人則不丟棄紡織品。

　　大略說來，今日的歐洲是由三大廢棄物區所組成：北邊的區域從比利時與德國延伸到斯堪地那維亞國家，這個區塊沒幾個垃圾掩埋場，但是有很大的回收數量以及家庭廢棄物；地中海的區域，垃圾掩埋場仍然很多，但回收只能算適中而已；東歐的區域，幾乎沒有什麼東西能回收，大量城市廢棄物最終都進了垃圾掩埋場。在北歐，將無害城市廢棄物送到垃圾掩埋場的典型費用與稅收，比在東歐要高上三到四倍。儘管歐盟為實現更大的和諧而進行許多舉措，仍有許多不和諧之處存在。舉例來說，生物廢棄物（bio-waste，包括食物與園藝）缺乏共同的標準；許多荷蘭人與西班牙人都會回收他們的生物廢棄物，但在克羅埃西亞與葡萄牙，這些廢棄物會進入垃圾掩埋場。50

　　再沒有別的回收道路比在東歐更崎嶇而戲劇化了，社會主義顯然規劃了它自己的道路。在共產主義的詞典中，廢棄物是資本主義的現象，象徵了短視近利與為達帝國擴張的目的而恣意揮霍人類能量與物質資源；在社會主義者手中，它是有價值的「舊原料」或「二手物料」，正如宣傳活動所說，是永不枯竭的資源。在某種程度上，社會主義者重拾了早期資本主義者如胡佛與其他人所引領的那場追求效率的聖戰。因既有地理環境與無效率規劃所導致的原物料短缺，使回收成了中歐與東歐社會主義國家在冷戰期間日常關注的重點，因為收集廢棄物可以為它們省下強勢貨幣。匈牙利失去了領土並面臨禁運，使得廢棄物利用從金屬廢料到大門把手的每樣東西，都成了攸關其金屬工業存亡的大事；1951 年，當收集工作展開

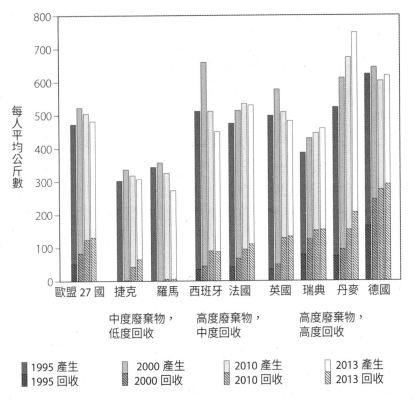

城市廢棄物的產生和回收：歐洲三大廢棄物區
1995-2013 年

每人平均公斤數

歐盟 27 國　捷克　羅馬　西班牙　法國　英國　瑞典　丹麥　德國

中度廢棄物，　　高度廢棄物，　　高度廢棄物，
低度回收　　　　中度回收　　　　高度回收

- ■ 1995 產生
- 1995 回收
- ▨ 2000 產生
- 2000 回收
- ▢ 2010 產生
- ▨ 2010 回收
- ▢ 2013 產生
- ▨ 2013 回收

來源：歐盟統計局，《城市廢棄物的產生與處理，1995–2013 年》（Municipal waste generation and treatment 1995–2013）。

時，一週之內就收集到了 2,000 噸的鐵。對共產黨來說，「浪費物料者必須受到紀律的處分。」51 但人們也必須有誘因才會去做這件事，光是社會主義的理想並不足夠；因此，破布料的回收費用可以買鞋，若干豬皮可以用來交換胡椒粉與米。在 1950 年代的東德，半公斤的廢紙可以換到一捲珍貴的壁紙，一公斤的骨頭則可換到一塊洗手皂。

廢棄物利用的驅力之於社會主義者，相當於公平貿易運動之於西方國家。越戰時，與其消耗咖啡，年輕的先鋒們寧可藉由收集舊報紙與破布料來展現他們「與越南的團結一致」。德意志民主共和國完善了一套收集二手物料的全國網絡，亦即所謂的「二手原物料收集聯盟」（Kombinat für

Sekundärstofferfassung, SERO）；該組織在 1980 年代帶了一頭粉紅色的大象──吉祥物「艾咪」──來到梅克倫堡（Mecklenburg）的湖泊區以及薩克森的白堊丘陵。當柏林圍牆在 1989 年倒塌時，這個組織已擁有 17,200 個收集點以及 55,000 個收集箱，還有其他金屬回收站以及食物廢棄物的收集箱。更多（而非更少）可歸還的瓶罐在市面上流通。52 東德人回收了估計 40% 的垃圾，而這是英國人在 2010 年才達到的成果，義大利人與西班牙人至今仍未達成。

然而，過於懷念昔日時光也是一項不智之舉。廢棄物收集是由骯髒的工業需求所驅動，而非由環境驅使；東德透過回收利用籌集了約 10% 的原物料。然而大量的廢棄物利用都被浪費了，許多公司還得保留物料以滿足社會主義政府訂下的人為目標；於是，許多舊廢料因生鏽而腐蝕，不再被工業所需要。在社會主義下，回收利用的步伐可說既往前進、又往後退。匈牙利在 1960 年時收集了 1/3 的舊輪胎，遙遙領先它的資本主義鄰國；但是到了 1973 年，這個數字掉到了 3%。當涉及城市廢棄物的回收時，社會主義國家在 1980 年代是落後的；1970 年代時，西德人收集的紙類已經比他們在圍牆另一邊的同胞們多了。儘管如此，社會主義的崩解亦造成現有回收管道與習慣的嚴重瓦解。在柏林牆倒塌後的數年之中，東德境內只剩下 100 個收集站點；其他地方的回購系統則失去了政府的補貼，只得被更便宜、私有化的處理形式所取代，正如捷克共和國，紙類與玻璃的收集幾乎蕩然無存。若說 1990 年代是西方回收利用的黃金時期，在易北河以東則成了失落的十年，53 回收利用得從頭開始。

日本的廢棄物處理

第一個深諳廢棄物價值的消費社會是日本。由於建造垃圾掩埋場的地質選擇有限、生產的原物料也少，日本或可被認為是自然傾向充分利用回收的一個國家。然而在蓬勃發展的 1960 年代，廢棄物的情勢失去了控制：在 1967 ～ 1970 年間，它的數量飆升了 50%，每人每天的數量從 650 公克增加到 920 公克。日本在 1970 年代初期的做法是先降低垃圾量，再進行管控。這一課教會我們，不同歷史時期的廢棄物制度可以如何有效地

結合與實行，焚化與回收方式亦可互補彼此之不足。到了 1980 年代，日本回收了 50% 的紙類（兩倍於 1950 年代中的數量），以及超過 90% 的啤酒瓶，平均一支清酒瓶會被重複使用 20 次。在城市中，1/3 的廢棄物是由私人收集者所回收，因此不會出現於國家的統計資料中；這些商販會開著他們的貨卡車在街上巡看，一邊叫喊著「衛生紙交換」，發出紙巾與衛生紙以換取舊報紙。除此之外，還有接受城市補助的民間與社區團體也會幫忙收集罐頭、瓶子、金屬以及舊衣或織物。

1980 年代在鄰近東京的町田市，政府官員會每年一次挨家挨戶地向住戶說明資源回收如何分類，城市將資源分成七大類：紙類、玻璃、罐頭、大件廢棄物、不可燃的硬塑料與廢金屬，以及不可燃的廢棄物（包括廚房垃圾）。小學三、四年級的學童就要上專門教導資源回收系統的課程。超過 100 個運作中的民間團體則收集了城市 70% 的鋁罐 —— 這可是自動販賣機王國的一項重大成就。大型家具與自行車零件則被送到回收中心，殘障市民可以使這些回收物重獲新生。54

城市當局發現，讓人們自行分類垃圾遠比向他們收取垃圾處理費要來得有效。1998 年，名古屋給自己設定的目標是降低 1/4 的垃圾量；「挑戰 100」（Challenge 100）的活動敦促這座有 200 萬人口的城市每位居民每天減少 100 公克的垃圾量。一場回收的聖戰就此展開。學校開放了回收中心，舉行了 2,000 多場的會議來說明資源如何分類；拒絕配合的人會被「點名批判」，沒有做到正確分類的人則會被貼上標籤。東京引進了透明的垃圾袋，將居民的公民標準與環境標準置於公眾目光之下；玻璃與罐頭必須被送到收集站，零售商必須去載運並回收冰箱與其他家電用品。紙類可以放在路邊等待回收，但是報紙必須與雜誌及硬紙板分開；牛奶與果汁盒必須被拆開壓平並瀝乾，才能送往超市或本地的政府辦公室。這一切努力減少了原物料的流入，進而使二氧化碳的排放量成功地下降了 1/3。552000 年，一項新的國家回收法開始實施，並將廢棄物處理方式從焚化轉向包裝材料的回收。在農村，大多數的牲畜排泄物會重新回到田間；但在某些地區，牲畜排泄物會多過農地所需。56

那麼，到底日本家庭減少了多少垃圾？這個問題尚有爭議；一項廢棄物的調查發現，垃圾箱的重量減輕了 10%，是因為人們除了堆肥之外，

也會在庭院中燒毀部分垃圾。很少有人真的遵循公民運動的誓言——不再購買可能會被浪費或丟掉的東西。57 儘管如此，與歐美國家比較起來，這些行動的成果看來相當驚人。但這並不代表其他地方就沒有成功的故事。舉例來說，在洛杉磯，學校取消了供應食物時所使用的托盤，勸阻學生別多拿最後可能會被丟進垃圾桶的額外食物；這項做法減少了 50 萬噸的食物垃圾。美國的社區也引進「垃圾按量付費」（Pay-As-You-Throw, PAYT）或「省錢減垃圾量」（Save Money and Reduce Trash, SMART）方案。在瑞典，執行「按重量付費」（pay-by-weight）方案的市政當局，見證到它們所收集的家庭廢棄物量減少了 20%；雖然有趣的是，這項方案對回收的行為毫無助益。58 2002 年，義大利有好幾個城市開始禁止分發不請自來的廣告傳單；在杜林，放一張傳單在擋風玻璃下會被處以高達 500 歐元的罰款。59

但是，這些特定的倡議，缺乏了像日本一樣針對減量、再利用、回收的整合性做法，也缺乏同時結合市政補貼、零售業者、公民社會與道德壓力等各方面的配合。歐洲企圖依賴公民團體與鄰里行動去處理廢棄物，恐怕還差得遠；或許瑞士是個例外，除此之外，某些地區也設法在向居民收取庭院廢棄物與分離食物垃圾的收集費用之餘，爭取居民的合作，英國的「索美塞特廢棄物合作夥伴」（Somerset Waste Partnership）就是一例。蘇格蘭的史特靈（Stirling）會把黃色與紅色卡片發給那些忽視「把垃圾桶蓋好」（Bin Lids Down）標語的居民：帶輪大垃圾箱如果過滿蓋不上蓋子，初犯者會被拒絕收集垃圾，再犯者就會被處以 50 英鎊的罰款。這類舉措在某些社區成功降低了 5% 的垃圾量。然而，有索美塞特與史特靈這類致力於垃圾減量與回收的社區，就有坎布里亞（Cumbria）或巴金（Barking）這類產生大量垃圾而且幾乎不做回收的社區。60 遏制垃圾郵件與印刷宣傳品的努力，在很大程度上頗令人失望。1999 年，布魯塞爾地區發起一場「反宣傳品」的運動，結果雷聲大雨點小；數年之後，參與的人幾乎不到 10%。在整個歐盟中，大量雪崩般到來的紙類與塑膠製品仍然繼續增長，而非縮減。在美國，報紙銷售量的下降幾乎被辦公室用紙量的提升給彌補了，宛如嘲笑那備受讚美的「無紙辦公室」。61 截至目前為止，歐洲已經完全誤解那座知名的垃圾金字塔：幾乎所有的金錢都流向了回收利用，至於垃圾減量，得到的支持卻是微乎其微。

食物垃圾

　　食物垃圾說明了許多反對改變的共謀因素。歐洲人每年扔掉 9,000 萬噸的食物，如今，美國家庭每天平均丟棄大約 600 公克的食物到垃圾桶裡，約每年 600 美元的價值；專家估計，大約有 25% 的食物最後進了垃圾桶而非人們的胃，而且窮人跟富人一樣都會這麼做，雖然稍微少一點。無論我們如何看待它，在數百萬人挨餓和地球暖化之際，這都是反常的態勢；如果英國人只買他們確實會吃的食物，他們會減少 1,700 萬噸的二氧化碳排放量，相當於減少馬路上 1/5 的車輛。

　　浪費食物不是什麼新鮮事。事實上，在資本主義國家中十分司空見慣；1930 年代，當需求與貿易崩解時，數百萬加侖的牛奶被倒入河中、穀物被燒毀。但近數十年來的新發展是，食物在高需求的情況下仍然被扔棄，是購買太多而非購買太少的結果。如今，我們面對的是新的過度消費主義所造成的浪費，而不再是一個世紀以前困擾進步分子的「消費不足」；而食物從農場到餐桌的途中，也會在不同地方流失。隨著富裕與發展的腳步，廢棄物的產生，已經從生產者轉移到消費者身上。在今日的富裕社會中，有 1/4 尚可食用的食物被浪費掉了；二次大戰之前，這個數字只有 3%，當時的廚房垃圾主要是果皮與骨頭，鮮少有整顆萵苣或是一塊吃了一半的牛排。當然，農人與零售商也不全然無辜，買一送一的特價優惠鼓勵了過度購物。在英國，對水果與蔬菜外表完美的執著以及不當的需求管理，要為食物鏈中 10% 的浪費負責。儘管如此，所謂的「收穫後損失」（post-harvest loss）已隨發展而下降，這點倒是毫無疑問。在開發中國家，成熟的酪梨在進入市場之前就已損失一半左右；對柑橘來說，這個比率甚至更高。相形之下，在英國與美國，園藝植物與易腐敗作物只有 10% 會遭遇這樣的命運。比之以往，消費者更是真正難辭其咎的罪魁禍首。62

　　為什麼會有這麼多尚可食用的食物被扔進垃圾桶？在媒體上，人們很容易指責那些根本不關心這個世界的輕率消費者；但如此一來，便會忽略社會與科技力量發揮的影響力。近來，一項對曼徹斯特家庭的近距離觀察

研究發現，大部分人在把部分冰箱中的食物扔進垃圾桶時會感到內疚；63 儘管如此，他們在下次購物時還是照買不誤，而且仍然過度購物。對於這種行為的解釋，可以在最終被扔進垃圾箱的食物種類中找到答案——大部分都是萵苣、新鮮水果以及蔬菜。64 枯萎的菜葉或褐色的斑點，就足以把食物送進垃圾箱。冰箱的到來是一項憂喜參半的恩賜，一方面，冷藏大大改善了食物的保存，可幫家庭省下金錢又可以讓家人一年到頭享受營養的食物；在斯堪地那維亞國家，女性的家庭經濟學家是冰箱的熱心提倡者，冰箱使家庭得以在漫長冬季儲存鮭魚、鹿肉以及水果。65 另一方面，冰箱如同鼓勵了家庭購買並儲存更多的食物，不但使三餐的規劃比以往更複雜，也提升了人們對於食物的新鮮外表與食用效期的期望與堅持。總是會有一塊藏在冰箱後頭被遺忘的乳酪，或是某種來自國外的蔬菜——在店裡看著就讓人胃口大開，但不知為何就是無法搭配你的晚餐菜色。在英國，超過半數被扔掉的食物是因為沒有被及時食用，而另外的 1/3，則是人們烹煮太多或是提供太多所致，而現在的寵物也只能幫忙消耗少量的這類剩餘食物；從這個意義上來說，現代城市的生態已經產生了重大的崩解，因為，譬如可消耗廚餘餿水的豬，曾經是消耗廢棄物過程中重要一環的動物，如今卻成了會產生廢棄物的寵物。66

有些人可能會把食物垃圾的增加，歸罪於烹飪技巧以及家務管理的退步，但這又太過簡單。比之一個世紀之前，如今的廚藝技巧傳播得更為廣泛，真正有所改變的是食物的種類、用餐時間的節奏以及社交生活的壓力。1970 年代時，廢棄物考古學家的先驅威廉‧拉什傑（William Rathje）曾與學生一起在亞利桑那州挖掘、翻撿人們的垃圾桶，發現飲食的多樣性與被浪費的食物量之間，存在某種密切的關聯性。固定利用相同食材的墨西哥裔美國人，丟棄的食物量比他們的鄰居少 20%；人們愈傾向於日復一日吃著相同的食物，那麼他們所丟棄的食物就愈少。拉什傑稱這個現象為食物垃圾的第一原則。國際化品味以及各民族菜式的傳播與擴散，加強了對食物多樣化的需求動力。現在，誰敢只為客人提供普通麵包、冷盤肉片以及一顆蘋果？孩子們也一樣在飲食喜好上獲得了更大的發言權，可能正好與家長從超市買回的健康食物而精心規劃的菜單互相牴觸。最重要的是，冰箱裡的食物還必須與不可預料的外出用餐機會競爭；朋友突如其來

的一通電話邀約出去吃頓披薩或咖哩，原本計畫好晚上要吃的新鮮魚肉與蔬菜就被遺忘了，之後可能就進了垃圾桶。這也是為什麼，用餐與休閒時間較無規劃的單人家庭（single household）往往會製造出較多的食物垃圾。

經濟衰退的艱難時期，可能是消除這一切弊病的方法吧？這個想法或許又過於天真。1970 年代，拉什傑發現在經濟衰退期間，被扔掉的肉品數量反而上升，因為人們會購買折扣更高、包裝容量更大以及價格更便宜的肉塊，卻不知道如何烹煮。67 近年來，社會運動的倡導者致力於導正人們對於「最佳賞味期」的誤解，並設法教育人們在填滿購物車之前，先檢查自己的櫥櫃並計畫好一週的餐點；超市開始提供顧客在冰箱裡存放水果的方法，還有一些公司引進了可裝魚柳的重複密封包裝袋，貨架上也開始出現小條的麵包。一個英國社區開始發起「愛惜食物、討厭浪費」（Love Food Hate Waste）的倡議與行動，垃圾箱中可避免的食物垃圾下降了15%。68 這無疑是往正確方向邁進的一步，可惜不能說是躍進了一大步。再者，近來若干的廢棄物減少，可能是由於近年來的經濟衰退以及人們購買的新鮮蔬果變少了。被浪費、丟棄的食物垃圾，必須被視為忙碌生活方式的副產品，將人們在時間上的競爭性與多樣化的需求納入考量——如同我們在第十章中所論述，個人的道德與資訊的缺乏並非主要問題所在。可悲的事實是，人們並非不理解或不關心他們所浪費的食物；他們關心全球的飢餓與暖化問題，但他們零散而無條理的社交日程表凌駕於個人道德之上，使得他們無論如何都避免不了浪費食物的結果。

危險電子廢棄物

1950 與 1960 年代的「拋棄型時代」（throwaway era），只是人們與廢棄物之間所形成關係的長期轉變，而非富裕的自然終點。在 21 世紀初，我們丟棄得多、回收得也多；的確，比起維多利亞時代的前人們來說，我們所涉入的垃圾處理與分類工作更為直接。無法確定的是，所有開發中社會是否必然會遵循過去美國與歐洲城市的軌跡，並以「現代」的技術解決方案取代「落後」的買賣破爛商販。自 1980 年代以來，哥倫比亞與巴西的有關當局已認識到的事實是，拾荒者是廢棄物管理與合作社組織的寶貴

夥伴；今日的印度，超過 300 萬的拾荒者每年可回收將近 700 萬噸的廢料，為市政當局省下 452,000,000 盧比。69 然而在富裕的西方國家中，奇妙的現象出現了；曾經由買賣破爛的卑賤行販所做的篩選、分類工作，現在卻是由全體公民共同參與，不分貧富、不論貴賤，都心甘情願弄髒雙手，把舊瓶子與硬紙板以及臭氣沖天的廚餘分類。回收利用完全翻轉了舊有的價值觀等級制度。自古以來，處理和分類垃圾始終是低微卑賤階層中最低微卑賤者的命運，是「賤民」要背負的恥辱；如今，這樣的行為卻成了環保意識的象徵、負責任公民的標誌。與其把他們共同的垃圾送進極為精密的分類機器，這群地球上最富有的人堅持要親力親為，而且不收半毛錢，彷彿公然蔑視分工的經濟法則；回收利用不再被視為落後或傳統的行為，而成了能源消耗的盟友、某種代用的聖餐，可淨化我們消費過多物品的罪孽。新的廢棄物穩定狀態浮現了，取代「別浪費、別多要」的新格言是多使用、多回收。

所有的廢棄物與回收都去到了哪裡？如果當地的垃圾掩埋場不敷使用，被丟棄的 PET 塑膠的瓶子、紙類、電視以及電腦總得有地方去。在 2000 ～ 2010 年之間，歐盟的 15 個會員國所回收的包裝廢棄物從 3,300 萬噸增加到四千六百萬噸，塑膠包裝材料量亦倍增，從二百二十萬噸增加到 430 萬噸。70 如今，富裕社會比以往回收得更多，但也比以往運送更多的廢棄物跨越邊界。從本質上來說，這並不是什麼新鮮事。在 19 世紀，二手衣物與破舊布料的國際貿易十分活躍；然而與今日廢棄物的越境轉移以及其中所涉及的金錢與環境後果比較起來，前者就顯得微不足道了。在歐盟，塑膠廢棄物的出口從 1999 年的 100 萬噸躍升至 2011 年的 600 萬噸左右，同時，銅、鋁以及鎳的廢棄物出口量也倍增了。

隨著回收利用自 1980 年代以來的復甦，一項難以理解、自相矛盾的論點也隨之產生。就在富裕消費者對他們的家庭廢棄物投注的個人關注力更甚以往之際 —— 分類瓶罐、分離塑膠與紙類 —— 整體的廢棄物流也愈來愈眼不見而心不煩了。然而，與普遍想法相左的是，這條物料流並非只流往一條單行道，不只從富裕的北半球國家流往貧窮的南半球國家；歐盟把大部分的塑膠廢料出口到中國，但大量更貴重的金屬廢棄物（銅、鋁、鐵、鋼、貴重金屬）則是從一個歐洲國家流往另一個歐洲國家。至於危險廢棄

物，幾乎全部（97%）都只在歐盟境內交易，其中大部分最終流往富裕的德國。同樣地，在美國，大多數回收或翻新的電子產品都在美國境內銷售，有些美國與歐洲的電視及電路板最後會流向迦納與奈及利亞。然而，非洲也會把它自己的電子廢棄物運往韓國與西班牙，中東地區的電子廢棄物則運往韓國。71

　　將一地的廢棄物轉移到遙遠的地方不必然是一件壞事，回收塑膠與貴重金屬廢料可以節省原始資源並減少汙染，否則，原始資源的淬取與開採將無可避免地導致金錢損耗與汙染後果。在某個歐洲城鎮中收集的 PET 塑膠材質的瓶子，可以變成一件中國製造的保暖羊毛外套。問題在於，這種良性的「開放迴路」（open loop）只是全球廢棄物貿易的一面；全球廢棄物貿易還涉及了更具破壞性的危險物料以及二手商品物料流量，從富裕國家流到某些缺乏完善技術與法規去回收這些物資的國家。部分的難題在於回收過程中珍貴物料的損失以及對原始資源帶來的連鎖效應。舉例來說，歐洲車有富含鉑金屬的觸媒轉化器；自 2000 年以來，歐盟國家中所有報廢的車輛都必須從轉化器中把鉑回收出來。然而，每年從漢堡港口運到非洲與近東地區的二手車有十萬輛，在那裡，鉑最後不是進了廢料場就是流到土壤裡。

　　更讓人擔憂的是大量危險電子廢棄物的非法貿易，這類廢棄物若是回收不當，將導致嚴重的環境汙染。在中國廣東省的電子廢料回收中心貴嶼，工人先在木炭上融化印刷電路板以便從熔解的鉛中移除 IC 晶片，再用酸性物質回收銅與金（參見插圖71）；這個地區的孩童大多罹患了呼吸道疾病。在 2000 至 2001 年，中國與越南雖禁止進口二手電器設備，卻對那些可重新組裝再出口的產品開例；此舉無疑對大批跨越邊界、有利可圖的走私貿易敞開了大門。72 歐洲對電子廢棄物的處理有更嚴格的規定，但這類廢棄物仍然躲過歐洲檢查員的雷達，偽裝成二手書籍被運送出去。2006 年時，在丹麥與德國漢堡港進行的抽查指出，每年有 25 萬頓的二手電視、電腦、螢幕以及冰箱，從歐洲運往非 OECD 的國家。雖然我們不可能取得精確的數字，因為好幾個歐洲國家根本沒有舉報非法的貨物運輸，然而，許多貨櫃可能載運了失效無用或無法修復的裝置設備，也就是真正的廢棄物。根據巴塞爾公約祕書處（Secretariat of the Basel Convention），

它在 1992 年時引進了一項對危險廢棄物流向的國際檢查，歐洲在 2010 年運往迦納的所有電子設備中，有 1/3 無法運作，因此是非法的運送。73

　　要做出這樣的結論不難：如今，富裕的消費者或許回收得更多，但由於養成了以新樣式來取代舊樣式的習慣，他們也把更多的生活方式傾倒在遙遠的國度。

～ 甩掉包袱 ～

　　到目前為止，我們一直跟隨物品的腳步，從廚房與櫥櫃到垃圾桶，但這並不是我們的所有物會走的唯一道路。要知道我們浪費的程度為何，必須把丟棄東西跟其他設法處置更多東西的管道與策略——譬如送禮、傳遞、修理與存放——放在一起檢視。

　　把東西分送出去，不論是免費或是有價，都是保持物品流通的一個方式。慈善商店、eBay 購物網以及免費回收網（Freecycle）使這個策略近來贏得了許多關注。光是在英國，就有大約 7,000 間慈善商店；把物品陳列在汽車後車箱的舊貨拍賣會，每週都可吸引 100 萬人前往。74 在撰寫本文時，Freecycle 免費回收網在全球已擁有將近 1,000 萬名會員，從不需要的餐具到旅行拖車的所有物品都被傳遞著。網站與社交網絡讓物品的擁有者可以把他們不需要的品項上傳到一台虛擬的傾倒式卡車，時尚愛好者可以在網路上交易或交換不想要的名牌包，園藝家也有交換種子的網站。

　　但我們不該對這些潮流與趨勢過於興奮，因為新的分享文化並未取代個人的浪費。一個原因是，可分享的物品仍然相當有限，幾乎無法對物料資源利用的趨勢產生任何影響。分享車子與分送舊沙發和電視或許有幫助，但這類進展很快就被分享住房的意願下降以及獨居的興起而抵銷掉；獨居生活使得每個人都擁有自己的冰箱、洗衣機、電視機。在過去的幾十年中，全球獨居者的數量遽增，從 1996 年的 153,000,000 人增加到 2011 年的 277,000,000 人。今日的美國，有 1/4 的家庭只有一位居住者；在英國，這個比率將近 1/3。將這樣的趨勢完全歸咎於以市場為導向的唯物主

義並不明智，在瑞典與挪威這類福利國家中，有超過 40% 的家庭是屬於獨居型態。樂觀主義者曾指出，年輕人是新共享文化的先驅，但值得一提而且與過去截然不同的一點是，如今正是 20 多歲與 30 多歲的年輕人，組成了獨居者這個快速成長的群體。75

沒錯，網際網路使人們更容易分租並分享他們的度假屋，但這並不自動代表資源使用量減少或是度假屋的數量下降。歐洲並未持續蒐集人們擁有第二棟住宅的數據，某些國家甚至完全沒有這類數據；儘管如此，現有可得的數據資料仍指出，擁有第二棟住宅的數量正快速而持續地增長。2005 年，法國度假屋的數量高達 290 萬棟，而且 1997 年以來，非住戶的屋主占比，從 6% 增加到 9%。在西班牙，住房部將人口普查數據與入境訪客調查結合起來，得出的結論是，在 2008 年，西班牙境內的第二棟住宅數量有 150 萬棟，相當於 2001 ～ 2008 年間住房總量中 37% 的成長量；這代表了可觀的實體房舍以及內部電器用品與家具數量。這些住宅中大約有 58% 位於海濱的主要旅遊區。在 1997 年之後的十年中，英國人在海外擁有第二個家的數量倍增，2007 年時達到 25 萬；挪威人在海外擁有第二個家的數量，則在 2002 ～ 2008 年間增長到四倍之多。76

當然，共享經濟的擁護者或許會如此回應：儘管第二個家的數量激增，諸如 Airbnb 短期租屋網這類讓大眾出租住房的線上服務，仍可提供分享、替代性的住宿選擇，使現存資源能被更有效地運用；的確如此，但這也意謂著人們對飯店的需求會變少。2014 年的新年前夕，全球有超過 50 萬人待在透過 Airbnb 租來的沙發或公寓中；研究調查資料顯示出 Airbnb 提供住宿的普及，與飯店訂房率下滑之間的確有所關聯，尤其對於低價飯店影響更大。2015 年 1 月時，紐約市飯店的收益比前年減少了 19%，部分原因是由於下大雪以及歐元的疲軟，但也是由於 Airbnb 網站上提供了更多的私人住宿選擇。然而，對廉價飯店住宿的需求降低，並不必然會轉換成對商品與資源的需求降低，私人度假屋出租造成的是飯店老闆的損失，而非顧客。事實上，飯店的對策是降低房價，讓遊客可以省下更多錢花在其他事物上。更多、更廉價的私人住宿或可鼓勵 Airbnb 的顧客更頻繁地消費城市假期與短假期，這是一種旅遊的反彈效應；而且最後，他們臨時的東道主也可以獲取額外的收入。分享會降低資源的情況，

只會發生在房東免費把他們的家開放給陌生人住，或是保持沒有人入住的狀態，或是朋友搬進來暫居一角。然而，許多房東會出租他們的整間公寓，同時自己出門去度假。在某些情況下，資源與需求的降低與取代是一致的，甚至可能因其他方面的成長而被超越；Airbnb 對其批評者的回應就是，強調它們為市中心、商店、餐廳帶來更多的生意與現金。77

再者，我們可別忘了人們總是在傳遞著物品。如今的不同點並非分享事物，而是分享的對象變了：在網際網路的幫助下，我們愈來愈少跟家人與朋友分享，而愈來愈常與陌生人分享；這項分享的技術反映出一個人際關係愈來愈短暫、獨居者愈來愈多的社會。但這並不代表分享是一件新鮮事。在兩次大戰間，汽車共享的現象十分普遍。78 即使是在富裕的 1950 與 1960 年代，家庭之間把孩子或表親的衣物、玩具、家具傳遞給另一個家庭，也是極為常見的事；二手商品的交易更是如此，至今，由母親們組成的團體仍會在倫敦各地的教堂大廳出售「幾乎全新」的兒童衣物與玩具。79

二手物品

對 17、18 世紀大多數的歐洲人來說，使用二手物品是一種理所當然的生活方式，不論在法蘭德斯的淳樸農村還是在安特衛普的繁華之地皆然，貧富亦皆如此。拍賣會使床、床單、枕頭得以在社會中流通，但更重要的是廚房用具與衣物。最初，許多二手零售商兼賣新舊物品；自 1670 年代以來，安特衛普的布商們對市政當局施壓，以限制他們的營運。80 於是，二手零售商開始被社會與商業邊緣化；沒錯，他們從未完全消失，但相對於販售「新」商品的店主，他們的地位一落千丈。隨著衣服變得愈來愈便宜、愈來愈不耐用，以及時尚的週期循環愈來愈快，衣服的二手價值下降了，二手零售商的利潤與地位也是如此。到了 1900 年，二手市場的對象主要是窮人，雖然復古風格的發明，的確讓二手物品在社會頂層又重獲新生。

然而，伴隨二手市場在歐洲境內的相對萎縮，卻是歐洲境外的相對擴張。在 1980 ～ 1990 年間，二手衣物的全球出口量成長了六倍以上。81 這

些年來，在撒哈拉沙漠以南的非洲，1/3 的進口紡織品都是二手的；供給這個系統的兩個管道，在 19 世紀末已然初具雛形：基督教慈善機構以及商業運營商。人類學家凱倫・漢森（Karen Hansen）在 1990 年代，遵循著衣物從歐洲來到尚比亞人衣櫃的迂迴曲折道路走了一遍，發現很少有西方的二手衣物捐贈者以及尚比亞的消費者會意識到，大部分衣物根本就不是來自慈善商店；事實上，絕大多數的捐贈物從未進入這些商店，反之，它們被收集、熨平，並以 2,000 磅一大綑、一大綑的量，賣給了紡織品回收商以及出口商。希望做好事於是把衣物送出而非丟棄的意願，遠超乎慈善機構能處理這些紡織品的能力。一旦這些衣物被運送到路沙卡（Lusaka），就由當地的舊貨雜物交易商加以改頭換面、重新設計；修剪裝飾、縫上金扣、新款剪裁，都能使舊衣物煥然一新。但漢森在她的田野工作中發現，尚比亞人購買二手衣物之舉與模仿西方人的穿著，或是文化理論家念茲在茲的次文化諷刺，皆無甚相關；根據漢森的觀察，他們盛裝打扮「是用短暫而替代性的方式，以逃避他們自己的經濟無力感。」[82] 事實上，尚比亞人並不會說那是「西方」的衣服，而會說那是來自「外面世界」的襯衫與洋裝，所以指的可能是香港也可能是好萊塢。

　　1970 年代在尚比亞，經濟走下坡時，二手衣物卻走上坡；不過，富裕國家的二手衣物市場也在蓬勃發展中。1990 年代在英國，這類商店的營業額都增加了一倍。這種再利用的復甦可對環境帶來什麼樣的好處？是像若干環保主義者所持的理由，認為人們送出自己的衣物、書籍以及其他物品，即可藉由減少物料的使用而幫助拯救地球？[83] 抑或這種將更多物品投入流通管道的方式，終究還是對地球造成了傷害？

　　答案端視背景脈絡以及被討論的是什麼物品而定。一項對英國諾丁漢 59 個家庭的詳盡調查發現，它們光是一年就處理掉 4,500 件物品，其中被丟進垃圾箱的不到 1/3，10% 被賣掉，另外 10% 被搬進閣樓存放，有半數分送給家人、朋友或是慈善商店。物品的流動說明了對新奇事物的渴望，以及藉由分送東西來做好事的衝動之間，存在某種相互連結。一位名為莎拉的女性，每年會翻撿兩次衣櫃，把那些「不再代表我」的衣服挑出來；一件曾經「時髦」的外套，現在準備要送給慈善機構了，她說：「我已經看過太多真的很無趣的人穿著它。」[84] 慈善商店座落在自我形塑環節的末

端，而在這條自我形塑環節中，我們需要新的東西來重新定義我們是誰。把功能齊全又良好的舊烤麵包機與電子產品傳遞給家庭成員使用，不但可展現出贈予者對他人與事物的關切，也同時為贈予者創造出空間以容納嶄新發亮的取代品。除此之外，出售二手汽車與類似商品所賺的錢，可以讓擁有者再去購買新的款式，而他們的購買已假設了這類商品還能在以後被轉售。

在此，物品不斷變化的壽命至關緊要。帕卡德在《廢物製造商》一書中凸顯出計畫性汰舊換新的問題，並對愈來愈快的產品週期提出了警告。舉例來說，在 1950 年代，「印刷電路」的引進使電晶體收音機幾乎全都無法修理。自其時起，零組件「使用過後即死亡」，使物品「以被弄壞為製造目的」的藝術又更上一層樓。[85] 消費者對耐用性的態度存在著奇妙的分歧。2005 年的一項英國調查發現，他們平均區分成兩派：希望產品可以用更久的人，以及滿意於現有產品壽命的人。每五年就換一台電腦，感覺很正常；[86] 手機與電腦早在解體之前就成了過時的恐龍，根據一項估計，2014 年在美國，49% 的行動裝置都被汰換了。對任何產品來說，這都是一個令人驚訝的數字，但這個數字隱藏了兩股可能往反向拉扯的趨勢；經歷年度汰換週期的裝置百分比上升了（從 2013 年的 45% 到 2014 年的 49%），但其餘的呢？有趣的是，屆臨報廢而被汰換的手機百分比也上升了（從 15% 到 30%）。在 2010 至 2012 年間，有 1/2 的手機會在兩年之後被換新，以一位供應商的廣告標語來說：「每兩年換新」（New Every Two）。在 2014 年，這個數字下降到 16%；手機升級變得較為緩慢的一個原因，是設備分期付款（Equipment Installment Plans, EIP）的引進，這個措施提供手機年度升級以及服務定價折扣；另一個原因則是小型手機供應商的凋零與利潤的下降，阻礙了新產品的快速發展。不論手機的相對老化是一件好事或可能減緩創新的速度，從長遠的角度來看，手機的速度與效率又是另一個問題。[87]

這裡的重點是，現代生活並非全然與快速過時有關，也有與衰老相反的趨勢存在。1990 年代與 2000 年代時，個人電腦往往每兩年就被新型所取代，但那些年剛好是晶片與科技快速創新的時候。在那之後，創新的潛力已減弱，因此如今的個人電腦可以被用上五到七年。產品平均壽命的延

長在汽車上尤為顯著，自 1973 年爆發石油危機以來，美國的汽車延長了 50% 的壽命，二手車市場不但利潤提升而且銷售量倍增。如此一來，傳遞物品與二手使用，反倒成了提升需求的好夥伴，而非節約省儉。

然而，因果關係也朝相反的方向運行。88 並非所有的二手商品都像車子一樣是有價值的資產，你試試看去賣一本二手的《哈利波特》（*Harry Potter*）小說就知道了。ebay 網站有一整座未售出的二手書圖書館。二手貿易對於需求與資源的影響，端視我們討論的是什麼物品而定。大部分衣物都很便宜，轉售價值也低；反過來，它們的價值取決於政治。二手市場就像一般的市場，都是政治的產物。大量湧入開發中國家的二手衣物，嚴重壓縮了新衣服的銷售空間與利潤；這也是為什麼在 1980 與 1990 年代時，許多國家禁止二手衣物進口的原因，為的就是要保護本國的紡織工業，儘管尚比亞的市場攤商顯示有大量的管道可以讓「外面世界」的衣服成為漏網之魚。自 1990 年代後期以來，來自 WTO 的壓力已經解除了許多對二手商品的禁令；二手商品不再是激進的替代品，而能以自由的市場秩序蓬勃發展。

修理與儲存

在讓物品繼續運作而不必被丟進垃圾桶的技能之中，修理是第二個主要階段；對這個題目，我們所知少得驚人。正如二手市場，我們還是把焦點放在紡織品上。關於修補的趣聞軼事清楚描繪出最終衰退的景象：今天，哪個 60 歲以下的人還會自己縫補襪子？更別提跟勞森伯格的母親一樣，知道如何把一套西裝變成一件洋裝。縫紉機的時代結束了，它在兩次大戰之間的年代，原本是最為人夢寐以求的消費耐用品，如今，至少對富裕西方國家的絕大多數人來說，已成了過往雲煙。至於我們是否應該哀悼它的逝去，答案並不是那麼顯而易見；漫長的縫紉與修補工作，反映的並不只是惜物愛物，也是輕忽與漠視做這些工作的人——婦女，她們的勞動力很廉價，在家中甚至是免費的。一旦薪資調升，修理工作無可避免地變得愈來愈不具吸引力，生產力提高以及衣物價格下降，更是雪上加霜。修理工作成了一種可選擇的、有時甚至是昂貴的嗜好，而非出於節儉的考

量。2001～2002年，德國一項關於時間使用的大型研究調查顯示，1/5的男性會固定在家中進行修繕、修理自行車、維修用具設備，或是參與某種形式的手工藝活動，一天花上一個半小時的時間；鄰國的奧地利則有1/4的婦女會固定從事縫紉與編織，跟上教堂的人一樣多，也幾乎跟消遣娛樂目的的購物者一樣多。89

在消費社會的漫長歷史中，修理技工的消失是最近發生的現象。他們隨著新產品與技術的到來而來來去去，同時，隨著時間的推移，也變得愈來愈廉價而容易取代。隨著購車而來的不只是炫目華麗的新車展示間，還有骯髒汙穢的汽車修理店；在1967年，全美有139,243間的汽車修理店。富裕的1950與1960年代，見證到美國各種不同維修服務的價值增加了四倍，是比零售業更為可觀的漲幅；人們的確在新電視與收音機上花了更多錢，但花在維修這些電器上的錢更是驚人。到了1960年代後期，電器維修商店經營者已多達45,000人，家具室內裝潢商則多達兩20,000人；90然而40年之後，前述數量暴跌，如今每四位電視維修人員與家電維修技師當中，只有一位可以存活下來。古老的行業述說了類似的故事，修鞋匠從美國與歐洲街頭的消失，就是一個典型的例子。1967年在美國，還有9,000多名修鞋匠在修理鞋跟；到了2004年，剩下不到3,000名。這全都要歸功於亞洲的經濟奇蹟，使得許多鞋子、襯衫、雨傘以及其他物品，已經便宜到沒道理再把它們送去給那些賺取微薄工資的補鞋匠與裁縫師修理或縫補。有些人或許對德里與北京街頭還有修傘匠感到驚訝，並且納悶當你需要他們時，為什麼從來沒在倫敦或阿姆斯特丹的街頭看過他們；現在你必然可以充分理解這項改變的經濟邏輯。

幸運的是，相反的趨勢仍然存在，尤其是針對高端電子產品，有些政府鼓起勇氣、挺身反擊以低成本取代與處置的商業潮流，日本對老舊個人電腦的處理方式，就是一個醒目的例子。在2001年，日本政府針對二手的商用電腦推出了自願回收與再利用的方案；兩年之後，這項方案的適用對象延伸至家用電腦。但到了2004年，與其被扔進垃圾堆中，已經有2/3的家用電腦被保存下來並改裝，在國內使用或出口。根據資訊技術設備再利用和再循環協會（Refurbished Information Technology Equipment Association, RITEA）──一間個人電腦再利用公司的貿易機構──資料顯示，每年被

丟棄的 700 萬台二手個人電腦中，如今已有超過 100 萬台個人電腦與筆記型電腦成功進入了二手市場；資訊技術設備再利用和再循環協會並為此規劃出標籤與認證方案，包括刪除數據的指導方針。91 中國製造的廉價產品或許使補鞋匠與電視修理工從紐約與柏林街頭絕跡，但也同時孕育出新一代的消費者，渴望購買改裝過的二手商品。這項發展的影響很容易被忽視，印度、巴西以及非洲也有類似的發展潛力，雖然這股潛力會多快被發掘出來尚屬未知之數。但目前，改裝的日本個人電腦送達國外新用戶的數量，相比傾倒於拉哥斯與象牙海岸等地無法運作的機器與有毒的電子廢棄物（包含鉛、汞、鎘），數量上仍然相形見絀。v

轉移廢棄物的最後一項策略是貯存。在商品的傳記當中，閣樓、車庫、儲藏室都是在物品不是被分解成可回收的碎片，就是埋進垃圾掩埋場——也就是「使用壽命終結管理」——前的容身之處。人類自開始擁有貴重物品以來，就有儲存它們的習慣；在古代的中國，人們會將物品存放在公共地下儲藏室的陶罐之中。18 世紀在歐洲的港口城市，商用倉庫開始為水手與他們的財物提供所需空間。在美國，專業倉儲的起源可回溯至南北戰爭，然而，直到 1960 ～ 1980 年代，隨著自助倉儲的普及才真正起飛。今日的美國擁有五萬座自助倉儲設備，加總起來共提供了相當於三個曼哈頓大小的空間，vi1/10 的家庭會利用這些倉儲空間，而其他開發中國家正追隨美國的腳步。首爾如同曼哈頓，陽台不再是為了讓人坐在外頭，而是為了堆積東西；而且在首爾，新建公寓中儲存空間的消失，更增添了儲物的壓力。92

囤積行為

或許在人類歷史中，貯藏與雜物從未引發過如此深刻的反思。就像曼

---

v   每個月運送到拉哥斯的 40 萬台二手電腦中，只有 1/4 可以運作，根據 Oladele Osibanjo, 'The Waste Challenge in Urban Development' (University of Ibadan, Nigeria, 2006). 有關電子廢棄物，參見 the briefing papers available from the Basel Action Network at: http://www.ban.org/library-page/#briefing.

vi   根據自助倉儲協會（Self Storage Association）的資料是 23 億平方英尺；http://www.selfstorage.org/ssa/content/navigationmenu/aboutssa/factsheet/.

哈頓一個「迷你倉儲」（mini-storage）的大型廣告牌如此形容：「物質財物或許無法讓你快樂，但也或許可以」。匿名戒除雜亂協會（Clutterers Anonymous）以及專業組織者會輔導罹患「丟棄物品恐懼症」（Disposophobia TM）的人——一種懼怕擺脫、扔掉物品的病症，並推出「致電 1800 計畫」（Call 1 800 ThePlan）。93 推廣新奇事物的同時，收集並保存老舊事物的衝動也被強化了，無論是為了實質的安全感、地位或是不朽的名聲。「線上收藏家網站」（Collectoronline.com）列出了 2,000 多個致力於各種收藏形式的俱樂部，從玻璃與骨董車到開瓶器與啤酒瓶都有。伊利諾州的卡普隆（Capron）是吸塵器收藏家俱樂部的所在地，該俱樂部在北美與歐洲都有忠實的會員。比利時的埃德加（Edgar）是「荷蘭電動巔峰型」（Holland electro toppy）吸塵器的自豪擁有者（它的主人語音模式十分罕見！！）在「吸塵器王國」（Vacuumland）這座架設在網路上的吸塵器圖書館中，吸塵器迷還可以欣賞到 1980 年的胡佛 O 型號（Hoover Model O）吸塵器如何運作。94 一項基因研究已證實，強迫性囤積症患者家族基因中 14 號染色體與強迫症（Obsessive Compulsive Disorder）之間的關聯性。95 然而，遺傳學無法解釋儲存物品如何在這麼短的時間中，迅速增長成日常生活中的部分常態；這個常態的產生主要是由於人們擁有的財物愈來愈多，與個人的流動性愈來愈高——人們愈來愈頻繁地搬家、換工作，兩者趨勢交集而形成了這樣的現象。

為了觀察生活中物品的凌亂程度，兩位美國人類學家在 2002～2004 年間訪視了洛杉磯許多中產階級家庭的車庫。大部分的家庭都有兩到三個車庫，而在他們所研究的 24 個家庭中，只有六個家庭仍把他們的車子停在車庫之中；有一個家庭把車庫改裝成臥室，其他家庭則把車庫改裝成辦公室或休閒空間。但大多數家庭都用車庫來儲存舊家電與個人物品。「從建築材料到多餘的家具與玩具……我們發現物品已經擋住了車道……或者已經滿出車庫（散落到後院中）。」大多數車庫「通常極為雜亂無序」，只有五個家庭確實在使用他們的車庫，全是作為消遣娛樂用途。這些家庭的樣本中，有半數從未走進他們自己的車庫之中。96

20 世紀後期在拯救美國脫離垃圾掩埋危機上，閣樓與車庫的角色或許跟回收利用一樣重要，囤積物品的衝動遠大於丟棄它們。1980 年代

時，人類學家在土桑（Tucson）發現，當舊物品被汰換時，只有 6% 會真的被丟掉，有一半會被分送出去，或是轉賣給家人與朋友，只有不到 1/3 會落入陌生人或商店之手，而有 1/3 會被囤積在家中。97

美國環保局（US Environmental Protection Agency, EPA）的主要調查，讓我們得以略窺儲存物品堆積如山的現象：美國的家庭簡直就成了未開採物資的寶庫與礦山。在 2009 年，大約有 7,000 萬台電腦與 104,000,000 台的電視被閒置在儲藏空間中，而大部分是被放在家中。相對於每三、四台使用中的電腦與電視，就有一台舊的被收在閣樓的紙箱中。一台舊的電器用品被囤積的可能性，幾乎跟被回收利用的可能性一樣高。

囤積物品的衝動顛覆了消費者以往給人浪費揮霍的傳統印象，但並不完全是以讓人感到歡欣鼓舞的方式。不在乎並漠視物品的印象，肯定符合簡單的道德判斷；然而與想像相反，人們的確在乎物品，而且或許太過在乎了。從物質與環境的觀點來看，這種太過在乎的心態為自己製造出許多問題。人們想要換新東西，卻不願放手舊東西；這只會在吸進更多物質材料的同時，阻礙現有物料的釋放與流通。閣樓與車庫從而變成充滿前現代主義風格的當代版荒地，一片未經開墾的電子荒地，就這樣散落著電腦、電視、相機等電子產品。囤積工作就像一座水壩，阻擋物質材料回到流通循環與利用於其他地方的河道，對回收利用的可能性設下了嚴密限制。全球再利用、維修與回收協會（World Re-use, Repair and Recycling Association）估計，2/3 被回收的電視不是被翻新，就是被再製造成新的電視或螢幕送到國外；但是在美國，舉例來說，準備進入使用壽命終結管理階段的電視，只有 17% 被收集起來回收，也就是說，還有絕大多數的電視是處於被貯存起來的狀態。在 2011 年，美國環保局推估，即使只扔掉半數的老舊黑白電視機以及映像管螢幕（cathode-ray tube monitor, CRT），都要花上 13 年的時間；至於桌上型電腦，則要花上十年時間。vii 等到它們全部被釋出的時候，開發中國家的人們早已自行換成平板螢幕了。誰可以解放這些機器呢？

在過去 20 年中，二手電子產品的回收取得了相當的進展。在美國，

---

vii　EPA, Electronics Waste Management in the United States through 2009 (May 2011), table 4, 16.

2009 年，美國使用中、貯藏中，以及壽命終結的產品數量分布
（在 1980-2009 年間出售的所有產品之中）

行動裝置
累計售出：1,660,000,000

使用中

貯藏中

壽命終結

電腦
累計售出：857,000,000

電視
累計售出：772,000,000

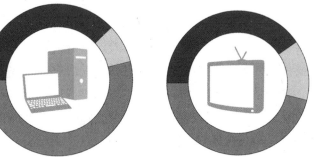

電腦螢幕
累計售出：652,000,000

印表機、掃描裝置、
影印機
累計售出：471,000,000

根據數據資料（2009 年）顯示，1/4 的電子產品被收集起來進行回收利用。然而，回收部分的比率雖然變大，整個市場也變大了。在 1987 ～ 2007 年間，電子產品的消費額增長了七倍，在美國達到 426,000,000 個單位；1/3 的老舊電腦被回收了，但其他的科技產品，譬如手機，從未找到通往回收公司的管道。在整個富裕世界中，廢棄物流裡的電子產品與廚房用品正穩定增加；2006 年在英國，超過 200 萬的電冰箱與冷凍櫃進入了廢棄物流；法國人則每年平均丟棄 25 公斤的電子廢棄物。98

⟡ 物料之流 ⟡

在生物化學中，新陳代謝描述了細胞中所有化學反應，使其能夠在酶的幫助之下，從環境中提取能量供自己存活、成長、繁殖。馬克思想到把這個概念應用在人類社會，並在《資本論》中提到人類與自然之間的*新陳代謝*（*Stoffwechsel*）。自 1980 年代以來，「社會新陳代謝」（social metabolism）已浮現為一個關鍵概念，用以描述社會將取自於地球的物料流與資源，轉化為產品、建築、基礎設施，組成日常生活的物質層面以及過程中所產生的廢棄物與排放物。99

之前，我們一直跟隨商品的腳步前進，從它們被渴望、取得的那一刻，到最後被丟進垃圾桶、車庫或是垃圾掩埋場，經歷各種物質旅程中的重要階段。看起來像是一部物品從生到死的線性時間傳記，實際上，從生態學的角度來看卻是循環的：物質被轉換並移動，並未死亡或消失；無論是被回收、掩埋或是焚燒，物質粒子總會流回生態系統，不管是以汙泥或是二氧化碳排放物的形式。汽車、鞋子、遊戲機都不是從樹上長出來的，鐵與銅必須被開採並提煉出來，乳牛必須在牧草地上放牧才能產出皮革，化學工廠必須要有火力才能為玩具與電器製造組件。我們放在購物袋中帶回家的，不只是物質本身，還有它可觀的過去與未來。在 1997 年一項開創性分析中，世界資源研究所（World Resources Institute）估計，在富裕的工業社會中，典型的消費者每週都得額外帶上 300 個購物袋，才能裝滿所有

滿足他們生活習慣與生活方式所需的產品原物料。想想看，你的背上就像背著一台大車。當我們把家庭廢棄物的問題，放在先進社會每人每年使用45,000～85,000公斤的物質旁時，前者的問題會被縮小到幾乎微不足道。100

過去15年以來，新的國民經濟核算（national accounting）之努力使得物質流分析（material-flow analysis）viii 得以成型，也使我們得以追蹤物質隨著時間推移而產生的巨大轉型，並了解社會使用了多少物質資源，以及社會運用這些物質資源的效率如何。直接物質投入（Direct Material Input, DMI）的數據囊括了所有進入加工與製造的物料，包括用來製作廚房桌子的木料、進入煉油廠的石油、被開採出來製造汽車所用的鐵等等。然而，許多物質材料在過程中被挖出或碎裂了，根本沒被使用在最後的成品之中；舉例來說，為了開採出鐵礦，許多其他物質都得先被清除掉才行，這便增加了總物料需求（Total Material Requirement, TMR）。為了便於人們想像，伍珀塔爾機構（Wuppertal Institute）的弗里德里希・施密特－布萊克（Friedrich Schmidt-Bleek）想出了「生態包袱」（ecological rucksack）的比喻。101 這關乎的並非一項產品本身的重量，亦非直接使用的物質材料，而是它所背負的隱藏性物料重擔：從運送它所使用的汽油，一直到消滅它所需要的能源。我們也想知道，社會是多麼浪費或是多麼有效率地從物質材料中擠壓出價值 —— 這就是物品的「物質強度」（material intensity）或生產力。

物質流分析並不完美，它主要是利用國民經濟核算的數據來測量，包括一個社會輸入與輸出多少的物質材料，但由於它們是國民經濟核算的數據，所以外國產品在入境之前所嵌入的隱藏性資源就沒有被計算在內了。使用英國燃氣的英國工廠中所製造出來的車子，比起從韓國進口的車子，當然會為英國的經濟核算數據增加更多的噸數；進口商品只有本身的重量會被計入，看似毫無原罪；我們的生活方式經由生產所涉及的土壤劣化與汙染，之於遠方他人的生態負擔，往往是眼不見為淨就好；在談到環境成

---

viii 物質流分析係從自然資源的投入、剩餘之廢棄物產出和物質於經濟體內之暫存等角 進 評估及 化。物質 分析探討對象可大致分為3 ，分別為經濟體總物質的需求分析 (Total Material Requirement, TMR)、塊材物質 分析 (Bulk Material flow Analysis, BMFA)、特定元素之物質 分析 (Substance Flow Analysis, SFA)。參見 https://proj.ftis.org.tw/isdn/Green/Index/460199A19B69CEB2

本時，國家邊界與統計數據都顯得毫無意義。嚴格來說，社會不像細胞，不能說只有一種新陳代謝，而是有很多種新陳代謝；在某些家庭與地區，物質材料宛如洪流狂潮般傾瀉；但在其他家庭與地區，則像是涓涓細流般滴淌。這在很大程度上取決於事物的使用方式（以及使用強度），而非總物料及其價值。再者，物質流分析只告訴我們整體的物料流，但並未告訴我們不同的物質材料之於環境的影響，這些影響可能有著天壤之別：一顆24克拉的鑽石對環境所造成的傷害，遠非可再生的木頭顆粒可比。水資源，通常也會被排除於物質流分析之外，這是可以理解的，因為水的重量可觀，納入分析將會使全局失真；但如此一來，所有需要用來生產食物與其他產品的水資源（所謂的「虛擬水」），也都全部從我們的視野中蒸發了。102

　　最後的問題是，物料流的測量與一個國家製造的所有產品之價值（GDP）有關。當然，了解一個社會是否需要兩塊煤才能生產出價值 9.99美元的產品，還是能找到只用一塊煤即可達到同樣效果的方法，這是極為有用的資訊；但用金錢來作為物質生產力的簡略表達方式，有其令人遺憾的不利之處：這會混淆同一產品高階版本和低階版本之間不同的環境後果。一個人花 100 美元在名牌精品店購買一件 T 恤，而另一個人花同樣的錢在廉價購物中心購買 20 件 T 恤，當前者走出商店時，他身上所背負的生態包袱當然會比後者來得輕。一項針對瑞士家庭的研究指出，較富裕的家庭傾向於消費更好、更多優先選擇的高品質商品，而這些商品所產生的環境影響也相對較低；雖然總的來說，他們擁有的東西當然比他們較為貧窮的鄰居們來得多。103 但再怎麼粗略而有限，物質流分析至少還是讓我們略窺整體概況，了解我們需要多少物質材料才能撐持起目前的生活方式。

去物質化

　　人類自從開始定居於中國南方和近東並從事耕作以來，就開始干擾環境、開墾土地、開採資源，至今已 12,000 年；而早在 3,000 年前，中國人已開採煤礦並用以烹煮食物。甲烷水平在 5,000 年前就開始增加，並且在

整個工業時代持續提升，尤其在經濟活動轉向灌溉與種稻之後，又更進一步釋放出致命的天然氣。森林的開拓則釋放出碳。因此，人類對氣候的影響可追溯到久遠以前。從 1800 年左右至今的現代世界所改變的一點是，人類干擾的速度與強度遽增。在 1000 ～ 1700 年間，地球表面被開墾成農田的比率，從 1% 增加成 2%；到了 2000 年，已經變成 11%；被用來放牧的區域，則從 2% 增加到 24%；至於煤炭的使用與工業的發展，更使整片自然景觀被撒滿雨點般的煙囪。人類對氣候所造成的影響開始超越大自然本身，結果就是過去 150 年來全球暖化的加速。104

感謝一支由奧地利社會生態學家所組成的團隊，我們才得以追蹤過去 100 年間全球範圍內的物料流。105 在 1900 ～ 2009 年間，從地球開採出來的物料總量增加了十倍。人口成長是一個原因，而且在中國，直到 1980 年代都是主要原因；然而，工業社會的新陳代謝加速才是決定性因素。在 2000 年代初期，一個人會使用到的物質是 1900 年的兩倍；從大自然的角度來看，更糟的發展與不斷提升的生活水準轉變了開採物質的種類。可再生的生物物質（biomass）（作物、木頭）以及能量能被如實用罄、並在某種程度上找到返回土壤方法的效能物料（throughput material），已逐漸讓步給水泥與金屬之類會固著原地的累積物料（accumulation material）。製造水泥是二氧化碳的主要來源，在 1980 年占了 8% 的二氧化碳排放量，在 2005 年更占了驚人的 16%。106 這些數據至少證明了全球對更美好生活的追尋造成的物質負擔，以公寓大樓、城市遷移、單人家庭的激增與擴散等方式呈現，近年來卻極少在樂觀描繪的消費者廢棄物景象中被凸顯出來。

從商人或工程師的觀點來看，20 世紀是一個效率空前、驚人的成功故事。2005 年時，只需要 1/3 的物料以及一半的能源，就能生產出與 1900 年時相同價值的物品。但對於大自然來說，這意謂著更大的物質負擔。GDP 成長得比物質快，但這世界仍然鬆開它的褲帶容納鼓脹的大量物品；人類社會浪費的事物少了，但吞噬的事物更甚以往，更快的新陳代謝超越了物質的生產力。

全世界只曾在三個短暫的時期實現過真正的去物質化：1929 ～ 1932 年的經濟大蕭條，二次世界大戰結束，以及 1991 ～ 1992 年的蘇聯解體；這些都不是特別吸引人去仿效的模式。即使是在 1970 年代兩次石油危機

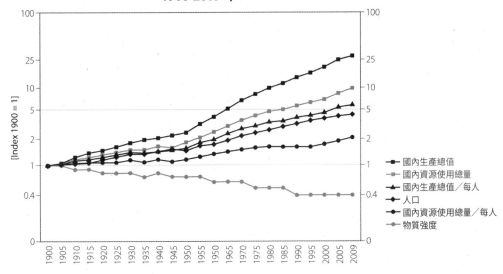

物質利用、物質強度、人口，以及 GDP 全球發展
1900-2009 年

[Index 1900 = 1]

國內生產總值
國內資源使用總量
國內生產總值／每人
人口
國內資源使用總量／每人
物質強度

DMC：國內資源使用（Domestic Resource Use, DMC）
來源：克勞斯曼（Krausmann）等人，「全球物料使用、國內生產總值，以及人口
的成長」（Growth in global materials use, GDP and population），《生態經
濟學》（Ecological Economics）（2009）。

之後的時期，全世界也並未設法扭轉這股新陳代謝的飢渴趨勢。

全球局勢是如此，但我們也必須檢視各國彼此相對位置的改變。在此，藉由國家統計數據來描繪物料的整個旅程，正如英國的例子所示，只會讓全局更顯隱晦模糊。從國民經濟核算角度來看，英國顯然躍升為去物質化的完美典範，成功地與物料輸入的成長「脫鉤」（decouple）——以流行的用語來說。經濟的物料基礎即為「總物料需求」，包括了在英國開採以及輸入英國的一切，從成品、原物料到半成品。自 1970 年以來，英國便設法在總物料需求只增加 18% 的情況下，使 GDP 增加一倍以上；相較之下，奧地利同樣也只需要一半的材料，即可生產出與 1960 年時相同價值的商品。[107] 自 2001 年以來，英國的總物料需求甚至下降了 4%，原因除了 2008 年至今的經濟不景氣減緩了新陳代謝的速度，主要原因應是採礦與住宅建設的衰退。[108] 新住宅變少，意謂著沙子、礫石以及水泥的需求也變少了——儘管還有廚房與地下室的擴建。有些數據資料也指出，英國人比十年前吃得更少了，雖然不一定更健康。

然而，在得出英國這類國家已成功減輕環境壓力的結論之前，我們必須謹慎檢視；109 近年來的下降數字可能讓人大受鼓舞，但從歷史角度來看，這樣的現象到目前為止不過是曇花一現。在 1970 ～ 1990 年代間，物質強度並未扭轉英國大宗物料的大幅增長；最令人擔憂的是，去物質化的榮景可能是統計的錯覺與幻象。以下就是物質生產力提升的主要原因：同樣是創造出一英鎊或一美元，提供諮詢的服務所需要的物料，當然比開採煤礦或是為汽車框架製鋼要來得少。當然，英國人並未停止購買，他們只是進口更多商品與資源。物料流量數據包括了進口鋼材、汽車、罐裝番茄的重量，但往往並未提及必須開採來製造、運送這些進口品的物料與化石燃料；進口汽油被計入了，但外國航空公司的航空燃料則未被計入。對於整體環境而言，開車到黑潭的人變少，但搭機到馬貝拉（Marbella）的人變多，並無甚值得安慰之處。如果內建的物料流被計入數據中，這幅榮景將會失色許多；英國將它的物料胃口所造成的傷害推往海外，據統計，進口製成品中含有大約 13% 的碳排放量。110 不列顛群島在過去 20 年中，溫室氣體排放量以每年 1% 的速率下降，然而在此之際，英國消費者也以對進口品不斷擴大的胃口彌補了前述的缺口。ix 因此，富裕國家不樂意從領土的經濟核算轉換成基於消費排放量的經濟核算，或許並不讓人感到訝異。中亞（Central Asia）是全世界唯一可宣稱已實現全面去物質化的地區，因為在蘇聯解體時，它的經濟也宛如自由落體般暴跌。

　　在 1970 年代的美國，環境正義運動的倡導者把「鄰避」（NIMBY）x 加入政治詞彙之中，使人們開始關注中產階級的白人社區如何以「別在我家後院」（Not in My Back Yard）的態度動員起來，將他們的垃圾與汙染傾倒在貧窮的黑人社區。物質流分析顯示出更顯著的全球版鄰避主義（Nimby-ism）。在 1950 年代，歐美國家的生活整體來說，主要仍是依靠著自己的

---

ix　根據英國能源研究中心（UK Energy Research Centre）的數據顯示，1990 年到 2008 年間，以地域為基準的排放量減少了 19%，以消費為基準的排放量卻增加了 20%；政府在前者上的統計數字甚至更高；HC 1646, 18 April 2012; House of Commons, Energy and Climate Change Committee: Consumption-based Emissions Reporting Twelfth Report of Session 2010-12, Vol. I.

x　排除嫌惡性環境設施的一種心態。一般民眾都不希望此類設施（例如垃圾場、火葬場等）設在其住家附近，因此鄰避設施的設置常遭民眾抗爭，也因此鄰避設施常被設在弱勢族群的社區。參見 http://terms.naer.edu.tw/detail/1320304/

資源；在過去的 50 年，尤其自 1970 年代以來，它們逐漸將開採資源的重擔轉移到其他地區。一項針對全球實體貿易差額（physical trade balance）的研究發現，已開發國家 1962 ～ 2006 年間，將大約 185 億噸物料的製造，轉移到開發中國家與轉型中國家（transition country）111；貿易商品的生態包袱，甚至比貿易商品本身的數量成長得更快。與各國自家中的鄰避主義不同之處在於，全球性的失衡是從北到南、從富到貧，於是最巨大的環境重擔便落到了澳洲人與拉丁美洲人的肩膀上，銅、鐵、肉品、羊毛等等，都是來自他們的土地；澳洲的實體貿易逆差在 1970 ～ 2005 年間增加了將近八倍。而自 1980 年以來，即使連資源蘊藏量豐富已極的美國，都將環境重擔外包給了其他的國家。值得注意的是，不僅日本、德國、英國將其生態包袱轉移到海外，就連巴基斯坦、越南、中國也是如此；而像巴哈馬與塞席爾（Seychelles）這類小型群島與旅遊天堂，也理所當然將它們的生態包袱轉移出去。在過去半個世紀，全世界就像是一個井然有序的登山團體，吃飽喝足、行囊輕便的旅客輕鬆登頂，後面跟著一大群幫他們搬運食物與用品的雪巴人。

最後，我們當然也想知道物料的用途以及它們來自何處，畢竟消費商品的範疇並不存在於真空之中，而是需要一套支撐它的基礎設施。倘若沒有道路，車子就沒有用了；冰箱、熱水浴、電視，都需要電力、瓦斯管線、四面牆壁以及屋頂。因此，除了商品嵌入的內建能源，我們也必須考慮使用這些商品所需的能源。換句話說，我們想知道流量，也想知道庫存。託派崔克・特洛伊（Patrick Troy）與其同僚的福，我們得以略窺 1990 年代在澳洲阿得雷德（Adelaide）六個行政區的概況：特洛伊的團隊重建了他們能在現有建築環境中找到的歷史數據，從房屋牆壁的厚度，以及地板是否由木頭或混凝土鋪成，到車輛與水管的尺寸與年分，這都是具體化的能源。接著，他們與操縱這一切所需的運作能源做比較，也就是燃燒鍋爐的天然氣、啟動電器的電力、從 A 點開車到 B 點的燃料。他們承認自己的方法並不完美，雖然能夠估算出運輸網絡中所埋藏的能源，但無法對天然氣與電力網絡如法炮製——除了通過管線的那些天然氣與電力。非住宅的發展也無法被估算在內。儘管如此，它還是提供了我們一個實用的經驗法則，估算被困在物品中的能源以及與運行相關物品所需的能源。在六個

行政區中，人們每年使用的運作能源是物化能源的三到四倍；換句話說，1990 年代平均每一年中，人們花在加熱空間與水以及開車往返的能源，是製造管線、散熱器以及汽車能源年度占比的三倍。幾乎有半數的運作能源都被用在運輸上。

省不下來

即使在使用壽命結束時，物品也給世界投下了巨大的陰影。在本書中，我們始終跟隨回收利用的興衰起伏前進。如今，許多城市皆致力於零廢棄（zero waste）目標並引以為傲，並表明增加回收利用與將廢棄物轉出垃圾掩埋場的遠大抱負；然而，真正的零廢棄必須意謂著零消耗（zero depletion）。兩位致力於永續發展的設計師提出以零廢棄指數（zero-waste index）來衡量城市的表現，他們比較了三座自詡為零廢棄的城市——阿得雷德、舊金山、斯德哥爾摩，結果頗發人深省。阿得雷德禁用購物袋並回收了半數的一般固體廢棄物，儘管如此，它的零廢棄指數只有 0.23，也就是從被丟棄的所有東西中只回收了 23% 的資源。在斯德哥爾摩，這個指數是悲慘的 0.17，一個斯德哥爾摩人每年丟棄的 480 公斤垃圾中，只有 79 公斤成功地取代了原始物料。唯有舊金山做到了回收利用半數的廢棄物，由於大量產品都帶有許多物化能源，回收利用可帶來巨大的改變；譬如舊金山從回收物料中所得到的替代能源，幾乎是阿德雷德與斯德哥爾摩的兩倍。透過避免興建更多的垃圾掩埋場，舊金山也比另外兩個城市減少兩倍的溫室氣體排放量。*112*

這一切，並不意謂著我們應該貶低過去半個世紀以來，人類在能源效率以及廢棄物管理上的進展，事實上，這些進步極為驚人。儘管早期曾推行提高效率的運動，但在 1973 年第一次石油危機爆發時，富裕世界可說是一片極度浪費之地。阿瑟・羅森費爾德（Art Rosenfeld）年輕時曾在諾貝爾獎得主恩里科・費米（Enrico Fermi）的指導下涉足粒子物理學，其後在加州成為能源效率之父；他回憶自己在 1973 年 11 月時決定把柏克萊放射實驗室（Berkeley Radiation Laboratory）20 間辦公室的燈關掉，卻發現電燈開關都被隱藏在文件櫃、書櫃、海報後面，因為這些燈是 24 小時整天開啟

的，從來不用使用開關把它們關閉。公共場合與私人生活一樣，浪費就像地方性的流行病；次年一項調查發現，美國人在戶外照射到的人造光是在家中的十倍，即使他們是在白天工作、晚上才待在家中。113 要滿足加州對能源的迫切渴求有兩個方法：建蓋新的發電站，或者從現存能源中擠壓出更多的能源。新的建築法規、能反射附近遠紅外線並防止無形熱量外漏的節能玻璃窗，使用高頻鎮流器使 16 瓦的一體式螢光燈泡（compact fluorescent lamps, CFL）可以跟舊的 70 瓦白熾燈泡一樣亮；加上更持久、效能更高的電器與汽車引擎，這些措施一起節省了大量能源。光是更好的住宅與建築標準，就為加州省下了兩座半年產量 1,000 兆瓦的發電廠；在十年間（1975～1985 年），一棟新住宅中每平方英尺用以加熱與冷卻的能源，就下降了驚人的 50%。114

真正的問題不在效能，而在於這些舉措為什麼還是不夠。在加州，對電力的需求的確不再像二次大戰結束以來，以每人每年 6% 的速率成長，但是也沒有下降；所有的效率措施，只是讓現狀保持穩定在 1970 年代初以來就已達到的高水平；但在美國其他地區，美國人在 2008 年使用的電力是 1968 年的兩倍。在其他先進社會中，這些年來許多專家預測私人的能源使用會下降或至少保持原狀，115 但事實證明並非如此。舉例來說，英國的國內能源消耗在 1970～2005 年間相當穩定地上升了 30%——雖然目前這個比率從該時期以來已再次下降。在舊歐盟國家（歐盟 15 個成員國）中，住宅用電量在 1990 年代與 2000 年代躍升至 40%；只有德國與保加利亞的用電量保持不變。116 更概括地說，我們生活中不斷增殖的物質已證明專家們對飽和的預測是錯的。以減少廢棄物為例，私人家庭在能量與物料的使用上，證明遠比商店與工業更冥頑不靈且反應遲鈍，原因何在？

在某種程度上，本書已提供了這個問題的答案。本書詳述了消費如何跨越時空而改變，強調了需求的提升不是一項簡單的經濟作用，而是由政治、社會以及文化力量相互作用並共同形塑的結果，1970 年代以來是如此，在這之前的五個世紀也是如此。1970 年代時，對於先進而富裕社會中的家庭會變得飽和的預測是錯的，當時對飽和的假設是一旦每個人都有了電視、冰箱，大部分人也有了車。這些預測忽略了消費社會的基本動

力：標準、規範、技術以及習慣的改變。

　　舉例來說，效率本身就帶有兩難的矛盾：它幫人們節省了金錢，讓這筆省下來的錢，可以被花用在購買更大的品項或是追求更高的舒適度上。於是，效率與消費此消彼長、相互影響，而效率的確經常更勝一籌並且暗中破壞消費。這就是所謂的反彈效應。*xi* 冰箱的效能提高了，但是尺寸也增加了一倍；呼籲消費者遏止浪費的訴求，在此往往成了懵懂無知的共犯。正如 2011 年的一項官方推行活動，敦促法國人隨手關燈並將溫度調節器設定於 19 度的恆溫，它的說法是：節省熱能，你就有多餘的錢去度假。117 引擎的燃油效率提高了，於是汽車製造商與車主對引擎馬力的期望也提升了。美國新住宅中每平方英尺所使用的能源或許下降了，但房屋本身也變大了。自 1978 年以來，美國家庭的能源使用量保持不變；「低輻射」（low-E）窗與效能更高的暖氣設備所節省下來的能源，都被空調與大量的電器設備給抵消了。118 一個世代之前，在維也納這類城市中的辦公室，是利用開窗來降溫；如今，有一半的辦公室都是利用空調，因為新辦公室可充分利用出租空間的設計，而削減空氣流通的空間。在節能先驅的瑞典，提高的效能亦被 40% 的房屋增長數量給消耗殆盡了。119

　　家庭的萎縮以及單人家庭的崛起，是主要的促成因素。這並非意謂著所有的單人家庭都比較浪費，獨居者包括節儉的老奶奶與揮霍的年輕人皆有。有趣的是，一項 1972 年在康乃狄克州紐哈芬對路邊回收物收集的調查發現，家庭人數愈多，垃圾桶就愈大，這是相對且絕對的事實；必須照看四、五個而非一個孩子的母親，購買較多商品與較少的服務是可以理解的。120 然而，從物料使用的一般角度來看，這類零星片段是規則的例外。以比率來說，獨居者相對依賴更大量的嵌入物料與運作能源，就像一品脫牛奶的小紙盒，在比率上會比兩加侖的容器用到更多的紙。個人對家電的所有權加劇了這個問題。2009 年在美國，每個單人家庭都有一台電視，1/3 的家庭有兩台，13% 甚至有三台；2/3 有他們自己的洗衣機與烘

---

xi　反彈效應的程度以及如何加以評量，仍然是一個備受爭議的主題。國際能源署（International Energy Agency）在它 2012 年的出版品《世界能源展望》（*World Energy Outlook*）中，估算為適度的 9%，但其他的專家亦有估算到高達 50%；例如：Ted Nordhaus ,Michael Shellenberger and Jesse Jenkins, Energy Emergence: Rebound and Backfire as Emergent Phenomena (Oakland, MD, 2011).

乾機，1/2 有洗碗機。*121* 許多人還有 19×22 立方英尺的大冰箱：畢竟憑什麼只因為你是一個小家庭，就只能用一台小冰箱？Freecycle 免費回收網與虛擬共享是好事，但只要獨居者在他們自己家中以「每個人擁有自己的機器」為座右銘度日，回收與共享可說毫無意義。

在家中，舒適度的標準以及經強化的習慣與做法，同時被提升了。1950 年代在歐洲仍然十分罕見的中央供暖設備，不僅將溫暖擴散到原本寒冷的房間，更有助於將溫度正常地提升個幾度；自 1990 年以來的十多年中，在英國是從攝氏 16 度提升到 19 度。智能型鍋爐、對健身與忙碌的狂熱崇拜，以及運動之美的觀念，意謂著在富裕世界中的大多數人不再是在水槽中梳洗或是每週只洗一次澡，而是每天至少洗一次熱水澡 —— 如果不是更多次的話。人們與他們的衣著從來沒這麼乾淨過，英國在 20 世紀的洗衣量增加了五倍；在美國，大部分的獨居者每週會洗二到五桶的衣物，暗示了這些日子以來衣服變化的頻率極高。*122* 城市規劃者、建築師、政策制定者，正忙著以他們所規劃的住宅、浴室、城市基礎設施以及休閒空間，將這種「正常」的慣例與做法植入我們未來的物質生活結構中。一旦澡堂被廉價出售並改建成公寓大廈，人們就很難恢復以前使用公共浴場的習慣了。*123*

囤積家庭

家，比之以往任何時候都變得更像是一個巨大的插座。自 1973 年石油危機爆發以來的 30 年中，英國的家用電器所使用的電力倍增；更大的冰箱與電視只是其中的一部分，還有新一代小玩意兒的集結：從任天堂掌上型遊戲機（Game Boy）到數位電話與相機，這些裝置的電池都需要充電。在 2009 年，平均每個英國家庭所擁有的消費電子產品是 1990 年的十倍以上；儘管有針對能源效率以及待用物品的無聲浪費之抨擊，能源的消耗仍然成長了六倍。在美國，1983 年售出了 500 萬台的桌上型電腦；20 年之後，這個數字成長到 3,500 萬台。新技術的功能特性，譬如電漿螢幕，使舊產品從未有機會達到飽和點；2003 年時，美國銷售的電視數量幾乎是 1983 年的兩倍。*124*

家庭亦反映出物料在全球層面的流通愈來愈快，我們的物質代謝速度加快了，雖然不是每個人皆然，但是對大多數人來說是如此。新的事物與小玩意兒抓住了人們的注意力，但或許最令人困擾的是這些東西的激增，對較老舊與傳統的商品種類所造成的影響。2006 年時，英國女性購買的衣服數量是十年前的兩倍。被扔進垃圾堆的不只是電子產品，還有許多家具；美國在 1960～2009 年間，一般固體廢棄物中的家具數量，幾乎倍增至 990 萬噸。125 家庭以外更多的儲存管道，亦無法減輕家庭內部對空間的需求壓力，而且剛好相反；專業倉儲、閣樓、廚房擴建，都是同一個問題顯現出來的症狀，只是發生在不同的地點而已。2004 年在美國，一間典型的大廚房裡面會有 330 種不同的物品，總計是 1,019 件的品項；即使是一間小廚房，也會有 655 件的品項，這個數字是 1948 年時的三倍。鬆餅鐵模、攪拌器、葡萄柚勺、義式濃縮咖啡杯，全都競相在廚房中占據一席之地；於是流理台只能愈變愈大，抽屜也是如此；而在廚房用餐的點子，原意是讓主人可以展現他們的廚藝，結果卻變成為廚房添加了烹飪書籍與專業設備——即使這些東西鮮少被使用到。在英國，把廚房當成社交而非工作空間的理想，更加劇了空間不足的問題，因為新的英國住宅空間正在縮減，而非擴增，一台洗碗機或是一台花俏的卡布奇諾咖啡機到來，就會迅速淹沒可用的空間，特別是一旦廚房成為家庭空間的中心，且必須容納桌椅的時候；於是唯一的解決之道就是重新整修廚房、移動牆壁，或是擴建一個地下室。126

我們可以想像兩個落實物質效率的理想世界：一個是由撙節用度的儉樸文化所支配，人們以「用到完、穿到壞、湊合用」的座右銘度日；另一個則是更充滿活力與熱情的動態體制，許多物品高速競爭卻不致造成浪費與傷害，因為物料流以極有效率的方式循環流通，使舊物品不斷變成新物品。目前，我們距離第一個世界很遙遠，距離第二個世界也不太近；在普遍的心態與日常生活中，關於浪費損耗的爭論，始終圍繞著垃圾箱與回收容器打轉，以致看起來往往像是我們手中掌握了關於浪費問題的答案，彷彿只要我們記得歸還瓶罐與咖啡膠囊，並且負責地分類自己的垃圾，這個問題就可以得到解決。2002 年，一項針對歐洲五個城市的研究調查發現，廢棄物是各地消費者認為最重要的環保議題；相形之下，使用二手商

品以及少吃肉「一點也不重要」。^{xii} 這是不平衡且危險的情況。對地球來說，再利用玻璃瓶與分離食物垃圾是好事，但我們在家中、在路上、在空中忙碌奔波，過著渴求能源的生活方式，才是真正的威脅。我們必須以正確的角度來看待家庭廢棄物。在英國這類的富裕社會中，幾乎有 1/3 的二氧化碳排放量是來自家庭，而個人旅行又將這個結果提升至 47%；至於回收利用，只能說是真正重要的事項中一則令人欣慰、分散注意的插曲而已。

---

xii 這些城市是腓特烈斯塔（Fredrikstad）、格羅寧根（Groningen）、帕多瓦（Padova）、基爾福（Guildford），以及斯德哥爾摩的南島（Sodermalm，參見：Eivind Sto, Nina Methi, Gunnar Vitterso & Harald Throne-Holst, 'Consumption and Environment in Five European Cities: European Report' (SIFO, ToolSust, 2002).

該怎麼做才好？

　　逐漸提升的高消費水準已成為我們生活方式的特徵，在富裕社會與開發中社會皆是如此。然而，資源是有限的，消耗它們會帶來巨大的環境成本，大部分讀者都意識到了這個問題；現在，出現了預測與打造模式的產業、烏托邦與反烏托邦，以及以 2020 或 2050 年世界可持續發展為目標的全球會議，這些舉措大多是從當代出發，並預測一個更美好的未來。然而本書則提供另一種以古鑒今的觀點，以歷史揭示出長久以來始終存在的力量以及深入的趨勢如何影響消費，使消費在現代社會中的重要性更甚以往。正是這長遠的歷史，不斷形塑我們使用、接受、思考事物的方式。

　　當前大量的分析與政策，始終不懈地尋找下一項最佳技術解決方案或監管的條件規章。歷史往往只被當成是逃避現實的出發點，或是用來對比當代與不怎麼明確的工業或前工業時代的背景，彷彿過去不過是浮光掠影；這類感受有些是可以理解的，畢竟許多環境傷害已造成，因此我們很希望能在當下劃清界線，專注於未來可永續發展的消費形式。與致力於發展更高效率的產品並提供更乾淨能源的自然科學與工程學相較之下，歷史知識更顯得像是種嗜好而已。因此，歷史鮮少被納入工具箱中。

但是，「過去」並不只是人類總帳中代價高昂的一頁，讓我們可以簡單地翻過去就好。我們的物質歷史並非昨日黃花：今天，這項代價跟著我們，並且注定會影響我們的未來。藉由展現出改變的多樣性與動力，歷史知識也使我們得以用新的觀點去看待今天顯得正常、自然、不變的事物——因為今日顯得正常的事物，在過去並非如此；而過去的文化中看似正常的許多事物，今日反而會讓我們覺得不正常。因此，如果我們想了解消費的浪潮、基本的原因，以及在評估補救措施是否可行，在這之前應該採取的第一個步驟之中，歷史觀點是不可或缺的一環。

近年來的論述中，對「消費主義」的批評有兩種明顯的偽裝形式。其一，認為問題的根源在於社會與道德的失敗，人們想要的始終多過他們真正需要的，該被丟雞蛋的是品牌、廣告商、企業，以及人們想要炫耀並效仿比自己優越者的渴望。其二，將「消費主義」視為癡迷於二戰後大獲全勝的經濟成長的一部份，1 從成長的信條中解放富裕社會並轉向「零成長」，讓物質商品難以持續的激增現象終可告一段落。這兩種觀點時而合作互補，但皆未提供令人信服的歷史論述或解釋。

控訴富人以及試圖仿效富人而入不敷出者的炫耀性消費，這種行為就跟人類文明一樣悠久而古老，並不特別新鮮，也不是現代才出現的。在西元一世紀時，羅馬哲學家塞內卡（Seneca）一直憂慮於富人將普通凡人轉變成享樂奴隸；2 在 18 世紀中，盧梭與其他思想家抨擊對奢侈品的腐敗貪慾，但自那時之後，世界的物質代謝速度遽增；很顯然，地位追求無法解釋我們空前的消費水準，只關注購物狂熱、名牌飾品或是奢華遊艇，將會產生見樹不見林的迷思。有些商品與休閒方式的確含有炫耀的成分，然而以大局來看，這只是我們貪婪的物質胃口中極小的部分；絕大多數商品與服務的獲取與利用是為了其他目的，譬如打造一個舒適的家以及形塑個人的身分認同，以便追求活動與娛樂，或是與朋友家人共度美好時光。簡言之，對於來自古老道德腳本的炫耀消費之關注，與當前的消費規模及消費對地球所構成的威脅是脫節的。即使我們明天就宣布禁止所有的奢侈名牌包、設計師手錶以及其他炫耀性消費品項，也很難看出此舉能對目前難以為繼的物質資源利用，帶來什麼樣的巨大改變，也不清楚這類舉措是否必然為公平且民主的做法；誰可以幫誰決定什麼是炫耀性或無節制的消費？

現代早期歐洲的奢侈法讓我們學到的一課是，這類舉措主要是貴族男性用來壓制、約束婦女的物質生活；苛責他人被物質誘惑所掌控的人，往往是像塞內卡這類生活優渥的評論家，鮮少是一般常民。換句話說，這類大聲疾呼不應該被信以為真；消費鐘擺在更多的商品與其引發的憂慮不安之間來回擺盪，而塞內卡這群人只代表了鐘擺的一邊。

消費會不斷成長的概念是源自經濟成長的模式，這樣的觀念雖在二次大戰之後已十分普及，但相形之下卻顯得過於短視。零成長的擁護者持續在高伯瑞《富裕的社會》（1958 年）的思想宇宙軌道上運行。正如我們所見，《富裕的社會》是一篇精彩的論述，並構成了一項重大的政治干預，但即使是在當時，它都是相當可疑的歷史。如今在半個世紀之後，它的缺點已清楚顯現。戰後繁榮的高度成長年代放大並強化了消費，但並未引發突如其來的起飛。幾乎所有推動消費的力量，都在西方國家 1950 年代開始擁抱持續成長的時候到位：包括家庭舒適度的提升、時尚與新奇、以樂趣為目的的購物；對遙遠異國商品的品味；水與能源使用水準的不斷提升；對於家庭財物與嗜好的狂熱崇拜；都市娛樂與消遣；信貸與債務；以及「物質自我」的主張 —— 認知到事物是我們之所以為人、密不可分的一部分。

在本書中，我們跟著這些歷史的脈絡及錯綜複雜的交織方式前進。將消費的提升，歸因於戰後的成長或是新自由主義，從歷史與政治的觀點來看，都有判斷錯誤之虞；對於更多商品與服務的渴望，並非標準化大量生產的產物。舉例來說，對時尚棉布、舒適寢具以及異國茶葉或可可的需求，在工業革命於 18 世紀後期如火如荼展開之前，就已不斷提升。與1950 及 1960 年代蓬勃發展的西方國家比較起來，現代歐洲早期與中國明朝末期都屬於低度成長社會，但這並不意謂著它們的物質慾望停滯不前；商業與文化餵養了它們的擴展，這要歸功於新的品味、習慣以及低廉的價格。以歷史長遠的角度來看，著實難以預見今日的零成長對於不斷擴張的消費趨勢，能如何產生自動抑制的作用。

而緩慢的成長或是沒有任何成長，也往往會導致令人不快的分配衝突；因為使用物質資源而導致的任何減少，都不太可能得到公平的分配，不論是在各國國境之內或是在全世界各地。富裕西方國家中有權有勢的上

層菁英階級，為什麼要放棄他們占有的那一份可觀的商品與服務？而那些不得不接受零成長的低收入群體，又為什麼可以增加它們在一塊逐漸變小的蛋糕上所占有的份額？對於貧窮與開發中國家來說，西方國家的這類範式轉移也同樣不具吸引力：倘若沒有來自北半球富裕國家對其商品的需求，南半球國家的生活標準要如何提升？諾貝爾獎得主約瑟夫·史迪格里茲（Joseph Stiglitz）與其他經濟學家皆一再提出警告，自 1970 年代以來不斷加劇的不平等會帶來的高昂代價：它會抑制成長。3 低成長，反過頭來又會強化並加劇不平等的現象，不但在西方國家之間如此，在富裕的西方世界與沒那麼幸運的其他地區亦是如此。同時，這也使得骯髒成長（dirty growth）i 愈發難以轉變成綠色成長（green growth）。成長停滯或緩慢的國家就像原地踏步的車輛：與那些行進中的車輛相比，它們不但更難移動，也更難以駛往新的方向。

因此，本書提供了一劑歷史的吐真劑。不論喜歡與否，我們都必須面對消費文化在過去 500 年來所展現出的可觀力量與韌性。除了強調漫長的時間範疇，前述章節亦揭示出幾個易被忽視或誤解的特點。

消費社會

許多評論家都是以單數的語態來論述「消費社會」，認為它是可回溯至 20 世紀初期的一種趨勢，與美國及當時無人能敵的物質享受和消費支出水準的生活方式有關。事實上，消費社會有各式各樣的偽裝與形式，並且透過各種不同的途徑來實現；使它們有所區別的不同點在於高消費水準如何被創造、積累以及分配，而非這類的物質新陳代謝。舉例來說，德國、日本，以及芬蘭採取儲蓄（而非信貸）的途徑來發展它們的高消費社會，美國則持續倚賴其比率極高的私人消費支出；相較之下，斯堪地那維亞國家與法國提供了截然不同的模式，國家以養老津貼、福利以及其他類型的公共資助來彌補較低的私人消費支出。

「消費社會」的標籤也掩蓋了各國之間極大的差異。只因為一個國家

---

i　以破壞環境、環境汙染帶來的經濟成長。

有巨額的信用卡帳單，並不直接意謂著它的人民都是揮霍浪費、消費無度者；增長的消費，並非某種會一視同仁改變整個社會團體的病毒。舉例來說，德國人偏好儲蓄並極為謹慎地使用信用卡，但這並不意謂著他們就不會製造大量廢棄物；事實上，他們丟棄的東西跟美國人一樣多。這樣的差異同樣適用於社會團體，受過良好教育的上層社會專業菁英人士追求的是多樣化、高度活躍、資源密集的休閒活動，使他們有別於那些沒那麼幸運的鄰居們，他們只能從事固定不變的消遣活動。

作為一種生活方式與理想，消費隨著時間的推移，展現出非凡的彈性與適應性。很難看出這一點的原因，是因為我們始終把消費與美國固定聯繫在一起，並抱持著消費證明了英美市場與自由民主優越性之類的信念。自 1980 年代以來，美帝國的衰落以及中國的復甦，動搖了這個看似不證自明的真理。中國的國家資本主義，只是全球一系列已擁抱消費的政治體系中最晚的一個；在過去，市場的確擴大了新品味與產品的範疇，但正如我們所見，市場鮮少運作於政治真空的狀態下。帝國、極權主義國家以及社會運動除了干擾供需之外，也傳播了對物質水準與美好生活的期望；不管以何種方式，所有的現代政權最終都會承諾它們的臣民可以得到更多商品，社會主義社會與法西斯社會皆然。當然，它們交付商品的成績與表現不盡相同，然而從世界歷史的觀點來看，值得注意的是高消費水水準的願景如何深植人心、並成為無可爭議的文化理想；自力更生的儉樸理想，不是無法與之匹敵，就是僅限於短命且自毀性的實驗，像是 1975 ～ 1979 年柬埔寨（Cambodia）所推行的「紅色高棉」（Khmer Rouge）。

是什麼原因導致消費擁有這種非凡的適應性與傳播性的特質？昔日的激進分子與馬克思主義者，皆將矛頭指向操縱人民欲望的廣告商與公司企業，自由主義者則為其辯護，認為市場只是提供人們想要的東西；但對於各種環境中隨時間推移產生的變化，這些觀點皆未提供特別令人滿意的解釋。除了市場（以及廣告商），有兩股制定規則的力量值得我們多加關注，那就是政府單位與消費者運動，這兩者對於 20 世紀的大眾消費尤其重要。消費者運動賦予消費政治合法性，將消費者塑造為擁有權利與義務的公民，擴大政治和公共生活的範疇——尤其是對 20 世紀初在大多數國家還沒有正式投票權的婦女而言。消費者運動的成功與否，仍是一項見仁見

智的爭議，但這裡的重點是要強調，消費如何成功在政治生活中發芽生根並延續至今，仍不斷以公平貿易、抵制購買以及其他道德倡議來發揮影響力。

然而，倘若私人消費未得助於公共資源的一臂之力，它將會處於較為弱勢的地位。這類公共資源的範圍，從美國的抵押貸款補助，到歐洲、加拿大、新加坡的公共住宅，皆含括在內。還有一些資源是以間接的形態出現，譬如交通基礎設施以及水、能源網絡，為更大量的私人物質使用奠定了基礎──不論是在家中或是在道路上；其他資源則較為直接，譬如公共養老金或補助金、社會移轉及福利，以及現金津貼。在那些政策「進步」的國家，像斯堪地那維亞國家、英國、澳洲，把錢從最富有的人身上轉移分給最貧窮的人等舉措，推動了大眾消費；但即使在不這麼做的國家中，像是希臘與義大利，公共養老金或補助金也藉著降低未雨綢繆的需要而強化了消費的傾向。今日，共產主義國家已大幅縮減早期的福利服務，中國相對的高儲蓄率與低消費率，顯示出二次大戰後西方的福利國家之於大眾消費的重要性；而對這一點的認知，同時也是對於以往不實論述的質疑，那些論述將不平等視為競爭性支出的刺激。推動戰後大眾消費的是更高度的平等，而非不平等；今日，正是東西方社會中的不平等給成長與消費踩下了煞車。歷史記載顯示，我們沒有理由假設更高度的平等會突然養成人們渴望更多物質事物的胃口。

我們一直強調國家政府、意識形態以及社會運動的貢獻，但這並不意謂著消費者是被動的旁觀者，而是說這些舉措形塑了他們生活的環境。在最後的分析中，消費的力量如此強大，是因為我們的生活與其息息相關，從飲食到個人身分認同的形塑、從我們的嗜好與最珍貴的財物到讓人覺得舒適與愉悅的社會規範，皆包括在內。最終，是人們使用商品的方式（譬如兩次大戰之間的收音機，或是自 1990 年代以來的手機）造就了消費文化的風貌。批評家往往只挑出購物狂熱與浮誇奢侈品，認為這些事物使我們分散了對美好生活的注意力；然而，只關注於這類極端之舉，將會錯失物品美好的一面：賦予人們新的身分認同、更佳的生活品質，以及真正的解放感。除了眾所皆知的青少年文化崛起，本書亦強調，老年人是過去半個世紀中消費增加的主要受益者。某些物品或休閒活動可能會給人膚淺的印

象，但並不能因此認為許多消費對那些進行消費的人來說毫無深刻的意義，而且他們往往有充分的理由這麼做。任何提案若希望創造出永續發展的生活方式並且希望能成功，就必須認知到人們從自己擁有的事物中，所獲取的個人與社會意義。

本書高度主張的歷史唯實主義（historical realism）將影響我們如何去評估現況，以及朝向物質負擔更輕、更健康方向邁進，某些內容要求我們抱持存疑甚至悲觀的態度，但正如我們所見，愈了解過去，也會留給我們的未來愈大的希望。

根據近來許多評論家所言，我們所處的年代已是消費帝國的衰退期；他們宣布了「去物質化」ii 與「後消費主義」（post-consumerism）時代的到來，這個現象的特徵就是對經驗、情感以及服務日益增長的興趣，修補的復甦，因網際網路而成真的租賃倡議與共享網絡之傳播。4 到了 2015 年，將近 1,000 間的維修咖啡館（repair café）iii 在西歐與北美等消費社會最富裕的角落如雨後春筍般湧現；非營利的 Freecycle 免費回收網，免費回收物品使其免於被丟進垃圾桶的命運，自 2003 年誕生以來的十年間，已發展為一項擁有 700 多萬會員的全球性運動，例如人們把自己的沙發借給旅行者（沙發客）、多餘的食物變成陌生人的飯菜、租用晚禮服參加派對而非購買新衣。5 我們當然應該支持這股成長的趨勢：身為消費者，我們可以（而且應該）多加利用自己現有的事物並延長它們的壽命。政府也可以做更多事，舉例來說，免除維修服務的增值稅，這項舉措在某些國家已經被用來幫助補鞋匠與腳踏車店了。問題在於，是否這類倡議只是一股強大趨勢中的一部分，以及是否它們已發展成勢不可擋的力量、足以撼動消費帝國的規模及其物質遺產。

物質與服務之消費

服務的重要性在世界經濟中日益增長，正是支持去物質化的主要證

---

ii 　在生產與消耗的階段減少物質流，降低產品對環境造成的影響。
iii　源於歐洲，提供舊物維修、人際交流的空間。旨在推廣環保、惜物、手作精神。

據。以附加價值的條件來說，服務業在 1980 年貢獻了 30% 的世界貿易；到了 2008 年，雖然實體商品的占比下降了，這個數字仍然成長為 40%。6 然而，我們在此看到的是價值的相對轉變，而非商品數量的絕對下降。這裡發生的事，就是服務性商品的增長速度略快於實體商品。實體商品的確仍在擴張，從整體上來看，實體商品在 2008 年仍然占了世界出口量的 80%（2000 年占了 83%），最新的商品貿易數據幾乎並未提供任何去物質化的證據。在 1998 ～ 2013 年的 15 年間，儘管 2009 年經濟衰退導致了暴跌，世界商品貿易（不包括服務）仍然增加了一倍，很大一部分的成長是由石油、天然氣、鐵、煤以及糧食所組成。但即使僅檢視其他乾貨，海洋中逐漸增長的物質流也著實令人震驚：國際海運貿易量從 1970 年的 717,000,000 噸，成長到 2013 年的 3,784,000,000 噸；到了 2013 年，往返於歐亞航線的貨櫃量，已然是 1995 年的四倍了。7

這些是貿易物料，但如果我們轉而檢視物質消費，這幅景象也並未變得更加樂觀。在 OECD 這座由 34 個最富裕社會所組成的俱樂部中，國內物質消費在 1980 ～ 2007 年間成長了 1/3。全世界的物質欲望可預見地受到了 2009 年經濟衰退的抑制，但是到了 2012 年，已再度超越了 2008 年的水準。的確，歐洲的國內物質消費自 1980 年代以來開始下降，但部分是由於如今許多生產都被外包了，同時，為歐洲人生產汽車與機件裝置所使用的重型物料（譬如煤與生鐵）已從他們的國家統計數據中消失。我們可能會看到物料使用與成長的相對脫鉤，如今只需要更少的物料，就可以創造出與 30 年前物品相同的價值。儘管如此，就 OECD 整體而言，物質欲望並無絕對的下降。當我們量化所有用以創造我們這個物質世界的資源，前景變得更加令人擔憂：從石油、煤炭、鋁，一直到建築所需的水泥 —— 不僅用來建造公寓，還包括我們所謂「去物質化」生活方式所需的商店與服務中心。在 2010 年，根據最新數據顯示，OECD 的總物質消耗量是 450 億噸，相當於每人每天 100 公斤。8 這可是相當多的物質。

當前的挑戰並不是這類物質的匱乏稀缺，而是與這些物質的開採、生產、運輸、處理密切相關的汙染、衝突以及環境破壞。舉例來說，鋁是地殼中含量第三豐富的元素（僅次於氧與矽），或許也是我們目前消費生活方式中最卓越的元素，融入在我們生活的一切事物，從包裝、冰箱、汽水

罐，到車輪、手機以及滑雪板上的皮靴固定裝置。然而，鋁的開採往往泥濘不堪，使帶有汙染鹼土的「紅泥」四溢，冶煉與鑄造也會產生溫室氣體；事實上，它的生產占了所有人為溫室氣體排放量的 1%；而對所謂稀土元素（用於電腦硬碟、喇叭、油電混合車）日益增長的需求，亦帶來了放射性廢棄物的額外風險。自 1960 年以來，全球鋁產量成長了八倍；但這並不是盲目浪費的簡單故事，而是更令人為難的事實真相。隨著工業國家日益發展並變得愈來愈富裕，他們也建立起鋁以及其他金屬的庫存；據估，在 20 世紀開採的所有鋁礦，有 3/4 仍使用至今，而其中有 1/4 是在我們的電器之中。即使在高收入國家中，鋁的產量也並未下降，只是呈現平穩狀態。因此，OECD 預測，如果沒有高效率的主要生產措施以及轉換至可再生能源的做法，「預計鋁產量的絕對全球排放量將繼續增加」。9

並非每個消費社會都具備相同的物質代謝速率，有些社會比其他社會更有效率，有些社會則得天獨厚地擁有更多的自然資源，也比其他社會更飢渴於翻攪、開採這些資源。因此，平均值的利用必須謹慎。這些極大的數字，對富裕社會中的人們在日常生活中消費的產品與設備數量，意謂著什麼？讓我們先簡單檢視一個有過往事蹟可參循的國家：瑞典。這個國家既是環保先驅，亦是福利與平等的典範國 —— 直到社會民主黨在 2006 年失勢。對許多英美評論家來說，這個國家是英美消費主義的健康北歐替代版；由於瑞典政府在 2014 年與 2020 年推行了廢棄物減量計畫（Waste Minimization Programme），我們得以了解瑞典人消費的商品和產品數量等詳情。往好處看，雖然以瑞典整體來說並無減少，不過斯德哥爾摩的確在 1996 年與 2012 年間降低了 25% 的化石燃料消耗量。然而在各方面來說，對於更多物品的渴求並未降低。在 1990 年代，斯德哥爾摩人每年平均購買六公斤的衣物；到了 2007 年，已增加至 12 公斤，2011 年則超過了 19 公斤。在過去 20 年間，護膚產品與香水的購買量也增加了四倍，肉品的消耗量則提升了 1/4。1995 年時，斯德哥爾摩的 75 萬名市民共購買了 1,000 件大型家電與 1,000 件小型家電；12 年之後，上述數量分別成長至 2,200 件與 5,000 件。最好的情況，可以說就是對電器的需求在 2007 年達到高峰之後，趨於穩定平緩；但相較之下，電子設備的數量在 1995 ～ 2014 年間繼續增長到三倍。10 若真有一股從「實物到無物」（from stuff to fluff）的

趨勢在發生，那它也肯定尚未抵達瑞典。

倘若以為服務與網際網路是虛無縹緲的存在，也是一項錯誤的假設。休閒與通訊都需要設備、基礎設施以及能源的配合。舉例來說，在法國，資訊與通訊技術（information and communications technology, ICT）占了 15% 的服務業用電量。在 2007 年，法國人必須行經 520 億公里去購物、420 億公里去從事自己的休閒愛好、另外 120 億公里去咖啡館與餐廳用餐；而那些從事服務業的工作人員，會加上額外 900 億公里的通勤路程。11 對所謂的「輕」服務（light service）iv 來說，這可是許多的停機坪、車輛以及燃料。

本書的論述引發了若干嚴肅的問題，有關我們正從以實際產品為基礎的堅實經濟轉變成體驗經濟（experience economy）的概念。的確，過去 20 年來，湧入音樂與電影節慶、健康假期或享受日間水療中心的人數成長驚人；在 2000 年，美國音樂光碟專輯的銷售額高達 130 億美元：到了 2008 年，隨著聽眾逐漸以下載的方式或最近的串流方式取得音樂，音樂光碟的銷售額跌到 20 億美元。黑膠唱片在近十年又重新流行起來，但它在美國的音樂市場占有率仍然不超過 3%。如今，2/3 的音樂銷售量已成了數位的型態。12 這難道不是清楚的證明，有一股總體趨勢是從實體產品擁有權為主的文化，轉向以服務體驗為焦點的文化？

然而，並不全然如此。因為這樣的說法，亦錯誤地假設了過去的消費都屬於堅如磐石的實體消費。我們在這段歷史中遭遇不斷擴大的消費經濟，其中許多特徵都是關於對感官的刺激：18 世紀時倫敦的娛樂花園，一個世紀後巴黎、莫斯科、東京的百貨公司，1920 年代時各式攤商與街頭藝人提供各種聲色之娛的北京天橋市場，科尼島的險陡滑水道，每週數次數百萬人湧入的電影院，以及舞廳的熱潮；上述還不過是舉出幾件深具里程碑意義的事件。過去，人們並不缺乏經驗或樂趣；幾個世紀以來，溝通交流、樂趣以及娛樂，逐漸成為情感經濟（emotional economy）v 的特點。13 網際網路只是為此增添了一個新的層面，而非創造出另一種革命性

---

iv　利用科技提供輕便簡潔的服務，例如「無人超市」。
v　服務情感需求的消費。

的突破。

　　物品不斷在視覺上提醒我們生活方式有多突出，然而它們近年來的聲名並不佳。14 以擺脫個人物品的方式來看，我們不僅可以拯救地球，還可以拯救我們自己免於物質財產的桎梏，再度享受到真實的體驗。然而，即使要面對這些物品所帶來的環境後果，也不該自動抹滅它們發揮過的情感作用──小說家、哲學家、人類學家、心理學家、行銷人員也都是這麼認為的。在事物與情感之間劃出一條涇渭分明的界線，是根本性的錯誤，物品的消費帝國得以擴展，部分是由於我們的個人物品逐漸成為身分認同、回憶以及情感愈來愈重要的載體。對收藏者來說，物品就像是他們的朋友、家人，而不是沒有生命的物質；衣服、汽車以及許多其他物體，不僅因實際用途受到重視，更因引發的情感而受到珍視。

　　資訊與通訊技術、網際網路以及共享網絡，是否會自動帶來更高程度的永續發展性，尚屬未知數，這取決於消費者如何運用這些技術，以及這些技術為他們節省下來的金錢與時間。如今，網際網路、電腦、電訊，占了全世界溫室氣體排放的 2 ～ 2.5%，而隨著手機的全球普及化、更高處理速度所需的更大功率，以及愈來愈多 24 小時處於「開啟」狀態的設備，這項比重快速地成長。15 2008 年，由資訊與通訊技術公司發起的「全球永續議題 e 化倡議組織」（Global e-Sustainability Initiative）預測，到了 2020年，隨著電子與虛擬替代品取代了實物，「智慧」技術（smart technology）可促進運輸與建築物的效率以及對我們的生活方式去物質化，以此省下自身五倍以上的生態足跡。16 但這類的預測往往忽視人們會如何利用那些「智慧」技術為他們省下的資源。舉例來說，資訊與通訊技術鼓勵在家工作與宅配服務，藉以縮短通勤時間並減少頻繁的購物行程。如果人們可以就此待在家裡享受這些節省下來的時間與金錢，並且不改變生活中的其他事務，那麼這些直接的削減將會非常可觀；但倘若他們將這些省下來的資源又花在額外的電子產品、一套新衣或是一趟多出來的假期上，那麼前述的環保收穫將會迅速消失。到目前為止，隨著新軟體與應用程式（apps）被用在手機、電腦以及愈來愈多的洗衣機與其他裝置設備上，創新的「智慧」技術可說是一項好壞參半的福音，不但加速了產品週期，更使之前在不那麼「智慧」的環境中運作良好的機器，突然就過時了。

20 世紀見證了物料與能源使用上的效率大幅提升。今日的冰箱遠比一個世代之前的冰箱更加經濟實用,散熱器的效率更高、放進冰箱的瓶罐也更輕了。但這並不意謂著家庭的整體消費因而下降;相反地,冰箱變得更大,中央暖氣系統提高了整個家庭的室內溫度,拋棄式瓶子取代了可重複使用的瓶子。除此之外,額外的購買力和閒暇時間被奉獻給一連串不斷擴大、以前想都沒想過的新商品與服務;自 1980 年代以來,在富裕的 OECD 國家中,物質利用的確已與成長脫鉤,但其絕對數量並未下降,對環境的影響亦未減低。

最新科技(資訊與通訊技術與網際網路)如何打破這項歷史模式,目前看來尚不明確。儘管有了 Skype 通訊應用軟體與視訊會議的出現,商務航班與會議旅行仍比以往來得更為頻繁;物質的癥結在於,新科技並未自動取代現有的使用模式,而只是補充或增加了現有的運用。除了虛擬消費,電信與網際網路更藉由擴大對全球物品與地域的認知,並使購買物品與拜訪各地變得更容易的方式,強化了實體的消費。

網路消費的時代

想讓網際網路的消費取代物品的消費帝國,必須以全新的使用文化來取代現有的使用文化。這是許多人對共享經濟與租賃經濟的期望。以此觀點來說,網際網路不僅會帶來更高的效率,更能使人們逐漸脫離所有權的惡習並適應共享的社會生活方式,其特徵即為共同合作、延長產品週期、保養維修、重複利用以及低碳足跡。到目前為止,共享經濟仍被局限於極為特定的行業,尤其是汽車旅行與住宿,而租賃主要運作於企業之間。17 我們必須具備權衡事物輕重的能力。在 2014 年,全世界共有 92,000 輛汽車隸屬於汽車共享計畫;相較之下,同年光是在英國,註冊的新車就有 250 萬輛,這是有正式紀錄以來第四大的數據。在美國,有 100 萬名駕駛隸屬於汽車共享方案,據估,此舉減少了 50 萬輛私人新車的銷售量;就汽車數量而言,是一項相當可觀的成果,然而,這並不必然意謂著這些成員就會自動變成全民共享者、厭倦個人所有權,或是把他們的腳從物質的加速器上移開。人們共享汽車或電鑽的機會或許增加了,但他們幾乎都渴

望擁有自己私人舒適而便利的公寓，在東西方皆然；而且「他們自己」逐漸意謂著獨居，不跟家人朋友住在一起。18 汽車共享方案促成多少共享團體的出現呢？從共享網絡節省下來的資源，還是勢不可擋地流回以私人所有權與歡愉之樂為中心的社會；正如一位汽車共享者在 2014 年告訴《華爾街日報》，她利用汽車共享節省下來的錢，去猶他州滑雪、去百慕達（Bermuda）度假以及去歐洲旅遊。vi

　　重複使用、回收利用、考慮原材料安全循環利用的從搖籃到搖籃式產品設計，以及更佳的燃料與技術效率，都是我們仍然必須加以鼓勵的舉措，然而就其本身而言，這些舉措並無法遏制我們渴求更多物質，只是使資源的循環流動變得更有效率。我們也應該思考消費層面，以及生活方式的改變如何能在第一時間降低我們對產品與資源的需求。歷史無法提供一份政策措施的詳細清單，但它可以提供我們看法或觀點，去洞察跨越時間的變化，並藉此提供我們新的方式或角度去思考當前的問題。到目前為止，我們一直在強調，資源愈來愈密集並抗拒快速修復的消費方式，已深植於我們的生活之中。然而，藉著了解這股上升的勢頭來自哪裡，相同的歷史也會提供我們經驗與教訓，告訴我們什麼樣的干預措施，或許能以更永續發展的方向來改變我們的生活方式。

　　今日，對於改變的討論主要局限於選擇、市場以及消費者主權方面。行為經濟學家補充了「選擇架構」（choice architecture）的概念，說明消費者並非在真空中做決定，而是受到現有資訊以及他們自身的慣性或惰性、因循拖延的心態，或是毫無根據的樂觀主義所影響。19 他們的分析助長了自由主義者的溫和專制主義，採取了複合式措施，藉由更顯著的資訊、預設規則以及重要團體的意見來改善「架構」，溫和地推動人們發展更可永續維持的行為；同時在此之際，亦保留全面而完整的選擇自由。這是朝向正確方向前進的一步，但從歷史角度來看，走得還不夠遠。消費的崛起意謂著更大的選擇空間，但也涉及新的習慣與常規，這些都是社會與政治的產

vi　Wall Street Journal, 3 February 2014. For UK figures, see the Society of Motor Manufacturers and Traders: http://www.smmt.co.uk/2015/01/uk-new-car-registrations-december-2014/ . 類似的意見也適用附加在 3D 列印（3-D printing）的期望：這個可以製作個人化、訂製物品的機會，為何假設只能用在延長物品的使用壽命，並使人們不再渴求新奇事物與多樣化的產品？

物，而非出於個人喜愛的結果。家居舒適度、異國節日、日常飲食、購物時間，以及乾淨、健康、時尚意謂著什麼，這些約定成俗的觀念以及我們生活方式的許多其他層面，都是社會規範、期望以及約定的歷史產物。

可以肯定的是，消費者必須在改變中發揮他們的作用，公司企業也是如此，但倘若僅關注在選擇與市場，那麼國家、城市以及社會運動，這三者在制定物質基礎設施，與促使全民提高物質水準的理想上扮演的積極角色，將會被我們忽略。這並不是說髒亂的貧民窟、貧困匱乏、疾病叢生的時代比較好，所以我們應該回到過去；但我們應該認知到，無論從社會的角度來看過往有多麼值得響往，如今住房與衛生標準的提升，道路、水與能源的基礎設施，以及社會福利服務的擴展，都與更加大料消耗物質的生活方式興起與普及密切相關；而這些干預雖是漸進式的，卻不代表它們在物質資源利用上或對環境而言是良性的。倘若現今各個國家政府兩手一攤，說它們因為必須尊重消費者的主權，因此受到束縛無法干預市場過多，這完全是不負責任的敷衍說詞，等同放棄了共同的歷史責任。

對消費者與生產者而言，重要的是在製造過程中，商品與服務產生的碳與被消耗的水資源應該被合理定價；若非如此，人們很難領會他們的生活方式對地球以及對那些需要開採、生產、拆卸物料的產品所造成的後果。然而就其本身而言，正確的定價與標籤並不足以改變已根深柢固的習慣。因此，為落實這一點，我們需要更開誠布公地討論關於我們的消費標準與習慣如何發展至今日的樣貌，更敏銳地評估過去的改變與未來的替代方案，同時認識到，即使是今日，大量消耗物質的做法也並未均等地分布於富裕社會中。歷史讓我們學到的一課就是，我們往往錯誤地認定目前的標準是理所當然的事實，或者我們的生活方式即將也應該會延續到未來，只是會變得更有效率。空調、熱水澡、快時尚以及經濟實惠的城市小旅行，皆非人類文明與生俱來的事物，尤其是我們野心勃勃、多工消費的生活方式，需要這麼多的協調作業以及牽涉其中的流動性與資源；這種生活方式是相當近期的產物，由受過高等教育的中產階級專業人士推動，他們將職場的生產力標準應用在休閒活動上，並在從事的過程當中，徹底加劇了這些活動的強度。我們很容易忘記，約 60 年前的人們曾經過著更靜態、更放鬆的生活，或是有些團體至今仍然享受著不那麼忙亂、不那麼多

變、數量有限的消遣娛樂。「慢活」（Slow-living）的擁護者試圖抗拒這股潮流，但在大多數情況下，他們的努力被邊緣化而且起不了太大作用，整個社會仍然以更快的節奏滴答前進。我們必須培養出更整體而普遍的認知，去領會與更少的事物建立更深入持久關係的樂趣。

我們的生活方式對社會與環境造成的後果，應該是嚴肅的公眾議題與公共政策的主題，而不是被當成僅關乎個人品味與購買力的問題。我們有許多可介入改變的機會存在：從共享住房、不同的冷暖氣標準，到更得以永續發展的移動型態，以及透過公共資訊宣傳活動告知大眾頻繁的淋浴與更衣會對環境造成什麼樣的傷害。

這類議題的討論必須大膽而不受限，設想各種不同的生活方式以及在住房、運輸以及文化方面伴隨而來的改變。同時，也必須有更多人記住：身為消費者，他們不僅是顧客，也是公民。而這一切都需要歷史的想像力。

謝辭

在過去的七年中，這本書耗費了我許多的時間與心力，倘若沒有眾人的協助，本書將不可能付梓。我最初撰寫本書的念頭是出現在「消費文化計畫」（Cultures of Consumption programme）告一段落之際，那是一套由 60 多位來自時尚、地理、法律以及商業專家所組成的研究網絡，而我有幸能主持這項計畫；感謝其中的每一位專家，包括我高超的行政管理者史蒂芬妮・皮爾斯（Stefanie Pearce）、諮詢小組，也要感謝藝術與人文研究委員會（Arts and Humanities Research Council）以及經濟與社會研究委員會（Economic and Social Research Council）為這項獨特而有價值的跨學科研究提供資金。社會學家伊莉莎白・索夫（Elizabeth Shove）與人類學家瑞克・威爾克（Rick Wilk）至今仍是我的靈感泉源。

好幾個機構為我提供了研究和思考的時間。感謝歐洲大學學院（European University Institute）提供的費爾南・布勞岱爾資深研究員基金（Fernand Braudel Senior Fellowship）、加州理工學院（Caltech）授予的摩爾傑出獎助金（Moore Distinguished Fellowship）、曼徹斯特的永續發展消費研究所（Sustainable Consumption Institute）以及聖加侖大學（University of St Gallen）與巴黎社會科學高等學院（École des hautes études en sciences sociales）所提供的客座教授職銜；也要感謝這些地方的同僚們給予我許多激勵人心的交流與互動。諷刺的是，

我愈是回溯「過去」消費浪潮的軌跡，「現在」就為這個故事添加更多新的篇章；就像英國政府決定，學生也應該被視為教育市場中的消費者——卻忘了消費者既是顧客，也是公民，最後產生的結果就是金融改革與一大堆官僚主義的官樣文章。因此，我要對我的母校倫敦大學伯貝克學院（Birkbeck College）及院長致上更甚以往的深切謝忱，感謝其導引讓我們安全通過那些隨之而來的動盪與湍流，還有所有的同事、學生、教職人員，感謝他們使貝克學院成為一個得以從事批判探究、教學、學習的獨特所在，也使本書這類的書籍得以在此成形。

這些年來，我從全球各地的講座與研討會中受益匪淺，這些場合提供了我嘗試各種想法和初稿的無數機會。我要感謝全球各地的講座與研討會的主辦者以及參與者的討論與評論意見，包括在紐約、帕薩迪納、里約熱內盧、赫爾辛基、奧斯陸、哥德堡、阿姆斯特丹、倫敦、牛津、劍橋、柏林、科隆、慕尼黑、巴黎、佛羅倫斯、德里、東京以及北京。還要感謝在異鄉幫助我的當地專家，包括北京的高丙中、閻雲翔、中國消費者協會的官員，以及為我提供建言的卡爾・格斯（Karl Gerth）與茱莉亞・洛福爾（Julia Lovell）；里約的莉維亞・巴柏薩（Livia Barbosa）；赫爾辛基的尤卡・果諾（Jukka Gronow）；東京的謝爾登・加隆（Sheldon Garon）與新廣樹（Hiroki Shin）；德里的古沙蘭・達斯（Gurcharan Das）、安賈利・加爾格（Anjali Garg）、桑傑・斯里瓦斯塔瓦（Sanjay Srivastava）、蘇雷什・米甚拉（Suresh Mishra）以及應用經濟研究全國委員會（National Council of Applied Economic Research）。

這三位學者慷慨地讀完整篇手稿，並以他們在文化、經濟以及社會方面無可比擬的知識讓我獲益匪淺：約翰・布魯爾（John Brewer）、馬丁・當頓（Martin Daunton）、格哈德・豪普特（Gerhard Haupt）。我虧欠他們著實良多。也要感謝為我讀了〈意識形態的時代〉該章初稿的希拉・菲茲派翠克（Sheila Fitzpatrick）與喬納森・威森（Jonathan Wiesen），以及引導我深入探討廢棄物的克里斯・科金斯（Chris Coggins）與海克・韋伯（Heike Weber）。當時在全國消費者委員會（英國）的艾德・梅奧（Ed Mayo）也慷慨地與我分享他對消費者權益保護的知識，國際消費者協會的羅賓・辛普森（Robin Simpson）亦是如此。同時，希瑟・夏佩爾斯（Heather Chappells）自始自終都

是一位聰明又靈巧的研究助理。

在艾倫連恩／企鵝出版集團（Allen Lane/Penguin），斯圖亞特・普拉菲特（Stuart Proffitt）與勞拉・斯蒂克尼（Laura Stickney）都是極為出色的編輯，感謝他們的集體智慧、對大想法與小細節的關注，並鼓勵我發揮連結過去與現在的雄心抱負；還有克洛伊・坎貝爾（Chloe Campbell），感謝她細心為我讀完初稿。感謝企鵝出版集團優秀團隊的協助，從內文編輯、索引編製、校對、地圖與圖表設計，一直到完美的封面。我的經紀人大衛・戈德溫（David Godwin）從開始到結束一路陪伴著我，提供恰如其分的熱誠與建議，我對他與 DGA 文學經紀公司的每個人都滿懷感激。

最後是我的家人，在此向他們致上無邊無際的謝意。我有幸能擁有一位充滿關愛與支持的伴侶，除此之外，她還是任何作者求之不得的最佳內部編輯：細心縝密、要求苛刻、吹毛求疵；本書沒有一頁未從莉莎・魯迪克（Lizza Ruddick）對風格、清晰度、論據的觀點與見解中獲益。謹以本書獻給我們的兒女，茱莉亞與奧斯卡，他們以幽默、好奇以及寬容之心豐富了這趟通往物質世界之旅，也終於得以鬆了一口氣，說出：「成了（consummatum est）。」

法蘭克・川特曼
倫敦，2015 年 8 月

資料來源

引言

1. 舉例來說，今日的英國人每兩到三年就會汰換一次他們的衣裙與夾克。See WRAP (Waste & Resources Action Programme), Valuing Our Clothes (Banbury, 2012); 這個數字是針對 16 歲以上的英國人。Süddeutsche Zeitung, 26 April 2011. 針對美國的車庫：Jeanne E. Arnold, Life at Home in the Twenty-first Century: Thirty-two Families Open Their Doors (Los Angeles, 2012). 為便於比較，參見財物在匈牙利農村所扮演的角色：Tamás Hofer, 'Gegenstände im dörflichen und städtischen Milieu ', in: Gemeinde im Wandel, ed. Günter Wiegelmann (Münster, 1979), 113–35. *2.* 喬治·杜比（Georges Duby）1997 年開創性論文的英文名稱。這項後續方案的替代選擇，就是將歷史視為競爭對手身分之間的衝突，正如維爾納·桑巴特對第一次世界大戰的知名描繪 —— 精於算計的英國商人與最初的德國英雄之間的一場爭鬥：W. Sombart, Händler und Helden (Munich, 1915); see also: David Priestland, Merchant, Soldier, Sage: A New History of Power (London, 2012). *3.* 關於排放，參見政府間氣候變化專門委員會（Intergovernmental Panel on Climate Change），Fifth Assessment Report, Working Group III – Mitigation of Climate Change (2014), esp. chs. 8 and 9. 自 1970 年以來，交通運輸產生的排放量增加了一倍以上，比任何其他能源的終端使用部門都要來得快。大部分增加的排放量（80%）來自公路車輛，參見：國際能源署（International Energy Agency），Energy Efficiency Indicators: Essentials for Policy-makers (Paris, 2014); International Energy Agency, Worldwide Trends in Energy Use and Efficiency (Paris, 2008); 關於肉類與氮，參見：the Royal Society, People and the Planet (London, 2012). 關於電子廢棄物貿易，參見以下的第 14 章。 *4.* See Dominik Schrage, Die Verfügbarkeit der Dinge: Eine historische Soziologie des Konsums (Frankfurt am Main 2009), 43–50. *5.* Adam Smith, An Inquiry into the Nature and Causes of the Wealth of Nations (Chicago, 1776/1976), bk IV, ch. 8, 179. *6.* 引言來自 Neal Lawson, 'Do we want to shop or to be free?', Guardian, 3 Aug. 2009, 24. See also: George Monbiot in the Guardian, 26 Nov., 4 Feb. 2015, and 5 Jan. 2010; Lynsey Hanley, 'Shopping: How it became our national disease', New Statesman, 18 Sept. 2006. See also: Naomi Klein, No Logo: Taking Aim at the Brand Bullies (New York, 1999); Oliver James, Affluenza (London, 2007); and Neal Lawson, All Consuming: How Shopping Got Us into This Mess and How We Can Find Our Way Out (London, 2009). 更學術性的觀點，可參見 esp. Juliet B. Schor, The Overspent American: Why We Want What We Don't Need (New York, 1999); Barry Schwartz, The Paradox of Choice: Why More is Less (New York, 2005); Avner Offer, The Challenge of Affluence: Self-control and Well-being in the United States and Britain since 1950 (Oxford, 2006); and Zygmunt Bauman, Consuming Life (Cambridge, 2007). 古拉格為蘇聯勞改營。 *7.* Milton and Rose Friedman, Free to Choose (New York, 1979), 3. See also the US Center for Consumer Freedom, https://www.consumerfreedom.com. *8.* Lizabeth Cohen, A Consumers' Republic: The Politics of Mass Consumption in Postwar America (New York, 2003). Compare: David Steigerwald, 'All Hail the Republic of Choice: Consumer History as Contemporary Thought ', The Journal of American History 93, no. 2, 2006: 385–403. *9.* Tony Blair, Guardian, 24 June 2004, 1. See further: Tony Blair, The Courage of Our Convictions: Why Reform of the Public Services is the Route to Social Justice (London, 2002). 社會民主主義者早期觀點解述了 C. A. R. Crosland, The Future of Socialism (London, 1956). *10.* 兩個里程碑是 Mary Douglas and Baron Isherwood, The World of Goods: Towards an Anthropology of Consumerism (London, 1996, 2nd edn); and Daniel Miller, The Comfort of Things (Cambridge, 2008). See also: Michel de Certeau, The Practice of Everyday Life (Berkeley, CA, 1984;1st edn, France, 1974). 對於不同的學術方法，參見 Daniel Miller, ed., Acknowledging Consumption: A Review of New Studies (London,

1995); Martyn J. Lee, The Consumer Society Reader (Malden, MA, 1999); and Juliet B. Schor and Douglas B. Holt, eds., The Consumer Society Reader (New York, 2000). *11.* Daniel Kahneman and Amos Tversky, eds., Choices, Values, and Frames (Cambridge, 2000). *12.* John Kenneth Galbraith, The Affluent Society (New York, 1958), 203. *13.* The Works of Aurelius Augustine, Vol. II : The City of God (Edinburgh, 1871), 518. *14.* 'History and Literature', repr. in T. Roosevelt, History as Literature and Other Essays (New York, 1913), 27. For other approaches, see F. Trentmann, 'The Politics of Everyday Life': in The Oxford Handbook of the History of Consumption, Frank Trentmann, ed. (Oxford, 2012), 521–47. *15.* Fernand Braudel, The Structures of Everyday Life (New York, 1979/1981), 23, 28. *16.* Neil McKendrick, John Brewer & J. H. Plumb, The Birth of a Consumer Society: The Commercialization of Eighteenth-century England (Bloomington, IN, 1982). *17.* Victoria de Grazia, Irresistible Empire: America's Advance Through Twentieth-century Europe (Cambridge, MA, 2005). *18.* OECD, Social Expenditure Update, November 2014, http://www.oecd.org/els/soc/OECD2014-Social-Expenditure-Update-Nov2014-8pages.pdf. *19.* See esp. Robert H. Frank, Luxury Fever: Money and Happiness in an Era of Excess (Princeton, NJ, 1999), and the discussion below at [556–60 in MS] *20.* 對這項爭議有興趣的讀者，或許想參考：Angus Deaton, Understanding Consumption (Oxford, 1992); Herbert A. Simon, Models of Bounded Rationality (Cambridge, MA, 1982); and D. Southerton and A. Ulph, eds., Sustainable Consumption (Oxford, 2014). *21.* Thorstein Veblen, The Theory of the Leisure Class: An Economic Study of Institutions (New York, 1899, 1953 (2nd) edn). *22.* 關於這個新興的領域，請參見 e.g., Jukka Gronow and Alan Warde, eds., Ordinary Consumption (London, 2001); A. Warde and D. Southerton, eds., The Habits of Consumption (Helsinki, 2012); and Elizabeth Shove, Mika Pantzar and Matthew Watson, The Dynamics of Social Practice: Everyday Life and How It Changes (London, 2012). *23.* W. G. Runciman, Relative Deprivation and Social Justice: A Study of Attitudes to Social Inequality in Twentieth-century England (London, 1966). *24.* 35 位專家對其所在區域、時期，以及主題提供了重要的概述：Oxford Handbook of the History of Consumption, ed. Trentmann. *25.* 帶有比較歐洲焦點的兩篇簡短例外是：Heinz-Gerhard Haupt, Konsum und Handel: Europa im 19. und 20. Jahrhundert (Göttingen, 2002); and Marie-Emmanuelle Chessel, Histoire de la consommation (Paris, 2012).

第一章

1. Antonia Finnane, 'Yangzhou's "Mondernity": Fashion and Consumption in the Early Nineteenth Century', Positions: East Asia Cultures Critique 11, no. 2, 2003: 395–425. 我很感謝安東尼‧費南（Antonia Finnane）的討論。另外，我們可以從 17 世紀後期日本的商店、時尚、渴望的擴散激增開始，在當代的源頭中捕捉：Ihara Saikaku, The Japanese Family Storehouse, or the Millionaires' Gospel Modernized, trans. G. W. Sargent (Cambridge, 1688/1959). *2.* Neil McKendrick, John Brewer & J. H. Plumb, The Birth of a Consumer Society: The Commercialization of Eighteenth-century England (Bloomington, 1982); Braudel entitled his discussion of the lack of fashion in China 'When Society Stood Still', in: Civilization and Capitalism, 15th–18th century, I, 312. *3.* Joan Thirsk, Economic Policy and Projects: The Development of a Consumer Society in Early Modern England (Oxford, 1978); Chandra Mukerji, From Graven Images: Patterns of Modern Materialism (New York, 1983); John Goldthwaite, 'The Empire of Things: Consumer Demand in Renaissance Italy', in: Patronage, Art and Society in Renaissance Italy, eds. Francis Kent and Patricia Simons (Oxford, 1987); Lisa Jardine, Worldly Goods: A New History of the Renaissance (London, 1997); Craig Clunas, Superfluous Things: Material Culture and Social Status in Early Modern China (Chicago, 1991); Christopher Dyer, An Age of Transition? Economy and Society in England in the Later Middle Ages (Oxford, 2005); and Maryanne Kowaleski, 'The Consumer Economy', in: Rosemary Horrox and W. M. Ormrod, A Social History of England, 1200–1500 (Cambridge, 2006), 238–

59. **4.** Ruth Barnes, Indian Block-printed Textiles in Egypt: The Newberry Collection in the Ashmolean Museum (Oxford, 1997). **5.** 16世紀每年1.3%，17世紀0.7%，18世紀1.3%，參見K. H. O'Rourke & J. G. Williamson, 'After Columbus: Explaining the Global Trade Boom: 1500–1800', Journal of Economic History 62, 2002: 417–56. 更深入了解可參見Ronald Findlay and Kevin H. O'Rourke, Power and Plenty: Trade, War and the World Economy in the Second Millenium (Princeton, NJ, 2007), chs. 4–5. **6.** Angus Maddison, The World Economy: Historical Statistics (Paris, 2003), 260–3. **7.** John E. Wills, 'Maritime China from Wang Chih to Shih Lang: Themes in Peripheral History', in: From Ming to Ch'ing: Conquest, Reign and Continuity in Seventeenth-century China, eds. Jonathan Spence& John Wills (New Haven, CT, 1979), 201–28. **8.** Antonio de Morga, Sucesos de las Islas Filipinas (1609) [History of the Philippine Islands], quoted at 405–8, available at: http://www.gutenberg.org/dirs/etext04/8phip10.txt. **9.** William Atwell, 'Ming China and the Emerging World Economy' in: Denis Twitchett & Frederick W. Mote, eds., Cambridge History of China, Vol 8: The Ming Dynasty, 1368–44, Part 2 (Cambridge, 1998), 388–92. **10.** W. L. Idema, 'Cannon, Clocks and Clever Monkeys', in: Development and Decline of Fukien Province in the 17th and 18th Centuries, ed. Eduard B. Vermeer (Leiden, 1990). **11.** Jan De Vries and A. M. van der Woude, The First Modern Economy: Success, Failure and Perseverance of the Dutch Economy, 1500–1815 (Cambridge, 1997), 437, table 10.4; and F. S. Gaastra & J. R. Bruijn, 'The Dutch East India Company', in: J. R. Bruijn and F. S. Gaastra, Ships, Sailors and Spices: East India Companies and Their Shipping in the 16th, 17th and 18th Centuries (Amsterdam, 1993), table 7.2, 182. **12.** De Vries & Woude, First Modern Economy, 457–8. **13.** Ralph Davis, English Overseas Trade, 1500–1700 (London, 1973). **14.** Richard Ligon, A True & Exact History of the Island of Barbados (London, 1657), 40. **15.** Phyllis Deane & William Alan Cole, British Economic Growth, 1688–1959 (Cambridge, 1962), 87; and Ralph Davis, 'English Foreign Trade, 1700–74', Economic History Review (2nd series) XV, 1962: 285–303. **16.** 關於「奇蹟食物」的重要性，參見：Sucheta Mazumdar, 'China and the Global Atlantic: Sugar from the Age of Columbus to Pepsi-Coke and Ethanol', Food and Foodways 16, no. 2, 2008: 135–47. **17.** See Richard Goldthwaite, The Economy of Renaissance Florence (Baltimore, MD, 2009); Robert S. DuPlessis, Transitions to Capitalism in Early Modern Europe (Cambridge, 1997); and Harry A. Miskimin, The Economy of Later Renaissance Europe, 1460–1600 (Cambridge, 1977). **18.** Patricia Fortini Brown, Private Lives in Renaissance Venice: Art, Architecture and the Family (New Haven, CT, 2004), 149 f. **19.** See Marta Ajmar-Wollheim &Flora Dennis, eds., At Home in Renaissance Italy (London, 2006), esp. the chapters by Reino Liefkes on 'Tableware' and Marta Ajmar-Wollheim on 'Sociability', 254–66, 206–21. **20.** Pietro Belmonte, Institutione della sposa (1587), quoted in Ajmar-Wollheim, 'Sociability', in Ajmar-Wollheim & Dennis, eds., At Home in Renaissance Italy, 209. **21.** Jacob Burckhardt, The Civilization of the Renaissance in Italy (New York, 1860/1958), 364 & 369–70 for below. **22.** Ajmar-Wollheim & Dennis, eds., At Home in Renaissance Italy ; and Jardine, Worldly Goods. **23.** Norbert Elias, The Civilizing Process (Oxford, 1939/1994). **24.** Ajmar-Wollheim & Dennis, eds., At Home in Renaissance Italy. **25.** Paula Hohti, 'The Innkeeper's Goods: The Use and Acquisition of Household Property in Sixteenth-century Siena', in: Michelle O'Malley and Evelyn Welch, eds., The Material Renaissance (Manchester, 2007), 242–59. **26.** 庫存提供於Isabella Palumbo-Fossati, 'L'interno della casa dell'artigiano, e dell'artista nella Venezia del cinquecento', Studi Veneziani (new series) 8, 1984: 126-8. **27.** Goldthwaite, The Economy of Renaissance Florence, 381. **28.** Brown, Private Lives in Renaissance Venice, 173–82. **29.** 加斯帕羅・賽吉利（Gasparo Segizzi）死於1576年；參見Isabella Palumbo-Fossati, 'L'interno della casa dell'artigiano e dell'artista nella Venezia del cinquecento ', Studi Veneziani (new series) 8, 1984: 109–53, esp. 138–45. **30.** Goldthwaite, The Economy of Renaissance Florence, 384. **31.** Bruno Blondé, 'Tableware and Changing Consumer Patterns: Dynamics of Material Culture in Antwerp, 17th–18th Centuries', in: Majolica and Glass from Italy to Antwerp and Beyond, ed. Johan Veeckman (Antwerp, 2002). **32.** Jardine, Worldly Goods, 33–4. **33.** Goldthwaite, 'The Empire of Things' . **34.** 保守主義為人文主義者貝尼鐵托・瓦爾奇（Benedetto Varchi）等當代觀察家所指出並引述於

Paolo Malanima, Il lusso dei contadini: consumi e industrie nelle campagne toscane del sei e settecento (Bologna, 1990), 24. *35.* Robert C. Davis, Shipbuilders of the Venetian Arsenal (Baltimore, MD, 1991), 100. *36.* Elizabeth Currie, 'Textiles and Clothing', in: Ajmar-Wollheim & Dennis, eds., At Home in Renaissance Italy, 349. *37.* Evelyn Welch, Shopping in the Renaissance: Consumer Cultures in Italy, 1400–1600 (New Haven, CT, 2005), quoted at 234. *38.* Welch, Shopping in the Renaissance, 68–72; Garzoni quoted at 68. *39.* Plato, The Republic, Book II, The Luxurious State (372–37CE), trans. R. E. Allen (New Haven, CT, 2006), 55–6. See further: Christopher Berry, The Idea of Luxury (Cambridge, 1994); and William Howard Adams, On Luxury: A Cautionary Tale (Washington, DC. 2012, 1st edn). *40.* Matthew 6:19–21 (King James Bible). See also: The Works of Aurelius Augustine, The City of God (Edinburgh, 1871). *41.* Patricia Allerston, 'Consuming Problems: Worldly Goods in Renaissance Venice' in: O'Malley &Welch, eds., The Material Renaissance, 22. *42.* 1564, cited in O'Malley & Welch, eds., The Material Renaissance, 19. *43.* Vincent Cronin, The Florentine Renaissance (London, 1972), 288f. *44.* 本段引自 Patricia Fortini Brown, 'Behind the Walls: The Material Culture of Venetian Elites' in: John Martin & Dennis Romano, Venice Reconsidered: The History and Civilization of an Italian City-state, 1297–1797 (Baltimore, MD & London, 2000), quoted at 324 & 326. *45.* Paola Pavanini, 'Abitazioni popolari e borghesi nella Venezia cinquecentesca ', Studi Veneziani (new series) 5, 1981: 63–126, esp. 111–12, 125–6. *46.* Ulinka Rublack, 'Matter in the Material Renaissance', Past & Present 219, 2013: 41–84. *47.* Kent Roberts Greenfield, Sumptuary Law in Nürnberg: A Study in Paternal Government (Baltimore, MD, 1918), 109. *48.* Greenfield, Sumptuary Law in Nürnberg. *49.* Sheilagh Ogilvie, 'Consumption, Social Capital and the "Industrious Revolution" in Early Modern Germany', Journal of Economic History 70, no. 2, 2010: 287–325, 305. *50.* 24 Hen. V III. C. 13 (1532–3), in: Statutes of the Realm, Vol. III: 1509–45 (London, 1817), eds. T. E. Tomlins and W. E. Taunton, quoted at 430. *51.* Frances Elizabeth Baldwin, Sumptuary Legislation and Personal Regulation in England (Baltimore, MD, 1926), 231f. *52.* Greenfield, Sumptuary Law, 109, 128–30. *53.* Madeline Zilfi, 'Goods in the Mahalle', in: Consumption Studies and the History of the Ottoman Empire, 1550–1922, ed. D Quataert (New York, 2000). *54.* Roy Porter, 'Consumption: Disease of the Consumer Society?', in John Brewer & Roy Porter, eds., Consumption and the World of Goods (London & New York, 1993), 58–81; Dominik Schrage, Die Verfügbarkeit der Dinge: Eine historische Soziologie des Konsums (Frankfurt am Main, 2009), 43–51; Frank Trentmann, 'The Modern Genealogy of the Consumer: Meanings, Identities and Political Synapses', in: Consuming Cultures, Global Perspectives: Historical Trajectories, Transnational Exchanges, eds. John Brewer &Frank Trentmann, (Oxford & New York, 2006), 19–69. *55.* Alan Hunt, Governance of the Consuming Passions: A History of Sumptuary Law (Basingstoke, 1996), quoted at 73. *56.* Andreas Maisch, Notdürftiger Unterhalt und gehörige Schranken: Lebensbedingungen und Lebensstile in württembergischen Dörfern der frühen Neuzeit (Stuttgart, 1992), 366–70. *57.* Hans Medick, Weben und Ueberleben in Laichingen, 1650–1900: Lokalgeschichte als allgemeine Geschichte (Göttingen, 1996), esp. 387–437. *58.* Daniel Roche, The Culture of Clothing: Dress and Fashion in the "Ancien Régime" (Cambridge, 1994 (1989), 56. *59.* Sheilagh C. Ogilvie, A Bitter Living: Women, Markets and Social Capital in Early Modern Germany (Oxford, 2003); and Ogilvie, 'Consumption, Social Capital and the "Industrious Revolution" in Early Modern Germany' . *60.* Matteo Ricci, China in the Sixteenth Century: The Journals of Matthew Ricci: 1583–1610, trans. from the Latin by Louis J. Gallagher (New York, 1583–1610/1953), 25, 550. *61.* Semedo, The History of That Great and Renowned Monarchy of China (1655; 1st Portugese edn, 1641), at https://archive.org/download/historyofthatgre00seme/historyofthatgre00seme.pdf. *62.* Timothy Brook, The Confusions of Pleasure: Commerce and Culture in Ming China (Berkeley, CA, 1998), 123, and for the following, more generally. *63.* Semedo, History of That Great and Renowned Monarchy of China, 23. *64.* Brook, Confusions of Pleasure, 198. See also: Bozhong Li, Agricultural Development in Jiangnan, 1620–1850 (Basingstoke, 1998). *65.* Sarah Dauncey, 'Sartorial Modesty and Genteel Ideals in the Late Ming' in: Daria Berg & Chloe Starr, The Quest for Gentility in China: Negotiations beyond Gender and Class (London, 2007), 137. **66.** Daria Berg, Women and the Literary World in Early Modern China, 1580–1700 (London, 2013). **67.** Wu Jen-shu, Elegant Taste: Consumer Society and the Literati in the Late Ming (Taipei, 2007). Wu Jen-shu, 'Ming-Qing Advertising Forms and Consumer Culture' (forthcoming), with thanks to Wu Jen-shu for sharing this paper. **68.** Brook, Confusions of Pleasure, 6, 220. **69.** See Clunas, Superfluous Things, 37 f. **70.** The Plum in the Golden Vase, or Chin P'ing Mei, trans. David Tod Roy (Princeton, NJ, 1618/1993), Vol. I, 126, 133–4. **71.** Brook, Confusions of Pleasure, 153–4 **72.** Ping-Ti Ho, 'The Salt Merchants of Yang-chou', Harvard Journal of Asiatic Studies 17, 1954: 130–68, quoted at 156. **73.** Werner Sombart, Luxus und Kapitalismus (Munich, 1912), 96–7. **74.** Yue Meng, Shanghai and the Edges of Empires (Minneapolis, MN, 2006), 143–6. See now also: Antonia Finnane, 'Chinese Domestic Interiors and "Consumer Constraint" in Qing China', Journal of the Economic and Social History of the Orient 27, 2014: 112–44. **75.** 1543, cited in Brook, Confusions of Pleasure, 144. See als:o Kenneth Pomeranz, The Great Divergence: China, Europe and the Making of the Modern World Economy (Princeton, NJ, 2000); Roy Bin Wong, China Transformed: Historical Change and the Limits of European Experience (Ithaca, NY, 1997); and Hanchao Lu, 'Arrested Development: Cotton and Cotton Markets in Shanghai, 1350–1843', in: Modern China 18, no. 4, 1992: 468–99. **76.** Clunas, Superfluous Things, 35, 38, 44. **77.** Quoted in Clunas, Superfluous Things, 74. **78.** Clunas, Superfluous Things, 111. **79.** See Kathlyn Maurean Liscomb, 'Social Status and Art Collecting: The Collections of Shen Zhou and Wang Zhen', The Art Bulletin 78, no. 1 (1996): 111–35. **80.** The Plum in the Golden Vase, or Chin P'ing Mei, 223, and 383–4，前述的引文是以原始的威妥瑪（Wade–Giles）音譯系統以及括號內的拼音提供。 **81.** Dauncey, 'Sartorial Modesty', in: Berg & Starr, The Quest for Gentility in China , 140f. **82.** Craig Clunas, Empire of Great Brightness: Visual and Material Cultures of Ming China, 1368–1644 (London, 2007), 137–51. **83.** Ho, 'The Salt Merchants of Yang-chou', esp. 156–60; 為使此處的拼音與本書中其他部分的標準拼音的音譯系統保持一致，我轉換了何（Ho）以較舊的威妥瑪音譯系統所拼出來的譯名：馬曰琯（Ma Yüeh-kuan）與馬曰璐（Ma Yüeh-lu）。 **84.** Timothy Brook, Vermeer's Hat: The Seventeenth Century and the Dawn of the Global World (London, 2008), 74–83, quoted at 82. **85.** Smith, An Inquiry into the Nature and Causes of the Wealth of Nations, Bk. IV, ch. 8, 179. **86.** Charles Wilson, 'Cloth Production and International Competition in the Seventeenth Century', Economic History Review 13, no. 2, 1960: 209–21. **87.** C. Lis, J. Lucassen, M. Prak & H. Soly, eds., Guilds in the Early Modern Low Countries: Work, Power and Representation (London, 2006). **88.** 該段落尤其引自 De Vries and Woude, First Modern Economy ; see also: DuPlessis, Transitions to Capitalism in Early Modern Europe. See also: Bas van Basel, Jessica Dijkman, Erika Kuijpers and Jaco Zuijderduijn, Continuity and Change, Vol. VII, issue 3, 2012, 347–8. **89.** Jan De Vries, The Dutch Rural Economy in the Golden Age, 1500–1700 (New Haven, CT, 1974), 218–22. **90.** Atwell, 'Ming China and the Emerging World Economy', in: Twitchett and Mote, eds., Cambridge History of China, Vol VIII : The Ming Dynasty, 1368–44, Part 2, 396. **91.** 對於這一點以及以下內容，參見 Simon Schama, The Embarrassment of Riches (Berkeley, CA, 1988), chs. 3 & 5. **92.** Clunas, Empire of Great Brightness, 141: zuo le. **93.** Brant van Slichtenhorst; see Schama, The Embarrassment of Riches 193–201. **94.** Dyer, An Age of Transition?; and Kowaleski, 'A Consumer Economy'. **95.** William Harrison, A Description of England (London ,1577/1587), ch. 8, 151–6, available at: https://archive.org/stream/elizabethanengla32593gut/pg32593.txt. For fashion in this period, see Carlo Belfanti, 'The Civilization of Fashion: At the Origins of a Western Social Institution', Journal of Social History 43, no. 2, 2009: 261–83. **96.** Linda Levy Peck, Consuming Splendor: Society and Culture in Seventeenth-century England (Cambridge, 2005). **97.** Thirsk, Economic Policy and Projects. See also now: Sara Pennel, 'Material Culture in Seventeenth-century "Britain" ' in: Trentmann, ed., Oxford Handbook of the History of Consumption, ch. 4. **98.** Daniel Defoe, A Tour through England and Wales, II (London 1727/1928), 126. **99.** Jane Whittle & Elizabeth Griffiths, Consumption and Gender in the Early Seventeenth-century Household: The world of Alice Le Strange (Oxford, 2013), 120–4, 144–53. 關於不斷增長的產品種類、品質與價格，

請進一步參見：Thirsk, Economic Policy and Projects. **100.** Lorna Weatherill, Consumer Behaviour and Material Culture in Britain, 1660–1760 (London, 1996, 2nd edn), table 3.3, 49. **101.** Edward Roberts & Karen Parker, eds., Southampton Probate Inventories 1447–1575 (Southampton, 1992), Vol. I, 54–5. **102.** Ann Smart-Martin, 'Makers, Buyers and Users: Consumerism as a Material Culture Framework', in: Winterthur Portfolio 28, no. 2/3, 1993: 141–57, p. 154. See also: Cary Carson, 'The Consumer Revolution in Colonial British America: Why Demand?' in: Of Consuming Interests: The Style of Life in the Eighteenth Century, eds. Cary Carson, Ronald Hoffman & Peter J. Albert (Charlottesville VA, 1994), 483–697; and Carole Shammas, The Pre-industrial Consumer in England and America (Oxford, 1990). **103.** Peter King, 'Pauper Inventories and the Material Lives of the Poor in the Eighteenth and Early Nineteenth Centuries', in: Chronicling Poverty: The Voices and Strategies of the English Poor, 1640–1840, eds. Tim Hitchcock, Peter King & Pamela Sharpe (New York, 1997), 155–91. **104.** John Styles, 'Lodging at the Old Bailey: Lodgings and Their Furnishing in Eighteenth-century London', in: Gender, Taste and Material Culture in Britain and North America, 1700–1830, eds. John Styles & Amanda Vickery (New Haven, CT, 2006). **105.** Charles P. Moritz, Travels, Chiefly on Foot, through Several Parts of England in 1782 (London, 1797, 2nd edn), 24. **106.** Shane White & Graham White, 'Slave Clothing and African-American Culture in the Eighteenth and Nineteenth Centuries', Past & Present 148, 1995: 149–186, quoted at 156. **107.** See Frank Salomon, 'Indian Women of Early Quito as Seen through Their Testatements', The Americas 44, no. 3, 1988: 325–41, esp. 334–7; and now Elena Philips, 'The Iberian Globe', in: Amelia Peck, ed., Interwoven Globe: The Worldwide Textile Trade, 1500–1800 (New York, 2013), 28–45. **108.** John Irwin & P. R. Schwartz, Studies in Indo-European Textile History (Ahmedabad, 1966). 有關棉花種植的全球性擴展，現可參見：Sven Beckert, Empire of Cotton: A New History of Global Capitalism (London, 2014). **109.** 'First Report' (24 Dec. 1783), in Reports from the Committee on Illicit Practices Used in Defrauding the Revenue (1783–4), Vol. XI, quoted at 228, figures from appendix 4, 240-1. See also: William J. Ashworth, Customs and Excise: Trade, Production and Consumption in England, 1640–1845 (Oxford, 2003), 149–50. 有關法國走私者，現可參見：Kwass, Contraband: Louis Mandrin and the Making of a Global Underground (Cambridge, MA, 2014), esp. 106–8, 218–20; and Giorgio Riello, Cotton: The Fabric That Made the Modern World (Cambridge, 2013), 121. 有關絲綢的走私，參見：William Farrell, 'Silk and Globalization in Eighteenth-century London', PhD thesis, Birkbeck College/University of London, 2013,, 148–95. **110.** Maxine Berg, 'In Pursuit of Luxury: Global History and British Consumer Goods in the Eighteenth Century', Past & Present 182, no. 1, 2004: 85–142. **111.** J. F., The Merchant's Ware-House Laid Open: Or, the Plain Dealing Linnen-Draper. Shewing How to Buy All Sorts of Linnen and Indian Goods (London, 1696), A3, 7, 27, 29–30. 至於是消費者（即使是較貧窮的消費者）可取得的各式圖案之樣式種類，參見 John Styles: Threads of Feeling: The London Foundling Hospital's Textile Tokens, 1740–70 (London, 2010). **112.** 在法國：Roche, Culture of Clothing, 126–39. 有關絲綢，參見 Natalie Rothstein: 'Silk in the Early Modern Period, c.1500–1780', in: D. T. Jenkins, The Cambridge History of Western Textiles (Cambridge, 2003), 528–61; and Farrell, 'Silk and Globalization in Eighteenth-century London'). See now also: S. Horrell, J. Humphries & K. Sneath, 'Consumption Conundrums Unravelled', in: Economic History Review (online version 17 Dec. 2014). **113.** Roger-Pol Droit, How are Things? A Philosophical Experiment, trans. Theo Cuffe (London, 2005), 52. **114.** 1546 的 14 個金幣，參見 Patricia Allerston: 'Clothing and Early Modern Venetian Society', in: Continuity and Change 15, no. 3, 2000: 367–90, at 372. **115.** 1765, quoted in Beverly Lemire, Fashion's Favourite: The Cotton Trade and the Consumer in Britain, 1660–1800 (Oxford, 1991), 94. See now also: Prasannan Parthasarathi & Giorgio Riello, eds., The Spinning World: A Global History of Cotton Textiles, 1200–1850 (Oxford, 2009). **116.** Roche, Culture of Clothing, 108–11; and John Styles, The Dress of the People: Everyday Fashion in Eighteenth-century England (New Haven, CT, 2007). **117.** Andrew Bevan & D. Wengrow, eds., Cultures of Commodity Branding (Walnut Creek, CA, 2010). **118.** McKendrick, in McKendrick, Brewer & Plumb, Birth of a Consumer Society, 141. **119.** Phyllis G. Tortora & Keith Eubank, Survey of Historic Costume : A History of Western Dress (New York, 1998, 3rd edn), 147–9, 158–60.   **120.** Quoted in Om Prakash, 'The Dutch and the Indian Ocean Textile Trade', in: Parthasarathi &Riello, eds., The Spinning World, 149.   **121.** Quoted in Woodruff D. Smith, Consumption and the Making of Respectability, 1600–1800 (London & New York, 2002), 50.   **122.** Magazine a la Mode, or Fashionable Miscellany (January 1777), 49–51.   **123.** McKendrick in: McKendrick, Brewer & Plumb, Birth of a Consumer Society, 43–7.   **124.** Robert C. Allen, The British Industrial Revolution in Global Perspective (Cambridge, 2009); Robert C. Allen, Jean-Pascal Bassino, Debin Ma, Christine Moll-Murata & Jan Luiten van Zanden, 'Wages, Prices and Living Standards in China, Japan and Europe, 1738–1925', GPIH Working Paper no. 1, (2005); and Stephen Broadberry and Bishnupriya Gupta, 'The Early Modern Great Divergence: Wages, Prices and Economic Development in Europe and Asia, 1500–1800', Economic History Review 59, no. 1, 2006: 2–31. Compare now: Jane Humphries, 'The Lure of Aggregates and the Pitfalls of the Patriarchal Perspective: A Critique of the High Wage Economy Interpretation of the British Industrial Revolution', Economic History Review 66, 2013: 693–714; and Robert C. Allen, 'The High Wage Economy and the Industrial Revolution: A Restatement', Economic History Review 68, no. 1, 2015: 1–22.   **125.** Pomeranz, Great Divergence ; compare Prasannan Parthasarathi, 'The Great Divergence', Past & Present 176, 2002: 275–93; Robert Brenner &Christopher Isett, 'England's Divergence from China's Yangzi Delta: Property Relations, Microeconomics and Patterns of Development', in: The Journal of Asian Studies 61, no. 2, 2002: 609–22; and Kenneth Pomeranz, 'Standards of Living in Eighteenth-Century China: Regional Differences, Temporal Trends, and Incomplete Evidence', in: Standards of Living and Mortality in Pre-industrial Times, eds. Robert Allen, Tommy Bengtsson & Martin Dribe (Oxford, 2005), 23–54.   **126.** Kenneth Pomeranz, 'Chinese Development in Long-run Perspective', in: Proceedings of the American Philosophical Society 152, 2008: 83–100; and Prasannan Parthasarathi, Why Europe Grew Rich and Asia Did Not: Global Economic Divergence, 1600–1850 (Cambridge, 2011), 37–46.   **127.** Bozhong Li, 'Xianminmen chi de bucuo ', Deng Guangming xiansheng bainian shouchen jinian wenji (2008). 我很感謝李伯重提供了這篇文章的英文版。關於鴉片，參見 Zheng Yangwen, The Social Life of Opium in China (Cambridge, 2005).   **128.** Neil McKendrick, 'Home Demand and Economic Growth', in: N. McKendrick, ed., Historical Perspectives (London, 1974), 209.   **129.** Daniel Defoe, Everybody's Business is Nobody's Business (1725), De Foe's Works, Vol. II (London, 1854 edn), 499f., 504.   **130.** See Styles, Dress of the People.   **131.** Jan De Vries, 'The Industrial Revolution and the Industrious Revolution', Journal of Economic History 54, no. 2, 1994: 249–70.   **132.** The following draws on Craig Muldrew, Food, Energy and the Creation of Industriousness: Work and Material Culture in Agrarian England, 1550–1780 (Cambridge, 2011).   **133.** Hans-Joachim Voth, Time and Work in England, 1750–1830 (Oxford, 2001). 中世紀後期的勞工是否真正享受到這麼多的閒暇時間，仍然有待爭議；參見：Gregory Clark & Ysbrand van der Werf, 'Work in Progress? The Industrious Revolution', Journal of Economic History 58, no. 3, 1998: 830–43.   **134.** Frederic Morton Eden, The State of the Poor: Or, an History of the Labouring Classes in England (London, 1797), Vol. II, 87–8.   **135.** Julie Marfany, 'Consumer Revolution or Industrious Revolution? Consumption and Material Culture in Eighteenth-century Catalonia', ; 關於新物品的有限數量，參見 J. Torras and B. Yun, eds., Consumo, condiciones de vida y comercialización: Cataluňa y Castilla, siglos XVII–XIX (Castile and León, 1999); Jan De Vries, 'Peasant Demand Patterns and Economic Development: Friesland 1550–1750', in: European Peasants and Their Markets, eds. W. N. Parker & E. L. Jones (Princeton, NJ, 1975); and Mark Overton, Jane Whittle, Darron Dean & Andrew Hann, Production and Consumption in English Households, 1600–1750 (London, 2004).   **136.** Ogilvie, 'Consumption, Social Capital, and the 'Industrious Revolution' in Early Modern Germany'.   **137.** Quoted in DuPlessis, Transitions to Capitalism in Early Modern Europe, 36.   **138.** Regina Grafe, Distant Tyranny: Markets, Power and Backwardness in Spain, 1650–1800 (Princeton, NJ, 2012).   **139.** Fernando Carlos Ramos Palencia, 'La demanda de textiles de las familias castellanas a finales del Antiguo Régimen, 1750–1850: .Aumento del consumo sin industrialización?', in: Revista de historia económica 21, no. S1, 2003: 141–78; and Torras & Yun, eds., Consumo, condiciones de vida y comercialización.

第二章

1. Girolamo Benzoni, La historia del Mondo Nuouo (1572 edn; 1st edn, Venice, 1565), 103, my translation. *2.* George Sandys, Travels (1615), quoted in anon., The Vertues of Coffee (London, 1663), 8, reprinted in Markman Ellis, ed., Eighteenth-century Coffee-house Culture, Vol. IV (London, 2006). *3.* J. H. Bernadin de Saint Pierre, Voyage a l'Île de France (1773). *4.* Sidney Mintz, Sweetness and Power: The Place of Sugar in Modern History (New York, 1985). *5.* Arjun Appadurai, ed., The Social Life of Things: Commodities in Cultural Perspective (Cambridge, 1986). See also: Robert J. Foster, 'Tracking Globalization: Commodities and Value in Motion', in: Handbook of Material Culture, eds. Christopher Tilley, et al. (London, 2006); Felipe Fernández-Armesto, Food: A History (London, 2002). *6.* Elias, The Civilizing Process. Gabriel Tarde had formulated a similar top-down model in the 1890s. *7.* Jürgen Habermas, The Transformation of the Public Sphere (Cambridge, 1989; 1st German edn, Germany, 1962). *8.* Wolfgang Schivelbusch, Tastes of Paradise: A Social History of Spices, Stimulants and Intoxicants (New York, 1992). *9.* Mintz, Sweetness and Power. *10.* 比較更為歐洲中心論的論述：Fernand Braudel, The Structures of Everyday Life (New York, 1979/1981), 249–60. *11.* Heinrich Barth, Reisen und Entdeckungen in Nord-und Zentralafrika in den Jahren 1849–55 (Wiesbaden, 1980 edn; 1858), 238, 作者翻譯。 *12.* Antonio de Alcedo, 1786, quoted in Ross W. Jamieson, 'The Essence of Commodification: Caffeine Dependencies in the Early Modern World', Journal of Social History, 2001: 269–94, 278. 對於上述和以下內容，另可參見：William Gervase Clarence-Smith, Cocoa and Chocolate, 1765–1914 (London, 2000); and William Gervase Clarence-Smith and Steven Topik, eds., The Global Coffee Economy in Africa, Asia and Latin America, 1500–1989 (Cambridge, 2003). *13.* Johann Kaspar Riesbeck, 1780, quoted in Christian Hochmuth, Globale Güter – lokale Aneignung: Kaffee, Tee, Schokolade und Tabak im frühneuzeitlichen Dresden (Konstanz, 2008), 64, 作者翻譯。 *14.* Roman Sandgruber, \$\$\$Bittersüsse Genüsse: Kulturgeschichte der Genussmittel < 主題句：請用 ss 替代德國的雙 s 符號 >(Vienna, 1986),. 80f. *15.* 對於這一點以及以下內容，參見 Jamieson, 'Essence of Commodification', Marcy Norton, 'Tasting Empire: Chocolate and the European Internalization of Mesoamerican Aesthetics ', American Historial Review 111, no. 3, 2006: 660–91; Michael D. Coe and Sophie D. Coe, The True History of Chocolate (London, 1996); and Kenneth F. Kiple and Kriemhild Ornelas, eds., The Cambridge World History of Food, 2 vols. (Cambridge, 2000). *16.* Jacob Spon, De l'usage, du caphé, du thé, et du chocolate (Lyon, 1671); 作者引述的當代英語翻譯來自 John Chamberlayne, The Manner of Making Coffee, Tea and Chocolate (London, 1685), reprinted in Ellis, ed., Eighteenth-century Coffee-house Culture, Vol. IV , 105–11. *17.* 引述自 Quoted from John Chamberlayne, The Natural History of Coffee, Chocolate, Tobacco (London, 1682), 4-5. *18.* Chamberlayne, The Manner of Making Coffee. For Red Sea piracy, see K. N. Chaudhuri, The Trading World of Asia and the English East India Company, 1660–1760 (Cambridge, 1978), 361. *19.* James Howell, 1650s, cited in The Vertues of Coffee. Pepys's diary, 24 April 1661. 20. James Howell, 1650s, cited in The Vertues of Coffee. *21.* Habermas, Transformation ; Brian Cowan, The Social Life of Coffee: The Emergence of the British Coffeehouse (New Haven, 2005); Hochmuth, Globale Güter ; James Livesey, Civil Society and Empire (New Haven, CT, 2009); Jean-Claude Bologne, Histoire des cafés et des cafetiers (Paris, 1993). *22.* P. 'Considerazioni sul Lusso ', in: Il Caffe (Milan, 1764), 110, 作者翻譯。 *23.* Amanda Vickery, The Gentleman's Daughter: Women's Lives in Georgian England (New Haven, CT, 1998), 206–8. *24.* Michael North, \$\$\$Genuss<TS German double s for ss, please> und Glück des Lebens: Kulturkonsum im Zeitalter der Aufklärung (Cologne, 2003), 209. *25.* Jean de La Roque, An Historical Treatise Concerning the Original [sic] and Progress of Coffee, as well as in Asia as Europe (1715; London edition, 1732), repr. In: Ellis, ed., Eighteenth-century Coffee-house Culture, Vol. IV , 277–312. 關於德・拉羅克，參見 Ina Baghdiantz McCabe, Orientalism in Early Modern France: Eurasian Trade, Exoticism and the Ancien Regime (Oxford, 2008), 172f. **26.** Anne McCants, 'Poor Consumers as Global Consumers: The Diffusion of Tea and Coffee Drinking in the Eighteenth Century', Economic History Review 61, 2008: 172–200; Wouter Ryckbosch, 'A Consumer Revolution under Strain: Consumption, Wealth and Status in Eighteenth-century Aalst', PhD thesis, Antwerp (2012); John Styles, 'Lodging at the Old Bailey: Lodgings and Their Furnishing in Eighteenth-century London', in: Gender, Taste and Material Culture in Britain and North America, 1700–1830, eds. John Styles & Amanda Vickery (New Haven, CT, 2006); and Lorna Weatherill, Consumer Behaviour and Material Culture in Britain, 1660–1760 (London, 1996, 2nd edn). **27.** Edward Eagleton, 1785, quoted in Hoh-cheung Mui and Lorni Mui, Shops and Shopkeeping in Eighteenth-century England (London, 1987), 257. 有關種類，參見 Jon Stobart, Sugar and Spice: Grocers and Groceries in Provincial England, 1650–1830 (Oxford, 2013), 50–6. **28.** Hochmuth, Globale Güter, 134, 142. **29.** Robert Batchelor, 'On the Movement of Porcelains: Rethinking the Birth of the Consumer Society as Interactions of Exchange Networks, China and Britain, 1600–1750 ', in: Consuming Cultures, Global Perspectives, 95–122. **30.** 上述引自 Maxine Berg, Luxury and Pleasure in Eighteenth-century Britain (Oxford, 2005), 52–75, 128–49; Chaudhuri, Trading World of Asia ; Chuimei Ho, 'The Ceramics Trade in Asia, 1602–82', in: Japanese Industrialization and the Asian Economy, ed. A. J. H. Latham and Heita Kawakatsu (London, 1994), 35–70; Fang Lili, Chinese Ceramics (Beijing, 2005). **31.** Jonas Hanway, Letters on the Importance of the Rising Generation of the Labouring Part of Our Fellow-subjects (London, 1757), II, letter XXX, 174–85. **32.** Legrand d'Aussy, Histoire de la vie privée des François (Paris, 1815; 1st edn 1783), 145, my translation. **33.** La Roque, Progress of Coffee. **34.** Dr Fothergill to J. Ellis, 2 September 1773: in John Ellis, An Historical Account of Coffee (London, 1774), 38, repr, in Ellis, ed., Eighteenth-century Coffee-house Culture, Vol. IV. **35.** Postlethwayt, The African Trade (1745), quoted in Eric Williams, Capitalism and Slavery (Chapel Hill, NC, 1944/1994), 52. **36.** Joseph E. Inikori, Africans and the Industrial Revolution in England (Cambridge, 2002); 'Roundtable, Reviews of Joseph Inikori, Africans and the Industrial Revolution in England', International Journal of Maritime History XV, no. 2, Dec. 2003: 279–361. Patrick O'Brien, 'Fiscal and Financial Preconditions for the Rise of British Naval Hegemony 1485–1815', working paper 91 (2005), http://www.lse.ac.uk/collections/economicHistory/pdf/WP9105.pdf. **37.** S. D. Smith, 'Accounting for Taste: British Coffee Consumption in Historical Perspective', Journal of Interdisciplinary History 27, 1996: 183–214. **38.** La Roque, Progress of Coffee ; Zedler's Universal-lexikon, quoted in Annerose Menninger, $$$Genuss<TS : German double s, please> im kulturellen Wandel: Tabak, Kaffee, Tee und Schokolade in Europa (16.– 19. Jahrhundert) (Stuttgart, 2004), 317. **39.** Fothergill to Ellis, 2 September 1773, in Ellis, An Historical Account of Coffee (London, 1774), 30. **40.** Edward Gibbon Wakefield, England and America (New York, 1834), 84. **41.** 正如西約克郡（West Riding, Yorkshire）的羊毛產業之例。 **42.** Jan De Vries, European Urbanization, 1500–1800 (Cambridge, MA, 1984); Paul Bairoch, De Jéricho a Mexico: Villes et économie dans l'histoire (Paris, 1985); Peter Clark, ed., The Oxford Handbook of Cities in World History (Oxford, 2013). 李伯重的最近研究指出清朝時期，江南地區有多達 20% 的人口可能居住在城市地區；在此，我的重點是關於程度，而非絕對，中國並不缺城鎮與城市，只是略少一些。 **43.** Weatherill, Consumer Behaviour and Material Culture in Britain, 1660–1760, table 4.2. 正如她所指出，書籍之類較非炫耀性的物品是例外。 **44.** Andrew Hann and Jon Stobart, 'Sites of Consumption: The Display of Goods in Provincial Shops in Eighteenth-century England', Cultural and Social History 2, 2005: 165–87, esp. 177. **45.** Bernard Mandeville, The Fable of the Bees (1714; London, 1989), Remark (M), 152. 一項廣泛的觀察，例如：John Rae: 'In town Molly Seagrim would have been admired as a fantastical fine lady; in the country she got herself mobbed': Statement of Some New Principles on the Subject of Political Economy (Boston, 1834) 280. **46.** Stephen D. Greenblatt, Renaissance Self-fashioning (Chicago, IL, 1960); see also P. D. Glennie and N. J. Thrift, 'Modernity, Urbanism and Modern Consumption', Environment and Planning D: Society and Space 10, 1992: 423–43. **47.** According to Wim van Binsbergen, in Wim M. J. van Binsbergen and Peter L. Geschiere, eds., Commodification: Things, Agency and Identities (The Social Life of Things Revisited) (Münster, 2005) quoted at 33. See also: Igor Kopytoff, 'The Cultural Biography of Things', in Appadurai, ed., Social Life of Things, esp. 84. 是否這是笛卡兒或康德的一個較令人滿意的觀點，是另一回事；笛卡兒的自我高於心智之説，被探討於 Karen Detlefsen, ed., Descartes' Meditations: A Critical Guide (Cambridge, 2013). **48.** Bruno Latour, 'From Realpolitik to Dingpolitik', in: Making Things Public: Atmospheres of Democracy, ed. Bruno Latour and Peter Weibel (Cambridge, MA, 2005); Bruno Latour, We Have Never Been Modern (Cambridge, MA, 1993); see further, Frank Trentmann, 'Materiality in the Future of History: Things, Practices and Politics', Journal of British Studies 48, no. 2, 2009: 283–307. **49.** 這個詞是庫克（Cook）的，出現在他的書中，Harold J. Cook, Matters of Exchange: Commerce, Medicine and Science in the Dutch Golden Age (New Haven, CT, 2007)，我引用於此。 **50.** Brook, Vermeer's Hat, quoted at 82. See also: Schama, The Embarrassment of Riches. **51.** Thomas Mun, England's Treasure by Forraign Trade (London, 1664), 108. **52.** Some Considerations Touching the Usefulness of Experimental Natural Philosophy (Oxford, 1663) in: Works of the Honorable Robert Boyle (1744), vol. II, 56. **53.** Bishop of Rochester, Thomas Sprat, The History of the Royal Society of London (London, 1667), 381, 384. **54.** Nicholas Barbon, A Discourse of Trade (London, 1690), 14–15. **55.** Bernard Mandeville, The Fable of the Bees (1714; London, 1989), 68, and 69頁作為下文之參考。 **56.** As does Clunas, Superfluous Things, 146. **57.** Daniel Defoe, A Plan of the English Commerce (Oxford, 1927 edn; 1st edn 1728), 77, 144–6. John Cary, An Essay on the State of England (Bristol, 1695), esp. 147. See further Richard C. Wiles, 'The Theory of Wages in Later English Mercantilism', Economic History Review, new series, XXI /1 (April 1968), 113–26; Paul Slack, 'The Politics of Consumption and England's Happiness in the Later Seventeenth Century', English Historical Review CXXII, 2007: 609–31; Cosimo Perrotta, Consumption as an Investment I: The Fear of Goods from Hesiod to Adam Smith (London and New York, 2004). **58.** Berry, The Idea of Luxury ; Perrotta, Consumption as Investment ; Maxine Berg and Elizabeth Eger, eds., Luxury in the Eighteenth Century: Debates, Desires and Delectable Goods (Basingstoke, 2003). **59.** Michael Kwass, 'Consumption and the World of Ideas: Consumer Revolution and the Moral Economy of the Marquis de Mirabeau', Eighteenth-century Studies 37, no. 2, 2004: 187–213. See also: James Livesey, 'Agrarian Ideology and Commercial Republicanism in the French Revolution', Past and Present, no. 157, 1997: 94–121. **60.** Montesquieu, L'esprit des lois (1748), bk VII. **61.** David Hume, 'Of Refinement in the Arts' (1741), repr. In: Political Essays (Cambridge, 1994), 108, 112. See also: 'Of Commerce', 93–104. **62.** Hume, 'Of Refinement in the Arts', 107. **63.** Hume, Treatise, 116. For Spinozism, see Jonathan Israel, Radical Enlightenment (Oxford, 2001). See also: Annette C. Baier, 'David Hume, Spinozist', Hume Studies XIX/2 (Nov. 1993), 237–52. **64.** 'Novelty, and the Unexpected Appearance of Objects', Henry Home/Lord Kames, Elements of Criticism (London, 1805; 1st edn 1762), I, 211–21, quoted at 221. Compare Addison's essay on the pleasures of the imagination in the Spectator, no. 412. **65.** Adam Smith, The Theory of Moral Sentiments (London, 1759), Part IV, ch.1. I quote from the 1976 edited reprint of the 6th edn (1790), 179–87. **66.** Smith, The Wealth of Nations (Cannan 1904/1976 edn, Chicago; 1st edn 1776), bk II, ch. 3, 362–7. **67.** Adam Smith,Wealth of Nations, 412 (bk III, ch. 2) and 437–40 (bk III, ch. 4). See further Albert O. Hirschman, The Passions and the Interests: Political Arguments for Capitalism before Its Triumph (Princeton, NJ, 1977). **68.** William Blackstone, Commentaries on the Laws of England (1765-9; 18th edn, 1829, London), II, ch. I/II. **69.** Anne Granville Dewes, quoted in Keith Thomas, Ends of Life, 127. In addition, see Vickery, Gentleman's Daughter, 183–94; Laurel Thatcher Ulrich, 'Hannah Barnard's Cupboard: Female Property and Identity in Eighteenth-Century New England', in: Through a Glass Darkly: Reflections on Personal Identity in Early America, eds. Ronald Hoffman, Mechal Sobel and Fredrika J. Teute, (Chapel Hill, NC, 1997), 238–73; Sandra Cavallo, 'What Did Women Transmit? Ownership and Control of Household Goods and Personal Effects in Early Modern Italy', in: Moira Donald, Linda Hurcombe, eds., Gender and Material Culture in Historical Perspective (Basingstoke, 2000), 38–53. **70.** Fredrik Albritton Jonsson, Enlightenment's Frontier: The Scottish Highlands and the Origins of Environmentalism (New Haven, CN, 2013), 18–26, 237–9. **71.** Jonathan Lamb, 'The Crying of Lost Things', ELH : English Literary History 71, no. 4: 949–67; Mark Blackwell, ed., The Secret Life of Things: Animals, Objects and It-Narratives in Eighteenth-century England (Lewisburg, 2007); Julie Park, The Self and It: Novel Objects in Eighteenth-century England (Stanford, 2010). **72.** Bernard Mandeville, A Treatise of the Hypochondriack and Hysterick Diseases (New York, 1976 repr. of 1730 edn; 1st edn 1711), 233. **73.** Fredrik Albritton Jonsson, 'The Physiology of Hypochondria in Eighteenth-century Britain', in: Cultures of the Abdomen: Dietetics, Obesity and Digestion in the Modern World, eds. Christopher Forth and Ana Cardin-Coyne (New York, 2010). Roy Porter, 'Consumption: Disease of the Consumer Society?' in: Consumption and the World of Goods, eds. John Brewer and Roy Porter (London and New York, 1993), 58–81. **74.** William Winstanley, The New Help to Discourse (London, 1684, 3rd edn), 272, 282, 293–4. **75.** Lawrence E. Klein, 'Politeness for Plebes', in: John Brewer and Ann Bermingham, eds., The Consumption of Culture, 1600–1800 (London, 1995), 362–82. **76.** See Susan Hanley, Everyday Things in Premodern Japan (Berkeley, CA, 1997). **77.** Roy Porter, English Society in the Eighteenth Century (London, 1990), 222. **78.** The Connoisseur, 1756, quoted in Robert W. Jones, Gender and the Formation of Taste in Eighteenth-century Britain (Cambridge, 1998), 13–14. 關於文化的感性與精緻，參見 John Brewer, The Pleasures of the Imagination (New York, 1997). **79.** Thomas Sheraton, Cabinet Dictionary, 1803, quoted in Amanda Vickery, ' "Neat and Not Too Showey": Words and Wallpaper in Regency England', in: Gender, Taste and Material Culture in Britain and North America, 1700–1830, eds. John Styles and Amanda Vickery (New Haven. CT, 2006), 201–24, 216. 也可參見同一冊：Hannah Greig, 'Leading the Fashion: The Material Culture of London's Beau Monde', 293–313. **80.** Yangwen, The Social Life of Opium in China. **81.** John Millar, The Origin of the Distinction of Ranks (Edinburgh, 4th edn, 1806; 1st edn 1771), 89, 100–2. See further Mary Catharine Moran, 'The Commerce of the Sexes', in: Paradoxes of Civil Society, ed. F. Trentmann (New York, 2000), 61–84, and Karen O'Brien, Women and Enlightenment in 18th-century Britain (Cambridge, 2009). **82.** 現在最佳的論述是 T. H. Breen, The Marketplace of Revolution: How Consumer Politics Shaped American Independence (New York, 2004), although the repetitive use of the label 'consumers' is out of historical context. **83.** John Dickinson, The Late Regulations Respecting the British Colonies (London, 1766), 27. **84.** Gordon S. Wood, The Creation of the American Republic, 1776–87 (Chapel Hill. NC, 1998),. 573–7. **85.** Richard Wrigley, The Politics of Appearances: Representations of Dress in Revolutionary France (Oxford, 2002), ch. 5; and Leora Auslander, Cultural Revolutions: The Politics of Everyday Life in Britain, North America and France (Oxford, 2009), ch. 5. **86.** John Thelwall, Poems Written in Close Confinement in The Tower and Newgate (1795), sonnet V. **87.** Karl Marx, 'On the Jewish Question', repr. in Marx, Early Political Writings, ed. J. O'Malley (Cambridge, 1844), 28–56. **88.** Karl Marx, Das Kapital, I (Frankfurt am Main, 1987; repr. of 1872 edn; 1st edn 1867), 35, 17 ('Elementarform '). **89.** Marx, Das Kapital, I, 50, 作者翻譯。 **90.** Karl Marx, Gesamtausgabe (MEGA), Karl Marx, Friedrich Engels, Briefwechsel, 21 January 1859, my translation. **91.** MEGA, Briefwechsel, vols. V, VI, VII, VIII, IX, letters from Marx to Engels, 27 February 1852, 15 July 1858; 28 April 1962; 27 May 1862,; 8 January 1863; 4 July 1864, 15 July 1858, 作者翻譯。See also: Peter Stalybrass, 'Marx's Coat', in: Border Fetishisms: Material Objects in Unstable Spaces, ed. Patricia Spyer (London, 1998), 183–207; Francis Wheen, Karl Marx (London, 1999), ch. 8. **92.** Nicholas Crafts and T. C. Mills, 'Trends in Real Wages in Britain, 1750–1913', in: Explorations in Economic History 31, 1994: 176–94. **93.** Galbraith, The Affluent Society, 37. **94.** T. R. Malthus, An Essay on the Principle of Population (London, 1817, 5th edn), III, book IV, ch. 13, 302–4. See further, E. A. Wrigley, 'Malthus on the Prospects for the Labouring Poor', Historical Journal 31, no. 4, 1988: 813–29. **95.** M. v. Prittwitz, Die Kunst reich zu werden (Mannheim, 1840), 485, see also 488–91, 作者翻譯。 **96.** Wilhelm Roscher, Principles of Political Economy (1878), 191, 230, 552; 第一本德語版出版於 1854 年。 **97.** [Anon.], Hints on the Practical Effects of Commercial Restrictions on Production, Consumption, and National Wealth, with Remarks on the Claims of the Silk Trade. By a Consumer (London, 1833), 14, 24–5, 原文中的斜體。 **98.** Albert Tanner, Arbeitsame Patrioten, wohlanständige Damen: Bürgertum und Bürgerlichkeit in der Schweiz, 1830–1914 (Zurich, 1995), 284–92, 323–6; Moser quoted at 328: 'aber man kann durch übertriebene Einfachheit ebenso sehr auffallen, wie durch Luxus '. **99.** Tanner, Arbeitsame Patrioten, von Fischer quoted at 303, 作者翻譯。

第三章

1. See now: Steve Pincus, 'Addison's Empire: Whig Conceptions of Empire in the Early 18th Century', Parliamentary History 31, no. 1, 2012: 99–117. See also: Carl Wennerlind & Philip J. Stern, eds., Mercantilism Reimagined: Political Economy in Early Modern Britain and Its Empire (Oxford, 2013). **2.** Peter M. Solar, 'Opening to the East: Shipping between Europe and Asia, 1770–1830', Journal of Economic History 73, no. 3, 2013: 625–61. 關於歐洲帝國在 1750 年代與 1820 年代間貿易路線不斷變化的視覺説明，參考 1,000 份航海日誌繪製而成，參見歐盟的世界海洋氣候學數據庫（CLIWOC）專案計畫：http://pendientedemigracion.ucm.es/info/cliwoc/Cliwoc_final_report.pdf. **3.** Pomeranz, Great Divergence ; Parthasarathi, 'The Great Divergence' ; P. H. H. Vries, 'Are Coal and Colonies Really Crucial?' Journal of World History 12, 2001: 407–46; and Findlay & O'Rourke, Power and Plenty: Trade, War and the World Economy in the Second Millenium , 330–64. **4.** William T. Rowe, China's Last Empire: The Great Qing (Cambridge, MA, 2009), ch. 6. **5.** Allen, The British Industrial Revolution in Global Perspective, ch. 11. **6.** Nick Draper, The Price of Emancipation (Cambridge, 2009). **7.** Philip. D Curtin, Economic Change in Precolonial Africa: Senegambia in the Era of the Slave Trade (Madison, WI, 1975); Stanley. B Alpern, 'What Africans Got for their Slaves: A Master List of European Trade Goods ', History in Africa 22, 1995: 5–43; David Eltis, 'Trade between Western Africa and the Atlantic World before 1870', Research in Economic History 12, 1989: 197–239; A. G. Hopkins, An Economic History of West Africa (London, 1973); and Herbert. S Klein, 'Economic Aspects of the Eighteenth-century Atlantic Slave Trade', in: The Rise of Merchant Empires, ed. James D. Tracy (Cambridge 1990), 287–310. 埃爾蒂斯（Eltis）的西非數據中，鐵的占比小於科廷（Curtin）的數據，但同樣顯示出類似的下降趨勢。 **8.** Johann Krapf, quoted in Jeremy Prestholdt, East African Consumerism and the Genealogies of Globalization', PhD thesis, Northwestern University (Evanston, IL) 2003), 93. See now: Jeremy Prestholdt, Domesticating the World: African Consumerism and the Genealogies of Globalization (Berkeley, CA, 2008). **9.** Quoted in Elizabeth Elbourne, Blood Ground: Colonialism, Missions and the Contest for Christianity in the Cape Colony and Britain, 1799–1853 (Montreal, 2002), 213. **10.** Robert Moffat, Missionary Labours and Scenes in Southern Africa (London, 1842), 503–7. See also: Jean Comaroff and John Comaroff, 'Colonizing Currencies: Beasts, Banknotes and the Colour of Money in South Africa', in: Commodification: Things, Agency and Identities (The Social Life of Things revisited), eds. Wim van Binsbergen & Peter L. Geschiere (Münster, 2005). **11.** Church Missionary Traces: The Village Missionary Meeting, A Dialogue . . .(London, 1852). **12.** John Philip, Researches in South Africa (London, 1828), 72–3. **13.** T. Fowell Buxton, The African Slave Trade and Its Remedy (London, 1840), 367–73. 參考教會支援使團（CSM）傳教士對於印第安人在家具與舒適度上的渴望，也做出了類似的判斷：the Choctaws, Missionary Register 1829, 472. **14.** Samuel Crowther, Journal of an Expedition up the Niger and Tshadda Rivers. 新的引言來自 J. F. Ade Ajayi (London, 1855/1970, 2nd edn; 1st edn 1854),11. **15.** Quoted in Charlotte Sussman, Consuming Anxieties: Consumer Protest, Gender and British Slavery, 1713–1833 (Stanford, CA, 2000), 40. **16.** William Fox in 1791, quoted in Sussman, Consuming Anxieties, 115. **17.** Henry Nevinson, A Modern Slavery (London, 1906). Further, see Kevin Grant: A Civilised Savagery: Britain and the New Slaveries in Africa, 1884–1926 (New York, 2005); and Lowell J. Satre, Chocolate on Trial: Slavery, Politics and the Ethics of Business (Athens, OH, 2005, 1st edn). 1907 年 9 月，《審查評論》（Review of Reviews）指出五分之一的可可混合了奴隸的血汗。最後，吉百利公司與其他的歐洲可可製造商同意不從島上採購可可而自行解決了這個問題。　**18.** Adam Jones and Peter Sebald, An African Family Archive: The Lawsons of Little Popo/Aneho (Togo) 1841–1938 (Oxford, 2005). **19.** Quoted in K. Onwuka Dike, Trade and Politics in the Niger Delta, 1830–85 (Oxford, 1956), 113–14. **20.** Joseph Thomson, quoted in Prestholdt, East African Consumerism, 125. **21.** Christopher Fyfe, A History of Sierra Leone (Oxford, 1962), 411–68. **22.** Dike, Trade and Politics in the Niger Delta, 1830–85, 207. **23.** Thomas. J. Lewin, Asante before the British: The Prempean Years, 1875–1900 (Lawrence, KS, 1978); and William Tordoff, Ashanti under the Prempehs, 1888–1935 (London, 1965). See now also: G. Austin, 'Vent for Surplus or Productivity Breakthrough? The Ghanaian Cocoa Take-off, c.1890–1936', in: The Economic History Review, Vol. 67, issue 4, 1035–1064; and E Frankema and M. van Waijenburg, 'Structural Impediments to African Growth? New Evidence from Real Wages in British Africa, 1880–1965', Centre for Global Economic History working paper no. 24 (2011). **24.** Jonathon Glassman, Feasts and Riot: Revelry, Rebellion and Popular Consciousness on the Swahili Coast, 1856–88 (Portsmouth, NH, 1995). **25.** Quoted in Laura Fair, Pastimes and Politics: Culture, Community and Identity in Post-Abolition Urban Zanzibar, 1890–1945 (Athens, OH, 2001), 64, and see 64–109 for the above. **26.** Lynn Schler, 'Bridewealth, Guns and Other Status Symbols: Immigration and Consumption in Colonial Douala', Journal of African Cultural Studies 16, no. 2, 2003: 213–34. **27.** Marion Johnson, 'Cotton Imperialism in West Africa', African Affairs 73, no. 291, 1974: 178–87. **28.** D. Bavendamm, 1894, cited in Birgit Meyer, 'Christian Mind and Worldly Matters: Religion and Materiality in the Nineteenth-century Gold Coast', in: Richard Fardon, Wim van Binsbergen & Rijk van Dijk, eds., Modernity on a Shoestring: Dimensions of Globalization, Consumption and Development in Africa and Beyond (Leiden, 1999), 167–9. **29.** Quoted in H. Maynard Smith, Frank: Bishop of Zanzibar: Life of Frank Weston, D. D. 1871–1924 (London, 1926), 187. **30.** Klaus J. Bade, Friedrich Fabri und der Imperialismus in der Bismarckzeit (Freiburg i. Br., 1975); and Horst Gründer, Christliche Mission und deutscher Imperialismus, 1884–1914 (Paderborn, 1982). **31.** Friedrich Michael Zahn in: Allgemeine Missions-Zeitschrift: Monatshefte für geschichtliche und theoretische Missionskunde, Vol. XIV (1887), 46, 作者的翻譯。　**32.** 有關這類觀察層面的改變，參見 A. N. Porter, Religion Versus Empire? British Protestant Missionaries and Overseas Expansion, 1700–1914 (Manchester, 2004); and Roland Oliver, The Missionary Factor in East Africa (London, 1952). **33.** Bruno Gutmann, 'The African Standpoint', Africa 8, no. 1, 1935: 1–19, quoted at 7. **34.** Chika Onyeani, Capitalist Nigger: The Road to Success (Timbuktu, 2000). **35.** 舉例來說，若非如此則極為出色的 James Walvin, Fruits of Empire: Exotic Produce and British Taste, 1660–1800 (London, 1997)，在該書中以腐敗、傳染、痛苦的隱喻作結，174–83. **36.** W. H. Ingrams quoted in Fair, Pastimes in Zanzibar, 76. See also: Richard Austin Freeman, Travels and Life in Ashanti and Jaman (London, 1898/1967), 380. **37.** Godfrey Wilson, An Essay on the Economics of Detribalization in Northern Rhodesia, Rhodes–Livingstone papers, nos. 5, 6 (Livingstone, Northern Rhodesia 1941), 20. **38.** 'Flexible racism' in the words of Mona Domosh, American Commodities in an Age of Empire (New York, 2006). Compare de Grazia, Irresistible Empire. **39.** Abdul Halim Sharar, Lucknow: The Last Phase of an Oriental Culture (Oxford, 1975 edn), 73, 121–5. **40.** Maya Jasanoff, Edge of Empire: Lives, Culture and Conquest in the East 1750–1850 (New York, 2005), esp. ch. 2. **41.** Quoted in Robin. D. Jones, Interiors of Empire: Objects, Space and Identity within the Indian Subcontinent, c.1800–1947 (Manchester, 2007), 95. **42.** C. A. Bayly, ' "Archaic" and "Modern" Globalization in the Eurasian and African Arena, c.1750–1850', in: Globalization in World History, ed. A. G. Hopkins (London, 2002), 45–72, quoted at 52. **43.** Russell W. Belk, Collecting in a Consumer Society (London and New York, 2001). **44.** Hosagrahar Jyoti, 'City as Durbar ', in: Forms of Dominance: On the Architecture and

Urbanism of the Colonial Enterprise, ed. Nezar AlSayyad (Aldershot, 1992), 85–103. **45.** Christopher Alan Bayly, Rulers, Townsmen and Bazaars: North Indian Society in the Age of British Expansion, 1770–1870 (Cambridge, 1983). **46.** Douglas Haynes, Rhetoric and Ritual in Colonial India: The Shaping of a Public Culture in Surat City, 1852–1928 (Berkeley, CA, 1991). **47.** John Crawfurd, A Sketch of the Commercial Resources and Monetary and Mercantile System of British India, 1837, repr. in The Economic Development of India under the East India Company, 1814–58: A Selection of Contemporary Writings, ed. K. N Chaudhuri (Cambridge, 1971), quoted at 233, 241. **48.** See Tirthankar Roy, The Economic History of India, 1857–1947 (Oxford, 2006). Compare B. R. Tomlinson, The New Cambridge History of India, III, 3: The Economy of Modern India, 1860–1970 (Cambridge, 1993). **49.** David Cannadine, Ornamentalism (London, 2001); and The Great Delhi Durbar of 1911 (London, 1911). **50.** 當然，這並不意謂著禮物就不再發揮其他的社會功能；參見 Margot C. Finn, 'Colonial Gifts: Family Politics and the Exchange of Goods in British India', in: Modern Asian Studies 40, no. 1, 2006: 203–231. **51.** Joseph A. Schumpeter, Imperialism and Social Classes (Oxford, 1919/1951), 14. **52.** Veena Talwar Oldenburg, The Making of Colonial Lucknow, 1856–1877 (Princeton, NJ, 1984). **53.** Haynes, Rhetoric and Ritual in Colonial India. **54.** C. A. Bayly, The New Cambridge History of India: Indian Society and the Making of the British Empire (Cambridge, 1988). **55.** Rita Smith Kipp, 'Emancipating Each Other: Dutch Colonial Missionaries' Encounter with Karo Women in Sumatra, 1900–1942', in: Domesticating the Empire: Race, Gender and Family Life in French and Dutch Colonialism, eds. Julia Clancy-Smith & Frances Gouda, (Charlottesville, VA, 1998), ch. 11. **56.** Bernard S. Cohn, Colonialism and Its Forms of Knowledge (Princeton, NJ, 1996), 106–62; and Emma Tarlo, Clothing Matters: Dress and Identity in India (London, 1996). **57.** Abigail McGowan, 'Consuming Families', in: Douglas Haynes, Abigail McGowan, Tirthankar Roy, & Haruka Yanagisawa, eds., Towards a History of Consumption in South Asia (Oxford, 2010), 155–84. **58.** Shib Chunder Bose, The Hindoos as Yhey Are (London, 1881), 191–208. **59.** G. F. Shirras, Report on an Enquiry into Working-class Budgets in Bombay (Bombay, 1923). **60.** Bose, The Hindoos as they Are, 195. **61.** Haruka Yanagisawa 'Growth of Small-scale Industries and Changes in Consumption Patterns in South India, 1910s–50s', in: Haynes et al., eds., Towards a History of Consumption in South Asia, 51–75. **62.** Kate Platt, The Home and Health in India and the Tropical Colonies (London, 1923), 16. See further: Elizabeth Buettner, Empire Families: Britons and Late Imperial India (Oxford, 2004). **63.** 這一點以及以下內容引自 Jones, Interiors of Empire, quoted at 1. **64.** Selections from the Calcutta Gazettes, 1784–88 (Calcutta, 1864), 47, 50–4, 60. **65.** Jones, Interiors of Empire, 105. **66.** Platt, The Home and Health in India and the Tropical Colonies, 64. **67.** Edward Braddon, Life in India, 1872, cited in Jones, Interiors of Empire, 85. **68.** Jones, Interiors of Empire, 137. **69.** Arnold Wright, Twentieth-century Impressions of Ceylon (London, 1907), 709–11, and 487, 692, 697, 720 提供了其他的例子。 **70.** Charles Feinstein, 'Changes in Nominal Wages, the Cost of Living and Real Wages in the United Kingdom over the Two Centuries, 1780–1990,' in: Labor's Reward: Real Wages and Economic Change in 19th - and 20th -century Europe, eds. P. Scholliers & V. Zamagni (Aldershot, 1995). **71.** Ernst Engel, 'Die Productions-und Consumtionsverhältnisse des Königreichs Sachsen ', in: Zeitschrift des statistischen Büreaus des K. Sächsischen Ministerium des Innern, 22 Nov. 1857. 有關當代的曲解，參見 Carle C. Zimmerman, 'Ernst Engel's Law of Expenditures for Food', Quarterly Journal of Economics, 47/1 (Nov. 1932), 78–101. 有關恩格斯的影響，參見 Erik Grimmer-Solem, The Rise of Historical Economics and Social Reform in Germany, 1864–1894 (Oxford, 2003). **72.** Lawrence B. Glickman, A Living Wage: American Workers and the Making of Consumer Society (Ithaca, NY, 1997). **73.** William C. Beyer, Rebekah P. Davis & Myra Thwing, Workingmen's Standard of Living in Philadelphia: A Report by the Bureau of Municipal Research of Philadelphia (New York City, 1919). 有關當時的工資，已經引進了最低工資法；參見 Lindley Daniel Clark, Minimum-wage Laws of the United States: Construction and Operation (Washington, DC, 1921). **74.** Shirras, Report on an Enquiry into Working-class Budgets in Bombay, 14. 對於西方衡量標準的批評，參見 Radhakamal Mukerjee, The Foundations of Indian

Economics (London, 1916). **75.** J. S. Mill, Essays on Some Unsettled Questions of Political Economy (London, 1844), 132. **76.** William Stanley Jevons, The Theory of Political Economy (London1888, 3rd edn; 1st edn 1871), ch. 3, 43. **77.** 1863, quoted in Donald Winch, Wealth and Life (Cambridge, 2009), 155. **78.** R. M. Robertson, 'Jevons and His Precursors', Econometrica, Vol. XIX, 1951: 229–49; R. C. D. Black, Economic Theory and Policy in Context (Aldershot, 1995). **79.** W. Stanley Jevons, The State in Relation to Labour (London, 1887 edn; 1st edn 1882), 41-2. **80.** Lionel Robbins, 'The Place of Jevons in the History of Economic Thought', Manchester School of Economics and Social Studies, VII (1936), 1. **81.** Alfred Marshall, Principles of Economics (London, 1920, 8th edn; 1st edn 1890), 72 and 74–5 for below. **82.** Marshall, Principles of Economics, 113. **83.** Karl Oldenberg, 'Die Konsumtion', in Grundriss der Sozialökonomik, II, eds. Fr. Von Gottl-Ottlilienfeld et al. (Tübingen, 1914), 103–64. 愛爾蘭的克利夫・萊斯利（Cliffe Leslie）同樣認為，「倘若沒有習慣大量支出，一個國家將會陷入貧困。」參見 Essays in Political and Moral Philosophy (1879), 223. **84.** Simon N. Patten, The Consumption of Wealth (Philadelphia, 1889), vi. **85.** Simon N. Patten, The New Basis of Civilization (New York, 1907), 143. Further: Daniel M. Fox, The Discovery of Abundance: Simon N. Patten and the Transformation of Social Theory (Ithaca, NY, 1967). **86.** Current Opinion, 54 (1913), 51–2. **87.** T. H. Marshall, Citizenship and Social Class and Other Essays (Cambridge, 1950). **88.** Charles Gide, La Cooperation: Conférences de propaganda (Paris, 1900), 227, 作者翻譯。 **89.** Ellen Furlough, Consumer Cooperation in France: The Politics of Consumption, 1834–1930 (Ithaca, NY, 1991), 80–97. **90.** Kathryn Kish Sklar, Florence Kelley and the Nation's Work (New Haven, CT, 1995). **91.** Elisabeth von Knebel-Doeberitz, 'Die Aufgabe und Pflicht der Frau als Konsument', in: Hefte der Freien Kirchlich-Sozialen Konferenz, 40 (Berlin, 1907), 39, my translation. **92.** Alain Chatriot, Marie-Emmanuelle Chessel & Matthew Hilton, eds., Au nom du consommateur: Consommation et politique en Europe et aux États-Unis au XX siecle (Paris, 2004); Louis L. Athey, 'From Social Conscience to Social Action: The Consumers' Leagues in Europe, 1900–1914', The Social Service Review 52, no. 3, 1978: 362–82; and Matthew Hilton, Consumerism in Twentieth-century Britain (Cambridge, 2003). **93.** La Liberté: Journal politique, religieux, social, 26 Sept.1908, 1, 作者翻譯。 **94.** Women's Co-operative Guild, 28th Annual Report, 1910–11. Gillian Scott, Feminism and the Politics of Working Women: The Women's Co-operative Guild, 1880s to the Second World War (London, 1998). **95.** Teresa Billington Greig, The Consumer in Revolt (London, 1912), quoted at 4, 52. **96.** J. A. Hobson, Imperialism: A Study (London, 1902), 86. **97.** J. A. Hobson, Evolution of Modern Capitalism (London, 1897), 368–77; Work and Wealth (London, 1914). **98.** 參閱以下的註釋以及 Benjamin S. Orlove, 'Meat and Strength: The Moral Economy of a Chilean Food Riot,' Cultural Anthropology 12, no. 2, 1997: 234–68. **99.** Christoph Nonn, Verbraucherprotest und Parteiensystem im wilhelminischen Deutschland (Düsseldorf, 1996), 78. **100.** Marie-Emmanuelle Chessel, Consommateurs engagés a la Belle Époque: La Ligue sociale d'acheteurs (Paris, 2012); and Marie-Emmanuelle Chessel, 'Women and the Ethics of Consumption in France at the Turn of the Twentieth Century', in: The Making of the Consumer: Knowledge, Power and Identity in the Modern World, ed. Frank Trentmann, (Oxford, 2006), 81–98. **101.** Walter E. Weyl, The New Democracy (New York, 1912), 254. **102.** 引述自化學實業家阿爾弗雷德・蒙德（Alfred Mond），參見 Frank Trentmann, Free Trade Nation: Commerce, Consumption and Civil Society in Modern Britain (Oxford, 2008). **103.** Michael Edelstein, Overseas Investment in the Age of High Imperialism (New York, 1982); Lance E. Davis & Robert A. Huttenback, Mammon and the Pursuit of Empire (Cambridge, 1986); Avner Offer, 'Costs and Benefits, Prosperity and Security, 1870–1914', in: The Oxford History of the British Empire, ed. Andrew Porter (Oxford, 1999), 690–711. **104.** Stephen Constantine, ' "Bringing the Empire Alive": The Empire Marketing Board and Imperial Propaganda, 1926–33', in: Imperialism and Popular Culture, ed. John M. MacKenzie (Manchester, 1986), 192–231; and Trentmann, Free Trade Nation. **105.** Trevor Burnard, Mastery, Tyranny and Desire: Thomas Thistlewood and His Slaves in the Anglo-Jamaican World (Jamaica, 2004). **106.** Joanna de Groot, 'Metropolitan Desires and Colonial Connections', in: Catherine Hall & Sonya Rose, eds.,

At Home with the Empire (Cambridge, 2006), 186. **107.** Mintz, Sweetness and Power, 157. **108.** From 731,000lbs in 1745 to 2,359,000lbs the following year; Ashworth, Customs and Excise: Trade, Production and Consumption in England. 1640–1845, 178. **109.** Kwass, Contraband. **110.** Clarence-Smith, Cocoa and Chocolate, 1765–1914 ; W. G. Clarence-Smith & Steven Topik, The Global Coffee Economy in Africa, Asia and Latin America, 1500-1989 (Cambridge, 2003). **111.** Ernst Neumann, Der Kaffee: Seine geographische Verbreitung, Gesamtproduktion und Konsumtion (Berlin, 1930), 141–3; 法國的數據是 1927 年的數字。 **112.** Michelle Craig McDonald & Steven Topik, 'Americanizing Coffee', in: Alexander Nützenadel & Frank Trentmann, eds., Food and Globalization: Consumption, Markets and Politics in the Modern World (Oxford, 2008), 109–28. **113.** Martin Bruegel, 'A Bourgeois Good? Sugar, Norms of Consumption and the Labouring Classes in Nineteenth-century France,' in: Peter Scholliers, Food, Drink and Identity: Cooking, Eating and Drinking in Europe since the Middle Ages (Oxford, 2001), 99–118. **114.** Hamburger Staatsarchiv, 314-1/B VIII 8, 'Berichte von Angestellten der Deputation über Konsumverhältnisse in ihnen bekannten Orten ', 20 May 1878, 作者翻譯。 **115.** Julia Laura Rischbieter, 'Kaffee im Kaiserreich', PhD thesis, Frankfurt (Oder), 2009, 283; see now her book: Mikro-Ökonomie der Globalisierung (Cologne, 2011). Hamburger Staatsarchiv, 314-1/B VIII 8, 12 May 1878 (on Magdeburg). 有關法國的白蘭地與咖啡，參見 W. Scott Haine, The World of the Paris Café: Sociability among the French Working Class, 1789–1914 (Baltimore, 1998). **116.** 舉例來說，1875 年漢堡的聖喬治醫院（St Georg hospital），Hamburger Staatsarchiv, HH 314-1, B VIII, no. 19. **117.** Illustrated London News, August 1885, and Graphic, 19 Sept. 1896 and Penny Illustrated Paper, 1 Aug. 1896, 66, and 26 Oct. 1901, 272. **118.** Roman Rossfeld, Schweizer Schokolade: Industrielle Produktion und kulturelle Konstruktion eines nationalen Symbols, 1860–1920 (Baden, 2007). **119.** Jan De Vries, The Economy of Europe in an Age of Crisis, 1600–1750 (Cambridge, 1976), 71–3. **120.** J. R. Peet, 'The Spatial Expansion of Commercial Agriculture in the Nineteenth Century', Economic Geography 45, 1969: 283–301. **121.** David T. Courtwright, Forces of Habit: Drugs and the Making of the Modern World (Cambridge, MA, 2001), 53–66. **122.** See further: David Anderson, Susan Beckerleg, Degol Hailu & Axel Klein, The Khat Controversy: Stimulating the Debate on Drugs (Oxford, 2007). **123.** Erika Rappaport, 'Packaging China: Foreign Articles and Dangerous Tastes in the Mid-Victorian Tea Party', in: Frank Trentmann, ed., The Making of the Consumer: Knowledge, Power and Identity in the Modern World (Oxford and New York, 2006), 125–46, quoted at 131 (1851). **124.** See Peter H. Hoffenberg, An Empire on Display: English, Indian and Australian Exhibitions from the Crystal Palace to the Great War (California, 2001), quoted at 115. **125.** Kolleen M. Guy, When Champagne became French: Wine and the Making of a National Identity (Baltimore, MD, 2003). **126.** Kai-Uwe Hellmann, Soziologie der Marke (Frankfurt am Main, 2003), Part I. see now also: T. da Silva Lopes & Paulo Guimaraes, 'Trademarks and British Dominance in Consumer Goods, 1876–1914', in: Economic History Review, Vol. 67, issue 3, 793–817. **127.** Quoted from Manuel Llorca-Jana, The British Textile Trade in South America in the Nineteenth Century (Cambridge, 2012), p. 92. **128.** John Hamilton Potter, Travels through the Interior Provinces of Colombia (London, 1827), Vol I, 139 and Vol. II, 76, 120–1. 我很感謝安娜‧瑪麗亞‧奧特羅─克利夫斯（Ana Maria Otero-Cleves）的參考資料，她在 2011 年牛津大學的博士論文 ('From Fashionable Pianos to Cheap White Cotton: Consuming Foreign Commodities in Nineteenth-century Colombia') 極為詳盡地討論了這些商品的流動。 **129.** Benjamin Orlove, ed., The Allure of the Foreign: Imported Goods in Post-colonial Latin America (Michigan, 1997). **130.** See Gary Magee & Andrew Thompson, Empire and Globalization: Networks of People, Goods and Capital in the British World, c.1850–1914 (Cambridge, 2010), and the roundtable in British Scholar Journal, III, Sept. 2010. **131.** Richard Wilk, Home Cooking in the Global Village: Caribbean Food from Buccaneers to Ecotourists (Oxford and New York, 2006). 有關商品鏈的途徑，參見 Foster: 'Tracking Globalization: Commodities and Value in Motion'. **132.** Thomas Richards, The Commodity Culture of Victorian England: Advertising and Spectacle, 1851–1914 (Stanford, CA, 1990), 144. **133.** Anne McClintock, Imperial Leather: Race,

Gender and Sexuality in the Colonial Contest (London, 1995), 36. *134.* The Whitehall Review Annual, 1881–2, repr. in Anandi Ramamurthy, Imperial Persuaders: Images of Africa and Asia in British Advertising (Manchester, 2003), 67. *135.* Penny Illustrated Paper, 23 Feb. 1901, 144, and 26 Oct. 1901, 272. *136.* The Times, 24 Oct. 1910, 14. *137.* Arthur Girault, The Colonial Tariff Policy of France (Oxford, 1916); and Rae Beth Gordon, 'Natural Rhythm: La Parisienne Dances with Darwin: 1875–1910', Modernism/modernity 10, no. 4, 2003: 617–56. *138.* Morris J. 'La globalizzazione dell'espresso italiano' – in: Baldoli C and Morris J. (eds.) Made in Italy. Sonderheft: Memoria e Ricerca, XIV (23) 2006.

第四章

1. Sombart, Luxus und Kapitalismus, 28–41. *2.* Max Weber, Economy and Society (1978 Engl. edn; 1st edn 1922), eds. G. Roth & C. Wittich (Berkeley, CA), 125–6. *3.* Bairoch, De Jéricho a Mexico: Villes et économie dans l'histoire, 373–6, 516–42. 有關不同類型的城市，參見：Jürgen Osterhammel, Die Verwandlung der Welt (Munich, 2009), section VI. *4.* Julius Rodenberg, 'Die vierundzwanzig Stunden von Paris ', in: Paris bei Sonnenschein und Lampenlicht, ed. Julius Rodenberg (Berlin, 1867), 1–54, 40, 作者的翻譯。他指的是 40,000 支公共電燈，確實數目是一半；參見下一個註釋的參考資料。 *5.* Commission Internationale de l'Éclairage, Recueil des travaux et compte rendu des séances, sixieme session, Geneve –Juillet, 1924 (Cambridge, 1926), 288; Léon Clerbois, 'Histoire de l'éclairage public a Bruxelles ', Annales de la société d'archéologie de Bruxelles 24, 1910, 175. *6.* The Gas World Year Book 1913 (London, 1913); J. C. Toer & Asociados, eds., Gas Stories in Argentina, 1823–1998 (Buenos Aires, 1998). 電力的傳播較晚，將在家庭的章節中討論；有關這些網絡，參見 Thomas P. Hughes, Networks of Power: Electrification in Western Society, 1880–1930 (Baltimore, MD, 1983). *7.* The Journal of Gas Lighting, Water Supply, etc., CX (1910), 10 May 1910, 371–5; John F. Wilson, Lighting the Town: A Study of Management in the North-west Gas Industry, 1805–1880 (Liverpool, 1991), 167; Charles W. Hastings, Gas Works Statistics (1880; 1884); The Gas World Year Book 1913 ; and Gas in Home, Office and Factory: Hints on Health, Comfort and Economy – Popular Lectures at the National Gas Congress and Exhibition, London, October 1913 (London, 1913). *8.* J. T. Fanning, A Practical Treatise on Hydraulic and Water-supply Engineering (New York, 1902, 15th edn), 41. 我將數字轉換成美國的加侖（3.8 公升）以保持全文的一致性。大英帝國的加侖是 4.5 公升，但在 2000 年已不再是法定的單位。 *9.* Richard L. Bushman & Claudia L. Bushman, 'The Early History of Cleanliness in America', in: The Journal of American History 74, no. 4, 1988: 1213–38; see also: E. Shove, Comfort, Cleanliness and Convenience: The Social Organization of Normality (Oxford, 2003). *10.* John Simon, English Sanitary Institutions (London, 1897, 2nd edn), 466. *11.* Jean-Pierre Goubert, The Conquest of Water: The Advent of Health in the Industrial Age (Princeton, NJ, 1989), 150–1. *12.* A. R. Binnie, Royal Commission on Metropolitan Water Supply 1893–94, XL, Part I, 18 June 1892, para. 3235. *13.* Elizabeth Otis Williams, Sojourning, Shopping and Studying in Paris: A Handbook Particularly for Women (London, 1907), 34; Shanghai Municipal Council, Annual Report, 1935, 188; Hanchao Lu, 'The Significance of the Insignificant: Reconstructing the Daily Lives of the Common People of China', in: China: An International Journal 1, no. 1, 2003: 144–58.; and Goubert, Conquest of Water, 62. *14.* Shanghai Municipal Archive, Annual Report of the Shanghai Municipal Council, 1905, 152; Shahrooz Mohajeri, 100 Jahre Berliner Wasserversorgung und Abwasserentsorgung 1840–1940 (Stuttgart, 2005), 71 f.; Maureen Ogle, 'Water Supply, Waste Disposal and the Culture of Privatism in the Mid-nineteenth-century American City', in: Journal of Urban History 25, no. 3, 1999: 321–47; R. Wilkinson & E. M. Sigsworth, 'A Survey of Slum Clearance Areas in Leeds', in: Yorkshire Bulletin of Social and Economic Research, vol 15/1, 1963, 25–47; Clemens Zimmermann, Von der Wohnungsfrage zur Wohnungspolitik (Göttingen, 1991); Petri S. Juuti & Tapio S. Katko, eds., From a Few to All: Long-term Development of Water and Environmental Services in Finland (Finland, 2004), 19f.; and Petri S. Juuti & Tapio S. Katko, eds., Water, Time and European Cities (Tampere, 2005). *15.* Ruth Rogaski, Hygienic Modernity: Meanings of Health and Disease in Treaty-port China (Berkeley, CA, 2004), 212–24; and Sidney D. Gamble, Peking: A Social Survey (London, 1921), 31. *16.* F. Bramwell in a memorandum to the Royal Commission on Water Supply (1900), Final Report, Vol. 39, Appendix Z, 6, 406. *17.* Vanessa Taylor & Frank Trentmann, 'Liquid Politics: Water and the Politics of Everyday Life in the Modern City', in: Past & Present 211, 2011: 199–241. *18.* Ruth Schwartz-Cowan, 'The Consumption Junction: A Proposal for Research Strategies in the Sociology of Technology', in: The Social Construction of Technological Systems: New Directions in the Sociology and History of Technology, eds. Wiebe E. Bijker, Thomas P. Hughes & Trevor J. Pinch (Cambridge, MA, 1987), 261–80. *19.* Clémentine Deroudille, Brassens: Le Libertaire de la chanson (Paris, 2011), 26–7. *20.* Constance Williams&Arthur Martin in Gas in Home – Popular Lectures, 49–72. See further: Martin Daunton, House and Home in the Victorian City (London, 1983); and Judith Flanders, The Victorian House (London, 2004), 168–73. *21.* Henry Letheby, 'Report on the Coal Gas Supplied to the City of London' (London, 1854); John Simon, 'Report by the Medical Officer of Health on Complaints of Nuisance from the City of London Gas Company's Works' (London, 1855); and Toer &Asociados, eds., Gas Stories in Argentina. *22.* Manuel Charpy, 'Le Théâtre des objets: espaces privés, culture matérielle et identité bourgeoise, Paris 1830–1914, PhD thesis, Université François-Rabelais de Tours, 2010, Vol. I, 249–71. *23.* Jun'ichiro— Tanizaki, In Praise of Shadows (1933; 1977 Engl.). *24.* Jens Hanssen, Fin de siecle Beirut: The Making of an Ottoman Provincial Capital (Oxford, 2005), 200. *25.* Haydn T. Harrison, 'Street Lighting', in: Commission Internationale de l'Éclairage, 1924, 277, and for the 1911 tests; and Edward Seidensticker, Low City, High City: Tokyo from Edo to the Earthquake (London, 1983), 80–1. *26.* The Journal of Gas Lighting, Water supply, etc.. CXII (1910), 473 and 471 用於以下引言。 *27.* Lynda Nead, Victorian Babylon: People, Streets and Images in Nineteenth-century London (New Haven and London, 2000); Joachim Schlör, Nights in the Big City (London, 1998); Wolfgang Schivelbusch, Lichtblicke: Zur künstlichen Helligkeit im 19. Jahrhundert (Munich, 1983); and Chris Otter, The Victorian Eye: A Political History of Light and Vision in Britain, 1800–1910 (Chicago, 2008). *28.* Robert Millward, 'European Governments and the Infrastructure Industries, c.1840–1914', in: European Review of Economic History 8, 2004: 3–28, 也適用於以下。 Martin V. Melosi, The Sanitary City (Baltimore, MD, 2000). *29.* P. J. Waller, Town, City and Nation: England 1850–1914 (Oxford, 1983), 300; Robert Millward & Robert Ward, 'From Private to Public Ownership of Gas Undertakings in England and Wales, 1851– 1947', Business History 35, no. 3, 1993: 1–21; and Wilson, Lighting the Town. *30.* John Henry Gray, Die Stellung der privaten Beleuchtungsgesellschaften zu Stadt und Staat (Jena, 1893); Martin Daunton, 'The Material Politics of Natural Monopoly: Consuming Gas in Victorian Britain', in: The Politics of Consumption: Material Culture and Citizenship in Europe and America, eds. Martin Daunton & Matthew Hilton (Oxford, 2001), 69–88. *31.* W. H. Y. Webber, 'Gas Meter', and John Young, 'Hints to Gas Consumers', in: Gas in Home – Popular Lectures, 1913, 85–99; and Graeme J. N. Gooday, The Morals of Measurement: Accuracy, Irony and Trust in Late-Victorian Electrical Practice (Cambridge, 2004). *32.* Christopher Hamlin, 'Muddling in Bumbledom: On the Enormity of Large Sanitary Improvements in Four British Towns, 1855–1885', Victorian Studies 32, 1988: 55–83; and M. J. Daunton, 'Public Place and Private Space: The Victorian City and the Working-class Household', in: The Pursuit of Urban History, eds. Derek Fraser & Anthony Sutcliffe (London, 1983). *33.* Taylor & Trentmann, 'Liquid Politics' . *34.* A. Dobbs, By Meter or Annual Value? (London, 1890), 30, 是作者的重點。 *35.* James H. Fuertes, Waste of Water in New York and Its Reduction by Meters and Inspection: Report to the Committee on Water-supply of the Merchants' Association of New York (New York, 1906), 84. *36.* Royal Commission on Metropolitan Water Supply 1893–94, XL, Part I, Minutes of Evidence, 5 Oct. 1892, 7353–4. *37.* Royal Commission on Water Supply (1900), Cd. 25, Final Report, para. 178, 74. *38.* Fuertes, Waste of Water, 100. *39.* Fuertes, Waste of

Water, 56. **40.** Fuertes, Waste of Water, 42. **41.** Royal Commission on Water Supply (1900), Cd. 25, Final Report, paras 176–80. See also: W. R. Baldwin-Wiseman, 'The Increase in the National Consumption of Water', in: Journal of the Royal Statistical Society 72, no. 2, 1909: 248–303, esp. 259. **42.** Royal Commission on Metropolitan Water Supply, 1893–94, XL, Part I, 5 Oct. 1892, 7358. **43.** Patrick Joyce, The Rule of Freedom: Liberalism and the Modern City (London, 2003); and Tom Crook, 'Power, Privacy and Pleasure: Liberalism and the Modern Cubicle', in: Cultural Studies 21, no. 4–5, 2007: 549–69. **44.** Richard Wollheim, Germs: A Memoir of Childhood (London, 2004), 132; Fuertes, Waste of Water, 30; and Goubert, Conquest of Water, 131. **45.** Roger-Henri Guerrand, Les Lieux: Histoire des commodités (Paris, 1997), 157. **46.** M. Thiele & W. Schickenberg, Die Verhältnisse von 534 Stadthannoverschen kinderreichen Kriegerfamilien (Hanover, 1919), 8 'Wie sahen diese Höfe übrigens manchmal aus'; and Clemens Wischermann, Wohnen in Hamburg (Münster, 1983). **47.** Interview no. 28, P. Thompson & T. Lummis, Family Life and Work Experience before 1918, 1870–1973, Colchester, Essex: UK Data Archive. **48.** Madeleine Yue Dong, Republican Beijing: The City and Its Histories (Berkeley, CA, 2003), ch. 6. For South City, see Gamble, Peking: A Social Survey, 235–9. **49.** Claire Holleran, Shopping in Ancient Rome: The Retail Trade in the Late Republic and the Principate (Oxford, 2012). **50.** Sombart, Luxus und Kapitalismus. **51.** Rosalind H. Williams, Dream Worlds: Mass Consumption in Late-nineteenth-century France (Berkeley, CA, 1982), 67. **52.** S. Faroqhi, Towns and Townsmen of Ottoman Anatolia (Cambridge, 1984). **53.** Claire Walsh, 'The Newness of the Department Store: A View from the Eighteenth Century', in: Geoffrey Crossick & Serge Jaumain, eds., Cathedrals of Consumption: The European Department Store, 1850–1939 (Aldershot, 1999), 46–71; Claire Walsh, 'Shops, Shoppping and the Art of Decision Making in Eighteenth-century England', in: Gender, Taste and Material Culture in Britain and North America, 1700–1830, eds. John Styles & Amanda Vickery (New Haven, CT, 2006); Welch, Shopping in the Renaissance ; Jon Stobart, Sugar and Spice: Grocers and Groceries in Provincial England, 1650–1830 (Oxford, 2012); Tammy Whitlock, Crime, Gender and Consumer Culture in Nineteenth-century England (Aldershot, 2005); Karen Newman, Cultural Capitals: Early Modern London and Paris (Princeton, NJ, 2007); John Benson & Laura Ugolini, eds., A Nation of Shopkeepers: Five Centuries of British Retailing (London, 2003); and Isobel Armstrong, Victorian Glassworlds: Glass Culture and the Imagination, 1830–1880 (Oxford, 2008), 134–41. **54.** 文獻過於龐大而無法完整列出。除了後來的參考文獻，我特別引自 Michael B. Miller, The Bon Marché: Bourgeois Culture and the Department Store, 1869–1920 (London, 1981); Crossick &Jaumain, eds., Cathedrals of Consumption ; Bill Lancaster, The Department Store (Leicester, 1995); H. Pasdermadjian, The Department Store: Its Origins, Evolution and Economics (London, 1954); and Erika D. Rappaport, Shopping for Pleasure: Women and the Making of London's West End (Princeton, NJ, 2000). **55.** Richard Dennis, Cities in Modernity (Cambridge, 2008), 311; see also: Richards, The Commodity Culture of Victorian England: Advertising and Spectacle, 1851–1914. **56.** Roger Gravil, The Anglo-Argentine Connection, 1900–1939 (Boulder, CO, 1985), 92–4, 107; and Wellington K. K. Chan, 'Selling Goods and Promoting a New Commercial Culture', in: Sherman Cochran, Inventing Nanking Road: Commercial Culture in Shanghai, 1900–1945 (Ithaca, NY, 1999), 19–36. **57.** Harrod's Stores Ltd, Harrod's Catalogue 1895 (Newton Abbot, 1972 facsimile), 816, 879, 1128, 1156. **58.** Harrod's Stores Ltd, A Story of British Achievement, 1849–1949 (London, 1949). **59.** Olivia's Shopping and How She Does It: A Prejudiced Guide to the London Shops (London, 1906), 62–3. 關於 18 世紀商店的銷售與信貸，參見：Natacha Coquery, Tenir boutique a Paris au XVIIIe siecle: Luxe et demi-luxe (Paris, 2011), ch. 7. **60.** Émile Zola, The Ladies' Paradise, trans. Brian Nelson (Oxford, 1883/1995), 397–8, 418–19. **61.** Zola, The Ladies' Paradise, 77, 104, 117, 240. **62.** See Perez Galdos's novel, La de Bringas (1884). Lara Anderson, Allegories of Decadence in Fin-de-siecle Spain: The Female Consumer in the Novels of Emilia Pardo Bazán and Benito Pérez Galdós (Dyfed, 2006). **63.** Miles Ogborn, Spaces of Modernity: London Geographies, 1680–1780 (New York, 1998), 116–57. **64.** Nead, Victorian Babylon, 62–79; and Krista Lysack, Come Buy, Come Buy: Shopping and the Culture of Consumption in Victorian Women's Writing (Athens, Ohio, 2008). **65.** Zola, The Ladies' Paradise, 422; Elaine Abelson, When Ladies Go A-Thieving (Oxford, 1989); Detlef Briesen, Warenhaus, Massenkonsum und Sozialmoral: Zur Geschichte der Konsumkritik im 20. Jahrhundert (Frankfurt am Main, 2001); and Uwe Spiekermann, 'Theft and Thieves in German Department Stores, 1895–1930', in: Crossick & Jaumain, eds., Cathedrals of Consumption, 135–59. See also: Mona Domosh, 'The "Women of New York": A Fashionable Moral Geography', Environment and Planning D: Society and Space 19, 2001: 573–92. **66.** Paul Göhre, Das Warenhaus (Frankfurt am Main, 1907). **67.** Georg Simmel, The Philosophy of Money (London, 1990, 2nd edn; 1st edn 1900), 449–61. **68.** Walter Benjamin, The Arcades Project, trans. Eiland Howard & Kevin Mc-Laughlin (Cambridge, MA, 1999), 389, K, 4. **69.** Benjamin, The Arcades Project, 408, L2, 4. **70.** Benjamin, The Arcades Project, 540, R2, 3. **71.** Benjamin, The Arcades Project, 43, A4, 1; see also 60, A12, 5. 有關不同的讀物，參見 Beatrice Hanssen, ed., Walter Benjamin and the Arcades Project (London, 2006); Susan Buck-Morss, The Dialectics of Seeing: Walter Benjamin and the Arcades Project (Cambridge, MA, 1989); Esther Leslie, Walter Benjamin (London, 2007); and Esther Leslie, 'Flâneurs in Paris and Berlin', in: Histories of Leisure, ed. Rudy Koshar (Oxford and New York, 2002). **72.** Benjamin, The Arcades Project, pp. 370f AP, J81a,1. **73.** Rappaport, Shopping for Pleasure, 132–41. **74.** Göhre, Das Warenhaus, 141–2, 作者的翻譯。Warren G. Breckman, 'Disciplining Consumption: The Debate about Luxury in Wilhelmine Germany, 1890–1914', in : Journal of Social History 24, no. 3, 1991: 485–505. **75.** Rachel Morley, 'Crime without Punishment: Reworkings of Nineteenth-century Russian Literary Sources in Evgenii Bauer's Child of the Big City ', in: Russian and Soviet Film Adaptations of Literature, 1900–2001, ed. Stephen Hutchings & Anat Vernitski (London, 2004), 27–43. **76.** Julius Hirsch, -Das Warenhaus in Westdeutschland: Seine Organisation und Wirkungen (PhD, 1909) , 28. 在巴黎的羅浮宮百貨公司（Les Grands Magasins du Louvre），平均銷售價格為 20 法郎。 **77.** Quoted in Susan Matt, Keeping up with the Joneses: Envy in American Consumer Society, 1890–1930 (Philadelphia, 2003), 78. **78.** Brent Shannon, 'ReFashioning Men: Fashion, Masculinity and the Cultivation of the Male Consumer in Britain, 1860–1914', in: Victorian Studies 46, no. 4, 2004: 597–630; and Christopher Breward, The Hidden Consumer: Masculinities, Fashion and City Life, 1860–1914 (Manchester, 1999). **79.** E. E. Perkins, The Lady's Shopping Manual and Mercery Album (London, 1834), vi, 原文的重點。 **80.** Margot C. Finn, The Character of Credit: Personal Debt in English Culture, 1740–1914 (Cambridge, 2003), esp. 264–73; and Whitlock, Crime, Gender and Consumer Culture. **81.** Fred W. Leigh, 'Let's Go Shopping' (London, 1913). **82.** Uwe Spiekermann, Basis der Konsumgesellschaft: Entstehung und Entwicklung des modernen Kleinhandels in Deutschland, 1850–1914 (Munich, 1999), 380f. **83.** William Leach, Land of Desire: Merchants, Power, and the Rise of a New American Culture (New York, 1994), 62. **84.** Sarah Elvins, Sales and Celebrations: Retailing and Regional Identity in Western New York State, 1920–40 (Athens, OH, 2004). **85.** Huda Sha'arawi, Harem Years: The Memoirs of an Egyptian Feminist, 1879–1924, 引用原始資料：Reina Lewis & Nancy Micklewright (eds.), Gender, Modernity, Liberty: Middle Eastern and Western Women's Writings (London, 2006), 192. 關於銷售助理，參見 Nancy Young Reynolds, Commodity Cultures: Interweavings of Market Cultures, Consumption Practices and Social Power in Egypt, 1907–61 (PhD, Stanford University, 2003), ch. 3. **86.** Werner Sombart, Der Moderne Kapitalismus (Munich, 1916, 2nd edn), , Vol. II, Part I, ch. 28. **87.** T. K. Dennison, The Institutional Framework of Russian Serfdom (Cambridge, 2011), 199–212. **88.** David Blanke, Sowing the American Dream: How Consumer Culture Took Root in the Rural Midwest (Athens, OH, 2000). See also: Roman Sandgruber, Die Anfänge der Konsumgesellschaft: Konsumgütergesellschaft, Lebensstandard und Alltagskultur in Österreich im 18. und 19. Jahrhundert (Vienna, 1982); and Michael Prinz, ed., Der lange Weg in den Überfluss: Anfänge und Entwicklung der Konsumgesellschaft seit der Vormoderne (Paderborn, 2003). **89.** John Benson, 'Large-scale Retailing in Canada', in: John Benson & Gareth Shaw, eds., The Evolution of Retail Systems, c.1800 – 1914 (Leicester, 1992), 190ff. **90.** Karl Marx, Das Kapital, I (Frankfurt am Main, 1969 edn; 1st edn

1867), 314. See also: Braudel, Structures of Everyday Life, I, ch. 8. **91.** Werner Sombart, Der Moderne Kapitalismus, II, Leipzig 1st edn 1902, 379 ; and Miller, Bon Marché, 61f. **92.** Harvey Pitcher, Muir and Mirrielees: The Scottisch Partnership that became a Household Name in Russia (Cromer, 1994), 145–7. **93.** Rita Andrade, 'Mappin Stores: Adding an English Touch to the Sao Paulo Fashion Scene', in: Regina A. Root, ed., The Latin American Fashion Reader (Oxford, 2005), ch. 10; Orlove, ed., The Allure of the Foreign: Imported Goods in Post-colonial Latin America ; and Christine Ruane, 'Clothes Shopping in Imperial Russia: The Development of a Consumer Culture', in: Journal of Social History 28, no. 4, 1995: 765–82. **94.** Reynolds, Commodity Cultures in Egypt, 75–88. 有關伊斯梅爾‧帕夏（Isma'il Pasha）的現代化，參見 Janet L. Abu-Lughod, Cairo: 1001 Years of the City Victorious (Princeton, NJ, 1971), 98–117. **95.** James Jefferys, Retail Trading in Britain, 1850–1950 (Cambridge, 1954), 21–30. **96.** Spiekermann, Basis ; H.-G. Haupt, 'Der Laden ', in: Orte des Alltags, ed. H.-G. Haupt (Munich, 1994), 61–7; and **97.** Martin Philips, 'The Evolution of Markets and Shops in Britain', in: Benson & Shaw, eds., The Evolution of Retail Systems, c.1800 – 1914, 54. See also: Margot Finn, 'Scotch Drapers and the Politics of Modernity', in: The Politics of Consumption: Material Culture and Citizenship in Europe and America, eds. Martin J. Daunton & Matthew Hilton (Oxford, 2001), 89–107. Charlotte Niermann, ' "Gewerbe im Umherziehen" – Hausierer und Wanderlager in Bremen vor 1914 ', in: Der Bremer Kleinhandel um 1900, ed. H.-G. Haupt (Bremen, 1982), 207–55. **98.** Spiekermann, Basis, 277–95, 382–415, 736–41. **99.** G. J. Holyoake, inaugural address, 19th Co-operative Congress (Manchester, 1887), 11. **100.** G. D. H. Cole, A Century of Co-operation (London, 1944); Ellen Furlough & Carl Strikwerda, eds., Consumers against Capitalism? Consumer Cooperation in Europe, North America and Japan, 1840–1990 (Lanham and Oxford, 1999); Michael Prinz, Brot und Dividende: Konsumvereine in Deutschland und England vor 1914 (Göttingen, 1996); and Martin Purvis, 'Societies of Consumers and Consumer Societies: Co-operation, Consumption and Politics in Britain and Continental Europe c.1850–1920', in: Journal of Historical Geography 24, no. 2, 1998: 147–69. **101.** James Schmiechen & Kenneth Carls, The British Market Hall (New Haven, CT, 1999). Andrew Lohmeier, 'Bürgerliche Gesellschaft and Consumer Interests: The Berlin Public Market Hall Reform, 1867–1891', in: Business History Review 73, no. 1, 1999: 91–113. **102.** Lange, 1911, quoted in Spiekermann, Basis, 183. **103.** Henri Lefebvre, The Production of Space, trans. Donald Nicholson-Smith (Oxford, 1991). **104.** Shanghai Municipal Archive, Municipal Council, Annual Report 1929, 169, 170–2. **105.** Rosemary Bromley, 'Market-place Trading and the Transformation of Retail Space in the Expanding Latin American City', in: Urban Studies 35, no. 8, 1998: 1311–33; G. M. Zinkhan, S. M. Fontenelle & A. L. Balazs, 'The Structure of Sao Paolo Street Markets', in: Journal of Consumer Affairs 33, no. 1, 1999: 3–26. **106.** Schmiechen & Carls, The British Market Hall, 192. **107.** Christina M. Jiménez, 'From the Lettered City to the Sellers' City: Vendor Politics and Public Space in Urban Mexico, 1880–1926', in: Gyan Prakash & Kevin M. Kruse, eds., The Spaces of the Modern City (Princeton, 2008), 214–46. **108.** Henri Lefebvre, Rhythmanalysis: Space, Time and Everyday Life (London, 2004/1992), 40–1. **109.** Elizabeth Shove, Frank Trentmann & Richard Wilk, eds., Time, Consumption and Everyday Life (Oxford, 2009). 另見下文，233–4. **110.** George R. Sims, ed., Living London: Its Work and Its Play, Its Humour and Its Pathos, Its Sights and Its Scenes, 3 vols. (London, 1904), Vol. II, 13, 380; Vol. III, 143. **111.** See Schmiechen & Carls, The British Market Hall, 142–75. **112.** Lefebvre, The Production of Space, 86. **113.** Stephen Kern, The Culture of Time and Space, 1880–1918 (Cambridge, MA, 1983); compare James Chandler Kevin Gilmartin, eds., Romantic Metropolis: The Urban Scene of British Culture, 1780-1840 (Cambridge, 2005). **114.** 馬克斯‧韋伯所謂的生活（Lebensführung）。 **115.** Georg Simmel, 'Die Grossstädte und das Geistesleben ', in: Die Grossstadt. Vorträge und Aufsätze zur Städteausstellung, Jahrbuch der Gehe-Stiftung 9, 1903: 185–206, repr. in Gesamtausgabe, Vol. VII (1995), and transl. as 'The Metropolis and Mental Life', in: The Sociology of Georg Simmel, ed. Kurt Wolff (New York, 1950). **116.** 'Die kleinen Ladenmädchen gehen ins Kino ', March 1927, repr. in Siegfried Kracauer, Das Ornament der Masse (Frankfurt am Main,

1977), quoted at 279–80, 原文的重點; 'Kult der Zerstreung', 4 March 1926, repr. in Kracauer, Ornament, quoted at 311, 313, 作者的翻譯。 **117.** 德國電影資料館（Deutsche Kinemathek），柏林，常設展覽。 **118.** Michael M. Davis, The Exploitation of Pleasure: A Study of Commercial Recreations in New York City (New York, 1912), 21; Douglas Gomery, Shared Pleasures: A History of Movie Presentation in the United States (London, 1992); Joseph Garncarz, 'Film im Wanderkino', in: Geschichte des dokumentarischen Films in Deutschland: Vol. I: Kaiserreich, 1895–1918, eds. Uli Jung & Martin Loiperdinger (Stuttgart, 2005); Jon Burrows, 'Penny Pleasures: Film Exhibition in London during the Nicklodeon Era, 1906–14', Film History 16, no. 1, 2004: 60–91; and Luke McKernan, '"A Fury for Seeing": London Cinemas and Their Audiences, 1906–1914 (Working Paper no. 1),' (AHRC Centre for British Film and Television Studies, 2005). 另參見可搜尋資料庫：www.londonfilm.bbk.ac.uk. **119.** Jean-Jacques Meusy, Paris-Palaces, ou le temps de cinemas (1894–1918), (Paris, 1995), 173f. 關於愛爾蘭，參見 Kevin Rockett & Emer Rockett, Magic Lantern, Panorama and Moving Picture Shows in Ireland, 1786–1909 (Dublin, 2011). **120.** C. H. Rolph, London Particulars (Oxford, 1980), 105. **121.** Georges Dureau, quoted in Meusy, Paris-Palaces, 255, 作者的翻譯。 **122.** Simmel, 'Grosstädte'. **123.** Quoted in Meusy, Paris-Palaces, 229. V. Toulmin, S. Popple & P. Russell, eds., The Lost World of Mitchell and Kenyon: Edwardian Britain on Film (London, 2004); and Lynda Nead, 'Animating the Everyday: London on Camera circa 1900', in: Journal of British Studies 43, 2004: 65–90. **124.** Melvyn Stokes & Richard Maltby, eds., American Movie Audiences (London, 1999); Richard Butsch, The Making of American Audiences: From Stage to Television, 1750–1990 (Cambridge, 2000), 142–7; and Kathy Peiss, Cheap Amusements: Working Women and Leisure in Turn-of-the-Century New York (Philadelphia, 1986). **125.** Emilie Altenloh, Zur Soziologie des Kino: Die Kino-Unternehmung und die sozialen Schichten ihrer Besucher (Jena, 1914), 67–8. **126.** Peter Bailey, Leisure and Class in Victorian England (London, 1978). **127.** George Barton Cutten, The Threat of Leisure (New Haven, CT, 1926), 17, 72, 90. **128.** Granville Stanley Hall, Adolescence: Its Psychology and Its Relations to physiology, Vol. I (New York, 1904); and John R. Gillis, Youth and History: Tradition and Change in European Age Relations, 1770–Present (New York, 1981 edn). **129.** Staatsarchiv Hamburg, 424-24/88, 14 Jan. 1922, Herr Lorenzen, department of youth welfare, Altona, 作者的翻譯。關於美國，參見 David Nasaw, Children of the City (New York, 1985). **130.** Davis, Exploitation of Pleasure (1912), 3, and 9 用於之前的引文。 **131.** Henry W. Thurston, Delinquency and Spare Time: A Study of a Few Stories Written into the Court Records of the City of Cleveland (Cleveland, 1918), 22–3, 79, 85. **132.** Michael M. Davis Jr, The Exploitation of Pleasure: A Study of Commercial Recreations in New York City (New York, 1912), 14. **133.** Raymond Moley, Commercial Recreation (Cleveland, 1920), 87, and 91 頁用於上文。 **134.** Staatsarchiv Hamburg, 614-1/18/57, 'Kampf gegen Schmutz und Schund in Wort und Bild', Dec. 1921 and 24 Oct. 1922. **135.** Davis Jr, Exploitation of Pleasure, 44. **136.** Roy Rosenzweig, Eight Hours for What We Will: Workers and Leisure in an Industrial City, 1870–1920 (Cambridge, 1983), 147. 關於曼徹斯特，參見 H. E. Meller, Leisure and the Changing City, 1870–1914 (London 1976). 關於科隆：Hans Langenfeld in Zusammenarbeit mit Stefan Nielsen/Klaus Reinarz und Josef Santel, 'Sportangebot und –nachfrage in grosstädtischen Zentren Nordwestdeutschlands (1848–1933)', in: Juergen Reulecke, ed., Die Stadt als Dienstleistungszentrum (St Katharinen, 1995), 461. **137.** Roland S. Vaile, Research Memorandum on Social Aspects of Consumption in the Depression (New York, 1937), 25. **138.** For Coney Island and Blackpool, see Gary S. Cross & John K. Walton, The Playful Crowd: Pleasure Places in the Twentieth Century (New York, 2005), quoted at 109. **139.** Wong Yunn Chii & Tan Kar Lin, 'Emergence of a Cosmopolitan Space for Culture and Consumption: The New World Amusement Park-Singapore (1923–70) in the Inter-War Years', in: Inter-Asia Cultural Studies 5, no. 2, 2004: 279–304; Philip Holden, 'At Home in the Worlds: Community and Consumption in Urban Singapore', in: Beyond Description: Singapore Space Historicity, eds. Ryan Bishop, John Phillips & Yeo Wei-Wei (New York, 2004), 79–94; and Yung Sai Shing & Chan Kwok Bun, 'Leisure, Pleasure and Consumption: Ways of Entertaining Oneself', in: Past Times: A Social History of Singapore, eds.

Kwok Bun Chan & Tong Chee Kiong, (Singapore, 2003), 153–81. ***140.*** 在 1970 年代，曼威‧柯司特（Manuel Castells）認為，工業資本主義導致城市作為自治社會體系功能的消失：The Urban Question (London, 1978).

第五章

1. Bruno Taut, Die neue Wohnung (Leipzig, 1928, 5th rev. edn; 1st edn 1924), quoted at 10–12, 59–60, 作者翻譯。 ***2.*** Barbara Miller Lane, Architecture and Politics in Germany, 1918–45 (Cambridge, MA, 1968); for Taut as architect, see Erich Weitz, Weimar Germany (Princeton, NJ, 2007), 169–83. ***3.*** Clarence Cook, The House Beautiful (New York, 1881), 49. ***4.*** Deborah Cohen, Household Gods: The British and Their Possessions (New Haven, CN, 2006), 36. ***5.*** Edward Young, Labor in Europe and in America (Washington, DC, 1875), tables, 822–5. ***6.*** Sergej Prokopowitsch, 'Haushaltungs-budgets Petersburger Arbeiter ', in: Archiv für Sozialwissenschaft und Sozialpolitik 30, 1910, 66–99, 所謂的夏季租戶（Sommermieter）。 ***7.*** Daunton, 'Public Place and Private Space: The Victorian City and the Working-Ccass Household', 227. ***8.*** Report by Mr Andrews, the Hon. Minister for the USA in Stockholm, 1873, in Young, Labor in Europe and in America, 698. See also: the Amuri district in Tampere, Finland, 如今是工人住房的博物館。 ***9.*** Taut, Die neue Wohnung, 98, 作者翻譯。 ***10.*** 對於這一點以及更多資料，參見精彩論文出自 Charpy, 'Le Théâtre des objets: Espaces privés, culture matérielle et identité bourgeoise, Paris 1830–1914'). 2 vols, I. See also: Walter Benjamin, Berlin Childhood around 1900 (Cambridge MA, 2006). ***11.*** Louise d'Alq, , Le Maître et la mâitresse de maison (1885), quoted in Charpy, I, 179. See also: Jean-Pierre Goubert, ed., Du luxe au confort (Paris, 1988). ***12.*** Judy Neiswander, The Cosmopolitan Interior: Liberalism and the British Home, 1870–1914 (New Haven, CN, 2008). ***13.*** Sonia Ashmore, 'Liberty and Lifestyle', in: David Hussey & Margaret Ponsonby, eds., Buying for the Home: Domestic Consumption from the Seventeenth to the Twentieth Century (Aldershot, 2008). ***14.*** Natacha Coquery 'Luxe et demi-luxe : Bijoutiers et tapissiers parisiens a la fin du XVIIIe siecle ', in Stephane Castelluccio (ed.), Le Commerce de luxe a Paris au XVIIe et XVIIIe siecle (Bern, 2009). ***15.*** 1820 年至 1890 年間，倫敦貿易目錄顯示家具中間商的數量從兩家增加到 390 家，家具經銷商從兩家增加到 47 家，室內裝潢商從 165 家增加到 468 家；Clive Edwards & Margaret Ponsonby, 'Desirable Commodity or Practical Necessity?', in: Hussey & Ponsonby, Buying for the Home, 123–4. For Paris, see Charpy, I, esp. 507–614. ***16.*** Steven M. Gelber, Hobbies: Leisure and the Culture of Work in America (New York, 1999), 139. See also: Belk, Collecting in a Consumer Society ; and Raphael Samuel, Theatres of Memory (London, 1994). ***17.*** 參見第 3 章的討論。 ***18.*** Veblen, The Theory of the Leisure Class: An Economic Study of Institutions, 69. 理斯曼區分出內在導向的炫耀性消費者以及更遵循既有規範的外在導向型消費者，參見 The Lonely Crowd (1953 edn; 1st edn 1950), 143f. ***19.*** Veblen, Leisure Class, 69. ***20.*** Veblen, Leisure Class, 69. ***21.*** Charlotte Perkins Gilman, The Home: Its Work and Influence (1903; Walnut Creek, CA: Altamira, 2002 repr.), 120. ***22.*** Taut, Die Neue Wohnung, 87: 'Das hat unser lieber Willy gebastelt, weisst Du noch, Männe, als er gerade –.' For a critique of Veblen and other universal theories, see Jean-Pascal Daloz, The Sociology of Elite Distinction (Basingstoke, 2010). ***23.*** George & Weedon Grossmith, The Diary of a Nobody (London, 1999; 1st edn 1892), 31–5. ***24.*** Max Weber, 'Zwischenbetrachtung ', in: Gesammelte Aufsätze zur Religionssoziologie I (1988 edn; 1st edn 1920), esp. 568–71, 作者翻譯。 In English, From Max Weber: Essays in Sociology, eds. Hans Heinrich Gerth & Charles Wright Mills (Oxford, 1946). ***25.*** Leora Auslander, Taste and Power: Furnishing Modern France (Berkeley, CA, 1996). ***26.*** Jackson Lears, Fables of Abundance: A Cultural History of Advertising in America (New York, 1994), 49. 據李爾斯所述，到了 1900 年，另類的思維方式「幾乎失去了所有的智識合法性」並僅限於少數「特殊的作家與藝術家」，19。 ***27.*** Bill Brown, A Sense of Things: The Object Matter of American Literature (Chicago, 2003). **28.** Graham Wallas, Human Nature in Politics (London, 1908). **29.** Henry James, The Spoils of Poynton (1897; Penguin Classics, 1987 edn), 30. **30.** James, Spoils of Poynton, 43. **31.** William James, Principles of Psychology (New York, 1950 edn; 1st edn 1890), Vol. I, 291, 原文的重點。他承認，它們並不完全相同，但它們以「大致相同的方式」運作，292。在他生命的後期，詹姆斯甚至思索是否植物、動物，以及地球都有它們自己的意識：參見 Bruce Wilshire, 'The Breathtaking Intimacy of the Material World: Williams James's Last Thoughts', in: The Cambridge Companion to William James, ed. Ruth Anna Putnam (Cambridge, 1997), ch. 6. 喬治賀伯特‧米德（George Herbert Mead）會進一步發展若干的這些想法，強調人與物在合作關係中相互支持的方式：G. H. Mead, The Philosophy of the Act (Chicago, 1938), ed. Charles Morris; 另見討論來自：E. Doyle McCarthy, 'Toward a Sociology of the Physical World: George Herbert Mead on Physical Objects', in: Studies in Symbolic Interaction 5, 1984: 105–21. **32.** James, Principles of Psychology, I, 125. **33.** James, Principles of Psychology, I, 122. **34.** 羅素（Russell）的《西方哲學史》（History of Western Philosophy）奉獻了八頁給詹姆斯，卻沒有半頁給海德格。在他的《西方的智慧》（Wisdom of the West）（紐約，1959）中，有個註釋是這麼寫的：「一個人不禁要懷疑，語言在這裡只會引起騷亂。他的推測中，一個有趣的觀點是認為虛無是某種正面事物的這項堅持。正如存在主義（existentialism）中的許多其他東西，這是一項用來通過邏輯的心理觀察。」303. **35.** Martin Heidegger, 'Das Ding ' (1949), in: Gesamtausgabe, III, Vol. 79: Bremer and Freiburger Vorträge (1994), 5–23; in English in: Poetry, Language, Thought (New York, 2001), 161–84. **36.** 紀錄片圖像可在下列網址查看：www.youtube.com/watch?v= Mqsu72Zl-J2c. **37.** Heidegger, Sein und Zeit, 69–84. **38.** 一種被賦予新力量的情感，由建築師 Siegfried Giedion in his Mechanization Takes Command in 1948. **39.** Heidegger, Sein und Zeit, 126–7, 作者翻譯。原文是人（man），往往被翻譯成「他們」。「人們」可以更精準地捕捉海德格所寫的獨特、順服之特質。 **40.** Fiona C. Ross, 'Urban Development and Social Contingency: A Case Study of Urban Relocation in the Western Cape', in: Africa Today 51, no. 4, 2005: 19–31. **41.** Godfrey Wilson, An Essay on the Economics of Detribalization in Northern Rhodesia (Rhodes–Livingstone Papers, 1941), 18. **42.** Eurostat, Housing Statistics in the European Union 2004, table 3.5, 50. **43.** Herbert Hoover, American Individualism (Garden City, NY, 1923), 27, 32, 38. See also: David Burner, Herbert Hoover: A Public Life (New York, 1979). 關於當代的讚頌，參見 Walter Friar Dexter, Herbert Hoover and American Individualism (New York, 1932). **44.** de Grazia, Irresistible Empire. **45.** Michael Sandel, Democracy's Discontent: America in Search of a Public Philosophy (Cambridge, MA, 1996). **46.** W. E. Du Bois, The Philadelphia Negro (Philadelphia, 1899), 195f. **47.** Hazel Kyrk, Economic Problems of the Family (New York, 1929), 417. **48.** Elaine Lewinnek, The Working Man's Reward: Chicago's Early Suburbs and the Roots of American Sprawl (Oxford, 2014), 64–84, 94–105. **49.** 48%。有關數字，參見 Heinz Umrath, 'The Problem of Ownership', in: International Labor Review, 1955, issue 2, p. 110; Bruno Shiro, 'Housing Surveys in 75 cities, 1950 and 1952', in: Monthly Labor Review, 1954, 744–50; 以及 1930 年的人口普查數據，引自 Kyrk, Economic Problems of the Family, 416. **50.** Quoted in Marina Moskowitz, Standard of Living: The Measure of the Middle Class in Modern America (Baltimore and London, 2004), 140; and 163–73 for below. **51.** Regina Lee Blaszczyk, Imagining Consumers: Design and Innovation from Wedgwood to Corning (Baltimore, 2000), 176–81. **52.** James Hutchisson, The Rise of Sinclair Lewis, 1920-30 (University Park, PA, 1996), 88. **53.** Sinclair Lewis, Babbitt (London, 1922), 95–6. **54.** Lewis, Babbitt, 23–4. **55.** Lewis, Babbitt, 103–4, 原文中的斜體。 **56.** M. Mead Smith, 'Monthly Cost of Owning and Renting New Housing, 1949–50', in: Monthly Labour Review, Aug. 1954, 852. **57.** Jordan Sand, House and Home in Modern Japan: Architecture, Domestic Space and Bourgeois Culture, 1880–1930 (Cambridge, MA, 2003), 298. **58.** Peter Clarke, Hope and Glory: Britain 1900–1990 (London, 1996), 144–50; Peter Scott, 'Marketing Mass Home Ownership and the Creation of the Modern Working-class Consumer in Interwar Britain', in: Business History 50, no. 1, 2008: 4–25; and Peter Scott, 'Did Owner-occupation Lead to Smaller Families for Inter-war Working-class Households', in: Economic History Review 61, no. 1, 2008: 99–124. 關於法國，參見 Alexia Yates, 'Selling la petite propriété : Marketing Home Ownership in Early-twentieth-century Paris', in Entreprises et histoire 64, no. 3, 2011: 11–40. **59.** W. E. Dwight, 'Housing Conditions and Tenement Laws in Leading European Cities', in: Robert W. Deforest & Lawrence Veiller, eds., The Tenement House Problem (New York City, 1903), 174–84. For the 1920s, see Daniel T. Rodgers, Atlantic Crossings: Social Politics in a Progressive Age (Cambridge, MA, 1998), 381–91. **60.** See now Peter Scott, The Making of the Modern British Home: The Suburban Semi and Family Life between the Wars (Oxford, 2013), ch. 2. **61.** 在芬蘭，它從 1980 年的 19% 躍升至 2003 年的 26%；在英國，則從 16% 成長到 18% 以上；參見 National Board of Housing, Sweden et al., Housing Statistics in the European Union (2004), 61. 我在以下的 243-5 頁討論了住宅財富對消費的影響。 **62.** Quoted from Madeline McKenna, 'The Development of Suburban Council Housing Estates in Liverpool between the Wars', Liverpool PhD thesis, Liverpool University, 1986, Vol II, Mrs F., Settington Road, Norris Green, interview no. 12, 428–9. **63.** Bruno Shiro, 'Housing Surveys in 75 cities, 1950 and 1952', Monthly Labor Review, 1954, 744–50. 自 1960 年代以來，嚴格的租金管制與稅則在德意志聯邦共和國也有類似的效果：有了穩當的租賃權，人們開始投資於他們的租賃公寓之現代化。 **64.** European Mortgage Federation, Hypo Stat, 2009. **65.** Quoted in Vera Dunham, In Stalin's Time: Middle-class Calues in Soviet Fiction (Cambridge, 1976), 48 **66.** Michael McKeon, The Secret History of Domesticity: Public, Private and the Division of Knowledge (Baltimore, 2005), 259–64. **67.** 其中一個孩子會睡在客廳。Royal Meeker, 'Relation of the Cost of Living to Public Health', in: Monthly Labor Review, Jan. 1919, Vol. VIII, no. 1, 5. 米克（Meeker）是美國的部長。 **68.** 舉例來説，William C. Beyer, Rebekah P. Davis & Myra Thwing, Workingmen's Standard of Living in Philadelphia: A Report by the Bureau of Municipal Research of Philadelphia (New York, 1919), 1. **69.** V. Volkov, 'The Concept of Kul'turnost'', in: Sheila Fitzpatrick, ed., Stalinism: New Directions (London, 2000), 210–30. **70.** John E. Crowley, The Invention of Comfort: Sensibilities and Design in Early Modern Britain and Early America (Baltimore, MD, 2001). See also: Shove, Comfort, Cleanliness and Convenience: The Social Organization of Normality. **71.** Kyrk, Economic Problems of the Family, 368. **72.** White House Conference on Child Health and Protection, The Young Child in the Home: A Survey of Three Thousand American Families (New York ,1936), 274. **73.** 'The Demand for Domestic Appliances', in: National Institute Economic Review 12, Nov. 1960, tables 2, 5 and 6, 24–44. **74.** Frost, 'Machine Liberation', 124. 進一步了解，參見 Sue Bowden & Avner Offer, 'Household Appliances and the Use of Time: The United States and Britain since the 1920s', in: Economic History Review 47, no. 4, 1994: 725–48. **75.** 'The Demand for Domestic Appliances', 27f. **76.** David E. Nye, Consuming Power: A Social History of American Energies (Cambridge, MA, 1998), 170f.; and Ruth Schwartz Cowan, More Work for Mother (New York, 1983), 91. **77.** Robert S. Lynd & Helen Merrell Lynd, Middletown: A Study in Modern American Culture (New York, 1929), quoted at97–8; see also 175. 另可參見調查數據：Federal Emergency Administration of Public Works, Housing Division, Bulletin no. 1: Slums and Blighted Areas in the United States (Washington, DC, 1935). **78.** R. Wilkinson & E. Sigsworth, 'A Survey of Slum Clearance Areas in Leeds', in: Yorkshire Bulletin of Economic and Social Research, Vol. XV/1, 1963, 25–47; François Caron, Economic History of Modern France (New York, 1979); and Karl Ditt, 'Energiepolitik und Energiekonsum: Gas, Elektrizität und Haushaltstechnik in Großbritannien und Deutschland 1880–1939 ', in: Archiv für Sozialgeschichte, 2006: 107–52. **79.** Hughes, Networks of Power: Electrification in Western Society, 1880–1930. **80.** H. Schütze, Elektrizität im Haushalt (Stuttgart, 1928), 22, 59. **81.** Energiewirtschaftliche Tagesfragen, Vol. XIV, issue 123 (1964), 155f. **82.** Shanghai Municipal Archive (SMA), Shanghai Municipal Council Report for 1923, 5 A, and Report for 1924, 2 A, 6 A. **83.** SMA, Municipal Gazette, 30 March 1937, 98–100; and Bureau of Social Affairs, the City Government of Greater Shanghai, Standard of Living of Shanghai Laborers (Shanghai, 1934), 135–48. 法蘭克福的廚房正好是 70 平方英尺。 **84.** Vereinigung der Elektrizitätswerke, Fortschritte in der Elektrifizierung des Haushalts (Berlin, 1931), 106. **85.** 廚房在維多利亞與艾伯特博物館（V&A）2006 年的現代主義展中展出；Modernism: Designing a New World, ed. Christopher Wilk (London, 2006), 180; 原件的照片在：www.vam.ac.uk/vastatic/microsites/1331_modernism/files/94/1926_frankfurt_ lihotzky.jpg. See also: Michelle Corrodi, 'On the Kitchen and Vulgar Odors', in: Klaus Spechtenhauser, ed., The Kitchen: Life World, Usage, Perspectives (Basel, 2006), 21–42. **86.** Nederlandse Vereniging van Huisvrouwen (NVvH), see Onno de Wit, Adri de la Bruheze & Marja Berendsen, 'Ausgehandelter Konsum: Die Verbreitung der modernen Küche, des Kofferradios und des Snack Food in den Niederlanden ', Technikgeschichte, 68 (2001), 133–55. **87.** Shanghai Municipal Council, Annual Report for 1924, illustration facing 7 A; Deborah S. Ryan, Daily Mail – Ideal Home Exhibition: The Ideal Home through the Twentieth Century (London, 1997), 49–55, 93; Robert L. Frost, 'Machine Liberation: Inventing Housewives and Home Appliances in Interwar France', in: French Historical Studies, Vol. 18, no. 1 (Spring, 1993), 127. **88.** Energiewirtschaftliche Tagesfragen 13, issue 114/115 (1963), quoted at 247, 我的翻譯；Nicholas Bullock, 'First the Kitchen: Then the Façade', in :Journal of Design History, Vol. I, no. 3/4 (1988), 188–90. Margaret Tränkle, 'Neue Wohnhorizonte ', in: Ingeborg Flagge, ed., Geschichte des Wohnens: Von 1945 bis Heute, Vol. V (Stuttgart, 1999), 754–5. **89.** 希拉・曼恩（Hilla Mann）自 1932 年來一直住在梅耶霍夫（Meyer's Hof）。採訪是在 J. F. Geist and K. Kürvers, Das Berliner Mietshaus, 1862–1945, Vol. II (Munich, 1984), 535–6, 作者翻譯。 **90. Jacques** Berque, Egypt: Imperialism and Revolution (London, 1972; 1st edn, France, 1967), 332. **91.** Schler, 'Bridewealth',in: Journal of African Cultural Studies, 2003. **92.** Ellen Hellmann, Rooiyard: A Sociological Survey of an Urban Native Slum Yard (Cape Town, 1948), esp. 10, 28, 31 (budget no. 2), 115. 這本書是根據她 1935 年的碩士論文寫成。 **93.** American Home, 1934, quoted in Arwen P. Mohun, Steam Laundries: Gender, Technology and Work in the United States and Great Britain, 1880–1940 (Baltimore and London, 1999), 259. **94.** Turin, 1956, quoted in Enrica Asquer, La rivoluzione candida: Storia sociale della lavatrice in Italia, 1945–70, (Rome, 2007), 71, 作者翻譯；and Wolfgang König, Geschichte der Konsumgesellschaft (Stuttgart, 2000), 231–2. **95.** Mohun, Steam Laundries, 256; Susan Strasser, Never Done: A History of American Housework (New York, 1982), 104–24. **96.** Joy Parr, Domestic Goods: The Material, the Moral and the Economic in the Post-war Years (Toronto, 1999), ch. 10. **97.** Simon Partner, Assembled in Japan: Electrical Goods and the Making of the Japanese Consumer (Berkeley, 1999), 141, 181–3. **98.** Helen Meintjes, 'Washing Machines Make Women Lazy: Domestic Appliances and the Negotiation of Women's Propriety in Soweto', Journal of Material Culture 6, no. 3, 2001: 345–63. **99.** John Kenneth Galbraith, Economics and the Public Purpose (Boston, 1973). **100.** Henkel Archiv, Düsseldorf, Gesolei Tagesberichte, 1926, unnumbered, Gesundheitspflege, soziale Fürsorge und Leibesübungen (GeSoLei), 作者翻譯。 **101.** Wilfried Feldenkirchen & Susanne Hilger, Menschen und Marken: 125 Jahre Henkel (Düsseldorf, 2001), 75–6. **102.** 349, 作者翻譯。Henkel Archiv, Düsseldorf, Blätter vom Hause, 17. Jhg, 1937, 49. 有關上述內容，另可參見文件 H 310: Waschvorführung ; H 480, Gesolei; Gesolei Tagesberichte, 1926; H 482 (Ausland), report on Saloniki, 13 March 1936; Henkel-Bote, 18 Sept. 1937 有關嬰兒死亡率圖表；Blätter vom Hause, 17. Jhg, 1937, 46, 49, 137; 1928, 266; and film: Das Ei des Kolumbus. **103.** President's [Hoover] Conference on Home Building and Home Ownership, Household Management and Kitchens (Washington, 1932), Foreword. See also: Margaret Horsfield, Biting the Dust: The Joys of Housework (London, 1998). **104.** Barbara Sato, The New Japanese Woman: Modernity, Media and Women in Inter-war Japan (Durham, NC, 2003), 102. Compare Joanna Bourke, 'Housewifery in Britain, 1850–1914', Past and Present, 143/1 (1994), 167–97. **105.** 以高級官員的話來説，Ministerialrat Dr Gertrud Bäumer, president of the 1928 exhibition Heim und Technik: Amtlicher Katalog, Ausstellung München 1928 (1928), 45. **106.** Sand, House and Home, 21–94. **107.** Quoted in Sand, House and Home, 183; 187 for health and safety, and see Ch. 5 for the above. See also: Sheldon Garon, 'Luxury is the Enemy: Mobilizing Savings and Popularizing Thrift in Wartime Japan', in: Journal of Japanese Studies 26, no. 1, 2000: 41–78. **108.** Amy Hewes, 'Electrical Appliances in the Home', in: Social Forces 2, Dec. 1930: 235–42, quoted at 241. **109.** 有關計算，參見 Joel Mokyr, 'Why "More Work for Mother?" Knowledge and Household Behavior, 1870–1945', in: The Journal of Economic History 60, no. 1, 2000: 1–41. **110.** G. Silberzahn-Jandt, Waschmaschine (Marburg, 1991) 74. **111.** Cowan,

More Work, quoted at 100, and see 159–99. *112.* Lee Rainwater, Richard P. Coleman & Gerald Handel, Workingman's Wife: Her Personality, World and Life Style (New York, 1959), 179. *113.* Lynd & Lynd, Middletown, 174; 關於之後的數據，參見 Jonathan Gershuny, Changing Times: Work and Leisure in Post-industrial Society (Oxford, 2000), 46–75. 有鑑於不同類型的數據資料組，任何概括性的通則化都充滿了危險。與格爾舒尼（Gershuny）相反，拉梅文章中調整後的估算顯示，20 世紀美國就業婦女的家庭生產提升：Valerie A. Ramey, 'Time Spent in Home Production in the Twentieth-century United States: New Estimates from Old Data', in: Journal of Economic History 69, no. 1, 2009: 1–47. 另可參見以下的 443-51 頁。 *114.* Ramey, 'Time Spent', 26–7. *115.* Unni Wikan, Life among the Poor in Cairo (London, 1980, 1st edn, Finland, 1976), 133–65; Homa Hoodfar, 'Survival Strategies and the Political Economy of Low-income Households in Cairo', in: Diane Singerman & Homa Hoodfar, eds., Development, Change and Gender in Cairo: A View from the Household (Bloomington, IN, 1996), 1–26. *116.* 有關更接近同時期發生的例子，參見 Wim van Binsbergen, 'Mary's Room: A Case Study on becoming a Consumer in Francistown, Botswana', in: Richard Fardon, Wim Van Bimsbergen & Rijk van Dijk (eds.), Modernity on a Shoe-string: Dimensions of Globalization, Consumption and Development in Africa and Beyond (EIDOS Leiden, 1999), 179–206. *117.* Quoted in Steven M. Gelber, 'Do-it-yourself: Constructing, Repairing and Maintaining Domestic Masculinity', in: American Quarterly 49, no. 1, 1997: 66–112, 86. See also: Gelber, Hobbies. *118.* Jardin ouvrier de France, Sept. 1941, quoted in Florence Weber, L'Honneur des jardiniers: Les Potagers dans la France du XXe siecle (Paris, 1998), 197, 作者的翻譯，and 138–45 是有關兩次大戰之間的成長。在英國，1935 年時有 609,352 塊租賃菜園，1990 年時仍有 1,000,000 塊；David Crouch & Colin Ward, The Allotment: Its Landscape and Culture (Nottingham, 1997), 64–81. 在德國，2009 年時亦有 1,000,000 塊份地（Kleingärten），根據 the Bundesverband Deutscher Gartenfreunde e.V. *119.* Michael Prinz, Der Sozialstaat hinter dem Haus: Wirtschaftliche Zukunftserwartungen, Selbstversorgung und regionale Vorbilder; Westfalen und Südwestdeutschland, 1920–1960 (Paderborn, 2012), 95–8, 322–4. *120.* W. V. Hole & J. J. Attenburrow, Houses and People: A Review of User Studies at the Building Research Stations (London, 1966), 54–6; 1960 年的一項調查顯示，60% 的英國家庭在調查前的十個月中有從事若干的 DIY 活動，55. *121.* Reports of the Committees on Household Management, and on Kitchens and other Work Centers; part of the President's Conference on Home Building and Home Ownership (1932), section on Management of Household Operations. *122.* Ramey, 'Time Spent'. *123.* Tan Sooi Beng, 'The 78 RPM Record Industry in Malaya Prior to World War Two', in: Asian Music 28, no. 1, 1996/97: 1–41; Roland Gelatt, The Fabulous Phonograph (London, 1956); Friedrich A. Kittler, Gramophone, Film, Typewriter (Stanford, 1999; 1st edn, Berlin, 1986); Mark Hustwitt, '"Caught in a Whirlpool of Aching Sound": The Production of Dance Music in Britain in the 1920s', in: Popular Music (1983) 3, 7–31; and James J. Nott, Music for the People: Popular Music and Dance in Inter-war Britain (Oxford, 2002). *124.* Frederik Nebeker, Dawn of the Electronic Age: Electrical Technologies in the Shaping of the Modern World, 1914–1945 (Piscataway, NJ, 2009), 133f. *125.* 35,000 所學校中的 15,000 所；Archives Nationales Luxembourg, FI-547, Radio-Revue Luxembourgeoise, Ire année, no. 8 (April 1932), citing Der Schulfunk (June 1931), at 115–16. *126.* John Tigert, Radio in Education (New York, 1929). 當然，收音機的娛樂功能崛起，並不意謂著它就不再作為教育或宣傳的工具，包括在殖民地村落的這個層級；Joselyn Zivin, 'The Imagined Reign of the Iron Lecturer: Village Broadcasting in Colonial India', in: Modern Asian Studies, 32/3 (1998), 717–38. *127.* Archives Nationales Luxembourg, FI-547, Radio-Revue Luxembourgeoise, Ire année, no. 9 (May 1932), 140; no. 7 (March 1932), 104 for the Telefunkensuper 653; 2e année, no. 6 (July 1933), 68; and Shaun Moores, 'The Box on the Dresser', in: Media, Culture and Society 10/1 (1988), 23–40. *128.* 每六個人就有一台收音機；Archives Nationales Luxembourg, FI-547, Commission d'Études Radioelectriques, Rapport sur l'exploitation de la radiodiffusion, 1936, 3–4. 阿根廷的數字是 1938 年的數字，引自 Paul F. Lazarsfeld & Frank N. Stanton, (eds.), Radio Research 1941 (NY, 1941), 227. *129.* 1943 年在美國，單人家庭收聽的時間是 3.5 個小時，五口之家收聽的時間則是 6 小時 8 分鐘：Matthew Chappell & C. E. Hooper, Radio Audience Measurement (New York, 1944), 203. **130.** Michael Brian Schiffer, The Portable Radio in American Life (Tucson and London, 1991), 76. **131.** Susan J. Douglas, Listening In: Radio and the American Imagination (Minneapolis, MN, 2004), 77; and Andrew Stuart Bergerson, 'Listening to the Radio in Hildesheim, 1923–53', in: German Studies Review 24, no. 1, 2001: 83–113. **132.** Beng, 'Record Industry in Malaya', 15. **133.** Archives Nationales Luxembourg, FI-547, Radio-Revue Luxembourgeoise, 2e année, no. 4/5 (May–June 1933), 41–42. **134.** 舉例來說，1936 年時喬治亞的衛理公會牧師里德·史密特（G. Reid Smit）；Kathy M. Newman, Radio Active: Advertising and Consumer Activism, 1935–1947 (Berkeley, CA, 2004), 81–2. **135.** Marian Parker, quoted in Roland R. Kline, Consumers in the Country: Technology and Social Change in Rural America (Baltimore, MD, 2000), 123. **136.** 一位來自芝加哥南區的女性於 1946 年接受採訪，引自 Ruth Palter, 'Radio's Attraction for Housewives', in: Hollywood Quarterly 3, no. 1, 1948: 248–57, 253. **137.** Quoted in Palter, 'Radio's Attraction for Housewives', 251; Azriel Eisenberg, Children and Radio Programs (New York, 1936); Paul F. Lazarsfeld, Radio and the Printed Page (New York, 1940); and Matthew Chappell & C. E. Hooper, Radio Audience Measurement (New York, 1944). **138.** T. W. Adorno 'The Radio Symphony', in: Paul F. Lazarsfeld & Frank N. Stanton (eds.), Radio Research 1941 (New York, 1941), 131. **139.** Stefan Müller-Doohm, Adorno: A Biography (Cambridge, 2005), 46. **140.** Adorno, 'Radio Symphony', 112, 131, 137; and T. W. Adorno, 'Zur gesellschaftlichen Lage der Musik ', in Zeitschrift für Sozialforschung, I (1932), esp. 373. **141.** Quoted in Edward Suchman, 'Invitation to Music', in: Lazarsfeld & Stanton, Radio Research 1941, 149, and 186 用於下文。在美國，鋼琴的銷售量雖然在 1920 年代下降，但放眼整個 20 世紀，值得注意的一點是音樂製作展現出相對的彈性與強大的韌性。參見以下的 463 頁。 **142.** Karin Nordberg, 'Ljud över landet: Centrum och periferi i tidig svensk radiohistoria ', Lychnos, 1995, 145–78, quoted at 160, 作者翻譯。 **143.** Douglas, Listening In, 93–96; Drew O. McDaniel, Broadcasting in the Malay World: Radio, Television and Video in Brunei, Indonesia, Malaysia and Singapore (Norwood, NJ, 1994), 21–48; Cantril & Allport, Psychology of Radio, 28; Sato, New Japanese Woman, 86; Nott, Music for the People. **144.** John Gray Peatman, 'Radio and Popular Music', in Paul. F. Lazarsfeld & Frank N. Stanton, Radio Research 1942–1943 (New York ,1944), 354; 1938 年時，所有節目時間共計有 60,000 個小時。 **145.** Marshall D. Beuick, 'The Limited Social Effect of Radio Broadcasting', in: American Journal of Sociology, 32/4 (Jan. 1927), 622. **146.** Cantril % Allport, Psychology of Radio, 10. **147.** 一位芝加哥的女性在 1946 時談到她為何喜歡「派柏楊一家」（Pepper Young's family）這個廣播節目；Palter, 'Radio's Attraction for Housewives', at 255. **148.** Herta Herzog, 'What Do We Really Know about Day-time-serial Listeners', in: Lazarsfeld & Stanton, Radio Research 1942–1943, 8, 24. 有關團結與自我滿足的結合，另可參見「智力競賽教授」（Professor Quiz）的研究：Paul F. Lazarsfeld, Radio and the Printed Page (New York, 1940), 64–93. **149.** Edward Bellamy, Looking Backward: If Socialism Comes, 2000–1887 (Foulsham, 3rd edn; London, 1925; 1st edn 1887), 71. **150.** John R. Seeley, R. Alexander Sim & Elizabeth W. Loosley, Crestwood Heights (London, 1956), 221. 克里斯伍德高地（Crestwood Heights）就是森林山丘（Forest Hill）。有關下列的繼承家具，參見 58 頁。 **151.** 一項關於遷移人種的研究調查，探討今日的物品對於人們生活的重要性，參見 Daniel Miller, The Comfort of Things (Cambridge, 2008). A fictional treatment is Orhan Pamuk, Masumiyet Müzesi/Das Museum der Unschuld (Munich, 2008). **152.** Seeley, Sim and Loosley, Crestwood Heights, 58. **153.** J. M. Mogey, Family and Neighborhood (Oxford, 1956), 73; Kirsi Saarikangas, 'What's New? Women Pioneers and the Finnish State Meet the American Kitchen', in: Ruth Oldenziel & Karin Zachmann, Cold War Kitchen: Americanization, Technology and European Users (Cambridge, MA, 2009), ch. 12. **154.** Hole & Attenburrow, Houses and People, 36, 來自一項 1956 年的調查。 **155.** Leslie Kent from Luton, quoted in Fiona Devine, Affluent Workers Revisited: Privatism and the Working Class (Edinburgh, 1992), 161. 進一步參見：Dennis Chapman, The Home and Social Status (London, 1955); Margaret Tränkle, 'Neue Wohnhorizonte ', in: Flagge, ed., Geschichte des Wohnens: Von 1945 bis Heute, esp. 722–37.

第六章

1. Bundesarchiv Koblenz, Germany, B 146/394, f.532 (5 Dec. 1952), 名稱更改。　*2.* Adam Smith, Wealth of Nations, (Chicago, 1976 edn; 1st edn 1776), Book IV, ch. 8, 179.　*3.* Robert Schloesser, 'Die Kriegsorganisation der Konsumenten ', in Genossenschaftliche Kultur 19/20, 1917, 1–31; and Carl von Tyszka, Der Konsument in der Kriegswirtschaft (Tübingen, 1916).　*4.* Schloesser, 'Kriegsorganisation ', 25f.: 'Bereitschaft für einen künftigen Krieg, damit Deutschland nie wieder gezwungen ist, wenn ein äusserer Feind ihm droht, auch gleichzeitig den inneren Feind, die Ausbeutung von Deutschen durch Deutsche, erwarten zu müssen.' *5.* Avner Offer, The First World War: An Agrarian Interpretation (Oxford, 1989); Belinda J. Davis, Home Fires Burning: Food, Politics and Everyday Life in World War I Berlin (Chapel Hill, NC, 2000).　*6.* Hamburger Staatsarchiv: Konsumentenkammer Hamburg (371-12), X A II 1b; Arthur Feiler, 'The Consumer in Economic Policy', in: Social Research 1, no. 4, 1934, 287–300; Trentmann, Free Trade Nation, ch. 4.; and Hilton, Consumerism in Twentieth-century Britain, 53–78.　*7.* Julie Hessler, A Social History of Soviet Trade: Trade Policy, Retail Practices and Consumption, 1917–53 (Princeton, NJ, 2004). 在 1930 年代，根據海斯勒（Hessler）的資料（227–30 頁）顯示，體力勞動者與腦力勞動者之間的差距縮小了。　*8.* In 1933, see Elena Osokina, Our Daily Bread: Socialist Distribution and the Art of Survival in Stalin's Russia, 1927–1941 (Armonk, NY, 2001), 84.　*9.* Leon Trotsky, The Revolution Betrayed (Dover, 2004; 1st edn 1937), 85.　*10.* E. P. Thompson, 'The Moral Economy of the English Crowd in the Eighteenth Century', in: Past and Present 50, 1971: 76–136; Bernard Waites, 'The Government of the Home Front and the "Moral Economy" of the Working Class', in: Home Fires and Foreign Fields: British Social and Military Experience in the First World War, ed. Peter H. Liddle (London, 1985), 175–93. 有關批評的意見，參見 Frank Trentmann, 'Before "Fair Trade": Empire, Free Trade and the Moral Economies of Food in the Modern World', in: Environment and Planning D 25, no. 6, 2007: 1079–102.　*11.* Staatsarchiv Hamburg: Konsumentenkammer (371-12), I A IV 2 (1926); Bericht der Konsumentenkammer, 1924, 23; VI A II 14: Automaten- verkauf, 作 者 翻 譯。　*12.* Claudius Torp, 'Das Janusgesicht der Weimarer Konsumpolitik ', in: Heinz-Gerhard Haupt& Claudius Torp, eds., Die Konsumgesellschaft in Deutschland, 1890–1990 (Frankfurt am Main, 2009), 264; Claudius Torp, Konsum und Politik in der Weimarer Republik (Göttingen, 2011); and Mary Nolan, Visions of Modernity: American Business and the Modernization of Germany (Oxford, 1994).　*13.* Robert Millward & Jörg Baten, 'Population and Living Standards 1914–45', in: S. N. Broadberry & Kevin H. O'Rourke, eds., The Cambridge Economic History of Modern Europe (Cambridge, 2010).　*14.* Historical Statistics of the United States, Vol. III, Part C (Cambridge, 2006), 271.　*15.* Marie Jahoda, Paul F. Lazarsfeld & Hans Zeisel, Die Arbeitslosen von Marienthal. Ein Soziographischer Versuch über die Wirkungen Langdauernder Arbeitslosigkeit. (Suhrkamp, 1975; 1st edn, Leipzig, 1933), 55, 作者翻譯；關於生活節奏的改變，參見 83–92 頁。拉扎斯菲爾德負責方法，賈霍達負責撰寫敘事，實地訪談主要是由拉特‧丹齊格（Lotte Danzinger）來 進 行。　*16.* Jahoda, Lazarsfeld and Zeisel, Marienthal, 72, 作 者 翻 譯，下 文 可 參 見 73 頁。　*17.* Jahoda, Lazarsfeld and Zeisel, Marienthal, 76, 作者翻譯。　*18.* Maurice Halbwachs, L'volution des besoins dans les classes ouvrieres (Paris, 1933). See now : Hendrik K. Fischer, Konsum im Kaiserreich: Eine statistisch-analytische Untersuchung privater Haushalte im wilhelminischen Deutschland (Berlin, 2011).　*19.* Vaile, Research Memorandum on Social Aspects of Consumption in the Depression, 19, 32, 35. 到訪國家公園的汽車數量增加了 20%。　*20.* Robert S. Lynd & Helen Merrell Lynd, Middletown in Transition: A Study in Cultural Conflicts (New York, 1937), 265–7.　*21.* David Fowler, The First Teenagers: The Lifestyle of Young Wage-earners in Inter-war Britain (London, 1995); and Selina Todd, 'Young Women, Work and Leisure in Inter-war England', in: Historical Journal 48, no. 3, 2005: 789–809.　*22.* Andrew Davies, Leisure, Gender and Poverty: Working-class Culture in Salford and Manchester, 1900–1939 (Buckingham, 1992).　*23.* Herbert Blumer, Movies and Conduct (New York, 1933), 31–40.　*24.* Blumer, Movies and Conduct, 156, and 159 and 64 可作為上文的參考。 **25.** J. P. Mayer, British Cinemas and Their Audiences: Sociological Studies (London, 1948), 25 (鞋子); 74 (整潔的外觀). **26.** Mayer, British Cinema Audiences, 116, undated c.1944; 她回顧了過去的 10 年。 **27.** Nolan, Visions of Modernity ; Jackie Clarke, 'Engineering a New Order in the 1930s', in: French Historical Studies 24, no. 1, 2001: 63–86; and de Grazia, Irresistible Empire. **28.** Staatsarchiv Hamburg, Z3 14/14, Bericht der Konsumentenkammer, 1926, 40. **29.** Georges Duhamel, Scenes de la vie future (Paris, 1930). **30.** José Ortega y Gasset, The Revolt of the Masses (London, 1930/1932), 19, 46–7, 108–10. **31.** J. Huizinga, In the Shadow of Tomorrow: A Diagnosis of the Spiritual Distemper of Our Time (London, 1935/1936), 119, and 25, 115, 157, 187, 193 可作為上文的參考。他在 1938 年 的《遊戲的人》（Homo ludens）一書中發展出遊戲的主題。 **32.** 'Saving and Spending' (1931), in :John Maynard Keynes, Essays in Persuasion (London, 1931/1972), 137–8. 這條思想路線最近被 重 新 注 入 了 活 力， 由 Robert Jacob, Alexander Skidelsky & Edward Skidelsky, How Much is Enough?: The Love of Money and the Case for the Good Life (London, 2012). **33.** W. H. Hutt, Economists and the Public (London, 1936); Furlough, Consumer Cooperation in France, 275ff.; and further: Trentmann, 'Genealogy of the Consumer', 43–8. **34.** The American Way: Selections from the Public Addresses and Papers of Franklin D. Roosevelt (1944), 32. **35.** Lizabeth Cohen, 'The New Deal State and the Making of Citizen Consumers', in: Susan Strasser, Charles McGovern & Matthias Judt, eds., Getting and Spending: European and American Consumer Societies in the Twentieth Century (Cambridge, 1998), 111–26; and Alan Brinkley, The End of Reform: New Deal Liberalism in Recession and War (New York, 1995). **36.** Meg Jacobs, Pocketbook Politics: Economic Citizenship in Twentieth-century America (Princeton, NJ, 2005), 104–35; Newman, Radio Active: Advertising and Consumer Activism, 1935–1947, 145–65; and Lawrence Glickman, Buying Power: A History of Consumer Activism in America (Chicago, 2009). **37.** Charles F. McGovern, Sold American: Consumption and Citizenship, 1890–1945 (Chapel Hill, NC, 2006), ch. 6. **38.** E. g., Speech to the Daughters of the American Revolution, 19 April 1926; http://www.presidency. ucsb.edu/ws/index.php?pid=393; and Coolidge, The Price of Freedom. **39.** Stuart Chase, The Economy of Abundance (New York, 1934), 274, 308. **40.** 1937, in Roland Marchand, Creating the Corporate Soul: The Rise of Public Relations and Corporate Imagery in American Big Business (Berkeley, Los Angeles & London, 1998), 213; and 48–87 for AT&T. **41.** Marchand, Corporate Soul, 278–82. **42.** 'The Need for a New Party', in: New Republic 66 (18 March, 25 March, 1 April & 8 April 1931), repr. in John Dewey, The Later Works, 1925–1953, Vol. VI: 1931–1932, ed. Jo Ann Boydston (Carbondale: Southern Illinois UP, 1985), 159–81. Public letter to Roosevelt, May 1933, in: Dewey, Later Works, Vol. IX, 265f. **43.** See esp. John Dewey, Human Nature and Conduct: An Introduction to Social Psychology (New York, 1922); Alan Ryan, John Dewey and the High Tide of American Liberalism (New York, 1995); and Martin Jay, Songs of Experience: Modern American and European Variations of a Universal Theme (Berkeley, CA, 2005)ch. 7. **44.** Kyrk, Economic Problems of the Family, 396; Hazel Kyrk, A Theory of Consumption (London, 1923); F. W. Innenfeldt, 'Teaching Consumer Buying in the Secondary School,' in: Journal of Home Economics, 26/5 (1934); and H. Harap, 'Survey of Twenty-eight Courses in Consumption', in: School Review (September 1937), 497–507. **45.** See, e.g., Steigerwald, 'All Hail the Republic of Choice: Consumer History as Contemporary Thought '. **46.** Adam Tooze, The Wages of Destruction: The Making and Breaking of the Nazi Economy (New York, 2006); and Hartmut Berghoff, 'Träume und Alpträume: Konsumpolitik im Nationalsozialistischen Deutschland ', in: Haupt & Torp, eds., Konsumgesellschaft, 268–88. **47.** See Adam Tooze, 'Economics, Ideology and Cohesion in the Third Reich: A Critique of Götz Aly's Hitler's Volksstaat ', http://www.hist. cam.ac.uk/academic_staff/further_details/tooze-aly.pdf. Cf. Götz Aly, Hitler's Beneficiaries: Plunder, Racial War and the Nazi Welfare State (New York, 2007). **48.** Colin Campbell, The Romantic Ethic and the Spirit of Modern Consumerism (London, 3rd edn 2005; 1st edn 1987). **49.** Tooze, Wages of Destruction, 154–6. **50.** S. Jonathan Wiesen, 'Creating the Nazi Marketplace: Public Relations and Consumer Citizenship in the Third Reich', in: Citizenship and National Identity in Twentieth-century Germany, eds. Geoff Eley & Jan Palmowski (Stanford, 2008), 146–63. **51.** Moscow Sonderarchiv, 1521-53-1, Richard Richter-Pössneck, 'Eine K.d.F Seereise nach Norwegen ', 1936, 17. **52.** Shelley Baranowski, Strength through Joy: Consumerism and Mass Tourism in the Third Reich (Cambridge, 2004). **53.** Henkel Archiv, Düsseldorf, Henkel-Bote 14/6, 10 July 1937, 262–65. W. E. Maiwald, Reichsausstellung Schaffendes Volk (Düsseldorf, 1937); and Stefanie Schäfers, Vom Werkbund zum Vierjahresplan (Düsseldorf, 2001). **54.** Joseph Stalin, Anarchism or Socialism? (1907) in Works, I: 1901–07 (Moscow: Lawrence and Wishart, 1953). **55.** 完整的配樂由馬克‧菲茲 - 傑拉德（Mark Fitz-Gerald）重建，2003 年於荷蘭的登博斯（Den Bosch）、2006 年於倫敦上演。關於《一個女性》，參見 Denise Youngblood, Soviet Cinema in the Silent Era, 1918–35 (Ann Arbor, MI, 1985), 226f. **56.** Sheila Fitzpatrick, Everyday Stalinism: Ordinary Life in Extraordinary Times: Soviet Russia in the 1930s (Oxford, 1999); Jukka Gronow, Caviar with Champagne: Common Luxury and the Ideals of the Good Life in Stalin's Russia (Oxford and New York, 2003); and Victor Buchli, An Archaeology of Socialism (Oxford and New York, 1999). **57.** 在斯達漢諾夫工作者的全聯盟（All-Union）會議上，引自 Lewis H. Siegelbaum, Stakhanovism and the Politics of Productivity in the USSR, 1935–41 (Cambridge, 1988), at 228. For Western Europe, see Charles Maier (ed.), In Search of Stability, (Cambridge, 1987). **58.** Siegelbaum, Stakhanovism and the Politics of Productivity in the USSR, 1935–41, 228. **59.** Elias, The Civilizing Process; Oleg Kharkhordin, The Collective and the Individual in Russia: A Study of Practices (Berkeley, CA, 1999), 164–230; and Stephen Kotkin, Magnetic Mountain: Stalinism as a Civilization (Berkeley, CA, 1995). **60.** Hessler, Soviet Trade ; Gronow, Caviar with Champagne, 25; for distinctions, see Fitzpatrick, Everyday Stalinism, 107–9. **61.** Sarah Davies, 'Us against Them', in: Fitzpatrick, ed., Stalinism: New Directions, 64f. **62.** Julie Hessler, 'Cultured Trade', in: Fitzpatrick, ed., Stalinism: New Directions, 182–209; and Amy E. Randall, The Soviet Dream World of Retail Trade and Consumption in the 1930s (Basingstoke, 2008), esp. 134–57. **63.** Hessler, Soviet Trade, 207–9, 241. **64.** Tarlo, Clothing Matters, esp. 60–71. **65.** M. K. Gandhi, Hind Swaraj or Indian Home Rule (Ahmedabad, 1996; 1st edn 1908), 33. **66.** Gandhi, Hind Swaraj, 55. **67.** C. A. Bayly, 'The Origins of Swadeshi (Home Industry): Cloth and Indian Society, 1700–1930', in: The Social Life of Things: Commodities in Cultural Perspective, ed. Arjun Appadurai (Cambridge, 1986), 285–321. **68.** Young India, 15 January 1928, repr. in M. K. Gandhi, Khadi: Why and How, Kumarappa, B. (ed.) (Ahmedabad, 1955), 66. **69.** Young India, 22 September 1927, repr, in Gandhi, Khadi, 104f. **70.** Young India, 8 December 1921, repr. in Gandhi, Khadi, 14. **71.** Lisa Trivedi, Clothing Gandhi's Nation: Homespun and Modern India (Bloomington, ID, 2007),. 30–6. 關於獨特的社會上層菁英風格，另可參見：Tarlo, Clothing Matters, 105–17. **72.** Shanghai Municipal Archive, Municipal Gazette, 12 December 1920, 48; 11 March 1920, 71; 17 June 1920, 237; see also :Annual Report of the Shanghai Municipal Council, 1905, 30–3; Karl Gerth, China Made: Consumer Culture and the Creation of the Nation (Cambridge, MA, 2003); and Jane Leung Larson, 'The 1905 Anti-American Boycott as a Transnational Chinese Movement', in: Chinese Historical Society: History & Perspectives 21, 2007: 191–8. **73.** Quoted in Reynolds, Commodity Cultures in Egypt, 300. **74.** Gerth, China Made, 279f., 285–332. **75.** Quoted in Reynolds, Commodity Cultures in Egypt, 364. **76.** 上述引自出色的博士論文：Reynolds, Commodity Cultures in Egypt, 175–7, 281–400. **77.** Home and Politics, June 1924, 23. Trentmann, Free Trade Nation, 228–40; Constantine, ' "Bringing the Empire Alive": The Empire Marketing Board and Imperial Propaganda, 1926–33'. **78.** 有關蘇聯的資料，另可參見：Igor I'A'kovlevich Birman, Personal Consumption in the USSR and the USA (Basingstoke, 1983), who offers comparable figures by population. **79.** Giovanni di Somogyi, 'Il boom dei consumi ', in: Storia dell'economia mondiale, V: La modernizzazione e i problemi del sottosviluppo, ed. Valerio Castronovo (Rome, 2001), 149–70. **80.** 在 1966 年至 1970 年達到 7%；參見 Seweryn Bialer, Stalin's Successors (Cambridge, 1980), table 6, 153. **81.** Detlef Siegfried, Time is on My Side: Konsum und Politik in der westdeutschen Jugendkultur der 60er Jahre (Göttingen, 2006), 37–42. **82.** 提高到 4.2 個小時。 **83.** Ivan T. Berend, An Economic History of Twentieth-century Europe (Cambridge, 2006),

253–5. **84.** 由馬塞羅‧邁凱（Marcello Marchesi）編寫、卡洛‧蓬蒂（Carlo Ponti）製作。 **85.** David Forgacs, 'Cultural Consumption, 1940s to 1990s', in: Italian Cultural Studies, eds. David Forgacs & Robert Lumley (Oxford, 1996), 273–90, 278. **86.** Michael Wildt, 'Continuities and Discontinuities of Consumer Mentality in West Germany in the 1950s', in: Life after Death: Approaches to a Cultural and Social History of Europe During the 1940s and 1950s, eds. Richard Bessel & Dirk Schumann (Cambridge, 2003), 211–30, 222. **87.** Vera Dunham, In Stalin's Time: Middle-class Values in Soviet Fiction (Cambridge, 1976), 43–8. 關於電影與時尚，參見 Juliane Fürst, 'The Importance of Being Stylish', in: Juliane Fürst, ed., Late Stalinist Russia: Society between Reconstruction and Reinvention (London, 2006), 209–30. **88.** Galbraith, The Affluent Society, 199 f., and 128–9, 203 and 218 可作為上文的參考。關於欲望的產生，高伯瑞發展的是他年輕的哈佛同僚所提出的論點：James Duesenberry, Income, Saving and the Theory of Consumer Behavior (Cambridge, MA, 1949). **89.** Crosland, Future of Socialism, 355, 357, 175 and 214, 216 頁可作為上文的參考。 **90.** Galbraith, The Affluent Society, 203. **91.** Steven Fielding, 'Activists against "Affluence": Labour Party Culture During the "Golden Age", circa 1950–1970', in: Journal of British Studies 40, 2001: 241–67; and Lawrence Black, The Political Culture of the Left in Affluent Britain, 1951–64: Old Labour, New Britain? (Basingstoke, 2003), ch. 6. **92.** Daniel Horowitz, The Anxieties of Affluence: Critiques of American Consumer Culture, 1939–1979 (Amherst, MA, 2004), 102–8. **93.** Galbraith, The Affluent Society, 218f. **94.** Historical Statistics of the United States, Vol. III, 291. **95.** 聯邦政府的支出從 1925 年國內生產總值的 3% 增長到 1950 年的 16%。1948 年時，聯邦政府在社會福利與醫療保險上的支出是國內生產總值的 0.2%，在 1958 年《富裕的社會》出版時已提升至 1.7%；到了 1968 年，更提高成 3.3%。各州與地方政府的支出，也從 1948 年國內生產總值的 5.5% 成長到 1958 年的 8.2%；國防支出，則從 1953 年韓戰結束時的 15% 高峰下降到 1950、1960 年代期間的 10% 左右。參見官方數據資料：Congressional Budget Office, 3 July 2002: Long-range Fiscal Policy Brief, and table 15.5: Total Government Expenditures as Percentages of GDP: 1948–2006, at: www.gpoaccess.gov/USbudget/fy08/sheets/hist15z5.xls. 進一步參見下文的 537–44 頁。 **96.** Cohen, Consumers' Republic. **97.** Life magazine, 12 July 1948, 94–113, quoted at 97, 104. **98.** Richard F. Kuisel, Seducing the French: The Dilemma of Americanization (Berkeley, CA, 1993), ch. 4. **99.** Priestley, Thoughts in the Wilderness (London, 1957), 23. **100.** Kuisel, Seducing the French, 38. **101.** Maria Mitchell, 'Materialism and Secularism: CDU Politicians and National Socialism, 1945–1949', in: Journal of Modern History 67, no. 2, 1995: 278–308; and Axel Schildt, Moderne Zeiten: Freizeit, Massenmedien und 'Zeitgeist' in der Bundesrepublik der 50er Jahre (Hamburg, 1995), 354–61. **102.** Quoted in Peter Clarke, Liberals and Social Democrats (Cambridge, 1978), 288. **103.** B. Seebohm Rowntree & G. R. Lavers, English Life and Leisure: A Social Study (London, 1951), p. 277; and pp. 225-27; 249-50 and 363ff. **104.** de Grazia, Irresistible Empire ; Roberta Sassatelli, 'Impero o mercato? Americanizzazione e regimi di consumo in Europa ', in: Stato e Mercato, no. 80, 2007: 309–23. See also: Charles S. Maier, Among Empires: American Ascendancy and Its Predecessors (Cambridge, MA, 2006). **105.** Sheryl Kroen, 'Negotiations with the American Way', in: Consuming Cultures, Global Perspectives, eds. John Brewer & Frank Trentmann, (Oxford, 2006), 251–77. **106.** Bundesarchiv Koblenz, B 146/1138, 3 December 1952, 作者翻譯。官方的英文翻譯是 'A Higher Standard of Living', 沒有捕捉到原文中帶有規定的意謂。 **107.** Bundesarchiv Koblenz B 146/389 and B 146/1138. **108.** Ralph Harris, Margot Naylor & Arthur Seldon, Hire Purchase in a Free Society (1961), 28. **109.** Kelly Longitudinal Study, interview Lucille Windam, quoted in E. T. May, Homeward Bound: American Families in the Cold War Era (New York, 1999), 180. See also: Erica Carter, How German is She? Post-war West German Reconstruction and the Consuming Woman (Ann Arbor, MI, 1997). **110.** Glen H. Elder, Children of the Great Depression: Social Change in Life Experience (Colorado, 1974/1999). **111.** Richard Easterlin, 'The American Baby Boom in Historical Perspective', in: American Economic Review LI, no. 5, 1961: 869–911. **112.** Bundesarchiv KoblenZ B 146/389 (1950). **113.** 'Der Verbraucher sichert Lohn und Brot ', in: Freude im Alltag (July 1951), 13, in Bundesarchiv Koblenz B 146/384. **114.** Ludivine Bantigny, Le Plus Bel Âge?

Jeunes et jeunesse en France de l'aube des "Trente Glorieuses" a la guerre d'Algérie (Paris, 2007); Georges Lapassade, L'Entrée dans la vie (Paris 1963); Fürst, ed., Late Stalinist Russia ; Juliane Fürst, Stalin's Last Generation: Soviet Post-war Youth and the Emergence of Mature Socialism (Oxford, 2010); Uta Poiger, Jazz, Rock and Rebels: Cold War Politics and American Culture in a Divided Germany (Berkeley, CA, 2000); and Paola Ghione & Marco Grispigni, eds., Giovani prima della rivolta (Rome, 1998). **115.** Kunsten en Wetenschappen Netherlands Ministerie van Onderwijs, Maatschappelijke Verwildering der Jeugd (The Hague, 1952), 17–18, 35, 作 者 翻 譯。 **116.** Kunsten en Wetenschappen Netherlands Ministerie van Onderwijs, Bronnenboek bevattende gegevens ten grondslag liggend aan rapport Maatschappelijke verwildering der jeugd, etc. (1953). **117.** 1956, quoted in Siegfried, Time is on My Side, 327, 作者翻譯。對於速度的崇拜，參見 Kristin Ross, Fast Cars, Clean Bodies: Decolonization and the Reordering of French Culture (Cambridge, MA, 1996). **118.** Bantigny, Le Plus Bel Âge?, 140f. **119.** Bantigny, Le Plus Bel Âge?, 71f. **120.** Peter Wilmott, Adolescent Boys of East London, rev. edn,1969;1st edn 1966), 20. **121.** Bantigny, Le Plus Bel Âge?, 53 **122.** August B. Hollingshead, Elmtown's Youth: The Impact of Social Classes on Adolescents (New York, 1949), 397. **123.** 法國常見的男性名字。 **124.** 德國常見的男性名字。 **125.** Susan E. Reid & David Crowley, Style and Socialism: Modernity and Material Culture in Post-war Eastern Europe (London, 2000). **126.** Juliane Fürst, 'The Importance of being Stylish', in: Fürst, ed., Late Stalinist Russia, 224. **127.** Rowntree & Lavers, English Life and Leisure, 214. **128.** Thurston, Delinquency and Spare Time: A Study of a Few Stories Written into the Court Records of the City of Cleveland, 165. **129.** Françoise Giroud, La Nouvelle Vague: Portraits de la jeunesse (Paris, 1958), 331–2. **130.** 紐倫堡 16 至 22 歲青少年接受採訪，由 Reinhold Bergler, 'Dimensionen der Wunsch – und Erlebniswelt Jugendlicher ', in: Ludwig v. Friedeburg, ed., Jugend in der modernen Gesellschaft (Cologne, 1965), 513–30. **131.** Kaspar Maase, 'Establishing Cultural Democracy: Youth, "Americanization" and the Irresistible Rise of Popular Culture', in: Richard Bessel & Dirk Schumann, eds., Life after Death (Cambridge, 2003), 428–50. **132.** Rowntree & Lavers, English Life and Leisure, 383f. **133.** Thomas Frank, The Conquest of Cool: Business Culture, Counterculture and the Rise of Hip Consumerism (Chicago, 1997), 189–97. **134.** Guia Croce, ed., Tutto il meglio di Carosello, 1957–77 (Turin, 2011). **135.** Umberto Eco, Apocalittici e integrati (Milan, 1964/1988), 29–64. **136.** Ernest Dichter, The Strategy of Desire (New York, 1960), 18, 90, 169, 263. Compare Horowitz, Anxieties of Affluence, ch. 2; David Bennett, 'Getting the Id to go Shopping', in: Public Culture 17, no. 1, 2005: 1–26; and Stefan Schwarzkopf & Rainer Gries, eds., Ernest Dichter and Motivation Research (Basingstoke, 2010). **137.** Betty Friedan, The Feminine Mystique (New York, 1963). **138.** Ernest Dichter, Handbook of Consumer Motivations: The Psych- ology of the World of Objects (New York, 1964), 5; 458–69 頁是關於儲蓄與人壽保險。 **139.** Herbert Marcuse, One-dimensional Man: Studies in the Ideology of Advanced Industrial Society (London, 1964/2002), 150. **140.** 標準的描述是：Richard S. Tedlow, New and Improved: The Story of Mass Marketing in America (New York, 1990). **141.** 上述引自 Josh Lauer, 'Making the Ledgers Talk: Customer Control and the Origins of Retail Data Mining, 1920–1940', in: Hartmut Berghoff, Philip Scranton & Uwe Spiekermann, The Rise of Marketing and Market Research, (New York, 1st edn, 2012), 153–69; and Susan Strasser, Satisfaction Guaranteed: The Making of the American Mass Market (New York, 1989), esp. 211–20. See also: Hartmut Berghoff, ed., Marketinggeschichte: Die Genese einer modernen Sozialtechnik (Frankfurt am Main, 2007). **142.** Christiane Lamberty, Reklame in Deutschland, 1890–1914: Wahrnehmung, Professionalisierung und Kritik der Wirtschaftswerbung (Berlin, 2001). **143.** Sean Nixon, 'Mrs Housewife and the Ad Men: Advertising, Market Research and Mass Consumption in Post-war Britain', in: Hartmut Berghoff, Philip Scranton & Uwe Spiekermann, eds., The Rise of Marketing and Market Research (New York, 2012), 193–213. See also: Sean Nixon, Hard Sell: Advertising, Affluence and Transatlantic Relations, c.1951–69 (Manchester, 2013). **144.** Stefan Schwarzkopf, 'Respectable Persuaders: The Advertising Industry and British Society, 1900–1939', PhD, Birkbeck College, University of London,

2008 ; Stefan Schwarzkopf, 'Markets, Consumers and the State: The Uses of Market Research in Government and the Public Sector in Britain, 1925–55', in: Berghoff, Scranton & Spiekermann, eds., Rise of Marketing, 171–92; and Kerstin Brueckweh, ed., The Voice of the Citizen Consumer: A History of Market Research, Consumer Movements, and the Political Public Sphere (Oxford, 2011). *145.* Starch Inra Hooper Group and International Advertising Association, Sixteenth Survey of Advertising ExpendituresaAround the World: A Survey of World Advertising Expenditure in 1980.(1981). *146.* R. Van der Wurff & P. Bakker, 'Economic Growth and Advertising Expenditures in Different Media in Different Countries', in: Journal of Media Economics 21, 2008: 28–52, table 1. *147.* Gerhard Schulze, Die Erlebnisgesellschaft (Frankfurt am Main, 1992). *148.* Hermann Gossen, Entwicklung der Gesetze des menschlichen Verkehrs und der daraus fliessenden Regeln für menschliches Handeln (1854); and Sergio Nistico, 'Consumption and Time in Economics: Prices and Quantities in a Temporary Equilibrium Perspective', in: Cambridge Journal of Economics, 2005, 29: 943–57. *149.* The Times, 17 May 1968, 12. Guy Debord, La Société du spectacle (Paris, 1967) ; nd Thomas Hecken & Agata Grzenia, 'Situationism', in: Martin Klimke & Joachim Scharloth, eds., 1968 in Europe (Basingstoke, 2008), ch. 2. *150.* 參見民意調查：Kuisel, Seducing the French, 189. *151.* Detlef Siegfried, 'Aesthetik des Andersseins ', in: K. Weinhauer, J. Requate & H.-G. Haupt, Terrorismus in der Bundesrepublik (Frankfurt am Main, 2006) , 76–98. *152.* Württembergische Landesbibliothek Stuttgart, Collection 'Neue Soziale Bewegungen ', D0895, flyers nos. 7 & 8, both 24 May 1967. *153.* Quoted in Gerd Koenen, Vesper, Ensslin, Baader: Urszenen des deutschen Terrorismus (Frankfurt am Main, 2005), 142, 176. See also: Stephan Malinowski and Alexander Sedlmaier, ' "1968" als Katalysator der Konsumgesellschaft ', in: Geschichte und Gesellschaft no. 2, April–June, 2006: 238–67. *154.* Kunzelmann of Kommune 1. *155.* Marcuse, One-dimensional Man. *156.* Rainer Langhans & Fritz Teufel, Klau mich (Frankfurt am Main, 1968). *157.* 個人資訊。 *158.* Gudrun Cyprian, Sozialisation in Wohngemeinschaften: Eine empirische Untersuchung ihrer strukturellen Bedingungen (Stuttgart, 1978), 81–5; 這項研究是在 1974 年進行。 *159.* Pier Paolo Pasolini, Scritti corsari (Milan, 1975/2008), see esp. 9 Dec. 1973, 22–5; and 10 June 1974, 39–44, 作者翻譯。 *160.* Jean Baudrillard, Société de consummation (English: The Consumer Society: Myths and Structures (London, 1970/98), 27, 原文的重點，作者翻譯。 *161.* Alexander Solzhenitsyn, Letter to Soviet Leaders (London, 1974), 21–4. *162.* Kuisel, Seducing the French, 153. *163.* Jean-François Revel, Without Marx or Jesus, trans. J. F. Bernard (New York, 1971; 1st edn, France, 1970). *164.* Michel de Certeau, The Practice of Everyday Life (Berkeley, CA, 1984; 1st dn, France, 1974); Mary Douglas & Baron Isherwood, The World of Goods: Towards an Anthropology of Consumption (London, 1979); and Schama, The Embarrassment of Riches. 有關紀律的慣例，參見 Henri Lefebvre, Critique of Everyday Life: Foundations for a Sociology of the Everyday, Volume 2 (London, 2002 (1961)); and Lefebvre, Rhythmanalysis: Space, Time and Everyday Life ; see the chapter 'Not so Fast!', below. *165.* Drum major instinct，典出金恩的同名著作。 *166.* T 引自 King's 'Drum Major Instinct' sermon in Atlanta, 4 February 1968; full text at: http://mlk-kpp01.stanford.edu/index.php/encyclopedia/documentsentry/doc_the_drum_major_instinct/. See further: Horowitz, Anxieties of Affluence, ch. 6. *167.* Felicia Kornbluh, 'To Fulfil Their "Rightly Needs": Consumerism and the National Welfare Rights Movement', in: Radical History Review 69, 1997: 76–113. *168.* 15 July 1979, available at: www.pbs.org/wgbh/amex/carter/filmmore/ps_crisis.html. *169.* Energy Information Administration, Monthly Energy Review, Sept. 2013. 自 1973 年以來，所有可再生能源的占比並無太大變化，目前約占 9%。 *170.* Jean Saint-Geours, Vive la société de consommation (Paris, 1971), 28 ('sacralisation du labeur '), 33 ('l'homme de consommation '), 128–9 ('Ses lignes me causent un plaisir pur '; 'une vibration esthetique '; 'le poisson ou l'oiseau '. *171.* Imogene Erro, 'And What of the Consumer?,' in: Problems of Communism (1963), 34–7. *172.* Reid & Crowley, Style and Socialism, 42; Philip Hanson, Advertising and Socialism: The Nature and Extent of Consumer Advertising in the Soviet Union, Poland, Hungary and Yugoslavia (London, 1974); and Patrick Hyder Patterson, 'Truth Half Told: Finding the Perfect Pitch for Advertising and Marketing in Socialist Yugoslavia,

1950–1991', in: Enterprise & Society 4, no. 2, 2003: 179–225. **173.** Robert H. Haddow, Pavilions of Plenty: Exhibiting American Culture Abroad in the 1950s (Washington, DC, 1997). 理斯曼在他 1951 年的諷刺作品「尼龍戰爭」（The Nylon War）中已預料到這種商品的外交，再版：David Riesman, Abundance for What? And Other Essays (London, 1964), 65–77. **174.** Mark Landsman, Dictatorship and Demand: The Politics of Consumerism in East Germany (Cambridge, MA, 2005). **175.** Pence, ' "A World in Miniature": The Leipzig Trade Fairs in the 1950s', in: David F. Crew, ed., Consuming Germany in the Cold War (Oxford and New York, 2003), 21–50; and Judd Stitziel, 'On the Seam between Socialism and Capitalism: East German Fashion Shows', in: Crew, ed., Consuming Germany, 51–86. **176.** 'Überholen und Einholen '; 這有時被表達成 'Überholen ohne einzuholen '. 我採用的是伊娜 · 默克爾（Ina Merkel）的版本：'Konsumpolitik in der DDR ', in: Haupt & Torp, eds., Konsumgesellschaft, 291. **177.** Katherine Verdery, National Ideology under Socialism: Identity and Cultural Politics in Ceausescu's Romania (Berkeley, CA, 1991); and Jr. Thomas W. Simons, Eastern Europe in the Post-war World (Basingstoke, 1193, 2nd edn), 106–13. **178.** 'Die tausend kleinen Dinge des täglichen Bedarfs '. See Landsman, Dictatorship and Demand, esp. 195–7. **179.** Walter Hixson, Parting the Curtain: Propaganda, Culture and the Cold War, 1945–1961 (New York, 1997); Haddow, Pavilions of Plenty, 201–29; and David Caute, The Dancer Defects: The Struggle for Cultural Supremacy during the Cold War (Oxford, 2003), 42–9. **180.** Jürgen Barsch, Freizeiteinstellung und Freizeitverhalten weltanschaulich unterschiedlich eingestellter Jugendlicher (Leipzig, 1970). **181.** Natalya Chernyshova, Soviet Consumer Culture in the Brezhnev Era (London, 2013), quoted at. 50. **182.** Ty I Ja, cited in David Crowley, 'Warsaw's Shops, Stalinism and the Thaw', in: Reid & Crowley, Style and Socialism, p. 42. **183.** Bundesarchiv Berlin, DL 102/543 (Institut für Marktforschung), 'Zur Entwicklung Sozialistischer Verbrauchs-und Lebensgewohnheiten der Bevölkerung der DDR ' (1971), 17. **184.** Zentralinstitut für Jugendforschung, 'Jugend und Mode ', Leipzig 1979, mimeogram in Bundesarchiv Lichterfelde, Library, B 6123, table 2. **185.** Janine R. Wedel, The Private Poland (Oxford, 1986). **186.** Bundesarchiv Berlin, DL 102/591, 'Tendenzen der Entwicklung der Wohnbedürfnisse ', 1971: 'völlig unzumutbar.' **187.** Bundesarchiv Berlin, DY 30/2589, Eingaben an Honecker, 'Informationen über eingegangene Eingaben im 1. Halbjahr 1980', 15 August 1980. **188.** Bundesarchiv Berlin, DL 102/99, 'Internationaler Vergleich . . . langlebiger Konsumgüter ', August 1967; DL 102/1425, 'Zur Differenzierung des Verbrauchs . . . nach Klassen und Schichten . . . 1970–80 '; 1980 年時，55% 的「知識分子」家庭擁有洗衣機，而 27% 的勞工家庭擁有洗衣機；Trockenklosett. DL 102/1472, 'Urlaubsreisetätigkeit... 1971–80 '. 進一步參見：Ina Merkel, Utopie und Bedürfnis: Die Geschichte der Konsumkultur in der DDR (Cologne, 1999); and Mary Fulbrook, The People's State: East German Society from Hitler to Honecker (New Haven, CT, 2005). **189.** Bundesarchiv Berlin, DL 102/543, 'Zur Entwicklung Sozialistischer Verbrauchs-und Lebensgewohnheiten der Bevölkerung der DDR ', appendix 7, table 2: 丈 夫 的 占 比 是 12%，其 他 家 庭 成 員 是 8%。 **190.** Bundesarchiv Berlin, DL 102/1471 and DL 102/1471; 在 12 到 15 歲的男孩間，這個比率 是 1/3。 **191.** Bundesarchiv Berlin, DL 102/366, 'Einkaufsgewohnheiten bei Industriewaren nach der Einführung der durchgängigen 5-Tage-Arbeitswoche ', table 134. 大部分賣衣服的商店每個月只有一個週六會開放營業。 **192.** Bundesarchiv Berlin Lichterfelde, Library, FDJ/6147: Zentralinstitut für Jugendforschung, 'Freizeit 69, Abschlussbericht ', Vertrauliche Dienstsache, Oct.–Nov. 1969. **193.** Marc-Dietrich Ohse, Jugend nach dem Mauerbau (Berlin, 2003). **194.** Bundesarchiv Berlin, Lichterfelde (Library): FDJ 6243, Zentralinstitut für Jugendforschung, 'Freizeit und Freizeitnutzung junger Arbeiter und Schüler in der Wartburgstadt Eisenach ' (Leipzig, 1977), and 'Jugend und Mode ', (Leipzig, 1979), 18. **195.** Chernyshova, Soviet Consumer Culture in the Brezhnev era, 111. **196.** George Gomori, 'Consumerism in Hungary', in: Problems of Communism XII, no. 1, 1963: 64–6. **197.** Wolf Oschlies, Jugend in Osteuropa. Vol. II : Polens Jugend (Cologne, 1982), 166–90. **198.** Václav Havel, 'Power of the Powerless' (1978), repr. in Living in Truth (London, 1989), esp. 63–5, 指的是樂團「宇宙塑膠人」（Plastic People of the Universe）的審判。 **199.** 參 見 下 文 的 589–96 頁。 **200.** Annette Kaminsky, Wohlstand, Schönheit, Glück:

Kleine Konsumgeschichte der DDR (Munich, 2001), 145. **201.** Bundesarchiv Berlin, DY 30/3261, 14 Sept. 1976. See further: Jonathan Zatlin, The Currency of Socialism (Cambridge, 2007). **202.** Bundesarchiv Berlin, DG/7/1768, 17 March 1986, 名 稱 更 改, 作 者 翻 譯。 **203.** Bundesarchiv Berlin, DY 30/3261, anonymous, 26 February 1987. 一項質詢確定他有一 台私人的雪鐵龍（Citroën）以及一台商務旅行用的拉達（Lada）。 **204.** Bundesarchiv Berlin, DG 7/1769, 26 September 1986: 'Ich bin jetzt 58 Jahre alt, habe 40 Jahre für unsere Republik gearbe- itet, 40 Jahre habe ich geholfen den Staat zu bauen welcher er heute ist. Ist das nicht lange genug um endlich Anspruch auf einen zweiten und sicherlich letzten fabrikneuen PKW zu haben?' **205.** Bundesarchiv Berlin, DY 30/3261, 12 Feb. 1981, 作者翻譯。 **206.** Merkel, Utopie und Bedürfnis, 357–409. **207.** Bundesarchiv Berlin, DY 30/3261, 6 Dec. 1985, 名稱更改, 作者翻 譯。 **208.** 對於他們後來懷舊的重新評估以及「東德情結」（Ostalgie）的身分政治，參見 Ina Merkel 'From Stigma to Cult: Changing Meanings in East German Consumer Culture', in: Trent- mann (ed.), Making of the Consumer, 249–70.

第七章

1. Statistisk sentralbyra, NOS Forbruksundersokelse, http://www.ssb.no/vis/histstat/hist05.html. OECD, National Accounts of OECD Countries, 1953–69 (Paris, 1970), 158–9, 242–43. United Na- tions, National Accounts Statistics (New York, 2004), table 3.2, 976. **2.** Eurostat ; OECD, Towards Sustainable Household Consumption? (Paris, 2002), fig. 1 a–d (household food consumption), 23; and Carol Helstosky, Garlic and Oil: Food and Politics in Italy (Oxford, 2004). **3.** 參見本書的註釋 1 與註釋 2；有關其他歐盟國家：Eurostat, Household Final Consumption Expenditure in the Euro- pean Union, 1995–99 (2002), chs. 2 & 4. **4.** Gronow & Warde, eds., Ordinary Consump- tion. **5.** 1959 年至 1979 年間，工人從 5.7% 提升至 6.4%，高級經理從 12% 下降至 7%；Nicolas Herpin & Daniel Verger, La Consommation des Français (Paris, 1988), 114. **6.** Shinobu Majima, 'Affluence and the Dynamics of Spending in Britain, 1961–2004', Contemporary British History 22, no. 4, 2008: 573–97. **7.** George A. Lundberg, Mirra Komarovsky & Mary Alice McInerny, Leisure: A Suburban Study (New York, 1934), 83. See also: Whyte, Organization Man. **8.** Lundberg et al., Leisure, 189. **9.** Lundberg, Komarovsky & McInerny, Leisure, 149f., 155, 189; Bennett M. Berger, Working-class Suburb: A Study of Auto Workers in Suburbia (Berkeley, CA, 1960), esp. 58– 65. **10.** Alison J. Clarke, 'Tupperware', in: Roger Silverstone, ed., Visions of Suburbia (London, 1997), ch. 5. **11.** Gail Cooper, Air-conditioning America: Engineers and the Controlled Environ- ment, 1900–1960 (Baltimore, MD, 1998), 157–73; and M. Ackerman, Cool Comfort: America's Ro- mance with Air-conditioning (Washington, DC, 2002). **12.** Siegfried Stratemann, Das grosse Buch vom eigenen Haus: Eine Entwurfslehre f.d. Eigenheim, 2 (Munich, 1954; 2nd rev, edn), 15, 作 者 翻 譯。 **13.** Berger, Working-class Suburb. **14.** Rainwater, Coleman & Handel, Working- man's Wife: Her Personality, World and Life Style, 146–51 for the quotations below. See further: Lizabeth Cohen, 'The Class Experience of Mass Consumption', in: The Power of Culture, eds. Richard W. Fox & T. J. Jackson Lears (Chicago, 1993). **15.** Katona, Strumpel &Zahn, Zwei Wege zur Prosperität (Düsseldorf 1971). **16.** 1960 年：美國 16%，歐盟地區 20%；1978 年：美國 19%，歐盟地區 21%；Barry Bosworth, 'United States Saving in a Global Context', fig. 5; www. brookings.edu/testimony/2006/0406macroeconomics_bosworth.aspx. **17.** Ferdynand Zweig, The British Worker (Harmondsworth, 1952); Ferdynand Zweig, The Worker in an Affluent Society (Lon- don, 1962; and Ferdynand Zweig, The New Acquisitive Society (Chichester, 1976). **18.** Alan Bennett, Enjoy (London, 1980). **19.** See, esp. Vol. III, John H. Goldthorpe, David Lockwood, Frank Bechhofer & Jennifer Platt, The Affluent Worker in the Class Structure (Cambridge, 1971), 85–156. **20.** Zweig, The New Acquisitive Society, 15. 有關 1950 年代以前的階級文化，參見 Ross McKibbin, Classes and Cultures: England 1918–1951 (Oxford, 1998). **21.** Mike Savage, 'Working-class Identities in the 1960s', in: Sociology 39, no. 5, 2005: 929–46. See also: John Foot, Milan since the Miracle: City, Culture and Identity (Oxford, 2001). **22.** Devine, Affluent Workers Revisited: Privatism and the Working Class, 57–74, 134–52. **23.** Tony Bennett, Mike Savage, Elizabeth Silva, Alan Warde, Modesto Gayo-Cal & David Wright, Culture, Class, Distinction (London, 2009), 9. **24.** Bourdieu, Distinction, 56, 241. **25.** Bourdieu, Distinction, 274–8, and chs. 6 & 7. **26.** Julien Vincent, 'The Sociologist and the Republic: Pierre Bourdieu and the Virtues of Social History', in: History Workshop Journal 58, no. 1, 2004: 128–48. **27.** Altenloh, Zur Soziologie des Kino: Die Kino-Unternehmung und die sozialen Schichten ihrer Besucher, 67f. **28.** Bernard Lahire, La Culture des individus: Dissonances culturelles et distinction de soi (Paris, 2004) ; and Elizabeth B. Silva, 'Homologies of Social Space and Elective Affinities', in: Sociology 40, no. 6, 2006: 1171–89. **29.** Bennett, Savage, Silva, Warde, Gayo-Cal & Wright, Culture, Class, Distinction. 遺憾的是，我們沒有國際性的研究可以將英國的情況與其他擁有較深遠公共劇院傳統的社會作一比較。有關其他方法，參見 T. W. Chan & J. H. Goldthorpe, 'Social Stratification and Cultural Consumption', in: European Sociological Review 23/1 (2007), 1–19. **30.** 有關不斷改變的休閒施行，參見以下的「別那麼快」該章內容。 **31.** Ioné Acquah, Accra Survey: A Social Survey of the Capital of Ghana, Formerly Called the Gold Coast, Undertaken for the West African Institute of Social and Economic Research, 1953–56 (London, 1958), 154–63; and Phyllis M. Martin, Leisure and Society in Colonial Brazzaville (Cambridge, 1995). **32.** Philip Mayer & Iona Mayer, Townsmen or Tribesmen: Conservatism and the Process of Urbanization in a South African City (Cape Town, 1961); 另可參見他們對 1971 年版本的後記。若干這類集體飲酒的文化，在旅店周圍又重新出現：參見 Leslie Bank, 'Men with Cookers: Transformations in Migrant Culture, Domesticity and Identity in Duncan Village, East London', in: Journal of Southern African Studies 25, no. 3, 1999: 393–416. See also: B. A. Pauw, The Second Generation: A Study of the Family among Urbanized Bantu in East London (Cape Town, 1973, 2nd edn ; 1st edn 1963). **33.** Adam Mack, 'Good Things to Eat in Surburbia: Supermarkets and American Consumer Culture, 1930–1970', PhD Thesis, Columbia: University of South Carolina, 2006. **34.** 395 頁以及第 8 章通篇。 **35.** Stewart Howe, ed., Retailing in the European Union (London, 2002). **36.** Mack, Supermarkets, 165–73 **37.** Emanuela Scarpellini, Comprare all'americana: Le origini della rivoluzione commerciale in Italia 1945–71 (Bologna, 2001); Emanuela Scarpellini, 'Shopping American-style: the Arrival of the Supermarket in Post-war Italy', in: Enterprise & Society 5, no. 4, 2004: 625–68. **38.** Luciano Bianciardi, La vita agra (Milan, 1962); 171, 作者翻譯。 **39.** Andrew Alexander, Dawn Nell, Adrian R. Bailey & Gareth Shaw, 'The Co-creation of a Retail Innovation: Shoppers and the Early Supermarket in Britain', in: Enterprise & Society 10, no. 3, 2009: 529–58, quoted at 547. 進一步參見：A. Alexander, S. Phillips & G. Shaw, 'Retail Innovation and Shopping Practices: Consumers' Reactions to Self-service Retailing', in: Environment and Planning A 40, 2008: 2204–21; Paul du Gay, 'Self-Service: Retail, Shopping and Personhood', in: Consumption, Markets and Culture 7, no. 2, 2004: 149–63; Emanuela Scarpellini, L'Italia dei consumi (Rome, 2008), 229–31; Independent, 26 Oct. 1998 (Sainsbury obituary); Charles Debbasch & Jean-Marie Pontier, La Société française (Paris, 1989), 228. **40.** James L. Watson, ed., Golden Arches East: McDonald's in East Asia (Stanford, CA, 1997). **41.** 作者翻譯。 **42.** Janne Poikolainen, 'Anglo-American Pop Music, Finnish Tango and the Controversial Images of Modernity in Finland in the 1960s', in: Visa Heinonen & Matti Peltonen, eds., Finnish Consumption: An Emerging Consumer Society between East and West (Helsinki, 2013), quoted at. 142（音樂家是 M. A. 納明嫩（M. A. Numminen））。 **43.** 這首歌是由尤卡·波以卡（Jukka Poika）創作。Ermanno Labianca, Canzone per te: Appunti di musica leggera. 1957–2007 (Rome, 2007); Dario Salvatori, Sanremo 50: La vicenda e i protagonisti di mezzo secolo di Festival della canzone (Rome, 2000); Bantigny, Le Plus Bel Âge?, 66; and Pirjo Kukkonen, Tango Nostalgia: The Language of Love and Longing (Helsinki, 1996). 對於後來的混合音樂，參見 Marco Santoro & Marco Solaroli, 'Authors and Rappers: Italian Hip Hop and the Shifting Boundaries of Canzone d'Autore', in: Popular Music 26, no. 3, 2007: 463–88. **44.** Loi no. 86-1067 du 30 septembre 1986 relative a la liberté de communication (Loi Léotard) is available at: http://www.legifrance.gouv.fr/affichTexte.do?cidTexte=LEGITEXT000006068930. **45.** Alan Warde, Dale Southerton, Shu-Li Cheng Wendy Olsen, 'Changes in the Practice of Eating: A Comparative Analysis of Time-use', in: Acta Sociologica 50, no. 4, 2007: 363–85; Shu-Li Cheng, Wendy Olsen, Dale Southerton & Alan Warde, 'The Changing Practice of Eating: Evidence from UK Time Diaries, 1975–2000', in: British Journal of Sociology 58, no. 1, 2007: 39–61. Claude Fischler & Estelle Masson, Manger: Français, Européens et Américains face a l'alimentation (Paris, 2008). **46.** Dale Southerton, Shu-Li Cheng, Wendy Olsen & Alan Warde, 'Trajectories of Time Spent Reading as a Primary Activity: A Comparison of the Netherlands, Norway, France, UK and USA since the 1970s', CRESC Working Paper 39, 2007; http://www.cresc.ac.uk/publications/documents/wp39.pdf. **47.** W. Griswold, T. McDonnell & N. Wright, 'Reading and the Reading Class in the Twenty-first Century', in: Annual Review of Sociology 31, 2005: 127–41; and J. Gershuny, 'Web-use and Net-nerds: A Neo-functionalist Analysis of the Impact of Information Technology in the Home', in: Social Forces 82, no. 1, 2003: 139–66.

第八章

1. China, Statistical Yearbook (1988 and 1993)；關於2009：參見 http://www.stats.gov.cn/tjsj/ndsj/2009/indexeh.htm, last accessed 9 Sept. 2013. 關於韓國，參見 Laura C. Nelson, Measured Excess: Status, Gender and Consumer Nationalism in South Korea (New York, 2000), 87; 關於日本，參見 Partner, Assembled in Japan, tables 6, 1. 美國的擴散速度比英國要快，參見 Offer, Challenge of Affluence, esp. 173–80. **2.** 這個論點的最有力、最新的版本是 Karl Gerth, As China Goes, So Goes the World: How Chinese Consumers are Transforming Everything (New York, 2010), quoted at 192. **3.** 人口增長的同時，全國各地的商店數量卻下跌了將近五倍；參見 Martin King Whyte & William L. Parish, Urban Life in Contemporary China (Chicago, 1984), 98–9. **4.** Kautilya, The Arthashastra, trans. L. N. Rangarajan (London, 1992), 1.7.1, 145. **5.** See Harald Fuess, Transnational History of Beer in Japan (forthcoming), ch. 3. **6.** T. Matsuda, 'The Japanese Family Budget Enquiry of 1926–1927', in: International Labour Review 23, 1931: 388–98. For watches: Pierre-Yves Donzé, 'Des importateurs suisses de Yokohama aux fabricants d'horlogerie japonais ', in: Revue d'histoire moderne et contemporaine 57, no. 1, 2010: 168–89. 上述進一步引自 Hiroshi Hazama, 'Historical Changes in the Life Style of Industrial Workers', in: Japanese Industrialization and Its Social Consequences, ed. Hugh Patrick (Berkeley, CA, 1976), 21–51; Sato, New Japanese Woman ; Penelope Francks, The Japanese Consumer: An Alternative Economic History of Modern Japan (Cambridge, 2009). 關於 Hitoshi 對北方的調查以及對普遍現代化的態度，參見 Harry Harootunian, Overcome by Modernity: History, Culture and Community in Inter'war Japan (Princeton, NJ, 2000). **7.** Leo Ou-Fan Lee, Shanghai Modern: The Flowering of a New Urban Culture in China, 1930–1945 (Cambridge, MA, 1999). **8.** Prakash Tandon, Punjabi Century, 1857–1947 (London, 1961), 110–11. **9.** Frank Dikötter, Things Modern: Material Culture and Everyday Life in China (London, 2006), 55–6, 196–200, and 205–13 關於化妝品，以下。另可參見：Cochran, Inventing Nanking Road: Commercial Culture in Shanghai, 1900–1945. **10.** Olga Lang, Chinese Family and Society (New Haven, CT, 1946), 74. **11.** 卡爾·克勞（Carl Crow）的書名，該書出版於 1937 年。 **12.** Campbell, The Romantic Ethic and the Spirit of Modern Consumerism, 18. **13.** Shanghai Library, Bureau of Social Affairs, The City Government of Greater Shanghai, 'Standard of Living of Shanghai Laborers' (1934), 102–4, 157, table XLI. **14.** Malcolm Lyall Darling, The Punjab Peasant in Prosperity and Debt (London, 1925), quoted at xiv, 144, 164–6. **15.** Andrew Gordon, 'From Singer to Shinpan: Consumer Credit in Modern Japan', in: Sheldon Garon & Patricia L. Maclachlan, eds., The Ambivalent Consumer: Questioning Consumption in East Asia and the West (Ithaca, NY, 2006), 137–62, at 141. **16.** 以下引自：Garon, 'Luxury is the Enemy' ; Sheldon Garon, 'Japan's Post-war "Consumer Revolution," or Striking a "Balance" between Consumption and Saving ', in: Consuming Cultures, Global Perspectives, eds. John Brewer& Frank Trentmann (Oxford, 2006); and Charles Yuji Horioka, 'Are the Japanese Unique?', in: Garon & Maclachlan, eds., Ambivalent Consumer, ch. 5. **17.** Turo-Kimmo Lehtonen and Mika Pantzar, 'The Ethos of Thrift: The Promotion of Bank Saving in Finland during the 1950s', in: Journal of Material Culture 7, no. 2, 2002: 211–31. 另可參見：Minna Lammi, ' "Ett" varttuisi Suomenmaa. Suomalaisten kasvattaminen kulutusyhteiskuntaan kotimaisissa lylhytelokuvissa 1920–69 (Helsinki, 2006). **18.** 這點與上述引自 Partner, Assembled in Japan, quoted at 163. **19.** J. Devika, 'Domesticating Malayalees: Family Planning, the Nation and Home-centred Anxieties in Mid-20th-century Keralam' Kerala: Centre for Development Studies: WP340, 2002), 46–9. **20.** Harold Wilhite, Consumption and the Transformation of Everyday Life: A View from South India (Basingstoke, 2008), 89–103. **21.** Indian Statistical Institute, The National Sample Survey, 11th and 12th Rounds, Aug. 1956–Aug. 1957, no. 46, Tables with notes on Consumer Expenditure of Agricultural Labour Households in Rural Areas (Delhi, 1961). **22.** Ashok Gulati & Shenggen Fan (eds.), The Dragon and the Elephant: Agricultural Rural Reforms in China and India (Oxford, 2007). **23.** S. L. Rao & I. Natarajan, Indian Market Demographics: The Consumer Classes (Delhi, 1996); NCAER, India Market Demographics Report 2002 (Delhi, 2002). **24.** Madhya Pradesh, Human Development Report 2007 (Oxford, 2007), 180. **25.** World Bank, New Delhi: 'Scaling-up Access to Finance for India's Rural Poor (Dec. 2004), report no. 30740-IN: 87% 的農村窮人沒有信貸的管道，71% 沒有儲蓄。尼泊爾的情況是類似的：參見 Aurora Ferrari, Access to Financial Services in Nepal (Washington, DC, 2007). **26.** The Energy and Resources Institute (TERI), Energy Data Directory (Delhi, 2009), 139–41; and Madhya Pradesh, Human Development Report 2007, 13. **27.** Human Development Research Centre and National Rural Electricity Co-operative Association (NRECA), 'Economic and Social Impact Evaluation Study of the Rural Electrification Program in Bangladesh' (Dhaka, 2002), 感謝安裘莉‧賈格（Anjali Garg）為我指出這份文件記錄。2007 年，孟加拉的人均國內生產總值是全球排名最低的第 155 名（購買力平價（PPP）為 1,241 元），勉強領先於甘比亞與坦尚尼亞，並在整體人類發展指數中排名第 146 位。另可參見：Md. Motaher Hossain, 'Role of Technology in Consumption and Everyday Life in Rural Bangladesh,' in: Technology in Society, XXXII /2 (2010), 130–6. **28.** Linda Chao& Ramon. H. Myers, 'China's Consumer Revolution: The 1990s and Beyond', in: Journal of Contemporary China 7, no. 18, 1998: 351–68, 354, table one. 對於轉向以國家為導向的成長，參見 Yasheng Huang, Capitalism with Chinese Characteristics: Entrepreneurship and the State (Cambridge, 2008). **29.** China Statistical Yearbook 2009, http://www.stats.gov.cn/tjsj/ndsj/2009/indexeh.htm , last accessed 9 Sept. 2013 **30.** Hsiao-Tung Fei, Peasant Life in China: A Field Study of Country Life in the Yangtze Valley (London, 1939), 119. **31.** Lang, Chinese Family and Society, 239–44, 279–80, quoted at 338. **32.** Yunxiang Yan, Private Life under Socialism: Love, Intimacy and Family Change in a Chinese Village, 1949–99 (Stanford, CA, 2003); and Yunxiang Yan, The Individualization of Chinese Society (Oxford, 2009). See also: Anita Chan, Richard Madsen & Jonathan Unger, eds., Chen Village: The Recent History of a Peasant Community in Mao's China (Berkeley, CA, 1983), 219, 252–4; and Edward Friedman, Paul G. Pickowicz & Mark Selden, Revolution, Resistance and Reform in Village China (New Haven, CT, 2005), 227–32. **33.** 參見上文的 61、179 頁。 **34.** 參見案例研究：Rama Bijapurkar, We are Like That Only: Understanding the Logic of Consumer India (New Delhi, 2007). **35.** Jos Gamble, 'The Rhetoric of the Consumer and Customer Control in China', in: Work, Employment and Society 2, no. 1, 2007: 7–25. For Carrefour's stores in 2016, see http://www.carrefour.com/sites/default/files/parc30062016en.pdf **36.** Souichirou Kozuka & Luke R. Nottage, 'The Myth of the Cautious Consumer: Law, Culture, Economics and Politics in the Rise and Partial Fall of Unsecured Lending in Japan', in: Consumer Credit, Debt and Bankruptcy: National and International Dimensions, eds. J. Niemi-Kiesilainen, I. Ramsay & W. Whitford, (Oxford, 2009); and Horioka, 'Are the Japanese Unique?', in: Garon & Maclachlan, eds., Ambivalent Consumer. **37.** Jeff Kingston, Japan's Quiet Transformation (New York, 2004). **38.** World Bank, '2005 ICP Global Results', in: Global Purchasing Power Parities and Real Expenditures: 2005 International Comparison Program (Washington, DC, 2008). **39.** Marcos D. Chamon& Eswar S. Prasad,

814

2010. 'Why are Saving Rates of Urban Households in China Rising?' in: American Economic Journal: Macroeconomics, 2(1): 93–130; and E Croll, China's New Consumers (London, 2007), 85. 對於國際比較下公共支出在教育與健康方面所呈現的微小占比，參見 OECD, Challenges for China's Public Spending: Toward Greater Effectiveness and Equity (Paris, 2006), ch. 2. **40.** 非正式估計將這個數字提高到 41%；參見 The Economist, 26 May 2012, 15–17. **41.** Xiaohong Zhou, 'Chinese Middle Class: Reality or Illusion', in: Christophe Jaffrelot & Peter Van der Veer, eds., Patterns of Middle-class Consumption in India and China (Los Angeles, 2008), ch. 5; P. K. Varma, The Great Indian Middle Class (Delhi, 1998); McKinsey Global Institute, 'The "Bird of Gold": The Rise of India's Consumer Market' (San Francisco, CA, 2007); NCAER, The Great Indian Market (New Delhi, 2005); Ernst & Young, 'The Great Indian Retail Story' (2006); David S. G. Goodman, ed., The New Rich in China: Future Rulers, Present Lives (2008, New York); and Cheng Li, China's Emerging Middle Class: Beyond Economic Transformation (Washington, DC, 2010). 另可參見以下有關奢侈品的 434–9 頁。 **42.** Jun Wang & Stephen Siu Yu Lau, 'Gentrification and Shanghai's New Middle Class: Another Reflection on the Cultural Consumption Thesis', Cities 26, no. 2, 2009: 57–66; and Xin Wang, 'Divergent Identities, Convergent Interests', in: Journal of Contemporary China 17, no. 54, 2008. **43.** Deborah Davis & Wang Feng, Creating Wealth and Poverty in Post-socialist China Stanford 2008. For the proximity of the new middle class to the Party, see Li Jian & Niu Xiaohan, 'The New Middle Class in Peking: A Case Study', in: China Perspectives, Jan.– Feb. 2003. **44.** 印度女性引自 R. Ganguly-Scrase & T. J. Scrase, Globalization and the Middle Classes in India: The Social and Cultural Impact of Neo-liberal Reforms (London, 2009), 98, 未提供特定年齡。 **45.** Steven Kemper, Buying and Believing: Sri Lankan Advertising and Consumers in a Transnational World (Chicago, 2001), 200–5. **46.** S. L. Rao & I. Natarajan, Indian Market Demographics: The Consumer Classes (Delhi, 1996), 162. **47.** Bill Adams, 'Macroeconomic Implications of China Urban Housing Privatization, 1998–1999', Journal of Contemporary China 18, no. 62, 2009: 881–8. **48.** 引自 Junhua Lü, Peter G. Rowe & Jie Zhang, eds., Modern Urban Housing in China, 1840–2000 (Munich, 2001), 241. **49.** 2004 年，引自 Choon-Piew Pow, 'Constructing a New Private Order: Gated Communities and the Privatization of Urban Life in Post-reform Shanghai', in: Social & Cultural Geography (2007) 8/6, 813–33, at 826. **50.** China Business Weekly, 7–13 Aug. 2006, 9. **51.** http://residence.net.cn/main.htm. **52.** 2004 年，引自 Deborah Davis, 'Urban Consumer Culture', in: The China Quarterly, 2005: 692–709, 706. See also: Deborah S. Davis, ed., The Consumer Revolution in Urban China (Berkeley, CA, 2000). **53.** Thomas L. Friedman, The World is Flat: A Brief History of the Globalized World in the Twenty-first Century (London, 2005). **54.** Shunya Yoshimi, 'Consuming America, Producing Japan,' in: Garon & Maclachlan, eds., Ambivalent Con- sumer, 64. **55.** Harootunian, Overcome by Modernity, esp. chs. 2–3. **56.** Shunya Yoshimi, 'Consuming America, Producing Japan', in: Garon and Maclachlan, eds., Ambivalent Consumer, ch. 3. 另可參見：Shunya Yoshimi, 'Made in Japan: The Cultural Politics of "Home Electrification" in Post-war Japan ,' in: Media, Culture & Society 21, no. 2, 1999: 149–71. **57.** 對此，參見 Chua Beng Huat, Life is Not Complete Without Shopping: Consumption Culture in Singapore (Singapore, 2003). **58.** Koichi Iwabuchi, 'Return to Asia? Japan in Asian Audiovisual Markets', in: Kosaku Yoshino, ed., Consuming Ethnicity and Nationalism (Richmond, Surrey, 1999), ch. 8. **59.** Chua Beng Huat, 'Transnational and Transcultural Circulation and Consumption of East Asian Television Drama,' in Jaffrelot & Veer, eds., Middle-class Consumption in India and China, ch. 10. Euny Hong, The Birth of Korean Cool (New York, 2014). **60.** 引自 Wilhite, Consumption and Everyday Life, 134. **61.** S. Radhakrishnan, 'Professional Women, Good Families: Respectable Femininity and the Cultural Politics of a "New" India', in: Qualitative Sociology (2009) 32: 195–212, 205. **62.** Margit van Wessel, 'Talking about Consumption: How an Indian Middle Class Dissociates from Middle-class Life', Cultural Dynamics 16, 2004: 93–116. 63. W. Mazzarella, Shoveling Smoke: Advertising and Globalization in Contemporary India,(Duke University Press, 2003), 277. **64.** Dipankar Gupta, Mistaken Modernity: India between Worlds (New Delhi, 2000). **65.** E.g., Carol Upadhya, 'Rewriting the Code: Software Professionals and the Reconstitution of Indian Middle-class Identity', in: Jaffrelot & Veer, eds., Middle-class Consumption in India and China, ch. 3. **66.** Vamsi Vakulabharanam, 'Does Class Matter? Class Structure and Worsening Inequality in India', in: Economic & Political Weekly, XLV/29 (17 July 2010), 67–76. **67.** Nicholas Nisbett, 'Friendship, Consumption, Morality: Practising Identity, Negotiating Hierarchy in Middle-class Bangalore,' in: Journal of the Royal Anthropological Institute 13, 2007: 935–50. 進一步參見：Chandra Bhan Prasad, 'Markets and Manu: Economic Reforms and Its Impact on Caste in India', in: CASI Working Paper Series, no. 08-01, Jan. 2008. 對於尼泊爾種姓的鬆動以及中產階級在平衡當地和全球身分方面的努力，參見 Mark Liechty, Suitably Modern: Making Middle-class Culture in a New Consumer Society (Princeton, NJ, 2003). 另見上文 143 頁 [181 in MS]。 **68.** Haruka Yanagisawa, 'Growth of Small-scale Industries and Changes in Consumption Patterns in South India, 1910s–'50s', in: Douglas Haynes et al. (eds), Towards a History of Consumption in South Asia (Oxford, 2010), 51–75; and Yogendra Singh, Culture Change in India: Identity and Globalization (Jaipur ,2000). **69.** Filippo & Caroline Osella, Social Mobility in Kerala: Modernity and Identity in Conflict (London, 2000), esp. 119–22. **70.** Report on the Working and Living Conditions of the Scheduled Castes Workers in the Selected Occupations at Indore, 1993 (Labour Bureau, Government of India, Chandigarh/Shimla, 1997), tables 3.11 A-C. **71.** Rajesh Shukla, Sunil Jain & Preeti Kakkar, Caste in a Different Mould (New Delhi, 2010). **72.** Patricia Uberoi, 'Imagining the Family: An Ethnography of Viewing Hum Aapke Hain Koun . . . !' in: Rachel Dwyer & Christopher Pinney (eds.), Pleasure and the Nation: The History, Politics and Consumption of Public Culture in India (Oxford, 2001). **73.** Ronald Philip Dore, City Life in Japan: A Study of a Tokyo Ward (London, 1958), 62–80. **74.** White Paper on the National Lifestyle, Fiscal Year 1995, 'Looking Back on 50 years . . . and Forward, in Search of an Affluent and Diversified National Lifestyle for Japan,' The Economic Planning Agency, Government of Japan, http://www5.cao.go.jp/seikatsu/whitepaper/h7/life95s0-e-e.html, last accessed 9 Sept. 2013. **75.** Jeff Kingston, Japan's Quiet Transformation (New York, 2004). **76.** John L. McCreery, Japanese Consumer Behavior: From Worker Bees to Wary Shoppers (Richmond, Surrey, 2000). **77.** White Paper on the National Lifestyle, Fiscal Year 1995, Government of Japan. **78.** Seung-Kuk Kim, 'Changing Lifestyles and Consumption Patterns of the South Korean Middle Class and New Generations,' in: Chua Beng-Huat, ed., Consumption in Asia: Lifestyles and Identities (London, 2000), ch. 3. **79.** Nelson, Measured Excess. **80.** 以上引自 Inge Daniel's ethnography of thirty homes in the Kansai region in central Japan conducted in 2002–3: The Japanese House: Material Culture in the Modern Home (Oxford, 2010). Her findings question the picture of a throwaway society, e.g., John Clammer, Contemporary Urban Japan: A Sociology of Consumption (Oxford, 1997), 79–80. **81.** Robert W. Hefner (ed.), Market Cultures: Society and Morality in the New Asian Capitalisms (Boulder, CO, 1998). **82.** Elizabeth Croll, 'Conjuring Goods, Identities and Cultures', in: Kevin Latham, Stuart Thompson & Jakob Klein, eds., Consuming China: Approaches to Cultural Change in Contemporary China (London, 2006), 22–41; and Robert P. Weller, 'Divided Market Cultures in China', in: Hefner, Market Cultures, ch. 2. **83.** China Statistical Yearbook, 2014. W. McEwen, F. Xiaoguang, Z. Chuanping & R. Burkholder, 'Inside the Mind of the Chinese Consumer', in: Harvard Business Review, March 2006; 84(3): 68–76. **84.** 對此以及一般性的討論，參見 Beverley Hooper, 'The Consumer Citizen in Contemporary China', in: Centre for East and South-east Asian Studies Working Paper 12, 2005. **85.** Arthashastra, 86, 245–8. **86.** 'Cases filed, Disposed and Pending', data compiled by Centre for Consumer Studies, IIPA, New Delhi, 2008. **87.** Pradeep S. Mehta, ed., Competition and Regulation in India (CUTS/Jaipur, 2007), #0715. **88.** 1994 SCC (1) 243, quoted in IIPA, Housing and Consumer (Delhi, 2006). **89.** 2008 年，17%的投訴是關於有缺陷的商品，相較之下，27%的投訴涉及電力，主要是計費與中斷的問題。Data compiled by CCS, IIPA, Delhi, 2008. **90.** 7 SCC 688, Charan Singh vs. Healing Touch Hospital, quoted in S. S. Singh & Sapna Chadah, Consumer Protection in India (New Delhi, 2005), 26. **91.** Awaken, Consumer Club Bulletin of Kamala Nehru College, 3 (Aug. 2008), 9. **92.** V. Prabhu, in E. Rajaram, K. Durai, M. Jeyakumaran & E. Yavanarani (eds.), Consumer Protection and Welfare (Chennai, 2008), ch. 22. **93.** 例如，引自印度公共行政機構（Indian Institute of Public Administration, IIPA）消費者研究中心（Centre for Consumer Studies）的主頁，該機構負責監督政府的消費者意識與培訓計畫。該引言也被掛在許多商業辦公室的牆上。我很感謝蘇雷什·米甚拉與該機構的所有人所提供之討論與資訊。甘地的九十八冊作品現在已可在線上查閱：http://www.gandhiserve.org/cwmg/cwmg.html. **94.** Water and Sanitation Program, Engaging with Citizens to Improve Services (2007), ch. 6. 關於皮波拉德（Piplod），另可參見：http://www.cuts-international.org/psr-04.htm, last accessed 9 Sept. 2013. **95.** Sanjay Srivastava, 'Urban Spaces, Post-nationalism and the Making of the Consumer-Citizen in India', in: New Cultural Histories of India, eds. Partha Chatterjee, Tapati Guha Thakurta & Bodhisattva Kar (New Delhi, forthcoming); and Sanjay Srivastava, 'Urban Spaces, Post-nationalism and the Making of the Consumer-Citizen in India', in: New Cultural Histories of India, eds. Partha Chatterjee, Tapati Guha Thakurta & Bodhisattva Kar (New Delhi, 2014), ch. 13. **96.** E.g., 'Bhagidari: Good Intention, Bad Implementation?' by the liberal Centre of Civil Society, http://www.ccsindia.org/ccsindia/interns2003/chap7.pdf. **97.** Patricia L. Maclachlan, Consumer Politics in Post-war Japan: The Institutional Boundaries of Citizen Activism (New York, 2002); and Takao Nishimura, 'Household Debt and Consumer Education in Post-war Japan', in: Garon & Maclachlan, eds., Ambivalent Consumer, ch. 11. **98.** Cabinet Office of Japan, White Paper on the National Lifestyle: Prospects for Consumer Citizenship (2008), intro.; http://www5.cao.go.jp/seikatsu/whitepaper/h20/06_eng/index.html, last accessed 9 Sept. 2013. **99.** Nikolas Rose, Powers of Freedom: Reframing Political Thought (Cambridge, 1999). **100.** 全文參見：http://www.cca.org.cn/english/EnNewsShow.jsp?id=38&cid=983, last accessed 9 Sept. 2013. **101.** 'Class Action Litigation in China', in: Harvard Law Review 111, no. 6, 1998: 1523–41; Hooper, 'The Consumer Citizen in Contemporary China'. **102.** China Consumers' Association, Annual Report 2004, 2005; Haidian CCA, 'The Dynamics of Consumption', monthly magazine, 47 (2003), 35. **103.** Chinese Consumers' Association, 'A Guide to Scientific Consumption 2008', at http://www.cca.org.cn/english/EnNewsShow.jsp?id=184&cid=982, last accessed 9 Sept. 2013. **104.** Luigi Tomba, 'Of Quality, Harmony and Community: Civilization and the Middle Class in Urban China', in: Positions: East Asia Cultures Critique 17, no. 3, 2009: 592–616.

第九章

1. John De Graaf, David Wann & Thomas H. Naylor, Affluenza: The All-consuming Epidemic (San Francisco, CA, 2001); Clive Hamilton & Richard Denniss, Affluenza: When Too Much is Never Enough (Crows Nest, NSW, 2006); and James, Affluenza. 阿夫納·歐福（Avner Offer）診斷出自1950 年代以來即時滿足提升與「提供承諾之設備」下降的趨勢，Offer, Challenge of Affluence. **2.** Lydia Maria Francis Child, The American Frugal Housewife (Boston, 1835, 16th edn), p. 89 – 獻給「那些不以經濟為恥的人」。 **3.** King James Bible, 1 Timothy 6:10; Jacques Le Goff, Your Money or Your Life: Economy and Religion in the Middle Ages (New York, 1988); Dante Alighieri, Divine Comedy (1308–21), Inferno, Canto XVII, third round of the seventh circle; and Rosa-Maria Gelpi & François Julien-Labruyere, The History of Consumer Credit: Doctrines and Practice (Basingstoke, 2000). **4.** Benjamin Franklin, Poor Richard's Almanac (Philadelphia, PA,1732), 25; Franklin, The Way to Wealth (London,1758), 13. **5.** Helen Bosanquet, 'The Burden of Small Debts', in: Economic Journal, 6/22 (June 1896), 212–25, quoted at 220, 223. **6.** Daniel Horowitz, The Morality of Spending: Attitudes towards the Consumer Society in America, 1875–1940 (Chicago, 1992); Horowitz, Anxieties of Affluence. **7.** Seung-Kuk Kim, 'Changing Lifestyles and Consumption Patterns of the South Korean Middle Class and New Generations', in: Beng-Huat, ed., Consumption in Asia: Lifestyles and Identities, 71–3. **8.** Craig Muldrew, The Economy of Obligation: The Culture of Credit and Social Relations in Early Modern England (Basingstoke, 1998), 68, 117–18. 有關歐洲的例子，參見 S. Ogilvie, M. Kuepker & J. Maegraith, 'Household Debt in Early

Modern Germany: Evidence from Personal Inventories', in: Journal of Economic History 72, no. 1, 2012: 134–67. **9.** Julius Pierstorff, 'Drei Jenaer Handwerke ', Schriften des Vereins für Socialpolitik LXX, no. 9, 1897 quoted at 50. **10.** Bureau of Social Affairs, The City Government of Greater Shanghai, 'Standard of Living of Shanghai Laborers' (1934), 108 and tables 15, 16. **11.** 1924–25 (153) Report by the Joint Select Committee of the House of Lords and the House of Commons on the Moneylenders Bill [H. L.] and the Moneylenders (Amendment) Bill, 78: Dorothy Keeling of the Liverpool Women Citizen's Association. 進一步參見：Paul Johnson, Saving and Spending: The Working-class Economy in Britain, 1870–1939 (Oxford, 1985). **12.** Camille Selosse & Lorna Schrefler, 'Consumer Credit and Lending to Households in Europe', (European Credit Research Institute, 2005), fig. 6. **13.** http://www.oecd-ilibrary.org/economics/oecd-factbook_18147364. **14.** J. Logemann & U. Spiekermann, 'The Myth of a Bygone Cash Economy: Consumer Lending in Germany from the Nineteenth Century to the Mid-twentieth Century', in: Entreprises et histoire, no. 59, 2010: 12–27; Sean O'Connell, Working-class Debt in the UK since 1880 (Oxford, 2009), ch. 2; and Lendol Calder, Financing the American Dream: A Cultural History of Consumer Credit (Princeton, NJ, 1999), ch. 4. **15.** National Bureau of Economic Research, The Pattern of Consumer Debt, 1935–36: A Statistical Analysis, Blanche Bernstein, 1940. **16.** Calder, Financing the American Dream, 184–99. **17.** Isabelle Gaillard, 'Télévisions et crédit a la consommation: Une approche comparative France–Rfa 1950–1970 ', in: Entreprises et histoire, no. 2, 2010: 102–11. **18.** Calder, Financing the American Dream, 175, and ch. 3 for the following. **19.** O'Connell, Working-class Debt in the UK since 1880, 58–66. **20.** Edwin R. A. Seligman, Economics of Instalment Selling: A Study in Consumers' Credit (1927), 222. **21.** 參見以上的 101-2 頁。 **22.** Quoted in Calder, Financing the American Dream, 235. **23.** Seligman, Economics of Instalment Selling, 224. **24.** Louis Hyman, Debtor Nation: The History of America in Red Ink (Princeton, NJ, 2011), ch. 2. **25.** 當然，高收入的家庭往往有較多的債務，也是事實。這些因素之間的相互作用相當複雜，進一步參見：Sarah Bridges, Richard Disney & Andrew Henley, 'Housing Wealth and the Accumulation of Financial Debt', in: Giuseppe Bertola, Richard Disney & Charles Grant, eds., The Economics of Consumer Credit (Cambridge, MA, 2006), 135–79; and Richard Disney, 'The UK's Household Debt Problem: Is There One? And, If So, Who's at Risk?' (London: Institute for Fiscal Studies, 2007). **26.** 根據歐洲抵押貸款聯合會（European Mortgage Federation）的數據資料顯示，2010 年時希臘的人均抵押債務是 7,120 歐元，義大利是 5,830 歐元，而美國則是它們的四倍（27,040 歐元）；http://www.hypo.org/Content/Default.asp?pageId=414. **27.** Martha L. Olney, Buy Now, Pay Later: Advertising, Credit and Consumer Durables in the 1920s (Chapel Hill, NC; London, 1991), table 4.6, 108. **28.** George Norris, governor of the Philadelphia Federal Reserve Bank, cited in P. J. Kubik, 'Federal Reserve Policy during the Great Depression: The impact of Inter-war Attitudes Regarding Consumption and Consumer Credit', in: Journal of Economic Issues 30, no. 3, 1996: 829–42, at 833. For intellectuals' ongoing ambivalence, see Horowitz, Anxieties of Affluence. **29.** M. L. Olney, 'When Your Word is Not Enough: Race, Collateral and Household Credit', in: The Journal of Economic History 58, no. 2, 1998: 408–31. **30.** P. Scott, 'The Twilight World of Inter-war British Hire Purchase', in: Past & Present 177, no. 1, 2002: 195–225. **31.** Luca Casolaro, Leonardo Gambacorta & Luigi Guiso, 'Regulation, Formal and Informal Enforcement, and the Development of the Household Loan Market: Lessons from Italy', in: Bertola, Disney & Grant, eds., The Economics of Consumer Credit, 92–134. **32.** A. Börsch-Supan, 'Savings in Germany – Part II: Behavior', in: James M Poterba, ed., International Comparisons of Household Saving (Chicago, 1994). **33.** Great Britain. Dept of Trade and Industry, Committee on Consumer Credit, 'Consumer Credit. Report of the Committee. Chairman: Lord Crowther, etc.' (1971), vol. 1, Cmnd. 4596), 123. **34.** Casolaro et al.. 'Lessons from Italy', in: Bertola, Disney & Grant, eds., The Economics of Consumer Credit, 120f. **35.** P. Horvath, 'Die Teilzahlungskredite als Begleiterscheinung des westdeutschen Wirtschaftswunders, 1948–1960 ', in: Zeitschrift für Unternehmensgeschichte (<Place?>1992) 19–55, esp. 35–7: 'Lohnpfändung '. **36.** Sombart, Luxus und Kapitalismus, 96, 作者翻譯。 **37.** Horvath, 'Teilzahlungskredite', 22. **38.**

Crowther Committee on Consumer Credit (1971), tables 2.1 & 2.4, 52–55. **39.** The above draws on Sheldon Garon, Beyond our Means: Why America Spends while the World Saves (Princeton, NJ, 2011). **40.** 以上引自 Sheldon Garon, Beyond our Means: Why America Spends while the World Saves (Princeton, NJ, 2011). **41.** Garon, Beyond our Means, 10. **42.** A. Chandavarkar, 'Saving Behaviour in the Asian-Pacific Region', in: Asian-Pacific Economic Literature 7, no. 1, 1993: 9–27; www.cpf.gov.sg. **43.** C. Y. Horioka, 'Are the Japanese Unique? An Analysis of Consumption and Saving Behavior in Japan', in: 'Osaka University Institute of Social and Economic Research, Discussion Paper 606', (Osaka, 2004); Victoria de Grazia, The Culture of Consent: Mass Organization of Leisure in Fascist Italy (Cambridge, 1981), 154–9. 另可參見上述 371-2 頁。 **44.** Soogeun Oh, 'Personal Bankruptcy in Korea', in: Johanna Niemi, Iain Ramsay & William C. Whitford, Consumer Credit, Debt and Bankruptcy: Comparative and International Perspectives (Oxford and Portland, OR, 2009), 375–93. **45.** Quoted in Johnson, Saving and Spending, 213f. **46.** Samuel Smiles, Self-help; with Illustrations of Character, Conduct and Perseverance (London, 1866; 1st edn 1859), 295. **47.** E.g., the 1949 Möbelsparaktion by savings banks in Lower Saxony; Horvath, 'Teilzahlungskredite', 21. **48.** Lehtonen & Pantzar, 'The Ethos of Thrift: The Promotion of Bank Saving in Finland during the 1950s'. 另可參見：Visa Heinonen (1998): 'Talonpoikainen etiikka ja kulutuksen henki. Kotitalousneuvonnasta kuluttajapolitiikkaan 1900-luvun Suomessa' ('Peasant Ethic and the Spirit of Consumption'), in: Bibliotheca Historica, 33; Visa Heinonen, Minna Lammi & Esko Varho, ' "Ei nimittäin haluttu valmistaa tavallista reklaamifilmiä . . ." Mainonta ja valistus suomalaisissa lyhytelokuvissa', Lähikuva 4/1995, 34–47. 感謝費沙・海諾寧（Visa Heinonen）與明娜・拉米（Minna Lammi）讓我看到目標儲蓄者的電影廣告。 **49.** Franco Modigliani & Richard H. Brumberg, 'Utility Analysis and the Consumption Function: An Interpretation of Cross-section Data', in: Post-Keynesian Economics, ed. Kenneth K. Kurihara, (New Brunswick, NJ, 1954), 388–436; Andrew B. Abel, ed., The Collected Papers of Franco Modigliani (Cambridge, MA, 1980), Vol. II; and Milton Friedman, A Theory of the Consumption Function (Princeton, NJ, 1957). **50.** As Modigliani himself acknowledged in Franco Modigliani, 'Life Cycle, Individual Thrift and the Wealth of Nations', in: The American Economic Review 76, no. 3, 1986: 297–313. **51.** A. Börsch-Supan, Life-cycle Savings and Public Policy: A Cross-national Study of Six Countries (Amsterdam, 2003); A. Lusardi, 'Information, Expectations, and Savings for Retirement', in: Behavioral Dimensions of Retirement Economics, 1999: 81–115; B. D. Bernheim, J. Skinner & S. Weinberg, 'What aAcounts for the Variation in Retirement Wealth among US Households?' in: American Economic Review, 2001: 832–57. 儲蓄的預防性動機被隱含永久收入的假設規則之確定等價假設排除在外，參見 Deaton, Understanding Consumption, 177–9. **52.** Christopher D. Carroll & Lawrence H. Summers, 'Consumption Growth Parallels Income Growth: Some New Evidence', in: National Saving and Economic Performance, ed. B. Douglas Bernheim & John B. Shoven,(Chicago, 1991), 305–48, esp. 315–18. **53.** Deaton, Understanding Consumption, 163. **54.** The German 'SAVE' study (2009) by Axel Börsch-Supan, Michela Coppola,Lothar Essig, Angelika Eymann & Daniel Schunk, http://www.mea.uni-mannheim.de/fileadmin/files/polstudies/3aferngy0iaowiys_MEA_Study_6.pdf. **55.** See Elizabeth Lanyon, chair of the law council of the Australia Financial Services Committee, in Consumers International, 'Living on Credit', in: Asia Pacific Consumer 35/36, no. 1/2, 2004: 1–51, 11. 以上進一步引自 Luigi Guiso, Michael Haliassos & Tullio Japelli, eds., Household Portfolios (Cambridge, MA, 2002); Elaine Kempson & Claire Whyley, Kept out or Opted out?: Understanding and Combating Financial Exclusion (Bristol, 1999); and Lanyon, Kempson & Whyley, <title> place?>1999. 在美國，持有共同基金、養老基金，以及直接股票（direct stock）的家庭數量，在 1990 年代從 32% 上漲到 49%。 **56.** 引自 Jackie Botterill, Consumer Culture and Personal Finance: Money Goes to Market (Basingstoke, 2010), 149. **57.** 關於美國：R. Peach & C. Steindel, 'A Nation of Spendthrifts? An Analysis of Trends in Personal and Gross Saving', in: Current Issues in Economics and Finance/Federal Reserve Bank of New York 6, no. 10, 2000: 1–6. 關於英國：S. Berry, M. Waldron & R. Williams, 'Household Saving', Bank of England Quarterly Bulletin Q3, 2009: 191–2009. **58.** 葛林斯潘的聽證會於 2000 年 1 月 26 日舉行（S. HRG.106-526），進一步參見：

Robert D. Manning, Credit Card Nation: The Consequences of America's Addiction to Credit (New York, 2000); and Richard Berthoud & Elaine Kempson, Credit and Debt: The PSI Report (London, 1992). **59.** Hyman, Debtor Nation, 150f. **60.** Eurobarometer, 'Public Opinion in Europe on Financial Services' (Luxembourg: European Commission, 2005), no. 230. **61.** Ronald J. Mann, 'Credit Cards and Debit Cards in the United States and Japan', in: Vanderbilt Law Review 55, no. 4, 2002: 1055–108. Schufa, 'Schuldenkompass 2004: Empirische Indikatoren der privaten Ver-und U˝berschuldung in Deutschland ' (Wiesbaden: 2004). **62.** 2006 年，美國人的卡債高達 8,010 億美元，貸款（包括抵押貸款）高達 13 兆美元。到了 2010 年，這兩個數字分別成了 7,540 億美元與 13.4 兆美元；OECD. StatExtracts, meta data 'Household assets', https://stats.oecd.org/Index.aspx?DataSetCode=7HA_A_Q, data extracted 1 Sept. 2011. **63.** National Bureau of Economic Research, Pattern of Consumer Debt, 1935–36, 110. 只有最貧窮的家庭會經歷到負儲蓄。 **64.** Hyman, Debtor nation, ch. 7. **65.** 引用經濟合作發展組織的數據資料系列：2000–2010 'Households' Financial and Non-financial Assets and Liabilities'. **66.** Catarina Frade & Cláudia Lopes, 'Overindebtedness and Financial Stress: A Comparative Study in Europe', in: Niemi, Ramsay & Whitford, Consumer Credit, Debt and Bankruptcy, 249–71. **67.** 起點是：Gary S. Becker, 'A Theory of the Allocation of Time', in: Economic Journal 75, no. 299, 1965: 493–517. **68.** Helen Jarvis 'Housing to Manage Debt and Family Care in the USA'; and Carl Schwartz, Tim Hampton, Christine Lewis & David Norman, 'A Survey of Housing Equity Withdrawal and Injection in Australia', both in: The Blackwell Companion to the Economics of Housing, Susan J. Smith & Beverley A. Searle (eds.) (Oxford, 2010) chs. 7 & 16. **69.** 這個詞是由 Colin Crouch 所創，'What Will Follow the Demise of Privatized Keynesianism?' in: The Political Quarterly 79, no. 4, 2008: 476–87, 雖然應該強調的是，這並非是盎格魯撒克遜人特有的現象。 **70.** C. Kerdrain, 'How Important is Wealth for Explaining Household Consumption over the Recent Crisis?', OECD Economics Department Working Papers, no. 869, 2011. **71.** The Economist, 18 Sept.2010, 86. **72.** Sharon Parkinson, Beverley A. Searle, Susan J. Smith, Alice Stoakes & Gavin Wood, 'Mortgage Equity Withdrawal in Australia and Britain: Towards a Wealth-fare State?' in: European Journal of Housing Policy 9, no. 4, 2009: 365–89; Jarvis 'Housing to Manage Debt in the USA'; and Schwartz et al., 'Equity Withdrawal in Australia', in: Blackwell Companion to the Economics of Housing, chs. 7 & 16. **73.** 'Changes in US Family Finances from 2004 to 2007: Evidence from the Survey of Consumer Finances', Federal Reserve Bulletin, Feb. 2009, A 46, table 15. **74.** 在 1960 年代早期，65 歲及以上的人占家庭消費的 11%以及人口的 14%；到了 1988 年，這兩個數字增長到 18% 與 16%。Jagadeesh Gokhale, Laurence J. Kotlikoff, John Sabelhaus, Barry Bosworth & Robert Haveman, 'Understanding the Post-war Decline in US Saving: A Cohort Analysis', Brookings Papers on Economic Activity, 1996, no. 1, 1996: 315–407. **75.** (UK) Department for Business, Innovation & Skills, 'Credit, Debt and Financial Difficulty in Britain, 2009/10'. **76.** Elaine Kempson, 'Over-indebtedness in Britain: A Report to the Department of Trade and Industry,' (London: Personal Finance Research Centre - DTI, 2002), 43, 48. **77.** 'Changes in US Family Finances from 2004 to 2007, A9–10. **78.** 'The German SAVE study', Börsch-Supan et al., 2009. **79.** Kempson, 'Over-indebtedness in Britain', 19; 有關白色貨車，參見 Scott, 'Inter-war British Hire Purchase'; and O'Connell, Working-class Debt. **80.** Birgitta Klingander, Jean Lown & Sue McGregor, 'Comparative Analysis of Canadian, American and Swedish Bankruptcy Policy: Why do Governments Legislate Consumer Debt?' International Journal of Consumer Studies 25, no. 3, 2001: 208–27. **81.** Udo Reifner, Johanna Kiesilainen, Nik Huls & Helga Springeneer, 'Consumer Over-indebtedness and Consumer Law in the European Union: Final Report Presented to the Commission of the European Communities, Health and Consumer Protection Directorate-General" (2003); and I. Ramsay, 'Comparative Consumer Bankruptcy', in: University of Illinois Law Review 241, 2007: 241–73. **82.** Udo Reifner & Helga Springeneer, 'Die private Überschuldung im internationalen Vergleich – Trends, Probleme, Lösungsansätze,' in: Schuldenkompass 2004, 174. **83.** Reifner et al., 'Consumer Over-indebtedness in the European Union'; Oliver J. Haas, 'Over-indebtedness in Germany, International Labour Office, Working Paper no. 44, (2006); Elaine Kempson & Claire Whyley, Kept Out or Opted Out?: Understanding and

Combating Financial Exclusion (Bristol, 1999); Nicola Jentzsch & Amparo San José Riestra, 'Consumer Credit Markets in the United States and Europe', in: Bertola, Disney & Grant, eds., The Economics of Consumer Credit, 34–9; and A. Raijas, A. R. Lehtinen & J. Leskinen, 'Over-indebtedness in the Finnish Consumer Society', in: Journal of Consumer Policy 33, no. 3: 209–23. **84.** Gregory D. Squires, 'Inequality and Access to Financial Services', in: Niemi, Ramsay & Whitford, Consumer Credit, Debt and Bankruptcy, 11–30; and Angela C. Lyons, 'How Credit Access Has Changed over Time for US Households', in: Journal of Consumer Affairs 37, no. 2, 2003: 231–55. **85.** Kempson & Whyley, Kept Out or Opted Out?, quoted at p. 42. **86.** See Will Dobbie and Jae Song, 2015, 'Debt Relief and Debtor Outcomes: Measuring the Effects of Consumer Bankruptcy Protection', in: American Economic Review, Vol. 105(3), 1272–311. **87.** Jason J. Kilborn, 'The Innovative German Approach to Consumer Debt Relief', in: North-western Journal of International Law & Business; 24, no. 2, 2004: 257–97. **88.** Reifner & Springeneer, 'Private Überschuldung im internationalen Vergleich '; and Ramsay, 'Comparative Consumer Bankruptcy'. **89.** James D. Davies, 'Wealth and Economic Inequality', in: Wiemer Salverda, Brian Nolan & Timothy M. Smeeding, eds., The Oxford Handbook of Economic Inequality (Oxford, 2009), ch. 6. 詳情參見：Thomas Piketty, Capital in the Twenty-first Century (Cambridge, MA, 2014). 在本節中，我關注的是收入（而非財富）不平等，因為是賺取來的收入成為 20 世紀的主要標誌，而非繼承來的鄉間別墅。皮凱提（Piketty）著重的是資本的收入占比（如股息與資本收益），並認為我們見證了重創 19 世紀的那道資本與勞工之間日益擴大的鴻溝正在回歸。然而自 1970 年代以來所出現的不平等，主要並非存在於資本以及勞工之間的收入占比，而是存在於高薪的執行長們以及低薪的體力與文書勞工之間的勞動力。 **90.** Richard G. Wilkinson & Kate Pickett, The Spirit Level: Why Equality is Better for Everyone (London, rev. edn, 2009). OECD, 'Divided We Stand: Why Inequality Keeps Rising' (OECD: 2011). 「壓力」與「抑鬱」自 1950 年代以來是否確實有所增加，又或者，上升的數字是否只是反映出診斷測試與類別的增加，始終是個充滿爭論的議題。 **91.** Frank, Luxury Fever: Money and Happiness in an Era of Excess. 另可參見註釋 1 中有關富裕的參考書籍。 **92.** Robert Frank, Richistan: A Journey through the 21st-century Wealth Boom and the Lives of the New Rich (London, 2008), 3, 122. **93.** J.-J. Rousseau, 'On the Origin of Inequality' (1754), ed. G. D. H. Cole (Chicago edn, 1952), 362; Erich Fromm, To Have or to Be? (New York, 1976) 是 Oliver James 的靈感來源，The Selfish Capitalist : Origins of Affluenza (London, 2008), esp. 46–54; James, Affluenza, esp. 65–7. **94.** Jean-Jacques Rousseau, A Discourse on the Origin of Inequality, ed. G. D. H. Cole (Chicago, 1952), 362. **95.** 在 Vevo 音樂影片網站上，根據環球唱片（Universal Music），http://universalmusica.com/donomar/, accessed 4 Dec. 2011. 當百萬富翁的生活方式在更廣泛的觀眾群面前呈現時，這種生活方式不得不模仿名人文化，像是《切爾西製造》（Made in Chelsea）（英國）或《富婆名媛》（Mulheres Ricas）（巴西）等真人實境秀。 **96.** C. Wright Mills, The Power Elite (New York City, 1956), 75. 進一步參見：F. Trentmann, 'Past and Present: Historical Perspectives on Inequality and Collective Provision in Modern Consumption', in: Southerton & Ulph, eds., Sustainable Consumption, 243–76. **97.** David Riesman with Howard Roseborough, 'Careers and Consumer Behaviour' (1955), repr. in Riesman, Abundance for What? And Other Essays, quoted at 122. 根據美國人口普查數據，2001 年美國新住宅的平均建築面積為 2,324 平方英尺，2010 年則為 2,392 平方英尺：http://www.census.gov/const/C25Ann/sftotalmedavgsqft.pdf. 房屋的大小是否說明了不平等以及身分地位的追求，這一點值得商榷；在英國，20 世紀後期的新建住宅已然減少。 **98.** 對於自上而下的社會區分觀點之評量批評，參見 Daloz, The Sociology of Elite Distinction. **99.** Alexis de Tocqueville, Democracy in America (New York, 1994; 1st edn 1840), Vol. II, ch. 13 138. **100.** Euromonitor International, 'Global Luxury Goods Overview', June 2011; accessed 12 Nov. 2011 http://www.wisekey.com/en/Press/2011/Documents/Euromonitor_Report_for_FT_Business_of_Luxury_Summit_2011.pdf. **101.** Y. Ait-Sahalia, J. A. Parker & M. Yogo, 'Luxury Goods and the Equity Premium', The Journal of Finance 59, no. 6, 2004: 2959–3004. **102.** 'Falso di moda ', symposium at Palazzo Medici Riccardi, Florence, 30 Nov. 2007. **103.** Pamela N. Danziger, Let Them Eat Cake; Marketing Luxury to the Masses – As Well as the Classes (Chicago, 2005).

第十章

1. 躺椅在博登湖（Lake Constance）瑞士側的羅夏（Rorschach）；http://www.zeitverein.com/framesets/fs_zeitverein.html. 進一步參見：Carl Honoré, In Praise of Slowness: Challenging the Cult of Speed (New York, 2004), esp. 37–9; Fritz Reheis, Die Kreativität der Langsamkeit (Darmstadt, 1998); James Gleick, Faster: The Acceleration of Just about Everything (London, 1999); Stefan Klein, The Secret Pulse of Time: Making Sense of Life's Scarcest Commodity (Cambridge, MA, 2007). *2.* R. N. Levine, A Geography of Time: On Tempo, Culture and the Pace of Life (New York, 2008), 131f. *3.* Benjamin, The Arcades Project, 106. *4.* Kern, The Culture of Time and Space, 1880–1918. *5.* http://www.cittaslow.org/section/association; Wendy Parkins & Geoffrey Craig, Slow Living (Oxford and New York, 2006). *6.* 慢食宣言：http://www.slowfood.com/international/2/our-philosophy. Carlo Petrini, Slow Food: Le ragioni del gusto (Rome, 2001); 比較：R. Sassatelli & F. Davolio, 'Consumption, Pleasure and Politics', in: Journal of Consumer Culture 10, no. 2: 202–32; and Richard Wilk, ed., Fast Food/Slow Food: The Cultural Economy of the Global Food System (Lanham, 2006); http://longplayer.org/what/whatelse/slowwalk.php. *7.* 'Schopenhauer als Erzieher' (1874) in: Complete Works of Friedrich Nietzsche (London: 1909), transl. Adrian Collins, Vol. V, Part II, para. 4, 136. *8.* Alexis de Tocqueville, Democracy in America (New York, 1994; 1st edn 1840), Book 2, ch. 13, 136. *9.* See Hartmut Rosa, Beschleunigung: Die Veränderung der Zeitstrukturen in der Moderne (Frankfurt am Main, 2005), 126. *10.* Rosa, Beschleunigung ; Reinhart Koselleck, Zeitschichten (Frankfurt, 2000); and Reinhart Koselleck, Futures Past: On the Semantics of Historical Time (New York, 2004). *11.* 第一個答案是最強有力的，提出者是 Staffan Burenstam Linder, The Harried Leisure Class (New York, 1970), 第二個答案的提出者是 Juliet B. Schor, The Overworked American: The Unexpected Decline of Leisure (New York, 1991). 這兩者我都會在下面討論到。 *12.* J. H. Ausubel & A. Grübler, 'Working Less and Living Longer: Long-term Trends in Working Time and Time Budgets', in: Technological Forecasting and Social Change 50, no. 3, 1995: 195–213. *13.* Angus Maddison, Monitoring the World Economy, 1820–1992 (Paris, 1995), Appendix J; Angus Maddison, Phases of Capitalist Development (Oxford, 1982); Schor, Overworked American ; andJ. P. Robinson & G. Godbey, Time for Life: The Surprising Ways Americans Use Their Time (University Park, PA, 1997), quoted at 196. *14.* E.g., see the Dutch data in Koen Breedveld, A. van den Broek, J. de Haan, L. Harms, F. Huysmans & E. van Ingen, De Tijd Als Spiegel: Hoe Nederlanders Hun Tijd Besteden (Time as a Mirror: How the Dutch Spend Their Time) (The Hague, 2006); Klein, Secret Pulse of Time, ch. 8. 有證據顯示，美國在 1990 年代早期的匆忙感可能已經減緩了；參見 Robinson & Godbey, Time for Life, 231–9. *15.* 'Tanto brevius omne quanto felicius tempus ', Pliny the Younger, Epistles, Book VIII, letter 14. *16.* N. Francis & V. Ramey, 'A Century of Work and Leisure', in: American Economic Journal: Macroeconomics 1, no. 2, 2009: 189–224. *17.* The thesis of Gary Cross, Time and Money: The Making of Consumer Culture (London, 1993). *18.* 參見上文的 250-9 頁。 *19.* Jan De Vries, The Industrious Revolution: Consumer Behavior and the Household Economy, 1650 to the Present (Cambridge, 2008), ch. 6. 對育兒與普遍情緒的關注之缺乏著實驚人。許多學者錯誤地假設，現代消費文化必然意謂著家庭生產和供應的終結。一項有幫助的糾正是 V. A. Ramey, 'Time Spent in Home Production in the Twentieth-century United States: New Estimates from Old Data', in: Journal of Economic History 69, no. 01, 2009: 1–47. *20.* 作為比較，法國的數字分別是 30% 與 32%。 Joseph E. Stiglitz, Amartya Sen & Jean-Paul Fitoussi, 'Report by the Commission on the Measurement of Economic Performance and Social Progress, www.stiglitz-sen-fitoussi.fr' (2009), 130. *21.* Gershuny, Changing Times, ch. 5. *22.* A. Heckscher & S. DeGrazia, 'Executive Leisure', in Harvard Business Review 37, no. 4, 1959: 6–12; Robinson &Godbey, Time for Life, 128f. see also: Mark Aguiar & Erik Hurst, 'Measuring Trends in Leisure: The Allocation of Time over Five Decades', Working Paper no. 06-2: Federal Reserve Bank of Boston, 2006); 雖然它們在休閒方面的數字，由於將育兒視為休閒（而非無償工作）而被膨脹誇大。 *23.* 對於這一點以及其他理由說明凱因斯是錯

的，參見 Lorenzo Pecchi & Gustavo Piga, eds., Revisiting Keynes: Economic Possibilities for Our Grandchildren (Cambridge, MA, 2008). **24.** 'An Apology for Idlers', in: Cornhill Magazine, 36 (July 1877), repr. in The Novels and Tales of Robert Louis Stevenson (1895 edn), 73; then in a book Virginibus Puerisque and other Papers. London: Kegan Paul (1881), New York: Charles Scribner's sons, 1895, Vol 13; emphasis in original. **25.** Alain Chenu and Nicolas Herpin, 'Une pause dans la marche vers la civilisation des loisirs ?' Economie et statistique (2002), 352–3. **26.** USB, 'Income and Leisure: Two Differently Valued Elements of Prosperity' in the 2006 edition of Prices and Earnings, 36–8. Echoes in Niall Ferguson, Civilisation: The Rest and the West (London, 2011), 265f., 將有償工作分開來看待。 **27.** http://www.oecdobserver.org/news/fullstory.php/ aid/2480/Counting_the_hours.html. **28.** David Riesman with Warner Bloomberg, 'Work and Leisure: Fusion or Polarity' (1957), repr. in Riesman, Abundance for What?ys, 147. **29.** Marshall David Sahlins, Stone Age Economics (Chicago, 1972). **30.** D. L. Costa, 'The Evolution of Retirement: Summary of a Research Project', in: The American Economic Review 88, no. 2, 1998: 232–6, 234. **31.** Dominik Hanglberger, 'Arbeitszufriedenheit und flexible Arbeitszeiten: Empirische Analyse mit Daten des sozio-oekonomischen Panels ', SOEP paper no. 304, 2010. **32.** Breedveld, Broek, Haan, Harms, Huysmans & Ingen, Tijd Als Spiegel. **33.** 有關荷蘭、挪威、芬蘭、匈牙利、英國的比較數據，參見 Gershuny, Changing Times, ch. 5. **34.** See M. Burda, D. Hamermesh & P. Weil, 'The Distribution of Total Work in the EU and US', in Institute for the Study of Labor (IZA), no. 2270, 2006. **35.** Siebter Familienbericht: Familie zwischen Flexibilität und Verlässlichkeit – Perspektiven für eine lebenslaufbezogene Familienpolitik, Deutscher Bundestag. 16. Wahlperiode. Drucksache 16/1360 (26.04. 2006), 223; Jonathan Gershuny, 'Busyness as the Badge of Honor for the New Superordinate Working Class', in: Social Research 72, no. 2, 2005: 287–314; and Chartered Management Institute, reported in the Guardian, 15 June 2006. **36.** Robert E. Goodin, James Mahmud Rice, Antti Parpo & Lina Eriksson, Discretionary Time: ANew Measure of Freedom (Cambridge, 2008). **37.** 根據美國收入動態研究小組（US Panel Study of Income Dynamics），在 1983 年到 1992 年間，所有受雇者中有 9% 會在某個階段選擇較低的收入、追求放慢生活的節奏；R. E. Dwyer, 'Downward Earnings Mobility after Voluntary Employer Exits', in: Work and Occupations 31, no. 1, 2004: 111–39. **38.** Daniel Kahneman, Ed Diener & Norbert Schwarz, eds., Well-Being: The Foundations of Hedonic Psychology (New York, 1999); Richard Layard, Happiness: Lessons from a New Science (New York, 2005); and Luigino Bruni & Pier Luigi Porta, eds., Economics and Happiness: Framing the Analysis (New York, 2006). 當然，幸福延伸至超越行為經濟學的範疇之外；有關其他方法，參見：Dieter Thomä, Christoph Henning & Olivia Mitscherlich-Schönherr, eds., Glück: Ein interdisziplinäres Handbuch (Stuttgart, 2011). **39.** Richard Easterlin, 'Does Economic Growth Improve the Human Lot? Some Empirical Evidence', in: Nations and Households in Economic Growth: Essays in Honor of Moses Abramovitz, eds. Paul A. David & Melvin W. Reder (New York, 1974), 89–125. **40.** Compare M. R. Hagerty & R. Veenhoven, 'Wealth and Happiness Revisited: Growing National Income Does Go with Greater Happiness', in: Social Indicators Research 64, no. 1, 2003: 1–27; R. A. Easterlin, 'Feeding the Illusion of Growth and Happiness: A Reply to Hagerty and Veenhoven', in: Social Indicators Research 74, no. 3, 2005: 429–43; R. Veenhoven & M. Hagerty, 'Rising Happiness in Nations, 1946–2004: A reply to Easterlin', in: Social Indicators Research 79, no. 3, 2006: 421–36; and Betsey Stevenson & Justin Wolfers, 'Subjective Well-being and Income: Is There Any Evidence of Satiation? ' in: American Economic Review 103, no. 3, 2013: 598–604. **41.** A. B. Krueger, D. Kahneman, C. Fischler, D. Schkade, N. Schwarz & A. A. Stone, 'Time Use and Subjective Well-being in France and the US', in: Social Indicators Research 93, no. 1, 2009: 7–18. 他們極其詳盡而徹底地討論他們的方法：'National Time Accounting: The Currency of Life', Working Paper no. 523 (April 2008), Industrial Relations Section, Princeton University, http://www.krueger.princeton.edu/data/ATUS/523alan.pdf. **42.** Tibor Scitovsky, The Joyless Economy: The Psychology of Human Satisfaction (New York, 1976). **43.** Ida Craven, 'Leisure', in: Encyclopaedia of the Social Sciences (New York, 1933; repr. 1949), IX–X, 402–6; Sebastian de Grazia, Of Time, Work and Leisure (New York, 1962); and

Bailey, Leisure and Class in Victorian England. 有關集體休閒與公司休閒，參見下一章。 **44.** Harry Elmer Barnes, The American Way of Life: Our Institutional Patterns and Social Problems (New York, 1942; 11th printing), 525. **45.** J. I. Gershuny & K. Fisher, 'Leisure in the UK across the 20th Century', in: Institute for Social and Economic Research Working Paper, no. 99-03, 1999. **46.** Stiglitz, Sen & Fitoussi, 'Measurement of Economic Performance and Social Progress', 126f. **47.** Lydia Lueb, Die Freizeit der Textilarbeiterinnen (Münster, 1927), tables 8, 10, 19, 22, 30, quoted at Part II, para. 11. **48.** Eurostat, How Europeans Spend Their Time: Everyday Life of Women and Men: Data 1998–2002 (Luxembourg, 2004). **49.** Olivier Donnat, Les Pratiques Culturelles des Français: Enquete 1997 (Paris, 1998), 45. Jonathan Gershuny, 'What Do We Do in Post-industrial Society? The Nature of Work and Leisure Time in the 21st Century', Working Paper no. 2005-7: Institute for Social and Economic Research, 2005), table 1; Jukka Gronow & Dale Southerton, 'Leisure and Consumption in Europe', in: Handbook of European Societies, eds. Goran Therborn & Stefen Immerfell (New York, 2010), 355–84. **50.** 在北歐國家稍有延遲，http://tilastokeskus.fi/til/akay/2009/05/akay_2009_05_2011-12-15_tie_001_en.html. See also: Statistisches Bundesamt, Alltag in Deutschland, 2004. **51.** 英國每天 35 分鐘（相較於上班或學習 24 分鐘），德國與挪威各 34 分鐘（相較於前者上班 21 分鐘，後者 24 分鐘）。只有匈牙利人在通勤工作上比在閒暇目的上多花了四分鐘。當然，並非所有的旅行都是開車或騎摩托車，但在西歐有 2/3，男性的比率又略高一些。Eurostat, How Europeans Spend Their Time, tables 8.6–8.8, 116–21. For coordination, see further: Dale Southerton, ' "Squeezing Time": Allocating Practices, Coordinating Networks and Scheduling Society', Time and Society 12, no. 1, 2003: 5–25; and Dale Southerton, 'Re-ordering Temporal Rhythms', in: Shove, Trentmann & Wilk, eds., Time, Consumption, and Everyday Life, ch. 3. **52.** J. P. Robinson & S. Martin, 'Changes in American Daily Life: 1965–2005', Social Indicators Research 93, no. 1, 2009: 47–56, fig. 2. **53.** Linder, The Harried Leisure Class, 1–3, 78. **54.** Olivier Donnat, 'Les Pratiques Culturelles des Français a l'ere numérique: Éléments de synthese 1997–2008', in: Culture études, 2009-5, 7. 2000 年時，歐洲的頭號讀者是芬蘭女性，她們每天閱讀 47 分鐘；法國女性每天只閱讀 23 分鐘；Eurostat, How Europeans Spend Their Time, 92. **55.** Quoted in Gerald Straka, Thomas Fabian & Joerg Will, Medien im Alltag älterer Menschen (Düsseldorf, 1989), 164. **56.** 荷蘭研究人員已經發現從大量消耗時間型休閒到大量消耗商品型休閒的這項轉變，但他們的實際數據比這更為含糊而有趣。在 1975 年至 2005 年間，社交聯繫的時間減少了三個多小時。另一方面，運動卻增加了一個多小時，雖然荷蘭成年人在有償和無償工作上多花了四個小時；Breedveld, Broek, Haan, Harms, Huysmans & Ingen, Tijd Als Spiegel, 52f. 關於美國，Robinson & Godbey, Time for Life, 268f. For Britain: J. Gershuny & K. Fisher, 'Leisure', in: Twentieth-century British Social Trends, eds. A. H. Halsey & J. Webb (Basingstoke, 2000), ch. 18. 關於德國，比較 1972 年的數據資料：Kaspar Maase, Lebensweise der Lohnarbeiter in der Freizeit (Frankfurt am Main, 1984), 76, with Eurostat, How Europeans Spend Their Time, 84–7. 關於用餐時間：Familienbericht, Familie zwischen Flexibilität und Verlässlichkeit, 212; and Cheng, Olsen, Southerton & Warde, 'Changing Practice of Eating'. **57.** Vera Mendel & Francis Meynell, The Week-end Book (London, 1931), xiv, xv, 267, 441, 452, 原文的重點。 **58.** Francis Meynell, The Week-end Book (London, 1955), 468–70. **59.** Francis Meynell, The Week-end Book (London, 2006). **60.** John P. Robinson & Geoffrey C. Godbey, 'United States of America: Time-use and Cultural Activities', in: G. Cushman, A. J. Veal & J. Zuzanek, Free Time and Leisure Participation: International Perspectives (Wallingford, 2005), 277. **61.** Donnat, 'Les Pratiques Culturelles des Français a l'ere numérique ', 10; http://www.pratiquesculturelles.culture.gouv.fr/doc/evolution73-08/T7-PRATIQUES-MUSICALES-EN-AMATEUR.pdf http://www.pratiquesculturelles.culture.gouv.fr/doc/evolution73-08/T8-PRATIQUES-ARTISTIQUES.pdf. **62.** 1960 年羅馬奧運會期間，1/30 的義大利人會做些運動；2005 年時，已有 1/3。ISTAT, 'Lo sport che cambia ', Argomenti 29, 2005, 17–19. 在法國，33% 的人至少一年一次會去參觀博物館與展覽；2008 年時，這個數字成長至 37%；http://www.pratiquesculturelles.culture.gouv.fr/doc/evolution73-08/T17-FREQUENTATION-MUSEE-EXPOSITION.pdf. 關於紐西蘭，參見 the chapter by Sue Walker, Mary Donn & Allan Laidler, in: Cushman, Veal & Zuzanek, Free Time and Leisure Participation , ch. 12; 關於美國的趨勢，參見

W. B. Beyers, 'Cultural and Recreational Industries in the United States', in: The Service Industries Journal 28, no. 3, 2008: 375–91. **63.** Bohdan Jung, 'Poland', in: Cushman, Veal & Zuzanek, Free Time and Leisure Participation, ch. 13. **64.** Mihaly Csikszentmihalyi & Eugene Rochberg-Halton, The Meaning of Things: Domestic Symbols and the Self (Cambridge, 1981); and Miller, The Comfort of Things. **65.** 參見上文 231-3 頁。 **66.** Elizabeth Shove, Matthew Watson, Martin Hand & Jack Ingram, The Design of Everyday Life (Oxford, 2007). See also: Alan Warde, 'Consumption and Theories of Practice', in: Journal of Consumer Culture 5, no. 2, 2005: 131–53. **67.** 參見上文 264-6頁。 **68.** M. Bianchi, ed., The Active Consumer: Novelty and Surprise in Consumer Choice (London, 1998); and M. Bianchi, 'Time and Preferences in Cultural Consumption', in: Value and Valuation in Art and Culture,, eds. M. Hutter & D. Throsby (Cambridge, 2007). **69.** M. Bittman, J. E. Brown & Wajcman, 'The mobile phone, perpetual contact and time pressure', Work, Employment & Society 23, no. 4, 2009: 673-691; 作者承認，行動通訊可能加劇了工作的壓力，另可參見 J. Wajcman, E. Rose, J. E. Brown, & M. Bittman, 'Enacting Virtual Connections between Work and Home', in: Journal of Sociology 46, no. 3, 2010: 257–75; and Nelly Oudshoorn & Trevor Pinch, eds., How Users Matter: The Co-construction of Users and Technology (Cambridge, MA, 2003). **70.** Leopoldina Fortunati & Sakari Taipale, 'The Advanced Use of Mobile Phones in Five European Countries', in: British Journal of Sociology 65, no. 2, 2014: 317–37. **71.** Emily Rose, 'Access Denied: Employee Control of Personal Communications at Work', in: Work, Employment and Society 27, no. 4, 2013: 694–710. **72.** 根據 2006 年所進行的研究，美國有 10% 的線上遊戲發生在工作時間之中；D. Deal, 'Time for play – An Exploratory Analysis of the Changing Consumption Contexts of Digital Games', in: The Electronic International Journal of Time-use Research 5, no. 1, 2008. **73.** Olivier Donnat, Les Pratiques Culturelles des Français a l'ere numérique: Enquete 2008 (Paris, 2009), 193–7. **74.** See photokina 2012, Trends in the Photo and Imaging Market, http://www.prophoto-online.de/img/ftp/broschueren/Trends-in-the-photo-and-imaging-market-photokina-2012.pdf; see also: http://mashable.com/2012/11/17/photography/. **75.** C. Wingerter, 'Time Spent by the Population in Germany on Cultural Activities', Wirtschaft und Statistik, no. 4, 2005: 318–326. **76.** 分別是 16% 與 7%，參見 http://www.pratiquesculturelles.culture.gouv.fr/doc/evolution73-08/T7-PRATIQUES-MUSICALES-EN-AMATEUR.pdf. 我們在此只能注意到，相較於戲院與流行音樂場合日漸成長的出席率，法國勞工在過去的 1/4 個世紀中已逃離了交響樂的大廳；參見 http://www.pratiquesculturelles.culture.gouv.fr/doc/evolution73-08/T15-FREQUENTATION-CONCERT-R%20J.pdf. 關於美國，參見 Steven Brint & Kristopher Proctor, 'Middle-class Respectability in 21st-century America: Work and Lifestyle in the Professional–Managerial Stratum', in: Thrift and Thriving in America: Capitalism and Moral Order from the Puritans to the Present, eds. Joshua Yates & James Davison Hunter (Oxford, 2011), ch. 19. **77.** R. Nave-Herz and B. Nauck, Familie und Freizeit (Munich, 1978), tables 24 and 28. **78.** Sue Walker, Mary Donn & Allan Laidler, 'New Zealand', in: Cushman, Veal & Zuzanek, Free Time and Leisure Participation, 183f. **79.** Statistics New Zealand, '2002 Cultural Experiences Survey', in: Key Statistics, Oct. 2003, 9–11. **80.** Georgios Papastefanou & Ewa Jarosz, 'Complexity of Leisure Activities over the Weekend: Socio-economic Status Differentiation and Effects on Satisfaction with Personal Leisure', GESIS Working Paper 2012-26. Cologne, Germany: GESIS – Leibniz-Institut für Sozialwissenschaften, (2012). **81.** Donnat, Pratiques Culturelles des Français: Enquete 1997, 101–3. **82.** Chenu & Herpin, 'Une pause dans aa marche vers la civilisation des loisirs?' , 35; the official 1997 inquiry gives even higher viewing times for those without diploma or Bac; Donnat, Pratiques Culturelles des Français: Enquete 1997, 77. **83.** Michael Bittman & Judy Wajcman, 'The Rush Hour: The Character of Leisure Time and Gender Equity', in: Social Forces 79, no. 1, 2000: 165–95. **84.** Statistisches Bundesamt, Alltag in Deutschland, 110. **85.** Nicky Le Feuvre, 'Leisure, Work and Gender: A Sociological Study of Women's Time in France', in: Time & Society 3, no. 2, 1994: 151–78, quoted at 171, 173. **86.** International Institute of Not Doing Much, http://slowdownnow.org/. **87.** Reinhard Rudat, Freizeitmöglichkeiten von Nacht-, Schicht-, Sonn-und Feiertagsarbeitern (Stuttgart, 1978); and Voluntary Simplicity: Toward a Way of Life that is Outwardly Simple, Inwardly Rich, Duane Elgin (ed.) (Fort Mill, SC, 1993). **88.** Jean Viard, Le Sacre du temps libre: La Société des 35 heures (La Tour d'Aigues, 2004), esp. 148–55. **89.** Manuel Castells, The Rise of the Network Society (Oxford, 2000, 2nd edn) Vol. I, , ch. 7. **90.** 'Habit' (1892), repr. in Robert Richardson, ed., The Heart of William James (Cambridge, MA, 2010), 110. **91.** Orvar Löfgren, 'Excessive Living', Culture and Organization 2007, no. 13, 2007: 131–43, 136. **92.** Martin, Leisure and Society in Colonial Brazzaville. **93.** Brigitte Steger & Lodewijk Brunt, 'Introduction: Into the Night and the World of Sleep', in: Night-time and Sleep in Asia and the West, Brigitte Steger &Lodewijk Brunt (eds.) (London, 2003), 1–23. **94.** China National Bureau of Statistics, 'Summary on 2008 Time-use Survey, transl. Henry Lee for the Australian Time-use Research Group', 2008. 平均來説，中國人的睡眠時間比日本人多一個小時，比英國人多一天又 40 分鐘。數據資料也顯示出他們在社交互動上花費的時間較少。只有大約 10% 的希臘人、義大利人，以及法國人會午睡，在北歐，這個比率甚至更低；參見 HETUS: https://www.h2.scb.se/tus/tus/AreaGraphCID.html; Wilse B. Webb & David F. Dinges, 'Cultural Perspectives on Napping and the Siesta', in: Sleep and Alertness: Chronobiological, Behavioral and Medical Aspects of Napping, eds. David F. Dinges & Roger J. Broughton, (New York, 1989), 247-265. **95.** Murasaki Shikibu, The Tale of Genji (Penguin, 2003 edn), 443, 446. **96.** S. Linhart, 'From Industrial to Post-industrial Society: Changes in Japanese Leisure-related Values and Behavior', Journal of Japanese Studies 14, no. 2, 1988: 271–307. **97.** The Economist, 27 Sept. 2014, 68. **98.** Sepp Linhart& Sabine Frühstück, eds., The Culture of Japan as Seen through Its Leisure (Albany, 1998); and Joy Hendry & Massimo Raveri, Japan at Play: The Ludic and the Logic of Power (London, 2002). **99.** Levine, A Geography of Time, 145; Robinson & Godbey, Time for Life, 268. **100.** 並不是只有美國人如此。在斯堪地那維亞國家中，人們也會在一天中的任何時候用餐；參見 the HETUS graphs 'how time is used during the day': https://www.h2.scb.se/tus/tus/AreaGraphCID.html. 據我所知，很遺憾沒有任何比較性的研究可以用來測試零食文化與騷動掠奪之間的關係。 **101.** Mass Observation, Meet Yourself on Sunday (London, 1949), 9f. **102.** See the fascinating study by Eviatar Zerubavel, The Seven-day Circle: The History and Meaning of the Week (Chicago and London, 1985). **103.** Mass Observation, Meet Yourself on Sunday, quoted at 22, 57. **104.** 1857, quoted in Rosemary Bromley & Robert J. Bromley, 'The Debate on Sunday Markets in Nineteenth-century Ecuador', in: Journal of Latin American Studies 7, no. 1, 1975: 85–108, at 98. **105.** John Wigley, The Rise and Fall of the Victorian Sunday (Manchester, 1980); and Brian Harrison, 'The Sunday Trading Riots of 1855', in: Historical Journal 8, 1965: 219–45. **106.** J. A. Kay, C. N. Morris, S. M. Jaffer & S. A. Meadowcroft, 'The Regulation of Retail Trading Hours' (London: Institute for Fiscal Studies, 1984) ; Douglas A. Reid, ' "Mass Leisure' in Britain', in: Twentieth-century Mass Society in Britain and the Netherlands, eds. Bob Moore & Hen van Nierop, (Oxford, 2006), 132–59. Uwe Spiekermann, 'Freier Konsum und soziale Verantwortung zur Geschichte des Ladenschlusses in Deutschland im 19. und 20. Jahrhundert ', Zeitschrift für Unternehmensgeschichte 49, no. 1, 2004: 26–44. **107.** 上述內容考慮到 2009 年的芬蘭法律，該法延伸了 1994 年的自由化；Helsingin Sanomat, 19 Nov. 2009. 至今（2017 年），蘇格蘭對週日購物並沒有任何的法律限制，然而它的確禁止商店強迫員工在週日工作。有關將營業時間下放到當地社區的最新參考資訊，參見 https://www.gov.uk/government/uploads/system/uploads/attachment_data/file/498773/bis-16-2-sunday-trading-government-response.pdf. 有關這種情況在 2006 年的廣泛綜述，參見 John Hargreaves, Brian Williamson, Justine Bond & Helen Lay, 'The Economic Costs and Benefits of Easing Sunday Shopping Restrictions on Large Stores in England and Wales: A Report for the Department of Trade and Industry' (May 2006). **108.** David N. Laband & Deborah Hendry Heinbuch, Blue Laws: The History, Economics and Politics of Sunday-closing Laws (Lexington, MA, 1987); and M. Skuterud, 'The Impact of Sunday Shopping on Employment and Hours of Work in the Retail Industry: Evidence from Canada', in: European Economic Review 49, no. 8, 2005: 1953–78. **109.** P. Richter, 'Seven Days' Trading Make One Weak? The Sunday Trading Issue as an Index of Secularization', in: British Journal of Sociology, 1994: 333–48. **110.** 22 Jan. 1993, Michael Stern, House of Commons, col. 638, http://www.publications.parliament.uk/pa/cm199293/cmhansrd/1993-01-22/Debate-3.html. **111.** R.

Halsall, 'Ladenschluss revisited: Will Germany Learn to Love Shopping on a Sunday?' in: Debatte 9, no. 2, 2001: 188–209, quoted at 202. *112.* 1994 年，瑞典的女性就業率為 68％，英國為 61％，芬蘭為 59％，而義大利為 35％，法國為 51％，德國為 55％。有關略微修訂與最新數據，參見 table tsiem020 in http://ec.europa.eu/eurostat/web/lfs/data/main-tables and http://ec.europa.eu/eurostat/tgm/table.do?tab=table&init=1&language=en&pcode=t2020_10&plugin=1. 進一步參見：Imelda Maher, 'The New Sunday: Reregulating Sunday Trading', in: The Modern Law Review 58, no. 1, 1995: 72–86; and J. Price & B. Yandle, 'Labor markets and Sunday Closing Laws', in: Journal of Labor Research 8, no. 4, 1987: 407–14. 西班牙的經驗則截然不同。在佛朗哥之後，主要的旅遊與商業開始發展，早期的娛樂消遣緊跟著這些發展的腳步。 *113.* N. Wrigley, C. Guy & R. Dunn, 'Sunday and Late-night Shopping in a British City: Evidence from the Cardiff Consumer Panel', Area 16, no. 3, 1984: 236–40. *114.* Hargreaves et al., 'Costs and Benefits of Easing Sunday Shopping Restrictions'. *115.* J. P. Jacobsen & P. Kooreman, 'Timing Constraints and the Allocation of Time: The Effects of Changing Shopping Hours Regulations in the Netherlands', in: European Economic Review 49, no. 1, 2005: 9–27. 在英國，週日開放營業之後的十年中，單身父母的就業率從 42% 增加到 56%，而 10% 的週日工作者都是在零售業工作。 *116.* Mass Observation, Meet Yourself on Sunday (London, 1949), 57. *117.* Eurostat newsrelease, 147/2013, 15 Oct. 2013; Price Waterhouse Cooper, Annual Global Total Retail Consumer Survey, Feb. 2015, at: http://www.pwc.com/gx/en/retail-consumer/retail-consumer-publications/global-multi-channel-consumer-survey/assets/pdf/total-retail-2015.pdf; Centre for Retail Research, Online Retailing: Britain, Europe, US and Canada 2015: http://www.retailresearch.org/onlineretailing.php. *118.* Thomas Rudolph et al., Der Schweizer Online-Handel: Internetnutzung Schweiz 2015 (St Gallen, 2015).

第十一章

1. Compass, 'The Commercialization of Childhood' (London, 2006); Juliet Schor, Born to Buy: The Commercialized Child and the New Consumer Culture (New York, 2004); Ed Mayo & Agnes Nairn, Consumer Kids: How Big Business is Grooming Our Children for Profit (London, 2009), 包括有關組織的清單；Victoria Carrington, ' "I'm in a Bad Mood. Let's Go Shopping": Interactive Dolls, Consumer Culture and a "glocalized" Model of Literacy', in: Journal of Early Childhood Literacy 3, no. 1, 2003, 83–98; Sue Palmer, Toxic Childhood: How the Modern World is Damaging Our Children and What We Can Do about It (London, 2006); and David Buckingham, After the Death of Childhood: Growing up in the Age of Electronic Media (Oxford, 2000). 比較：Stephen Kline, Out of the Garden: Toys, TV, and Children's Culture in the Age of Marketing (London, 1993). *2.* James McNeal, The Kids Market: Myths and Realites (Ithaca, NY, 1999); Mayo & Nairn, Consumer Kids, 5–18. *3.* Linda A. Pollock, Forgotten Children: Parent–Child Relations from 1500 to 1900 (Cambridge, 1983). For the older view, see Philippe Aries, Centuries of Childhood (London, 1962); and Lawrence Stone, The Family, Sex and Marriage in England, 1500–1800 (London, 1977). *4.* Daniel Thomas Cook, The Commodification of Childhood: The Children's Clothing Industry and the Rise of the Child Consumer (Durham and London, 2004); see here appendix, fig. 4, 有關嬰兒與幼兒商店數量。 *5.* Children's Charter (1931), full text at http://www.presidency.ucsb.edu/ws/?pid=22593. *6.* Quoted in Cook, Commodification of Childhood, 80, and 75–80 有關年齡劃分。 *7.* White House Conference on Child Health and Protection (1929), Section Three: Education and Training, 39. 全文：http://www23.us.archive.org/stream/homechildsection00fjke/homechildsection00fjke_djvu.txt. *8.* Viviana A. Zelizer, Pricing the Priceless Child: The Changing Social Value of Children (New York, 1985). *9.* Alice Cora Brill & Mary Pardee Youtz, Your Child and His Parents (New York, 1932), quoted at 301, 感謝桑德拉·馬斯（Sandra Maß）為我指出這項研究。 *10.* Lisa Jacobson, Raising Consumers: Children and the American Mass Market in the Early Twentieth Century (New York, 2004); and Lisa Jacobson, Children and Consumer Culture in

American Society: A Historical Handbook and Guide (Westport, CT, 2008). *11.* D. Hamlin, 'The Structures of Toy Consumption: Bourgeois Domesticity and Demand for Toys in Nineteenth-century Germany', in: Journal of Social History 36, no. 4, 2003: 857–69. 有關較早的時期，參見 J. H. Plumb, 'The New World of Children in Eighteenth-century England', in: Past and Present 67, no.1, 1975: 64–95. *12.* G. Cross & G. Smits, 'Japan, the US and the Globalization of Children's Consumer Culture', in: Journal of Social History, 2005: 873–90; Gary Cross, Kids' Stuff: Toys and the Changing World of American Childhood (Cambridge, MA, 1997). *13.* Report of the APA Task Force on Advertising and Children, Section: Psychological Issues in the Increasing Commercialization of Childhood, 20 February 2004. *14.* Sonia Livingstone, 'Assessing the Research Base for the Policy Debate over the Effects of Food Advertising to Children', in: International Journal of Advertising 24, no. 3, 2005: 273–96. *15.* Barrie Gunter & Adrian Furnham, Children as Consumers: A Psychological Analysis of the Young People's Market (London, 1998), esp. chs. 5–6. D. R. John, 'Consumer Socialization of Children: A Retrospective Look at Twenty-five Years of Research', in: Journal of Consumer Research 26, no. 3, 1999: 183–213. *16.* Marvin E. Goldberg, 'A Quasi-experiment Assessing the Effectiveness of TV Advertising Directed to Children', in: Journal of Marketing Research 27, no. 4, 1990: 445–54. 比較：Gunter & Furnham, Children as Consumers, 151–4. *17.* 特別參見 Viviana Zelizer, 'Kids and Commerce', Childhood 9, no. 4, 2002: 375–96; Lydia Martens, Dale Southerton & Sue Scott, 'Bringing Children (and Parents) into the Sociology of Consumption: Towards a Theoretical and Empirical Agenda', in: Journal of Consumer Culture 4, no. 2, 2004: 155–82. *18.* S. L. Hofferth & J. F. Sandberg, 'How American Children Spend Their Time', in: Journal of Marriage and Family 63, no. 2, 2001: 295–308. *19.* McNeal, Kids Market, 69–71. 'The Longitudinal Study of Young People in England (Next Steps) Summary Report of Wave 1' (2004). *20.* Elmar Lange & Karin R. Fries, Jugend und Geld 2005 (Münster, 2006), 'finanzwirtschaftlich rationales Konsumverhalten'. *21.* Elizabeth M. Chin, Purchasing Power: Black Kids and American Consumer Culture (Minneapolis, MN, 2001), esp. 82–5, 126, 161–2. *22.* The following draws on Mizuko Ito, 'Play in an Age of Digital Media: Children's Engagements with the Japanimation Media Mix', in: Abe Seminar Paper, 2002; and M. Ito, 'Mobilizing the Imagination in Everyday Play: The Case of Japanese Media Mixes', in: International Handbook of Children, Media and Culture, eds. Kirsten Drotner & Sonia Livingstone (Thousand Oaks, CA, 2008), 397–412. *23.* 參見以上 266–7 頁的討論。 *24.* J. U. McNeal & C. H. Yeh, 'Taiwanese Children as Consumers', in: European Journal of Marketing 24, no. 10, 1990: 32–43. *25.* Lange & Fries, Jugend und Geld 2005; 'an der kurzen Leine'. *26.* 來自食物日記的蒐集：Bernadine Chee in Jun Jing, ed., Feeding China's Little Emperors: Food, Children and Social Change (Stanford, CA, 2000), appendix, 215. *27.* Jing, ed., Feeding China's Little Emperors, esp. the chapter by Bernadine Chee, 'Eating Snacks and Biting Pressure', 48–70. Deborah Davis & Julia Sensenbrenner, 'Commercializing Childhood', in: Davis, ed., The Consumer Revolution in Urban China, 54–79. *28.* Stanley C. Hollander & Richard Germain, Was There a Pepsi Generation before Pepsi Discovered It? Youth-based Segmentation in Marketing (Lincolnwood, IL, 1993), esp. 13–48, quoted at 64. *29.* Hollander & Germain, Pepsi Generation, 15. *30.* William C. Beyer, Rebekah P. David & Myra Thwing, 'Workingmen's Standard of Living in Philadelphia: A Report by the Bureau of Municipal Research of Philadelphia, NY, 1919: 67. *31.* 參見上文 310–14 頁。 *32.* B. Soland, 'Employment and Enjoyment: Female Coming-of-age Experiences in Denmark, 1880s–1930s': in Mary Jo Maynes, Birgitte Soland & Christina Benninghaus, eds., Secret Gardens, Satanic Mills: Placing Girls in European History, 1750–1960 (Bloomington, IN, 2005), 254–68. *33.* Richard Ivan Jobs, Riding the New Wave: Youth and the Rejuvenation of France after the Second World (Stanford, CA, 2007), 'la fée du logis', 80, and 106–12 for the following. *34.* 參見上述 313 頁，以及 Dorothea-Luise Scharmann, Konsumverhalten von Jugendlichen (Munich, 1965); Friedhelm Neidhardt, Die Junge Generation, issue 6 (Opladen, 1970, 3rd rev. edn). *35.* Richard Hoggart, The Uses of Literacy, (1957), ch. 7. *36.* Rhona Rapoport &Robert N. Rapoport, Leisure and the Family Life Cycle (London, 1975), quoted at 108. *37.* August B. Hollingshead, Elmtown's Youth and Elmtown Revisited (New York, 1975), quoted at 375. Hollingshead, Elmtown's Youth: The Impact of Social Classes on Adolescents. **38.** Yuniya Kawamura, 'Japanese Teens as Producers of Street Fashion', Current Sociology 54, no. 5, 2006: 784–801. **39.** G. C. Hoyt, 'The Life of the Retired in a Trailer Park', in: American Journal of Sociology, 1954: 361–70. **40.** David I. Kertzer & Peter Laslett, Aging in the Past: Demography, Society and Old Age (Berkeley, CA, 1995); Paul Johnson & Pat Thane, eds., Old Age from Antiquity to Post-modernity (London, 1998); Fünfter Bericht zur Lage der älteren Generation in der Bundesrepublik Deutschland: Potenziale des Alters in Wirtschaft und Gesellschaft, Berlin, Aug. 2005: 35. **41.** Dora L. Costa, The Evolution of Retirement: An American Economic History 1880–1990 (Chicago, 1998). **42.** Costa, 'The Evolution of Retirement: Summary of a Research Project', at 234. **43.** Recreation, May 1952: 99. **44.** William Graebner, History of Retirement: The Meaning and Function of an American Institution 1885–1978 (New Haven, CN, 1980). **45.** W. Andrew Achenbaum, Shades of Grey (Boston, 1983); and W. Andrew Achenbaum, Old Age in the New Land: The American Experience since 1790 (Baltimore, MD, 1978). **46.** Granville Stanley Hall, Senescence: The Last Half of Life (New York, 1922), quoted at xi, 376–8. **47.** Elmer E. Ferris, Who Says Old! (New York, 1933). **48.** Robert James Havighurst & Ruth Albrecht, Older People (New York, 1953), v. **49.** Havighurst & Albrecht, Older People, 130; 他們的作品顯示了大衛‧里斯曼對休閒的重新評估所帶來的明顯影響。 **50.** Havighurst & Albrecht, Older People, 141. **51.** Elaine Cumming & William E. Henry, Growing Old: The Process of Disengagement (New York, 1961). Compare: Wilma Donahue, Harold L. Orbach & Otto Pollak, 'Retirement: The Emerging Social Pattern', in: Clark Tibbitts, ed., Handbook of Social Gerontology: Social Aspects of Aging (Chicago, IL, 1960), 330–406. Paul B. Baltes & Margret M. Baltes, Successful Aging: Perspectives from the Behavioral Sciences (Cambridge, MA, 1990). **52.** Oskar Schulze, 'Recreation for the Aged', in: Journal of Gerontology, IV (1949), 312. **53.** Harry A. Levine, 'Community Programs for the Elderly', in: Annals of the American Academy of Political and Social Science 279, 1952: 164–70, quoted at 164 & 169; and Arthur Williams, Recreation for the Aging (New York, 1953). 一個早期的 3/4 世紀俱樂部（Three-quarter-century Club）在 1932 年成立於紐約市。我很感謝凡妮莎‧泰勒（Vanessa Taylor）的參考書目。 **54.** 關於杜威，參見上文 288–9 頁。 **55.** US Federal Security Agency, Man and His Years. An Account of the First National Conference on the Aging, (Raleigh, North Carolina, 1951), quoted at 1, 43, 181, 199. **56.** Geriatrics, 6 (1951), 314–18. 對於這個時期的這項與其他材料，我找到了極為寶貴的 Nathan Wetheril Shock, A Classified Bibliography of Gerontology and Geriatrics. Supplement 1, 1949–1955 (Stanford, CA, 1957), nos. 15037–17250. **57.** 'Recreation for the Aged', in: The American Journal of Nursing, 55/8 (Aug. 1955), 976–8. **58.** M. Zahrobsky, 'Recreation Programs in Homes for the Aged in Cook County, Illinois', in: The Social Service Review 24, no. 1, 1950: 41–50, quoted at 47. **59.** Felisa Bracken, 'Senior Citizens Go Camping', in: Nursing Outlook, 2/7 (July 1954), quoted at 362. **60.** Ellinor I. Black & Doris B. Bead, Old People's Welfare on Merseyside (Liverpool, 1947), 40–6. **61.** Havighurst, in Ernest Watson Burgess, ed., Aging in Western Societies (Chicago, IL, 1960), 351. **62.** Dr Robert van Zonneveld, of the National Health Research Council, in: Burgess, ed., Aging in Western Societies, 447. **63.** Havighurst, in Burgess, ed., Aging in Western Societies, quoted at 321. **64.** Paul Richard Thompson, Catherine Itzin & Michele Abendstern, I Don't Feel Old: The Experience of Later Life (Oxford, 1990). **65.** J. Smith et al. 'Wohlbefinden im hohen Alter ', in: Karl U. Mayer & Paul B. Baltes, eds., Die Berliner Altersstudie (Berlin, 1996), 497–524, table 4 (p. 532). 70–84 歲的人中有 43% 從事體育運動，85 歲以後則降至 12% 的水平。 **66.** Joëlle Gaymu & Christiane Delbes, La Retraite quinze ans après (Cahier no. 154 de INED) (Paris, 2003), 95. **67.** Fünfter Bericht zur Lage der älteren Generation in der Bundesrepublik Deutschland, 35ff. See also: Jay Ginn & Janet Fast, 'Employment and Social Integration in Midlife: Preferred and Actual Time Use across Welfare Regime Types', Research on Aging 28, no. 6, 2006: 669–90. **68.** M. Cirkel, V. Gerling & J. Hilbert, 'Silbermarkt Japan' in: Institut Arbeit und Technik, Jahrbuch 2001/2, 73–91. **69.** Bundesarchiv Koblenz, B 189/21915, 'Taschengeld, 1965–82 ': 'Resolution' of the Councils of Old-age Homes, Aachen, to Antje Huber,

11 Feb. 1982; Herr Radtke (Arbeiterwohlfahrt, Essen) to Huber, 10 Feb. 1982; 標題出現在 1982 年 2 月 22 日的《每日快報》（Express）上。 **70.** Bernard Casey & Atsuhiro Yamada, 'Getting Older, Getting Poorer? A Study of the Earnings, Pensions, Assets and Living Arrangements of Older People in Nine Countries' (Paris: Organization for Economic Co-operation and Development, 2002), table 2.4. **71.** National Council of Social Service, Over Seventy: Report of an Investigation into the Social and Economic Circumstances of One Hundred People of over Seventy Years of Age (London 1954), 54. **72.** Peter Townsend, The Last Refuge: A Survey of Residential Institutions and Homes for the Aged in England and Wales (London, 1962), 244. **73.** See Ian Rees Jones, Paul Higgs & David J. Ekerdt, eds., Consumption and Generational Change (New Brunswick, NJ, 2009), esp. ch. 6 by Martin Hyde & colleagues and ch. 7 by Fanny Bugeja. **74.** J. Vogel, 'Ageing and Living Conditions of the Elderly: Sweden 1980–1998', Social Indicators Research 59, no. 1, 2004: 1–34. **75.** Jones, Higgs & Ekerdt, eds., Consumption and Generational Change, ch. 6. **76.** S. Ottaway, 'Providing for the Elderly in Eighteenth-century England', Continuity and Change 13, 1998: 391–418. **77.** J. K. Wing & G. W. Brown, 'Social Treatment of Chronic Schizophrenia: 三家精神病院的比較調查： The British Journal of Psychiatry 107, no. 450, 1961: 847–61. **78.** 上述引自 Gail Mountain & Peter Bowie, 'Possessions Owned by Long-stay Psychogeriatric Patients', in: International Journal of Geriatric Psychiatry 7, no. 4, 1992: 285–90, quoted at 290. **79.** 'How Active are They?', in: Recreation, May 1964, 228. **80.** 退休後從 13% 成長到 37%，Dean W. Morse & Susan H. Gray, Early Retirement – Boon or Bane: A Study of Three Large Corporations (Montclair, NJ, 1980). **81.** Max Kaplan, Leisure, Lifestyle and Lifespan: Perspectives for Gerontology (Philadelphia, PA, 1979), 84. **82.** Morse & Gray, Early Retirement, quoted at 59. See further: Dorothy Ayers Counts & David R. Counts, Over the Next Hill: An Ethnography of RVing Seniors in North America (Peterborough, NH, 1997). **83.** Fünfter Bericht zur Lage der älteren Generation in der Bundesrepublik Deutschland, 441. For Mallorca, see Armin Ganser, 'Zur Geschichte touristischer Produkte in der Bundesrepublik ', in: Goldstrand und Teutonengrill: Kultur-und Sozialgeschichte des Tourismus in Deutschland, 1945–1989, ed. Hasso Spode (Berlin, 1996), 185–200. **84.** 引自 Russell King, Tony Warnes & Allan Williams, Sunset Lives: British Retirement Migration to the Mediterranean (Oxford and New York, 2000), 85. 另可參見：Andrew Blaikie, Ageing and Popular Culture (New York, 1999), ch. 7. **85.** Thompson, Itzin & Abendstern, I Don't Feel Old, 247. **86.** Quoted in Marc Freedman, Prime Time: How Baby Boomers Will Revolutionize Retirement and Transform America (New York, 1999), 32. **87.** Kaplan, Leisure, Lifestyle and Lifespan: Perspectives for Gerontology, 101–4. **88.** 例如，參見奧地利阿爾卑斯山俱樂部（Austrian alpine club, OeAV）組織的年長者週，http://www.oeav-events.at/service/jahresprogramme/austria/2012/Inhalt/Aktiv-2012-web-18-21.pd. **89.** 人生由兒童及青少年期、職業及謀生期、退休期、依賴期等四個年齡期組成，第三年齡期即為退休期。 **90.** 英國歷史學家彼得‧拉斯萊特（Peter Laslett）是其中一位先驅；Peter Laslett, A Fresh Map of Life: The Emergence of the Third Age (London, 1989). **91.** Rylee Dionigi, 'Competitive Sport as Leisure in Later Life: Negotiations, Discourse and Aging', in: Leisure Sciences 28, no. 2, 2006: 181–96. **92.** 作者翻譯。 **93.** A Leibing, 'The Old Lady from Ipanema: Changing Notions of Old Age in Brazil', in: Journal of Aging Studies 19, no. 1, 2005: 15–31. Robert H. Binstock, Jennifer R. Fishman & Thomas E. Johnson, 'Anti-aging Medicine and Science', in: Robert H. Binstock & Linda K. George, eds., Handbook of Aging and the Social Sciences (Boston, MA, 2006, 6th edn), 436–55; James Harkin & Julia Huber, Eternal Youths: How the Baby Boomers are Having Their Time Again (London, 2004). **94.** John W. Traphagan, The Practice of Concern: Ritual, Well-Being and Aging in Rural Japan (Durham, NC, 2004). See also: John W. Traphagan, Taming Oblivion: Aging Bodies and the Fear of Senility in Japan (New York, 2000). **95.** 有關上述內容，參見 Vera Gerling & Harald Conrad 'Wirtschaftskraft Alter in Japan: Handlungsfelder und Strategien Expertise ', 一項為德國聯邦家庭事務、老年、婦女及青年部（German ministry of family, seniors, women and youth, BMFSFJ）所進行的研究調查，2002，http://www.ffg.uni-dortmund.de/medien/publikationen/Expertise%20Japanischer%20Silbermarkt.pdf. **96.** A. W. Achenbaum, Older Americans, Vital Communities: A Bold Vision for

Societal Aging (Baltimore, MD, 2005), 40–1. **97.** E. Gidlow, 'The Senior Market', in: Sales Management October, 1961: 35–9, 108–11; L. Morse, 'Old Folks: An Overlooked Market?', in: Duns Review and Modern Industry, 1964: 83–8. **98.** See George P. Moschis, The Maturing Marketplace: Buying Habits of Baby Boomers and Their Parents (Westport, CN, 2000). 有關 1970 年代的市場研究，參見 H. L. Meadow, S. C. Cosmas & A. Plotkin, 'The Elderly Consumer: Past, Present and Future', in: Advances in Consumer Research 8, no. 1, 1981: 742–7. **99.** Carole Haber 'Old Age through the Lens of Family History', in: Binstock & George, eds., Handbook of Aging and the Social Sciences, 41–75. **100.** Committee on Ageing Issues, Report on the Ageing Population 52 (Singapore, 2006); And A. Chan, 'Singapore's Changing Age Structures', in: Shripad Tuljapurkar, Ian Pool & Vipan Prachuabmoh, eds., Population, Resources and Development, Vol. I (Dordrecht, 2005), ch. 12. **101.** Ministry of Planning Government of India, National Sample Survey Organization, 'The Aged in India: A Socio-economic Profile: NSS 52nd Round (July 1995–June 1996); Report no. 446 (52/25.0/3)' (1998); and Kumudini Dandekar, The Elderly in India (London, 1996). **102.** Penny Vera-Sanso, 'They Don't Need It and I Can't Give It: Filial Support in South India', in: The Elderly without Children: European and Asian Perspectives, eds. P. Kreager E. Schoeder-Butterfill (Oxford, 2004), 76–105. **103.** John Van Willigen& N. K. Chadha, Social Aging in a Delhi Neighborhood (Westport, CN, 1999); Usha Bambawale, Ageing and the Economic Factor in Later Life', in: Indrani Chakravarty, Life in Twilight Years (Calcutta, 1997, 1st edn); and Ashish Bose & Mala Kapur Shankardass, Growing Old in India: Voices Reveal, Statistics Speak (Delhi, 2004). **104.** Zygmunt Bauman, Liquid Love: On the Frailty of Human Bonds (Cambridge, 2003), xii; and Bauman, Consuming Life. **105.** Claudine Attias-Donfut, ed., Les Solidarités entre générations: Vieillesse, familles, État (Paris, 1995). **106.** Neidhart, Die Junge Generation, 64: 'Die Familie ist heute kein typischer Ort harter and andauernder Generationskonflikte '. 關於倫敦，參見 Wilmott, Adolescent Boys of East London, 66–8. **107.** 對子女的援助從 60% 成長到 70%，對孫子女的援助從 50% 成長到 71%，參見 Robert H. Binstock & Ethel Shanas, eds., Handbook of Aging and the Social Sciences (New York, 1985), 322. **108.** M. Kohli, 'Private and Public Transfers between Generations: Linking the Family and the State', in: European societies 1, no. 1, 1999: 81–104. 本段進一步引自 Martin Kohli, 'Ageing and Justice', in: Binstock & George, eds., Handbook of Aging and the Social Sciences, 456–78; and Attias-Donfut, ed., Solidarités.

第十二章

1. Schwartz, The Paradox of Choice: Why More is Less. **2.** UK Audit Commission, 'Acute Hospital Portfolio: Review of National Findings' (2001): 220 million meals. 麥當勞當時在整個英國售出了七億份餐點。 **3.** Eugene C. McCreary, 'Social Welfare and Business: The Krupp Welfare Program, 1860–1914', in: The Business History Review 42, no. 1, 1968: 24–49. **4.** Wilfried Feldenkirchen, Siemens, 1918–1945 (Munich, 1995), 348–52. **5.** John Griffiths, ' "Give my Regards to Uncle Billy": The Rites and Rituals of Company Life at Lever Brothers, c.1900–c. 1990', in: Business History 37, no. 4, 1995: 25–45; and Charles Delheim, 'The Creation of a Company Culture: Cadburys,1861–1931', in: The American Historical Review 92, 1987: 13–46. **6.** 參見計算：Jakub Kastl & Lyndon Moore, 'Wily Welfare Capitalist: Werner von Siemens and the Pension Plan', in: Cliometrica, Journal of Historical Economics and Econometric History 4, no. 3, 2010: 321–48. **7.** Oliver J. Dinius & Angela Vergara, eds., Company Towns in the Americas: Landscape, Power, and Working-class Communities (Athens, GA, 2011); and Hardy Green, The Company Town (New York, 2010). **8.** Julie Greene, The Canal Builders: Making America's Empire at the Panama Canal (New York, 2009). **9.** Stuart Dean Brandes, American Welfare Capitalism, 1880–1940 (Chicago, 1976), 45. **10.** Linda Carlson, Company Towns of the Pacific Northwest (Seattle, 2003), 引自 51 頁，上述可參考第 8 章。 **11.** Margaret Crawford, Building the Workingman's Paradise:

The Design of American Company Towns (London, 1995), ch. 6. For Pullman, see Brandes, American Welfare Capitalism, 1880–1940, 16f. **12.** 引自 Jean-Louis Cohen, ' "Unser Kunde ist unser Herr": Le Corbusier trifft Bat'a ', in: Zlín. Modellstadt der Moderne, ed. Winfried Nerdinger (Berlin, 2009), 123, 作者翻譯。 **13.** Katrin Klingan, ed., A Utopia of Modernity: Zlín – Revisiting Bata's Functional City (Berlin, 2009). See also: http://batawa.ca/batawahistorys33.php; http://www.batamemories.org.uk/. **14.** 關於具有細微差別的討論：Crawford, Building the Workingman's Paradise. **15.** Robert F. Wheeler, 'Organized Sport and Organized Labour: The Workers' Sports Movement', in: Journal of Contemporary History 13, no. 2, 1978: 191–210; and Gerald R. Gems, 'Welfare Capitalism and Blue-collar Sport: The Legacy of Labour Unrest', in: Rethinking History 5, no. 1, 2001: 43–58. **16.** 關於寶獅汽車：P. Fridenson, 'Les Ouvriers de l'automobile et le sport ', Actes de la recherche en sciences sociales 79, no. 1, 1989: 50–62, 引自該書 53 頁，作者自行翻譯。關於德國：Hans Langenfeld in collaboration with Stefan Nielsen/Klaus Reinarz and Josef Santel, 'Sportangebot und – Nachfrage in grossstaedtischen Zentren Nordwestdeutschlands, 1848–1933, in: Reulecke, ed., Die Stadt als Dienstleistungszentrum, Adenauer quoted at 473, 作者自行翻譯。 **17.** 關於上述，參見 Brandes, American Welfare Capitalism, 1880– 1940 and 38 頁有關 1916 年的調查。 有關 1995 年的數據，參見 US Department of Housing and Urban Development, 'Public Housing: Image Versus Facts', at http://www.huduser.org/periodicals/ushmc/spring95/spring95.html . **18.** Leonard James Diehl, Floyd R. Eastwood & University Purdue, Industrial Recreation: Its Development and Present Status (Lafayette, IN, 1942), 20. **19.** Amartya Sen, Development as Freedom (Oxford, 1999); and Partha Dasgupta, An Inquiry into Well-being and Destitution (Oxford, 1993). **20.** Diehl, Eastwood & Purdue, Industrial Recreation, 52. 在 1960 年代，住在加拿大鐵路城鎮的居民比鄰近的小城鎮更忙於體育活動與志願服務：參見 Rex Archibald Lucas, Minetown, Milltown, Railtown: Life in Canadian Communities of Single Industry (Toronto, 1971), esp. 196. **21.** Arnold R. Alanen, Morgan Park: Duluth, US Steel and the Forging of a Company Town (Minneapolis, MN, 2007), ch. 7. **22.** Elizabeth Esch, 'Whitened and Enlightened: The Ford Motor Company and Racial Engineering in the Brazialin Amazon', in: Dinius & Vergara, eds., Company Towns, ch. 4, 為此以及下文。 **23.** Jackson Moore Anderson, Industrial Recreation: A Guide to Its Organization and Administration (New York, 1955), 125. **24.** Enrica Asquer, Storia intima dei ceti medi: Una capitale e una periferia nell'Italia del miracolo economico (Rome, 2011), 19. **25.** J. B. Priestley, English Journey (London, 1934), 95, 100. **26.** S. E. G. Imer of the Industrial Welfare Division, in 1959, quoted in: Nikola Balnave, 'Company-sponsored Recreation in Australia: 1890–1965', in: Labour History, no. 85, 2003: 129–51, at 137. **27.** Brandes, American Welfare Capitalism, 1880–1940. **28.** Anderson, Industrial Recreation, 63. **29.** Anderson, Industrial Recreation, 64–8, and p. 8 關於戰爭期間的聖誕節購物活動。 **30.** http://www.skibacs.org/; http://www.boeing.com/companyoffices/aboutus/recreation/puget.html. **31.** Elizabeth Fones-Wolf, 'Industrial Recreation, the Second World War and the Revival of Welfare Capitalism, 1934–1960', in: The Business History Review 60, no. 2, 1986: 232–57, 256. **32.** 有關林肯電鍍，參見美國人力資源管理協會（Society for Human Resource Management）的文章：http://www.shrm.org/hrdisciplines/benefits/Articles/Pages/CMS_013248.aspx; B. W. Simonson, 'Corporate Fitness Programs Pay Off', in: Vital Speeches of the Day 52, no. 18, 1986: 567–9; and Richard L. Pyle, 'Performance Measures for a Corporate Fitness Program', in: Human Resource Management 18, no. 3, 1979: 26–30. **33.** Buck Consultants, 'Working Well: A Global Survey of Health Promotion and Workplace Wellness Strategies' (2009). **34.** Assemblée Nationale, no. 2624, annexe no. 33, Jeunesse et sports, esp. section 4 c), at http://www.assemblee-nationale.fr/budget/plf2001/b2624-33.asp. See also: B. Barbusse, 'Sport et entreprise: des logiques convergentes?' in: L'Année sociologique 52, no. 2, 2002: 391–415. **35.** Walter Schmolz, 'Freizeit und Betrieb ' in: W. Nahrstedt, Freizeit in Schweden (Düsseldorf, 1975). **36.** E. Roos, S. Sarlio-Lähteenkorva & T. Lallukka, 'Having Lunch at a Staff Canteen is Associated with Recommended Food Habits', in: Public Health Nutrition 7, no. 01, 2004: 53–61; NPD Insight Report on away-from-home eating, Aug. 2003. 公司補貼的數字是 1993 年的數字，參見 John S. A. Edwards, 'Employee Feeding - an Overview', in: International Journal of Contemporary Hospitality Management 5, no. 4, 1993: 10–14. 關於法國，參見 the series of articles in Liberation, Oct. 2003. B. E. Mikkelsen, 'Are Traditional Foodservice Organizations Ready for Organizational Change? (A Case Study of Implementation of Environmental Management in a Work-place Canteen Facility)', in: Foodservice Research International 15, no. 2, 2004: 89–106; Marianne Ekström, Lotte Holm, Jukka Gronow, Unni Kjarnes, Thomas Lund, Johanna Mäkelä and Mari Niva, 'The Modernization of Nordic Eating', in: Anthropology of Food S7, 2012. 在丹麥，「上門送餐」（food on wheels）以及僅為老年人所提供的公共飲食，只占了整個食品業的 10%；參見 Instituttet for Fodevarestudier & Agroindustriel Udvikling-IFAU, 'Food service i Danmark 2007: Udvikling og tendenser I QSF markedet', (Hörsholm, DK: Instituttet for Fodevarestudier & Agroindustriel Udvikling-IFAU, 2007), 感謝勞動力市場和教育政策評估研究所（IFAU）的凱倫・哈曼（Karen Hamann）。有關山德士公司，參見 Jakob Tanner, Fabrikmahlzeit: Ernährungswissenschaft, Industriearbeit und Volksernährung in der Schweiz, 1890–1950 (Zürich, 1999), 193–5. **37.** http://www.entrez-basel.roche.ch/; http://www.avroche.ch/; http://www.avroche.ch/_verguenstigungen/discountlist.php?print=1; see the AVR newsletters nos. 55 (June 1997), no. 65 (Dec. 2002) and 66 (May 2003): http://www.avroche.ch/info-archiv/infos-archiv.php. For Boeing, see http://www.boeing.com/empinfo/discounts.html. **38.** Georges Mouradian, ed., L'Enfance des comités d'entreprise, de leur genese dans les conditions de la défaite de 1940 a leur enracinement dans les années 1950 (Roubaix, 1997). Direction de l'Animation de la Recherche des Études et des Statistiques (DARES) and Institut de Recherches Économiques et Sociales (IRES), Les Comités d'entreprise: Enquete sur les élus, les activités et les moyens (Paris, 1998); and Conseil National du Tourisme, 'Évolution des pratiques sociales des comités d'entreprise en matiere de vacances ' (Paris, 2010), http://www.tourisme.gouv.fr/cnt/publications/evolution-pratiques-sociales.pdf. **39.** 對此及以上：Conseil National du Tourisme, 'Évolution des comités d'entreprise '. See also: Le Nouvel Économiste.fr, 'Les Activités sociales et culturelles des CE – Crise de sens ', 26 Jan. 2012. **40.** http://www.bits-int.org/fr/; http://www.reka.ch/. **41.** Hasso Spode, 'Fordism, Mass Tourism and the Third Reich: The "Strength through Joy" Seaside Resort as an Index Fossil', in: Journal of Social History, 2004: 127–55; and Victoria De Grazia, The Culture of Consent: Mass Organization of Leisure in Fascist Italy (Cambridge, 2002). **42.** K. Nishikubo, 'Current Situation and Future Direction of Employee Benefits', in: Japan Labor Review 7, no. 1, 2010: 4–27; Toyota, sustainability report 2011, 'Approaches to Stakeholders: Relations with Employees'; and Tamie Matsuura, 'An Overview of Japanese Cafeteria Plans' (NLI Research Institute, 1998), http://www.nli-research.co.jp/english/socioeconomics/1998/li9803.html. **43.** Seung-Ho Kwon & Michael O'Donnell, The Chaebol and Labour in Korea: The Development of Management Strategy in Hyundai (London, 2001); and Jim Barry, Organization and Management: A Critical Text (London, 2000), 113–16. **44.** S. Kikeri, 'Privatization and Labour: What Happens to Workers When Governments Divest?' World Bank Technical paper 396 (1998), World Bank, Washington, DC. **45.** Quoted in Joseph Raphael Blasi, Maya Kroumova & Douglas Kruse, Kremlin Capitalism: The Privatization of the Russian Economy (Ithaca, NY, 1997), 112f. **46.** 根據一項針對404間中大型製造企業的調查；參見 Pertti Haaparanta et al., 'Firms and Public Service Provision in Russia', Bank of Finland, Institute for Economies in Transition, BOFIT Discussion paper no. 16 (2003), Helsinki. **47.** Michael Heller, 'Sport, Bureaucracies and London Clerks 1880–1939', in: The International Journal of the History of Sport 25, no. 5, 2008: 579–614. **48.** James E. Roberson, Japanese Working-class Lives: An Ethnographic Study of Factory Workers (London, 1998). 對工薪族的經典研究是 Ezra Feivel Vogel, Japan's New Middle Class: The Salary Man and His Family in a Tokyo Suburb (Berkeley, CA, 1963). **49.** Peter H. Lindert, Growing Public: Social Spending and Economic Growth since the Eighteenth Century (Cambridge, 2004). **50.** http://www.oecd.org/document/9/0,3746,en_2649_33933_38141385_1_1_1_1,00.html. **51.** PricewaterhouseCoopers, Significant and Ecofys, 'Collection of Statistical Information on Green Public Procurement in the EU' (2009), at http://ec.europa.eu/environment/gpp/pdf/statistical_information.pdf. NHS Sustainable Development Unit, 'England Carbon Emissions' (Jan. 2009), 4, at: http://www.sdu.nhs.uk/documents/publications/1232983829_VbmQ_nhs_england_carbon_emissions_carbon_footprint_mode.pdf. **52.** Seminal: P. A. Samuelson, 'The Pure Theory of Public Expenditure', in: The Review of Economics and Statistics 36, no. 4, 1954: 387–9. **53.** Eurostat, 'General Government Expenditure Trends 2005–10: EU Countries Compared', in: Statistics in Focus 42/2011. **54.** Stiglitz, Sen & Fitoussi, 'Measurement of Economic Performance and Social Progress', esp. 30–2, 89–90. **55.** Galbraith, The Affluent Society. **56.** See 'Social Expenditure – Aggregated Data' at OECD.StatExtracts: http://stats.oecd.org/Index.aspx?datasetcode=SOCX_AGG; W. Adema, P. Fron & M. Ladaique, 'Is the European Welfare State Really More Expensive?: Indicators on Social Spending, 1980–2012', OECD Social, Employment and Migration Working Papers, no. 124, 2011; http://www.oecd.org/els/ soc/OECD2014-Social-Expenditure-Update-Nov2014-8pages.pdf. **57.** (United States of America) Bureau of Economic Analysis/Department of Commerce, Tables on Government Consumption Expenditure and Personal Consumption Expenditure, at http://www.bea.gov/. **58.** See Robert Malcolm Campbell, Grand Illusions: The Politics of the Keynesian Experience in Canada, 1945– 1975 (Peterborough, Canada, 1987), 78–9; 感謝貝蒂娜‧麗芙倫特（Bettina Liverant）指點我這項 參考，現另可參見：Bettina Liverant, 'Strategic Austerity on the Canadian Home Front', in: Hartmut Berghoff, Jan Logemann & Felix Römer, eds., The Consumer on the Home Front: Second World War Civilian Consumption in Transnational Perspective (Oxford, in press), ch. 11. 有關美國軍人權 利法案與美國聯邦政府的支持，參見 Cohen, Consumers' Republic, chs. 3–5. **59.** 在 1960 年，私 人消費占工業化國家 GDP 的 63%。到了 1976 年，這個數字已降到 58%。在低收入國家，這些數字 是 79% 以及 81%。World Bank, World Development Report (Washington, DC. 1978), tables 4 and 5, 82–5. **60.** See Lindert, Growing Public , 218. **61.** 參見 OECD 數據。除了徵收對普通消費者 造成最大衝擊的高額間接稅之外，斯堪地那維亞國家還對領受社會福利的人徵收大量的直接稅以及社 會保險費（social security contribution）。2007 年時，丹麥與瑞典透過這類直接稅收，回補了 1/4 以上的社會福利轉移支付；經濟合作發展組織平均是 9%。正如亞迪曼（Adema）與其同事所示，包 括美國和英國在內的大多數經濟合作發展組織國家的社會總支出淨額，皆徘徊在 GDP 的 22-8% 之間； Adema, Fron & Ladaique, 'Is the European Welfare State Really More Expensive?' . **62.** R. Straub & I. Tchakarov, 'Assessing the Impact of a Change in the Composition of Public Spending: A DSGE Approach. IMF Working Paper WP/07/168,' (International Monetary Fund, 2007). **63.** See: http://www.oecd.org/els/soc/OECD2014-Social-Expenditure-Update-Nov2014-8pages. pdf. **64.** Harold L. Wilensky, Industrial Society and Social Welfare : The Impact of Industrializa- tion on the Supply and Organization of sSocial Welfare Services in the United States (New York, 1958/ 2nd edn 1965), xiiif. **65.** 在美國，富人在 1922 年捐給慈善機構價值 1,000 萬英鎊的 7% 之 房產；50 年之後，這個數字是 31%。Jaher, 'The Gilded Elite, American Multimillionaires, 1865 to the Present', 209f. **66.** 早在 1960 年代初，紐約市的住房計畫中只有 5% 的人擁有電視；參見 Wilensky, Industrial Society and Social Welfare, xxx. **67.** Historical Tables, Budget of the United States Government, table 3.1, http://www.whitehouse.gov/sites/default/files/omb/budget/fy2012/ assets/hist.pdf. **68.** J. P. Dunne, P. Pashardes & R. P. Smith, 'Needs, Costs and Bureaucracy: The Allocation of Public Consumption in the UK', in: The Economic Journal 94, no. 373, 1984: 1–15. **69.** Adema, Fron & Ladaique, 'Is the European Welfare State Really More Expensive?' ; 「其他社會服務」（育兒、老年人居家照護以及類似的服務）在丹麥與瑞典占了 GDP 的 5%，相當 可觀，但在美國與南歐國家只占了 1%。 **70.** B. Booth, M. W. Segal & D. B. Bell, 'What We Know about Army Families: 2007 Update. Prepared for the Family and Morale, Welfare and Recreation Command,' (2007). **71.** K. J. Cwiertka, 'Popularizing a Military Diet in Wartime and Post-war Ja- pan', in: Asian Anthropology 1, 2002: 1–30; and Katarzyna Cwiertka, Modern Japanese Cuisine: Food, Power and National Identity (London, 2006). **72.** Peter J. Atkins, 'Fattening Children or Fattening Farmers? School Milk in Britain, 1921–1941', in: Economic History Review 58, no. 1, 2005: 57–78; and James Vernon, Hunger: A Modern History (Cambridge, MA, 2007). **73.** 此處及 以下段落要感謝蘇珊‧萊文（Susan Levine）的協助，School Lunch Politics: The Surprising History of America's Favorite Welfare Program (Princeton, NJ, 2008). **74.** M. Clawson, 'Statistical Data Available for Economic Research on Certain Types of Recreation', in: Journal of the American Statistical Association, 1959: 281–309; and C. L. Harriss, 'Government Spending and Long-run Economic Growth', in: The American Economic Review 46, no. 2, 1956: 155–70. **75.** T. Stahl, A. Rütten, D. Nutbeam & L. Kannas, 'The Importance of Policy Orientation and Environment on Physical Activity Participation: A Comparative Analysis between Eastern Germany, Western Germany and Finland', Health Promotion International 17, no. 3, 2002: 235–46 **76.** Sigurd Agricola, 'Freizeit, Planung, Paedagogik und Forschung ' in: Nahrstedt, Freizeit in Schweden, 78–102. **77.** Institut National de la Santé et de la Recherche Medicale (Inserm), Physical Activity: Context and Effects on Health (Paris, 2008). **78.** Lamartine Pereira da Costa & Ana Miragaya, Worldwide Experiences and Trends in Sport for All (Oxford, 2002). 現另可參見：Thomas Turner, 'The Sports Shoe: A Social and Cultural History, c.1870–c. 1990', PhD thesis, Birkbeck College/University of London, 2013. **79.** David Richard Leheny, The Rules of Play: National Identity and the Shaping of Japanese Leisure (Ithaca and London, 2003). **80.** Anne White, De-Stalinization and the House of Culture: Declining State Control over Leisure in the USSR, Poland and Hungary, 1953–1989 (London, 1990). **81.** Bundesarchiv Berlin Lichterfelde, Zentralinstitut für Jugendforschung, Freizeit und Freizeitnutzung junger Arbeiter und Schüler in der Wartburgstadt Eisenach (Sept. 1977), pp. 15–20, 60–5. **82.** Statistisches Bundesamt Deutschland, Datenreport 2002, 152. **83.** Directorate General Internal Policies of the Union, 'Financing the Arts and Culture in the European Union', IP/B/CULT/ST/2005_104 (30 Nov 2006), quoted at 17, 並可作為以下的參考。 **84.** Eurostat, Cultural Statistics, 2011 edition (Luxembourg, 2011), figure 8.7, 171. 2006 年在丹麥，50% 的人曾出席這類的現場表演 1-6 次，5% 的人則出席過 7-12 次；在義大利，這些數字各為上述的一半。支出與出席率之間隱含的關聯性，在此得到了強化：Orian Brook, 'International Comparisons of Public Engagement in Culture and Sport' (UK Department for Culture, Media and Sport, Aug. 2011), 21–2. **85.** Eurostat, Cultural Statistics, fig. 9.1, 201. **86.** UK Department of Trade and Industry, Modern Markets: Confident Consumers (1999). **87.** Tony Blair, quoted in Guardian, 24 June 2004, 1. See further: Blair, The Courage of Our Convictions: Why Reform of the Public Services is the Route to Social Justice and his 'Progress and Justice in the Twenty-first Century', Inaugural Fabian Society Annual Lecture, 17 June 2003. **88.** Lawson, All Consuming: How Shopping Got Us into This Mess and How We Can Find Our Way Out. **89.** Wendy Thomson (Head of the Prime Minister's Office of Public Services Reform), 'Consumerism as a Resource for Citizenship', seminar on consumers as citizens, HM Treasury, 22 April 2004. **90.** 參見上文 154–60、286-9 頁。 **91.** John F. Kennedy, Presidential Library (Boston, MA), Speech Files, JFKPOF-037-028, special message to Congress on protecting consumer interest, 15 March 1962; WH-0800-03; 收聽音頻訊息：http://www.jfklibrary.org/Asset-Viewer/Archives/JFKWHA-080-003.aspx. **92.** Alain Chatriot, Marie-Emmanuelle Chessel & Matthew Hilton, eds., The Expert Consumer: Associations and Professionals in Consumer Society (Aldershot, 2006); 進一步參見特刊 'Verbraucherschutz in internationaler Perspektive ', Jahrbuch für Wirtschaftsgeschichte 1, 2006; Iselin Theien, 'Planung und Partizipation in den regulierten Konsumgesellschaften Schwedens und Norwegens zwischen 1930 und 1960 ', comparativ 21, no. 3, 2011: 67–78. **93.** 對此及以下，參見 Matthew Hilton, Prosperity for All: Consumer Activism in an Era of Globalization (Ithaca, NY, 2009); and Stephen Brobeck, ed., Encyclopedia of the Consumer Movement (Santa Barbara, CA, 1997). **94.** Anon., 'Consumer Protection Report of the Secretary-General of the United Nations', in: Journal of Consumer Policy 16, no. 1, 1993: 97–121. **95.** Is Free Trade Fair Trade? (Smith Institute, London: 2009). 有關當時北半球國家的觀點，參見 the British National Consumer Council, The Uruguay Round and Beyond: The Consumer View (London, 1994). **96.** R. A. H. Livett, 'Modern Flat Building', in: The Journal of the Royal Society for the Promotion of Health 61, no. 2, 1940: 48–57, 57. **97.** Greater Manchester County Record Office, Housing Committee, Minutes, 5 Nov. 1953. **98.** Central Housing Advisory Committee Housing Management Sub-committee, Councils and Their Houses (London, 1959). **99.** Ministry of Housing and Local Government, 1963, quoted in I. A. N. Greener and M. Powell, 'The Evolution of Choice Policies in UK Housing, Education and Health Policy', in: Journal of Social Policy 38, no. 01, 2009: 63–81, at 66. **100.** Manchester and Salford Housing

Association, 1973, quoted in Peter Shapely, The Politics of Housing: Power, Consumers and Urban Culture (Manchester, 2007), 171 and ch. 6 作為以上的參考。 **101.** Shapely, Politics of Housing. **102.** Malcolm L. Johnson, 'Patients: Receivers or Participants', in: Keith Barnard & Kenneth Lee, Conflicts in the National Health Service (London, 1977), 72–98. **103.** Dr Owen, interview with The Times, 9 Feb. 1976, 1. **104.** Chris Ham, 'Power, Patients and Pluralism', in: Barnard & Lee, Conflicts in the National Health Service, 99–120; Martin Blackmore, 'Complaints within Constraints: A Critical Review and Analysis of the Citizen's Charter Complaints Task Force', in: Public Policy and Administration 12, no. 3, 1997: 28–41; A. Mold, 'Patient Groups and the Construction of the Patient-Consumer in Britain: An Historical Overview', in: Journal of Social Policy 39, no. 04, 2010: 505–21. **105.** 官方數字為 45%，但有些專家的計算高達 60%；S. Woolhandler & D. U. Himmelstein, 'Paying for National Health Insurance – and Not Getting It', in: Health Affairs 21, no. 4, 2002: 88–98. **106.** Danish Finance Ministry, Frihed til at valge (Copenhagen, 2004); And Nancy Tomes, 'Patients or Healthcare Consumers? Why the History of Contested Terms Matters', in: History and Health Policy in the US : Putting the Past Back In, eds. R. A. Stevens, C. Rosenberg C & L. R. Burns, (New Brunswick, NJ, 2006), 83–110. In 1994, the World Health Organization published its 'Principles of the Rights of Patients in Europe'. 五年之後，國際患者組織聯盟（International Alliance of Patient Organizations） 成 立；A. van der Zeijden, 'The Patient Rights Movement in Europe', in: Pharmacoeconomics 18, no. Supplement 1, 2000: 7–13. **107.** S Jägerskiöld, 'The Swedish Ombudsman', University of Pennsylvania Law Review 109, no. 8, 1961: 1077–99; P. Magnette, 'Between Parliamentary Control and the Rule of Law: The Political Role of the Ombudsman in the European Union', in: Journal of European Public Policy 10, no. 5, 2003: 677–94; Frank Stacey, The British Ombudsman (Oxford, 1971); and Glen O'Hara, 'Parties, People and Parliament: Britain's "Ombudsman" and the Politics of the 1960s', in: Journal of British Studies 50, no. 3, 2011: 690–714. **108.** Ed Mayo, investigation report for Consumer Focus (UK), Aug. 2012; Citizens' Advice Bureau (UK), 2011, Access for All. **109.** Eurostat, Consumers in Europe (Luxembourg, 2009), fig.1.65, 104. 2002–3 年在英國，光是 Energywatch 就收到了 109,578 的投訴，幾乎有半數是關於計費的問題；在歐盟其他國家，則是行動電話與郵政服務居首。National Audit Office, 'Benchmarking Review of Energywatch and Postwatch' (March 2004); 11f. **110.** See www.complaintschoir.org. **111.** 對於某些因水準糟糕而聲名狼藉的服務（譬如火車）來說，儘管抱怨還是不均，但在近年來的確有下降的趨勢。http://dataportal.orr.gov.uk/displayreport/report/html/6870b367-965b-4306-819b-8eafdbacdd7a. **112.** 對此及以下，參見：Michelle Everson, 'Legal Constructions of the Consumer', in: Trentmann, ed., Making of the Consumer, 99–121; Jim Davies, The European Consumer Citizen in Law and Policy (Basingstoke, 2011); and Stephen Weatherill, EU Consumer Law and Policy (Cheltenham, 2005). **113.** Summary of Judgement, Case C-372/04, Watts v Bedford Primary Care Trust and Sec. of State of Health; http://eur-lex.europa.eu/LexUriServ/LexUriServ.do?uri=CELEX:62004J0372:EN:HTML. **114.** EESC, 'On the Consumer Policy Action Plan, 1999–2001', cited in Davies, The European Consumer Citizen in Law and Policy, 41. **115.** NCC, 'Consumer Futures' and 'Consumer: What's in a Name?' (2007). **116.** 以上僅涉及極其龐大的文獻與研究之丁點皮毛，特別參見 John Clarke, Janet E. Newman, Nick Smith, Elizabeth Vidler & Louise Westmarland, Creating Citizen-Consumers: Changing Publics and Changing Public Services (London, 2007), quoted at 132; R. Simmons, J. Birchall & A. Prout, 'User Involvement in Public Services: "Choice about Voice" ', in: Public Policy and Administration 27, no. 1, 2012: 3–29; Yiannis Gabriel & Tim Lang, The Unmanageable Consumer: Contemporary Consumption and Its Fragmentations (London, 1995); Mark Bevir & Frank Trentmann, eds., Governance, Citizens and Consumers: Agency and Resistance in Contemporary Politics (Basingstoke, 2007); Nick Couldry, Sonia Livingstone & Tim Markham, Media Consumption and Public Engagement: Beyond the Presumption of Attention (Basingstoke, 2007); M. Micheletti, D. Stolle & M. Hoogh, 'Zwischen Markt und Zivilgesellschaft: Politischer Konsum als bürgerliches Engagement ', in: Zivilgesellschaft – national und transational, eds. D. Gosewinkel et al., (Berlin, 2003), 151–71.

第十三章

1. 有關多特蒙德：http://www.fairtrade-deutschland.de/mitmachen/kampagnen-von-transfair/ge-lungene-kampagnen/fairtrade-kampagne/joachim-krol-in-dortmund/?tx_jppageteaser_pi1%5B-backId%5D=534; 有關沙爾克：http://schalkespieltfair.de/. 'Fairtrade Labelling Organizations International, Growing Stronger Together: Annual Report 2009–10'; www.transfair.org/top/news 4 March 2011; and Jean-Marie Krier, 'Fair Trade 2007: New Facts and Figures from an Ongoing Success Story', (Culemborg, Netherlands.: The Dutch Association of Worldshops (DAWS), 2008). *2.* Gavin Fridell, Fair-trade Coffee: The Prospects and Pitfalls of Market-driven Social Justice (Toronto, 2007); and Gavin Fridell, 'Fair Trade and Neoliberalism: Assessing Emerging Perspectives', in: Latin American Perspectives 33, no. 6, 2006: 8–28. *3.* 引自 Luigi Ceccarini, 'I luoghi dell'impegno: tra botteghe del mondo e supermarket ', in: Paola Rebughini & Roberta Sassatelli, eds., Le nuove frontiere dei consumi (Verona, 2008), 150, 153, 作者翻譯。 *4.* 參見上文 171-3頁。 *5.* 挪威的連鎖商店銷售若干的公平貿易產品：http://www.fairtrade.at/fileadmin/user_upload/PDFs/Fuer_Studierende/FromBeanToCup_2005.pdf?PHPSESSID=8b44ffe3cef7de0cf13d-8cca979c90f8. *6.* International Coffee Agreement，目標是確保與加強國際咖啡經濟合作。 *7.* 拉丁美洲的生產商已經在 1958 年就出口配額達成了協議，而 1962 年的協議（包括美國在內）則利用出口配額來穩定咖啡的價格；1968 年進行修訂時，更成立了一項特別的基本，預防咖啡被過度栽種。然而這項協議在 1989 年瓦解，由於消費國轉向消費這項企業聯合卡特爾以外的廉價咖啡。有關這項發展的簡要概述，參見 Michael Barratt Brown, Fair Trade: Reform and Realities in the International Trading System (London, 1993), ch. 7. rratt Brown, Fair Trade: Reform and Realities in the International Trading System (London, 1993), ch. 7. *8.* Otto, 'Otto Group Trend Studie 2011 (3. Studie zum ethischen Konsum: Verbraucher–Vertrauen)', (2011). *9.* Magnus Boström, Andreas Follesdal, Mikael Klintman, Michele Micheletti & Mads P. Sorensen, Political Consumerism: Its Motivations, Power and Conditions in the Nordic Countries and Elsewhere (Copenhagen, 2005); and Unni Kjarnes, Mark Harvey & Alan Warde, Trust in Food: A Comparative and Institutional Analysis (Hampshire, 2007). *10.* New Consumer, May/June 2005, Mel Young editorial, 7. *11.* See www.brilliantearth.com; GEPA 'Schätze der Welt jetzt jede Menge faire Schnäppchen '. *12.* Kathryn Wheeler, Fair Trade and the Citizen-consumer (Basingstoke, 2012), 79–81. *13.* Council of Europe: http://www.coe.int/t/dg3/socialpolicies/socialcohesiondev/forum/2004monatzederschul-ze_en.asp. *14.* Nietzsche, Thus Spake Zarathustra. *15.* Joan C. Tronto, Moral Boundaries: A Political Argument for an Ethic of Care (New York, 1994); and Andrew Sayer, 'Moral Economy and Political Economy', in: Studies in Political Economy 61, 2000: 79–104. *16.* Amanda Berlan, 'Making or Marketing a Difference? An Anthropological Examination of the Marketing of Fair-trade Cocoa from Ghana' in: Geert De Neve, Peter Luetchford, Jeffrey Pratt & Donald C. Wood, 'Hidden Hands in the Market', in: Research in Economic Anthropology 28, 2008: 171–94 171–94; 另可參見： Michael K. Goodman, 'Reading Fair Trade: Political Ecological Imaginary and the Moral Economy of Fair-trade Goods', Political Geography 23, 2004: 891–915. *17.* John Wilkinson & Gilberto Mascarenhas 'The Making of the Fair-trade Movement in the South: The Brazilian Case' in: Laura T. Raynolds, L. Murray Douglas & John Wilkinson, eds., Fair Trade: The Challenges of Transforming Globalization (London, 2007); 對於當地市場的規模，參見 Fair-trade Facts and Figures 2010, figures 3.8-3.10: http://www.fairtrade.de/cms/media//pdf/Facts_&_Figures_2010.pdf. *18.* Luc Boltanski, Distant Suffering: Morality, Media and Politics (Cambridge, 1999). *19.* Wheeler, Fair Trade, 173. *20.* 2011 年平均每人在人道援助方面所花費的金額是 140 歐元，2009 年在公平貿易零售額方面則只有 3 歐元；比較 Deutscher Spendenrat, Bilanz des Helfens, 2011, with Fair-trade Facts and Figures 2010, fig 2.8. *21.* Patrick De Pelsmacker, Liesbeth Driesen & Glenn Rayp, 'Do Consumers Care about Ethics? Willingness to Pay for Fair-trade Coffee', in: Journal of Consumer Affairs 39, no. 2, 2005: 363–85. *22.* Anthony Giddens, Modernity and Self-identity (Cambridge, 1991); Sarah Lyon, 'Evaluating Fair-trade Consumption: Politics, Defetishization and Producer Participation', in: International Journal of Consumer Studies 30, no. 5, 2006: 452–64. **23.** Micheletti, Stolle & Hoogh, 'Zwischen Markt und Zivilgesellschaft: Politischer Konsum als bürgerliches Engagement ', ; Boström, Follesdal, Klintman, Micheletti & Sorensen, Political Consumerism ; and Wheeler, Fair Trade, chs. 5 and 7. **24.** Compare Thomas L. Haskell, 'Capitalism and the Origins of the Humanitarian Sensibility, Part 1', in: American Historical Review 90, no. 2, 1985: 339–61; and Thomas L. Haskell, 'Capitalism and the Origins of the Humanitarian Sensibility, Part 2', in: American Historical Review 90, no. 3, 1985: 547–66, now with Richard Huzzey, 'The Moral Geography of British Anti-slavery Responsibilities', in: Transactions of the Royal Historical Society (6th series) 22, 2012: 111–39, 他強調「自由產品」的限制，並指出即使是在英國的廢奴主義者之中，也極少有人會遵循約瑟·史特格（Joseph Sturge）之例，訂購道德上未受汙染的內衣。 **25.** J. A. Hobson, The Evolution of Modern Capitalism (London, rev. edn 1897), 368–80. **26.** Constantine, ' "Bringing the Empire Alive": The Empire Marketing Board and Imperial Propaganda, 1926–33' ; and Trentmann, Free-trade Nation, 228–40. **27.** 'Final Report of Mixed Commitee of the League of Nations on the Relation of Nutrition to Health, Agriculture and Economic Policy' (Geneva: 1937); and Frank Trentmann, 'Coping with Shortage: The Problem of Food Security and Global Visions of Coordination, c.1890s–1950', in: Food and Conflict in Europe in the Age of the Two World Wars, eds. Frank Trentmann & Flemming Just, (Basingstoke, 2006), 13–48. **28.** 1955, Co-operative Notes for Speakers on the Food and Agriculture Organization, quoted in Trentmann, 'Coping with Shortage', 39–40. **29.** John Toye and Richard Toye, 'The Origins and Interpretation of the Prebisch–Singer Thesis', in: History of Political Economy 35, no. 3, 2003: 437–67. **30.** 關於紹恩多夫，參見 http://www.elmundo.de/neu/index.php?option=com_content&task=view&id=62&Itemid=64; for Hildesheim, see the newsletter El Puente Informiert 2010, 44. **31.** Populorum Progressio, 全文參見：http://www.newadvent.org/library/docs_pa06pp.htm. **32.** 1970 年，引自 Werner Balsen & Karl Rössel, Hoch die internationale Solidarität: Zur Geschichte der Dritte-Welt-Bewegung in der Bundesrepublik (Cologne, 1986), 284. **33.** Hans Beerends, De Derde Wereldbeweging: Geschiedenis en toekomst (Utrecht, 1993), 126–30. **34.** Claudia Olejniczak, Die Dritte-Welt-Bewegung in Deutschland: Konzeptionelle und organisatorische Strukturmerkmale einer neuen sozialen Bewegung (Wiesbaden, 1999), 指出到了 1980 年代，非政府組織有 14% 的資金是來自政府的資助。 **35.** Arthur Simon, Bread for the World (New York, 1975), quoted at 56–7, 98–101. **36.** Matt Anderson, 'Cost of a Cup of Tea: Fair Trade and the British Co-operative Movement, c.1960–2000', in: Consumerism and the Co-operative Movement in Modern British History, eds. Lawrence Black & Nicole Robertson, (Manchester, 2009). **37.** Thompson, 'The Moral Economy of the English Crowd in the Eighteenth Century'. Compare: Trentmann, 'Before "Fair Trade": Empire, Free Trade, and the Moral Economies of Food in the Modern World' . **38.** Sarah Lyon, 'Fair-trade Coffee and Human Rights in Guatemala', in: Journal of Consumer Policy 30, no. 3, 2007: 241–61. **39.** Amanda Berlan, 'Making or Marketing a Difference?' in: De Neve, Luetchford, Pratt & Wood, 'Hidden Hands in the Market' . **40.** A. Tallontire et al. Diagnostic Study of FLO, DFID (2001). **41.** See www.unserland.info and 'Network Unser Land' brochures. **42.** La Repubblica, 24 Oct. 2009. **43.** James Richard Kirwan, 'The Reconfiguration of Producer–Consumer Relations within Alternative Strategies in the UK Agro-food System: The Case of Farmers' markets', unpubl. PhD thesis, University of Gloucestershire, 2003 , 37–8. **44.** Renée Shaw Hughner, Pierre McDonagh, Andrea Prothero, Clifford J. Shultz & Julie Stanton, 'Who are Organic Food Consumers? A Compilation and Review of Why People Purchase Organic Food', in: Journal of Consumer Behaviour 6, no. 2–3, 2007: 94–110. **45.** Petrini, Slow Lood: Le ragioni del gusto. 事實上，比起開始有超市與現代食品科學之後的年代，大多數人的飲食在之前的幾個世紀更加單調而無變化；參見：Rachel Laudan, Cuisine and Empire: Cooking in World History (Berkeley, CA, 2013). **46.** Jose Harris, ed., Tönnies: Community and Civil Society (Cambridge, 2001); the German original appeared in 1887. **47.** Daniel Miller, 'Coca-Cola: A Black Sweet Drink from Trinidad', in: Daniel Miller, ed., Material Cultures: Why Some Things Matter (London, 1998), ch. 8.; and Wilk, Home Cooking in the Global Village. **48.** http://www.bmelv.de/SharedDocs/Downloads/Ernaehrung/Kennzeichnung/

Regionalsiegel-Gutachten.pdf?__blob=publicationFile, 13; www.unser-norden.de. **49.** Guardian, 27 Feb. 2013. **50.** Local Government Regulation, A Local Authority Survey: 'Buying Food with Geographical Descriptions – How 'Local' is 'Local'? Jan. 2011; http://www.devon.gov.uk/lgr_-how_local_is_local_report_-february_2011.pdf. **51.** Michele de la Pradelle, Market Day in Provence, trans. Amy Jacobs (Chicago, IL, 2006); Keith Spiller, 'Farmers' Markets as Assemblage Social Relations: Social Practice and the Producer/Consumer Nexus in the North-east of England', unpubl. PhD thesis, University of Durham, 2008. **52.** Kirwan, 'Reconfiguration of Producer–Consumer Relations', 155. **53.** 2003 年，引自 Boström, Follesdal, Klintman, Micheletti & Sorensen, Political Consumerism, 477; I have slightly rephrased the quote for the sake of grammar. **54.** Mari Niva, Johanna Mäkelä & Jouni Kujala. ' "Trust Weakens as Distance Grows": FinnishResults of the Omiard Consumer Focus Group Study on Organic Foods', in Working Papers 83 : National Consumer Research Centre, 2004. **55.** Patricia L. Maclachlan, 'Global Trends vs. Local Traditions: Genetically Modified Foods and Contemporary Consumerism in the United States, Japan, and Britain', in: Garon &Maclachlan, eds., Ambivalent Consumer, esp. 248–50；另可參見：Maclachlan, Consumer Politics in Post-war Japan: The Institutional Boundaries of Citizen Activism. **56.** See http://www.retegas.org. **57.** See: http://www.consiglio.regione.fvg.it/consreg/documenti/approfondimenti/%5B20091203_103833%5D_849178.pdf，作者翻譯。 **58.** See FiBL (Forschungsinstitut für biologischen Landbau), 'Entwicklung von Kriterien für ein bundesweites Regionalsiegel: Gutachten im Auftrag des Bundesministeriums für Ernährung, Landwirtschaft und Verbraucherschutz ' (Frankfurt: FiBL Deutschland, 2012), at: http://www.bmelv.de/SharedDocs/Downloads/Ernaehrung/Kennzeichnung/Regionalsiegel-Gutachten.pdf?__blob=publication-File. **59.** 參見上文 169 頁。 **60.** E. J. Hobsbawm & T. O. Ranger, eds., The Invention of Tradition (Cambridge, 1983). **61.** European Commission, 'Geographical Indications and Traditional Specialities', 參見文件：http://ec.europa.eu/agriculture/quality/schemes and http://euroalert.net/en/news.aspx?idn=11727. M. Schramm, Konsum und regionale Identität in Sachsen, 1880–2000: Die Regionalisierung von Konsumgütern im Spannungsfeld von Nationalisierung und Globalisierung (Stuttgart, 2002); and La Repubblica, 13 Feb. 2013, 29–31. **62.** http://instoresnow.walmart.com/Food-Center-locally-grown.aspx. **63.** Susanne Freidberg, Fresh: A Perishable History (Cambridge, MA, 2009). **64.** Quoted in Kirwan, 'Reconfiguration of Producer–Consumer Relations',. at 155. **65.** de la Pradelle, Market Day in Provence, 111–13. 66. Lois Stanford, 'The Role of Ideology in New Mexico's CSA (Community-supported Agriculture)', in: Wilk, ed., Fast Food/Slow Food: The Cultural Economy of the Global Food System, ch. 12. **67.** Quoted from Manuel Gamio, The Mexican Immigrant: His Life-story (Chicago, IL, 1931), 68. **68.** Manuel Gamio, Mexican Immigration to the United States (Chicago, IL, 1930), 67–9 and appendix V. **69.** World Bank, Migration and Development Brief, no. 19 (20 Nov. 2012). **70.** Alexia Grosjean, 'Returning to Belhelvie, 1593–1875', in: Emigrant Homecomings: The Return Movement of Emigrants, 1600–2000, ed. Marjory Harper (Manchester, UK, 2006), 216–32. **71.** 這裡的數字是匯款的淨收益，已扣除了較小的外流量，參見 Magee &Thompson, Empire and Globalisation: Networks of People, Goods and Capital in the British World, c. 1850–1914, 97–105; and James Belich, Replenishing the Earth: The Settler Revolution and the Rise of the Anglo-world, 1783–1939 (Oxford, 2009), esp. 128, 189. **72.** World Bank, World Development Report (Washington, DC, 1978), 11. The Economist, 28 April 2012: 65; World Bank, Global Remittances Working Group (GRWG); and J. A. Garçia, 'Payment Systems Worldwide: A Snapshot' (Washington, DC,, World Bank, 2008). **73.** Ian Goldin, Geoffrey Cameron & Meera Balarajan, Exceptional People: How Migration Shaped our World and Will Define Our Future (Princeton, NJ, 2011); Dilip Ratha, Sanket Mohapatra, Caglar Ozden, Sonia Plaza, William Shaw & Abebe Shimless, 'Leveraging Migration for Africa: Remittances, Skills and investments' (Washington, DC, World Bank, 2011). **74.** Douglas S. Massey, Return to Aztlan: The Social Process of International Migration from Western Mexico (Berkeley, CA, 1987), 220–31. **75.** Massey, Return to Aztlan, table 8. 1, 218. **76.** Shahid Perwaiz, Pakistan, Home Remittances (Islamabad, 1979); 另可參見 his 'Home Remittances', Pakistan Economist, 19 Sept.

1979. Cf. A. G. Chandavarkar, 'Use of Migrants' Remittances in Labor-exporting Countries', Finance and Development 17, no. 2, 1980: 36–9. **77.** Ratha, Mohapatra, Ozden, Plaza, Shaw & Shimless, 'Leveraging Migration for Africa', ch. 2. Richard H. Adams, 'The Economic Uses and Impact of International Remittances in Rural Egypt', in: Economic Development and Cultural Change 39, no. 4, 1991: 695–722; Richard H. Adams, Jr., 'Remittances, Investment, and Rural Asset Accumulation in Pakistan', in: Economic Development and Cultural Change 47, no. 1, 1998: 155–73; and Richard H. Adams & Alfredo Cuecuecha, 'Remittances, Household Expenditure and Investment in Guatemala', in: World Development 38, no. 11, 2010: 1626–41. **78.** Richard H. Adams, Alfredo Cuecuecha & John M. Page, 'Remittances, Consumption and Investment in Ghana' (Washington, DC, World Bank, 2008). 對於早期調查的方法問題，另可參見：J. Edward Taylor & Jorge Mora, 'Does Migration Reshape Expenditures in Rural Households? Evidence from Mexico', in: Policy Research Working Paper Series no. 3842 (Washington, DC, World Bank, 2006). **79.** Ratha, Mohapatra, Ozden, Plaza, Shaw & Shimless, 'Leveraging Migration for Africa'. **80.** Anita Chan, Richard Madsen & Jonathan Unger, eds., Chen Village: The Recent History of a Peasant Community in Mao's China (Berkeley, CA, 1984/1992), 267–99. **81.** Jeffery H. Cohen, 'Remittance Outcomes and Migration: Theoretical Contests, Real Opportunities', in: Studies in Comparative International Development 40, no. 1, 2005: 88–112. **82.** Divya Praful Tolia-Kelly, 'Iconographies of Diaspora: Refracted Landscapes and Textures of Memory of South Asian Women in London' (PhD, UCL, 2002). **83.** Kathy Burrell, 'Materializing the Border: Spaces of Mobility and Material Culture in Migration from Post-socialist Poland', in: Mobilities 3, no. 3, 2008: 353–73. **84.** Panikos Panayi, Spicing up Britain: The Multicultural History of British Food (London, 2008), 120. **85.** Panayi, Spicing up Britain ; Maren Möhring, Fremdes Essen: Die Geschichte der ausländischen Gastronomie in der Bundesrepublik Deutschland (Munich, 2012), pp. 63–6. **86.** Isabella Beeton, Mrs Beeton's Household Management (Ware, 2006; 1st edn 1861), 290–2, 451, 618–20. **87.** Timothy J. Hatton & Jeffrey G. Williamson, The Age of Mass Migration: Causes and Economic Impact (New York, 1998). **88.** Donna R. Gabaccia, We Are What We Eat: Ethnic Food and the Making of Americans (Cambridge, MA, 1998). **89.** Phyllis H. Williams, South Italian Folkways in Europe and America: A Handbook for Social Workers, Visiting Nurses, School Teachers, and Physicians (New Haven, CT, 1938). **90.** 作者在此遵循的是 Hasia R. Diner, Hungering for America: Italian, Irish and Jewish Foodways in the Age of Migration (Cambridge, MA, 2001). 91. Diner, Hungering for America, 194–216; Gabaccia, We Are What We Eat, 104, 176ff. **92.** 對此及以下，參見 Elizabeth Buettner, 'Going for an Indian: South Asian Restaurants and the Limits of Multiculturalism in Britain', in: The Journal of Modern History 80, no. 4, 2008: 865–901; Möhring, Fremdes Essen, 254f. **93.** Buettner, 'Going for an Indian' ; Steve Shaw, 'Marketing Ethnoscapes as Spaces of Consumption: Banglatown – London's Curry Capital', in: Journal of Town and City Management 1, no. 4, 2011: 381–95. **94.** Krishnendu Ray, The Migrant's Table: Meals and Memories in Bengali-American Households (Philadelphia, PA, 2004), 菜單可參考附錄 3，以下可參考 97 頁。 **95.** Jitsuichi Masuoka, 'Changing Food Habits of the Japanese in Hawaii', in: American Sociological Review 10, no. 6, 1945: 759–65. **96.** Möhring, Fremdes Essen, 253–70. **97.** Till Manning, Die Italiengeneration: Stilbildung durch Massentourismus in den 1950er und 1960er Jahren (Göttingen, 2011). **98.** Erik Millstone & Tim Lang, The Atlas of Food: Who Eats What, Where and Why? (Berkeley, CA, 2008), 54–5; K. Hammer, Th. Gladis & A. Diederichsen, 'In Situ and oOn-farm Management of Plant Genetic Resources', in: European Journal of Agronomy 19, no. 4, 2003: 509–17; and Food and Agriculture Organization, 'Biodiversity for Food and Agriculture: Contributing to Food Security and Sustainability in a Changing World' (Rome: FAO, 2010). **99.** Stephen Mennell, All Manners of Food: Eating and Tasting in England and France from the Middle Ages to the Present (Oxford, 1985), ch. 12. **100.** Alan Warde, Consumption, Food and Taste: Culinary Antinomies and Commodity Culture (London, 1997).

第十四章

1. Encyclical Letter of John Paul II, On the Hundredth Anniversary of Rerum Novarum, 5 Jan. 1991, see ch. 36, at https://capp-usa.org/social_encyclicals/45#chapter_36. 有關富裕被視為宗教衰落之因，參見 Mark Lynas, New Statesman, 15 Jan. 2007; Callum G. Brown, The Death of Christian Britain: Understanding Secularisation, 1800–2000 (London, 2000); and Mark Mazower, Dark Continent: Europe's Twentieth Century (New York, 1998), 302. *2.* 在 2011 年的人口普查中，有 59％的英格蘭人和威爾斯人自認為基督徒；http://www.ons.gov.uk/ons/rel/census/2011-census/de-tailed-characteristics-for-local-authorities-in-england-and-wales/sty-religion.html. *3.* Alasdair Crockett & David Voas, 'Generations of Decline: Religious Change in Twentieth-century Britain', in: Journal for the Scientific Study of Religion 45, no. 4, 2006: 567–84. See also 306 above. *4.* Centre for the Study of Global Christianity, 'World Christian Database', http://www.worldchristiandata-base.org/wcd/. 有關簡明易懂的概述（尤其是美國的部分），參見 John Micklethwait & Adrian Wooldridge, God is Back: How the Rise of Faith is Changing the World (London, 2010). *5.* Roger Finke & Rodney Stark, The Churching of America, 1776–2005: Winners and Losers in Our Religious Economy (New Brunswick, NJ, 2005); Dianne Kirby, 'The Cold War' in: Hugh McLeod, ed., The Cambridge History of Christianity: Vol. IX, World Christianities, c.1914–c. 2000 (Cambridge, 2006). *6.* Shane Leslie, Henry Edward Manning: His Life and Labour (London, 1921), quoted at 358. *7.* R. Laurence Moore, Selling God: American Religion in the Marketplace of Culture (New York, 1994), 95–8; David Morgan, Protestants and Pictures: Religion, Visual Culture and the Age of American Mass Production (New York, 1999). *8.* Bruce Evensen, God's Man for the Gilded Age: D. L. Moody and the Rise of Modern Mass Evangelism (New York, 2003), 88–96. *9.* William Hoyt Colement, quoted in William Revell Moody, The Life of Dwight L. Moody (New York, 1900), 278. *10.* See Mark Bevir, 'Welfarism, Socialism and Religion: On T. H. Green and Others', in: The Review of Politics 55, no. 4, 1993: 639–61. *11.* Greg ('Fritz') Umbach, 'Learning to Shop in Zion: The Consumer Revolution in Great Basin Mormon Culture, 1847–1910', in: Journal of Social History 38, 2004: 29–61, quoted at 44, 48. *12.* Moore, Selling God, 206–9. *13.* Lecture on 'The Ministry of Wealth', at the Dowse Institute, Cambridge, MA, Cambridge Chronicle, XXXI /47, 18 Nov. 1876: 1. *14.* 參見上文 97, 118 頁。 *15.* 引自 http://hopefaithprayer.com/faith/ken-neth-hagin-faith-lesson-no-15-faith-for-prosperity/. See also: www.rhema.org; and Kenneth E. Hagin, Biblical Keys to Financial Prosperity (Broken Arrow, OK, 1973). *16.* Los Angeles Times, 22 May 1987. *17.* 1988, quoted by Thomas C. O'Guinn & Russell W. Belk, 'Heaven on Earth: Consumption at Heritage Village, USA', in: Journal of Consumer Research 16, no. 2, 1989: 227–38, at 234. *18.* Finke & Stark, Churching of America ; Micklethwait & Wooldridge, God is Back ; and Economist, 24 Dec. 2005, 59–61. *19.* Richard N. Ostling, 'Power, Glory – and Politics', Time, 24 June 2001. *20.* Obituaries: Corriere della Sera, 15 Feb. 2015; La Stampa, 15 Feb. 2015; Economist, 21 Feb. 2015. *21.* Colleen McDannell, Material Christianity: Religion and Popular Culture in America (New Haven, CT, 1995). *22.* Richard Cimino & Don Lattin, Shopping for Faith: American Religion in the New Millennium (San Francisco, CA, 1998), 56–63. *23.* http://www.willow-creek.org/. See further: Nancy Tator Ammerman, Pillars of Faith: American Congregations and Their Partners (Berkeley, CA, 2005); and Richard Kyle, Evangelicalism: An Americanized Christianity (New Brunswick, NJ, 2006). *24.* Hugh McLeod 'The Crisis of Christianity in the West: Entering a Post-Christian Era?', in: IX, ch. 18. *25.* Wade Clark Roof, Spiritual Marketplace: Baby Boomers and the Remaking of American Religion (Princeton, NJ, 2001), quoted at 31. 另行參見：Adam Possamai, 'Cultural Consumption of History and Popular Culture in Alternative Spiritualities', in: Journal of Consumer Culture 2, no. 2, 2002: 197–218. *26.* Christian Smith & Melinda Lundquist, Soul Searching: The Religious and Spiritual Lives of American Teenagers (New York, 2005), quoted at 136, 165. *27.* David Maxwell, ' "Delivered from the Spirit of Poverty?": Pentecostalism, Prosperity and Modernity in Zimbabwe', in: Journal of Religion in Africa 28,no. 3, 1998: 350–73;

and Birgit Meyer, 'Make a Complete Break with the Past: Memory and Post-colonial Modernity in Ghanaian Pentecostalist Discourse', in: Journal of Religion in Africa 28, no. 3, 1998: 316-349. 關於巴西，參見 Andrew Reine Johnson, 'If I Give My Soul: Pentecostalism inside of Prison in Rio de Janeiro', PhD, University of Minnesota, 2012. **28.** 參見上文 133–5 頁。 **29.** Adeboye, How to Turn Your Austerity to Prosperity (Lagos, 1989), quoted in Asonzeh Ukah, A New Paradigm of Pentecostal Power: A Study of the Redeemed Christian Church of God in Nigeria (Trenton, 2008), 185f. W **30.** Ukah, Pentecostal Power ; see also: Ogbu Kalu, African Pentecostalism: An Introduction (New York, 2008). **31.** Andrew R. Heinze, Adapting to Abundance: Jewish Immigrants, Mass Consumption and the Search for American Identity (New York, 1990). **32.** Inge Maria Daniels, 'Scooping, Raking, Beckoning Luck: Luck, Agency and the Interdependence of People and Things in Japan', in: The Journal of the Royal Anthropological Institute 9, 2003: 619–38; Laurel Kendall, Shamans, Nostalgias and the IMF : South Korean Popular Religion in Motion (Honolulu, 2009). **33.** Benjamin Barber, Jihad vs. McWorld: How Globalization and Tribalism are Reshaping the World (New York, 1996), 其後是來自他 1992 年在《大西洋》（Atlantic Monthly）上發表的文章。 **34.** 'The Political and Religious Testament of the Leader of'the Islamic Revolution and the Founder of the Islamic Republic of Iran, Imam Khomeini' (1989), reproduced in the appendix of H. Fürtig, Liberalisierung als Herausforderung: Wie stabil ist die Islamische Republik Iran?, Zentrum Moderner Orient (Berlin, 1996), Arbeitshefte 12, appendix, quoted at 128f. **35.** Minoo Moallem, Between Warrior Brother and Veiled Sister: Islamic Fundamentalism and the Politics of Patriarchy in Iran (Berkeley, CA, 2005). **36.** William H. Martin & Sandra Mason, 'The Development of Leisure in Iran', in: Middle Eastern Studies 42, no. 2, 2006: 239–54; Aliakbar Jafari &Pauline Maclaran, 'Escaping into the World of Make-up Routines in Iran', in: Sociological Review 62, no. 2, 2014: 359–82; http://www.cosmeticsdesign-asia.com/Market-Trends/Iran-cosmetics-market-begins-to-boom-again. **37.** 'A Manifesto on Women by the Al-Khanssaa Brigade', transl. and edited by Charlie Winter, Feb. 2015, 有關反極端主義研究中心 Quilliam： http://www.quilliamfoundation.org/wp/wp-content/uploads/publications/free/women-of-the-islamic-state3.pdf, quoted at 14, 21. **38.** Özlem Sandikci & Sahver Omeraki, 'Globalization and Rituals: Does Ramadam Turn into Christmas?' Advances in Consumer Research 34, 2007: 610–15; Rakesh Belwal & Shweta Belwal, 'Hypermarkets in Oman: A Study of Consumers' Shopping Preferences', in: International Journal of Retail and Distribution Management 42, no. 8, 2014: 717–32. **39.** Johanna Pink, ed., Muslim Societies in the Age of Mass Consumption (Newcastle upon Tyne, 2009); Leor Halevi, 'The Muslim Xbox' (31 May 2013), in: Reverberations: New Directions in the Study of Prayer, http://forums.ssrc.org/ndsp/2013/05/31/the-muslim-xbox/;and http://www.islamicbookstore.com/publisher-goodword-books.html. **40.** http://www.worldhalalsummit.com/the-global-halal-market-stats-trends/; Jonathan Wilson, Russell Belk, Gary Bamossy, Özlem Sandikci, Hermawan Kartajaya, Rana Sobh, Jonathan Liu & Linda Scott, 'Crescent Marketing: Muslim Geographies and Brand Islam', in: Journal of Islamic Marketing 4, no. 1, 2013: 22–50. **41.** 本段引自下列引人入勝的研究成果：Charles Hirschkind, The Ethical Soundscape: Cassette Sermons and Islamic Counterpublics (New York, 2006); see also: Charles Hirschkind, 'Experiments in Devotion Online: The YouTube Khutba',in: International Journal of Middle East Studies 44, no. 1, 2012: 5–21. **42.** Özem Sandikci & Guliz Ger, 'Veiling in Style: How Does a Stigmatized Practice become Fashionable?' in: Journal of Consumer Research 37, no. 1, 2010: 15–36. For critical voices in Istanbul, see Elif Izberk-Bilgin, 'Infidel Brands: Unveiling Alternative Meanings of Global Brands at the Nexus of Globalization, Consumer Culture and Islam', in: Journal of Consumer Research 39, no. 4, 2012: 663–87. **43.** 引自 Carla Jones, 'Materializing Piety: Gendered anxieties about Faithful Consumption in Contemporary Urban Indonesia', in: American Ethnologist 37, no. 4, 2010: 617–37, at 619. 比較：http://www.noor-magazine.com/2014/10/shadow-of-preppy/.

第十五章

1. See www.oceanconservancy.org.: 'The Ocean Trash Index' (2012). *2.* 有關美國的數據，參見 the reports by the US Environmental Protection Agency, for British figures, those by WRAP: http://www.epa.gov/epawaste/nonhaz/municipal/pubs/msw_2010_rev_factsheet.pdf ; www.wrap. org.uk/media_centre/key_facts/index.html. *3.* Vance Packard, The Waste Makers (London, 1961), quoted at 6–9, 236f. *4.* Susan Strasser, Waste and Want: A Social History of Trash (New York, 1999), 10, 16, 21. *5.* D. C. Walsh, 'Urban Residential Refuse Composition and Generation Rates for the Twentieth Century', in: Environmental Science & Technology 36, no. 22, 2002: 4936–42. *6.* Jacob & Wilhelm Grimm, Deutsches Wörterbuch, at: http://dwb.uni-trier.de/de/; Sabine Barles, L'Invention des déchets urbains: France, 1790–1970 (Seyssel, 2005), 229–31; Ludolf Kuchenbuch, 'Abfall. Eine stichwortgeschichtliche Erkundung ', in: Mensch und Umwelt in der Geschichte, eds. J. Calließ, J. Rüsen & M. Striegnitz (Pfaffenweiler, 1989); John Hollander, 'The Waste Remains and Kills', Social Research 65, no. 1, 1998: 3–8; and John Scanlan, On Garbage (London, 2005). *7.* William Rathje & Cullen Murphy, Rubbish: The Archaeology of Garbage (New York, 1992). *8.* Suzanne Raitt, 'Psychic Waste: Freud, Fechner and the Principle of Constancy', in: Gay Hawkins & Stephen Muecke, eds., Culture and Waste: The Creation and Destruction of Value (Lanham, MD, 2003), 73–83. *9.* Kevin Hetherington, 'Second-handedness: Consumption, Disposal and Absent Presence', Environment and Planning D: Society and Space 22, 2004: 157–73, at 159. *10.* Mary Douglas, Purity and Danger: An Analysis of the Concepts of Pollution and Taboo (London, 1966), 44. 她的方法構思出 2012 年在倫敦惠康基金會（Wellcome Trust）所舉辦的塵垢與廢棄物展覽。將「塵垢汙物」定義為「在錯誤位置的東西」，在維多利亞時代已十分常見，1852 年時巴麥尊勳爵（Lord Palmerston）亦採用這個定義。另可參見：Zsuzsa Gille, From the Cult of Waste to the Trash Heap of History: The Politics of Waste in Socialist and Post-socialist Hungary (Bloomington, IN, 2007) & Gavin Lucas, 'Disposability and Dispossession in the Twentieth Century', in: Journal of Material Culture 7, no. 1, 2002: 5–22. *11.* Cited in M. A. Jinhee Park, 'Von der Müllkippe zur Abfallwirtschaft: Die Entwicklung der Hausmüllentsorgung in Berlin (West) von 1945 bis 1990 ', unpubl. PhD thesis: Technische Universität Berlin, 2004) , p. 22, 作者自行翻譯。 *12.* C. A. Velis, D. C. Wilson & C. R. Cheeseman, 'Nineteenth-century London Dust-yards: A Case Study in Closed-loop Resource Efficiency', in: Waste Management 29, no. 4, 2009: 1282–90. *13.* Manuel Charpy, 'Formes et échelles du commerce d'occasion au XIXe siecle: L'Exemple du vetement a Paris ', Revue d'histoire du XIXe siecle 24, 2002: 125–50. *14.* Barles, L'Invention des déchets urbains, 32–4. *15.* William L. Rathje, 'The Garbage Decade', in: American Behavioral Scientist 28, no. 1, 1984: 9–29. *16.* Quoted from Martin Melosi, Garbage in Cities: Refuse, Reform and the Environment, 1880–1980 (College Station, Texas, 1981), 23. *17.* Barles, L'Invention des déchets urbains, 167–9. *18.* See Hildegard Frilling and Olaf Mischer, Pütt un Pann'n: Geschichte der Hamburger Hausmüllbeseitigung (Hamburg, 1994). 進一步參見：Heather Chappells &Elizabeth Shove, 'The Dustbin: A Study of Domestic Waste, Household Practices and Utility Services', in: International Planning Studies 4, no. 2, 1999: 267–80. *19.* Melosi, Garbage in Cities: Refuse, Reform and the Environment, 1880–1980, (Pittsburgh, rev. edn., 2005), ch. 2; and Daniel Eli Burnstein, Next to Godliness: Confronting Dirt and Despair in Progressive Era New York City (Urbana, IL, 2006). *20.* Rudolph Hering &Samuel A. Greeley, Collection and Disposal of Municipal Refuse (New York, 1921), 50. *21.* Hering & Greeley, Collection and Disposal of Municipal Refuse, 19, 34; and J. C. Wylie, Fertility from Town Wastes (London, 1955), esp. 200; 另行參見：J. C. Wylie, The Wastes of Civilization (London, 1959). *22.* See Park, 'Von der Müllkippe zur Abfallwirtschaft ', 24–6. *23.* G. E. Louis, 'A Historical Context of Municipal Solid-waste Management in the United States', in: Waste Management and Research 22, no. 4, 2004: 306–22. *24.* Müll und Abfall, Feb. 1973, 35–6. *25.* Johann Eugen Mayer, Müllbeseitigung und Müllverwertung (Leipzig, 1915). *26.* Wylie, Fertility from Town Wastes. *27.* Matthew Gandy, Recycling and the

Politics of Urban Waste (New York, 1994), 74. **28.** Bayerisches Statistisches Landesamt, Die Müllbeseitigung in Bayern am 30. Juni 1963 (Munich, 1965), 7. **29.** Anat Helman, 'Cleanliness and Squalor in Inter-war Tel Aviv', in: Urban History 31, no. 1, 2001: 72–99. 另行參見：Joshua Goldstein, 'Waste', in Trentmann, ed., Oxford Handbook of the History of Consumption, 尤其是 337–41 頁，並提供進一步的參考。 **30.** Shanghai Municipal Archive, Annual Report of the Shanghai Municipal Council, 1905: 149–51; 1906: 172–3; 1920: 128A–130A; 1923: 135; 1935: 213. **31.** Geoffrey Russell Searle, The Quest for National Efficiency: A Study in British Politics and Political Thought, 1899–1914 (Oxford, 1971). **32.** Commitee on the Elimination of Waste in Industry of the Federated American Engineering Societies, Waste in Industry (Washington, DC, 1921), 30, 97. **33.** 參見這部迷人的電影：Scrap by the Nassau Recycle Corporation in 1974 from the AT&T Archives at http://techchannel.att.com/play-video.cfm/2011/10/12/AT&T-Ar-chives-Scrap. **34.** Charles H. Lipsett, Industrial Wastes: Their Conservation and Utilization (New York, 1951); and C. L. Mantell, Solid Wastes: Origin, Collection, Processing and Disposal (New York and London, 1975), 753–5. **35.** 廢棄物產業的專家們開始談到「包裝的時代」（Zeitalter der Verpackung），例如，國際固體廢棄物與公共清潔協會（International Solid Waste and Public Cleaning Association）會議上，巴黎的 C. 巴薩洛（C. Basalo），引自 Müll und Abfall, 4/1970: 131; see also: Müll und Abfall, 1/1972: 9. **36.** Roland Salchow, Zeitbombe Müll (Hamburg, 1992), 30. **37.** Quoted in Kern, The Culture of Time and Space, 1880–1918, 100. **38.** Nigel Whiteley, 'Toward a Throwaway Culture. Consumerism, "Style Obsolescence" and Cultural Theory in the 1950s and 1960s', in Oxford Art Journal 10, no. 2, 1987: 3–27; and Andrea El-Danasouri, Andrea El-Danasouri, Kunststoff und Müll: Das Material bei Naum Gabo und Kurt Schwitters (Munich, 1992). **39.** The New York Times, 23 Dec. 2005; The New York Times, 14 May 2008; Barbican Art Gallery, London: 'The Bride and the Bachelors: Duchamp with Cage, Cunningham, Rauschenberg and Johns', 14 February 2013–9 June 2013. Gallery Gagosian, Robert Rauschenberg: Catalogue, with texts by James Lawrence and John Richardson (New York, 2010); Calvin Tomkins, The Bride and the Bachelors: Five Masters of the Avant-garde (Harmondsworth, expanded edn, 1976), 207f. **40.** The Times, 11 May 1977: 24. 從 1964 年到 1977 年，參與廢紙回收的地方當局 從 744 個下降到 196 個。進一步參見：Timothy Cooper, 'War on Waste? The Politics of Waste and Recycling in Post-war Britain,1950–1975', Capitalism Nature Socialism 20, no. 4, 2009: 53–72. **41.** Susanne Köstering, 'Hundert Jahre Entzinnung von Konservendosen: Ein Wettlauf zwischen Altstoffrückgewinnung und Rohstoffeinsparung ', in: Müll von Gestern? Eine umweltgeschichtliche Erkundung in Berlin und Brandenburg, eds. Susanne Köstering & Renate Rüb, (Münster, 2003), 151–64. **42.** Civic Trust, 'Civic Amenities Act, 1967, Part 3: Disposal of Unwanted Vehicles and Bulky Refuse' (London: 1967), 32. **43.** 有關對於卡森的書之反應，參見 Priscilla Coit Murphy, What a Book Can Do: The Publication and Reception of "Silent Spring" (Amherst, 2005). **44.** Park, 'Von der Müllkippe zur Abfallwirtschaft ', 109–11; The Times, 4 Sept. 1974: 19; 20 Aug. 1975: 16; 25 Aug. 1977: 17. See now also the special issue edited by Ruth Oldenziel & Heike Weber, 'Reconsidering Recycling', in: Contemporary European History 22, no. 3, 2013. **45.** Council Directive of 15 July 1975 on waste (75/442/EEC). **46.** 引自 The Times, 12 Sept. 1974: 25. **47.** Rat für Nachhaltige Entwicklung, Ressourcenmanagement und Siedlungsabfallwirtschaft (Challenger Report) (Berlin, 2014). **48.** 在英國，自 2002/03 年以來的商業廢物減少了 1/4；http://www.bis.gov.uk/assets/biscore/business-sectors/docs/f/11-1088-from-waste-management-to-re-source-recovery. 在柏林，1996 年之後的 10 年之間，一般固體廢棄物從 210 萬減少到 168 萬；而 這幾乎完全是商業廢棄物的減少所致：參見 Zhang Dongqing, Tan Soon Keat & Richard M. Gersberg, 'A Comparison of Municipal Solid Waste Management in Berlin and Singapore', in: Waste Management 30, no. 5, 2010: 921–33. **49.** Eurostat, 'Waste Generated and Treated in Europe Data, 1995–2003' (Luxembourg, European Commission, 2005). **50.** European Environment Agency, 'Managing Municipal Solid Waste – A Review of Achievements in 32 European Countries' (Copenhagen, 2013). **51.** 引自 Gille, From the Cult of Waste to the Trash Heap of History, 71, 下 文我亦引用了這筆參考資料。 **52.** Susanne Hartard &Michael Huhn, 'Das SERO System ', in:

Umweltschutz in der DDR : Analysen und Zeitzeugenberichte, eds. Hermann Behrens & Jens Hoffmann (Munich, 2007); and Jakob Calice, ' "Sekundärrohstoffe – eine Quelle, die nie versiegt": Konzeption und Argumentation des Abfallverwertungssystems in der DDR aus umwelthistorischer Perspektive (unpublished MA Thesis, Vienna, 2005). **53.** DHV CR Ltd, 'Waste Management Policies in Central and Eastern European Countries: Current Policies and Trends,' in: Final Report (Prague: DHV Czech Republic Ltd, 2001). 另行參見 the country reports by the European Environment Agency at http://www.eea.europa.eu/publications/managing-municipal-solid-waste. **54.** Allen Hershkowitz & Eugene Salerni, Garbage Management in Japan: Leading the Way (New York, 1987). **55.** http://www.city.nagoya.jp/en/cmsfiles/contents/0000022/22536/guide_e.pdf ; http://www.japanfs.org/en/public/gov_01.html. **56.** H. Itoh, Waste Management in Japan (Southampton, 2004); and Fumikazu Yoshida, The Economics of Waste and Pollution Management in Japan (Tokyo, 2002). **57.** Yoshida, The Economics of Waste and Pollution Management in Japan. **58.** Dahlén Lisa & Anders Lagerkvist, 'Pay as You Throw: Strengths and Weaknesses of Weight-based Billing in Household Waste-collection systems in Sweden', in: Waste Management 30, no. 1, 2010: 23–31. **59.** WasteWise, Annual Report 2007. **60.** Resource Futures, WR0121 – Understanding Waste Growth at Local Authority Level, Final Report to Defra (2009), http://randd.defra.gov.uk/Document.aspx?Document=WR0121_8316_FRP.pdf. **61.** 歐盟統計局 2004-08 年度的數字：廢紙增加了 7%，塑膠製品增加了 20%。在美國，報紙對一般固體廢棄物的貢獻從 1960 年的 700 萬噸增加到 2000 年的 1,500 萬噸。到了 2009 年，又跌回到 800 萬噸。同時，辦公室用紙從 1960 年的 150 萬噸增加到至 2009 年的 540 萬噸；參見 US Environmental Protection Agency, http://www.epa.gov/waste/nonhaz/municipal/pubs/msw2009rpt.pdf , table 15. **62.** Julian Parfitt, Mark Barthel & Sarah Macnaughton, 'Food Waste within Food Supply Chains: Quantification and Potential for Change to 2050', in: Philosophical Transactions of the Royal Society B: Biological Sciences 365, no. 1554, 2010: 3065–81. See also: Tristram Stuart, Waste: Uncovering the Global Food Scandal (London, 2009). **63.** David Evans, 'Beyond the Throwaway Society: Ordinary Domestic Practice and a Sociological Approach to Household Food Waste', in: Sociology 46, no. 1, 2012: 41–56; and David Evans, 'Binning, Gifting and Recovery: The Conduits of Disposal in Household Food Consumption', in: Environment and Planning D: Society and Space 30, no. 6, 2012: 1123–37. **64.** 2006/7 年在英國，新鮮蔬菜與沙拉占「可能可避免」的食物廢棄物之 811,358 噸，是所有其他食物加起來的兩倍之多；WRAP, 'Household Food and Drink Waste in the UK' (2009). WRAP, New Estimates (2012), table 4. **65.** Terje Finstad, 'Familiarizing Food: Frozen Food Chains, Technology and Consumer Trust, Norway 1940–1970', Food and Foodways 21, no. 1, 2013: 22–45. **66.** WRAP, 'Household Food and Drink Waste in the UK', 5. **67.** Rathje, 'The Garbage Decade'. **68.** WRAP, 'New Estimates for Household Food and Drink Waste in the UK' (2011), 15–16. **69.** http://globalrec.org/2013/11/11/report-national-green-assembly-on-waste-legislation-and-waste-pickers/. 另可參見：Martin Medina, 'Scavenger Co-operatives in Asia and Latin America', in: Resources, Conservation and Recycling 31, no. 1, 2000: 51–69; and Kaveri Gill, Of Poverty and Plastic: Scavenging and Scrap-trading Entrepreneurs in India's Urban Informal Economy (Oxford, 2009). **70.** European Environment Agency, 'Movements of Waste across the EU's Internal and External Borders' (Copenhagen: 2012), section 4.2. **71.** EEA, 'Movements of Waste'; and Josh Lepawsky & Chris McNabb, 'Mapping International Flows of Electronic Waste', in: The Canadian Geographer 54, no. 2, 2010: 177–95. **72.** Takayoshi Shinkuma & Nguyen Thi Minh Huong, 'The Flow of e-Waste material in the Asia Region', in: Environmental Impact Assessment Review 29, 2009: 25–31. International Labour Office, 'The Global Impact of e-Waste' (Geneva: 2012). **73.** EEA, 'Movement of Waste', sections 5 and 6. **74.** Sally Hibbert, Suzanne Horne & Stephen Tagg, 'Charity Retailers in Competition for Merchandise: Examining How Consumers Dispose of Used Goods', in: Journal of Business Research 58, no. 6, 2005: 819–28. **75.** Eric Klinenberg, Going Solo: The Extraordinary Rise and Surprising Appeal of Living Alone (London, 2012). 在 2013 年的英國，有 770 萬戶家庭是獨居者，亦即 29％的家庭；（從 1996 年的 660 萬戶開始逐步成長）：參見 Office of National Statistics, Families and Households, 2013, table 5. **76.** See

United Nations, Economic Commission for Europe, Economic and Social Council, ECE/CES/ GE.20/2015: 'Vacation Home Ownership in a Globalized World', and see the UNECE's http://www. unece.org/fileadmin/DAM/stats/groups/wggna/GuideByChapters/Chapter_12.pdf. **77.** 根據 2008 年至 2014 年的數據，一項針對奧斯汀（Austin）的研究調查估計，Airbnb 短期租屋網的供應量每增加 10%，每月旅館客房的收益就會減少 0.35%；有關這一點及進一步的參考：參見 Georgios Zervas, Davide Proserpio & John W. Byers. 'The Rise of the Sharing Economy: Estimating the Impact of Airbnb on the Hotel Industry' **78.** Sean O'Connell, The Car and British Society: Class, Gender and Motoring, 1896–1939 (Manchester, 1998), 34–6. **79.** Alison Clarke, 'Mother Swapping: The Trafficking of Nearly-new Children's Wear', in: Commercial Cultures: Economics, Practices, Spaces, eds. Peter Jackson et al., (Oxford and New York, 2000), ch. 4. **80.** Ilja van Damme, 'Changing Consumer Preferences and Evolutions in Retailing. Buying and Selling Consumer Durables in Antwerp, c.1648–c. 1748)', in: Buyers and Sellers: Retail Circuits and Practices in Medieval and Early Modern Europe, ed. P. Stabel B. Blondé, J. Stobart and I. Van Damme (Turnhout, 2006), 199–224; and Ilja Van Damme & Reinoud Vermoesen, 'Second-hand Consumption as a Way of Life: Public Auctions in the Surroundings of Alost in the Late-eighteenth Century', in: Continuity and Change 24, 2009: 275–305; 另可參見上述 190,227 頁。 **81.** 在英國，每年可收集到大約 30 萬噸的服裝衣物，其中只有半數的品質高到足以再被出售，10% 會被回收作為工業產品之用，譬如破布料或是汽車座椅的填充物。 **82.** Karen Tranberg Hansen, Salaula: The World of Second-hand Clothing and Zambia (Chicago, 2000), 226. **83.** E. D. Larson, M. Ross & R. H. Williams, 'Beyond the Era of Materials', in: Scientific American 254, no. 6, 1986: 34–41; Robert H. Williams, Eric D. Larson & Marc H. Ross, 'Materials, Affluence and Industrial Energy Use', in: Annual Review of Energy 12, no. 1, 1987: 99–144. **84.** Nicky Gregson, Alan Metcalfe & Louise Crewe, 'Identity, Mobility and the Throwaway Society', in: Environment and Planning D: Society and Space, 2006, 682–700, quoted at 688. 進一步參見：Nicky Gregson & Louise Crewe, Second-hand Cultures (Oxford, 2003); and Nicky Gregson, Living with Things: Ridding, Accommodation, Dwelling (Oxford, 2006). **85.** Giles Slade, Made to Break: Technology and Obsolescence in America (Cambridge, MA, and London, 2006). **86.** Tim Cooper, 'Inadequate Life? Evidence of Consumer Attitudes to Product Obsolescence', in: Journal of Consumer Policy 27, 2004: 421–49. **87.** Rober Entner, '2014 Mobile Phone sales fall by 15%', Recon Analytics: http://reconanalytics. com/2015/02/2014-us-mobile-phone-sales-fall-by-15-and-handset-replacement-cycle-lengthens-to-historic-high/; and Pogue, 'Should You Upgrade Your Phone Every Year?', in: Scientific American, 20 Aug. 2013. **88.** 有關這些相反的動態，參見 Valerie M. Thomas, 'Demand and Dematerialization Impacts of Second-hand Markets', Journal of Industrial Ecology 7, no. 2, 2003: 65–76. **89.** 有關德國 2001–2 年時間預算研究的數據資料，參見下列： https://www.destatis.de/DE/ Publikationen/Thematisch/EinkommenKonsumLebensbedingungen/Zeitbudgeterhebung /ZeitbudgetsTabellenband1_5639102029005.xls?__blob=publicationFile. For Austria, see the research by the Ludwig Boltzmann Institut für Freizeit in 2002: http://www.freizeitforschung.at/data/forschungsarchiv/2002/ft_07_2002.pdf. **90.** US Department of Commerce: Statistical Abstract of the United States 1971 (Washington, DC, 1971) 200, 722, 741–3. **91.** Aya Yoshida & Tomohiro Tasaki, 'Material-flow Analysis of Used Personal Computers in Japan', in: Waste Management 29, no. 5, 2009: 1602–14. **92.** D. S and I. W. Yoon Oh, 'A Study on the State of Balcony Usage and the User's Attitude with Relation to Balcony Layout', in: Housing Studies, Journal of Korean Association for Housing Policy Studies 7, no. 2, 1999: 125–32. **93.** http://ronalford.theplan.com/; The National Association of Professional Organizers currently has 4,000 members; http://www.napo. net/who/. **94.** See http://www.collectoronline.com; http://www.vacuumland.org; and Russell Belk, Magnus Morck, & Karin M. Ekstrom, 'Collecting of Glass: A Multi-sited Ethnography', in: European Advances in Consumer Research 7, 2005: 404–8. **95.** Don Jefferys, 'Pathological Hoarding', in: Australian Family Physician 37, no. 4, 2008. **96.** J. E. Arnold and U. A. Lang, 'Changing American Home Life: Trends in Domestic Leisure and Storage among Middle-class Families', in: Journal of Family and Economic Issues 28, no. 1, 2007: 23–48, quoted at 36, 43. **97.** Richard A. Gould

& Michael B. Schiffer, Modern Material Culture: The Archaeology of Us (New York, 1981). **98.** 今日的美國，幾乎只有 1/10 的舊手機被回收；EPA, Electronics Waste Management in the United States through 2009 (May 2011), table 13, 27. 有關英國的數字，參見 Market Transformation Programme, 2005/6, 10. 有關法國：Agence de l'Environnement et de la Maîtrise de l'Energie, Déchets d'Équipements Électriques et Électroniques (DEEE) (2010). **99.** 特別參見 Alfred Schmidt, The Concept of Nature in Marx (London, 1971); John Bellamy Foster, Marx's Ecology: Materialism and Nature (New York, 1999); Albert Adriaanse et al., Resource Flows: The Material Basis of Industrial Economics (Washington, DC, 1997); Marina Fischer-Kowalski, Helmut Haberl, Walter Hüttler, Harald Payer, Heinz Schandl, Verena Winiwarter & Helga Zangerl-Weisz, Gesellschaftlicher Stoffwechsel und Kolonisierung von Natur (Amsterdam, 1997); and R. P. Sieferle, F. Krausmann, H. Schandl & V. Winiwarter, Das Ende der Fläche: Zum gesellschaftlichen Stoffwechsel der Industrialisierung (Cologne, 2006). **100.** Adriaanse et al., Resource Flows. **101.** Friedrich Schmidt-Bleek, Wie viel Umwelt braucht der Mensch? (Berlin, 1994). **102.** M. Dittrich, S. Giljum, S. Lutter & C. Polzin, 'Green Economies around the World: Implications of Resource Use for Development and the Environment' (Vienna: SERI, 2012), 12, 57–8. 聯合國糧食及農業組織以及歐盟都計入了草的含水量（高達 15%）；Eurostat, 'Material Use in the European Union, 1980–2000: Indicators and analysis' (Luxemburg: European Commission, 2002). **103.** B. Girod & P. De Haan, 'More or Better? A Model for Changes in Household Greenhouse-gas Emissions due to Higher Income', in: Journal of Industrial Ecology 14, no. 1: 31–49. **104.** William F. Ruddiman, Plows, Plagues & Petroleum: How Humans Took Control of Climate (Princeton, NJ, 2005); 有關土地的使用，我引自新的環境歷史數據資料庫 HYDE，開發者為 Kees Klein Goldewijk, see http://www.mnp.nl/en/themasites/hyde/index.html. **105.** F. Krausmann, S. Gingrich, N. Eisenmenger, K. H. Erb, H. Haberl & M. Fischer-Kowalski, 'Growth in Global Materials Use, GDP and Population during the Twentieth Century', in: Ecological Economics 68, no. 10, 2009: 2696–705, 感謝弗里多林‧克勞斯曼（Fridolin Krausmann）同意讓我重製這些數字。國內資源使用等於提取資源總量（DE），加上進口減去出口的數量。由於一個國家的出口就是另一個國家的進口，國內資源使用等同於全球提取資源總量。 **106.** Dittrich, Giljum, Lutter & Polzin, 'Green Economies', 60. **107.** Eurostat, 'Economy-wide Material-flow Accounts and Derived Indicators' (Luxembourg, 2001), 40. **108.** Ian Gazley & Dilan Bhuvanendran, 'Trends in UK Material Flows between 1970 and 2003', in Economic Trends 619 (London: Office for National Statistics, 2005). **109.** 古德（Goodall）指出，英國人在 2007 年比在 2000 年少吃了 4%；Chris Goodall, ' "Peak Stuff": Did the UK Reach a Maximum Use of Material Resources in the Early Part of the Last Decade?', http://www.carboncommentary.com/wp-content/uploads/2011/10/Peak_Stuff_17.10.11.pdf, 2011. Compare the critique by George Monbiot in his blog: http://www.guardian.co.uk/environment/georgemonbiot/2011/nov/03/peak-consumption-hypothesis-correct. **110.** Andrew W. Wyckoff & Joseph M. Roop, 'The Embodiment of Carbon in Imports of Manufactured Products: Implications for International Agreements on Greenhouse-gas emissions', in: Energy Policy 22, no. 3, 1994: 187–94; Roldan Muradian, Martin O'Connor & Joan Martinez-Alier, 'Embodied Pollution in Trade: Estimating the "Environmental Load Displacement" of Industrialized Countries', in: Ecological Economics 41, no. 1, 2001: 51–67. **111.** M. Dittrich, S. Bringezu & H. Schutz, 'The Physical Dimension of International Trade: Part 2: Indirect Global Resource Flows between 1962 and 2005', in: Ecological Economics 79, 2012: 32–43. **112.** Atiq Uz Zaman & Steffen Lehmann, 'The Zero Waste Index: A Performance Measurement Tool for Waste Management Systems in a "Zero Waste City" ', in: Journal of Cleaner Production 50, 2013: 123–32. **113.** American Physical Society, Efficient Use of Energy: The APS Studies on the Technical Aspects of the More Efficient Use of Energy (New York, 1976), no. 25, 77. **114.** Arthur H. Rosenfeld, 'The Art of Energy Efficiency: Protecting the environment with Better Technology', in: Annual Review of Energy and the Environment 24, no. 1, 1999: 33–82. **115.** E.g., 12th Congress of the World Energy Conference, New Delhi, 18–23 Sept. 1983, division 2, section 2.3.12: Naoto Sagawa, 'Prospects for Japan's Energy Supply–Demand System', 22. **116.** DECC, 'Energy Consumption in the United Kingdom', 2012; Eurostat: http://epp.eurostat.ec.europa.eu/tgm/table.do?tab=table&plugin=1&language=en&pcode=tsdpc310. *117.* 2011 'Consommation durable ' fair, Paris: ADEME, Petites réponses, 9. *118.* 1993: 10.01 quadrillion Btu vs 10.17 quadrillion Btu in 2009; US Energy Information Administration, Residential Energy Consumption Survey, 2009. *119.* Swedish Parliament, 'Think Twice! An Action Plan for Sustainable Household Consumption', in: Government Communication 2005/06:107 (Sweden: The Swedish Parliament, 2005). *120.* Peter Kemper & John M. Quigley, The Economics of Refuse Collection (Cambridge, MA, 1976), 83. *121.* See the 2009 residential data by the US Energy Information Administration, esp. table HC 3.4, at:http://www.eia.doe.gov/consumption/residential/data/2009/excel/HC3.4%20Appliances%20by%20Number%20of%20Household%20Members.xls. *122.* DTI, Energy Consumption in the United Kingdom (2004). 有關美國的獨居者，參見 the EIA data cited in the previous note (n.116). *123.* Shove, Comfort, Cleanliness and Convenience: The Social Organization of Normality ; and Shove, Pantzar & Watson, The Dynamics of Social Practice: Everyday Life and How It Changes. *124.* 關於英國，參見 Energy Saving Trust, 'The Rise of the Machines: A Review of Energy Using Products in the Home from the 1970s to Today' (London: Energy Saving Trust, 2006), and the follow-up report by the Energy Saving Trust, 'The Elephant in the Living Room: How Our Appliances and Gadgets are Trampling the Green Dream' (London, 2011). 美國在 2007 年售出 4.26 億個電子用品單位，是 1987 年的 7 倍；參見 'New York State Department of Environmental Conservation: Beyond Waste' (2010), 63f. *125.* EPA, Municipal Solid Waste in the United States 2009, ch. 2. For clothes in Britain, see The Guardian, 28 Feb. 2006. *126.* K. Parrott, J. Emmel & J. Beamish, 'A Nation of Packrats: Rethinking the Design Guidelines for Kitchen Storage', in: Housing on the Urban Landscape Conference (Chicago, 2004). See further: Oriel Sullivan & Jonathan Gershuny, 'Inconspicuous Consumption: Work-rich, Time-poor in the Liberal Market Economy', in: Journal of Consumer Culture 4, no. 1, 2004: 79–100, esp. 95–6; Martin Hand, Elizabeth Shove & Dale Southerton, 'Home Extensions in the United Kingdom: Space, Time and Practice', in: Environment and Planning D 25, no. 4, 2007: 668–81.

結語

1. Serge Latouche, Le pari de la décroissance (Paris, 2006); Tim Jackson, Prosperity without Growth: Economics for a Finite Planet (London, 2009); Paul Aries, La simplicité volontaire contre le mythe de l' abondance (Paris, 2010); Niko Paech, Befreiung vom Überfluss: Auf dem Weg in die Postwachstumsökonomie (Munich, 2012). 比較：Irmi Seidl and Angelika Zahrnt (eds), Postwachstumsgesellschaft: Konzepte für die Zukunft (Marburg, 2010). *2.* 參見 Emily Watson, Seneca: A Life (London, 2015). *3.* Joseph E. Stiglitz, The Great Divide (London, 2015). *4.* Rachel Botsman and Roo Rogers, What' s mine is yours: the rise of collaborative consumption (New York, 2010); B. Joseph Pine and James H. Gilmore, The experience economy (Boston, Mass., 1999); Jon Sundbo and Flemming Sorensen (eds), Handbook on the experience economy (Cheltenham, 2013); Juliet Schor, Plenitude: the new economics of true wealth (New York, 2010). 另可參見 the overviews by Juliet Schor and Connor Fitzmaurice, 'Collaborating and connecting' and by Maurie J. Cohen, 'Toward a post-consumerist future?' in Lucia Reisch and John Thogersen (eds), Handbook of Research on Sustainable Consumption (Cheltenham, 2015), pp. 410–25, 426–39. *5.* See http://repaircafe.org/locations/; 其中有 200 個在工藝精神仍然濃厚的德國。 *6.* Arvind Subramanian and Martin Kessler, 'The Hyperglobalization of Trade and its Future', in Franklin Allen et al. (eds), Towards a Better Global Economy (Oxford, 2014), pp. 216 –76; 另行參見 the commentary by Bernard Hoekman in the same volume, pp. 278–88. *7.* United Nations Conference on Trade and Development (UNCTAD), Review of Maritime Transport (New York, 2014), ch. 1. *8.* OECD, Material Resources, Productivity and the Environment (Paris, 2015), p. 82 and pp. 69–82 頁作為以上的參考。 *9.* OECD, Material Resources, Productivity and the Environment, p. 116. *10.* See Yuliya Kalmykova, Leonardo Rosado and Joao Patrício, 'Resource consumption drivers and pathways to reduction: economy, policy and lifestyle impact on material flows at the national and urban scale', Journal of Cleaner Production 30, 2015: 1–11. *11.* See Charlotte Fourcroy, Faiz Gallouj, and Fabrice Decellas, 'Energy consumption in service industries: Challenging the myth of non-materiality', Ecological Economics 81, 2012: 155–64. *12.* See: https://musicbusinessresearch.wordpress.com/2014/03/21/the-recorded-music-market-in-the-us-2000-2013/ . *13.* Ann Bermingham and John Brewer (eds), The Consumption of Culture 1600–1800: Image, Object, Text (London, 1995). 另行參見 Michael Hutter, The Rise of the Joyful Economy: Artistic invention and economic growth from Brunelleschi to Murakami (Abingdon, 2015). *14.* 除了引言中的參考資料以及上述的註釋 1 與註釋 4，參見最近的：James Wallman, Stuffocation: how we've had enough of stuff and why you need experience more than ever (London, 2015 *15.* See the International Telecommunication Union: http://www.itu.int/themes/climate/docs/report/02_ICTandClimateChange.html. *16.* Global e-Sustainability Initiative, 'SMART 2020: Enabling the low-carbon economy in the information age' (2008); http://gesi.org/About_ICT_sustainability. *17.* See Susanne Fischer et al. (Wuppertal Institute), Leasing Society: report for the European Parliament's Committee on Environment, Public Health and Food Safety (Brussels, 2012). *18.* 參見以上的 654 頁。 *19.* Richard H. Thaler and Cass R. Sunstein, Nudge: Improving decisions about health, wealth and happiness (London, 2009). 有關簡短的概述，參見 Cass Sunstein, 'Behavioural economics, consumption and environmental protection' in Reisch and Thogersen (eds), Handbook of Research on Sustainable Consumption, pp. 313–27.

《爆買帝國》中英對照索引表

851

857

十劃

872

十四劃